Arbeitnehmerüberlassungsgesetz
Basiskommentar

Jürgen Ulber/Daniel Ulber

Arbeitnehmer-
überlassungsgesetz

Basiskommentar zum AÜG

2., aktualisierte und überarbeitete Auflage

Zitiervorschlag: Ulber/Ulber, AÜG – Basis, § 14 Rz. 13

Bibliografische Information der Deutschen Nationalbibliothek
Die Deutsche Nationalbibliothek verzeichnet diese Publikation in der Deutschen Nationalbibliografie; detaillierte bibliografische Daten sind im Internet über http://dnb.d-nb.de abrufbar.

2., aktualisierte und überarbeitete Auflage 2014
© 2008 by Bund-Verlag GmbH, Frankfurt am Main
Herstellung: Madlen Richter
Umschlag: Ute Weber, Geretsried
Satz: Satzbetrieb Schäper GmbH, Bonn
Druck: Druckerei C. H. Beck, Nördlingen
Printed in Germany 2014
ISBN 978-3-7663-6224-7

Alle Rechte vorbehalten,
insbesondere die des öffentlichen Vortrags,
der Rundfunksendung
und der Fernsehausstrahlung,
der fotomechanischen Wiedergabe,
auch einzelner Teile.

www.bund-verlag.de

Vorwort zur 2. Auflage

Die Deregulierung des Arbeitsrechts hatte in den beiden vergangenen Jahrzehnten dazu geführt, dass der gesetzliche Schutz von Leiharbeitnehmern ständig verschlechtert wurde. Gleichzeitig wurden die Rahmenbedingungen verbessert, um tariflich gesicherte Stammarbeitsplätze abzubauen und durch die Beschäftigung von Leiharbeitnehmern mit Dumpinglöhnen zu ersetzen. Mit der Verabschiedung der Europäischen Richtlinie zur Leiharbeit hat diese Politik nunmehr ihr vorläufiges Ende gefunden. Der deutsche Gesetzgeber war gezwungen, diese Richtlinie in nationales Recht umzusetzen.

Auch wenn der Gesetzgeber nicht alle Arbeitnehmerschutzvorschriften umgesetzt hat, sind mit dem Ersten Gesetz zur Änderung des Arbeitnehmerüberlassungsgesetzes Verbesserungen bei der sozialen Absicherung der Leiharbeitnehmer erfolgt. Daneben wurden die Möglichkeiten eingeschränkt, betriebliche Stammarbeitsplätze mit Leiharbeitnehmern zu besetzen. Auch die Tariflandschaft hat sich wesentlich verändert. Die Dumpinglohn-Tarifverträge der »christlichen Gewerkschaften« wurden für unwirksam erklärt und die DGB Gewerkschaften haben über Tarifvereinbarungen zu Branchenzuschlägen Verbesserungen beim Arbeitsentgelt von Leiharbeitnehmern erreicht.

In der vorliegenden 2. Auflage werden die gesetzlichen Veränderungen dargestellt und handlungsorientiert für den betrieblichen Praktiker aufbereitet. Schwerpunkte bilden dabei sowohl beschäftigungsorientierte Aspekte des Fremdfirmeneinsatzes als auch die Tarifverträge in der Verleihbranche. Die Rechtsprechung zur neuen Gesetzlage ist bis Juli 2013 berücksichtigt.

Frankfurt/Köln, September 2013

Die Verfasser

Inhaltsverzeichnis

Vorwort 5
Abkürzungsverzeichnis 9
Literaturverzeichnis 15
Gesetzestext 17
Einleitung 37
Kommentierung 59

§	1	Erlaubnispflicht	59
§	1a	Anzeige der Überlassung	137
§	1b	Einschränkungen im Baugewerbe	143
§	2	Erteilung und Erlöschen der Erlaubnis	150
§	2a	Gebühren und Auslagen	160
§	3	Versagung	162
§	3a	Lohnuntergrenze	181
§	4	Rücknahme	191
§	5	Widerruf	195
§	6	Verwaltungszwang	198
§	7	Anzeigen und Auskünfte	202
§	8	Statistische Meldungen	210
§	9	Unwirksamkeit	213
§	10	Rechtsfolgen bei Unwirksamkeit, Pflichten des Arbeitgebers zur Gewährung von Arbeitsbedingungen	256
§	11	Sonstige Vorschriften über das Leiharbeitsverhältnis	282
§	12	Rechtsbeziehungen zwischen Verleiher und Entleiher	309
§	13	Auskunftsanspruch des Leiharbeitnehmers	327
§	13a	Informationspflicht des Entleihers über freie Arbeitsplätze	330
§	13b	Zugang des Leiharbeitnehmers zu Gemeinschaftseinrichtungen oder -diensten	334
§	14	Mitwirkungs- und Mitbestimmungsrechte	336
§	15	Ausländische Leiharbeitnehmer ohne Genehmigung	424
§	15a	Entleih von Ausländern ohne Genehmigung	432
§	16	Ordnungswidrigkeiten	439
§	17	Durchführung	453
§	17a	Befugnisse der Behörden der Zollverwaltung	454
§	17b	Meldepflicht	457

Inhaltsverzeichnis

§ 17c	Erstellen und Bereithalten von Dokumenten	461
§ 18	Zusammenarbeit mit anderen Behörden	463
§ 18a	Ersatzzustellung an den Verleiher	470
§ 19	Übergangsvorschrift	471

Anhang 473
Stichwortverzeichnis 487

Abkürzungsverzeichnis

a. A.	andere Auffasung
a. a. O.	am angegebenen Ort
AE	Sammlung arbeitsrechtlicher Entscheidungen
AEUV	Vertrag über die Arbeitsweise der Europäischen Union
a. F.	alte Fassung
Abs.	Absatz
AEntG	Arbeitnehmerentsendegesetz
AFG	Arbeitsförderungsgesetz
AFKG	Gesetz zur Konsolidierung der Arbeitsförderung
AG	Arbeitgeber
AGG	Allgemeines Gleichbehandlungsgesetz
AiB	Arbeitsrecht im Betrieb
amtl. Begr.	amtliche Begründung
AN	Arbeitnehmer(n)
ANG	Arbeitsnachweisgesetz
ANÜ	Arbeitnehmerüberlassung
AO	Abgabenordnung
AP	Nachschlagewerk des Bundesarbeitsgerichts (Arbeitsgerichtliche Praxis)
ArbG	Arbeitsgericht
ArbPlSchG	Arbeitsplatzschutzgesetz
ArbSchG	Arbeitsschutzgesetz
ArbV	Arbeitsverhältnis(se)
ArbZG	Arbeitszeitgesetz
Arge	Arbeitsgemeinschaft
ArGV	Arbeitsgenehmigungsverordnung
ASAV	Anwerbestoppausnahmeverordnung
ASiG	Arbeitssicherheitsgesetz
AuA	Arbeit und Arbeitsrecht
AufenthG	Aufenthaltsgesetz
AÜG	Arbeitnehmerüberlassungsgesetz
AÜKostV	Arbeitnehmerüberlassungs-Kostenverordnung
AuR	Arbeit und Recht
ausf.	ausführlich
AV	Arbeitsvertrag; Arbeitsverträge

Abkürzungsverzeichnis

AVAVG	Gesetz über Arbeitsvermittlung und Arbeitslosenversicherung
BA	Bundesagentur für Arbeit
BAG	Bundesarbeitsgericht
BAP	Bundesverband Zeitarbeit e.V.
BB	Betriebsberater
BBiG	Berufsbildungsgesetz
BeschFG	Beschäftigungsförderungsgesetz
BeschV	Beschäftigungsverordnung
BeitrÜVO	Beitragsüberwachungsverordnung
BetrVG	Betriebsverfassungsgesetz
BFH	Bundesfinanzhof
BGB	Bürgerliches Gesetzbuch
BGBl.	Bundesgesetzblatt
BGebG	Gesetz über Gebühren und Auslagen des Bundes
BGH	Bundesgerichtshof
BL	Bundesländer
BMAS	Bundesministerium für Arbeit und Soziales
BMTV	Bundesmontagetarifvertrag
BPersVG	Bundespersonalvertretungsgesetz
BR	Betriebsrat(s); Betriebsräte
BRTV	Bundesrahmentarifvertrag (Bau)
BSG	Bundessozialgericht
BSGE	Amtliche Sammlung der Entscheidungen des Bundessozialgerichts BStatG Bundes-Statistikgesetz
BT-Ds.	Bundestagsdrucksache
Buchst.	Buchstabe
BUrlG	Bundesurlaubsgesetz
BV	Betriebsvereinbarung(en)
BVerfG	Bundesverfassungsgericht
BVerfGE	Amtliche Sammlung der Entscheidungen des Bundesverfassungsgerichts
BVerwG	Bundesverwaltungsgericht
bzgl.	bezüglich
bzw.	beziehungsweise
CGM	Christliche Gewerkschaft Metall
CGZP	Tarifgemeinschaft Christliche Gewerkschaften Zeitarbeit und PSA
d.h.	das heißt
DA	Durchführungsanweisung
DB	Der Betrieb
DGB	Deutscher Gewerkschaftsbund

Abkürzungsverzeichnis

DRK	Deutsches Rotes Kreuz
EGBGB	Einführungsgesetz zum Bürgerlichen Gesetzbuch
EGV	Vertrag zur Gründung der Europäischen Gemeinschaft
Einl.	Einleitung
EKD	Evangelische Kirche Deutschland
ERTV	Entgeltrahmentarifvertrag
EStG	Einkommensteuergesetz
ETV	Entgelttarifvertrag
EU	Europäische Union
EuGH	Europäischer Gerichtshof
EWR	Europäischer Wirtschaftsraum
EzA	Entscheidungssammlung zum Arbeitsrecht
EzAÜG	Entscheidungssammlung zum Arbeitnehmerüberlassungsgesetz und zum sonstigen drittbezogenen Personaleinsatz
f.	folgende
FA	Fachanwalt Arbeitsrecht
ff.	fortfolgende
FreizügG/EU	Gesetz über die allgemeine Freizügigkeit von Unionsbürgern
FS	Festschrift
gem.	gemäß
GewArch	Gewerbearchiv
GewO	Gewerbeordnung
GG	Grundgesetz
GmbH	Gesellschaft mit beschränkter Haftung
GüKG	Güterkraftverkehrsgesetz
GWB	Gesetz gegen Wettbewerbsbeschränkungen
HandwO	Handwerksordnung
h. M.	herrschende Meinung
Hs.	Halbsatz
i. d. R.	in der Regel
i. E.	im Ergebnis
i. R. v.	im Rahmen von
i. S.	im Sinne
i. S. d.	im Sinne des; im Sinne der
i. S. v.	im Sinne von
i. Ü.	im Übrigen
i. V. m.	in Verbindung mit

Abkürzungsverzeichnis

IGZ	Interessenverband Deutscher Zeitarbeitsunternehmen
JArbR	Jahrbuch Arbeitsrecht, Das Arbeitsrecht der Gegenwart
KG	Kammergericht; Kommanditgesellschaft
KGH	Kirchengerichtshof
KSchG	Kündigungsschutzgesetz
KuG	Kurzarbeitergeld
LAG	Landesarbeitsgericht
LAGE	Entscheidungen der Landesarbeitsgerichte
Leih-AN	Leiharbeitnehmer(n)
LG	Landgericht
LPVG	Landespersonalvertretungsgesetz
LSG	Landessozialgericht
LStDV	Lohnsteuer-Durchführungsverordnung
m. Anm.	mit Anmerkung
MBR	Mitbestimmungsrecht(e)
MDR	Monatsschrift für Deutsches Recht
MitbestG	Mitbestimmungsgesetz
MTV	Manteltarifvertrag
MuSchG	Mutterschutzgesetz
NachwG	Nachweisgesetz
NJW	Neue Juristische Wochenschrift
NVwZ	Neue Zeitschrift für Verwaltungsrecht
NZA	Neue Zeitschrift für Arbeitsrecht
NZA-RR	Neue Zeitschrift für Arbeitsrecht Rechtsprechungsreport
o. Ä.	oder Ähnlichem
OHG	Offene Handelsgesellschaft
OLG	Oberlandesgericht
OWiG	Gesetz über Ordnungswidrigkeiten
PBefG	Personenbeförderungsgesetz
PSA	Personal-Service-Agentur(en)
RdA	Recht der Arbeit
RGBl.	Reichsgesetzblatt
RL	Richtlinie
Rn.	Randnummer
Rs.	Rechtssache
RV	Rechtsverordnung

Abkürzungsverzeichnis

S.	Satz
SAE	Sammlung arbeitsrechtlicher Entscheidungen
SchwarzArbG	Gesetz zur Bekämpfung der Schwarzarbeit
SG	Sozialgericht
SGB	Sozialgesetzbuch
SGG	Sozialgerichtsgesetz
s. o.	siehe oben
sog.	sogenannte(r, s)
StGB	Strafgesetzbuch
StPO	Strafprozessordnung
str.	streitig
StVollzG	Gesetz über den Vollzug der Freiheitsstrafe und der freiheitsentziehenden Maßregeln der Besserung und Sicherung (Strafvollzugsgesetz)
TV	Tarifvertrag(s); Tarifverträge(n)
TVG	Tarifvertragsgesetz
TzBfG	Teilzeit- und Befristungsgesetz
u. a.	unter anderem
u. Ä.	und Ähnliche (s, r)
UZwG	Gesetz über den unmittelbaren Zwang bei Ausübung öffentlicher Gewalt durch Vollzugsbeamte des Bundes
v.	vom; von
VersR	Versicherungsgesetz
VGH	Verfassungsgerichtshof
vgl.	vergleiche
VwKostG	Verwaltungskostengesetz
VwVfG	Verwaltungsverfahrensgesetz
VwVG	Verwaltungsvollstreckungsgesetz
wistra	Zeitschrift für Wirtschaft, Steuer, Strafrecht
z. B.	zum Beispiel
ZfA	Zeitschrift für Arbeitsrecht
ZivilSchG	Zivilschutzgesetz
ZPO	Zivilprozessordnung
z. T.	zum Teil
ZVK	Zusatzversorgungskasse des Baugewerbes

Literaturverzeichnis

Altvater/Hamer/Ohnesorg/Peiseler, Bundespersonalvertretungsgesetz, Kommentar, 5. Aufl., 2004
Becker/Wulfgram, Kommentar zum Arbeitnehmerüberlassungsgesetz, Kommentar, 3. Aufl., 1985 (zit. *B/W*)
Berg/Platow/Schoof/Unterhinninghofen, Tarifvertragsgesetz und Arbeitskampfrecht, Basiskommentar, 2005
Boemke/Lembke, Arbeitnehmerüberlassungsgesetz, Kommentar, 2. Aufl., 2005
Däubler, Tarifvertragsgesetz, Kommentar, 2. Aufl., 2006 (zit. Däubler/ *Bearbeiter*)
Däubler/Kittner/Klebe, Betriebsverfassungsgesetz mit Wahlordnung, 13. Aufl., 2012 (DKKW/*Bearbeiter*)
Dieterich/Müller-Glöge/Preis/Schaub, Erfurter Kommentar zum Arbeitsrecht, 7. Aufl., 2007 (zit.: ErfK/*Bearbeiter*)
Düwell/Lipke, Arbeitsgerichtsgesetz, Kommentar, 2. Aufl., 2005
Düwell/Weyand, Agenda 2010. Neues Recht bei Kündigung und Abfindung, 2004
Erdlenbruch, Die betriebsverfassungsrechtliche Stellung gewerbsmäßig überlassener Arbeitnehmer, 1992
Eicher/Schlegel/-Söhngen SGB III, Kommentar (Loseblattsammlung)
Fitting/Engels/Schmidt/Trebinger/Linsenmaier, Betriebsverfassungsgesetz mit Wahlordnung, 22. Aufl., 2004 (zit.: Fitting)
Grimm/Brock, Praxis der Arbeitnehmerüberlassung, 2004
Henssler/Willemsen/Kalb, Arbeitsrecht, Kommentar, 2. Aufl., 2006
Kittner/Däubler/Zwanziger, Kündigungsschutzrecht, 6. Aufl., 2004
Kittner/Zwanziger, Arbeitsrecht, Handbuch für die Praxis, 3. Aufl., 2005 (zit.: AR-Handb./*Bearbeiter*)
Koberski/Asshoff/Hold, Arbeitnehmer-Entsendegesetz, Kommentar, 2. Aufl., 2002
Klebe/Ratayczak/Heilmann/Spoo, Betriebsverfassungsgesetz, Basiskommentar mit Wahlordnung, 12. Aufl., 2005
Kopp/Schenke, Verwaltungsgerichtsordnung, Kommentar, 14. Aufl., 2005
Kraft/Wiese/Kreutz/Oetker/Raab/Weber/Franzen, Betriebsverfassungsgesetz, Gemeinschaftskommentar, Band I, 8. Aufl., 2005; Band II, 8. Aufl., 2005 (zit.: GK-*Bearbeiter*)
Leinemann, Kasseler Handbuch zum Arbeitsrecht, Bd. 1 und Bd. 2,

Literaturverzeichnis

2. Aufl., 2000 (KassHb/*Bearbeiter*)
Löwisch, Betriebsverfassungsgesetz, 5. Aufl., 2002
Löwisch/Rieble, Tarifvertragsgesetz, Kommentar, 2. Aufl., 2004
Niesel, SGB III, Kommentar (Loseblattsammlung), (zit.: Niesel/*Bearbeiter*)
Preis, Arbeitsrecht, 2. Aufl., 2003
Richardi, Betriebsverfassungsgesetz, Kommentar, 10. Aufl., 2006
Sandmann/Marschall, Arbeitnehmerüberlassungsgesetz, Kommentar, (Loseblattsammlung), (zit.: S/M)
Schoof, Betriebsratspraxis von A bis Z, 7. Aufl., 2005
Schüren/Hamann, Arbeitnehmerüberlassungsgesetz, 3. Aufl., 2007 (zit.: Schüren/*Bearbeiter*)
Thüsing, Arbeitnehmerüberlassungsgesetz, Kommentar, 2005 (zit. Thüsing/*Bearbeiter*)
Tröndle/Fischer, Strafgesetzbuch und Nebengesetze, 52. Aufl., 2004
Ulber, AÜG, Kommentar, 3. Aufl., 2006
Ulber, Arbeitnehmer in Zeitarbeitsfirmen, 2. Aufl., 2004
Urban-Crell/Schulz, Arbeitnehmerüberlassung und Arbeitsvermittlung, 2003
Welkoborsky, Landespersonalvertretungsgesetz Nordrhein-Westfalen, Basis-Kommentar, 2003
Weyand/Düwell, Das neue Arbeitsrecht, 2005
Wlotzke/Preis, Betriebsverfassungsgesetz, Kommentar, 3. Aufl., 2006
Wiedemann, TVG, Kommentar, 7. Aufl., 2007 (zit.: Wiedemann/*Bearbeiter*).

Gesetzestext

Gesetz zur Regelung der Arbeitnehmerüberlassung Arbeitnehmerüberlassungsgesetz (AÜG)

Vom 7.8.1972 (BGBl. I 1393), zuletzt geändert durch Gesetz vom 7.8.2013 (BGBl. I 3154)

§ 1 Erlaubnispflicht

(1) Arbeitgeber, die als Verleiher Dritten (Entleihern) Arbeitnehmer (Leiharbeitnehmer) im Rahmen ihrer wirtschaftlichen Tätigkeit zur Arbeitsleistung überlassen wollen, bedürfen der Erlaubnis. Die Überlassung von Arbeitnehmern an Entleiher erfolgt vorübergehend. Die Abordnung von Arbeitnehmern zu einer zur Herstellung eines Werkes gebildeten Arbeitsgemeinschaft ist keine Arbeitnehmerüberlassung, wenn der Arbeitgeber Mitglied der Arbeitsgemeinschaft ist, für alle Mitglieder der Arbeitsgemeinschaft Tarifverträge desselben Wirtschaftszweiges gelten und alle Mitglieder auf Grund des Arbeitsgemeinschaftsvertrages zur selbständigen Erbringung von Vertragsleistungen verpflichtet sind. Für einen Arbeitgeber mit Geschäftssitz in einem anderen Mitgliedstaat des Europäischen Wirtschaftsraumes ist die Abordnung von Arbeitnehmern zu einer zur Herstellung eines Werkes gebildeten Arbeitsgemeinschaft auch dann keine Arbeitnehmerüberlassung, wenn für ihn deutsche Tarifverträge desselben Wirtschaftszweiges wie für die anderen Mitglieder der Arbeitsgemeinschaft nicht gelten, er aber die übrigen Voraussetzungen des Satzes 2 erfüllt.

(2) Werden Arbeitnehmer Dritten zur Arbeitsleistung überlassen und übernimmt der Überlassende nicht die üblichen Arbeitgeberpflichten oder das Arbeitgeberrisiko (§ 3 Abs. 1 Nr. 1 bis 3), so wird vermutet, daß der Überlassende Arbeitsvermittlung betreibt.

(3) Dieses Gesetz ist mit Ausnahme des § 1b Satz 1, des § 16 Abs. 1 Nr. 1b und Abs. 2 bis 5 sowie der §§ 17 und 18 nicht anzuwenden auf die Arbeitnehmerüberlassung

1. zwischen Arbeitgebern desselben Wirtschaftszweiges zur Vermeidung von Kurzarbeit oder Entlassungen, wenn ein für den Entleiher und Verleiher geltender Tarifvertrag dies vorsieht,

2. zwischen Konzernunternehmen im Sinne des § 18 des Aktiengesetzes, wenn der Arbeitnehmer nicht zum Zweck der Überlassung eingestellt und beschäftigt wird,

Gesetzestext

2 a. zwischen Arbeitgebern, wenn die Überlassung nur gelegentlich erfolgt und der Arbeitnehmer nicht zum Zweck der Überlassung eingestellt und beschäftigt wird, oder

3. in das Ausland, wenn der Leiharbeitnehmer in ein auf der Grundlage zwischenstaatlicher Vereinbarungen begründetes deutsch-ausländisches Gemeinschaftsunternehmen verliehen wird, an dem der Verleiher beteiligt ist.

§ 1a Anzeige der Überlassung

(1) Keiner Erlaubnis bedarf ein Arbeitgeber mit weniger als 50 Beschäftigten, der zur Vermeidung von Kurzarbeit oder Entlassungen an einen Arbeitgeber einen Arbeitnehmer, der nicht zum Zweck der Überlassung eingestellt und beschäftigt wird, bis zur Dauer von zwölf Monaten überläßt, wenn er die Überlassung vorher schriftlich der Bundesagentur für Arbeit angezeigt hat.

(2) In der Anzeige sind anzugeben

1. Vor- und Familiennamen, Wohnort und Wohnung, Tag und Ort der Geburt des Leiharbeitnehmers,

2. Art der vom Leiharbeitnehmer zu leistenden Tätigkeit und etwaige Pflicht zur auswärtigen Leistung,

3. Beginn und Dauer der Überlassung,

4. Firma und Anschrift des Entleihers.

§ 1b Einschränkungen im Baugewerbe

Arbeitnehmerüberlassung nach § 1 in Betriebe des Baugewerbes für Arbeiten, die üblicherweise von Arbeitern verrichtet werden, ist unzulässig. Sie ist gestattet

a) zwischen Betrieben des Baugewerbes und anderen Betrieben, wenn diese Betriebe erfassende, für allgemeinverbindlich erklärte Tarifverträge dies bestimmen,

b) zwischen Betrieben des Baugewerbes, wenn der verleihende Betrieb nachweislich seit mindestens drei Jahren von denselben Rahmen- und Sozialkassentarifverträgen oder von deren Allgemeinverbindlichkeit erfasst wird.

Abweichend von Satz 2 ist für Betriebe des Baugewerbes mit Geschäftssitz in einem anderen Mitgliedstaat des Europäischen Wirtschaftsraumes Arbeitnehmerüberlassung auch gestattet, wenn die ausländischen Betriebe nicht von deutschen Rahmen- und Sozialkassentarifverträgen oder für allgemeinverbindlich erklärten Tarifverträgen erfasst werden, sie aber nachweislich seit mindestens drei Jahren überwiegend Tätigkeiten ausüben, die unter den Geltungsbereich derselben Rahmen- und Sozialkassentarifverträge fallen, von denen der Betrieb des Entleihers erfasst wird.

§ 2 Erteilung und Erlöschen der Erlaubnis

(1) Die Erlaubnis wird auf schriftlichen Antrag erteilt.

(2) Die Erlaubnis kann unter Bedingungen erteilt und mit Auflagen verbunden werden, um sicherzustellen, daß keine Tatsachen eintreten, die nach § 3 die Versagung der Erlaubnis rechtfertigen. Die Aufnahme, Änderung oder Ergänzung von Auflagen sind auch nach Erteilung der Erlaubnis zulässig.

(3) Die Erlaubnis kann unter dem Vorbehalt des Widerrufs erteilt werden, wenn eine abschließende Beurteilung des Antrags noch nicht möglich ist.

(4) Die Erlaubnis ist auf ein Jahr zu befristen. Der Antrag auf Verlängerung der Erlaubnis ist spätestens drei Monate vor Ablauf des Jahres zu stellen. Die Erlaubnis verlängert sich um ein weiteres Jahr, wenn die Erlaubnisbehörde die Verlängerung nicht vor Ablauf des Jahres ablehnt. Im Fall der Ablehnung gilt die Erlaubnis für die Abwicklung der nach § 1 erlaubt abgeschlossenen Verträge als fortbestehend, jedoch nicht länger als zwölf Monate.

(5) Die Erlaubnis kann unbefristet erteilt werden, wenn der Verleiher drei aufeinanderfolgende Jahre lang nach § 1 erlaubt tätig war. Sie erlischt, wenn der Verleiher von der Erlaubnis drei Jahre lang keinen Gebrauch gemacht hat.

§ 2a Gebühren und Auslagen

(1) Für die Bearbeitung von Anträgen auf Erteilung und Verlängerung der Erlaubnis werden vom Antragsteller Gebühren und Auslagen erhoben.

(2) Die Bundesregierung wird ermächtigt, durch Rechtsverordnung die gebührenpflichtigen Tatbestände näher zu bestimmen und dabei feste Sätze und Rahmensätze vorzusehen. Die Gebühr darf im Einzelfall 2500 Euro nicht überschreiten.

§ 3 Versagung

(1) Die Erlaubnis oder ihre Verlängerung ist zu versagen, wenn Tatsachen die Annahme rechtfertigen, daß der Antragsteller

1. die für die Ausübung der Tätigkeit nach § 1 erforderliche Zuverlässigkeit nicht besitzt, insbesondere weil er die Vorschriften des Sozialversicherungsrechts, über die Einbehaltung und Abführung der Lohnsteuer, über die Arbeitsvermittlung, über die Anwerbung im Ausland oder über die Ausländerbeschäftigung, die Vorschriften des Arbeitsschutzrechts oder die arbeitsrechtlichen Pflichten nicht einhält;
2. nach der Gestaltung seiner Betriebsorganisation nicht in der Lage ist, die üblichen Arbeitgeberpflichten ordnungsgemäß zu erfüllen;

Gesetzestext

3. dem Leiharbeitnehmer für die Zeit der Überlassung an einen Entleiher die im Betrieb dieses Entleihers für einen vergleichbaren Arbeitnehmer des Entleihers geltenden wesentlichen Arbeitsbedingungen einschließlich des Arbeitsentgelts nicht gewährt. Ein Tarifvertrag kann abweichende Regelungen zulassen, soweit er nicht die in einer Rechtsverordnung nach § 3a Absatz 2 festgesetzten Mindeststundenentgelte unterschreitet. Im Geltungsbereich eines solchen Tarifvertrages können nicht tarifgebundene Arbeitgeber und Arbeitnehmer die Anwendung der tariflichen Regelungen vereinbaren. Eine abweichende tarifliche Regelung gilt nicht für Leiharbeitnehmer, die in den letzten sechs Monaten vor der Überlassung an den Entleiher aus einem Arbeitsverhältnis bei diesem oder einem Arbeitgeber, der mit dem Entleiher einen Konzern im Sinne des § 18 des Aktiengesetzes bildet, ausgeschieden sind.

(2) Die Erlaubnis oder ihre Verlängerung ist ferner zu versagen, wenn für die Ausübung der Tätigkeit nach § 1 Betriebe, Betriebsteile oder Nebenbetriebe vorgesehen sind, die nicht in einem Mitgliedstaat der Europäischen Wirtschaftsgemeinschaft oder einem anderen Vertragsstaat des Abkommens über den Europäischen Wirtschaftsraum liegen.

(3) Die Erlaubnis kann versagt werden, wenn der Antragsteller nicht Deutscher im Sinne des Artikels 116 des Grundgesetzes ist oder wenn eine Gesellschaft oder juristische Person den Antrag stellt, die entweder nicht nach deutschem Recht gegründet ist oder die weder ihren satzungsmäßigen Sitz noch ihre Hauptverwaltung noch ihre Hauptniederlassung im Geltungsbereich dieses Gesetzes hat.

(4) Staatsangehörige der Mitgliedstaaten der Europäischen Wirtschaftsgemeinschaft oder eines anderen Vertragsstaates des Abkommens über den Europäischen Wirtschaftsraum erhalten die Erlaubnis unter den gleichen Voraussetzungen wie deutsche Staatsangehörige. Den Staatsangehörigen dieser Staaten stehen gleich Gesellschaften und juristische Personen, die nach den Rechtsvorschriften dieser Staaten gegründet sind und ihren satzungsgemäßen Sitz, ihre Hauptverwaltung oder ihre Hauptniederlassung innerhalb dieser Staaten haben. Soweit diese Gesellschaften oder juristische Personen zwar ihren satzungsmäßigen Sitz, jedoch weder ihre Hauptverwaltung noch ihre Hauptniederlassung innerhalb dieser Staaten haben, gilt Satz 2 nur, wenn ihre Tätigkeit in tatsächlicher und dauerhafter Verbindung mit der Wirtschaft eines Mitgliedstaates oder eines Vertragsstaates des Abkommens über den Europäischen Wirtschaftsraum steht.

(5) Staatsangehörige anderer als der in Absatz 4 genannten Staaten, die sich aufgrund eines internationalen Abkommens im Geltungsbereich dieses Gesetzes niederlassen und hierbei sowie bei ihrer Geschäftstätigkeit nicht weniger günstig behandelt werden dürfen als deutsche Staatsangehörige, erhalten die Erlaubnis unter den gleichen Voraussetzungen wie deutsche Staatsangehörige. Den Staatsangehörigen nach

Satz 1 stehen gleich Gesellschaften, die nach den Rechtsvorschriften des anderen Staates gegründet sind.

§ 3a Lohnuntergrenze

(1) Gewerkschaften und Vereinigungen von Arbeitgebern, die zumindest auch für ihre jeweiligen in der Arbeitnehmerüberlassung tätigen Mitglieder zuständig sind (vorschlagsberechtigte Tarifvertragsparteien) und bundesweit tarifliche Mindeststundenentgelte im Bereich der Arbeitnehmerüberlassung miteinander vereinbart haben, können dem Bundesministerium für Arbeit und Soziales gemeinsam vorschlagen, diese als Lohnuntergrenze in einer Rechtsverordnung verbindlich festzusetzen; die Mindeststundenentgelte können nach dem jeweiligen Beschäftigungsort differenzieren. Der Vorschlag muss für Verleihzeiten und verleihfreie Zeiten einheitliche Mindeststundenentgelte sowie eine Laufzeit enthalten. Der Vorschlag ist schriftlich zu begründen.

(2) Das Bundesministerium für Arbeit und Soziales kann in einer Rechtsverordnung ohne Zustimmung des Bundesrates bestimmen, dass die vorgeschlagenen tariflichen Mindeststundenentgelte nach Absatz 1 als verbindliche Lohnuntergrenze auf alle in den Geltungsbereich der Verordnung fallenden Arbeitgeber sowie Leiharbeitnehmer Anwendung findet. Der Verordnungsgeber kann den Vorschlag nur inhaltlich unverändert in die Rechtsverordnung übernehmen.

(3) Bei der Entscheidung nach Absatz 2 findet § 5 Absatz 1 Satz 1 Nummer 2 des Tarifvertragsgesetzes entsprechend Anwendung. Der Verordnungsgeber hat bei seiner Entscheidung nach Absatz 2 im Rahmen einer Gesamtabwägung neben den Zielen dieses Gesetzes zu prüfen, ob eine Rechtsverordnung nach Absatz 2 insbesondere geeignet ist, die finanzielle Stabilität der sozialen Sicherungssysteme zu gewährleisten. Der Verordnungsgeber hat zu berücksichtigen

1. die bestehenden bundesweiten Tarifverträge in der Arbeitnehmerüberlassung und

2. die Repräsentativität der vorschlagenden Tarifvertragsparteien.

(4) Liegen mehrere Vorschläge nach Absatz 1 vor, hat der Verordnungsgeber bei seiner Entscheidung nach Absatz 2 im Rahmen der nach Absatz 3 erforderlichen Gesamtabwägung die Repräsentativität der vorschlagenden Tarifvertragsparteien besonders zu berücksichtigen. Bei der Feststellung der Repräsentativität ist vorrangig abzustellen auf

1. die Zahl der jeweils in den Geltungsbereich einer Rechtsverordnung nach Absatz 2 fallenden Arbeitnehmer, die bei Mitgliedern der vorschlagenden Arbeitgebervereinigung beschäftigt sind;

2. die Zahl der jeweils in den Geltungsbereich einer Rechtsverordnung nach Absatz 2 fallenden Mitglieder der vorschlagenden Gewerkschaften.

Gesetzestext

(5) Vor Erlass ist ein Entwurf der Rechtsverordnung im Bundesanzeiger bekannt zu machen. Das Bundesministerium für Arbeit und Soziales gibt Verleihern und Leiharbeitnehmern sowie den Gewerkschaften und Vereinigungen von Arbeitgebern, die im Geltungsbereich der Rechtsverordnung zumindest teilweise tarifzuständig sind, Gelegenheit zur schriftlichen Stellungnahme innerhalb von drei Wochen ab dem Tag der Bekanntmachung des Entwurfs der Rechtsverordnung im Bundesanzeiger. Nach Ablauf der Stellungnahmefrist wird der in § 5 Absatz 1 Satz 1 des Tarifvertragsgesetzes genannte Ausschuss mit dem Vorschlag befasst.

(6) Nach Absatz 1 vorschlagsberechtigte Tarifvertragsparteien können gemeinsam die Änderung einer nach Absatz 2 erlassenen Rechtsverordnung vorschlagen. Die Absätze 1 bis 5 finden entsprechend Anwendung.

§ 4 Rücknahme

(1) Eine rechtswidrige Erlaubnis kann mit Wirkung für die Zukunft zurückgenommen werden. § 2 Abs. 4 Satz 4 gilt entsprechend.

(2) Die Erlaubnisbehörde hat dem Verleiher auf Antrag den Vermögensnachteil auszugleichen, den dieser dadurch erleidet, daß er auf den Bestand der Erlaubnis vertraut hat, soweit sein Vertrauen unter Abwägung mit dem öffentlichen Interesse schutzwürdig ist. Auf Vertrauen kann sich der Verleiher nicht berufen, wenn er

1. die Erlaubnis durch arglistige Täuschung, Drohung oder eine strafbare Handlung erwirkt hat;

2. die Erlaubnis durch Angaben erwirkt hat, die in wesentlicher Beziehung unrichtig oder unvollständig waren, oder

3. die Rechtswidrigkeit der Erlaubnis kannte oder infolge grober Fahrlässigkeit nicht kannte.

Der Vermögensnachteil ist jedoch nicht über den Betrag des Interesses hinaus zu ersetzen, das der Verleiher an dem Bestand der Erlaubnis hat. Der auszugleichende Vermögensnachteil wird durch die Erlaubnisbehörde festgesetzt. Der Anspruch kann nur innerhalb eines Jahres geltend gemacht werden; die Frist beginnt, sobald die Erlaubnisbehörde den Verleiher auf sie hingewiesen hat.

(3) Die Rücknahme ist nur innerhalb eines Jahres seit dem Zeitpunkt zulässig, in dem die Erlaubnisbehörde von den Tatsachen Kenntnis erhalten hat, die die Rücknahme der Erlaubnis rechtfertigen.

§ 5 Widerruf

(1) Die Erlaubnis kann mit Wirkung für die Zukunft widerrufen werden, wenn

1. der Widerruf bei ihrer Erteilung nach § 2 Abs. 3 vorbehalten worden ist;
2. der Verleiher eine Auflage nach § 2 nicht innerhalb einer ihm gesetzten Frist erfüllt hat;
3. die Erlaubnisbehörde aufgrund nachträglich eingetretener Tatsachen berechtigt wäre, die Erlaubnis zu versagen, oder
4. die Erlaubnisbehörde aufgrund einer geänderten Rechtslage berechtigt wäre, die Erlaubnis zu versagen; § 4 Abs. 2 gilt entsprechend.

(2) Die Erlaubnis wird mit dem Wirksamwerden des Widerrufs unwirksam. § 2 Abs. 4 Satz 4 gilt entsprechend.

(3) Der Widerruf ist unzulässig, wenn eine Erlaubnis gleichen Inhalts erneut erteilt werden müßte.

(4) Der Widerruf ist nur innerhalb eines Jahres seit dem Zeitpunkt zulässig, in dem die Erlaubnisbehörde von den Tatsachen Kenntnis erhalten hat, die den Widerruf der Erlaubnis rechtfertigen.

§ 6 Verwaltungszwang

Werden Leiharbeitnehmer von einem Verleiher ohne die erforderliche Erlaubnis überlassen, so hat die Erlaubnisbehörde dem Verleiher dies zu untersagen und das weitere Überlassen nach den Vorschriften des Verwaltungsvollstreckungsgesetzes zu verhindern.

§ 7 Anzeigen und Auskünfte

(1) Der Verleiher hat der Erlaubnisbehörde nach Erteilung der Erlaubnis unaufgefordert die Verlegung, Schließung und Errichtung von Betrieben, Betriebsteilen oder Nebenbetrieben vorher anzuzeigen, soweit diese die Ausübung der Arbeitnehmerüberlassung zum Gegenstand haben. Wenn die Erlaubnis Personengesamtheiten, Personengesellschaften oder juristischen Personen erteilt ist und nach ihrer Erteilung eine andere Person zur Geschäftsführung oder Vertretung nach Gesetz, Satzung oder Gesellschaftsvertrag berufen wird, ist auch dies unaufgefordert anzuzeigen.

(2) Der Verleiher hat der Erlaubnisbehörde auf Verlangen die Auskünfte zu erteilen, die zur Durchführung des Gesetzes erforderlich sind. Die Auskünfte sind wahrheitsgemäß, vollständig, fristgemäß und unentgeltlich zu erteilen. Auf Verlangen der Erlaubnisbehörde hat der Verleiher die geschäftlichen Unterlagen vorzulegen, aus denen sich die Richtigkeit seiner Angaben ergibt, oder seine Angaben auf sonstige Weise glaubhaft zu machen. Der Verleiher hat seine Geschäftsunterlagen drei Jahre lang aufzubewahren.

(3) In begründeten Einzelfällen sind die von der Erlaubnisbehörde beauftragten Personen befugt, Grundstücke und Geschäftsräume des

Gesetzestext

Verleihers zu betreten und dort Prüfungen vorzunehmen. Der Verleiher hat die Maßnahmen nach Satz 1 zu dulden. Das Grundrecht der Unverletzlichkeit der Wohnung (Artikel 13 des Grundgesetzes) wird insoweit eingeschränkt.

(4) Durchsuchungen können nur auf Anordnung des Richters bei dem Amtsgericht, in dessen Bezirk die Durchsuchung erfolgen soll, vorgenommen werden. Auf die Anfechtung dieser Anordnung finden die §§ 304 bis 310 der Strafprozeßordnung entsprechende Anwendung. Bei Gefahr im Verzug können die von der Erlaubnisbehörde beauftragten Personen während der Geschäftszeit die erforderlichen Durchsuchungen ohne richterliche Anordnung vornehmen. An Ort und Stelle ist eine Niederschrift über die Durchsuchung und ihr wesentliches Ergebnis aufzunehmen, aus der sich, falls keine richterliche Anordnung ergangen ist, auch die Tatsachen ergeben, die zur Annahme einer Gefahr im Verzug geführt haben.

(5) Der Verleiher kann die Auskunft auf solche Fragen verweigern, deren Beantwortung ihn selbst oder einen der in § 383 Abs. 1 Nr. 1 bis 3 der Zivilprozeßordnung bezeichneten Angehörigen der Gefahr strafgerichtlicher Verfolgung oder eines Verfahrens nach dem Gesetz über Ordnungswidrigkeiten aussetzen würde.

§ 8 Statistische Meldungen

(1) Der Verleiher hat der Erlaubnisbehörde halbjährlich statistische Meldungen über

1. die Zahl der überlassenen Leiharbeitnehmer getrennt nach Geschlecht, nach der Staatsangehörigkeit, nach Berufsgruppen und nach der Art der vor der Begründung des Vertragsverhältnisses zum Verleiher ausgeübten Beschäftigung,
2. die Zahl der Überlassungsfälle, gegliedert nach Wirtschaftsgruppen,
3. die Zahl der Entleiher, denen er Leiharbeitnehmer überlassen hat, gegliedert nach Wirtschaftsgruppen,
4. die Zahl und die Dauer der Arbeitsverhältnisse, die er mit jedem überlassenen Leiharbeitnehmer eingegangen ist,
5. die Zahl der Beschäftigungstage jedes überlassenen Leiharbeitnehmers, gegliedert nach Überlassungsfällen,

zu erstatten. Die Erlaubnisbehörde kann die Meldepflicht nach Satz 1 einschränken.

(2) Die Meldungen sind für das erste Kalenderhalbjahr bis zum 1. September des laufenden Jahres, für das zweite Kalenderhalbjahr bis zum 1. März des folgenden Jahres zu erstatten.

(3) Die Erlaubnisbehörde gibt zur Durchführung des Absatzes 1 Erhebungsvordrucke aus. Die Meldungen sind auf diesen Vordrucken zu

erstatten. Die Richtigkeit der Angaben ist durch Unterschrift zu bestätigen.

(4) Einzelangaben nach Absatz 1 sind von der Erlaubnisbehörde geheimzuhalten. Die §§ 93, 97, 105 Abs. 1, § 111 Abs. 5 in Verbindung mit § 105 Abs. 1 sowie § 116 Abs. 1 der Abgabenordnung gelten nicht. Dies gilt nicht, soweit die Finanzbehörden die Kenntnisse für die Durchführung eines Verfahrens wegen einer Steuerstraftat sowie eines damit zusammenhängenden Besteuerungsverfahrens benötigen, an deren Verfolgung ein zwingendes öffentliches Interesse besteht, oder soweit es sich um vorsätzlich falsche Angaben des Auskunftspflichtigen oder der für ihn tätigen Personen handelt. Veröffentlichungen von Ergebnissen auf Grund von Meldungen nach Absatz 1 dürfen keine Einzelangaben enthalten. Eine Zusammenfassung von Angaben mehrerer Auskunftspflichtiger ist keine Einzelangabe im Sinne dieses Absatzes.

§ 9 Unwirksamkeit

Unwirksam sind:

1. Verträge zwischen Verleihern und Entleihern sowie zwischen Verleihern und Leiharbeitnehmern, wenn der Verleiher nicht die nach § 1 erforderliche Erlaubnis hat,

2. Vereinbarungen, die für den Leiharbeitnehmer für die Zeit der Überlassung an einen Entleiher schlechtere als die im Betrieb des Entleihers für einen vergleichbaren Arbeitnehmer des Entleihers geltenden wesentlichen Arbeitsbedingungen einschließlich des Arbeitsentgelts vorsehen; ein Tarifvertrag kann abweichende Regelungen zulassen, soweit er nicht die in einer Rechtsverordnung nach § 3a Absatz 2 festgesetzten Mindeststundenentgelte unterschreitet; im Geltungsbereich eines solchen Tarifvertrages können nicht tarifgebundene Arbeitgeber und Arbeitnehmer die Anwendung der tariflichen Regelungen vereinbaren; eine abweichende tarifliche Regelung gilt nicht für Leiharbeitnehmer, die in den letzten sechs Monaten vor der Überlassung an den Entleiher aus einem Arbeitsverhältnis bei diesem oder einem Arbeitgeber, der mit dem Entleiher einen Konzern im Sinne des § 18 des Aktiengesetzes bildet, ausgeschieden sind,

2a. Vereinbarungen, die den Zugang des Leiharbeitnehmers zu den Gemeinschaftseinrichtungen oder -diensten im Unternehmen des Entleihers entgegen § 13b beschränken,

3. Vereinbarungen, die dem Entleiher untersagen, den Leiharbeitnehmer zu einem Zeitpunkt einzustellen, in dem dessen Arbeitsverhältnis zum Verleiher nicht mehr besteht; dies schließt die Vereinbarung einer angemessenen Vergütung zwischen Verleiher und

Entleiher für die nach vorangegangenem Verleih oder mittels vorangegangenem Verleih erfolgte Vermittlung nicht aus,

4. Vereinbarungen, die dem Leiharbeitnehmer untersagen, mit dem Entleiher zu einem Zeitpunkt, in dem das Arbeitsverhältnis zwischen Verleiher und Leiharbeitnehmer nicht mehr besteht, ein Arbeitsverhältnis einzugehen,

5. Vereinbarungen, nach denen der Leiharbeitnehmer eine Vermittlungsvergütung an den Verleiher zu zahlen hat.

§ 10 Rechtsfolgen bei Unwirksamkeit, Pflichten des Arbeitgebers zur Gewährung von Arbeitsbedingungen

(1) Ist der Vertrag zwischen einem Verleiher und einem Leiharbeitnehmer nach § 9 Nr. 1 unwirksam, so gilt ein Arbeitsverhältnis zwischen Entleiher und Leiharbeitnehmer zu dem zwischen dem Entleiher und dem Verleiher für den Beginn der Tätigkeit vorgesehenen Zeitpunkt als zustande gekommen; tritt die Unwirksamkeit erst nach Aufnahme der Tätigkeit beim Entleiher ein, so gilt das Arbeitsverhältnis zwischen Entleiher und Leiharbeitnehmer mit dem Eintritt der Unwirksamkeit als zustande gekommen. Das Arbeitsverhältnis nach Satz 1 gilt als befristet, wenn die Tätigkeit des Leiharbeitnehmers bei dem Entleiher nur befristet vorgesehen war und ein die Befristung des Arbeitsverhältnisses sachlich rechtfertigender Grund vorliegt. Für das Arbeitsverhältnis nach Satz 1 gilt die zwischen dem Verleiher und dem Entleiher vorgesehene Arbeitszeit als vereinbart. Im übrigen bestimmen sich Inhalt und Dauer dieses Arbeitsverhältnisses nach den für den Betrieb des Entleihers geltenden Vorschriften und sonstigen Regelungen; sind solche nicht vorhanden, gelten diejenigen vergleichbarer Betriebe. Der Leiharbeitnehmer hat gegen den Entleiher mindestens Anspruch auf das mit dem Verleiher vereinbarte Arbeitsentgelt.

(2) Der Leiharbeitnehmer kann im Fall der Unwirksamkeit seines Vertrags mit dem Verleiher nach § 9 Nr. 1 von diesem Ersatz des Schadens verlangen, den er dadurch erleidet, daß er auf die Gültigkeit des Vertrags vertraut. Die Ersatzpflicht tritt nicht ein, wenn der Leiharbeitnehmer den Grund der Unwirksamkeit kannte.

(3) Zahlt der Verleiher das vereinbarte Arbeitsentgelt oder Teile des Arbeitsentgelts an den Leiharbeitnehmer, obwohl der Vertrag nach § 9 Nr. 1 unwirksam ist, so hat er auch sonstige Teile des Arbeitsentgelts, die bei einem wirksamen Arbeitsvertrag für den Leiharbeitnehmer an einen anderen zu zahlen wären, an den anderen zu zahlen. Hinsichtlich dieser Zahlungspflicht gilt der Verleiher neben dem Entleiher als Arbeitgeber; beide haften insoweit als Gesamtschuldner.

(4) Der Verleiher ist verpflichtet, dem Leiharbeitnehmer für die Zeit der Überlassung an den Entleiher die im Betrieb des Entleihers für einen vergleichbaren Arbeitnehmer des Entleihers geltenden wesent-

lichen Arbeitsbedingungen einschließlich des Arbeitsentgelts zu gewähren. Soweit ein auf das Arbeitsverhältnis anzuwendender Tarifvertrag abweichende Regelungen trifft (§ 3 Absatz 1 Nummer 3, § 9 Nummer 2), hat der Verleiher dem Leiharbeitnehmer die nach diesem Tarifvertrag geschuldeten Arbeitsbedingungen zu gewähren. Soweit ein solcher Tarifvertrag die in einer Rechtsverordnung nach § 3a Absatz 2 festgesetzten Mindeststundenentgelte unterschreitet, hat der Verleiher dem Leiharbeitnehmer für jede Arbeitsstunde das im Betrieb des Entleihers für einen vergleichbaren Arbeitnehmer des Entleihers für eine Arbeitsstunde zu zahlende Arbeitsentgelt zu gewähren. Im Falle der Unwirksamkeit der Vereinbarung zwischen Verleiher und Leiharbeitnehmer nach § 9 Nummer 2 hat der Verleiher dem Leiharbeitnehmer die im Betrieb des Entleihers für einen vergleichbaren Arbeitnehmer des Entleihers geltenden wesentlichen Arbeitsbedingungen einschließlich des Arbeitsentgelts zu gewähren.

(5) Der Verleiher ist verpflichtet, dem Leiharbeitnehmer mindestens das in einer Rechtsverordnung nach § 3a Absatz 2 für die Zeit der Überlassung und für Zeiten ohne Überlassung festgesetzte Mindeststundenentgelt zu zahlen.

§ 11 Sonstige Vorschriften über das Leiharbeitsverhältnis

(1) Der Nachweis der wesentlichen Vertragsbedingungen des Leiharbeitsverhältnisses richtet sich nach den Bestimmungen des Nachweisgesetzes. Zusätzlich zu den in § 2 Abs. 1 des Nachweisgesetzes genannten Angaben sind in die Niederschrift aufzunehmen:

1. Firma und Anschrift des Verleihers, die Erlaubnisbehörde sowie Ort und Datum der Erteilung der Erlaubnis nach § 1,
2. Art und Höhe der Leistungen für Zeiten, in denen der Leiharbeitnehmer nicht verliehen ist.

(2) Der Verleiher ist ferner verpflichtet, dem Leiharbeitnehmer bei Vertragsschluß ein Merkblatt der Erlaubnisbehörde über den wesentlichen Inhalt dieses Gesetzes auszuhändigen. Nichtdeutsche Leiharbeitnehmer erhalten das Merkblatt und den Nachweis nach Absatz 1 auf Verlangen in ihrer Muttersprache. Die Kosten des Merkblatts trägt der Verleiher.

(3) Der Verleiher hat den Leiharbeitnehmer unverzüglich über den Zeitpunkt des Wegfalls der Erlaubnis zu unterrichten. In den Fällen der Nichtverlängerung (§ 2 Abs. 4 Satz 3), der Rücknahme (§ 4) oder des Widerrufs (§ 5) hat er ihn ferner auf das voraussichtliche Ende der Abwicklung (§ 2 Abs. 4 Satz 4) und die gesetzliche Abwicklungsfrist (§ 2 Abs. 4 Satz 4 letzter Halbsatz) hinzuweisen.

(4) § 622 Abs. 5 Nr. 1 des Bürgerlichen Gesetzbuchs ist nicht auf Arbeitsverhältnisse zwischen Verleihern und Leiharbeitnehmern anzuwenden. Das Recht des Leiharbeitnehmers auf Vergütung bei An-

Gesetzestext

nahmeverzug des Verleihers (§ 615 Satz 1 des Bürgerlichen Gesetzbuchs) kann nicht durch Vertrag aufgehoben oder beschränkt werden; § 615 Satz 2 des Bürgerlichen Gesetzbuchs bleibt unberührt. Das Recht des Leiharbeitnehmers auf Vergütung kann durch Vereinbarung von Kurzarbeit für die Zeit aufgehoben werden, für die dem Leiharbeitnehmer Kurzarbeitergeld nach dem Dritten Buch Sozialgesetzbuch gezahlt wird; eine solche Vereinbarung kann das Recht des Leiharbeitnehmers auf Vergütung bis längstens zum 31. Dezember 2011 ausschließen.

(5) Der Leiharbeitnehmer ist nicht verpflichtet, bei einem Entleiher tätig zu sein, soweit dieser durch einen Arbeitskampf unmittelbar betroffen ist. In den Fällen eines Arbeitskampfs nach Satz 1 hat der Verleiher den Leiharbeitnehmer auf das Recht, die Arbeitsleistung zu verweigern, hinzuweisen.

(6) Die Tätigkeit des Leiharbeitnehmers bei dem Entleiher unterliegt den für den Betrieb des Entleihers geltenden öffentlich-rechtlichen Vorschriften des Arbeitsschutzrechts; die hieraus sich ergebenden Pflichten für den Arbeitgeber obliegen dem Entleiher unbeschadet der Pflichten des Verleihers. Insbesondere hat der Entleiher den Leiharbeitnehmer vor Beginn der Beschäftigung und bei Veränderungen in seinem Arbeitsbereich über Gefahren für Sicherheit und Gesundheit, denen er bei der Arbeit ausgesetzt sein kann, sowie über die Maßnahmen und Einrichtungen zur Abwendung dieser Gefahren zu unterrichten. Der Entleiher hat den Leiharbeitnehmer zusätzlich über die Notwendigkeit besonderer Qualifikationen oder beruflicher Fähigkeiten oder einer besonderen ärztlichen Überwachung sowie über erhöhte besondere Gefahren des Arbeitsplatzes zu unterrichten.

(7) Hat der Leiharbeitnehmer während der Dauer der Tätigkeit bei dem Entleiher eine Erfindung oder einen technischen Verbesserungsvorschlag gemacht, so gilt der Entleiher als Arbeitgeber im Sinne des Gesetzes über Arbeitnehmererfindungen.

§ 12 Rechtsbeziehungen zwischen Verleiher und Entleiher

(1) Der Vertrag zwischen dem Verleiher und dem Entleiher bedarf der Schriftform. In der Urkunde hat der Verleiher zu erklären, ob er die Erlaubnis nach § 1 besitzt. Der Entleiher hat in der Urkunde anzugeben, welche besonderen Merkmale die für den Leiharbeitnehmer vorgesehene Tätigkeit hat und welche berufliche Qualifikation dafür erforderlich ist sowie welche im Betrieb des Entleihers für einen vergleichbaren Arbeitnehmer des Entleihers wesentlichen Arbeitsbedingungen einschließlich des Arbeitsentgelts gelten; Letzteres gilt nicht, soweit die Voraussetzungen der in § 3 Abs. 1 Nr. 3 und § 9 Nr. 2 genannten Ausnahme vorliegen.

(2) Der Verleiher hat den Entleiher unverzüglich über den Zeitpunkt des Wegfalls der Erlaubnis zu unterrichten. In den Fällen der Nicht-

verlängerung (§ 2 Abs. 4 Satz 3), der Rücknahme (§ 4) oder des Widerrufs (§ 5) hat er ihn ferner auf das voraussichtliche Ende der Abwicklung (§ 2 Abs. 4 Satz 4) und die gesetzliche Abwicklungsfrist (§ 2 Abs. 4 Satz 4 letzter Halbsatz) hinzuweisen.

(3) (weggefallen)

§ 13 Auskunftsanspruch des Leiharbeitnehmers

Der Leiharbeitnehmer kann im Falle der Überlassung von seinem Entleiher Auskunft über die im Betrieb des Entleihers für einen vergleichbaren Arbeitnehmer des Entleihers geltenden wesentlichen Arbeitsbedingungen einschließlich des Arbeitsentgelts verlangen; dies gilt nicht, soweit die Voraussetzungen der in § 3 Abs. 1 Nr. 3 und § 9 Nr. 2 genannten Ausnahme vorliegen.

§ 13 a Informationspflicht des Entleihers über freie Arbeitsplätze

Der Entleiher hat den Leiharbeitnehmer über Arbeitsplätze des Entleihers, die besetzt werden sollen, zu informieren. Die Information kann durch allgemeine Bekanntgabe an geeigneter, dem Leiharbeitnehmer zugänglicher Stelle im Betrieb und Unternehmen des Entleihers erfolgen.

§ 13 b Zugang des Leiharbeitnehmers zu Gemeinschaftseinrichtungen oder -diensten

Der Entleiher hat dem Leiharbeitnehmer Zugang zu den Gemeinschaftseinrichtungen oder -diensten im Unternehmen unter den gleichen Bedingungen zu gewähren wie vergleichbaren Arbeitnehmern in dem Betrieb, in dem der Leiharbeitnehmer seine Arbeitsleistung erbringt, es sei denn, eine unterschiedliche Behandlung ist aus sachlichen Gründen gerechtfertigt. Gemeinschaftseinrichtungen oder -dienste im Sinne des Satzes 1 sind insbesondere Kinderbetreuungseinrichtungen, Gemeinschaftsverpflegung und Beförderungsmittel.

§ 14 Mitwirkungs- und Mitbestimmungsrechte

(1) Leiharbeitnehmer bleiben auch während der Zeit ihrer Arbeitsleistung bei einem Entleiher Angehörige des entsendenden Betriebs des Verleihers.

(2) Leiharbeitnehmer sind bei der Wahl der Arbeitnehmervertreter in den Aufsichtsrat im Entleiherunternehmen und bei der Wahl der betriebsverfassungsrechtlichen Arbeitnehmervertretungen im Entleiherbetrieb nicht wählbar. Sie sind berechtigt, die Sprechstunden dieser Arbeitnehmervertretungen aufzusuchen und an den Betriebs- und Jugendversammlungen im Entleiherbetrieb teilzunehmen. Die §§ 81, 82 Abs. 1 und die §§ 84 bis 86 des Betriebsverfassungsgesetzes gelten

Gesetzestext

im Entleiherbetrieb auch in bezug auf die dort tätigen Leiharbeitnehmer.

(3) Vor der Übernahme eines Leiharbeitnehmers zur Arbeitsleistung ist der Betriebsrat des Entleiherbetriebs nach § 99 des Betriebsverfassungsgesetzes zu beteiligen. Dabei hat der Entleiher dem Betriebsrat auch die schriftliche Erklärung des Verleihers nach § 12 Abs. 1 Satz 2 vorzulegen. Er ist ferner verpflichtet, Mitteilungen des Verleihers nach § 12 Abs. 2 unverzüglich dem Betriebsrat bekanntzugeben.

(4) Die Absätze 1 und 2 Satz 1 und 2 sowie Absatz 3 gelten für die Anwendung des Bundespersonalvertretungsgesetzes sinngemäß.

§ 15 Ausländische Leiharbeitnehmer ohne Genehmigung

(1) Wer als Verleiher einen Ausländer, der einen erforderlichen Aufenthaltstitel nach § 4 Abs. 3 des Aufenthaltsgesetzes, eine Aufenthaltsgestattung oder eine Duldung, die zur Ausübung der Beschäftigung berechtigen, oder eine Genehmigung nach § 284 Abs. 1 des Dritten Buches Sozialgesetzbuch nicht besitzt, entgegen § 1 einem Dritten ohne Erlaubnis überläßt, wird mit Freiheitsstrafe bis zu drei Jahren oder mit Geldstrafe bestraft.

(2) In besonders schweren Fällen ist die Strafe Freiheitsstrafe von sechs Monaten bis zu fünf Jahren. Ein besonders schwerer Fall liegt in der Regel vor, wenn der Täter gewerbsmäßig oder aus grobem Eigennutz handelt.

§ 15 a Entleih von Ausländern ohne Genehmigung

(1) Wer als Entleiher einen ihm überlassenen Ausländer, der einen erforderlichen Aufenthaltstitel nach § 4 Abs. 3 des Aufenthaltsgesetzes, eine Aufenthaltsgestattung oder eine Duldung, die zur Ausübung der Beschäftigung berechtigen, oder eine Genehmigung nach § 284 Abs. 1 des Dritten Buches Sozialgesetzbuch nicht besitzt, zu Arbeitsbedingungen des Leiharbeitsverhältnisses tätig werden läßt, die in einem auffälligen Mißverhältnis zu den Arbeitsbedingungen deutscher Leiharbeitnehmer stehen, die die gleiche oder eine vergleichbare Tätigkeit ausüben, wird mit Freiheitsstrafe bis zu drei Jahren oder mit Geldstrafe bestraft. In besonders schweren Fällen ist die Strafe Freiheitsstrafe von sechs Monaten bis zu fünf Jahren; ein besonders schwerer Fall liegt in der Regel vor, wenn der Täter gewerbsmäßig oder aus grobem Eigennutz handelt.

(2) Wer als Entleiher

1. gleichzeitig mehr als fünf Ausländer, die einen erforderlichen Aufenthaltstitel nach § 4 Abs. 3 des Aufenthaltsgesetzes, eine Aufenthaltsgestattung oder eine Duldung, die zur Ausübung der Beschäftigung berechtigen, oder eine Genehmigung nach § 284 Abs. 1 des

Dritten Buches Sozialgesetzbuch nicht besitzen, tätig werden läßt oder

2. eine in § 16 Abs. 1 Nr. 2 bezeichnete vorsätzliche Zuwiderhandlung beharrlich wiederholt,

wird mit Freiheitsstrafe bis zu einem Jahr oder mit Geldstrafe bestraft. Handelt der Täter aus grobem Eigennutz, ist die Strafe Freiheitsstrafe bis zu drei Jahren oder Geldstrafe.

§ 16 Ordnungswidrigkeiten

(1) Ordnungswidrig handelt, wer vorsätzlich oder fahrlässig

1. entgegen § 1 einen Leiharbeitnehmer einem Dritten ohne Erlaubnis überläßt,

1a. einen ihm von einem Verleiher ohne Erlaubnis überlassenen Leiharbeitnehmer tätig werden läßt,

1b. entgegen § 1b Satz 1 Arbeitnehmer überläßt oder tätig werden läßt,

2. einen ihm überlassenen ausländischen Leiharbeitnehmer, der einen erforderlichen Aufenthaltstitel nach § 4 Abs. 3 des Aufenthaltsgesetzes, eine Aufenthaltsgestattung oder eine Duldung, die zur Ausübung der Beschäftigung berechtigen, oder eine Genehmigung nach § 284 Abs. 1 des Dritten Buches Sozialgesetzbuch nicht besitzt, tätig werden läßt,

2a. eine Anzeige nach § 1a nicht richtig, nicht vollständig oder nicht rechtzeitig erstattet,

3. einer Auflage nach § 2 Abs. 2 nicht, nicht vollständig oder nicht rechtzeitig nachkommt,

4. eine Anzeige nach § 7 Abs. 1 nicht, nicht richtig, nicht vollständig oder nicht rechtzeitig erstattet,

5. eine Auskunft nach § 7 Abs. 2 Satz 1 nicht, nicht richtig, nicht vollständig oder nicht rechtzeitig erteilt,

6. seiner Aufbewahrungspflicht nach § 7 Abs. 2 Satz 4 nicht nachkommt,

6a. entgegen § 7 Abs. 3 Satz 2 eine dort genannte Maßnahme nicht duldet,

7. eine statistische Meldung nach § 8 Abs. 1 nicht, nicht richtig, nicht vollständig oder nicht rechtzeitig erteilt,

7a. entgegen § 10 Absatz 4 eine Arbeitsbedingung nicht gewährt,

7b. entgegen § 10 Absatz 5 in Verbindung mit einer Rechtsverordnung nach § 3a Absatz 2 Satz 1 das dort genannte Mindeststundenentgelt nicht zahlt,

8. einer Pflicht nach § 11 Abs. 1 oder Abs. 2 nicht nachkommt,

Gesetzestext

9. entgegen § 13a Satz 1 den Leiharbeitnehmer nicht, nicht richtig oder nicht vollständig informiert,
10. entgegen § 13b Satz 1 Zugang nicht gewährt,
11. entgegen § 17a in Verbindung mit § 5 Absatz 1 Satz 1 des Schwarzarbeitsbekämpfungsgesetzes eine Prüfung nicht duldet oder bei dieser Prüfung nicht mitwirkt,
12. entgegen § 17a in Verbindung mit § 5 Absatz 1 Satz 2 des Schwarzarbeitsbekämpfungsgesetzes das Betreten eines Grundstücks oder Geschäftsraums nicht duldet,
13. entgegen § 17a in Verbindung mit § 5 Absatz 3 Satz 1 des Schwarzarbeitsbekämpfungsgesetzes Daten nicht, nicht richtig, nicht vollständig, nicht in der vorgeschriebenen Weise oder nicht rechtzeitig übermittelt,
14. entgegen § 17b Absatz 1 Satz 1 eine Anmeldung nicht, nicht richtig, nicht vollständig, nicht in der vorgeschriebenen Weise oder nicht rechtzeitig zuleitet,
15. entgegen § 17b Absatz 1 Satz 2 eine Änderungsmeldung nicht, nicht richtig, nicht vollständig, nicht in der vorgeschriebenen Weise oder nicht rechtzeitig macht,
16. entgegen § 17b Absatz 2 eine Versicherung nicht beifügt,
17. entgegen § 17c Absatz 1 eine Aufzeichnung nicht, nicht richtig oder nicht vollständig erstellt oder nicht mindestens zwei Jahre aufbewahrt oder
18. entgegen § 17c Absatz 2 eine Unterlage nicht, nicht richtig, nicht vollständig oder nicht in der vorgeschriebenen Weise bereithält.

(2) Die Ordnungswidrigkeit nach Absatz 1 Nummer 1 bis 1b, 6 und 11 bis 18 kann mit einer Geldbuße bis zu dreißigtausend Euro, die Ordnungswidrigkeit nach Absatz 1 Nummer 2, 7a und 7b mit einer Geldbuße bis zu fünfhunderttausend Euro, die Ordnungswidrigkeit nach Absatz 1 Nummer 2a, 3, 9 und 10 mit einer Geldbuße bis zu zweitausendfünfhundert Euro, die Ordnungswidrigkeit nach Absatz 1 Nummer 4, 5, 6a, 7 und 8 mit einer Geldbuße bis zu tausend Euro geahndet werden.

(3) Verwaltungsbehörden im Sinne des § 36 Abs. 1 Nr. 1 des Gesetzes über Ordnungswidrigkeiten sind für die Ordnungswidrigkeiten nach Absatz 1 Nummer 1 bis 2a, 7b sowie 11 bis 18 die Behörden der Zollverwaltung, für die Ordnungswidrigkeiten nach Absatz 1 Nummer 3 bis 7a sowie 8 bis 10 die Bundesagentur für Arbeit.

(4) §§ 66 des Zehnten Buches Sozialgesetzbuch gilt entsprechend.

(5) Die Geldbußen fließen in die Kasse der zuständigen Verwaltungsbehörde. Sie trägt abweichend von § 105 Abs. 2 des Gesetzes über

Ordnungswidrigkeiten die notwendigen Auslagen und ist auch ersatzpflichtig im Sinne des § 110 Abs. 4 des Gesetzes über Ordnungswidrigkeiten.

§ 17 Durchführung

(1) Die Bundesagentur für Arbeit führt dieses Gesetz nach fachlichen Weisungen des Bundesministeriums für Arbeit und Soziales durch. Verwaltungskosten werden nicht erstattet.

(2) Die Prüfung der Arbeitsbedingungen nach § 10 Absatz 5 obliegt zudem den Behörden der Zollverwaltung nach Maßgabe der §§ 17a bis 18a.

§ 17a Befugnisse der Behörden der Zollverwaltung

Die §§ 2, 3 bis 6 und 14 bis 20, 22, 23 des Schwarzarbeitsbekämpfungsgesetzes sind entsprechend anzuwenden mit der Maßgabe, dass die dort genannten Behörden auch Einsicht in Arbeitsverträge, Niederschriften nach § 2 des Nachweisgesetzes und andere Geschäftsunterlagen nehmen können, die mittelbar oder unmittelbar Auskunft über die Einhaltung der Arbeitsbedingungen nach § 10 Absatz 5 geben.

§ 17b Meldepflicht

(1) Überlässt ein Verleiher mit Sitz im Ausland einen Leiharbeitnehmer zur Arbeitsleistung einem Entleiher, hat der Entleiher, sofern eine Rechtsverordnung nach § 3a auf das Arbeitsverhältnis Anwendung findet, vor Beginn jeder Überlassung der zuständigen Behörde der Zollverwaltung eine schriftliche Anmeldung in deutscher Sprache mit folgenden Angaben zuzuleiten:

1. Familienname, Vornamen und Geburtsdatum des überlassenen Leiharbeitnehmers,

2. Beginn und Dauer der Überlassung,

3. Ort der Beschäftigung,

4. Ort im Inland, an dem die nach § 17c erforderlichen Unterlagen bereitgehalten werden,

5. Familienname, Vornamen und Anschrift in Deutschland eines oder einer Zustellungsbevollmächtigten des Verleihers,

6. Branche, in die die Leiharbeitnehmer überlassen werden sollen, und

7. Familienname, Vornamen oder Firma sowie Anschrift des Verleihers.

Änderungen bezüglich dieser Angaben hat der Entleiher unverzüglich zu melden.

(2) Der Entleiher hat der Anmeldung eine Versicherung des Verleihers

Gesetzestext

beizufügen, dass dieser seine Verpflichtungen nach § 10 Absatz 5 einhält.

(3) Das Bundesministerium der Finanzen kann durch Rechtsverordnung im Einvernehmen mit dem Bundesministerium für Arbeit und Soziales ohne Zustimmung des Bundesrates bestimmen,

1. dass, auf welche Weise und unter welchen technischen und organisatorischen Voraussetzungen eine Anmeldung, Änderungsmeldung und Versicherung abweichend von den Absätzen 1 und 2 elektronisch übermittelt werden kann,

2. unter welchen Voraussetzungen eine Änderungsmeldung ausnahmsweise entfallen kann und

3. wie das Meldeverfahren vereinfacht oder abgewandelt werden kann.

(4) Das Bundesministerium der Finanzen kann durch Rechtsverordnung ohne Zustimmung des Bundesrates die zuständige Behörde nach Absatz 1 Satz 1 bestimmen.

§ 17 c Erstellen und Bereithalten von Dokumenten

(1) Sofern eine Rechtsverordnung nach § 3 a auf ein Arbeitsverhältnis Anwendung findet, ist der Entleiher verpflichtet, Beginn, Ende und Dauer der täglichen Arbeitszeit des Leiharbeitnehmers aufzuzeichnen und diese Aufzeichnungen mindestens zwei Jahre aufzubewahren.

(2) Jeder Verleiher ist verpflichtet, die für die Kontrolle der Einhaltung einer Rechtsverordnung nach § 3 a erforderlichen Unterlagen im Inland für die gesamte Dauer der tatsächlichen Beschäftigung des Leiharbeitnehmers im Geltungsbereich dieses Gesetzes, insgesamt jedoch nicht länger als zwei Jahre, in deutscher Sprache bereitzuhalten. Auf Verlangen der Prüfbehörde sind die Unterlagen auch am Ort der Beschäftigung bereitzuhalten.

§ 18 Zusammenarbeit mit anderen Behörden

(1) Zur Verfolgung und Ahndung der Ordnungswidrigkeiten nach § 16 arbeiten die Bundesagentur für Arbeit und die Behörden der Zollverwaltung insbesondere mit folgenden Behörden zusammen:

1. den Trägern der Krankenversicherung als Einzugsstellen für die Sozialversicherungsbeiträge,

2. den in § 71 des Aufenthaltsgesetzes genannten Behörden,

3. den Finanzbehörden,

4. den nach Landesrecht für die Verfolgung und Ahndung von Ordnungswidrigkeiten nach dem Schwarzarbeitsbekämpfungsgesetz zuständigen Behörden,

5. den Trägern der Unfallversicherung,

Gesetzestext

6. den für den Arbeitsschutz zuständigen Landesbehörden,
7. den Rentenversicherungsträgern,
8. den Trägern der Sozialhilfe.

(2) Ergeben sich für die Bundesagentur für Arbeit oder die Behörden der Zollverwaltung bei der Durchführung dieses Gesetzes im Einzelfall konkrete Anhaltspunkte für

1. Verstöße gegen das Schwarzarbeitsbekämpfungsgesetz,
2. eine Beschäftigung oder Tätigkeit von Ausländern ohne erforderlichen Aufenthaltstitel nach § 4 Abs. 3 des Aufenthaltsgesetzes, eine Aufenthaltsgestattung oder eine Duldung, die zur Ausübung der Beschäftigung berechtigen, oder eine Genehmigung nach § 284 Abs. 1 des Dritten Buches Sozialgesetzbuch,
3. Verstöße gegen die Mitwirkungspflicht nach § 60 Abs. 1 Satz 1 Nr. 2 des Ersten Buches Sozialgesetzbuch gegenüber einer Dienststelle der Bundesagentur für Arbeit, einem Träger der gesetzlichen Kranken-, Pflege-, Unfall- oder Rentenversicherung oder einem Träger der Sozialhilfe oder gegen die Meldepflicht nach § 8a des Asylbewerberleistungsgesetzes,
4. Verstöße gegen die Vorschriften des Vierten und Siebten Buches Sozialgesetzbuch über die Verpflichtung zur Zahlung von Sozialversicherungsbeiträgen, soweit sie im Zusammenhang mit den in den Nummern 1 bis 3 genannten Verstößen sowie mit Arbeitnehmerüberlassung entgegen § 1 stehen,
5. Verstöße gegen die Steuergesetze,
6. Verstöße gegen das Aufenthaltsgesetz,

unterrichten sie die für die Verfolgung und Ahndung zuständigen Behörden, die Träger der Sozialhilfe sowie die Behörden nach § 71 des Aufenthaltsgesetzes.

(3) In Strafsachen, die Straftaten nach den §§ 15 und 15a zum Gegenstand haben, sind der Bundesagentur für Arbeit und den Behörden der Zollverwaltung zur Verfolgung von Ordnungswidrigkeiten

1. bei Einleitung des Strafverfahrens die Personendaten des Beschuldigten, der Straftatbestand, die Tatzeit und der Tatort,
2. im Falle der Erhebung der öffentlichen Klage die das Verfahren abschließende Entscheidung mit Begründung

zu übermitteln. Ist mit der in Nummer 2 genannten Entscheidung ein Rechtsmittel verworfen worden oder wird darin auf die angefochtene Entscheidung Bezug genommen, so ist auch die angefochtene Entscheidung zu übermitteln. Die Übermittlung veranlaßt die Strafvollstreckungs- oder die Strafverfolgungsbehörde. Eine Verwendung

1. der Daten der Arbeitnehmer für Maßnahmen zu ihren Gunsten,

Gesetzestext

2. der Daten des Arbeitgebers zur Besetzung seiner offenen Arbeitsplätze, die im Zusammenhang mit dem Strafverfahren bekanntgeworden sind,
3. der in den Nummern 1 und 2 genannten Daten für Entscheidungen über die Einstellung oder Rückforderung von Leistungen der Bundesagentur für Arbeit

ist zulässig.

(4) Gerichte, Strafverfolgungs- oder Strafvollstreckungsbehörden sollen den Behörden der Zollverwaltung Erkenntnisse aus sonstigen Verfahren, die aus ihrer Sicht zur Verfolgung von Ordnungswidrigkeiten nach § 16 Abs. 1 Nr. 1 bis 2 erforderlich sind, übermitteln, soweit nicht für die übermittelnde Stelle erkennbar ist, daß schutzwürdige Interessen des Betroffenen oder anderer Verfahrensbeteiligter an dem Ausschluß der Übermittlung überwiegen. Dabei ist zu berücksichtigen, wie gesichert die zu übermittelnden Erkenntnisse sind.

(5) Die Behörden der Zollverwaltung unterrichten die zuständigen Finanzämter über den Inhalt von Meldungen nach § 17 b.

(6) Die Behörden der Zollverwaltung und die übrigen in § 2 des Schwarzarbeitsbekämpfungsgesetzes genannten Behörden dürfen nach Maßgabe der jeweils einschlägigen datenschutzrechtlichen Bestimmungen auch mit Behörden anderer Vertragsstaaten des Abkommens über den Europäischen Wirtschaftsraum zusammenarbeiten, die dem § 17 Absatz 2 entsprechende Aufgaben durchführen oder für die Bekämpfung illegaler Beschäftigung zuständig sind oder Auskünfte geben können, ob ein Arbeitgeber seine Verpflichtungen nach § 10 Absatz 5 erfüllt. Die Regelungen über die internationale Rechtshilfe in Strafsachen bleiben hiervon unberührt.

§ 18a Ersatzzustellung an den Verleiher

Für die Ersatzzustellung an den Verleiher auf Grund von Maßnahmen nach diesem Gesetz gilt der im Inland gelegene Ort der konkreten Beschäftigung des Leiharbeitnehmers sowie das vom Verleiher eingesetzte Fahrzeug als Geschäftsraum im Sinne des § 5 Absatz 2 Satz 2 Nummer 1 des Verwaltungszustellungsgesetzes in Verbindung mit § 178 Absatz 1 Nummer 2 der Zivilprozessordnung.

§ 19 Übergangsvorschrift

§ 3 Absatz 1 Nummer 3 Satz 4 und § 9 Nummer 2 letzter Halbsatz finden keine Anwendung auf Leiharbeitsverhältnisse, die vor dem 15. Dezember 2010 begründet worden sind.

Einleitung

Gliederung Rn.
1. Funktion der Arbeitnehmerüberlassung 1
2. Entstehung des AÜG und Gesetzeszweck 2–14a
3. Rechtstatsächliche Entwicklungen 15–20
   a. Umfang und Struktur der Arbeitnehmerüberlassung 15–17
   b. Bestandsschutz des Leiharbeitsverhältnisses 18
   c. Das Leiharbeitsverhältnis als Existenzgrundlage des Leih-AN 19
   d. Arbeitnehmerüberlassung im Konzernverbund 20
4. Arbeitnehmerüberlassung und betriebliche Beschäftigungspolitik 21–22
5. Gefährdungsbereiche der Leiharbeit 23–33
   a. Leiharbeit als Rationalisierungsinstrument 23–24
   b. Auswirkungen auf das Tarifsystem 25–28
   c. Einkommensentwicklung 29–30
   d. Auswirkungen auf die Mitbestimmung und die betrieblichen
      Sozialleistungssysteme 31–33
6. Abgrenzung von Arbeitnehmerüberlassung und Arbeitsvermittlung 34–37
7. Abgrenzung von Arbeitnehmerüberlassung zum Werk-/Dienst-
   vertrag 38–52
   a. Voraussetzungen des Werkvertrags 38–46
   b. Werkvertrag und Betriebsübergang 47
   c. Werkvertrag und Betriebsverfassung 48–52
8. Arbeitnehmerüberlassung mit Auslandsbezug 53–64
   a. Entsendung von Leih-AN in das Ausland 53–56
   b. Entsendung von Leih-AN durch ausländische Verleiher und
      aus dem Ausland 57–59
   c. Einsatz von ausländischen Arbeitnehmern aus Drittstaaten
      und den EU-Beitrittsstaaten 60–63
   d. Prüfungspflichten bei Beschäftigung ausländischer Leih-AN . 64

1. Funktion der Arbeitnehmerüberlassung

Neue Produktions- und Logistikkonzepte sowie erhöhte Markt- 1
schwankungen führen dazu, dass auch der Arbeitsanfall in den Betrieben Schwankungen unterliegt. Ein Großteil dieser Schwankungen lässt sich durch Einsatz arbeitszeitpolitischer Instrumente wie Mehrarbeit, Kurzarbeit oder auch gleitende Arbeitszeiten ausgleichen. Soweit dies nicht ausreicht, müssen die Betriebe **beschäftigungspolitische Flexibilisierungsinstrumente** einsetzen, um einem erhöhten Personalbedarf Rechnung zu tragen. Das befristete ArbV ist hier ein geeignetes

Einleitung

Instrument. Die kurzen Zyklen, in denen der Arbeitsanfall steigt oder sinkt, bringen bei befristeter Beschäftigung jedoch das Problem mit sich, dass der Betrieb ständig AN auf dem betriebsexternen Arbeitsmarkt suchen und anschließend einstellen und entlassen muss. Die Arbeitsvermittlung der BA und die der privaten Arbeitsvermittler sind nicht in der Lage, hier passgenau die benötigten Arbeitskräfte kurzfristig zu finden und zur Verfügung zu stellen. Von daher erscheint es sinnvoll, wenn es Unternehmen gibt, die ständig AN bereitstellen können, um den schwankenden Personalbedarf in den Unternehmen abdecken zu können. Diese **Funktion** übernimmt die ANÜ auf der Grundlage des AÜG. Durch Beschäftigung von Leih-AN im Rahmen der ANÜ können die Unternehmen zu jedem Zeitpunkt Arbeitskräfte zur vorübergehenden Beschäftigung erhalten, die nach dem Rückgang von Auftragsspitzen wieder entlassen werden können. Leiharbeit ist daher ein beschäftigungspolitisches Instrument, um einen **vorübergehenden Personalbedarf** abdecken zu können. § 1 Abs. 1 S. 2 AÜG stellt dies ausdrücklich klar.

2. Entstehung des AÜG und Gesetzeszweck

2 Ebenso wie die Arbeitsvermittlung (AVM) ist die ANÜ dadurch gekennzeichnet, dass ein Dritter (Arbeitsvermittler oder Verleiher) Arbeitskräfte zur Beschäftigung in einem anderen Unternehmen anbietet. Die ANÜ wurde als Bestandteil der AVM erstmals im Arbeitsnachweisgesetz (ANG; v. 27.7.1922; RGBl. I S. 857) gesetzlich geregelt und im Gesetz über Arbeitsvermittlung und Arbeitslosenversicherung (AVAVG; v. 16.7.1927; RGBl. I 387) gesetzlich definiert. Durch die Novellierung des AVAVG im Jahre 1956 wurde § 37 Abs. 3 AVAVG in das Gesetz eingefügt, der ein **Verbot der gewerbsmäßigen ANÜ** vorsah. Danach galt die gewerbsmäßige ANÜ als (unerlaubte) AVM (zur Entstehungsgeschichte ausf. Ulber/*Ulber, J., AÜG*, Einl. B Rn. 1 ff.).

3 Wegen Verstoßes gegen das Grundrecht auf freie Berufswahl von Verleihern erklärte das *BVerfG* (v. 4.4.1967, BVerfGE 21, 261) § 37 Abs. 3 AVAVG für verfassungswidrig. Seit dieser Entscheidung ist die gewerbsmäßige Überlassung von Arbeitskräften in Deutschland zulässig. Allerdings bestanden für die ANÜ schon vor Verabschiedung des AÜG bestimmte rechtliche Grenzen, die sich vor allem aus der besonderen Stellung des Verleihers als AG und der notwendigen Abgrenzung zur AVM ergaben. Die Zulässigkeit von ANÜ hing u.a. davon ab, dass die Laufzeit des ArbV eines Leih-AN die Dauer des Verleihs an einen anderen Betrieb überdauert (sog. **Synchronisationsverbot**; vgl. Rn. 13, 34 ff.), die **Überlassungsdauer** zeitlich befristet ist und der Verleiher in Zeiten mangelnder Einsatzmöglichkeiten bei Entleihern uneingeschränkt verpflichtet ist, den Lohn fortzuzahlen (typisches **Beschäftigungsrisiko** des Verleihers; vgl. *BSG* v. 29.7.1970, BSGE 31, 235). Insgesamt muss danach der **Schwerpunkt**

Einleitung

des ArbV in den Beziehungen zwischen Verleiher und Leih-AN liegen.

Mit der Verabschiedung des AÜG setzte der Gesetzgeber 1972 die Entscheidung des *BVerfG* zur grundsätzlichen Zulässigkeit der gewerbsmäßigen ANÜ in allen Branchen gesetzlich um. Neben arbeits- und gewerberechtlichen Bestimmungen zur ANÜ wurden in das Gesetz Vorschriften zum Verwaltungsverfahren bei der Erlaubniserteilung und Sanktionsnormen bei Verstößen aufgenommen. Neben den Vorschriften zur Zuverlässigkeit des Verleihers bei der Erlaubniserteilung (vgl. § 3 Abs. 1) dienen vor allem die Vorschriften zu den Besonderheiten des Leiharbeitsverhältnisses dem **Schutz des Leih-AN**. Hervorzuheben sind dabei u. a. die Bestimmungen, die sich auf das **Verbot der Deckungsgleichheit** der Laufzeit von Leiharbeitsverträgen und Überlassung an einen Entleiher beziehen (vgl. § 1 Rn. 129), die **uneingeschränkte Entgeltfortzahlungspflicht** des Verleihers in Zeiten mangelnder Beschäftigung (§ 11 Abs. 4 Satz 2; vgl. § 11 Rn. 55 ff.) und die Vermutung von AVM bei Verstößen des Verleihers gegen seine Arbeitgeberpflichten (§ 1 Abs. 2; vgl. § 1 Rn. 155 ff.).

4

Zur **Abgrenzung** von AVM und ANÜ wurde neben der vermuteten AVM nach § 1 Abs. 2 eine besondere Vorschrift in das Gesetz aufgenommen, die den Zeitpunkt bestimmte, ab dem ein Einsatz von Leih-AN bei Entleihern als AVM galt, mit der Folge, dass ein (fingiertes) ArbV zum Entleiher begründet wurde. Nach § 3 Abs. 1 Nr. 6 a. F. sollte bei einem Einsatz von mehr als drei Monaten bei demselben Entleiher AVM vorliegen und ein ArbV zum Entleiher zustande kommen.

5

Die mit ANÜ verbundenen Missbrauchsgefahren führten insbesondere im **Baubereich** dazu, dass die Praxis in den Betrieben nicht mehr mit sozialstaatlichen Anforderungen und den Schutzpflichten des Gesetzgebers gegenüber den AN in Einklang stand. Durch Gesetz v. 22. 12. 1981 wurde daher in das AFG ein neuer § 12a eingefügt (jetzt § 1b AÜG), der ein eingeschränktes **sektorales Verbot** der ANÜ in der Bauwirtschaft vorsieht. Die Vorschrift ist mit dem GG vereinbar (*BVerfG* v. 6. 10. 1987, BVerfGE 77, 84).

6

Während bis Mitte der 80er-Jahre der Schutz des Leih-AN vor sittenwidriger Ausbeutung die Gesetzgebung zur ANÜ bestimmte, dienten die nachfolgenden Gesetzesänderungen bis zum 1. AÜG-ÄndG v. 28. 4. 2011 (BGBl. I S. 642) dem Ziel, durch Abbau des gesetzlichen Schutzes von Leih-AN (**Deregulierung**) die Einsatz- und Nutzungsbedingungen der Unternehmen zu verbessern und die ANÜ als Instrument zum Ausbau des **Niedriglohnbereichs** zu instrumentalisieren. Das sog. Beschäftigungsförderungsgesetz 1985 markiert insoweit den Perspektivenwechsel des Gesetzgebers (vgl. *Leinemann*, BB 1996, 1381;

7

Einleitung

Ulber, J., AiB 1986, 267), der sich auch in der nachfolgenden Gesetzgebung niederschlug.

8 Mit dem BeschFG 1985 wurde der Weg beschritten, über eine **Verlängerung** der höchstzulässigen **Überlassungsdauer** von Leih-AN deren Einsatzmöglichkeiten zu verbreitern und hierdurch die Gewinnerzielungsmöglichkeiten der Verleiher sowie die Möglichkeiten der Entleiher, Dauerarbeitsplätze abzubauen, erweitert. Das BeschFG 1985 sah eine (zunächst befristete) Änderung des § 3 Abs. 1 Nr. 6 a. F. vor, nach der die Höchsteinsatzdauer von drei auf sechs Monate erhöht wurde. Trotz der **arbeitsmarktpolitischen Wirkungslosigkeit** dieser Maßnahme wurde die befristete Regelung mit dem BeschFG 1990 bis zum 31.12.1995 wiederum befristet verlängert und durch Art. 3 des BeschFG 1994 bis zum 31.12.2000 befristet auf 9 Monate heraufgesetzt (vgl. Ulber/*Ulber, J.*, AÜG, Einl. B Rn. 28 ff.).

9 Wesentliche Änderungen der gesetzlichen Bestimmungen zur ANÜ waren mit dem Gesetz zur Reform der Arbeitsförderung (**AFRG**) verbunden, das nach der Gesetzesbegründung den Zielen der Wirtschaft nach flexibleren Formen des Personaleinsatzes Rechnung tragen sollte (zu verfassungsrechtlichen Bedenken vgl. Ulber/*Ulber, J.*, AÜG, Einl. B Rn. 36 ff.). § 13 a. F., der den Schutz des Leih-AN bei illegaler ANÜ regelte, wurde ersatzlos gestrichen, die **Höchstüberlassungsdauer** wurde auf 12 Monate heraufgesetzt und der Schutz des Leih-AN vor Befristungen und Verstößen gegen das Synchronisationsverbot wurde gelockert.

10 Den Wünschen der Wirtschaft entsprechend (vgl. Ulber/*Ulber, J.*, AÜG, Einl. B Rn. 49) wurden durch das sog. **Job-Aktiv-Gesetz** (v. 10.12.2001, BGBl. I S. 3443) die Bestimmungen des AÜG zum Arbeitnehmerschutz weiter verschlechtert. Der **Höchstüberlassungszeitraum** des § 3 Abs. 1 Nr. 6 a. F. wurde auf **24 Monate** angehoben. Um verfassungsrechtlichen Bedenken gegen die Vorschrift zu begegnen und gleichzeitig Wertungswidersprüche zur AVM zu verringern, war die Gesetzesänderung mit einer Neuregelung der Mindestansprüche des Leih-AN bei einer zwölf Monate übersteigenden Überlassung des Leih-AN an denselben Entleiher verbunden. Nach dem neu eingefügten § 10 Abs. 5 (der in der Praxis nahezu ausnahmslos umgangen wurde) sollten dem Leih-AN bei mehr als 12-monatigem Einsatz bei einem Entleiher das Arbeitsentgelt und die Arbeitsbedingungen gewährt werden, die ihm bei einer Festeinstellung beim Entleiher gewährt werden müssten (sog. **equal pay** und **equal treatment**).

11 Ihren Höhepunkt fand die Deregulierungsgesetzgebung im Bereich der ANÜ mit dem **ersten Gesetz für moderne Dienstleistungen am Arbeitsmarkt** (v. 23.12.2002, BGBl. I S. 4607; sog. **Hartz I**). Mit dem Gesetz wurde ein Großteil der Schutzbestimmungen für Leih-AN aufgehoben. Dies betrifft vor allem die vormaligen Bestimmungen zum Befristungs- und Synchronisationsverbot (§ 3 Abs. 1

Einleitung

Nr. 3 bis 5 a. F.). Daneben wurden die Regelungen zur Höchstüberlassungsdauer (§ 3 Abs. 1 Nr. 6 a. F.) ersatzlos gestrichen.

Parallel zum Abbau des Arbeitnehmerschutzes wurden Bestimmungen zum Grundsatz der **Nichtdiskriminierung von Leih-AN** gegenüber Stammarbeitnehmern in das Gesetz eingefügt (§ 3 Abs. 1 Nr. 3, § 9 Nr. 2 und § 10 Abs. 4). Dem Leih-AN sollen nach dem **Gleichstellungsgrundsatz** (wie in nahezu allen Mitgliedstaaten der EU üblich) grundsätzlich dieselben Arbeitsbedingungen und dasselbe Arbeitsentgelt gewährt werden wie Stammarbeitnehmern des Entleihers. Allerdings räumt das Gesetz die Möglichkeit ein, von diesem Grundsatz abzuweichen, wenn auf das Leiharbeitsverhältnis ein **TV zur ANÜ** Anwendung findet oder arbeitsvertraglich auf einen derartigen TV Bezug genommen wird (vgl. § 9 Rn. 65 ff.). Diese Abweichungsregel hat dazu geführt, dass der Gleichstellungsgrundsatz faktisch nicht gilt. Stattdessen sind in den letzten Jahren eine Vielzahl von Flächen- und Firmentarifverträgen abgeschlossen worden, die die Diskriminierung von Leih-AN im Entleiherbetrieb weiter verstärkten. Die Arbeitnehmervereinigung CGZP, die speziell zum Abschluss von **Lohndumping**-TV in der Verleihbranche gegründet wurde, sah ihre Aufgabe nach eigenem Verständnis darin, den gesetzlichen Gleichstellungsgrundsatz zur Erhaltung der Existenz mittelständischer Verleiher ausnahmslos zu unterschreiten (zur Unwirksamkeit der von der CGZP abgeschlossenen TV vgl. § 9 Rn. 74 f.).

Der mit den Hartz-Gesetzen beabsichtigte Abbau des sozialstaatlich gebotenen Mindestschutzes von Leih-AN unterliegt nicht nur verfassungsrechtlichen Bedenken (vgl. Ulber/*Ulber, J.*, AÜG, Einl. B Rn. 52), sondern stößt auch auf Schutzbestimmungen des allgemeinen Arbeits- und Sozialrechts, die die Wirkungen der Deregulierungsgesetzgebung begrenzen. Das **Synchronisationsverbot** ist zwar im AÜG nicht mehr ausdrücklich geregelt; es bestand dennoch auf Grund der Befristungsbestimmungen des TzBfG weiter fort. Auch die Aufhebung der **Höchstüberlassungsdauer** führte nicht dazu, dass der Leih-AN vom Verleiher dazu eingestellt werden kann, ausschließlich bei einem Entleiher dauerhaft eingesetzt zu werden (str.). Vielmehr bestand der in § 11 Abs. 4 S. 2 konkretisierte Grundsatz, dass die **Laufzeit des Leiharbeitsverhältnisses** die Dauer des Einsatzes bei einem Entleiher überschreiten muss, weiter. Und auch die Bestimmungen zur AVM, die eine ANÜ ausschließen, wenn der Schwerpunkt des ArbV beim Entleiher liegt (Rn. 35 f.), schlossen aus, dass Entleiher Leih-AN dauerhaft auf Stammarbeitsplätzen einsetzen können (str.).

Die Ausweitung der Möglichkeiten für Verleiher, aus der Massenarbeitslosigkeit ein Geschäft zu machen, die insbesondere in § 9 Nr. 3 und den Subventionen für die PSA ihren Ausdruck fanden, hat der Gesetzgeber mit der Möglichkeit für Verleiher zur entgeltlichen AVM verstärkt. Das Verbot, ANÜ und AVM gleichzeitig gewerbsmäßig zu

Einleitung

betreiben, wurde bereits durch das BeschFG 1994 aufgehoben. Unzulässig war es aber bis zum 31.12.2003, vom Entleiher für einen überlassenen Leih-AN eine **Vermittlungsprovision** zu verlangen, wenn er den Leih-AN in ein ArbV übernahm (§ 9 Nr. 3 a. F.). Dieses Verbot wurde durch das Hartz-III-Gesetz (v. 23.12.2003 BGBl. I S. 2848) gestrichen, so dass es dem Verleiher bei Überlassung von Leih-AN seither möglich ist, neben der Überlassungsvergütung zusätzlich eine Vermittlungsprovision zu erhalten (vgl. § 9 Rn. 103ff.).

14a Durch die **Richtlinie 2008/104 EG über Leiharbeit** wurde die Gesetzgebung gezwungen das AÜG grundlegend zu novellieren. Ein Teil des gesetzlichen Änderungsbedarfs wurde mit dem **Ersten Gesetz zur Änderung des Arbeitnehmerüberlassungsgesetzes** (v. 28.4.2011, BGBl. I S. 642; 1. AÜG-ÄndG) umgesetzt (zum Verstoß gegen Gemeinschaftsrecht vgl. Ulber/*Ulber, J.*, AÜG, Einl. B Rn. 65). **Nichtgewerbsmäßige Formen** der ANÜ unterliegen nunmehr in vollem Umfang den Schutzbestimmungen des AÜG (vgl. § 1 Rn. 119). Auch wird die Zulässigkeit der ANÜ nach dem eingefügten neuen Satz 2 in § 1 Abs. 1 an die Voraussetzung geknüpft, dass sie nur **vorübergehend** erfolgt (§ 1 Rn. 130ff.). § 3a ermöglicht nunmehr über eine RV **allgemeinverbindliche Lohnuntergrenzen** bei der Vergütung von Leih-AN festzulegen. Eingefügt in das Gesetz wurde auch die Verpflichtung des Entleihers, den Leih-AN über offene Stellen zu informieren (§ 13a) und ihm den **Zugang zu Gemeinschaftseinrichtungen** zu ermöglichen (§ 13b). Im Hinblick auf den Untertitel des 1. AÜG-ÄndG »Verhinderung von Missbrauch in der Arbeitnehmerüberlassung« erweist sich das Gesetz als Mogelpackung. Die mit dem sog. »**Schlecker-Skandal**« bekanntgewordenen Missstände sollen weiterhin zulässig sein. Der Verleiher wird nur unter bestimmten Voraussetzungen gezwungen, dem Leih-AN dieselben wesentlichen Arbeitsbedingungen zu gewähren, wie Stammarbeitnehmern des Entleihers (vgl. § 9 Nr. 2 letzter HS).

3. Rechtstatsächliche Entwicklungen

a. Umfang und Struktur der Arbeitnehmerüberlassung

15 Als das *BVerfG* im Jahre 1967 das vormalige Verbot der Leiharbeit aufhob (s. o. Rn. 3), ging es davon aus, dass »dafür, dass in Betrieben längere Zeit hindurch fremde AN tätig sind, die ihnen von anderen Unternehmen überlassen sind, kaum eine Lebenserfahrung spricht«. Vergleicht man diese Aussage mit den Entwicklungen, die die ANÜ seither genommen hat, werden die wesentlichen Veränderungen deutlich, die sich im Bereich der Fremdfirmenarbeit ergeben haben. Während sich die Zahl der zum Stichtag 31.12. eines Jahres beschäftigten Leih-AN bis zum Erlass des sog. BeschFG im Jahre 1985 auf 55769 Leih-AN erhöhte, verdoppelte sich diese Zahl bis 1990 auf 116875. Im Jahre 1995 wurden bereits durchschnittlich 165819 und im Jahre 2002

Einleitung

318 465 Leih-AN amtlich registriert. Infolge der Deregulierung der ANÜ durch die Hartz-Reformen stieg die Zahl der registrierten Leih-AN seit 2003 von 330 219 auf 443 949 im Jahre 2005 an. Zum Stichtag 30.6.2012 waren 908 161 Leih-AN im gewerblichen Bereich der ANÜ beschäftigt.

Die Daten der **amtlichen Statistik** der BA geben nur einen unvollkommenen Eindruck über das wahre Ausmaß der Leiharbeit. Nicht erfasst wurden in der Statistik bislang alle Formen der nichtgewerbsmäßigen ANÜ, der Konzernleihe nach § 1 Abs. 3 Nr. 2 oder der ANÜ auf Grund eines TV nach § 1 Abs. 3 Nr. 1. Daneben sind auch die ANÜ nach § 1a und die Fremdfirmenarbeit auf werk- oder dienstvertraglicher Basis nicht berücksichtigt. Das wahre Ausmaß wird jedoch erst deutlich, wenn auch die illegalen Formen der Fremdfirmenarbeit einbezogen werden. Bedenkt man, dass allein im Baubereich auf einen legalen Werkvertrag 9 Fälle illegaler ANÜ entfallen, verwundert es nicht, wenn in Großunternehmen heute oft ein Drittel oder gar die Hälfte der dort tätigen AN nicht mehr in einem ArbV zum Einsatzbetrieb stehen.

16

Parallel zur Zahl der Leih-AN stieg auch die Zahl der Verleihbetriebe von 1502 im Jahre 1984 über 5509 (1990) auf 18 950 (30.6.2012) an. Über die Hälfte der Verleiher (9769) waren bis Mitte 2006 sog. **Mischbetriebe** (*BAG* v. 22.4.1987- 4 AZR 496/86- NZA 1988, 34), die neben der ANÜ einen weiteren Betriebszweck verfolgen. Nach der amtlichen Statistik der BA beschäftigten diese Mischbetriebe zu einem Großteil (4283) überhaupt keinen Leih-AN. Aus unverständlichen Gründen veröffentlicht die BA seit Ende 2006 nicht mehr die entsprechenden Daten. Der Grund dafür, dass Verleiher keinen Leih-AN beschäftigen, liegt im Wesentlichen darin, dass illegal tätige Werk- und Dienstleistungsunternehmen sich vorsorglich eine Erlaubnis zur ANÜ besorgen, um den Entleiher zu schützen, wenn die illegale Praxis entdeckt wird (sog. **Vorsorgeerlaubnis**; vgl. § 2 Rn. 15).

17

b. Bestandsschutz des Leiharbeitsverhältnisses

Die Daten der amtlichen Statistik belegen die hohe Beschäftigungsunsicherheit im Bereich der ANÜ. Im 1. Halbjahr 2012 wurden zwar 500 000 Leih-AN eingestellt; gleichzeitig wurden jedoch 547 000 Leih-AN entlassen. Die Hälfte der Leiharbeitsverhältnisse hat dabei weniger als drei Monate gedauert, 13% sogar weniger als eine Woche. Eine gesicherte Existenzgrundlage kann das Leiharbeitsverhältnis den AN nicht bieten. Die Daten deuten vielmehr darauf hin, dass das bestehende Synchronisationsverbot sowie die Bestimmungen zum besonderen Beschäftigungsrisiko (vgl. § 11 Rn. 47 ff.) in der Praxis überwiegend unterlaufen werden. Dass die Verleiher diese illegale Praxis, die die Erlaubnisbehörde zur Untersagung des Gewerbes berechtigt,

18

Einleitung

seit Jahren fortsetzen können, liegt in dem Umstand begründet, dass die BA praktisch keine Außenprüfungen vornimmt, sondern die **illegale Beschäftigung** im Bereich der ANÜ überwiegend stillschweigend duldet.

c. Das Leiharbeitsverhältnis als Existenzgrundlage des Leih-AN

19 Wurden in den 60er-Jahren noch überwiegend Rentner, Hausfrauen oder Studenten als Leih-AN beschäftigt, hat sich die Struktur der Beschäftigten in den 90er-Jahren deutlich verschoben. Das Leiharbeitsverhältnis ist heute für den überwiegenden Teil der Leih-AN die **einzige Existenzgrundlage**. Die Niedriglöhne in der Branche sichern dem Leih-AN allerdings kein existenzsicherndes Einkommen. Vielmehr sind Leih-AN meist auf eine ergänzende staatliche Unterstützung angewiesen. Dies gilt unabhängig von der Qualifikation, da Leih-AN nach ihren Arbeitsverträgen überwiegend nur für Hilfstätigkeiten beschäftigt und bezahlt werden. Dass die Betroffenen den Leiharbeitsvertrag trotz Überqualifizierung und Unterbezahlung unterschreiben, hat einen einfachen Grund: Die Agenturen schicken Arbeitslose ungeachtet ihrer Qualifikation zu Verleihern, bei Ablehnung einer Beschäftigung als Leih-AN erhalten sie eine Sperrzeit beim Arbeitslosengeld.

d. Arbeitnehmerüberlassung im Konzernverbund

20 Nach § 1 Abs. 3 Nr. 2 findet bei der **konzerninternen ANÜ** das AÜG keine Anwendung, wenn der AN nicht zum Zweck der Überlassung eingestellt und beschäftigt wird (vgl. hierzu § 1 Rn. 189 ff.). Die Vorschrift verstößt nach überwiegender Auffassung gegen Gemeinschaftsrecht (Ulber/*Ulber*, J., AÜG, § 1 Rn. 349 ff.). Sie kommt jedoch nicht zur Anwendung, soweit die Überlassung durch eine konzernangehörige **Personalführungsgesellschaft** erfolgt. Neben diesen rein konzernintern ausgerichteten Personalüberlassungsgesellschaften sind die Unternehmen zunehmend auch dazu übergegangen, Verleihgesellschaften zu gründen, die neben dem konzerninternen Verleih AN auch externen Unternehmen überlassen (z. B. VW). Zielsetzung ist hier nicht nur, das Lohnniveau in den konzernverbundenen Unternehmen zu senken, sondern gleichzeitig **Beschäftigungsrisiken** durch einen Verleih an Drittunternehmen auszuschließen und weitere Möglichkeiten zur Nutzung der Arbeitskraft der Beschäftigten zu erschließen. Diese Form betrieblicher Beschäftigungspolitik wird außerdem dazu genutzt, über den Entleih von Leih-AN zu Niedriglöhnen die bestehenden Branchentarifverträge und das Entgeltniveau von Stammarbeitnehmern zu unterlaufen und so – wie im Fall Schlecker – dem Ziel des **arbeitnehmerlosen Konzerns** ohne Beschäftigungsrisiken näher zu kommen.

Einleitung

4. Arbeitnehmerüberlassung und betriebliche Beschäftigungspolitik

Die ANÜ ist rechtlich als Instrument einer flexiblen Personalbedarfsdeckung konzipiert. Unter arbeitsmarktpolitischen Aspekten werden hierdurch keine neuen Arbeitsplätze geschaffen. Im Wesentlichen ist die Funktion von Leiharbeit vielmehr darauf beschränkt, die Einstellung befristet beschäftigter Stamm-AN durch die Beschäftigung betriebsfremder Leih-AN und den Einsatz von Werkvertragsbeschäftigten zu ergänzen. Das **Betriebs- und Beschäftigungsrisiko** des AG (§ 615 BGB) soll so seitens des Unternehmens externalisiert werden. Daneben werden über die Niedriglöhne im Verleihsektor die **Lohn- und Lohnnebenkosten** der Einsatzbetriebe gesenkt. Über eine Personalpolitik der mittleren Linie wird das Stammpersonal so reduziert, dass vorübergehende Auftragsspitzen über den Einsatz von Leih-AN abgedeckt werden können. 21

Diese Personalpolitik der mittleren Linie wurde seit den Hartz-Gesetzen zunehmend durch eine **Personalpolitik der unteren Linie** ersetzt (vgl. hierzu ausführlich Ulber/*Ulber, J.*, AÜG, Einl. C Rn. 2). Zielsetzung ist hierbei, nicht nur vorübergehend erhöhte Personalbedarfsfälle abzufedern, sondern alle Arbeitsplätze, die nicht zum sog. **Kerngeschäft** gehören und dauerhaft besetzt werden müssen, mit AN zu besetzen, die nicht in einem ArbV zu dem Betrieb stehen, in dem die Arbeitsleistung benötigt wird. Eine derartige Personalpolitik steht nicht im Einklang mit der Funktion der ANÜ als Instrument zur Deckung eines lediglich vorübergehenden Personalbedarfs. Sie verstößt seit dem 1.12.2011 gegen § 1 Abs. 1 S. 2 AÜG, wonach die Überlassung von AN immer nur **vorübergehend** erfolgen darf (vgl. § 1 Rn. 130 ff.). 22

5. Gefährdungsbereiche der Leiharbeit

a. Leiharbeit als Rationalisierungsinstrument

Schon vor der Hartz-Gesetzgebung wurde Leiharbeit dazu genutzt, die **Personalreserve** im Betrieb **abzubauen**, um den Bestand an Arbeitsplätzen in den Betrieben zu verringern. Der hiermit verbundene Personalabbau beschränkte sich jedoch auf die Bereiche, die Schwankungen im Arbeitsvolumen unterliegen. Seit Inkrafttreten der Neuregelungen zur ANÜ im Rahmen der Hartz-Gesetze hatte sich hier ein grundlegender Wandel vollzogen. Der Einsatz von Leih-AN blieb nicht mehr auf zeitlich befristete Fälle erhöhten Personalbedarfs beschränkt, sondern Leiharbeit wurde nach Wegfall der Höchstüberlassungsdauer des § 3 Abs. 1 Nr. 6 a.F. dazu genutzt, auch **Dauerarbeitsplätze** nicht mehr mit eigenen Beschäftigten, sondern mit Leih-AN zu besetzen. Dies hat dazu geführt, dass z.T. über 50% der Arbeitsplätze in der Produktion mit Leih-AN besetzt werden. Ähnliche Tendenzen zeichnen sich z.B. in der Automobilindustrie, ab (vgl. *Dudenhöffer*, 2006), wobei betriebliche Teilaufgaben (z.B. Montageli- 23

Einleitung

nien) teilweise vollständig auf Verleihfirmen übertragen wurden. Die Bestimmungen zum (Teil-)**Betriebsübergang** (§ 613a BGB) werden hierbei meist umgangen (vgl. *ArbG Passau* v. 30.6.2005, 2 Ca 790/04 – EzAÜG § 613a Nr. 2). Durch die Einfügung von § 1 Abs. 1 S. 2 n. F. AÜG ist die Verlagerung von Daueraufgaben im Rahmen der ANÜ nunmehr ausgeschlossen (str.; vgl. § 1 Rn. 130 gff.).

24 Die Rechtsprechung berücksichtigte den **funktionswidrigen Einsatz von Leih-AN auf Stammarbeitsplätzen** bislang nur unvollkommen. Eine Kündigung von Stammarbeitnehmern soll zwar unwirksam sein, wenn der bisherige Arbeitsplatz mit einem Leih-AN besetzt werden soll (*BAG* v. 18.5.2006, AuA 06, 682 u. v. 17.1.2007, NZA 07, 566; sog. unzulässige **Austauschkündigung**; vgl. § 14 Rn. 265). Dennoch soll es im Rahmen der unternehmerischen Entscheidungsfreiheit liegen, bestehende Arbeitsplätze als Fremdfirmenarbeitsplätze zu deklarieren, u. a. mit der Folge, dass Auszubildende oder befristet Beschäftigte nicht übernommen werden müssen (vgl. § 99 Abs. 2 Nr. 3 Halbs. 2 BetrVG) und die Besetzung freier Arbeitsplätze nicht mehr in Form von Neueinstellungen, sondern durch den Einsatz von Fremdfirmenbeschäftigten erfolgen kann. Unberücksichtigt bleibt hierbei oft, dass die unternehmerische Entscheidungsfreiheit ihre Grenze im Kündigungsschutz findet (*Düwell/Dahl*, NZA 07, 889) und die notwendige Abgrenzung von ANÜ und AVM einer Besetzung von Dauerarbeitsplätzen durch Leih-AN Grenzen setzt (s. u. Rn. 34).

b. Auswirkungen auf das Tarifsystem

25 Die Spaltung der Belegschaften in Stamm- und Fremdfirmenarbeitnehmer bringt es mit sich, dass die im Betrieb geltenden gesetzlichen, tariflichen und betrieblichen Bestimmungen zum Arbeitnehmerschutz nur den Teil der Belegschaft erfassen, der in einem arbeitsvertraglichen Verhältnis zum Beschäftigungsbetrieb steht. Die in den Entleiherbranchen bestehenden TV werden so unterlaufen. Durch das gesetzliche **Gleichbehandlungsgebot** (§§ 3 Abs. 1 Nr. 3, 9 Nr. 2) hat der Gesetzgeber die Tarifeinheit bei Beschäftigung von Leih-AN zwar mittelbar wiederhergestellt; die Tarifdispositivität der Normen und die Möglichkeit einer arbeitsvertraglichen Bezugnahme auf einen TV zur ANÜ haben jedoch dazu geführt, dass der Geltungsbereich der TV in den Einsatzbetrieben faktisch um die Zahl der eingesetzten Leih-AN sinkt. Legt man die Daten der amtlichen Statistik zugrunde, bedeutet dies, dass die Flächentarifverträge zum Stichtag 30.6.2012 mindestens 908 161 AN weniger erfassten.

26 Die Niedriglöhne der TV zur ANÜ sowie die geringeren Arbeitskosten der Leiharbeit (vgl. die Modellrechnungen bei *Mundus/Weuster*, AuA 06, 606) stellen für die AG ein zusätzliches **Druckmittel** dar, auch die tariflich gesicherten Arbeitsbedingungen in den Einsatzbetrieben zu verschlechtern. Dies gilt insbesondere in Konzernen und Unternehmensverbünden. Die Fa. Cegelec hatte z.B. (nachdem eine unbezahlte Anhebung der wöchentlichen Arbeitszeit auf 40 Stunden erfolgreich abgewehrt werden konnte) eine **eigene ANÜ-Gesellschaft** gegründet, die ausschließlich dem Zweck diente, die TV in den konzernangehörigen Unternehmen über den Einsatz von Leih-AN als Niedriglöhner zu unterlaufen. Die Tätigkeit der Gesellschaft war dabei auflösend bedingt: Erklärt sich die Gewerkschaft zur Vereinbarung der 40-Stunden-Woche ohne Lohnausgleich bereit, endet auch der Einsatz von Leih-AN.

In **Arbeitskämpfen** steht den AG mit dem Einsatz von Leih-AN ein zusätzliches Mittel bereit, den wirtschaftlichen Druck von Arbeitsniederlegungen zu minimieren. Dies gilt nicht nur wegen der Zahl von Arbeitsplätzen, die dauerhaft mit Leih-AN besetzt werden. Es gilt insbesondere für die (weitgehend mitbestimmungsfreie) Möglichkeit, Leih-AN auf bestreikten Arbeitsplätzen einzusetzen oder die bestreikte Produktion über die Vergabe von Werkverträgen aufrechtzuhalten. Da der Werkunternehmer hier auf Seiten des Bestellers aktiv in den Arbeitskampf eingreift, können sich Fremdfirmenbeschäftigte (wenn auch eingeschränkt) nach den **Grundsätzen unzumutbarer Streikarbeit** weigern die Tätigkeiten im bestreikten Bereich zu verrichten (*LAG Baden-Württemberg* v. 31.7.2013 – 4 Sa 18/13). Die Wirkungslosigkeit des individuell ausgestalteten Leistungsverweigerungsrechts von Leih-AN in Arbeitskämpfen (§ 11 Abs. 5) ist evident, da Leih-AN bei dessen Geltendmachung regelmäßig mit der Kündigung rechnen müssen. **27**

Das bestehende Tarifvertragssystem ist nicht in der Lage, Leih-AN über **TV zur ANÜ** menschenwürdige Arbeitsbedingungen zu garantieren. Die Inhalte der abgeschlossenen TV zur ANÜ, die ausschließlich in der Verschlechterung gesetzlicher Standards bestehen, belegen die Unmöglichkeit, über TV mit Verleihern ein sozialstaatlich gebotenes Niveau materieller Arbeitsbedingungen in der ANÜ zu erreichen. Durch TV über **Branchenzuschläge** (vgl. § 9 Rn. 78) sind in einigen Branchen zwar einige Verbesserungen beim Entgelt erreicht worden; die gezielte Diskriminierung von Leih-AN durch Unterschreitung des Gleichbehandlungsgrundsatzes (*Ulber*, NZA 2009, 232) ist jedoch weiter Grundlage der bestehenden TV zur ANÜ. **28**

c. Einkommensentwicklung

Die Besonderheit des Leiharbeitsverhältnisses besteht darin, dass nicht nur der Entleiher als Nutznießer der tatsächlichen Arbeit des Leih-AN den aus der Arbeit folgenden Mehrwert abschöpft, sondern zusätzlich der Verleiher den Mehrwert der Arbeit beansprucht. Die Arbeit eines Leih-AN muss daher jeweils die **Gewinnerwartungen** von zwei Unternehmen befriedigen. Dies lässt sich nur schwer realisieren, wenn dem Leih-AN ein Lohn gezahlt wird, der branchenüblich ist oder den **29**

Einleitung

Gleichstellungsgrundsätzen von § 9 Nr. 2 entspricht. Der Verleiher lebt vielmehr »von der **Lohndifferenz** zwischen Entleih- und Verleihbetrieb« (*Möller*, AuA 06, 558). Je niedriger der Lohn ist, desto eher können Verleiher und Entleiher ihre Gewinnziele erreichen. Es verwundert daher nicht, dass die Arbeitsentgelte von Leih-AN im Schnitt um ca. 30 bis 40% von den Einkommen der AN der Einsatzbetriebe nach unten abweichen. Dies, obwohl angesichts der steigenden Nachfrage der Marktwert von Leih-AN nach **marktwirtschaftlichen Gesetzen** höher sein müsste als der von Stammbeschäftigten. Dies veranschaulicht, dass weder Wettbewerb, Markt oder Leistung Bestimmungsgrößen beim Arbeitsentgelt von Leih-AN sind, sondern alleinige Bestimmungsgröße das gemeinsame Ziel von Verleiher und Entleiher ist, durch Absenkung der Löhne und Gehälter einen höchstmöglichen Gewinn zu erzielen.

30 Auf Grund des Gleichstellungsgebots nach § 9 Abs. 2 sollte erwartet werden, dass das durchschnittliche Einkommen von Leih-AN annähernd dem von Stammarbeitnehmern entspricht. In der Praxis gilt jedoch nicht das Gleichstellungsgebot, sondern es finden ausschließlich **TV zur ANÜ** Anwendung, die nahezu immer die Arbeitsbedingungen von Leih-AN verschlechtern. Ein tariflicher Bruttolohn von 8,76 € monatlich bei Einsatz von Leih-AN in der Metall- und Elektroindustrie (ab 1.4.2013 einschließlich Branchenzuschlag nach 6 Wochen des Einsatzes) kann nicht einmal die notwendigen Lebenshaltungskosten decken. Vielmehr ist die ANÜ, als politisch gewollter Niedriglohnbereich, von vornherein darauf angelegt, dass ein Leih-AN seine Existenz nicht mehr aus einer Vollzeitbeschäftigung sichern kann, sondern nur mittels einer weiteren Beschäftigung oder **ergänzender Sozialleistungen** in der Lage ist, sich (und erst recht eine Familie) zu ernähren.

d. Auswirkungen auf die Mitbestimmung und die betrieblichen Sozialleistungssysteme

31 Die nur partielle Betriebszugehörigkeit von Leih-AN zum Entleiherbetrieb (vgl. § 14 Rn. 95 ff). führt auch zu Einschränkungen des Anwendungsbereichs betrieblicher Regelungen. Der gesetzliche Gleichstellungsgrundsatz (§ 9 Nr. 2), nach dem Entleiher-BV im Rahmen des sog. **equal treatments** auch für Leih-AN Anwendung finden, ist in der Praxis durch die TV zur ANÜ außer Kraft gesetzt. Gleichzeitig werden die Arbeitsbedingungen der Leih-AN zum Anlass genommen, auch die bestehenden Arbeitsbedingungen der Stammbelegschaft zu verschlechtern.

32 **BV bei Verleihern**, die eine zusätzliche Sicherung des Leih-AN ermöglichen, sind nur vereinzelt vorhanden. Soweit in Verleihbetrieben überhaupt ein BR besteht, beschränkt sich der Inhalt von BV weitgehend auf die Festschreibung zwingend geltender gesetzlicher und tariflicher Regelungen. Die Funktion des BR bleibt hier überwiegend darauf beschränkt, Arbeitgeberentscheidungen gegenüber der Belegschaft zu legitimieren.

Die Beschäftigung von Leih-AN verschlechtert auch die Rechte und Handlungsmöglichkeiten des BR in den Entleiherbetrieben. Dies gilt, soweit **Schwellenwerte** den Umfang der Mitbestimmung bestimmen. Nach Ansicht des *BAG* sollen Leih-AN zwar bei der Größe des BR nach § 9 S. 1 BetrVG berücksichtigt werden (v. 13.3.2013 – 7 ABR 69/11). Sie werden jedoch bei den **Freistellungen** nach § 38 BetrVG nicht mitgezählt (zur Betriebsänderung vgl. § 14 Rn. 96). Daneben müssen die durch die ständige Fluktuation von Leih-AN verursachten Mehrbelastungen des BR bei der Einstellung und Vertretung der Interessen von Leih-AN und sonstigen Fremdfirmenbeschäftigten im Betrieb mit einem zahlenmäßig reduzierten Bestand an BR-Mitgliedern bewältigt werden. Selbst soweit dauerhaft Arbeitsplätze mit Fremdfirmenbeschäftigten besetzt sind, soll dies nach Auffassung des BAG (a.a.O.) nur bei in der Regel beschäftigten Leih-AN zu einer Erhöhung der Zahl von BR-Mitgliedern führen. Die hiermit verbundenen Probleme verschärfen sich noch, wenn man die Aufgaben des BR bei der Beschäftigung von Leih-AN im Zusammenhang mit der Beschäftigung sonstiger **betriebsfremder AN** berücksichtigt. Soll der BR z.B. seine Mitwirkungsrechte beim Einsatz von AN auf werkvertraglicher Basis prüfen (vgl. § 14 Rn. 284 ff.), bedeutet dies z.B. in der Automobilindustrie, dass jährlich mehrere tausend Werkverträge geprüft werden müssen. Ohne Berücksichtigung der Fremdfirmenarbeitnehmer bei den Schwellenwerten des BetrVG ist dies eine nicht zu bewältigende Aufgabe. Der Gesetzgeber ist hier dringend gefordert, die Bestimmungen des BetrVG an die veränderte Praxis anzupassen. **33**

6. Abgrenzung von Arbeitnehmerüberlassung und Arbeitsvermittlung

Nach § 35 Abs. 1 SGB III liegt **AVM** vor, wenn eine Tätigkeit darauf gerichtet ist, Arbeitsuchende mit AG zur Begründung eines Beschäftigungsverhältnisses zusammenzuführen. Für die Abgrenzung von ANÜ und AVM ist insoweit entscheidend, ob das ArbV zum Zwecke der Überlassung an Dritte begründet werden soll oder ob ein Dritter Vertragspartner des AN wird. Entscheidend ist dabei, welcher Person nach der Vertragsgestaltung die vertragliche **Arbeitgeberstellung** zukommen soll. Von einer ANÜ kann nur ausgegangen werden, wenn das ArbV des AN unabhängig von einem Überlassungsvertrag eingegangen wurde und diesen **überdauert** (*KG Berlin* v. 11.10.2000, EzAÜG § 611 BGB Abgrenzung Nr. 7; *Ulber, J.*, AuR 01, 451). **34**

Kriterien der **Abgrenzung** lassen sich § 1 Abs. 2 entnehmen, der u.a. darauf abstellt, wer das Arbeitgeberrisiko und die üblichen Arbeitgeberpflichten tragen muss (*Schüren*, RdA 07, 234; Niesel/*Brand*, **35**

Einleitung

SGB III, § 35 Rn. 12). Ein wichtiger Anhaltspunkt ist auch, ob der zukünftige Vertragspartner des AN das besondere **Beschäftigungsrisiko** in verleihfreien Zeiten (§ 11 Abs. 4 Satz 2) tragen muss (vgl. *BAG* v. 24.3.2004, AP Nr. 59 zu § 138 BGB). Ist nach der Vertragsgestaltung die Tragung dieser Risikos ausgeschlossen, z.B. weil der AN unbefristet oder ausschließlich bei einem Entleiher eingesetzt werden soll, scheidet ANÜ aus (*Schüren*, BB 07, 2348; vgl. § 1 Rn. 138). Eine **Synchronisation** des Leiharbeitsverhältnisses mit der Dauer des Einsatzes beim Dritten oder ein Dauerarbeitsverhältnis, bei dem der AN auf unabsehbare Zeit beim Dritten eingesetzt wird, ist insofern kein Leiharbeitsverhältnis, da ein Arbeitgeberrisiko in verleihfreien Zeiten von vornherein ausgeschlossen ist (*BAG* v. 10.7.2013 – 7 ABR 91/11; *Schüren*, BB 07, 2349). Das Leiharbeitsverhältnis muss immer den Zeitraum der Überlassung an einen Dritten überdauern (*KG Berlin* v. 26.1.2000, EzAÜG § 16 Nr. 13; *Säcker/Kühnast*, ZfA 2001, 1213), andernfalls liegt AVM vor.

36 Nach welchen Kriterien im Übrigen eine Abgrenzung von ANÜ und AVM vorzunehmen ist, ist umstritten (vgl. Ulber/*Ulber, J.*, AÜG, Einl. D Rn. 9 ff.). § 35 Abs. 1 SGB III stellt auf das Beschäftigungsverhältnis (nicht auf den AV) ab, so dass es entscheidend darauf ankommt, in welche Betriebsorganisation der Leih-AN **eingegliedert** ist und wo der **Schwerpunkt** der arbeitsvertraglichen Beziehungen liegen soll (§ 1 Rn. 128). Arbeitet der AN ausschließlich für einen Entleiher oder beschränkt sich die Tätigkeit des Verleihers auf die Wahrnehmung von **Hilfsfunktionen** (*Sandmann/Marschall*, § 1 Rn. 40a) oder administrativer Aufgaben (Lohnzahlung, Personalaktenverwaltung u. Ä.), liegt der Schwerpunkt des ArbV grundsätzlich beim Einsatzbetrieb. Hier handelt eine als Verleiher auftretende Person lediglich als **Strohmann**. Dasselbe gilt, wenn der AN nur Pflichten erfüllt, die seinem AG gegenüber einem fremden Auftraggeber obliegen. Hier fehlt es an einer für die ANÜ erforderlichen Drittbeziehung (*BAG* v. 22.6.1994, NZA 1995, 462; ErfK/Wank, § 1 Rn. 8).

37 Sind die Voraussetzungen einer ANÜ bei Abschluss des AV nicht erfüllt, liegt AVM vor. Das **ArbV** kommt dann unmittelbar mit dem **Einsatzbetrieb** zustande.

7. Abgrenzung von Arbeitnehmerüberlassung zum Werk-/Dienstvertrag

a. Voraussetzungen des Werkvertrags

38 Das Ziel, für bestimmte Aufgaben oder Funktionen im Betrieb nicht eigene AN einzustellen, sondern die Aufgabenerledigung anderen Unternehmen zu übertragen, die ihrerseits die erforderlichen AN beschäftigen, lässt sich neben der ANÜ auch durch den Abschluss von Werk- und Dienstverträgen erreichen. Der Abschluss derartiger Werk- und Dienstverträge ist für den Einsatzbetrieb mit dem Vorteil verbunden, dass die Verträge weder den allgemeinen arbeitsrechtlichen Bestimmungen noch den Bestimmungen des AÜG unterliegen und im Rahmen der Bestimmungen des BGB (§§ 631 ff. BGB) eine höhere **Gestaltungsfreiheit** bieten (zu den Beteiligungsrechten im Einsatzbetrieb vgl. *Ulber, J.,* AiB 2013, 285; *zu Dohna-Jaeger,* AuR 2013, 238). Dies gilt insbesondere hinsichtlich der **Lohnabsprachen**, denen allenfalls bei Allgemeinverbindlichkeit von TV oder bei Anwendbarkeit einer RV nach dem AEntG Schranken gesetzt sind, die jedoch nicht den Restriktionen von §§ 9 Nr. 2, 3 a AÜG unterliegen (*Ulber, J.,* gute Arbeit 6/2016).

Da ANÜ und Werkvertrag von ihrer wirtschaftlichen Funktion her **39** häufig identisch sind, bereitet deren Abgrenzung in der Praxis Schwierigkeiten. Welcher Vertragstyp vorliegt, bestimmt sich in erster Linie danach, welchen **Geschäftsinhalt** die Parteien übereinstimmend gewollt haben (*BAG* v. 6.8.2003, AP Nr. 6 zu § 9 AÜG). Vereinfacht ausgedrückt kommt es dem Dritten beim ANÜ-Vertrag darauf an, im Betrieb anfallende Aufgaben durch Leih-AN statt durch eigene AN zu erledigen, während der Einsatzbetrieb beim Werkvertrag die Aufgabenerledigung nicht selbst durchführen will, sondern vom Werkunternehmer ein konkret fassbares, fertiges und in eigener unternehmerischer Verantwortung zu erstellendes **Arbeitsergebnis** erhalten will, für das den Werkunternehmer die volle Gewährleistungspflicht trifft (*LAG Baden-Württemberg* v. 1.8.2013 – 2 Sa 6/13). Während der ANÜ-Vertrag **arbeitnehmerbezogen** ist, ist der Werkvertrag durch eine **Erfolgsbezogenheit** gekennzeichnet. Fehlt es an einem abgrenzbaren, dem Werkunternehmer als eigene Leistung zurechenbaren und abnahmefähigen **Arbeitsergebnis**, liegt ANÜ vor (*BAG* v. 9.11.1994, AP Nr. 18 zu § 1 AÜG; vgl. Ulber/*Ulber, J.,* AÜG, Einl. C Rn. 34 ff.).

Die **Bezeichnung** des Vertrags als Werk- oder ANÜ-Vertrag ist **40** unbeachtlich (*BAG* v. 31.3.1991, AP Nr. 8 zu § 10 AÜG). Beim Werkvertrag muss der **Geschäftswille** darauf gerichtet sein, dass das Fremdunternehmen (Werkunternehmer) dem Einsatzbetrieb (Werkbesteller) ein bestimmtes, selbständig zu erstellendes **Arbeitsergebnis** schuldet (§ 631 BGB). Das Arbeitsergebnis muss vertraglich **konkret** vereinbart sein. Widerspricht die praktische Durchführung des Vertrags dem Geschäftsinhalt, ist die tatsächliche Durchführung maßgeblich (*LAG Baden-Württemberg* v. 1.8.2013 – 2 Sa 6/13). Allgemein formulierte Leistungspflichten, wie Durchführung von Schreib-, Reinigungs- oder Reparaturarbeiten, reichen hierfür nicht aus (*LAG Hamm* v. 24.7.2013 – 3 Sa 1749/12). Bestehen hier Zweifel, entscheidet letztlich die tatsächliche Durchführung des Vertrags darüber, ob ein Werkvertrag oder eine ANÜ vorliegt (*BAG* v. 24.5.2006 – 7 AZR 365/05 – EzAÜG § 10 Fiktion Nr. 114). Soweit dieses Arbeitsergebnis in der Herstellung oder Veränderung einer Sache besteht, die von AN des Fremdunternehmens im Rahmen einer **eigenen Arbeits-**

Einleitung

organisation durchgeführt werden, bereitet die Abgrenzung i.d.R. keine Schwierigkeiten. Wird demgegenüber ein durch Dienstleistung herbeizuführender Erfolg geschuldet, ist eine Zuordnung des Arbeitsergebnisses zur selbständigen Betriebsorganisation des Werkunternehmers jedoch schon nach dem äußeren Erscheinungsbild der durchgeführten Tätigkeiten erschwert.

41 Rechtsprechung und Schrifttum haben eine Reihe von **Abgrenzungskriterien** entwickelt, die bei der Abgrenzung zu berücksichtigen sind (ausf. *Ulber/Ulber, J.*, AÜG, Einl. C Rn. 34 ff.), wobei im Zweifel von einem ANÜ-Vertrag auszugehen ist, wenn andernfalls die Zwecke des AÜG zum Arbeitnehmerschutz umgangen würden. Während ein Verleiher den Leih-AN bei der ANÜ dem Dritten zur Förderung von dessen **Betriebszwecken** zur Verfügung stellt, verfolgt der Werkunternehmer beim Einsatz seiner AN im Drittbetrieb eigene Betriebszwecke. Er muss die zur Erreichung des wirtschaftlichen Erfolgs notwendigen Handlungen selbständig und eigenverantwortlich organisieren und durchführen. Entsprechendes gilt beim Dienstvertrag.

42 Der Werkunternehmer muss über eine eigene **Betriebsorganisation** und eigene **Betriebsmittel** verfügen, die ihm eine selbständige Durchführung des Werkvertrags ermöglichen. Die Bereitstellung von **Räumlichkeiten, Werkzeug, Material** oder **Büroausstattung** durch den Werkbesteller spricht gegen das Vorliegen einer selbständigen Betriebsorganisation (*LAG Sachsen-Anhalt* v. 2.8.2005, AE 06, 285). Dasselbe gilt, wenn die Vergütung nicht auf einem **Festpreis** beruht, sondern nach den geleisteten Arbeitsstunden erfolgt (*KG Berlin* v. 11.10.2000, EzAÜG § 611 BGB Abgrenzung Nr. 7).

43 Hat das Unternehmen kein ausreichendes oder nicht ausreichend qualifiziertes **Führungspersonal**, das die Arbeitsabläufe beim Einsatzunternehmen selbständig organisieren und die AN selbständig anweisen kann, spricht dies gegen einen Werkvertrag. Eine wöchentliche **Kontrolle** der Fremdfirmenbeschäftigten reicht regelmäßig nicht aus, um eine selbständige Arbeitsorganisation zu gewährleisten (*LAG Sachsen-Anhalt* v. 2.8.2005, AE 06, 285).

44 Das wichtigste Abgrenzungskriterium ist das **Weisungsrecht** des AG. Beim Werkvertrag muss allein das Fremdunternehmen das Weisungsrecht ausüben, andernfalls liegt ANÜ vor. Hierzu gehört insbesondere, dass die Menge, die Reihenfolge sowie die Art und Weise der Durchführung der Arbeiten vom Fremdunternehmen bestimmt werden. Steht es dem Einsatzbetrieb frei, wie und wann er die Fremdfirmenbeschäftigten im Einzelnen einsetzt, liegt kein Werkvertrag, sondern AVM vor (*KG Berlin* v. 11.10.2000, EzAÜG § 611 BGB Abgrenzung Nr. 7). Die betriebliche Struktur und die Betriebsorganisation müssen sich dabei deutlich von einem Unternehmen unterscheiden, das ausschließlich ANÜ betreibt (*LAG Sachsen-Anhalt* v. 2.8.05, AE 06, 285).

Einleitung

Die **Arbeitsorganisation** des Werkunternehmers muss gewährleisten, dass er die für ein ArbV typischen Entscheidungen auch nach Zeit und Ort zu treffen hat (*BAG* v. 13.5.92, NZA 93, 357) und ausschließlich eigene **Führungskräfte** die Arbeitsprozesse im Einsatzbetrieb organisieren. Ein **vermischtes Arbeiten** mit dem Stammpersonal muss ausgeschlossen sein (*LG Oldenburg* v. 8.4.2004, wistra 05, 117). Kann eine Tätigkeit nur unter **Einbeziehung festangestellter AN** erfolgen, liegt ein Scheinwerkvertrag vor (*LAG Köln*, v. 30.3.2011, AiB 2012, 472, m. Anm. *Vormbaum-Heinemann*). Das sog. **Anweisungsrecht** des Werkbestellers (§ 645 Abs. 1 Satz 1 BGB) ändert hieran nichts. Es bezieht sich lediglich auf Anweisungen hinsichtlich der Konkretisierung des geschuldeten werkvertraglichen Erfolgs, nicht jedoch auf Weisungen, die die Art und Weise der Herstellung betreffen. Bestimmt der Werkbesteller erst durch seine Anweisungen den Gegenstand der vom AN zu erbringenden Leistungen, liegt ANÜ vor (*ArbG Freiburg* v. 30.1.2007 – 3 Ca 174/06 – AuR 07, 182).

Soweit Indizien für einen Scheinwerkvertrag vorliegen, sind diese im Rahmen einer abschließenden **Gesamtbetrachtung** zu gewichten (*BAG* v. 6.8.2003, EzA § 1 AÜG Nr. 13). **Einmalige Verstöße** sollen dabei nach überwiegender Auffassung i.d.R. nicht ausreichen, um die Rechtsfolgen einer illegalen ANÜ auszulösen. Ergibt sich nach Würdigung aller Umstände, dass statt eines Werk- oder Dienstvertrags ein ANÜ-Vertrag vorliegt, ist zwingend von ANÜ auszugehen. Die Auffassung des *BGH*, nach der wegen der Unwirksamkeit dieses Vertrags im Zweifel von einem wirksamen Werk- bzw. Dienstvertrag auszugehen sei (v. 2.2.2006, AuA 06, 302), widerspricht den Schutzzwecken des AÜG. **45**

Liegt statt eines Werkvertrages ANÜ vor und besitzt der Werkunternehmer keine Erlaubnis zur ANÜ nach § 1 Abs. 1 S. 1 (sog. **Scheinwerkvertrag**), ist der Vertrag (auch wegen Nichteinhaltung des Schriftformerfordernisses gem. § 12 Abs. 1 S. 1) unwirksam (*zu Dohna-Jaeger*, AuR 2013, 238). Es wird dann nach § 10 Abs. 1 ein **ArbV** zum Einsatzbetrieb fingiert, das der AN im Wege der allgemeinen Feststellungsklage geltend machen kann (*BAG* v. 24.5.06 – 7 AZR 365/05; *LAG Baden-Württemberg* v. 1.8.2013 – 2 Sa 6/13; LAG Hamm v. 24.7.2013 – 3 Sa 1749/12; *zu Dohna-Jaeger*, AuR 2013, 238). Das Gleiche gilt nach richtiger Ansicht, wenn der Scheinwerkvertrag von einem Unternehmen durchgeführt wird, das die Erlaubnis zur ANÜ besitzt (Ulber/*Ulber, J.*, AÜG, Einl. C Rn. 83 und Einl. D Rn. 46ff.). Die Erlaubnis zur ANÜ hat nicht die Funktion, illegale Beschäftigungsformen des Erlaubnisinhabers durch rechtsmissbräuchliche Nutzung der Erlaubnis zu legalisieren (vgl. *LAG Berlin-Brandenburg* v. 9.1.2013 – 15 Sa 1635/12). **46**

Einleitung

b. Werkvertrag und Betriebsübergang

47 Ein Werkvertrag kann im Einzelfall auch die Voraussetzungen eines **Betriebsübergangs** nach § 613a BGB erfüllen, wenn eine abtrennbare **organisatorische Einheit** des Einsatzbetriebs und die hiermit in Zusammenhang stehende **Leitungsmacht** unter Zurverfügungstellung der dafür erforderlichen **Betriebsmittel** übertragen wird (*ArbG Lüneburg* v. 25.1.2007 – 4 Ca 463/06; Ulber/*Ulber, J.*, AÜG, Einl. C Rn. 178 ff.). Auf eine eigenwirtschaftliche Nutzung sächlicher Betriebsmittel kommt es hierbei nicht an. Die Auslagerung ganzer Funktionen (wie z.B. Reinigung, Instandhaltung, Wartung), die bisher mit eigenen Beschäftigten ausgeführt wurden, auf einen Dritten im Wege der **Fremdvergabe** kann einen Betriebsübergang darstellen, wenn der Kern des für die Wertschöpfung maßgeblichen Funktionszusammenhangs durch einen Dritten auf Grund eines Rechtsgeschäfts weitergeführt wird (*BAG* v. 6.4.2006, NZA 06, 723). Gründet ein **Kommunalunternehmen**, das Krankenhäuser betreibt, eine Service-GmbH und übernimmt diese alle Reinigungskräfte der Krankenhäuser, liegt ein Betriebsteilübergang vor, wenn die GmbH alle übernommenen Reinigungskräfte an das Kommunalunternehmen **zurückentleiht** (*BAG* v. 21.5.2008 – 8 AZR 481/07).

c. Werkvertrag und Betriebsverfassung

48 Auch soweit Fremdfirmenbeschäftigte im Rahmen von Werk- oder Dienstverträgen im Betrieb arbeiten, stehen sie nicht völlig außerhalb des Schutzes der Betriebsverfassung. Schon aus § 75 Abs. 1 BetrVG ergibt sich, dass die **Grundsätze für die Behandlung von Betriebsangehörigen** gleichermaßen auch für Fremdfirmenbeschäftigte gelten (»alle im Betrieb tätigen Personen«).

49 Will das Unternehmen Fremdfirmenbeschäftigte im Rahmen von Werkverträgen einsetzen, hat es den BR hierüber rechtzeitig und umfassend zu **unterrichten** (§ 80 Abs. 2 Satz 1 BetrVG). Dem BR sind daneben auf dessen Verlangen alle Werk- und Dienstverträge **vorzulegen** (§ 80 Abs. 2 S. 2 BetrVG; *Ulber, J.*, AiB 2013, 285), und zwar **vor** dem Einsatz der Fremdfirmenbeschäftigten (*BAG* v. 28.9.1988, AP Nr. 60 zu § 99 BetrVG 1972). Die Pflichten des AG erstrecken sich dabei sowohl auf **Rahmenverträge** als auch auf die Verträge, in denen die Leistungspflichten (der geschuldete werkvertragliche Erfolg) konkretisiert werden (zum Vorliegen von ANÜ bei Bestellscheinen vgl. *ArbG Freiburg* v. 30.1.2007, AuR 07, 182). Auch sind dem BR etwaige **Kontrolllisten** vorzulegen.

50 Liegt ein illegaler **Scheinwerkvertrag** vor, steht dem BR nach § 99 BetrVG (wie bei der ANÜ) das Mitbestimmungsrecht bei Einstellung von Fremdfirmenbeschäftigten zu (*BAG* v. 31.1.1989, AP Nr. 33 zu § 80 BetrVG 1972; *Ulber, J.*, AiB 2013, 285). Da es im Rahmen des § 99 BetrVG nicht darauf ankommt, auf welchem Rechtsverhältnis die

Einleitung

Beschäftigung beruht (*BAG* v. 19.6.2001, BB 02, 47), ist bei der Beschäftigung von Werkvertragsarbeitnehmern jedoch auch bei wirksamen Werkverträgen zu prüfen, ob mit dem Einsatz eine mitbestimmungspflichtige Einstellung verbunden ist.

Eine **zustimmungspflichtige Einstellung** liegt vor, wenn die Fremdfirmenarbeitnehmer in den Betrieb **eingegliedert** werden, um zusammen mit der Stammbelegschaft den arbeitstechnischen Zweck des Betriebs durch weisungsgebundene Tätigkeiten zu verwirklichen (*BAG* v. 9.7.1991, AP Nr. 94 zu § 99 BetrVG 1972; vgl. § 14 Rn. 284ff.). Die hierzu ergangene Rechtsprechung des *BAG* schränkt das Vorliegen einer Eingliederung über das Erfordernis der sog. **Personalhoheit** (i.S.d. Ausübung eines Teils der Arbeitgeberstellung; vgl. *BAG* v. 12.11.2002, BAGE 103, 329 und v. 13.12.2005 – 1 ABR 51/04, AuA 06, 560) und eine weite Auslegung der **Anweisungsbefugnis** des Werkbestellers ein. Weder die räumliche (wohl aber die arbeitsorganisatorische) Zusammenarbeit mit der Stammbelegschaft noch der Umstand, dass die vom Fremdunternehmen übernommenen Hilfsfunktionen für die Betriebsabläufe unentbehrlich sind, sollen eine Eingliederung bewirken (*BAG* v. 9.7.1991, a.a.O.). Auch soll es unbeachtlich sein, wenn die übertragenen Funktionen bislang von der Stammbelegschaft ausgeführt wurden (*BAG* v. 9.7.1991, a.a.O.) oder eine detaillierte Beschreibung der dem Fremdunternehmen übertragenen Aufgaben vorliegt (vgl. *BAG* v. 1.12.1992, EzA Nr. 110 zu § 99 BetrVG 1972). Vielmehr soll es maßgeblich darauf ankommen, ob dem Einsatzbetrieb Weisungsrechte im Sinne von Personalbefugnissen hinsichtlich **Zeit und Ort der Tätigkeit** des Fremdfirmenpersonals zukommen (BAG v. 13.12.2005, AuA 06, 560). Ist dies der Fall, hat der BR mitzubestimmen. Hinsichtlich der weiteren Einzelheiten der Mitbestimmung bei werkvertraglichem Einsatz kann auf die Ausführungen bei § 14 Rn. 284ff. verwiesen werden. **51**

Erfüllt der Einsatz von Werkvertragsarbeitnehmern den Tatbestand einer nach § 99 BetrVG mitbestimmungspflichtigen Einstellung und liegt keine ordnungsgemäße Beteiligung des BR vor, kann der BR beim Arbeitsgericht beantragen, dem AG die **Aufhebung der Beschäftigung** aufzugeben (§ 101 Satz 1 BetrVG). Das Gleiche gilt, wenn der BR für die Durchführung der einem Fremdunternehmen übertragenen Arbeiten **Mehrarbeit** für die Stammbelegschaft beantragt hat und das nach § 87 Abs. 1 Nr. 3 BetrVG erforderliche Mitbestimmungsverfahren nicht ggf. durch Spruch einer Einigungsstelle abgeschlossen wurde (*LAG Köln* v. 30.3.2011, AiB 2012, 472; *Ulber, J.*, AiB 2013, 285). Durch den Einsatz von Fremdfirmenbeschäftigten kann der AG nicht die Mitbestimmungsrechte bei Mehrarbeit umgehen. Dies gilt auch, wenn der BR Mehrarbeit für die Stammbelegschaft abgelehnt hat und der AG die abgelehnte Mehrarbeit über den Einsatz von Fremdfirmenbeschäftigten kompensieren will (§ 14 Rn. 254, **52**

Einleitung

284). Verstößt der Einsatz der Fremdfirmenbeschäftigten gegen die Mitbestimmungsrechte bei der Arbeitszeit, steht dem BR auch ein **Unterlassungsanspruch** zu, der notfalls auch im Wege der **einstweiligen Verfügung** durchgesetzt werden kann (*LAG Köln* v. 30.3.2011, AiB 2012, 472; *Ulber, J.*, AiB 2013, 285).

8. Arbeitnehmerüberlassung mit Auslandsbezug

a. Entsendung von Leih-AN in das Ausland

53 Die **Dienstleistungsfreiheit** in der EU (vgl. Art. 56 ff. AEUV) ermöglicht es deutschen Verleihern, Leih-AN, die in Deutschland eingestellt sind, auch grenzüberschreitend in das Ausland zu verleihen. Auch für den Leih-AN bestehen auf Grund des EU-**Freizügigkeitsrechts** (vgl. Art. 45 AEUV) grundsätzlich keine Beschränkungen, die Tätigkeit im Ausland auszuüben.

54 Das AÜG gilt auch für die Überlassung von Leih-AN in Länder außerhalb Deutschlands. Der Verleiher muss dabei eine räumlich unbeschränkte **Erlaubnis** zur ANÜ nach § 1 Abs. 1 S. 1 besitzen.

55 Voraussetzung für einen legalen Verleih in das Ausland ist, dass der Verleiher die ANÜ auch im Inland legal ausüben darf. Daneben können sich aus Normen des Staates, in den der Leih-AN verliehen wird, Einschränkungen ergeben. Dies gilt insbesondere für Verbote oder Beschränkungen von Leiharbeit, gesetzliche **Mindestlöhne**, auf der Grundlage der EU-**Entsenderichtlinie** für allgemeinverbindlich erklärte Regelungen oder normativ geltende Bestimmungen zum **Gleichbehandlungsgrundsatz**, der in den meisten Mitgliedstaaten der EU gilt.

56 Der AG darf den Leih-AN nur dann in das Ausland verleihen, wenn hierüber eine ausdrückliche **arbeitsvertragliche Vereinbarung** getroffen wurde, die bei einem länger als einem Monat dauernden Einsatz nach § 2 Abs. 2 NachwG schriftlich zu dokumentieren ist. Der Auslandseinsatz berührt grundsätzlich nicht den Bestand oder die Rechte und Pflichten aus dem Leiharbeitsvertrag, der auch während des Auslandseinsatzes allen deutschen Bestimmungen unterliegt. Abweichungen (z.B. über staatlich festgesetzte Mindestlöhne) können sich jedoch aus dem Recht des Staates ergeben, in den der Leih-AN entsandt wird. Die Erläuterungen zu Rn. 55 gelten entsprechend.

b. Entsendung von Leih-AN durch ausländische Verleiher und aus dem Ausland

57 Verleiher, die die Staatsangehörigkeit eines Mitgliedstaates des EWR besitzen, erhalten zur Aufnahme ihres Gewerbes auf Grund der **Niederlassungsfreiheit** (Art. 49 ff. AEUV) grundsätzlich unter denselben Voraussetzungen eine **Erlaubnis** zur ANÜ wie inländische Verleiher (vgl. § 3 Rn. 71, 73). Die **gewerberechtlichen Voraussetzungen** einer ANÜ müssen dabei in beiden Staaten vorliegen (ErfK/*Wank*,

Einleitung

Einl. Rn. 48). Haben diese Unternehmen keine Niederlassung in Deutschland können sie auf Grund der **Dienstleistungsfreiheit** (Art. 56 ff. AEUV) auch Leih-AN aus dem Mitgliedstaat nach Deutschland entsenden, soweit diese als Leih-AN im Inland beschäftigt werden dürfen (vgl. hierzu Rn. 62).

Einschränkungen gelten für Unternehmen aus Bulgarien, Kroatien und Rumänien (vgl. § 284 SGB III). Hier bestehen zeitlich befristete Beschränkungen der Freizügigkeit (vgl. Rn. 60 ff.) und Dienstleistungsfreiheit, die eine Entsendung von AN in das Inland nur unter engen Voraussetzungen zulassen (zu den **Werkvertragsabkommen** vgl. Ulber/*Ulber, J.*, AÜG, Einl. F Rn. 112 ff.). Im Übrigen können jedoch Unternehmen, die ihren Sitz in einem anderen Mitgliedstaat haben, grundsätzlich unbeschränkt das von ihnen beschäftigte Personal zur Ausführung von Aufträgen im Inland einsetzen (*EuGH* v. 21. 10. 2004, NZA 05, 99). **58**

Werden Leih-AN vom Ausland in das Inland verliehen, unterliegt das Leiharbeitsverhältnis grundsätzlich weiterhin dem Recht des Entsendestaats. Sozialabgaben sind bei zeitlich begrenzter Überlassung (§ 5 Abs. 1 SGB IV) nur im Entsendestaat zu leisten, soweit der AN die sog. **A1-Bescheinigung** vorlegt, durch die eine Freistellung von der Versicherungspflicht vom Entsendestaat bescheinigt wird (zur Beweiskraft vgl. *BGH* v. 24. 10. 2006, AuA 07, 504). **Tariftreueerklärungen** (vgl. Ulber/*Ulber, J.*, AÜG, Einl. F Rn. 74 ff.; zur Verfassungsmäßigkeit vgl. *BVerfG* v. 11. 6. 2006 – 1 BvL 4/00) oder zwingende Normen des gesetzlichen Arbeitsschutzes (z. B. das ArbSchG) gelten jedoch auch für ausländische AN bei Einsatz in Deutschland (vgl. Art. 9 VO 593/2008/EG, vormals Art. 34 EGBGB). Bei Einsatz von Leih-AN sind daneben auch **Lohnuntergrenzen** nach § 3a sowie gesetzliche oder tarifliche **Mindestarbeitsbedingungen** nach §§ 2 und 7 AEntG einzuhalten (*Ulber*, AEntG, § 2 Rn. 33). Der Entleiher ist beim Einsatz eines aus dem Ausland überlassenen Leih-AN nach § 17b AÜG verpflichtet, den Leih-AN vor Beginn des Einsatzes bei den zuständigen Behörden der Zollverwaltung anzumelden. Hierbei hat er eine Versicherung des ausländischen Verleihers beizufügen, dass dieser die Verpflichtungen aus § 10 Abs. 5 einhält. **59**

c. Einsatz von ausländischen Arbeitnehmern aus Drittstaaten und den EU-Beitrittsstaaten

Soweit AN die deutsche Staatsangehörigkeit besitzen oder Staatsangehörige eines Mitgliedstaates des EWR sind, genießen sie uneingeschränkte Freizügigkeit und können im Inland uneingeschränkt eine Beschäftigung als Leih-AN aufnehmen (sog. **Inländergleichbehandlung**; § 1 Abs. 1 und 2 Nr. 1 FreizügG/EU). Dasselbe gilt auf Grund des Freizügigkeitsabkommens EU/Schweiz für Staatsangehörige aus der **Schweiz**. **60**

Einleitung

61 AN aus den **EU-Beitrittsstaaten** Bulgarien, Kroatien und Rumänien steht nur ein eingeschränktes Recht auf Freizügigkeit zu. Nach § 284 Abs. 1 S. 1 SGB III besteht für diesen Personenkreis ein grundsätzliches **Beschäftigungsverbot**, von dem nur mit Erlaubnis der BA abgewichen werden darf. Die (grundsätzlich befristete) Genehmigung kann dabei auf Antrag von der BA als **Arbeitserlaubnis/EU** erteilt werden. Dabei finden die Bestimmungen von § 12a der Arbeitsgenehmigungsverordnung (ArGV i. d. F. v. 23. 4. 2004, BGBl. I S. 602) Anwendung. Nach § 6 Abs. 1 Nr. 2 ArGV darf die Erlaubnis nicht erteilt werden, wenn der AN eine **Beschäftigung als Leih-AN** aufnehmen will. Ist eine Erlaubnis erteilt, kann der AN wie ein Inländer einer Beschäftigung im Inland nachgehen (§ 13 FreizügG/EU).

62 Soweit ausländische AN auf Grund **zwischenstaatlicher Vereinbarungen**, z. B. im Rahmen von Werkvertragsabkommen, beschäftigt werden, bedürfen sie einer Arbeitserlaubnis/EU bzw. eines Aufenthaltstitels (§ 284 Abs. 4 SGB III; § 4 Abs. 3 Satz 2 AufenthG). Diese Genehmigungen werden befristet für die Durchführung des Werkvertrags und höchstens für zwei Jahre erteilt (§ 3 ASAV; § 39 Abs. 1 BeschV).

63 Angehörige von **Drittstaaten** (d. h. von Nicht-EU-Staaten) dürfen im Inland grundsätzlich nur beschäftigt werden, wenn sie einen **Aufenthaltstitel** besitzen, der die Aufnahme einer Beschäftigung ausdrücklich erlaubt (§ 4 Abs. 3 Satz 1 AufenthG; Ulber/*Ulber, J.*, AÜG, Einl. G Rn. 15 ff.). Dieser Aufenthaltstitel darf nach § 40 Abs. 1 Nr. 1 und 2 AufenthG nicht erteilt werden, wenn der AN als **Leih-AN** beschäftigt werden soll. Für AN aus der **Türkei** gilt dies auf Grund des Beschlusses Nr. 1/80 des Assoziierungsrates nur bei erstmaliger Aufnahme einer Beschäftigung in Deutschland (vgl. hierzu Ulber/*Ulber*, J.; Einl. G Rn. 27 ff.).

d. Prüfungspflichten bei Beschäftigung ausländischer Leih-AN

64 Wegen des grundsätzlichen **Beschäftigungsverbots von Leih-AN**, die aus Staaten, die nicht dem EWR angehören, bzw. aus den EU-Beitrittsstaaten Rumänien oder Bulgarien kommen (Rn. 61, 63), bestehen sowohl für den Verleiher als auch für Entleiher und BR vor deren Beschäftigung besondere **Prüfungspflichten**. Insbesondere ist zu prüfen, ob der AN trotz der Verbotsnormen von § 40 AufenthG und § 6 Abs. 1 Nr. 2 ArGV auf Grund eines erteilten Aufenthaltstitels ausnahmsweise zur Beschäftigung als Leih-AN berechtigt ist. Die **Arbeitserlaubnis** ist vor Aufnahme der Beschäftigung **vorzulegen** und in den Lohnunterlagen zu dokumentieren (§ 2 BeitrÜVO). Dem **BR** steht ein entsprechender **Auskunftsanspruch** zu, der regelmäßig die Einsichtnahme in die Arbeitserlaubnis bzw. die hierüber erstellte Dokumentation umfasst.

Kommentierung

§ 1 Erlaubnispflicht

(1) Arbeitgeber, die als Verleiher Dritten (Entleihern) Arbeitnehmer (Leiharbeitnehmer) im Rahmen ihrer wirtschaftlichen Tätigkeit zur Arbeitsleistung überlassen wollen, bedürfen der Erlaubnis. Die Überlassung von Arbeitnehmern an Entleiher erfolgt vorübergehend. Die Abordnung von Arbeitnehmern zu einer zur Herstellung eines Werkes gebildeten Arbeitsgemeinschaft ist keine Arbeitnehmerüberlassung, wenn der Arbeitgeber Mitglied der Arbeitsgemeinschaft ist, für alle Mitglieder der Arbeitsgemeinschaft Tarifverträge desselben Wirtschaftszweiges gelten und alle Mitglieder auf Grund des Arbeitsgemeinschaftsvertrages zur selbständigen Erbringung von Vertragsleistungen verpflichtet sind. Für einen Arbeitgeber mit Geschäftssitz in einem anderen Mitgliedstaat des Europäischen Wirtschaftsraumes ist die Abordnung von Arbeitnehmern zu einer zur Herstellung eines Werkes gebildeten Arbeitsgemeinschaft auch dann keine Arbeitnehmerüberlassung, wenn für ihn deutsche Tarifverträge desselben Wirtschaftszweiges wie für die anderen Mitglieder der Arbeitsgemeinschaft nicht gelten, er aber die übrigen Voraussetzungen des Satzes 2 erfüllt.

(2) Werden Arbeitnehmer Dritten zur Arbeitsleistung überlassen und übernimmt der Überlassende nicht die üblichen Arbeitgeberpflichten oder das Arbeitgeberrisiko (§ 3 Abs. 1 Nr. 1 bis 3), so wird vermutet, dass der Überlassende Arbeitsvermittlung betreibt.

(3) Dieses Gesetz ist mit Ausnahme des § 1b Satz 1, des § 16 Abs. 1 Nr. 1b und Abs. 2 bis 5 sowie der §§ 17 und 18 nicht anzuwenden auf die Arbeitnehmerüberlassung

1. zwischen Arbeitgebern desselben Wirtschaftszweiges zur Vermeidung von Kurzarbeit oder Entlassungen, wenn ein für den Entleiher und Verleiher geltender Tarifvertrag dies vorsieht,

2. zwischen Konzernunternehmen im Sinne des § 18 des Aktiengesetzes, wenn der Arbeitnehmer nicht zum Zweck der Überlassung eingestellt und beschäftigt wird,

2a. zwischen Arbeitgebern, wenn die Überlassung nur gele-

§ 1 Erlaubnispflicht

gentlich erfolgt und der Arbeitnehmer nicht zum Zweck der Überlassung eingestellt und beschäftigt wird, oder

3. in das Ausland, wenn der Leiharbeitnehmer in ein auf der Grundlage zwischenstaatlicher Vereinbarungen begründetes deutsch-ausländisches Gemeinschaftsunternehmen verliehen wird, an dem der Verleiher beteiligt ist.

Gliederung	Rn.
1. Einführung	1 – 4
2. Grundzüge und Begriff der ANÜ (Abs. 1 Satz 1)	5 – 71
a. Überlassen zur Arbeitsleistung	10 – 14
b. Arbeitgeberstellung und Arbeitgeberrisiko des Verleihers	15 – 21
c. Arbeitnehmereigenschaft des Leih-AN	22 – 26
d. Besonderheiten des Leiharbeitsverhältnisses	27 – 65
aa. Laufzeit, Befristung und Beendigung des Leiharbeitsverhältnisses	29 – 49
bb. Weisungsrecht des Verleihers/Leiharbeitnehmerklausel (§ 613 Satz 2 BGB)	50 – 58
cc. Inhalt und Grenzen des Weisungsrechts des Verleihers	59 – 65
e. Arbeitgeberstellung und Weisungsrecht des Entleihers	66 – 71
3. Hauptleistungspflichten im Leiharbeitsverhältnis	72 –118
a. Arbeitspflicht des Leih-AN	76 – 91
b. Arbeitsbedingungen des Leih-AN	92 – 99
c. Vergütungsanspruch des Leih-AN	100 –107
d. Arbeitgeberpflichten des Verleihers	108 –118
4. Wirtschaftliche Tätigkeit und Gewerbsmäßigkeit der ANÜ	119 –127
5. Vorübergehende Arbeitnehmerüberlassung und Ausschluss von Arbeitsvermittlung (Abs. 1 Satz 2)	128 –131a
a. Ausschluss von Arbeitsvermittlung	128 –129b
b. Vorübergehende Arbeitnehmerüberlassung (Abs. 1 Satz 2)	130 –130s
aa. Arbeitnehmerbezug von »vorübergehend« i. S. v. Abs. 1 Satz 2	130c–130e
bb. Arbeitsplatzbezogenes Verständnis von vorübergehend	130f–130p
cc. Zeitliche Höchstgrenze der Überlassung	130q–130r
dd. Ketten- und Austauschüberlassung	130s
c. Rechtsfolgen	130t –130z
d. Erlaubnisrechtliche Folgen	131 –131a
6. Erlaubnispflicht	132 –134
7. Mitwirkung des Betriebsrats	135 –136
8. Abordnung zu einer Arge (Abs. 1 Satz 3)	137 –152
a. Zweck der Vorschrift	137
b. Voraussetzungen der Fiktion	138 –145
c. Besonderheiten des BRTV-Bau	146 –147
d. Rechtsfolgen der Abordnung	148 –149
e. Arbeits- und betriebsverfassungsrechtliche Fragen	150 –152
9. Besonderheiten bei Abordnung aus dem EWR (Abs. 1 Satz 4)	153 –154
10. Vermutete Arbeitsvermittlung (Abs. 2)	155 –164
11. Privilegierte Formen der ANÜ (Abs. 3)	165 –168
12. ANÜ zur Vermeidung von Kurzarbeit und Entlassungen (Abs. 3 Nr. 1)	169 –188

a. Vermeidung von Kurzarbeit	172	–176
b. Vermeidung von Entlassungen	177	–180
c. Arbeitgeber desselben Wirtschaftszweigs		181
d. Tarifvertragliche Voraussetzungen	182	–184
e. Arbeits- und betriebsverfassungsrechtliche Fragen	185	–188
13. ANÜ im Konzern (Abs. 3 Nr. 2)	189	–218
a. Anwendungsbereich	189	–194
b. Konzernbegriff	195	–197
c. Missbrauchsformen der ANÜ im Konzern	198	–203
d. Vorübergehende ANÜ	204	–208
e. Einstellung und Beschäftigung zum Zweck der Überlassung	208a	–208c
f. Arbeitsvertragliche Voraussetzungen	209	–213
g. Konzernverleih und Betriebsverfassung	214	–218
14. Gelegentliche Arbeitnehmerüberlassung (§ 1 Abs. 3 Nr. 2a)	218a	–218c
15. Verleih auf der Grundlage zwischenstaatlicher Vereinbarungen (Abs. 3 Nr. 3)	219	–226

1. Einführung

Das AÜG stellt für die Zulässigkeit der ANÜ besondere Voraussetzungen auf. Grundsätzlich gilt ein **Verbot der gewerbsmäßigen ANÜ**. Das Verbot kann jedoch dadurch aufgehoben werden, dass dem überlassenden Unternehmen eine **Erlaubnis** zur ANÜ erteilt wird (sog. **Verbot mit Erlaubnisvorbehalt**). **1**

Nichtgewerbsmäßige Formen der ANÜ sind von der Erlaubnispflicht seit dem 1.12.2011 nicht mehr befreit. Soweit eine Überlassung vor diesem Zeitpunkt begann, darf sie ab dem 1.12.2011 nur fortgesetzt werden, wenn eine entsprechende Erlaubnis vorher erteilt wurde. Die Anwendbarkeit von Bestimmungen des AÜG war auch unter der früheren Fassung nur ausgeschlossen, soweit eine Erlaubnis Tatbestandsvoraussetzung der Norm ist (Ulber/*Ulber, J., AÜG,* § 1 Rn. 172 ff.). Liegt bei einer nichtgewerbsmäßigen ANÜ nach dem 30.11.2011 keine Erlaubnis vor, wird nach §§ 9 Nr. 1, 10 Abs. 1 mit ex-nunc Wirkung ein ArbV fingiert (*LAG Düsseldorf* v. 26.7.2012 – 15 Sa 336/12; *ErfK/Wank*, § 10 Rn. 4). **2**

Der Einsatz von AN im Rahmen der ANÜ ist grundsätzlich in allen Branchen **zulässig**. Einschränkungen können sich jedoch aus Gesetzen, TV und BV sowie aus Satzungen u. Ä. ergeben. Die Überlassung von AN in Betriebe des **Baugewerbes** (vgl. § 1b) ist gesetzlich grundsätzlich untersagt. Nach dem Recht der evangelischen Kirche ist der Einsatz von Leih-AN untersagt, wenn deren Beschäftigung lediglich der Substitution einer Neueinstellung dient (*KGH. EKD* II-0124/M35–06 v. 9.10.2006, AuR 07, 361). **3**

Unabhängig von den Bestimmungen des AÜG sind bei Einsatz von Leih-AN im Inland die Bestimmungen des **AEntG** zu beachten, wenn **Bauleistungen** i. S. v. § 175 Abs. 2 S. 2 SGB III erbracht werden oder die Überlassung in Branchen erfolgt, in denen TV auf der Grundlage **4**

§ 1 Erlaubnispflicht

von § 7 AEntG allgemeinverbindlich sind. Liegt ein allgemeinverbindlich erklärter TV nach § 7 oder § 11 AEntG vor, müssen die darin enthaltenen Verpflichtungen des AG auch bei der Beschäftigung von Leih-AN eingehalten werden (§ 8 Abs. 3 AEntG; *Ulber*, AEntG, § 8 Rn. 55 ff.).

2. Grundzüge und Begriff der ANÜ (Abs. 1 Satz 1)

5 **Abs. 1 S. 1** kann als die Grundnorm des AÜG bezeichnet werden. In ihr werden u.a. die Begriffe des Verleihers, des Entleihers und des Leih-AN definiert und die Voraussetzungen benannt, unter denen die ANÜ mit einer Erlaubnis der BA zulässig ist. Im Kern enthält die Vorschrift ein **Verbot der ANÜ mit Erlaubnisvorbehalt** (*LAG Berlin-Brandenburg* v. 9.1.2013 – 15 Sa 1635/12; Ulber/*Ulber, J.*, AÜG § 1 Rn. 12; vgl. § 3 Rn. 1).

6 Die ANÜ ist durch eine spezifische Ausgestaltung der Vertragsbeziehungen zwischen den Beteiligten gekennzeichnet. Während die **Vertragsbeziehungen** zwischen Verleiher und Entleiher im **Arbeitnehmerüberlassungsvertrag** und die zwischen Verleiher (als vertraglichem AG) und Leih-AN im **Leiharbeitsvertrag** geregelt werden, fehlt es bei der ANÜ an einer arbeitsvertraglich begründeten Beziehung zwischen Entleiher und Leih-AN (zur arbeitsrechtlichen Beziehung vgl. § 13b Rn. 1).

7 Abs. 1 S. 1 definiert den **Verleiher** als den AG des Leih-AN, der diesen einem Dritten zur Arbeitsleistung überlässt. Verleiher kann grundsätzlich jede natürliche oder juristische Person des privaten wie öffentlichen Rechts sein, die auch AG sein kann.

8 Kennzeichnendes Merkmal der ANÜ ist, dass der AN seine Arbeit nicht im Betrieb des Verleihers als (vertraglichem) AG leistet, sondern die Arbeit im **Betrieb eines Dritten** unter dessen Weisungsrecht und zur Förderung von dessen Betriebszwecken erbringt (zur Abgrenzung zum Werkvertrag vgl. Einl. Rn. 38 ff.). Den Dritten bezeichnet das Gesetz dabei als **Entleiher**. Der Verleih kann nur zwischen Betrieben stattfinden. Ein **Betrieb** des Entleihers liegt vor, wenn ein AG innerhalb einer organisatorischen Einheit allein oder gemeinsam mit AN mit Hilfe sächlicher oder immaterieller Mittel bestimmte arbeitstechnische Zwecke fortgesetzt verfolgt. Die Organisationseinheit des Entleihers, in der der Leih-AN seine Arbeit leisten soll, muss aufgrund Aufgabenbereich und Organisation eigenständig handeln und zur selbständigen Einstellung und Entlassung von AN berechtigt sein (vgl. § 4 BetrVG).

9 Dem Entleiher kommt nur eine mit dem Weisungsrecht des AG verbundene **faktische Arbeitgeberstellung** zu, aus der nach § 28e SGB IV eine subsidiäre Bürgenhaftung des Entleihers für die **Sozialversicherungsbeiträge** folgt (*BSG* v. 7.3.2007, DB 07, 1870; vgl. *Schöttler/Mütterleile*, BB 2011, 3061). Aus dem Dreiecksverhältnis und der aufgespaltenen Arbeitgeberstellung resultieren unterschiedliche

Rechte und Pflichten der Beteiligten, die sich auch auf die betriebsverfassungsrechtliche Stellung des Leih-AN sowie die Mitwirkungsrechte der Betriebsräte in Verleih- und Entleihunternehmen auswirken (vgl. die Erl. zu § 14).

a. Überlassen zur Arbeitsleistung

ANÜ liegt nur vor, wenn die Vertragszwecke darauf gerichtet sind, einem anderen AG einen AN **zur Arbeitsleistung zu überlassen**, der Verleiher jedoch i. Ü. alle Pflichten eines AG eigenverantwortlich erfüllt. **10**

(Überlassung) Ein **Überlassen** liegt vor, wenn der Verleiher einem Dritten einen AN zur Verfügung stellt und ihm hierbei das Recht überträgt, die **Weisungsbefugnisse eines AG** wahrzunehmen. Der Dritte muss auf Grund der vertraglichen Vereinbarungen berechtigt sein, den überlassenen AN nach eigenen betrieblichen Erfordernissen und auf der Grundlage des übertragenen Weisungsrechts wie einen Stammbeschäftigten im Betrieb einzusetzen. **11**

Eine ANÜ erfordert, dass der AN auf der Grundlage einer **vertraglichen Verpflichtung** des Verleihers (als AG) mit einem Dritten (dem Entleiher) in dessen Betrieb und zur Förderung von dessen Betriebszwecken tätig wird (*BAG* v. 26. 5. 1995, DB 95, 2427). Bewegt sich die vom AN erbrachte Arbeitsleistung nicht im Rahmen der vertraglichen Absprachen, ist sie dem Verleiher grundsätzlich nicht als ANÜ zuzurechnen. Bedeutung hat dies insbesondere, wenn der AN im Rahmen eines **Werkvertrags** nach Weisungen des Dritten arbeitet. Ist hier die Ausübung des Weisungsrechts nicht vom Geschäftswillen des entsendenden AG gedeckt, liegt eine dem Verleiher zuzurechnende Überlassung nicht vor (Ulber/*Ulber, J.*, AÜG, § 1 Rn. 165). Ob die Überlassung zurechenbar ist, richtet sich in erster Linie nach dem **Geschäftswillen** und den **Zwecken** des zugrunde liegenden Vertrags. Duldet der Verleiher jedoch entgegen den ursprünglichen Absprachen die Ausübung von Weisungsrechten durch den Dritten oder kommt er seinen Kontroll- und Überwachungspflichten bei der Durchführung der Arbeiten im Drittbetrieb nicht nach (vgl. Einl. 43), liegt hierin eine **konkludente** Zustimmung zur Wahrnehmung des Weisungsrechts (Ulber/*Ulber, J.*, AÜG, § 1 Rn. 169; *Boemke/Lembke*, § 1 Rn. 31 f.). **12**

Eine Überlassung setzt voraus, dass der Verleiher die Stellung als AG auch während des Einsatzes des AN beim Dritten behält und die ihm zustehenden **Arbeitgeberbefugnisse nur partiell auf den Dritten übertragen** und von diesem wahrgenommen werden. Dies ist nicht der Fall, wenn der Dritte in tatsächlicher Hinsicht alle wesentlichen Arbeitgeberbefugnisse ausübt und der Überlassende lediglich **Hilfsfunktionen** (z.B. Abrechnung und Auszahlung des Arbeitsentgelts) wahrnimmt. Der Einsatz des AN im Drittbetrieb ist dann **Arbeits-** **13**

§ 1 Erlaubnispflicht

vermittlung (vgl. Einl. Rn. 36). Sind die Begriffsmerkmale einer Arbeitsvermittlung erfüllt, ist das Vorliegen von ANÜ ausgeschlossen (*Boemke/Lembke*, § 1 Rn. 33; Ulber/*Ulber, J.*, AÜG, Einl. D Rn. 10). Dabei kommt es nicht darauf an, ob die Arbeitsvermittlung von den Beteiligten gewollt ist. Die rechtliche Einordnung der Vertragsbeziehungen und des Vertragstyps unterliegt nicht der freien Vereinbarung.

14 Das Überlassen zur Arbeitsleistung setzt voraus, dass der Dritte den AN für eine weisungsgebundene Tätigkeit unter Wahrnehmung des arbeitgeberischen Direktionsrechts im Betrieb nach eigenen Vorstellungen einsetzt (Ulber/*Ulber, J.*, AÜG, § 1 Rn. 165). Fehlt es an der **Weisungsgebundenheit** der Tätigkeit (z. B. bei freien Mitarbeitern, nicht jedoch bei leitenden Angestellten), liegt begrifflich keine ANÜ vor (*Boemke/Lembke*, § 1 Rn. 34; Ulber/*Ulber, J.*, AÜG, § 1 Rn. 166 ff.). Ob der Dritte das arbeitsrechtliche Weisungsrecht ausübt, beurteilt sich ausschließlich nach den tatsächlichen Verhältnissen. Maßgeblich kommt es insoweit u. a. darauf an, ob der AN eingegliedert in die Betriebsabläufe und die Arbeitsorganisation des Dritten die Arbeitsleistung erbringt (zur Abgrenzung vom Werkvertrag vgl. Einl. Rn. 44, 51).

b. Arbeitgeberstellung und Arbeitgeberrisiko des Verleihers

15 Nach Abs. 1 S. 1 muss der Verleiher auf Grundlage einer arbeitsvertraglichen Vereinbarung **AG** des Leih-AN sein. AG i. S. d. Norm ist die Person, die den zu Überlassenden vertraglich als AN beschäftigt. Ob dem Verleiher im Verhältnis zum Leih-AN die Arbeitgeberstellung zukommt, beurteilt sich nach den allgemeinen arbeitsrechtlichen Grundsätzen. Danach ist AG, wer zumindest eine andere Person als AN beschäftigt.

16 Die **Arbeitgeberstellung des Verleihers** ist Voraussetzung dafür, dass das grundsätzliche Verbot der gewerbsmäßigen ANÜ (s. o. Rn. 1) durch Erteilung einer Erlaubnis aufgehoben werden kann. Ist diese Voraussetzung nicht erfüllt, liegt i. d. R. Arbeitsvermittlung vor (vgl. Einl. Rn. 34).

17 Dem Verleiher muss die Arbeitgeberstellung bei der Wahrnehmung aller typischen **Haupt- und Nebenleistungspflichten** aus dem AV zukommen und er muss diese Stellung auch in tatsächlicher Hinsicht wahrnehmen. Hierzu gehört die Übernahme aller üblichen **Arbeitgeberpflichten** und des Arbeitgeberrisikos (§ 3 Abs. 1 Nr. 1 bis 3), insbesondere die Tragung des besonderen **Beschäftigungsrisikos des Verleihers** nach § 11 Abs. 4 S. 2 (vgl. § 11 Rn. 47 ff.). Nimmt nicht der Verleiher, sondern ein Dritter als sog. **Strohmann** die Arbeitgeberfunktionen wahr, liegt keine ANÜ, sondern Arbeitsvermittlung vor (*Schüren/Hamann/Hamann*, AÜG, § 1 Rn. 54; Ulber/*Ulber, J.*, AÜG, § 1 Rn. 24; a. A. *Boemke/Lembke*, § 1 Rn. 21). Dasselbe gilt beim sog. **Kettenverleih**, wenn ein Verleiher einen Leih-AN an einen Entleiher überlässt, der seinerseits (ohne die typischen Arbeitgeberpflichten eines Verleihers zu erfüllen) den Leih-AN weiterverleiht (KassHandb/*Düwell*, 4.5 Rn. 1a; Ulber/*Ulber, J.*, AÜG, § 1 Rn. 24; a. A. *Schüren/Hamann/Schüren*, AÜG, Einl., § 1 Rn. 57). Ein **Ketten-, Zwischen- oder Weiterverleih**, bei dem ein Entleiher den überlassenen Leih-AN seinerseits an einen anderen Entleiher verleiht, ist ausgeschlossen, da der Zwischenverleiher nicht vertraglicher AG des Leih-AN, sondern seinerseits Entleiher ist (Ulber/*Ulber, J.*, AÜG, § 1 Rn. 24). Zur Wahrnehmung der Arbeitgeberstellung gehört, dass der Verleiher alle Verpflichtungen eines AG in rechtlicher und tatsächlicher Hinsicht eigenverantwortlich erfüllt. Zu unterscheiden vom Weiterverleih sind die Fälle, in denen ein Leih-AN wiederholt an denselben Entleiher verliehen wird. Die Aneinanderreihung vorübergehender Einsätze stellt grundsätzlich eine Umgehung von Art. 5 Abs. 5 der LA-RL dar und ist unzulässig (*LAG Niedersachsen* v. 19.9.2012 – 17 TaBV 124/11, DB 2012, 2468; *LAG Berlin-Brandenburg* v. 19.12.1012 – 4 TaBV 1163/12; *LAG NS* v. 19.9.2012 – 17 TaBV 124/11, DB 2012, 2468; *Ulber/Ulber, J.*, AÜG, § 1 Rn. 230x, 231b; *Gussen*, NZA 2011, 830; *Hamann*, RdA 2011, 324; *Hayen*, AiB 2012, 172; *Ulber*, AiB 2012, 404; *Zimmer*, AuR 2012, 422; a. A. *ArbG Leipzig* v. 15.2.2012 – 11 BV 79/11, AiB 2012, 402m. abl. Anm. *Ulber*; vgl. Rn. 130s). Eine vorübergehende ANÜ i. S. v. § 1 Abs. 1 S. 2 kann nicht mehr angenommen werden, wenn mehrere Überlassungen auf demselben Arbeitsplatz erfolgen (*ArbG Offenbach* v. 1.8.2012 – 10 BV 1/12, AiB 2012, 685).

In § 11 Abs. 4 S. 2 hat das **Arbeitgeberrisiko** des Verleihers eine besondere Regelung erfahren. Die Vorschrift schränkt die Möglichkeiten des Verleihers, das Betriebsrisiko auf den Leih-AN zu verlagern, erheblich ein. Auswirkungen hat dies nicht nur bei den Vergütungspflichten des Verleihers in verleihfreien Zeiten, sondern auch bei **Kündigungen**, beim **Kurzarbeitergeld** oder bei **flexiblen Arbeitszeitsystemen** (vgl. § 11 Rn. 64ff.). Da § 11 Abs. 4 S. 2 unabdingbar ist (§ 11 Rn. 48), kann weder durch TV noch durch BV oder AV von der spezifischen Risikoverteilung im Leiharbeitsverhältnis abgewichen werden. **18**

Das **Risiko mangelnder Beschäftigungsmöglichkeiten** gehört zu den typischen Risiken des Verleihers. Richtigerweise ist die Übernahme dieses Risikos konstitutives Merkmal der ANÜ. Trägt der Verleiher nicht dieses vertragstypische Risiko, handelt er nicht als Verleiher, sondern als Vermittler. Es liegt dann Arbeitsvermittlung vor mit der Folge, dass ein AV zum Entleiher begründet wird. **19**

Soweit die Arbeitgeberstellung des Verleihers nicht nur partiell oder zeitlich befristet übertragen wird, oder die Wahrnehmung der Arbeitgeberpflichten nicht der eigenverantwortlichen Risikosphäre des Verleihers als Vertragsarbeitgeber, sondern einem Dritten zuzuordnen ist **20**

§ 1 Erlaubnispflicht

bzw. vom Dritten in tatsächlicher Hinsicht erfüllt wird, ist der Verleiher als Arbeitsvermittler zu behandeln (*Behrend*, BB 01, 2644; str.).

21 nicht belegt

c. Arbeitnehmereigenschaft des Leih-AN

22 ANÜ setzt voraus, dass die **Tätigkeit** der zur Arbeitsleistung verpflichteten Person die eines AN ist (*BAG* v. 9.11.1994, AP Nr. 18 zu § 1 AÜG). Die **Bezeichnung** oder die rechtliche Einordnung des Vertrags durch die vertragschließenden Parteien ist unbeachtlich. In Fällen **grenzüberschreitender ANÜ** ist die Arbeitnehmereigenschaft nach deutschem Recht zu beurteilen.

23 **AN** ist, wer auf Grund eines privatrechtlichen Vertrags im Dienst eines anderen zu fremdbestimmter Arbeit in **persönlicher Abhängigkeit** verpflichtet ist (*ErfK/Preis*, § 611 BGB Rn. 34 ff.; Ulber/*Ulber, J.*, AÜG, § 1 Rn. 25 ff.). Diese Voraussetzung ist nur erfüllt, wenn der Beschäftigte weder seine Arbeitszeit noch seine Tätigkeit oder den Ort der Arbeitsleistung frei bestimmen kann (*BAG* v. 22.6.1994, AP Nr. 16 zu § 1 AÜG). Die **Eingliederung** in einen Betrieb und die Einordnung in die betriebliche Weisungsrechtshierarchie oder die Notwendigkeit der Zusammenarbeit mit anderen AN sind hierbei Anhaltspunkte für die Arbeitnehmereigenschaft. Selbständige, **freie Mitarbeiter**, Beamte und Richter sind ebenso wenig AN, wie **Heimarbeiter** oder Personen, die auf **mitgliedschaftlicher oder vereinsrechtlicher Basis** ihre Arbeitsleistung erbringen (*Boemke/Lembke*, § 1 Rn. 27; Ulber/*Ulber, J., AÜG*, § 1 Rn. 26). Personen, die auf mitgliedschaftlicher Basis im Rahmen sog. **Schwesterngestellungsverträge** (vgl. Ulber/*Ulber, J.*, AÜG, Einl. C Rn. 102) mit einer eigenen Arbeitsorganisation (vgl. hierzu *LAG München* v. 5.12.00, AiB 02, 432) Dienstleistungen verrichten, sind keine AN (*BAG* v. 6.7.1995 – 5 AZB 9/93). In der Praxis fehlt es jedoch häufig an einer eigenverantwortlichen Arbeitsorganisation, so dass von ANÜ auszugehen ist (vgl. *BAG* v. 23.6.2010 – 7 ABR 1/09; zur Abgrenzung von Arbeitsvermittlung vgl. Rn. 128 ff.; zur Mitbestimmung bei Mitgliedschaftsverhältnissen vgl. § 14 Rn. 221). Auch **Strafgefangene**, die nicht im Rahmen eines freien Beschäftigungsverhältnisses nach § 39 StVollzG beschäftigt sind, oder Soldaten sind keine AN, die im Rahmen des AÜG überlassen werden (Ulber/*Ulber, J.*, AÜG, § 1 Rn. 25).

24 AN in Teilzeit oder **geringfügig Beschäftigte** (§ 8 SGB IV) sind AN und können daher auch als Leih-AN beschäftigt werden. **Scheinselbständige**, die in tatsächlicher Hinsicht unter dem Weisungsrecht eines Dritten arbeiten, sind nach § 7 Abs. 1 SGB IV AN (*Ulber/Ulber, J., AÜG*, § 1 Rn. 31). Bei Zweifeln kann eine Auskunft bei den Rentenversicherungsträgern eingeholt werden (§ 7a SGB IV). Keine AN sind Personen, die zum Zwecke der **Wiedereingliederung** i.S.v. § 74 SGB V beschäftigt werden (*BAG* v. 29.1.1992, NZA 92, 643). Sie können daher nicht als Leih-AN beschäftigt werden (*LAG Rheinland-Pfalz* v. 3.5.2006 – 10 Sa 913/05).

Auch **Auszubildende**, deren Arbeitnehmereigenschaft umstritten ist, dürfen nicht zur Arbeitsleistung bei Entleihern verliehen werden, da deren Tätigkeit nach § 6 Abs. 2 BBiG ausschließlich zu Ausbildungszwecken erfolgen darf (vgl. Ulber/*Ulber, J.*, AÜG, § 1 Rn. 27; *Boemke/Lembke*, § 3 Rn. 25). Schließen Auszubildende nach § 26 BBiG einen **anderen als einen Berufsausbildungsvertrag** – z. B. einen Leiharbeitsvertrag – ist dieser nach § 4 Abs. 2 BBiG i. V. m. § 134 BGB nichtig (*BAG* v. 27.10.2010, BB 2011, 572). Es finden dann die Regeln des fehlerhaften ArbV Anwendung (*BAG* a. a. O.). **25**

Keine AN sind Personen, die vom Verleiher als **leitende Angestellte** i. S. v. § 5 Abs. 3 BetrVG eingestellt wurden oder **Organfunktionen** i. S. v. § 5 Abs. 2 BetrVG ausüben. Abzustellen ist dabei auf die Stellung, die der Betroffene in der Arbeitsorganisation des Verleihers einnimmt. Ist er dort AN, ist es unbeachtlich, wenn er bei einem Entleiher Führungsaufgaben wahrnimmt, die die Begriffsmerkmale des § 5 Abs. 3 BetrVG erfüllen (*BAG* v. 20.4.2005, BB 06, 383). **26**

d. Besonderheiten des Leiharbeitsverhältnisses

Wie jedes ArbV unterliegt auch das Leiharbeitsverhältnis den allgemeinen arbeitsrechtlichen Bestimmungen und Grundsätzen. Die **Begründung des Leiharbeitsverhältnisses** und dessen Wirksamkeit richten sich nach den allgemeinen arbeitsrechtlichen Grundsätzen. Besonderheiten gelten hier nur, wenn der Verleiher bei Begründung des Leiharbeitsverhältnis nicht im Besitz der nach § 1 Abs. 1 S. 1 erforderlichen **Erlaubnis** ist. Hier ist das Leiharbeitsverhältnis nach § 9 Nr. 1 unwirksam und es wird gem. § 10 Abs. 1 ein AV zum Entleiher fingiert (vgl. § 10 Rn. 1 ff.). **27**

Wegen der Pflicht des Leih-AN, die Arbeit bei ständig wechselnden Dritten unter deren Weisungsrecht zu erbringen, sowie den hiermit verbundenen Gefahren, hat der Gesetzgeber besondere **Schutzbestimmungen** erlassen, die beim Leiharbeitsverhältnis zu beachten sind. Da die Bestimmungen des AÜG zwingend gelten, muss der AV des Leih-AN diesen Bestimmungen Rechnung tragen. **28**

aa. Laufzeit, Befristung und Beendigung des Leiharbeitsverhältnisses

Wie jedes Normalarbeitsverhältnis unterliegt auch das Leiharbeitsverhältnis den gesetzlichen Bestimmungen zum **Kündigungsschutz** und zur Zulässigkeit von **Befristungen**. Aus dem besonderen Arbeitgeberrisiko des Verleihers (s. o. Rn. 17 ff.) und § 11 Abs. 4 S. 2 ergeben sich jedoch eine Reihe von Abweichungen, die dem besonderen Schutzbedürfnis des Leih-AN Rechnung tragen sollen. **29**

§ 1 Erlaubnispflicht

30 Grundsätzlich ist das Leiharbeitverhältnis ein **unbefristetes ArbV** (*Düwell/Dahl*, NZA 07, 890). Eine Befristung muss ausdrücklich und schriftlich vereinbart (§ 14 Abs. 4 TzBfG) und nach § 2 Abs. 1 S. 2 Nr. 3 NachwG schriftlich dokumentiert werden. Eine **nachträglich vereinbarte** Befristung ist unwirksam (Ulber/*Ulber, J.*, AÜG, § 1 Rn. 94).

31 (Befristung) Das Leiharbeitsverhältnis kann **aus sachlichem Grund befristet** werden, wenn die Voraussetzungen des § 14 Abs. 1 TzBfG erfüllt sind. Ob dies der Fall ist, richtet sich ausschließlich nach den Verhältnissen im Verleihbetrieb (*Düwell/Dahl*, NZA 07, 891). Ob eine entsprechende Befristung beim Entleiher zulässig wäre, ist unbeachtlich (*Dahl*, DB 06, 2519). Will der Verleiher beispielsweise einen Leih-AN zum Zwecke der Schwangerschaftsvertretung nach § 14 Abs. 1 S. 2 Nr. 3 TzBfG befristet beschäftigen, ist dies nur zulässig, soweit sich eine bei ihm beschäftigte Leih-AN im Schwangerschaftsurlaub befindet. Befindet sich demgegenüber eine beim Entleiher beschäftigte AN im Schwangerschaftsurlaub, kann die Befristung des ArbV beim Verleiher nicht auf § 14 Abs. 1 S. 2 Nr. 3 TzBfG gestützt werden.

32 Einschränkungen ergeben sich bei der Zulässigkeit von Befristungen aus dem besonderen Arbeitgeberrisiko des Verleihers. Das frühere **Synchronisationsverbot** (vgl. Einl. Rn. 3f., 13), nach dem eine Synchronisation der Laufzeit des Leiharbeitsverhältnisses mit der Laufzeit eines ANÜ-Vertrags gesetzlich untersagt war, ist zwar aufgehoben; dieselben Rechtsfolgen ergeben sich jedoch heute aus den Bestimmungen des TzBfG i. V. m. § 11 Abs. 4 S. 2 (vgl. § 11 Rn. 58). Das Risiko mangelnder Beschäftigungsmöglichkeiten gehört zum typischen Arbeitgeberrisiko (*Düwell/Dahl*, NZA 07, 890) und ist ausschließlich vom Verleiher zu tragen (s. o. Rn. 17). Eine Umgehung der gesetzlichen Risikoverteilung über Befristungen des Leiharbeitsverhältnisses ist unzulässig. Dem Verleiher ist es daher verwehrt, nur befristet bestehende Einsatzmöglichkeiten bei Entleihern zum Anlass zu nehmen, das Leiharbeitsverhältnis nach § 14 Abs. 1 S. 2 Nr. 1 TzBfG entsprechend der Laufzeit eines ANÜ-Vertrags zu befristen oder die Laufzeit des Leiharbeitsverhältnisses von den Möglichkeiten zur Überlassung des AN an Dritte abhängig zu machen (Synchronisationsverbot; *LAG Sachsen* v. 25.8.2008, EzAÜG § 14 TzBfG Nr. 3). Die Befristung darf wie die Kündigung nicht zu einer Verlagerung des typischen Beschäftigungsrisikos des Verleihers führen (*Hirinda*, NZA 2011, 328). Die Überlassung darf nicht nur an einen Entleiher erfolgen (*LAG Niedersachsen* v. 19.9.2012, DB 2012, 2468; *Schüren/Wank*, RdA 2011, 1). Ob eine Befristung wegen eines nur vorübergehend bestehenden betrieblichen Bedarfs zulässig ist (§ 14 Abs. 1 S. 2 Nr. 1 TzBfG), bestimmt sich ausschließlich nach den Verhältnissen im Verleihbetrieb. Ein vorübergehend bestehender Personalbedarf beim Entleiher darf demgegenüber nicht zum Anlass genommen werden, das

Erlaubnispflicht § 1

Leiharbeitsverhältnis mit dem Verleiher zu befristen (*SächsLAG* v. 25.1.2008 – 3 Sa 458/07; Ulber/*Ulber, J.,* AÜG, § 9 Rn. 312).

Verstöße gegen das Synchronisationsverbot erfüllen i.d.R. den Tatbestand einer Arbeitsvermittlung (Ulber/*Ulber, J.,* AÜG, § 9 Rn. 336; *Schüren/Hamann/Schüren,* § 3 Rn. 101). **32a**

Nach § 14 Abs. 2 TzBfG wäre es zulässig, das Leiharbeitsverhältnis bei der erstmaligen Einstellung beim Verleiher auch **ohne sachlichen Grund kalendermäßig** zu befristen und innerhalb der ersten zwei Jahre ohne Unterbrechung bis zu dreimal zu verlängern. Bei Neugründung von Unternehmen beträgt der Zeitraum vier Jahre (§ 14 Abs. 2a TzBfG). Hierdurch dürfen jedoch die besonderen Bestimmungen zum Kündigungsschutz und zum Betriebsrisiko (vgl. § 11 Rn. 58) nicht umgangen werden. Die Vorschrift kann nur angewandt werden soweit hierdurch die Bestimmungen der LA-RL eingehalten werden. Die Vorschrift verstößt jedoch gegen Art. 5 Abs. 5 LA-RL (Ulber/*Ulber, J.,* AÜG, § 9 Rn. 348), so dass nacheinander erfolgende Überlassungen im Rahmen des Zweijahreszeitraum von § 14 Abs. 2 TzBfG nicht mehr zulässig sind (*Hamann,* AuR 2010, 11). Dies gilt auch für TV, so dass § 9.2 MTV BAP/DGB unwirksam ist. **33**

War der Leih-AN vor einer sachgrundlos befristeten Einstellung durch den Verleiher bei einem **Entleiher** sachgrundlos befristet beschäftigt, dem er unmittelbar nach Ablauf der Befristung überlassen werden soll, liegt eine nach § 242 BGB rechtsmissbräuchliche Umgehung von § 14 Abs. 2 TzBfG vor (a.A. *BAG* v. 18.10.2006 – 7 AZR 145/06, NZA 07, 443; ähnlich *Düwell/Dahl,* NZA 07, 892; *Preis/Greiner,* RdA 2010, 148). Ein **Rechtsmissbrauch** liegt jedoch auch nach Auffassung des BAG vor, wenn Verleiher und Entleiher einen AN in einem **rollierenden Verfahren** abwechselnd jeweils sachgrundlos beschäftigen (*BAG* v. 9.3.2011 – 7 AZR 657/09). **34**

(**Kündigung**) Wie jedes ArbV kann auch das Leiharbeitsverhältnis von beiden Vertragsparteien unter Einhaltung der Bestimmungen zum Kündigungsschutz ordentlich und außerordentlich **gekündigt** oder durch **Aufhebungsvertrag** beendet werden. Soweit nach § 10 Abs. 1 ein AV zum Entleiher fingiert wird, endet das Leiharbeitsverhältnis auch mit der einseitigen Erklärung des AN, dass er das ArbV zum Verleiher nicht fortsetzen will (vgl. § 9 Rn. 27). **35**

Für die Kündigung des ArbV bzw. dessen Aufhebung durch Vertrag gelten die allgemeinen gesetzlichen Bestimmungen zum Kündigungsschutz (z.B. §§ 620ff. BGB) einschließlich der Mitwirkungsrechte eines beim Verleiher bestehenden Betriebsrats (§§ 102f. BetrVG). Auch der Sonderkündigungsschutz (z.B. § 9 MuSchG, §§ 95ff. SGB IX, § 15 KSchG) findet Anwendung. **36**

Nach § 623 BGB sind Kündigungen oder Aufhebungsverträge nur wirksam, wenn die **Schriftform** eingehalten ist. **37**

§ 1 Erlaubnispflicht

38 Dringende **betriebliche Gründe** für eine betriebsbedingte Kündigung (§ 1 Abs. 2 S. 2 KSchG) liegen insbesondere vor, wenn der Verleiher auf unabsehbare Zeit keine Möglichkeit hat, den Leih-AN zu beschäftigen. Beim Leiharbeitsverhältnis ist jedoch zu berücksichtigen, dass fehlende Beschäftigungsmöglichkeiten zur typischen Risikosphäre des Verleihers gehören (*BAG* v. 18.5.2006, AiB 06, 368; § 11 Abs. 4 S. 2; vgl. § 11 Rn. 47 ff.) und daher grundsätzlich nicht zum Anlass genommen werden können, die Rechtsstellung des Leih-AN zu verschlechtern. In Rechtsprechung und Literatur wird daher überwiegend die Auffassung vertreten, dass ein **dauerhafter** Rückgang des Beschäftigungsbedarfs vorliegen muss (*BAG* v. 18.5.2006, DB 06, 1962) und der Verleiher zunächst eine **Mindestwartefrist von drei Monaten** abzuwarten hat, bevor er den Leih-AN betriebsbedingt kündigt (*LAG Hessen*, EzAÜG KSchG Nr. 2; *Schüren/Hamann/Schüren*, Einl. Rn. 279; *Ulber*, § 1 Rn. 116; a. A. *BAG*, a. a. O.). Innerhalb dieser Frist ist der Verleiher verpflichtet, sich um Anschlussaufträge zu bemühen (*LAG Hessen*, a. a. O.; *Ulber*, a. a. O.) und eine Weiterbeschäftigung durch Umschulungs- und Fortbildungsmaßnahmen des AG zu ermöglichen (*BAG* v. 18.5.2006, AiB 07, 368 m. Anm. *Hahn*; zu den Darlegungspflichten des Verleihers vgl. *Hahn*, a. a. O.). Im Streitfall hat der Verleiher darzulegen und zu beweisen, dass ein **dauerhafter Auftragsrückgang** verbunden mit einem dauerhaften Beschäftigungsrückgang vorliegt (*BSG* v. 21.7.2009, NZA-RR 2010, 216; Ulber/*Ulber, J.*, AÜG, § 11 Rn. 111).

39 Liegen Gründe für eine **verhaltensbedingte Kündigung** oder wichtige Gründe für eine **außerordentliche Kündigung** vor, kann das ArbV unter Einhaltung der Kündigungsfristen (§§ 622, 626 Abs. 2 BGB) wie ein Normalarbeitsverhältnis gekündigt werden. Die Gründe können dabei sowohl im Verhalten des Leih-AN beim Verleiher als auch beim Entleiher liegen (ErfK/*Wank*, Einl. AÜG Rn. 41; *Ulber*, § 1 Rn. 93). Liegen die Gründe in einem Verstoß gegen Verhaltenspflichten beim Entleiher (z. B. indem der Leih-AN gegen eine beim Entleiher bestehende BV nach § 87 Abs. 1 Nr. 1 BetrVG verstößt), kann ein rechtswidriges Verhalten des Leih-AN nur dann zum Anlass für eine Kündigung genommen werden, wenn dem Leih-AN sowohl die Pflichtwidrigkeit seines Verhaltens als auch die damit verbundenen Rechtsfolgen bekannt waren. Dies setzt i. d. R. eine vorherige Aufklärung durch den Entleiher und eine **Abmahnung** durch den Verleiher voraus (*Schüren/Hamann/Schüren*, Einl. Rn. 290; Ulber/*Ulber, J.*, AÜG, § 1 Rn. 121). Daneben sind erhöhte Anforderungen an das Vorliegen eines sachlichen Grundes für eine verhaltensbedingte Kündigung zu stellen, weil der Leih-AN mit den Betriebsabläufen beim Entleiher weniger vertraut ist wie ein Stammarbeitnehmer (Ulber/*Ulber, J.*, AÜG, § 1 Rn. 118 f.).

40 Eine **Änderungskündigung** (insbesondere zur Entgeltabsenkung) unterliegt auch beim Leiharbeitsverhältnis den allgemeinen arbeits-

Erlaubnispflicht § 1

rechtlichen Grundsätzen. Danach ist eine Änderungskündigung zulässig, wenn sich der AG bei einem anerkennenswerten Anlass darauf beschränkt, dem AN lediglich solche Änderungen vorzuschlagen, die der AN billigerweise hinnehmen muss (*BAG* v. 21. 9. 06, BB 07, 891). Ein dringendes betriebliches Erfordernis i. S. v. § 1 Abs. 2 S. 1 KSchG liegt nicht vor, wenn der Zweck der Änderungskündigung in der Schaffung einheitlicher Vertragsbedingungen beim Verleiher liegt (*BAG* v. 12. 1. 2006, NZA 06, 587; Thüsing/*Pelzner*, § 3 Rn. 54) oder zum Zweck der **Kostensenkung** erfolgt (*BAG* a. a. O.; Schüren/Hamann/*Schüren*, Einl. Rn. 280; Ulber/*Ulber*, J., AÜG, § 1 Rn. 123). Dasselbe gilt, wenn der Verleiher für ein Leiharbeitsverhältnis, das bisher keinem TV zur ANÜ unterlag, zukünftig einen TV zur ANÜ anwenden will (*BAG*, a. a. O.; Ulber/*Ulber, J.*, AÜG, § 1 Rn. 123). Ausnahmen kommen in Betracht, wenn ohne die Änderung der Vertragsbedingungen die Existenz des Betriebs gefährdet wäre. Dies ist nur der Fall, wenn die wirtschaftliche Verlustsituation mindestens drei Jahre andauert (*LAG Rheinland-Pfalz* v. 20. 7. 2006, DB 07, 1761).

Auch beim Leiharbeitsverhältnis ist die Beendigung des ArbV durch einen schriftlichen **Aufhebungsvertrag** (§ 623 BGB) zulässig. Der **Aufhebungsvertrag** muss mit den Grundsätzen zur Befristung und Kündigung des Leiharbeitsverhältnisses vereinbar sein. Daneben darf das besondere Beschäftigungsrisiko des Verleihers (§ 11 Abs. 4 S. 2) nicht durch den Abschluss eines Aufhebungsvertrags umgangen werden (Ulber/*Ulber, J.*, AÜG, § 1 Rn. 100). Fällt der Beendigungszeitpunkt auf Wunsch des Verleihers mit der Beendigung des Einsatzes bei einem Entleiher zusammen, ist der Vertrag sowohl wegen § 14 Abs. 1 Nr. 1 TzBfG (s. o. Rn. 32) als auch wegen Verstoßes gegen § 11 Abs. 4 S. 2 unwirksam. Wird schon bei Abschluss des Leiharbeitsverhältnisses ein Aufhebungsvertrag abgeschlossen, liegt ein Scheingeschäft i. S. d. § 117 Abs. 2 BGB vor, so dass der Vertrag unwirksam ist, wenn der vereinbarte Zeitpunkt der Beendigung des Leiharbeitsverhältnisses im Rahmen einer Befristungsabsprache nicht wirksam hätte vereinbart werden können (Ulber/*Ulber, J.*, AÜG, § 1 Rn. 100). **41**

(**Kündigungsfristen**) Bei einer Kündigung des Leiharbeitsverhältnisses sind die grundsätzlich zwingenden gesetzlichen **Kündigungsfristen** einzuhalten. Die Kündigungsfrist beträgt nach § 622 BGB mindestens vier Wochen (bei Probearbeitsverhältnissen mit einer Laufzeit bis zu sechs Monaten zwei Wochen; § 622 Abs. 3 BGB) und erhöht sich je nach Beschäftigungsdauer bis auf sieben Monate (§ 622 Abs. 2 BGB). Durch einen **TV** können die Kündigungsfristen verkürzt oder (für AG und AN im gleichem Umfang; § 622 Abs. 6 BGB) verlängert werden (§ 622 Abs. 4 BGB), wobei die tariflichen Regelungen auch einzelvertraglich in Bezug genommen werden können. **42**

Ohne tarifliche Grundlage (vgl. Rn. 42) können die Kündigungsfristen nur im Rahmen des § 622 Abs. 5 BGB **einzelvertraglich** verkürzt werden. Die in § 622 Abs. 5 S. 1 Nr. 1 BGB enthaltene Sonderrege- **43**

§ 1 Erlaubnispflicht

lung für **Aushilfsarbeitsverhältnisse** gilt jedoch nach § 11 Abs. 4 S. 1 nicht für Leiharbeitsverhältnisse. Lediglich in Kleinbetrieben mit nicht mehr als zwanzig Beschäftigten, die die Voraussetzungen von § 622 Abs. 5 S. 1 Nr. 2 u. S. 2 BGB erfüllen, können die gesetzlichen Kündigungsfristen verkürzt oder verlängert (§ 622 Abs. 5 S. 3 BGB) werden.

44 Sind im Verleiherbetrieb mehr als 10 AN (einschließlich des internen Stammpersonals) beschäftigt (vgl. hierzu Ulber/*Ulber, J.*, AÜG, § 1 Rn. 103), sind **betriebsbedingte Kündigungen** nur zulässig, wenn sie i. S. v. § 1 Abs. 2 KSchG sozial gerechtfertigt sind (vgl. § 23 Abs. 2 S. 2 u. 3 KSchG). Voraussetzung ist dabei, dass das ArbV ohne Unterbrechung länger als sechs Monate mit dem Verleihunternehmen bestanden hat (§ 1 Abs. 1 KSchG; sog. **Wartezeit**). In den ersten sechs Monaten des ArbV kann eine Kündigung nur nach Maßgabe der allgemeinen Vorschriften des BGB (z. B. §§ 138, 242, 307 BGB) unwirksam sein (*BAG* v. 6.2.2003, NZA 03, 717). Auf Grund der überwiegend kurzen Laufzeit der Leiharbeitsverhältnisse (vgl. Einl. Rn. 13) unterliegt allenfalls ein Drittel der Leih-AN dem Schutz des KSchG bei betriebsbedingten Kündigungen.

45 Die Wartezeit von sechs Monaten kann vertraglich verkürzt werden, kann jedoch weder einzel- noch kollektivvertraglich verlängert werden (BTM-*Mayer* KSchG, § 1 Rn. 38). Sie ist erfüllt, wenn das **ArbV** des Leih-AN länger als sechs Monate **mit demselben Verleiher** bestanden hat. Beschäftigungszeiten auf Grund eines AV mit einem Entleiher dürfen dabei nicht berücksichtigt werden. Umgekehrt finden auch keine Beschäftigungszeiten beim Verleiher Berücksichtigung, wenn der Entleiher einen ihm überlassenen Leih-AN im unmittelbaren Anschluss an die Überlassung einstellt (*BTM-Mayer*, KSchG, § 1 Rn. 41).

46 Auf Grund des **Mutterschutzes** und bei Ableistung des Grundwehrdienstes sind Ausfallzeiten auf die Betriebszugehörigkeit anzurechnen (§ 10 Abs. 1 und 2 MuSchG, § 6 Abs. 2 ArbPlSchG, § 9 ZivilSchG). Beim **ruhenden ArbV** sind nur die Zeiten zu berücksichtigen, in denen die Hauptleistungspflichten nicht suspendiert waren.

47 Die Wartezeit von sechs Monaten muss **ohne Unterbrechung** erfüllt sein. Abzustellen ist hierbei auf den rechtlichen Bestand des ArbV zum Verleiher als AG. Besteht zwischen zwei aufeinanderfolgenden ArbV allerdings ein **enger sachlicher oder zeitlicher Zusammenhang**, liegt keine Unterbrechung i. S. v. § 1 Abs. 1 KSchG vor (Thüsing/*Pelzner*, § 3 Rn. 113; Ulber/*Ulber J.*, AÜG, § 1 Rn. 110). Ein derartiger Zusammenhang ist z. B. gegeben, wenn der Verleiher das vormalige ArbV wegen Auftragsmangels betriebsbedingt gekündigt hat und mit dem AN bei Abschluss neuer ANÜ-Verträge ein neues ArbV begründet (*Schüren/Hamann/Schüren*, Einl. Rn. 276). Bei Unterbrechungen von weniger als drei Monaten ist i. d. R. von einem Zusammenhang auszugehen (Ulber/*Ulber, J.*, AÜG, § 1 Rn. 110).

Beschäftigungszeiten in verschiedenen Unternehmen desselben Verleihers oder in verschiedenen **Konzernunternehmen** auf Grund eigenständiger ArbV (nicht auf Grund eines Konzernarbeitsverhältnisses) sind grundsätzlich nicht zusammenzuzählen, sondern unterbrechen den rechtlichen Bestand des jeweiligen ArbV. Bei einem laufenden Wechsel des AG innerhalb einer Unternehmensgruppe liegt hier aber häufig ein enger sachlicher und zeitlicher Zusammenhang zwischen den ArbV bzw. ein Missbrauch der Gestaltungsform vor. Daneben ist jeweils zu prüfen, ob nicht konkludent ein Konzernarbeitsverhältnis vereinbart wurde. **48**

Besteht beim Verleiher ein Betriebsrat, hat er das **Mitbestimmungsverfahren** nach §§ 102 f. BetrVG einzuhalten, bevor er eine Kündigung ausspricht (vgl. hierzu § 14 Rn. 41 ff.). Eine ohne Anhörung des Betriebsrats ausgesprochene Kündigung ist unwirksam (§ 102 Abs. 1 S. 3 BetrVG). **49**

bb. Weisungsrecht des Verleihers/Leiharbeitnehmerklausel (§ 613 Satz 2 BGB)

Die Tätigkeit eines Leih-AN unterscheidet sich von der eines Normalbeschäftigten dadurch, dass er seine Arbeit nicht eingegliedert in die Betriebsabläufe des vertraglichen AG, sondern im Betrieb und unter dem **Weisungsrecht eines Dritten** erbringt. Wird der Leih-AN an den Dritten überlassen, ist das Weisungsrecht zwischen Verleiher und Entleiher **aufgespalten**. Er unterliegt dann sowohl dem Weisungsrecht des Verleihers als auch dem Weisungsrecht des Entleihers (**doppelte Weisungsgebundenheit**; Ulber/*Ulber, J.*, AÜG, § 1 Rn. 50; s. u. Rn. 66). **50**

Da durch die Übertragung des Weisungsrechts auf den Dritten die arbeitsvertraglichen Pflichten des AN gegenüber seinem vertraglichen AG erweitert werden, bedarf die Befugnis des AG zur Übertragung des Weisungsrechts eines besonderen Einverständnisses des AN. **§ 613 S. 2 BGB** bestimmt hierzu, dass die Übertragung des Weisungsrechts auf einen Dritten nur zulässig ist, wenn der AN hierzu vorher seine **ausdrückliche Zustimmung** erteilt hat (Ulber/*Ulber, J.*, AÜG, § 1 Rn. 38 ff.). Dies gilt bei allen Formen der ANÜ einschließlich der privilegierten Formen nach § 1 Abs. 3. Der AV eines Leih-AN muss immer eine Klausel enthalten, nach der der AN verpflichtet ist, auch unter dem Weisungsrecht und eingegliedert in die Betriebsabläufe eines Dritten seine Arbeit zu leisten (sog. **Leiharbeitnehmerklausel**). Die Übertragbarkeit des Weisungsrechts ist wesentlicher Vertragsinhalt und einschließlich des vereinbarten Einsatzgebietes schriftlich zu dokumentieren (§ 2 Abs. 1 S. 2 Nr. 4 NachwG). **51**

In AV mit Verleihern, bei denen die ANÜ Hauptzweck des Betriebs **52**

§ 1 Erlaubnispflicht

ist, ist die Leiharbeitnehmerklausel regelmäßig enthalten. Kommt ein **TV zur AÜN** zur Anwendung, ist eine zusätzliche vertragliche Vereinbarung nicht erforderlich. Auch i. Ü. kann jedoch die Verpflichtung, auch als Leih-AN tätig zu werden in einem TV geregelt sein (vgl. z. B. § 4 Abs. 2 und 3 TVöD; zur Unwirksamkeit von § 4 Abs. 3 TVöD vgl. *LAG Baden-Württemberg* v. 17. 4. 2013 – 4 TaBV 7/12). Auch die AV von **Mischbetrieben** (d. h. Betrieben, die neben einem anderen Gewerbe auch ANÜ betreiben) enthalten häufig eine Regelung, nach der der AN (z. T. unter bestimmten Voraussetzungen) verpflichtet ist, als Leih-AN bei einem Dritten zu arbeiten. Sind die Abreden in einem **Formulararbeitsvertrag** enthalten und brauchte der AN bei Vertragsschluss nach den äußeren Umständen nicht damit zu rechnen, auch als Leih-AN eingestellt zu werden, ist die Klausel unwirksam (§§ 305 c f. BGB; zu Versetzungsklauseln vgl. *BAG* v. 11. 4. 2006 – 9 AZR 557/05, NZA 06,1149). Der AN kann dann die Arbeitsleistung beim Dritten verweigern, soweit der Tatbestand der ANÜ erfüllt ist. Auswirkungen hat dies vor allem beim **Scheinwerkvertrag**, wenn der Einsatzbetrieb Weisungen erteilt (zum MBR vgl. § 14 Rn. 218 u. 245).

53 Fehlt im AV eine Abrede, die den AN verpflichtet, auch unter dem Weisungsrecht eines Dritten zu arbeiten, kann der AG den AN im Einzelfall nur überlassen, nachdem über die Verpflichtung zur Leiharbeit eine vertragliche Einigung erzielt wurde bzw. der AN ausdrücklich seine **Zustimmung** erteilt hat (§ 613 S. 2 BGB). Andernfalls ist der AN zur Leistungsverweigerung berechtigt. Dies gilt auch in Fällen, in denen eine Erlaubnis zur ANÜ nicht erforderlich ist (vgl. § 1 a).

54 Eine **Änderungskündigung**, die den AN zur Arbeitsleistung unter dem Weisungsrecht eines Dritten verpflichten soll, ist i. d. R. unwirksam (Ulber/*Ulber, J.,* AÜG, § 1 Rn. 48).

55 Der **Geschäftsinhalt** und die Reichweite von **Leiharbeitnehmerklauseln** sind im Einzelfall durch Auslegung zu ermitteln. Bei AV mit **gewerbsmäßig tätigen Verleihern** ist der Geschäftswille regelmäßig darauf gerichtet, eine zu jedem Zeitpunkt bestehende, **dauerhafte Verpflichtung** des AN zu begründen, nach billigem Ermessen des AG die Arbeit auch im Betrieb und unter dem Weisungsrecht eines Dritten zu erbringen. Weist der AG den AN in diesem Fall an, bei einem Dritten zu arbeiten, bedarf es zur Übertragung des Weisungsrechts im Einzelfall keiner weiteren Zustimmung des AN.

56 Eine auf Dauer angelegte Pflicht zur ANÜ ist bei nichtgewerbsmäßigen Formen grundsätzlich ausgeschlossen. Soweit im AV eine allgemeine Verpflichtung des AN zur **gelegentlichen ANÜ** vereinbart ist, ist im Einzelfall **zusätzlich** das Einverständnis des AN zur ANÜ erforderlich (*Ulber*, § 1 Rn. 37 f.). Erteilt der AN in Fällen **nichtgewerbsmäßiger ANÜ** die nach § 613 S. 2 BGB erforderliche Zustimmung, ermächtigt dies den AG nur im Einzelfall, das Weisungsrecht auf einen Dritten zu übertragen. Ist die Zustimmung erteilt, gilt sie im Zweifel nur einmalig und für den konkreten Einsatz, der Anlass der Vertragsabsprache war. Dies gilt auch in den Fällen von § 1 Abs. 3 Nr. 1 und § 1 a, wenn die ANÜ der **Vermeidung von Kurzarbeit und Entlassungen** dient und der AN in diesen Fällen nicht schon unmittelbar auf Grund der tariflichen Regelung verpflichtet ist, seine Arbeit auch im Rahmen einer ANÜ zu erbringen.

Auch bei der **Konzernleihe** nach § 1 Abs. 3 sowie sonstigen Formen der konzerninternen ANÜ muss der AN seine Zustimmung nach § 613 S. 2 BGB erteilt haben, **bevor** er bei einem anderen Konzernunternehmen als Leih-AN beschäftigt wird. Wegen des zeitlich befristeten, vorübergehenden Charakters der Konzernleihe ist die Reichweite des Einverständnisses wie bei nichtgewerbsmäßiger ANÜ grundsätzlich auf den Einzelfall beschränkt (Rn. 56). **57**

Bei **Mischunternehmen**, d.h. solchen Unternehmen, die neben der ANÜ auch andere Betriebszwecke verfolgen, bestimmt sich die Verpflichtung des AN, auch als Leih-AN tätig zu werden, nach den Absprachen im AV (ausf. Ulber/*Ulber, J.*, AÜG, § 1 Rn. 45ff.). Als Verleiher tätige Mischunternehmen können dabei auch eine Leiharbeitnehmerklausel vereinbaren, nach der der AN **dauerhaft** verpflichtet ist, seine Arbeit als Leih-AN bei Dritten zu erbringen (s.o. Rn. 52). Beschränkt sich die Arbeitspflicht des AN nicht auf eine Tätigkeit als Leih-AN, sondern ist er auch zu anderen vom AG zugewiesenen Arbeiten verpflichtet, muss im Einzelfall ermittelt werden, wie weit das Weisungsrecht des AG zur Überlassung an Dritte und zur Anweisung von Arbeiten innerhalb des Arbeitgeberbetriebs reicht. Bei **Montagebetrieben**, die sowohl im Rahmen von Werkverträgen in Drittbetrieben arbeiten als auch AN als Leih-AN überlassen, ist der AG auch bei vereinbarter Leiharbeitnehmerklausel nach § 81 Abs. 1 u. 2 BetrVG verpflichtet, dem AN vor jedem Einsatz mitzuteilen, ob er als Leih-AN unter dem Weisungsrecht des Drittbetriebs arbeiten soll oder ob er im Drittbetrieb weiter unter dem Weisungsrecht des entsendenden AG seine Arbeiten verrichtet (ausf. Ulber/*Ulber, J.*, AÜG, § 1 Rn. 46). Solange der AG dem AN nicht eindeutig erklären kann, ob das Weisungsrecht während des Einsatzes beim AG verbleibt oder vom Dritten ausgeübt werden darf, steht dem AN für die Arbeit im Drittbetrieb ein **Leistungsverweigerungsrecht** zu. **58**

cc. Inhalt und Grenzen des Weisungsrechts des Verleihers

Das Weisungsrecht des Verleihers unterscheidet sich vom Weisungsrecht im Normalarbeitsverhältnis dadurch, dass der Verleiher berechtigt ist, den AN auch unter dem Weisungsrecht eines anderen AG arbeiten zu lassen. Das **originäre Weisungsrecht** des Verleihers bleibt dabei vollumfänglich auch in den Zeiten bestehen, in denen der Leih-AN unter Übertragung des Weisungsrechts auf einen Dritten und **59**

§ 1 Erlaubnispflicht

unter dessen Weisungsrecht seine Arbeit verrichtet. Das originäre Weisungsrecht des Verleihers als AG **geht** dem übertragenen Weisungsrecht auf den Entleiher **vor** (Ulber/*Ulber, J.*, AÜG, § 1 Rn. 53). Weist der Verleiher den Leih-AN z.B. während des Einsatzes bei einem Entleiher an, bei einem anderen Entleiher tätig zu werden, muss der Leih-AN dieser Weisung auch bei entgegenstehender Weisung des Entleihers Folge leisten. Ein hiermit ggf. verbundener Verstoß gegen Pflichten aus dem ANÜ-Vertrag berührt im Verhältnis zum Leih-AN nicht den Vorrang des Weisungsrechts des Verleihers.

60 Die **Reichweite des Weisungsrechts** des Verleihers, den Leih-AN an Dritte zu verleihen, bestimmt sich nach den arbeitsvertraglichen Vereinbarungen und muss sich im Rahmen der Absprachen zu § 613 S. 2 BGB bewegen. Beschränkt sich die Zustimmung des AN auf einen Einzelfall, kann der Verleiher den Leih-AN im Wiederholungsfall nur überlassen, wenn der Leih-AN vorher ausdrücklich zugestimmt hat (s.o. Rn. 56).

61 Das Weisungsrecht des Verleihers umfasst ohne besondere Abrede das Recht, den Leih-AN bei jedem **Entleiher seiner Wahl** arbeiten zu lassen, soweit hierbei die Grundsätze billigen Ermessens eingehalten sind (Rn. 62 ff.). Auch die **Dauer der Einsätze** beim Dritten und deren (auch vorzeitige) Beendigung kann der Verleiher im Rahmen billigen Ermessens allein bestimmen (§ 106 S. 1 GewO).

62 Bei der **Ausübung des Weisungsrechts** muss der Verleiher die **Grundsätze billigen Ermessens** einhalten (§ 106 GewO). Hierbei muss er unter Beachtung der Grundsätze der Gleichbehandlung aller im Unternehmen beschäftigten Leih-AN (*LAG Baden-Württemberg* v. 2.11.05, AuR 06, 214) auf die persönlichen Interessen des AN und dessen familiäre Bedingungen Rücksicht nehmen (*ArbG Bonn* v. 21.9.2000, NZA 01, 132). Ein Verstoß gegen die **Gleichbehandlungspflichten** liegt z.B. vor, wenn der Verleiher nur einen Teil der Leih-AN zu Entleihern mit langen Wegezeiten oder besonders belastenden Arbeitsbedingungen verleiht oder den Verleih so organisiert, dass ein Teil der Leih-AN bei Entleihern mit hohem Vergütungsniveau nach § 9 Nr. 2 eingesetzt wird und ein anderer Teil bei Entleihern mit geringen Verdienstmöglichkeiten. Der Verleiher muss den Verleih so organisieren, dass vergleichbare AN mit vergleichbarem Tätigkeitsprofil hinsichtlich des tatsächlich erzielbaren Arbeitsentgelts die gleichen Chancen besitzen und eine Diskriminierung einzelner Leih-AN unterbleibt.

63 Die Übertragung des Weisungsrechts auf den Entleiher lässt die **Fürsorge- und Schutzpflichten** des Verleihers als AG des Leih-AN auch während dessen Einsatzes beim Dritten unberührt. Auch im Zeitraum der Überlassung treffen den Verleiher alle Pflichten, die mit der Arbeitgeberstellung normalerweise verbunden sind. Für den **Arbeitsschutz** stellt § 11 Abs. 6 dies ausdrücklich klar (vgl. § 11 Rn. 81 ff.).

Der Verleiher hat **sicherzustellen**, dass die Rechte des Leih-AN auch vom Entleiher beachtet werden und der Entleiher das Weisungsrecht nur unter Beachtung der **Persönlichkeitsrechte** des Leih-AN (vgl. § 75 BetrVG) und seiner Fürsorgepflichten in den Grenzen billigen Ermessens ausübt. Benachteiligungen beim Einsatz im Entleiherbetrieb muss er unterbinden (§§ 12 Abs. 4, 7 Abs. 1 AGG; *Oberwetter*, BB 07, 1109). Kommt der Entleiher seinen diesbezüglichen Pflichten nicht nach, muss der Verleiher auf eine Einhaltung hinwirken und bei Fortsetzung der Verstöße die Überlassung einstellen (*Boemke/Lembke*, § 11 Rn. 158; Ulber/*Ulber, J.*, AÜG, § 11 Rn. 150). 64

Der Verleiher hat die Einhaltung des Arbeitsschutzes auch während des Einsatzes beim Entleiher sicherzustellen (§ 11 Abs. 6). Zur Einhaltung dieser Pflichten hat er eine entsprechende Betriebsorganisation und entsprechendes **Kontrollpersonal,** das die Einhaltung im erforderlichen Umfang überwacht, zur Verfügung zu stellen. Verstößt der Verleiher gegen diese Pflichten, steht dem Leih-AN gem. § 280 Abs. 1 BGB ein Schadensersatzanspruch gegen den Verleiher zu (*Boemke/Lembke*, § 11 Rn. 161). 65

e. Arbeitgeberstellung und Weisungsrecht des Entleihers

Eine ANÜ setzt voraus, dass der Verleiher einem Dritten vertraglich eine partielle **Arbeitgeberstellung einräumt**, auf Grund deren der Dritte berechtigt ist, das Weisungsrecht gegenüber dem Leih-AN auszuüben (*BAG* v. 5.5.1992, NZA 92, 1044; *Boemke/Lembke*, § 1 Rn. 33; vgl. § 12 Rn. 4ff.). Gegenüber dem originären und uneingeschränkten Weisungsrecht des Verleihers hat der **Entleiher** nur ein **übertragenes**, abgeleitetes **Weisungsrecht**. Das übertragene Weisungsrecht ist dabei auf die im ANÜ-Vertrag festgelegten Tätigkeiten des Leih-AN (vgl. § 12 Abs. 1 S. 2) **beschränkt** (*BAG* v. 27.3.1980, EzA § 611 BGB Direktionsrecht Nr. 2) und endet mit Ablauf der Laufzeit des ANÜ-Vertrags. Das übertragene Weisungsrecht berechtigt den Entleiher nach den Grundätzen billigen Ermessens (§ 106 GewO) zu allen Weisungen, die mit der **tatsächlichen Ausführung** der nach dem ANÜ-Vertrag geschuldeten Tätigkeiten des AN zusammenhängen. In diesem Rahmen kann er das Weisungsrecht wie ein vertraglicher AG nach den allgemeinen arbeitsvertraglichen Regeln ausüben (*Boemke/Lembke*, § 11 Rn. 143) und den Leih-AN wie einen Stammarbeitnehmer beschäftigen. 66

Arbeitet der Leih-AN unter dem Weisungsrecht des Entleihers, ist er allein dessen **Verrichtungsgehilfe** i.S.v. § 831 BGB. Bei Schädigungen Dritter durch den Leih-AN kommt neben einer deliktischen Haftung des Entleihers auch eine vertragliche Haftung in Betracht. Der Leih-AN ist insoweit **Erfüllungsgehilfe** des Entleihers i.S.v. § 278 BGB. 67

Der **Leih-AN** ist **verpflichtet**, Weisungen des Entleihers zu befolgen. 68

§ 1 Erlaubnispflicht

Verstöße können Schadensersatzansprüche des Entleihers gem. §§ 280 ff. BGB begründen und berechtigen den Verleiher zu einer Abmahnung und im Wiederholungsfall zur Kündigung. Etwas anderes gilt, wenn dem Leih-AN ein **Leistungsverweigerungsrecht** zusteht. Dies ist z. B. der Fall, wenn der Entleiher dem Leih-AN andere als die nach dem ANÜ-Vertrag geschuldeten Tätigkeiten zuweist oder der Leih-AN nach seinem AV nicht verpflichtet ist, die zugewiesene Arbeit nach Art, Umfang oder zeitlicher Lage zu verrichten (*Boemke*, BB 06, 1003).

69 Der Entleiher hat bei der Ausübung des Weisungsrechts die Grenzen billigen Ermessens einzuhalten und muss den **Fürsorge- und Gleichbehandlungspflichten** eines AG gegenüber Leih-AN in gleicher Weise nachkommen wie gegenüber der Stammbelegschaft (§ 6 Abs. 2 S. 2 AGG). Neben der Einhaltung des Arbeitsschutzes (§ 11 Abs. 6) hat er sicherzustellen, dass die körperliche Unversehrtheit, das Eigentum und andere Rechtsgüter des Leih-AN nicht verletzt werden (*Boemke/Lembke*, § 11 Rn. 153) Aus den Gleichstellungspflichten gem. § 9 Nr. 2 folgt mittelbar auch, dass er den Leih-AN so im Betrieb einsetzen muss, dass ihm die wesentlichen Arbeitsbedingungen eines vergleichbaren AN gewährt werden können.

70 Soweit im Entleiherbetrieb **tarifliche oder betriebliche Regelungen** bestehen, von denen Leih-AN erfasst werden, ist der Entleiher dem Leih-AN gegenüber zu deren Einhaltung verpflichtet (*Ulber/Ulber, J.*, AÜG, § 10 Rn. 105 ff.). Bei Verstößen steht dem Leih-AN ein Leistungsverweigerungsrecht zu.

71 Unterliegt das Direktionsrecht des Entleihers dem **Mitwirkungsrecht des BR** (vgl. § 14 Rn. 149 ff.), muss der Entleiher zunächst das Mitbestimmungsverfahren abschließen, bevor er dem Leih-AN Weisungen erteilt. Dies gilt insbesondere für den Beginn und das Ende der Arbeitszeit sowie für die Anordnung von Mehrarbeit (§ 14 Rn. 164 ff.).

3. Hauptleistungspflichten im Leiharbeitsverhältnis

72 Gem. § 611 Abs. 1 BGB ist der Leih-AN zur Leistung der arbeitsvertraglich vereinbarten Arbeit und der Verleiher als AG zur Zahlung der vereinbarten Vergütung verpflichtet. Diese **Hauptleistungspflichten** bestehen wegen der arbeitsvertraglichen Beziehung zum Verleiher grundsätzlich nur zwischen den Vertragsparteien des Leiharbeitsverhältnisses. Unmittelbar **einklagbare Ansprüche** stehen – von Ausnahmen abgesehen (z. B. nach § 11 Abs. 7 und §§ 13 a f.) – weder dem Leih-AN gegen den Entleiher noch dem Entleiher gegen den Leih-AN zu.

73 Der Umfang der Arbeitspflichten des Leih-AN und die gegenseitigen Rechte und Pflichten aus dem ArbV bestimmen sich grundsätzlich nach den im **Leiharbeitsvertrag** vereinbarten Regelungen. Finden auf das ArbV TV oder beim Verleiher abgeschlossene BV Anwendung, gelten deren Bestimmungen ergänzend auch während des Einsatzes beim Entleiher. Modifiziert werden die arbeitsvertraglichen Absprachen durch die **Gleichstellungsgrundsätze** von §§ 3 Abs. 1 Nr. 3, 9 Nr. 2. Danach hat der Leih-AN während des Einsatzes bei einem Entleiher Anspruch auf Gewährung von Mindestarbeitsbedingungen, die arbeitsvertraglich nicht zu seinen Ungunsten geändert werden dürfen (vgl. § 9 Rn. 66).

Die gegenseitigen arbeitsvertraglichen Rechte und Pflichten bleiben auch während der Tätigkeit des Leih-AN bei einem Entleiher uneingeschränkt bestehen. Den Leiharbeitsvertrag sowie BV und TV, die auf das Leiharbeitsverhältnis Anwendung finden, hat der Verleiher grundsätzlich auch dann einzuhalten, wenn Arbeitsbedingungen im Entleihbetrieb anders geregelt sind. Die im AV geregelten **Arbeitsbedingungen** genießen gegenüber entgegenstehenden Arbeitsbedingungen beim Entleiher **Vorrang**. Dies gilt auch für die (Mindest-)Gleichstellungsansprüche aus § 9 Nr. 2, die allerdings bei Verstößen gegen das Günstigkeitsprinzip zur Unwirksamkeit der Vertragsabsprachen führen (vgl. § 9 Rn. 51). **74**

Soweit die Arbeitsbedingungen im Entleiherbetrieb nicht im Einklang mit den arbeitsvertraglichen Pflichten des Leih-AN stehen, darf der Verleiher den Leih-AN nicht überlassen, dem Leih-AN steht ein **Leistungsverweigerungsrecht** zu (*Boemke*, BB 06, 1003). Bei Verstößen gegen BV steht dem BR ein Unterlassungsanspruch zu (Ulber/ *Ulber*, J., AÜG, § 1 Rn. 54). **75**

a. Arbeitspflicht des Leih-AN

Im Rahmen der arbeitsvertraglichen Absprachen richten sich die **Arbeitspflichten** des Leih-AN nach den allgemeinen arbeitsrechtlichen Grundsätzen, soweit sich nicht aus der **auswärtigen Erbringung der Arbeitsleistung** bei Entleihern Besonderheiten ergeben. Aus der Verpflichtung zur Arbeit bei Entleihern folgt u. a., dass der Leih-AN seine Arbeitspflichten ohne eine dauernde Reisetätigkeit nicht erfüllen könnte und die **Anreise** zum Entleiherbetrieb daher zu den Hauptleistungspflichten im Leiharbeitsverhältnis zählt (vgl. *BAG* v. 14.11.2006 – 1 ABR 5/06, DB 07, 749). **76**

Ist im AV eine ausdrückliche Absprache darüber getroffen worden, dass der AN verpflichtet ist, auch im Betrieb eines Dritten und unter dessen Direktionsrecht seine Arbeit zu leisten (sog. **Leiharbeitnehmerklausel**; s. o. Rn. 51 ff.), ist der AN verpflichtet, auf Weisung des Verleihers beim Dritten zu arbeiten. Soweit arbeitsvertraglich nichts anderes vereinbart ist, hat der Verleiher dabei das Recht, den Leih-AN **jedem Entleiher** zuzuweisen. Die Größe des Entleiherbetriebs oder die Branche sind unbeachtlich, solange der Entleiher die Gewähr dafür **77**

§ 1 Erlaubnispflicht

bietet, seinen Arbeitgeberpflichten gegenüber dem Leih-AN nachzukommen.

78 Das **Einsatzgebiet** (und damit die örtliche Lage der Entleiherbetriebe), innerhalb dessen der Leih-AN zur Arbeitsleistung bei Dritten verpflichtet ist, richtet sich nach den arbeitsvertraglichen Vereinbarungen (*Boemke/Lembke*, § 11 Rn. 33) und ist nach § 2 Abs. 1 S. 2 Nr. 4 NachwG schriftlich zu dokumentieren. Liegt die Betriebsstätte des Entleihers außerhalb des vereinbarten Einsatzgebietes, ist der Leih-AN zur **Leistungsverweigerung** berechtigt. Dies gilt insbesondere bei **Auslandseinsätzen**. Fehlt es an einer vertraglichen Absprache, ist der Leih-AN nur bei solchen Entleihern zur Arbeitsleistung verpflichtet, deren Betrieb sich in dem **Gemeindegebiet** befindet, in dem sich der Betrieb oder die Niederlassung des einstellenden AG befindet (*Boemke/Lembke*, § 11 Rn. 23).

79 Der Verleiher ist auf Grund des Weisungsrechts befugt, den **Arbeitsort** des Leih-AN nach billigem Ermessen i. S. v. § 106 Satz 1 GewO zu bestimmen. Nach § 315 BGB hat er hierbei das Interesse des AN an **kurzen Pendelzeiten** zu berücksichtigen (*BAG* v. 17. 8. 2011 – 10 AZR 202/10). Ist der Einsatzort räumlich weit vom Sitz des Verleihers entfernt, ist der Verleiher verpflichtet, dem AN eine **Unterkunft** zur Verfügung zu stellen, soweit die tägliche Rückreise nicht zumutbar ist. Die absolute Höchstgrenze der Zumutbarkeit von **täglichen Reisezeiten** ergibt sich dabei aus § 121 Abs. 4 S. 2 SGB III (vgl. *LAG Hamm* v. 24. 5. 2007 – 8 Sa 51/07). Danach sind bei einer täglichen Arbeitszeit von mehr als sechs Stunden täglich Reisezeiten von insgesamt zweieinhalb Stunden und bei einer täglichen Arbeitszeit von weniger als sechs Stunden zwei Stunden zumutbar. Sind die Reisezeiten zumutbar, hat der Verleiher diese angemessen zu vergüten. Im Leiharbeitsverhältnis sind Reisezeiten nach § 612 Abs. 1 BGB (vergleichbar mit einem Außendienstmitarbeiter) grundsätzlich als **entgeltpflichtige Arbeitsleistung** zu behandeln (*BAG* v. 12. 12. 2012 – 5 AZR 355/12; LAG *Köln* v. 24. 10. 2006, NZA-RR 07, 345), da die Fahrten zu Entleihern zur Hauptleistungspflicht des Leih-AN gehören (Rn. 76) und immer im betrieblichen Interesse und auf Veranlassung des AG erfolgen. Hiervon zu trennen ist die Frage, ob die Reisezeit auch Bestandteil der höchstzulässigen Arbeitszeiten i. S. v. § 3 ArbZG sind. Dies bestimmt sich nach den allgemeinen arbeitszeitrechtlichen Grundsätzen (vgl. *BAG* v. 11. 7. 2006, NZA 07, 155). Danach sind Reisezeiten Arbeitszeit i. S. d. ArbZG, wenn der AN seine vertraglich geschuldete Tätigkeit ohne dauernde Reisetätigkeit gar nicht erfüllen könnte (*BAG* v. 14. 11. 2006, NZA 07, 458).

80 Bei der **Zuweisung** des Leih-AN **zu den verschiedenen Entleihern** hat der Verleiher auf die Interessen des Leih-AN im erforderlichen Umfang Rücksicht zu nehmen. Hierzu gehört u. a., dass er dem Leih-AN den Einsatzort und die Lage seiner beim Entleiher geltenden Arbeitszeit (einschließlich etwaiger Änderungen) rechtzeitig mitteilt.

Erlaubnispflicht § 1

I. d. R. ist entsprechend § 12 Abs. 2 TzBfG eine **Ankündigungsfrist von 4 Tagen** einzuhalten (*BAG* v. 17.1.1995, AP Nr. 15 zu § 611 BGB Mehrarbeitsvergütung; Ulber/*Ulber, J.*, AÜG, § 1 Rn. 52). Längere Ankündigungsfristen kommen bei Auslandseinsätzen oder bei weit entfernten Entleihern, deren Sitz eine Übernachtung des Leih-AN erforderlich machen, in Betracht.

Inhalt und Umfang der Arbeitspflichten des Leih-AN bestimmen sich auch während des Einsatzes bei Entleihern nach den arbeitsvertraglichen Vereinbarungen zwischen Verleiher und Leih-AN. Ist der Leih-AN als Facharbeiter, Helfer oder kaufmännischer Angestellter eingestellt, ist er grundsätzlich auch beim Entleiher nur zu entsprechenden Arbeiten verpflichtet (*Boemke/Lembke*, § 11 Rn. 24). Dasselbe gilt für sonstige Absprachen (z.B. zur Arbeitszeit; *Boemke/Lembke*, § 11 Rn. 20 ff.; Ulber/*Ulber, J.*, AÜG, § 1 Rn. 52), die die Leistungspflichten des Leih-AN betreffen. **81**

Der Verleiher kann den Leih-AN nur für solche Tätigkeiten überlassen, die den arbeitsvertraglich übernommenen Pflichten des Leih-AN und dem hiermit verbundenen **Tätigkeits- und Qualifikationsprofil** entsprechen (*ArbG Essen* v. 9.8.1988, EzAÜG § 11 Inhalt Nr. 3). Ist der Leih-AN z.B. nicht zur Leistung von Schichtarbeit verpflichtet oder beschränken sich seine Leistungspflichten auf Hilfstätigkeiten, kann der Verleiher den AN nicht zur Leistung von Schichtdiensten oder höher qualifizierten Tätigkeiten bei Entleihern überlassen. **82**

Die **Arbeitspflichten des Leih-AN** können nicht durch den zwischen Verleiher und Entleiher abgeschlossenen **ANÜ-Vertrag** erweitert oder geändert werden (Ulber/*Ulber, J.*, AÜG, § 1 Rn. 37). Das im ANÜ-Vertrag festgelegte Aufgabenprofil steckt lediglich die Grenzen ab, in denen der Entleiher dem Leih-AN Aufgaben zuweisen kann. Ist der Leih-AN z.B. im **Zeitlohn** beschäftigt, kann er bei einem Entleiher nicht im Leistungslohn eingesetzt werden (ausf. *Ulber*, Arbeitnehmer in Zeitarbeitsfirmen, S. 127 ff.). Dasselbe gilt für Tätigkeiten, die ihrer Art nach oder nach dem Qualifikations- oder Tätigkeitsprofil von den vertraglich vereinbarten Pflichten abweichen. Bewegt sich die übertragene Tätigkeit zwar im Rahmen der vertraglichen Leistungspflichten des Leih-AN, entspricht das Arbeitsentgelt jedoch nicht der übertragenen Aufgabe, hat der Leih-AN einen Anspruch auf korrekte **Eingruppierung**. Der Verleiher ist insoweit verpflichtet, den Leih-AN bei jedem Wechsel des Entleihers oder der ausgeübten Tätigkeit neu einzugruppieren (zum Mitbestimmungsrecht des BR vgl. § 14 Rn. 63 ff.). **83**

Liegen die übertragenen oder vom Entleiher geforderten Arbeiten **außerhalb der arbeitsvertraglichen Pflichten**, ist der Leih-AN weder gegenüber dem Entleiher noch gegenüber dem Verleiher zur Arbeitsleistung verpflichtet, ohne dass er seinen Vergütungsanspruch **84**

§ 1 Erlaubnispflicht

verliert oder zur Nachleistung verpflichtet wäre Das **Leistungsverweigerungsrecht** steht ihm darüber hinaus zu, wenn der Entleiher dem Leih-AN Aufgaben zuweist, die nicht Bestandteil der im ANÜ-Vertrag vereinbarten Leistungspflichten sind oder sich nicht im Rahmen des dem Entleiher übertragenen Weisungsrechts bewegen (*Boemke/Lembke*, § 11 Rn. 26).

85 Bestehen Zweifel, ob der Leih-AN die vom Entleiher zugewiesenen Arbeiten ausführen muss, gehen diese grundsätzlich zu Lasten von Entleiher und Verleiher. Der Verleiher ist verpflichtet, den Leih-AN vor jedem Einsatz bei Entleihern über **Art und Umfang der übertragenen Arbeitsaufgabe zu unterrichten.** Dieselbe Pflicht trifft den Entleiher (vgl. § 14 Rn. 110 ff.).

86 Ebenso wie der Verleiher dem Entleiher nur die Überlassung eines AN mittlerer Art und Güte schuldet, ist auch der Leih-AN nur zu einer durchschnittlichen **Normalleistung** eines AN verpflichtet. Bei Mängeln der erbrachten Dienstleistung kommt eine Minderung des Arbeitsentgelts grundsätzlich nicht in Betracht (*BAG* v. 18.7.2007, BB 07, 1903). Bei schuldhafter Schlechtleistung kann der Leih-AN jedoch zum Schadensersatz verpflichtet sein. Je nach individuellem Leistungsvermögen (*BAG* v. 11.12.2003, BB 04, 1682) sowie Art der geschuldeten Tätigkeit und der Höhe des Arbeitsentgelts ergeben sich jedoch Einschränkungen. Infolge der in der Verleihbranche gezahlten Niedriglöhne kann vom Leih-AN eher eine unterdurchschnittliche Arbeitsleistung erwartet werden. Zusätzlich ist zu berücksichtigen, dass Leih-AN mit den unterschiedlichen Betriebsabläufen in den Entleiherbetrieben weniger vertraut sind und daher nicht dieselbe Leistung erbringen können wie die eingearbeitete Stammbelegschaft (*Ulber*, Arbeitnehmer in Zeitarbeitsfirmen, S. 127).

87 **(Nebenpflichten)** Der Leih-AN hat bei der Ausübung der Tätigkeit auf die Interessen von Entleiher und Verleiher angemessen Rücksicht zu nehmen, andernfalls kann er sich nach § 280 BGB schadensersatzpflichtig machen (*Boemke/Lembke*, § 11 Rn. 165). Zu den Nebenpflichten gehört, dass der Leih-AN dem Verleiher **Leistungsstörungen** rechtzeitig **anzeigt**, insbesondere wenn er (z.B. bei Arbeitsunfähigkeit oder bei Geltendmachung eines Leistungsverweigerungsrechts) die Arbeit beim Entleiher nicht aufnehmen kann (Ulber/*Ulber, J.*, AÜG, § 1 Rn. 89). **Geschäftsgeheimnisse**, die ihm während seines Einsatzes beim Entleiher bekannt werden, hat er auch dem Verleiher gegenüber geheim zu halten. Dem Leih-AN ist es grundsätzlich untersagt, während der Laufzeit seines AV (für die Zeit danach vgl. § 9 Nr. 4) im Rahmen eines **ArbV mit dem Entleiher** im Einsatzbetrieb zu arbeiten (Ulber/*Ulber, J.*, AÜG, § 12 Rn. 33). Ausnahmen kommen hier in Betracht, wenn das Leiharbeitsverhältnis ein Teilzeitarbeitsverhältnis ist und der Leih-AN trotz des Zweitarbeitsverhältnisses seinen Verpflichtungen gegenüber dem Verleiher nach-

kommen kann (Schüren/Hamann/*Schüren*, Einl. Rn. 432; Ulber/*Ulber*, J., AÜG, § 12 Rn. 35).

Soweit der Leih-AN seinen arbeitsvertraglichen Pflichten ungehindert **88** nachkommen kann, ist er grundsätzlich berechtigt, eine **Nebentätigkeit** bei einem anderen AG aufzunehmen (Schüren/Hamann/*Schüren*, § 9 Rn. 93 f.; Ulber/*Ulber, J.*, AÜG, § 12 Rn. 34). Dies gilt auch, wenn die Nebentätigkeit erfolgt, um eine spätere Übernahme des Leih-AN in ein Vollzeitarbeitsverhältnis bei dem anderen AG vorzubereiten oder zu erproben.

(Aufwendungsersatz; § 670 BGB) Der Leih-AN hat nach § 670 **89** BGB einen Anspruch auf Aufwendungsersatz, soweit ihm durch die auswärtige Tätigkeit beim Entleiher Kosten entstanden sind. Der Anspruch besteht generell hinsichtlich der tatsächlich entstandenen **Reisekosten** zu Entleihern (*LAG Köln* v. 15.11.2002 – 4 Sa 692/02 und v. 24.10.2006, AuR 07, 223; *LAG Düsseldorf* v. 30.7.2009, LAGE § 670 BGB 2002 Nr. 2; *LAG Hamm* v. 30.6.2011, AiB 2011, 691; Ulber/*Ulber, J.*, AÜG, § 1 Rn. 73). Bei Reise mit dem **eigenen PKW** errechnet sich der Anspruch auf Grundlage der entstandenen Benzinkosten (*LAG Hamm* v. 30.6.2011 – 8 Sa 387/11, AiB 2011, 691; a. A. *LAG Rheinland-Pfalz* v. 8.9.2009 – 1 Sa 331/09). Fahrtkosten, die bei Anreise zum Sitz des Verleihers entstanden wären, sind in Abzug zu bringen. Erleidet der Leih-AN bei einer (vom AG geduldeten) Dienstreise mit eigenem Auto einen **Unfall**, besteht analog § 670 BGB nach den Grundsätzen des innerbetrieblichen Schadensausgleichs ein Erstattungsanspruch (*BAG* v. 28.10.2001 – 18 AZR 647/09).

Reisekosten sind bei der ANÜ auf Grund der Verpflichtung des Leih-AN zur auswärtigen Leistung immer **betriebsbedingt** entstanden und dürfen daher allenfalls um die Kosten gemindert werden, die dem AN bei einer Fahrt zur ständigen Betriebsstätte des Verleihers entstehen würden. § 8.4 des MTV DGB/BAP gibt dem Leih-AN einen entsprechenden Anspruch auf Aufwendungsersatz. Die früher in § 8.6 MTV a. F. enthaltene Möglichkeit, das Arbeitsentgelt um den Aufwendungsersatzanspruch zu mindern, war jedoch wegen Sittenwidrigkeit (§ 138 BGB; vgl. *Ulber*, § 9 Rn. 249) unwirksam (*LAG Baden-Württemberg* v. 2.11.2005, AuR 06, 214) und verstieß gegen das allgemeine arbeitsrechtliche **Gleichbehandlungsgebot**. Die in den TV zur ANÜ vereinbarten Lohn- und Aufwendungsersatzansprüche (wie § 8.4 MTV DGB/BAP) enthalten abstrakte Regelungen, nach denen sich die Lohn- und Aufwendungsersatzansprüche nach einem erkennbar **generalisierenden Prinzip** richten. Von derartigen Regelungen darf der AG nur aus sachlichen Gründen abweichen (*BAG* v. 29.9.2004, AP Nr. 192 zu § 242 BGB Gleichbehandlung). Eine als Kann-Bestimmung ausgestaltete Anrechnungsmöglichkeit von gezahltem Aufwendungsersatz auf den Lohn eröffnet dem Verleiher Gestaltungsmöglichkeiten zur willkürlich unterschiedlichen Behandlung von Leih-AN und zu sachlich nicht gerechtfertigten Gruppenbildungen bei

§ 1 Erlaubnispflicht

Leih-AN (*BAG* v. 8.11.2006 – 5 AZR 5/06, DB 07, 749). Nimmt der AG eine **Anrechnung** vor, wird der Tariflohn (auch innerhalb derselben Entgeltgruppe) je nach Höhe des Aufwendungsersatzanspruches unterschiedlich gekürzt. Die Höhe des Lohnanspruchs würde damit davon abhängen, ob der AN lange oder kurze Reisewege bzw. Reisezeiten hat und ob der AG eine Anrechnung vertraglich wünscht oder nicht. Eine derartige Differenzierung ist mit dem Gleichheitsgrundsatz nicht mehr vereinbar und ist wegen Verstoßes gegen den allgemeinen Gleichbehandlungsgrundsatz unwirksam (*LAG Baden-Württemberg* v. 2.11.2005, AuR 06, 214; vgl. auch *BAG* v. 8.11.2006 – 5 AZR 5/06, DB 07, 749).

90 Entstehen infolge des Einsatzes **Übernachtungskosten** sind auch diese erstattungsfähig (*LAG Düsseldorf* v. 30.7.2009, LAGE § 670 BGB 2002 Nr. 2; Ulber/*Ulber, J.*, AÜG, § 1 Rn. 73). Der Aufwendungsersatz kann durch Vereinbarung zwischen Leih-AN und Verleiher auch **pauschaliert** werden (*Ulber a. a. O.*). Die Pauschale muss hierbei jedoch in einem angemessenen Verhältnis zu den tatsächlich entstehenden Aufwendungen stehen, was grundsätzlich nur der Fall ist, wenn der Leih-AN gleichzeitig eine Auslösung erhält (*BAG* v. 14.2.1996, NZA 96, 883). Auf Verlangen des Leih-AN hat der Verleiher für Aufwendungsersatzansprüche einen angemessenen **Vorschuss** zu gewähren (§ 669 BGB). Kommt der Verleiher dieser Verpflichtung nicht nach, kann der Leih-AN die Anreise zum Entleiher verweigern. Hierdurch entstehende Ausfallzeiten hat der Verleiher aus Annahmeverzug zu vergüten.

91 (**Haftung und Schadensersatz**) Nimmt der Leih-AN seine Arbeit nicht vertragsgemäß beim Entleiher auf, haftet er dem Verleiher bei einem Verschulden auf Schadensersatz (§§ 280 Abs. 1 und 3, 283 BGB), wenn ihm kein Leistungsverweigerungsrecht zusteht. Da der Leih-AN auch auf die Vermögensinteressen des Entleihers Rücksicht nehmen muss, haftet er dem Entleiher bei Pflichtverletzungen nach den Grundsätzen des betrieblichen Schadensausgleichs (*Boemke/Lembke*, § 11 Rn. 165; Thüsing/*Thüsing*, Einl. Rn. 38; *Boemke*, BB 06, 1003) gem. §§ 280 Abs. 1, 241 BGB, wenn er bei der Ausführung der Arbeit schuldhaft einen Schaden verursacht. Bei Schädigungen Dritter oder anderer AN des Entleihers greifen die Haftungsbeschränkungen nach §§ 104 f. SGB III.

b. Arbeitsbedingungen des Leih-AN

92 Wie beim Normalarbeitsverhältnis können sich die Arbeitsbedingungen auch im Leiharbeitsverhältnis qua Tarifbindung oder arbeitsvertraglicher Bezugnahme nach einem TV richten. Nach den besonderen Bestimmungen des AÜG (§§ 3 Abs. 1 Nr. 3, 9 Nr. 2) richten sich die **Mindestarbeitsbedingungen** eines Leiharbeitsverhältnisses jedoch grundsätzlich nach den TV und betrieblichen Regeln, die im jeweili-

Erlaubnispflicht § 1

gen Entleiherbetrieb zur Anwendung kommen (sog. **equal pay** und **equal treatment**). Wollen die Vertragsparteien die Gleichstellung von Leih-AN und Stammbelegschaft vermeiden, müssen sie entweder qua Mitgliedschaft einem **TV zur ANÜ** unterliegen oder einen solchen TV einzelvertraglich in Bezug nehmen (vgl. hierzu § 9 Rn. 91 ff.).

Die Niedriglohn-TV zur ANÜ haben dazu geführt, dass Leiharbeits- **93** verhältnisse heute nahezu ausnahmslos einem TV zur ANÜ unterliegen. Bei **Altverträgen**, die vor dem Inkrafttreten der Hartz-Reformen abgeschlossen wurden, bzw. bei Neuverträgen, die nicht einem TV zur ANÜ unterworfen wurden, kann der Verleiher den Umfang der bestehenden arbeitsvertraglichen Pflichten bzw. die Ansprüche nach § 10 Abs. 4 nicht dadurch verkürzen, dass er einem Verleiherverband beitritt, oder den Leih-AN über eine **Änderungskündigung** in den TV zwingt (*BAG* v. 12. 1. 2006, AiB 06, 767; ErfK/*Wank*, AÜG, Einl. Rn. 28).

Die Anwendbarkeit eines TV zur ANÜ setzt voraus, dass dieser wirk- **94** sam ist. Insbesondere die von der **CGZP** abgeschlossenen Flächentarifverträge zur ANÜ waren wegen fehlender Tariffähigkeit von Anfang an unwirksam (*BAG* v. 14. 12. 2010, NZA 2011, 289 u. v. 23. 5. 2012, NZA 2012, 623). Die Arbeitsgerichte müssen bei gerichtlicher Geltendmachung von Ansprüchen, die im Zusammenhang mit einem **unwirksamen TV zur ANÜ** stehen, das **Verfahren aussetzen**, wenn Zweifel an der Tariffähigkeit oder –zuständigkeit bestehen (*LAG Baden-Württemberg* v. 21. 6. 2011, BB 2011, 2557). Eine Entscheidung darf ggf. erst ergehen, wenn über die Tariffähigkeit bzw. Tarifzuständigkeit im Rahmen eines Statusverfahrens nach § 97 ArbGG entschieden ist.

Unter Beachtung des Gleichbehandlungsgrundsatzes von § 9 Nr. 2 **95** richten sich die **materiellen Arbeitsbedingungen** des Leiharbeitsverhältnisses grundsätzlich nach den zwischen Verleiher und Leih-AN getroffenen vertraglichen Vereinbarungen.

Sind die Arbeitsbedingungen beim Verleiher in einer BV geregelt oder **96** findet auf das Leiharbeitsverhältnis ein **TV** Anwendung, gelten die **kollektiven Regelungen** auch während des Einsatzes bei einem Entleiher. Uneingeschränkt gilt dies jedoch nur, soweit die beim Verleiher geltenden Regelungen für den Leih-AN **günstiger** sind als die Arbeitsbedingungen, die dem Leih-AN auf Grund des **Gleichbehandlungsgrundsatzes** von § 9 Nr. 2 zu gewähren sind. Sind die beim Entleiher für den vergleichbaren AN des Entleihers geltenden Arbeitsbedingungen (vgl. § 9 Rn. 35 ff.) für den Leih-AN günstiger, richten sich die Arbeitsbedingungen nach den Regelungen beim Entleiher. Abweichungen hiervon können weder arbeitsvertraglich noch in einer BV geregelt werden. Nur soweit ein **TV zur ANÜ** die Arbeitsbedingungen abweichend regelt und auf das Leiharbeitsverhält-

§ 1 Erlaubnispflicht

nis Anwendung findet, gehen die tarifvertraglichen Bestimmungen vor (vgl. § 9 Rn. 65).

97 **Lage und Dauer der Arbeitszeit** im Entleiherbetrieb müssen sich im Rahmen der vertraglichen Absprachen des Leih-AN zur Arbeitszeit bewegen (*Boemke/Lembke*, § 11 Rn. 20; Ulber/*Ulber, J.*, AÜG, § 1 Rn. 52). Infolge der besonderen Vergütungspflichten des Verleihers in verleihfreien Zeiten sind dabei die Grenzen zulässiger flexibler Formen der Arbeitszeitgestaltung zu beachten (Ulber/*Ulber, J.*, AÜG, § 1 Rn 83 ff.; vgl. § 11 Rn. 23, 61). Im AV kann aber vereinbart werden, dass sich die Lage der Arbeitszeit nach den jeweils beim Entleiher geltenden Regelungen richtet. Eine entsprechende Bestimmung ist häufig in den TV zur ANÜ enthalten (vgl. § 4.1 MTV BAP/DGB; § 3.1. 3 MTV iGZ/DGB). Nur soweit keine Regelung zur Lage der Arbeitszeit des Leih-AN getroffen wurde, darf der Verleiher (und auch der Entleiher) deren Lage im Rahmen billigen Ermessens bestimmen (§ 106 S. 1 GewO; *BAG* v. 17.7.07 – 9 AZR 819/06) und dem Entleiher die entsprechende Weisungsbefugnis übertragen. Bei **Änderungen** der Lage der Arbeitszeit im Entleiherbetrieb hat der Entleiher i. d. R. eine viertägige Ankündigungsfrist entsprechend § 12 Abs. 2 TzBfG einzuhalten (Ulber/*Ulber*, J., AÜG, § 1 Rn. 52; *Hunold*, NZA 01, 343).

98 Auch zu **Mehrarbeit** ist der Leih-AN nur verpflichtet, wenn dies arbeitsvertraglich vereinbart wurde. Zulässige Mehrarbeit liegt vor, wenn der Leih-AN wegen besonderer Umstände vorübergehend zusätzlich arbeiten soll. Dagegen liegt (im Leiharbeitsverhältnis unzulässige) **Arbeit auf Abruf** vor, wenn den Leih-AN eine eigenständige, nicht auf Unregelmäßigkeit oder Dringlichkeit beschränkte Verpflichtung trifft, auf Anforderung des AG zu arbeiten (*BAG* v. 7.12.2005, BB 06, 829). Besteht beim Entleiher ein BR, bedarf die Anordnung der Mehrarbeit dessen vorheriger Zustimmung (vgl. § 14 Rn. 168 f.).

99 Ungeachtet der Arbeitsbedingungen, die beim Verleiher gelten, sind dem Leih-AN während des Einsatzes im Entleihbetrieb grundsätzlich die gleichen (und alle) Arbeitsbedingungen zu gewähren, die der Entleiher einem vergleichbaren **Stammarbeitnehmer** gewähren muss (§ 10 Abs. 4). Sind die Arbeitsbedingungen in einer **BV des Entleihers** geregelt, gelten deren Vorschriften auch für Leih-AN (vgl. § 14 Rn. 140 f.). Dies gilt uneingeschränkt, soweit den Entleiher eine **eigene Pflicht zur Gleichbehandlung** von Stamm- und Leih-AN trifft (vgl. § 6 Abs. 2 S. 2 AGG). Richtet sich der Erfüllungsanspruch aus BV des Entleihers demgegenüber ausschließlich nach § 10 Abs. 4 S. 1, kann der Leih-AN den Anspruch nur geltend machen, wenn im TV zur ANÜ keine abweichende Regelung getroffen wurde. **Regelungslücken** im TV zur ANÜ (z. B. beim Leistungslohn) lassen den Anspruch auf Gewährung der beim Entleiher geltenden Arbeitsbedingungen unberührt (vgl. § 9 Rn. 34).

c. Vergütungsanspruch des Leih-AN

Der **Vergütungsanspruch** des Leih-AN richtet sich grundsätzlich nach den arbeitsvertraglichen Vereinbarungen. Die unterste Grenze bilden hierbei durch RV festgesetzte Lohnuntergrenzen nach § 3a. Bei Anwendung eines TV oder in den Fällen des § 8 Abs. 3 AEntG gilt die vertragliche Vergütungsabsprache nur, solange die vertraglich eingeräumten Ansprüche für den AN günstiger sind. **100**

Kommt (insbesondere in Mischbetrieben) ein allgemeiner **branchenfremder TV** zur Anwendung, richtet sich der Vergütungsanspruch nach den tariflichen Bestimmungen dieses TV, soweit der TV gegenüber dem AV oder dem Gleichstellungsgrundsatz von § 9 Nr. 2 bzw. einem anwendbaren TV zur ANÜ günstigere Regelungen enthält. **101**

Auch soweit **tarifgebundene Mischbetriebe** AN auf der Grundlage des AÜG überlassen, sind die Gleichstellungsgrundsätze gem. § 9 Nr. 2 einzuhalten (Ulber/*Ulber, J.*, AÜG, § 1 Rn. 61; *Lembke/Distler*, NZA 06, 953; vgl. § 9 Rn. 32). Enthält der anwendbare Branchen-TV **keine ausdrückliche Regelung zur ANÜ**, richten sich der Mindestvergütungsanspruch und die dem AN zu gewährenden Mindestarbeitsbedingungen nach § 10 Abs. 4 (vgl. § 10 Rn. 6). Dasselbe gilt für Branchentarifverträge zur ANÜ und bei **arbeitsvertraglicher Bezugnahme** auf einen TV zur ANÜ, wenn Mischbetriebe nicht **überwiegend** ANÜ betreiben (Thüsing/*Pelzner*, § 3 Rn. 86; *Ulber*, § 9 Rn. 250; a.A. *Lembke/Distler*, NZA 06, 956), da sie dann nicht in den fachlichen Geltungsbereich der TV zur ANÜ fallen (vgl. *BAG* v. 19.2.2003, NZA 03, 1295). **102**

Richtet sich der Vergütungsanspruch nach einem **TV zur ANÜ**, kommen die Gleichstellungsgrundsätze nach § 9 Nr. 2 nicht zur Anwendung. Hier ist jeweils zu prüfen, ob das Gleichstellungsgebot des § 9 Nr. 2 durch Regelungen des TV aufgehoben ist. Bei Regelungslücken des TV zur ANÜ (vgl. § 10 Rn. 61), insbesondere beim Leistungslohn und bei den betrieblichen Sozialleistungssystemen (z.B. ergebnisorientierte Zusatzleistungen), richtet sich der Mindestvergütungsanspruch nach den beim Entleiher geltenden Entgeltbestimmungen (§ 10 Rn. 61 u. § 13b). **103**

Richtet sich der Vergütungsanspruch des Leih-AN nach einem TV zur ANÜ, sind Ansprüche auf das Arbeitsentgelt eines vergleichbaren AN nur ausgeschlossen, wenn der TV wirksam ist bzw. eine wirksame arbeitsvertragliche Bezugnahme vorliegt. Bei Unwirksamkeit bleibt der Vergütungsanspruch gem. § 10 Abs. 4 S. 1 unberührt. Die gilt auch, wenn die tarifvertraglich festgelegte Vergütung eines ansonsten wirksamen TV zur ANÜ sittenwidrig ist (vgl. hierzu Ulber/*Ulber, J.*, AÜG, § 1 Rn. 66). Trotz der grundsätzlichen **Richtigkeitsgewähr** von TV unterliegen tariflich geregelte Vergütungen im Bereich der ANÜ einer Angemessenheitskontrolle (Ulber/*Ulber*, J., AÜG, § 1 Rn. 66 u. § 9 Rn. 324; *Ulber, D.*, ZTR 10, 287; *Ulber, J.*, NZA 09, **104**

§ 1 Erlaubnispflicht

237; *Waltermann*, NZA 2012, 486; str.). Aus Art. 5 Abs. 3 RL folgt jedoch, dass die Vermutung der Richtigkeitsgewähr i. R. v. Nr. 2 nicht zugrunde gelegt werden darf (*Wank*, JahrbArbR 2012, 23; *Ulber, J.*, AuR 2010, 10).

TV zur ANÜ sind unwirksam, wenn die Lohnabsprache sittenwidrig ist (§ 138 Abs. 1 BGB). Dies ist der Fall, wenn das Nettoarbeitsentgelt das arbeitsrechtlich maßgebliche Existenzminimum unterschreitet (*SG Berlin* v. 27. 2. 2006, AuR 07, 54, m. Anm. Peter; a. A. *BAG* v. 24. 3. 2004, AuR 04, 189; vgl. aber *BAG* v. 26. 4. 2006, DB 06, 2467). Unterschreitet das effektive Arbeitsentgelt des Leih-AN diese Grenze, ist der Verleiher zur Zahlung des Arbeitsentgelts eines vergleichbaren AN in voller Höhe verpflichtet.

105 Soweit sich der Lohnanspruch gem. § 10 Abs. 4, S. 1 nach dem Arbeitsentgelt eines vergleichbaren AN des Entleihers richtet, kann der Leih-AN dennoch einen höheren Lohn verlangen, wenn die Vergütungsabrede bzgl. des vergleichbaren AN ihrerseits **sittenwidrig** ist. Dies gilt auch, wenn der sittenwidrige Lohn in einem TV geregelt ist, der beim Entleiher zur Anwendung kommt (*SG Berlin* v. 27. 2. 2006, AuR 07, 54).

106 In **verleihfreien Zeiten** kommt der Gleichstellungsgrundsatz nach § 9 Nr. 2 nicht zur Anwendung. Hier steht dem Leih-AN unter Beachtung festgesetzter Lohnuntergrenzen nach § 3a nach dem **Lohnausfallprinzip** (einschl. etwaiger Zuschläge u. Ä.; vgl. *ArbG Stuttgart* v. 20. 6. 2012 – 19 Ca 5334/12) ein Anspruch in der Höhe zu, die einer tatsächlichen Beschäftigung auf der Grundlage der vereinbarten regelmäßigen Arbeitszeit entspricht. Dieser Anspruch kann nicht dadurch umgangen werden, dass die verleihfreie Zeit innerhalb von **Zeitkonten** verrechnet, oder dem AN ein bezahlter oder **unbezahlter Urlaub** gewährt wird (Ulber/*Ulber, J.*, AÜG, § 11 Rn. 112). Eine entsprechende Vereinbarung ist nach § 307 Abs. 2 Nr. 1 BGB unwirksam.

107 Kommt der Verleiher seinen Vergütungspflichten nicht nach, ist der Leih-AN sowohl gegenüber dem Verleiher als auch gegenüber dem Entleiher zur **Leistungsverweigerung** berechtigt (*Schüren/Hamann/Schüren*, Einl. Rn. 196; Ulber/*Ulber, J.*, AÜG, § 1 Rn. 86), ohne zur Nachleistung verpflichtet zu sein. Der Entleiher kann die Einstellung der Arbeitsleistung des Leih-AN verhindern, wenn er alle etwaigen Zahlungsrückstände des Verleihers als Dritter nach § 267 Abs. 1 BGB begleicht und sicherstellt, dass die Entgeltansprüche des Leih-AN während seines Einsatzes beim Entleiher auch zukünftig erfüllt werden (Ulber/*Ulber, J.*, AÜG, § 1 Rn. 87; enger *Schüren/Hamann/Schüren*, Einl. Rn. 197).

d. Arbeitgeberpflichten des Verleihers

108 Aus der Stellung des Verleihers als (alleiniger) **vertraglicher AG** folgt, dass ihn alle für das Normalarbeitsverhältnis geltenden Rechte und

Pflichten treffen. Insbesondere ist er Schuldner des **Vergütungs- und Beschäftigungsanspruchs** des Leih-AN *(Ulber/Ulber, J.,* AÜG, § 1 Rn. 54).

Wegen der besonderen Schutzbedürftigkeit des Leih-AN misst das **109** AÜG der Einhaltung der Arbeitgeberpflichten durch den Verleiher besondere Bedeutung zu, indem Verstöße zum Widerruf der Erlaubnis führen (vgl. § 3 Rn. 47, 63 ff.). Zu den **Arbeitgeberpflichten** eines Verleihers zählen neben den üblichen Pflichten und Nebenpflichten im Normalarbeitsverhältnis zusätzliche Pflichten, die sich aus der Besonderheit der ANÜ ergeben. Hierzu zählt, dass der Verleiher das Arbeitsentgelt in Zeiten **mangelnder Beschäftigungsmöglichkeiten** gem. § 11 Abs. 4 S. 2 unabdingbar fortzahlen muss (vgl. § 11 Rn. 47 ff.). Auch muss er sich fortlaufend um die Akquisition von ANÜ-Verträgen bemühen, um seinen **Beschäftigungspflichten** gegenüber dem Leih-AN nachkommen zu können.

Die in § 3 Abs. 1 Nr. 1 beispielhaft aufgezählten Arbeitgeberpflichten **110** des Verleihers (vgl. § 3 Rn. 42 ff.) bleiben auch **während des Einsatzes** bei Entleihern uneingeschränkt bestehen. Soweit der Verleiher aus faktischen und rechtlichen Gründen gehindert ist, seinen Arbeitgeberpflichten nachzukommen, trifft ihn die Pflicht, auf den Entleiher einzuwirken, um eine Erfüllung der Arbeitgeberpflichten sicherzustellen. Ist der Entleiher nicht in der Lage oder nicht bereit, gegenüber dem Leih-AN bestehende Arbeitgeberpflichten (von Verleiher und Entleiher) zu erfüllen, ist der Verleiher verpflichtet, den Einsatz des Leih-AN beim Entleiher zu beenden.

Zu den besonderen Arbeitgeberpflichten des Verleihers gehört, dass er **111** die Betriebsabläufe und den Einsatz seiner Leih-AN so organisiert, dass die **Fürsorge- und Gleichbehandlungspflichten** unternehmens- und nicht nur betriebsbezogen eingehalten (*LAG Baden-Württemberg* v. 2. 11. 2005, AuR 06, 214) und Ansprüche des Leih-AN erfüllt werden können (*Oberwetter,* BB 07, 1109). Auch bei **freiwilligen Leistungen** ist der Verleiher an den arbeitsrechtlichen Grundsatz der Gleichbehandlung gebunden (*BAG* v. 12. 10. 2005, AP Nr. 259 zu § 611 BGB Gratifikation). Eine Ungleichbehandlung von Stamm- und Leih-AN ist nur zulässig, wenn sie sachlichen Kriterien entspricht und mit der Übertragung von Arbeitgeberbefugnissen auf den Entleiher im Zusammenhang steht.

Der Verleiher kann Ansprüche des Leih-AN nicht mit Verweis auf **112** Verpflichtungen gegenüber dem Entleiher aus dem **ANÜ-Vertrag** einschränken. Vielmehr hat er bei Abschluss des Vertrags und bei Auswahl und Zuweisung des Leih-AN darauf zu achten, dass Verpflichtungen gegenüber dem Leih-AN eingehalten werden können (Ulber/*Ulber, J.,* AÜG, § 12 Rn. 2). Dies gilt auch, soweit der Leih-AN **Rechte aus der Betriebsverfassung** (z. B. Besuch von Sprechstunden des Verleiherbetriebsrats; vgl. § 14 Rn. 14) wahrnehmen will,

§ 1 Erlaubnispflicht

oder für die Mitbestimmungsrechte eines beim Verleiher bestehenden BR (*BAG* v. 27.1.2004, NZA 04, 556). Ist der Leih-AN Mitglied eines Organs kollektiver Interessenvertretung (BR, JAV, Schwerbehindertenvertretung), hat der Verleiher durch Auswahl geeigneter Entleihbetriebe und entsprechende Absprachen im ANÜ-Vertrag sicherzustellen, dass die Vertretungsfunktionen uneingeschränkt wahrgenommen werden können (Ulber/*Ulber, J.*, AÜG, § 10 Rn. 118).

113 (**Urlaub**) Nach §§ 1, 3 BUrlG hat der Leih-AN Anspruch auf **bezahlten Erholungsurlaub** von mindestens 24 Kalendertagen. Günstigere arbeitsvertragliche Regelungen gehen vor. Die beim Entleiher geltenden Urlaubsbestimmungen sind als Mindestregelungen anzuwenden, wenn sich die Arbeitsbedingungen nach den Gleichstellungsgrundsätzen gem. §§ 9 Nr. 2, 10 Abs. 1 S. 1 richten (Ulber/*Ulber, J.*, AÜG, § 9 Rn. 58). Der Urlaubsanspruch richtet sich unmittelbar gegen den Verleiher, der bei der Festlegung der zeitlichen Lage Urlaubswünsche des Leih-AN gem. § 7 Abs. 1 BUrlG zu berücksichtigen hat (zum Mitbestimmungsrecht des BR vgl. § 14 Rn. 85, 172). Eine Übertragung der Entscheidungsbefugnis über die Gewährung von Urlaub auf den Entleiher ist unzulässig (*Ulber*, Arbeitnehmer in Zeitarbeitsfirmen, S. 124).

114 Nach § 7 Abs. 2 BUrlG ist der Urlaub grundsätzlich **zusammenhängend** zu gewähren. Die Gewährung von **Teilurlaub** kommt ausnahmsweise in Betracht, wenn dringende betriebliche Gründe dies erfordern. Hierzu muss eine besondere Situation vorliegen, die einer zusammenhängenden Gewährung des Urlaubs entgegensteht. Der Verleiher kann sich nicht darauf berufen, dass die Natur der ANÜ oder die Erfordernisse des Entleihbetriebs generell eine zusammenhängende Gewährung nicht zulassen. Vielmehr hat er durch eine ausreichende Personalreserve im Rahmen der Personaleinsatzplanung sicherzustellen, dass die gesetzlichen Ansprüche erfüllt werden können.

115 Die Festlegung der **zeitlichen Lage** des Urlaubs (§ 7 Abs. 1 und 3 BUrlG) kann der Verleiher nicht davon abhängig machen, dass im Urlaubszeitraum keine anderweitigen Beschäftigungsmöglichkeiten vorhanden sind. Hierdurch würde zum einen ausgeschlossen, dass bei der Urlaubsgewährung die Urlaubswünsche des Leih-AN berücksichtigt werden könnten. Daneben kann der AG schon im Normalarbeitsverhältnis das Wirtschaftsrisiko gem. § 615 BGB nicht durch eine Verrechnung mit bezahltem oder unbezahltem Urlaub auf den AN verlagern (*LAG Nürnberg* v. 30.5.2006, NZA-RR 06, 511). Beim Leiharbeitsverhältnis ist der Verleiher darüber hinaus nach § 11 Abs. 4 S. 2 unabdingbar verpflichtet, **Zeiten mangelnder Beschäftigungsmöglichkeiten** wie geleistete Arbeitszeit (und nicht als Urlaubsentgelt) zu vergüten (vgl. § 11 Rn. 62). Dieser Verpflichtung kann er sich nicht dadurch entziehen, dass er die Urlaubsplanung (insbesondere durch rouliierenden Austausch) so gestaltet, dass das Betriebsrisiko auf den Leih-AN verlagert wird (Ulber/*Ulber, J.*, AÜG, § 11 Rn. 94). Die gegenteilige Auffassung (*Schüren/Hamann/Schüren*, Einl. Rn. 226) übersieht die unterschiedlichen Gestaltungsmöglichkeiten von Normalarbeitgebern und Verleihern in Zeiten mangelnder Beschäftigungsmöglichkeiten.

Während des Urlaubs hat der Leih-AN gem. § 10 BUrlG Anspruch auf das **Urlaubsentgelt**, das dem AN vor Antritt des Urlaubs zu zahlen ist. Die Höhe der **Urlaubsvergütung** richtet sich nach der durch die Urlaubsfreistellung ausgefallenen Zeit, die der Leih-AN bei Einsatz bei einem Entleiher gearbeitet hätte (*ArbG Potsdam* v. 28.1.2013 – 9 CA 2215/12). Dem haben auch TV zur ANÜ Rechnung zu tragen (*BAG* v. 21.9.2010, NZA 2011, 805; *ArbG Potsdam*, a.a.O.). Die Vereinbarung eines zusätzlichen **unbezahlten Urlaubs** ist auch im Leiharbeitsverhältnis zulässig, soweit die Vereinbarung auf einer Initiative des Leih-AN beruht und ausschließlich in dessen Interesse erfolgt. Geht die Vereinbarung demgegenüber auf einen Wunsch des Verleihers als AG zurück, verstößt die Vereinbarung i.d.R. gegen § 11 Abs. 4 S. 2 und ist nach § 134 BGB unwirksam. Dem Verleiher ist es untersagt, das Vergütungsrisiko bei mangelnden Beschäftigungsmöglichkeiten durch die Vereinbarung unbezahlten Urlaubs auf die AN zu verlagern (vgl. *LAG Nürnberg* v. 30.5.2006, NZA-RR 06, 511). **116**

(**Zeugniserteilung**) Nach § 109 GewO hat der Leih-AN bei Beendigung des ArbV einen Anspruch auf Erteilung eines Zeugnisses. Auf Wunsch des Leih-AN muss ein **qualifiziertes Zeugnis** erstellt werden, das auch Angaben über die Leistung und das Verhalten enthält. Obwohl der Leih-AN seine Arbeit regelmäßig nicht beim Verleiher erbringt, richtet sich der Anspruch auf Zeugniserteilung ausschließlich gegen den Verleiher (Thüsing/*Thüsing*, § 12 Rn. 39; Ulber/*Ulber, J.*, AÜG, § 12 Rn. 30). Der Entleiher ist verpflichtet, nach jedem Einsatz **eine Leistungsbeurteilung** abzugeben (*BAG* v. 23.3.2011 – 5 AZR 7/10, AP Nr. 23 zu § 10 AÜG m. Anm. *Ulber, J.*). In Ausnahmefällen kann jedoch bei Nachweis eines berechtigten Interesses auch ein Anspruch unmittelbar gegen den Entleiher bestehen (*Schüren/Hamann/Schüren*, Einl. Rn. 297). **117**

Der Entleiher ist verpflichtet, dem Verleiher die notwendigen Auskünfte zu erteilen, damit dieser seinen Verpflichtungen zur Zeugniserteilung (bzw. zur Erteilung eines **Zwischenzeugnisses**) gegenüber dem Leih-AN nachkommen kann (*Schüren/Hamann/Schüren*, Einl. Rn. 296; Ulber/*Ulber, J.*, AÜG, § 12 Rn. 30). **118**

4. Wirtschaftliche Tätigkeit und Gewerbsmäßigkeit der ANÜ

Nach Abs. 1 S. 1 bedarf jede **ANÜ** einer Erlaubnis der BA, die auf einer **wirtschaftlichen Tätigkeit** beruht. Auch die **grenzüberschreitende ANÜ** nach Deutschland unterliegt der Erlaubnispflicht (*BAG* v. 22.3.2000 – 7 ABR 34/98). Durch das 1. AÜG-ÄndG wurde der bisherige Zusatz »gewerbsmäßig« m.W. v. 1.12.2011 gestrichen. **119**

§ 1 Erlaubnispflicht

Seither unterliegen auch Formen der nichtgewerbsmäßigen ANÜ vollumfänglich dem AÜG und sind von den Erlaubnisvorschriften des AÜG nicht mehr befreit. Soweit sich keine Besonderheiten aus der gewerberechtlich erforderlichen Erlaubnis ergeben, fanden die Vorschriften des AÜG jedoch i. d. R. auch vor dem 1.12.2011 auf die nichtgewerbsmäßige ANÜ Anwendung. Dies hatte eine gemeinschaftsrechtskonforme Auslegung geboten (vgl. Ulber/*Ulber, J.*, AÜG, § 1 Rn. 172).

119a **(Wirtschaftliche Tätigkeit)** Nach Abs. 1 S. 1 setzt die Erlaubnispflichtigkeit einer ANÜ voraus, dass sie im Rahmen einer wirtschaftlichen Tätigkeit erfolgt. Die Vorschrift beruht auf Art. 1 Abs. 2 LA-RL, wonach es nicht auf erwerbsmäßige Zwecke der ANÜ ankommt und gewerbsmäßige und nichtgewerbsmäßige Formen der ANÜ gleichgestellt werden müssen (Ulber/*Ulber, J.*, AÜG, § 1 Rn. 195 f.).

Eine **wirtschaftliche Tätigkeit** ist jede Tätigkeit, die darin besteht, Güter oder Dienstleistungen auf einem bestimmten Markt anzubieten *(EuGH* v. 10.1.2006 – Rs. 222/04, Slg. 2006, I-289 u. v. 1.7.2008 – C-49/07, EuZW 2008, 605; *LAG Baden-Württemberg* v. 17.4.2013 – 4 TaBV 7/12; *LAG Düsseldorf* v. 26.7.2012 – 15 Sa 336/12; *Leuchten*, NZA 2011, 608; *Wank*, JahrbArbR 2012, 23; a. A. *Hamann*, RdA 2011, 321). Die Tätigkeit muss dabei nicht notwendigerweise auf den externen Markt gerichtet sein. Ein **Marktbezug** liegt auch vor, wenn die Dienstleistung allgemein auch auf dem Markt angeboten wird und daher bei eigener Ausübung in Konkurrenz zu externen Anbietern steht (*LAG Düsseldorf* v. 26.7.2012 – 15 Sa 336/12; Ulber/*Ulber, J.*, AÜG, § 1 Rn. 203 f.). Auch bei **konzerninterner ANÜ** wird eine wirtschaftliche Tätigkeit ausgeübt (*LAG Düsseldorf* v. 26.7.2012 – 15 Sa 336/12). **Unternehmen**, die nur **gelegentlich** Arbeitnehmer Dritten überlassen, üben eine wirtschaftliche Tätigkeit aus (*Hamann*, RdA 2011, 323; ders. EuZA 2009, 298 f.; *Wank*, JahrbArbR 2012, 23). Dasselbe gilt für die konzerninterne ANÜ und konzerneigene **Personalführungsgesellschaften** (*LAG Düsseldorf* v. 26.7.2012 – 15 Sa 336/12). Auch **Mischunternehmen** (*Hamann*, RdA 2011, 323; *ders.* EuZA 2009, 298 f.; *Wank*, JahrbArbR 2012, 23), **gemeinnützige Unternehmen** oder Organisationen, die ausschließlich karitative, sportliche, gemeinnützige, wissenschaftliche, künstlerische oder sonstige ideelle Zwecke verfolgen, fallen unter § 1 Abs. 1 S. 1 (*LAG Düsseldorf* v. 26.7.2012 – 15 Sa 336/12; *ArbG Krefeld* v. 15.5.2012 – 1 Ca 2551/11; Ulber/*Ulber, J.*, AÜG, § 1 Rn. 205 ff.; *Leuchten*, NZA 2011, 608; Wank, JahrbArbR 2012, 23; a. A. *Hamann*, RdA 2011, 321). Auch soweit die **ANÜ auf mitgliedschaftlicher Basis** erfolgt (vgl. Rn. 22), übt die Trägerorganisation eine wirtschaftliche Tätigkeit i. S. v. Abs. 1 S. 1 aus (Ulber/*Ulber, J.*, AÜG, § 1 Rn. 208).

119b Abzugrenzen ist die erlaubnispflichtige ANÜ von Personalgestellungen auf der Grundlage spezialgesetzlicher öffentlich-rechtlicher Re-

Erlaubnispflicht § 1

gelungen im Bereich **hoheitlicher Aufgabenwahrnehmung** (*BAG* v. 18.1.2012 – 7 AZR 723/10; *ArbG Krefeld* v. 15.5.2012 – 1 Ca 2551/11). Außerhalb der Wahrnehmung hoheitlicher Befugnisse erfüllt dagegen auch die **Personalgestellung im öffentlichen Dienst** die Voraussetzungen einer wirtschaftlichen Tätigkeit (*LAG Baden-Württemberg* v. 17.4.2013 – öAT 2013, 146 m. Anm. *Schäfer*; *LAG Düsseldorf* v. 26.7.2012 – 15 Sa 336/12; *Gerdom*, öAT 2011, 150). Bei der **Übertragung hoheitlicher Aufgaben** auf eine andere öffentliche Körperschaft durch Verwaltungsvereinbarung liegt keine »Privatisierung« vor, es werden weiterhin öffentliche Aufgaben wahrgenommen, die eine Anwendbarkeit des AÜG ausschließen (*BAG* v. 18.1.2012 – 7 AZR 723/10, ZTR 2012, 404 u. v. 5.3.1997 – 7 AZR 357/96, NZA 1997, 1165 zu § 5 Abs. 5 AsylVfG a. F.) Dasselbe gilt, wenn hoheitliche Tätigkeiten im Rahmen einer **Beleihung** von Dritten ausgeführt werden, z. B. Fluggastkontrollen nach § 5 Abs. 5 LuftSiG (*BAG* v. 18.1.2012 – 7 AZR 723/10, ZTR 2012, 404).

Soweit die Gewerbsmäßigkeit Tatbestandsmerkmal einer Norm ist, und bei **Normen, deren Anwendbarkeit eine nichtgewerbsmäßige Tätigkeit voraussetzen** (z. B. bei den privilegierten Formen der ANÜ nach Abs. 3) hat die Abgrenzung von gewerbsmäßiger und nichtgewerbsmäßiger ANÜ weiterhin Bedeutung. Dasselbe gilt für Überlassungen, die vor dem 1.12.2011 in nichtgewerbsmäßiger Form erfolgten. Liegt bei einer nichtgewerbsmäßigen ANÜ nach dem 30.11.2011 keine Erlaubnis vor, wird nach §§ 9 Nr. 1, 10 Abs. 1 mit ex-nunc Wirkung ein **ArbV fingiert** (*LAG Düsseldorf* v. 26.7.2012 – 15 Sa 336/12; ErfK/*Wank*, § 10 Rn. 3). **120**

Bei der Anwendbarkeit von Vorschriften des AÜG ist es unerheblich, ob das Überlassen **Haupt- oder Nebenzweck** des Betriebs ist. Auch **Mischbetriebe** oder Betriebe, die nur im Rahmen von Kooperationsverträgen oder in einem Einzelfall einen AN überlassen, unterliegen dem Anwendungsbereich des AÜG und waren schon vor dem 1.12.2011 erlaubnispflichtig. Eine Einschränkung der Erlaubnispflicht auf Unternehmen, die ausschließlich oder überwiegend ANÜ betreiben, ist mit dem Schutzzweck des AÜG nicht zu vereinbaren (*BAG* v. 18.7.2012 – 7 AZR 451/11, NZA 2012, 1369). Sie handelten immer gewerbsmäßig, wenn die notwendige Gewinnerzielungsabsicht vorlag (*Lembke/Distler*, NZA 06, 952; vgl. Rn. 122). Auf den Umfang, in dem ANÜ betrieben wurde, kam es grundsätzlich nicht an. **120a**

Unter **gewerbsmäßig i. S. d. Abs. 1** ist jede nicht nur gelegentliche, sondern auf eine gewisse Dauer angelegte und auf die Erzielung unmittelbarer oder mittelbarer wirtschaftlicher Vorteile gerichtete selbständige Tätigkeit zu verstehen, die auf die Teilnahme am allgemeinen wirtschaftlichen Verkehr gerichtet ist (*BFH* v. 13.12.1995, DB 96, 994). **Auf Dauer angelegt** ist die Tätigkeit, wenn die allgemeine Absicht besteht, im Bedarfsfalle AN als Leih-AN zu überlassen. Auf eine **Wiederholungsabsicht** kommt es nicht an. Die **121**

§ 1 Erlaubnispflicht

Gewerbsmäßigkeit ist jedoch immer gegeben, wenn eine Wiederholungsabsicht vorliegt (*OLG Koblenz* v. 16.1.2003, EzAÜG § 9 Nr. 11) oder der AG mit AN Arbeitsverträge abschließt, die eine allgemeine Verpflichtung enthalten, auf Anordnung des AG auch unter dem Weisungsrecht eines Dritten zu arbeiten. Entsprechendes gilt bei Anschluss von **Kooperationsverträgen** mit anderen Unternehmen, die darauf gerichtet sind, den Drittunternehmen im Bedarfsfall AN zur Arbeitsleistung zu überlassen (*Boemke/Lembke*, § 1 Rn. 4). Letztlich sind damit lediglich solche Fälle der ANÜ nicht gewerbsmäßig, bei denen im Rahmen einer eher zufälligen Nachbarschaftshilfe einzelfallbezogen ein AN überlassen wird, ohne hiermit einen nachhaltigen Gewinn erzielen zu wollen (vgl. § 1 Abs. 3 SchwarzArbG).

122 Ein entscheidendes Merkmal der Gewerbsmäßigkeit ist, ob dem Verleih eine **Gewinnerzielungsabsicht** zugrunde liegt (*BAG* v. 21.3.1990, BB 91, 275). Die Absicht ist hierbei ausreichend. Nicht erforderlich ist, dass **tatsächlich** ein Entgelt gezahlt bzw. ein wirtschaftlicher Vorteil erzielt wird oder ob lediglich Verluste verringert werden sollen (*BAG* v. 2.6.2010, NZA 11, 351). Ein wirtschaftlicher Vorteil liegt immer vor, wenn der Verleiher für die Überlassung eine **Gegenleistung** erhält, die eine Deckung seiner eigenen Kosten überschreitet. Unter welchen Voraussetzungen dies der Fall ist, ist im Einzelnen umstritten. Während die eine Auffassung einen die Eigenkosten übersteigenden Gewinn bereits annimmt, wenn die Gegenleistung die Lohn- und Lohnnebenkosten überschreitet oder Verluste vermieden werden (*LAG Frankfurt* v. 10.6.1983, EzAÜG § 1 Erlaubnispflicht Nr. 11), sind nach i.A. auch die anfallenden Kosten der Personalverwaltung bei den Eigenkosten zu berücksichtigen (*BAG* v. 20.4.2005, BB 06, 383). Eine pauschale, kostenadäquate Umlage bis zu 5% der Personalkosten als Verwaltungsbeitrag würde danach eine Gewerbsmäßigkeit ausschließen, soweit kein sonstiger mittelbarer Gewinn erzielt wird.

123 Auch wenn kein Entgelt gezahlt wird oder die Überlassungsvergütung geringer ist als die laufenden Kosten, ist von der Gewinnerzielungsabsicht auszugehen, wenn dem Verleiher aus dem Verleih ein **mittelbarer wirtschaftlicher Vorteil** zufließt, der ggf. auch bei einem anderen konzernangehörigen Unternehmen anfallen kann (*BAG* v. 9.2.2011 – 7 AZR 32/10, DB 2011, 1528). Ein derart mittelbarer wirtschaftlicher Vorteil kann u.a. darin liegen, dass der Entsendebetrieb durch die Überlassung Geschäftsverbindungen oder den Abschluss von Verträgen fördert (*Boemke/Lembke*, § 1 Rn. 51; *Ulber/Ulber*, § 1 Rn. 189).

124 Will der Verleiher durch die Überlassung das **Betriebsrisiko** bei Beschäftigungsmangel nach § 615 BGB, § 11 Abs. 4 S. 2 AÜG **minimieren**, ist die Gewinnerzielungsabsicht zu bejahen. Gleichermaßen liegt die Gewinnerzielungsabsicht vor, wenn die ANÜ eine im Interesse des Entsendebetriebs liegende Kundenserviceleistung beinhaltet.

An der Gewinnerzielungsabsicht fehlt es dagegen bei Vorliegen außergewöhnlicher Umstände, z. B. in Not- oder Katastrophenfällen oder soweit die ANÜ unentgeltlich im Rahmen einer Nachbarschafts- oder Kollegenhilfe erfolgt (vgl. den Fall *LAG Berlin* v. 8. 12. 2006, AuA 07, 241).

Bei **Wirtschaftsunternehmen** oder Betrieben, die am Wirtschaftsleben teilnehmen, ist grundsätzlich davon auszugehen, dass sie wirtschaftliche Vorteile aus der ANÜ erzielen wollen (*BAG* v. 20. 5. 2005, NZA 05, 1006; Ulber/*Ulber*, § 1 Rn. 187). Uneingeschränkt gilt dies ebenso, wenn ein **konzernangehöriges Unternehmen** Leih-AN (zumindest auch) an Unternehmen außerhalb des Konzerns verleiht.

125

Übernimmt ein **Konzernunternehmen** lediglich die Aufgaben einer **Personalführungsgesellschaft** und werden die AN von dieser ausschließlich an Konzernunternehmen überlassen, ist bis zum 30. 11. 2011 hinsichtlich der Gewinnerzielungsabsicht zu differenzieren (zur konzerninternen Überlassung nach § 1 Abs. 3 Nr. 2 vgl. Rn. 189 ff.). Wird aus der entgeltlichen Überlassung ein die eigenen Kosten übersteigender Ertrag erzielt, ist die Gewerbsmäßigkeit grundsätzlich zu bejahen. Werden dagegen nur die **eigenen Kosten** gedeckt (Rn. 122), liegt ein gewerbsmäßiges Handeln nur vor, soweit das Konzernunternehmen zumindest **mittelbare wirtschaftliche** Vorteile aus der ANÜ erzielt. Derart mittelbare wirtschaftliche Vorteile sind innerhalb von Konzernen oder Unternehmensverbünden immer gegeben, wenn aus der ANÜ **konzernbezogen** ein wirtschaftlicher Vorteil erzielt wird. Wie sich aus § 1 Abs. 3 Nr. 2 ergibt, geht der Gesetzgeber davon aus, dass die wirtschaftlichen Verhältnisse und Risiken bei Konzernunternehmen die gesetzliche Privilegierung nur erlauben, weil auf die wirtschaftlichen Verhältnisse im **gesamten Konzern** und nicht bei einzelnen Konzernunternehmen abzustellen ist (*BAG* v. 9. 2. 2011 – 7 AZR 32/10, DB 2011, 1528). Selbst eine vermögenslose Gesellschaft oder ein Konzernunternehmen, das dauerhaft Verluste schreibt, handelt daher gewerbsmäßig, wenn bei einer anderen Gesellschaft oder bei der Konzernspitze ein Gewinn zu verbuchen ist. Dies ist immer der Fall, wenn die Lohnkosten der überlassenden Gesellschaft geringer sind als die Kosten, die bei einer Eigenbeschäftigung im entleihenden Unternehmen entstehen würden. Entsprechendes gilt, wenn die konzerneigene Überlassungsgesellschaft lediglich zeitlich befristete Personalbedarfsfälle anderer Konzerngesellschaften abdeckt und diese hierdurch vom Betriebsrisiko (§ 615 BGB) entlastet werden.

126

Keine allgemeine Gewinnerzielungsabsicht kann Institutionen unterstellt werden, die als **gemeinnützig** i. S. v. §§ 52 ff. AO anerkannt sind und deren Einnahmen aus der ANÜ nicht mit einem wirtschaftlichen Gewinn verbunden sind (*BAG* v. 24. 5. 1995, AP Nr. 57 zu § 118 BetrVG 1972). Dennoch kann auch bei ansonsten gemeinnützigen Einrichtungen bezogen auf die ANÜ Gewerbsmäßigkeit vorliegen,

127

wenn dieses Geschäftsfeld mit Gewinnerzielungsabsicht betrieben wird oder ein steuerpflichtiger wirtschaftlicher Großbetrieb ANÜ betreibt.

5. Vorübergehende Arbeitnehmerüberlassung und Ausschluss von Arbeitsvermittlung (Abs. 1 Satz 2)

a. Ausschluss von Arbeitsvermittlung

128 Das Fehlen von Arbeitsvermittlung ist **ungeschriebenes Tatbestandsmerkmal** einer ANÜ (Ulber/*Ulber, J.*, AÜG, § 1 Rn. 211; *Hamann*, AuR 2010, 11). Eine ANÜ liegt nur vor, wenn die Überlassung an einen **Dritten nicht den Tatbestand einer Arbeitsvermittlung erfüllt** (*S/M*, § 1 Anm. 39; Ulber/*Ulber*, J., AÜG, § 1 Rn. 160; zur Abgrenzung vgl. Einl. Rn. 6; zur vermuteten Arbeitsvermittlung vgl. Rn. 155 ff.). Arbeitsvermittlung und ANÜ schließen sich gegenseitig aus (*Schüren/Hamann/Schüren*, § 1 Rn. 283; Ulber/ *Ulber, J.*, AÜG, § 1 Rn. 212). **Abgrenzungskriterium** ist im Wesentlichen, in welche **Betriebsorganisation der AN eingegliedert ist** und wo der **Schwerpunkt des ArbV** liegt. Die Abgrenzung ist zwingend erforderlich, um die Voraussetzungen einer ANÜ festzustellen (*Schüren/Hamann/Hamann*, § 1 Rn. 288 ff.; Ulber/*Ulber, J.* AÜG, § 1 Rn. 211 ff.). Maßgeblich ist hierbei der **Geschäftswille** der Parteien. Soweit der Leih-AN entsprechend der Funktion der ANÜ (vgl. Einl. Rn. 1, 36) bei ständig wechselnden Entleihern eingesetzt wird und der Verleiher seinen besonderen Arbeitgeberpflichten nachkommt, liegt unzweifelhaft ANÜ vor. Problematisch sind die Fälle, in denen der Leih-AN auf unbestimmte Zeit bei einem Entleiher eingesetzt wird oder das Leiharbeitsverhältnis von vornherein nicht über das Ende einer Überlassung hinaus fortgesetzt werden soll. Hier ist i. d. R. von Arbeitsvermittlung auszugehen (*Ulber, J.* AuR 2003, 7). Dasselbe gilt, wenn ein AN beim Verleiher nur eingestellt wird, um einen **dauerhaft bestehenden Personalbedarf** beim Entleiher abzudecken. Hier liegt (auch ohne dass ein Verstoß gegen § 1 Abs. 1 S. 2 vorliegt) Arbeitsvermittlung vor (str.; a. A. *Boemke/Lembke*, § 1 Rn. 69). Der Verleiher nimmt hier weder die für das Leiharbeitsverhältnis typischen Arbeitgeberfunktionen wahr, noch trägt er das typische Arbeitgeberrisiko. Eine ANÜ muss **begriffsnotwendig** wegen der Abgrenzung zur Arbeitsvermittlung vorübergehenden Charakter haben (*BVerfG* v. 4. 4. 1967 – 1 BvR 84/65; Ulber/*Ulber, J.*, AÜG, § 1 Rn. 230 c und Einl. B Rn. 7). ANÜ ist »strukturell« vorübergehend angelegt (*BAG* v. 15. 12. 2011 – 7 ABR 65/10). Durch Abs. 1 S. 2 ist dies nunmehr gesetzlich ausdrücklich geregelt, so dass Überlassungen seit dem 1. 12. 2011 nur noch **zulässig** sind, wenn sie vorübergehend erfolgen.

128a Die **Abgrenzung** zwischen Arbeitsvermittlung und ANÜ ist danach vorzunehmen, wer die Arbeitgeberstellung einnehmen soll (Ulber/ *Ulber, J.*, AÜG, § 1 Rn. 214; *Preis*, Rechtsgutachten HBS 2010, 22) und wer die **Arbeitgeberpflichten** und das **Arbeitgeberrisiko** trägt (S/M, § 1 Anm. 40a; Ulber/*Ulber, J.*, AÜG, § 1 Rn. 214). Werden die typischen Arbeitgeberpflichten und das Arbeitgeberrisiko eines Verleihers nicht von diesem übernommen, liegt Arbeitsvermittlung i. S. v. § 35 Abs. 1 S. 2 SGB III vor (Thüsing/*Waas*, § 1 Rn. 108; Ulber/*Ulber, J.*, AÜG, § 1 Rn. 214).

Die Abgrenzungskriterien gelten auch, soweit **Personen auf mitgliedschaftlicher Basis** dem Dritten zur Verfügung gestellt werden. Stellt ein Personalgesteller z. B. Pflegekräfte auf mitgliedschaftlicher Basis nur auf Anforderung des Entleihers ein, liegt keine vorübergehende ANÜ vor (*LAG Niedersachsen* v. 19.9.2012 – 17 TaBV 124/11, DB 2012, 2468). Die Konstruktion einer dauerhaften Personalgestellung ohne andere Beschäftigungsmöglichkeiten (wie weitverbreitet im Bereich der Pflege durch gemeinnützige Organisationen) ist rechtsmissbräuchlich und führt zur **Unwirksamkeit** des Gestellungsvertrags (*LAG Baden-Württemberg* v. 17.4.2013 – öAT 2013, 146 m. Anm. *Schäfer*). Daneben liegt ein Scheingeschäft vor (*LAG Niedersachsen* v. 19.9.2012, a.a.O. a.A. *LAG BB* v. 16.10.2012 – 7 Sa 1182/12). Da sich die Arbeitnehmereigenschaft bei Arbeitsvermittlung nach den Verhältnissen beim faktischen AG richtet, kommt daher auch hier bei Nichtanwendbarkeit des AÜG i. Ü. (vgl. Rn. 23) grundsätzlich ein ArbV zum Dritten zustande. Etwas anderes gilt nur, soweit auch der Dritte ausschließlich Beschäftigungsverhältnisse auf mitgliedschaftlicher Basis eingeht. In diesem Fall erfolgt die Beschäftigung des vermittelten Mitglieds auf mitgliedschaftlicher Basis. Entstehen dem vermittelten Mitglied hierdurch Nachteile, sind sie vom Vermittelnden analog § 10 Abs. 2 auszugleichen (vgl. § 10 Rn. 45 ff.).

128b

Die **Eingliederung** des AN in die Betriebsabläufe des Verleihers hängt u. a. davon ab, ob der Verleiher über den Leih-AN auf Grund eigener Entscheidungsspielräume disponiert und die Arbeitskraft des AN entsprechend den typischen Betriebszwecken eines Verleihbetriebs, den AN unterschiedlichen Entleihern zu überlassen, nutzen will. Ist von vornherein lediglich der Einsatz bei einem Entleiher geplant, liegt zu keinem Zeitpunkt eine Eingliederung in die Betriebsabläufe beim Verleiher vor (zur Mitbestimmung des Verleiherbetriebsrats vgl. *BAG* v. 23.6.2010 – 7 ABR 1/09). Der AN soll hier ausschließlich in die Betriebsabläufe des Entleihers eingegliedert arbeiten, eine überlassungstypische Nutzung der Arbeitskraft des Leih-AN durch den Verleiher durch Überlassung an unterschiedliche Entleiher ist ausgeschlossen. Gleichzeitig überlässt der Verleiher den Leih-AN auch nicht vorübergehend i. S. v. Abs. 1 S. 2 (Ulber/*Ulber, J.*, AÜG, § 1 Rn. 214; Schindele, AuR 2008, 31; vgl. Rn. 128). Hier beschränkt sich die Funktion des angeblichen Verleihers auf die eines **Strohmanns** und es liegt Arbeitsvermittlung vor (Schüren/*Hamann/Riederer-v. Paar*, Einl. Rn. 617). Folge ist, dass ein ArbV zum Entleiher begründet wird (vgl. Einl. Rn. 37).

129

§ 1 Erlaubnispflicht

129a Ein **Strohmanngeschäft** kann auch vorliegen, wenn der Leih-AN eingestellt wird, um nicht zeitlich befristet, sondern auf unbestimmte Zeit bei einem Entleiher eingesetzt zu werden. Dies gilt insbesondere, wenn sich der Umfang der Rechte und Pflichten (z. B. Arbeitszeit, Freischichten, Urlaub, zeitbezogenes Entgelt) des Leih-AN ausschließlich nach den Regelungen des Entleihers richtet. Dem Verleiher verbleibt hier kein Spielraum, der eine ins Gewicht fallende Wahrnehmung des Direktionsrechts ermöglicht, sondern er nimmt lediglich **Hilfsfunktionen** (Lohnabrechnung u. Ä.) wahr, die allein keine Arbeitgeberstellung des Verleihers begründen können (s. o. Rn. 13).

129b Soweit der Leih-AN auf **Dauerarbeitsplätzen** des Entleihers eingesetzt wird und der Einsatz des Leih-AN nicht zeitlich befristet erfolgt, neigten Literatur und Rechtsprechung überwiegend zu der Auffassung, dass nach Wegfall der früheren Höchstüberlassungsdauer von § 3 Abs. 1 Nr. 6 a. F. ein zeitlich unbeschränkter Einsatz von Leih-AN bei Entleihern zulässig ist. Diese Auffassung ist seit der Einfügung von § 1 Abs. 1 S. 2 überholt, da bei nicht nur vorübergehender ANÜ ein Tatbestandsmerkmal der ANÜ fehlt (Rn. 130w, 130x). Damit liegt begrifflich keine ANÜ sondern Arbeitsvermittlung vor (*LAG Baden-Württemberg* v. 22.11.2012 – 11 Sa 84/12).

b. Vorübergehende Arbeitnehmerüberlassung (Abs. 1 Satz 2)

130 Nach Abs. 1 S. 2 erfolgt die ANÜ vorübergehend. Die Norm gilt **zwingend**. Durch TV oder BV können weder die Voraussetzungen noch die Rechtsfolgen abweichend geregelt werden. Zulässig ist es dagegen, den Anwendungsbereich gesetzlich zulässiger Fälle einer vorübergehenden ANÜ **einzuschränken** (vgl. z. B. § 1.2 TV LeiZ; § 9 Rn. 78 a ff.). Schon nach dem **Wortlaut** der Vorschrift muss die ANÜ **nur für kurze Zeit, temporär,** und **zeitweilig** oder negativ formuliert **nicht endgültig** und **nicht dauerhaft** angelegt sein. Ein vorübergehender ist das **Gegenteil von einem ständigen und dauerhaften Personalbedarf** (*EuGH* v. 26.1.2012 – Rs. C-586/10, DB 2012, 290). Insoweit spricht schon der **Wortlaut** gegen die Zulässigkeit dauerhafter ANÜ (*LAG NS* v. 19.9.2012 – 17 TABV 124/11, DB 2012, 2468; *ArbG Cottbus* v. 22.8.2012 – 4 BV 2/12, LAGE § 99 BetrVG 2001 Nr. 14; *Hamann*, NZA 2011, 70).

130a Da der Gesetzgeber den Begriff vorübergehend nicht definiert hat (zum Verstoß gegen die LA-RL vgl. *Düwell*, ZESAR 2011, 440; *Schuster/Grüneberg*, AiB 2012, 82) ist der Begriff **richtlinienkonform auszulegen** (*LAG Ns* v. 16.11.2011 – 17 TaBV 99/11). Art. 1 Abs. 1 und Art. 3 LA-RL verweisen darauf, dass die ANÜ immer vorübergehend erfolgen muss. Nach Art. 3 LA-RL gehört der vorübergehende Charakter der ANÜ zu den **Begriffsmerkmalen** sowohl von Verleiher und Entleiher als auch des Leih-AN. Die RL schränkt die **Zulässigkeit der Überlassung** ein (*LAG Baden-Württemberg* v.

22.11.2012 – 11 Sa 84/12; *LAG NS* v. 19.9.2012 – 17 TaBV 124/11, DB 2012, 2468; *Preis*, Rechtsgutachten HBS 2010, 8; *Hamann*, EuZA 2009, 287; *Ulber, J.*, AuR 2010, 11; *Kiss/Bankó*, EuZA 2009, 208). Auch **Entstehungsgeschichte** und **Zweck** der RL sprechen dafür ANÜ nur vorübergehend zuzulassen (*LAG Berlin-Brandenburg* v. 19.12.1012 – 4 TaBV 1163/12; *Sansone*, 2010, 570; *Ulber, J.*» AuR 2010, 10; *Brors, AuR 2013, 108*).

Die **Ziele** der RL sind nach Art. 288 Abs. 3 AEUV **verbindlich**. Die Gerichte haben den Begriff vorübergehend gem. Art. 288 Abs. 3 AEUV an Hand der verbindlichen Ziele der RL richtlinienkonform auszulegen (*EuGH* v. 4.7.2006 – C-212/04, NZA 2006, 909; *LAG Niedersachsen* v. 16.11.2011 – 17 TaBV 99/11; *LAG Baden-Württemberg* v. 22.11.2012 – 11 Sa 84/12; *Brors*, AuR 2013, 108; *Zimmer*, AuR 2012, 422). **Art. 5 Abs. 5 RL** soll nicht nur einen Missbrauch des Gleichbehandlungsgrundsatzes von Art. 5 verhindern (*Zimmer*, AuR 2012, 422; a.A. *Hießl*, ZESAR 2011, 472). Unionsrechtlich soll **verhindert** werden, dass ein **Dauerbeschäftigungsbedarf** beim Entleiher mit Leih-AN gedeckt wird (*LAG Berlin-Brandenburg* v. 19.12.1012 – 4 TaBV 1163/12; *LAG Baden-Württemberg* v. 31.7.2013 – 4 Sa 18/13; *ArbG Cottbus* v. 22.8.2012 – 4 BV 2/12, LAGE § 99 BetrVG 2001 Nr. 14; Ulber/*Ulber, J.*, AÜG, § 1 Rn. 230 e; Wedde/*Mittag*, AÜG, § 1 Rn. 25; *Bartl/Romanowski*, NZA 2012, 845; *Hamann*, RdA 2011, 324; *Heuchemer/Schielke*, BB 2011, 758; *Blanke*, Rechtsgutachten 2010, 103; *Sansone*, S. 462; *Thiess/Denzel*, AiB 2012, 188; *Zimmer*, AuR 2012, 422). Die nicht vorübergehende Überlassung von Leih-AN ist danach mit der RL nicht vereinbar (*LAG Baden-Württemberg* v. 22.11.2012 – 11 Sa 84/12; *Zimmer*, AuR 2012, 422).

Im europäischen Primärrecht finden sich nur wenig Anhaltspunkte für eine Begriffsdefinition von vorübergehend. Allerdings schließen Art. 57 Abs. 3 AEUV und Art. 8 Abs. 2 ROM I VO vorübergehend aus, wenn kein **Rückkehrwille** vorhanden ist (*ArbG Offenbach* v. 1.8.2012 – 10 BV 1/12; ErfK/*Schlachter*, Art. 3 Rn. 14; *Brors*, AuR 2013, 108; i.E. ebenso: *BAG* v. 10.7.2013 – 7 ABR 91/11). Art. 12 VO 883/04 EWG zur Sozialen Sicherheit enthält einen weiteren Anhaltspunkt. Danach ist eine Entsendung aus dem Ausland dann vorübergehend, wenn sie den **Zeitraum von 2 Jahren** nicht übersteigt. Dabei wird die 2 Jahresfrist auch überstiegen, wenn ein AN innerhalb der 2 Jahresfrist durch einen anderen AN ersetzt wird. Der Vorschrift liegt insoweit ein **arbeitsplatzbezogenes Verständnis** zugrunde. Auch der EuGH hat in ständiger Rechtsprechung ausgeführt, dass die Tätigkeit von Leiharbeitsunternehmen dadurch gekennzeichnet ist, dass sie entleihenden Unternehmen AN vorübergehend zur Verfügung stellen (vgl. Rs. Jouini v. 13.9.2007 – Rs. C-458/05, ZESAR 2008, 350). Vorübergehend bedeutet dabei immer das Gegenteil von auf Dauer und ist **ausgeschlossen,** wenn ein **ständiger und dauerhafter Beschäftigungsbedarf** besteht (EuGH

130b

§ 1 Erlaubnispflicht

v. 26.1.2012 – Rs. C-586/10) Dies deutet darauf hin, dass eine dauerhafte Besetzung von Arbeitsplätzen beim Entleiher unionsrechtlich unzulässig ist. Gemeinschaftsrechtlich ist eine Auslegung von § 1 Abs. 1 S. 2 verboten, die dem **Wortlaut offensichtlich zuwiderläuft** (*EuGH* v. 11.4.2013- Rs. C-290/12).

aa. Arbeitnehmerbezug von »vorübergehend« i. S. v. Abs. 1 Satz 2

130c Das Leiharbeitsverhältnis ist strukturell auf **mehrere vorübergehende Einsätze** bei Entleihern gerichtet. Die Überlassung darf nicht nur an einen Entleiher erfolgen (*LAG Niedersachsen v. 19.9.2012* – 17 TaBV 124/11, DB 2012, 2468; *Schüren/Wank*, RdA 2011, 1). Eine vorübergehende ANÜ setzt voraus, dass der **Schwerpunkt des ArbV** vor und nach dem Einsatz beim Dritten beim verleihenden AG verbleibt (*BAG* v. 21.3.1990, AP Nr. 15 zu § 1 AÜG). Bei **dauerhaftem Einsatz** liegt der Schwerpunkt beim Entleiher, was für verdeckte Arbeitsvermittlung spricht (*LAG Niedersachsen* v. 19.9.2012 – 17 TaBV 124/11, DB 2012, 2468; *Düwell*, ZESAR 2011, 449; *Ulber*, AiB 2012, 7). Wird das Leiharbeitsverhältnis zeitlich mit der Dauer des Einsatzes bei einem Entleiher **synchronisiert**, liegt i. d. R. keine ANÜ sondern Arbeitsvermittlung vor (Einl. Rn. 35).

130d Nach Abs. 1 S. 2 darf der Leih-AN an einen Entleiher nur vorübergehend überlassen werden. Danach darf der Leih-AN **nicht zeitlich unbegrenzt oder auf unbestimmte Dauer** an einen Entleiher überlassen werden. (*BAG* v. 10.7.2013 – 7 ABR 91/11; Ulber/*Ulber, J.*, AÜG, § 1 Rn. 230t; *Hamann*, EuZA 2008, 311; *Hayen*, AiB 2012, 171; a. A. *LAG Düsseldorf* v. 2.10.2012 – 17 TaBV 38/12, AuR 2013, 52; *Rieble/Vielmeier*, EuZA 2011, 474). Die unbefristete Beschäftigung von Leih-AN beim Entleiher ist **unzulässig** (*BAG* v. 10.7.2013 – 7 ABR 91/11; *LAG Niedersachsen* v. 16.11.2011 – 17 TaBV 99/11; *Bartl/Romanowski*, NZA 2012, 845). Vielmehr erfordert vorübergehend, dass der **Einsatz** beim Entleiher **bei Arbeitsaufnahme befristet** ist (*LAG Baden-Württemberg* v. 22.11.2012 – 11 Sa 84/12; Ulber/*Ulber, J.*, AÜG, § 1 Rn. 230g; Thüsing/*Waas*, § 1 Rn. 196; *Preis*, Rechtsgutachten HBS 2010, 16; *Hamann*, AuR 2010, 11; *Zimmer*, AuR 2012, 422; *Zimmermann*, AuA 2010, 514), wenn auch der genaue **Rückkehrzeitpunkt** noch nicht kalendermäßig feststehen muss (*BAG* v. 21.3.1990, AP Nr. 15 zu § 1 AÜG; *LAG Hamm* v. 6.5.2011 – 7 Sa 1583/10, LAGE § 9 AÜG Nr. 8).

130e Zum Zeitpunkt der Überlassung muss feststehen, dass der Leih-AN irgendwann seine Arbeit wieder in der betrieblichen Organisation des Vertragsarbeitgebers erbringt (*BAG* v. 10.7.2013 – 7 ABR 91/11; *ArbG Elmshorn* v. 16.2.2012 – 3 BV 43d/11, AiB 2012, 399; *Rosenau/Mosch*, NJW-Spezial 2011, 242; *Zimmer*, AuR 2012, 422). Besteht zu Beginn der Überlassung keine **Rückkehroption** liegt begrifflich keine

Erlaubnispflicht § 1

vorübergehende ANÜ vor (*LAG Niedersachsen* v. 19.9.2012 – 17 TaBV 124/11, DB 2012, 2468; *ArbG Offenbach* v. 1.8.2012 – 10 BV 1/12, AiB 2012, 685; *Ulber*, § 1 Rn. 230q; *Boemke/Lembke*, § 1 Rn. 199; ErfK/*Wank*, § 1 Rn. 89). Auch Art. 57 Abs. 3 AEUV und Art. 8 Abs. 2 S. 2 ROM-I-VO schließen vorübergehend aus, wenn keine **Rückkehrmöglichkeit** oder kein Rückkehrwille besteht (*LAG Niedersachsen* v. 19.9.2012 – 17 TaBV 124/11, DB 2012, 2468; ErfK/ *Schlachter*, Art. 3 Rn. 14).

bb. Arbeitsplatzbezogenes Verständnis von vorübergehend

Das Tatbestandsmerkmal vorübergehend konkretisiert die vom *BVerfG* (v. 4.4.1967 – 1 BvR 84/65, AP Nr. 7 zu § 37 AVAVG) vorgenommene **Grenzziehung** zwischen volkswirtschaftlich sinnvoller kurzfristiger und **unerwünschter langfristiger ANÜ** (*ArbG Offenbach* v. 1.8.2012 – 10 BV 1/12, AiB 2012, 685). Die Funktion der Leiharbeit ist darauf beschränkt, einen **vorübergehenden und nicht dauerhaften Arbeitskräftebedarf** beim Entleiher abzudecken. Die ANÜ ist insoweit strukturell vorübergehend angelegt (*BAG* v. 15.12.2011 – 7 ABR 65/10). Ebenso wie § 3 Abs. 6 AÜG a.F. zur Höchstüberlassungsdauer, dient Abs. 1 S. 2 dem Schutz des Bestandes an Stammarbeitsplätzen (*BAG* v. 23.11.1988 – 7 AZR 34/88, AP Nr. 14 zu § 1 AÜG; Ulber/*Ulber, J.*, AÜG, § 1 Rn. 230u; *Hamann*, EuZA 2009, 287; *Kiss/Bankó*, EuZA 2009, 208; *Ulber, J.*, AuR 2010, 11).

130f

Im Rahmen der **gemeinschaftskonformen Anwendung** der Vorschrift ist zu berücksichtigen, dass **Art. 5 Abs. 5 RL** nicht nur eine arbeitnehmer-, sondern auch eine **arbeitsplatzbezogene Betrachtung** dahin verlangt, dass der Einsatz von Leih-AN keinen Dauerbeschäftigungsbedarf beim Entleiher ersetzt (*LAG Berlin-Brandenburg* v. 19.12.1012 – 4 TaBV 1163/12 u. v. 9.1.2013 – 15 Sa 1635/12; *LAG Baden-Württemberg* v. 31.7.2013 – 4 Sa 18/13; *LAG Niedersachsen v. 19.9.2012* – 17 TaBV 124/11, DB 2012, 2468; *ArbG Cottbus* v. 22.8.2012 – 4 BV 2/12, LAGE § 99 BetrVG 2001 Nr. 14; *ArbG Frankfurt/Oder* v. 17.4.2013 – 6 Ca 1754/12; Ulber/*Ulber, J.*, AÜG, § 1 Rn. 230u; *Bartl/Romanowski*, NZA 2012, 845; *Blanke*, Rechtsgutachten 2010, 107; *Preis*, Rechtsgutachten HBS 2010, 17; *Sansone*, 467f.; *Hayen*, AiB 2012, 172; *Zimmer*, AuR 2012, 422). Nach Art. 5 Abs. 5 erfolgt auch die Missbrauchsprüfung nicht arbeitnehmerbezogen, sondern bezogen auf den Arbeitsplatz, der mit Leih-AN besetzt werden soll. Nach Erw.-Grund Nr. 11 soll die RL einen Ausgleich zwischen »Flexibilisierungsbedarf der Unternehmen und dem Arbeitnehmerschutz schaffen«. Das setzt voraus, dass ein derartiger **Flexibilisierungsbedarf** tatsächlich auch besteht (*Brors, AuR 2013, 108*). Der besteht aber gerade nicht, wenn die übertragene, vorübergehende Arbeitsaufgabe einer dauerhaften Erledigung bedarf. Die nicht vorübergehende Überlassung von Leih-AN ist mit der RL nicht vereinbar

130g

Jürgen Ulber

§ 1 Erlaubnispflicht

(*LAG Baden-Württemberg* v. 22.11.2012 – 11 Sa 84/12; *LAG BB* v. 19.12.2012 – 4 TaBV 1163/12; *Zimmer*, AuR 2012, 422). Besteht beim Entleiher ein **dauerhafter Beschäftigungsbedarf**, ist eine ANÜ nach Unionsrecht begrifflich ausgeschlossen (*LAG Niedersachsen v. 19.9.2012* – 17 TaBV 124/11, DB 2012, 2468; Ulber/*Ulber, J.*, AÜG, § 1 Rn. 230 e; *Hamann*, EuZA 2009, 311; *Preis*, Rechtsgutachten HBS, 12; *Heuchemer/Schlielke*, BB 2011, 758; *Ulber*, AuR 2010, 10). Soweit der AG einen Stammarbeitnehmer **dauerhaft** durch einen Leih-AN ersetzen will, ist ANÜ begrifflich ausgeschlossen (*BAG* v. 10.7.2013 – 7 ABR 91/11).

130h Für die Feststellung des vorübergehenden Charakters einer ANÜ ist die **Zielsetzung des Gesetzgebers** zu berücksichtigen, **langfristige Überlassungen möglichst zu unterbinden** (*BAG* v. 21.3.1990, AP Nr. 15 zu § 1 AÜG). Zweck der ANÜ ist, einen vorübergehenden Beschäftigungsbedarf zu decken und den **Austausch von Stammpersonal durch Leih-AN,** sowie die Ersetzung von Normalarbeitsverhältnissen zu **verhindern** (*BAG* v. 10.7.2013 – 7 ABR 91/11; *ArbG Cottbus* v. 26.9.2012 – 2 BV 36/12, LAGE § 99 BetrVG 2001 Nr. 14; *Fitting*, § 99 Rn. 192a; *Bartl/Romanowski*, NZA 2012, 845; *Wank*, JahrbArbR 2012, 23). Eine dauerhafte Überlassung darf nicht zur **Verdrängung des Normalarbeitsverhältnisses** führen (*Thüsing*, DB 12, 632). Durch deren Nutzung »als flexible Zeitkomponente« sollen Unternehmen flexibel auf **Nachfragespitzen** oder **Auftragsflauten** reagieren können, nicht jedoch sollen Dauerarbeitsplätze durch Leiharbeit ersetzt werden (vgl. Gesetzentwurf BuReg v. 17.2.2011, BT- Ds. 17/4804, S. 7). Sie soll die **Schaffung von zusätzlichen Arbeitsplätzen** beim Entleiher unterstützen (*Lembke*, NZA 2011, 320; vgl. BR-Ds. 847/10, S. 6), nicht jedoch bestehende ArbV abbauen. **Die Umwandlung** von Stammarbeitsverhältnissen in Leiharbeitsverhältnisse ist nach den Gesetzeszwecken von. § 1 Abs. 1 S. 2 unzulässig (*LAG Baden-Württemberg* v. 31.7.2013 – 4 Sa 18/13; LAG NS v. 19.9.2012 – 17 TaBV 124/11, DB 2012, 2468; *ArbG Elmshorn* v. 16.2.2012 – 3 BV 43d/11, AiB 2012, 399; *ArbG Cottbus* v. 25.4.2012 – 2 BV 8/12, AiB 2012, 612; *Schuster/Grüneberg*, AiB 2012, 82; *Hamann*, RdA 2011, 324; *ders.*, EuZA 2009, 311 f.; *Sansone*, 461). Zweck des Gesetzes ist es auch, eine dauerhafte Spaltung der Belegschaft in eine Belegschaft aus eigenen AN und eine Belegschaft aus entliehenen AN zu verhindern (*LAG Baden-Württemberg* v. 31.7.2013 – 4 Sa 18/13).

130i Entsprechend der Funktion der ANÜ als Instrument zur Deckung eines vorübergehenden Beschäftigungsbedarfs, muss der **Anlass für den Einsatz** vorübergehender Natur sein und bei Beendigung des Einsatzes entfallen (*LAG Berlin-Brandenburg* v. 9.1.2013 – 15 Sa 1635/12; *LAG Niedersachsen* v. 16.11.2011 – 17 TaBV 99/11; *ArbG Elmshorn* v. 16.2.2012 – 3 BV 43d/11, AiB 2012, 399 m. zust. Anm. *Garweg*; *LAG Hessen* v. 26.5.2000, DB 2000, 1968; *LAG Hamm* v.

6.5.2011 – 7 Sa 1583/10, LAGE § 9 Nr. 8; *LAG Köln* v. 4.10.2005, NZA-RR 2006, 235). Es muss ein **vorübergehender Bedarf** an den vom AN **zu erbringenden Leistungen** bestehen (*EuGH* v. 26.1.2012 – Rs. C-586/10, DB 2012, 290 zur Kettenbefristung). Vorübergehend ist ausgeschlossen, wenn ein ständiger und dauerhafter Bedarf vorliegt (*EuGH*, aa. a. O.; *LAG Niedersachsen* v. 19.9.2012 – 17 TaBV 124/11, DB 2012, 2468). Die Möglichkeit des Dauerverleihs würde Leih-AN entgegen Art. 6 Abs. 1 LA-RL den **Wechsel in ein ArbV zum Entleiher erschweren** (*LAG Berlin-Brandenburg* v. 19.12.1012 – 4 TaBV 1163/12; *ArbG Offenbach* v. 1.8.2012 – 10 BV 1/12, AiB 2012, 685; *Preis*, Rechtsgutachten HBS 2010, 10; Ulber/*Ulber, J.,* AÜG, § 1 Rn. 231 a) und ist auch aus diesem Grund mit der RL nicht vereinbar.

Bieten sich dem Entleiher **mehrere vertragliche Gestaltungsformen** an, um einen Personalbedarf zu decken, darf er nicht einfach die für ihn günstigste Vertragsgestaltung wählen (*BAG* v. 20.7.1982 – 3 AZR 446/80, NJW 1983, 645). Wegen der Gefahr der Umgehung von Arbeitnehmerschutzvorschriften muss er vielmehr **sachliche Gründe** vortragen können, warum er auf eine bestimmte Gestaltungsform zurückgreift (*BAG*, a. a. O.). Auch der Entleiher muss ein **berechtigtes Interesse** an der vorübergehenden Beschäftigung des AN als Leih-AN haben, um vom Grundsatz der Direkteinstellung (vgl. Nr. 14 Erw.-Gr. LA-RL) abzuweichen. Die dauerhafte ANÜ darf nicht genutzt werden, um allein (finanzielle) Vorteile des Entleihers zu erreichen. Es bedarf vielmehr sachlicher Gründe, um AN dauerhaft zu überlassen (*Thüsing*, DB 12, 632). Ein dauerhafter Einsatz aus reinen **Kostengründen** ist unzulässig (*LAG NS* 19.9.2012 – 17 TaBV 124/11, AuR 2012, 455; *Brors, AuR 2013, 108*). Auch eine auf Dauer angelegte **Personalgestellung im öffentlichen Dienst** ist unzulässig (*Gerdom*, öAT 2011, 150). **130j**

In Ausnahmefällen (z. B. wenn die Tätigkeit mangels vorhandener Bewerber nicht durch Stamm-AN durchgeführt werden kann) kann ein derartiges Interesse auch gegeben sein, wenn ein Leih-AN auf einem Dauerarbeitsplatz vorübergehend eingesetzt wird (*Brors, AuR 2013, 108*). Können Daueraufgaben jedoch wegen einer **unzureichenden Personalausstattung** des Entleihers nicht erledigt werden, scheidet das Vorliegen eines vorübergehenden Personalbedarfs regelmäßig aus (*BAG* v. 17.3.2010 – 7 AZR 640/08, NJW 2010, 2232; *LAG Berlin-Brandenburg* v. 3.3.2009 – 12 Sa 2468/08, DB 2009, 1353; Ulber/*Ulber, J.*, AÜG, § 1 Rn. 230 m). Die Überlassung ist auf Dauer angelegt, wenn das **unternehmerische Konzept** dazu dient eine Ausdehnung der Stammbelegschaft durch Einsatz von Leih-AN zu vermeiden (*LAG Hamm* v. 6.5.2011 – 7 Sa 1583/10, LAGE § 9 AÜG Nr. 8). **130k**

Ob im Regelfall die Voraussetzungen eines **vorübergehenden Bedarfs** beim Entleiher erfüllt sind, richtet sich z. T. nach der früheren **130l**

§ 1 Erlaubnispflicht

Rechtsprechung des BAG zu § 1 Abs. 3 Nr. 2 AÜG a.F. (*LAG Baden-Württemberg* v. 23.11.2012 – 11 Sa 84/12; ErfK/*Wank*, Einl. Rn. 12), i.Ü. aber nach denselben **Grundsätzen**, die nach § 14 Abs. 1 Nr. 1 und 3 TzBfG für **befristete ArbV** gelten (*BAG* v. 21.3.1990, AP Nr. 15 zu § 1 AÜG; *ArbG Elmshorn* v. 16.2.2012 – 3 BV 43 d/11, AiB 2012, 399; *ArbG Cottbus* v. 25.4.2012 – 2 BV 8/12, AiB 2012, 612; *Bartl/Romanowski*, NZA, 2012, 845; *Hamann*, NZA 2011, 70; *Düwell*, ZESAR 201, 449; *Ulber, J.*» AiB 2011, 351; *ders.*, AiB 2012, 7; *Zimmer*, AuR 2012, 422; *Fitting*, BetrVG, § 99 Rn. 192 a; a.A. *LAG Düsseldorf* v. 2.10.2012 – 17 TaBV 38/12, AiB 2013, 203). Danach ist eine ANÜ immer vorübergehend, wenn für den nur vorübergehenden Einsatz von Leih-AN **sachliche Gründe für eine Befristung** vorliegen (*LAG Berlin-Brandenburg* v. 19.12.1012 – 4 TaBV 1163/12). Die unbefristete Beschäftigung von Leih-AN beim Entleiher ist dagegen unzulässig (*LAG Niedersachsen* v. 16.11.2011 – 17 TaBV 99/11; *Bartl/Romanowski*, NZA 2012, 845).

130 m Der Einsatz des Leih-AN beim Entleiher muss **bei der Arbeitsaufnahme befristet** sein (*LAG Niedersachsen* v. 19.9.2012 – 17 TaBV 124/11, DB 2012, 2468; *ArbG Elmshorn* v. 16.2.2012 – 3 BV 43 d/11, AiB 2012, 399 m. zust. Anm. *Garweg*; Ulber/*Ulber, J.*, AÜG, § 1 Rn. 230 g; *Fitting*, § 99 Rn. 192 a; *Preis*, Rechtsgutachten HBS 2010, 16; *Hamann*, AuR 2010, 11; Thüsing/*Waas*, § 1 Rn. 196; *Ulber*, AiB 2012, 7; *Zimmermann*, AuA 2010, 514; a.A. *LAG Düsseldorf* v. 2.12.2012 – 17 TaBV 38/12, AiB 2013, 203). Dabei müssen die sachlichen Gründe bei der arbeitsplatzbezogenen Komponente der Tätigkeit des Leih-AN »kennzeichnend« sein (*ArbG Cottbus* v. 26.9.2012 – 2 BV 36/12; *Bartl/Romanowski*, NZA 2012, 845; *Preis*, Rechtsgutachten HBS, 20) und der vorübergehende/zusätzliche Bedarf nach Beendigung des Einsatzes **auf Dauer konkret entfallen** (*LAG Niedersachsen* v. 19.9.2012 – 17 TaBV 124/11, DB 2012, 2468; *ArbG Cottbus* v. 25.4.2012 – 2 BV 8/12, AiB 2012, 612; *Bartl/Romanowski*, NZA 2012, 845; *Ulber, J.*, AiB 2012, 7; *ders.* AuR 2010, 10: anders bei Auftragsschwankungen: *LAG Berlin-Brandenburg* v. 19.12.1012 – 4 TaBV 1163/12). Allgemeine wirtschaftliche Unsicherheiten reichen nicht aus (*LAG Niedersachsen* v. 19.9.2012 – 17 TaBV 124/11- DB 2012, 2468).

130 n Nimmt der Leih-AN beim Entleiher Aufgaben wahr, die **bei direkter Anstellung einen sachlichen Grund für eine Befristung** darstellen, ist das TBM vorübergehend erfüllt (*BAG* v. 21.3.1990, AP Nr. 15 zu § 1 AÜG; *LAG Baden-Württemberg* v. 22.11.2012 – 11 Sa 84/12; *Hamann*, NZA 2011, 70). Eine **Zweckbefristung** ist danach z.B. zulässig, wenn der Grund des vorübergehenden Bedarfs i.S.v. § 14 Abs. 1 S. 2 Nr. 1 TzBfG darin besteht, Weiter- oder Wiedereinstellungsansprüchen anderer AN Rechnung zu tragen, oder einem Übernahmeverlangen nach § 78 a BetrVG nachzukommen, bzw. Ansprüche auf Verlängerung der Arbeitszeit nach § 9 TzBfG zu erfüllen. Liegen

Erlaubnispflicht § 1

keine sachlichen Gründe für eine Befristung vor, oder wird gegen die Grenzen einer vorübergehenden Überlassung verstoßen, erfolgt eine Schwerpunktverlagerung des ArbV vom überlassenden AG zum Entleiher (*BAG* v. 21.3.1990, AP Nr. 15 zu § 1 AÜG; *LAG Baden-Württemberg* v. 22.11.2012 – 11 Sa 84/12; *ArbG Cottbus* v. 22.8.2012 – 4 BV 2/12, LAGE § 99 BetrVG 2001 Nr. 14; Thüsing/*Waas*, § 1 Rn. 196; Ulber/*Ulber, J.*, AÜG, § 1 Rn. 230d.ff.; *Preis*, Rechtsgutachten HBS 2010, 23; *Zimmermann*, AuA 2010, 514; *Ulber. J.*, AiB 2012, 7 und 404).

Ein **betrieblicher Bedarf an der Arbeitsleistung** besteht so lange, wie der AG die von dem befristet eingestellten AN ausgeübten Tätigkeiten innerhalb seiner betrieblichen Organisation erledigen muss, und zwar unabhängig davon, ob dies mit eigenen AN geschieht oder mit fremden, also z.B. Leih-AN (*BAG* v. 17.1.2007 – 7 AZR 20/06, AP Nr. 30 zu § 14 TzBfG; *ArbG Krefeld* v. 15.5.2012 – 1 Ca 2551/11). Der genaue **Rückkehrzeitpunkt** braucht jedoch noch nicht kalendermäßig festzustehen (*BAG* v. 21.3.1990, AP Nr. 15 zu § 1 AÜG; *LAG Hamm* v. 6.5.2011 – 7 Sa 1583/10, LAGE § 9 AÜG Nr. 8).

130o

(**Vertretungsfälle**) Ein vorübergehender Bedarf an der Arbeitsleistung des Leih-AN besteht insbesondere, wenn der Leih-AN zur **vorübergehenden Vertretung** eines verhinderten oder nur zeitweise benötigten Stammarbeitnehmers beschäftigt werden soll. Besteht der Vertretungsbedarf ständig und ununterbrochen, erfolgt der Einsatz des Leih-AN dagegen auf einem Dauerarbeitsplatz, wenn der Entleiher ansonsten im Rahmen einer Personalreserve (z.B. Springer) eigene AN bei einem vorübergehenden Beschäftigungsbedarf einsetzt (*LAG Berlin-Brandenburg* v. 3.3.2009, AuA 2010, 619). Schaltet der Entleiher **Stellenausschreibungen** für unbefristete ArbV ist das Tatbestandsmerkmal vorübergehend i.d.R. nicht erfüllt (*LAG Baden-Württemberg* v. 22.11.2012 – 11 Sa 84/12). Ein **konkreter Vertretungsbedarf** für einen Dauerarbeitsplatz erfüllt dagegen das Tatbestandsmerkmal vorübergehend (*LAG Berlin-Brandenburg* v. 19.12.2012 – 4 TaBV 1163/12). **Quoten**, mit denen pauschale Höchstgrenzen der Beschäftigung von Leih-AN vereinbart werden, sind nur zulässig, wenn das Tatbestandsmerkmal vorübergehend erfüllt ist (vgl. *BAG* v. 18.10.2012 – 6 AZR 289/11, DB 2013, 180; *Ulber, J.*, AiB 2012, 7); ansonsten sind sie unzulässig (Anm. *Kuster* zu: *ArbG Cottbus* v. 25.4.2012, AiB 2012, 612).

130p

Der **Sachgrund** zur Vertretung erfordert, dass die Aufgabenwahrnehmung durch den Vertreter der Befriedigung eines **zeitlich begrenzten Bedürfnisses** dient und zum Zeitpunkt der Überlassung die Prognose gerechtfertigt ist, dass der Vertretungsbedarf mit der Rückkehr des vertretenen Mitarbeiters entfällt (*ArbG Cottbus* v. 22.8.2012 – 4 BV 2/12, LAGE § 99 BetrVG 2001 Nr. 14; *Preis*, Rechtsgutachten HBS 2010, 14; Thüsing/*Waas*, § 1 Rn. 194b). Diese Situation (z.B. vorübergehende **Auftragsspitzen**; einmaliges Projekt; **Krankheits-**

§ 1 Erlaubnispflicht

vertretung; vgl. *BAG* v. 18.10.2012 – 6 AZR 289/11, DB 2013, 180) unterscheidet sich klar vom ständigen und dauerhaften Vertretungsbedarf. **Projektarbeiten** (vgl. *LAG Baden-Württemberg* v. 1.8.2013 – 2 Sa 6/13) erfüllen insoweit nur dann die Voraussetzungen eines vorübergehenden Personalbedarfs, wenn sie einem bestimmten, einmaligen und zeitlich begrenzten Zweck entsprechen (*BAG* v. 16.3.2000 – 2 AZR 196/99, EzAÜG § 1 Gewerbsmäßige Arbeitnehmerüberlassung Nr. 34).

cc. Zeitliche Höchstgrenze der Überlassung

130q Das Gesetz legt für die ANÜ keine **kalendermäßig festgelegte Höchstdauer** fest. Es ist jedoch eine restriktive Auslegung durch die LA-RL im Hinblick auf den Überlassungszeitraum geboten (*Zimmer*, AuR 2012, 422; vgl. Rn. 131c). **Mehrjährige Überlassungen** sind nicht richtlinienkonform (*Preis*, Rechtsgutachten HBS 2010, 16). Die in Art. 16 Abs. 4 der RL 2004/78 zeitlich auf zwei Jahre begrenzten Abwesenheitszeiten werden vom EuGH als vorübergehend bezeichnet (*EuGH* v. 7.10.2010 – C-162/09, NVwZ 2011, 32). Auch betrachtet der EuGH den in Art. 12 VO 883/04 EWG verwandten Zeitraum von nunmehr 24 Monaten als vorübergehend (*EuGH* v. 12.6.2012 – C 611/10, AuR 2012, 326; vgl. Rn. 130b). Soweit man die Grundsätze von § 14 Abs. 2 TzBfG analog heranzieht, ist daher von einer **Höchstüberlassungsdauer von 2 Jahren** auszugehen (*ArbG Elmshorn* v. 16.2.2012 – 3 BV 43d/11, AiB 2012, 399; *ArbG Offenbach* v. 5.6.2012 – 1 BV 1/12, AiB 2012, 68; Ulber/*Ulber, J.*, AÜG, § 1 Rn. 231; *Hamann*, NZA 2011, 70). Ein Einsatz des Leih-AN über 2 Jahre hinaus indiziert einen dauerhaften Bedarf (*Brors, AuR 2013, 108*).

130r In Rechtsprechung und Schrifttum wird teilweise die Auffassung vertreten, dass eine vorübergehende ANÜ immer an Hand einer **zeitlichen Höchstüberlassungsdauer** zu messen ist. Diese Grenze wird z.T. bei **6 Monaten** (entsprechend Geltung KSchG, so: *Schuster/Grüneberg*, AiB 2012, 82 und AiB 2012, 384; *Schuster*, AiB 2012, 152; *Grüneberg*, AiB 2012, 177; *Thiess/Denzel*, AiB 2012, 190) gezogen. Andere wenden § 7 BetrVG/§ 622 III BGB analog an und halten eine Höchstgrenze von **3 Monaten** für angemessen (*Hayen*, AiB 2012, 172). Nach a.A. soll eine ANÜ von **mehr als 15 Monaten** dauerhaft sein (*LAG Hamm* v. 6.5.2011 – 7 Sa 1583/10, LAGE § 9 AÜG Nr. 8; *ArbG Elmshorn* v. 16.2.2012 – 3 BV 43d/11, AiB 2012, 399 m. zust. Anm. *Garweg*). Diese Auffassungen überzeugen nicht, da auch eine **zweckbefristete ANÜ** vorübergehend und damit zulässig ist, ohne dass eine konkrete zeitliche Begrenzung erforderlich wäre (*Bartl/Romanowski*, NZA 2012, 845). Die Länge des Zeitraums ist daneben grundsätzlich unerheblich, wenn ein Dauerarbeitsplatz gar nicht besetzt werden soll (*LAG Berlin-Brandenburg* v. 19.12.1012 – 4 TaBV 1163/12). Bei Besetzung von Dauerarbeitsplätzen ist es demgegenüber

Erlaubnispflicht § 1

unerheblich, für welchen **Zeitraum** der Leih-AN eingesetzt wird (*LAG Berlin-Brandenburg* v. 19.12.1012 – 4 TaBV 1163/12). Hier liegt von vornherein keine vorübergehende Überlassung vor.

dd. Ketten- und Austauschüberlassung

Art. 5 Abs. 5 RL verpflichtet die Staaten dazu, effektiv und mit verbindlicher Wirkung Maßnahmen zur **Vermeidung von Missbrauch** zu erlassen (*EuGH* v. 26.1.2012 – Rs. C-586/10, DB 2012, 290 zur Kettenbefristung). Ein Missbrauch liegt dabei insbesondere vor, wenn mehrere AN hintereinander oder in **rollierenden Verfahren** einen Arbeitsplatz beim Entleiher besetzen (*Ulber, J.*, AiB 2012, 7). **Aufeinander folgende Überlassungen** (insbesondere desselben Leih-AN) müssen effizient verhindert werden (*Brors, AuR 2013, 108*). Die Aneinanderreihung vorübergehender Einsätze stellt – auch bei **Austausch** des Leih-AN (*ArbG Cottbus* v. 22.8.2012 – 4 BV 2/12, LAGE § 99 BetrVG 2001 Nr. 14; *Bartl/Romanowski*, NZA 2012, 845; Ulber/*Ulber, J.*, AÜG, § 1 Rn. 231b; *Hayen*, AiB 2012, 170; *Zimmer*, AuR 2012, 422) – grundsätzlich eine Umgehung der RL dar und ist **unzulässig** (*LAG Niedersachsen* v. 19.9.2012 – 17 TaBV 124/11, DB 2012, 2468; *LAG Berlin-Brandenburg* v. 19.12.1012 – 4 TaBV 1163/12; *ArbG Offenbach* v. 1.8.2012 – 10 BV 1/12, AiB 2012, 685; *ArbG Cottbus* v. 22.8.2012 – 4 BV 2/12, LAGE § 99 BetrVG 2001 Nr. 14; ErfK/*Wank*, AÜG, § 1 Rn. 37; Ulber/*Ulber, J.*, AÜG, § 1 Rn. 230x, 231b; *Bartl/Romanowski*, NZA 2012, 845; *Gussen*, NZA 2011, 830; *Hamann*, RdA 2011, 324; *Hayen*, AiB 2012, 172; *Ulber, J.*, AiB 2012, 404; *Zimmer*, AuR 2012, 422; a.A. *ArbG Leipzig* v. 15.2.2012 – 11 BV 79/11, AiB 2012, 402m. abl. Anm. *Ulber, J.*). Ausnahmen kommen in Betracht, wenn auf Grund eines neuen Sachverhalts ein neuer Vertretungsbedarf besteht (vgl. *EuGH* v. 26.1.2012 – Rs. C-586/10, DB 2012, 290 zur Kettenbefristung).

130s

c. Rechtsfolgen

Die Rechtsfolgen eines Verstoßes gegen § 1 Abs. 1 S. 2 und deren dogmatische Begründung sind umstritten. Art. 10 Abs. 1 S. 1 LA-RL gebietet es eine Rechtsfolge zu wählen, die dauerhafte Überlassungen verhindert und eine effektive Sanktion darstellt (*Zimmer*, AuR 2012, 422). Art. 10 fordert dabei auch **Sanktionen gegen den Entleiher** (*Grüneberg/Schuster*, AiB 2012, 78).

130t

Ein dauerhafter Einsatz eines Leih-AN beim Entleiher ist schon nach geltender Rechtslage kein Fall der ANÜ sondern der (nicht nur vermuteten) **Arbeitsvermittlung**, mit der Folge, dass ein ArbV mit dem Entleiher begründet wird (*LAG Baden-Württemberg* v. 22.11.2012 – 11 Sa 84/12; *LAG Niedersachsen* v. 19.9.2012 – 17 TaBV 124/11, DB 2012, 2468; Schüren/Hamann/*Schüren*, § 1 Rn. 433; Thüsing/*Waas*, § 1 Rn. 146; Ulber/*Ulber, J.*, AÜG, § 1 Rn. 230e; *Düwell*, ZESAR

Jürgen Ulber

§ 1 Erlaubnispflicht

2011, 449; *Ulber, J.*, AiB 2012, 7; *Hamann*, AuR 2010, 11; a. A. *ArbG Cottbus* v. 22. 8. 2012 – 4 BV 2/12, LAGE § 99 BetrVG 2001 Nr. 14 das ein nach § 1 Abs. 2 fingiertes ArbV zum Entleiher annimmt).

130 u (**Missbrauchsprüfung**) Ein Teil des Schrifttums will die Überprüfung des TBM vorübergehend auf eine **Missbrauchskontrolle** beschränken. Eine Missbrauchskontrolle soll dabei vorgenommen werden, wenn der Einsatz »offensichtlich unsachlich, unvernünftig oder willkürlich erfolgt« und die Entscheidung zum Einsatz von Leih-AN sich darauf reduziert, das Unternehmen profitabler zu machen, oder es für die Entscheidung zugunsten des Einsatzes von Leih-AN also **keinen anerkennungswerten Grund** gibt (*Hamann*, RdA 2011, 326; ähnlich *Thüsing*, DB 12, 632). Danach werden 2 Voraussetzungen für vorübergehend verlangt: 1. keine Synchronisation 2. der Einsatz bewirkt nicht die Substitution eigener AN durch Leih-AN (*Hamann*, RdA 2011, 326).

130 v Bei langfristiger Besetzung von Stellen mit Leih-AN liegt immer ein Missbrauch der ANÜ vor (*LAG Niedersachsen* v. *19. 9. 2012* – 17 TaBV 124/11, DB 2012, 2468; *ArbG Offenbach* v. 1. 8. 2012 – 10 BV 1/12, AiB 2012, 685; *Däubler*, AiB 2008, 526; *Gussen*, NZA 2011, 830). **Dauerüberlassungen** stellen nichts anderes als einen Rechtsmissbrauch dar (*LAG Niedersachsen* v. 19. 9. 2012 – 17 TaBV 124/11, DB 2012, 2468; *Ulber, J.*, AiB 2012, 7). Auch die Umgehung von Art. 5 Abs. 5 LA-RL durch **Unterbrechungen/rollierende Verfahren** stellt i. d. R. einen Missbrauch dar (Ulber/*Ulber, J.*, AÜG, § 1 Rn. 230x; *Ulber, J.*, AiB 2012, 7). Die Missbrauchskontrolle muss dabei anhand von Art. 5 Abs. 5 arbeitnehmer- und arbeitsplatzbezogen erfolgen (*LAG NS* v. 19. 9. 2012 – 17 TaBV 124/11, DB 2012, 2468). Leiharbeit darf auch nicht zur **Umgehung tariflicher Bestimmungen** missbraucht werden (*LAG Berlin-Brandenburg* v. 19. 12. 2012 – 4 TaBV 1163/12; *LAG NS* v. 19. 9. 2012 – 17 TaBV 124/11, DB 2012, 2468; *Ulber, J.*, AiB 2012, 7). Die ANÜ darf nicht dazu missbraucht werden, Arbeitsbedingungen beim Entleiher zu verschlechtern oder Normalarbeitsverhältnisse zu verdrängen (so: Thüsing/*Stiebert*, DB 2012, 632). Liegt eine rechtsmissbräuchliche Gestaltung der Überlassung vor, sind die Voraussetzungen einer vorübergehenden Überlassung nicht erfüllt. Der **Missbrauch der vertraglichen Gestaltungsfreiheit** (§ 242 BGB; vgl. hierzu *BAG* v. 18. 7. 2012, NJW 2013, 1254) **kann wegen Gesetzesumgehung zu** einem **ArbV mit** dem **Entleiher führen** (*BAG* v. 2. 6. 2010 – 7 AZR 946/08, AP Nr. 22 zu § 10 AÜG; *Brors*, AuR 2013, 108). Liegt ein **Rechtsmissbrauch** vor, **kommt dem Scheinentleiher die Arbeitgeberstellung zu** (*LAG Berlin-Brandenburg* v. 9. 1. 2013 – 15 Sa 1635/12; *Däubler*, AiB 2008, 526).

130 w (**Vorübergehend als Tatbestandsmerkmal einer ANÜ**) Nach Gemeinschaftsrecht ist »vorübergehend« zwingendes Tatbestandsmerkmal einer ANÜ (*LAG Baden-Württemberg* v. 22. 11. 2012 – 11 Sa 84/12;

Erlaubnispflicht § 1

ArbG Frankfurt/Oder v. 17.4.2013 – 6 Ca 1754/12; *Preis*, Rechtsgutachten HBS 2010, 8; Ulber/*Ulber, J.,* AÜG, § 1 Rn. 230c; *Hamann,* AuR 2010, 11; ebenso *EuGH* v. 13.9.2007 – Rs. C-458/05, Slg. 2007, I- 7301; a.A. *Thüsing,* DB 2012, 632). Auch nach Abs. 1 S. 2 ist »vorübergehend« **zwingendes Tatbestandsmerkmal** einer ANÜ (*LAG Baden-Württemberg* v. 22.11.2012 – 11 Sa 84/12; *Preis*, Rechtsgutachten HBS 2010, 8; Ulber/*Ulber, J.,* AÜG, § 1 Rn. 230c; *Hamann,* AuR 2010, 11; ebenso EuGH v. 13.9.2007 – Rs. C-458/05, Slg. 2007, I- 7301; *Ulber, J.,* AiB 2012, 404). Wie das *BAG* in seiner Entscheidung zu § 3 Abs. 1 Nr. 6 AÜG a.F. hervorhebt, betrifft die Einhaltung gesetzlicher Vorschriften zur Begrenzung der Überlassungsdauer die »**Zulässigkeit von ANÜ**« (*BAG* v. 25.1.2005, AuR 2005, 386). Auch soweit zu Beginn der Überlassung **keine Rückkehroption** besteht, liegt begrifflich keine vorübergehende ANÜ vor (*ArbG Offenbach* v. 1.8.2012 – 10 BV 1/12, AiB 2012, 685; Ulber/ *Ulber, J., AÜG,* § 1 Rn. 230q; *Boemke/Lembke,* § 1 Rn. 199). Der Einsatz des Leih-AN muss **ausnahmslos vorübergehend** sein (*LAG NS* v. 19.9.2012 – 17 TaBV 124/11; *ArbG Cottbus* v. 22.8.2012 – 4 BV 2/12, LAGE § 99 BetrVG 2001 Nr. 14). Sowohl Verleiher als auch Entleiher sind an Vorgaben von § 1 S. 2 gebunden (*Bartl/Romanowski,* NZA 2012, 845; *Fitting,* § 99 Rn. 192a; *Leuchten,* NZA 2011, 608). Jeder **einzelne ANÜ-Vertrag** darf nur für eine vorübergehende Tätigkeit abgeschlossen werden (*Wank,* JahrbArbR 2012, 23). Verstöße führen zur Nichtigkeit des ANÜ-Vertrags nach § 134 BGB (*LAG Baden-Württemberg* v. 31.7.2013 – 4 Sa 18/13; *Hamann,* RdA 2011, 321) und zur Unwirksamkeit des Leiharbeitsvertrages (*LAG Baden-Württemberg* v. 22.11.2012 – 11 Sa 84/12).

(Arbeitsverhältnis mit dem Entleiher) Sind die Voraussetzungen von Abs. 1 S. 2 nicht erfüllt, liegt **tatbestandlich keine ANÜ** vor. Da sich der Geltungsbereich einer Erlaubnis auf ANÜ beschränkt (vgl. Rn. 132) erfolgt die nicht nur vorübergehende ANÜ ohne eine wirksame Erlaubnis (*LAG BB* v. 9.1.2013 – 15 Sa 1635/12, AuR 2013, 103). Dies rechtfertigt es, §§ 9 Nr. 1, 10 Abs. 1 (zumindest analog) anzuwenden, so dass ein ArbV zum Entleiher fingiert wird (*LAG Baden-Württemberg* v. 22.11.2012 – 11 Sa 84/12 u. v. 31.7.2013 – 4 Sa 18/13; *LAG BB* v. 9.1.2013 – 17 Sa 1635/12, AuR 2013, 103; Wedde/*Mittag,* AÜG, § 10 Rn. 24; *Bartl/Romanowski,* NZA 2012, 845; *Düwell,* ZESAR 2011, 449; *ders.* dbr 7/2011, 10). § 10 Abs. 1 ist eine wirksame Sanktion i.S.v. Art. 10 RL um Verstöße des Entleihers zu sanktionieren (*LAG Berlin-Brandenburg* v. 9.1.2013 – 15 Sa 1635/12, AuR 2013, 103).

130x

Was das aliud ist, lassen RL und Gesetz offen. Zu berücksichtigen ist jedoch, dass die **dauerhafte Besetzung eines Arbeitsplatzes** mit einem Leih-AN schon nach vormaliger Rechtslage kein Fall der ANÜ sondern der (nicht nur vermuteten) Arbeitsvermittlung war, mit der Folge, dass ein **ArbV mit dem Entleiher** begründet wird (*Hamann,*

§ 1 Erlaubnispflicht

AuR 2010, 11; Schüren/Hamann/Schüren, § 1 Rn. 433; Thüsing/Waas, § 1 Rn. 146; Ulber/Ulber, J., AÜG, § 1 Rn. 230e). Erst recht erfüllt die dauerhafte Besetzung mit einem Leih-AN nach der in § 1 Abs. 1 S. 2 erfolgten Einfügung von vorübergehend die Voraussetzungen einer Arbeitsvermittlung (*LAG Baden-Württemberg* v. 22.11.2012 – 11 Sa 84/12; *LAG NS* v. 19.9.2012 – 17 TaBV 124/11; Schüren/Hamann/Schüren, § 1 Rn. 433; Thüsing/Waas, § 1 Rn. 146; Ulber/Ulber, J., AÜG, § 1 Rn. 214, 230s; *Schüren/Wank*, RdA 2011, 3; Ulber, J., AiB 2012, 403).

Liegt begrifflich keine ANÜ vor, wird das **ArbV** des AN nicht mit dem Verleiher sondern **mit dem Entleiher** begründet (*LAG Berlin-Brandenburg* v. 9.1.2013 – 15 Sa 1635/12, AuR 2013, 103; *LAG Baden-Württemberg* v. 31.7.2013 – 4 Sa 18/13; ausf. Ulber/Ulber, J., AÜG, Einl. D Rn. 46 ff.). Zum gleichen Ergebnis führen die Auffassungen, die wegen Verstoßes gegen vermittlungsrechtliche Bestimmungen i. S. v. § 3 Abs. 1 Nr. 1 nach § 1 Abs. 2 ein fingiertes ArbV annehmen (GK- *Kreutz*, § 7 BetrVG Rn. 42; *Feuerborn*, Anm. zu BAG v. 28.6.2000, EzA § 1 AÜG Nr. 10; *Rudolph*, AiB-Extra 2010, 24) oder § 10 Abs. 1 unmittelbar oder analog anwenden (*LAG Berlin-Brandenburg* v. 9.1.2013 – 15 Sa 1635/12; *HessLAG* v. 26.5.2000, DB 2000, 1968; *Düwell*, AuA 1997, 255).

130 y **(Anspruch auf Gleichbehandlung)** Nur ein vorübergehender Einsatz bei wechselnden Entleihern rechtfertigt **Abweichungen vom Gleichbehandlungsgrundsatz** (Art. 5 Abs. 2 LA-RL; *ArbG Offenbach* v. 1.8.2012 – 10 BV 1/12). Ausnahmen sind nur bei Tragung des Vergütungsrisikos in verleihfreien Zeiten zulässig, was bei einem Dauerverleih jedoch ausgeschlossen ist (*Thiess/Denzel*, AiB 2012, 189; i. E. ebenso: *LAG Berlin-Brandenburg* v. 9.1.2013 – 15 Sa 1635/12; *Schüren* BB 2007, 2346). Nur die Risikotragung nach § 11 Abs. 4 S. 2 rechtfertigt Abweichungen vom equal-pay Grundsatz (*BAG* v. 24.3.2004 – 5 AZR 303/03; *LAG Niedersachsen* v. 19.9.2012 – 17 TaBV 124/11, DB 2012, 2468; *LAG Berlin-Brandenburg* v. 9.1.2013 – 15 Sa 1635/12; *ArbG Offenbach* v. 1.8.2012 – 10 BV 1/12- AiB 2012, 685). Bei Verstoß gegen Abs. 1 S. 2 hat der Leih-AN einen **Anspruch auf equal-pay** nach §§ 9 Nr. 2, 10 Abs. 4 S. 1 (*Thiess/Denzel*, AiB 2012, 189).

130 z § 1 Abs. 1 S. 2 ist **Verbotsgesetz i. S. v. § 134 BGB** (*LAG Niedersachsen v. 19.9.2012* – 17 TaBV 124/11, DB 2012, 2468; *LAG Berlin-Brandenburg* v. 19.12.2012 – 4 TaBV 1163/12; *LAG Baden-Württemberg* v. 31.7.2013 – 4 Sa 18/13; *Grüneberg/Schuster*, AiB 2012, 386; *Hamann*, RdA 2011, 327; *Ulber*, AiB 2012, 405; *Zimmer*, AuR 2012, 422; *ArbG Cottbus* v. 25.4.2012 – 2 BV 8/12, AiB 2012, 612 u. v. 22.8.2012 – 4 BV 2/12, LAGE § 99 BetrVG 2001 Nr. 14; a. A. *Thüsing*, DB 12, 632; *Thüsing/Stiebert*, DB 2012, 632; ArbG Leipzig v. 15.2.2012 – 11 BV 79/11, AiB 2012, 402 m. abl. Anm. *Ulber*). Entgegenstehende rechtsgeschäftliche Gestaltungsakte sind nach § 134

BGB **nichtig** (*Hamann*, RdA 2011, 327). Die **Nichtigkeit** erfasst sowohl den **ANÜ-Vertrag** als auch den **AV mit dem Leih-AN** (*LAG Baden-Württemberg* v. 22.11.2012 – 11 Sa 84/12). Dies gilt auch bei **Gestellung** von Arbeitnehmern im öffentlichen Dienst (*LAG Baden-Württemberg* v. 17.4.2013 – öAT 2013, 146 m. Anm. *Schäfer*). Der Verstoß hat zur Folge, dass **Arbeitsvermittlung** vorliegt (*LAG Baden-Württemberg* v. 22.11.2012 – 11 Sa 84/12; *Ulber, J.*, AuR 2010, 10; *Bartl/Romanowski*, NZA 2012, 845; *Leuchten*, NZA 2011, 608; a. A. *Thüsing/Stiebert*, DB 2012, 632) und ein **ArbV mit dem Entleiher** zustande kommt.

d. Erlaubnisrechtliche Folgen

131 Da der Tatbestand einer ANÜ nur erfüllt ist, wenn die Überlassung vorübergehend erfolgt, können dagegen verstoßende Rechtsgeschäfte als Nicht- ANÜ nicht von der Erlaubnis erfasst werden. Dies gilt auch, soweit die Erlaubnis vor dem 1.12.2011 erteilt wurde (*LAG BB* v. 9.1.2013 – 15 Sa 1635/12; *LAG Berlin-Brandenburg* v. 9.1.2013 – 15 Sa 1635/12, AuR 2013, 103). Die Erlaubnis wird nur für Fälle der ANÜ erteilt, in denen die tatbestandlichen Voraussetzungen einer ANÜ erfüllt sind. Von ihrem **Geltungsbereich** sind nicht Überlassungen erfasst, die gegen die Verbotsnorm von Abs. 1 S. 2 verstoßen (*LAG Berlin-Brandenburg*, a. a. O.). Verträge, die gegen die Norm verstoßen, werden damit immer **ohne eine rechtlich beachtliche Erlaubnis nach Abs. 1 S. 1 geschlossen**, so dass alle Rechtsfolgen von § 9 Nr. 1 eintreten (*LAG Berlin-Brandenburg*, a. a. O.).

131a Verstöße gegen Abs. 1 S. 2 stellen einen zwingenden **Versagungsgrund** nach § 3 Abs. 1 Nr. 1 dar, da die nicht vorübergehende ANÜ nicht erlaubnisfähig ist (*LAG Berlin-Brandenburg* v. 9.1.2013 – 15 Sa 1635/12, AuR 2013, 103). Dass Verstöße gegen die Norm **nicht bußgeldbewehrt** sind, stellt einen schweren Verstoß des Gesetzgebers gegen die Verpflichtungen aus Art. 10 LA-RL dar, der bei Verstößen abschreckende Sanktionen sowohl gegen Verleiher als auch Entleiher verlangt.

6. Erlaubnispflicht

132 Nach der Gesetzeskonzeption des AÜG steht die **Ausübung von ANÜ** unter dem **Vorbehalt**, dass der Verleiher im Besitz einer gültigen Erlaubnis der BA zur Ausübung des Gewerbes ist (sog. präventives Verbot mir Erlaubnisvorbehalt; *LAG Berlin-Brandenburg* v. 9.1.2013 – 15 Sa 1635/12). Durch die Erlaubnis und das bei ihrer Erteilung einzuhaltende Verfahren (vgl. § 2) soll sichergestellt werden, dass der Verleiher seinen gesetzlichen Pflichten nachkommt und er insbesondere die Arbeitgeberpflichten und den Gleichstellungsgrundsatz einhält sowie die erforderliche Zuverlässigkeit zur Ausübung des Gewerbes besitzt (vgl. § 3 Abs. 1 Nr. 1 bis 3). Auch soll die Erlaubnis

§ 1 Erlaubnispflicht

verhindern, dass **Dauerarbeitsplätze** bei Entleihern langfristig mit Leih-AN besetzt werden (*BAG* v. 23.11.1988, AP Nr. 14 zu § 1 AÜG). Die nach § 1b verbotenen Formen der ANÜ in das **Baugewerbe** sowie die **nicht vorübergehende Überlassung** i. S. v. Abs. 1 S. 2 sind **nicht erlaubnisfähig** (*LAG Berlin-Brandenburg* v. 9.1.2013 – 15 Sa 1635/12; *Böhm* DB 2012, 918). Die **dauerhafte ANÜ** wird nicht von der Verleihererlaubnis erfasst (*LAG Baden-Württemberg* v. 22.11.2012 – 11 Sa 84/12 u. v. 31.7.2013 – 4 Sa 18/13). Der BA ist es untersagt, für eine ANÜ, die sich außerhalb des erlaubnisfähigen Bereichs von Abs. 1 S. 2 bewegt, eine Erlaubnis zu erteilen(vgl. *LAG Berlin*-Brandenburg v. 9.1.2013 – 15 Sa 1635/12, AuR 2013, 103).

Der Geltungsbereich einer **vor dem 1.12.2011 erteilten Erlaubnis** ist seit dem 1.12.2011 auf vorübergehende Überlassungen beschränkt (*LAG Berlin-Brandenburg* v. 9.1.2013 – 15 Sa 1635/12, AuR 2013, 103; a. A. *ArbG Frankfurt/Oder* v. 17.4.2013 – 6 Ca 1754/12). Dies gebietet eine richtlinienkonforme Auslegung, da die nicht vorübergehende ANÜ nach Art. 11 Abs. 1 LA-RL spätestens seit dem 5.12.2011 unzulässig ist (vgl. § 5 Rn. 6). Auf einen **Vertrauensschutz** kann sich der Erlaubnisinhaber nicht berufen, da der Gesetzgeber trotz Veröffentlichung des 1. AÜG-ÄndG im Bundesgesetzblatt am 29.4.2011 § 1 Abs. 1 S. 2 erst zum 1.12.2011 in Kraft treten ließ, und damit Verleihern eine ausreichende Übergangsfrist zur Einstellung auf die veränderte Rechtslage gegeben hat. Liegt seit dem 1.12.2011 in den Fällen **nichtgewerbsmäßiger ANÜ** keine Erlaubnis vor, treten die Rechtsfolgen gem. §§ 9 Nr. 1, 10 Abs. 1 mit ex-nunc Wirkung ein (*LAG Düsseldorf* v. 26.7.2012 – 15 Sa 336/12; ErfK/*Wank*, § 10 Rn. 3).

133 Die Erlaubnis zur ANÜ ist grundsätzlich neben sonstigen gewerberechtlichen Erlaubnissen (z. B. der Erlaubnis nach § 34a GewO für **Bewachungsunternehmen**) erforderlich. Der **Umfang der Tätigkeit** des Überlassenden ist dabei unbeachtlich. Soweit die Voraussetzungen von Abs. 1 S. 1 erfüllt sind besteht die Erlaubnispflicht auch im **Einzelfall**. Auch Mischunternehmen unterliegen der Erlaubnispflicht (*BAG* v. 18.7.2012 – 7 AZR 451/11, NZA 2012, 1369). Ausnahmen gelten z. B. im Gesamthafenbetrieb (vgl. Ulber/*Ulber, J., AÜG*, § 1 Rn. 222) sowie für sog. **Lohnfuhraufträge** nach dem GüKG oder bei Vorliegen einer Genehmigung nach § 9 Abs. 1 Nr. 4 PBefG beim Vermieten von Kraftwagen mit Kraftfahrer. Liegt eine nach § 1a oder § 1 Abs. 3 privilegierte Form der ANÜ vor, ist eine Erlaubnis nicht erforderlich.

134 Im **Rechtsverkehr** kommt der Erlaubnis eine erhebliche Bedeutung zu. Liegt vor Aufnahme der Tätigkeit als Verleiher oder den einzelnen Überlassungen keine Erlaubnis vor, hat die Erlaubnisbehörde dem Verleiher die Ausübung des Gewerbes zu untersagen (vgl. § 6) und ein Bußgeld nach § 16 Abs. 1 Nr. 1 und 1a zu verhängen. Daneben sind sowohl ANÜ-Verträge als auch Leiharbeitsverträge nach § 134 BGB unwirksam, wenn keine wirksame Erlaubnis vorliegt (vgl. § 9 Nr. 1). Rechtsfolge hiervon ist, dass statt eines Leiharbeitsverhältnisses zum Verleiher ein (gesetzlich begründetes) **ArbV** zum Entleiher **fingiert** wird (vgl. § 10 Abs. 1). Ergänzend kann zu den Voraussetzungen zur Erteilung einer Erlaubnis sowie zu den Rechtfolgen von Verstößen auf die Kommentierung zu §§ 3, 6, 9 und 10 verwiesen werden. Das **Gesamtverzeichnis der Erlaubnisinhaber** ist abrufbar unter http://www.spitzenverbaende.arbeitsamt.de.

7. Mitwirkung des Betriebsrats

Beabsichtigt der AG zukünftig auch gewerbsmäßige ANÜ zu betreiben (sog. Mischbetrieb), erfüllt die Erweiterung der bisherigen Betriebszwecke den Tatbestand einer **Betriebsänderung** i. S. d. § 111 BetrVG. Der AG ist vor Abschluss des Interessenausgleichsverfahrens (und bei Vorliegen der sonstigen Voraussetzungen) nicht berechtigt, AN als Leih-AN an Dritte zu verleihen (Ulber/*Ulber, J.*, AÜG, § 1 Rn. 229). Dem BR steht ein **Unterlassungsanspruch** zu, der ggf. auch im Wege der einstweiligen Verfügung durchgesetzt werden kann (Ulber/*zu Dohna-Jaeger*, § 14 Rn. 134; vgl. § 14 Rn. 67). **135**

Die Entsendung des Leih-AN zu den verschiedenen Entleihern erfüllt beim Leiharbeitsverhältnis regelmäßig nicht den Tatbestand einer **Versetzung** i. S. d. § 95 Abs. 3 BetrVG. Etwas anderes gilt in den Fällen, in denen sich der Arbeitsbereich des AN auf Grund einer Änderung des AV um die Verpflichtung erweitert, zukünftig auch als Leih-AN tätig zu sein, oder dem Leih-AN grundlegend andere Aufgaben zugewiesen werden. Ist der AN nur auf Grund einer Absprache im Einzelfall zur ANÜ verpflichtet, erfüllt die Überlassung an einen Dritten ebenfalls den Tatbestand einer Versetzung (vgl. § 14 Rn. 56). **136**

8. Abordnung zu einer Arge (Abs. 1 Satz 3)

a. Zweck der Vorschrift

Bei Großprojekten ist die Erstellung des Werkes durch ein einzelnes Unternehmen häufig nicht möglich. Abs. 1 S. 3 erleichtert die gemeinsame, **arbeitsteilige Erstellung eines Werkes** durch mehrere Unternehmen, indem bei der Bildung von unternehmensübergreifenden Arbeitsgemeinschaften die Abordnung von AN unter bestimmten Voraussetzungen nicht als ANÜ zu behandeln ist. Die Vorschrift soll insbesondere Bedürfnissen der Bauwirtschaft Rechnung tragen, gilt jedoch auch in anderen Wirtschaftszweigen. Die Vorschrift verstößt gegen die LA-RL, die alle Formen der Überlassung von AN an Dritte erfasst (Ulber/*Ulber, J.*, AÜG, § 1 Rn. 233; *Sansone*, 476; i. E. ebenso *Hamann*, EuZA 2009, 302). **137**

Jürgen Ulber

§ 1 Erlaubnispflicht

b. Voraussetzungen der Fiktion

138 Das Vorliegen einer **Arbeitsgemeinschaft** (Arge) setzt voraus, dass sich mehrere Unternehmen zusammengeschlossen haben, diese Unternehmen jeweils selbständige Leistungen erbringen und auf der Grundlage eines Gemeinschaftsvertrages zur gemeinsamen Herstellung eines Werkes verpflichtet sind.

139 Die beteiligten Unternehmen müssen gemeinsam ein **Werk i. S. v. § 631** BGB erstellen. Hierzu müssen alle Voraussetzungen eines Werkvertrags erfüllt sein (vgl. Einl. Rn. 38), insbesondere muss eine **werkvertragsfähige Leistung** vorliegen. Bei geschuldeten Dienstleistungen ist eine Anwendbarkeit der Norm ausgeschlossen (ErfK/*Wank*, § 1 AÜG Rn. 56; Ulber/*Ulber, J., AÜG*, § 1 Rn. 237 ff.). Dasselbe gilt für gewerbsmäßig tätige Verleiher oder Verleiher, die mit einer **Erlaubnis** nach Abs. 1 S. 1 ANÜ betreiben.

140 (**Rechtsform**) Eine **Arge** liegt vor, wenn sich mehrere Unternehmen auf **vertraglicher Grundlage** zur Verfolgung eines gemeinsamen Zwecks zusammengeschlossen haben. Im Rahmen von Abs. 1 S. 3 muss der **Zweck** dabei die Erstellung eines gemeinsamen Werkes sein. Die Bildung der Arge ist dabei durch das Werk **zweckbefristet** und muss für jedes zu erstellende Gesamtwerk neu gegründet werden. Allgemeine **Kooperationsverträge** zwischen Unternehmen reichen hierfür nicht aus. Sie können jedoch Rahmenregelungen enthalten, die eine Vielzahl zu bildender Argen erfassen.

141 In welcher **Rechtsform** die Arge gebildet wird, ist gesetzlich nicht vorgeschrieben. Erforderlich ist lediglich, dass jedem der beteiligten Unternehmen eine **gesellschaftsrechtliche Stellung** zukommt. Meist wird der Arge-Vertrag in Form einer Gesellschaft bürgerlichen Rechts nach § 705 ff. BGB geschlossen.

142 (**Vertragliche Grundlage**) Die Ausnahmebestimmung kommt nur zur Anwendung, wenn **alle** Mitglieder der Arge zur selbständigen Erbringung **abgrenzbarer Teilleistungen** des Gesamtwerks verpflichtet sind und diese Teilleistungen in eigener Verantwortung erbracht werden (*BAG* v. 1.6.94, AP Nr. 11 zu § 10 AÜG). Die selbständig zu erbringenden, abgrenzbaren Teilleistungen müssen in **eigener unternehmerischer Verantwortung** erbracht werden. Diese Voraussetzung ist nicht erfüllt, wenn die AN mehrerer Arge-Mitglieder im Rahmen **vermischten Arbeitens** das Teilgewerk eines Mitglieds gemeinschaftlich erstellen oder hierzu von der Arge angewiesen werden (Thüsing/*Waas*, § 1 Rn. 126). Wird der Werkvertrag unter Einschaltung von **Subunternehmern** durchgeführt, muss die geschuldete Leistung des Subunternehmens den Werkvertragskriterien entsprechen (vgl. Ulber/*Ulber, J., AÜG*, § 1 Rn. 241) und die tarifvertraglichen Voraussetzungen der Norm erfüllen (s. Rn. 144 f.).

143 Eine **Abordnung von AN** liegt vor, wenn das arbeitgeberseitige **Weisungsrecht** der einzelnen Arge-Mitglieder **auf die Arge über-**

tragen wird und die Übertragung nur befristet für die Dauer des vorübergehenden Einsatzes des AN erfolgt. Das ArbV des AN mit dem abordnenden AG bleibt für die Zeit der Abordnung uneingeschränkt bestehen. Wird das Weisungsrecht anschließend weiter vom Mitglied der Arge ausgeübt, liegt keine Abordnung vor. Dasselbe gilt, wenn für die Zeit der Erstellung des Werks das ArbV zum AG ruht und ein befristetes ArbV zur Arge begründet wird.

(**Tarifvertragliche Voraussetzungen**) Zum Schutz des abgeordneten AN ist Voraussetzung von Abs. 1 S. 3, dass alle Arge-Mitglieder in fachlicher Hinsicht **Tarifverträgen desselben Wirtschaftszweiges** unterliegen. Für die Bestimmung desselben Wirtschaftszweiges kann auf die Satzungen der Gewerkschaften und Arbeitgeberverbände zurückgegriffen werden. Bei **Mischunternehmen** kommt es auf den überwiegenden Unternehmenszweck an. **144**

Der AG muss entweder auf Grund einer **Tarifbindung** nach § 3 TVG oder auf Grund eines für allgemeinverbindlich erklärten TV an den TV gebunden sein. Eine Tarifbindung des AN ist nicht erforderlich. Nicht ausreichend ist es, wenn die Geltung des TV ausschließlich auf einer **arbeitsvertraglichen Absprache** beruht (Ulber/*Ulber, J., AÜG*, § 1 Rn. 244; a. A. *Boemke*/*Lembke*, § 1 Rn. 119). Unterliegt nur ein Mitglied nicht diesem Tarifvertrag, scheidet eine Anwendbarkeit der Norm insgesamt aus (Ulber/*Ulber, J., AÜG*, § 1 Rn. 244). Bei **Beteiligung ausländischer Unternehmen**, die keine Niederlassung im Inland und ihren Sitz im EWR haben und die daher nur ausländische Tarifverträge anwenden können, ist eine Berufung auf Abs. 1 S. 3 regelmäßig ausgeschlossen (vgl. aber Abs. 1 S. 3; Rn. 148 ff.). **145**

c. Besonderheiten des BRTV-Bau

In den Rahmentarifverträgen des Baugewerbes (BRTV-Bau) ist die Abordnung von AN besonders geregelt. Bei **länger andauernden Einsätzen** im Rahmen einer Arge wird hier das ArbV des AN mit dem abordnenden AG zum Ruhen gebracht und gleichzeitig ein zeitlich befristetes **Zwischenarbeitsverhältnis** unmittelbar zur Arge begründet (§ 9 Ziff. 2.1 BRTV). Bei dieser Form der **Freistellung** ruhen die Hauptleistungspflichten von AG und AN während der Entsendung. Das **Weisungsrecht** steht in dieser Zeit ausschließlich der Arge (originär) zu. Betriebsverfassungsrechtlich ist der AN jedoch für die Zeit der Entsendung sowohl dem Stammbetrieb als auch der Arge zuzuordnen (*BAG* v. 11.3.1975, AP Nr. 1 zu § 24 BetrVG 1972). **146**

Sollen AN im Geltungsbereich des BRTV-Bau nur **kurzzeitig** im Rahmen einer Arge arbeiten, können sie der Arge neben der Freistellung auch in Form der **Abordnung** überstellt werden. Im Unterschied zur Freistellung bleiben die AN für die Zeit der Abordnung ausschließlich in arbeitsvertraglichen Beziehungen zum Stammbetrieb und sind betriebsverfassungsrechtlich dem entsendenden Betrieb zu- **147**

§ 1 Erlaubnispflicht

zuordnen. Sie können jedoch für diese Zeit dem Weisungsrecht der Arge unterstellt werden.

d. Rechtsfolgen der Abordnung

148 Liegen die Voraussetzungen von Abs. 1 S. 3 vor, **gilt** eine Abordnung zu einer Arge auch dann **nicht als ANÜ**, wenn das Weisungsrecht des AG auf die Arge übertragen wird. Die Vorschriften des AÜG, einschließlich § 1 b, finden grundsätzlich keine Anwendung. §§ 13 a, 13 b finden jedoch richtlinienkonform Anwendung, da Art. 6 LA-RL nicht durch TV abdingbar ist (*Hamann*, RdA 2011, 331).

149 Die Voraussetzungen von Abs. 1 S. 3 müssen für den gesamten Zeitraum der Abordnung vorliegen. Ist eine der Voraussetzungen von Abs. 1 S. 3 nicht erfüllt, kommen bei einer Übertragung des Weisungsrechts auf die Arge alle Bestimmungen des ANÜ, einschließlich des Verbots der ANÜ in Betriebe des Baugewerbes (§ 1 b), vollumfänglich zur Anwendung. Wird wegen der fehlenden Erlaubnis zur ANÜ ein **ArbV fingiert** (§ 10), steht dem AN ein **Wahlrecht** zu, ob er das ArbV zum bisherigen AG oder zur Arge fortsetzen will (*Boemke/Lembke*, § 1 Rn. 127; Ulber/*Ulber, J.*, AÜG, § 1 Rn. 252 f.; vgl. § 10 Rn. 11).

e. Arbeits- und betriebsverfassungsrechtliche Fragen

150 Der **AN** ist nur dann **zur Arbeitsleistung** unter dem Weisungsrecht der Arge **verpflichtet**, wenn er entweder qua Tarifbindung einem TV unterliegt, der eine entsprechende Verpflichtung enthält, oder eine arbeitsvertragliche Absprache zur Übertragung des Weisungsrechts nach § 613 S. 2 BGB vorliegt (vgl. Rn. 51 ff.). Für die Zeit der Abordnung bleibt dabei das **ArbV** zum bisherigen AG erhalten.

151 Auch die **Betriebszugehörigkeit** des AN zum entsendenden Betrieb und die Rechte eines dort bestehenden **Betriebsrats** bleiben (soweit sich nicht aus der Übertragung des Weisungsrechts etwas anderes ergibt) bestehen. Die Arge darf das Weisungsrecht nur im übertragenen Umfang und nur in den Grenzen der arbeitsvertraglich übernommenen Pflichten des AN ausüben und muss bei der Ausübung die Grenzen billigen Ermessens einhalten.

152 Besteht auch bei der Arge ein BR, sind ebenso dessen Mitwirkungsrechte zu beachten (Ulber/*Ulber, J.*, AÜG, § 1 Rn. 250). U. a. steht dem BR der Arge bei **vorzeitiger Rückversetzung** des AN in Fällen einer Freistellung (s. o. Rn. 146) das Mitwirkungsrecht nach § 102 BetrVG zu (*LAG Düsseldorf* v. 17.10.74, AuR 75,121).

9. Besonderheiten bei Abordnung aus dem EWR (Abs. 1 Satz 4)

153 Da Abs. 1 S. 3 die Tarifbindung aller Arge-Mitglieder voraussetzt, können **ausländische Unternehmen** die Privilegierung bei einer

Erlaubnispflicht § 1

Abordnung nur in Anspruch nehmen, wenn sie im Inland eine **tarifgebundene Niederlassung** besitzen. Da für Unternehmen im EWR auch die Dienstleistungsfreiheit nach Art. 56 ff. AEUV gilt (vgl. Einl. Rn. 53), ist es gemeinschaftsrechtlich erforderlich, diesen Unternehmen wie inländischen Unternehmen den Zugang zu einer Arge zu ermöglichen (*EuGH* v. 25.10.2001, NZA 01, 1299). Abs. 1 S. 4 befreit daher Unternehmen mit Sitz in einem **Mitgliedstaat des EWR** vom Erfordernis der Tarifbindung, wenn sie keine Niederlassung im Inland haben. Die sonstigen Voraussetzungen von Abs. 1 S. 3 (einschließlich der Zugehörigkeit zum selben Wirtschaftszweig, was sich nach der Gesamttätigkeit im EWR richtet; *Ulber*, AuR 03, 7) müssen jedoch vorliegen, um die Privilegierung in Anspruch nehmen zu können.

Die Befreiung vom Erfordernis der Tarifbindung birgt die Gefahr in 154 sich, dass sich ausländische Unternehmen über **Niedriglöhne** Wettbewerbsvorteile gegenüber inländischen Konkurrenten verschaffen. Nach § 3 a festgesetzte Lohnuntergrenzen sind wegen ihres geringen Lohnniveaus nicht geeignet, dieser Gefahr zu begegnen. Ausgeschlossen ist die Gefahr von Wettbewerbsverzerrungen in gewissem Rahmen in den Branchen, die dem **AEntG** unterliegen. Nach dem AEntG für **allgemeinverbindlich erklärte TV** oder Rechtsverordnungen (§§ 7, 11 AEntG) müssen vom ausländischen Unternehmen bei grenzüberschreitender Abordnung in das Inland eingehalten werden (§ 8 AEntG; Thüsing/*Waas*, § 1 Rn. 133; *Ulber, J.*, AuR 03, 8).

10. Vermutete Arbeitsvermittlung (Abs. 2)

Nach Abs. 2 wird **Arbeitsvermittlung** vermutet, wenn der Verleiher 155 die üblichen Arbeitgeberpflichten oder das Arbeitgeberrisiko nicht übernimmt (ausf. Ulber/*Ulber, J.*, AÜG, Einl. D Rn. 57 ff.). Die Vorschrift gilt sowohl für alle Formen der ANÜ und galt vor dem 1.12.2011 auch für die **nichtgewerbsmäßige ANÜ** (*BAG* v. 21.3.1990, BB 91, 275; *LAG München* v. 5.12.2000, AiB 02, 432; ErfK/*Wank*, § 1 AÜG Rn. 68). Sie steht in engem Zusammenhang mit den gesetzlichen Schutzzwecken und den Abgrenzungserfordernissen zwischen ANÜ und Arbeitsvermittlung (s. o. Rn. 128 ff.).

Die **Vermutung** greift ein, wenn **tatsächlich eine ANÜ vorliegt** 156 (ErfK/*Wank*, AÜG, Einl. 42), der Verleiher aber gegen eine der Vorschriften des § 3 Abs. 1 Nr. 1 bis 3 verstößt. Insbesondere Verstöße gegen die **Arbeitgeberpflichten** des Verleihers, gegen den **Gleichstellungsgrundsatz** oder gegen das **Arbeitgeberrisiko** in verleihfreien Zeiten (§ 11 Abs. 4 S. 2) lösen die Vermutung aus (*Schüren*, RdA 07, 234; Ulber/*Ulber, J.*, AÜG, § 1 Rn. 268 ff.). Der Vermutungstatbestand nach §§ 1 Abs. 2, 3 Abs. 1 Nr. 1 ist wegen Gesetzesverstoßes u. a. erfüllt, wenn die ANÜ gem. Abs. 1 S. 2 **nicht nur vorübergehend** erfolgt (*Preis*, Rechtsgutachten HBS 2010, 23; *Thiess/Denzel*,

§ 1 Erlaubnispflicht

AiB 2012, 190). Ggf. ist die Erlaubnis zu entziehen (*Bartl/Romanowski*, NZA 2012, 845).

157 Ein **Verstoß** liegt nicht nur vor, wenn der Verleiher in tatsächlicher Hinsicht die in Abs. 2 genannten Pflichten nicht einhält, sondern auch dann, wenn er die üblichen Arbeitgeberpflichten vertraglich ausschließt und dennoch einhält (*Boemke/Lembke*, § 1 Rn. 151). Ein einmaliger Verstoß reicht grundsätzlich aus. Das Gesetz fordert keine Wiederholung und keine bestimmte Schwere des Verstoßes. Lediglich in unbeabsichtigten Bagatellfällen können aus Gründen der Verhältnismäßigkeit Ausnahmen in Betracht kommen.

158 Sind die Tatbestandsvoraussetzungen von Abs. 2 erfüllt, wird vermutet, dass der Überlassende Arbeitsvermittlung betreibt, d. h., dass die Überstellung des AN an den Dritten als Begründung eines ArbV zu bewerten ist. I.E. liegt dann ein **ArbV** mit dem Empfänger der Arbeitsleistung vor (*BAG* v. 21.3.1990, AP Nr. 15 zu § 1 AÜG; Ulber/*Ulber, J.*, AÜG, § 1 Rn. 298; *Hamann*, EuZA 2009, 330; str.; vgl. Rn. 161).

159 Bis zum Inkrafttreten des 1. AÜG-ÄndG war die Vermutung in Fällen gewerbsmäßiger ANÜ **nicht widerlegbar** (*LAG München* v. 5.12.2000, AiB 02, 432; Thüsing/*Waas*, § 1 Rn. 135; Ulber/*Ulber, J.*, AÜG, § 1 Rn. 278; a.A. Schüren/*Schüren* § 1 Rn. 388). Bei nichtgewerbsmäßiger ANÜ konnte der Überlassende den **Gegenbeweis** antreten (*BAG* v. 21.3.1990, BB 91, 275; Ulber/*Ulber, J.*, AÜG, § 1 Rn. 284 ff.; a.A. *Boemke/Lembke*, § 1 Rn. 158). Hierzu muss er Tatsachen vortragen und beweisen, dass der Schwerpunkt der arbeitsrechtlichen Beziehungen bei ihm liegt. Durch die Gleichstellung von gewerbsmäßiger und nichtgewerbsmäßiger ANÜ seit dem 1.12.2011 ist eine unterschiedliche Behandlung von Formen der ANÜ nicht mehr möglich. Dies rechtfertigt es, den Gegenbeweis nunmehr sowohl bei gewerbsmäßigen als auch bei nichtgewerbsmäßigen Formen der ANÜ zuzulassen (ErfK/*Wank*, AÜG, § 1 Rn. 48; Ulber/*Ulber, J.*, AÜG, § 1 Rn. 279).

160 Kann die Vermutung nicht widerlegt werden, muss die Erlaubnisbehörde zwingend vom Vorliegen einer Arbeitsvermittlung ausgehen. Eine beantragte **Erlaubnis** ist dann zu **versagen** oder es ist ein Verfahren auf Widerruf der Erlaubnis (§ 5 Abs. 1 Nr. 3) einzuleiten (Ulber/*Ulber, J., AÜG*, § 1 Rn. 299).

161 Über die **erlaubnisrechtlichen Folgen** von Abs. 2 hinaus ist strittig, welche **Rechtsfolgen für das ArbV** bei Verstößen eintreten. Die Rechtsprechung und ein Teil des Schrifttums vertreten die Auffassung, dass Abs. 2 lediglich verwaltungs- bzw. gewerberechtlichen Charakter habe und Verstöße daher nur die aus § 3 Abs. 1 folgenden erlaubnisrechtlichen Konsequenzen nach sich ziehen (*BAG* v. 28.6.2000, AuR 01, 149 m. Anm. *Ulber*; *Boemke/Lembke*, § 1 Rn. 154, 168). Demgegenüber vertritt insbesondere *Schüren* (§ 1 Rn 389 ff.; *Behrend*,

BB 01, 2641) die Auffassung, dass Abs. 2 eine **Beweislastregel** enthalte, kommt i. E. aber bei einem Verstoß zu einem ArbV zum Entleiher (a. a. O., § 10 Rn. 260 f.). Diese Auffassungen stehen mit dem Zweck der Norm, den AN vor illegalen Formen der ANÜ zu schützen, nicht oder nur eingeschränkt in Einklang. Illegale ANÜ ist **illegale Beschäftigung** und hiermit verbundene, nach Art. 10 LA-RL geforderte Sanktionen des Gesetzgebers beschränken sich nicht auf die gewerberechtliche Seite, sondern müssen auch Sanktionen gegen den Entleiher vorsehen. Selbst wenn die a. A. zuträfe, würde der Leih-AN infolge des Wegfalls der Erlaubnis und der hiermit verbundenen Einstellung des Gewerbes durch den Verleiher sein ArbV verlieren. Die **Schutzzwecke des AÜG** verbieten es jedoch, dass die Rechtsfolgen einer illegalen ANÜ dazu führen, dass der AN in keinem ArbV mehr steht (*BAG* v. 18. 1. 2012 – 7 AZR 723/10, ZTR 2012, 404). Dem kann nur Rechnung getragen werden, wenn bei Vorliegen der Voraussetzungen von Abs. 2 ein ArbV zum Entleiher fingiert wird.

Dies gilt insbesondere, soweit die Verstöße i. R. v. Abs. 2 gleichzeitig Verstöße gegen die LA-RL, insbesondere die Gleichbehandlungspflichten nach § 5 LA-RL betreffen. Bei Verstößen fordert Art. 10 Abs. 2 der RL »wirksame, angemessene und abschreckende« Sanktionen sowohl gegenüber dem Verleiher als auch gegenüber dem Entleiher (*Ulber*, AuR 2010, 14). Das Zustandekommen eines ArbV zum Entleiher stellt insoweit im Anwendungsbereich von Abs. 2 eine wirksame und von der LA-RL geforderte Sanktion bei Verstößen des Entleihers dar (Ulber/*Ulber, J.*, AÜG Einl. D Rn. 48 u. Einl. F Rn. 67). Die gegenteilige Auffassung führt zu der Konsequenz, dass ein **illegal tätiger Entleiher** dauerhaft und in unbegrenztem Umfang Leih-AN unter Verstoß gegen das AÜG und dessen Zweck des Arbeitnehmerschutzes beschäftigen könnte. Eine derartige Zielvorstellung kann dem Gesetzgeber nicht unterstellt werden, zumal in der Gesetzesbegründung zur Aufhebung des § 13 a. F. ausdrücklich darauf hingewiesen wurde, dass der Arbeitnehmerschutz nicht verkürzt werden sollte (BT-Ds. 13/4941, 247).

162 Richtigerweise hat der Eintritt der Vermutung nach Abs. 2 daher auch arbeitsrechtliche Konsequenzen für die Rechtsstellung von Verleiher, Entleiher und Leih-AN (KassHb/*Düwell*, 4.5 Rn. 47; Ulber/*Ulber, J.*, Einl. D Rn. 46 ff.; *Mohr/Pomberg*, DB 01, 590). Diese richten sich nach den Rechtsfolgen von Arbeitsvermittlung (*LAG München* v. 5. 12. 2000, AiB 02, 432; *ArbG Cottbus* v. 22. 8. 2012 – 4 BV 2/12, LAGE § 99 BetrVG 2001 Nr. 14). Bei Arbeitsvermittlung kommt ein AV unmittelbar zu der Person zustande, bei der der AN in tatsächlicher Hinsicht beschäftigt wurde. Abs. 2 hat insoweit zur Folge, dass ein **ArbV** zwischen Entleiher und Leih-AN **fingiert** wird (*ArbG Cottbus* v. 22. 8. 2012 – 4 BV 2/12, LAGE § 99 BetrVG 2001 Nr. 14; Ulber/ *Ulber, J.*, AÜG, Einl. D Rn. 50 u. § 1 Rn. 301). Das ArbV zum

§ 1 Erlaubnispflicht

Verleiher bleibt daneben bestehen, soweit es wirksam begründet wurde.

163 Für den **Inhalt** des fingierten ArbV gelten die Ausführungen zu § 10 Rn. 34 ff. entsprechend (ausf. Ulber/*Ulber, J.,* Einl. D Rn. 57 ff.). Dem AN steht ein **Wahlrecht** zu, ob er das ArbV mit dem Verleiher fortsetzen will oder das gesetzlich zustande gekommene ArbV mit dem Entleiher erfüllt (*Ulber*, a. a. O., Einl. D Rn. 65).

164 Ungeachtet der Möglichkeit, Verstöße nach Abs. 2 der Erlaubnisbehörde mitzuteilen, hat der **Betriebsrat** des Entleiherbetriebs das Recht, die **Zustimmung** zur Einstellung zu **verweigern**, wenn die Voraussetzungen des gesetzlichen Vermutungstatbestands erfüllt sind.

11. Privilegierte Formen der ANÜ (Abs. 3)

165 Nach Abs. 3 sollen bestimmte Formen der ANÜ **privilegiert** werden und die Vorschriften des AÜG keine Anwendung finden. Nr. **1** lässt zum Zwecke der Beschäftigungssicherung **Tarifverträge** zu, die zur **Vermeidung von Kurzarbeit und Entlassungen** die Möglichkeit eröffnen, AN an tarifgebundene Entleiher zu verleihen. Nr. **2** erleichtert die Möglichkeiten, zwischen **Konzernunternehmen** AN zu verleihen. **Nr. 2 a** wurde durch das 1. AÜG-ÄndG neu in das Gesetz eingefügt. Danach soll die **gelegentliche ANÜ** von den Vorschriften des AÜG befreit sein, wenn der AN nicht zum Zwecke der Überlassung eingestellt und beschäftigt wird. **Nr. 3** soll die Durchführung deutsch-ausländischer **Joint Ventures** auf der Grundlage zwischenstaatlicher Vereinbarungen erleichtern.

166 Der in Abs. 3 enthaltene Katalog von **Ausnahmetatbeständen** ist **abschließend**. Eine Erweiterung des Katalogs ist ebenso unzulässig wie eine Modifizierung der Voraussetzungen der Ausnahmetatbestände. Die Vorschrift kommt nicht zur Anwendung, wenn der Verleiher gewerbsmäßige ANÜ betreibt (*Becker/Wulfgramm*, § 1 Rn. 104; Ulber/*Ulber, J.,* AÜG, § 1 Rn. 357; a. A. Schüren/*Hamann*, § 1 Rn. 424; Thüsing/*Waas*, § 1 Rn. 162). Der **Zweck** der Vorschrift beschränkt sich darauf, den Verleih in den gesetzlich definierten Fällen von bürokratischen Hemmnissen des AÜG zu befreien. Er soll jedoch gewerbsmäßig tätigen Verleihern nicht Möglichkeiten eröffnen, die zum Schutz der AN bestehenden Vorschriften des AÜG zu umgehen.

167 Liegt eine der vier Fallgestaltungen von Abs. 3 vor, soll das **AÜG** weitgehend **keine Anwendung** finden. Dies betrifft insbesondere die Gleichstellungsgrundsätze von §§ 9 Nr. 2, 10 Abs. 4 und die Normen, die mit dem Erfordernis einer Erlaubnis zusammenhängen, bzw. Rechtsfolgen, die bei fehlender Erlaubnis normalerweise eintreten. Anwendbar sind auch in den Fällen des Abs. 3 die Vorschriften von §§ 1 b S. 1, 16 Abs. 1 Nr. 1 b und Abs. 2 bis 5 sowie der §§ 17 und 19 des Gesetzes. Auch im Rahmen des Abs. 3 ist daher eine **ANÜ in Betriebe des Baugewerbes** (§ 1 b) bußgeldbewehrt untersagt.

Erlaubnispflicht § 1

Während Abs. 3 Nr. 3 auch die längerfristige Überlassung von AN in das Ausland ermöglicht, werden von Abs. 3 Nr. 1, 2 und 2a nur Fälle erfasst, in denen **vorübergehende Beschäftigungsprobleme** des Entsendebetriebs im **Einzelfall** durch den Einsatz von bereits beschäftigten AN als Leih-AN überbrückt werden können. Abs. 3 kommt daher nicht zur Anwendung, wenn AN unter Verstoß gegen § 1 Abs. 1 S. 2 dauerhaft einem anderen Unternehmen überlassen werden sollen (*LAG Baden-Württemberg* v. 17. 4. 2013 – 4 TaBV 7/12). Hier ist bereits der Tatbestand einer ANÜ nicht erfüllt (vgl. Rn. 130w und x). Ist der AN von vornherein ausschließlich als Leih-AN beschäftigt oder plant das Unternehmen systematisch oder auf Dauer angelegt den Einsatz der AN als Leih-AN, ist Abs. 3 nicht anwendbar (Schüren/*Hamann*, § 1 Rn. 499; *Ulber*, § 1 Rn. 224 f.). **168**

Soweit die LA-RL bei den grundsätzlich zwingenden Arbeits- und Beschäftigungsbedingungen von Art. 5 ff. keine Ausnahmen zulässt, unterliegt der Einl.-Satz **gemeinschaftsrechtlichen Bedenken** (ErfK/*Wank*, AÜG, § 1 Rn. 50; Ulber/*Ulber, J.*, AÜG, § 1 Rn. 306 ff.; *Sansone*, 476; *Böhm*, DB 2011, 473). Dies betrifft insbesondere den Ausschluss des Gleichbehandlungsgrundsatzes von § 9 Nr. 2 (Art. 5 LA-RL) sowie die Verpflichtungen des Entleihers gem. §§ 13a, 13b (Art. 6 LA-RL). Die **Befreiung von der Erlaubnispflicht** unterliegt demgegenüber keinen gemeinschaftsrechtlichen Bedenken (Art. 4 Abs. 1 LA-RL). Relevanz besitzen Verstöße gegen die RL allerdings nur, soweit nicht durch eine **richtlinienkonforme Auslegung** eine Einhaltung der Bestimmungen der LA-RL gewährleistet werden kann (Ulber/*Ulber, J.*, AÜG, § 1 Rn. 312). **168a**

12. ANÜ zur Vermeidung von Kurzarbeit und Entlassungen (Abs. 3 Nr. 1)

Abs. 3 Nr. 1 lässt TV zu, die es ermöglichen, (bereits beschäftigte) AN zur Vermeidung von Kurzarbeit oder Entlassungen zu überlassen, ohne die Bestimmungen des AÜG einhalten zu müssen. Die Überlassung muss dabei zwischen AG desselben Wirtschaftszweigs und auf der Grundlage eines für Verleiher und Entleiher gemeinsam geltenden TV erfolgen. Sind die Voraussetzungen der Vorschrift erfüllt, ist in den Fällen des § 1a keine Anzeige erforderlich. **169**

Der **Zweck der Überlassung** muss darin bestehen, durch die Überlassung von AN Kurzarbeit und Entlassungen zu vermeiden. Dies setzt voraus, dass im Betrieb ein **vorübergehender Beschäftigungsmangel** besteht, der durch ANÜ überbrückt werden soll. Feststehen muss dabei, dass das ArbV nach der Überlassung dauerhaft fortgesetzt werden kann. Ist ein endgültiger Entlassungsbeschluss vorhanden, scheidet eine Anwendbarkeit von Abs. 3 Nr. 1 aus (*Schüren/Hamann/Schüren*, § 1 Rn. 436; Ulber/*Ulber, J.*, § 1 Rn. 321). Eine zweckentsprechende Nutzung der Vorschrift kann daher dazu führen, dass die AN (wegen **170**

Jürgen Ulber

§ 1 Erlaubnispflicht

Fortzahlung der Vergütung in bisheriger Höhe) keine Einkommenseinbußen infolge von Kurzarbeit oder des geringeren KuG erleiden bzw. Arbeitslosigkeit vermieden wird. Daneben kann das Unternehmen Entlassungskosten sparen und sich das betrieblich erworbene Wissen der AN sichern.

171 Eine **Vermeidung** von Kurzarbeit und Entlassungen setzt voraus, dass der AG ohne die ANÜ nicht aus Rechtsgründen **gehindert** ist, Kurzarbeit anzuordnen oder Entlassungen durchzusetzen. Fehlt es z. B. an den arbeits- oder betriebsverfassungsrechtlichen Voraussetzungen zur Anordnung von Kurzarbeit (Rn. 174 ff.) oder ist der AG auf Grund der **Beschäftigung von Leih-AN** daran gehindert, wirksame Kündigungen auszusprechen (vgl. § 1a Rn. 8 ff.) oder Kurzarbeit anzuordnen, sind die Voraussetzungen der Norm nicht erfüllt.

a. Vermeidung von Kurzarbeit

172 Unter welchen Voraussetzungen Kurzarbeit vermieden werden kann, ist umstritten. Ausgeschlossen ist eine ANÜ nach Abs. 3 Nr. 1, wenn hierdurch **Transferkurzarbeit** nach § 111 SGB III vermieden werden soll (Ulber/*Ulber, J.,* AÜG, § 1 Rn. 321), da hier die Entlassung und der Entlassungszeitpunkt feststehen (vgl. Rn. 170).

173 I. Ü. liegt **Kurzarbeit** vor, wenn die **Arbeitszeit** der AN wegen eines Beschäftigungsmangels **vorübergehend verkürzt** werden muss und entweder der AG den Lohn (trotz Nichtleistung der Arbeit) nach § 615 BGB weiterzahlen muss, oder dem AN Kurzarbeitergeld nach den Bestimmungen der §§ 95 ff. SGB III gezahlt werden kann. Die Anwendbarkeit der Vorschrift ist aber nicht davon abhängig, dass die Voraussetzungen zum Bezug von Kurzarbeitergeld vorliegen (vgl. Rn. 176). In anderen Fällen, in denen der AN trotz Nichtleistung von Arbeit seinen Lohnanspruch behält (z. B. bei Arbeitszeitkonten, Urlaub, Krankheit), liegt keine Kurzarbeit vor. Eine Anwendbarkeit von Abs. 3 Nr. 1 ist dann ausgeschlossen.

174 Kurzarbeit kann nur dann i. S. v. Abs. 3 Nr. 1 vermieden werden, wenn der AG zur Anordnung von Kurzarbeit berechtigt ist. Ist der AG auf Grund des **AV** oder einer **BV** nicht zur Anordnung von Kurzarbeit berechtigt, scheidet eine ANÜ auf der Grundlage von Nr. 1 aus (vgl. hierzu § 1a Rn. 10 ff.). Dasselbe gilt, wenn der AG im Zeitraum der beabsichtigten Kurzarbeit Leih-AN beschäftigt (Ulber/ *Ulber, J.,* AÜG, § 1a Rn. 22), da zunächst alle alternativen Möglichkeiten zur Vermeidung von Kurzarbeit ausgeschöpft werden müssen. Bei **Vermeidbarkeit** der Kurzarbeit durch Nutzung anderer Gestaltungsalternativen ist eine Anordnung von Kurzarbeit ausgeschlossen (vgl. § 96 Abs. 1 Nr. 3 u. Abs. 4 SGB III).

175 Besteht im Betrieb des AG ein **BR**, kann die ANÜ zur Vermeidung von Kurzarbeit nur durchgeführt werden, wenn das **Mitbestimmungsverfahren** nach § 87 Abs. 1 Nr. 3 BetrVG (als Wirksamkeitsvoraussetzung von Kurzarbeit) durchlaufen wurde und beendet ist (Ulber/*Ulber, J.*, AÜG, § 1 Rn. 344). Ist z. B. auf Grund eines Spruches der Einigungsstelle der AG verpflichtet, Kurzarbeit einzuführen, kann er diese Verpflichtung nicht durch die Anordnung von ANÜ auf der Grundlage von Abs. 3 Nr. 1 umgehen. Dies gilt auch, soweit i. Ü. die arbeitsvertraglichen Voraussetzungen für eine Überlassung gegeben sind.

Strittig ist, ob die **Voraussetzungen von Kurzarbeit** i. S. v. Nr. 1 nur in arbeitsrechtlicher Hinsicht erfüllt sein müssen (so Thüsing/*Waas* § 1 Rn. 172) oder ob weitere Voraussetzungen zum **Bezug von KuG** nach §§ 95 ff. SGB III vorliegen müssen (so *Boemke/Lembke*, § 1 Rn. 179). Auswirkungen hat dies, soweit die sozialrechtlichen Voraussetzungen für das KuG vom Erreichen bestimmter Schwellenwerte abhängen (vgl. z. B. § 96 Abs. 1 Nr. 4 SGB III: es muss mindestens ein Drittel der Belegschaft mit einem Entgeltausfall von mehr als 10 % betroffen sein). Da Abs. 3 Nr. 1 nur auf das Vorliegen von Kurzarbeit als solcher, nicht jedoch auf die gesetzlichen Voraussetzungen zum Bezug von KuG nach dem SGB III abstellt, ist die Vorschrift auch anwendbar, wenn die Voraussetzungen von §§ 95 ff. SGB III nicht vorliegen. Dies folgt auch daraus, dass der Zweck der einschränkenden Voraussetzungen beim KuG darin liegt, die Risiken zu beschränken, die der Arbeitslosenversicherung beim finanziellen Ausgleich von vorübergehenden Arbeitsausfällen entstehen. Die Frage einer Risikoverteilung stellt sich im Rahmen von Abs. 3 Nr. 1 jedoch nicht, da eine finanzielle Belastung der Arbeitslosenversicherung durch Nutzung der Möglichkeiten von Abs. 3 Nr. 1 gerade vermieden wird. **176**

b. Vermeidung von Entlassungen

Ein TV kann im Rahmen von Abs. 3 Nr. 1 auch zulassen, dass AN zur **Vermeidung von Entlassungen** überlassen werden können. Die ANÜ muss dabei das letzte Mittel sein, um die Entlassungen zu vermeiden. Sind **andere Gestaltungsmöglichkeiten** vorhanden, um Entlassungen zu vermeiden, liegen die Voraussetzungen der Vorschrift nicht vor (Schüren/*Hamann/Hamann*, § 1 Rn. 449; Ulber/*Ulber, J.*, AÜG, § 1 Rn. 321). **177**

Unter den Begriff der **Entlassungen** i. S. v. Abs. 3 Nr. 1 fallen alle Fallgestaltungen, bei denen eine **Mehrzahl von ArbV** im Interesse und auf Initiative des AG beendet werden soll. Drohende **betriebsbedingte Kündigungen** werden ebenso erfasst wie **Aufhebungsverträge** auf Veranlassung des AG. Eigenkündigungen des AN stellen keine Entlassung i. S. d. Norm dar. **178**

Sowohl nach dem Wortlaut als auch nach dem Zweck der Vorschrift soll der Ausnahmetatbestand nur für Fälle gelten, in denen aus betriebsbedingten Gründen Entlassungen erforderlich werden, die einen **bedeutsamen Umfang** erreichen. Zur Bestimmung dieses Umfangs **179**

§ 1 Erlaubnispflicht

kann auf § 17 KSchG zurückgegriffen werden (Thüsing/*Waas*, § 1 Rn. 173; Ulber/*Ulber, J.*, AÜG, § 1 Rn. 324), wobei allerdings auch nichtanzeigepflichtige Betriebe mit weniger als 20 AN von Nr. 1 erfasst werden.

180 Entlassungen werden nur **vermieden**, wenn der AG das ArbV ohne die ANÜ beenden könnte und die AN nach dem Zeitraum der Überlassung in tatsächlicher Hinsicht wieder beim AG beschäftigt werden können. Ist der AG nicht berechtigt, die ArbV wirksam zu beenden, z.B. weil er gleichzeitig selbst Leih-AN im Betrieb beschäftigt (Einl. Rn. 24), ist eine Anwendbarkeit der Norm i.d.R. ausgeschlossen (Ulber/*Ulber, J.*, AÜG, § 1a Rn. 22). I.Ü. müssen die **betriebsbedingten Gründe** für die drohende Beendigung der ArbV nach Ablauf der Phase der ANÜ **entfallen** (ErfK/*Wank*, § 1 AÜG Rn. 79; Ulber/*Ulber, J.*, AÜG, § 1 Rn. 323). Die Möglichkeit, den AN einem weiteren, anderen AG zu verleihen, reicht hierfür nicht aus.

c. Arbeitgeber desselben Wirtschaftszweigs

181 Abs. 3 Nr. 1 setzt voraus, dass der Verleih zwischen **AG desselben Wirtschaftszweigs** erfolgt. AG ist dabei das Unternehmen, mit dem der AN den AV geschlossen hat. Ob derselbe Wirtschaftszweig betroffen ist, richtet sich nach den überwiegenden Unternehmenszwecken und den Branchenzuständigkeiten, die nach dem Industrieverbandsprinzip gelten. Bei **Mischunternehmen** ist auf den Unternehmenszweck abzustellen, für den die höhere Gesamtarbeitszeit geleistet wird. Ausgeschlossen ist ein Verleih auf der Grundlage von Nr. 1 für Mischunternehmen, die auch gewerbsmäßig ANÜ betreiben (Thüsing/*Waas*, § 1 Rn. 164; Ulber/*Ulber, J.*, AÜG, § 1 Rn. 318; a.A. *Boemke/Lembke*, § 1 Rn. 177).

d. Tarifvertragliche Voraussetzungen

182 Eine Überlassung von AN nach Nr. 1 ist nur zulässig, wenn die Überlassung in einem **TV** geregelt ist, der sowohl für den **Verleiher** als auch für den Entleiher gilt. **Firmentarifverträge** können keine Grundlage für die Anwendbarkeit der Vorschrift sein (*Boemke/Lembke*, § 1 Rn. 185; Ulber/*Ulber, J.*, AÜG, § 1 Rn. 328). Soweit kein allgemeinverbindlicher TV zur Anwendung kommt, ist die beiderseitige Tarifbindung (§ 4 Abs. 1 TVG) von Verleiher und Entleiher Voraussetzung für die Anwendbarkeit der Norm.

182a Ein **Verstoß gegen Art. 5 der LA-RL** ist in den Fällen von Abs. 3 Nr. 1 weitgehend ausgeschlossen, da sich die wesentlichen Arbeitsbedingungen beim Verleiher und beim Entleiher nach demselben TV richten (Ulber/*Ulber, J.*, AÜG, § 1 Rn. 333). Auch i.Ü. muss der im Rahmen von Abs. 3 Nr. 1 anwendbare TV jedoch den Bestimmungen der RL Rechnung tragen (Ulber/*Ulber, J.*, AÜG, § 1 Rn. 332). Der

Ausschluss von §§ 13a und 13b ist richtlinienwidrig (*Hamann*, RdA 2011, 333).

Der TV muss eine eindeutige Regelung enthalten, dass eine ANÜ nach Abs. 3 Nr. 1 zugelassen wird. Eine allgemeine tarifliche Regelung, die den Verleih bzw. Entleih von AN innerhalb einer Branche regelt (vgl. z. B. bundesweiter TV zur ANÜ in der Metall- und Elektroindustrie; Ulber/*Ulber, J.*, AÜG, § 9 Rn. 122), erfüllt diese Kriterien nicht. **183**

Von seinem **Regelungsgehalt** kann der TV den Geltungsbereich der Norm nicht erweitern. Er kann jedoch die materiellen Voraussetzungen für das Vorliegen von Kurzarbeit oder Entlassungen, insbesondere deren Vermeidbarkeit, im Rahmen der Tarifautonomie und im tarifvertraglich zulässigen Umfang konkretisieren (Schüren/*Hamann*/*Hamann*, § 1 Rn. 452; Ulber/*Ulber, J.*, AÜG, § 1 Rn. 326). Zulässig sind z. B. Regelungen, die die höchstzulässige Überlassungsdauer auf bestimmte Zeiträume beschränken. Auch kann im TV geregelt werden, welche **Leistungsansprüche** dem AN für Zeiten der ANÜ zustehen. Zulässig ist hier insbesondere, tarifvertraglich die Geltung der Gleichstellungsansprüche nach §§ 9 Nr. 2, 10 Abs. 4 zu vereinbaren. **184**

e. Arbeits- und betriebsverfassungsrechtliche Fragen

Liegt ein TV nach Nr. 1 vor, richtet sich die Pflicht des AN zur Leistung von Leiharbeit danach, ob arbeitsvertraglich eine entsprechende Vereinbarung getroffen wurde. Sieht der TV eine entsprechende Verpflichtung vor, sind **tarifgebundene AN** zur Leistung verpflichtet. Dasselbe gilt bei einem für allgemeinverbindlich erklärten TV. Entgegen a. A. handelt es sich bei Regelungen zur Verpflichtung zur ANÜ nicht um Betriebsnormen (so *Boemke*/*Lembke* § 1 Rn. 186), sondern um **Inhaltsnormen**, so dass nicht tarifgebundene AN nicht über § 3 Abs. 2 TVG zur Leiharbeit verpflichtet sind (Ulber/*Ulber, J.*, AÜG, § 1 Rn. 329). Hier bedarf es vielmehr einer ausdrücklichen vertraglichen Absprache oder Bezugnahme auf den TV. **185**

Sind die Voraussetzungen von Abs. 3 Nr. 1 erfüllt, können auch die **betriebsverfassungsrechtlichen Regelungen des § 14** nicht angewandt werden. Hiervon unberührt bleibt die Geltung der allgemeinen Bestimmungen des BetrVG im Verleih- und Entleihbetrieb. Dem BR des Verleihbetriebs steht das **Mitbestimmungsrecht** nach §§ 95 Abs. 3, 99 Abs. 1 BetrVG bei Versetzungen zu (Ulber/*Ulber, J.*, AÜG, § 1 Rn. 343), der Betriebsrat des aufnehmenden Betriebs ist unter dem Gesichtspunkt der Eingliederung des AN nach § 99 BetrVG zu beteiligen (*BAG* v. 26. 1. 1993, DB 93, 1475). **186**

Fraglich ist, ob das tarifgebundene Unternehmen einseitig darüber entscheiden kann, ob Kurzarbeit durch die Überlassung von AN vermieden wird oder ob die **Anordnung von ANÜ** der Mitbestimmung des Betriebsrats unterliegt. Da dem Betriebsrat bei der Anord- **187**

§ 1 Erlaubnispflicht

nung von Kurzarbeit, insbesondere bei der Frage, ob Kurzarbeit eingeführt wird oder nicht, das **Mitbestimmungsrecht aus § 87 Abs. 1 Nr. 3 BetrVG** zusteht, ist die Frage zu bejahen (*Schüren/Hamann/Hamann*, § 14 Rn. 463; Ulber/*Ulber, J.*, AÜG, § 1 Rn. 344). Selbst wenn der AG hierzu eine andere Auffassung vertritt, hat dies keine praktischen Auswirkungen. Der BR kann sein Initiativrecht zur Einführung von Kurzarbeit auch geltend machen, wenn eine tarifliche Regelung zu Abs. 3 Nr. 1 vorliegt. Macht er hiervon Gebrauch, darf der AG die ANÜ erst durchführen, wenn das erforderliche Mitbestimmungsverfahren bis in die Einigungsstelle abgeschlossen ist.

188 Will der AG **Kurzarbeit einführen**, obwohl eine tarifliche Regelung nach Abs. 3 Nr. 1 vorliegt, ist er hieran nicht gehindert. Der BR kann jedoch die Zustimmung unter Verweis auf die Möglichkeit zur ANÜ verweigern und im Rahmen des Mitbestimmungsverfahrens versuchen, die gewünschte Kurzarbeit durch ANÜ zu vermeiden. Soweit eine **Einigungsstelle** über unterschiedliche Auffassungen von AG und Betriebsrat zu entscheiden hat, ist sie bei einem Spruch nicht gehindert, wegen des TV die Anordnung von Kurzarbeit abzulehnen. Sie kann den AG aber nicht dazu verpflichten, die zur Kurzarbeit vorgesehenen AN an Dritte zu verleihen.

13. ANÜ im Konzern (Abs. 3 Nr. 2)

a. Anwendungsbereich

189 Nach Abs. 3 Nr. 2 soll die ANÜ **zwischen Konzernunternehmen** von den Bestimmungen des AÜG befreit sein, wenn der AN nicht zum Zweck der Überlassung eingestellt und beschäftigt wird. Die Vorschrift erhielt durch das 1. AÜG-ÄndG m. W. v. 1. 12. 2011 die jetzige Fassung. Vormals war die konzerninterne ANÜ von den Vorschriften des AÜG befreit, wenn der überlassene AN seine Arbeit nur »vorübergehend« nicht bei seinem Vertragsarbeitgeber leistete. Sind die Voraussetzungen der Norm erfüllt, finden die Bestimmungen des AÜG mit Ausnahme der in Abs. 3 ausdrücklich genannten Vorschriften keine unmittelbare Anwendung.

Die Vorschrift stand auch vor Inkrafttreten des 1. AÜG-ÄndG nicht im Einklang mit Art. 1 Nr. 2 der RL 91/383/EWG zu atypischen ArbV, die eine unterschiedliche Behandlung von Formen der ANÜ untersagt (Ulber/*Ulber, J.*, AÜG, § 1 Rn. 351). In der Neufassung verstößt Abs. 3 Nr. 2 darüber hinaus auch gegen die Bestimmungen der LA-RL (vgl. ErfK/*Wank*, AÜG, § 1 Rn. 57; Ulber/*Ulber, J.*, AÜG, § 1 Rn. 306 ff. und 351 ff.; *Hamann*, RdA 2011, 333; ders. EuZA 2009, 300; *Lembke*, FA 2011, 291; *Ulber, J.*, AiB 2011, 351; *Schuster/Grüneberg*, AiB 2012, 81), die nach Art. 1 Abs. 2 für alle Formen der ANÜ gilt. Abs. 3 Nr. 2 **verstößt** insoweit gegen **Gemeinschaftsrecht**. Dies betrifft zunächst die gesetzlich angeordnete Nichtgeltung von §§ 13 a, 13 b (Art. 6 LA-RL; *Lembke*, DB 2011, 414; *Ulber, J.*, AuR 2010, 10).

Die Vorschrift verstößt jedoch auch gegen die Gleichbehandlungspflichten des Verleihers gem. Art. 5 der RL, da auch die Geltung von §§ 9 Nr. 2, 10 Abs. 4 ausgeschlossen wird (Schüren/Hamann/Hamann, § 1 Rn. 522; Ulber/*Ulber, J.*, AÜG, § 1 Rn. 353f.; *Sansone*, 476; Hamann, EuZA 2009, 300; *Hirinda*, NZA 2011, 325).

Soweit die Vorschrift angewandt werden kann, muss sowohl das entleihende als auch das verleihende Konzernunternehmen seinen **Sitz im Inland** haben. Ein **grenzüberschreitender Verleih** an ein ausländisches Konzernunternehmen unterliegt nicht dem Anwendungsbereich von Abs. 3 Nr. 2 (Ulber/*Ulber, J.*, AÜG, § 1 Rn. 358; a. A. Schüren/Hamann/Hamann, § 1 Rn. 491; Thüsing/*Waas*, § 1 Rn. 187; *Boemke/Lembke*, § 1 Rn. 193). Für die EU-Mitgliedstaaten folgt dies schon aus einer gemeinschaftskonformen Auslegung der Norm (vgl. Rn. 189), da aus EU- Mitgliedstaaten überlassene AN immer dem Schutz von Art. 5 LA-RL unterliegen, der ihnen durch die nationale Gesetzgebung eines Mitgliedstaates nicht entzogen werden darf. **190**

Die gewerbsmäßige ANÜ in **Betriebe des Baugewerbes** gem. § 1 b S. 1 (nicht jedoch § 1 b S. 2) ist nach dem Einleitungssatz von Abs. 3 auch im Rahmen der Nr. 2 verboten und erfüllt bei Verstößen den Bußgeldtatbestand von § 16 Abs. 1 Nr. 1b. Ist der Verleiher eine **Körperschaft des öffentlichen Rechts**, ist die Vorschrift anwendbar, wenn AN an ein in privatrechtlicher Form geführtes Tochterunternehmen abgestellt werden (*LAG München* v. 5.12.2000, AiB 02, 432). **191**

Ist das verleihende Konzernunternehmen im **Besitz der Erlaubnis**, unterliegt eine ANÜ nach Nr. 2 auch dann allen Bestimmungen des AÜG, wenn die ANÜ nur vorübergehend oder nicht gewerbsmäßig erfolgt (Schüren/Hamann/Hamann, § 1 Rn. 519; Ulber/*Ulber, J.*, AÜG, § 1 Rn. 359; für die EKD vgl. *KGH* der evang. Kirche v. 9.10.2006, *KGH. EKD* II-0124/M35-06, AuR 07, 361). Dies gilt insbesondere soweit über eine konzernangehörige **Personalführungsgesellschaft** AN anderen Konzernbetrieben überlassen werden, und die AN nicht zum Zweck der Überlassung eingestellt und beschäftigt werden. Dabei kommt es nicht darauf an, ob die ANÜ auf den Konzern beschränkt ist oder sich auch auf Überlassungen an Dritte erstreckt. Auch ist es unerheblich, ob es sich um ein reines Verleihunternehmen oder ein **Mischunternehmen** handelt (GK-*Kreutz*, § 7 Rn. 46; Ulber/*Ulber, J.*, AÜG, § 1 Rn. 359). Liegt die Erlaubnis vor, ist auch ein **Ketten-, Zwischen- oder Weiterverleih** (vgl. Rn. 17, 21) zwischen konzernangehörigen Unternehmen und Betrieben nicht zulässig, wobei dies auch gilt, wenn eine Rechtsträgeridentität der Beteiligten vorliegt. Übernimmt die Personalführungsgesellschaft nicht die typischen Pflichten eines Verleihers – vor allem das Risiko in verleihfreien Zeiten – liegt ein **Strohmanngeschäft** (*Schüren*, BB 2007, 2046) bzw. ein Umgehungsgeschäft vor (*Däubler*, AiB 2008, **192**

§ 1 Erlaubnispflicht

524) mit der Folge eines ArbV zum Entleiher (*Thiess/Denzel*, AiB 2012, 188).

193 Bei **gewerbsmäßiger ANÜ** im Konzern ist die Erlaubnispflicht nach § 1 Abs. 1 S. 1 AÜG immer gegeben (*BAG* v. 18.7.2012 – 7 AZR 451/11, NZA 2012, 1369). Betreibt ein konzernangehöriges Unternehmen die ANÜ **ausschließlich nicht gewerbsmäßig** und wurde der AN vor dem 1.11.2011 nur vorübergehend überlassen, waren die Voraussetzungen von Nr. 2 erfüllt. Die ANÜ unterlag dann nicht den Bestimmungen des AÜG. Ist die konzernangehörige Überlassungsgesellschaft im Besitz der **Erlaubnis**, unterliegt sie auch dann allen Bestimmungen des AÜG zur gewerbsmäßigen ANÜ.

194 Umstritten ist, ob von Nr. 2 nur die **nichtgewerbsmäßige ANÜ** erfasst wird (so: *BAG* v. 18.7.2012 – 7 AZR 451/11, NZA 2012, 1369; Ulber/*Ulber, J.*, AÜG § 1 Rn. 357; *Lembke*; DB 2011, 414; i.E. ebenso *Boemke/Lembke*, § 1 Rn. 191), oder ob auch Fälle, in denen ein gewerbsmäßig tätiges Konzernunternehmen AN an ein Tochterunternehmen verleiht, nach Nr. 2 privilegiert sind (so: *Schüren/Hamann/Hamann*, § 1 Rn. 424). Die praktische Bedeutung des Meinungsstreits ist gering, da die Vorschrift keine Anwendung findet, wenn das Konzernunternehmen die **Erlaubnis** zur ANÜ besitzt oder der AN auf Grund seines **AV** verpflichtet ist, dauerhaft unter dem Weisungsrecht anderer Konzernunternehmen (oder Dritter) zu arbeiten (so auch *Boemke/Lembke*, § 1 Rn. 191). Wurde der AN zum Zwecke des Verleihs eingestellt, ohne dass das einstellende Konzernunternehmen den AN in tatsächlicher Hinsicht selbst beschäftigt, kommt die Ausnahmeregelung nicht zur Anwendung.

b. Konzernbegriff

195 Durch den Verweis auf § 18 AktG werden nach Nr. 2 sowohl der **Unterordnungs-** als auch der **Gleichordnungskonzern** privilegiert. Keine Anwendung findet die Bestimmung aber auf **Gemeinschaftsbetriebe**, bei denen das verleihende Unternehmen an der Führung des Betriebs beteiligt ist (h.M., vgl. *Schüren/Hamann/Hamann*, § 1 Rn. 495; Ulber/*Ulber, J.*, AÜG, § 1 Rn. 371 f.).

196 § **18 AktG** setzt voraus, dass zumindest ein Konzernunternehmen eine AG oder KGaA ist. Dennoch wird überwiegend angenommen, dass die Vorschrift lediglich eine rechtsformneutrale Verweisung enthält und daher auch auf andere **Unternehmensgruppen** Anwendung findet (*BAG* v. 5.5.1988, AP Nr. 8 zu Art. 1, § 1 AÜG; *Boemke/Lembke*, § 1 Rn. 196; differenzierend Ulber/*Ulber, J.*, AÜG, § 1 Rn. 371). Danach können auch Unternehmen, die in Form einer GmbH oder einer Personenhandelsgesellschaft einer Unternehmensgruppe angehören, die keine Aktiengesellschaft ist, AN auf der Grundlage von Abs. 3 Nr. 2 verleihen.

197 Der Verweis auf § 18 AktG stellt klar, dass für die Anwendbarkeit von

Nr. 2 mindestens **zwei rechtlich selbständige Unternehmen** vorliegen müssen und das beteiligte Verleih- und das Entleihunternehmen unter einer **gemeinsamen Leitungsmacht** zusammengefasst sind (*LAG Hamm* v. 1.9.1987, EzAÜG § 10 Fiktion Nr. 51) und auch in tatsächlicher Hinsicht einheitlich geleitet werden (*BAG* v. 8.3.1994, BB 94, 2350; *Schüren/Hamann/Hamann*, § 1 Rn. 500; Ulber/*Ulber, J.*, AÜG, § 1 Rn. 372).

c. Missbrauchsformen der ANÜ im Konzern

Der **Zweck** von Abs. 3 Nr. 2 liegt darin, einen in einem konzernangehörigen Unternehmen im Einzelfall bestehenden **vorübergehenden Personalbedarf** durch eine vorübergehende Überlassung von AN zu ermöglichen, ohne die Bestimmungen des AÜG einhalten zu müssen. Von dieser Zwecksetzung hat sich die Praxis der ANÜ in Konzernen heute weit entfernt. Zielsetzung ist heute nicht mehr die vorübergehende Überlassung von AN an andere Konzernunternehmen, sondern die Konzerne versuchen, über konzerneigene Überlassungsgesellschaften den Personalbedarf konzernangehöriger Unternehmen dauerhaft zu decken. Hiermit verbunden sollen tariflich gesicherte ArbV in den Konzernunternehmen vermieden, Beschäftigungsrisiken durch Überlassung auch an Dritte minimiert und Lohnkosten gesenkt werden (vgl. Einl. Rn. 20 ff.). Leiharbeit darf jedoch nicht zur Umgehung tariflicher Bestimmungen des entleihenden Betriebs missbraucht werden (*LAG Berlin-Brandenburg* v. 19.12.2012 – 4 TaBV 1163/12; *LAG NS* v. 19.9.2012 – 17 TaBV 124/11, DB 2012, 2468; *Ulber, J.*, AiB 2012, 7). Ein Verleih durch eine Konzerntochter ist **rechtsmissbräuchlich**, wenn dessen Zweck ist, mit den betroffenen AN ungünstigere Arbeitsbedingungen abschließen zu können als mit den übrigen AN des Entleihers (*ArbG Offenbach* v. 1.8.2012 – 10 BV 1/12). Auch stellt es einen institutionellen Rechtsmissbrauch dar, wenn des verleihende Konzernunternehmen nur an eigene Konzernunternehmen verleiht und **nicht werbend am Markt** tätig wird (*LAG Berlin-Brandenburg* v. 9.1.2013 – 15 Sa 1635/12; *Brors/Schüren*, BB 2004, 2745; *Däubler*, AiB 2008, 524; a. A. *LAG Niedersachsen* v. 26.11.2007 – 6 TaBV 32/07).

198

Die Fallgestaltungen der ANÜ mit Konzernbezug unterliegen dabei unterschiedlichen Voraussetzungen und sind mit unterschiedlichen Rechtsfolgen verbunden. Der AN muss jedoch immer **anlassbezogen** einer anderen Konzerngesellschaft zur Arbeitsleistung überlassen werden (*BAG* v. 18.7.2012 – 7 AZR 451/11; *LAG Baden-Württemberg* v. 22.11.2012 – 11 Sa 84/12).

199

Stellt das Konzernunternehmen den AN als Leih-AN ein, um ihn **ausschließlich einem Konzernunternehmen** zu überlassen, sind die Voraussetzungen von Abs. 3 Nr. 2 auch in der seit dem 1.11.2011 geltenden Fassung nicht erfüllt. Hier liegt keine ANÜ, sondern ein

200

§ 1 Erlaubnispflicht

Strohmanngeschäft und damit **Arbeitsvermittlung** vor (ErfK/ *Wank*, § 1 AÜG Rn. 34; *Brors/Schüren*, BB 04, 2745). Dies gilt immer, wenn das verleihende Konzernunternehmen überhaupt keine Möglichkeit hat, die AN selbst zu beschäftigen oder konzernfremden Unternehmen zu verleihen (*Dörner*, FS Wissmann, 297; *Schüren*, BB 07, 2348). Abs. 3 Nr. 2 kommt dann nicht zur Anwendung. Stattdessen wird ein ArbV mit dem entleihenden Konzernunternehmen begründet (*LAG Berlin* v. 7.1.2005, NZA-RR 05, 353; *LAG Berlin-Brandenburg* v. 9.1.2013 – 15 Sa 1635/12; a.A. *LAG Niedersachsen* v. 28.2.2006, BB 07, 2352).

201 Soweit eine **konzernangehörige Personalführungsgesellschaft** (vgl. hierzu Ulber/*Ulber, J.*, AÜG, § 1 Rn. 370) Leih-AN im eigenen Namen einstellt, um sie **dauerhaft** an wechselnde Konzerntöchter zu überlassen, findet das AÜG, einschließlich der Erlaubnispflicht, grundsätzlich Anwendung (amtl. Begr. BT-Ds. 17/4804; *BAG* v. 20.4.2005, BB 06, 383). Ein Rückgriff auf Abs. 3 Nr. 2 ist dann ausgeschlossen. Nur in den Fällen, in denen der Leih-AN nur **vorübergehend** und **nicht gewerbsmäßig** (vgl. *BAG* v. 20.4.2005, BB 06, 383) an ein anderes Konzernunternehmen verliehen wird und das verleihende Unternehmen bzgl. der ANÜ nicht werbend auf dem Markt tätig wird, kann die Ausnahme nach Abs. 3 Nr. 2 greifen.

202 Eine konzernangehörige **Überlassungsgesellschaft**, die bei ihr beschäftigte Leih-AN sowohl konzernintern als auch (dauerhaft und tatsächlich) an Dritte mit Erlaubnis zur ANÜ verleiht, unterliegt i.d.R. keinen rechtlichen Bedenken, soweit sie (mit Gewinnerzielungsabsicht) für die gewerbsmäßige Überlassung von Leih-AN an Dritte **werbend** auf dem **Markt** auftritt. Beschränkt sich die Tätigkeit der überlassenden Gesellschaft demgegenüber darauf, AN an Konzernunternehmen zu überlassen, um die aus einer Festeinstellung folgenden Arbeitgeberpflichten (insbesondere die Vergütungspflichten) zu vermeiden und die Niedriglohntarifverträge der Verleihbranche anzuwenden, liegt insbesondere hinsichtlich der in § 75 BetrVG enthaltenen Grundsätze eine unzulässige **Umgehung** (Strohmanngeschäft) vor (*LAG Berlin* v. 7.1.2005, NZA-RR 05, 353; *LAG Berlin-Brandenburg* v. 9.1.2013 – 15 Sa 1635/12; *Brors/Schüren*, BB 04, 2745; *Dahl*, FA 06, 292; a.A. *LAG Niedersachsen* v. 28.2.2006, BB 07, 2352). Häufige Fallgestaltung ist hier, dass eine konzerneigene ANÜ-Gesellschaft von anderen Konzernunternehmen Ausgebildete nach Abschluss der Ausbildung übernimmt, um sie im unmittelbaren Anschluss an die Ausbildung an das ausbildende Unternehmen zu verleihen. Die Gesellschaft verfolgt hier nicht den eigenen Zweck, aus der Überlassung von AN einen Gewinn zu erzielen, sondern nur die Zwecke anderer Konzernunternehmen, Arbeitgeberpflichten im Zusammenhang mit der Festeinstellung von AN zu vermeiden. Es liegt dann ein **Rechtsmissbrauch** (so: *Däubler*, AiB 2008, 524; *Schüren*, BB 07, 2346) bzw. Arbeitsvermittlung vor, mit der Folge, dass ein ArbV mit der entleihenden Gesellschaft zustande kommt (*LAG Berlin- Brandenburg* v. 9.1.2013 – 15 Sa 1635/12; ähnlich *Dahl*, a.a.O.: Anspruch auf rückwirkende Anpassung des ArbV).

Ist der Zweck der konzernangehörigen ANÜ-Gesellschaft darauf gerichtet, die dort beschäftigten AN den verschiedenen Konzerngesellschaften lediglich bei **zeitlich befristetem Personalbedarf** zur Verfügung zu stellen, und werden die AN unter dieser Zwecksetzung ständig wechselnd bei unterschiedlichen Entleihbetrieben eingesetzt (so z.B. die ANÜ-Gesellschaften der EKD; vgl. *Andelewski/Stützle*, NZA 07, 723), liegt keine rechtsmissbräuchliche Gestaltung vor. Es liegt gewerbsmäßige ANÜ vor, die den Bestimmungen des AÜG unterliegt. Ist der Zweck der Gesellschaft dagegen darauf gerichtet, die Begründung von ArbV durch die Konzerngesellschaften dauerhaft zu vermeiden und die Leih-AN dauerhaft auf Arbeitsplätzen von Konzerntöchtern einzusetzen, liegt keine ANÜ, sondern Arbeitsvermittlung vor (Rn. 202).   **203**

d. Vorübergehende ANÜ

Die Zulässigkeit von ANÜ ist in allen Fallgestaltungen davon abhängig, dass sie **vorübergehend** erfolgt (vgl. Rn. 130 ff.). Abs. 3 Nr. 2 a.F. enthielt darüber hinaus den ausdrücklichen Zusatz, dass das Konzernprivileg voraussetzt, dass der AN seine Arbeit während der Überlassung nur vorübergehend beim entsendenden Unternehmen einstellt. In der Neufassung muss die Konzernleihe aber den Voraussetzungen von § 1 Abs. 1 S. 2 entsprechen. Der Begriff »vorübergehend« i.S.v. § 1 Abs. 1 S. 2 ist nicht lediglich arbeitnehmerbezogen, sondern bezogen auf das entleihende Unternehmen auch arbeitsplatzbezogen zu verstehen (*Boemke/Lembke*, § 1 Rn. 190; *Schüren/Hamann/Hamann*, § 1 Rn. 506; *Ulber/Ulber, J.*, AÜG, § 1 Rn. 373; vgl. Rn. 130 ff.).   **204**

Der Einsatz des AN beim Dritten muss den **Tatbestand einer ANÜ** erfüllen. Erfolgt der Einsatz z.B. auf der Grundlage eines **Konzernarbeitsverhältnisses**, ist diese Voraussetzung nicht erfüllt. Dasselbe gilt, soweit im AV eine **konzernbezogene Versetzungsklausel** enthalten ist (zur Zulässigkeit vgl. *BAG* v. 19.2.91, AP Nr. 26 zu § 1 KSchG 1969) oder für die Zeit der Überlassung ein **ruhendes ArbV** mit dem AG bei gleichzeitiger Begründung eines befristeten ArbV zum anderen Konzernunternehmen vereinbart wird (*Ulber/Ulber, J.*, AÜG, § 1 Rn. 96).   **205**

Der AN muss in arbeitsvertraglichen Beziehungen zu einem Konzernunternehmen stehen und in tatsächlicher Hinsicht grundsätzlich bei diesem Konzernunternehmen und eingegliedert in dessen Betrieb seine Arbeit leisten (*Ulber/Ulber, J.*, AÜG, § 1 Rn. 253; *Schüren*, BB 07, 2349). Eine Anwendbarkeit aus Abs. 3 Nr. 2 scheidet aus, wenn ein Einsatz in der Betriebsstätte des Verleihers von **vornherein nicht vorgesehen** ist (*LAG Hamm* v. 6.5.2011 – 7 Sa 1583/1, LAGE § 9   **206**

§ 1 Erlaubnispflicht

AÜG Nr. 8). Die Tätigkeit außerhalb des Arbeitgeberunternehmens muss einen **anlassbezogenen Ausnahmefall** betreffen (*BAG* v. 18.7.2012 – 7 AZR 451/11) und lediglich vorübergehend in Form einer ANÜ erfolgen (*Schüren/Hamann/Hamann*, § 1 Rn. 506 ff.; Ulber/*Ulber, J.*, AÜG, § 1 Rn. 374). Fehlen eigene Beschäftigungsmöglichkeiten des verleihenden Unternehmens, scheidet eine Anwendbarkeit von Abs. 3 Nr. 2 aus (*Dörner*, FS Wissmann, 295).

Das Tatbestandsmerkmal **vorübergehend** ist nur erfüllt, wenn zu Beginn der Überlassung feststeht, zu welchem konkreten Zeitpunkt oder bei welcher Zweckerreichung der überlassene AN wieder eingegliedert in die Arbeitsorganisation des Entsendebetriebs arbeitet (*LAG Schleswig- Holstein* v. 2.7.2008, NZA-RR 2009, 75; *LAG Mainz* v. 3.5.2006 – 10 Sa 913/05; *Boemke/Lembke*, § 1 Rn. 199; *Schüren/Hamann/Hamann*, § 1 Rn. 510, 582; Ulber/*Ulber, J.*, AÜG, § 1 Rn. 374). Erfolgt die Überlassung ohne Festlegung der Dauer oder **wiederholt**, indem der AN im Anschluss an eine befristete Überlassung an einen Konzernbetrieb wiederum an ein anderes Konzernunternehmen verliehen wird, liegt kein vorübergehender Verleih vor (*BAG* v. 20.4.2005, BB 06, 383).

207 Steht zu Beginn der Überlassung **keine Weiterbeschäftigungsmöglichkeit** beim verleihenden Arbeitgeberunternehmen fest, kommt eine vorübergehende Überlassung im Rahmen von. Nr. 2 nicht in Betracht (*LAG Hessen* v. 26.5.2000, DB 00, 1968). Das bloße Vorhandensein einer Beschäftigungsmöglichkeit oder eine allgemeine Rückkehroption reicht nicht aus, um eine vorübergehende ANÜ anzunehmen. (a.A. *LAG Mainz* v. 3.5.2006 – 10 Sa 913/05). Vielmehr muss die **Rückkehr** des AN zum Zeitpunkt des Beginns der Überlassung konkret feststehen (*Boemke/Lembke*, § 1 Rn. 199; Ulber/*Ulber, J.*, AÜG, § 1 Rn. 374). Eine Überlassung auf unbestimmte Zeit ist nicht vorübergehend (*BAG* v. 10.7.2013 – 7 ABR 91/11).

208 Die Länge der **Überlassungsdauer** sollte nach weitverbreiteter Ansicht für das Vorliegen einer vorübergehenden ANÜ i.S.v. Abs. 3 Nr. 2 a.F. nur eine geringe Bedeutung haben (vgl. *BAG* v. 5.5.1988, NZA 89, 18). Selbst mehrjährige Überlassungen sollen danach noch vorübergehend i.S.v. Nr. 2 a.F. sein. Richtig ist, dass die Höchstdauer der Überlassung nicht nach den Kriterien beurteilt werden kann, die bei gewerbsmäßiger ANÜ galten, da die Vorschriften des AÜG in den Fällen von Nr. 2 keine Anwendung finden sollen. Andererseits kann dem Gesetzgeber nicht unterstellt werden, dass das Konzernprivileg auch für solche Fälle Anwendung finden soll, in denen der Zeitraum der vorübergehenden ANÜ nicht **sachlich begründet ist**. Hierbei kann auf die Zulässigkeit von Befristungen nach § 14 TzBfG zurückgegriffen werden (*Schüren/Hamann/Hamann*, § 1 Rn. 508; Ulber/*Ulber, J.*, AÜG, § 1 Rn. 374; a.A. *Boemke/Lembke*, § 1 Rn. 201).

Erlaubnispflicht § 1

e. Einstellung und Beschäftigung zum Zweck der Überlassung

M. W. v. 1.12.2011 ist die Inanspruchnahme des Konzernprivilegs ausdrücklich ausgeschlossen, wenn der AN zum Zweck der Überlassung eingestellt und beschäftigt wird. Die Vorschrift **verstößt gegen Art. 1 Abs. 1 und 2 LA-RL**, die eine unterschiedliche Behandlung von Leih-AN, die sich bereits bei der Einstellung zur Leistung von Leiharbeit verpflichten, und solchen, die eine derartige Verpflichtung erst im Verlauf des ArbV eingehen, nicht zulässt (Ulber/*Ulber, J.*, AÜG, § 1 Rn. 370; *Böhm*, DB 2011, 473). Wird der AN in **tatsächlicher Hinsicht** als Leih-AN eingesetzt, sind die Bestimmungen der LA-RL – insbesondere die Gleichbehandlungspflichten nach Art. 5 – immer anzuwenden. Ihr Geltungsausschluss im Rahmen von Abs. 3 Nr. 2 ist insoweit **gemeinschaftsrechtswidrig** (Ulber/*Ulber, J.*, AÜG, § 1 Rn. 370).

208a

Eine **Einstellung zum Zweck der Überlassung** liegt vor, wenn der AN zum Zeitpunkt des Vertragsschlusses die Verpflichtung eingeht, zu einem späteren Zeitpunkt auch als Leih-AN eingesetzt zu werden. Unerheblich ist dabei, ob die Verpflichtung auf den Konzern beschränkt bleibt. Voraussetzung ist hierbei, dass bei Vertragsschluss nicht feststeht, **ob und wann** der AN überhaupt im Konzern als Leih-AN eingesetzt werden soll. Da der Einsatz als Leih-AN auch im Konzern immer einer besonderen arbeitsvertraglichen Absprache bedarf (vgl. Rn. 209), liegt eine Einstellung als Leih-AN i. S. v. Nr. 2 infolge der Vertragsänderung (vgl. Rn. 209) auch vor, wenn sich der AN erst nach dem Beginn des ArbV zur Leistung von Leiharbeit verpflichtet (Ulber/*Ulber, J.*, § 1 Rn. 370; a. A. *Lembke*, DB 2011, 414). Zum Zwecke der Überlassung eingestellt ist auch, wer erst später als Leih-AN beschäftigt wird (*Huke/Neufeld/Luickhardt*, BB 2012, 961).

208b

Nach dem Gesetzeswortlaut verlangt die Ausnahmevorschrift, dass nicht nur ausgeschlossen ist, dass der AN zum Zweck der Überlassung nicht eingestellt wurde, sondern (kumulativ) auch **nicht beschäftigt** wird. Der Sinn und Zweck dieses zusätzlichen Erfordernisses ist unverständlich. Da jede tatsächliche Tätigkeit als Leih-AN, unabhängig davon, ob sie auf Grund eines AV oder eines sonstigen Beschäftigungsverhältnisses erfolgt, den Bestimmungen der LA-RL unterliegt (vgl. § 1 Abs. 1 der RL), ist jedoch auch der Zusatz »und beschäftigt« nicht richtlinienkonform.

208c

f. Arbeitsvertragliche Voraussetzungen

Der AG ist auf Grund seines allgemeinen Weisungsrechts nicht befugt, AN innerhalb des Konzerns an andere Konzernunternehmen zu verleihen. Vielmehr bedarf es auch im Rahmen von Abs. 3 Nr. 2 einer ausdrücklichen **arbeitsvertraglichen Absprache** nach § 613 S. 2 BGB (*Boemke/Lembke*, § 1 Rn. 203; *Schüren/Hamann/Hamann*, § 1 Rn. 520; Ulber/*Ulber, J.*, AÜG, § 1 Rn. 375; vgl. Rn. 57).

209

Jürgen Ulber

§ 1 Erlaubnispflicht

210 Weigert sich der AN, seine Zustimmung zur Überlassung zu erteilen, kann der AG den AN allenfalls im Wege der **Änderungskündigung** zur Leistung von Leiharbeit verpflichten. Für eine derartige Änderungskündigung müssen die allgemeinen arbeitsrechtlichen Voraussetzungen vorliegen, insbesondere muss eine Weiterbeschäftigung im bisherigen Konzernunternehmen auf Grund der bisherigen vertraglichen Vereinbarungen nicht möglich sein.

211 Nimmt der AN ein Angebot zur Änderung der Vertragsbedingungen nicht an, ist eine Kündigung des ArbV durch das Konzernunternehmen nur eingeschränkt möglich. Insofern ist zu berücksichtigen, dass in den Fällen von Abs. 3 Nr. 2 konzernweite Absprachen zur unternehmensübergreifenden, konzernweiten Beschäftigung von AN bestehen, die eine **konzernbezogene Anwendung des Kündigungsschutzes** rechtfertigen (vgl. *BAG* v. 21.1.1999, NZA 99, 539). Da im entleihenden Konzernunternehmen ein Bedarf besteht, den zu überlassenden AN zumindest befristet zu beschäftigen, ist eine Kündigung zum Zwecke der konzerninternen Überlassung eines AN daher i.d.R. ausgeschlossen.

212 Ist der AN bislang bei einem Konzernunternehmen im Rahmen eines Normalarbeitsverhältnisses beschäftigt, ist eine betriebsbedingte **Kündigung** wegen Wegfalls des Beschäftigungsbedarfs unwirksam, wenn sie im Zusammenhang mit der Entscheidung steht, den Arbeitsbedarf zukünftig über eine konzerneigene ANÜ-Gesellschaft abdecken zu wollen (*LAG Köln* v. 4.10.2005, NZA-RR 06, 235). Gleichermaßen ist eine **Befristung** unwirksam, die von einem Konzernunternehmen vorgenommen wird, um den Arbeitskräftebedarf zu einem späteren Zeitpunkt im Rahmen eines Entleihs von einer konzernangehörigen Tochter abwickeln zu wollen (*LAG Köln*, a.a.O.).

213 Die **arbeitsvertraglichen Absprachen** und die im Verleihbetrieb geltenden TV und BV sind auch während des Einsatzes beim Dritten Grundlage der gegenseitigen Rechte und Pflichten. Der Einsatz des AN beim entleihenden Unternehmen muss sich im Rahmen dieser Absprachen halten. Der **Lohnanspruch** richtet sich ausschließlich nach den im verleihenden Unternehmen geltenden Bestimmungen. Eine Berufung auf die Gleichstellungsansprüche nach §§ 9 Nr. 2, 10 Abs. 4 ist dem AN nach dem Einl. S. verwehrt (Rn. 167), was gegen Gemeinschaftsrecht verstößt (Rn. 189). Arbeits- und tarifvertraglich kann jedoch deren Geltung vereinbart werden.

g. Konzernverleih und Betriebsverfassung

214 Im **Entleihbetrieb** ist die Rechtsstellung des AN dieselbe wie bei allen Formen nichtgewerbsmäßiger ANÜ (vgl. hierzu § 14 Rn. 13, 93). Nach Auffassung des *BAG* ist der überlassene AN grundsätzlich nicht AN des Entleihbetriebs i.S.v. § 7 BetrVG (v. 10.3.2004, AP Nr. 8 zu § 7 BetrVG 1972; anders, soweit Leih-AN beim Entleiher i.d.R.

Beschäftigte sind: *BAG* v. 13.3.2013 – 7 ABR 69/11). Das aktive Wahlrecht zum Entleiherbetriebsrat nach § 7 S. 2 BetrVG bleibt hiervon (ungeachtet des daneben bestehenden Wahlrechts im Verleihbetrieb) unberührt (*HessLAG* v. 27.2.2003, NZA-RR 04, 142). Ausgeschlossen ist nach § 14 Abs. 2 das passive Wahlrecht im Entleiherbetrieb.

215 Da im Rahmen des Abs. 3 die Bestimmungen des AÜG keine Anwendung finden, kommt bei der Konzernleihe eine unmittelbare Geltung von § 14 AÜG nicht in Betracht.

216 Da der AN bei einer Konzernleihe regelmäßig seine Arbeit beim Vertragsarbeitgeber erbringt und die in die Betriebsorganisation des Entleihers eingegliederte Arbeit mit einer erheblichen Änderung der Arbeitsumstände und des Arbeitsorts verbunden ist (*BAG* v. 18.2.1986, AP Nr. 33 zu § 99 BetrVG 1972), erfüllt die Überlassung an ein anderes Konzernunternehmen den Tatbestand einer **Versetzung** nach § 95 Abs. 3 BetrVG. Dem BR des überlassenden Unternehmens stehen daher bei der Konzernleihe die **Mitbestimmungsrechte** nach § 99 BetrVG zu (*BAG* v. 26.1.93, DB 93, 1475). Das notwendige Einverständnis des AN mit dieser Versetzung (Rn. 209) lässt die Mitbestimmungsrechte nicht entfallen (*BAG* v. 18.2.1988, AP Nr. 33 zu § 99 BetrVG 1972; Ulber/*Ulber, J., AÜG*, § 1 Rn. 377; *Däubler*, AiB- Extra 2010, 16). Bei **Rückkehr des AN** in den verleihenden Betrieb ist kein neues Mitbestimmungsverfahren durchzuführen (*BAG* v. 18.10.1988, DB 89, 732).

217 Im **Entleiherbetrieb** steht dem BR unter dem Gesichtspunkt der **Einstellung** das Mitbestimmungsrecht aus § 99 BetrVG zu (*BAG* v. 26.1.1993, DB 93, 1475; Ulber/*Ulber, J., AÜG*, § 1 Rn. 376). Die **Beendigung** des immer befristeten Einsatzes löst demgegenüber keine Beteiligungsrechte aus. Obwohl § 14 keine unmittelbare Anwendung findet, stehen dem BR des entleihenden Betriebes i.d.R. dieselben Rechte zu wie bei nichtgewerbsmäßiger ANÜ (*Schüren/Hamann/Hamann*, § 14 Rn. 487; Ulber/*Ulber, J., AÜG*, § 1 Rn. 376). Dies gilt auch hinsichtlich der Pflicht zur Vorlage des **Überlassungsvertrags**, die unabhängig von § 14 AÜG gegeben ist (*BAG* v. 6.6.1978, AP Nr. 6 zu § 99 BetrVG 1972).

218 Sollen **allgemeine Grundsätze** zum Verleih zwischen Konzernunternehmen vereinbart werden, ist eine originäre Zuständigkeit des **Konzernbetriebsrats** gegeben (*Schüren/Hamann/Hamann*, § 14 Rn. 472; Ulber/*Ulber, J., AÜG*, § 1 Rn. 379).

14. Gelegentliche Arbeitnehmerüberlassung (§ 1 Abs. 3 Nr. 2a)

218a Nach Abs. 3 Nr. 2a soll die **gelegentliche ANÜ** seit dem 1.12.2011 nicht den Bestimmungen des AÜG unterliegen. **Zweck** der Vorschrift ist, die gelegentliche ANÜ durch Handwerksbetriebe oder gemeinnützige Organisationen nicht unnötig zu erschweren (BT-Ds.

§ 1 Erlaubnispflicht

17/4804, 9). Die Vorschrift kommt nur bei **nichtgewerbsmäßigen Formen** der ANÜ zur Anwendung und setzt voraus, dass keine Erlaubnis nach § 1 Abs. 1 S. 1 vorliegt (Ulber/*Ulber, J.*, AÜG, § 1 Rn. 383). Reine Verleihunternehmen und konzernrechtlich verbundene Unternehmen können das Privileg nicht in Anspruch nehmen (*Hamann*, RdA 2011, 333).

218b Eine gelegentliche ANÜ liegt nur vor, wenn auf Grund eines **einmaligen, außergewöhnlichen Anlasses** im Einzelfall ein AN überlassen werden soll. Auch darf die ANÜ allenfalls kurzzeitig für einen **einzelnen Arbeitsgang** erfolgen (vgl. *BAG* v. 18.7.2012 – 7 AZR 451/11).

218c Die Vorschrift verstößt offensichtlich gegen Art. 1 Abs. 1 und 2 LA-RL, der eine unterschiedliche Behandlung von Fällen gelegentlicher und nichtgelegentlicher ANÜ nicht zulässt (Ulber/*Ulber, J.*, AÜG, § 1 Rn. 381; *Hamann*, RdA 2011, 333; *Hayen*, AiB 2012, 172; *Schuster/Grüneberg*, AiB 2012, 81; *Lembke*, DB 2011, 414; *Ulber, J.*, AuR 2010, 412). Daran ändert auch nichts der Zusatz, dass der AN nicht zum Zwecke der Überlassung eingestellt und beschäftigt wird. Die Vorschrift **verstößt** insoweit ebenso **gegen Gemeinschaftsrecht** wie Nr. 2 (vgl. Rn. 208c). Daneben verstößt die unbestimmte Begrifflichkeit gegen das **Rechtsstaatsgebot von Art. 20 Abs. 3 GG** (*Hamann*, RdA 2011, 333). Zumindest ist eine enge, strengen Anforderungen Rechnung tragende Auslegung geboten (*Huke/Neufeld/Luickhardt*, BB 2012, 961). Allenfalls **Bagatellfälle** werden erfasst (*BAG* v. 18.7.2012 – 7 AZR 451/11, NZA 2012, 1369).

15. Verleih auf der Grundlage zwischenstaatlicher Vereinbarungen (Abs. 3 Nr. 3)

219 Die grenzüberschreitende ANÜ vom Inland in ein Land außerhalb der EU bzw. des EWR unterliegt bei einer **Überlassung in das Ausland** grundsätzlich allen Bestimmungen des AÜG. Abs. 3 Nr. 3 macht hiervon eine **Ausnahme** für deutsch-ausländische Unternehmen, die auf der Grundlage zwischenstaatlicher Vereinbarungen gegründet wurden und an denen der Verleiher beteiligt ist. Insbesondere zur Erleichterung sog. Joint Ventures sollen in diesem Fall die Bestimmungen des AÜG nicht zur Anwendung kommen.

Ebenso wie sonstige nach Abs. 3 privilegierte Formen der ANÜ verstößt die Vorschrift gegen die LA-RL (Ulber/*Ulber, J.*, § 1 Rn. 386). Die **Gleichbehandlungsgrundsätze** gem. Art. 5 der RL/§§ 9 Nr. 2, 10 Abs. 4 müssen daher auch i.R.v. Abs. 3 Nr. 3 beachtet werden (Ulber/*Ulber, J.*, AÜG, § 1 Rn. 386; *Boemke*, RIW 2009, 178).

220 Keine **Anwendung** findet die Vorschrift für die ANÜ im Baugewerbe nach § 1b S. 1 oder wenn das Unternehmen die Erlaubnis zur ANÜ besitzt (Ulber/*Ulber, J.*, AÜG, § 1 R. 387). Auch ist ein Verleih von einem ausländischen an ein deutsches Unternehmen des Verleihers auf

Anzeige der Überlassung § 1 a

der Grundlage der Ausnahmevorschrift nicht möglich. Gegenüber Abs. 3 Nr. 2 ist die Vorschrift lex specialis (Ulber/*Ulber, J.*, AÜG, § 1 Rn. 385; a. A. *Boemke/Lembke*, § 1 Rn. 208).

Eine Überlassung in das Ausland liegt nur vor, wenn der AN als **221** **Stammarbeitnehmer** im deutschen Entsendebetrieb beschäftigt ist (*Boemke/Lembke*, § 1 Rn. 206; Ulber/*Ulber, J.*, AÜG, § 1 Rn. 388), dort regelmäßig seine Arbeit erbringt und aufgrund einer **arbeitsvertraglichen Absprache** für den Einzelfall (Schüren/*Hamann*, § 1 Rn. 582; *Ulber*, § 1 Rn. 263) und für einen **befristeten Zeitraum** vom Inland an ein ausländisches Schwesterunternehmen überlassen wird (Ulber/*Ulber, J.*, AÜG, § 1 Rn. 388).

Ein **deutsch-ausländisches Gemeinschaftsunternehmen** liegt vor, **222** wenn zwischen einem deutschen und einem ausländischen Unternehmen eine unternehmens-, eigentums- oder gesellschaftsrechtliche Beziehung besteht. Hierbei ist erforderlich, dass das Unternehmen auf Grund einer **gesellschaftsrechtlichen Organstellung** Einfluss auf die Geschäftspolitik des ausländischen Gemeinschaftsunternehmens nehmen kann. Eine rein formale oder Scheinbeteiligung reicht hierfür nicht aus (*Schüren/Hamann/Hamann*, § 1 Rn. 532; Ulber/*Ulber, J.*, § 1 Rn. 394).

Der entsendende **Verleiher** muss **direkt** am ausländischen Gemein- **223** schaftsunternehmen **beteiligt** sein (Ulber/*Ulber, J.*, § 1 Rn. 394). Ist lediglich ein rechtlich selbständiges Tochterunternehmen oder die Holding am ausländischen Unternehmen beteiligt, ist diese Voraussetzung nicht erfüllt.

Das deutsch-ausländische Gemeinschaftsunternehmen muss auf der **224** Grundlage **zwischenstaatlicher Vereinbarungen** gegründet sein. Von Bedeutung ist hier insbesondere der deutsch-chinesische Investitionsförderungs- und Schutzvertrag (v. 7. 10. 1983, BGBl. II S. 30).

Sind die Voraussetzungen der Vorschrift erfüllt, findet das AÜG keine **225** Anwendung. **Verstöße** lösen dieselben Rechtsfolgen aus wie eine gewerbsmäßige ANÜ in das Ausland ohne Erlaubnis.

In **betriebsverfassungsrechtlicher Hinsicht** beurteilt sich der Aus- **226** landsverleih nach den Grundsätzen, die auch für die Konzernleihe gelten (Rn. 214ff.). Die Betriebszugehörigkeit des entsandten AN bleibt auch während dessen Auslandsaufenthalts erhalten. Dem BR des Entsendebetriebs steht unter dem Gesichtspunkt der **Versetzung** das Mitbestimmungsrecht nach § 99 BetrVG zu.

§ 1 a Anzeige der Überlassung

(1) Keiner Erlaubnis bedarf ein Arbeitgeber mit weniger als 50 Beschäftigten, der zur Vermeidung von Kurzarbeit oder Entlassungen an einen Arbeitgeber einen Arbeitnehmer, der nicht zum Zweck der Überlassung eingestellt und beschäftigt wird, bis zur

§ 1 a Anzeige der Überlassung

Dauer von zwölf Monaten überläßt, wenn er die Überlassung vorher schriftlich der Bundesagentur für Arbeit angezeigt hat.

(2) In der Anzeige sind anzugeben

1. Vor- und Familiennamen, Wohnort und Wohnung, Tag und Ort der Geburt des Leiharbeitnehmers,
2. Art der vom Leiharbeitnehmer zu leistenden Tätigkeit und etwaige Pflicht zur auswärtigen Leistung,
3. Beginn und Dauer der Überlassung,
4. Firma und Anschrift des Entleihers.

Gliederung	Rn.
1. Inhalt und Zweck der Vorschrift	1– 2
2. Geltungsbereich	3– 4
3. Arbeitgeber mit weniger als 50 Beschäftigten	5– 7
4. Vermeidung von Kurzarbeit oder Entlassungen	8–10
5. Höchstüberlassungsdauer von 12 Monaten	11–15
6. Anzeige der Überlassung (Abs. 2)	16–18
7. Rechtsfolgen	19–21
8. Arbeits- und betriebsverfassungsrechtliche Besonderheiten	22–25

1. Inhalt und Zweck der Vorschrift

1 § 1 a privilegiert **Kleinunternehmen** mit weniger als 50 Beschäftigten, indem die ANÜ zum Zwecke der Vermeidung von Kurzarbeit oder Entlassungen unter bestimmten Voraussetzungen **von der Erlaubnispflicht** nach § 1 Abs. 1 S. 1 **befreit** wird. Die Voraussetzungen wurden m. W. v. 1. 12. 2011 um den Zusatz erweitert, dass der AN nicht zum Zweck der Überlassung eingestellt und beschäftigt wird. Statt eine Erlaubnis zu beantragen, hat das Kleinunternehmen in den Fällen von Abs. 1 lediglich eine Anzeige zu erstatten, deren Mindestanforderungen in Abs. 2 geregelt sind. **Gemeinschaftsrechtliche Bedenken** gegen die Vorschrift bestehen nicht, da es den Mitgliedstaaten überlassen bleibt, inwieweit sie die ANÜ vom Vorliegen einer Erlaubnis abhängig machen (vgl. Art. 4 LA-RL).

2 § 1 a befreit nur vom Erfordernis der Erlaubnis nach § 1 Abs. 1 S. 1. ANÜ in **Betriebe des Baugewerbes** nach § 1 b Abs. 1 S. 1 ist daher auch im Rahmen des § 1 a verboten. Die sonstigen Bestimmungen des AÜG sind vollumfänglich anzuwenden. Die **Gleichbehandlungsgrundsätze** von §§ 9 Nr. 2, 10 Abs. 4 finden daher ebenso Anwendung wie Ansprüche des AN gegen den Entleiher nach §§ 13 a f. (*Schüren/Hamann/Hamann*, § 1 a Rn. 61; Ulber/*Ulber*, J., AÜG, § 1 a Rn. 10).

2. Geltungsbereich

3 Da die nichtgewerbsmäßige ANÜ nunmehr einer Erlaubnis bedarf (vgl. § 1 Rn. 2), wird von § 1 a sowohl die nichtgewerbsmäßige, als auch die **gewerbsmäßige ANÜ** erfasst. Ist das Kleinunternehmen schon nach § 1 Abs. 3 Nr. 1 berechtigt, AN zur Vermeidung von Kurzarbeit oder Entlassungen zu überlassen, entfällt auch die Anzeigepflicht nach § 1 a. Ist der Verleiher im Besitz der **Erlaubnis** nach § 1 Abs. 1 S. 1, kann er sich auch bei Vorliegen der Voraussetzungen von Abs. 1 nicht auf die Vorschrift berufen (*Schüren/Hamann//Hamann*, § 1 a Rn. 11; Ulber/*Ulber, J.*, AÜG, § 1 a Rn. 8). Dies gilt insbesondere in Fällen, in denen die Erlaubnis durch Rücknahme (§ 4) oder Widerruf (§ 5) **erloschen** ist (*Boemke/Lembke*, § 1 a Rn. 7; Ulber/*Ulber, J.*, AÜG, § 1 a Rn. 8).

Liegt ein **TV** vor, der die ANÜ von bestimmten Zulässigkeitsvoraussetzungen abhängig macht, gelten diese Zulässigkeitsvoraussetzungen bei Tarifbindung des AG grundsätzlich auch für die ANÜ nach § 1 a. Der TV kann dabei keine Regelungen treffen, die den Anwendungsbereich von § 1 a erweitern oder die Anzeigepflichten des AG erweitern oder einschränken. **4**

3. Arbeitgeber mit weniger als 50 Beschäftigten

Abs. 1 ist anwendbar, wenn der verleihende **AG** weniger als 50 Beschäftigte hat. Die Vorschrift stellt auf den AG und nicht auf den Betrieb ab. Auch der **Entleiher** muss AG sein, d. h. mindestens einen AN selbst beschäftigen. **5**

Die Beschäftigten mehrerer Betriebe oder Unternehmen desselben AG sind zusammenzuzählen. Bei der Bestimmung der Beschäftigtenzahl ist der **Zeitpunkt** maßgeblich, zu dem die ANÜ erfolgen soll. **6**

Zu den **Beschäftigten** zählen alle AN, die der AG in seinen Betrieben auf Grund eines ArbV beschäftigt. Strittig ist, ob auch **Leih-AN** zu den Beschäftigten zählen (so Ulber/*Ulber, J.*, AÜG, § 1 a Rn. 13; a. A. Schüren/*Hamann/Hamann*, § 1 a Rn. 18). Hierfür spricht u. a., dass nicht der ansonsten im Gesetz verwandte Begriff des »Arbeitnehmers«, sondern der des »Beschäftigten« in Abs. 1 gewählt wurde. Die praktische Bedeutung des Meinungsstreits ist gering, da bei Beschäftigung von Leih-AN die Voraussetzungen der Vorschrift (Zulässigkeit von Kurzarbeit oder Entlassungen für die Stammbelegschaft) meist aus anderen Gründen nicht gegeben sind (vgl. Rn. 10). **7**

4. Vermeidung von Kurzarbeit oder Entlassungen

Die Erlaubnispflicht entfällt nur, wenn durch die Überlassung Kurzarbeit oder Entlassungen vermieden werden. Ob **Kurzarbeit** oder **Entlassungen** i. S. v. Abs. 1 vorliegen, richtet sich nach denselben Grundsätzen, die auch bei § 1 Abs. 3 Nr. 1 gelten. Insoweit kann auf die Erläuterungen zu dieser Vorschrift verwiesen werden (vgl. § 1 Rn. 169 ff.). **8**

Eine **Vermeidung** von Kurzarbeit oder Entlassungen liegt vor, wenn **9**

§ 1a Anzeige der Überlassung

nach Ablauf der Überlassung weder Kurzarbeit angeordnet noch Entlassungen vorgenommen werden müssen. Hierbei muss immer eine **Mehrzahl der AN** von Kurzarbeit oder Entlassungen bedroht sein. Bei Kurzarbeit ergibt sich dies aus deren Betriebsbezogenheit (vgl. § 96 Abs. 1 S. 1 Nr. 4 SGB III, § 87 Abs. 1 Nr. 3 BetrVG), bei Entlassungen schon aus der Pluralbildung im Gesetzeswortlaut (ErfK/*Wank*, § 1a AÜG Rn. 7; Ulber/*Ulber, J.*, AÜG, § 1a Rn. 20; a. A. Schüren/*Hamann/Hamann*, § 1a Rn. 27 f.).

10 Eine Vermeidung von Kurzarbeit oder Entlassungen setzt voraus, dass der AG ohne die ANÜ die Kurzarbeit arbeitsvertraglich wirksam anordnen bzw. Kündigungen wirksam aussprechen kann. Ist die Kurzarbeit oder sind die Entlassungen vermeidbar (vgl. § 96 Abs. 4 SGB III), kann die ANÜ nicht auf § 1a gestützt werden. Insoweit sind zunächst betriebs- bzw. unternehmensintern vorhandene Gestaltungsalternativen zu nutzen, um Kurzarbeit und Entlassungen zu vermeiden (Ulber/*Ulber, J.*, AÜG, § 1a Rn. 22). Hierzu gehört, dass der AG ggf. zunächst die eigene Beschäftigung von Leih-AN beendet (*LAG Hamm* v. 21.12.2007, LAGE § 1 KSchG, Betriebsbedingte Kündigung Nr. 81; vgl. § 1 Rn. 174). Liegen die arbeits- und tarifvertraglichen sowie die betriebsverfassungsrechtlichen Voraussetzungen zur Anordnung von Kurzarbeit nicht vor, sind die Voraussetzungen für eine ANÜ nach § 1a nicht erfüllt (Rn. 22 ff.). Dasselbe gilt, wenn eine Kündigung von AN wegen der Beschäftigung von Leih-AN (zur unwirksamen Austauschkündigung vgl. Einl. Rn. 24) unwirksam wäre (vgl. § 1 Rn. 180).

5. Höchstüberlassungsdauer von 12 Monaten

11 Im Rahmen des § 1a ist die **Dauer** der Überlassung auf **höchstens 12 Monate** begrenzt. Übersteigt die Überlassung diesen Zeitraum, bedarf auch das Kleinunternehmen der Erlaubnis nach § 1 Abs. 1 S. 1. Entscheidend für die Einhaltung der Höchstüberlassungsdauer ist, ob der AN auf Grund der Planung des AG (vgl. Abs. 1: »vorher«) nach Ablauf des Höchstzeitraums in tatsächlicher Hinsicht wieder dauerhaft beim AG seine Arbeit verrichtet (zur **Rückkehroption** vgl. § 1 Rn. 207).

12 Der Höchstzeitraum wird nicht nur ausgeschöpft, wenn der AN 12 aufeinanderfolgende Monate ununterbrochen einem Entleiher überlassen wird. Vielmehr kommt es lediglich darauf an, ob zu Beginn der Überlassung beabsichtigt ist, den AN (ggf. auch bei wiederholtem Einsatz) innerhalb dieses Zeitraums zu überlassen. Einsatzzeiten bei **mehreren Entleihern** sind dabei zusammenzuzählen.

13 Die Einhaltung des Höchstüberlassungszeitraums kann nicht dadurch umgangen werden, dass der AG den AN nach Ablauf einer zwölfmonatigen Überlassung kurzeitig in seinen Betriebsstätten einsetzt und ihn anschließend wieder einem Entleiher überlässt. Nur **zeitlich erhebliche Unterbrechungen**, bei denen kein sachlicher Zusammenhang zwischen den Einsätzen besteht (*BAG* v. 23.11.99, AP Nr. 14 zu § 1 a AÜG), sind geeignet, eine neue Höchstüberlassungsfrist in Gang zu setzen (Ulber/*Ulber, J.*, AÜG, § 1 a Rn. 18).

Der Höchstüberlassungszeitraum kann auch ausgeschöpft sein, wenn **14** der AG den AN **abwechselnd** bei sich arbeiten lässt und einem Entleiher überlässt. Liegt dem rollierenden Einsatz eine einheitliche Planung zugrunde, nach der der Überlassungszeitraum einschließlich der Zeiten der Beschäftigung im eigenen Betrieb 12 Monate überschreitet, sind die Voraussetzungen der Vorschrift nicht erfüllt. Bei einem **Mehrfachverleih**, dessen Gesamtzeitraum 12 Monate übersteigt, muss spätestens nach 12 Monaten ein anderer Anlass für Kurzarbeit oder Entlassungen bestehen, um eine neue Höchstüberlassungsfrist auszulösen (Ulber/*Ulber, J.*, AÜG, § 1 a Rn. 19).

Auch bei einer **zeitversetzten Überlassung** mehrerer AN darf die **15** Höchstüberlassungsdauer von 12 Monaten nur im Einzelfall überschritten werden (str.). Bei Kurzarbeit ergibt sich dies daraus, dass Kurzarbeit immer einen anlassbezogenen kollektiven Bezug zum Betrieb oder zu einer Betriebsabteilung haben muss (vgl. § 97 SGB III, § 87 Abs. 1 Nr. 3 BetrVG) und die betroffenen AN in der maßgeblichen Kurzarbeitsphase zusammen berücksichtigt werden müssen (Ulber/*Ulber, J.*, AÜG, § 1 a Rn. 16; a. A. Schüren/*Hamann/Hamann*, § 1 a Rn. 38 ff.). Bei drohenden Entlassungen kann schon nach dem Wortlaut des Abs. 1 eine Vermeidung nur vorliegen, wenn die Entlassung einer Mehrzahl von AN durch die Überlassung vermieden wird (vgl. § 1 Rn. 178 f.). Der AG kann die Vorschrift daher nicht dadurch umgehen, dass er nach Ablauf des 12-monatigen Zeitraums einen anderen AN zur Entlassung vorsieht, um eine neue Frist in Gang zu setzen.

6. Anzeige der Überlassung (Abs. 2)

Nach Abs. 1 entfällt die Erlaubnispflicht nur, wenn der AG die Über- **16** lassung **vorher** der BA angezeigt hat. Die wirksame Erstattung der Anzeige ist materielle Zulässigkeitsvoraussetzung dafür, dass der AG die ANÜ ohne Erlaubnis durchführen kann. Die **Anzeigepflicht** besteht dabei vor jedem Fall einer Überlassung. Wird der AN innerhalb des Höchstüberlassungszeitraums mehrmals ausgeliehen, ist jeweils eine erneute Anzeige zu erstatten (Schüren/*Hamann/Hamann*, § 1 a Rn. 43; Ulber/*Ulber, J.*, AÜG, § 1 a Rn. 25).

Der notwendige **Inhalt der Anzeige** ergibt sich aus Abs. 2. Entspricht **17** die Anzeige nicht dem **zwingend** vorgeschriebenen **Mindestinhalt**, fehlt eine materiellrechtliche Zulässigkeitsvoraussetzung zur erlaubnisfreien ANÜ (Ulber/*Ulber, J.*, AÜG, § 1 a Rn. 30; a. A. *Boemke/Lembke*, § 1 a Rn. 28). Gefordert sind Angaben zur Person des Leih-AN (Nr. 1) und des Entleihers (Nr. 4) sowie Angaben zum

§ 1a Anzeige der Überlassung

Tätigkeitsprofil (Nr. 2) und zu Beginn und Dauer der Überlassung (Nr. 3).

18 Die Anzeige ist vor Beginn der Überlassung **schriftlich** bei der jeweils zuständigen **Dienststelle der BA** zu erstatten (Abs. 1). Hierbei können die amtlichen Vordrucke der BA verwandt werden.

7. Rechtsfolgen

19 Sind die Voraussetzungen von Abs. 1 und 2 erfüllt, ist der Verleiher vom Erfordernis der **Erlaubnis befreit**. Die weiteren Voraussetzungen und Rechtsfolgen der ANÜ richten sich nach den Bestimmungen, die für die erlaubnispflichtige ANÜ gelten. Da in den Fällen von § 1a i. d. R. kein TV zur ANÜ zur Anwendung kommt, stehen dem AN im Falle der Überlassung meistens die **Gleichstellungsansprüche** aus §§ 9 Nr. 2, 10 Abs. 4 zu (Schüren/*Hamann/Hamann*, § 1 Rn. 60; Ulber/*Ulber, J.*, AÜG, § 1a Rn. 29).

20 Liegen die Voraussetzungen von Abs. 1 nicht vor (z. B. weil die Höchstüberlassungsfrist überschritten wird) oder unterlässt der AG die ordnungsgemäße Erstattung der Anzeige, fehlt eine materiellrechtliche **Zulässigkeitsvoraussetzung** für eine erlaubnisfreie ANÜ. Es treten dann dieselben **Rechtsfolgen** ein wie bei einer gewerbsmäßigen ANÜ ohne Erlaubnis. Der ANÜ-Vertrag sowie die arbeitsvertragliche Absprache sind gem. § 9 Nr. 1 unwirksam und es wird nach § 10 Abs. 1 ein ArbV zum Entleiher fingiert (Ulber/*Ulber, J.*, *AÜG*, § 1a Rn. 29).

21 Überlässt der AG den AN, ohne die Anzeige erstattet zu haben, handelt er nach § 16 Abs. 1 Nr. 1 **ordnungswidrig**. Bei Verstößen gegen die Modalitäten der Anzeigepflicht liegt eine Ordnungswidrigkeit nach § 16 Abs. 1 Nr. 2a vor.

8. Arbeits- und betriebsverfassungsrechtliche Besonderheiten

22 Auch wenn die gesetzlichen Voraussetzungen von § 1a erfüllt sind, ist der AN zur Leistung der ANÜ nur verpflichtet, wenn diese Verpflichtung ausdrücklich im **AV** geregelt ist oder der AN jeweils vor einer Überlassung seine notwendige Zustimmung erteilt hat (Thüsing/*Waas*, § 1a Rn. 40; Ulber/*Ulber, J.*, AÜG § 1a Rn. 32).

23 Besteht im Betrieb des AG ein **Betriebsrat**, sind die Voraussetzungen des Abs. 1 nur erfüllt, wenn das Mitbestimmungsrecht des BR bei der Anordnung von Kurzarbeit nach § 87 Abs. 1 Nr. 3 BetrVG beachtet wurde (§ 1 Rn. 187 f.). Die Durchführung des **Mitbestimmungsverfahrens** ist **Wirksamkeitsvoraussetzung** für die Anordnung von Kurzarbeit und damit dafür, dass Kurzarbeit i. S. v. § 1a vermieden werden kann. Wird das Mitbestimmungsverfahren (ggf. einschließlich eines Einigungsstellenverfahrens) nicht durchgeführt oder liegt eine wirksame **Betriebsvereinbarung** vor, in der die Durchführung von

Kurzarbeit vorgesehen ist, ist der AG gehindert, AN auf der Grundlage von Abs. 1 zu überlassen; dem BR steht ein Unterlassungsanspruch zu. Solange die Einführung von Kurzarbeit nicht durch Spruch einer Einigungsstelle wirksam untersagt wurde, gilt dies auch, wenn der BR von seinem Initiativrecht bei der Einführung von Kurzarbeit Gebrauch gemacht hat.

Liegen die allgemeinen betriebsverfassungsrechtlichen Voraussetzungen zur Überlassung von AN vor, steht dem BR bei der Überlassung von AN im Einzelfall das Mitbestimmungsrecht bei **Versetzungen** nach §§ 95 Abs. 3, 99 BetrVG zu (Thüsing/*Waas*, § 1 a Rn. 41; Ulber/ *Ulber, J.*, AÜG, § 1 a Rn. 33). I. Ü. richten sich die Mitwirkungsrechte des BR nach den bei der erlaubnispflichtigen ANÜ geltenden Bestimmungen. 24

Werden AN auf der Grundlage von § 1 a überlassen, hat ein beim **Entleiher** bestehender BR alle Rechte, die bei einer erlaubnispflichtigen ANÜ bestehen (vgl. § 14 Rn. 120 ff.). Insbesondere ist er vor der Einstellung des Leih-AN nach § 14 Abs. 3 und § 99 BetrVG zu beteiligen. 25

§ 1 b Einschränkungen im Baugewerbe

Arbeitnehmerüberlassung nach § 1 in Betriebe des Baugewerbes für Arbeiten, die üblicherweise von Arbeitern verrichtet werden, ist unzulässig. Sie ist gestattet

a) zwischen Betrieben des Baugewerbes und anderen Betrieben, wenn diese Betriebe erfassende, für allgemeinverbindlich erklärte Tarifverträge dies bestimmen,

b) zwischen Betrieben des Baugewerbes, wenn der verleihende Betrieb nachweislich seit mindestens drei Jahren von denselben Rahmen- und Sozialkassentarifverträgen oder von deren Allgemeinverbindlichkeit erfasst wird.

Abweichend von Satz 2 ist für Betriebe des Baugewerbes mit Geschäftssitz in einem anderen Mitgliedstaat des Europäischen Wirtschaftsraumes Arbeitnehmerüberlassung auch gestattet, wenn die ausländischen Betriebe nicht von deutschen Rahmen- und Sozialkassentarifverträgen oder für allgemeinverbindlich erklärten Tarifverträgen erfasst werden, sie aber nachweislich seit mindestens drei Jahren überwiegend Tätigkeiten ausüben, die unter den Geltungsbereich derselben Rahmen- und Sozialkassentarifverträge fallen, von denen der Betrieb des Entleihers erfasst wird.

Gliederung Rn.
1. Einführung 1
2. Geltungsbereich 2
3. Verbot der Arbeitnehmerüberlassung in Betriebe des Baugewerbes (Satz 1) 3– 6

Jürgen Ulber **143**

§ 1 b Einschränkungen im Baugewerbe

4. Betriebe des Baugewerbes	7– 8
5. Rechtsfolgen von Verstößen gegen Satz 1	9–12
6. Ausnahmen vom Verbot (Satz 2)	13–25
a. ANÜ zwischen Betrieben des Baugewerbes und anderen Betrieben (Satz 2 Buchst. a)	14–18
b. ANÜ zwischen Betrieben des Baugewerbes (Satz 2 Buchst. b)	19–25
7. ANÜ durch Baubetriebe mit Sitz im EWR (Satz 3)	26–29
8. Ordnungswidrigkeiten	30

1. Einführung

1 § 1 b S. 1 enthält ein sektorales **Verbot der ANÜ in Betriebe des Baugewerbes**, soweit Tätigkeiten betroffen sind, die üblicherweise von Arbeitern verrichtet werden. Das Verbot ist verfassungsgemäß (*BVerfG* v. 4.4.1987, BVerfGE 21, 265; Ulber/*Ulber*, J., AÜG, § 1 b Rn. 6 ff.), und begegnet im Hinblick auf Art. 4 Abs. 1 LA-RL keinen gemeinschaftsrechtlichen Bedenken (Ulber/*Ulber, J.*, AÜG, § 1 b Rn. 4; *Waas*, ZESAR 2009, 313; a. A. *Boemke*, RIW 2009, 181; *Lembke*, BB 2010, 1540). S. 2 lässt abweichend vom Verbot **Ausnahmen** zu, wenn Baubetriebe Rahmen- und Sozialkassentarifverträgen des Baugewerbes oder für allgemeinverbindlich erklärten TV unterliegen. S. 3 enthält eine Sonderregelung für ausländische Baubetriebe mit Sitz im EWR, die nicht den inländischen Bau-TV unterliegen (vgl. *Ulber*, AuR 03, 8). Durch Streichung des vormaligen Zusatzes »gewerbsmäßig« wird seit dem 1.12.2011 auch die nichtgewerbsmäßige ANÜ vom Anwendungsbereich der Norm erfasst. Voraussetzung ist jetzt nur noch, dass die ANÜ im Rahmen einer **wirtschaftlichen Tätigkeit** i. S. v. § 1 Abs. 1 S. 1 erfolgt (vgl. § 1 Rn. 119 ff.).

2. Geltungsbereich

2 Von § 1 b werden **alle Formen der ANÜ** im Baugewerbe erfasst, wenn es sich beim Entleiherbetrieb um einen Betrieb des Baugewerbes handelt. Bei Abordnung von AN zu einer Arge nach § 1 Abs. 1 S. 3 ist die Vorschrift nicht anwendbar (Ulber/*Ulber*, J., AÜG, § 1 b Rn. 17). Als gemeinnützig anerkannte Einrichtungen (vgl. hierzu *BAG* v. 20.4.1988, AP Nr. 95 zu § 1 TVG Tarifverträge Bau) können nur in extremen Ausnahmefällen (z. B. nach Art. 1 Abs. 3 LA-RL) vom Verbot befreit werden. Anwendbar ist die Vorschrift dagegen in den Fällen des § 1 Abs. 3, sowie der anzeigepflichtigen ANÜ nach § 1 a (Ulber/*Ulber, J.*, AÜG, § 1 b Rn. 16).

3. Verbot der Überlassung in Betriebe des Baugewerbes (Satz 1)

3 Das Verbot kommt nur zur Anwendung, soweit es sich beim **entleihenden Betrieb** um einen Betrieb des Baugewerbes handelt. Auch Baubetriebe können daher ANÜ betreiben, soweit AN in andere Gewerbezweige verliehen werden sollen (Thüsing/*Waas* § 1 b

Rn. 33). In diesem Fall kommen alle Bestimmungen des AÜG zur Anwendung, insbesondere ist die Erlaubnis nach § 1 erforderlich.

Vom Verbot werden nur Überlassungsfälle erfasst, bei denen die vom **4** Leih-AN tatsächlich zu verrichtende Arbeit **üblicherweise von Arbeitern** ausgeführt wird. Abzustellen ist hierbei auf die allgemeine Verkehrsanschauung und die Berufsgruppenkataloge der Bautarifverträge (Ulber/*Ulber, J.*, AÜG, § 1 b Rn. 18; Schüren/*Hamann/Hamann*, § 1 b Rn. 50). **Auszubildende** werden von § 1 b nicht erfasst. Ihr Einsatz als Leih-AN würde den Ausbildungszwecken widersprechen (vgl. § 6 Abs. 2 BBiG) und muss daher unterbleiben.

Soll der Leih-AN im Entleiherbetrieb **Angestelltentätigkeiten** verrichten, kommt das Verbot von S. 1 nicht zur Anwendung. Auch **5** gewerbsmäßig tätige Verleiher können insoweit AN in Baubetriebe überlassen. Die Zulässigkeit der ANÜ richtet sich dann nach den allgemeinen Bestimmungen des AÜG.

Da das AÜG auch bei **grenzüberschreitendem Einsatz** von AN **6** Anwendung findet, gilt das sektorale Verbot auch, soweit der Verleiher einem Entleiher für eine im Ausland liegende Baustelle Leih-AN überlassen will (str., wie hier *S/M*, § 1 b Anm. 8; Ulber/*Ulber, J.*, AÜG, § 1 b Rn. 23; a. A. Boemke/*Lembke*, § 1 b Rn. 6).

4. Betriebe des Baugewerbes

Betriebe des Baugewerbes sind solche Betriebe, die i. S. v. § 175 Abs. 2 **7** S. 2 SGB III **überwiegend Bauleistungen** erbringen. **Reine Verleihunternehmen** sind keine Baubetriebe (*Salamon*, NZA-RR 2012, 61). Bauleistungen sind alle Tätigkeiten im Bau, die der Herstellung, Instandsetzung oder -haltung, Änderung oder Beseitigung von Bauleistungen dienen (§ 175 Abs. 2 S. 2 SGB III; Ulber/*Ulber, J.*, § 1 b Rn. 19). Soweit die Baubetriebeverordnung (§ 2) bestimmte Zweige des Baugewerbes von ihrer Geltung ausnimmt, gilt dies nicht im Rahmen von § 1 b, der auch auf Betriebe des **Baunebengewerbes** Anwendung findet (Ulber/*Ulber, J.*, AÜG § 1 b Rn. 19; KassHandb/ *Düwell*, 4.5 Rn. 227; a. A. *BGH* v. 17. 2. 2000, NJW 00, 1557; *Schüren/ Hamann*, § 1 b Rn. 36 ff.; *LAG Hessen* v. 20. 1. 2010 – 18 Sa 1339/09). Der Schutzzweck des Verbots (BT-Ds. 9/846, 35), die Einhaltung der Bestimmungen der für allgemeinverbindlich erklärten TV des Baugewerbes (und damit auch entsprechende TV im Baunebengewerbe) zu gewährleisten, würde andernfalls umgangen. Die Legaldefinition von § 175 Abs. 2 S. 2 SGB III geht den Bestimmungen der Baubetriebeverordnung vor (*BSG* v. 14. 9. 1978, AP Nr. 2 zu § 75 AFG).

Ob ein **Betrieb** des Baugewerbes vorliegt, bestimmt sich nach den **8** allgemeinen Grundsätzen. Auch eine **Betriebsabteilung** (nicht jedoch eine Baustelle) erfüllt die Voraussetzungen eines Betriebs (§ 171 S. 2 SGB III). Bei **Mischbetrieben** ohne eigenständigen Baubetrieb müssen die Bautätigkeiten überwiegen. Dies ist der Fall, wenn mehr als die Hälfte der Belegschaft bzw. mehr als die Hälfte der betrieblichen Gesamtarbeitszeit auf die Erbringung von Bauleistungen entfällt (Ulber/*Ulber, J.*, AÜG, § 1b Rn. 20).

5. Rechtsfolgen von Verstößen gegen Satz 1

9 Sind die Voraussetzungen von S. 1 erfüllt, ist die ANÜ in Betriebe des Baugewerbes untersagt. Dennoch abgeschlossene **ANÜ-Verträge** verstoßen gegen ein gesetzliches Verbot und sind nach § 134 BGB **nichtig**. Dies gilt auch, wenn der Verleiher die allgemeine Erlaubnis zur ANÜ besitzt (Ulber/*Ulber, J.*, AÜG, § 1b Rn. 29; a. A. BAG v. 13.12.2006, NZA 2007, 751; vgl. § 9 Rn. 8). Der Geltungsbereich einer Erlaubnis erstreckt sich nicht auf Fälle, in denen die ANÜ gesetzlich verboten ist (vgl. Rn. 12). Die Erlaubnisbehörde ist ggf. verpflichtet, die Erlaubnis nach § 5 Abs. 1 Nr. 3 wegen Verstoßes gegen Bestimmungen des AÜG zu widerrufen.

10 Umstritten ist, welche **arbeitsvertraglichen Folgen** sich ergeben, wenn ein AN entgegen S. 1 in Betriebe des Baugewerbes überlassen wird.

11 Ist der Verleiher **nicht** im Besitz einer **Erlaubnis,** sind die Voraussetzungen von §§ 9 Nr. 1, 10 Abs. 1 erfüllt. Der AV ist dann grundsätzlich unwirksam und es kommt ein ArbV zum Entleiher zustande (*BAG* v. 8.7.1998, NZA 99, 493; *Boemke/Lembke*, § 1b Rn. 22; Ulber/*Ulber, J.*, AÜG, § 1b Rn. 26). Etwas anderes kann hier gelten, wenn der AN neben der Leiharbeit auch Angestelltentätigkeiten verrichtet oder auf Baustellen normalerweise als Montagearbeiter eines Baubetriebs arbeitet. Wird der AN hier nur im Einzelfall in einem fremden Baubetrieb als Leih-AN tätig, wird man entsprechend dem Schutzgedanken von § 1b nur eine Unwirksamkeit des Teils des AV, der sich auf die ANÜ bezieht, annehmen können (Ulber/*Ulber, J.*, AÜG, § 1b Rn. 30).

12 Ist der Verleiher, der gegen S. 1 verstößt, im **Besitz der Erlaubnis**, sind die Voraussetzungen von §§ 9 Nr. 1, 10 Abs. 1 nach dem Wortlaut der Vorschriften nicht erfüllt. In diesem Fall liegt jedoch ein Verstoß gegen § 3 Abs. 1 Nr. 1 vor, so dass nach § 1 Abs. 2 das Vorliegen von Arbeitsvermittlung vermutet wird (vgl. § 10 Rn. 2a). Nach hier vertretener Auffassung wird dann ein **ArbV** zum Entleiher **fingiert** (Ulber/*Ulber, J.*, AÜG, § 1b Rn. 29; a. A. *Schüren/Hamann/Hamann*, § 1b Rn. 89; vgl. § 10 Rn. 6). Folgt man dieser Auffassung nicht, ist eine (zumindest analoge) Anwendung von § 10 Abs. 1 geboten. Die gegenteilige Auffassung des *BAG* (v. 13.12.2006, NZA 07, 751), nach der sich Verstöße gegen das Verbot auf gewerbe- und bußgeldrechtliche Folgen beschränken, widerspricht den Schutzzwecken des AÜG. Würde man der Auffassung des BAG folgen, würde auf Grund der **Unwirksamkeit des AV** (§§ 1b i. V. m. § 134 BGB; offengehalten vom *BAG*, a. a. O.) kein ArbV zum Verleiher bestehen und ein fingiertes ArbV zum Entleiher gleichfalls ausgeschlossen sein. Der Leih-AN wäre dann ohne ein wirksames ArbV, und zwar allein deswegen, weil der Verleiher im Besitz einer Erlaubnis ist, die den illegalen Verleih in Betriebe des Baugewerbes gerade nicht erfasst. Dass der Gesetzgeber dies bewusst gewollt hat (so *BAG*, a. a. O.), muss bezweifelt werden. Vielmehr ist davon auszugehen, dass die Rechtsfolgen einer erteilten Erlaubnis nur so weit reichen, wie Überlassungsfälle in Frage stehen, die von der Erlaubnis gedeckt sind (vgl. *LAG Berlin-Brandenburg* v. 9. 1. 2013 – 15 Sa 1635/12; vgl. § 5 Rn. 6 und 9 Rn. 8). Für eine gegen § 1 b verstoßende ANÜ liegt jedoch keine Erlaubnis vor, so dass auch ohne Analogiebildung (und selbst bei vorliegender Erlaubnis) ein ArbV zum Entleiher fingiert wird. Die Fallgestaltung ist nicht anders zu behandeln als die Fälle, in denen (z. B. über eine modifizierte Auflage; vgl. hierzu Ulber/*Ulber, J.*, AÜG, § 2 Rn. 30) der Geltungsbereich der Erlaubnis bzw. der Umfang zulässiger ANÜ eingeschränkt ist.

6. Ausnahmen vom Verbot (Satz 2)

S. 2 lässt unter bestimmten tarifvertraglichen Voraussetzungen **Ausnahmen** vom Verbot des S. 1 zu. Die ANÜ in Betriebe des Baugewerbes richtet sich dann nach den allgemeinen Bestimmungen. Insbesondere ist eine **Erlaubnis** erforderlich.

a. ANÜ zwischen Betrieben des Baugewerbes und anderen Betrieben (Satz 2 Buchst. a)

S. 2 Buchst. a) regelt die Voraussetzungen, unter denen eine ANÜ zwischen Betrieben des Baugewerbes **und anderen Betrieben** abweichend von S. 1 zulässig ist. Die Vorschrift ermöglicht es, AN in Baubetriebe zu überlassen, wenn der Verleiher ein **branchenfremdes Gewerbe** betreibt (*Schüren/Hamann/Hamann*, § 1 b Rn. 56; *Ulber*, AuR 2003, 7). § 1 b S. 2 lit. a kommt praktisch nicht zur Anwendung, da auch der allgemeinverbindliche BMTV keine entsprechende Regelung enthält (*Salamon*, NZA-RR 2012, 61).

Die Ausnahmevorschrift setzt voraus, dass ein (branchenübergreifender) für **allgemeinverbindlich erklärter TV** die ANÜ ausdrücklich zulässt (*Boemke/Lembke*, § 1 b Rn. 27). Dieser TV muss sowohl im Betrieb des Entleihers als auch im Betrieb des Verleihers zur Anwendung kommen. Die Tarifvertragsparteien müssen sich im Rahmen ihrer Tarifzuständigkeit auf einen branchenübergreifenden TV verständigen (Ulber/*Ulber, J.*, AÜG, § 1 b Rn. 35). Dabei muss **derselbe** für allgemeinverbindlich erklärte TV für beide beteiligten Betriebe gelten (*Schüren/Hamann/Hamann*, § 1 b Rn. 59; *Thüsing/Waas*, § 1 b Rn. 34; Ulber/*Ulber, J.*, AÜG, § 1 b Rn. 36).

Sind die Tatbestandsvoraussetzungen von S. 2 Buchst. a) erfüllt, richten sich Voraussetzungen und **Rechtsfolgen** der ANÜ nach den allgemeinen Bestimmungen des AÜG.

§ 1b   Einschränkungen im Baugewerbe

17 Soweit im entleihenden Baubetrieb ein für allgemeinverbindlich erklärter TV nach dem **AEntG** zur Anwendung kommt, müssen dem überlassenen AN nach § 8 Abs. 3 AEntG **mindestens** die tariflich vorgesehenen Mindestarbeitsbedingungen gewährt werden. Darüber hinaus hat der AN nach §§ 9 Nr. 2, 10 Abs. 4 einen Anspruch auf Einhaltung der **Gleichstellungsgrundsätze**, soweit das ArbV keinem TV zur ANÜ unterliegt, der die wesentlichen Arbeitsbedingungen abweichend von § 9 Nr. 2 regelt (Ulber/*Ulber, J.*, AÜG, § 1b Rn. 37). Der TV zur ANÜ muss dabei von den Tarifvertragsparteien abgeschlossen sein, die auch den für allgemeinverbindlich erklärten TV unterzeichnet haben.

18 Sind die tatbestandlichen **Voraussetzungen** von Buchst. a) **nicht erfüllt**, z. B. weil der für allgemeinverbindlich erklärte TV nicht im entleihenden und verleihenden Betrieb gleichermaßen Anwendung findet, verstößt die ANÜ gegen das in S. 1 enthaltene sektorale Verbot. Der **Verstoß** löst dann die Rechtsfolgen aus, die mit Verstößen gegen S. 1 verbunden sind (s. o. Rn. 9 ff.).

b. ANÜ zwischen Betrieben des Baugewerbes (Satz 2 Buchst. b)

19 S. 2 eröffnet für die sog. **Kollegenhilfe** im Baugewerbe die Möglichkeit, unter bestimmten Voraussetzungen abweichend von S. 1 AN **zwischen** Betrieben des Baugewerbes (unmittelbar) zu verleihen. Die Ausnahme kommt nur zur Anwendung, wenn sowohl der verleihende als auch der entleihende Betrieb die Kriterien eines **Baugewerbebetriebs** (s. o. Rn. 7 f.) erfüllen. Dies gilt auch für Mischunternehmen (vgl. Rn. 22). Verleihunternehmen, deren Betriebszweck ausschließlich im Überlassen von AN besteht, sind vom Anwendungsbereich der Norm ausgeschlossen (Ulber/*Ulber, J.*, AÜG, § 1b Rn. 35).

20 Im Unterschied zu S. 2 Buchst. a) setzt Buchst. b) nicht voraus, dass sowohl der verleihende als auch der entleihenden Betrieb ein **Baubetrieb** sind (Salamon, NZA-RR 2012, 61) und vom räumlichen und fachlichen **Geltungsbereich** desselben TV erfasst werden (Ulber/*Ulber, J.*, AÜG» § 1b Rn. 42). Verleiher und Entleiher müssen nur demselben (Bau-)Tarifbereich angehören (*Schüren/Hamann/Hamann*, § 1b Rn. 60; Thüsing/*Waas*, § 1b Rn. 36). Hinsichtlich der **Tarifunterworfenheit** stellt die Vorschrift nur darauf ab, ob der verleihende (nicht jedoch der entleihende) Betrieb seit mindestens drei Jahren von denselben Rahmen- und Sozialkassentarifverträgen oder deren Allgemeinverbindlichkeit erfasst wird. Eine betriebsübliche Anwendung oder eine **arbeitsvertragliche Bezugnahme** reichen nicht aus (*Boemke/Lembke*, § 1b Rn. 37; Ulber/*Ulber, J.*, AÜG, § 1b Rn. 42).

21 Der verleihende Betrieb muss seit mindestens drei Jahren von denselben **Rahmen- und Sozialkassentarifverträgen** (z. B. den für allgemeinverbindlich erklärten Rahmen- und Sozialkassentarifvertrag im Baugewerbe) oder von deren Allgemeinverbindlichkeit erfasst werden. Abzustellen ist hierbei auf **denselben** der vier getrennten Sozialkassentarifverträge im Baugewerbe (vgl. hierzu *Sahl/Bachner*, NZA 94, 1063). Soweit in den letzten drei Jahren vor der Überlassung unterschiedliche Sozialkassentarifverträge zur Anwendung kamen, sind die Voraussetzungen der Vorschrift nicht erfüllt (*Thüsing/Waas*, § 1 b Rn. 38 a).

Ausländische Unternehmen, die **keine Niederlassung** in Deutschland haben, können wegen des räumlich begrenzten Geltungsbereichs der Sozialkassentarifverträge nicht von der Ausnahmebestimmung Gebrauch machen (für Ausnahmen bei Sitz im EWR vgl. S. 3; Rn. 26 ff.). Liegt bei **Mischunternehmen** ein gegenüber den Bautarifverträgen speziellerer TV vor, können die Verfahrenstarifverträge für das Baugewerbe nicht zur Anwendung kommen (*BAG* v. 24.11.1990, AP Nr. 126 zu § 1 TVG Tarifverträge Bau). **22**

Der verleihende Betrieb muss von demselben Sozialkassentarifvertrag **seit mindestens drei Jahren** erfasst sein. Zugrunde zu legen ist hierbei der Zeitraum der Tarifgebundenheit vor dem Beginn des Einsatzes des Leih-AN beim entleihenden Betrieb. Der verleihende Betrieb unterliegt nur dann seit mindestens drei Jahren denselben Rahmen- und Sozialkassentarifverträgen, wenn die Tarifgebundenheit für ein und denselben der vier Sozialkassentarifverträge gegeben ist (Rn. 21). **23**

Sind die Tatbestandsvoraussetzungen von S. 2 Buchst. b) erfüllt, wird der ausländische Verleiher vom Erfordernis der Geltung gleicher TV nach S. 2 befreit und darf abweichend von S. 1 AN an andere Baubetriebe überlassen. Für die Zulässigkeit der Überlassung gelten i. Ü. alle Bestimmungen des AÜG einschließlich der sonstigen Voraussetzungen von S. 2. Insbesondere muss der Verleiher vor Beginn der Überlassung im Besitz einer gültigen **Erlaubnis** nach § 1 Abs. 1 S. 1 sein (*Ulber/Ulber, J.*, AÜG, § 1 b Rn. 50). **24**

Überlässt ein Baubetrieb AN an einen anderen Baubetrieb, ohne dass die Voraussetzungen von S. 2 Buchst. b) erfüllt sind, treten dieselben Rechtsfolgen ein, die bei **Verstößen** gegen S. 1 eintreten (vgl. Rn. 9 ff.). **25**

7. ANÜ durch Baubetriebe mit Sitz im EWR (Satz 3)

Infolge des eingeschränkten Geltungsbereichs der für allgemeinverbindlich erklärten Sozialkassentarifverträge auf inländische AG können Unternehmen mit Sitz im EWR die Ausnahmeregelungen nach S. 2 nur nutzen, wenn sie eine Niederlassung im Inland haben (vgl. Rn. 22). Für den Fall, dass Baubetriebe keine Niederlassung im Inland haben und nicht den deutschen Rahmen- und Sozialkassentarifverträgen unterliegen, lässt S. 3 Fälle der ANÜ nach S. 2 im Hinblick auf die Niederlassungsfreiheit gem. Art. 43 EGV (*EuGH* v. 25.10.2001, **26**

§ 2 Erteilung und Erlöschen der Erlaubnis

NZA 01, 1299) auch zu, wenn der Auslandsbetrieb **keiner Tarifbindung** unterliegt (Thüsing/*Waas*, § 1b Rn. 46; *Ulber*, AuR 03, 7).

27 Der ausländische Baubetrieb darf im Inland **keine Niederlassung** besitzen (*Ulber*, AuR 03, 7), muss seinen **Sitz** (außerhalb Deutschlands) **im EWR** haben und dort **überwiegend Bauleistungen** erbringen (*S/M*, § 1 b Anm. 17 a; Thüsing/*Waas*, § 1b Rn. 46; a. A. *Boemke/ Lembke*, § 1 b Rn. 48). Bei Mischunternehmen überwiegen die Bauleistungen, wenn die Bauleistungen im gesamten EWR mehr als 50 Prozent der Gesamtarbeitszeit ausmachen (vgl. Rn. 8).

28 Die Tätigkeit des Baubetriebs muss **nachweislich** seit mindestens drei Jahren dem **Geltungsbereich** derselben **Rahmen- und Sozialkassentarifverträge** unterliegen, von denen der Entleiherbetrieb erfasst wird. Unerheblich ist hierbei, ob die Tarifbindung des Entleihers auf Verbandszugehörigkeit oder Allgemeinverbindlicherklärung beruht. Voraussetzung ist, dass die beim Entleiher auszuübende **Tätigkeit** einem Sozialkassentarifvertrag unterliegt, von dem der **Entleiher** auf Grund Verbandszugehörigkeit oder Allgemeinverbindlicherklärung (nicht jedoch arbeitsvertraglicher Bezugnahme) erfasst wird. Ist dies der Fall, muss der **ausländische Betrieb** überwiegend **Tätigkeiten** ausüben, für die der Entleiher denselben Rahmen- und Sozialkassentarifverträgen unterliegt. Diese Tätigkeiten muss er **mindestens drei Jahre** vor dem Zeitpunkt der Überlassung ausgeübt haben.

29 Sind die Voraussetzungen von S. 3 erfüllt, kann der ausländische Betrieb im Rahmen von S. 2 auch dann AN überlassen, wenn er keiner Tarifbindung unterliegt. Die sonstigen Voraussetzungen des AÜG und einer zulässigen ANÜ nach S. 2 hat der Auslandsbetrieb zu erfüllen. Insbesondere muss der ausländische Verleiher im Besitz der **Erlaubnis** zur ANÜ sein (*BAG* v. 22. 3. 2000 – 7 ABR 34/98). Auch hat der Auslandsbetrieb dem verliehenen Leih-AN die **Mindestarbeitsbedingungen** eines für allgemeinverbindlich erklärten TV nach dem AEntG zu gewähren (§ 8 Abs. 1 AEntG) und die Beiträge an die Sozialkassen abzuführen (*Ulber*, AEntG, § 8 Rn. 42 ff.).

8. Ordnungswidrigkeiten

30 Wird gegen S. 1 verstoßen, handeln sowohl der Verleiher als auch der Entleiher nach § 16 Abs. 1 Nr. 1 bzw. Nr. 1a ordnungswidrig. Dies gilt auch in den Fällen des § 1 S. 3, wenn der Verleiher keine Erlaubnis zur ANÜ besitzt. Ist der Verleiher im Besitz der **Erlaubnis,** richten sich die Rechtsfolgen von Verstößen nach § 16 Abs. 1 Nr. 1b.

§ 2 Erteilung und Erlöschen der Erlaubnis

(1) Die Erlaubnis wird auf schriftlichen Antrag erteilt.

(2) Die Erlaubnis kann unter Bedingungen erteilt und mit Auflagen verbunden werden, um sicherzustellen, daß keine Tatsachen ein-

Erteilung und Erlöschen der Erlaubnis § 2

treten, die nach § 3 die Versagung der Erlaubnis rechtfertigen. Die Aufnahme, Änderung oder Ergänzung von Auflagen sind auch nach Erteilung der Erlaubnis zulässig.

(3) Die Erlaubnis kann unter dem Vorbehalt des Widerrufs erteilt werden, wenn eine abschließende Beurteilung des Antrags noch nicht möglich ist.

(4) Die Erlaubnis ist auf ein Jahr zu befristen. Der Antrag auf Verlängerung der Erlaubnis ist spätestens drei Monate vor Ablauf des Jahres zu stellen. Die Erlaubnis verlängert sich um ein weiteres Jahr, wenn die Erlaubnisbehörde die Verlängerung nicht vor Ablauf des Jahres ablehnt. Im Fall der Ablehnung gilt die Erlaubnis für die Abwicklung der nach § 1 erlaubt abgeschlossenen Verträge als fortbestehend, jedoch nicht länger als zwölf Monate.

(5) Die Erlaubnis kann unbefristet erteilt werden, wenn der Verleiher drei aufeinanderfolgende Jahre lang nach § 1 erlaubt tätig war. Sie erlischt, wenn der Verleiher von der Erlaubnis drei Jahre lang keinen Gebrauch gemacht hat.

Gliederung	Rn.
1. Einleitung	1– 4
2. Verfahren bei Erlaubniserteilung	5–12
a. Antragserfordernis	5– 7
b. Inhalt des Antrags und einzureichende Unterlagen	8–12
3. Erteilung und Versagung der Erlaubnis	13–18
4. Bedingungen und Auflagen (Abs. 2)	19–23
5. Vorbehalt des Widerrufs (Abs. 3)	24–26
6. Befristung und Verlängerung der Erlaubnis (Abs. 4)	27–29
7. Verlängerung der Erlaubnis bei Nichtablehnung (Abs. 4 S. 3)	30–32
8. Ablehnung der Verlängerung (Abs. 4 Satz 4)	33–35
9. Erteilung einer unbefristeten Erlaubnis (Abs. 5)	36–37
10. Erlöschen der Erlaubnis	38–42

1. Einleitung

Nach § 1 Abs. 1 S. 1 bedarf die Ausübung von **ANÜ** der Erlaubnis der BA (§ 1 Rn. 119 ff.). Ob die ANÜ wegen Ausübung einer wirtschaftlichen Tätigkeit erlaubnispflichtig betrieben wird, hat der Verleiher jeweils **in eigener Verantwortung** zu **prüfen**. Der Erlaubnisbehörde ist es (auch Dritten gegenüber) verwehrt, Rechtsauskünfte zu Voraussetzungen und Rechtsfolgen von Bestimmungen des AÜG zu erteilen. Sie kann allerdings Hinweise zum Verfahren bei der Erlaubniserteilung bzw. zu den hierbei vorzulegenden Unterlagen geben. Dem Antragsteller steht insoweit ein Anspruch auf Auskunftserteilung zu. Dasselbe gilt für einen BR, soweit das Vorliegen einer Erlaubnis Auswirkungen auf seine Rechtsstellung hat (§ 14 Rn. 245 ff.). 1

§ 2 enthält wesentliche Vorschriften zum **Erlaubnisverfahren** (Abs. 1 und Abs. 4 S. 2) und zur zeitlichen Geltung der Erlaubnis (Abs. 4 und 2

§ 2 Erteilung und Erlöschen der Erlaubnis

5). Daneben wird es der Erlaubnisbehörde ermöglicht, über **Nebenbestimmungen** (Abs. 2 und 3) die Einhaltung der Vorschriften des AÜG sicherzustellen. Soweit das AÜG keine besonderen Regeln zum Verfahren enthält, richtet sich das Erlaubnisverfahren nach den Bestimmungen des **VwVfG** (*Boemke/Lembke*, § 2 Rn 5; Ulber/*Ulber, J.*, AÜG, § 2 Rn. 6). Bei Streitigkeiten sind die **Sozialgerichte** zuständig (§ 51 Abs. 1 Nr. 4 SGG).

3 Das Erlaubnisverfahren ist unabhängig von Erlaubnis- oder Genehmigungsverfahren durchzuführen, die nach anderen Vorschriften gefordert sind (z.B. §§ 30 ff. GewO; § 1 HandwO; Ulber/*Ulber, J.*, AÜG, § 2 Rn. 9). Ohne einen Abschluss des Verfahrens und die Erteilung einer Erlaubnis ist es einem Verleiher verboten, ANÜ zu betreiben. Dies gilt auch für **grenzüberschreitende Formen** der ANÜ. Befindet sich der Hauptsitz des Verleihers in einem EWR-Staat, muss auch eine rechtlich unselbständige inländische Niederlassung die Erlaubnis besitzen.

4 Die Erlaubnis zur ANÜ muss **vor** dem Zeitpunkt erteilt sein, in dem abgeschlossene Leiharbeits- oder ANÜ-Verträge wirksam werden sollen bzw. der Leih-AN seine Tätigkeit beim Entleiher aufnimmt. Die Erteilung einer Erlaubnis mit **Rückwirkung** ist grundsätzlich ausgeschlossen (einschränkend: *LAG Düsseldorf* v. 25.8.2008, EzAÜG § 2 Erlöschensgründe Nr. 3). Durch Erteilung der Erlaubnis **aufschiebend bedingte Verträge** sind zulässig.

2. Verfahren bei Erlaubniserteilung

a. Antragserfordernis

5 Die Erteilung der Erlaubnis zur ANÜ ist von einem **schriftlichen Antrag** des Verleihers abhängig, der in deutscher Sprache gestellt (§ 23 Abs. 1 VwVfG) und vom Antragsteller eigenhändig unterschrieben sein muss (§ 126 BGB). Der Antrag kann bei jeder Dienststelle der BA gestellt und jederzeit zurückgenommen werden. Die BA hält für die Antragstellung Vordrucke bereit. Ist die Schriftform nicht gewahrt, kann eine dennoch erteilte Erlaubnis nach § 48 VwVfG zurückgenommen werden (Ulber/*Ulber, J.*, AÜG, § 2 Rn. 8; *S/M*, § 2 Anm. 9).

6 **Antragsteller** kann jede natürliche oder juristische Person sein, die ANÜ betreiben will (Ulber/*Ulber, J.*, AÜG, § 2 Rn. 8 ff.; § 3 Rn. 21). Ein **Strohmann** (§ 3 Rn. 23), der selbst keine ANÜ betreiben will, kann kein Antragsteller sein (*LSG Rheinland-Pfalz* v. 16.1.1981, EzAÜG § 3 Versagungsgründe Nr. 5). Hat der Verleiher **mehrere rechtlich selbständige Unternehmen**, ist die Erlaubnis für jedes dieser Unternehmen getrennt zu beantragen. Rechtlich unselbständige **Niederlassungen** eines inländischen (zum ausländischen vgl. Rn. 3) Unternehmens werden dagegen von einer dem Unternehmen erteilten Erlaubnis erfasst.

Erteilung und Erlöschen der Erlaubnis § 2

Einen Antrag auf Erlaubniserteilung können auch **Mischunternehmen** und Unternehmen stellen, die gewerbsmäßig Arbeitsvermittlung betreiben. In diesen Fällen treffen den Antragsteller zusätzliche Darlegungspflichten, die sich insbesondere auf die arbeits- und betriebsorganisatorische Trennung der unterschiedlichen Geschäftsfelder erstrecken (vgl. Ulber/*Ulber, J.*, AÜG, § 2 Rn. 10 f.; § 3 Rn. 53). Besteht im Betrieb des Antragstellers ein **Betriebsrat**, muss wegen der vorliegenden **Betriebsänderung** bei Erweiterung der Betriebszwecke auf das ANÜ-Gewerbe zusätzlich dargelegt werden, dass das erforderliche Interessenausgleichsverfahren nach §§ 111 f. BetrVG abgeschlossen ist (vgl. Ulber/*Ulber, J., AÜG*, § 2 Rn. 11).   7

b. Inhalt des Antrags und einzureichende Unterlagen

Der Antragsteller ist verpflichtet, im Antrag alle **Angaben** zu machen, die die Erlaubnisbehörde benötigt, um die Voraussetzungen einer Erlaubniserteilung zu prüfen (§ 26 Abs. 2 VwVfG). Insbesondere hat er Angaben zu den Tatsachen zu machen, die die Erlaubnisbehörde nach § 3 zur Versagung der Erlaubnis verpflichten. Nichtdeutsche Antragsteller (vgl. § 3 Abs. 3) sind verpflichtet, Angaben zu ihrem Status zu machen. Der Antragsteller hat außerdem darzulegen, ob und ggf. in welcher Form er den **Gleichbehandlungsgrundsätzen** nach § 3 Abs. 1 Nr. 3 Rechnung trägt (vgl. Rn. 12). Angewandte TV zur ANÜ, insbesondere Haustarifverträge, sind dabei vorzulegen.   8

Ist der **Antrag fehlerhaft** (z. B. weil er nicht in deutscher Sprache verfasst oder nicht unterschrieben ist) oder reichen der Erlaubnisbehörde die gemachten Angaben nicht aus, um die Voraussetzungen der Erlaubniserteilung zweifelsfrei zu prüfen, trifft den Antragsteller (unabhängig vom Recht der BA, von Amts wegen eigene Ermittlungen aufzunehmen) die Pflicht, die Mängel auf Anforderung der Behörde zu beheben (§ 26 Abs. 2 VwVfG). Dies gilt auch, wenn der Antragsteller die amtlichen Vordrucke der BA verwendet.   9

Kommt der Antragsteller seinen **Mitwirkungspflichten** nicht nach, ist der Antrag abzulehnen (Ulber/*Ulber, J.,* AÜG, § 2 Rn. 15). Dasselbe gilt, wenn der Antragsteller Unterlagen oder sonstige **Beweismittel** nicht beibringt, deren Vorlage die Erlaubnisbehörde für erforderlich hält.   10

Die **Unterlagen**, die der Antragsteller regelmäßig vorzulegen hat, ergeben sich aus den amtlichen Vordrucken der BA. Danach hat er u. a. ein **Führungszeugnis**, den Gesellschaftervertrag und Bescheinigungen der Berufsgenossenschaft und der Krankenkasse vorzulegen. Daneben muss er den **Nachweis** erbringen, dass er über **ausreichende liquide Mittel** verfügt. Die BA geht davon aus, dass eine ausreichende Liquidität zur Erfüllung laufender Verpflichtungen gegeben ist, wenn für jeden AN 2000 Euro (mindestens jedoch 10000 Euro) an liquiden Mitteln zur Verfügung stehen (GA AÜG Nr. 3.1. 3 Abs. 5 zu § 3).   11

§ 2 Erteilung und Erlöschen der Erlaubnis

Diese pauschalierte Summe ist bei weitem zu gering, da sie trotz der Niedriglöhne der Verleihbranche allenfalls ausreicht, um die erforderliche Bruttolohnsumme für einen Monat aufzubringen. Angesichts des besonderen Betriebsrisikos des Verleihers (§ 11 Abs. 4 S. 2) und der sonstigen laufenden Betriebskosten ist ein Mindestbetrag in der Höhe erforderlich, die der Verleiher benötigt, um alle Verbindlichkeiten aus laufenden Verträgen bis zum potenziellen Auslaufen der jeweiligen Kündigungsfristen zu erfüllen.

12 Im Hinblick auf § 3 Abs. 1 Nr. 3 hat der Antragsteller auch nachzuweisen, dass er seinen **Gleichbehandlungspflichten** nachkommt. Hierzu hat er das Muster eines Leiharbeitsvertrags zu übersenden und Angaben darüber zu machen, ob er an einen TV zur ANÜ gebunden ist oder einen solchen qua arbeitsvertraglicher Bezugnahme anwendet. Ergibt sich aus den Angaben des Verleihers, dass der AV oder der TV gegen geltendes Recht verstößt, hat die Erlaubnisbehörde den Antragsteller hierauf hinzuweisen und ihm eine angemessene Frist zur Behebung des Mangels zu geben. Wird der Mangel nicht innerhalb der Frist behoben, muss die Erlaubnis wegen drohenden Verstoßes gegen die Arbeitgeberpflichten i. S. v. § 3 Abs. 1 Nr. 1 und 3 versagt werden.

3. Erteilung und Versagung der Erlaubnis

13 Sobald die **Ermittlungen** der BA **abgeschlossen** sind, hat die BA über den Antrag des Antragstellers zu entscheiden. Die Erteilung der Erlaubnis ist ein begünstigender **Verwaltungsakt** (Ulber/*Ulber, J.*, AÜG, § 2 Rn. 3). Wirksam wird die Erlaubnis mit deren Bekanntgabe, d. h. mit dem Zugang beim Antragsteller.

14 Ergibt sich aus den Angaben oder Unterlagen des Antragstellers oder aus den von Amts wegen durchgeführten Ermittlungen, dass ein Versagungsgrund i. S. v. § 3 Abs. 1 vorliegt, hat die Erlaubnisbehörde die Erlaubnis **zwingend** zu versagen. Ein Ermessensspielraum steht der Erlaubnisbehörde grundsätzlich nicht zu (§ 3 Rn. 9, 11, 19). Der **Versagungsbescheid** ist ein begründungspflichtiger Verwaltungsakt, den der Antragsteller durch Widerspruch bzw. Verpflichtungsklage anfechten kann (vgl. Rn. 18).

15 Liegen keine Gründe nach § 3 zur Versagung der Erlaubnis vor, hat der Antragsteller einen **Rechtsanspruch** auf Erteilung einer schriftlichen Erlaubnis (Ulber/*Ulber, J.*, AÜG, § 2 Rn. 6). Voraussetzung ist hierbei, dass der Verleiher auch in tatsächlicher Hinsicht ANÜ betreiben will. Will der Antragsteller die Erlaubnis nur erhalten, um bei einer noch zu treffenden späteren Entscheidung **vorsorglich** in deren Besitz zu sein, kann die Erlaubnis nicht erteilt werden. Dasselbe gilt, wenn der Verleiher die Erlaubnis nur erlangen will, um bei Abschluss von Scheinwerkverträgen oder Verstößen gegen § 1 b S. 1 gegen die Rechtsfolgen von § 9 Nr. 1 geschützt zu sein (sog. **Vorhalteerlaubnis**; vgl. Ulber/*Ulber, J.*, AÜG, § 1 Rn. 45).

Adressat des Erlaubnisbescheids ist der Antragsteller. Die Erlaubnis 16
wird immer personen- bzw. **rechtsträgerbezogen** erteilt (Schüren/
Hamann/*Schüren*, § 3 Rn. 24; Ulber/*Ulber, J., AÜG*, § 2 Rn. 21). Eine
rechtsgeschäftliche **Übertragung der Erlaubnis** bzw. ein Inhaberwechsel nach § 613a BGB mit Übergang der Erlaubnis oder das Einbringen der Erlaubnis in eine andere Gesellschaft ist ausgeschlossen. Bei
der ANÜ kann ein (Teil-)Betriebsübergang auch vorliegen, wenn
keine ausdrückliche Vereinbarung zur Übertragung getroffen wurde,
sondern lediglich ein Teil des Verwaltungspersonals und ein Teil der
Leih-AN zu einem anderen AG wechseln, ohne dass bedeutsame
Betriebsmittel übertragen werden (*EuGH* v. 13.9.2007, NZA 07,
1151). Eine neue Erlaubnis ist auch erforderlich, wenn der Erlaubnisinhaber die ANÜ-Gesellschaft veräußert und alle Geschäftsanteile an
der erwerbenden Gesellschaft hält (*LSG Stuttgart* v. 6.12.1983, EzAÜG § 2 Erlöschensgründe Nr. 1). Eine Änderung oder ein Wechsel der
Mitglieder von **Personengesellschaften** machen die Erteilung einer
neuen Erlaubnis erforderlich (*BSG* v. 12.12.1991, DB 92, 1636).

Die Erlaubnis muss so gefasst sein, dass sich Inhalt und Grenzen der 17
Berechtigung zur ANÜ im Rechtsverkehr eindeutig erkennen lassen.
Aus der **Erlaubnisurkunde** müssen sich u.a. die Erlaubnisbehörde,
Ort und Datum der Erlaubniserteilung, der Ablauf einer Befristung der
Erlaubnis (vgl. Abs. 4) sowie etwaige **Nebenbestimmungen** nach
Abs. 2 und 3 ergeben.

Wird die Erlaubnis wie beantragt erteilt, ist eine **Begründung des** 18
Verwaltungsaktes nicht erforderlich. Wird der Antrag dagegen abgelehnt bzw. nur unter Auflagen oder Bedingungen (Abs. 2) oder unter
Vorbehalt des Widerrufs (Abs. 3) erteilt, ist die Entscheidung zu begründen (§ 39 VwVfG). Gegen den ablehnenden Bescheid kann der
Antragsteller **Widerspruch** einlegen und bei erfolglosem Widerspruchsverfahren (§§ 78ff. SGG) **Verpflichtungsklage** beim Sozialgericht erheben. Der Widerspruch hat nach § 86a Abs. 4 S. 1 SGG
keine aufschiebende Wirkung (*BayLSG* v. 5.1.2009, EzAÜG SGG
Nr. 7).

4. Bedingungen und Auflagen (Abs. 2)

Um die Einhaltung eines rechtmäßigen Verhaltens des Verleihers zu 19
gewährleisten, wird die Erlaubnisbehörde nach Abs. 2 ermächtigt, die
Erlaubnis unter Bedingungen zu erteilen oder mit Auflagen zu verbinden, durch die dem Verleiher **konkrete Verhaltenspflichten**
auferlegt werden (*BSG* v. 29.7.1992, EzAÜG BeschFG Nr. 5). Zur
Sicherheit im Rechtsverkehr ist in der Erlaubnisurkunde auf bestehende Nebenbestimmungen hinzuweisen. Dies gilt auch, soweit nach
Abs. 2 S. 2 Auflagen nachträglich erlassen werden.

Nebenbestimmungen nach Abs. 2 sind nur zulässig, soweit der Erlaub- 20
nisbehörde bei der Erteilung der Erlaubnis ein **Ermessensspielraum**

§ 2 Erteilung und Erlöschen der Erlaubnis

zusteht. Ist die Erlaubnis nach § 3 zwingend zu versagen, kommt die Erteilung einer Erlaubnis mit Nebenbestimmungen nach Abs. 2 nicht in Betracht (Ulber/*Ulber, J.*, AÜG, § 2 Rn. 22).

21 (Abs. 2 S. 1) Nach Abs. 2 S. 1 kann die Erlaubnis unter einer **Bedingung** erteilt werden, wenn hierdurch sichergestellt werden soll, dass **nach** Erlaubniserteilung keine Versagungsgründe nach § 3 eintreten. Die Bedingung ist unselbständiger Bestandteil der Erlaubnis und ist daher nicht selbständig angreifbar (Ulber/*Ulber, J.*, AÜG, § 2 Rn. 25). Die Bedingung muss sich dabei auf **Tatsachen** beziehen, deren zukünftiger Eintritt ungewiss ist (z. B. Aufrechterhaltung der Liquidität; vgl. Rn. 11). Obwohl die Bedingung gerade hinsichtlich der laufenden Liquidität ein geeignetes Instrument ist, spielt die (unselbständige) Bedingung in der Praxis kaum eine Rolle, da die Erlaubnisbehörde nach dem **Grundsatz der Verhältnismäßigkeit** meist auf die weniger belastende Auflage oder den Widerrufsvorbehalt zurückgreifen muss (Ulber/*Ulber, J.*, AÜG, § 2 Rn. 24).

22 Durch die **Auflage** (§ 36 Abs. 2 Nr. 4 VwVfG) wird der Erlaubnisinhaber zu einem bestimmten Tun, Dulden oder Unterlassen verpflichtet (vgl. § 36 Abs. 2 Nr. 4 VwVfG), um sicherzustellen, dass keine Versagungsgründe nach § 3 eintreten. Die Auflage kann auch nach Erlaubniserteilung erlassen, geändert oder ergänzt werden (Abs. 2 S. 2). Sie ist **selbständiger Verwaltungsakt** und kann neben dem Erlaubnisbescheid angefochten werden. Sie bleibt auch unabhängig von der Erlaubnis bestehen, bis sie erfüllt bzw. ausdrücklich widerrufen wurde oder eine Befristung endet.

23 Die Erteilung einer Auflage ist nur **zulässig**, soweit sich die auferlegte Verpflichtung nicht schon zweifelsfrei aus dem Gesetz ergibt (*BSG* v. 14. 6. 1983, EzAÜG Erlaubnisarten Nr. 3). Auflagen können insbesondere zur Gestaltung der Betriebsorganisation erlassen werden oder dem Verleiher untersagen, unwirksame Bestimmungen eines AV oder eines TV zur ANÜ anzuwenden (Ulber/*Ulber, J.*, AÜG, § 2 Rn. 26). Eine bestimmte **Gestaltung von Formulararbeitsverträgen** kann die Erlaubnisbehörde jedoch nicht verlangen (*BSG* v. 6. 4. 2000, AiB 01, 495).

5. Vorbehalt des Widerrufs (Abs. 3)

24 Nach Abs. 3 kann eine Erlaubnis unter dem **Vorbehalt des Widerrufs** erteilt werden, wenn eine **abschließende Beurteilung des Antrags** aus Gründen, die nicht in der Sphäre des Antragstellers liegen (*Schüren/Hamann/Schüren*, § 2 Rn. 61; Ulber/*Ulber, J.*, AÜG, § 2 Rn. 35), noch nicht möglich ist. Voraussetzung ist, dass dem Antragsteller voraussichtlich die Erlaubnis erteilt wird und nach dem Stand der Ermittlungen keine Versagungsgründe i. S. v. § 3 vorliegen.

25 Durch den Widerrufsvorbehalt wird die Erlaubnisbehörde ermächtigt, vorab eine Erlaubnis zu erteilen, wenn Umstände vorliegen, deren

Prüfung längere Zeit in Anspruch nimmt. Die Darlegungs- und Mitwirkungspflichten eines Antragstellers (vgl. Rn. 10 ff.) grenzen dabei die Umstände auf solche Gründe ein, die nicht in der Person des Antragstellers liegen.

Wird die Erlaubnis unter Vorbehalt des Widerrufs, der lediglich unselbständige **Nebenbestimmung** des Erlaubnisbescheids ist, erteilt, entfaltet sie alle **Rechtswirkungen** einer Erlaubnis zur ANÜ, bis deren Geltung durch Zeitablauf oder Widerruf nach § 5 erlischt. **Entfallen die Gründe** für den Widerrufsvorbehalts, ist der Vorbehalt gegenstandslos, was dem Erlaubnisinhaber von der BA zur Sicherheit im Rechtsverkehr schriftlich zu bestätigen ist. 26

6. Befristung und Verlängerung der Erlaubnis (Abs. 4)

Nach **Abs. 4 S. 1** ist die Erlaubnis mindestens in den ersten drei Jahren der Ausübung von ANÜ (vgl. Abs. 5 S. 1) auf ein Jahr zu **befristen**. Die Jahresfrist beginnt mit dem Wirksamwerden der Erlaubnis, d. h. mit deren Zugang beim Antragsteller. Die Erlaubnisurkunde muss einen Hinweis auf die Jahresfrist enthalten. 27

Ist eine Erlaubnis bereits erteilt, kann der Verleiher spätestens drei Monate vor deren Ablauf nach Abs. 4 S. 2 einen **Antrag auf Verlängerung** der Erlaubnis stellen. Den Antragsteller treffen bei der Stellung des Verlängerungsantrags im Wesentlichen die gleichen Pflichten wie beim Erstantrag (vgl. Rn. 8 ff.). Auch die Erlaubnisbehörde hat im Grundsatz dieselben Rechte und Prüfungspflichten, insbesondere dürfen zum Zeitpunkt des Verlängerungsbescheids keine Versagungsgründe nach § 3 vorliegen. 28

Um die **Dreimonatsfrist** einhalten zu können, werden dem Erlaubnisinhaber von der Erlaubnisbehörde i.d.R. fünf Monate vor Fristablauf die Unterlagen für den Verlängerungsantrag von Amts wegen übersandt. Bei der Frist gem. Abs. 4 S. 2 handelt es sich um eine **Ausschlussfrist**, deren Nichteinhaltung zum **Erlöschen** der Erlaubnis führt und den Verleiher zur Unterlassung von ANÜ zwingt. Ein Fortbestehen der Erlaubnis nach Abs. 4 S. 3 (Rn. 30 ff.) ist ebenso ausgeschlossen wie die Inanspruchnahme der Abwicklungsfrist nach Abs. 4 S. 4 (Rn. 33 f.). Der **verspätet** eingegangene Verlängerungsantrag ist jedoch i.d.R. als **Neuantrag** zu behandeln, so dass der Verleiher sein Gewerbe fortsetzen kann, wenn die Erlaubnisbehörde noch vor Ablauf der Jahresfrist eine neue (als Ersterlaubnis zu behandelnde) Erlaubnis erteilt. 29

7. Verlängerung der Erlaubnis bei Nichtablehnung (Abs. 4 S. 3)

Die Erlaubnisbehörde ist **verpflichtet,** über einen Verlängerungsantrag innerhalb der Dreimonatsfrist von Abs. 4 S. 2 **zu entscheiden**. Ergibt das Prüfungsverfahren, dass der Verlängerung keine Gründe entgegenstehen, ist ein **Verlängerungsbescheid** zu erlassen, der mit 30

Jürgen Ulber

§ 2 Erteilung und Erlöschen der Erlaubnis

Zugang beim Antragsteller wirksam wird. Der Verlängerungsbescheid muss dieselben Angaben enthalten, wie der Erstbescheid (Rn. 17), insbesondere muss er einen Hinweis auf die Befristung der Erlaubnis enthalten.

31 Ergeben sich **Zweifel**, ob die gesetzlichen Voraussetzungen einer Verlängerung erfüllt sind, sind sie vor Ablauf der Jahresfrist auszuräumen. Ist dies nicht möglich, ist der Verlängerungsantrag abzulehnen oder im Ausnahmefall mit einer Nebenbestimmung nach Abs. 2 oder 3 zu versehen.

32 Hat der Verleiher rechtzeitig einen Verlängerungsantrag gestellt und lehnt die Erlaubnisbehörde den Antrag **nicht** vor Ablauf der Jahresfrist nach Abs. 4 S. 1 durch Verwaltungsakt ab, **verlängert** sich die Erlaubnis nach Abs. 4 S. 3 automatisch um ein Jahr. In diesem Fall hat die Erlaubnisbehörde dem Verleiher den Fortbestand der Erlaubnis schriftlich zu bescheinigen. Die nach Abs. 4 S. 3 für ein Jahr verlängerte Erlaubnis löst dieselben Rechtsfolgen aus wie eine durch Verwaltungsakt erteilte Verlängerung. Sie kann daher auch nach § 4 zurückgenommen oder nach § 5 widerrufen werden.

8. Ablehnung der Verlängerung (Abs. 4 Satz 4)

33 (**Ablehnung**) Lehnt die Erlaubnisbehörde eine Verlängerung durch Verwaltungsakt ab, **erlischt die Erlaubnis** mit Ablauf der Jahresfrist. Der Verleiher darf danach keine neuen Leiharbeitsverträge oder ANÜ-Verträge abschließen (Ulber/*Ulber, J.,* AÜG, § 2 Rn. 46). Dasselbe gilt im Falle eines **Verzichts** des Verleihers auf die Erlaubnis. Nach diesem Zeitpunkt abgeschlossene ANÜ- oder Leiharbeitsverträge sind nach § 9 Nr. 1 unwirksam (zu laufenden Verträge vgl. Rn. 35) und haben u. a. das Zustandekommen eines fingierten ArbV nach § 10 Abs. 1 zur Folge. Dieselben Rechtsfolgen treten ein, wenn der Antragsteller die Frist nach Abs. 4 S. 2 versäumt und vor Ablauf der Jahresfrist keine neue Erlaubnis erteilt wird (s. o. Rn. 29). Eine nach Ablauf der Jahresfrist erteilte Erlaubnis lässt den Bestand eines nach § 10 Abs. 1 fingierten ArbV unberührt (*LAG Schleswig-Holstein* v. 6. 4. 1984, EzAÜG § 2 Erlöschensgründe Nr. 2).

34 (**Abwicklungsfrist**) Wurden Leiharbeits- oder ANÜ-Verträge **vor** Ablauf der Jahresfrist wirksam abgeschlossen, können die Verträge nach Abs. 4 S. 4 im Rahmen eines Zeitraums von höchstens einem Jahr **abgewickelt** werden, wenn ein **rechtzeitig** gestellter Verlängerungsantrag (Rn. 29) abgelehnt wurde. Die Verträge gelten mit den **Vertragsinhalten** als fortbestehend, die im Zeitpunkt des Ablaufs der Erlaubnis wirksam vereinbart waren. Eine Veränderung der Verträge (z. B. Verlängerung der Überlassungsdauer oder Veränderung der Zahl der Leih-AN) ist nach Abs. 4 S. 4 unwirksam. Dies gilt auch, soweit der Verleiher zur Erfüllung bestehender ANÜ-Verträge Neueinstellungen vornehmen müsste. Ausnahmen gelten für Vertragsänderungen, wenn durch eine Änderung der Laufzeit die gesetzlich gebotene Beendigung der Verträge im Rahmen der einjährigen Abwicklungsfrist erreicht werden soll.

Ist die Abwicklungsfrist abgelaufen, hat der Verleiher alle **Tätigkeiten**, die eine ANÜ zum Inhalt haben, **einzustellen**. Auch bestehende Verträge dürfen nicht weiter durchgeführt werden. ANÜ-Verträge und Leiharbeitsverträge werden nach § 9 Nr. 1 unwirksam und führen i. d. R. (zum Mischarbeitsverhältnis vgl. Ulber/*Ulber, J.*, AÜG, § 2 Rn. 48) nach § 10 Abs. 1 zu einem **fingierten ArbV** zum Entleiher (Ulber/*Ulber, J.*, AÜG, § 2 Rn. 51). 35

9. Erteilung einer unbefristeten Erlaubnis (Abs. 5)

Nach Abs. 5 kann abweichend von Abs. 4 S. 1 auf Antrag eine **unbefristete Erlaubnis** erteilt werden, wenn der Verleiher die ANÜ drei aufeinanderfolgende Jahre gesetzmäßig ausgeübt hat. Die Erteilung steht im Ermessen der Behörde. Sie muss dem Antrag allerdings stattgeben, wenn der Antragsteller sich in der Vergangenheit zweifelsfrei gesetzeskonform (insbesondere durch Einhaltung der Arbeitgeberpflichten und des Arbeitgeberrisikos) verhalten hat und nach dem Gesamtbild der bisherigen Geschäftstätigkeit auch in Zukunft ein gesetzestreues Verhalten eines zuverlässigen Verleihers zu erwarten ist. 36

Bei bestehenden **Unsicherheiten** oder (auch geringen) **Gesetzesverstößen** in der Vergangenheit (z. B. Verstöße gegen die Meldepflichten nach § 8) ist die Erlaubnisbehörde grundsätzlich gehalten, von der Erteilung einer unbefristeten Erlaubnis abzusehen. Sie hat dem Antragsteller dann statt der unbefristeten eine nach Abs. 4 S. 1 befristete Erlaubnis zu erteilen. 37

10. Erlöschen der Erlaubnis

Eine nach Abs. 4 **befristete Erlaubnis** erlischt mit Ablauf der Jahresfrist. Ist die Erlaubnis unter einer auflösenden **Bedingung** nach Abs. 2 S. 1 erteilt, erlischt sie mit Eintritt der Bedingung. Die Erlaubnis erlischt auch mit dem **Verzicht** oder dem **Tod** des Erlaubnisinhabers bzw. einer Verschmelzung (*LAG Düsseldorf* v. 25. 8. 2008, EzAÜG § 2 Erlöschensgründe Nr. 3) oder Auflösung einer juristischen Person oder einer Personengesellschaft, der die Erlaubnis erteilt wurde (*BSG* v. 12. 12. 1991, DB 92, 1636). In diesem Fall dürfen abgeschlossene Verträge im Rahmen der Abwicklungsfrist von Abs. 4 S. 4 abgewickelt werden (*SchürenHamann/Schüren*, Einl. Rn. 348; Ulber/*Ulber, J.*, AÜG, § 2 Rn. 56). 38

Ist die Erlaubnis mit einer Auflage nach Abs. 2 oder mit einem **Widerrufsvorbehalt** nach Abs. 3 versehen, erlischt sie nach § 5 Abs. 1 Nr. 1 und 2 erst mit dem Widerruf durch die Erlaubnisbehörde (vgl. § 5 Rn. 24 ff.). 39

Jürgen Ulber

§ 2a Gebühren und Auslagen

40 Nach Abs. 5 S. 2 erlischt eine **unbefristete Erlaubnis**, wenn der Verleiher von ihr drei Jahre lang keinen Gebrauch gemacht hat. Ein **Gebrauchmachen** i. S. d. Vorschrift setzt voraus, dass der Verleiher in den letzten drei Jahren ANÜ betrieben und auf der Grundlage von Leiharbeitsverhältnissen und ANÜ-Verträgen Leih-AN in tatsächlicher Hinsicht überlassen hat. Der Abschluss von Rahmenverträgen mit Entleihern (vgl. § 12 Rn. 13) oder der Abschluss von Leiharbeitsverhältnissen (z. B. Mischarbeitsverhältnissen oder ruhenden ArbV), die nicht mit einer tatsächlichen Arbeitsleistung als Leih-AN verbunden waren, erfüllt diese Voraussetzungen nicht (Ulber/*Ulber*, § 2 Rn. 53; a. A. Thüsing/*Kämmerer*, § 2 Rn. 30).

41 Sind die Voraussetzungen von Abs. 5 S. 2 erfüllt, **erlischt** die Erlaubnis automatisch drei Jahre nach dem Zeitpunkt, in dem die letzte Überlassung eines Leih-AN endete. Eines besonderen Verwaltungsaktes oder sonstigen Bescheids durch die Erlaubnisbehörde bedarf es nicht.

42 Endet die Erlaubnis nach Abs. 5 S. 2, werden ANÜ-Verträge und Leiharbeitsverträge nach § 9 Nr. 1 unwirksam. Daneben ist eine Abwicklung bestehender (insbesondere ruhender) Verträge im Rahmen der Abwicklungsfrist von Abs. 4 S. 4 ausgeschlossen. Nach Ablauf des Dreijahreszeitraums abgeschlossene Leiharbeits- oder ANÜ-Verträge sind nach § 9 Nr. 1 unwirksam und haben ggf. ein nach § 10 Abs. 1 **fingiertes ArbV** zum Entleiher zur Folge.

§ 2a Gebühren und Auslagen

(1) Für die Bearbeitung von Anträgen auf Erteilung und Verlängerung der Erlaubnis werden vom Antragsteller Gebühren und Auslagen erhoben.

(2) Die Bundesregierung wird ermächtigt, durch Rechtsverordnung[1] die gebührenpflichtigen Tatbestände näher zu bestimmen und dabei feste Sätze und Rahmensätze vorzusehen. Die Gebühr darf im Einzelfall 2500 Euro nicht überschreiten.

Gliederung	Rn.
1. Einleitung	1
2. Voraussetzungen und Fälligkeit der Kosten	2–5
3. Höhe der Gebühren und Auslagen (Abs. 2)	6–8

1. Einleitung

1 Nach Abs. 1 erhebt die Erlaubnisbehörde für die Bearbeitung von Anträgen auf Erteilung einer Erlaubnis zur ANÜ **Gebühren und Auslagen**. Kostenschuldner ist der Antragsteller. Das Verfahren bei der Kostenerhebung richtet sich für Anträge, die vor dem 15. 8. 2013

---

[1] Vgl. Arbeitnehmerüberlassungserlaubnis-Kostenverordnung – AÜKostV – vom 18. 6. 1982 (BGBl. I 692), geändert durch Gesetz vom 23. 12. 2003 (BGBl. I 2848).

gestellt wurden, nach den Bestimmungen des Verwaltungskostengesetzes (§ 23 Abs. 1 BGebl). Ab dem 15.8.2013 ist das Gesetz über Gebühren und Auslagen des Bundes (Bundesgebührengesetz (BGebG) v. 7.8.2013, BGBl. I 3154) anzuwenden. Die Höhe der Kosten richtet sich nach der auf Grundlage von § 22 Abs. 3 BGebG erlassenen ANÜ-Kostenverordnung (AÜKostV) (Abs. 2 S. 1).

2. Voraussetzungen und Fälligkeit der Kosten

Nach Abs. 1 werden Gebühren und Auslagen für die Bearbeitung von **Anträgen auf Erteilung oder Verlängerung der Erlaubnis** erhoben. Gebühren im Zusammenhang mit sonstigen Tätigkeiten der BA (z.B. bei Widerruf nach § 5 oder Rücknahme nach § 4; vgl. § 10 Abs. 1 S. 1 Nr. 2 BGebG) können auf Grundlage der Norm nicht erhoben werden. Der Ausgang des Erlaubnisverfahrens ist für das Entstehen der Kostenschuld irrelevant. Auch soweit ein Antrag abgelehnt oder zurückgenommen wird, sind Gebühren und entstandene Auslagen zu erheben (§ 10 Abs. 1 S. 1 Nr. 2 BGebG). 2

Die Kostentragungspflicht wird mit der **Antragstellung** begründet (*S/M*, § 2a Anm. 3; Ulber/*Ulber, J.*, AÜG, § 2a Rn. 4). **Kostenschuldner** (§ 6 Abs. 1 Nr. 1 BGebG) ist der Antragsteller. Dies gilt auch für Antragsteller aus einem Mitgliedstaat des EWR (zur Vereinbarkeit mit dem Gemeinschaftsrecht vgl. *EuGH* v. 17.12.1981, AP Nr. 9 zu Art. 177 EGV). 3

Nach § 4 Abs. 1 BGebG entsteht die Gebührenschuld mit der Bekanntgabe der Entscheidung und wird 10 Tage nach Bekanntgabe der Gebührenfestsetzung **fällig** (§ 14 BGebG). Entsprechendes gilt für Auslagen (§ 12 Abs. 3 BGebG). Die Kosten sind mit Erlass der Entscheidung über den Erlaubnisantrag festzusetzen (§ 13 Abs. 1 S. 2 BGebG). Der Festsetzungsbescheid kann selbständig angefochten werden (§ 20 Abs. 1 S. 1 BGebG). 4

Nach § 15 Abs. 1 BGebG können Gebühren und Auslagen als **Vorschuss** erhoben werden. **Erstantragsteller** haben die Gebühr für die Erteilung einer Erlaubnis regelmäßig vor Durchführung des Erlaubnisverfahrens als Vorschuss zu leisten. Wird der Vorschuss auf Anforderung der BA nicht innerhalb der nach § 15 Abs. 2 BGebG gesetzten Frist gezahlt, betrachtet die BA den Antrag auf Erteilung der Erlaubnis (kostenpflichtig) als erledigt. Stellt der Verleiher nach § 2 Abs. 4 S. 2 einen **Verlängerungsantrag**, kann die Erlaubnisbehörde ebenfalls einen Vorschuss verlangen. Geht der Vorschuss nicht rechtzeitig vor Ablauf der Jahresfrist nach § 2 Abs. 4 S. 1 ein und kann die BA damit nicht vor Ablauf der Erlaubnis über den Verlängerungsantrag entscheiden, erlischt die Erlaubnis mit Ablauf der Jahresfrist (vgl. § 2 Rn. 29). In diesem Fall kann der Verleiher zwar einen **Neuantrag** auf Erteilung einer Ersterlaubnis stellen; die BA geht jedoch bei Nichteinhaltung der Verpflichtung zur Zahlung des Vorschusses von einer **mangelnden Zuverlässigkeit** des Verleihers i.S.v. § 3 Abs. 1 Nr. 1 aus. Die Ertei- 5

§ 3 Versagung

lung der Erlaubnis ist in diesem Fall durch (kostenpflichtigen) Ablehnungsbescheid zu versagen.

3. Höhe der Gebühren und Auslagen (Abs. 2)

6 Die Gebühr beträgt für die **Erteilung oder Verlängerung** einer befristeten Erlaubnis 750 € und für die Erteilung einer unbefristeten Erlaubnis 2000 € (§ 2 Nr. 1 und 2 AÜKostV). Sie hält sich damit im Rahmen der Höchstbeträge nach Abs. 2 S. 2. Hat der Verleiher einen Gebührenvorschuss für eine unbefristete Erlaubnis entrichtet, wird jedoch nur eine befristete Erlaubnis erteilt, so ist die Differenz zurückzuerstatten.

7 Wird der Antrag vor einer Entscheidung der BA **zurückgenommen** ist die Gebühr auf bis zu 75 % zu ermäßigen (§ 10 Abs. 5 BGebG). Wird er **abgelehnt**, können die Gebühren nach § 10 Abs. 2 BGebG ermäßigt werden.

8 Die Kostentragungspflicht umfasst nach Abs. 1 auch die **Auslagen** (vgl. § 3 AÜKostV, § 12 BGebG). Die Erstattungsfähigkeit der Auslagen richtet sich nach §§ 9 Abs. 1, 12 BGebG. Danach hat der Antragsteller insbesondere Kosten, die durch Übersetzungen oder zusätzliche Abschriften entstehen, zu ersetzen (§ 12 Abs. 1 BGebG).

§ 3 Versagung

(1) Die Erlaubnis oder ihre Verlängerung ist zu versagen, wenn Tatsachen die Annahme rechtfertigen, daß der Antragsteller

1. die für die Ausübung der Tätigkeit nach § 1 erforderliche Zuverlässigkeit nicht besitzt, insbesondere weil er die Vorschriften des Sozialversicherungsrechts, über die Einbehaltung und Abführung der Lohnsteuer, über die Arbeitsvermittlung, über die Anwerbung im Ausland oder über die Ausländerbeschäftigung, die Vorschriften des Arbeitsschutzrechts oder die arbeitsrechtlichen Pflichten nicht einhält;
2. nach der Gestaltung seiner Betriebsorganisation nicht in der Lage ist, die üblichen Arbeitgeberpflichten ordnungsgemäß zu erfüllen;
3. dem Leiharbeitnehmer für die Zeit der Überlassung an einen Entleiher die im Betrieb dieses Entleihers für einen vergleichbaren Arbeitnehmer des Entleihers geltenden wesentlichen Arbeitsbedingungen einschließlich des Arbeitsentgelts nicht gewährt. Ein Tarifvertrag kann abweichende Regelungen zulassen, soweit er nicht die in einer Rechtsverordnung nach § 3a Absatz 2 festgesetzten Mindeststundenentgelte unterschreitet. Im Geltungsbereich eines solchen Tarifvertrages können nicht tarifgebundene Arbeitgeber und Arbeitnehmer die Anwendung der tariflichen

Versagung § 3

Regelungen vereinbaren. Eine abweichende tarifliche Regelung gilt nicht für Leiharbeitnehmer, die in den letzten sechs Monaten vor der Überlassung an den Entleiher aus einem Arbeitsverhältnis bei diesem oder einem Arbeitgeber, der mit dem Entleiher einen Konzern im Sinne des § 18 des Aktiengesetzes bildet, ausgeschieden sind.

(2) Die Erlaubnis oder ihre Verlängerung ist ferner zu versagen, wenn für die Ausübung der Tätigkeit nach § 1 Betriebe, Betriebsteile oder Nebenbetriebe vorgesehen sind, die nicht in einem Mitgliedstaat der Europäischen Wirtschaftsgemeinschaft oder einem anderen Vertragsstaat des Abkommens über den Europäischen Wirtschaftsraum liegen.

(3) Die Erlaubnis kann versagt werden, wenn der Antragsteller nicht Deutscher im Sinne des Artikels 116 des Grundgesetzes ist oder wenn eine Gesellschaft oder juristische Person den Antrag stellt, die entweder nicht nach deutschem Recht gegründet ist oder die weder ihren satzungsmäßigen Sitz noch ihre Hauptverwaltung noch ihre Hauptniederlassung im Geltungsbereich dieses Gesetzes hat.

(4) Staatsangehörige der Mitgliedstaaten der Europäischen Wirtschaftsgemeinschaft oder eines anderen Vertragsstaates des Abkommens über den Europäischen Wirtschaftsraum erhalten die Erlaubnis unter den gleichen Voraussetzungen wie deutsche Staatsangehörige. Den Staatsangehörigen dieser Staaten stehen gleich Gesellschaften und juristische Personen, die nach den Rechtsvorschriften dieser Staaten gegründet sind und ihren satzungsgemäßen Sitz, ihre Hauptverwaltung oder ihre Hauptniederlassung innerhalb dieser Staaten haben. Soweit diese Gesellschaften oder juristische Personen zwar ihren satzungsmäßigen Sitz, jedoch weder ihre Hauptverwaltung noch ihre Hauptniederlassung innerhalb dieser Staaten haben, gilt Satz 2 nur, wenn ihre Tätigkeit in tatsächlicher und dauerhafter Verbindung mit der Wirtschaft eines Mitgliedstaates oder eines Vertragsstaates des Abkommens über den Europäischen Wirtschaftsraum steht.

(5) Staatsangehörige anderer als der in Absatz 4 genannten Staaten, die sich aufgrund eines internationalen Abkommens im Geltungsbereich dieses Gesetzes niederlassen und hierbei sowie bei ihrer Geschäftstätigkeit nicht weniger günstig behandelt werden dürfen als deutsche Staatsangehörige, erhalten die Erlaubnis unter den gleichen Voraussetzungen wie deutsche Staatsangehörige. Den Staatsangehörigen nach Satz 1 stehen gleich Gesellschaften, die nach den Rechtsvorschriften des anderen Staates gegründet sind.

Gliederung	Rn.
1. Inhalt und Gesetzeszweck	1– 7
2. Voraussetzungen zur Versagung der Erlaubnis (Abs. 1)	8–52
a. Grundsatz der zwingenden Versagung	8–12

Jürgen Ulber

§ 3 Versagung

    b. Versagungstatbestände von Abs. 1 13–17
    c. Versagung wegen mangelnder Zuverlässigkeit (Abs. 1 Nr. 1)   18–28
       aa. Einhalten von Vorschriften des Sozialversicherungsrechts   29–31
       bb. Einbehaltung und Abführung der Lohnsteuer 32–34
       cc. Einhaltung des Arbeitsvermittlungsrechts 35–36
       dd. Vorschriften über die Anwerbung im Ausland 37
       ee. Ausländerbeschäftigung 38
       ff. Einhaltung von Vorschriften des Arbeitsschutzes 39–41
       gg. Einhaltung arbeitsrechtlicher Pflichten 42–48
       hh. Sonstige Tatbestände mangelnder Zuverlässigkeit . . . 49–52
  3. Mangelhafte Betriebsorganisation (Abs. 1 Nr. 2) 53–57
  4. Verstöße gegen die Gleichbehandlungspflichten (Abs. 1 Nr. 3) . 58–66
  5. Arbeitnehmerüberlassung von Betrieben außerhalb des EWR
    (Abs. 2) 67–70
  6. Versagung der Erlaubnis bei nichtdeutschen Antragstellern
    (Abs. 3 u. 4) 71–76
  7. Gleichstellung auf Grund internationaler Abkommen (Abs. 5) . . 77

1. Inhalt und Gesetzeszweck

1 Nach § 1 Abs. 1 ist die **ANÜ** grundsätzlich verboten. Dieses Verbot kann der Verleiher dadurch aufheben, dass ihm von der BA eine Erlaubnis zur ANÜ erteilt wird (sog. **präventives Verbot der ANÜ mit Erlaubnisvorbehalt**).

2 § 3 enthält die wesentlichen überlassungsspezifischen Vorschriften, unter denen die **Erlaubnis zur ANÜ erteilt** oder **verlängert** werden kann. Bei Veränderung der tatsächlichen Grundlagen einer erteilten Erlaubnis ist die Vorschrift daneben Grundlage für einen **Widerruf der Erlaubnis** (§ 5 Abs. 1 Nr. 3). Die Vorschrift gilt für in- und **ausländische Verleiher**.

3 Die Erteilung der Erlaubnis ist **Zulässigkeitsvoraussetzung** zur Ausübung des Gewerbes. Liegt die Erlaubnis nicht vor, muss die Erlaubnisbehörde dem Verleiher die Ausübung von ANÜ nach § 6 untersagen. Daneben zieht eine fehlende Erlaubnis sowohl für die abgeschlossenen ANÜ-Verträge mit Entleihern als auch die Arbeitsverträge von Leih-AN (§§ 9 Nr. 1, 10 Abs. 1) ordnungswidrigkeitsbzw. strafrechtliche Konsequenzen nach sich (§§ 15 ff.).

4 Da auch Verleihern das Grundrecht der Berufsfreiheit zusteht (*BVerfG* v. 4. 4. 1967, EzAÜG § 1 Arbeitsvermittlung Nr. 1), besteht grundsätzlich ein **Rechtsanspruch** des Verleihers auf Erteilung der Erlaubnis, soweit keine Versagungsgründe nach § 3 vorliegen.

5 Der **Zweck** der Vorschrift besteht darin, durch das Erlaubnisverfahren eine Einhaltung der rechtlichen Voraussetzungen zur Ausübung von ANÜ und der persönlichen **Zuverlässigkeitsvoraussetzungen** des Verleihers zu gewährleisten. Daneben haben die Erlaubnisvorschriften die Funktion, den Leih-AN sowie andere Marktteilnehmer und Wettbewerber vor Schäden durch unzuverlässige Verleiher zu bewahren und bestehende **Dauerarbeitsplätze** im Entleiherbetrieb zu **schützen**

(*BAG* v. 23.11.1988, AP Nr. 14 zu § 1 AÜG; Schüren/Hamann/*Schüren*, § 3 Rn. 136; Ulber/*Ulber, J.*, AÜG, § 3 Rn. 5). Die Praxis der Erlaubnisbehörden, die nahezu keinerlei Aktivitäten bei der Überwachung des Gewerbes entfalten, widerspricht diesen Gesetzeszwecken.

Die Bedeutung von § 3 beschränkt sich nicht auf gewerberechtliche **6** Aspekte der ANÜ. Sie konkretisiert im Zusammenhang mit § 1 Abs. 2 auch einen Teil der **Arbeitgeberpflichten des Verleihers** sowie des bei ANÜ typischen **Arbeitgeberrisikos** und enthält Kriterien zur Abgrenzung von ANÜ und Arbeitsvermittlung (*S/M*, § 3 Anm. 3; Ulber/*Ulber, J.*, AÜG, § 3 Rn. 4, 23). Erfüllt der Verleiher nicht die in Abs. 1 Nr. 1 bis 3 enthaltenen Pflichten, wird nach § 1 Abs. 2 **Arbeitsvermittlung** vermutet und eine erteilte Erlaubnis ist zu widerrufen. Dadurch, dass § 1 Abs. 2 auf § 3 Abs. 1 verweist, stellt Abs. 1 mittelbar auch eine wichtige Norm zum Schutz des Leih-AN bei Verstößen gegen die Arbeitgeberpflichten des Verleihers dar.

Abs. 1 enthält die wesentlichen Voraussetzungen, die der Verleiher **7** bei der Erteilung oder Verlängerung der Erlaubnis zur ANÜ zu erfüllen hat (Rn. 13 ff.). **Abs. 2** regelt die Versagung der Erlaubnis bei grenzüberschreitendem Verleih außerhalb des EWR (Rn. 67 ff.). Die **Abs. 3 bis 5** regeln die Voraussetzungen, unter denen Ausländern oder ausländischen Gesellschaften eine Erlaubnis zur ANÜ erteilt werden kann (Rn. 71 ff.).

2. Voraussetzungen zur Versagung der Erlaubnis (Abs. 1)

a. Grundsatz der zwingenden Versagung

Wird eine Erlaubnis beantragt, steht dem Antragsteller ein subjektiv- **8** öffentliches **Recht auf Erteilung der Erlaubnis** zu, soweit die gesetzlichen Voraussetzungen erfüllt sind (*Schüren/Hamann/Schüren*, § 3 Rn. 25; Thüsing/*Pelzner*, § 3 Rn. 4; Ulber/*Ulber, J.*, AÜG, § 3 Rn. 10). In Abs. 1 sind Tatbestände geregelt, die die Erlaubnisbehörde zwingend zur Versagung der Erlaubnis verpflichten (*Boemke/Lembke*, § 3 Rn. 6; Ulber/*Ulber, J.*, AÜG, § 3 Rn. 8). Der **Zweck** der Vorschrift liegt darin, die arbeitsmarkt- und sozialpolitisch erforderlichen Beschränkungen der ANÜ zu gewährleisten (*S/M*, § 3 Anm. 1) und unzuverlässige Verleiher von der Ausübung des Gewerbes auszuschließen. Daneben sollen Dauerarbeitsplätze in den Entleiherbetrieben gegen negative Auswirkungen durch den Einsatz von Leih-AN geschützt werden (Ulber/*Ulber, J.*, AÜG, § 3 Rn. 6).

Liegen Versagungsgründe i. S. v. Abs. 1 vor, steht der Erlaubnisbehörde **9** bei der Entscheidung über den Antrag auf Erlaubniserteilung **kein Ermessen** zu (*LSG NRW* v. 2.7.2010, ArbRB 2010, 230; Ulber/ *Ulber, J.*, AÜG, § 3 Rn. 8). Die Erlaubnis ist dann **zwingend** zu versagen. Auch eine Erteilung der Erlaubnis unter **Auflagen** oder **Bedingungen** (vgl. § 2 Rn. 21 ff.) scheidet in diesem Fall aus (*LSG Bremen* v. 17.12.1975, EzAÜG § 3 Versagungsgründe Nr. 1; Ulber/

§ 3 Versagung

Ulber, J., AÜG, § 3 Rn. 17; a. A. *BSG* v. 22.3.1979, EzAÜG § 2 Erlaubnisverfahren Nr. 2).

10 Die Erteilung einer Erlaubnis ist zu versagen, soweit nur einer der in Abs. 1 erwähnten Versagungsgründe vorliegt. Auch kommt es nicht darauf an, ob der Verleiher **wiederholt** oder **schwerwiegend** gegen Arbeitgeberpflichten verstoßen hat (Ulber/*Ulber, J.*, AÜG, § 3 Rn. 18). Entscheidend ist vielmehr, ob das Verhalten des Antragstellers die Einhaltung der in Abs. 1 erwähnten Pflichten erwartbar erscheinen lässt. Dies ist nicht der Fall, wenn der Verleiher bereits einen Verstoß begangen hat, und rechtfertigt auch dann eine Versagung der Erlaubnis, wenn das bisherige Verhalten einen Verstoß **in der Zukunft** erwarten lässt (vgl. *BVerfG* v. 26.2.1997, GewArch 97, 242; *S/M*, § 3 Anm. 4; Ulber/*Ulber, J.*, AÜG, § 3 Rn. 17). In diesem Fall ist eine **Zukunftsprognose** vorzunehmen, ob die bekannten Tatsachen die Annahme rechtfertigen, dass der Verleiher gegen Vorschriften verstoßen wird (*Boemke/Lembke*, § 3 Rn. 9; *Ulber*, § 3 Rn. 18).

11 Die Erteilung der Erlaubnis bzw. deren Verlängerung setzt einen entsprechenden **Antrag** voraus (§ 2 Abs. 1). Die Erlaubnisbehörde ist jedoch auch außerhalb des Antragsverfahrens verpflichtet, bei Kenntnis von erlaubnisrelevanten **Tatsachen** i. S. v. Abs. 1, die eine Versagung der Erlaubnis rechtfertigen, ein Prüfungs- bzw. Widerrufsverfahren einzuleiten. Ergeben die Prüfungen hierbei, dass die Tatsachen nachweislich einen Versagungstatbestand erfüllen, ist die Erlaubnis nach § 5 Abs. 1 Nr. 3 zwingend zu widerrufen. Ein Ermessensspielraum steht der Erlaubnisbehörde hierbei nicht zu.

12 Die Behörden der BA müssen bei einer **Anzeige** Dritter den mitgeteilten Sachverhalt im Rahmen des Erlaubnisverfahrens aufklären. Anzeigeberechtigt ist dabei jede natürliche und juristische Person. Insbesondere Wettbewerber auf dem Markt, Verbände, Gewerkschaften und Betriebsräte oder AN (vgl. hierzu *LAG Berlin* v. 28.3.2006, LAGE § 626 BGB 2002 Nr. 7b m. Anm. *Ulber, D./Wolf*; Ulber/*zu Dohna-Jaeger*, AiB 07, 705) können daher eine Anzeige erstatten (zur Anzeigeberechtigung des AN vgl. *BAG* v. 7.12.2006, NZA 07, 502). Auf Grund der in Abs. 1 Einleitungssatz enthaltenen Beweiserleichterung muss die Anzeige nur die **Tatsachen** benennen, die einen Versagungsgrund i. S. v. Abs. 1 darstellen können.

b. Versagungstatbestände von Abs. 1

13 Abs. 1 enthält Tatbestände, bei deren Erfüllung in das Grundrecht des Verleihers auf Berufsfreiheit (s. o. Rn. 4) eingegriffen werden darf, indem die erforderliche Erlaubnis nicht erteilt oder verlängert bzw. nach § 5 widerrufen werden kann. **Abs. 1 Nr. 1** knüpft an die **Arbeitgeberpflichten** des Verleihers an, bei deren Nichteinhaltung die Erlaubnis zu versagen ist. Nach **Abs. 1 Nr. 2** ist die Erlaubnis zu versagen, wenn der Verleiher nicht die **betriebsorganisatorischen**

Versagung § 3

Voraussetzungen zur Erfüllung der Arbeitgeberpflichten erfüllt. **Abs. 1 Nr. 3** stellt wegen der besonderen Bedeutung der **Gleichstellungsgrundsätze** gem. §§ 9 Nr. 2, 10 Abs. 4 und 5 klar, dass bei Verstößen die Erlaubnis zwingend zu versagen ist. Die Vorschrift wird bereits von Abs. 1 Nr. 1 (Verstoß gegen arbeitsrechtliche Pflichten) erfasst.

Die in Abs. 1 genannten **Versagungstatbestände** enthalten einen **nicht abschließenden Katalog** von Pflichtverletzungen, die zur Versagung der Erlaubnis berechtigen (*LSG Rheinland-Pfalz* v. 19.12.2002, EzAÜG § 1 Gewerbsmäßige Arbeitnehmerüberlassung Nr. 27; *LSG Bremen* v. 15.3.1983 – L5 BR 11/82; Ulber/*Ulber, J.*, AÜG, § 3 Rn. 13; str., a.A. *Boemke/Lembke*, § 3 Rn. 8). Dies betrifft insbesondere Sachverhalte, die auf eine Unzuverlässigkeit des Verleihers i.S.v. Abs. 1 Nr. 1 schließen lassen oder Fälle, in denen der Verleiher die Schutzzwecke des AÜG missachtet. Daneben ist die Erlaubnis in Fällen, in denen der Verleiher die ANÜ nicht entsprechend ihrer Funktion als Instrument vorübergehender Personalbedarfsdeckung betreibt (vgl. Einl. Rn. 1), auch dann zu versagen, wenn die gesetzlichen Voraussetzungen einer legalen **Arbeitsvermittlung** (statt einer ANÜ) erfüllt sind.

14

Liegen die Voraussetzungen eines Regelbeispiels oder von Versagungsgründen nach Abs. 1 Nr. 2 und 3 nicht vor, ist der allgemeine Versagungsgrund mangelnder Zuverlässigkeit nach Abs. 1 Nr. 1 **Auffangtatbestand** bzw. Generalklausel, wenn der Verleiher nicht gewährleisten kann, die Rechtsordnung zu beachten (*Ulber*, § 3 Rn. 37).

15

Nach Abs. 1 Einleitungssatz ist die Erlaubnis schon dann zu versagen, wenn **Tatsachen** lediglich die **Annahme** rechtfertigen, dass ein Versagungstatbestand i.S.d. Nr. 1 bis 3 erfüllt ist. Die Vorschrift enthält eine **Beweiserleichterung** für die BA, nach der bei Vorliegen bestimmter Tatsachen auf die Erfüllung eines Versagungstatbestands geschlossen werden darf (Vermutungswirkung). Die Tatsachen müssen dabei nachweisbar sein. Reine Vermutungen oder Spekulationen reichen nicht aus.

16

Soll die Versagung auf die Annahme eines Versagungstatbestandes gestützt werden, kann (insbesondere bei Verlängerungsanträgen) nach dem Grundsatz der Verhältnismäßigkeit von einer Versagung der Erlaubnis abgesehen werden, wenn durch eine **Auflage** (vgl. § 2 Rn. 22 ff.) als milderem Mittel sichergestellt werden kann, dass Verstöße zukünftig ausgeschlossen sind.

17

c. Versagung wegen mangelnder Zuverlässigkeit (Abs. 1 Nr. 1)

Nach Abs. 1 Nr. 1 ist die Erlaubnis zu versagen, wenn Tatsachen die Annahme rechtfertigen, dass der Verleiher die erforderliche Zuverlässigkeit zur Ausübung des Gewerbes nicht besitzt. Die Vorschrift enthält **Regelbeispiele,** in denen **unwiderlegbar und zwingend**

18

§ 3 Versagung

von einer mangelnden Zuverlässigkeit auszugehen ist. Auf ein Verschulden kommt es hierbei nicht an.

19 (**Begriff der Zuverlässigkeit**) Der Begriff der **Zuverlässigkeit** ist ein **unbestimmter Rechtsbegriff,** der in tatsächlicher und rechtlicher Hinsicht der vollen gerichtlichen Kontrolle unterliegt und nicht im Ermessen der Behörde steht (*Schüren/Hamann/Schüren,* § 3 Rn. 59; Ulber/*Ulber, J.,* AÜG, § 3 Rn. 25).

20 Die Voraussetzungen der Unzuverlässigkeit sind erfüllt, wenn der Antragsteller nicht die Gewähr dafür bietet, dass er die ANÜ unter Einhaltung der gesetzlichen Zulässigkeitsvoraussetzungen ausüben wird (*BSG* v. 6.2.1992, BB 92, 2366; *Boemke/Lembke,* § 3 Rn. 16; *Schüren/Hamann/Schüren,* § 3 Rn. 61; Ulber/*Ulber,* § 3 Rn. 25). Dabei müssen Tatsachen die Annahme der **mangelnden Zuverlässigkeit** rechtfertigen. Ein Verschulden des Antragstellers ist nicht erforderlich (*LSG Rheinland-Pfalz* v. 19.12.2002, EzAÜG § 1 Gewerbsmäßige Arbeitnehmerüberlassung Nr. 37).

21 Da die Erlaubnis **rechtsträgerbezogen** erteilt wird (vgl. § 2 Rn. 16), ist bei Prüfung der Zuverlässigkeit immer auf die **Person des Antragstellers** abzustellen (*Schüren/Hamann/Schüren,* § 3 Rn. 35; Ulber/*Ulber, J.,* AÜG, § 3 Rn. 26). Liegt die Unzuverlässigkeit in der **Person eines Dritten,** der rechtlich oder tatsächlich maßgeblichen Einfluss auf die Geschäftstätigkeit des Verleihers nimmt, sind Versagungsgründe in der Person des Dritten dem Verleiher zuzurechnen (*BSG* v. 14.12.2000, EzAÜG § 1 Arbeitsvermittlung Nr. 25; *LSG Mainz* v. 16.1.1981, EzAÜG § 3 Versagungsgründe Nr. 5; *Ulber,* § 3 Rn. 14).

22 Bei **Personengesamtheiten** oder **-gesellschaften** muss die Zuverlässigkeit bei allen zur Vertretung berechtigten Personen vorliegen (Ulber/*Ulber, J.,* AÜG, § 3 Rn. 28f.), andernfalls ist die Erlaubnis insgesamt zu versagen. Bei **juristischen Personen** hat die Zuverlässigkeitsprüfung in Bezug auf alle zur Vertretung berechtigten Organe (Vorstandsmitglieder einer AG, Geschäftsführer einer GmbH) einschließlich der vertretungsberechtigten Prokuristen zu erfolgen (*Boemke/Lembke,* § 3 Rn. 20; *Schüren/Hamann/Schüren,* § 3 Rn. 68; Ulber/ *Ulber, J.,* AÜG, § 3 Rn. 31). Auch hier ist die Erlaubnis zu versagen, wenn nur eine der zur Vertretung der Gesellschaft berechtigten Personen die erforderliche Zuverlässigkeit nicht besitzt (Thüsing/*Pelzner,* § 3 Rn. 15; Ulber/*Ulber, J.,* AÜG, § 3 Rn. 31).

23 Bei den **Strohmannfällen,** bei denen formal ein Dritter die Erlaubnis beantragt, ist die Unzuverlässigkeit zu bejahen, wenn lediglich der Hintermann nicht die erforderliche Zuverlässigkeit besitzt (*BSG* v. 6.2.1992, BB 92, 2365; *VG Oldenburg* v. 4.7.1972 – A 11/71a; a.A. *Boemke/Lembke,* § 3 Rn. 23). Ein Verleiher, dem die Erlaubnis wegen mangelnder Zuverlässigkeit nicht erteilt werden darf, kann das Gewerbe daher auch in tatsächlicher Hinsicht nicht ausüben, indem er sich der Person eines Dritten als Werkzeug bedient. Dem **Strohmann,** der die Erlaubnis selbst beantragt und für einen dahinter stehenden Dritten tätig wird, ist die Erlaubnis zu versagen, weil der Erlaubnisinhaber immer selbst das Verleihgewerbe betreiben muss (*Boemke/Lembke*, § 3 Rn. 23; *Schüren/Hamann/Schüren*, § 3 Rn. 37; *Ulber/Ulber*, § 3 Rn. 26).

Da der Verleiher zur Durchführung des Gewerbes meist andere Personen mit der Wahrnehmung von **Führungsaufgaben** (z. B. der Einhaltung des Arbeitsschutzes bei Entleihern über Disponenten) beauftragen muss, liegt eine Unzuverlässigkeit des Verleihers auch dann vor, wenn eine der **vertretungsberechtigten Personen** oder Repräsentanten des Verleihers bei der Ausübung der Aufgaben nicht die erforderliche Zuverlässigkeit besitzt (*HessVGH* v. 16.6.1993, DB 93, 2021; *Boemke/Lembke*, § 3 Rn. 22; *ErfK/Wank*, § 3 AÜG Rn. 4). Dasselbe gilt, wenn der Verleiher unzuverlässige Dritte nicht vom Einfluss auf die Führung des Betriebs ausschließt (*BSG* v. 6.2.1992, BB 1992, 2365; *S/M*, § 3 Anm. 6; *Thüsing/Pelzner*, § 3 Rn. 18). **24**

Die Zuverlässigkeitsprüfung ist grundsätzlich im Rahmen einer **Zukunftsprognose** anhand vorliegender Tatsachen vorzunehmen. Im Rahmen der Prognose ist das bisherige Verhalten des Verleihers zu berücksichtigen. Hat der Antragsteller durch sein Verhalten in der Vergangenheit Rechtspflichten i. S. v. Abs. 1 Nr. 1 bis 3 nicht eingehalten, ist regelmäßig von der Unzuverlässigkeit auszugehen. Dies gilt insbesondere, wenn der Antragsteller in der Vergangenheit gegen Vorschriften des AÜG verstoßen hat, z.B. indem er ohne Erlaubnis oder ohne Abschluss des Erlaubnisverfahrens AN überlassen hat (*SG Köln* v. 11.8.1977, BB 92, 2366; *Ulber/Ulber, J.*, AÜG, § 3 Rn. 25). Die frühere Untersagung anderer Gewerbe (vgl. § 35 GewO) oder strafrechtliche Verurteilungen (vgl. Rn. 26) berechtigen zur Versagung der Erlaubnis, soweit sie im Zusammenhang mit der Ausübung der ANÜ einen Versagungsgrund darstellen würden. **25**

Strafrechtliche Verurteilungen oder Freisprüche des Antragstellers sind von der Erlaubnisbehörde bei ihrer Entscheidung als bindend zugrunde zu legen (*Boemke/Lembke*, § 3 Rn. 42; *Ulber/Ulber, J.*, AÜG, § 3 Rn. 20). Eine Unzuverlässigkeit des Antragstellers i. S. v. Abs. 1 ist jedoch nur gegeben, wenn die Tat in einem Zusammenhang mit der Ausübung von ANÜ Zweifel an der Zuverlässigkeit begründet. **Vermögensdelikte** wie Diebstahl, Betrug, Urkundenfälschung oder Unterschlagung stellen generell eine Tatsache dar, die ohne eine weitere Prüfung die Unzuverlässigkeit vermuten lässt. **26**

Die Tatsachen, die die Unzuverlässigkeit indizieren, müssen auf einem Tun oder Unterlassen des Antragstellers beruhen und diesem **zurechenbar** sein. Eine Zurechenbarkeit ist dabei insbesondere in den Fällen ausgeschlossen, in denen der Einsatzbetrieb durch selbständige Absprachen mit Fremdfirmenbeschäftigten Verstöße gegen das AÜG begeht. Ist der AN z.B. auf der Grundlage eines wirksamen Werk- **27**

Jürgen Ulber

§ 3 Versagung

vertrags im Einsatzbetrieb tätig und übt der Einsatzbetrieb mit Einverständnis des AN bei der Ausführung der Arbeiten werkvertragswidrig (zumindest teilweise) das Weisungsrecht aus, kann die hierdurch ausgelöste Rechtsfolge illegaler ANÜ (vgl. Einl. 44, 51) dem Antragsteller nur zur Last gelegt werden, wenn er diese Praxis kannte, duldete oder unter Verstoß gegen Kontroll- und Organisationspflichten des Werkbestellers ermöglichte.

28 Die **Tatsachen**, die die Vermutung der Unzuverlässigkeit rechtfertigen, brauchen im Zeitpunkt der Erlaubniserteilung noch nicht eingetreten zu sein. Es reicht insoweit aus, wenn der Eintritt in Zukunft zu erwarten ist (Ulber/*Ulber, J.*, AÜG, § 3 Rn. 21).

aa. Einhalten von Vorschriften des Sozialversicherungsrechts

29 Zu den sozialversicherungsrechtlichen Bestimmungen, die der Verleiher einzuhalten hat, zählen alle Gesetze und Nebengesetze (z. B. § 2 BZVO), die den AG zur Abführung von **Beiträgen** oder Umlagen verpflichten. Insbesondere muss der Verleiher den **Beitragspflichten** in der **Renten-, Kranken-, Arbeitslosen-, Pflege- und Unfallversicherung** nachkommen (ErfK/*Wank*, § 3 AÜG Rn. 8; Ulber/*Ulber, J.*, AÜG, § 3 Rn. 39). Auch die **Schwerbehindertenabgabe** (*BVerwG* v. 13.12.2001, NZA 02, 386) und die Abführung der Beiträge nach den Rahmen- und Sozialkassentarifverträgen im Baugewerbe sind Pflichten, die der Verleiher ggf. zu erfüllen hat.

30 Die Beiträge und die Meldepflichten bei der Insolvenzsicherung nach dem **BetrAVG** (§§ 10 f. BetrAVG) gehören zwar nicht zum Sozialversicherungsrecht. Ihre Einhaltung ist jedoch als arbeitsrechtliche Pflicht des Verleihers (vgl. Rn. 41 ff.) Voraussetzung für die Zuverlässigkeit i. S. v. Abs. 1 Nr. 1. Verstöße führen daher zur Versagung der Erlaubnis (*Boemke/Lembke*, § 3 Rn. 25; *Ulber*, § 3 Rn. 41).

31 Bestehen im Zusammenhang mit sozialversicherungsrechtlichen Vorschriften **Melde-, Anzeige-, Aufzeichnungs- oder Auskunftspflichten** (zur Schwarzarbeit vgl. § 1 Abs. 2 Nr. 1 SchwarzArbG) oder bestehen andere Nebenpflichten (z. B. Ausstellung von Entgeltbescheinigungen), muss der Verleiher auch diese Pflichten einhalten, um eine Zuverlässigkeit zu gewährleisten (Ulber/*Ulber, J.*, AÜG, § 3 Rn. 39).

bb. Einbehaltung und Abführung der Lohnsteuer

32 Soweit der Verleiher die **Lohnsteuer** nicht einbehält oder nicht rechtzeitig und vollständig abführt (§§ 38 Abs. 3, 41 a Abs. 1 Nr. 2 EStG; § 7 LStDV) ist die Erlaubnis wegen mangelnder Zuverlässigkeit zu versagen (*LSG Niedersachsen* v. 22.7.1977, EzAÜG § 4 Rücknahme Nr. 1). Dasselbe gilt, wenn im Zusammenhang mit **anderen Steuerarten** (z. B. Mehrwert-, Gewerbe- oder Körperschaftsteuer) Verstöße vorliegen (*LSG Niedersachsen*, a. a. O.; *S/M* § 3 Anm. 14; *Schüren/Ha-*

mann/Schüren, § 3 Rn. 77; Thüsing/*Pelzner*, § 3 Rn. 21; Ulber/*Ulber, J.*, AÜG, § 3 Rn. 42).

Ein Verstoß gegen die Einbehaltung und Abführung der Lohnsteuer **33** liegt auch vor, wenn der Verleiher wahrheitswidrig Teile des Lohns als **Aufwendungsersatz** ausweist, und die darauf entfallende Einkommensteuer nicht einbehält oder abführt.

Ist der Verleiher wegen **Steuerhinterziehung** rechtskräftig verurteilt, **34** ist unwiderlegbar von der mangelnden Zuverlässigkeit auszugehen (*BGH* v. 5.5.1983, EzAÜG AFG Nr. 17; *LSG Niedersachsen* v. 22.7.1977, EzAÜG § 4 Rücknahme Nr. 1).

cc. Einhaltung des Arbeitsvermittlungsrechts

Die ANÜ setzt voraus, dass der Verleiher durch die Überlassung keine **35** Arbeitsvermittlung betreibt (vgl. § 1 Rn. 128 ff.). Erfüllt die Überlassungstätigkeit des Verleihers den **Tatbestand einer Arbeitsvermittlung** (vgl. Einl. Rn. 34 ff.) oder einer nach § 1 Abs. 2 **vermuteten Arbeitsvermittlung** ist die Erlaubnis zu versagen (Ulber/*Ulber, J.*, AÜG, § 3 Rn. 43). Dies gilt insbesondere, wenn der Verleiher AN auf Dauer an einen Entleiher verleiht (vgl. § 1 Rn. 131 a). Erfüllt der Verleiher den Tatbestand von § 1 Abs. 2, ist die Erlaubnis auch zu versagen, wenn der Verleiher neben der ANÜ zulässigerweise ein Vermittlungsgewerbe betreibt, da die Zuverlässigkeit voraussetzt, dass die beiden Gewerbe im Rechtsverkehr abgegrenzt voneinander betrieben werden und Zweifel an der Zuordnung der Tätigkeit als ANÜ oder Arbeitsvermittlung ausgeschlossen sein müssen.

Im Übrigen setzt die Einhaltung vom **Vorschriften zur Arbeits-** **36** **vermittlung** voraus, dass der Verleiher durch seine Tätigkeit nicht gegen die in §§ 292 ff. SGB III, 40 Abs. 1 Nr. 2 AufenthG oder in sonstigen Rechtsvorschriften enthaltenen Bestimmungen zur Arbeitsvermittlung verstößt (z.B. § 42 BeschV). Dasselbe gilt, wenn der Verleiher entgegen § 9 Nr. 3 bis 5 Vereinbarungen trifft, die eine Übernahme des Leih-AN durch den Entleiher ausschließen (vgl. § 9 Rn. 97 ff.), oder überhöhte **Vermittlungsprämien** mit dem Entleiher vereinbart, die gegen § 9 Nr. 3 Hs. 2 verstoßen (*Boemke/Lembke*, § 3 Rn. 29; einschränkend Schüren/Hamann/*Schüren*, § 3 Rn. 78).

dd. Vorschriften über die Anwerbung im Ausland

Nach § 302 Abs. 1 Nr. 1 SGB III a.F. unterlag die **Anwerbung** von **37** Drittstaatenangehörigen **im Ausland** für eine **Beschäftigung im Inland** dem Vermittlungsmonopol der **BA**. Verstöße erfüllten den Tatbestand von Abs. 1 Nr. 1. Dasselbe galt wegen eines Verstoßes gegen vermittlungsrechtliche Bestimmungen, wenn der Verleiher entgegen § 302 Abs. 1 Nr. 2 SGB III a.F. AN im Inland für eine Beschäftigung im Ausland anwirbt. Die Vorschrift wurde durch Art. 3 Nr. 10 c des Gesetzes v. 23.3.2002 (BGBl. I S. 1130) mit Wirkung vom

§ 3 Versagung

27.3.2002 aufgehoben. Das BMAS kann jedoch nach § 292 SGB III durch Rechtsverordnung bestimmen, dass eine Auslandsvermittlung oder Anwerbung nur durch die BA durchgeführt wird. Solange dies nicht der Fall ist, ist Abs. 1 Nr. 1 bei Anwerbung von AN im Ausland nicht anwendbar.

ee. Ausländerbeschäftigung

38 Die Beschäftigung von Ausländern aus Staaten, die nicht dem EWR angehören, bedarf nach § 4 Abs. 3 S. 1 AufenthG, § 284 Abs. 1 SGB III eines **Aufenthaltstitels** bzw. einer **Arbeitsgenehmigung** (vgl. Einl. Rn. 60 ff.; ausf. Ulber/*Ulber, J.*, AÜG, § 3 Rn. 49). Nach § 40 Abs. 1 Nr. 2 AufenthG, § 6 Abs. 1 Nr. 2 ArGV darf ein entsprechender Titel für die Beschäftigung als Leih-AN nicht erteilt werden (Einl. Rn. 61, 63). Fehlt der Titel bei der Beschäftigung von Leih-AN, liegt wegen Verstoßes gegen das Beschäftigungsverbot ein zwingender Versagungsgrund i.S.v. Nr. 1 vor. Der Verleiher (und auch der Entleiher) haben sich den Aufenthaltstitel vor Aufnahme der Beschäftigung vorlegen zu lassen (vgl. § 15 Rn. 26 ff.); auch bei Verstoß gegen diese **Überprüfungspflicht** mangelt es an der erforderlichen Zuverlässigkeit.

ff. Einhaltung von Vorschriften des Arbeitsschutzes

39 Nach § 11 Abs. 6 hat der Verleiher die Einhaltung der öffentlich-rechtlichen Vorschriften des Arbeitsschutzrechts **in eigener Verantwortung** zu gewährleisten. Hierzu gehört, dass er beim Entleiher seinen Überwachungs- und Kontrollpflichten nachkommt (§ 11 Rn. 81 ff.). Die Pflicht zur Einhaltung des Arbeitsschutzes gilt nach Art. 9 Abs. 1 der VO 593/2008/EG auch, soweit ein **ausländischer Verleiher AN** in das Inland entsendet (Ulber/*Ulber, J.*, AÜG, § 3 Rn. 57). Bei Verleih in das Ausland hat er auch die Arbeitsschutznormen des ausländischen Staates zu beachten. Nach Nr. 1 ist dem Verleiher die Erlaubnis zu versagen, wenn er gegen eine dieser Pflichten verstößt.

40 Zu den Arbeitsschutzvorschriften i.S.v. Nr. 1 zählen neben den **öffentlich-rechtlichen Vorschriften des Arbeitsschutzes** (vgl. § 11 Rn. 81 ff.; zur Problematik nicht umgesetzter EU-Richtlinien vgl. Ulber/*Ulber, J.*, AÜG, § 3 Rn. 55) alle **Rechtsnormen,** die dem AG einen Schutz des AN Pflichten auferlegen. Auch der **Arbeitsvertragsschutz,** der den AN vor einer unsozialen Gestaltung der Arbeitsbedingungen schützen soll, wird daher von Nr. 1 erfasst (*Boemke/Lembke,* § 3 Rn. 33; Ulber/*Ulber, J.*, AÜG, § 3 Rn. 54).

41 Sind in **TV** oder **BV** Regelungen zum Arbeitsschutz getroffen, die öffentlich-rechtliche Vorschriften des Arbeitsschutzes konkretisieren oder ausgestalten, unterliegen sie ebenfalls dem Regelbeispiel. Ansonsten (z.B. im Rahmen einzelvertraglicher Vereinbarungen zum Arbeitsschutz) werden Verstöße vom Regelbeispiel der Nichteinhaltung arbeitsrechtlicher Pflichten erfasst (Ulber/*Ulber, J.*, AÜG, § 3 Rn. 56).

gg. Einhaltung arbeitsrechtlicher Pflichten

Erfüllt der Verleiher nicht seine arbeitsrechtlichen Pflichten, ist die Erlaubnis nach Abs. 1 Nr. 1 zwingend zu versagen. Auf ein **Verschulden** des Verleihers oder die Schwere der Pflichtverletzung kommt es hierbei nicht an, solange der Verstoß dem Verleiher zurechenbar ist (*LSG Rheinland-Pfalz* v. 19.12.2002, EzAÜG § 1 Gewerbsmäßige Arbeitnehmerüberlassung Nr. 27; Ulber/*Ulber, J.*, AÜG, § 3 Rn. 59). Bei **grenzüberschreitendem Verleih** in das Inland hat der ausländische Verleiher auch die Vorschriften zu **Mindestarbeitsbedingungen** nach dem AEntG (§ 8 Abs. 3 AEntG) sowie in einer Rechtsverordnung nach § 3a festgesetzte **Lohnuntergrenzen** einzuhalten. **42**

Zu den arbeitsrechtlichen Pflichten i.S.d. Norm zählen alle **Haupt- und Nebenleistungspflichten,** die der Verleiher als AG des Leih-AN zu erfüllen hat (*Boemke/Lembke*, § 3 Rn. 35; Ulber/*Ulber, J.*, AÜG, § 3 Rn. 59; vgl. hierzu § 1 Rn. 108 ff.). Ob die Pflichten auf Gesetzen (z.B. KSchG, ArbZG, AÜG), TV (insbesondere den TV zur ANÜ), BV oder dem AV beruhen, ist dabei unbeachtlich, so dass grundsätzlich jeder Verstoß gegen Normen, die dem Schutz des AN dienen, den Versagungstatbestand erfüllt (*Boemke/Lembke*, § 3 Rn. 35). Auch die Nichteinhaltung von Vorschriften der **Betriebsverfassung** oder der Mitbestimmungsgesetze (insbesondere Verstöße gegen das Gebot vertrauensvoller Zusammenarbeit und die MBR des BR; vgl. § 14 Rn. 30 ff.) stellt einen Verstoß gegen arbeitsrechtliche Pflichten i.S.v. Abs. 1 Nr. 1 dar (*Boemke/Lembke*, § 3 Rn. 35; Ulber/*Ulber, J.*, AÜG, § 3 Rn. 66 ff.). **43**

Verstöße gegen die rechtzeitige Zahlung des **Arbeitsentgelts** einschließlich der Entgeltfortzahlung sowie die Erstattung von **Reisekosten** und sonstiger Aufwendungsersatzansprüche haben die Versagung bzw. den Widerruf der Erlaubnis zur Folge (Thüsing/*Pelzner*, § 3 Rn. 25). **44**

Zu den arbeitsrechtlichen Pflichten des Verleihers gehört insbesondere die Tragung des **Arbeitgeberrisikos.** Verstöße gegen Vergütungspflichten in **verleihfreien Zeiten** (§ 11 Abs. 4 S. 2) führen zur Versagung der Erlaubnis. Ein Verstoß liegt dabei sowohl vor, wenn der Verleiher dem Leih-AN das Arbeitsentgelt vorenthält, als auch, wenn der Verleiher durch Wahl unzulässiger alternativer Gestaltungsmittel (z.B. **Arbeitszeitkonten, unbezahlter Urlaub, Arbeit auf Abruf** u.Ä.; vgl. § 11 Rn. 63 ff.) seine Vergütungspflichten umgeht. **45**

Verstößt der Verleiher gegen die **Befristungsbestimmungen** (vgl. § 1 Rn. 30 ff.), insbesondere indem er das Leiharbeitsverhältnis mit dem Zeitraum des Einsatzes bei einem Entleiher **synchronisiert,** oder hält er die Bestimmungen zum **Kündigungsschutz** nicht ein (§ 1 **46**

§ 3 Versagung

Rn. 35 ff.), ist der Versagungstatbestand nach Nr. 1 erfüllt. Auch die Vereinbarung von **Einstellungsverboten** entgegen § 9 Nr. 3 ermächtigt zur Versagung der Erlaubnis (§ 9 Rn. 101).

47 Die Einhaltung der **Fürsorge- und Gleichbehandlungspflichten** des Verleihers (§ 1 Rn. 30 ff.) oder der **Grenzen des Weisungsrechts** (vgl. § 1 Rn. 62) gehört zu den arbeitsrechtlichen Pflichten des Verleihers (Thüsing/*Pelzner*, § 3 Rn. 25; Ulber/*Ulber, J.*, AÜG, § 3 Rn. 62). Der Verleiher verletzt die Gleichbehandlungspflichten auch, wenn er einen Teil der Leih-AN zu den Gleichstellungsgrundsätzen gem. § 9 Nr. 2 beschäftigt, bei einem anderen Teil aber die Niedriglohn-TV zur ANÜ anwendet (Rn. 63; zum Benachteiligungsverbot gem. § 611a BGB vgl. *BSG* v. 6.4.2000, AP Nr. 1 zu § 11 AÜG; Ulber/*Ulber, J.*, AÜG, § 3 Rn. 57). Zu den Fürsorgepflichten des Verleihers gehört auch, dass er die Einhaltung der individual- und betriebsverfassungsrechtlichen Ansprüche des Leih-AN während des Einsatzes bei einem **Entleiher überwacht** und etwaige Verstöße unterbindet.

48 Die Erlaubnis ist zu versagen, wenn der Verleiher entgegen § 1 Abs. 1 S. 2 Leih-AN **nicht nur vorübergehend** überlässt oder gegen das **Maßregelungsverbot** gem. § 612a BGB verstößt. Verstöße kommen in der Praxis besonders häufig vor, wenn der Leih-AN berechtigterweise von einem **Leistungsverweigerungsrecht** Gebrauch macht und der Verleiher das Verhalten des Leih-AN zum Anlass für Sanktionen (z. B. Verwarnung, Geldbuße, Vertragsstrafe) bzw. für eine Abmahnung oder Kündigung nimmt. Wenn der Verleiher den Leih-AN mit Sanktionen droht und der Leih-AN berechtigterweise von einem Leistungsverweigerungsrecht Gebrauch macht, muss die Erlaubnisbehörde die Erlaubnis widerrufen.

hh. Sonstige Tatbestände mangelnder Zuverlässigkeit

49 Soweit kein Regelbeispiel von Abs. 1 Nr. 1 erfüllt ist, kann dennoch der Versagungsgrund mangelnder Zuverlässigkeit erfüllt sein, wenn das Verhalten des Verleihers aus **anderen Gründen** Zweifel an einer rechtstreuen Erfüllung von Verleiherpflichten aufkommen lässt (*BSG* v. 6.2.1992, NZA 92, 1006; *Boemke/Lembke*, § 3 Rn. 39; ErfK/*Wank*, § 3 AÜG Rn. 3, 14). Dies ist insbesondere der Fall, wenn der Verleiher keine **geordneten wirtschaftlichen Verhältnisse** gewährleistet oder über keine **ausreichenden liquiden Mittel** verfügt, um seinen Arbeitgeberpflichten (einschließlich der Lohnzahlungspflichten in verleihfreien Zeiten; vgl. § 11 Rn. 55 ff.) nachzukommen (*Boemke/ Lembke*, § 3 Rn. 40; Thüsing/*Pelzner*, § 3 Rn. 34).

50 Besonderheiten gelten, wenn der Leih-AN einem Entleiher überlassen wird, der dem Geltungsbereich eines für **allgemeinverbindlich erklärten TV nach dem AEntG** unterliegt. Hier hat der Verleiher ungeachtet der Gleichstellungsgrundsätze von Abs. 1 Nr. 3 mindestens das durch TV oder Rechtsverordnung festgelegte **Mindestentgelt** zu zahlen (§ 8 Abs. 3 AEntG). Daneben sind auch im TV geregelte Beiträge zu gemeinsamen Einrichtungen zu entrichten (§ 8 Abs. 1 S. 1 und Abs. 3 AEntG). Dies gilt nach § 8 Abs. 1 AEntG auch, soweit ein **ausländischer Verleiher** AN in den Geltungsbereich des für allgemeinverbindlich erklärten TV überlässt. Verstöße gegen diese Pflichten oder gegen die Pflicht zur Abgabe der Versicherung nach § 17b Abs. 2 erfüllen den Versagungstatbestand mangelnder Zuverlässigkeit.

Besitzt der Verleiher z. B. nicht die erforderlichen **Rechtskenntnisse** 51
zur ANÜ oder zum Arbeits- und Sozialversicherungsrecht, rechtfertigt dies die Annahme mangelnder Zuverlässigkeit (vgl. *BSG* v. 6.2.1992, BB 92, 2365; *Boemke/Lembke*, § 3 Rn. 44; *S/M*, § 3 Anm. 12; Ulber/*Ulber, J.*, AÜG, § 3 Rn. 37). Dasselbe gilt im Hinblick auf § 11 Abs. 4 S. 2 für Grundkenntnisse in der Betriebsrisikolehre (vgl. *SG Berlin* v. 29.11.1989, DB 90, 691) und im Arbeitsvermittlungsrecht.

Bedient sich der Verleiher bei Erfüllung seiner Pflichten Dritter, 52
müssen auch die **Erfüllungsgehilfen** die notwendigen Kenntnisse zur ordnungsgemäßen Wahrnehmung der übertragenen Aufgaben erfüllen (*BSG* v. 6.2.1992, BB 1992, 2366; Ulber/*Ulber, J.*, AÜG, § 3 Rn. 37), andernfalls muss er sich die mangelnde Zuverlässigkeit der Erfüllungsgehilfen zurechnen lassen (s. o. Rn. 21 ff.). Nicht ausreichend ist es, wenn dem Verleiher lediglich ein **betriebsexterner Beraterstab** zur Verfügung steht (*SG Berlin* v. 29.11.1989, DB 90, 691). Setzt der Verleiher Erfüllungsgehilfen bei der Wahrnehmung von Arbeitgeberfunktionen ein, muss er ein geeignetes Kontrollsystem zur Verfügung haben und regelmäßige Kontrollen durchführen, um die Zuverlässigkeit zu gewährleisten. Fehlt es hieran, ist die Erlaubnis nach Abs. 1 Nr. 1 zu versagen.

3. Mangelhafte Betriebsorganisation (Abs. 1 Nr. 2)

Nach Abs. 1 Nr. 2 ist die Erlaubnis zu versagen, wenn der Verleiher 53
den **betriebsorganisatorischen Anforderungen** für eine gesetzmäßige Ausübung des Gewerbes und den Voraussetzungen zur Erfüllung der üblichen Arbeitgeberpflichten nicht Rechnung trägt. Bei **Mischbetrieben,** insbesondere Verleihern, die auch Arbeitsvermittlung betreiben, gehört hierzu eine klare betriebsorganisatorische Trennung von ANÜ und sonstigen Betriebszwecken (Ulber/*Ulber, J.*, AÜG, § 3 Rn. 88; a.A. Thüsing/*Pelzner*, § 3 Rn. 42; *LAG Baden-Württemberg* v. 3.12.1998 – 11 Sa 31/98).

Zu den **üblichen Arbeitgeberpflichten** gehören alle Pflichten, die 54
nach Abs. 1 Nr. 1 Voraussetzung für die Zuverlässigkeit des Verleihers sind, einschließlich aller Nebenpflichten eines AG wie Kontroll-, Melde- und Anzeigepflichten. Hierzu zählen auch die Beschäftigungspflicht des Verleihers (§ 1 Rn. 109) sowie die hiermit verbundene

§ 3 Versagung

Verpflichtung, eine ausreichende Vertragsakquisition und das Vorhalten entsprechenden Personals zu gewährleisten (Ulber/*Ulber, J.*, AÜG, § 3 Rn. 83). Die vom Verleiher gewählte Betriebsorganisation muss sicherstellen, dass diesen Pflichten kontinuierlich nachgekommen werden kann.

55 Eine ausreichende Betriebsorganisation erfordert sowohl die Bereitstellung entsprechender **Räumlichkeiten** als auch das Vorhandensein einer dem Umfang des Geschäfts entsprechenden **Büroausstattung**. Auch muss der Verleiher über ausreichendes und entsprechend qualifiziertes **Verwaltungspersonal** verfügen, um eine **ordnungsgemäße Buchhaltung** zu gewährleisten (Thüsing/*Pelzner*, § 3 Rn. 38; Ulber/*Ulber, J.*, AÜG, § 3 Rn. 85).

56 Zur ordnungsgemäßen Betriebsorganisation gehört, dass der Verleiher ausreichendes **Kontroll- und Überwachungspersonal** (sog. Disponenten) vorhält, das die Einhaltung der Arbeitgeberpflichten des Verleihers und des Entleihers während des Einsatzes in Entleiherbetrieben, insbesondere die Einhaltung der Arbeitsschutzbestimmungen, kontrolliert (Ulber/*Ulber, J.*, AÜG, § 3 Rn. 87).

57 Ist kein ausreichendes **Betriebsvermögen** vorhanden oder ist keine fortlaufende Liquidität sichergestellt, um eine ordnungsgemäße Betriebsorganisation zu gewährleisten, ist der Versagungstatbestand von Abs. 1 Nr. 2 ebenfalls erfüllt (Thüsing/*Pelzner*, § 3 Rn. 40; Ulber/*Ulber, J.*, AÜG, § 3 Rn. 86 ff.). Hier ist die Erlaubnis jedoch i. d. R. schon nach Abs. 1 Nr. 1 zu versagen (Rn. 49).

4. Verstöße gegen die Gleichbehandlungspflichten (Abs. 1 Nr. 3)

58 Nach Abs. 1 Nr. 3 ist die Erlaubnis zu versagen, wenn der Verleiher gegen das **Gleichstellungsgebot** gem. § 9 Nr. 2 verstößt. Obwohl ein Verstoß gegen § 9 Nr. 2 als Verstoß gegen arbeitsrechtliche Pflichten des Verleihers schon von Abs. 1 Nr. 1 erfasst wird (vgl. Rn. 15, 43), hat der Gesetzgeber in die Versagungsgründe nach Abs. 1 einen Sondertatbestand aufgenommen und hiermit die Bedeutung des Gleichbehandlungsgebots für die Erlaubniserteilung besonders hervorgehoben. Ist zweifelhaft, ob die Voraussetzungen von Abs. 1 Nr. 3 erfüllt sind, kann bei sonstigen Verstößen gegen die Pflichten des Verleihers bei der Gewährung von (auch unwesentlichen) **Arbeitsbedingungen** auf den Versagungstatbestand nach Abs. 1 Nr. 1 zurückgegriffen werden (Rn. 15).

59 Soweit die Gleichbehandlungsgrundsätze Anwendung finden (vgl. hierzu sowie zum **Rückentleih** § 9 Rn. 28 ff.), erfüllt grundsätzlich jeder Verstoß die Voraussetzungen zur Versagung der Erlaubnis (Ulber/*Ulber, J.*, AÜG, § 3 Rn. 98; a. A. ErfK/*Wank*, § 3 AÜG Rn. 28). Ein **Verstoß** liegt dabei nicht nur in den Fällen vor, in denen der Verleiher dem Leih-AN in tatsächlicher Hinsicht Arbeitsbedingungen nicht nach § 10 Abs. 4 oder 5 »gewährt« oder den Leih-AN zur gerichtlichen Geltendmachung von Ansprüchen aus § 10 Abs. 4 zwingt. Auch soweit der Verleiher Vereinbarungen trifft, die gegen § 9 Nr. 2 verstoßen, oder der schriftliche AV bzw. die Nachweisurkunde einen entsprechenden Verstoß enthält, sind die Voraussetzungen des Versagungsgrunds erfüllt.

Die Erlaubnis ist auch zu versagen, wenn der Verleiher einen TV zur ANÜ anwendet und gegen Bestimmungen des **TV verstößt**. Unerheblich ist hierbei, gegen welche Bestimmung verstoßen wird. Ein besonderer Anlass zur Prüfung besteht für die Erlaubnisbehörde hier insbesondere hinsichtlich der richtigen **Eingruppierung** anhand der Merkmale des vergleichbaren AN (vgl. § 9 Rn. 35 ff.). Bei **Mischunternehmen** ist regelmäßig zu prüfen, ob das Unternehmen **überwiegend** ANÜ betreibt. Ist dies nicht der Fall, kann das Unternehmen wegen des eingeschränkten fachlichen Geltungsbereichs der TV zur ANÜ i. d. R. keinen TV zur ANÜ anwenden, sondern muss uneingeschränkt das Gleichbehandlungsgebot einhalten (§ 1 Rn. 102). **60**

Ist die **tarifvertragliche Bestimmung** selbst **unwirksam,** muss die Erlaubnisbehörde den Verleiher nach **Prüfung des TV** (*Schüren/Hamann/Riederer v. Paar*, Einl. Rn. 612; Ulber/*Ulber, J.*, AÜG, § 3 Rn. 94; *Weyand/Düwell*, 71 f.) nach dem Verhältnismäßigkeitsgrundsatz zunächst auf die Unwirksamkeit hinweisen, bevor sie dem Verleiher die Erlaubnis widerruft. Sie kann aber auch durch Verwaltungsakt eine **Auflage** erteilen (§ 2 Abs. 2), die gem. § 5 Abs. 3 Nr. 2 bei Weiteranwendung der gesetzwidrigen Tarifbestimmung zum Widerruf der Erlaubnis ermächtigt. Ist **rechtskräftig festgestellt**, dass der TV unwirksam ist (zur fehlenden Tariffähig- und Tarifzuständigkeit vgl. § 9 Rn. 75), und wendet der Verleiher den TV dennoch weiter an, ist unwiderlegbar von der mangelnden Zuverlässigkeit auszugehen und die Erlaubnis zu widerrufen. **61**

Enthalten die Arbeitsverträge des Verleihers die (unwirksame: vgl. § 9 Rn. 96) **salvatorische Klausel,** dass bei Unwirksamkeit des angewandten TV zur ANÜ ein anderer TV zur Anwendung kommen soll (zur Inhaltskontrolle vgl. *BAG* v. 13.3.2013 – 5 AZR 954/11), indiziert dies dessen Unzuverlässigkeit. Eine derartige Klausel ist nicht nur unwirksam (*Brors*, BB 06, 101; § 11 Rn. 6), sondern verstößt auch gegen die Pflicht des Verleihers, die Wirksamkeit der angewandten TV zu prüfen und Unklarheiten vor Abschluss des Leiharbeitsvertrages zu beseitigen. Dieser Pflicht kann er sich nicht durch Vereinbarung einer salvatorischen Klausel entziehen. Vielmehr führt ein Pflichtverstoß zur Versagung bzw. zum Widerruf der Erlaubnis, ohne dass es eines vorherigen Hinweises der Erlaubnisbehörde (Rn. 61) bedarf. **62**

Wendet der Verleiher **unterschiedliche TV zur ANÜ** an, deutet dies i. d. R. auf eine mangelnde Zuverlässigkeit i. S. v. § 3 Abs. 1 hin. Der Verleiher ist insoweit nach dem allgemeinen Gleichbehandlungs- **63**

§ 3 Versagung

grundsatz verpflichtet, alle bei ihm beschäftigten AN nach einheitlichen Vergütungsgrundsätzen zu behandeln (Rn. 47).

64 Wendet der Verleiher einen **TV zur ANÜ** an, muss die Erlaubnisbehörde auch prüfen, ob der TV unwirksam ist oder **Regelungslücken** enthält (Ulber/*Ulber, J., AÜG*, § 3 Rn. 93 und § 9 Rn. 58, 77; vgl. § 9 Rn. 85), die dem Verleiher eine Abweichung von den Gleichstellungsgrundsätzen gem. § 9 Nr. 2 nicht gestatten. Eine Unwirksamkeit von TV ist insbesondere bei **mangelnder Tariffähigkeit** und daher bei TV, die von der CGZP abgeschlossen wurden, gegeben (*BAG* v. 13. 3. 2013 – 5 AZR 954/11; *LAG Niedersachsen* v. 2. 7. 2007 – 16 Ta 108/07; *Böhm*, DB 03, 2598; *Ulber/Schindele*, AiB 06, 212). Regelungslücken bestehen insbesondere beim **Leistungslohn** und bei Ansprüchen, die auf betrieblichen Regelungen im Entleiherbetrieb beruhen (Prämien, betriebliche Altersversorgung, Jubiläumszuwendungen etc.). Der Verleiher ist verpflichtet, sich über Regelungen im Entleiherbetrieb, die nicht von einem TV zur ANÜ erfasst werden, zu informieren und der Erlaubnisbehörde das Ergebnis der **Vergleichsprüfung** vorzulegen. Darüber hinaus muss er den Nachweis erbringen, dass er dem Leih-AN die tariflich nicht geregelten Arbeitsbedingungen gewährt.

65 Erfüllt der Verleiher Ansprüche des Leih-AN gem. § 10 Abs. 4 oder Abs. 5 nicht, ist die Erlaubnis zwingend zu versagen. Dies gilt auch, soweit sich der Verstoß auf die Nichtgewährung einzelner Arbeitsbedingungen beschränkt.

66 Soweit die Gleichstellungsgrundsätze in **verleihfreien Zeiten** nicht zur Anwendung kommen, hat die Erlaubnisbehörde zu prüfen, ob der Verleiher seinen besonderen Vergütungspflichten bei Annahmeverzug (§ 11 Abs. 4 S. 2) nachkommt und **Lohnuntergrenzen** nach § 3a einhält. Umgeht der Verleiher seine Vergütungspflicht durch Nutzung unzulässiger alternativer Gestaltungsmittel (z. B. im Rahmen von **Arbeitszeitkonten** oder durch Vereinbarung unbezahlten Urlaubs; vgl. § 11 Rn. 62 ff.), ist die Erlaubnis zu versagen. Dasselbe gilt, wenn der Verleiher den Leih-AN bei der Vergütung verleihfreier Zeiten unangemessen benachteiligt, indem er dessen »strukturelle Unterlegenheit« (*BVerfG* v. 23. 11. 2006, NZA 07, 85) missbraucht.

5. Arbeitnehmerüberlassung von Betrieben außerhalb des EWR (Abs. 2)

67 Das AÜG gilt auch, soweit ein Verleiher AN **grenzüberschreitend** in das Inland verleihen will. Auch ein ausländischer Verleiher, dessen Betriebsstätte nicht im Inland liegt, bedarf daher der Erlaubnis nach § 1 Abs. 1 S. 1 (*BAG* v. 22. 3. 2000 – 7 ABR 34/98; *LAG Frankfurt/M.* v. 28. 8. 1981, EzAÜG § 10 Fiktion Nr. 11). Nach Abs. 2 ist die Erlaubnis zwingend zu versagen, wenn der Verleiher beabsichtigt, die AN von **Betrieben, Betriebsteilen oder Nebenbetrieben** zu überlassen, die nicht innerhalb des EWR liegen. Wird die ANÜ von Betriebseinheiten ausgeübt, die außerhalb des EWR liegen, kommen die Ausnahmebestimmungen der Abs. 2 bis 5 nicht zur Anwendung. Ob derartige Betriebseinheiten betroffen sind, richtet sich nach betriebsverfassungsrechtlichen Grundsätzen (*Boemke/Lembke*, § 3 Rn. 78; *Schüren/Hamann/Schüren*, § 3 Rn. 181 ff.; *Thüsing/Pelzner*, § 3 Rn. 126; *Ulber/Ulber, J.*, § 3 Rn. 105).

Auch soweit die ausländischen Betriebseinheiten nur mittelbar an der Überlassungstätigkeit beteiligt sind, z. B. wenn sich die Geschäftsunterlagen bei ihnen befinden, sind die Voraussetzungen der Vorschrift erfüllt (*S/M*, § 3 Anm. 44; *Thüsing/Pelzner*, § 3 Rn. 127; *Ulber/Ulber, J.*, AÜG, § 3 Rn. 102; a. A. *Boemke/Lembke*, § 3 Rn. 80). Abs. 2 beschränkt damit die **Zulässigkeit der grenzüberschreitenden ANÜ** räumlich auf das Gebiet des EWR. Eine Überlassung von Arbeitnehmern aus Staaten außerhalb des EWR ist damit ausnahmslos untersagt. **68**

Strittig ist, ob auch die Entsendung von Leih-AN **in** Staaten außerhalb des EWR untersagt ist. Hierfür spricht, dass der Wortlaut von Abs. 2 auf die Tätigkeit des Verleihers abstellt (*Ulber/Ulber, J.*, AÜG, § 3 Rn. 103). Zur Tätigkeit des Verleihers gehört auch die Entsendung in die Betriebsstätten des Entleihers. Die Zwecke der Norm, der Erlaubnisbehörde eine Prüfung und Kontrolle der gesetzestreuen Ausübung des Gewerbes zu ermöglichen (BT-Ds. VI/2303, S. 12) erfordern, dass eine Ausnahme vom präventiven Verbot der ANÜ nur in Betracht kommt, wenn auch die Tätigkeit des Leih-AN beim Entleiher kontrolliert werden kann. Abs. 2 ist daher auch anzuwenden, wenn der **Entleihbetrieb außerhalb des EWR** liegt (a. A. *Boemke/Lembke*, § 3 Rn. 81). **69**

Sind die Voraussetzungen von Abs. 2 erfüllt, ist die Erlaubnis insgesamt zu versagen und darf nicht räumlich beschränkt für Teile erteilt werden, die nicht vom räumlichen Geltungsbereich von Abs. 2 erfasst werden (*Ulber/Ulber, J.*, AÜG, § 3 Rn. 109). Auch i. Ü. ist es der Erlaubnisbehörde verwehrt, die Erlaubnis unter **Einschränkungen, Bedingungen oder Auflagen** zu erteilen (*Thüsing/Pelzner*, § 3 Rn. 128; *Ulber/Ulber, J.*, a. a. O.). **70**

6. Versagung der Erlaubnis bei nichtdeutschen Antragstellern (Abs. 3 und 4)

Auf Grund der Art. 56 ff. AEUV zur Dienstleistungsfreiheit muss **ausländischen Verleihunternehmen**, die ihren Sitz **im EWR** haben, unter denselben Voraussetzungen die Erlaubnis erteilt werden wie inländischen Verleihern (vgl. *Ulber/Ulber, J.*, AÜG, Einl. F Rn. 12 ff.). Dies gilt auch für Antragsteller mit Sitz in den **EU-Beitrittsstaaten**. Der Verleih von AN aus Bulgarien und Rumänien ist jedoch dadurch eingeschränkt, dass sie nach § 288 SGB III i. V. m. § 6 Abs. 1 Nr. 2 **71**

§ 3 Versagung

ArGV keine Berechtigung zur Beschäftigung als Leih-AN erhalten (vgl. Einl. Rn. 61, 63).

72 (Abs. 3) Besitzt der Antragsteller nicht die Staatsangehörigkeit eines Mitgliedstaates des EWR oder erfüllt eine Gesellschaft oder juristische Person nicht die in Abs. 3 und 4 aufgestellten Voraussetzungen, steht es im **Ermessen** der Erlaubnisbehörde, ob die Erlaubnis erteilt wird. Ein genereller Ausschluss von Drittstaatenangehörigen vom Gewerbe der ANÜ ist mit der Vorschrift nicht vereinbar (*BSG* v. 12.12.1990, EzAÜG § 3 Versagungsgründe Nr. 14). Vielmehr ist im Einzelfall nach den Grundsätzen pflichtgemäßer Ermessensausübung zu prüfen, ob Gründe gegen die Erteilung der Erlaubnis sprechen (*Schüren/Hamann/Schüren*, § 3 Rn. 187; *S/M*, § 3 Anm. 48; Ulber/*Ulber, J.*, AÜG, § 3 Rn. 118). Da sich Ausländer aus Drittstaaten nicht auf die Grundrechtsbindungen der Verfassung berufen können, kann die Erlaubnisbehörde insbesondere **arbeitsmarkt- oder wirtschafts- und sozialpolitische Gründe** zum Anlass nehmen, die Erlaubnis zu versagen (Thüsing/*Pelzner*, § 3 Rn. 141; Ulber/*Ulber, J.*, AÜG § 3 Rn. 123). Daneben ist eine Erlaubnis zu versagen, wenn der ausländische Verleiher sich nicht im Besitz der **Aufenthaltserlaubnis** nach § 21 AufenthG befindet.

73 (Abs. 4 S. 1) Soweit **natürliche Personen** aus EWR-Staaten die Erlaubnis beantragen, ist ihnen nach dem Grundsatz der **Inländergleichbehandlung** unter denselben Voraussetzungen die Erlaubnis zu erteilen wie deutschen Antragstellern. Bei Prüfung der Versagungsgründe nach Abs. 1 sind nicht nur die deutschen Rechtsvorschriften zugrunde zu legen, sondern es muss ggf. auch geprüft werden, ob der Verleiher nach dem **Recht des Heimatstaates** bestehende besondere oder abweichende Vorschriften einhält. Ist nach dem Recht des Entsendestaates eine Erlaubnis erforderlich, darf die Erlaubnis in Deutschland nur erteilt werden, wenn der Antragsteller nachweist, dass er auch die Erlaubnis des Entsendestaates bereits besitzt (*S/M*, § 3 Anm. 58).

74 (Abs. 4 S. 2) Ist der Antragsteller aus dem EWR eine **Personengesellschaft** oder **juristische Person**, ist die Erlaubnis im Rahmen der Gleichstellung von Handelsgesellschaften im Rahmen der Niederlassungsfreiheit (Art. 49 ff. AEUV) wie einer natürlichen Person zu erteilen, wenn sie nach dem Recht des EWR-Staates gegründet wurde **und** ihren satzungsgemäßen Sitz, ihre Hauptverwaltung oder Hauptniederlassung innerhalb des EWR hat (Art. 54 AEUV). Daneben muss die Gesellschaft für die Aufnahme der Tätigkeit eines Verleihers der Rechtsordnung eines Mitgliedstaates unterliegen. Ob die **Gründungsvoraussetzungen** erfüllt sind, richtet sich nach den jeweils anwendbaren Vorschriften der Mitgliedstaaten (*Boemke/Lembke*, § 3 Rn. 90; Ulber/*Ulber, J.*, AÜG, § 3 Rn. 113).

75 Abs. 4 S. 2 setzt voraus, dass der Antragsteller seinen tatsächlichen **Sitz** auf Grund der Satzung oder des **Gesellschaftervertrages** im EWR hat. Ist dies der Fall, ist grundsätzlich erforderlich, dass **kumulativ** auch die Hauptverwaltung oder die Hauptniederlassung innerhalb des EWR liegt (a. A. *Boemke/Lembke*, § 3 Rn. 8). Die **Hauptverwaltung** ist dabei die organisatorische Unternehmenseinheit, in der die Leitungsmacht ausgeübt und die strategischen Grundentscheidungen getroffen werden (Ulber/*Ulber, J.*, AÜG, § 3 Rn. 114). Demgegenüber ist die **Hauptniederlassung** dadurch gekennzeichnet, dass hier der tatsächliche Schwerpunkt und die Leitung des operativen Geschäfts liegt (*Ulber, J.*, a. a. O.)

(Abs. 4 S. 3) Liegt zwar der Sitz der Gesellschaft, nicht aber die Hauptverwaltung oder Hauptniederlassung im EWR, ist für eine Erlaubniserteilung nach Abs. 4 S. 3 erforderlich, dass die Gesellschaft in **tatsächlicher und dauerhafter Verbindung** mit der Wirtschaft eines EWR-Staates steht. Dies ist der Fall, wenn das Unternehmen mit eigenen Betriebsmitteln am Wirtschaftsleben eines Mitgliedstaates teilnimmt und die Teilnahme am Wirtschaftverkehr von anhaltender Dauer und auf unbestimmte Zeit angelegt ist. Bei ausländischen Verleihunternehmen, die bereits ANÜ betreiben, ist dies regelmäßig der Fall. Bei anderen (insbesondere Misch-) Unternehmen muss der Antragsteller jedoch darlegen, dass auch in tatsächlicher Hinsicht dauerhaft ANÜ betrieben werden soll. 76

7. Gleichstellung auf Grund internationaler Abkommen (Abs. 5)

Nach Abs. 5 kann **Staatsangehörigen aus Drittstaaten** sowie Gesellschaften, die nach den Vorschriften des Drittstaates gegründet wurden (Abs. 5 S. 2), die Erlaubnis erteilt werden, wenn sie sich auf Grund eines **internationalen Abkommens** in Deutschland niederlassen und hierbei die Grundsätze der Inländergleichbehandlung anzuwenden sind. Nach Erweiterung der EU (zu den EU-Beitrittsstaaten s. Rn. 71) hat die Vorschrift weiter an Bedeutung verloren. Bislang hatte die Vorschrift lediglich auf der Grundlage von Art. 13 (BGBl. II 1964 S. 510) des EU-Assoziierungsabkommens mit der Türkei Bedeutung (*Schüren/Hamann/Schüren*, § 3 Rn. 194; Ulber/*Ulber, J.*, AÜG, § 3 Rn. 125 ff.). 77

§ 3a Lohnuntergrenze

(1) Gewerkschaften und Vereinigungen von Arbeitgebern, die zumindest auch für ihre jeweiligen in der Arbeitnehmerüberlassung tätigen Mitglieder zuständig sind (vorschlagsberechtigte Tarifvertragsparteien) und bundesweit tarifliche Mindeststundenentgelte im Bereich der Arbeitnehmerüberlassung miteinander vereinbart haben, können dem Bundesministerium für Arbeit und Soziales gemeinsam vorschlagen, diese als Lohnuntergrenze in einer Rechtsverordnung verbindlich festzusetzen; die Mindeststundenentgelte können nach dem jeweiligen Beschäftigungsort diffe-

§ 3a Lohnuntergrenze

renzieren. Der Vorschlag muss für Verleihzeiten und verleihfreie Zeiten einheitliche Mindeststundenentgelte sowie eine Laufzeit enthalten. Der Vorschlag ist schriftlich zu begründen.

(2) Das Bundesministerium für Arbeit und Soziales kann in einer Rechtsverordnung ohne Zustimmung des Bundesrates bestimmen, dass die vorgeschlagenen tariflichen Mindeststundenentgelte nach Absatz 1 als verbindliche Lohnuntergrenze auf alle in den Geltungsbereich der Verordnung fallenden Arbeitgeber sowie Leiharbeitnehmer Anwendung findet. Der Verordnungsgeber kann den Vorschlag nur inhaltlich unverändert in die Rechtsverordnung übernehmen.

(3) Bei der Entscheidung nach Absatz 2 findet § 5 Absatz 1 Satz 1 Nummer 2 des Tarifvertragsgesetzes entsprechend Anwendung. Der Verordnungsgeber hat bei seiner Entscheidung nach Absatz 2 im Rahmen einer Gesamtabwägung neben den Zielen dieses Gesetzes zu prüfen, ob eine Rechtsverordnung nach Absatz 2 insbesondere geeignet ist, die finanzielle Stabilität der sozialen Sicherungssysteme zu gewährleisten. Der Verordnungsgeber hat zu berücksichtigen

1. die bestehenden bundesweiten Tarifverträge in der Arbeitnehmerüberlassung und
2. die Repräsentativität der vorschlagenden Tarifvertragsparteien.

(4) Liegen mehrere Vorschläge nach Absatz 1 vor, hat der Verordnungsgeber bei seiner Entscheidung nach Absatz 2 im Rahmen der nach Absatz 3 erforderlichen Gesamtabwägung die Repräsentativität der vorschlagenden Tarifvertragsparteien besonders zu berücksichtigen. Bei der Feststellung der Repräsentativität ist vorrangig abzustellen auf

1. die Zahl der jeweils in den Geltungsbereich einer Rechtsverordnung nach Absatz 2 fallenden Arbeitnehmer, die bei Mitgliedern der vorschlagenden Arbeitgebervereinigung beschäftigt sind;
2. die Zahl der jeweils in den Geltungsbereich einer Rechtsverordnung nach Absatz 2 fallenden Mitglieder der vorschlagenden Gewerkschaften.

(5) Vor Erlass ist ein Entwurf der Rechtsverordnung im Bundesanzeiger bekannt zu machen. Das Bundesministerium für Arbeit und Soziales gibt Verleihern und Leiharbeitnehmern sowie den Gewerkschaften und Vereinigungen von Arbeitgebern, die im Geltungsbereich der Rechtsverordnung zumindest teilweise tarifzuständig sind, Gelegenheit zur schriftlichen Stellungnahme innerhalb von drei Wochen ab dem Tag der Bekanntmachung des Entwurfs der Rechtsverordnung im Bundesanzeiger. Nach Ablauf

Lohnuntergrenze § 3a

der Stellungnahmefrist wird der in § 5 Absatz 1 Satz 1 des Tarifvertragsgesetzes genannte Ausschuss mit dem Vorschlag befasst.

(6) Nach Absatz 1 vorschlagsberechtigte Tarifvertragsparteien können gemeinsam die Änderung einer nach Absatz 2 erlassenen Rechtsverordnung vorschlagen. Die Absätze 1 bis 5 finden entsprechend Anwendung.

Gliederung Rn.
1. Einleitung 1– 3
2. Verfahren zum Erlass einer RV 4–10
3. Ermessenausübung bei Erlass der RV 11–18
4. Auswahlentscheidung bei mehreren Vorschlägen (Abs. 4) 19–21
5. Rechtsfolgen der RV nach Abs. 2 22–24
6. Überwachung der Einhaltung 25

1. Einleitung

Nachdem der Gesetzgeber das AÜG durch das 1. AÜG-Änderungsgesetz geändert hat, besteht mit § 3a eine gesetzliche Grundlage für die Schaffung einer **Lohnuntergrenze für die Zeitarbeit**. Die Lohnuntergrenze war im Entwurf des 1. AÜG-Änderungsgesetzes nicht enthalten und wurde erst im laufenden Gesetzgebungsverfahren eingebracht (vgl. zur Entstehungsgeschichte Ulber/*Ulber, J.*, § 3a Rn. 1 ff.). Mit Inkrafttreten von § 3a am 1.5.2011 hat die Diskussion um den Mindestlohn in der Zeitarbeit ihr vorläufiges Ende gefunden. Dabei hat sich in der rechtspolitischen und juristischen Diskussion eine bemerkenswerte Wende vollzogen, die auch Aufschluss über die Ziele, die der Gesetzgeber mit der Lohnuntergrenze verfolgt, gibt. Zunächst wurden verfassungsrechtliche und europarechtliche Bedenken gegen einen wie auch immer gearteten Mindestlohn für Leih-AN geltend gemacht (*Thüsing/Lembke*, ZfA 2007, 87; dagegen *Dieterich* in: Bieback/Dieterich/Hanau/Kocher/Schäfer, Tarifgestützte Mindestlöhne, 2007, S. 103 ff.; *Hanau*, a.a.O. S. 127 ff.). Nachdem im Zuge der vollständigen Herstellung der Arbeitnehmerfreizügigkeit der Lohnkostenwettbewerb durch Verleihunternehmen aus den osteuropäischen Mitgliedsstaaten die Interessen der Verleihunternehmen verändert hat (vgl. dazu *Böhm*, NZA 2010, 1218; *Ulber, D.*, AuR 2012, 426 ff.), sind diese Einwände leiser geworden (Thüsing/*Thüsing*, § 3a Rn. 1 ff.). Am 21.12.2012 ist die »**Erste Verordnung über eine Lohnuntergrenze in der Arbeitnehmerüberlassung**« (LohnUGAÜV, BAnz. 2011, Nr. 195, S. 4608) erlassen worden. Seit dem 1.1.2012 ist ein Mindeststundenentgelt von 7,89 € (West) bzw. 7,01 € (Ost) zu zahlen (§ 2 Abs. 2 Nr. 1 LohnUGAÜV). Vom 1.11.2012 an (§ 2 Abs. 1 Nr. 2 LohnUGAÜV) sind diese auf 7,50 € (Ost) und 8,19 € (West) gestiegen. Der Verleiher ist verpflichtet dem Leih-AN mindestens entsprechend der LohnUGAÜV zu vergüten, § 10 Abs. 5 (vgl. § 10 Rn. 92 ff.). Die VO gilt **zwingend** i.S.v. § 9 Abs. 1 VO

§ 3a Lohnuntergrenze

593/2008/EG (*Ulber, J.*, Gute Arbeit 2012, 6; vgl. dort auch zur Unzulässigkeit von Fälligkeitsregelungen in der RV).

2 Die Lohnuntergrenze hat in der Praxis folgende **Auswirkungen**:
1. Sie begrenzt die Abweichungsbefugnis der TV-Parteien vom Gleichbehandlungsgrundsatz nach §§ 3 Abs. 1 Nr. 3 S. 2, 9 Nr. 2 Hs. 2 (*Düwell*, DB 2013, 756; *Riechert* NZA 2013, 303 (309)).
2. Sie führt zu einem echten Mindestlohn für die verleihfreie Zeit und für den Fall, dass ein vergleichbarer Stammarbeitnehmer im Entleiherbetrieb weniger verdient als die Lohnuntergrenze (vgl. dazu § 10 Abs. 4 S. 3, § 10 Rn. 72 ff.).
3. Sie bindet in Entsendefällen die ausländischen Verleihunternehmen (vgl. dazu *Ulber, D.*, AuR 2012, 426).

3 Vor dem Hintergrund der Rechtsprechung des Bundesverfassungsgerichts zum Verhältnis von staatlicher und tarifautonomer Regelungsbefugnis bestehen keinerlei ernst zu nehmende verfassungsrechtliche Bedenken (BVerfG v. 11.7.2006, NZA 2007, 42; BVerfG v. 18.7.2000, NZA 2000, 948; vgl. ausf. Ulber/*Ulber, J.*, § 3a Rn. 3 ff.) gegen die Vorschrift. Das gleiche gilt für die Europarechtskonformität der Existenz der Vorschrift, da die Richtlinie vom Gesetzgeber verlangt Mindestschutzvorschriften vorzusehen. Die Vorschrift reicht allerdings nicht aus, um den **Anforderungen des Art. 5 Abs. 3** der Leiharbeitsrichtlinie zu genügen, der die Wahrung des Gesamtschutzes der AN verlangt (ErfK/*Wank*, § 3a Rn. 3; *Riechert*, NZA 2013, 303 (307); a.A. *Sansone*, S. 546). Hierzu reicht die Lohnuntergrenze nicht aus. Der Gesetzgeber muss bei Erlass der RV Art. 5 Abs. 3 der Richtlinie beachten (Ulber/*Ulber, J.*, § 3a Rn. 18 ff.).

2. Verfahren zum Erlass einer RV

4 Die Ermächtigungsgrundlage zum Erlass einer Rechtsverordnung ist in § 3 Abs. 2 enthalten. Das BMAS kann in einer **RV ohne Zustimmung des Bundesrats** eine Lohnuntergrenze für die ANÜ einführen. Davon ist durch die LohnUGAÜV (siehe Rn. 1) Gebrauch gemacht worden. Werden die **Verfahrensvorschriften** nicht eingehalten, führt dies in aller Regel zur Unwirksamkeit der RV. Das Verfahren zum Erlass der RV gestaltet sich wie folgt:

5 Zunächst ist **ein Vorschlag nach Abs. 1** erforderlich. Dieser muss von den nach § 3a Abs. 1 Vorschlagsberechtigten (Gewerkschaften und Vereinigungen von AG) **gemeinsam** erfolgen (Ulber/*Ulber, J.*, § 3a Rn. 9). Gewerkschaften im Sinne der Vorschrift sind nur tariffähige Vereinigungen von AN. Dies ergibt sich insbesondere aus dem Wortlaut der von vorschlagsberechtigten »Tarifvertragsparteien« spricht. Sowohl die Gewerkschaften als auch die Vereinigungen von AG sind nur vorschlagsberechtigt, wenn sie zumindest auch für ihre jeweiligen in der ANÜ tätigen Mitglieder **zuständig** sind (Ulber/

Lohnuntergrenze § 3 a

Ulber, J., § 3 a Rn. 9). Dies ergibt sich aus den Satzungen der jeweiligen Verbände. Das Gesetz verlangt nach seinem Wortlaut nicht, dass sich die vorschlagsberechtigten Tarifvertragsparteien auf einen TV geeinigt haben sondern lässt einen Vorschlag genügen. Jedenfalls der Vorschlag ist **kein TV**. Der Gesetzgeber erwartet lediglich, dass die vorschlagenden Parteien die Eignung zum Abschluss von TV haben. Damit sollte klargestellt werden, dass weder der Vorschlag der Tarifvertragsparteien, noch eine etwaige diesem zu Grunde liegende Einigung der Tarifvertragsparteien als TV im Sinne der §§ 3 Abs. 1 Nr. 3, 9 Nr. 2 angesehen werden kann. Es ist damit nicht möglich den Gleichbehandlungsgrundsatz nach §§ 3 Abs. 1 Nr. 3, 9 Nr. 2 durch Bezugnahme auf die Lohnuntergrenze in der LohnUGAÜV oder auf die ihr zugrunde liegende Vereinbarung zu durchbrechen (vergleiche dazu unten Rn. 23). Dies gilt selbst dann, wenn dem Vorschlag ein TV zugrunde liegt.

Der Vorschlag muss bestimmten **inhaltlichen Mindestanforderungen** genügen. So muss er bundesweit gelten (zur Möglichkeit regionaler Differenzierung vgl. § 3 Abs. 1 S. 1 Hs. 2). Der Vorschlag muss des Weiteren tarifliche **Mindeststundenentgelte** (vgl. dazu Ulber/*Ulber, J.*, § 3 a Rn. 7, 10 ff.) für die ANÜ beinhalten. Diese müssen sowohl für die Verleihzeit als auch für die verleihfreie Zeit gelten und »einheitlich« sein (vgl. zum Begriff ausf. Ulber/*Ulber, J.*, § 3 a Rn. 13 ff.). Die Mindestentgelte sind für das gesamte Bundesgebiet vorzusehen, dürfen aber regional differenzieren. Dementsprechend ist eine unterschiedliche Höhe der Mindeststundenentgelte für die verleihfreie Zeit und die Verleihzeit unzulässig. Schließlich muss der Vorschlag eine **Laufzeit** haben. **6**

Darüber hinaus haben die vorschlagsberechtigten Tarifvertragsparteien ihren Vorschlag zu **begründen (§ 3 a Abs. 1 S. 3).** Die Begründung ist erforderlich, um dem BMAS die Ausübung des Ermessens bei Erlass der Rechtsverordnung zu ermöglichen (vgl. dazu Rn. 11 ff.). In dem Vorschlag ist insbesondere auch die Vorschlagsberechtigung darzulegen. Dementsprechend sind die Gewerkschaften als Antragsteller gehalten ihre Tariffähigkeit zumindest plausibel darzulegen. Darüber hinaus müssen sowohl die Gewerkschaften als auch die Vereinigungen von AG ihre Zuständigkeit für ihre in der ANÜ tätigen Mitglieder nachweisen. Des Weiteren sind dem BMAS die notwendigen Informationen für die Ausübung des Ermessens nach § 3 a Abs. 3 zur Verfügung zu stellen. Dazu ist insbesondere dazu Stellung zu nehmen, warum die vorgeschlagenen Mindestentgelte den Gesamtschutz der Leih-AN entsprechend Art. 5 Abs. 3 der Leiharbeitsrichtlinie sicher stellen. Soweit der Vorschlag regional differenzierte Mindeststundenentgelte vorsieht ist auch dies zu begründen (Ulber/Ulber, § 3 a Rn. 26). Zum Vorliegen der Voraussetzungen von § 3 a Abs. 3 sollten die vorschlagsberechtigten Tarifvertragsparteien Stellung nehmen. **7**

Liegt der Vorschlag vor muss das BMAS zunächst die **Vorschlags- 8**

§ 3a Lohnuntergrenze

berechtigung prüfen. Sofern hieran Zweifel bestehen, insbesondere an der Tariffähigkeit einer Gewerkschaft, so hat das BMAS diese offen zu legen und der Arbeitnehmervereinigung Gelegenheit zur Stellungnahme zu geben. Sofern es dieser nicht gelingt die Zweifel auszuräumen darf das BMAS den Vorschlag nicht weiter verfolgen. Nach gegenwärtigem Stand bestehen solche Zweifel insbesondere für die GÖD und den DHV. Medsonet ist nicht tariffähig (BAG v. 11.6.2013 – 1 ABR 33/12; LAG Hamburg v. 21.3.2012, ArbuR 2012, 229).

9 Ist die Vorschlagsberechtigung gegeben, prüft das BMAS, ob der Vorschlag die **inhaltlichen Mindestanforderungen** erfüllt (Vgl. Rn. 6). Sodann prüft das BMAS, ob die weiteren Voraussetzungen von Abs. 2 bis Abs. 4 vorliegen. Dies erfordert eine erste Ermessensausübung durch das BMAS. Geht das BMAS davon aus, dass die Voraussetzungen für den Erlass einer RV vorliegen, so fertigt es einen **Entwurf für eine RV (Abs. 4 S. 1)** und macht diesen im **Bundesanzeiger bekannt** (Abs. 4 S. 1). Dieser Entwurf muss den Vorschlag nach Abs. 1 **inhaltlich ohne Änderungen** übernehmen. Sofern der Verordnungsgeber diese Pflicht nicht beachtet, ist die RV unwirksam. Wird diese nachträglich verändert ist sie erneut bekannt zu machen. Dies gilt nach der Rspr. der Verwaltungsgerichte auch bei Änderungen, die auf die materiellen Regelungen der RV keinerlei Einfluss haben (Vgl. dazu OVG Berlin-Brandenburg v. 18.12.2009, AuR 2009, 46). Nach der Bekanntmachung wird den Verleihern und Leih-AN sowie den Gewerkschaften und Vereinigungen von AG, die im Geltungsbereich der RV zumindest teilweise tarifzuständig sind, Gelegenheit zur schriftlichen Stellungnahme gegeben. Diese haben ab der Bekanntmachung im Bundesanzeiger drei Wochen Zeit für ihre **Stellungnahme (Abs. 5 S. 1)**. Nach Ablauf der Stellungnahmefrist wird der **Tarifausschuss (§ 5 Abs. 1 S. 1 TVG)** mit dem Vorschlag befasst. Diesem sind die Stellungnahmen zuzuleiten. Dies ergibt sich zwar nicht aus dem Gesetz, ist aber aufgrund der zeitlichen Abfolge logisch. Ungeregelt ist, ob dem BMAS eine eigene Stellungnahme zu den nach Abs. 5 S. 1 eingereichten Stellungnahmen möglich ist. Dies ist der Fall, um eine vollständige Bewertungsgrundlage für den Tarifausschuss zu schaffen. Darüber hinaus hat das BMAS den Ausschuss auch mit den für seine Meinungsbildung notwendigen Informationen zu versorgen (Ulber/*Ulber, J.*, § 3a Rn. 53). Nach dessen Befassung hat das BMAS sodann erneut zu prüfen, ob es an dem Erlass der RV festhält oder nicht. Dies gilt insbesondere dann, wenn sich aus den Stellungnahmen neue Tatsachen für die **Ermessensausübung nach Abs. 2 bis 4** ergeben. Dies lässt es als sinnvoll und zulässig erscheinen, wenn das BMAS bereits vor der Entscheidung, ob ein Entwurf einer RV im Bundesanzeiger veröffentlicht wird, die zu beteiligenden Verbände zumindest informell anhört, um deren Einwänden bereits bei der Entscheidung über das »ob« der Veröffentlichung der RV Rechnung tragen zu können. Sollte das BMAS nach der Befassung des Tarif-

Lohnuntergrenze § 3a

ausschusses den Erlass der RV nach wie vor für richtig halten, erlässt es diese ohne Zustimmung des Bundesrates.

Eine **Änderung der RV** ist aufgrund eines gemeinsamen Vorschlags der vorschlagsberechtigten Tarifvertragsparteien möglich **(Abs. 6)**. Andere Vorschlagsberechtigte können während der Laufzeit der RV keine Änderung verlangen, können aber nach Ablauf der RV einen neuen Antrag stellen oder beim BMAS die Aufhebung der RV beantragen. **10**

3. Ermessensausübung bei Erlass der RV

Neben der Prüfung der Vorschlagsberechtigung, dem erforderlichen Inhalt des Vorschlags und der Einhaltung der Verfahrensvorschriften hat das BMAS sein Ermessen nach Abs. 3 und im Falle des Vorliegens konkurrierender Vorschläge nach Abs. 4 auszuüben (Vgl. dazu Ulber/ *Ulber, J.*, § 3 a Rn. 27 ff.). Das BMAS muss den Vorschlag prüfen wie er vorliegt. Zu Änderungen ist es nicht befugt. Sollte ein Vorschlag abgelehnt werden, sind den vorschlagsberechtigten Tarifvertragsparteien die Ermessenserwägungen die hierzu geführt haben mitzuteilen (zu Klagemöglichkeiten bei abgelehntem Erlass einer RV vgl. Ulber/ *Ulber, J.*, § 3 a Rn. 32). **11**

(Abs. 3) Nach Abs. 3 S. 1 findet § 5 Abs. 1 S. 1 Nr. 2 TVG, der sich eigentlich auf die Allgemeinverbindlicherklärung von TV bezieht, entsprechende Anwendung. Das BMAS hat demnach zu prüfen, ob der Erlass der RV »**im öffentlichen Interesse geboten erscheint**«. Diese Prüfung liegt im Ermessen des BMAS. Bei der Ermessensausübung sind im Rahmen einer **Gesamtabwägung** die Ziele des Gesetzes zu berücksichtigen. Daneben ist zu prüfen, ob die RV geeignet ist die finanzielle Stabilität des Sozialversicherungssystems zu gewährleisten (Abs. 3 S. 2). Des Weiteren sind nach Abs. 3 S. 3 Nr. 1 die bestehenden TV in der ANÜ und nach Abs. 3 S. 3 Nr. 2 die Repräsentativität der vorschlagenden Tarifvertragsparteien zu berücksichtigen. Ob die Ziele eines wirksamen Schutzes der deutschen Verleiher und der Leih-AN, insbesondere mit Blick auf die Möglichkeit der Entsendung von Leih-AN durch Verleiher mit Sitz im Ausland, ohne die Rückgriff auf ein **Lohngitter** verwirklicht werden können, ist zu bezweifeln (HWK/*Kalb* § 3 a Rn. 3; Ulber/*Ulber, J.*, § 3 a Rn. 21 ff.). **12**

Zu berücksichtigen hat der Verordnungsgeber zunächst, ob die **Ziele des AÜG** neue Beschäftigungsmöglichkeiten zu erschließen und Arbeitslosigkeit zu bekämpfen und so als Brücke aus der Arbeitslosigkeit zu dienen, durch die RV erreicht werden. Da nach wie vor umstritten ist, ob die ANÜ diesen Zielen überhaupt dient, ist diese Vorgabe in ihren praktischen Implikationen ambivalent. Je nachdem wie der Verordnungsgeber ihre Effekte bewertet, wird ihm damit ein weitreichender Handlungsspielraum eröffnet. **13**

Als weiteres Ziel des AÜG wird die Gewährleistung eines **angemes-** **14**

Daniel Ulber

§ 3 a Lohnuntergrenze

senen **Schutzniveaus** für Leih-AN gesehen. Dieses soll nicht nur die Qualität sondern auch die gesellschaftliche Akzeptanz der Leiharbeit steigern. Auch dies ist eine Leerformel, die (wechselnden) politischen Präferenzen Raum gibt. Das Grundproblem ist der Bezugspunkt der Angemessenheitsprüfung. Dies ist ein in der ANÜ generell ungelöstes Problem. Sofern man als Bezugspunkt die Stammarbeitnehmer in den jeweiligen Entleihbetrieben wählt, ergeben sich andere Erwägungen als dann, wenn man alleine auf die Seite der Verleiher abstellt. Es muss im letzten Fall nach einem objektiven Maßstab gesucht werden. Wenn das Bundesarbeitsgericht den Tarifvertragsparteien hier einen überaus fragwürdigen (*Riechert*, NZA 2013, 303; *Ulber, J.*, NZA 2009, 232) Spielraum zubilligt (BAG v. 24.3.2004, NZA 2004, 106), so dürfte auch der Verordnungsgeber im Ausgangspunkt einen weiten Ermessensspielraum haben. Dieser wird allerdings begrenzt durch Art. 5 Abs. 3 der Leiharbeitsrichtlinie (Ulber/*Ulber, J.*, § 3 a Rn. 38). Diese lässt eine Argumentation nicht zu; Arbeitsbedingungen, die Tarifvertragsparteien aushandeln, seien stets geeignet, den **Gesamtschutz** der AN zu wahren (*Riechert*, NZA 2013, 303 (306)). Vielmehr ist eine qualitative Bewertung des Vorschlags nach Abs. 1 dahingehend erforderlich, ob die Arbeitsbedingungen tatsächlich einen ausreichenden Mindestschutz gewährleisten. Da es sich um die Grundlage für einen staatlichen Rechtssetzungsakt handelt, liegt hierin keine Tarifzensur. Die Verhandlungsparteien bleiben frei vorzuschlagen was immer sie möchten. Der Verordnungsgeber kann sich aber auf den Standpunkt stellen, dass ihm der Vorschlag zu niedrig ist, um ihn zur Grundlage einer RV zu machen.

15 Schließlich ist zu überprüfen, ob die RV die finanzielle **Stabilität der Sozialversicherungssysteme** gewährleistet. Dies dürfte jedenfalls dann nicht der Fall sein, wenn die Mindeststundenentgelte einem Vollzeitarbeitnehmer keine Vergütung sichern, bei der kein Anspruch auf staatliche **Transferleistungen** besteht. Zu berücksichtigen ist aber, dass es nicht nur um die Vermeidung von Belastungen der Sozialversicherung geht, sondern der Tatbestand auch die Stabilität des Beitragsaufkommens im Blick hat. Werden durch Niedriglöhne die Entgelte in den Entleiherbranchen gedrückt oder gebremst, senkt dies das Beitragsaufkommen in der Sozialversicherung. Dementsprechend gibt es auch vor diesem Hintergrund Untergrenzen für die Mindeststundenentgelte.

16 Der Verordnungsgeber hat nach Abs. 3 S. 2 Nr. 1 die bestehenden bundesweiten TV in der ANÜ zu berücksichtigen. Dies soll gewährleisten, dass der Verordnungsgeber die wettbewerbsbeschränkende Funktion der Lohnuntergrenze verwirklichen kann. Da sich die Lohnuntergrenze in erster Linie (vgl. dazu Rn. 24) auf ausländische Verleiher auswirkt, die ihre Leih-AN nach Deutschland entsenden, dient diese auch den Zusammenbruch der Verleihbranche aufgrund ausländischer Niedriglöhne zu verhindern. Die Lohnuntergrenze kann dieses

Ziel aber bei einem zu weitreichenden Abstand von den Tariflöhnen in der Leiharbeit nicht verwirklichen (Ulber/*Ulber, J.*, § 3a Rn. 39). Die Orientierung an den bestehenden TV macht eigentlich nur dann Sinn, wenn **komplette Tarifgitter** zum Inhalt der RV werden (HWK/ *Kalb*, § 3a Rn. 3). Ansonsten ist der Schutz der Leih-AN und der Verleihunternehmen unzureichend (HWK/*Kalb*, § 3a Rn. 3).

Nach Abs. 3 S. 2 Nr. 2 ist die **Repräsentativität** der vorschlagenden Tarifvertragsparteien zu berücksichtigen. Dieses Kriterium sichert, angesichts der Verpflichtung zur unveränderten Übernahme des Vorschlags nach Abs. 1, dass die staatliche Indienstnahme der Tarifvertragsparteien legitimiert wird. Die Repräsentativität ist im Wege einer wertenden Gesamtbetrachtung entsprechend Abs. 4 festzustellen (Rn. 12). **17**

Diese Kriterien hat der Verordnungsgeber im Wege einer **wertenden Gesamtbetrachtung** zu berücksichtigen, wobei ihm ein erheblicher Ermessensspielraum zukommt. Bei prognostischen Entscheidungen im wirtschaftspolitischen Bereich ist die verfassungsgerichtliche Kontrolldichte sehr gering. **18**

4. Auswahlentscheidung bei mehreren Vorschlägen (Abs. 4)

Sind dem BMAS **mehrere Vorschläge** für eine Lohnuntergrenze unterbreitet worden, so kann eine Auswahlentscheidung zwischen den Vorschlägen erforderlich sein. Dazu übernimmt Abs. 4 die aus § 7 AEntG bekannte Repräsentativitätsregelung. Verfassungsrechtliche Bedenken gegen derartige Vorschriften bestehen nicht (*Dieterich/Ulber, D.*, ZTR 2013, 179). **19**

Nach Abs. 4 ist im Falle **mehrerer berücksichtigungsfähiger Vorschläge** insbesondere die **Repräsentativität** der vorschlagenden Tarifvertragsparteien zu berücksichtigen. In der Regel wird es an mehreren berücksichtigungsfähigen Vorschlägen fehlen. Denn erforderlich hierzu ist, dass die **Tariffähigkeit** der vorschlagenden Tarifvertragsparteien zweifelsfrei feststeht. Der Verordnungsgeber kann sich nicht darauf einlassen, Vorschläge zu berücksichtigen, die von Parteien eingereicht wurden, die möglicherweise die Mindestanforderungen für eine Antragsstellung nicht erfüllen. Sofern einzelne Verbände unter diesem Gesichtspunkt abgewiesen werden, steht es Ihnen frei ein Verfahren nach § 97 Abs. 1 ArbGG einzuleiten. Wird später die Tariffähigkeit rechtskräftig festgestellt, steht dies der Wirksamkeit der RV nicht entgegen, wenn die Einschätzung, es fehle an der Tariffähigkeit, nicht unvertretbar ist. Des Weiteren muss bevor Abs. 4 zur Anwendung kommt, der Vorschlag als solcher den Mindestanforderungen nach Abs. 1 genügen. **20**

Die Repräsentativität muss vom Verordnungsgeber festgestellt werden. Dabei hat er vorrangig (vgl. dazu Ulber/*Ulber, J.*, § 3a Rn. 46) auf die in Nr. 1 und 2 genannten Kriterien zurückzugreifen (vgl. dazu ins- **21** gesamt Ulber/*Ulber, J.*, § 3 a Rn. 43 ff.). Dies sind die in den Geltungsbereich der RV fallenden Mitglieder der Gewerkschaft (Nr. 2) und die Zahl der jeweils in den Geltungsbereich einer RV fallenden AN, die bei Mitgliedern der vorschlagenden Arbeitgebervereinigung beschäftigt werden (Nr. 1). In der Praxis dürften nur TV mit der Tarifgemeinschaft des DGB diese Anforderungen erfüllen können (vgl dazu ArbG Berlin v. 28.11.2011, AiB 2012, 135).

5. Rechtsfolgen der RV nach Abs. 2

22 Die Lohnuntergrenze begrenzt die Abweichungsbefugnis der TV-Parteien vom Gleichbehandlungsgrundsatz nach §§ 3 Abs. 1 Nr. 3 S. 2, 9 Nr. 2 Hs. 2 AÜG (vgl. Rn. 2). Für die verleihfreie Zeit führt sie zu einem echten Mindestlohn für die verleihfreie Zeit und für den Fall, dass ein vergleichbarer Stammarbeitnehmer im Entleiherbetrieb weniger verdient als die Lohnuntergrenze. Schließlich bindet sie in Entsendefällen die ausländischen Verleihunternehmen. Der **Mindest-Anspruch** des Leih-AN auf Vergütung ergibt sich aus § 10 Abs. 5 (§ 10 Rn. 92 ff.).

23 Die Regelungen, die dem Vorschlag nach Abs. 1 zu Grunde liegen, sind **keine TV** oder tarifvertraglichen Regelungen i. S. d. 3 Abs. 1 Nr. 3 S. 2 und § 9 Nr. 2 Hs. 2. Dies gilt selbst dann, wenn sie als TV oder in einem TV vereinbart werden sollten (vgl dazu *Düwell*, DB 2013, 756). Der Vorschlag ist hiervon unabhängig und eine eigenständige Voraussetzung des Verfahrens. Sie können daher auch **nicht arbeitsvertraglich in Bezug genommen** werden, um den Gleichbehandlungsgrundsatz zu durchbrechen. Die Lohnuntergrenze greift damit vor allem in der **verleihfreien Zeit,** für die sie einen echten Mindestlohn bedeutet. Des Weiteren kommt sie in dem (unwahrscheinlichen) Fall zur Anwendung, das ein Verleiher einen Leih-AN auf dessen ArbV kein TV zur Leiharbeit Anwendung findet, an einen Entleiher überlässt, bei dem ein vergleichbarer Stammarbeitnehmer weniger verdient als das Mindeststundenentgelt nach der RV nach Abs. 2. In diesem Fall erhält der Leih-AN nicht das niedrigere Entgelt eines vergleichbaren Stammarbeitnehmers, sondern das höhere Entgelt aus der RV (vgl. dazu ausführlich *Ulber, D.*, AuR 2012, 426).

24 Soweit Verleiher mit Sitz im Ausland Leih-AN nach Deutschland überlassen, gilt wie auch bislang der Gleichbehandlungsgrundsatz nach § 3 Abs. 1 Nr. 3, 9 Nr. 2, der nach § 2 Abs. 4 AEntG von ausländischen Verleihunternehmen zu beachten ist (anders bei gleichwertigem TV EU-Ausland; vgl. Ulber, AEntG, § 2 Rn. 39 u. Kommentierung zu § 9 Rn. 82; Ulber/*Ulber,* § 9 Rn. 119). Das gleiche gilt für die Lohnuntergrenze nach § 3 a AÜG i. V. m. der LohnUGAÜV (Ulber/*Ulber, J.*, § 3 a AÜG Rn. 8; *Hamann*, RdA 2011, 321, 330). Soweit während der Dauer der Entsendung verleihfreie Zeiten entstehen, gilt die Lohn UGAÜV ebenfalls (Ulber/*Ulber, J.*, § 3 a Rn. 8). Die Lohnuntergrenze gilt auch für kirchliche Einrichtungen (*Riechert/Stomps*, NZA 2012, 707, 709).

6. Überwachung der Einhaltung

Die Einhaltung der LohnUGAÜV wird in erster Linie durch die Behörden der Zollverwaltung durchgesetzt. Vgl. dazu §§ 17 Abs. 2, 17a–17c, 18a, sowie die flankierenden Ordnungswidrigkeitentatbestände nach § 16 Abs. 1 Nr. 7b sowie Nr. 11 bis 18. Des Weiteren kann die Verleiherlaubnis entzogen werden, wenn die Arbeitgeberpflicht zur Zahlung des Mindeststundenentgelts aus § 10 Abs. 5 verletzt wird. 25

§ 4 Rücknahme

(1) Eine rechtswidrige Erlaubnis kann mit Wirkung für die Zukunft zurückgenommen werden. § 2 Abs. 4 Satz 4 gilt entsprechend.

(2) Die Erlaubnisbehörde hat dem Verleiher auf Antrag den Vermögensnachteil auszugleichen, den dieser dadurch erleidet, daß er auf den Bestand der Erlaubnis vertraut hat, soweit sein Vertrauen unter Abwägung mit dem öffentlichen Interesse schutzwürdig ist. Auf Vertrauen kann sich der Verleiher nicht berufen, wenn er

1. die Erlaubnis durch arglistige Täuschung, Drohung oder eine strafbare Handlung erwirkt hat;

2. die Erlaubnis durch Angaben erwirkt hat, die in wesentlicher Beziehung unrichtig oder unvollständig waren, oder

3. die Rechtswidrigkeit der Erlaubnis kannte oder infolge grober Fahrlässigkeit nicht kannte.

Der Vermögensnachteil ist jedoch nicht über den Betrag des Interesses hinaus zu ersetzen, das der Verleiher an dem Bestand der Erlaubnis hat. Der auszugleichende Vermögensnachteil wird durch die Erlaubnisbehörde festgesetzt. Der Anspruch kann nur innerhalb eines Jahres geltend gemacht werden; die Frist beginnt, sobald die Erlaubnisbehörde den Verleiher auf sie hingewiesen hat.

(3) Die Rücknahme ist nur innerhalb eines Jahres seit dem Zeitpunkt zulässig, in dem die Erlaubnisbehörde von den Tatsachen Kenntnis erhalten hat, die die Rücknahme der Erlaubnis rechtfertigen.

Gliederung	Rn.
1. Einleitung	1
2. Voraussetzungen einer Rücknahme (Abs. 1 S. 1)	2– 5
3. Frist für die Rücknahme (Abs. 3)	6– 7
4. Rechtsfolgen der Rücknahme (Abs. 1 S. 2)	8–10
5. Nachteilsausgleich (Abs. 2)	11–14

§ 4 Rücknahme

1. Einleitung

1 § 4 regelt die Voraussetzungen und Rechtsfolgen der **Rücknahme** einer **rechtswidrig erteilten** (nicht jedoch von vornherein nichtigen) **Erlaubnis**. Unerheblich ist hierbei, ob es sich um eine Ersterlaubnis oder eine verlängerte Erlaubnis handelt und ob die Erlaubnis befristet oder unbefristet erteilt wurde. In § 5 ist demgegenüber der Widerruf einer rechtmäßig erteilten Erlaubnis geregelt. Die praktische Bedeutung der Norm ist gering. **Abs.** 2 gibt dem Erlaubnisinhaber bei einer Rücknahme unter bestimmten Voraussetzungen einen **Schadensersatzanspruch**, soweit ein schutzwürdiges Interesse des Verleihers anerkannt werden kann.

2. Voraussetzungen einer Rücknahme (Abs. 1 S. 1)

2 Nach Abs. 1 S. 1 kann eine Erlaubnis zurückgenommen werden, wenn sie **rechtswidrig** erteilt wurde (zur Nichtigkeit bei besonders schwerwiegenden Fehlern vgl. Ulber/*Ulber, J.*, AÜG, § 4 Rn. 5). Dies ist der Fall, wenn ihre Erteilung fehlerhaft war, d. h. auf einer unrichtigen Anwendung geltenden Rechts beruhte. Rechtswidrig ist die Erlaubnis immer erteilt, wenn zum Zeitpunkt ihrer Erteilung (vgl. Rn. 3) Versagungsgründe i. S. v. § 3 vorlagen oder die Erlaubnisbehörde sonstige gesetzliche Vorschriften bei der Erteilung missachtet oder falsch angewandt hat. Verfügte der Antragsteller bei Erlaubniserteilung z. B. nicht über die erforderlichen liquiden Mittel (vgl. § 2 Rn. 11, 22 und § 3 Rn. 49, 57), sind die Voraussetzungen einer Rücknahme der Erlaubnis nach Abs. 1 S. 1 erfüllt.

3 Die Erlaubnis muss zum **Zeitpunkt der Entscheidung** der Behörde rechtswidrig erteilt worden sein (*Schüren/Hamann/Schüren*, § 4 Rn. 7; Ulber/*Ulber, J.*, AÜG, § 4 Rn. 3, 6). Entfallen nach der Erlaubniserteilung die Gründe der Rechtswidrigkeit, ist die BA nicht gehindert, die Erlaubnis dennoch zurückzunehmen, wenn das öffentliche Interesse an der Rücknahme überwiegt (Ulber/*Ulber, J.*, AÜG, § 4 Rn. 2). Dasselbe gilt für den Widerruf, wenn die Gründe für die Rechtswidrigkeit (z. B. durch Änderung der gesetzlichen Voraussetzungen) erst nach der Erteilung entstehen (vgl. § 5 Rn. 5). **Änderungen der gesetzlichen Grundlagen** der ANÜ berechtigen anders als **Änderungen der Rechtsprechung** (§ 5 Rn. 6) nicht zur Rücknahme (*Schüren/Hamann/Schüren*, § 4 Rn. 8; Ulber/*Ulber, J.*, AÜG, § 4 Rn. 6). Verstößt der Verleiher jedoch gegen die geänderten Rechtsnormen, ist die Erlaubnisbehörde nach § 5 Abs. 1 Nr. 4 zum Widerruf der Erlaubnis berechtigt.

4 Ob zum Zeitpunkt der Entscheidung Gründe für die Versagung vorlagen, beurteilt sich ausschließlich nach den objektiv vorliegenden **tatsächlichen Verhältnissen** bei der Erlaubniserteilung. Es kommt nicht darauf an, ob und ggf. zu welchem Zeitpunkt der Behörde die Tatsachen bekannt wurden (zur Ausschlussfrist nach Abs. 3 s. u.

Rn. 6 f.). Bei **Straftaten** oder Ordnungswidrigkeiten ist ebenfalls der Zeitpunkt der Tat und nicht der Verurteilung maßgeblich (*LSG Niedersachsen* v. 22.7.1977, EzAÜG § 4 Rücknahme Nr. 1).

Sind die Voraussetzungen einer rechtswidrig erteilten Erlaubnis erfüllt, **5** ist die Erlaubnisbehörde nach dem Grundsatz der **freien Rücknehmbarkeit** berechtigt die Erlaubnis zurückzunehmen. Würde die Erlaubnis zum Zeitpunkt der Rücknahme wegen vorliegender Versagungsgründe nach § 3 nicht erteilt werden dürfen, muss die Erlaubnisbehörde die Rücknahme verfügen. I. Ü. hat sie jedoch die **Grundsätze der Verhältnismäßigkeit** zu beachten (*Schüren/Hamann/Schüren*, § 4 Rn. 17; *Ulber/Ulber, J.*, AÜG, § 4 Rn. 7; einschränkend: *Boemke/Lembke*, § 4 Rn. 7; *S/M*, § 4 Anm. 7). Bagatellfehler (z. B. Schreibfehler) dürfen z. B. nicht zum Anlass genommen werden, die Erlaubnis zurückzunehmen. Liegt der Grund für die Rechtswidrigkeit der Erlaubnis in einer **Pflichtverletzung der Behörde,** kann eine Rücknahme ausgeschlossen sein, wenn der Grund der Rechtswidrigkeit mittlerweile entfallen ist. Ggf. hat die Erlaubnisbehörde auch zu prüfen, ob ein rechtmäßiges Verhalten des Antragstellers in der Zukunft auch durch eine **Auflage** nach § 2 Abs. 2 sichergestellt werden kann. Liegt demgegenüber der Grund der Rücknehmbarkeit in einer Pflichtwidrigkeit des Antragstellers, ist die Erlaubnis grundsätzlich zurückzunehmen. Dies gilt insbesondere, wenn die Erlaubnis auf Grund falscher Angaben zu entscheidungserheblichen Tatsachen i. S. v. § 3 rechtswidrig erteilt wurde (vgl. Abs. 2 S. 2 Nr. 2), da **Falschangaben** des Antragstellers (auch unabhängig von dessen Kenntnis) grundsätzlich auf eine mangelnde Zuverlässigkeit hinweisen.

3. Frist für die Rücknahme (Abs. 3)

Nach Abs. 3 kann die Erlaubnisbehörde die Erlaubnis unter Beachtung **6** des Verhältnismäßigkeitsgrundsatzes nur **innerhalb eines Jahres** seit dem Zeitpunkt **zurücknehmen,** in dem sie von den Tatsachen positive Kenntnis erlangt hat, die die Rechtswidrigkeit begründen. Die Jahresfrist ist eine **Ausschlussfrist**. Ihre Versäumung führt dazu, dass die Erlaubnisbehörde nach deren Ablauf eine Rücknahme nicht mehr anordnen kann, sondern auf die Möglichkeiten des Widerrufs nach § 5 verwiesen ist. Sie kann jedoch auch mit Hilfe einer **Auflage** nach § 2 Abs. 2 sicherstellen, dass sich der Erlaubnisinhaber in Zukunft rechtmäßig verhält.

Die Einjahresfrist beginnt zu laufen, wenn die Erlaubnisbehörde **po- 7 sitive Kenntnis** von den Tatsachen erlangt, die eine Rücknahme rechtfertigen.

4. Rechtsfolgen der Rücknahme (Abs. 1 S. 2)

Nach Abs. 1 S. 1 kann die Erlaubnis nur **mit Wirkung für die 8 Zukunft** zurückgenommen werden. Sie **erlischt** mit dem Zugang

§ 4 Rücknahme

des Rücknahmebescheids. Gegen diesen kann der Verleiher Widerspruch einlegen und – soweit gesetzlich vorgeschrieben – bei erfolglosem Vorverfahren **Anfechtungsklage** (§ 78 Abs. 1 SGG) erheben. Auf Antrag des Verleihers ist die Möglichkeit zu prüfen, den Vollzug der Rücknahme auszusetzen (§§ 86 Abs. 4, 97 Abs. 2 S. 2 SGG; *BayLSG* v. 5.1.2009, EzAÜG SGG Nr. 7).

9 Bis zum Zeitpunkt des **Zugangs** des Rücknahmebescheids behalten alle Rechtsgeschäfte ihre Gültigkeit. Nach diesem Zeitpunkt abgeschlossene ANÜ-Verträge oder Leiharbeitsverhältnisse sind nach § 9 Nr. 1 unwirksam und führen über § 10 Abs. 1 zu einem fingierten **ArbV** mit dem Entleiher.

10 Um Rechtsgeschäfte abwickeln zu können, die vor dem Zeitpunkt der Rücknahme abgeschlossen wurden, eröffnet Abs. 1 S. 2 durch Verweis auf § 2 Abs. 4 S. 4 die Möglichkeit, dass diese Rechtsgeschäfte innerhalb einer **Abwicklungsfrist** von höchstens zwölf Monaten in unverändertem Zustand abgewickelt werden dürfen. Auf die Ausführungen zu § 2 (vgl. § 2 Rn. 34 ff.) wird insoweit verwiesen.

5. Nachteilsausgleich (Abs. 2)

11 Nach Abs. 2 steht dem Erlaubnisinhaber bei Rücknahme der Erlaubnis unter der Voraussetzung seiner Schutzwürdigkeit ein Anspruch auf **Ersatz des Nachteils** zu, der ihm durch ein schutzwürdiges Vertrauen auf den Bestand der Erlaubnis entstanden ist. Der Anspruch ist auf den Ersatz des Vertrauensschadens (sog. negatives Interesse) begrenzt und steht nach Abs. 2 S. 1 unter dem Vorbehalt, dass keine **öffentlichen Interessen** entgegenstehen (Thüsing/*Kämmerer*, § 4 Rn. 8).

12 Ein **schutzwürdiges Vertrauen** auf den Bestand der Erlaubnis ist bei **fehlerhaftem Verhalten** des Antragstellers (Abs. 2 S. 2 Nr. 1), **Falschangaben** (Abs. 2 S. 2 Nr. 2) und bei **Kenntnis der Rechtswidrigkeit** der erteilten Erlaubnis (Abs. 2 S. 2 Nr. 3) ausgeschlossen. Es kann gegeben sein, wenn die Erlaubnisbehörde in Kenntnis von Versagungsgründen nach § 3 Abs. 1 oder unter Verletzung ihrer Prüfungspflichten eine rechtswidrige Erlaubnis erteilt hat (Ulber/*Ulber, J.*, AÜG, § 4 Rn. 12).

13 Da der Nachteilsausgleichsanspruch auf das negative Interesse **begrenzt** ist und damit die Geltendmachung eines durch die Rücknahme entgangenen Gewinns ausgeschlossen ist (Ulber/*Ulber, J.*, AÜG, § 4 Rn. 13), kann der Verleiher nur solche Aufwendungen geltend machen, die ihm wegen eines anerkennenswerten Vertrauens auf den Fortbestand der Erlaubnis entstanden sind. Soweit die Möglichkeit besteht, im Rahmen der **Abwicklungsfrist** nach Abs. 1 S. 2 (Rn. 10) laufende Verträge durch Kündigung zu beenden, ist ein Anspruch aus Abs. 2 ausgeschlossen. Daneben wird der Anspruch gem. Abs. 2 S. 3 der Höhe nach auf das Interesse begrenzt, dass der Verleiher am Fortbestand der Erlaubnis hat (Thüsing/*Kämmerer*, § 4 Rn. 10).

Nach Abs. 2 S. 1 und 5 ist die Erstattung des Nachteilsausgleichs von **14** einem Antrag des Verleihers abhängig, der innerhalb eines Jahres nach dem Hinweis der Erlaubnisbehörde auf diese **Frist** gestellt werden muss (Ulber/*Ulber, J.,* AÜG, § 4 Rn. 14). Die **Festsetzung** des Anspruchs erfolgt durch Verwaltungsakt der Erlaubnisbehörde (Abs. 2 S. 4).

§ 5 Widerruf

(1) Die Erlaubnis kann mit Wirkung für die Zukunft widerrufen werden, wenn

1. der Widerruf bei ihrer Erteilung nach § 2 Abs. 3 vorbehalten worden ist;

2. der Verleiher eine Auflage nach § 2 nicht innerhalb einer ihm gesetzten Frist erfüllt hat;

3. die Erlaubnisbehörde auf Grund nachträglich eingetretener Tatsachen berechtigt wäre, die Erlaubnis zu versagen, oder

4. die Erlaubnisbehörde auf Grund einer geänderten Rechtslage berechtigt wäre, die Erlaubnis zu versagen; § 4 Abs. 2 gilt entsprechend.

(2) Die Erlaubnis wird mit dem Wirksamwerden des Widerrufs unwirksam. § 2 Abs. 4 Satz 4 gilt entsprechend.

(3) Der Widerruf ist unzulässig, wenn eine Erlaubnis gleichen Inhalts erneut erteilt werden müßte.

(4) Der Widerruf ist nur innerhalb eines Jahres seit dem Zeitpunkt zulässig, in dem die Erlaubnisbehörde von den Tatsachen Kenntnis erhalten hat, die den Widerruf der Erlaubnis rechtfertigen.

Gliederung	Rn.
1. Einleitung	1
2. Widerruf der Erlaubnis und Widerrufsgründe (Abs. 1)	2– 7
3. Ausschluss des Widerrufsrechts (Abs. 3)	8
4. Widerrufsfrist (Abs. 4)	9
5. Rechtsfolgen des Widerrufsbescheids (Abs. 2)	10–11

1. Einleitung

§ 5 eröffnet der Erlaubnisbehörde die Möglichkeit, eine rechtmäßig **1** erteilte Erlaubnis durch **Widerruf** aufzuheben. Die Widerrufsgründe sind dabei in Abs. 1 abschließend aufgezählt (Ulber/*Ulber, J.,* AÜG, § 5 Rn. 2). Im Unterschied zur Rücknahme nach § 4 spielt der Widerruf einer Erlaubnis nach § 5 in der Praxis eine erhebliche Rolle.

2. Widerruf der Erlaubnis und Widerrufsgründe (Abs. 1)

Nach Abs. 1 **kann** eine **rechtmäßig erteilte Erlaubnis** aus bestimm- **2** ten, in Nr. 1 bis 4 **abschließend aufgeführten Gründen** widerrufen

§ 5 Widerruf

werden. Wie die Rücknahme nach § 4 kann auch der Widerruf den Bestand der Erlaubnis nur mit Ex-nunc-Wirkung für die Zukunft beseitigen.

3 **(Abs. 1 Nr. 1)** Nach Abs. 1 Nr. 1 kann die Erlaubnis widerrufen werden, wenn der **Widerruf** bei ihrer Erteilung nach § 2 Abs. 3 rechtmäßig (*Schüren/Hamann/Schüren*, § 5 Rn. 1; Ulber/*Ulber, J.,* AÜG, § 5 Rn. 5; a. A. *BVerwG* v. 21.11.1986, NVwZ 87, 498) **vorbehalten** war (vgl. § 2 Rn. 24 ff.) und sich im Verlauf der abschließenden Ermittlungen herausgestellt hat, dass die vom Vorbehalt erfassten Versagungsgründe vorliegen. Darüber hinaus kann der Widerruf erfolgen, wenn die fortgesetzten Ermittlungen ergeben, dass die Risiken der vorläufig erteilten Erlaubnis nicht weiter in Kauf genommen werden können (*BayLSG* v. 29.7.1986, EzAÜG § 3 Versagungsgründe Nr. 9; a. A. *Boemke/Lembke*, § 5 Rn. 7).

4 **(Abs. 1 Nr. 2)** Nach Abs. 1 Nr. 2 kann die Erlaubnis widerrufen werden, wenn der Verleiher eine **Auflage** nicht oder – soweit die Auflage kein Verbot enthält – nicht innerhalb der dem Verleiher gesetzten Frist erfüllt hat. Die Auflage muss wirksam, nicht jedoch unanfechtbar (vgl. Ulber/*Ulber, J.,* AÜG, § 5 Rn. 10) sein und kann sowohl bei Erteilung der Erlaubnis als auch danach auferlegt worden sein. Die Erlaubnisbehörde ist grundsätzlich nicht verpflichtet, die Auflage zunächst zu vollstrecken, bevor sie einen Widerrufsbescheid erlässt (*S/M*, § 5 Anm. 4; Ulber/*Ulber, J.,* AÜG, § 5 Rn. 8). Lediglich bei geringen Verstößen kann die Behörde auf Grund des Grundsatzes der Verhältnismäßigkeit gehalten sein, die Auflage zunächst im Wege der Verwaltungsvollstreckung durchzusetzen (Thüsing/*Kämmerer*, § 5 Rn. 7; *Ulber, J.,* a. a. O.).

5 **(Abs. 1 Nr. 3)** Nach Abs. 1 Nr. 3 ist der Widerruf zulässig, wenn **nach Erlaubniserteilung** Tatsachen eintreten, die die Erlaubnisbehörde zur Versagung der Erlaubnis berechtigen. Die Vorschrift soll sicherstellen, dass ein Verleiher auch nach Erteilung einer rechtmäßigen Erlaubnis von der Ausübung des Gewerbes ausgeschlossen werden kann, wenn er sich nicht gesetzmäßig verhält. Voraussetzung für den Widerruf ist lediglich, dass die Tatsachen, die den Versagungsgrund begründen, erst nach Erteilung der Erlaubnis eingetreten sind (*LSG Celle* v. 22.7.1977, EzAÜG § 4 Rücknahme Nr. 1). Bei **Fortsetzungshandlungen,** die schon bei der Erlaubniserteilung einen Versagungsgrund darstellten, ist es erforderlich, dass das fortgesetzte Verhalten im Zeitpunkt des Widerrufs zur Versagung der Erlaubnis berechtigen würde (Ulber/*Ulber, J.,* AÜG, § 5 Rn. 13).

6 **(Abs. 1 Nr. 4)** Nach Abs. 1 Nr. 4 kann eine Änderung der Rechtslage einen Widerruf rechtfertigen, wenn die Erlaubnis nach Änderung der Rechtslage zu versagen wäre. Eine **Änderung der Rechtslage** i. S. d. Norm liegt z. B. bei einer Veränderung der rechtlichen Voraussetzungen zur Erlaubniserteilung vor. Dies ist der Fall, wenn durch eine

Gesetzesänderung ein neuer Versagungsgrund geschaffen wird (Schüren/Hamann/*Schüren*, § 5 Rn. 27). Die Versagungsgründe sind dabei in § 3 abschließend geregelt. Soweit die gesetzlichen Versagungsgründe erweitert oder einschränkend modifiziert werden, rechtfertigt dies grundsätzlich eine Rücknahme der Erlaubnis. Keiner Rücknahme bedarf es dagegen, wenn die **Überlassung als solche** auf Grund einer Gesetzesänderung zukünftig **verboten** wird (vgl. § 1 Rn. 132). Der **Geltungsbereich** einer gewerberechtlichen Erlaubnis reicht immer nur soweit, wie die Ausübung des Gewerbes als solchem gesetzlich zugelassen ist. Ebenso wie der mit dem AFKG eingefügte § 1 b (§ 13 a AFG a. F.), nach dem der Verleih in Betriebe des Baugewerbes verboten wurde, führt z. B. auch der mit dem 1. AÜG-ÄndG m. W. v. 1. 12. 2011 eingefügte § 1 Abs. 1 S. 2, nach dem die nicht vorübergehende ANÜ verboten wird (vgl. § 1 Rn. 130z), nicht dazu, dass es einer Rücknahme der Erlaubnis bedarf, um eine gesetzlich verbotene ANÜ einstellen zu müssen (*LAG Berlin-Brandenburg* v. 9. 1. 2013 – 15 Sa 1635/12, AuR 2013, 103; a. A. *ArbG Frankfurt/Oder* v. 17. 4. 2013 – 6 CA 1754/12). Dies gebietet auch eine richtlinienkonforme Auslegung, da die nicht vorübergehende ANÜ nach Art. 11 Abs. 1 LA-RL spätestens seit dem 5. 12. 2011 unzulässig sein muss.

Strittig ist, ob Abs. 1 Nr. 4 auch bei einer **Veränderung der Rechtsprechung** erfüllt ist (so *S/M*, § 5 Anm. 7 unter Verweis auf die amtl. Begr. BT-Ds. VI/3505 S. 3). Da ein Widerruf voraussetzt, dass die Erlaubnis zum Zeitpunkt ihrer Erteilung rechtmäßig war und die Rechtswidrigkeit bei lediglich veränderter Rechtsprechung schon zum Zeitpunkt der Erteilung vorlag, ist mit der h. M. im Schrifttum davon auszugehen, dass eine Veränderung der Rechtsprechung nur zur Rücknahme der Erlaubnis nach § 4 berechtigt (vgl. *Boemke/Lembke*, § 5 Rn. 15; Schüren/Hamann/*Schüren*, § 5 Rn. 27; Ulber/*Ulber, J.*, AÜG, § 5 Rn. 16).

6a

(Abs. 1 Nr. 4 Hs. 2) Wird die Erlaubnis nach Abs. 1 Nr. 4 widerrufen, kann dem Verleiher nach Abs. 1 Nr. 4 Hs. 2 i. V. m. § 4 Abs. 2 ein Anspruch auf **Ausgleich von Vermögensschäden** zuerkannt werden. Der Anspruch ist jedoch nur gegeben, wenn nicht gleichzeitig einer der Widerrufsgründe von Abs. 1 Nr. 1 bis 3 vorliegt (Ulber/*Ulber, J.*, AÜG, § 5 Rn. 17). I. Ü. wird zu den Voraussetzungen und zum Umfang des Anspruchs auf die Ausführungen zu § 4 (§ 4 Rn. 11 ff.) verwiesen.

7

3. Ausschluss des Widerrufsrechts (Abs. 3)

Nach Abs. 3 ist der **Widerruf** trotz Vorliegens eines Widerrufsgrundes nach Abs. 1 **ausgeschlossen,** wenn dem Verleiher auf einen erneuten Antrag hin die Erlaubnis erteilt werden müsste. Diese Voraussetzung ist nicht gegeben, wenn der Verleiher **Auflagen** i. S. v. § 2 nicht oder nicht rechtzeitig erfüllt hat, da die Nichterfüllung von Auflagen gleich-

8

§ 6 Verwaltungszwang

zeitig den Tatbestand der mangelnden Zuverlässigkeit i. S. v. § 3 Abs. 1 begründet (Ulber/*Ulber, J.*, AÜG, § 5 Rn. 21).

4. Widerrufsfrist (Abs. 4)

9 Nach Abs. 4 hat die Erlaubnisbehörde den Widerruf innerhalb einer **Ausschlussfrist** von einem Jahr zu erklären. Die Frist beginnt in dem Zeitpunkt zu laufen, in dem die Behörde Kenntnis von den Tatsachen erlangt hat, die den Widerruf rechtfertigen. Wird die Frist versäumt, kann die Erlaubnis nicht mehr über einen Widerruf aufgehoben werden. Die Erlaubnisbehörde ist jedoch berechtigt, bei einem Antrag des Verleihers auf Verlängerung der Erlaubnis oder durch die nach § 2 Abs. 2 S. 2 zulässige Erteilung von Auflagen die Widerrufsgründe geltend zu machen.

5. Rechtsfolgen des Widerrufsbescheids (Abs. 2)

10 Das Wirksamwerden des Widerrufs, d. h. dessen Bekanntgabe gegenüber dem Erlaubnisinhaber, hat nach Abs. 2 S. 1 zur Folge, dass die **Erlaubnis** mit Ex-nunc-Wirkung unwirksam wird (zu Widerspruch und Aussetzung des Vollzugs vgl. § 4 Rn. 8). Dem Verleiher ist es anschließend (wie bei der Rücknahme nach § 4) untersagt, neue (nach § 9 Nr. 1 unwirksame) ANÜ- oder Leiharbeitsverträge abzuschließen. Bei Verstößen kommt ggf. nach § 10 Abs. 1 ein fingiertes ArbV zum Entleiher zustande. Die Ausführungen zur Rücknahme (vgl. § 4 Rn. 9 f.) gelten entsprechend.

11 Nach Abs. 2 S. 2 können vor Wirksamwerden des Widerrufs abgeschlossene Verträge entsprechend § 2 Abs. 4 innerhalb einer Frist von zwölf Monaten **abgewickelt** werden. Auf die Ausführungen zu § 4 wird insoweit verwiesen (§ 4 Rn. 10).

§ 6 Verwaltungszwang

Werden Leiharbeitnehmer von einem Verleiher ohne die erforderliche Erlaubnis überlassen, so hat die Erlaubnisbehörde dem Verleiher dies zu untersagen und das weitere Überlassen nach den Vorschriften des Verwaltungsvollstreckungsgesetzes zu verhindern.

Gliederung Rn.
1. Verfolgung von Verstößen gegen die Erlaubnispflicht 1– 5
2. Untersagung des Verleihs 6– 8
3. Durchsetzung der Untersagungsverfügung 9–17

1. Verfolgung von Verstößen gegen die Erlaubnispflicht

1 Durch § 6 wird die Erlaubnisbehörde ermächtigt und verpflichtet, einem Verleiher, der ohne die erforderliche Erlaubnis zur ANÜ AN verleiht, die Ausübung des Gewerbes zu **untersagen** und die Unter-

Verwaltungszwang § 6

sagungsverfügung nach dem VwVG zwangsweise zu vollstrecken. Die Vorschrift ermächtigt nicht zu einem Einschreiten gegen den **Entleiher** (*S/M*, § 6 Anm. 4 a; Ulber/*Ulber, J.*, AÜG, § 6 Rn. 8).

Der **Geltungsbereich** von § 6 ist seit dem 1.12.2011 nicht mehr auf Fälle gewerbsmäßiger ANÜ beschränkt (Ulber/*Ulber J.*, AÜG, § 6 Rn. 4) und erfasst nunmehr auch Formen **nichtgewerbsmäßiger ANÜ**. Die Untersagung von **Scheinwerkverträgen** wird von der Norm erfasst (*LSG Schleswig-Holstein* v. 19.4.1978 – L 1 Ar 20/76). Auch soweit nach § 1 b S. 2 oder 3 ANÜ im **Baugewerbe** ohne die erforderliche Erlaubnis betrieben wird, findet die Vorschrift Anwendung. Dasselbe gilt, wenn ein Verleiher es in den Fällen des § 1 a unterlässt, vor Beginn der ANÜ die notwendige Anzeige zu erstatten. **2**

Die Vorschrift findet grundsätzlich keine Anwendung, wenn sich der Verleiher im Besitz einer **gültigen Erlaubnis** befindet. Dies gilt aber nur, solange die Überlassung vom **Geltungsbereich der Erlaubnis** gedeckt ist (vgl. § 1 Rn. 130x, 132 und § 5 Rn. 6). Ist der Verleiher zwar im Besitz der Erlaubnis, überlässt er jedoch Leih-AN unter Verstoß gegen § 1 Abs. 1 S. 2 nicht nur vorübergehend, oder betreibt er nach § 1 b verbotene ANÜ im **Baubereich, kann die Erlaubnisbehörde nach § 6 gegen den Verleiher einschreiten.** § 6 ist auch anwendbar, wenn die Erlaubnis durch Fristablauf (§ 2 Abs. 4), Rücknahme (§ 4), Widerruf oder durch Nichtgebrauchmachen nach § 2 Abs. 5 S. 2 erloschen ist. Im Abwicklungszeitraum von § 2 Abs. 4 S. 4 (§ 2 Rn. 34 ff., § 5 Rn. 11) findet die Vorschrift Anwendung, soweit der Verleiher neue Verträge abschließt. **3**

Keine Anwendung findet § 6 in Fällen illegaler **Arbeitsvermittlung** bzw. bei nach § 1 Abs. 2 vermuteter Arbeitsvermittlung (Ulber/*Ulber, J.*, AÜG, § 6 Rn. 2, 7). Hier kann jedoch die Gewerbeaufsicht eine Untersagungsverfügung nach § 35 GewO erlassen. **4**

Die Erlaubnisbehörde muss für ein Einschreiten gegen den Verleiher nicht abwarten, dass der Leih-AN in **tatsächlicher Hinsicht** bei einem Entleiher seine Arbeit aufnimmt. Entsprechend dem Zweck der Vorschrift, Entleihern, Leih-AN und sonstigen Dritten im Rechtsverkehr einen **präventiven Schutz** vor den Folgen illegaler ANÜ zu gewähren (*Schüren/Hamann/Schüren*, § 6 Rn. 7; Ulber/*Ulber, J.*, AÜG, § 6 Rn. 1, 9), reichen **Vorbereitungshandlungen** aus, um eine Untersagungsverfügung zu erlassen. Liegen z.B. werbliche Angebote des Verleihers (z.B. **Stellenanzeigen**) vor, muss die Erlaubnisbehörde nicht abwarten, bis ein nach § 9 Nr. 1 unwirksamer ANÜ- oder Leiharbeitsvertrag abgeschlossen wird (*SG Hamburg* v. 23.11.2004 – S 13 AZ 5/99; Thüsing/*Kämmerer*, § 6 Rn. 2; Ulber/*Ulber, J.*, AÜG, § 6 Rn. 6). Weist der Verleiher bei derartigen Vorbereitungshandlungen allerdings darauf hin, dass er die Erlaubnis trotz Antragstellung bislang nicht besitzt, kann die Erlaubnisbehörde gehalten sein, von einem Einschreiten abzusehen. Dies gilt z.B. dann, wenn der Verleiher recht- **5**

§ 6 Verwaltungszwang

lich bindende Erklärungen nur unter der **aufschiebenden Bedingung** der Erlaubniserteilung abgibt (§ 2 Rn. 4).

2. Untersagung des Verleihs

6 Sind die Voraussetzungen der Vorschrift erfüllt, ist die Erlaubnisbehörde **verpflichtet,** zur Verhinderung der illegalen ANÜ eine schriftliche **Untersagungsverfügung** zu erlassen (*SG Hamburg* v. 10.12.1997 – 2 AR 1313/97). Das Opportunitätsprinzip findet im Rahmen des § 6 keine Anwendung (*SG Hamburg* v. 23.11.2004 – S 13 AZ 6/99; Ulber/*Ulber, J.*, AÜG, § 6 Rn. 9). Inhalt der Untersagungsverfügung ist das ausdrückliche **Verbot** an den Verleiher, ohne die Erlaubnis zur ANÜ AN an Dritte zu überlassen.

7 Die Untersagungsverfügung ist ein **Verwaltungsakt,** der mit einer Begründung und mit einer Rechtsbehelfsbelehrung zu versehen ist (§ 66 SGG). Sie wird mit Zugang beim Adressaten wirksam. Eine förmliche Zustellung des Bescheids ist im Unterschied zur Androhung von Zwangsmitteln (s. u. Rn. 13) nicht erforderlich (vgl. § 13 Abs. 7 VwVG). Gegen die Untersagungsverfügung kann der Beschwerte **Widerspruch** einlegen (§§ 78 ff. SGG) und **Anfechtungsklage** nach § 54 Abs. 1 S. 1 SGG erheben (*LSG Celle* v. 24.2.1981, EzAÜG § 1 Erlaubnispflicht Nr. 7). Da bei ANÜ ohne Erlaubnis regelmäßig die Voraussetzungen eines nach § 16 Abs. 1 Nr. 1 bußgeldbewehrten Verstoßes vorliegen, sind regelmäßig die Voraussetzungen eines **sofortigen Vollzugs** der Untersagungsverfügung nach § 6 Abs. 2 VwVG erfüllt (Ulber/*Ulber, J.,* AÜG, § 6 Rn. 13).

8 **Adressat** der Untersagungsverfügung ist der illegal tätige Verleiher. Bei juristischen Personen ist die Verfügung gegen das Unternehmen zu erlassen, da sich die juristische Person das Handeln ihrer Vertreter zurechnen lassen muss (vgl. *SG Frankfurt* v. 28.8.1986, EzAÜG § 1 Erlaubnispflicht Nr. 16). In **Strohmannfällen,** bei denen sowohl die Person, die nach außen in Erscheinung tritt, als auch die Person, die das Gewerbe tatsächlich betreibt, rechtswidrig handeln, ist die Untersagungsverfügung sowohl gegen den Strohmann als auch gegen den Hintermann zu erlassen (*BVerwG* v. 2.2.1982, MDR 82, 1946; Ulber/*Ulber, J.,* AÜG, § 6 Rn. 11).

3. Durchsetzung der Untersagungsverfügung

9 Da Widerspruch und Anfechtungsklage keine aufschiebende Wirkung haben (worauf in der Rechtsbehelfsbelehrung nicht hingewiesen werden muss; str.), ist die Untersagungsverfügung **sofort vollziehbar** (*Boemke/Lembke,* § 6 Rn. 14; *Thüsing/Kämmerer,* § 6 Rn. 3; Ulber/*Ulber, J.,* § 6 Rn. 12).

10 Stellt der Verleiher auf Grund der Untersagungsverfügung die Ausübung der ANÜ nicht ein, kann die Erlaubnisbehörde als **Vollzugsbehörde** (§§ 6, 17 S. 1 i. V. m. § 7 Abs. 1 VwVG) den Verwaltungsakt nach den Vorschriften des VwVG zwangsweise durchsetzen. Als **Zwangsmittel** kommen dabei das Zwangsgeld (§§ 9 Abs. 1 Buchst. b, 11 Abs. 2 VwVG) und, wenn das Zwangsgeld nicht zum Erfolg führt, hilfsweise der unmittelbare Zwang (§ 12 VwVG) in Betracht. Eine **Ersatzvornahme** (§ 10 VwVG) scheidet bei der Unterlassung des Verleihs als nicht vertretbarer Handlung aus.

Durch das **Zwangsgeld** soll der Adressat dazu veranlasst werden, den Anordnungen der Untersagungsverfügung Folge zu leisten. Es kann neben einer Strafe oder einer Geldbuße (z.B. nach § 16 Abs. 1 Nr. 1) und soweit erforderlich auch **wiederholt** festgesetzt werden (§ 13 Abs. 6 S. 1 und 2 VwVG). Wird das Zwangsgeld für jeden Fall der Zuwiderhandlung festgesetzt, ist es bei jeder Zuwiderhandlung verwirkt, ein Verschulden des Adressaten ist hierbei nicht erforderlich. Der Höhe nach ist das Zwangsgeld auf einen Höchstbetrag von 2000 DM begrenzt (§ 11 Abs. 3 VwVG). **11**

Kommt der Verleiher auch **nach Vollstreckung** eines Zwangsgeldes (vgl. Ulber/*Ulber, J.*, AÜG, § 6 Rn. 16) den Anordnungen der Behörde nicht nach, kann die BA als Vollzugsbehörde nach den Bestimmungen des UZwG **unmittelbaren Zwang** (§ 12 VwVG) anwenden. Hauptanwendungsfälle des unmittelbaren Zwangs sind die **Schließung** der Geschäftsräume des Verleihers und die **Wegnahme** wichtiger Geschäftsunterlagen und Betriebsmittel. **12**

Nach § 16 Abs. 1 VwVG kann bei Uneinbringlichkeit eines Zwangsgeldes die **Ersatzzwangshaft** durch das Verwaltungsgericht angeordnet werden. Wegen der Schwere des Eingriffs in das Grundrecht aus Art. 2 Abs. 2 S. 2 GG kann die Ersatzzwangshaft aber nur in extrem gelagerten Ausnahmefällen und als Ultima Ratio in Betracht gezogen werden (§ 9 Abs. 2 S. 2 VwVG). Sie setzt die vorherige Anordnung und Anwendung unmittelbaren Zwangs voraus (str., wie hier *VG Berlin* v. 8.10.1998, NVwZ 99, 348; Ulber/*Ulber, J.*, AÜG, § 6 Rn. 17; a.A. Thüsing/*Kämmerer*, § 6 Rn. 5). **13**

Nach § 13 Abs. 1 VwVG muss das jeweilige Zwangsmittel vor seiner Festsetzung schriftlich **angedroht** worden sein. Die Bestimmung einer angemessenen Frist (vgl. § 13 Abs. 1 S. 2 VwVG) in der Unterlassungsverfügung ist nicht erforderlich. Die **Androhung** ist ein selbständig anfechtbarer **Verwaltungsakt** (*BVerwG* v. 12.12.1988, DVBl. 89, 362) und soll nach § 13 Abs. 2 VwVG mit der Untersagungsverfügung verbunden werden. Mit ihrer Zustellung (§ 13 Abs. 7 VwVG) wird die Androhung wirksam. **14**

Ist das Zwangsmittel wirksam angedroht und stellt der Adressat auch nach Ablauf der gesetzten Frist die Ausübung von ANÜ nicht ein, muss das Zwangsmittel nach § 14 VwVG durch einen weiteren **Verwaltungsakt** der Erlaubnisbehörde **festgesetzt** werden. Dieser VA ist wie die Androhung selbständig anfechtbar. Bei Festsetzung eines Zwangsgeldes wird der Festsetzungsbescheid als Leistungsbescheid **15**

§ 7 Anzeigen und Auskünfte

erlassen und dessen Vollstreckung nach § 3 Abs. 2 VwVG durch **Vollstreckungsanordnung** eingeleitet.

16 Nach § 15 Abs. 1 VwVG werden die Zwangsmittel entsprechend der Festsetzung durch die Erlaubnisbehörde als Vollzugsbehörde (Rn. 9) durchgesetzt. Zuständig für die Vollstreckung des Zwangsgeldes sind nach § 7 i. V. m. § 4 Buchst. b VwVG die **Hauptzollämter** als Vollstreckungsbehörde. Bei der Vollstreckung eines Zwangsgeldes richtet sich das Verfahren nach den Bestimmungen der **Abgabenordnung.** Bei der **Anwendung unmittelbaren Zwangs** ist nach § 51 Abs. 1 SGG der Rechtsweg zu den Sozialgerichten eröffnet (Ulber/*Ulber, J.*, AÜG, § 6 Rn. 25).

17 Die Vollstreckung ist nach § 15 Abs. 3 VwVG **einzustellen,** wenn der Zweck des Vollzugs erreicht ist, d. h. wenn der Verleiher alle Handlungen unterlässt, die mit einer Ausübung von ANÜ in Verbindung stehen. Soweit die Auffassung vertreten wird, dass der Vollzug auch einzustellen ist, wenn der Pflichtige den Antrag auf Erteilung der Erlaubnis zur ANÜ stellt und die Zulassungsvoraussetzungen i. Ü. erfüllt sind (*Boemke/Lembke*, § 6 Rn. 20), kann dem nicht gefolgt werden. Einem Verleiher, der gegen die Erlaubnisvorschriften verstößt und aus diesem Grund ein Einschreiten der Erlaubnisbehörde nach § 6 erforderlich macht, ist die Erlaubnis wegen mangelnder Zuverlässigkeit i. S. v. § 3 Abs. 1 Nr. 1 regelmäßig zu versagen (Ulber/*Ulber, J.*, AÜG, § 6 Rn. 21).

§ 7 Anzeigen und Auskünfte

(1) Der Verleiher hat der Erlaubnisbehörde nach Erteilung der Erlaubnis unaufgefordert die Verlegung, Schließung und Errichtung von Betrieben, Betriebsteilen oder Nebenbetrieben vorher anzuzeigen, soweit diese die Ausübung der Arbeitnehmerüberlassung zum Gegenstand haben. Wenn die Erlaubnis Personengesamtheiten, Personengesellschaften oder juristischen Personen erteilt ist und nach ihrer Erteilung eine andere Person zur Geschäftsführung oder Vertretung nach Gesetz, Satzung oder Gesellschaftsvertrag berufen wird, ist auch dies unaufgefordert anzuzeigen.

(2) Der Verleiher hat der Erlaubnisbehörde auf Verlangen die Auskünfte zu erteilen, die zur Durchführung des Gesetzes erforderlich sind. Die Auskünfte sind wahrheitsgemäß, vollständig, fristgemäß und unentgeltlich zu erteilen. Auf Verlangen der Erlaubnisbehörde hat der Verleiher die geschäftlichen Unterlagen vorzulegen, aus denen sich die Richtigkeit seiner Angaben ergibt, oder seine Angaben auf sonstige Weise glaubhaft zu machen. Der Verleiher hat seine Geschäftsunterlagen drei Jahre lang aufzubewahren.

(3) In begründeten Einzelfällen sind die von der Erlaubnisbehörde beauftragten Personen befugt, Grundstücke und Geschäftsräume des Verleihers zu betreten und dort Prüfungen vorzunehmen. Der

Verleiher hat die Maßnahmen nach Satz 1 zu dulden. Das Grundrecht der Unverletzlichkeit der Wohnung (Artikel 13 des Grundgesetzes) wird insoweit eingeschränkt.

(4) Durchsuchungen können nur auf Anordnung des Richters bei dem Amtsgericht, in dessen Bezirk die Durchsuchung erfolgen soll, vorgenommen werden. Auf die Anfechtung dieser Anordnung finden die §§ 304 bis 310 der Strafprozeßordnung entsprechende Anwendung. Bei Gefahr im Verzuge können die von der Erlaubnisbehörde beauftragten Personen während der Geschäftszeit die erforderlichen Durchsuchungen ohne richterliche Anordnung vornehmen. An Ort und Stelle ist eine Niederschrift über die Durchsuchung und ihr wesentliches Ergebnis aufzunehmen, aus der sich, falls keine richterliche Anordnung ergangen ist, auch die Tatsachen ergeben, die zur Annahme einer Gefahr im Verzug geführt haben.

(5) Der Verleiher kann die Auskunft auf solche Fragen verweigern, deren Beantwortung ihn selbst oder einen der in § 383 Abs. 1 Nr. 1 bis 3 der Zivilprozeßordnung bezeichneten Angehörigen der Gefahr strafgerichtlicher Verfolgung oder eines Verfahrens nach dem Gesetz über Ordnungswidrigkeiten aussetzen würde.

Gliederung	Rn.
1. Einleitung	1
2. Geltungsbereich	2– 4
3. Anzeigepflichten (Abs. 1)	5– 7
4. Auskunftspflichten des Verleihers (Abs. 2 S. 1 und 2)	8–10
5. Vorlage und Aufbewahrung von Geschäftsunterlagen (Abs. 2 S. 3 und 4)	11–16
6. Betretungs- und Prüfungsrecht der Erlaubnisbehörde (Abs. 3)	17–25
7. Durchsuchungsrecht (Abs. 4)	26–33
8. Aussageverweigerungsrecht (Abs. 5)	34–38

1. Einleitung

Durch § 7 werden dem Verleiher **Anzeige-** und **Auskunftspflichten** auferlegt (Abs. 1 und 2) und der Erlaubnisbehörde **Kontroll- und Eingriffsbefugnisse** eingeräumt (Abs. 3 und 4). Zweck der Vorschrift ist es, auch nach Erteilung einer Erlaubnis die ordnungsgemäße Ausübung des Gewerbes durch den Verleiher sicherzustellen. **1**

2. Geltungsbereich

Von **Abs. 1** werden alle Verleiher erfasst, denen eine Erlaubnis zur ANÜ erteilt wurde (zum illegal tätigen Verleiher vgl. Rn. 2). Auch **Mischunternehmen**, denen die Erlaubnis erteilt wurde, treffen die Mitteilungspflichten nach Abs. 1 (*LSG Berlin* v. 26.1.1988, EzAÜG § 7 Auskunftspflichten Nr. 1). **2**

Keine Anwendung findet § 7 auf privilegierte Formen der **ANÜ nach § 1 Abs. 3**. **3**

Jürgen Ulber

§ 7 Anzeigen und Auskünfte

4 Strittig ist, ob auch **Abs. 2 bis 5** nur auf Verleiher anwendbar sind, denen eine Erlaubnis erteilt wurde, oder ob auch **illegale Formen der ANÜ** erfasst werden (so Ulber/*Ulber, J.*, AÜG, § 7 Rn. 2; a. A. *Boemke/Lembke*, § 7 Rn. 3; *Schüren/Hamann/Schüren*, § 7 Rn. 6). Soweit die Auskunftspflichten des Verleihers nach Abs. 2 und die Prüfungsrechte der Erlaubnisbehörde nach Abs. 3 betroffen sind, hat der Meinungsstreit nur im Hinblick auf Ordnungswidrigkeiten nach § 16 Abs. 1 Nr. 4 bis 6a Bedeutung, soweit der Verleiher ohne Erlaubnis ANÜ betreibt. Die BA kann i. Ü. schon auf Grund von § 6 gegen den Verleiher einschreiten (vgl. § 6 Rn. 6ff.). Nach dem Zweck der Norm, Gefahren, die aus der Ausübung von ANÜ erwachsen, zu begegnen, sind die Abs. 2 bis 5 jedoch auf alle Fälle anzuwenden, in denen **in tatsächlicher Hinsicht** ANÜ betrieben wird. Die a. A. würde im wenig überzeugenden Ergebnis führen, dass die Befugnisse der Erlaubnisbehörde bei illegal tätigen Verleihern, die gegen Erlaubnisbestimmungen oder sonstige Bestimmungen des AÜG (z. B. § 1a) verstoßen, geringer sind als bei Verleihern, die zumindest den Erlaubnisbestimmungen Rechnung tragen.

3. Anzeigepflichten (Abs. 1)

5 (Abs. 1 S. 1) Nach Abs. 1 S. 1 hat der Verleiher **vor** bestimmten **Veränderungen** bei der **Betriebsorganisation** deren Durchführung anzuzeigen, und zwar **unaufgefordert**. Verstöße sind nach § 16 Abs. 1 Nr. 4 bußgeldbewehrt. Die Erlaubnisbehörde kann ggf. mit den Mitteln des Verwaltungszwangs die Erteilung der Auskünfte erzwingen (*BSG* v. 12. 7. 1989, NZA 90, 157). **Verstöße** können zur Annahme der Unzuverlässigkeit i. S. v. § 3 Abs. 1 Nr. 1 führen und die Erlaubnisbehörde zum Widerruf der Erlaubnis berechtigen.

6 Die **Anzeigepflichten** beziehen sich auf die in Abs. 1 S. 1 abschließend aufgeführten Fälle der **Verlegung, Schließung und Errichtung** von Betrieben, Betriebsteilen und Nebenbetrieben (vgl. hierzu Ulber/*Ulber, J.*, AÜG, § 7 Rn. 5ff.). Ob **Betriebe, Betriebsteile** oder **Nebenbetriebe** betroffen sind, richtet sich nach den allgemeinen betriebsverfassungsrechtlichen Grundsätzen.

7 (Abs. 1 S. 2) Nach Abs. 1 S. 2 hat der Verleiher auch **Änderungen** in der **Geschäftsführung** und **Vertretung** unaufgefordert anzuzeigen, wenn der Verleiher eine Personengesamtheit (z. B. nichtrechtsfähiger Verein), Personengesellschaft (z. B. OHG, KG) oder eine juristische Person (z. B. GmbH, KG) ist. Die Vorschrift soll sicherstellen, dass in den Fällen, in denen der Wechsel in der Geschäftsführungs- oder Vertretungsbefugnis die Erteilung einer neuen (personengebundenen) Erlaubnis erfordert (vgl. § 2 Rn. 16), die Erlaubnisbestimmungen des AÜG eingehalten werden.

4. Auskunftspflichten des Verleihers (Abs. 2 S. 1 und 2)

Nach **Abs. 2 S. 1** kann die Erlaubnisbehörde nach eigenem Ermessen jederzeit **Auskünfte** vom Verleiher verlangen, ohne dass das Verlangen einer Begründung bedürfte (*LSG Rheinland-Pfalz* v. 19.12.2002, EzAÜG § 1 Gewerbsmäßige Arbeitnehmerüberlassung Nr. 27). Erforderlich ist lediglich ein Bezug zur Ausübung von ANÜ durch den Adressaten. Die Auskunftspflichten treffen nur den Verleiher bzw. Personen, die zur gesetzlichen oder rechtsgeschäftlich eingeräumten Vertretung des Verleihers berechtigt sind. Andere Personen, insbesondere Entleiher und beim Entleiher beschäftigte **Leih-AN** bzw. ein dort bestehender **Betriebsrat**, sind nicht zur Auskunft verpflichtet, können aber auf freiwilliger Basis Auskünfte erteilen. Der Verleiher darf in diesem Fall keine negativen Maßnahmen (z. B. Abmahnungen) ergreifen. 8

Will die BA den Verleiher zur Auskunft bindend verpflichten, muss sie die Auskunft in Form eines förmlichen **Verwaltungsaktes** verlangen, der nach dem VwVG vollstreckt wird (*BSG* v. 12.7.89, NZA 1990, 157). 9

Der Verleiher muss die Auskunft nach Abs. 2 S. 2 in deutscher Sprache (§ 23 Abs. 1 VwVfG) **wahrheitsgemäß**, **vollständig**, **fristgemäß** und **unentgeltlich** erteilen, soweit ihm nicht im Ausnahmefall ein Aussageverweigerungsrecht nach Abs. 5 zusteht (vgl. Rn. 34 ff.). **Verstöße** gegen die Auskunftspflichten nach Abs. 2 S. 1 und 2 sind gem. § 16 Abs. 1 Nr. 5 bußgeldbewehrt und erfüllen den Tatbestand der Unzuverlässigkeit i. S. v. § 3 Abs. 1 Nr. 1. 10

5. Vorlage und Aufbewahrung von Geschäftsunterlagen (Abs. 2 S. 3 und 4)

Nach Abs. 2 S. 3 hat der Verleiher seine Angaben durch **Vorlage von Unterlagen** oder durch sonstige Glaubhaftmachung zu beweisen. Die Vorlagepflicht besteht insbesondere bei Zweifeln, ob der Verleiher seinen Auskunftspflichten wahrheitsgemäß nachgekommen ist. Die Vorlagepflicht setzt ein ausdrückliches **Verlangen** der Erlaubnisbehörde voraus. 11

Die Pflicht zur Vorlage von **geschäftlichen Unterlagen** besteht hinsichtlich aller Vorgänge, die die Tätigkeit als Verleiher betreffen und mit den Überwachungsaufgaben der BA in Zusammenhang stehen. Danach hat der Verleiher insbesondere die abgeschlossenen ANÜ- und Leiharbeitsverträge, TV und BV, den Schriftverkehr, die Lohnlisten und Geschäftsbücher sowie alle Unterlagen vorzulegen, die für die Überprüfung seiner Zuverlässigkeit i. S. v. § 3 Abs. 1 erforderlich sind. Auch **elektronische Datenträger** sind Unterlagen i. S. d. Bestimmung. Bei Mischunternehmen erstreckt sich die Vorlagepflicht auch auf solche Vorgänge, die eine Abgrenzung des Verleihgewerbes 12

§ 7 Anzeigen und Auskünfte

von den anderen Betriebszwecken ermöglichen (*LSG Rheinland-Pfalz* v. 10.6.1988 – L 6 Ar 117/88).

13 Das Recht zur **Einsichtnahme und Prüfung von Unterlagen** durch die BA umfasst die Befugnis, die Unterlagen erforderlichenfalls auch mitzunehmen. Befinden sich die Unterlagen nicht in den Geschäftsräumen, ist der Verleiher verpflichtet, sich die Unterlagen so zu **beschaffen**, dass sie der BA vorgelegt werden können. Durch die Gewährung einer Einsichtnahme bei Dritten oder außerhalb der eigenen Geschäftsräume wird dieser Verpflichtung nicht Rechnung getragen.

14 Ist die Beschaffung von Unterlagen mit einem unverhältnismäßigen Aufwand verbunden oder hat der Verleiher Unterlagen nach Ablauf der Aufbewahrungsfrist von Abs. 2 S. 4 vernichtet, kann er seine Angaben auch auf sonstige Weise **glaubhaft machen**. Das von ihm angebotene Beweismittel muss dazu geeignet sein, die Richtigkeit und Vollständigkeit seiner Angaben mit einem überwiegenden Grad an Wahrscheinlichkeit zu bestätigen (Ulber/*Ulber, J.*, AÜG, § 7 Rn. 15). Eine Versicherung an Eides statt kann die BA nicht verlangen, der Verleiher kann sich ihrer jedoch bedienen.

15 Nach **Abs. 2 S. 4** hat der Verleiher seine Geschäftsunterlagen drei Jahre lang **aufzubewahren**. Die Aufbewahrungspflicht besteht bezüglich aller Unterlagen, die die Erlaubnisbehörde zur Überprüfung der Zuverlässigkeit des Verleihers nach § 3 Abs. 1 benötigt. Die **dreijährige Aufbewahrungsfrist** nach Abs. 2 S. 4 beginnt für Vertragsunterlagen erst zu laufen, wenn der Vertrag vollständig abgewickelt ist (str.; vgl. Ulber/*Ulber, J.*, AÜG, § 7 Rn. 17). Dies ist insbesondere bei Rahmenverträgen mit Entleihern und abgeschlossenen Leiharbeitsverträgen zu beachten.

16 Verstößt der Verleiher gegen seine Pflichten zur Vorlage und Aufbewahrung von Geschäftsunterlagen, indiziert dies regelmäßig seine mangelnde Zuverlässigkeit i. S. v. § 3 Abs. 1 Nr. 1. Der Verstoß gegen die Aufbewahrungsfristen ist daneben nach § 16 Abs. 1 Nr. 6 bußgeldbewehrt.

6. Betretungs- und Prüfungsrecht der Erlaubnisbehörde (Abs. 3)

17 Nach Abs. 3 S. 1 ist die Erlaubnisbehörde berechtigt, **Grundstücke** und **Geschäftsräume** des Verleihers zu **betreten** und dort **Prüfungen** vorzunehmen. Die Ausübung der Befugnisse ist nur in begründeten Einzelfällen zulässig. Abs. 3 S. 3 stellt die formellen Voraussetzungen des hiermit verbundenen Grundrechtseingriffs (Art. 19 Abs. 1 S. 2 GG) sicher.

18 Ein **begründeter Einzelfall** i. S. v. Abs. 3 S. 1 liegt nur vor, wenn **konkrete Hinweise** (z. B. Anzeigen oder Beschwerden von Leih-AN; *Boemke/Lembke*, § 7 Rn. 33) vorliegen, die den **Anfangsverdacht**

eines gesetzwidrigen Verhaltens des Verleihers begründen, und zur Aufklärung des Sachverhalts ein Betreten der Geschäftsräume erforderlich machen (*BSG* v. 29.7.1992, NZA 93, 524).

19 Die Befugnis nach Abs. 3 S. 1 beschränkt sich auf das Betreten von **Grundstücken und Geschäftsräumen** des Verleihers. Ausgeschlossen wird hiermit, dass Räumlichkeiten, die ausschließlich Wohnzwecken dienen, oder Geschäftsräume, für die dem Verleiher nicht das alleinige Verfügungsrecht zusteht (z.B. Büroräume eines Gemeinschaftsbetriebs), nicht auf der Grundlage von Abs. 3 (wohl aber von Abs. 4) betreten werden dürfen (ErfK/*Wank*, § 7 AÜG Rn. 21; Ulber/ *Ulber, J.*, AÜG, § 7 Rn. 24). Bei Verbindung von Wohn- und Geschäftsräumen liegt jedoch i.d.R. keine ordnungsgemäße Betriebsorganisation nach § 3 Abs. 1 Nr. 2 vor (*Schüren/Kamann/Schüren*, § 7 Rn. 46), so dass die Erlaubnis nach § 5 Abs. 1 Nr. 3 i.d.R. zu widerrufen ist.

20 Das Betretungs- und Prüfungsrecht besteht nur, soweit im Einzelfall ein begründetes Erfordernis besteht, unterliegt i.Ü. aber unter Berücksichtigung des **Verhältnismäßigkeitsgrundsatzes** keinen gesetzlichen Beschränkungen. Die Behörde kann daher alle Prüfungshandlungen vornehmen, die zur Aufklärung des Anfangsverdachts beitragen können. Im Unterschied zu Durchsuchungen nach Abs. 4 dürfen die Prüfungen jedoch nur zu den **üblichen Geschäftszeiten** erfolgen (*BSG* v. 29.7.1992, NZA 93, 524). Ergeben sich anlässlich der Prüfung weitere Verstöße, kann die Prüfung ggf. auch ausgeweitet werden.

21 Nach **Abs. 3 S. 2** hat der Verleiher das Betreten der Geschäftsräume und die Prüfungshandlungen der Erlaubnisbehörde zu **dulden**. Die Prüfungsbefugnis erstreckt sich dabei auch auf die Auskunfts- und Vorlagepflichten nach Abs. 2.

22 Die Ausübung des Betretungs- und Prüfungsrechts der Erlaubnisbehörde ist nicht vom vorherigen Erlass einer Duldungsverfügung abhängig. Sie ist auch nicht davon abhängig, dass vorher ein Auskunftsverlangen nach Abs. 2 erfolgte (*BSG*, v. 29.7.1992, NZA 93, 524).

23 Das Betretungs- und Prüfungsrecht steht allein von der BA **beauftragten Personen** zu. Neben den Bediensteten der BA können daher auch Bedienstete der in § 18 Abs. 1 genannten Behörden oder sonstige Dritte (insbesondere Sachverständige) mit der Prüfung beauftragt werden.

24 Kommt der Verleiher der Duldungspflicht nicht nach, kann die Erlaubnisbehörde die Pflichten mit den Mitteln des **Verwaltungszwangs** durchsetzen (*BSG* v. 29.7.1992, NZA 93, 524).

25 **Verstöße** gegen die Duldungspflicht sind nach § 16 Abs. 1 Nr. 6a bußgeldbewehrt und führen i.d.R. zum Widerruf der Erlaubnis wegen mangelnder Zuverlässigkeit i.S.v. § 3 Abs. 1.

§ 7 Anzeigen und Auskünfte

7. Durchsuchungsrecht (Abs. 4)

26 Abs. 4 räumt der Erlaubnisbehörde unter den dort beschriebenen Voraussetzungen die Befugnis zu Durchsuchungen ein. Eine **Durchsuchung** liegt dabei vor, wenn ohne oder gegen den Willen des Verleihers **zwangsweise** dessen Geschäftsräume betreten und Geschäftsunterlagen gesucht und sichergestellt werden (Schüren/Hamann/*Schüren*, § 7 Rn. 54; Ulber/*Ulber, J.*, AÜG, § 7 Rn. 27).

27 Die Durchsuchung ist gegenüber den Befugnissen nach Abs. 2 und 3 das einschneidendere Mittel, so dass eine Durchsuchung nach dem **Grundsatz der Verhältnismäßigkeit** voraussetzt, dass deren Zweck nicht durch die Nutzung der Rechte aus Abs. 2 und 3 erreicht werden kann. Dies setzt jedoch nicht notwendigerweise voraus, dass die BA zunächst Überwachungsmaßnahmen nach Abs. 2 und 3 durchgeführt hat (*BSG* v. 29.7.1992, NZA 93, 524). Vielmehr sind die Voraussetzungen einer Durchsuchung nach Abs. 4 erfüllt, wenn ein begründeter Verdacht auf Rechtsverstöße vorliegt, der die Erlaubnisbehörde zum Widerruf der Erlaubnis berechtigen würde (*BSG*, a.a.O.; *S/M*, § 7 Anm. 27; Ulber/*Ulber, J.*, AÜG, § 7 Rn. 27).

28 Die Durchsuchung unterliegt nicht den Einschränkungen, die bei der Wahrnehmung der Kontrollbefugnisse nach Abs. 3 (Rn. 19) zur Anwendung kommen. Insbesondere kann die Durchsuchung auch auf **Wohnräume** erstreckt werden. Für die Durchsuchung gelten die Vorschriften von **§§ 102 ff. StPO** entsprechend. Nächtliche Hausdurchsuchungen sind danach nur unter den besonderen Voraussetzungen von § 104 StPO zulässig.

29 Entsprechend Art. 13 Abs. 2 GG bedürfen Durchsuchungen grundsätzlich der vorherigen **richterlichen Anordnung**. Örtlich zuständig ist das Amtsgericht, in dessen Bezirk die Durchsuchung vorgenommen werden soll. Wird die Durchsuchung angeordnet, kann der Verleiher nach Abs. 4 S. 2 nach §§ 304 bis 310 StPO **Beschwerde** einlegen. Die Beschwerde hat nach § 307 Abs. 1 StPO keine aufschiebende Wirkung, soweit das Gericht nicht auf Antrag des Verleihers die Aussetzung der Vollziehung nach § 307 Abs. 2 StPO anordnet.

30 **(Abs. 4 S. 3)** Bei **Gefahr im Verzug** kann die Erlaubnisbehörde die Durchsuchung auch ohne richterliche Anordnung durchführen. Gefahr im Verzug liegt vor, wenn bei vorheriger richterlicher Anordnung der Zweck der Durchsuchungsmaßnahme gefährdet wäre (*S/M*, § 7 Anm. 31; Ulber/*Ulber, J.*, AÜG, § 7 Rn. 29). Dies ist z.B. der Fall, wenn die Gefahr besteht, dass der Verleiher Geschäftsunterlagen oder Beweismittel beiseite schafft. Einer nachträglichen Zustimmung des Amtsgerichts bedarf es bei Durchsuchungen nach Abs. 4 S. 3 nicht.

31 Die **Befugnisse** der von der BA beauftragten Personen sind auf der Grundlage von Abs. 4 S. 3 grundsätzlich dieselben wie bei richterlicher Anordnung. Allerdings darf die Durchsuchung ohne richterliche Anordnung nur während der Geschäftszeit erfolgen.

Hält der Verleiher die Durchsuchung für rechtswidrig, kann er dies im Wege der **Feststellungsklage** vor dem Sozialgericht feststellen lassen (*LSG NRW* v. 11.4.1979, EzAÜG § 7 Prüfrecht Nr. 1). Sind bei der rechtswidrigen Durchsuchung Unterlagen beschlagnahmt worden, steht dem Verleiher daneben ein **Folgenbeseitigungsanspruch** auf Herausgabe der Unterlagen zu (*LSG NRW*, a.a.O.). 32

(**Abs. 4 S. 4**) Wird eine Durchsuchung durchgeführt, muss noch am Ort der Prüfung eine **Niederschrift** erstellt werden, die das wesentliche Ergebnis der Durchsuchung enthält; bei fehlender richterlicher Anordnung muss sie auch die Tatsachen aufführen, die zur Annahme einer Gefahr im Verzug geführt haben. Die Niederschrift muss den Grund und den Verlauf so wiedergeben, dass alle Maßnahmen der Behörde sowie das Verhalten und die Einlassungen des Verleihers **vollständig** erfasst sind. Sowohl be- als auch entlastende Tatsachen müssen in die Niederschrift aufgenommen werden. Soweit möglich (z.B. wenn der Verleiher ein Kopiergerät zur Verfügung stellt) ist dem Verleiher auf dessen Verlangen noch am Ort der Prüfung eine **Durchschrift** der Niederschrift auszuhändigen. Ist dies nicht möglich, ist die Erlaubnisbehörde entsprechend § 107 StPO zur Mitteilung verpflichtet (Ulber/*Ulber, J., AÜG*, § 7 Rn. 30). Wird die **Formvorschrift** nicht eingehalten, ist die Durchsuchung nach Art. 13 Abs. 2 GG rechtswidrig (*Ulber, J.*, a.a.O.). 33

8. Aussageverweigerungsrecht (Abs. 5)

Nach Abs. 5 steht dem Verleiher ein Aussageverweigerungsrecht zu, wenn die Beantwortung einer Frage ihn selbst oder einen Angehörigen der Gefahr eines strafrechtlichen Verfahrens oder eines Bußgeldverfahrens aussetzen könnte. Dasselbe gilt für alle Personen, die im Rahmen von § 7 anzeige- oder auskunftspflichtig sind (z.B. Geschäftsführer einer GmbH). Das Aussageverweigerungsrecht besteht nur, wenn der Verleiher sich darauf **ausdrücklich beruft** (*S/M*, § 7 Anm. 34; Ulber/*Ulber, J., AÜG*, § 7 Rn. 30). 34

Das Aussageverweigerungsrecht besteht bei allen **Mitteilungs- und Auskunftspflichten**, die den Verleiher im Rahmen von Abs. 1 bis 4 treffen. Der Verleiher kann sich jedoch nicht auf das Aussageverweigerungsrecht berufen, um die Herausgabe von Unterlagen zu verweigern, aus denen sich die Tatsachen ergeben, auf die der Verleiher sein Aussageverweigerungsrecht stützt. 35

Für die Geltendmachung des Aussageverweigerungsrechts ist es ohne Belang, auf welchen straf- oder bußgeldrechtlichen Tatbestand sich die Gefahr einer Verfolgung bezieht. Dasselbe gilt für **Angehörige** i.S.d. § 383 Abs. 1 Nr. 1 bis 3 ZPO. 36

Der Verleiher muss die Gefahr einer drohenden strafrechtlichen Verfolgung bzw. eines Bußgeldverfahrens **glaubhaft machen**. Hierzu muss er zumindest nach abstrakten Kriterien Gründe vortragen, die 37

§ 8 Statistische Meldungen

eine entsprechende Verfolgung als möglich erscheinen lassen. Die Angabe von Tatumständen, die die Voraussetzungen eines Straf- oder Bußgeldtatbestands erfüllen, können vom Verleiher nicht verlangt werden.

38 Macht der Verleiher berechtigterweise von seinem Aussageverweigerungsrecht Gebrauch, dürfen hieraus im Rahmen der **Beweiswürdigung** seitens der Erlaubnisbehörde grundsätzlich keine negativen Schlüsse gezogen werden (ErfK/*Wank*, § 7 AÜG Rn. 37; Ulber/*Ulber, J.*, AÜG, § 7 Rn. 33). Uneingeschränkt gilt dies, soweit das Aussageverweigerungsrecht auf die Gefahr einer drohenden Verfolgung von Angehörigen gestützt wird. Soweit der Verleiher das Recht dagegen auf in seiner Person liegende Gründe stützt, können die vorgetragenen Tatsachen zum Anlass genommen werden, die Erlaubnis wegen mangelnder Zuverlässigkeit (§ 3 Abs. 1 Nr. 1) nach § 5 Abs. 1 Nr. 3 zu widerrufen (vgl. BT-Ds. VI/2303, S. 13; Thüsing/*Thüsing*, § 7 Rn. 42; Ulber/*Ulber, J.*, AÜG, § 7 Rn. 33).

§ 8 Statistische Meldungen

(1) Der Verleiher hat der Erlaubnisbehörde halbjährlich statistische Meldungen über

1. die Zahl der überlassenen Leiharbeitnehmer getrennt nach Geschlecht, nach der Staatsangehörigkeit, nach Berufsgruppen und nach der Art der vor der Begründung des Vertragsverhältnisses zum Verleiher ausgeübten Beschäftigung,
2. die Zahl der Überlassungsfälle, gegliedert nach Wirtschaftsgruppen,
3. die Zahl der Entleiher, denen er Leiharbeitnehmer überlassen hat, gegliedert nach Wirtschaftsgruppen,
4. die Zahl und die Dauer der Arbeitsverhältnisse, die er mit jedem überlassenen Leiharbeitnehmer eingegangen ist,
5. die Zahl der Beschäftigungstage jedes überlassenen Leiharbeitnehmers, gegliedert nach Überlassungsfällen,

zu erstatten. Die Erlaubnisbehörde kann die Meldepflicht nach Satz 1 einschränken.

(2) Die Meldungen sind für das erste Kalenderhalbjahr bis zum 1. September des laufenden Jahres, für das zweite Kalenderhalbjahr bis zum 1. März des folgenden Jahres zu erstatten.

(3) Die Erlaubnisbehörde gibt zur Durchführung des Absatzes 1 Erhebungsvordrucke aus. Die Meldungen sind auf diesen Vordrucken zu erstatten. Die Richtigkeit der Angaben ist durch Unterschrift zu bestätigen.

(4) Einzelangaben nach Absatz 1 sind von der Erlaubnisbehörde geheimzuhalten. Die §§ 93, 97, 105 Abs. 1, § 111 Abs. 5 in Verbin-

dung mit § 105 Abs. 1 sowie § 116 Abs. 1 der Abgabenordnung gelten nicht. Dies gilt nicht, soweit die Finanzbehörden die Kenntnisse für die Durchführung eines Verfahrens wegen einer Steuerstraftat sowie eines damit zusammenhängenden Besteuerungsverfahrens benötigen, an deren Verfolgung ein zwingendes öffentliches Interesse besteht, oder soweit es sich um vorsätzlich falsche Angaben des Auskunftspflichtigen oder der für ihn tätigen Personen handelt. Veröffentlichungen von Ergebnissen auf Grund von Meldungen nach Absatz 1 dürfen keine Einzelangaben enthalten. Eine Zusammenfassung von Angaben mehrerer Auskunftspflichtiger ist keine Einzelangabe im Sinne dieses Absatzes.

Gliederung	Rn.
1. Statistische Meldepflichten des Verleihers (Abs. 1)	1– 3
2. Meldefristen (Abs. 2)	4
3. Formvorschriften (Abs. 3)	5– 6
4. Geheimhaltungspflichten der Erlaubnisbehörde (Abs. 4)	7–11
5. Verstöße gegen die Meldepflichten	12

1. Statistische Meldepflichten des Verleihers (Abs. 1)

Nach Abs. 1 S. 1 ist der Verleiher verpflichtet, der Erlaubnisbehörde **1** halbjährlich Daten zum Umfang der ANÜ zu übermitteln. Die hierzu erforderlichen Meldungen dienen vorrangig **Zwecken** der Beobachtung des Teilarbeitsmarkts der ANÜ (Ulber/*Ulber, J.*, AÜG, § 8 Rn. 1). Einem Missbrauch der übermittelten Daten wird durch die in Abs. 4 getroffene Regelung zum Statistikgeheimnis vorgebeugt. Die Statistik ist abrufbar unter http://statistik.arbeitsagentur.de.

Die Pflicht zur Abgabe der statistischen Meldungen trifft alle **Ver-** **2** **leiher**, die eine **Erlaubnis** zur ANÜ besitzen. Auch Mischunternehmen oder Verleiher, die nach § 1 b S. 2 und 3 zulässigerweise AN in Betriebe des Baugewerbes überlassen, unterliegen der Meldepflicht. Keine Meldepflicht besteht in den Fällen privilegierter ANÜ nach § 1 Abs. 3. Bei der ANÜ ohne Erlaubnis im Rahmen der **Kollegenhilfe** nach § 1 a entfällt die Meldepflicht, soweit die in Abs. 1 S. 1 geforderten Angaben bereits in der Anzeige nach § 1 a Abs. 2 enthalten sind (Ulber/*Ulber, J.*, AÜG, § 8 Rn. 2; Thüsing/*Thüsing*, § 9 Rn. 3).

Der **Inhalt** der statistischen Meldungen ist in Abs. 1 S. 1 Nr. 1 bis 5 **3** **abschließend** geregelt. Abs. 1 S. 2 berechtigt die Erlaubnisbehörde nur zur Einschränkung, nicht jedoch zur Erweiterung des Katalogs meldepflichtiger Daten. Die BA macht von dieser Möglichkeit zunehmend Gebrauch und erschwert damit insbesondere die Analyse von Daten, die auf die illegale Ausübung des Gewerbes Rückschlüsse zulassen (z. B. bei Erlaubnisinhabern mit Vorhalteerlaubnis).

2. Meldefristen (Abs. 2)

Die **Meldungen** nach Abs. 1 sind halbjährlich jeweils für das erste und **4**

§ 8 Statistische Meldungen

zweite Halbjahr bis zum 1. September bzw. 1. März des Folgejahres **unentgeltlich** (vgl. § 15 Abs. 3 S. 2 BStatG) **zu erstatten**. Eine verspätete Meldung erfüllt den Tatbestand einer Ordnungswidrigkeit nach § 16 Abs. 1 Nr. 7.

3. Formvorschriften (Abs. 3)

5 Nach Abs. 3 ist der Verleiher verpflichtet, jeweils **unaufgefordert** seinen Meldepflichten nachzukommen. Einer Aufforderung durch die Erlaubnisbehörde bedarf es nicht. Die Meldungen sind nach Abs. 3 S. 2 auf den **amtlichen Erhebungsvordrucken** der BA zu erstatten. Wählt der Verleiher eine andere Form der Übermittlung, kommt er seinen Meldepflichten nicht nach (Thüsing/*Thüsing*, § 9 Rn. 5; Ulber/ *Ulber, J.*, AÜG, § 8 Rn. 5).

6 Nach **Abs. 3 S. 3** hat der Verleiher die Richtigkeit seiner Angaben durch **eigenhändige Unterschrift** zu bestätigen.

4. Geheimhaltungspflichten der Erlaubnisbehörden (Abs. 4)

7 Nach Abs. 4 S. 1 ist die Erlaubnisbehörde zum Schutz von Unternehmensdaten und des Statistikgeheimnisses verpflichtet, **Einzelangaben** des Verleihers nach Abs. 1 geheim zu halten. Dies betrifft auch die **Veröffentlichung von Ergebnissen** (Abs. 4 S. 4). Die **Zusammenfassung** von Angaben mehrerer Verleiher in anonymisierter Form fällt nicht unter den Datenschutz nach Abs. 4 (Abs. 4 S. 5).

8 Durch Abs. 4 wird der **Datenschutz** für einen Verleiher und die Übermittlungspflichten der Erlaubnisbehörde nicht abschließend geregelt (ausführlich hierzu Ulber/*Ulber, J.*, AÜG, § 8 Rn. 10 ff.). Die Vorschrift ist jedoch bezüglich der gem. § 8 übermittelten Angaben **lex specialis** zu den allgemeinen Datenschutzvorschriften der Sozialgesetzbücher (vgl. § 35 SGB I) und des BDSG (vgl. §§ 15 f. BDSG; Schüren/Hamann/*Schüren*, § 8 Rn. 26; Thüsing/*Thüsing*, § 8 Rn. 13; Ulber/*Ulber, J.*, AÜG, § 8 Rn. 11). Insbesondere sind die Erlaubnisbehörden befugt, unter den Voraussetzungen von §§ 67 ff. SGB X Daten anzufordern und zu übermitteln. Dies gilt gem. § 69 Abs. 1 Nr. 1 SGB X und § 6 i. V. m. § 1 SchwarzArbG insbesondere für den Datenaustausch zur Bekämpfung illegaler Beschäftigung.

9 Die **Geheimhaltungspflicht** besteht gegenüber jedermann, auch gegenüber Behörden, die nicht mit der Durchführung des AÜG befasst sind. Durch den Verweis von Abs. 4 S. 2 auf verschiedene Bestimmungen der AO gilt dies auch gegenüber den **Finanzbehörden**, denen gegenüber selbst bei bestehendem Verdacht einer Steuerstraftat (vgl. § 116 Abs. 1 AO) keine Anzeige erstattet werden darf. Aufgehoben ist die Geheimhaltungspflicht gegenüber Finanzbehörden nach Abs. 4 S. 3, wenn diese aus einem zwingenden öffentlichen Interesse auf Grund **eigener Ermittlungen** ein Verfahren wegen einer **Steuerstraftat** sowie eines damit zusammenhängenden **Besteuerungsver-**

fahrens einleiten und durchführen. Ein **zwingendes öffentliches Interesse** setzt voraus, dass es sich um einen besonders schwerwiegenden Fall handelt (*S/M*, § 8 Anm. 20; Ulber/*Ulber, J.*, AÜG, § 8 Rn. 9). Ist dies nicht der Fall, besteht eine Auskunftspflicht nur, wenn der Verleiher gegenüber den Finanzbehörden vorsätzlich falsche Angaben zu den Besteuerungsgrundlagen gemacht hat.

Der **Anwendungsbereich** erstreckt sich auf alle Tatsachen, die Rückschlüsse auf die persönlichen und sächlichen Verhältnisse eines bestimmten Verleihers zulassen (*Schüren/Hamann/Schüren*, § 8 Rn. 14; Thüsing/*Thüsing*, § 8 Rn. 9; Ulber/*Ulber, J.*, AÜG, § 8 Rn. 6). Insbesondere Daten zu den wirtschaftlichen Verhältnissen des Verleihers und den Kundenbeziehungen unterliegen der Geheimhaltungspflicht. 10

Die Geheimhaltungspflicht besteht nur für Angaben, die die Erlaubnisbehörde ausschließlich auf Grund der statistischen Meldungen nach § 8 erlangt hat (*S/M*, § 8 Anm. 23; Ulber/*Ulber, J.*, AÜG, § 8 Rn. 6). Insbesondere die Pflichten zum Datenaustausch nach § 18 bleiben durch die Vorschrift unberührt. 11

5. Verstöße gegen die Meldepflichten

Kommt der Verleiher den Meldepflichten nach Abs. 1 bis 3 nicht, nicht richtig, nicht vollständig oder nicht rechtzeitig nach, kann die Erlaubnisbehörde die Meldepflichten mit den Mitteln des **Verwaltungszwangs** durchsetzen. Daneben kann der Verstoß nach § 16 Abs. 1 Nr. 7 als **Ordnungswidrigkeit** mit einem Bußgeld bis zu 500 Euro geahndet werden. Wiederholte Verstöße begründen die **mangelnde Zuverlässigkeit** des Verleihers i. S. v. § 3 Abs. 1 Nr. 1 und berechtigen die Erlaubnisbehörde zur Versagung bzw. zum **Widerruf der Erlaubnis** (Schüren/Hamann/*Schüren*, § 8 Rn. 7; Ulber/ *Ulber, J.*, AÜG, § 8 Rn. 4; ähnlich: Thüsing/*Thüsing*, § 8 Rn. 5, der jedoch einen schwerwiegenden oder beharrlichen Verstoß für erforderlich hält). 12

§ 9 Unwirksamkeit

Unwirksam sind:

1. **Verträge zwischen Verleihern und Entleihern sowie zwischen Verleihern und Leiharbeitnehmern, wenn der Verleiher nicht die nach § 1 erforderliche Erlaubnis hat,**
2. **Vereinbarungen, die für den Leiharbeitnehmer für die Zeit der Überlassung an einen Entleiher schlechtere als die im Betrieb des Entleihers für einen vergleichbaren Arbeitnehmer des Entleihers geltenden wesentlichen Arbeitsbedingungen einschließlich des Arbeitsentgelts vorsehen; ein Tarifvertrag kann abweichende Regelungen zulassen, soweit er nicht die in einer Rechtsverordnung nach § 3a Absatz 2**

§ 9 Unwirksamkeit

festgesetzten Mindeststundenentgelte unterschreitet; im Geltungsbereich eines solchen Tarifvertrages können nicht tarifgebundene Arbeitgeber und Arbeitnehmer die Anwendung der tariflichen Regelungen vereinbaren; eine abweichende tarifliche Regelung gilt nicht für Leiharbeitnehmer, die in den letzten sechs Monaten vor der Überlassung an den Entleiher aus einem Arbeitsverhältnis bei diesem oder einem Arbeitgeber, der mit dem Entleiher einen Konzern im Sinne des § 18 des Aktiengesetzes bildet, ausgeschieden sind,

2 a Vereinbarungen, die den Zugang des Leiharbeitnehmers zu den Gemeinschaftseinrichtungen oder –diensten im Unternehmen des Entleihers entgegen § 13 b beschränken,

3. Vereinbarungen, die dem Entleiher untersagen, den Leiharbeitnehmer zu einem Zeitpunkt einzustellen, in dem dessen Arbeitsverhältnis zum Verleiher nicht mehr besteht; dies schließt die Vereinbarung einer angemessenen Vergütung zwischen Verleiher und Entleiher für die nach vorangegangenem Verleih oder mittels vorangegangenem Verleih erfolgte Vermittlung nicht aus,

4. Vereinbarungen, die dem Leiharbeitnehmer untersagen, mit dem Entleiher zu einem Zeitpunkt, in dem das Arbeitsverhältnis zwischen Verleiher und Leiharbeitnehmer nicht mehr besteht, ein Arbeitsverhältnis einzugehen,

5. Vereinbarungen, nach denen der Leiharbeitnehmer eine Vermittlungsvergütung an den Verleiher zu zahlen hat.

Gliederung	Rn.
1. Einleitung	1 – 4
2. Unwirksamkeit des Arbeitnehmerüberlassungsvertrags (Nr. 1)	5 – 15
a. Voraussetzungen der Unwirksamkeit	5 – 10
b. Rechtsfolgen der Unwirksamkeit	11 – 15
3. Unwirksamkeit des Leiharbeitsvertrags (Nr. 1)	16 – 27
a. Unwirksamkeit der Vertragsabsprachen	16 – 19
b. Reichweite der Unwirksamkeit	20 – 24
c. Rückabwicklung des fehlerhaften Arbeitsverhältnisses	25 – 27
4. Gleichbehandlungsgebot (Nr. 2)	28 – 96f
a. Arbeitsentgelt und sonstige materielle Arbeitsbedingungen eines vergleichbaren Arbeitnehmers	33 – 57
aa. Vergleichbarer Arbeitnehmer	35 – 40
bb. Wesentliche Arbeitsbedingungen	41 – 47
cc. Arbeitsentgelt	48 – 49
dd. Zeiten der Überlassung	50
ee. Rechtsfolgen bei Verstößen	51 – 57
b. Mindestentgelt bei Einstellung eines zuvor arbeitslosen AN	58 – 63
c. Tarifvertragliche Regelungen zur ANÜ	64 – 96e
aa. Tarifverträge zur ANÜ	68 – 90
bb. Beachtung von Mindestentgelten und Lohnuntergrenzen bei Rechtsverordnungen nach § 3a	90a– 90d

cc. Bezugnahmeklauseln (Nr. 2 Hs. 3) . . . . 91 – 96
dd. Gleichbehandlungsgrundsatz bei Rückentleih (Nr. 2 Hs. 4) 96a– 96e
5. Verstöße gegen § 13b (Nr. 2a) 96f– 96g
6. Unwirksamkeit von Einstellungsverboten (Nr. 3 Hs. 1) . . . 97–102
7. Vermittlungsprovisionen für Verleiher (Nr. 3 Hs. 2) 103–107a
8. Abschlussverbote für Arbeitsverträge mit Entleihern (Nr. 4) . 108–112
9. Unwirksamkeit von Vereinbarungen zur Vermittlungsgebühr (Nr. 5) 113–116

1. Einleitung

§ 9 hat im Laufe der Gesetzesgeschichte eine Vielzahl von Änderungen **1** erfahren, die zu einer weitgehenden Aufhebung von Vorschriften zum besonderen Schutz von Leih-AN geführt haben (ausf. Ulber/*Ulber, J.*, AÜG, Einl. B Rn. 32ff.). Die Norm regelt heute recht unsystematisch und unvollkommen eine Reihe von Sachverhalten, die zu einer **Unwirksamkeit von Vertragsabsprachen** führen.

Nr. 1 regelt die Rechtsfolgen, wenn ein Verleiher ohne die nach § 1 **2** erforderliche Erlaubnis einen Leiharbeitsvertrag oder einen ANÜ-Vertrag abschließt. Die Vorschrift bezweckt den Schutz des Rechtsverkehrs vor illegalen Formen der ANÜ (BT-Ds. VI/2303, S. 13) und ordnet die **Unwirksamkeit** der beiden Rechtsgeschäfte an. In engem Zusammenhang hiermit steht § 10 Abs. 1, der bei Unwirksamkeit des Leiharbeitsverhältnisses ein **ArbV** zum Entleiher **fingiert**.

Nr. 2 regelt die gesetzlichen Grundlagen des **Gleichstellungsgebots**, **3** das eine Gleichbehandlung von Leih-AN und Stammbelegschaften bei der Gewährung von Arbeitsbedingungen bezweckt (s. a. § 3 Abs. 1 Nr. 3). Die Vorschrift ist so gefasst, dass **Verstöße** gegen das Gleichstellungsgebot oder Lohnuntergrenzen nach § 3a grundsätzlich zur Unwirksamkeit der entsprechenden Absprache des AV führen. Ausnahmen hiervon gelten, wenn das Leiharbeitsverhältnis qua beiderseitiger Tarifbindung oder durch arbeitsvertragliche Bezugnahme einem **TV zur ANÜ** unterliegt. Neu eingefügt wurde durch das 1. AÜG-ÄndG m. W. v. 1. 5. 2011 Nr. 2 Hs. 4, wonach vom Gleichbehandlungsgrundsatz nicht abgewichen werden darf, wenn der AN innerhalb von sechs Monaten nach seiner Entlassung an den früheren AG **rückverliehen** wird. Die gleichermaßen mit dem 1. AÜG-ÄndG eingefügte Nr. 2a soll die Verpflichtungen des Entleihers beim Zugang zu Gemeinschaftseinrichtungen (§ 13b) sicherstellen.

Nr. 3, 4 und 5 sollen das Grundrecht des Leih-AN auf **freie Wahl des** **4** **Arbeitsplatzes** sichern, indem Absprachen unwirksam sind, die die Begründung eines ArbV zum Entleiher nach Beendigung des Leiharbeitsverhältnisses mit dem Verleiher verhindern oder erschweren. Dies betrifft sowohl Vereinbarungen des Verleihers mit dem Entleiher (Nr. 3) als auch mit dem Leih-AN (Nr. 4 und 5). Ungeachtet dessen eröffnet Nr. 3 Hs. 2 die Möglichkeit, dass Verleiher und Entleiher eine

Jürgen Ulber

§ 9 Unwirksamkeit

Vermittlungsprovision für den Fall vereinbaren, dass der Leih-AN nach der Überlassung vom Entleiher in ein ArbV übernommen wird.

2. Unwirksamkeit des Arbeitnehmerüberlassungsvertrags (Nr. 1)

a. Voraussetzungen der Unwirksamkeit

5 Nr. 1 regelt die Unwirksamkeit des ANÜ-Vertrags für den Fall, dass der Verleiher bei einer ANÜ **nicht im Besitz der erforderlichen Erlaubnis** ist. Die Vorschrift kommt auch zur Anwendung, soweit ein Kleinunternehmen AN auf der Grundlage von § 1a **ohne vorherige Anzeige** an Dritte überlässt (*Boemke/Lembke*, § 1a Rn. 26; Ulber/ *Ulber, J.*, AÜG, § 9 Rn. 13). Sonstige Unwirksamkeitsfolgen, die sich aus Bestimmungen des AÜG (z.B. § 12 S. 1) oder anderen Gesetzen ergeben, werden durch Nr. 1 nicht berührt.

6 Die Vorschrift kommt immer zur Anwendung, wenn der **Geschäftswille** der Vertragsparteien darauf gerichtet ist, dem Entleiher einen Leih-AN zur Arbeitsleistung zu überlassen (§ 1 Rn. 12). Insbesondere beim **Scheinwerkvertrag** oder bei Verträgen, die rein vorsorglich auch eine Klausel zur ANÜ enthalten (vgl. Ulber/*Ulber, J.*, AÜG, § 9 Rn. 7, 11), treten daher die Unwirksamkeitsfolgen ein, wenn der Verleiher die Erlaubnis zur ANÜ nicht besitzt (Einl. Rn. 46).

7 Auch **gemischte Verträge**, mit denen nur z.T. AN überlassen werden, darüber hinaus aber auch weitere Vertragszwecke verfolgt werden, werden von der Unwirksamkeit gem. Nr. 1 erfasst. Hier ist jedoch gem. § 139 BGB durch Auslegung zu ermitteln, ob die Parteien den Vertrag auch ohne den infolge der ANÜ unwirksamen Teil geschlossen hätten.

8 Unterschiedliche Auffassungen werden zu der Frage vertreten, ob Nr. 1 auch erfüllt ist, wenn der Verleiher zwar die Erlaubnis besitzt, die konkrete **Art der Überlassung** jedoch nicht von der Erlaubnis gedeckt ist. Dies ist z.B. zu bejahen, wenn der Verleiher zwar die allgemeine Erlaubnis zur ANÜ besitzt, jedoch AN entgegen § 1 Abs. 1 S. 2 **nicht nur vorübergehend** überlässt (*LAG Berlin-Brandenburg* v. 9.1.2013 – 15 Sa 1635/12; *LAG Baden-Württemberg* v. 31.7.2013 – 4 Sa 18/13) oder entgegen § 1b S. 1 in Betriebe des **Baugewerbes** überlässt (a.A. *BAG* v. 13.12.2006, NZA 07, 751; vgl. § 1b Rn. 9 und § 10 Rn. 6). Auch Verstöße gegen **modifizierende Auflagen**, mit denen unmittelbar und beschränkend in den Umfang zulässiger ANÜ eingegriffen wird (vgl. Ulber/*Ulber, J.*, AÜG, § 2 Rn. 30), sind nicht von der Erlaubnis gedeckt, so dass die Voraussetzungen von Nr. 1 trotz vorliegender Erlaubnis erfüllt sind.

9 Fehlt die Erlaubnis bereits **bei Vertragsschluss**, ist der ANÜ-Vertrag nach § 1 Abs. 1 S. 1 i.V.m. § 134 BGB von Anfang an **nichtig** (*LAG Köln*, v. 14.3.2008, EzAÜG § 9 Nr. 27). Auf eine Kenntnis der Vertragspartner vom Fehlen der Erlaubnis kommt es hierbei nicht an (*LAG Hessen* v. 10.6.1983, AuR 84, 154). Einer **nachträglich** erteilten Erlaubnis kommt keine Rückwirkung zu (*LAG Köln* v. 20.8.1985, EzAÜG § 10 Fiktion Nr. 43; *LAG Schleswig-Holstein* v. 6.4.1984, EzAÜG § 10 Fiktion Nr. 4). Wird der nichtige Vertrag nach Erteilung einer Erlaubnis fortgesetzt, ist auch dieser Teil des Vertrages unwirksam, wenn er nicht schriftlich (einschließlich der Erklärung des Verleihers zur Erlaubnis nach § 12 Abs. 1 S. 2) gefasst wird (*Schüren/Hamann/Schüren*, § 9 Rn. 24; *Thüsing/Mengel*, § 9 Rn. 12; *Ulber/Ulber, J.*, AÜG, § 9 Rn. 13; a.A. ErfK/*Wank*, § 9 AÜG Rn. 9; HWK/*Pods/Gotthardt*, § 9 Rn. 8).

Entfällt die Erlaubnis während der Laufzeit des ANÜ-Vertrags, wird der Vertrag mit Ex-nunc-Wirkung ohne Rückwirkung unwirksam (ErfK/*Wank*, § 9 AÜG Rn. 6; Schüren/Hamann/*Schüren*, § 9 Rn. 22, 43; Ulber/*Ulber, J.*, AÜG, § 9 Rn. 14), soweit nicht die **Abwicklungsfrist** nach § 2 Abs. 4 S. 2 eingehalten wird. In diesem Fall dürfen zum Zeitpunkt des Wegfalls der Erlaubnis abgeschlossene Verträge bis zum Höchstzeitraum von 12 Monaten abgewickelt werden. Änderungen oder Ergänzungen können dabei grundsätzlich nicht vorgenommen werden (vgl. § 2 Rn. 34f.). **10**

b. Rechtsfolgen der Unwirksamkeit

Ist der ANÜ-Vertrag nach Nr. 1 unwirksam, entfallen alle gegenseitigen Leistungspflichten aus dem Vertrag. Für den Verleiher entfällt der **Vergütungsanspruch** (*OLG München* v. 24.3.1983, EzAÜG § 631 BGB Werkvertrag Nr. 3) und der Entleiher verliert den Anspruch auf Überlassung eines Leih-AN. Gleichzeitig entfallen die vertraglichen Voraussetzungen für die tatsächliche Beschäftigung des Leih-AN im Betrieb des Entleihers unter dessen Direktionsrecht. **11**

Haben die Vertragsparteien trotz der Unwirksamkeit des Vertrags Leistungen ausgetauscht, erfolgte der **Leistungsaustausch ohne Rechtsgrund**. Nach zivilrechtlichen Grundsätzen sind dann die erbrachten Leistungen im Rahmen des **Bereicherungsrechts** (§§ 812ff. BGB) zurückzugewähren (h.M.; *BGH* v. 25.6.2002, NJW 02, 3317; *LG Köln* v. 14.3.2008, EzAÜG § 9 Nr. 27; *OLG Sachsen-Anhalt* v. 28.10.2004, EzAÜG § 812 BGB Nr. 2; Ulber/*Ulber, J.*, AÜG, § 9 Rn. 16). **12**

Der Entleiher kann die **gezahlte Vergütung** nach § 812 Abs. 1 BGB **zurückverlangen,** soweit nicht auch er bewusst gegen das gesetzliche Verbot der ANÜ ohne Erlaubnis verstoßen hat (§ 817 S. 2 BGB; *BGH* v. 17.2.2000, NZA 2000, 608). Fraglich ist, ob der **Verleiher** vom Entleiher **Wertersatz** dafür verlangen kann, dass dieser die von ihm vergütete Arbeitskraft des Leih-AN genutzt hat. Da ein Verleiher, der ohne eine Erlaubnis ANÜ betreibt, i.d.R. vorsätzlich und illegal handelt, ist ein derartiger Anspruch nach § 817 S. 2 BGB grundsätzlich **13**

§ 9 Unwirksamkeit

ausgeschlossen (*BGH* v. 8.11.1979, NJW 80, 452 und v. 17.2.2000, NZA 00, 608, NJW 02, 3317), soweit die ANÜ nicht ausnahmsweise unverschuldet illegal betrieben wurde. Daneben dürfte ein Anspruch im Wege der **Rückgriffskondiktion** nach §§ 812, 267 BGB regelmäßig ausgeschlossen sein, da der Verleiher den Lohn an den Leih-AN regelmäßig nicht zur Tilgung von Verbindlichkeiten des Entleihers aus dem fingierten Arbeitsverhältnis erbringt (Schüren/Hamann/*Schüren*, § 9 Rn. 62; Ulber/*Ulber, J.*, AÜG, § 9 Rn. 18; a. A. *BGH*, a. a. O. und v. 18.7.2000, NJW 00, 3492).

14 Bei Vollzug eines unwirksamen ANÜ-Vertrags besteht die Besonderheit, dass dem Leih-AN unmittelbar gegen den Entleiher ein Vergütungsanspruch aus dem **fingierten Arbeitsverhältnis** zusteht (§ 10 Rn. 39 ff.). Wegen der inhaltlichen Gleichheit dieses Vergütungsanspruchs mit dem Anspruch des Leih-AN aus dem faktischen Arbeitsverhältnis mit dem Verleiher (vgl. Rn. 25) und wegen des Umstandes, dass der Leih-AN den Vergütungsanspruch nur einmal realisieren kann (*BGH* v. 8.11.1979, NJW 80, 452), ist es gerechtfertigt, Verleiher und Entleiher als **Gesamtschuldner** i. S. v. § 421 BGB zu behandeln (Schüren/Hamann/*Schüren*, § 9 Rn. 59; a. A. *BGH* v. 18.7.2000, NJW 00, 452). I. E. steht danach dem Verleiher im Innenverhältnis zum Entleiher ein Erstattungsanspruch in Höhe der Bruttolohnkosten zu, die der Entleiher durch die Befriedigung von Lohnansprüchen des Leih-AN erspart hat (Ulber/*Ulber, J.*, AÜG, § 9 Rn. 19). Die Geltendmachung eines darüber hinausgehenden **Unternehmergewinns** ist ausgeschlossen.

15 Ist der ANÜ-Vertrag wegen Fehlens oder Fortfall der Erlaubnis unwirksam, kann der Entleiher vom Verleiher nach §§ 280 Abs. 1, 241 Abs. 2, 311 Abs. 2 BGB **Schadensersatz** verlangen. Daneben kommt ein deliktischer Schadensersatzanspruch aus § 823 Abs. 1 bzw. Abs. 2 BGB i. V. m. § 263 StGB wegen Betrugs (*Boemke/Lembke*, § 9 Rn. 27; Ulber/*Ulber, J.*, AÜG, § 9 Rn. 21) in Betracht. Der Anspruch umfasst alle Vermögensnachteile, die dem Entleiher infolge der Nichtdurchführung des Vertrags erwachsen. Die Ersatzpflicht des Verleihers kann jedoch wegen **Mitverschuldens** des Entleihers gem. § 254 Abs. 1 BGB gemindert sein. Insofern ist zu berücksichtigen, dass den Entleiher eine selbständige Pflicht trifft, das Bestehen einer Erlaubnis zu überprüfen (vgl. § 12 Rn. 56). Verstößt er gegen die Pflicht, ist je nach Schwere des Verstoßes eine Minderung des Anspruchs vorzunehmen. Bei positiver Kenntnis des Entleihers vom Nichtbestehen der Erlaubnis ist die Geltendmachung des Anspruchs vollständig ausgeschlossen (Ulber/*Ulber, J.*, AÜG, § 9 Rn. 21).

3. Unwirksamkeit des Leiharbeitsvertrags (Nr. 1)

a. Unwirksamkeit der Vertragsabsprachen

16 Nach Nr. 1 sind **Leiharbeitsverträge unwirksam**, wenn der Verleiher die nach § 1 erforderliche Erlaubnis nicht besitzt. Voraussetzung ist, dass der AN im Rahmen einer erlaubnispflichtigen ANÜ (vgl. § 1 Rn. 119 ff.) an einen Dritten verliehen wird. Bei den privilegierten Formen der AN nach § 1 Abs. 3 findet die Vorschrift keine Anwendung. Auch bei einer **anzeigepflichtigen ANÜ** nach § 1 a findet die Vorschrift keine Anwendung, wenn der Unternehmer die erforderliche Anzeige erstattet. Unterlässt er jedoch die Erstattung der Anzeige, ist Nr. 1 anwendbar.

Die Unwirksamkeitsfolgen werden immer ausgelöst, wenn der Verleiher die nach § 1 erforderliche **Erlaubnis nicht besitzt.** Entscheidender Anknüpfungspunkt der Unwirksamkeit ist damit, dass das grundsätzlich bestehende **Verbot der ANÜ mit Erlaubnisvorbehalt** (vgl. § 1 Rn. 1 f.) im Rahmen der ANÜ nur dann ein wirksames Rechtsgeschäft zulässt, wenn die ANÜ infolge einer erteilten Erlaubnis gestattet ist. Die Wirkungen der Erlaubnis können sich dabei nur auf solche Formen der ANÜ beschränken, die auch von der Erlaubnis erfasst werden. Keine Rechtswirkungen entfaltet die Erlaubnis damit für Verträge, die auf eine i. S. v. § 1 Abs. 1 S. 2 **nicht nur vorübergehende ANÜ** (*LAG Berlin-Brandenburg* v. 9.1.2013 – 15 Sa 1635/12) oder eine nach § 1 b verbotene **ANÜ in Betriebe des Baugewerbes** gerichtet sind (vgl. § 5 Rn. 6). Der AV eines AN, der entgegen § 1 b in Betriebe des Baugewerbes überlassen wird, ist daher nach Nr. 1 unwirksam (str.; a. A. zu § 1 b *BAG* v. 13.12.2006, NZA 07, 751; vgl. Rn. 8). **17**

Ist der Verleiher bei Abschluss des AV nicht im Besitz der Erlaubnis, ist der Vertrag nach Nr. 1 **von Anfang an** unwirksam, wenn die Vertragsparteien ein Leiharbeitsverhältnis begründen wollten. Diese anfängliche Unwirksamkeit kann nicht durch eine spätere Erlaubniserteilung geheilt werden (*LAG Köln* v. 20.8.1985, EzAÜG § 3 Erlaubnis Nr. 187; *Boemke/Lembke*, § 9 Rn. 34; a. A. Schüren/Hamann/*Schüren*, § 9 Rn. 25). Wird der AN im Rahmen eines Mischarbeitsverhältnisses erst **im Verlauf des Arbeitsverhältnisses** an Dritte ohne Erlaubnis überlassen, treten die Unwirksamkeitsfolgen i. d. R. zu dem Zeitpunkt ein, in dem der AN in tatsächlicher Hinsicht erstmals als Leih-AN bei einem Dritten eingesetzt wird (vgl. Rn. 23 f.). Entfällt die Erlaubnis während der Laufzeit des Arbeitsverhältnisses, wird der AV grundsätzlich mit dem Zeitpunkt des **Wegfalls der Erlaubnis** unwirksam, soweit nicht im Rahmen der Abwicklungsfrist des § 2 Abs. 4 S. 4 die Erlaubnis für höchstens zwölf Monate als fortbestehend gilt (s. o. Rn. 9 f.). **18**

Die Unwirksamkeitsfolgen von Nr. 1 werden bei allen **Arbeitsverträgen** ausgelöst, die der Verleiher mit einem Leih-AN abschließt. Unbeachtlich ist hierbei, ob die Vertragsparteien den Vertrag als Leiharbeitsvertrag bezeichnet haben oder ob sie bei Vertragsschluss davon ausgingen, ein Leiharbeitsverhältnis zu begründen (*Boemke/Lembke*, § 9 Rn. 34). Die Unwirksamkeit nach Nr. 1 tritt auch ein, wenn der **19**

§ 9 Unwirksamkeit

AN lediglich **in tatsächlicher Hinsicht** als Leih-AN tätig wurde (ähnlich *Boemke/Lembke*, § 9 Rn. 31 ff., nach denen die Unwirksamkeit immer einen tatsächlichen Einsatz des AN bei einem Dritten erfordert).

b. Reichweite der Unwirksamkeit

20 Wird der Leiharbeitsvertrag von einem AG abgeschlossen, der die Erlaubnis zur ANÜ nicht besitzt, ergreift die Unwirksamkeit nach Nr. 1 grundsätzlich den **gesamten Vertrag** (Ulber/*Ulber, J.*, AÜG, § 9 Rn. 25). Auch Nebenabreden oder die arbeitsvertragliche Bezugnahme auf einen TV zur ANÜ sind unwirksam. Insoweit besteht nach h. M. **kein Wahlrecht** des Leih-AN, ob er das ArbV mit dem Verleiher oder auf Grundlage von § 10 Abs. 1 mit dem Entleiher fortsetzen will (*BAG* v. 2.6.2010 – 7 AZR 946/08, AP Nr. 22 zu § 10 AÜG; auch kein Widerspruchsrecht: *LAG Düsseldorf* v. 26.7.2012 – 15 Sa 336/12; zum Mischarbeitsverhältnis Rn. 23).

21 Die Unwirksamkeit des gesamten AV tritt auch ein, wenn der AN im **Verlauf** eines bestehenden Arbeitsverhältnisses ohne Erlaubnis überlassen wird. Dies gilt auch, wenn ein Kleinunternehmen es unterlässt, die Anzeige nach § 1a zu erstatten (BT-Ds. 11/4952, S. 9). Maßgeblicher **Zeitpunkt** der Unwirksamkeit ist dabei der Zeitpunkt, in dem erstmals die Begriffsmerkmale einer ANÜ erfüllt waren (*BAG* v. 10.2.1977, AP Nr. 9 zu § 103 BetrVG 1972).

22 Beschränken sich die Absprachen von AN und Verleiher darauf, dass der Verleiher nur in einem bestimmten **Einzelfall** den AN überlassen darf, oder ist für eine gelegentliche ANÜ jeweils eine **gesonderte Zustimmung** des AN erforderlich, beschränken sich die Unwirksamkeitsfolgen auf die **zeitlich befristete Absprache** (Ulber/*Ulber, J.*, AÜG, § 9 Rn. 26).

23 Auch bei **Mischarbeitsverträgen** (vgl. § 1 Rn. 52, 58) erfasst die Unwirksamkeit i. d. R. den gesamten Vertrag (*ArbG Krefeld* v. 15.5.2012 – 1 Ca 2551/11; *S/M*, § 10 Rn. 3; Ulber/*Ulber, J.*, AÜG, § 9 Rn. 29; vgl. § 10 Rn. 6; a. A. *LAG Baden-Württemberg* v. 17.4.2013 – 4 TaBV 7/12; *Boemke/Lembke*, § 9 Rn. 20; Schüren/Hamann/*Schüren*, § 10 Rn. 170 ff.; *Gerdom*, öAT 2011, 150) und hat ein fingiertes Arbeitsverhältnis zum Entleiher nach § 10 Abs. 1 zur Folge (Ulber/*Ulber, J.*, AÜG, § 9 Rn. 29; vgl. § 10 Rn. 6). Dem Verleiher ist es jedoch wegen des Schutzzwecks der Norm verwehrt, sich auf die Unwirksamkeit zu berufen. Vielmehr steht dem Leih-AN ein **Wahlrecht** zu, ob er sich auf die Unwirksamkeit des gesamten ArbV oder nur auf die Unwirksamkeit des Teils beruft, der die Verpflichtung zur ANÜ betrifft. Dieses Wahlrecht lässt die Berufung des Leih-AN auf ein fingiertes Arbeitsverhältnis zum Entleiher unberührt (Ulber/*Ulber, J.*, AÜG, § 9 Rn. 29).

24 Ist der Einsatz des AN bei vereinbarter Leiharbeitnehmerklausel im konkreten **Einzelfall** noch von der Zustimmung des Leih-AN abhängig oder ist der Leih-AN berechtigt, dem Einsatz ohne weitere Voraussetzungen zu widersprechen, erstrecken sich die arbeitsvertraglichen Unwirksamkeitsfolgen von Nr. 1 auch beim Mischarbeitsvertrag nicht auf den gesamten Vertrag. Hier ist Grundlage der rechtswidrigen ANÜ die konkrete Absprache bzw. Zustimmung im Einzelfall, so dass die Unwirksamkeitsfolgen auf diesen Teil des Arbeitsverhältnisses begrenzt bleiben.

c. Rückabwicklung des fehlerhaften Arbeitsverhältnisses

Soweit die Arbeitsvertragsparteien trotz der Unwirksamkeit des AV ihren Leistungspflichten nachgekommen sind, erfolgte sowohl die Arbeitsleistung des AN als auch die Vergütungszahlung durch die Verleiher ohne Rechtsgrund. Wie beim Normalarbeitsverhältnis kommen daher die arbeitsrechtlichen Grundsätze zum **faktischen Arbeitsverhältnis** zur Anwendung (*BGH* v. 31.3.1982, AP Nr. 4 zu § 10 AÜG; *BAG* v. 26.7.1984, EzAÜG § 1 Gewerbsmäßige Arbeitnehmerüberlassung Nr. 18; SchürenHamann/*Schüren*, § 9 Rn. 28; Ulber/*Ulber, J.*, AÜG, § 9 Rn. 34). Die gegenteilige Auffassung, nach der sich die Rückabwicklung nach den bereicherungsrechtlichen Grundsätzen von §§ 812 ff. BGB richten soll (so *BGH* v. 18.7.2000, NJW 00, 3492; *Boemke/Lembke*, § 9 Rn. 37; *S/M*, § 10 Anm. 7 f.), wird der Interessenlage des AN und dem Schutzzweck von Nr. 1 nicht gerecht. **25**

Aus dem faktischen Arbeitsverhältnis steht dem AN ein **Vergütungsanspruch** zu. Für diesen Vergütungsanspruch (eines Leih-AN) gelten als Mindestbedingungen die gesetzlichen **Gleichstellungsgrundsätze** von Nr. 2 und § 10 Abs. 4 S. 1 (Schüren/Hamann/*Schüren*, § 10 Rn. 150; *Ulber*, § 9 Rn. 32). Soweit nicht das in einer RV nach § 3a festgesetzte Stundenentgelt höher ist, ist dem AN mindestens das Arbeitsentgelt zu gewähren, auf das ein vergleichbarer Stammarbeitnehmer des Entleihers Anspruch hätte (vgl. § 10 Rn. 56). Geringere Ansprüche auf Grund eines TV zur ANÜ bzw. einer arbeitsvertraglichen Bezugnahme sind ausgeschlossen, da die Unwirksamkeit nach Nr. 1 auch einen arbeitsvertraglichen Verweis auf einen TV zur ANÜ erfasst (s. o. Rn. 20). **26**

Soweit der AV insgesamt unwirksam ist (Rn. 20 ff.), können sich sowohl der Verleiher als auch der Leih-AN jederzeit durch **einseitige Erklärung** vom faktischen ArbV **lösen** (*BAG* v. 26.6.1984, EzAÜG § 631 BGB Werkvertrag Nr. 7). Dem AN steht daneben ein Anspruch auf Ersatz des Vertrauensschadens nach § 10 Abs. 2 zu. Hat der Verleiher den Leih-AN nicht auf das Fehlen einer Erlaubnis hingewiesen, hat der Leih-AN gegen den Verleiher **Schadensersatzansprüche** nach §§ 311 Abs. 2, 241 Abs. 2, 280 BGB und bei Vortäuschen einer Erlaubnis nach §§ 823 Abs. 1 und 2 BGB i. V. m. § 263 StGB (vgl. auch § 10 Abs. 2). **27**

§ 9 Unwirksamkeit

4. Gleichbehandlungsgebot (Nr. 2)

28 Nach Nr. 2 sind **Vereinbarungen** im Leiharbeitsvertrag **unwirksam**, die dem Leih-AN für Zeiten der Überlassung an einen Entleiher nicht mindestens die gleichen wesentlichen Arbeitsbedingungen einschließlich des Arbeitsentgelts gewähren, die einem vergleichbaren AN im Entleiherbetrieb zustehen. Die (Teil-)Unwirksamkeit von Absprachen über die wesentlichen Arbeitsbedingungen löst gem. § 10 Abs. 4 S. 4 Leistungsansprüche des Leih-AN aus und lässt die Wirksamkeit des Leiharbeitsvertrages i. Ü. unberührt. In Nr. 2 wird ein Gleichbehandlungsgebot im Sinne eines Verschlechterungsverbots (**equal pay/ equal treatment**) gegenüber Stammarbeitnehmern im Entleihbetrieb normiert. Bei einer tarifvertraglichen Regelung zur ANÜ (vgl. Rn. 65 ff.) oder der arbeitsvertraglichen Bezugnahme auf eine derartige Regelung kommt der Gleichbehandlungsgrundsatz nicht zur Anwendung. § 9 Nr. 2 ist die Zwillingsvorschrift zur gewerberechtlichen Ausprägung des Gleichbehandlungsgebots in § 3 Abs. 1 Nr. 3.

29 (**Entstehungsgeschichte**) § 9 Nr. 2 wurde durch das Erste Gesetz für moderne Dienstleistungen am Arbeitsmarkt neu gefasst und ist am 1.1.2004 uneingeschränkt in Kraft getreten (BGBl. 2002 I, 4607 ff.; zur Rechtslage zwischen 31.12.2002 und 31.12.2003 vgl. § 19 Rn. 1 ff.). Gestrichen wurde die vormalige Sonderregelung bei Einstellung Arbeitsloser. Ergänzt wurde die Vorschrift durch Anpassung an die in § 3a enthaltene Neuregelung zu Lohnuntergrenzen. Daneben wurde die Möglichkeit der Abweichung vom Gleichstellungsgrundsatz bei Rückentleih durch einen Entleiher, der den Leih-AN vormals beschäftigt und entlassen hat, eingeschränkt (Hs. 4).

30 Die **Öffnungsklausel** von Nr. 2 hat in der Praxis – abgesehen von Mischbetrieben – zur vollständigen Aufhebung des Gleichbehandlungsgebots geführt. Kennzeichnendes Merkmal der TV zur Leiharbeit ist heute, dass nahezu ausschließlich Regelungen getroffen werden, die vom Gleichbehandlungsgebot **zu Lasten der AN** abweichen. Nicht nur vor diesem Hintergrund sind die erhobenen verfassungsrechtlichen Bedenken gegen das Gleichbehandlungsgebot nicht überzeugend (vgl. Rn. 31; ausführlich Ulber/*Ulber, J.*, AÜG, § 9 Rn. 100 ff.). Vielmehr ist die **Tarifdispositivität** der Vorschrift selbst bedenklich. Die abgeschlossenen TV stehen in einer Weise im Widerspruch zu dem gesetzlichen Ziel der Gleichbehandlung, dass in weiten Teilen der Literatur die Notwendigkeit zur Korrektur gesehen wird (*Ulber, J.*, NZA 2009, 232). Über den geeigneten Mechanismus besteht freilich Uneinigkeit (vgl. *Schüren*, JArbR 04, 49 ff.). Durch das Auftreten von dubiosen Arbeitnehmerorganisationen wie der CGM und im Bereich der Leiharbeit der **CGZP** ergeben sich im Leiharbeitssektor erhebliche Funktionsstörungen der Tarifautonomie. Die Arbeitgeberverbände konnten durch die **unwirksamen** (vgl. Rn. 74 a) **Dumpingtarifverträge der CGZP** die Tarifgemeinschaft der DGB-Gewerkschaften unter einen starken Verhandlungsdruck setzen. Die DGB-Tarifgemeinschaft musste durch die TV der CGZP Tarifabschlüsse weit unter dem ursprünglich angestrebten Niveau hinnehmen, obwohl bei Aufnahme der Tarifverhandlungen bereits eine weitaus günstigere Einigung erzielt worden war (vgl. *Martin*, AuR 04, 247 ff.).

(Verfassungsmäßigkeit) Das **Gleichbehandlungsgebot** verstößt 31 nicht gegen die negative oder kollektive Koalitionsfreiheit (Art. 9 Abs. 3 GG) oder die Berufsfreiheit (Art. 12 Abs. 1 GG) der AG (*BVerfG* v. 29.12.2004, NZA 05, 153 ff.; *BAG* v. 13.3.2013 – 5 AZR 954/11, DB 2013, 1496). Auch Art. 3 Abs. 1 GG wird nicht verletzt (*BVerfG* a.a.O.). Vielmehr dient das Gleichbehandlungsgebot dem Ausgleich der durch die ANÜ verursachten **Störungen** der durch Art. 9 Abs. 3 GG geschützten **Tarifautonomie** sowie der Kompensation der strukturellen Unterlegenheit des AN bei Abschluss des AV (vgl. dazu *BVerfG* v. 29.12.2004, NZA 05, 153, 155 m.w.N.). Durch das Gleichbehandlungsgebot wird der staatlichen Schutzpflicht für die Tarifautonomie und der Pflicht des Gesetzgebers, ein **funktionierendes Tarifvertragswesen** zu gewährleisten, Rechnung getragen (vgl. dazu *BVerfG* v. 6.10.1987, DB 1988, 605, 608; ausführlich Ulber/ *Ulber, J.*, AÜG, § 9 Rn. 100 ff.). Dies wird aber durch die **tarifdispositive** Ausgestaltung der Vorschrift in Frage gestellt (vgl. Rn. 71).

(Anwendungsbereich) Der Anwendungsbereich der Vorschrift erstreckt sich auf sämtliche Erscheinungsformen der ANÜ, sowohl auf 32 die gewerbsmäßige, als auch auf die **nichtgewerbsmäßige** (*Ulber*, AuR 03, 7, 10; *Kokemoor*, NZA 03, 239; *Thüsing/Pelzner*, § 3 Rn. 59). Der insoweit vor Inkrafttreten des 1. AÜG-ÄndG bestehende Meinungsstreit (vgl. *Hanau*, ZIP 03, 1573, 1576; offengelassen von *BAG* v. 25.1.2005, DB 05, 1693, 1695) hat sich durch die Gleichsetzung gewerbsmäßiger und nichtgewerbsmäßiger Formen erledigt. Auch **Mischbetriebe** werden von Nr. 2 erfasst. Die Vorschrift gilt nicht für **verleihfreie Zeiten** (Rn. 51).

§ 9 Nr. 2 verstößt in weiten Teilen gegen Primärrecht der EU (zu 20 32a EU-GRC vgl. *Heuschmid/Klauk*, SozSicherheit 2012, 84) und die Bestimmungen der RL 2008/104/EG zur Leiharbeit, die in Art. 5 Abs. 1 grundsätzlich eine uneingeschränkte Gleichbehandlung von Leih- und Stammarbeitnehmern vorschreibt. Ausnahmevorschriften der RL sind eng auszulegen (EuGH v. 9.9.2003 – C-151/02, Slg. 2003 I-8389). Nach **Art. 5 Abs. 2 LA-RL** darf vom Gleichbehandlungsgrundsatz qua TV nur abgewichen werden, wenn das Leiharbeitsverhältnis **unbefristet** ist (Ulber/*Ulber, J.*, AÜG, Einl. F Rn. 61; *Preis*, Rechtsgutachten HBS 2010, 27; *Ulber, J.*, AuR 2010, 10; *Waas*, ZESAR 2009, 211). Daneben muss der Verleiher das **Vergütungsrisiko in verleihfreien Zeiten** uneingeschränkt tragen. Nur die Risikotragung nach § 11 Abs. 4 S. 2 rechtfertigt Abweichungen vom equal-pay Grundsatz (*BAG* v. 24.3.2004 – 5 AZR 303/03; *ArbG Offenbach* v. 1.8.2012 – 10 BV 1/12, AiB 2012, 685; *LAG Niedersachsen* v. 19.9.2012 – 17 TaBV 124/11, DB 2012, 2468; *LAG Berlin-Brandenburg* v. 9.1.2013 – 15 Sa

§ 9 Unwirksamkeit

1635/12) Bei nicht nur vorübergehender ANÜ sowie durch Regelungen zu Arbeitszeitkonten in den TV zur ANÜ ist dies in der Praxis ausgeschlossen (*Ulber, J.*, AuR 2010, 13; *ders.* AiB 2009, 139). Dies führt dazu, dass dem Leih-AN ggf. ein uneingeschränkter Anspruch auf Gleichbehandlung zusteht (*Thiess/Denzel*, AiB 2012, 189; *ArbG Offenbach* v. 1.8.2012 – 10 BV 1/12, AiB 2012, 685; *LAG Niedersachsen* v. 19.9.2012 – 17 TaBV 124/11, DB 2012, 2468; *LAG Berlin-Brandenburg* v. 9.1.2013 – 15 Sa 1635/12). **Abweichungen** vom Grundsatz der Gleichbehandlung sind jedoch nur gerechtfertigt, soweit diese das besondere Vergütungsrisiko des Verleihers in verleihfreien Zeiten kompensieren.

32 b Soweit die Abweichungsmöglichkeiten gem. Nr. 2 auf **Art. 5 Abs. 3** der RL gestützt werden (gegen diese Möglichkeit *Blanke*, DB 2010, 1528, der Art. 5 als lex specialis annimmt), sind nicht einmal die gesetzgeberischen Voraussetzungen erfüllt (Ulber/*Ulber, J.*, AÜG, Einl. F Rn. 62; *Hamann*, EuZA 2009, 308; *Waas*, ZESAR 2009, 211). Die Vorschrift verlangt, dass die **Bedingungen**, unter denen vom Gleichbehandlungsgrundsatz abgewichen werden darf, **gesetzlich festzulegen** sind. Derartige Festsetzungen sind Nr. 2 nicht zu entnehmen (*Fuchs*, NZA 2009, 57). Daneben ermöglicht Art. 5 Abs. 3 nur ein alternatives aber **gleichwertiges** Schutzmodell (*Rödl/Ulber*, NZA 2012, 841).

32 c Darüber hinaus verlangt Art. 5 Abs. 3 LA-RL, dass trotz etwaiger Abweichungen der **Gesamtschutz** des Leih-AN erhalten bleiben muss. Auch hierzu enthält das Gesetz keine Vorgaben. Besondere Bedingungen zum Gesamtschutz von Leih-AN i. S. v. Art. 5 Abs. 3 müssen Vorschriften sein, die nicht schon allgemein als Regelungen des Arbeits- und Sozialschutz im Normalarbeitsverhältnisses Anwendung finden. Im Zuge der Deregulierung sind derartige Regelungen abgesehen von § 11 Abs. 4 S. 2 vollständig beseitigt worden. Von daher müsste die Abweichung beim Vergütungsrisiko gem. § 11 Abs. 4 S. 2 ausreichen, um den Gesamtschutz im Rahmen von Art. 5 Abs. 3 auch bei Abweichungen vom Gleichbehandlungsgrundsatz zu rechtfertigen.

32 d Ein **Gesamtschutz** ist nur gewährleistet, wenn die gesamten tariflich geregelten Arbeitsbedingungen mit den Ansprüchen gleichwertig sind, die dem Leih-AN bei uneingeschränkter Geltung des Gleichbehandlungsgrundsatzes gewährt werden müssten (Ulber/*Ulber, J.*, AÜG, Einl. F Rn. 64; *Düwell/Dahl*, DB 2009, 207; *Fuchs*, NZA 2009, 57; *Ulber, J.*, AuR 2010, 13). Schon ein Vergleich der Entgelte nach den TV zur ANÜ mit den Branchentarifverträgen bei Entleihern ergibt, dass die tariflichen Entgelte im Bereich der ANÜ durchschnittlich allenfalls 60 % der Entgelte in Entleihbetrieben ausmachen. Von einem gleichwertigen Gesamtschutz i. S. v. Art. 5 Abs. 3 LA-RL kann insoweit keine Rede sein. Vielmehr verstößt Nr. 2 gegen die RL, wobei auch die auf dessen Grundlage abgeschlossenen **TV** gegen die RL verstoßen. Es ist dem nationalen Gesetzgeber verwehrt, den Tarifvertragsparteien Regelungsbefugnisse zu übertragen, die er selbst nicht hat (*Waltermann*, NZA 2010, 485).

Soweit die Anwendbarkeit von § 9 Nr. 2 bei den **privilegierten** **32e** **Formen der ANÜ** (§ 1 Abs. 3 Nr. 1 bis 3) ausgeschlossen ist, verstößt das Gesetz offen gegen die Bestimmungen der LA-RL, soweit nicht aus Drittstaaten überlassene Leih-AN betroffen sind. Die in § 1 Abs. 3 enthaltenen Formen der ANÜ unterliegen, wie alle sonstigen Formen der ANÜ nach Art. 1 Abs. 1 und 2 LA-RL, denselben Grundsätzen. Wegen **Verstoßes gegen Gemeinschaftsrecht** darf ihr Ausschluss nach § 1 Abs. 3 daher nicht angewandt werden (vgl. § 1 Rn. 168 a).

a. Arbeitsentgelt und sonstige materielle Arbeitsbedingungen eines vergleichbaren Arbeitnehmers

§ 9 Nr. 2 stellt eine **Mindestnorm** für die dem Leih-AN zu gewäh- **33** renden Arbeitsbedingungen dar. Die Norm ist nicht anwendbar, solange die Arbeitsbedingungen nach dem Leiharbeitsvertrag oder dem anwendbaren TV zur ANÜ günstiger sind als die beim Entleihunternehmen (Thüsing/*Mengel*, § 9 *Rn. 34;* Ulber/*Ulber, J.*, AÜG, § 9 Rn. 39 f.). Insoweit haben **günstigere arbeitsvertragliche Absprachen** Vorrang (Ulber/Ulber, J., AÜG, § 9 Rn. 39 ff.). Ein Verweis im AV, dass stets die Bedingungen des Entleihers gelten sollen, ist zulässig (Thüsing/*Mengel*, § 9 Rn. 27). Durch § 9 Nr. 2 soll mit Blick auf die wesentlichen Arbeitsbedingungen eine Schlechterstellung des Leih-AN gegenüber den vergleichbaren AN des Entleihers ausgeschlossen werden. Soweit der heranzuziehende einheitliche Vergleichsmaßstab ermittelt ist (vgl. Rn. 35 ff.), ist ein **Günstigkeitsvergleich** mit den Bedingungen beim Verleiher durchzuführen. Sind die Bedingungen beim Verleiher günstiger, gelten sie uneingeschränkt (Thüsing/*Mengel*, § 9 Rn. 34; Ulber/*Ulber, J.*, AÜG, § 9 Rn. 39, 72 ff.). Der Vergleich erfolgt nach den Grundsätzen des **Sachgruppenvergleichs** entsprechend der zu § 4 Abs. 3 TVG entwickelten Kriterien (*Thüsing*, DB 03, 446, 447; Ulber/*Ulber, J.*, AÜG, § 9 Rn. 75; a. A. ErfK/*Wank*, § 3 AÜG Rn. 28). Es sind die Regelungen zusammenzufassen, die in einem sachlichen und einheitlichen Zusammenhang zueinander stehen (bei Mehrarbeit z. B. Leistungspflicht und Vergütungs- bzw. Zeitausgleichsanspruch). Die jeweils günstigeren **Sachgruppenregelungen** finden Anwendung.

Kein Günstigkeitsvergleich kann bei **Regelungslücken** (vgl. Rn. 68, **34** 85) des TV zur ANÜ oder des Leiharbeitsvertrags stattfinden. In diesem Fall fehlt es schlicht an einer vergleichbaren Regelung. Liegen Regelungslücken im Leiharbeitsvertrag oder im TV zur ANÜ vor, sind für die Zeit der Überlassung die wesentlichen Arbeitsbedingungen des Entleihers zu gewähren (vgl. dazu Ulber/*Ulber, J.*, AÜG, § 9 Rn. 77;

§ 9 Unwirksamkeit

zu Regelungslücken in TV zur ANÜ vgl. Rn. 69, 84; § 3 Rn. 64; § 10 Rn. 61.).

aa. Vergleichbarer Arbeitnehmer

35 Der Begriff des **vergleichbaren AN** ist im AÜG nicht geregelt. Nach der Gesetzesbegründung sind vergleichbare AN Stammarbeitnehmer des Entleiherbetriebs, die mit einer gleichen oder ähnlichen Tätigkeit beschäftigt werden (BT-Ds. 15/25, S. 38). Hierbei ist auf den Betrieb abzustellen. Eine unternehmens- oder konzernbezogene Betrachtungsweise ist ausgeschlossen.

36 Vergleichbarer Stammarbeitnehmer ist nur, wer in einem ArbV zum Entleiher steht. Durch die **Begrenzung auf Stammarbeitnehmer** können solche AN, die nicht in einem arbeitsvertraglichen Verhältnis zum Entleiher stehen (z.B. sonstige Leih-AN oder Beschäftigte von Fremdfirmen auf Basis von Dienst- oder Werkverträgen; Ulber/*Ulber, J.*, AÜG, § 9 Rn. 69), **nicht** als vergleichbare AN herangezogen werden.

37 Maßgeblich sind die **ausgeübte Tätigkeit** und der Arbeitsplatz, der vom Leih-AN besetzt wird, nicht die Identität des Arbeitsplatzinhabers (Ulber/*Ulber, J.*, AÜG, § 9 Rn. 66ff.; *Freckmann/Gallini*, BB 2013, 309). Abzustellen ist auf den **konkreten Arbeitsplatz** im Einsatzbetrieb. Für die Ermittlung des vergleichbaren AN ist die **ausgeübte Tätigkeit** entscheidend. Dies gilt unabhängig davon, ob der Leih-AN über die gleiche Berufserfahrung oder andere subjektive Merkmale des Stammarbeitnehmers verfügt. In der Person des AN liegende Umstände sind u.U. beim Umfang des Gleichbehandlungsanspruchs zu berücksichtigen (z.B. bei der Frage, ob dem Leih-AN auf Grund seiner Berufserfahrung eine höhere Vergütung zusteht als dem Stammarbeitnehmer, den er ersetzt, vgl. Rn. 52a), nicht aber bei der Ermittlung des vergleichbaren AN.

38 Der Begriff des vergleichbaren AN ist **richtlinienkonform** dahin auszulegen, dass die Arbeitsbedingungen zur Anwendung kommen, die bei einer Direkteinstellung durch den Verleiher **arbeitsplatzbezogen** gelten würden (Art. 5 Abs. 1 LA-RL). Da der Leih-AN grundsätzlich nur vorübergehend, d.h. befristet (vgl. § 1 Rn. 130 mf.) beim Entleiher beschäftigt werden darf, sind grundsätzlich die Arbeitsbedingungen zugrunde zu legen, die dem AN bei einer nach § 14 Abs. 1 S. 2 Nr. 1 und 3 TzBfG zulässigen befristeten Direkteinstellung beim Entleiher gewährt werden müssten (ErfK/*Wank*, AÜG, § 3 Rn. 14; Ulber/*Ulber, J.*, § 9 Rn. 67; *Sansone*, 521).

Sofern der Leih-AN unmittelbar einen **Stammarbeitnehmer** ersetzt, ist dieser der vergleichbare AN (ErfK/*Wank*, § 9 AÜG Rn. 23). Dem AG ist es verwehrt, sich auf einen beliebigen anderen vergleichbaren AN des Entleihers zu berufen. Durch **Parzellierung der Arbeitsbedingungen** können nicht jeweils verschiedene AN mit unterschiedlichen Arbeitsbedingungen zusammengefasst werden, um ein möglichst niedriges Gesamtpaket zu bilden (Ulber/*Ulber, J.*, AÜG, § 9 Rn. 104).

Die **Vergleichbarkeit** stellt auf **einen,** nicht mehrere vergleichbare AN ab. Sind **mehrere vergleichbare AN** mit unterschiedlichen Arbeitsbedingungen vorhanden, soll nach einer verbreiteten Ansicht der AN mit den ungünstigsten Arbeitsbedingungen den Vergleichsmaßstab bilden (*Boemke/Lembke,* § 9 Rn. 58; HWK-*Pods/Kalb,* § 9 Rn. 34; *Thüsing,* DB 03, 446, 448). Dies steht im Widerspruch zur gesetzlichen Zielsetzung der Gleichbehandlung. Vielmehr ist in diesem Fall nach dem typischen AN zu fragen, also eine repräsentative Betrachtungsweise (Mehrheitsprinzip) zugrunde zu legen. **39**

Fehlt es in dem Betrieb vollständig an einem vergleichbaren AN (z. B. bei Spezialaufgaben, für die es im Betrieb sonst keinen Arbeitsplatz gibt), so ist auf die Arbeitsbedingungen in einem **vergleichbaren Betrieb** abzustellen (ErfK/*Wank,* § 9 AÜG Rn. 25 a; Thüsing/*Pelzner,* § 3 Rn. 68; Ulber/*Ulber, J.*, AÜG, § 9 Rn. 69; a. A. *Thüsing,* DB 03, 446, 447; Thüsing/*Mengel,* § 9 Rn. 28). Maßstab können in diesem Fall auch die maßgeblichen **Flächentarifverträge** sein. **40**

bb. Wesentliche Arbeitsbedingungen

(Arbeitsbedingungen) Das Gleichbehandlungsgebot erstreckt sich auf die wesentlichen Arbeitsbedingungen. Dem Leih-AN sind grundsätzlich die Arbeitsbedingungen zu gewähren, die bei einer **unmittelbaren Einstellung** durch den Entleiher für die konkret auszuübende Tätigkeit maßgeblich wären (Art. 6 Abs. 1 LA-RL). **Arbeitsbedingungen** sind alle **nach dem allgemeinen Arbeitsrecht** geltenden Bedingungen, wie Dauer der Arbeitszeit und des Urlaubs oder die Nutzung sozialer Einrichtungen (BT-Ds. 15/25, S. 38). Erfasst werden **alle nach dem Arbeitsrecht für das ArbV geltenden Bedingungen,** und zwar unabhängig von deren Rechtsgrundlage. Einzubeziehen sind also alle formellen und materiellen Bedingungen, die das ArbV regeln (Ulber/*Ulber, J.*, AÜG, § 9 Rn. 44 ff., 57 ff.). **41**

Erfasst sind gesetzliche, tarifvertragliche (auch bei Allgemeinverbindlicherklärung nach § 5 TVG) oder betrieblich vereinbarte Arbeitsbedingungen sowie solche, die durch AV, betriebliche Übung oder Gesamtzusage begründet werden. Soweit beim Entleiher ein TV gilt, ist dieser für Gewerkschaftsmitglieder unter den Leih-AN maßgeblich. Für Außenseiter gilt dies nur dann, wenn der Entleiher nicht zwischen Gewerkschaftsmitgliedern und Außenseitern differenziert. Soweit der Entleiher **außer- oder übertarifliche Leistungen** gewährt, ist der Leih-AN auch mit Blick auf diese gleich zu behandeln (ErfK/*Wank,* § 10 AÜG Rn. 24). Auf die Wirksamkeit der Rechtsgrundlage kommt es nicht an. Maßgeblich ist die **tatsächliche Gewährung** der Arbeitsbedingungen (*Hanau,* ZIP 03, 1573, 1576). **42**

§ 9 Unwirksamkeit

43 (Wesentlichkeit) Die **Wesentlichkeit** der Arbeitsbedingungen ist mit Blick auf Sinn und Zweck der Regelung und die in der Gesetzesbegründung exemplarisch genannten Fälle zu bestimmen. Der Begriff der wesentlichen Arbeitsbedingungen ist weit auszulegen. Der Gesetzgeber wollte, ausweislich der weiten Formulierung der Gesetzesbegründung, nicht nur eine punktuelle Gleichbehandlung festlegen, so dass Arbeitsbedingungen **im Zweifel** als wesentlich anzusehen sind (BT-Ds. 15/25, S. 38; *Boemke/Lembke,* § 9 Rn. 62; Ulber/*Ulber, J.,* AÜG, § 9 Rn. 57).

44 Zu den wesentlichen Arbeitsbedingungen zählen zunächst die in **Art. 3 Abs. 1 lit. f) LA-RL** genannten Arbeitsbedingungen. Die darin enthaltene Aufzählung enthält jedoch nach nationalem Recht (nach Art. 9 LA-RL in zulässiger Weise) **keine abschließende Aufzählung** (*Boemke/Lembke,* AÜG, § 3 Rn. 62; Schüren/Hamann/*Schüren,* AÜG, § 9 Rn. 130; Thüsing/*Mengel,* § 9 Rn. 30; Ulber/*Ulber, J.,* AÜG, § 9 Rn. 57; *Schubert,* Anm. zu *BAG* v. 23.11.2011, EzA Nr. 15 zu § 10 AÜG; *Wank,* JahrbArbR 2012, 23; a. A.; *BAG* v. 23.3.2011 – 5 AZR 7/10, AP Nr. 23 zu § 10 AÜG m. abl. Anm. *Ulber; ebenso:* ErfK/*Wank,* § 3 Rn. 13). Vielmehr lässt die RL für den Leih-AN günstigere nationale Regelungen unberührt (*BAG* v. 13.3.2013 – 5 AZR 954/11, DB 2013, 1496).

Überwiegend wird vertreten, dass mindestens die **in § 2 Abs. 1 S. 2 NachwG genannten Arbeitsbedingungen** wesentlich sind (*Boemke/Lembke,* § 9 Rn. 62; Schüren/Hamann/*Schüren,* § 9 Rn. 129; Thüsing/*Mengel,* § 9 Rn. 30; Ulber/*Ulber, J.,* AÜG, § 9 Rn. 57; *Lembke,* BB 2003, 101; *Sansone,* 481; *Ulber,* AuR 2010, 10). Darüber hinaus sind alle beim Entleiher **tatsächlich** gewährten Arbeitsbedingungen i. S. v. Nr. 2 wesentlich, unabhängig davon, ob diese in § 2 Abs. 1 S. 2 NachwG genannt sind (Ulber/*Ulber, J.,* AÜG, § 9 Rn. 57; *Hanau,* ZIP 03, 1573, 1576). Dies folgt aus dem Wortlaut der §§ 9 Nr. 2, 12 Abs. 1 S. 3, die auf die im Betrieb des Entleihers geltenden wesentlichen Arbeitsbedingungen abstellen, sowie der gebotenen weiten Auslegung des Begriffs der wesentlichen Arbeitsbedingungen. Eine Begrenzung auf die in § 2 Abs. 1 S. 2 NachwG genannten Bedingungen ist insoweit nicht geboten.

45 (Einzelfälle) Im Einzelnen fallen unter die **wesentlichen Arbeitsbedingungen** u. a.: **Regelungen zur Arbeitszeit** (ebenso die Bedingungen zu Ruhezeiten und Nachtarbeit); die **Dauer des Urlaubs** (anteilig für die Überlassungsdauer); die **Nutzung von Aus- und Weiterbildungseinrichtungen**; betriebliche Sozialleistungen (Kantinenessen) und die Nutzung sozialer Einrichtungen i. S. d. § 87 Abs. 1 Nr. 8 BetrVG (Ulber/*Ulber, J.,* AÜG, § 9 Rn. 58 ff.; zum Entgelt vgl. Rn. 49 ff.).

46 Nicht erfasst werden von § 9 Nr. 2 solche Regelungen, die die Begründung, Laufzeit oder Beendigung des ArbV betreffen. Auch

Regelungen zur Vergütung in verleihfreien Zeiten (Rn. 50; § 11 Rn. 55 ff.), zur Art der Urlaubsgewährung, zu den Modalitäten der Zahlung der Vergütung (Fälligkeit, Auszahlungszeitpunkt etc.) und Reisekosten (Ulber/*Ulber, J.*, AÜG, § 9 Rn. 58) fallen nicht unter Nr. 2.

Umstritten ist, ob auch **Ausschlussfristen** zu den wesentlichen Arbeitsbedingungen i. S. v. § 9 Nr. 2 zählen. Da Ausschlussfristen den Anspruch nach Fristablauf zum Erlöschen bringen (*BAG* v. 30. 3. 1973, AP Nr. 4 zu § 390 BGB), betreffen sie zwangsläufig den Bestand und den Inhalt von Gleichstellungsansprüchen (*Ulber, D.*, DB 2011, 1808). Sie wirken i. E. rechtsvernichtend und sind daher untrennbar mit dem Anspruch verbunden. Die rechtfertigt es, Ausschlussfristen den wesentlichen Arbeitsbedingungen i. S. v. Nr. 2 zuzuordnen (Ulber/*Ulber, J.*, AÜG, § 9 Rn. 58; *Boemke*, RIW 2009, 183; *Brors*, NZA 1385; *Lembke*, BB 2010, 1536; *Bissels*, BB 2011, 1387; *Reiserer* DB 2011, 764; a. A. *BAG* v. 23. 3. 2011, AP Nr. 23 zu § 10 AÜG m. abl. Anm. *Ulber* u. v. 13. 3. 2013 – 5 AZR 954/11, DB 2013, 1496).

Der Leih-AN hat gegen den Entleiher einen **Auskunftsanspruch** **47** über die wesentlichen Arbeitsbedingungen des vergleichbaren AN (vgl. § 13 Rn. 2 ff).

cc. Arbeitsentgelt

Der Begriff des Arbeitsentgelts ist weit zu verstehen. Erfasst sind neben **48** der Grundvergütung (zu Leistungslohnmodellen und Arbeitszeitkonten vgl. Ulber/*Ulber, J.*, AÜG, § 9 Rn. 51) alle sonstigen **Vergütungen** und **geldwerten Vergütungsbestandteile**, die der AG dem AN **unmittelbar oder mittelbar** in bar oder als Sachleistung gewährt (Ulber/*Ulber, J.*, AÜG, § 9 Rn. 47; zur Vergütung in verleihfreien Zeiten vgl. Rn. 50). Hinsichtlich der Höhe des reinen Stundenentgeltes darf das Arbeitsentgelt die durch RV nach § 3a festgesetzten **Lohnuntergrenzen** nicht unterschreiten (Ulber/*Ulber, J.*, AÜG, § 9 Rn. 56).

Unter das Arbeitsentgelt fallen z. B. **Sonderzuwendungen** (*ArbG* **49** *Berlin* v. 25. 4. 2012 – 39 Ca 2418/12, AiB 2012, 543), **Mietzuschüsse**, **Jahressonderzahlungen** (*BAG* v. 13. 3. 2012 – 1 AZR 659/10, NZA 2012, 990 u. v. 19. 9. 2012 – 5 AZR 924/11, NZA 2013,156), Urlaubs- und Weihnachtsgeld (BAG v. 5. 8. 2009 – 10 AZR 483/08) und Sachleistungen (ErfK/*Wank*, § 3 AÜG Rn. 14). Des Weiteren werden von Nr. 2 alle **Zuschläge** (z. B. für Mehr- und Nachtarbeit; *EuGH* v. 6. 12. 2007, NZA 2008, 31) und **Zulagen** (z. B. Erschwerniszulagen) oder **Antrittsprämien** (*Schüren/Hamann/Schüren*, § 9 Rn. 129) sowie Provisionen erfasst. Auch **Sozialleistungen**, sowie die Nutzung von Gemeinschaftseinrichtungen fallen unter das Arbeitsentgelt (*Krannich/Grieser*, AuA 2012, 81; *Freckmann/Gallini*, BB 2013, 309; vgl. BT-Ds. 15/25 S. 38). Mittelbar zum Arbeitsentgelt zählende

§ 9 Unwirksamkeit

geldwerte Vorteile, wie z. B. **Umsatzbeteiligungen**, Personalrabatte oder **Dienstwagen und Werksverkauf** (*Freckmann/Gallini*, BB 2013, 309; *Vielmeier*, NZA 2012, 535), sind ebenfalls erfasst (HWK-*Pods/Kalb*, § 3 Rn. 30; vgl. zum Ganzen: Ulber/*Ulber, J.*, AÜG, § 9 Rn. 90 ff.). Ebenfalls zum Arbeitsentgelt zählen Lohnersatzleistungen, worunter Regelungen zur **Entgeltfortzahlung** im Krankheitsfall ebenso fallen (BT-Ds. 15/25, S. 38; *Hanau*, ZIP 03, 1573, 1576; Thüsing/*Pelzner*, § 3 Rn. 61; a. A. ErfK/*Wank*, § 3 AÜG Rn. 20) wie die Fortzahlung der Vergütung bei Annahmeverzug des Entleihers. Weitere Beispiele sind **vermögenswirksame Leistungen** und Leistungen, die im Rahmen der **betrieblichen Altersversorgung** erbracht werden (*BAG* v. 13.3.2012 – 1 AZR 659/10, NZA 2012, 990 u. v. 19.9.2012 – 5 AZR 924/11, NZA 2013,156; Schüren/Hamann/*Schüren*, § 9 Rn. 141; Ulber/*Ulber, J.*, AÜG, § 9 Rn. 61).

dd. Zeiten der Überlassung

50 § 9 Nr. 2 greift nur für **die Zeit der Überlassung** ein. Nur für diese darf die Vereinbarung keine schlechteren Arbeitsbedingungen vorsehen (BT-Ds. 15/25, S. 38). In **verleihfreien Zeiten** gelten die Vereinbarungen zwischen Leih-AN und Verleiher. Für diese Zeiten können Arbeitsentgelt und Arbeitsbedingungen in den **Grenzen** von § 138 BGB und § 11 Abs. 2 S. 4 frei vereinbart werden (Thüsing/*Mengel*, § 9 Rn. 29; Ulber/*Ulber, J.*, AÜG, § 9 Rn. 43). Hinsichtlich des **Mindeststundenentgeltes** sind jedoch auch in verleihfreien Zeiten die in einer RV nach § 3a festgesetzten **Lohnuntergrenzen** zu beachten (Nr. 2 Hs. 2). Dabei müssen für das Leiharbeitsverhältnis geltende TV zur ANÜ beachtet werden, soweit sie Regelungen für die verleihfreien Zeiten enthalten (vgl. § 2.2. S. 2 ERTV iGZ/DGB; zu verleihfreien Zeiten i. Ü. vgl. § 11 Rn. 51 ff.).

ee. Rechtsfolgen bei Verstößen

51 Das Gleichbehandlungsgebot ist weder arbeitsvertraglich noch durch BV abdingbar (Ulber/Ulber, J., § 9 Rn. 81). Nach § 9 Nr. 2 sind dem **Gleichbehandlungsgebot** widersprechende Vereinbarungen **unwirksam**. Arbeitsvertragliche Abweichungen vom Gleichbehandlungsgebot sind nur durch Bezugnahme auf einen TV zur ANÜ zulässig,(Rn. 64 ff.). Sind gegen Nr. 2 verstoßende Vereinbarungen im AV enthalten, sind gem. § 139 BGB nur die gegen das Gleichbehandlungsgebot verstoßenden Regelungen unwirksam, nicht hingegen die übrigen Regelungen des AV. Ein Verstoß gegen § 9 Nr. 2 ist (unter Verstoß gegen Art. 10 LA-RL) weder strafbar noch als Ordnungswidrigkeit sanktioniert, hat aber i. d. R. den Widerruf der Erlaubnis wegen mangelnder Zuverlässigkeit zur Folge (§ 3 Abs. 1 Nr. 3; zu den gewerberechtlichen Folgen vgl. § 3 Rn. 58 ff.).

52 **Anspruchsgrundlage** für die Ansprüche des Leih-AN bei Verstoß gegen § 9 Nr. 2 ist § 10 Abs. 4 (vgl. zu den Ansprüchen des Leih-AN bei **Verstoß gegen das Gleichbehandlungsgebot** § 10 Rn. 56 ff). Ist eine Absprache nach Nr. 2 unwirksam, hat der Leih-AN gegen den Verleiher nach § 10 Abs. 4 S. 2 einen **Anspruch** auf Verschaffung bzw. Gewährung der Arbeitsbedingungen des vergleichbaren AN, hilfsweise auf **finanzielle Entschädigung** durch den Verleiher (§ 10 Rn. 56 ff.), wenn diesem die Gewährung einer identischen Leistung nicht möglich ist (vgl. § 10 Rn. 63 f.). Dabei können z.B. **(Sach-) Leistungen** wirtschaftlich bewertet werden und dem AN als Geldleistung zufließen (z.B. **betriebliche Altersversorgung**, vgl. § 10 Rn. 64). Der Gleichbehandlungsanspruch besteht auch, wenn die vertragliche Vereinbarung den Leih-AN zwar nicht schlechter stellt, aber der Verleiher in tatsächlicher Hinsicht das Gleichbehandlungsgebot missachtet.

Merkmale wie Berufserfahrung, Qualifikation oder Betriebszugehörigkeit sind im Rahmen der **Anwendung des Gleichbehandlungsgebots** und darauf beruhender Ansprüche des Leih-AN zu beachten (*Boemke/Lembke,* § 9 Rn. 54 f.; *Ulber, J.,* AuR 03, 7, 11). Bei der **Betriebszugehörigkeit** sind Beschäftigungszeiten zusammenzurechnen, sofern Regelungen beim Entleiher nicht ausdrücklich auf eine ununterbrochene Beschäftigung abstellen (Ulber/*Ulber, J.,* AÜG, § 9 Rn. 70). Ebenfalls zu berücksichtigen sind Differenzierungen zwischen befristet und unbefristet Beschäftigten, wobei Maßstab die Dauer der ANÜ ist. Das Diskriminierungsverbot des § 4 Abs. 2 TzBfG ist zu beachten. Soweit nach dem Alter differenziert wird, kann der Leih-AN ggf. wegen einer Altersdiskriminierung nach dem AGG Ansprüche geltend machen, auch wenn er nicht gegen die Bedingungen im Entleihbetrieb vorgehen kann. **52a**

Die **vertraglichen Leistungspflichten** des Leih-AN werden durch das Gleichbehandlungsgebot nicht erweitert. Diese richten sich allein nach dem **AV**. Dies betrifft insbesondere die Berufs- und Qualifikationsanforderungen sowie die Arbeitszeit. An Qualifizierungsmaßnahmen des Entleihers, die über die Einarbeitung und die Unterweisungs- und Erörterungspflichten nach §§ 12 Abs. 2 ArbSchG, 81 BetrVG hinausgehen, muss der Leih-AN nicht teilnehmen. **53**

(Anspruchsgegner) Anspruchsgegner von Ansprüchen wegen Verstoßes gegen das Gleichbehandlungsgebot ist der Verleiher. § 9 Nr. 2 lässt die vertragliche Gläubiger-Schuldner-Beziehung zwischen Leih-AN und Verleiher unberührt. In der Regel bestehen keine arbeitsvertraglichen Ansprüche des Leih-AN gegen den Entleiher (*BAG* v. 25. 1. 2005, NZA 05, 1199, 1201; vgl. aber §§ 13 a, 13 b). Dies gilt grundsätzlich (Ausnahme z.B., wenn der ANÜ-Vertrag als Vertrag zugunsten Dritter unmittelbare Leistungsansprüche regelt) auch dann, wenn sich der Entleiher im ANÜ-Vertrag verpflichtet, Ansprüche des Leih-AN aufgrund des Gleichbehandlungsgebots in Erfüllung der Pflichten des Verleihers zu befriedigen. Etwas anderes gilt aber dann, **54**

§ 9 Unwirksamkeit

wenn **beim Entleiher TV** oder **BV** gelten, aus denen sich Leistungsansprüche von Leih-AN gegen den Entleiher ergeben (vgl. dazu Rn. 81).

55 (**Betriebsverfassungsrechtliche Folgen**) Ein Verstoß gegen das Gleichstellungsgebot nach §§ 9 Nr. 2, 3 Nr. 3 berechtigt den BR zur Zustimmungsverweigerung nach § 99 Abs. 2 Nr. 1 BetrVG (a. A. *BAG* v. 25.01.2005, NZA 05, 1199, 1201 ff. u. v. 21.7.2009 − 1 ABR 35/08; weitergehend *LAG Düsseldorf* 26.1.2007 − 17 TaBV 109/06, vgl. zum Ganzen § 14 Rn. 241 ff.).

56 Zu den Folgen einer wegen Verstoßes gegen das Gleichbehandlungsgebot unwirksamen Vereinbarung vgl. § 14 Rn. 253.

57 Gibt der Entleiher im ANÜ-Vertrag falsche Arbeitsbedingungen an (vgl. § 12 Rn. 67), die einen Anspruch des Leih-AN nach § 10 Abs. 4 S. 4 auslösen, kann dies zu einem **Schadensersatzanspruch** des Verleihers gegen den Entleiher führen (Thüsing/*Mengel*, § 9 Rn. 50; Ulber/*Ulber, J.*, AÜG, § 12 Rn. 6 f.).

b. Mindestentgelt bei Einstellung eines zuvor arbeitslosen AN

58 Nach § 9 Nr. 2 Hs. 2 a. F. fand das Gleichbehandlungsgebot bis zum 30.4.2011 bei **Einstellung eines zuvor Arbeitslosen** nur eingeschränkt Anwendung. Die **Ausnahmevorschrift** sollte der erleichterten Wiedereingliederung von Arbeitslosen in den Arbeitsmarkt und der Entlastung der Sozialversicherung dienen (BT-Ds. 15/25, S. 38).

59 Die Vorschrift stand nicht im Einklang mit Art. 1 Abs. 3 der LA-RL (Ulber/*Ulber, J.*, AÜG, § 9 Rn. 84; *Blanke*, DB 2010, 1538; *Fuchs*, NZA 2009, 57; *Sansone*, 553) und wurde durch das 1. AÜG-ÄndG m. W. v. 30.4.2011 **aufgehoben** (zur bisherigen Rechtslage vgl. Vorauflage und Ulber/*Ulber, J.*, AÜG, § 9 Rn. 86 ff.).

60–62 nicht belegt

63 Sofern die Voraussetzungen der Nr. 2 Hs. 2 a. F. nicht vorlagen, waren widersprechende **Abreden unwirksam**. Von der Unwirksamkeit waren nur die Abreden im AV erfasst, die an die Einstellung eines zuvor Arbeitslosen anknüpfen (§ 139 BGB). Der AV blieb im Übrigen wirksam. Soweit das Leiharbeitsverhältnis über den 30.4.2011 hinaus fortgesetzt wurde, erfolgen die Überlassungen daher auf der Grundlage eines wirksamen AV.

c. Tarifvertragliche Regelungen zur ANÜ

64 § 9 Nr. 2 enthält in seinen Halbsätzen 3 und 4 Regelungen, die über TV zur ANÜ Abweichungen vom Gleichbehandlungsgrundsatz ermöglichen. Die Öffnungsklausel erfasst neben der Abweichung vom Gleichbehandlungsgrundsatz auch die Möglichkeit der einzelvertraglichen **Inbezugnahme** abweichender tarifvertraglicher Regelungen (Hs. 3). Hs. 4 schließt bei einem AN, der innerhalb von 6 Monaten nach seiner Entlassung durch den Entleiher als vormaliger AG von diesem entliehen wird (**Rückentleih**), aus, dass die Gleichstellungsgrundsätze tariflich ausgeschlossen werden können. Die Regelung ist als **Ausnahmevorschrift** grundsätzlich eng auszulegen (*EuGH* v. 9.9.2003 – C-151/02, Slg. 2003 I-8389). Wie bei allen tarifdispositiv ausgestalteten Normen kann auch ein TV zur ANÜ nur dann den Grundsatz der Gleichbehandlung aufheben, wenn hierdurch kein Wertungswiderspruch zu Hs. 1 entsteht (vgl. *BAG* v. 15.8.2012, NZA 2013, 45; ErfK/*Wank*, AÜG, § 3 Rn. 22).

Abweichende tarifvertragliche Regelungen werden nicht nur zugunsten, sondern **auch zu Lasten** der AN zugelassen. Insoweit wird die Schutzfunktion des Gleichbehandlungsgebots zugunsten der Regelungsbefugnis der Tarifvertragsparteien durchbrochen. Soweit und solange die wesentlichen Arbeitsbedingungen tariflich abweichend geregelt sind, kommt das Gleichbehandlungsgebot der Nr. 2 nicht zur Anwendung. **65**

Die Abweichungsbefugnis ist auf **tarifvertragliche Regelungen** beschränkt. Durch **BV** kann das Gleichbehandlungsgebot nicht durchbrochen werden (*Boemke/Lembke*, § 9 Rn. 45; HWK-*Pods/Gotthardt*, § 9 Rn. 12; Ulber/*Ulber, J.*, AÜG, § 9 Rn. 36; vgl. auch § 77 Abs. 3 BetrVG). Ebenso wenig kann das Gleichbehandlungsgebot durch **arbeitsvertragliche Abreden**, die keine Bezugnahme auf einen TV zur ANÜ enthalten, durchbrochen werden (Ulber/*Ulber, J.*, AÜG, § 9 Rn. 36). Abweichungen vom Gleichbehandlungsgebot sind nur auf der Grundlage eines TV zur ANÜ möglich. **66**

Die TV-Parteien können im **TV** sowohl eine abschließende Regelung treffen als auch eine **begrenzte Öffnungsklausel** für Vereinbarungen auf betrieblicher oder arbeitsvertraglicher Ebene schaffen (»zulassen«; Ulber/*Ulber, J.*, AÜG, § 9 Rn. 170). Der Gebrauch von solchen Subdelegationsklauseln ist nur bei Tarifbindung des Verleihers möglich *(Ulber, J., a.a.O.)*. Machen tarifungebundene Arbeitsvertragsparteien im Rahmen einer Bezugnahmeklausel (vgl. Rn. 91 ff.) von Abweichungsmöglichkeiten eines solchen TV Gebrauch, sind die abweichenden Regelungen im AV **unwirksam** (Thüsing/*Mengel*, § 9 Rn. 41). Ohnehin dürfen die TV-Parteien die Abweichungsbefugnis nur in **engen Grenzen** auf die arbeitsvertragliche Ebene delegieren. Es muss eine **eigenständige Rahmenregelung** im TV enthalten sein. Dies ergibt sich vor allem aus der im Gesetz zum Ausdruck kommenden Wertung, dass auf arbeitsvertraglicher Ebene keine angemessenen Regelungen zu erwarten sind und die Abweichungsbefugnis insofern nur vermittelt über einen TV bestehen soll. **67**

aa. Tarifverträge zur ANÜ

Die Voraussetzungen der Ausnahmevorschrift des § 9 Nr. 2 Hs. 2 sind nur erfüllt, wenn ein wirksamer **TV zur ANÜ** vorliegt. Dazu muss der **68**

§ 9 Unwirksamkeit

TV arbeitnehmerüberlassungsspezifische Regelungen enthalten. Es ist nicht ausreichend, dass der TV lediglich allgemeine Regelungen zu Arbeitsbedingungen enthält (HWK-*Pods/Kalb*, § 3 Rn. 37). Vielmehr müssen die wesentlichen Arbeitsbedingungen eines Leiharbeitsverhältnisses **ausdrücklich** zum Inhalt des TV gemacht werden. Der Wille zur Abweichung vom Gleichbehandlungsgebot nach §§ 3 Abs. 1 Nr. 3, 9 Nr. 2 muss im TV hinreichend erkennbar sein (Ulber/*Ulber, J.*, AÜG, § 9 Rn. 121). In der Regel erfüllen weder die normalen Branchen-TV noch die für allgemeinverbindlich erklärten TV nach dem AEntG diese Voraussetzungen. Die TV-Parteien wollen einen TV grundsätzlich nur auf zur Branche gehörende Betriebe erstrecken. Zulässig ist es jedoch in **Branchen-TV** den Verleih durch tarifgebundene AG einer Branche zu regeln (Beispiele bei Ulber/*Ulber, J.*, AÜG, § 9 Rn. 122). Eine Geltung für **Mischbetriebe** kommt nach dem Überwiegensprinzip allenfalls dann in Betracht, wenn die Tätigkeiten arbeitszeitlich überwiegen i. R. v. ANÜ betrieben wird (vgl. hierzu *BAG* v. 15.11.2006, NZA 2007, 449; Ulber/*Ulber, J.*, AÜG, § 1 Rn. 131 ff., § 9 Rn. 121; a. A. *Lembke/Distler*, NZA 2006, 952 ff.; *Bissels/Khali*, BB 2013, 315) und der AN ausschließlich als Leih-AN beschäftigt wird (Ulber/*Ulber, J.*, AÜG, § 9 Rn. 121). In tarifgebundenen **Mischunternehmen** kommen TV zur ANÜ nur dann zur Anwendung, wenn sie die Abweichung vom Gleichbehandlungsgebot der §§ 3 Abs. 1 Nr. 3, 9 Nr. 2 ausdrücklich regeln (*Nebeling/Gründel*, BB 2009, 2366; vgl. Rn. 79 f., 93). Das Erfordernis der ausdrücklichen Regelung einer Abweichung vom Gleichbehandlungsgebot ist auch bedeutsam für die Frage, ob Regelungslücken in TV zur ANÜ vorliegen (vgl. Rn. 34, 84).

69 Voraussetzung für eine Abweichung vom Gleichbehandlungsgebot (auch bei arbeitsvertraglicher Inbezugnahme) ist die **Wirksamkeit** des TV. Dies setzt sowohl die **Tariffähigkeit** (Rn. 70 ff.) als auch die **Tarifzuständigkeit** (Rn. 74) der vertragschließenden Parteien voraus (ausf. Ulber/*Ulber, J.*, AÜG, § 9 Rn. 156).

70 (**Tariffähigkeit**) Die Tariffähigkeit der Parteien des TV ist **Voraussetzung für die Wirksamkeit** der tarifvertraglichen Regelungen (*BAG* v. 14.10.2010 − 1 ABR 19/10 u. v. 15.11.2006, NZA 07, 448 ff.). Im Bereich der abgeschlossenen TV zur ANÜ bestehen Zweifel an der Tariffähigkeit der tarifvertragschließenden Parteien nur auf Arbeitnehmerseite.

71 Voraussetzung für die Tariffähigkeit einer Arbeitnehmervereinigung ist zunächst, dass sie in dem von ihr beanspruchten Zuständigkeitsbereich über eine ausreichende **soziale Mächtigkeit** verfügt (*BAG* v. 5.10.2010, DB 2011, 481), um aus eigener Kraft ein Tarifergebnis zu erreichen. Wird in einem Statusverfahren nach § 97 Abs. 5 ArbGG festgestellt, dass eine Arbeitnehmerkoalition nicht über die soziale Mächtigkeit verfügt, ist hiervon auch für die Folgezeit nach der Entscheidung auszugehen (*BAG* v. 23.5.2012 − 1 AZB 58/11). Bei

Unwirksamkeit § 9

Beteiligung von **DGB-Einzelgewerkschaften** kann von der sozialen Mächtigkeit uneingeschränkt ausgegangen werden, da sie auch unabhängig von ihrer allgemein anerkannten Stellung im Arbeitsleben (*BAG* v. 23.4.1971, AP Nr. 2 zu § 97 ArbGG) auf Entleiherseite die erforderliche Durchsetzungsmacht besitzen, um tarifliche Regelungen zu den Arbeitsbedingungen von Leih-AN durchzusetzen (*Böhm*, DB 2003, 2598; *Schüren/Behrend*, AuR 2004, 243; *Weyand/Düwell*, 72; *Ulber/zu Dohna-Jaeger*, AiB 2010, 409).

Tarifdispositives Gesetzesrecht unterstellt ein **Verhandlungsgleich-** **72** **gewicht** (*BAG* v. 15.3.1997, AP Nr. 24 zu Art. 9 GG). Ob eine **Verbandsmächtigkeit** gegeben ist, hängt dabei u. a. vom **Organisationsgrad** der Leih-AN ab. An dieses Erfordernis sind zwar keine allzu hohen Anforderungen zu stellen; einer Organisation ohne eine ins Gewicht fallende Zahl von Leih-AN als Mitglieder kann jedoch keine Tariffähigkeit im Bereich der ANÜ zuerkannt werden, um flächendeckend TV abzuschließen (Ulber/*Ulber, J.*, AÜG, § 9 Rn. 167). Die (unwirksamen) TV der CGZP entfalteten angesichts ihrer Organisationsstärke eine völlig unangemessene Breitenwirkung (*Schüren*, RdA 06, 303, 307). Zu berücksichtigen ist insoweit, dass über die in der Praxis überwiegend genutzte Möglichkeit einer arbeitsvertraglichen Bezugnahme der Anwendungsbereich der TV zur ANÜ nahezu vollständig auf Tarifungebundene erstreckt wird. Der Effekt der **Tarifdispositivität** in Kombination mit der Zulassung der arbeitsvertraglichen Bezugnahme auf TV zur ANÜ wird häufig übersehen (dazu *Schüren/Riederer von Paar*, AuR 04, 241, 243). Denn anders als in Branchen mit hoher **Organisationsstärke** entfaltet der niedrigste denkbare Tarif in der Leiharbeitsbranche eine erhebliche Breitenwirkung. Die beiderseitige Tarifbindung ist in ihr der absolute Ausnahmefall, und Leih-AN können sich gegen eine Bezugnahme im Leiharbeitsvertrag nicht zur Wehr setzen. Eine Gewerkschaft hat jedoch grundsätzlich keine Legitimation ausschließlich Außenseiter zu binden (*Ulber, D.*, NZA 2008, 438; *ders.* ZTR 2010, 287).

Bei der **Tarifgemeinschaft der DGB-Gewerkschaften** wird die **73** Tariffähigkeit aller Mitgliedsgewerkschaften nicht bezweifelt. Zu berücksichtigen ist hier auch die erhebliche Mitgliederzahl in den Entleihunternehmen und die Möglichkeit, dort über Kampfmaßnahmen die Bedingungen der Leih-AN zu beeinflussen (*Schüren/Riederer von Paar*, AuR 04, 241, 243; Ulber/*Ulber, J.*, AÜG, § 9 Rn. 161; a. A. *Boemke/Lembke*, § 9 Rn. 127; vgl. z. B. den Equal-Pay-Zusatztarifvertrag Airbus sowie weitere Regelungen auf: www.igmetall-zoom.de).

(Tarifzuständigkeit) Weitere Voraussetzung für die **Wirksamkeit** **74** **der TV** ist die Tarifzuständigkeit der vertragschließenden Parteien. Diese wird durch Arbeitgeberverbände und Gewerkschaften autonom in Ihren Satzungen festgelegt (*BAG* v. 24.7.1990, AP Nr. 7 zu § 2 TVG Tarifzuständigkeit; *EuGH* v. 9.9.2003 – C-151/02, Slg. 2003. I-8389). Eine Tarifzuständigkeit der Gewerkschaften ist uneinge-

§ 9 Unwirksamkeit

schränkt gegeben, soweit leiharbeitsspezifische Regelungen in **TV mit den Entleiherbranchen** in Frage stehen (*Bayreuther*, NZA 2012, 14; *Krause*, AuR 2012, 55). Dabei muss sich die Zuständigkeit nicht ausdrücklich aus deren Satzung ergeben (*Bayreuther*, NZA 2010, 14). Die **Branchengewerkschaften** können ihre Tarifzuständigkeiten durch ihre Satzungen auch auf den Verleih von AN erstrecken. Hiermit kann jedoch das Problem verbunden sein, dass sich der erweiterte Zuständigkeitsbereich auf die erforderliche Mitgliederzahl bei der Tariffähigkeit negativ auswirkt, was insbesondere bei der CGM Bedeutung erlangen kann. Die Tarifzuständigkeit der Tarifgemeinschaften im Bereich der ANÜ reicht nur so weit, wie die der ihr angeschlossenen Einzelgewerkschaften. Die Tarifgemeinschaft der DGB-Gewerkschaften umfasst alle Branchen und erfüllt daher zusammengenommen flächendeckend und in allen Branchen das Erfordernis der Tarifzuständigkeit. Branchenspezifische Zuschlagsregelungen können die einzelnen Branchengewerkschaften allerdings nur in ihrem satzungsmäßigen Zuständigkeitsbereich mit dem Verleiherverband treffen (*Krause*, AuR 2012, 55).

74a Die **CGZP** konnte seit ihrer Gründung mangels Tariffähigkeit und Tarifzuständigkeit keine wirksamen TV zur ANÜ abschließen (*BAG* v. 14.10.2010, BAGE 1326, 302 u. v. 13.3.2013 – 5 AZR 954/11, DB 2013, 1496). Dies gilt auch für die seit 2010 abgeschlossenen TV. AMP und CGB haben am 17.1.2013 einen **Aufhebungsvertrag** über die Beendigung aller TV zur ANÜ m.W. v. 31.3.2013 ohne Nachwirkung vereinbart, so dass seit dem 1.4.2013 nur noch die mit der DGB- Tarifgemeinschaft und iGz/BAP abgeschlossenen TV im Bereich der ANÜ bestehen.

Soweit **Spitzenorganisationen** i.S.v. § 2 Abs. 3 TVG – wie früher die CGZP (*Rolfs/Witschen*, DB 2010, 180) – TV abschließen, kommt eine Tarifzuständigkeit nur in Betracht, soweit eine Tarifzuständigkeit ihrer Mitglieder gegeben ist (*BAG* v. 14.12.2010, DB 2011, 593, *Feudner*, BB 2004, 2300). Die von der **Tarifgemeinschaft** des DGB (und früher von der CGZP) abgeschlossenen TV zur ANÜ stellen jedoch **mehrgliedrige** (und damit jeweils selbständige) **TV** dar, bei denen die Tariffähigkeit der einzelnen Mitglieder jeweils gesondert zu prüfen ist. Bei derartigen TV bleiben deren Bestimmungen für tarifzuständige Mitglieder auch dann wirksam, wenn für einzelne Mitglieder der Tarifgemeinschaft keine Zuständigkeit besteht (Ulber/*Ulber, J.*, AÜG, § 9 Rn. 155).

75 (**Rechtsfolgen fehlender Tariffähigkeit oder Tarifzuständigkeit**) TV zur ANÜ sind bei fehlender Tariffähigkeit oder Tarifzuständigkeit grundsätzlich von **Anfang an nichtig** (*BAG* v. 15.11.2006, NZA 07, 448 u. v. 13.3.2013 – 5 AZR 954/11, DB 2013, 1496; *LAG Berlin-Brandenburg* v. 13.6.2012 – 24 Sa 213/12 u. v. 22.8.2012 – 4 Sa 960/12, DB 2013, 71; *Ulber, D.*, NZA 08, 442). Ein **guter Glaube** an die Tariffähigkeit wird nicht geschützt (*BAG* v. 15.11.2006 – 10 AZR

665/05, NZA 2007, 448 u. v. 13.3.2013 – 5 AZR 954/11, DB 2013, 1496). Bei **mehrgliedrigen TV**, wie z. B dem TV der DGB-Tarifgemeinschaft (*Bayreuther*, NZA 2012, 14), die auf einer oder beiden Seiten von mehreren Parteien abgeschlossen werden, ist zu differenzieren. Fehlt einem Mitglied einer Tarifgemeinschaft die **Tarifzuständigkeit**, ist die Wirksamkeit des TV davon abhängig, ob ein **einheitlicher TV** gewollt war. Ist ein **einheitlicher TV** (ohne eigenständige Kündigungsmöglichkeit einzelner Parteien) gewollt, ist dieser nichtig. Soll der TV hingegen auch bei **fehlender Tariffähigkeit** eines Mitglieds einer Tarifgemeinschaft wirksam sein, wovon bei einer autonomen Kündigungsbefugnis der Mitglieder auszugehen ist, bleibt er für die übrigen tariffähigen Parteien wirksam (Ulber/*Ulber, J.*, AÜG, § 9 Rn. 269 ff.; vgl. Wiedemann/*Oetker*, § 2 Rn. 15 ff.).

Folge einer Unwirksamkeit des TV wegen fehlender Tariffähigkeit **75a** oder -zuständigkeit ist die uneingeschränkte Geltung des Gleichbehandlungsgebots nach § 9 Nr. 2, 10 Nr. 4 (Schüren/*Schüren*, § 9 Rn. 121 ff.; *Ulber*, § 9 Rn. 275; *Schüren/Riederer von Paar*, AuR 04, 241). Es besteht **kein Vertrauensschutz** in die Tariffähigkeit von Verbänden (*BAG* v. 15.11.2006, NZA 07, 448 ff. u. v. 13.3.2013 – 5 AZR 954/11, DB 2013, 1496; Ulber/*Ulber, J.*, AÜG, § 9 Rn. 195, 271; a. A. *Boemke/Lembke*, § 9 Rn. 132). Dies gilt auch hinsichtlich der Praxis der Erlaubnisbehörden trotz gravierender Bedenken gegen die Tariffähigkeit einer Vereinigung uneingeschränkt die Erlaubnis zu erteilen (*BAG* v. 13.3.2013 – 5 AZR 954/11, DB 2013, 1496). Die Unwirksamkeit erstreckt sich bei fehlender Tariffähigkeit oder Tarifzuständigkeit auf alle im TV enthaltenen Bestimmungen.

(Tarifgeltung) Liegt ein wirksamer TV zur ANÜ vor, so gilt dieser **76** grundsätzlich nur bei **beiderseitiger Tarifbindung** von Verleiher und Leih-AN (§§ 3 Abs. 1, 4 Abs. 1 TVG; *LAG Düsseldorf* v. 22.2.2005 – 8 Sa 1756/04). Da Leih-AN in der Regel nicht gewerkschaftlich organisiert sind, gelten die TV nur selten nach § 3 Abs. 1 TVG, sondern regelmäßig über eine arbeitsvertragliche **Bezugnahmeklausel** (vgl. dazu. Rn. 91 ff.).

(Konkurrenzprobleme) Gelten beim Verleiher **mehrere TV** (z. B. **76a** bei Mischbetrieben), gilt für den Betriebsteil, der ausschließlich ANÜ betreibt, der TV zur ANÜ (Ulber/*Ulber, J.*, AÜG, § 9 Rn. 302). Gilt ein Branchen-TV, der zugleich ein TV zur ANÜ ist (vgl. Rn. 68 f.), und unterliegt der Verleiher einem weiteren TV zur ANÜ, so besteht **Tarifpluralität**. Es gilt der TV, der die größere Zahl der AV erfasst (**Repräsentativitätsprinzip**). Für Mischbetriebe gelten Besonderheiten (vgl. dazu Rn. 77). Hat der Verleiher **Firmen-TV** mit verschiedenen Gewerkschaften abgeschlossen, gilt jeweils der speziellere TV, wenn zulässigerweise (z. B. wegen unterschiedlicher Arbeitsbedingungen bei den Entleihern) unterschiedliche Sachverhalte geregelt werden (Ulber/*Ulber, J.*, AÜG, § 9 Rn. 302). Ansonsten kommt die Anwen-

§ 9 Unwirksamkeit

dung des günstigeren TV oder des TV, der die größere Zahl von AN repräsentiert, in Betracht (*Reim,* AiB 03, 73, 75).

77 (**Sonderfälle**) Besonderheiten ergeben sich bei der Geltung von TV für **Mischbetriebe**. Ein TV zur ANÜ i. S. d. Nr. 2 liegt nur dann vor, wenn der im Mischbetrieb geltende TV dies ausdrücklich regelt (vgl. Rn. 68). Darüber hinaus können TV zur ANÜ nur dann in Mischbetrieben angewandt werden, wenn der AN ausschließlich als Leih-AN beschäftigt wird, das Mischunternehmen überwiegend ANÜ betreibt und der AN bei Dritten als Leih-AN seine Arbeitsleistung erbringt (vgl. Rn. 68). Etwas anderes kann sich bei einer organisatorischen Aufspaltung des Mischbetriebs ergeben (vgl. § 1 Rn. 102).

78 (**TV zur ANÜ auf Entleiherseite**) Von Bedeutung im Zusammenhang mit dem **Gleichstellungsgebot** können auch arbeitnehmerüberlassungsspezifische Regelungen in **TV** sein, die für den **Entleihbetrieb** gelten (zur Tarifzuständigkeit vgl. Rn. 74). Die **Regelungsbefugnis** der TV-Parteien wird dabei von Art. 9 Abs. 3 GG erfasst (*Krause,* AuR 2012, 55), so dass entsprechende TV auch erstreikt werden können (*Berg,* JahrbArbR 2009, 85; *Krause,* AuR 2012, 55). Derartige TV können das Leiharbeitsverhältnis jedoch nicht normativ gestalten (*Krause,* AuR 2012, 55).

78a Üblich sind Entleiher-TV insbesondere im Bereich der Metall- und Elektroindustrie (vgl. TV Leih-/Zeitarbeit Südwestmetall/IGM-Bezirksleitung Stuttgart v. 19. 5. 2012; **TV LeiZ;** vgl. *Schumann,* AiB 2012, 423). In diesem TV sind sowohl Zulässigkeitskriterien für den Einsatz von Leih-AN enthalten als auch Regelungen zur Mitwirkung und Mitbestimmung des BR bei Einsatz von Leih-AN. Die Erweiterung der MBR des BR durch TV LeiZ ist zulässig (*Freckmann/Gallini,* BB 2013, 309). Der TV enthält auch eine Öffnungsklausel, wonach in einer BV auch die **Höhe der Vergütung der Leih-AN** festgelegt werden kann, die in ANÜ-Verträgen abgesichert werden muss und damit mittelbar über die Auswahl von Entleihern entscheidet.

78b Die Tarifvertragsparteien der **Entleiherbranchen** können die Bedingungen für den Einsatz von Leih-AN oder den Abschluss von ANÜ-Verträgen im Wege der **Selbstbindung** umfassend regeln (*Berg,* JahrbArbR 2009, 85). Sie können insbesondere Sonderregelungen vereinbaren, die aus sachlichen Gründen den Besonderheiten des Einsatzes von Leih-AN Rechnung tragen (Ulber/*Ulber, J.,* AÜG, § 9 Rn. 129).

78c Die Tarifvertragsparteien auf Entleiherseite können in einem **Branchentarifvertrag** in Form eines **TV zugunsten Dritter** unmittelbare Ansprüche des Leih-AN gegen den Entleiher begründen (vgl. dazu Ulber/*Ulber, J.,* AÜG, § 9 Rn. 128; zu Firmen-TV vgl. *Wank,* JahrbArbR 2012, 23). Entsprechende Verpflichtungsermächtigungen der TV-Parteien können unmittelbare Zahlungspflichten des Entleihers zur Folge haben (*Krause*, AuR 2012, 55). Hat der Leih-AN aus einem TV zugunsten Dritter (vgl. Rn. 81) gegen den Entleiher Ansprüche, können die Tarifvertragsparteien auf Verleiherseite nicht in diese eingreifen. Ansonsten würde in die Tarifzuständigkeit der TV-Parteien auf Entleiherseite eingegriffen. Allerdings ist es den TV-Parteien der Entleihbranche durch § 9 Nr. 2 verwehrt, Regelungen zu treffen, die mit Blick auf die Eingliederung in die Betriebsabläufe, die tatsächlich vom Leih-AN ausgeübte Tätigkeit oder die tatbestandlichen Voraussetzungen des Gleichstellungsgebots eine **unterschiedliche Behandlung** von Leih-AN und Stammarbeitnehmern zulassen (Ulber/*Ulber, J.*, AÜG, § 9 Rn. 128).

Ein Entleiher-TV kann den **Betriebsparteien** auch Regelungsbefugnisse in Fragen der Entlohnung von Leih-AN einräumen (vgl. z. B. Nr. 3.1. 1. Spiegelstr. 2 TV LeiZ; *Freckmann/Gallini*, BB 2013, 309; *Krause*, NZA 2012, 830). Darauf fußende BV haben aber keine Bindungswirkungen für den Verleiher (*Freckmann/Gallini*, BB 2013, 309). Möglich sind auch **Entleiher-BV** zum Einsatz von Leih-AN, die im gesetzlich zulässigen Rahmen **Höchstquoten** für den Einsatz von Leih-AN vorsehen (vgl. § 1 Rn. 130 p) oder die Einsatzbedingungen regeln (*Ulber, J./zu Dohna-Jaeger*, AiB 07, 705; *Ulber, J.*, AiB 2012, 7). **79**

Der Leih-AN hat im Regelfall keine unmittelbaren und zwingenden Ansprüche aus den **beim Entleiher geltenden TV**. Diese knüpfen regelmäßig an ein ArbV zum vertraglichen AG an. Etwas anderes gilt nur bei Betriebsnormen (vgl. Rn. 90) oder wenn der TV ausdrücklich auch betriebsfremden AN unmittelbare Ansprüche gegen den Entleiher einräumt (*Ulber*, § 9 Rn. 217, 220, vgl. Rn. 78 c). **80**

(Laufzeit und Beendigung der TV zur ANÜ) Die Bestimmungen des TV gelten, bis dieser durch Zeitablauf, Aufhebungsvertrag oder Kündigung beendet wird. Soweit ein Mitglied einer Tarifgemeinschaft über ein eigenständiges Kündigungs- oder Aufhebungsrecht verfügt und dieses ausübt, bleibt der TV mit den übrigen Mitgliedern der Tarifgemeinschaft bestehen (Ulber/*Ulber, J.*, AÜG, § 9 Rn. 258). Umstritten ist, ob auch ein **nachwirkender TV** den Ausnahmetatbestand des § 9 Nr. 2 Hs. 2 erfüllt. Soweit die Auffassung vertreten wird, auch gegenüber tarifdispositivem Gesetzesrecht sei die Nachwirkung von TV möglich (Däubler/*Bepler*, § 4 TVG Rn. 845 ff.; ErfK/ *Wank*, AÜG, § 3 Rn. 25; a. A. *Herschel*, ZfA 76, 89, 99), ist dies jedenfalls für Tarifbestimmungen, die das Arbeitsentgelt abweichend vom Gleichbehandlungsgebot des § 9 Nr. 2 ausgestalten, zu verneinen (Ulber/*Ulber, J.*, AÜG, § 9 Rn. 264 ff.; *Bayreuther*, BB 2010, 312; *Denzel/Hummel*, AiB 2008, 570; *Kocher*, DB 2010, 900; *Ulber, D.*, ZTR 2010, 287; a. A. Boemke/*Lembke*, § 9 Rn. 138). Ausgeschlossen ist die Nachwirkung, wenn TV-Verhandlungen oder der Abschluss eines Folgetarifvertrags nicht mehr zu erwarten sind. **81**

(Tarifbindung bei ausländischen Verleihern) Soweit Unterneh- **82**

§ 9 Unwirksamkeit

men mit Sitz im **EWR** und ohne selbständige Niederlassung in Deutschland Leih-AN nach Deutschland überlassen (vgl. Einl. Rn. 53 ff.), fallen diese grundsätzlich nicht in den Geltungsbereich deutscher TV zur ANÜ. Sie sind dennoch an das Gleichbehandlungsgebot der §§ 3 Abs. 1 Nr. 3, 9 Nr. 2 gebunden. Der Ausschluss **ausländischer Verleiher**, durch TV von den Gleichstellungsgrundsätzen abweichen zu können, würde gegen Gemeinschaftsrecht verstoßen (*EuGH* v. 24.1.2002, NZA 2002, 205). Von daher können auch **ausländische Kollektivvereinbarungen**, die materiell den Anforderungen an einen deutschen TV genügen, TV i.S.v. § 9 Nr. 2 Hs. 2 sein. Auch können Unternehmen mit Sitz im EWR deutsche TV zur ANÜ einzelvertraglich in Bezug nehmen. Britische TV können das Gleichbehandlungsgebot nicht durchbrechen.

83 (**Normsetzungsbefugnis**) Die Normsetzungsbefugnis der TV-Parteien ist i.R.v. Nr. 2 darauf beschränkt, die **wesentlichen Arbeitsbedingungen und das Arbeitsentgelt** abweichend vom Gleichbehandlungsgebot zu regeln. Sie erfasst **nicht** die Befugnis zu regeln, welche Tätigkeiten **vergleichbar oder wesentlich** sind. Beim **Entleiher tariflich geregelte Arbeitsbedingungen**, die sich auf die tatsächlich geleistete Tätigkeit und das auf diese bezogene (übertragene) Direktionsrecht des Entleihers beziehen, können in einem TV zur ANÜ, der die Arbeitsbedingungen des Leih-AN beim Verleiher betrifft, **nicht abweichend geregelt** werden (Ulber/*Ulber, J.*, AÜG, § 9 Rn. 187). Verweist der TV zur ANÜ auf die beim Entleiher geltenden Arbeitsbedingungen, ist dies grundsätzlich zulässig. Seine Grenze findet ein solcher Verweis aber darin, dass die Arbeitsbedingungen, auf die verwiesen wird, im Leiharbeitsvertrag zulässig sein müssen. Verweise auf Bestimmungen zur Kurzarbeit oder zu Zeitsalden in Zeiten von Auftragsmangel oder andere Regelungen, die das Beschäftigungsrisiko entgegen § 11 Abs. 4 S. 2 auf den Leih-AN verlagern, sind unzulässig (Ulber/*Ulber, J.*, AÜG, § 9 Rn. 188; vgl. auch § 11 Rn. 51 ff.).

83a Eine uneingeschränkte Normsetzungsbefugnis kommt auch den **TV-Parteien auf Entleiherseite** zu (*Krause*, AuR 2012, 55), soweit sie hierdurch nicht in die Koalitionsfreiheit der TV-Parteien auf Verleiherseite eingreifen und die nach dem AÜG bestehenden Mindestansprüche (z. B. nach §§ 13a und 13b) unberührt lassen. Sie können im Rahmen eines **TV zugunsten der LA** oder einer **Verpflichtungsermächtigung** der TV-Parteien Ansprüche des Leih-AN mit der Folge unmittelbarer Zahlungspflichten des Entleihers begründen (*Krause*, AuR 2012, 55). Gleiches gilt für Firmen-TV (*Wank*, JahrbArbR 2012, 23; Ulber/*Ulber, J.*, AÜG, § 9 Rn. 197). Ein Entsprechender TV kann auch erstreikt werden (*Krause*, AuR 2012, 55).

83b **Gemeinschaftsrechtliche Grenzen** sind der Normsetzungsbefugnis der TV-Parteien durch die Bestimmungen der LA-RL gesetzt. Die Normsetzungsbefugnis der TV kann nicht weiter reichen als die dem nationalen Gesetzgeber nach der RL zustehenden Befugnisse. Art. 5

Unwirksamkeit § 9

Abs. 2 LA-RL lässt Ausnahmen auf Grund eines TV nur für das Arbeitsentgelt und nur beim unbefristeten ArbV zu (Ulber/*Ulber, J.*, AÜG, § 9 Rn. 206; *Blanke*, DB 2010, 1528; *Ulber, J.*, AuR 2010, 10; *Waltermann*, NZA 2010, 484, Fn. 17). Die Abweichungsmöglichkeit beim Arbeitsentgelt nach Nr. 2 **beschränkt** sich insoweit auf **unbefristete ArbV**. Dies ergibt sich auch daraus, dass Art. 5 Abs. 2 eine Vergütungspflicht in verleihfreien Zeiten voraussetzt, die nur beim unbefristeten ArbV unter Ausschluss von Kurzarbeit in Betracht kommt. Allein die Risikoverteilung den Leih-AN auch in Nichtbeschäftigungszeiten vergüten zu müssen, rechtfertigt die Möglichkeit vom Gleichbehandlungsgrundsatz abweichende TV abschließen zu dürfen (*BAG* v. 24.3.2004 – 5 AZR 303/03, BB 2004, 1909; *ArbG Offenbach* v. 1.8.2012 – 10 BV 1/12, AiB 2012, 685) und. von den beim Entleiher geltenden Bedingungen abzuweichen (*LAG Berlin-Brandenburg* v. 9.1.2013 – 15 Sa 1635/12). Von daher dürfen die Laufzeit des Leiharbeitsvertrags und der Einsatz beim Entleiher **nicht synchronisiert** werden (*ArbG Offenbach* v. 1.8.2012 – 10 BV 1/12, AiB 2012, 685; ebenso: *LAG Niedersachsen* v. 19.9.2012 – 17 TaBV 124/11, DB 2012, 2468).

Soweit Ausnahmen auf Art. 5 Abs. 3 LA-RL gestützt werden sollen, ist Voraussetzungen, dass das nationale Gesetz die **Bedingungen festlegt**, unter denen Abweichungen möglich sind. Derartige Bedingungen sind in Nr. 2 mit Ausnahme der Regelung zur Lohnuntergrenze nicht geregelt. In TV zur ANÜ enthaltene Abweichungen vom Gleichbehandlungsgebot können daher nicht auf Art. 5 Abs. 3 LA-RL gestützt werden. **83c**

(Zulässige Inhalte der TV zur ANÜ) Abweichende Regelungen im TV sind hinsichtlich aller wesentlichen Arbeitsbedingungen i. S. v. § 9 Nr. 2 möglich. Der TV muss die vom Gleichbehandlungsgebot erfassten Arbeitsbedingungen grundsätzlich umfassend regeln. Eine Beschränkung auf die **Regelung einzelner Arbeitsbedingungen** ist nur in engen Grenzen zulässig (vgl. hierzu *BAG* v. 18.9.2012, AiB 2013, 395). **84**

Bei **Regelungslücken** gilt, **unabhängig von ihrer Ursache**, das Gleichbehandlungsgebot gegenüber vergleichbaren AN im Entleiherbetrieb (Ulber/*Ulber, J.*, AÜG, § 9 Rn. 190; *Ulber*, AiB 2012, 7). Solche Regelungslücken liegen immer vor, wenn einzelne wesentliche Arbeitsbedingungen nicht abweichend durch einen TV zur ANÜ geregelt wurden. Das Gleichbehandlungsgebot erfordert, dass eine tarifvertragliche Regelung sich **inhaltlich** auf die Arbeitsbedingung bezieht, von der abgewichen werden soll (vgl. Rn. 68; zu **Einzelfällen** § 3 Rn. 64, § 10 Rn. 61). Aus dem **Fehlen tariflicher Regelungen** zur Abweichung vom Gleichbehandlungsgebot kann nicht gefolgert werden, diese seien tariflich ausgeschlossen. Vielmehr ist eine **ausdrückliche Regelung, dass kein Anspruch auf eine Leistung bestehen soll,** erforderlich. Von daher können **Tariflücken** in einem **85**

§ 9 Unwirksamkeit

TV zur ANÜ auch nicht nach den Grundsätzen der unbewußten Regelungslücke geschlossen werden (vgl. hierzu *BAG* v. 24.9.2008, ZTR 2009, 81). Eine nicht existente tarifliche Regelung ist nicht geeignet, die (nach dem Regel-Ausnahme-Prinzip) in Nr. 2 enthaltene gesetzliche Regelung abzubedingen (*ArbG Potsdam* v. 28.1.2013 – 9 Ca 2215/12). Hier liegt eine **Regelungslücke** vor und der Leih-AN hat einen Anspruch gegen den Verleiher auf uneingeschränkte Gewährung der beim Entleiher geltenden Arbeitsbedingungen (Ulber/*Ulber, J.*, AÜG, § 9 Rn. 248.; vgl. § 10 Rn. 61). Dies gilt auch für in **BV** geregelte wesentliche Arbeitsbedingungen, die von tarifvertraglichen Regelungen zur ANÜ nicht vollumfänglich erfasst werden (ausführlich Ulber/*Ulber, J.*, AÜG, § 9 Rn. 180 ff.).

86 Umstritten ist, ob den TV-Parteien bei **Abweichungen vom Gleichbehandlungsgebot** Grenzen durch die **Wertungsgrundlagen** der tarifdispositiven Regelung gesetzt werden. Eine uneingeschränkte oder voraussetzungslose Delegation von Normsetzungsbefugnissen des Gesetzgebers ist im Rahmen tarifdispositiven Gesetzesrechts nicht gegeben (vgl. *BAG* v. 18.7.2012, NJW 2013, 1254; *Fuchs*, NZA 2009, 57; *Ulber D.*, Tarifdispositives Gesetzesrecht, 338 ff.). Bei Abweichungen vom Gleichheitsgrundsatz sind den TV-Parteien daher durch die Wertungsgrundlagen von Nr. 2 Grenzen gesetzt (ErfK/*Wank*, § 3 AÜG Rn. 22; *Schüren/Behrend*, NZA 03, 521, 525; Thüsing/*Pelzner*, § 3 Rn. 82; Ulber/*Ulber, J.*, AÜG, § 9 Rn. 206 ff., 212; a.A. *Hanau*, NZA 2003, 521). Jedenfalls sind die Tarifvertragsparteien an den **allgemeinen Gleichheitssatz (Art. 3 Abs. 1 GG)** gebunden (*BAG* v. 27.5.2004, RdA 05, 177 m. Anm. *Dieterich*). Danach ist ihnen eine willkürliche Schlechterstellung von Leih-AN gegenüber vergleichbaren AN des Entleihers ohne sachliche Rechtfertigung verwehrt (HWK-*Pods/Kalb*, § 3 Rn. 37). Die abgeschlossenen TV zur ANÜ verstoßen hiergegen, da sie ausschließlich Regelungen zu Lasten des Leih-AN enthalten und von der Grundüberlegung getragen sind, die Möglichkeiten des Verleihs durch Arbeitsbedingungen zu sichern, die generell schlechter sind, als bei Entleihern (*Ulber, J.*, NZA 2009, 232; vgl. *Lembke/Distler*, NZA 2006, 952 die verschlechternde Regelungen sogar für existenziell halten). Eine Verletzung des Gleichbehandlungsgrundsatzes liegt immer vor, wenn dem TV kein **sachlicher Grund** zugrunde liegt, der eine Abweichung zu Lasten des AN rechtfertigen kann. Dient die Abweichung allein dem Ziel der **Kostensenkung** ist sie unwirksam (zu den Einzelheiten vgl. Ulber/*Ulber, J.* AÜG, § 9 Rn. 212, 228 ff.).

86 a (**Tarifverträge zu Branchenzuschlägen**) Die von einzelnen Gewerkschaften mit dem BAP sowie dem iGZ abgeschlossenen **TV zu Branchenzuschlägen** (vgl. *Schumann*, AiB 2012, 423) kompensieren die in den TV zur ANÜ enthaltenen Verschlechterungen nur teilweise. Ein Verleiher-TV kann zulässigerweise Zuschläge für bestimmte Branchen vorsehen (ErfK/*Wank*, AÜG, § 3 Rn. 25 a; *Krause*, AuR 2012).

Die entsprechenden TV verfolgen zwar das Ziel, eine Annäherung der Tariflöhne von Leih-AN an ein equal-pay-Niveau zu erreichen; abgesehen davon, dass die TV nur spezifische Branchen erfassen und **nur das Arbeitsentgelt** betreffen, wird jedoch das Niveau des nach § 10 Abs. 4 S. 1 auf Grund des Gleichstellungsgrundsatzes maßgeblichen Entleiherentgelts nicht annähernd erreicht. Gestaffelt nach **Einsatzdauer beim Entleiher** beträgt der Branchenzuschlag z. B. in der M+E-Industrie – bezogen auf den tariflichen Niedriglohn der TV zur ANÜ – zwischen 15% (nach 6 Wochen) und 50% nach (9 Monaten). Infolge der geringen Dauer des Leiharbeitsverhältnisses (vgl. Einl. Rn. 13) kann danach ein Großteil der Leih-AN gar nicht in den Genuss von Branchenzuschlägen kommen (bei weniger als 6 Wochen). Und da mehr als die Hälfte der Leiharbeitsverhältnisse vor dem Ablauf von drei Monaten enden (vgl. Einl. Rn. 13), kommt nur für den geringsten Teil ein Branchenzuschlag von mehr als 15% in Betracht. Dabei sieht der TV weitere Deckelungsmöglichkeiten (z. B. durch Anrechnung bislang überbetrieblicher Zulagen) vor. Von einer substanziellen Angleichung der Tariflöhne in der Verleihbranche und den **Effektivverdiensten** in den Entleiherbranchen kann danach derzeit nicht ausgegangen werden.

Die **Wirksamkeit** der TV zu Branchenzuschlägen unterliegt erheblichen Bedenken. Es ist zwar grundsätzlich zulässig, **nach Beschäftigungsdauer gestaffelte Arbeitsentgelte** zu vereinbaren; derartige Differenzierungen sind jedoch aus der Überlegung gerechtfertigt, dass mit zunehmender Beschäftigungsdauer die Leistungsfähigkeit des AN und dessen Erfahrungswissen steigt. Die Differenzierung knüpft insoweit **subjektiv** an die Person des AN und die Dauer des ArbV an. Demgegenüber stellen die TV nicht auf die Person des Leih-AN oder die Dauer des Beschäftigungsverhältnisses ab, sondern die Differenzierung wird danach vorgenommen, wie lange der Leih-AN jeweils befristet an einem **bestimmten** vom Verleiher einseitig zugewiesenen **Arbeitsort** bzw. **Arbeitsplatz** seine Arbeit leistet. Ein Wechsel des Arbeitsorts, bei i. Ü. gleichbleibenden Leistungspflichten, rechtfertigt jedoch (ähnlich wie bei einer Versetzung) grundsätzlich keine Ungleichbehandlung. Hierbei ist auch zu berücksichtigen, dass die in § 9 Nr. 2 enthaltenen Regelungen zu Abweichungen vom Gleichbehandlungsgrundsatz dem Leih-AN ein verstetigtes Arbeitsentgelt garantieren sollen. Diesem **Gesetzeszweck** widerspricht es, wenn Leih-AN bei einem Einsatz bei demselben Entleiher auf Grund eines Verleiher-TV ein unterschiedliches Arbeitsentgelt zusteht. Letztlich bestehen auch **gemeinschaftsrechtliche Bedenken** aus Art. 5 Abs. 1 LA-RL. Danach richtet sich das Arbeitsentgelt grundsätzlich arbeitsplatzbezogen nach den beim Entleiher geltenden Bestimmungen. Regelungen in den Entleiherbranchen, nach denen ein AN bei ansonsten unveränderten Umständen im Falle eines Wechsels an einen anderen Arbeitsplatz jeweils mit einem geringeren (Anfangs-) Arbeitsentgelt ent-

86 b

§ 9 Unwirksamkeit

lohnt wird, sind nicht bekannt und wären wegen Verstoßes gegen das Willkürverbot mit dem arbeitsrechtlichen Gleichbehandlungsgrundsatz nicht zu vereinbaren. Der TV Branchenzuschlag verstößt insoweit auch gegen den Grundsatz der arbeitsplatzbezogenen Gleichbehandlung aus Art. 5 Abs. 1 LA-RL.

86 c Gemeinschaftsrechtlich ist eine Abweichungsbefugnis zu Lasten der AN nur gegeben, soweit der TV zur ANÜ nicht gegen das in Art. 5 Abs. 1 LA-RL enthaltenen Gleichbehandlungsgebot verstößt. Nach Art. 5 Abs. 3 LA-RL sind Abweichungen nur zulässig, soweit die tariflichen Regelungen einen angemessenen **Gesamtschutz** des Leih-AN gewährleisten (*Blanke*, DB 2010, 1528). Besondere Bedingungen zum Gesamtschutz von Leih-AN i. S. v. Art. 5 Abs. 3 müssen Vorschriften sein, die nicht schon allgemein als Regelungen des Arbeits- und Sozialschutzes im Normalarbeitsverhältnis Anwendung finden. Dem trägt das Gesetz nicht Rechnung und verstößt gegen die RL (*Wank*, JahrbArbR 2012, 23). Die TV-Parteien sind insoweit verpflichtet, einen insgesamt **gleichwertigen Schutz** des Leih-AN herbeizuführen (*Fuchs*, NZA 2009, 63; vgl. BT-Ds. 15/25, 24). Maßstab der **Angemessenheitskontrolle** ist dabei der Grundsatz der Gleichbehandlung gem. Art. 5 Abs. 1 LA-RL (Ulber/*Ulber, J.*, AÜG, § 9 Rn. 242; *Bayreuther*, RdA 2003, 85), von dem nur in beschränktem Maß abgewichen werden darf (*Düwell/Dahl*, DB 2009, 1070). Beim **Arbeitsentgelt** ist ein angemessenes Schutzniveau nur gewährleistet, wenn dessen Höhe einem nachvollziehbaren Mittelwert der unterschiedlichen TV in den Entleiherbranchen entspricht (Ulber/*Ulber, J.*, AÜG, § 9 Rn. 245). Allein eine RV zu Lohnuntergrenzen nach § 3 a kann insoweit kein angemessenes Lohnniveau garantieren. Bei den **sonstigen wesentlichen Arbeitsbedingungen** muss der TV als Gesamtregelungswerk ein angemessenes Verhältnis von Eingriffen in die Gleichbehandlungsansprüche und **kompensatorisch** gewährten zusätzlichen bzw. anderen tariflichen Leistungen zugunsten des Leih-AN gewährleisten (Schüren/Hamann/*Schüren*, § 9 Rn. 171; Ulber/*Ulber, J.*, AÜG, § 9 Rn. 248). Bei der **Gesamtabwägung** sind die Aspekte zu berücksichtigen, die das Ausmaß der resultierenden Belastung (z. B. geringeres Arbeitsentgelt) einerseits, sowie das Gewicht der die Differenzierung tragenden Gründe andererseits, ins Verhältnis setzt (*Heuschmid/Klauk*, SR 2012, 84, www.soziales-recht.eu). Da die abgeschlossenen TV zur ANÜ durchweg nur Regelungen zu Lasten des Leih-AN enthalten, halten sie einer Überprüfung im Rahmen der Angemessenheitskontrolle nicht Stand (*Blanke*, DB 2010, 1528; *Call*, NJW 2010, 89). Auch in den Branchen, in denen TV über Branchenzuschläge gelten, gilt i. E. der Grundsatz, dass zwischen den bei Entleihern gewährten Effektivverdiensten und den Branchenzuschlägen (soweit sie überhaupt gewährt werden müssen; vgl. Rn. 83 a) ein Lohnabstand zu Lasten der Leih-AN gewährleistet ist.

87 Hinsichtlich des Inhalts der TV zur ANÜ i. S. v. Nr. 2 Hs. 2 ergeben sich weitere **Grenzen der Regelungsbefugnis** aus dem zwingenden Gesetzesrecht. Dazu gehören unabhängig von der strittigen Frage, ob TV unmittelbar über § 138 BGB kontrollfähig sind, jedenfalls dessen Wertmaßstäbe (*BAG* v. 24.3.2004, NZA 04, 971, 973). Das *BAG* nimmt eine **Sittenwidrigkeit** von Entgeltregelungen in TV zur ANÜ nur dann an, wenn der Tariflohn unter Berücksichtigung der Umstände des Einzelfalles einen »**Hungerlohn**« darstellt (*BAG* 24.3.2004, NZA 04, 971, 973; a.A. *Otto*, FS Konzen, 2006, 663, 676f.; abweichend auch *SG Berlin* v. 27.2.2006, AuR 2007, 54ff.; ausführlich zu einzelnen Regelungen in TV zur ANÜ: Ulber*Ulber, J.*, AÜG, § 9 Rn. 237ff.). Ein Hungerlohn liegt vor, wenn das Arbeitsentgelt des Leih-AN weniger als 67% darstellt (*BAG* v. 22.4.2009, NZA 2009, 837). Die nicht den Schranken von Nr. 2 unterliegende **Vergütung für verleihfreie Zeiten** darf nicht mehr als 30% unter dem Tariflohn vergleichbarer Leih-AN liegen (*Freckmann/Gallini*, BB 2013, 309; *Schüren/Hamann/Schüren*, § 9 Rn. 148). Im Hinblick auf Art. 5 Abs. 1 LA-RL kann dabei nur das in den Entleiherbranchen gezahlte Arbeitsentgelt **Vergleichsmaßstab** sein. Das *BAG* hatte in der Entscheidung v. 24.2.2004 jedoch auch die (unwirksamen) TV der CGZP (ohne Überprüfung der Wirksamkeit) als Vergleichsmaßstab für die Sittenwidrigkeit herangezogen (*BAG* a.a.O.).

Überschreiten die TV-Parteien ihre Regelungsbefugnis, liegt keine wirksame, vom Gleichbehandlungsgebot abweichende tarifliche Regelung i.S.v. Nr. 2 vor. Dem Leih-AN stehen ggf. alle Ansprüche aus § 10 Abs. 4 S. 4 zu. Sind nur **einzelne** TV-Regelungen wegen einer **Überschreitung der Regelungsbefugnis** der TV-Parteien unwirksam, so berührt dies i.d.R. nicht die Wirksamkeit des TV im Übrigen. **88**

(**Verstöße gegen TV**) Bei Verstoß gegen die Pflicht zur Einhaltung und Durchführung des TV durch den AG sind die Voraussetzungen der Unzuverlässigkeit nach § 3 Abs. 1 Nr. 1 erfüllt (vgl. § 3 Rn. 58ff.). **89**

(**TV zu betrieblichen oder betriebsverfassungsrechtlichen Fragen**) **90**
Tarifvertragliche Regelungen zu den wesentlichen Arbeitsbedingungen sind **Inhaltsnormen** (a.A. *Röder/Krieger*, DB 2006,2122), deren Geltung nach § 4 Abs. 1 S. 1 TVG die beidseitige Tarifbindung von AN und AG voraussetzt. Regelt ein TV zur ANÜ **betriebliche oder betriebsverfassungsrechtliche Fragen**, gelten die Rechtsnormen des TV dagegen, wenn nur der AG (§ 3 Abs. 2 TVG) und zumindest ein AN (ErfK/*Schaub*, § 3 TVG Rn. 24) tarifgebunden sind (*Vielmeier*, NZA 2012, 535). Ist der **Entleiher** an einen TV i.S.v. § 3 Abs. 2 TVG gebunden, ist er auch bezüglich der im Betrieb beschäftigten Leih-AN AG i.S.d. § 3 Abs. 2 TVG (Ulber/*Ulber, J.*, AÜG, § 9 Rn. 255).

bb. Beachtung von Mindestentgelten und Lohnuntergrenzen bei Rechtsverordnungen nach § 3a

Die Regelungsbefugnis der TV-Parteien ist durch eine Reihe zwin- **90a**

§ 9 Unwirksamkeit

gender Normen des gesetzlichen Arbeitnehmerschutzes begrenzt. Ein nach § 5 TVG **allgemeinverbindlich erklärter TV** beim Entleiher schließt verschlechternde TV zur ANÜ nach § 9 Nr. 2 nicht aus (*Düwell*, DB 2013, 756). Soweit die tariflichen Regelungen dagegen in einer **RV nach § 7 AEntG** geregelt sind, ist § 8 Abs. 3 AEntG zu beachten. Liegen dessen Voraussetzungen vor, hat der Leih-AN mindestens Anspruch auf die darin festgelegten Arbeitsbedingungen (*Ulber*, AEntG, § 8 Rn. 55 ff.). Zwischen § 3 a AÜG, § 8 Abs. 3 AEntG und § 9 Nr. 2, 10 Abs. 1 gilt das Günstigkeitsprinzip (vgl. *BAG* v. 18.4.2012, DB 2013, 69; *Ulber, J.*, gute Arbeit 6/2012, 6; differenzierend: *Düwell*, DB 2013, 756).

90 b (**Rechtsverordnungen nach § 3 a**) Nr. 2 Hs. 2 begrenzt die abweichende Regelungsbefugnis der TV-Parteien, indem Entgeltvereinbarungen, die die Lohnuntergrenzen nach § 3 a unterschreiten, unwirksam sind. Die Vorschrift gilt **zwingend**. Nach Nr. 2 ist ein TV zur ANÜ nur wirksam, »soweit« er die in einer **RV nach § 3 a** festgelegten Lohnuntergrenzen nicht unterschreitet (vgl. 1. VO über eine Lohnuntergrenze in der ANÜ, BAnz. v. 28.12.2011 Nr. 195, 4608). Verstöße lassen die **Wirksamkeit des TV i.Ü.** unberührt (BT-Ds. 17/4238, S. 19). Die Vorschrift trat auf Grund des 1. AÜG-ÄndG am 30.4.2011 in Kraft und erfasst auch TV, die vor diesem Zeitpunkt abgeschlossen wurden. Die Besonderheit der RV nach § 3 a besteht darin, dass neben dem Arbeitsentgelt auch das Entgelt für **verleihfreie Zeiten** geregelt ist. Ein TV zur ANÜ darf daher sowohl hinsichtlich des Arbeitsentgelt als auch hinsichtlich des Vergütungsanspruch bei Annahmeverzug (§ 11 Abs. 4 S. 2) die in der RV festgelegten Lohnuntergrenzen nicht unterschreiten.

90 c Die erlassene RV zu § 3 a **verstößt gegen Art. 5 Abs. 1 LA-RL**, da sie nicht arbeitsplatz- und tätigkeitsbezogen unterschiedliche Lohnuntergrenzen enthält, sondern für alle Branchen und tariflichen Entgeltgruppen ein einheitliches Entgelt vorsieht (vgl. Ulber/*Ulber, J.*, AÜG, § 3 a Rn. 18 ff.; *Ulber, J.*, gute Arbeit, 6/2012, 2).

90 d Ob die in einer RV enthaltenen Lohnuntergrenzen eingehalten sind, ist **tätigkeitsbezogen** durch einen Vergleich mit den tariflich geregelten Stundenentgelten zu ermitteln. Tariflich eingeräumte Zuschläge oder sonstige Nebenleistungen mit Entgeltcharakter müssen dabei unberücksichtigt bleiben. Ergibt der Vergleich, dass die festgesetzten Mindeststundenentgelte unterschritten werden, ist der TV insoweit unwirksam. Durch das Wort »soweit« wird insoweit klargestellt, dass sich die Unwirksamkeit nur auf die Entgeltvereinbarung erstreckt (vgl. auch § 10 Rn. 72 ff.).

cc. Bezugnahmeklauseln (Nr. 2 Hs. 3)

91 Arbeitsvertragliche Absprachen, nach denen Arbeitsbedingungen zu Lasten des Leih-AN von wesentlichen Arbeitsbedingungen des Entleihers abweichen, sind grundsätzlich **unwirksam**. Auch bei fehlender Tarifbindung können Verleiher und Leih-AN jedoch nach Nr. 2 Hs. 3 die Anwendung eines wirksamen (*BAG* v. 13. 3. 2013 – 5 AZR 242/12 u. 5 AZR 424/12; vgl. Rn. 69 ff.) **Verbandstarifvertrags** i. S. d. § 9 Nr. 2 vereinbaren und hiermit den Gleichbehandlungsanspruch beseitigen. Eine RV nach § 3 a ist keine tarifliche Regelung, die nach Nr. 2 Hs. 3 den Gleichstellungsanspruch beseitigen könnte (Ulber, J., gute Arbeit 6/2012, 6). Eine **Änderungskündigung** zur Herbeiführung einer Bezugnahme auf einen TV zur ANÜ ist nicht möglich (*BAG* v. 12. 1. 2006, AiB 06, 767; vgl. § 1 Rn. 40, 93).

Die Vorschrift steht nicht im Einklang mit Art. 5 LA-RL. Ausnahmen vom Gleichbehandlungsgrundsatz sind danach nur zulässig, soweit sie durch Gesetz oder TV unmittelbar für das Leiharbeitsverhältnis gelten (*Blanke*, DB 2010, 1528; *Hayen*, AiB 2012, 170; *Rödl/Ulber, D.*, NZA 2012, 841; offengehalten von *ArbG Offenbach* v. 1. 8. 2012 – 10 BV 1/12, AiB 2012, 685). Eine arbeitsvertragliche Abweichungsmöglichkeit vom Gleichbehandlungsgrundsatz sieht die RL nicht vor (*Wedde/Mittag*, AÜG, § 9 Rn. 11; *Hamann*, EuZA 2009, 310; *Ulber, J.*, AuR 2010, 10; *Waas*, ZESAR 2009, 207; *Waltermann*, NZA 2010, 486; a. A, *Boemke*, RIW 2009, 183). **91 a**

Eine vertraglich vereinbarte Übernahme setzt voraus, dass der **TV zur ANÜ wirksam** ist, andernfalls richten sich die Ansprüche des Leih-AN nach § 10 Abs. 4 S. 4 (*BAG* v. 13. 3. 2013 – 5 AZR 242/12 u. 5 AZR 424/12; *LAG Berlin-Brandenburg* v. 13. 6. 2012 – 24Sa 213/12). Die Bezugnahme ist **nur** im **räumlichen, fachlichen, persönlichen und zeitlichen Geltungsbereich des TV** möglich (Ulber/*Ulber, J.*, AÜG, § 9 Rn. 307). **Firmen-TV** können nicht in Bezug genommen werden (*Boemke/Lembke*, § 9 Rn. 144; Ulber/*Ulber, J.*, AÜG § 9 Rn. 305, 310). Die arbeitsvertragliche Bezugnahme muss »**im Geltungsbereich**« des TV zur ANÜ erfolgen, was voraussetzt, das der TV gelten würde, wenn die Arbeitsvertragsparteien **beiderseits tarifgebunden** wären (*Bissels/Khali*, BB 2013, 315). Eine arbeitsvertragliche Bezugnahme ist daher in **Mischunternehmen** ausgeschlossen (ErfK/*Wank*, AÜG, § 3 Rn. 22). Unterliegt der Verleiher dem fachlichen und räumlichen Geltungsbereich mehrerer TV zur ANÜ, so können die Parteien frei vereinbaren, welcher TV für das Leiharbeitsverhältnis gelten soll (Ulber/*Ulber, J.*, AÜG, § 9 Rn. 312; *Tillmann*, AuA 2004, 22). Ist der Verleiher tarifgebunden, kann er auch keine Bezugnahme auf fremde TV vereinbaren (*BAG* v. 19. 3. 2003, BB 2004, 164; *Schindele*, AuR 2008, 31). Die Mitgliedschaft des Leih-AN in einer anderen als der tarifvertragschließenden Gewerkschaft steht der Inbezugnahme nicht entgegen (*BAG* v. 22. 1. 2002, NZA 02, 1041, 1043). Der in Bezug genommene TV muss als Tarifwerk **vollumfänglich** übernommen werden und muss die Arbeitsbedingungen **abschließend** eigenständig regeln (Thüsing/*Mengel*, § 9 Rn. 41; Ulber/*Ulber, J.*, AÜG, § 9 Rn. 313; *Melms/Lipinski*, BB 2004, 2409). **91 b**

§ 9 Unwirksamkeit

92 Die **Bezugnahme** kann in ihrem Umfang nicht beschränkt werden. Erforderlich ist die Übernahme des **gesamten TV** mit allen seinen Regelungen (ErfK/*Wank*, AÜG, § 3 Rn. 24; a. A. Thüsing/*Mengel*, § 9 Rn. 41). Sind tarifliche Regelungen in einem Tarifwerk enthalten, das aus mehreren TV zu unterschiedlichen Regelungsgegenständen besteht, so müssen **alle Verträge** arbeitsvertraglich einbezogen werden. Es ist beispielsweise nicht möglich, nur den Entgelttarifvertrag in Bezug zu nehmen.

Dem Verleiher ist es auf Grund des Gleichbehandlungsgrundsatzes regelmäßig verwehrt, für einzelne Leih-AN überhaupt keinen oder unterschiedliche TV in Bezug zu nehmen. Ob TV, die auf Grund einer **Bezugnahmeklausel** für das Leiharbeitsverhältnis gelten, einer AGB-Kontrolle unterliegen (§ 310 Abs. 4 S. 1 BGB), ist umstritten (dafür z. B. Ulber/*Ulber, J.*, AÜG, § 9 Rn. 324; *Schüren/Riederer v. Paar*, AuR 04, 244; dagegen: *BAG* v. 18. 9. 2012 – 9 AZR 1/11; EzA § 310 BGB 2002 Nr. 12; *Schüren/Hamann/Riederer v. Paar*, Einl. Rn. 612).

93 Tarifungebundenen Arbeitsvertragsparteien ist es verwehrt, durch arbeitsvertragliche Bezugnahme von **tariflichen Öffnungsklauseln** für betriebliche oder arbeitsvertragliche Regelungen Gebrauch zu machen (Thüsing/*Mengel*, § 9 Rn. 41; a. A. *Boemke/Lembke*, § 9 Rn. 139). Auch für AN eines **Mischbetriebs**, die sowohl ausgeliehen als auch im Unternehmen eingesetzt werden, kann ein TV zur ANÜ grundsätzlich (vgl. Rn. 68) nicht arbeitsvertraglich übernommen werden (*Schüren/Hamann/Schüren*, § 9 Rn. 352; Ulber/*Ulber, J.*, AÜG, § 9 Rn. 310). Verleiher mit Sitz im **EWR** können einen TV zur ANÜ arbeitsvertraglich in Bezug nehmen (Ulber/*Ulber, J.*, AÜG, § 9 Rn. 311; krit.: *Bayreuther*, DB 2011, 706).

94 Wird eine dynamische **Bezugnahmeklausel** vereinbart, so gelten – solange der AG verbandsgebunden ist – spätere Änderungen des TV auch im Leiharbeitsvertrag. Bei **statischer Bezugnahme** endet mit der Laufzeit des TV auch die verdrängende Wirkung gegenüber dem Gleichbehandlungsgrundsatz. Auf einen nur **nachwirkenden TV** kann nicht Bezug genommen werden (*BAG* v. 29. 1. 1975, AP Nr. 8 zu § 4 TVG Nachwirkung, und v. 20. 9. 2006, AP Nr. 41 zu § 1 TVG Bezugnahme auf Tarifvertrag; Ulber/*Ulber, J.*, AÜG, § 9 Rn. 320; *Bayreuther*, DB 2010, 314; a. A. *Thüsing*, DB 03, 446, 448).

95 Finden wegen fehlender Tariffähigkeit oder -zuständigkeit nichtige TV zur ANÜ (zur CGZP vgl. Rn. 74) durch arbeitsvertragliche **Bezugnahmeklausel** auf das ArbV Anwendung, so entfaltet die Vereinbarung keine Wirkung (*BAG* v. 13. 3. 2013 – 5 AZR 954/11, DB 2013, 1496). Hier fehlt es an einem wirksamen TV zur ANÜ, so dass die tatbestandlichen Voraussetzungen des § 9 Nr. 2 Hs. 3 nicht vorliegen. Auch die Bezugnahme auf die von der **CGZP** abgeschlossenen TV v. 30. 3. 2010 ist unwirksam, weil auf mehrere TV verwiesen wird (*BAG* v. 13. 3. 2013 – 5 AZR 954/11, DB 2013, 1496; *ArbG Berlin* v.

Unwirksamkeit § 9

25. 4. 2012 – 39 Ca 2418/12-, AiB 2012, 543). Die Bezugnahmeklausel ist daneben auch gem. § 307 Abs. 1 S. 1 und 2 BGB unwirksam (*BAG*, a. a. O.; ArbG Berlin v. 25. 4. 2012 – 39 Ca 2418/12, AiB 2012, 543; *ArbG Lübeck* v. 15. 3. 2011 – 3 Ca 3147/10, AiB 2011, 691). Die Unwirksamkeit erfasst auch einzelvertraglich in Bezug genommene tarifliche **Ausschlussfristen** (*LAG Berlin-Brandenburg* v. 13. 6. 2012 – 24 Sa 213/12; *LAG Hamm* v. 30. 6. 2011 – 8 Sa 387/11, AiB 2011, 691).

Liegt eine eigenständige konstitutive Absprache zur Ausschlussfrist vor, kann diese auch dann wirksam sein, wenn der in Bezug genommene TV i. Ü. unwirksam ist (vgl. *BAG* v. 13. 3. 2013 – 5 AZR 954/11, DB 2013, 1496); die Wirksamkeit setzt aber voraus, dass der **Regelungswille** die Kenntnis von der Unwirksamkeit der in Bezug genommenen Regelung umfasst (*LAG Hamm* v. 30. 6. 2011 – 8 Sa 387/11, AiB 2011, 691).

Ein vom Gleichbehandlungsgrundsatz abweichender TV entfaltet keine Wirkungen, wenn die **Bezugnahmeklausel** selbst **unwirksam** ist. Dies ist z. B. bei **Tarifwechselklauseln** oder sog. **gestaffelter Bezugnahme** der Fall, bei denen für den Fall der Unwirksamkeit eines TV zur ANÜ die Geltung eines anderen TV zur ANÜ vereinbart wird (*BAG* v. 15. 1. 2009, DB 2009, 1299). Wegen Verstoßes gegen § 307 Abs. 1 S. 2 BGB gilt dasselbe bei Verweisung auf einen **mehrgliedrigen TV zur ANÜ**, wenn sich nicht ersehen lässt, welcher TV bei sich widersprechenden Regelungen Anwendung finden soll (*BAG* v. 13. 3. 2013 – 5 AZR 954/11, DB 2013, 1496; *LAG Berlin-Brandenburg* v. 9. 1. 2012, AiB 2012, 134; *ArbG Lübeck* v. 15. 3. 2011 – 3 Ca 3147/10, AiB 2011, 691). In diesen Fällen gilt der Gleichbehandlungsgrundsatz in vollem Umfang. **95a**

Bezugnahmeklauseln unterliegen vollumfänglich der **AGB-Kontrolle**. § 310 Abs. 4 S. 1 BGB erfasst aber nicht arbeitsvertragliche Bezugnahmeklauseln, durch die auf TV verwiesen wird (*BAG* v. 9. 5. 2007 – 4 AZR 319/06, AP Nr. 8 zu § 305 c BGB; *LAG Berlin-Brandenburg* v. 13. 6. 2012 – 24 Sa 213/12). Auch bei nicht ordnungsgemäßer Bezugnahme auf die maßgeblichen **TV über Branchenzuschläge** liegt keine vollumfängliche Bezugnahme vor (vgl. Rn. 92), so dass der Gleichbehandlungsgrundsatz gilt (*Boemke/Lembke*, § 10 Rn. 105; Ulber/*Ulber, J.*, AÜG § 10 Rn. 137; *Neufeld*, BB 2012, I). Die Nichtigkeit eines arbeitsvertraglich in Bezug genommenen TV hat zur Folge, dass dem Leih-AN (auch rückwirkend) Leistungsansprüche gegen dem Verleiher nach § 10 Abs. 4 S. 1 zustehen (vgl. auch § 10 Rn. 56 ff.). Eine Grenze finden diese Ansprüche lediglich im gesetzlichen Verjährungsrecht (BAG v. 13. 3. 2013 – 5 AZR 954/11, DB 2013, 1496; zu den Ansprüchen der Sozialversicherungsträger vgl. *Schüren/Hamann/Schüren*, Einl. Rn. 785 ff.; *Reipen*, NZS 2005, 407 ff.). Ist die Bezugnahmeklausel unwirksam, gilt **rückwirkend** das Gleichbehandlungsgebot. **Salvatorische Klauseln,** die für diesen Fall auf einen **96** anderen (wirksamen) TV verweisen, sind unwirksam (*BAG*, a. a. O.; *Brors*, BB 2006, 101 ff.; zu den gewerberechtlichen Folgen vgl. § 3 Rn. 62). Die Unwirksamkeit der Klausel lässt die Wirksamkeit des AV i. Ü. unberührt.

dd. Gleichbehandlungsgrundsatz bei Rückentleih (Nr. 2 Hs. 4)

96 a Nr. 2 Hs. 4 n. F. wurde durch das 1. AÜG-ÄndG m. W. v. 30. 4. 2011 in das Gesetz eingefügt. Die Vorschrift soll in einem bestimmten Rahmen vermeiden, dass AN entlassen werden, um anschließend **vom vormaligen AG zu den schlechteren Arbeitsbedingungen in der ANÜ als Leih-AN entliehen** zu werden (**Rückentleih**). Nach der Gesetzesbegründung soll der hiermit verbundene Missbrauch des Instruments der ANÜ jedoch ausdrücklich weiter **zulässig** sein (amtl. Begr. BT-Ds. 17/4804, 11). Allerdings darf die ANÜ auch bei Rückentleih nur **vorübergehend** erfolgen (*Wank*, JahrbArbR 2012, 23). Daneben ist in den Fällen von Nr. 2 Hs. 4 zu beachten, dass eine Beendigung des vormaligen ArbV nach den Grundsätzen der unwirksamen **Austauschkündigung** (vgl. Einl. Rn. 23) unwirksam sein kann. Liegt bei einer Kündigung mit anschließendem Entleih des AN ein **Rechtsmissbrauch** vor, besteht i. d. R. ein unbefristetes ArbV zum Entleiher als früherem AG (*Wank*, JahrbArbR 2012, 23; *LAG Köln* v. 25. 3. 2011 – 4 Sa 1399/10).

96 b Vom Anwendungsbereich der Vorschrift werden alle Entleiher erfasst, die einen Leih-AN beschäftigen, mit dem früher ein ArbV bestand. Wird der AN an einen **konzernangehörigen Entleiher** verliehen kommt die Vorschrift auch zur Anwendung, wenn der Leih-AN früher bei einem anderen konzernangehörigen AG beschäftigt war. Der Gesetzeswortlaut beschränkt dabei den Anwendungsbereich auf Konzerne i. S. d. § 18 AktG, es gelten hier jedoch die gleichen Grundsätze wie bei § 1 Abs. 3 Nr. 2 (vgl. § 1 Rn. 196). Die Norm ist daher rechtsformneutral auch auf andere rechtlich verflochtene **Unternehmensgruppen** anzuwenden. Keine Anwendung soll die Vorschrift dagegen nach § 1 Abs. 3 Einl. S. finden, wenn der AN im Rahmen einer **Konzernleihe** nach § 1 Abs. 3 Nr. 2 entliehen wird. Die hierin liegende Ungleichbehandlung verstößt gegen Art. 1 LA-RL und begegnet im Hinblick auf Art. 3 GG verfassungsrechtlichen Bedenken (ebenso mit anderer Begr. *Lembke*, DB 2011, 414). Daneben stellt der Rückentleih im Konzern i. d. R. einen **Rechtsmissbrauch** dar, der die **Unwirksamkeit** der vertraglichen Vereinbarungen zur ANÜ zur Folge hat (*LAG Köln* v. 25. 3. 2011 – 4 Sa 1399/10; Ulber/*Ulber, J.*, AÜG, § 9 Rn. 278).

96 c Der Leih-AN muss beim Entleiher in den letzten sechs Monaten vor der Überlassung **ausgeschieden** sein (zur Auskunftspflicht von Entleiher und Leih-AN vgl. Ulber/*Ulber, J.*, AÜG, § 9 Rn. 286). Jede Form der Beendigung einer Beschäftigung reicht aus (*Huke/Neufeld/*

Luickhardt, BB 2012, 961). Ein Ausscheiden liegt unzweifelhaft vor, wenn der Leih-AN früher in einem ArbV mit dem Entleiher stand, das durch **Kündigung** beendet wurde. Dabei kommt es weder auf den Grund der Kündigung noch darauf an, ob die Kündigung durch den AG oder den AN ausgesprochen wurde. Auch ob die Kündigung (z. B. als unzulässige Austauschkündigung; vgl. Einl. Rn. 24) wirksam war, ist unerheblich, da ein Ausscheiden nicht nur bei rechtlicher, sondern auch bei rein **tatsächlicher Beendigung der Tätigkeit** des AN vorliegt (Ulber/*Ulber, J.*, AÜG, § 9 Rn. 282). Von daher ist der AN auch bei Vereinbarung eines **ruhenden ArbV** (insoweit a. A. *Huke/ Neufeld/Luickhardt*, BB 2012, 961) und bei **Aufhebungsverträgen** i. S. v. Nr. 2 Hs. 4 ausgeschieden. Entsprechend dem Zweck der Vorschrift, der Ersetzung von tariflich gesicherten ArbV durch das Lohndumping der ANÜ vorzubeugen, ist die Vorschrift auch anwendbar, wenn der Leih-AN vormals lediglich in einem **Ausbildungsverhältnis** zum Entleiher stand (a. A. *Huke/Neufeld/Luickhardt*, BB 2012, 961).

Der AN muss **sechs Monate vor der Überlassung** beim Entleiher ausgeschieden sein. Für die Fristberechnung gelten die §§ 186 ff. BGB. Sie beginnt mit der tatsächlichen oder rechtlichen Beendigung des vormaligen Beschäftigungsverhältnisses. Fallen diese Zeitpunkte auseinander (vgl. hierzu Ulber/*Ulber, J.*, AÜG § 9 Rn. 282), ist der jeweils spätere Zeitpunkt maßgeblich. Eine **Überlassung** i. S. d. Norm beginnt in dem Zeitpunkt, in dem der AN nach dem ANÜ-Vertrag überlassen werden soll (Lembke, DB 2011, 414) oder in **tatsächlicher Hinsicht** und unter Ausübung des Weisungsrechts eines Entleihers bei diesem seine Arbeit aufnimmt. Auf die Wirksamkeit der zugrunde liegende Verträge kommt es nicht an. Werden die Voraussetzungen eines Einsatzes der Leih-AN während der Sechsmonatsfrist einmal erfüllt, bestehen die Rechtsfolgen der Vorschrift auch bei **späteren wiederholten Einsätzen** fort (Ulber/*Ulber, J.*, AÜG, § 9 Rn. 285; *Huke/Neufeld/Luickhardt*, BB 2012, 961; *Lembke*, DB 2011, 414). **96 d**

Sind die Voraussetzungen von Nr. 2 Hs. 4 erfüllt, darf ein vom Gleichbehandlungsgrundsatz abweichender TV zur ANÜ **dauerhaft** nicht angewandt werden (Huke/Neufeld/Luickhardt, BB 2012, 961). Dem AN stehen dann gem. § 10 Abs. 4 S. 4 mindestens die **Gleichbehandlungsansprüche** zu. Verstößt der Verleiher gegen die Gleichbehandlungspflicht, sind die Voraussetzungen des Versagungsgrundes gem. § 3 Abs. 1 Nr. 3 erfüllt. **96 e**

5. Verstöße gegen § 13b (Nr. 2a)

Nach Nr. 2a sind Vereinbarungen unwirksam, die den **Zugang des Leih-AN zu Gemeinschaftseinrichtungen oder -diensten** entgegen § 13b **beschränken**. Die Norm gilt nur für Ansprüche des Leih-AN gegen den Entleiher. Soweit gegen den Verleiher ein gleich- **96 f**

§ 9 Unwirksamkeit

gerichteter Anspruch nach § 10 Abs. 4 S. 1 besteht, richtet sich die Unwirksamkeit nach Nr. 2 (Ulber/*Ulber, J.*, AÜG, § 9 Rn. 373).

96 g Eine **Beschränkung** i. S. v. Nr. 2 a liegt immer vor, wenn die Ansprüche des Leih-AN im Vergleich zu Stammarbeitnehmern ausgeschlossen oder verkürzt werden sollen. Dies gilt sowohl bei einer entsprechenden Abrede im ANÜ-Vertrag, als auch bei einer entsprechenden Vereinbarung zwischen Leih-AN und Entleiher. Ein **Verzicht** des Leih-AN auf Ansprüche aus § 13 b ist nach Nr. 2 a unwirksam (Ulber/*Ulber, J.*, AÜG, § 9 Rn. 373; *Lembke*, NZA 2011, 324).

6. Unwirksamkeit von Einstellungsverboten (Nr. 3 Hs. 1)

97 Der Gesetzgeber verbindet mit der ANÜ u. a. das Ziel, dem Leih-AN über eine vorübergehende Beschäftigung bei einem Entleiher die Chance zu eröffnen, bei diesem in ein dauerhaftes ArbV übernommen zu werden. Zur Sicherung dieses Gesetzeszweckes und des Grundrechts auf freie Wahl des Arbeitsplatzes (§ 12 Abs. 1 GG; vgl. Ulber/ *Ulber, J., AÜG*, § 9 Rn. 374) verbietet Nr. 3 Hs. 1 Vereinbarungen, die es dem Entleiher untersagen, einen ihm überlassenen Leih-AN nach Beendigung des Leiharbeitsverhältnisses als Stammarbeitnehmer einzustellen. Erfasst werden von der Norm sowohl **Einstellungs-** als auch **Abwerbeverbote**. Die Vorschrift stellt für den Leih-AN ein **Schutzgesetz** i. S. d. § 823 Abs. 2 BGB dar (*LAG Baden-Württemberg* v. 3. 12. 1998, LAGER § 9 AÜG Nr. 5).

98 Das Verbot gilt sowohl für **Abreden** im ANÜ-Vertrag oder in Rahmenverträgen zur ANÜ als auch für sonstige schriftliche oder mündliche Absprachen zwischen Verleiher und Entleiher, die die Begründung eines ArbV zwischen Entleiher und Leih-AN verhindern oder erschweren können (*BGH* v. 3. 7. 2003, DB 03, 2125). Es besteht auch für Formen illegaler ANÜ (Thüsing/*Mengel*, § 9 Rn. 52; Ulber/*Ulber, J., AÜG*, § 9 Rn. 378). Enthält eine Vereinbarung Abreden, nach denen die **Informationspflichten des Entleihers gem.** § 13 a beschränkt werden, liegt ein Verstoß gegen Nr. 3 Hs. 1 vor.

99 Die Vereinbarung von Einstellungsverboten ist nur untersagt, soweit hierdurch nicht Leistungspflichten des Leih-AN gegenüber dem Verleiher gesichert werden sollen. Erstreckt sich das Einstellungsverbot lediglich auf den Zeitraum bis zum **Ablauf** eines befristeten Leiharbeitsvertrags oder der **Kündigungsfrist** (nicht jedoch des ANÜ-Vertrags), ist die Vereinbarung eines auf diesen Zeitraum befristeten Einstellungsverbots wirksam. Solange das ArbV zum Verleiher wirksam besteht, ist der Entleiher schon aus vertraglicher Nebenpflicht verpflichtet, sich so zu verhalten, dass die vertraglichen Beziehungen zwischen Verleiher und Leih-AN nicht gestört werden. Verletzt er diese Pflicht, indem er dem Verleiher die Nutzung der Arbeitskraft des Leih-AN während eines bestehenden Leiharbeitsverhältnisses durch eine Einstellung verunmöglicht, ist er dem Verleiher zum **Schadensersatz** verpflichtet (§ 280 BGB).

Auch die Vereinbarung von Einstellungsverboten für die Zeit eines bestehenden Leiharbeitsverhältnisses ist nur zulässig, soweit schützenswerte Interessen des Verleihers berührt sind. Dies ist nicht der Fall, wenn der Leih-AN auch bei Erfüllung eines **(Zweit-)ArbV** mit dem Entleiher seinen Leistungspflichten gegenüber dem Verleiher ungestört nachkommen kann. Ist das Leiharbeitsverhältnis z. B. als Teilzeitarbeitsverhältnis ausgestaltet, liegt ein schützenswertes Interesse des Verleihers nur vor, wenn die zwischen Leih-AN und Entleiher vereinbarte Arbeitszeit zusammen mit der dem Verleiher geschuldeten Arbeitszeit die gesetzlich zulässigen Höchstarbeitszeiten nach §§ 3 und 2 Abs. 1 S. 1 Hs. 2 ArbZG überschreitet. Ob durch ein Zweitarbeitsverhältnis im Übrigen Interessen des Verleihers verletzt werden, richtet sich nach den allgemeinen Grundsätzen, die für die Zulässigkeit von **Nebentätigkeitsverboten** gelten. Eine Nebentätigkeit des Leih-AN ist danach nur untersagt, wenn sie die Erfüllung der Leistungspflichten gegenüber dem Verleiher erheblich beeinträchtigen würde (*BAG* v. 26. 8. 1976, AP Nr. 68 zu § 626 BGB).

100

Vereinbaren Verleiher und Entleiher entgegen Nr. 3 Hs. 1 ein Einstellungsverbot ist die entsprechende **Abrede unwirksam**. Die Unwirksamkeit lässt die Wirksamkeit der übrigen Vereinbarungen des ANÜ-Vertrags grundsätzlich unberührt (§ 139 BGB; vgl. Ulber/*Ulber, J.*, AÜG, § 9 Rn. 381). Stellt der Entleiher einen Leih-AN aufgrund der Abrede nicht oder zu einem späteren Zeitpunkt ein, sind Verleiher und Entleiher dem Leih-AN nach § 823 Abs. 2 BGB i. V. m. Nr. 3 als Gesamtschuldner zum Schadensersatz verpflichtet (Ulber/*Ulber, J.*, AÜG, § 9 Rn. 393). Der Verleiher verstößt mit der Vereinbarung des Einstellungsverbots gegen Pflichten eines zuverlässigen Verleihers i. S. d. § 3 Abs. 1 Nr. 1, so dass die Erlaubnisbehörde berechtigt ist, ihm die **Erlaubnis** zur ANÜ zu entziehen (§ 3 Rn. 40).

101

Wird ein Leih-AN auf der Grundlage eines ANÜ-Vertrags, der gegen Nr. 3 Hs. 1 verstößt, überlassen, ist der **BR des Entleiherbetriebs** infolge des Schutzzwecks der Norm berechtigt, die Zustimmung zur Einstellung des Leih-AN nach § 99 Abs. 2 Nr. 1 und 4 BetrVG zu verweigern (§ 14 Rn. 243).

102

7. Vermittlungsprovisionen für Verleiher (Nr. 3 Hs. 2)

Soweit der Entleiher auf Grund einer Vereinbarung mit dem Verleiher verpflichtet ist, bei Einstellung eines überlassenen Leih-AN eine **Vermittlungsprovision** zu zahlen, stellt die zusätzliche Kostenbelastung ebenfalls eine Einstellungserschwernis für den Leih-AN dar. Ihre Wirksamkeit unterliegt daher angesichts der beschäftigungspolitischen Zwecke der ANÜ (s. o. Rn. 10) verfassungsrechtlichen Bedenken. Erschwert die Höhe des vereinbarten Vermittlungsentgelts die Über-

103

§ 9 Unwirksamkeit

nahme von Leih-AN, ist die Vereinbarung unwirksam (*BGH* v. 7.12.2006, NZA 07, 571).

104 Nach Nr. 3 Hs. 2 ist die Vereinbarung einer Vermittlungsgebühr nach **vorangegangenem Verleih** oder mittels eines vorangegangenen Verleihs »nicht ausgeschlossen«. Aus dem Wortlaut der Norm ergibt sich, dass die Vermittlungsgebühr jeweils eines **sachlich rechtfertigenden Grundes** bedarf. Ein derartiger Grund liegt vor, wenn der Verleiher über die ANÜ hinaus zusätzlich eine **Vermittlungstätigkeit** entfaltet, die **kausal** für das erfolgreiche (*BGH* v. 10.11.2011, NZA-RR 2012, 67 u. v. 3.7.2003, BB 2003, 2017) Zustandekommen eines ArbV mit dem Entleiher ist *(Boemke/Lembke*, § 9 Rn. 55a; Schüren/Hamann/*Schüren*, § 9 Rn. 83; Ulber/*Ulber, J.*, AÜG, § 9 Rn. 387). Ist das Zustandekommen des AV ausschließlich auf die Information des Entleihers nach § 13a zurückzuführen, ist keine Kausalität gegeben (Ulber/*Ulber, J.*, AÜG, § 9 Rn. 388).

105 Eine **Vermittlung** i.S.d. Vorschrift setzt voraus, dass während oder im **unmittelbaren zeitlichen Zusammenhang** mit der Überlassung des Leih-AN ein ArbV zwischen Entleiher und Leih-AN begründet wird (*BGH* v. 10.11.2011 – III ZR 77/11, NZA-RR 2012, 67). Der zeitliche Zusammenhang ist gegeben, wenn der Leih-AN nach Ablauf des ANÜ-Vertrags nahtlos in ein ArbV zum Entleiher übergeht (Ulber/*Ulber, J.*, AÜG, § 9 Rn. 385; Schüren/Hamann/*Schüren*, § 9 Rn. 84). Ob der AV schon während der Laufzeit des ANÜ-Vertrags abgeschlossen wurde, ist hierbei unerheblich (*BGH* v. 7.12.2006, NZA 07, 571).

106 Die Verpflichtung zur Zahlung einer Vermittlungsgebühr muss **ausdrücklich** vereinbart sein. Hierbei reicht es nach Auffassung des *BGH* aus, wenn die Vermittlungsgebühr formularmäßig Bestandteil von **allgemeinen Geschäftsbedingungen** des Verleihers ist (*BGH* v. 11.3.2010, NZA 2010, 511).

107 Die **Höhe der Vermittlungsprovision** muss **angemessen** sein und richtet sich grundsätzlich nach dem wirtschaftlichen Gegenwert der Vermittlungsbemühungen (*AG Düsseldorf* v. 17.1.2001, ZIP 01, 438) sowie der **Dauer der vorangegangenen Überlassung** (*BGH* v. 11.3.2010, NZA 2010, 511). Die Vergütung muss entsprechend der Verleihdauer **degressiv** gestaffelt ausgestaltet sein (*BGH* v. 10.11.2011 – III ZR 77/11, NZA-RR 2012, 67; krit. hierzu: *Küpperfahrenberg/Lagardère*, BB 2012, 2952). Nach oben begrenzt wird die Gebühr durch die Zwecke des Gesetzes, eine Übernahme des Leih-AN durch den Entleiher zu erleichtern (s. o. Rn. 97). Das Bruttolohngehalt des Leih-AN bildet daher grundsätzlich die Grenze einer zulässigen Vermittlungsprovision (*Boemke/Lembke*, § 9 Rn. 189). Der Höhe nach zulässig sind **Gebühren** nur, solange sie nicht faktisch den sozialpolitisch erwünschten Wechsel des Leih-AN zum Entleiher erschweren (*BGH* v. 7.12.2006, NZA 07, 571).

Nr. 3 schließt eine Anwendbarkeit von § 655 BGB aus (*BGH* v. 11.3.2010, NZA 2010, 511), so dass eine Reduzierung der Vermittlungsvergütung ausscheidet. Verstößt eine Vereinbarung gegen Nr. 3 ist sie vielmehr unwirksam. Es liegt jedoch nur eine **Teilnichtigkeit** vor, so dass die übrigen Bestimmungen des ANÜ-Vertrags wirksam bleiben.

8. Abschlussverbote für Arbeitsverträge mit Entleihern (Nr. 4)

Korrespondierend mit den Schutzzwecken der Nr. 3 sind nach Nr. 4 (die Wettbewerbsverboten nach §§ 74ff. HGB vorgeht) Absprachen zwischen Verleiher und Leih-AN **unwirksam**, wenn hierdurch die Begründung eines ArbV mit einem Entleiher nach Beendigung des Leiharbeitsverhältnisses verhindert (vgl. *LAG Köln* v. 22.8.1984, DB 84, 445), oder erschwert wird. Das **Abschlussverbot** begründet gleichzeitig ein **Maßregelungsverbot** nach § 612a BGB. Durch die Verbotsnorm soll dem Leih-AN ergänzend zu § 13a der uneingeschränkte Zugang zu Arbeitsplätzen bei Entleihern ermöglicht werden (*LAG Köln* a.a.O.). Ob der Leih-AN bei dem Entleiher tatsächlich gearbeitet hat, ist unbeachtlich.

Vereinbarungen zwischen Verleiher und Leih-AN sind nach Nr. 4 nur unwirksam, soweit sie Zeiträume betreffen, in denen das Leiharbeitsverhältnis zum Verleiher **nicht** mehr besteht. Für die Laufzeit eines bestehenden Leiharbeitsvertrages sind demgegenüber Abschlussverbote wirksam, soweit der Leih-AN infolge der Begründung eines (ggf. Zweit-)ArbV mit dem Entleiher seinen vertraglichen Pflichten gegenüber dem Verleiher nicht uneingeschränkt nachkommen kann (Schüren/Hamann/*Schüren*, § 9 Rn. 93f.). Dies ist z.B. der Fall, wenn die (nach § 2 Abs. Abs. 1 S. 1 ArbZG zusammenzurechnenden) Arbeitszeiten der beiden ArbV die nach § 3 ArbZG höchstzulässigen Arbeitszeiten überschreiten (vgl. Rn. 100). Hier verstößt der Leih-AN gegen seine arbeitsvertraglichen Pflichten und ist dem Verleiher nach § 280 BGB zum Schadensersatz verpflichtet.

Verstoßen Vereinbarungen zwischen Verleiher und Leih-AN gegen Nr. 4, sind sie nach § 134 BGB **unwirksam**. Die Unwirksamkeit der Abrede lässt die Wirksamkeit des Leiharbeitsverhältnisses i.Ü. unberührt. Entsteht dem Leih-AN infolge der Abrede ein Nachteil (z.B. wenn der Entleiher ihretwegen vom Abschluss eines AV absieht), ist der Verleiher dem Leih-AN gem. § 280 BGB und wegen des Schutzzwecks der Norm (s.o. Rn. 97) auch aus § 823 Abs. 2 BGB zum **Schadensersatz** verpflichtet.

Der Verstoß gegen Nr. 4 stellt gleichzeitig einen Verstoß gegen die Arbeitgeberpflichten des Verleihers i.S.v. § 3 Abs. 1 Nr. 1 dar, und berechtigt die Erlaubnisbehörde, die **Erlaubnis** zu versagen bzw. zu widerrufen.

Haben Verleiher und Leih-AN eine nach Nr. 4 unwirksame Verein-

§ 10 Rechtsfolgen bei Unwirksamkeit, Pflichten des Arbeitgebers

barung getroffen, ist der **BR des Entleiherbetriebs** berechtigt, die Zustimmung zur Einstellung des Leih-AN nach § 99 Abs. 2 Nr. 1 und 4 BetrVG zu verweigern (vgl. Rn. 15).

9. Unwirksamkeit von Vereinbarungen zur Vermittlungsgebühr (Nr. 5)

113 Nach Nr. 5 sind Vereinbarungen unwirksam, nach denen der Leih-AN zur **Zahlung einer Vermittlungsgebühr an den Verleiher** verpflichtet wird. Die Vorschrift entspricht Art. 6 Abs. 3 LA-RL und wurde durch das 1. AÜG-ÄndG m. W. v. 30.4.2011 in § 9 eingefügt. Nr. 5 gilt **zwingend** und ist lex specialis zu Nr. 4 und § 296 SGB III. Die Norm ist ein **Schutzgesetz** i. S. v. § 823 Abs. 2 BGB.

114 Der **Geltungsbereich** von Nr. 5 ist nicht auf Absprachen zwischen Verleiher und Leih-AN beschränkt. Vielmehr werden alle individuellen und kollektiven Absprachen erfasst, die eine vom Leih-AN zu zahlende Vermittlungsgebühr vorsehen. Nach dem **Zweck** der Vorschrift ist jede Vereinbarung unwirksam, die die Aufnahme eines Beschäftigungsverhältnisses bei Entleihern erschwert *(LAG Köln* v. 22.8.1984, EzAÜG § 10 Fiktion Nr. 32; *Rambach/Begerau*, BB 2002, 942).

115 Die Vereinbarung einer Vermittlungsgebühr setzt nicht notwendigerweise voraus, dass der Leih-AN einen bestimmten **Geldbetrag** schuldet. Es reicht aus, wenn Ansprüche des Leih-AN aus Anlass der Aufnahme eines ArbV bei einem Dritten verkürzt werden können (z. B. unbezahlte Freistellung bis zum Ablauf der Kündigungsfrist). Verspricht der AN für den Fall der Aufnahme einer Beschäftigung bei Entleihern eine **Vertragsstrafe** sind die Voraussetzungen von Nr. 5 erfüllt (*AG Düsseldorf* v. 17.1.2001, NZA-RR 2001, 2397). Dasselbe gilt, wenn **Entlassungsentschädigungen** oder **Abfindungszahlungen** (auch soweit sie in Sozialplänen geregelt sind) entfallen oder verkürzt werden, wenn der Leih-AN ein ArbV mit einem Entleiher eingeht (*LAG Köln* v. 22.8.1984, EzAÜG § 10 Fiktion Nr. 32; Ulber/Ulber, J., AÜG, § 9 Rn. 404).

116 Verstößt eine Vereinbarung gegen Nr. 5 ist die Absprache nach § 134 BGB **unwirksam**. Die Wirksamkeit sonstiger Bestimmungen der Vereinbarung bleibt hiervon unberührt.

§ 10 Rechtsfolgen bei Unwirksamkeit, Pflichten des Arbeitgebers zur Gewährung von Arbeitsbedingungen

(1) Ist der Vertrag zwischen einem Verleiher und einem Leiharbeitnehmer nach § 9 Nr. 1 unwirksam, so gilt ein Arbeitsverhältnis zwischen Entleiher und Leiharbeitnehmer zu dem zwischen dem Entleiher und dem Verleiher für den Beginn der Tätigkeit vorgesehenen Zeitpunkt als zustande gekommen; tritt die Unwirksamkeit erst nach Aufnahme der Tätigkeit beim Entleiher ein, so gilt das

Arbeitsverhältnis zwischen Entleiher und Leiharbeitnehmer mit dem Eintritt der Unwirksamkeit als zustande gekommen. Das Arbeitsverhältnis nach Satz 1 gilt als befristet, wenn die Tätigkeit des Leiharbeitnehmers bei dem Entleiher nur befristet vorgesehen war und ein die Befristung des Arbeitsverhältnisses sachlich rechtfertigender Grund vorliegt. Für das Arbeitsverhältnis nach Satz 1 gilt die zwischen dem Verleiher und dem Entleiher vorgesehene Arbeitszeit als vereinbart. Im übrigen bestimmen sich Inhalt und Dauer dieses Arbeitsverhältnisses nach den für den Betrieb des Entleihers geltenden Vorschriften und sonstigen Regelungen; sind solche nicht vorhanden, gelten diejenigen vergleichbarer Betriebe. Der Leiharbeitnehmer hat gegen den Entleiher mindestens Anspruch auf das mit dem Verleiher vereinbarte Arbeitsentgelt.

(2) Der Leiharbeitnehmer kann im Fall der Unwirksamkeit seines Vertrags mit dem Verleiher nach § 9 Nr. 1 von diesem Ersatz des Schadens verlangen, den er dadurch erleidet, daß er auf die Gültigkeit des Vertrags vertraut. Die Ersatzpflicht tritt nicht ein, wenn der Leiharbeitnehmer den Grund der Unwirksamkeit kannte.

(3) Zahlt der Verleiher das vereinbarte Arbeitsentgelt oder Teile des Arbeitsentgelts an den Leiharbeitnehmer, obwohl der Vertrag nach § 9 Nr. 1 unwirksam ist, so hat er auch sonstige Teile des Arbeitsentgelts, die bei einem wirksamen Arbeitsvertrag für den Leiharbeitnehmer an einen anderen zu zahlen wären, an den anderen zu zahlen. Hinsichtlich dieser Zahlungspflicht gilt der Verleiher neben dem Entleiher als Arbeitgeber; beide haften insoweit als Gesamtschuldner.

(4) Der Verleiher ist verpflichtet, dem Leiharbeitnehmer für die Zeit der Überlassung an den Entleiher die im Betrieb des Entleihers für einen vergleichbaren Arbeitnehmer des Entleihers geltenden wesentlichen Arbeitsbedingungen einschließlich des Arbeitsentgelts zu gewähren. Soweit ein auf das Arbeitsverhältnis anzuwendender Tarifvertrag abweichende Regelungen trifft (§ 3 Absatz 1 Nummer 3, § 9 Nummer 2), hat der Verleiher dem Leiharbeitnehmer die nach diesem Tarifvertrag geschuldeten Arbeitsbedingungen zu gewähren. Soweit ein solcher Tarifvertrag die in einer Rechtsverordnung nach § 3a Absatz 2 festgesetzten Mindeststundenentgelte unterschreitet, hat der Verleiher dem Leiharbeitnehmer für jede Arbeitsstunde das im Betrieb des Entleihers für einen vergleichbaren Arbeitnehmer des Entleihers für eine Arbeitsstunde zu zahlende Arbeitsentgelt zu gewähren. Im Falle der Unwirksamkeit der Vereinbarung zwischen Verleiher und Leiharbeitnehmer nach § 9 Nummer 2 hat der Verleiher dem Leiharbeitnehmer die im Betrieb des Entleihers für einen vergleichbaren Arbeitnehmer des Entleihers geltenden wesentlichen Arbeitsbedingungen einschließlich des Arbeitsentgelts zu gewähren.

§ 10 Rechtsfolgen bei Unwirksamkeit, Pflichten des Arbeitgebers

(5) Der Verleiher ist verpflichtet, dem Leiharbeitnehmer mindestens das in einer Rechtsverordnung nach § 3a Absatz 2 für die Zeit der Überlassung und für Zeiten ohne Überlassung festgesetzte Mindeststundenentgelt zu zahlen.

Gliederung

	Rn.
1. Zweck der Vorschrift	1– 5
2. Das fingierte Arbeitsverhältnis zum Entleiher bei fehlender Erlaubnis	6–26
a. Voraussetzungen des fingierten Arbeitsverhältnisses (Abs. 1 S. 1)	6–15
b. Laufzeit und Beendigung des fingierten Arbeitsverhältnisses (Abs. 1 S. 2)	16–26
3. Inhalt des fingierten Arbeitverhältnisses (Abs. 1 S. 3 bis 5)	27–44
a. Arbeitszeit des fingierten Arbeitsverhältnisses (Abs. 1 S. 3)	30–33
b. Gleichstellung bei den sonstigen Arbeitsbedingungen (Abs. 1 S. 4)	34–40
c. Mindestentgeltanspruch (Abs. 1 S. 5)	41–44
4. Ansprüche gegen den Verleiher bei Unwirksamkeit des Leiharbeitsvertrags (Abs. 2)	45–51
5. Gesamtschuldnerische Haftung (Abs. 3)	52–55
6. Gleichstellungsansprüche gegen den Verleiher (Abs. 4)	56–91
a. Ansprüche auf Gleichbehandlung (Abs. 4 S. 1)	58–67
b. Ansprüche auf Grund eines Tarifvertrags zur Arbeitnehmerüberlassung (Abs. 4 S. 2)	68–71
c. Verstöße des TV gegen Lohnuntergrenzen § 3a (Abs. 4 S. 3)	72–75
d. Ansprüche bei Unwirksamkeit der Vereinbarung nach § 9 Nr. 2 (Abs. 4 S. 4)	76–81
e. Geltendmachung von Ansprüchen aus Abs. 4	82–91
7. Ansprüche auf Zahlung des Mindeststundenentgelts (Abs. 5)	92–97

1. Zweck der Vorschrift

1 § 10 regelt Ansprüche des Leih-AN, die sich aus der **Unwirksamkeit von arbeitsvertraglichen Absprachen** gem. § 9 Nr. 1 und Nr. 2 ergeben. Entsprechend dem Zweck der Norm, den AN vor den Folgen illegaler Formen der ANÜ zu schützen (*Boemke/Lembke*, 10 Rn. 5), kann § 10 ergänzend herangezogen werden, wenn im Zusammenhang mit einer vermuteten Arbeitsvermittlung (§ 1 Abs. 2) oder einem Verstoß gegen das **Verbot einer nicht nur vorübergehenden ANÜ** (vgl. *LAG Baden-Württemberg* v. 22.11.2012 – 11 Sa 84/12; § 1 Rn. 130 ff.) ein ArbV zum Entleiher begründet wird (Ulber/*Ulber, J.*, AÜG, § 10 Rn. 20; vgl. hierzu Einl. Rn. 35, § 1 Rn. 128 ff.).

2 Ist der AV nach § 9 Nr. 1 unwirksam, wird der AN durch **Abs. 1** geschützt, indem **ein ArbV zum Entleiher fingiert** wird. Anwendbar ist die Norm bei allen **Formen erlaubnispflichtiger ANÜ** (*BAG* v. 15.4.1999, DB 99, 2315), sowie bei der Überlassung von AN in Betriebe des Baugewerbes unter Verstoß gegen § 1b S. 1 (*BAG* v. 8.7.1998, NZA 99, 20; vgl. Rn. 6). Erfolgt die ANÜ auf der Grundlage von **§ 1 Abs. 3** und sind die Voraussetzungen eines Tatbestandes

Rechtsfolgen bei Unwirksamkeit, Pflichten des Arbeitgebers § 10

nach Nr. 1 bis 3 nicht erfüllt, ist Abs. 1 bei fehlender Erlaubnis ebenfalls anwendbar (*LAG Baden-Württemberg* v. 22.11.2012 – 11 Sa 84/12; *BAG* v. 9.2.2011 – 7 AZR 32/10, DB 2011, 1528; Ulber/*Ulber, J.*, AÜG, § 10 Rn. 17).

Wird in Fällen von § 1a keine Anzeige durch das Kleinunternehmen erstattet, ist Abs. 1 ebenfalls anwendbar (Ulber/*Ulber, J.*, AÜG, § 10 Rn. 17). Dasselbe gilt für Fälle der **ANÜ in Betriebe des Baugewerbes,** und zwar unabhängig davon, ob der Verleiher eine Erlaubnis zur ANÜ besitzt (*Boemke/Lembke,* § 10 Rn. 14; Ulber/*Ulber, J.*, AÜG, § 1b Rn. 28f. u. § 9 Rn. 13; a.A. *BAG* v. 13.12.2006, EzA § 10 AÜG Nr. 12; vgl. § 5 Rn. 6). Die gegenteilige Auffassung lässt außer Acht, dass in den Fällen von § 1b S. 1 das grundsätzliche Verbot der ANÜ mit Erlaubnisvorbehalt nur soweit aufgehoben werden kann, wie eine Erlaubnis erteilt werden darf. Eine gesetzliche Regelungslücke besteht insoweit nicht. Soweit eine Erlaubnis erteilt ist, beschränkt sich deren Geltungsbereich von vornherein auf Bereiche, in denen eine ANÜ zulässig ist (vgl. *LAG Baden-Württemberg* v. 22.11.2012 – 11 Sa 84/12; *Düwell,* ZESAR 2011, 449; vgl. § 1 Rn. 132 u. § 5 Rn. 6). Die gegenteilige Auffassung steht im Widerspruch zu den Schutzzwecken von Abs. 1, den Leih-AN vor illegalen Formen der ANÜ zu schützen (vgl. § 1b Rn. 12). Insofern kann man dem Gesetzgeber nicht unterstellen, dass er dem Leih-AN in Fällen, in denen die gewerberechtliche Betätigung als solche verboten ist, einen geringeren Schutz geben wollte als in Fällen, in denen eine an sich zulässige Tätigkeit ohne gewerberechtlich erforderliche Erlaubnis ausgeübt wird.

2a

Nach **Abs. 2** steht dem Leih-AN gegen den Verleiher bei Unwirksamkeit des Leiharbeitsvertrags nach § 9 Nr. 1 ein **Schadensersatzanspruch** zu, der auf den Ausgleich von Schäden gerichtet ist, die dem gutgläubigen Leih-AN dadurch entstehen, dass er auf die Wirksamkeit des ArbV vertraut (zu weiteren Schadensersatzansprüchen vgl. § 9 Rn. 27).

3

Nach **Abs. 3** haftet der Verleiher (gesamtschuldnerisch mit dem Entleiher) auch für Lohnnebenkosten, insbesondere für die **Sozialversicherungsbeiträge,** soweit er dem AN trotz Unwirksamkeit des AV das vereinbarte Arbeitsentgelt bezahlt.

4

Abs. 4 gibt dem Leih-AN gegen den Verleiher einen Anspruch auf Gewährung von Arbeitsbedingungen, die er bei Geltung von Gleichstellungsansprüchen nach § 9 Nr. 2 verlangen kann. **Mischunternehmen** bzw. Mischarbeitsverhältnisse (vgl. Ulber/*Ulber, J.*, AÜG, § 10 Rn. 14) unterliegen, soweit sie nicht ausnahmsweise einen TV zur ANÜ anwenden dürfen (§ 1 Rn. 102), immer dem Anwendungsbereich von Abs. 4, ebenso Formen des **Scheinwerkvertrags. Abs. 5** soll dem Leih-AN das in einer RV nach § 3a festgesetzte **Mindeststundenentgelt** sichern.

5

Jürgen Ulber

§ 10 Rechtsfolgen bei Unwirksamkeit, Pflichten des Arbeitgebers

2. Das fingierte Arbeitsverhältnis zum Entleiher bei fehlender Erlaubnis

a. Voraussetzungen des fingierten Arbeitsverhältnisses (Abs. 1 S. 1)

6 (Geltungsbereich) **Abs. 1** regelt zum Schutz des Leih-AN **zwingend** die Rechtsfolgen, die sich aus einer Unwirksamkeit des Leiharbeitsvertrags wegen fehlender Erlaubnis (§ 9 Nr. 1) ergeben. Der **Geltungsbereich** von Abs. 1 erstreckt sich auf alle **Formen der ANÜ** ohne die erforderliche Erlaubnis, wobei der **Entleiherbetrieb im Inland** liegen muss (Thüsing/*Mengel*, § 10 Rn. 7; Ulber/*Ulber, J.*, AÜG, § 10 Rn. 4). Liegt **seit dem 1.12.2011** in den Fällen **nichtgewerbsmäßiger ANÜ** keine Erlaubnis vor, treten die Rechtsfolgen gem. §§ 9 Nr. 1, 10 Abs. 1 mit ex- nunc Wirkung ein (*LAG Düsseldorf* v. 26.7.2012 – 15 Sa 336/12; ErfK/*Wank*, § 10 Rn. 3; str., vgl. § 1 Rn. 132 u. § 5 Rn. 6).

7 Nach Abs. 1 S. 1 kommt bei Unwirksamkeit des Leiharbeitsvertrags nach § 9 Nr. 1 zu dem **Zeitpunkt**, in dem der AN seine Tätigkeit beim Dritten aufgenommen hat (*ArbG Freiburg* v. 30.1.2007, AuR 07, 182), **unabdingbar** ein **fingiertes ArbV** mit dem Entleiher zustande. Allein der Abschluss des Leiharbeitsvertrags oder des ANÜ-Vertrags reicht nicht aus (a. A. Thüsing/*Mengel*, § 10 Rn. 9). Weist der Entleiher den Leih-AN vor Aufnahme der Beschäftigung zurück oder nimmt der Leih-AN die Tätigkeit beim Entleiher infolge der Geltendmachung eines Leistungsverweigerungsrechts (nicht jedoch aus anderen Gründen wie Krankheit o. Ä.) nicht auf, treten die Rechtsfolgen von Abs. 1 nicht ein (*Schüren/Hamann/Schüren*, § 10 Rn. 49; Ulber/*Ulber, J., AÜG*, § 10 Rn. 11; a. A. Thüsing/*Mengel*, § 10 Rn. 10).

Liegt bei einer nichtgewerbsmäßigen ANÜ nicht die seit dem 1.12.2011 erforderliche Erlaubnis vor, treten die Rechtsfolgen von § 10 Abs. 1 mit ex-nunc Wirkung ein (*LAG Düsseldorf* v. 26.7.2012 – 15 Sa 336/12; *ArbG Krefeld* v. 15.5.2012 – 1 Ca 2551/11; ErfK/*Wank*, § 10 Rn. 3; vgl. § 1 Rn. 132 u. § 5 Rn. 6).

7a Die Rechtsfolgen von Abs. 1 können durch Vereinbarungen von Verleiher, Entleiher oder Leih-AN nicht ausgeschlossen oder beschränkt werden. Eine **rückwirkende** Aufhebung ist ausgeschlossen (Ulber/*Ulber, J.*, AÜG, § 10 Rn. 12, 43; offengelassen in *BAG* v. 17.1.2007, DB 07, 1034). Dem Leih-AN steht jedoch ein Recht zur **außerordentlichen Kündigung** des fingierten ArbV zu (vgl. Rn. 26). Auch ist es zulässig, das Vertragsverhältnis durch Vereinbarungen zwischen Entleiher und (ehemaligem) Leih-AN auf eine neue vertragliche Grundlage zu stellen (*BAG* v. 19.12.1979, AP Nr. 1 zu § 10 AÜG u. v. 18.2.2003, DB 2003, 2181; Ulber/*Ulber, J.*, AÜG, § 10 Rn. 12).

8 Das gesetzlich fingierte ArbV kommt zustande, ohne dass es einer darauf gerichteten **Willenserklärung** der Parteien des AV bedürfte (ErfK/*Wank*, § 10 Rn. 3; zur Verfassungsgemäßheit vgl. Ulber/*Ulber, J.*, AÜG, § 10 Rn. 5 ff.). Eine Anfechtung des fingierten ArbV ist daher ausgeschlossen (*Boemke/Lembke*, § 10 Rn. 23).

Unerheblich ist, ob der Verleiher das Bestehen einer Erlaubnis zu **9** Unrecht behauptet bzw. deren Wegfall verschwiegen hat oder ob er irrtümlich davon ausging, eine Erlaubnis zu ANÜ sei nicht erforderlich (Ulber/*Ulber, J., AÜG*, § 10 Rn. 19). In extremen Ausnahmefällen kann eine Berufung des Leih-AN auf das fingierte ArbV jedoch **rechtsmissbräuchlich** sein und den Entleiher zur außerordentlichen Kündigung des ArbV berechtigen (vgl. *BAG* v. 11.12.1996 – 5 AZR 708/95; Thüsing/*Mengel*, § 10 Rn. 8 und 48; Ulber/*Ulber, J., AÜG*, § 10 Rn. 23, 43). Dies kann in Betracht kommen, wenn der Entleiher gutgläubig war, der Leih-AN die Illegalität der ANÜ und deren Rechtsfolgen kannte und der Leih-AN sich auf das fingierte ArbV erst lange Zeit nach Ausscheiden aus dem Entleiherbetrieb beruft (*Boemke/Lembke*, § 10 Rn. 31, 82; Ulber/*Ulber, J.*, AÜG, § 10 Rn. 50).

Da das ArbV gesetzlich zwingend begründet wird, hängt sein Ent- **10** stehen nicht von einer **Beteiligung des BR** ab. Besteht beim Entleiher ein BR, ist das MBR bei Einstellungen nach § 99 BetrVG hinsichtlich des fingierten ArbV **ausgeschlossen** (Ulber/*Ulber, J.*, AÜG, § 10 Rn. 18). Der BR beim Entleiher kann hinsichtlich des Bestehen eines Arbeitsverhältnisses ein **Statusfeststellungsverfahren** durchführen (Bartl/Romanowski, NZA 2012, 845).

Mit der Begründung des fingierten ArbV wird gleichzeitig die volle **11** **Betriebszugehörigkeit** des Leih-AN im Entleiherbetrieb begründet (*HessLAG* v. 27.11.2003, NZA-RR 04, 343; *Boemke/Lembke*, § 10 Rn. 63). Aus der Betriebszugehörigkeit folgt bei der BR-Wahl sowohl ein aktives als auch ein passives **Wahlrecht** des AN (*HessLAG*, a.a.O.).

Bestreitet der Entleiher das Zustandekommen eines fingierten ArbV, **12** kann der AN das Bestehen des ArbV im Wege der **Feststellungsklage** (§ 256 ZPO) feststellen lassen (*BAG* v. 18.2.2003, DB 03, 2181 und v. 24.5.2006 – 7 AZR 365/05 und v. 18.1.2012 – 7 AZR 723/10, ZTR 2012, 404; *LAG Baden-Württemberg* v. 22.11.2012 – 11 Sa 84/12; Ulber/*Ulber, J.*, AÜG, § 10 Rn. 51 ff.). Die Feststellungsklage gegen den Entleiher kann bei ungeklärter Rechtslage parallel zu einer entsprechenden Klage gegen den Verleiher erhoben werden (*LAG Köln* v. 18.1.1985, EzAÜG § 10 Fiktion Nr. 37; Ulber/*Ulber, J.*, AÜG, § 10 Rn. 52). Der AN trägt die Darlegungs- und **Beweislast** dafür, dass auf Grund der vorgetragenen Tatsachen der **Verdacht** einer ANÜ ohne Erlaubnis begründet ist (*BAG* v. 30.1.1991, AP Nr. 8 zu § 10 AÜG und v. 11.4.1984, AP Nr. 7 zu § 10 AÜG). Hinsichtlich der hierfür erforderlichen Informationen steht dem Leih-AN ein **Auskunftsanspruch** sowohl gegen den Verleiher (*BAG* v. 11.4.1985, AP Nr. 7

zu § 10 AÜG und v. 19.4.2005 – 9 AZR 188/04), als auch gegen den Entleiher (*Boemke/Lembke*, § 10 Rn. 79 ff.; Ulber/*Ulber, J.*, AÜG, § 10 Rn. 52) zu. Bei obsiegendem Urteil in 1. Instanz steht dem Leih-AN ein Weiterbeschäftigungsanspruch beim Entleiher zu (*BAG* GS v. 27.2.1985 – GS 1/84, AP Nr. 14 zu § 611 BGB Beschäftigungspflicht; *Bartl/Romanowski*, NZA 2012, 845).

13 **(Beginn des fingierten Arbeitsverhältnisses)** Das fingierte ArbV **beginnt** mit Ex-nunc-Wirkung (ggf. nach Ablauf der Abwicklungsfrist nach § 2 Abs. 4 S. 4) zu laufen, wenn erstmals die Voraussetzungen des § 9 Nr. 1 erfüllt sind und der Leih-AN (unabhängig von dessen Geeignetheit) beim Entleiher **in tatsächlicher Hinsicht die Arbeit aufnimmt** (*BAG* v. 10.2.1977, AP Nr. 9 zu § 103 BetrVG 1972; *Boemke/Lembke*, § 10 Rn. 31 f.; Ulber/*Ulber, J.*, AÜG, § 10 Rn. 22; *Ulber, J.*, AuR 1982, 63). Liegt bei einer **nichtgewerbsmäßigen ANÜ** nicht die seit dem 1.12.2011 erforderliche Erlaubnis vor, treten die Rechtsfolgen von §§ 9 Nr. 1, 10 Abs. 1 mit ex-nunc-Wirkung ein (*LAG Düsseldorf* v. 26.7.2012 – 15 Sa 336/12; ArbG Krefeld v. 15.5.2012 – 1 Ca 2551/11; vgl. § 1 Rn. 132 und § 5 Rn. 6).

14 **(Abs. 1 S. 1 Hs. 2)** Entfällt die Erlaubnis zu einem **Zeitpunkt**, in dem der AN bereits bei einem Entleiher eingesetzt ist, kommt das Leiharbeitsverhältnis zum Zeitpunkt des Eintritts der Unwirksamkeit des Leiharbeitsvertrags nach § 9 Nr. 1 (vgl. § 9 Rn. 18) zustande, soweit die Erlaubnis nicht im Rahmen der **Abwicklungsfrist** von § 2 Abs. 4 S. 4 als fortbestehend gilt (Ulber/*Ulber, J.*, AÜG, § 10 Rn. 26).

15 Das fingierte ArbV zum Entleiher bleibt bestehen, wenn dem Verleiher zu einem **späteren Zeitpunkt** eine **Erlaubnis erteilt** wird (*LAG Schleswig-Holstein* v. 6.4.1984, EzAÜG § 10 Fiktion Nr. 36; Ulber/*Ulber, J.*, AÜG, § 10 Rn. 21). Die Fiktionswirkungen des Fortbestandes der Erlaubnis nach § 2 Abs. 4 S. 4 treten nur ein, wenn das Leiharbeitsverhältnis begründet wurde, bevor die Abwicklungsfrist zu laufen beginnt und mit dem Vollzug des ANÜ-Vertrags vor diesem Zeitpunkt begonnen wurde (vgl. § 2 Rn. 34 f.).

b. Laufzeit und Beendigung des fingierten Arbeitsverhältnisses (Abs. 1 S. 2)

16 Nach Abs. 1 S. 2 **gilt** das fingierte ArbV als **befristet**, wenn die Tätigkeit des AN beim Entleiher nur befristet vorgesehen war und (kumulativ) ein für die Befristung des ArbV sachlich rechtfertigender Grund vorliegt. Ob die **Tätigkeit** des Leih-AN **befristet vorgesehen** war, richtet sich nach dem **Geschäftswillen** der Parteien des ANÜ-Vertrags. Auf eine Befristung des Leiharbeitsverhältnisses kommt es nicht an (*Thüsing/Mengel*, § 10 Rn. 36; Ulber/*Ulber, J.*, AÜG, § 10 Rn. 28 ff.; *SchürenHamann/Schüren*, § 10 Rn. 58, 71; *Hirdina*, NZA 2011, 328). Enthält der ANÜ-Vertrag eine zeitliche Grenze für den Einsatz des Leih-AN, ist von einer Befristung auszugehen. Soweit sich der AN auf einen entgegenstehenden Geschäftswillen der Vertragsparteien beruft, ist er beweispflichtig. Der Gegenbeweis kann insbesondere dadurch erbracht werden, dass die Tätigkeit des Leih-AN nicht einem nur befristet bestehenden Beschäftigungsbedarf entsprach (Ulber/*Ulber, J.*, AÜG, § 10 Rn. 28), und daher gegen § 1 Abs. 1 S. 2 verstößt (vgl. § 1 Rn. 130 ff.).

Enthält ein nicht zweckbefristeter ANÜ-Vertrag (vgl. *ArbG Oberhausen* v. 9.4.1985, EzAÜG § 10 Fiktion Nr. 38) oder ein anderer als ANÜ-Vertrag zu qualifizierender Vertrag (insbesondere ein Scheinwerkvertrag) **keine Angaben zur vorgesehenen Laufzeit**, ist grundsätzlich von einer unbefristet vorgesehenen Tätigkeit des Leih-AN auszugehen. Dies gilt auch, soweit die Tätigkeit auf der Grundlage einer **Rahmenvereinbarung** beruht, die eine dauerhafte Verpflichtung des Verleihers zur Überlassung von Leih-AN enthält (Ulber/ *Ulber, J.*, AÜG, § 10 Rn. 29). Etwas anderes kann hier nur gelten, wenn der dem konkreten Einsatz zugrunde liegende Vertrag eine Einsatzbefristung enthält, für die abweichend von der dauerhaft geplanten ANÜ ein sachlicher Grund vorliegt. **17**

Ist der ANÜ-Vertrag wirksam befristet, muss für eine **Befristung des ArbV** mit dem Entleiher zum Zeitpunkt des Zustandekommens des fingierten ArbV ein sachlich rechtfertigender Grund i. S. v. § 14 Abs. 1 TzBfG vorliegen (*Schüren/Hamann/Schüren*, § 10 Rn. 58). Eine sachgrundlose Befristung des fingierten ArbV nach § 14 Abs. 2 TzBfG scheidet aus (ArbG Krefeld v. 15.5.2012 – 1 Ca 2551/11; *Bartl/Romanowski*, NZA 2012, 845; a. A. *LAG Hamm* v. 6.5.2011 – 7 Sa 1583/10, LAGE § 9 AÜG Nr. 8, wonach das fingierte ArbV Vorbeschäftigung i. S. v. § 14 Abs. 2 S. 1 TzBfG ist). Der sachliche Grund i. S. v. § 14 Abs. 1 TzBfG kann sowohl in der Sphäre des Entleihers als auch des Leih-AN seine Ursache haben (Thüsing/*Mengel*, § 10 Rn. 39; Ulber/*Ulber, J.*, AÜG, § 10 Rn. 32 f.). **18**

Ob ein **sachlicher rechtfertigender Grund** vorliegt, richtet sich nach dem allgemeinen Befristungsrecht (vgl. § 14 TzBfG). Bei Einsatz von Leih-AN auf **Dauerarbeitsplätzen** ist danach eine Befristung des ArbV nicht möglich (*Hirdina*, NZA 2011, 325). **19**

(Beendigung des befristeten Arbeitsverhältnisses) Sind die Voraussetzungen von Abs. 1 S. 2 erfüllt, ist das fingierte ArbV befristet und **endet** mit Ablauf der vorgesehenen Laufzeit des ANÜ-Vertrags, ohne dass es einer Kündigung bedarf (§ 15 Abs. 1 TzBfG; bei Weiterbeschäftigung vgl. Rn. 21). Der Entleiher ist jedoch verpflichtet, den Leih-AN unverzüglich auf das Ende des fingierten ArbV **hinzuweisen**, sobald er von der fehlenden Erlaubnis zur ANÜ Kenntnis erlangt (*B/W*, § 10 Rn. 32). Wird der Einsatz des AN infolge der Unkenntnis der Beteiligten vom fingierten ArbV vor Ablauf der Befristung beendet, besteht das ArbV (einschließlich der Vergütungs- **20**

§ 10 Rechtsfolgen bei Unwirksamkeit, Pflichten des Arbeitgebers

ansprüche) dennoch bis zum Ablauf der Befristung fort (ErfK/*Wank*, § 10 AÜG Rn. 33; Thüsing/*Mengel*, § 10 Rn. 42).

21 Vor Ablauf der Befristung steht dem Entleiher kein Recht zur ordentlichen Kündigung zu (*Schüren/Hamann/Schüren*, § 10 Rn. 106; Ulber/*Ulber, J.*, AÜG, § 10 Rn. 37). Lässt der Entleiher den AN über das Ende des fingierten ArbV hinaus **widerspruchslos weiterarbeiten**, ist das ArbV nach § 15 Abs. 5 TzBfG unbefristet (*LAG Baden-Württemberg* v. 19.10.1984, EzAÜG § 10 Fiktion Nr. 33).

22 (**Unbefristet fingiertes Arbeitsverhältnis**) Sind die **Voraussetzungen** von Abs. 1 S. 2 **nicht erfüllt**, ist das fingierte ArbV wie ein unbefristetes Normalarbeitsverhältnis zu behandeln.

23 (**Beendigung des unbefristeten fingierten Arbeitsverhältnisses**) Entleiher und Leih-AN können sich durch einen einvernehmlichen **Aufhebungsvertrag**, der der Schriftform bedarf (§ 623 BGB), oder durch eine **ordentliche Kündigung** unter Beachtung der gesetzlichen Vorschriften zum Kündigungsschutz und der im Entleihbetrieb zur Anwendung kommenden Kündigungsfristen (Rn. 37) vom Vertrag lösen (*BAG* v. 30.1.1991, EzA § 10 AÜG Nr. 3; *Boemke/Lembke*, § 10 Rn. 46). Beschäftigungszeiten, die der AN vor Beginn des fingierten ArbV beim Entleiher erbracht hat, sind entsprechend § 4 Abs. 2 S. 3 TzBfG (vgl. *BAG* v. 12.12.2010 – 9 AZR 518/09) bei der **Wartefrist gem. § 1 KSchG** grundsätzlich anzurechnen (vgl. *Becker*, AuR 82, 377; Ulber/*Ulber, J.*, AÜG, § 10 Rn. 45; a.A. *Boemke/Lembke*, § 110 Rn. 46; Thüsing/*Mengel*, § 10 Rn. 44; differenzierend Schüren/Hamann/*Schüren*, § 10 Rn. 107).

24 Wird der Einsatz beim Entleiher in Unkenntnis des fingierten ArbV vorzeitig beendet, liegt in der **Einstellung der Arbeit** durch den AN bzw. der **mangelnden Weiterbeschäftigung** durch den Entleiher (abgesehen von der mangelnden Schriftform gem. § 623 BGB) keine wirksame Kündigungserklärung vor. Der AN hat ggf. einen Anspruch auf entgeltliche Beschäftigung (Schüren/Hamann/*Schüren*, § 10 Rn. 120; Ulber/*Ulber, J.*, AÜG, § 10 Rn. 49), der nur unter eingeschränkten Voraussetzungen verwirkt werden kann. Eine **Verwirkung** setzt die Beendigung des Einsatzes beim Entleiher (*LAG Köln* v. 29.3.1984, EzAÜG § 10 Fiktion Nr. 27) und die Anerkennung des fingierten ArbV durch den Entleiher voraus (Ulber/*Ulber, J.*, AÜG, § 10 Rn. 50; einschränkend *BAG* v. 17.1.2007, DB 07, 1034). Daneben ist eine Verwirkung nur möglich, wenn der Leih-AN die für das Zustandekommen des fingierten ArbV maßgeblichen **Umstände kennt** (*LAG Köln* v. 3.6.2003 – 13 Sa 2/03; Ulber/*Ulber, J.*, AÜG, § 10 Rn. 50; a.A. Schüren/Hamann/*Schüren*, § 10 Rn. 140). Eine rechtsmissbräuchliche Berufung auf das fingierte ArbV liegt vor, wenn der AN sich trotz Kenntnis vom Bestehen des ArbV erst eine erhebliche Zeit nach einer Anerkennung durch den Entleiher auf das fingierte ArbV beruft (*BAG* v. 11.12.1996 – 5 AZR 708/95; Ulber/*Ulber, J.*, AÜG, § 10 Rn. 50).

Statt einer Beendigung des ArbV können Entleiher und AN den AV durch einvernehmliche Vereinbarung auf eine (ggf. auch mit veränderten Leistungspflichten verbundene) **neue vertragliche Grundlage** stellen (*BAG* v. 30.1.1991, EzAÜG § 10 AÜG Fiktion Nr. 68). 25

Ein Recht zur **außerordentlichen Kündigung** des ArbV (§ 626 BGB) steht den Parteien des fingierten ArbV unter denselben Voraussetzungen zu, die auch bei einem vertraglich begründeten ArbV erfüllt sein müssen. Der **Leih-AN** (nicht jedoch der Entleiher) ist darüber hinaus berechtigt, das fingierte ArbV generell außerordentlich zu kündigen, wobei die Frist nach § 626 Abs. 2 BGB mit der **Kenntniserlangung** von der fehlenden Erlaubnis beginnt (Thüsing/*Mengel*, § 10 Rn. 45; Ulber/*Ulber, J., AÜG*, § 10 Rn. 44; a. A. *Boemke/Lembke*, § 10 Rn. 24; Schüren/Hamann/*Schüren*, § 10 Rn. 112). Eine mangelnde Beschäftigungsmöglichkeit des Entleihers für den Leih-AN oder die unerwartete Verpflichtung zur Erfüllung von Ansprüchen aus dem fingierten ArbV stellen keinen Grund für eine außerordentliche Kündigung durch den Entleiher dar (Thüsing/*Mengel*, § 10 Rn. 45). 26

3. Inhalt des fingierten Arbeitsverhältnisses (Abs. 1 S. 3 bis 5)

Das gesetzlich zustande gekommene fingierte ArbV, dessen Inhalt sich nach den im ANÜ-Vertrag festgelegten Tätigkeitsmerkmalen richtet (Ulber/*Ulber, J., AÜG*, § 10 Rn. 55), ist ein **Normalarbeitsverhältnis**, das grundsätzlich mit allen Rechten und Pflichten eines vertraglich begründeten ArbV verbunden ist. Hierzu gehört, dass der Entleiher den Leih-AN auch in tatsächlicher Hinsicht beschäftigen muss, wenn der Leih-AN den aus §§ 611, 613 i.V.m. § 242 BGB folgenden **Beschäftigungsanspruch** geltend macht (*ArbG Freiburg* v. 30.1.2007, AuR 07, 182). Soweit im AÜG keine besonderen Regelungen enthalten sind, finden auf das ArbV grundsätzlich alle im Entleiherbetrieb geltenden Vorschriften Anwendung. 27

Der Inhalt des ArbV, insbesondere das Tätigkeitsprofil bzw. die **Arbeitsaufgaben des AN,** richtet sich nach den Tätigkeiten, die der Leih-AN auf der Grundlage des ANÜ-Vertrags im Rahmen des illegalen Verleihs ausgeübt hat (Ulber/*Ulber, J.*, AÜG, § 10 Rn. 55). Abs. 1 S. 3 bis 5 sind jedoch **abdingbar**, dürfen jedoch nur nicht rückwirkend abbedungen werden (vgl. *BAG* v. 18.2.2003, DB 2003, 2181; Ulber/*Ulber, J.*, AÜG, § 10 Rn. 56). Andere Tätigkeiten kann der Entleiher dem AN nur bei einer **einvernehmlichen Vertragsänderung** anbieten. Die Zuweisung eines anderen Arbeitsbereichs stellt ggf. eine nach § 99 BetrVG mitbestimmungspflichtige **Versetzung** dar. 28

Weichen die Arbeitsbedingungen des gesetzlich fingierten ArbV von 29

§ 10 Rechtsfolgen bei Unwirksamkeit, Pflichten des Arbeitgebers

TV ab, die **beim Entleiher** gelten, gelten die tarifvertraglichen Bedingungen auch im fingierten Leiharbeitsverhältnis (*ArbG Freiburg* v. 30.1.2007, AuR 07, 182; *Ulber*, § 10 Rn. 56). Bei mangelnder Tarifbindung gilt dies uneingeschränkt auch für **Betriebsnormen** i.S.v. § 3 Abs. 2 TVG (s. a. Rn. 36). Widersprechen beim Entleiher **bestehende BV**, von denen alle AN des Betriebs erfasst werden, den vertraglich vereinbarten Arbeitsbedingungen des Leih-AN, gelten die BV auch im fingierten ArbV. I.Ü. kann der Entleiher (ungeachtet einer einvernehmlichen Anpassung; vgl. Rn. 25) eine betriebsbedingte Änderungskündigung zum Zwecke der betriebsverfassungskonformen Anpassung aussprechen.

a. Arbeitszeit des fingierten Arbeitsverhältnisses (Abs. 1 S. 3)

30 Abs. 1 S. 3 enthält den Grundsatz, dass die zwischen Verleiher und Entleiher im ANÜ-Vertrag vorgesehene Regelung zu **Lage und Dauer der Arbeitszeit** auch für das fingierte ArbV gilt. Die in Abs. 1 S. 3 enthaltenen Regelungen zur Arbeitszeit sind jedoch mit ex-nunc-Wirkung (a. A. *Boemke/Lembke*, § 10 Rn. 22) **abdingbar** (*BAG* v. 18.2.2003, DB 03, 2181; Rn. 28).

31 Abs. 1 S. 3 kommt nur zur Anwendung, wenn Entleiher und AN nicht qua **beiderseitiger Tarifbindung** einem beim Entleiher geltenden für den AN günstigeren TV unterliegen (Thüsing/*Mengel*, § 10 Rn. 19; Ulber/*Ulber, J.*, AÜG, § 10 Rn. 64; vgl. Rn. 29). Ansonsten bestimmt sich die Dauer der Arbeitszeit nach den Vereinbarungen, die im **ANÜ-Vertrag** unter Einhaltung der gesetzlichen Bestimmungen zur Arbeitszeit getroffen wurden. In den ANÜ-Verträgen ist meist vereinbart, dass sich die Arbeitszeit des Leih-AN nach den beim Entleiher geltenden Bestimmungen richtet, so dass i.d.R. keine Probleme auftreten, den Leih-AN im Rahmen des beim Entleiher bestehenden Arbeitszeitsystems zu beschäftigen. **Fehlen** im ANÜ-Vertrag Anhaltspunkte für eine festgelegte Arbeitszeit oder ist der ANÜ-Vertrag nach § 12 Abs. 1 wegen Nichteinhaltung der Schriftform zu wesentlichen Arbeitsbedingungen unwirksam (vgl. § 12 Rn. 14), bestimmt sich die Arbeitszeit gem. Abs. 1 S. 4 nach den beim Entleiher geltenden Regelungen (*Boemke/Lembke*, § 10 Rn. 49; Thüsing/*Mengel*, § 10 Rn. 19; Ulber/*Ulber, J.*, AÜG, § 10 Rn. 59).

32 Weicht die im ANÜ-Vertrag vereinbarte **Dauer der Arbeitszeit** von den Arbeitszeitregelungen ab, die zwischen Verleiher und Leih-AN vereinbart wurden, ist allein die im ANÜ-Vertrag festgelegte Arbeitszeit maßgeblich. Dies gilt unabhängig davon, ob sich die bisherige Arbeitszeit des Leih-AN verlängert oder verkürzt (zu Ansprüchen gegen den Verleiher vgl. Rn. 51). Hierdurch auftretende Probleme können Entleiher und AN durch eine **vertragliche Anpassung** der Regelungen zur Arbeitszeit lösen (*BAG* v. 19.12.1979, AP Nr. 1 zu § 10 AÜG). Daneben kann der AN unter bestimmten Voraussetzungen (vgl. Ulber/*Ulber, J.*, AÜG, § 10 Rn. 61) eine **Anpassung verlangen** bzw. ein entsprechendes Ziel im Wege der **Änderungskündigung** verfolgen (s. o. Rn. 29). Liegt ein dringendes betriebliches Bedürfnis vor, kann auch der Entleiher eine ordentliche Änderungskündigung mit dem Ziel der Anpassung der Arbeitszeit aussprechen. Die Anpassung der Arbeitszeit lässt in diesem Fall jedoch den Mindestvergütungsanspruch des AN nach Abs. 1 S. 5 (vgl. Rn. 41) unberührt.

Weicht die mit dem Verleiher im Leiharbeitsvertrag vereinbarte **Lage der Arbeitszeit** von der im ANÜ-Vertrag vereinbarten Lage der Arbeitszeit des Leih-AN ab, gilt die im ANÜ-Vertrag festgelegte Arbeitszeit nur, soweit sie sich im Rahmen der im Entleiherbetrieb geltenden **BV**, die auch für das fingierte ArbV **zwingend** gelten, bewegt (Ulber/*Ulber, J.*, AÜG, § 10 Rn. 62). Soweit der Entleiher den AN hiervon abweichend im Rahmen der mit dem Verleiher getroffenen Vertragsabsprachen einsetzen will, muss er die **Mitbestimmungsrechte** des BR gem. § 87 Abs. 1 Nr. 2 und 3 BetrVG beachten. Besteht kein BR, ist der Entleiher in den Grenzen billigen Ermessens (§ 106 GewO) befugt, über die Lage der Arbeitszeit frei zu bestimmen (Ulber/*Ulber, J.*, AÜG, § 10 Rn. 62). 33

b. Gleichstellung bei den sonstigen Arbeitsbedingungen (Abs. 1 S. 4)

Nach Abs. 1 S. 4 Hs. 1 finden auf das fingierte ArbV alle für den Entleiherbetrieb geltenden Vorschriften und sonstigen Regelungen Anwendung. Die Vorschrift stellt klar, dass das fingierte ArbV grundsätzlich hinsichtlich **aller Arbeitsbedingungen** einem vertraglich begründeten ArbV **gleichgestellt** ist (Ulber/*Ulber, J.*, AÜG, § 10 Rn. 65). Ungeachtet der in Abs. 1 S. 5 getroffenen Regelung zum Mindestarbeitsentgelt hat der Entleiher den AN daher wie im Betrieb bereits beschäftigte Stammarbeitnehmer (einschließlich des Arbeitsentgelts) gleich zu behandeln. 34

Abs. 1 S. 4 ist für entstandene Ansprüche **unabdingbar**. Für **zukünftig entstehende Ansprüche** können Entleiher und AN jedoch eine neue Regelung vereinbaren (vgl. Rn. 7, 25). Bei dringendem betrieblichem Bedürfnis kann der Entleiher die Arbeitsbedingungen auch über ein **Änderungskündigung** anpassen (Thüsing/*Mengel*, § 10 Rn. 34; vgl. Rn. 29). Ausgeschlossen ist dies jedoch, wenn das fingierte ArbV befristet ist. 35

Zu den **im Entleiherbetrieb geltenden Vorschriften** gehören alle individual- und kollektivrechtlichen Normen, die dem AN eine Rechtsposition einräumen, insbesondere Gesetze, TV und BV (Ulber/ *Ulber, J.*, AÜG, § 10 Rn. 65; zur Altersversorgung vgl. *BAG* v. 18.2.2003, AP Nr. 5 zu § 13 AÜG). Normativ geltende BV gehen Abs. 1 S. 4 vor. Gleiches gilt für TV bei beiderseitiger **Tarifbindung** (Rn. 29). Durch den zusätzlichen Verweis auf die **sonstigen Rege**- 36

§ 10 Rechtsfolgen bei Unwirksamkeit, Pflichten des Arbeitgebers

lungen ist klargestellt, dass Ansprüche des AN auch auf betrieblicher Übung beruhen können (*Boemke/Lembke*, § 10 Rn. 51). Bei mangelnder Tarifbindung hat der AN dennoch einen Anspruch auf Anwendung der TV, wenn der Entleiher (insbesondere in Form von Formulararbeitsverträgen) Arbeitsverträge üblicherweise nur unter Bezugnahme auf einen TV abschließt.

37 Die aus Abs. 1 S. 4 folgenden Rechte und Pflichten aus dem fingierten ArbV bestehen unabhängig davon, welchen Arbeitsbedingungen der Leih-AN beim Verleiher unterlag, und beschränken sich nicht auf die von § 9 Nr. 2 erfassten wesentlichen Arbeitsbedingungen. Auch der **Kündigungsschutz** einschließlich der Kündigungsschutzfristen richtet sich ausschließlich nach den beim Entleiher geltenden Vorschriften. Nur hinsichtlich des Arbeitsentgelts sind Ansprüche aus §§ 9 Nr. 2, 10 Abs. 4 gem. S. 5 zu berücksichtigen, wenn sie für den AN günstiger sind.

38 Der AN hat (auch auf Grund der Gleichbehandlungspflichten des Entleihers) Anspruch auf alle Leistungen, die der Entleiher Stammarbeitnehmern des Betriebs gewährt. Soweit es bei den Leistungen auf die **Betriebszugehörigkeit** ankommt, sind Zeiten, die der AN unmittelbar vor Zustandekommen des fingierten ArbV beim Entleiher gearbeitet hat, mitzuzählen (Ulber/*Ulber, J.*, AÜG, § 10 Rn. 65; a.A. *Boemke/Lembke*, § 10 Rn. 52; *Thüsing/Mengel*, § 10 Rn. 25). Die in Abs. 1 enthaltenen gesetzlichen Bestimmungen zum fingierten ArbV knüpfen an die tatsächliche Beschäftigung beim Entleiher an, so dass grundsätzlich die tatsächlichen (Gesamt-) Beschäftigungszeiten beim Entleiher zu berücksichtigen sind.

39 Auch **Vergütungsansprüche** des AN, einschließlich aller Lohnnebenansprüche, richten sich nach den im Entleiherbetrieb geltenden Regelungen (Ulber/*Ulber, J.*, AÜG, § 10 Rn. 65). Sind die Ansprüche in einem TV geregelt, hat der Entleiher diese auch dem nicht tarifgebundenen AN zu gewähren, wenn er die Geltung des TV üblicherweise mit allen AN vereinbart (Rn. 36). I.Ü. richtet sich der Vergütungsanspruch nach den Vergütungsgrundsätzen, die der Entleiher bei einem vergleichbaren, nicht tarifgebundenen AN anwendet (*BAG* v. 7.6.1993, EzAÜG § 10 Fiktion Nr. 77; *Thüsing/Mengel*, § 10 Rn. 26; *Ulber*, § 10 Rn. 56). Nach Art. 5 Abs. 1 LA-RL ist die Vergleichbarkeit **tätigkeitsbezogen** vorzunehmen (Freckmann/Gallini, BB 2013, 309). Personenbezogene Merkmale bleiben außer Betracht (*Freckmann/Gallini*, BB 2013, 309). Der AN hat im Streitfall auf Grund einer Tätigkeitsbeschreibung darzulegen, dass die Voraussetzungen einer **Eingruppierung** in eine bestimmte Vergütungsgruppe vorliegen (*LAG Baden-Württemberg* v. 22.11.2012 – 11 Sa 84/12). Ungeachtet der Frage, welche Vergütungsgrundsätze zur Anwendung kommen, hat ein beim Entleiher bestehender **BR** bei der **Eingruppierung** nach § 99 BetrVG mitzubestimmen.

(Abs. 1 Satz 4 Hs. 2) Sind Arbeitsbedingungen des fingierten ArbV **40**
nicht von Regelungen nach Abs. 1 S. 4 Hs. 1 erfasst, gelten nach Hs. 2
die Arbeitsbedingungen **vergleichbarer Betriebe**. Ob ein Betrieb
vergleichbar ist, richtet sich neben dem **Betriebszweck** nach der
betroffenen **Branchenzugehörigkeit** (*Boemke/Lembke*, § 10 Rn. 54)
und den hier üblichen **Tarifbedingungen** (Schüren/Hamann/*Schüren*, § 10 Rn. 101) sowie nach Ort und Größe des Betriebs (Thüsing/
Mengel, § 10 Rn. 28). Bei Fehlen vergleichbarer Betriebe ist das übliche Arbeitsentgelt i. S. v. § 612 Abs. 2 BGB zu zahlen (BAG v.
15. 6. 1983, AP Nr. 5 zu § 10 AÜG).

c. Mindestentgeltanspruch (Abs. 1 S. 5)

Soweit der Leiharbeitsvertrag eine höhere als die nach Abs. 1 S. 4 **41**
geschuldete Vergütung vorsah, hat der AN gegen den Entleiher nach
Abs. 1 S. 5 einen Entgeltanspruch, der der Höhe nach **mindestens**
dem mit dem Verleiher vereinbarten Entgelt entspricht. Der Begriff
des **Arbeitsentgelts** ist dabei i. s. jedes geldwerten Vorteils weit zu
fassen (vgl. Thüsing/*Mengel*, § 10 Rn. 23; Ulber/*Ulber, J.*, AÜG, § 10
Rn. 70). Die zum Arbeitsentgelt i. S. v. § 9 Nr. 2 gemachten Ausführungen (vgl. § 9 Rn. 48 ff.) gelten entsprechend. Die Vorschrift sichert
dem AN sein bisheriges Einkommen in den Fällen, in denen der
Vergütungsanspruch nach Abs. 1 S. 4 geringer ist, als das bislang vom
Verleiher geschuldete Arbeitsentgelt.

Bezugspunkt ist das mit dem Verleiher **vereinbarte Arbeitsentgelt**, **42**
soweit dies höher ist als das Arbeitsentgelt beim Entleiher. Hierzu ist
jeweils ein **Günstigkeitsvergleich** vorzunehmen (Ulber/*Ulber, J.*,
AÜG § 10 Rn. 144). Da regelmäßig ein **TV zur ANÜ** mit den
entsprechenden Niedriglöhnen auf das Leiharbeitsverhältnis Anwendung findet, hat die Vorschrift kaum praktische Bedeutung. Auch
wenn die Vergütungsvereinbarung nach § 9 Nr. 2 unwirksam ist, hat
der Entleiher über den dann zugrunde zu legenden Mindestentgeltanspruch aus Abs. 4 S. 4 nur das Arbeitsentgelt zu zahlen, dass er einem
vergleichbaren AN (tätigkeitsbezogen) gewährt. Ausnahmsweise kann
Abs. 1 S. 5 Bedeutung erlangen, wenn der Leih-AN auf Grund der
Tätigkeitsbeschreibung im Leiharbeitsvertrag einer **oberen Entgeltgruppe** zugeordnet war und beim Entleiher nur Tätigkeiten einer
unteren Lohngruppe ausübte. Ggf. ist hier im Rahmen des Günstigkeitsvergleichs unter Berücksichtigung der entsprechenden Eingruppierung das nach dem AV mit dem Verleiher vereinbarte Arbeitsentgelt
zu Grunde zu legen, soweit es höher ist.

Der Mindestvergütungsanspruch besteht (ggf. auch rückwirkend) ab **43**
dem **Zeitpunkt**, in dem erstmals die Voraussetzungen des fingierten
ArbV vorlagen. Er unterliegt aber der **Verjährungsfrist** von drei
Jahren nach § 195 BGB (*BAG* v. 17. 1. 2007, DB 07, 1034). Beim
Entleiher geltende **Verfallfristen** sind wegen des unabdingbaren ge-

§ 10 Rechtsfolgen bei Unwirksamkeit, Pflichten des Arbeitgebers

setzlichen Anspruchs grundsätzlich nicht anwendbar (*Ulber, D.*, DB 2011; a. A. *BAG* v. 23.3.2011, DB 2011, 1526). Der Mindestentgeltanspruch besteht, solange die nach Abs. 1 S. 4 zu zahlende Vergütung geringer ist, als das bisher vom Verleiher geschuldete Arbeitsentgelt (*BAG* v. 21.7.1993, EzAÜG § 10 Fiktion Nr. 78; *Ulber*, § 10 Rn. 59). Die **Besitzstandsregelung** von Abs. 1 S. 5 ist dabei **statisch** (*Boemke/Lembke*, § 10 Rn. 55; Ulber/*Ulber, J.*, AÜG, § 10 Rn. 71; KassHandb/*Düwell*, 4.5 Rn. 273), und schützt den AN nicht vor einer Anrechnung bei späteren Lohnerhöhungen der Belegschaft (*BAG* v. 21.7.1993, EzAÜG § 10 Fiktion Nr. 78). Ein **MBR des BR** nach § 87 Abs. 1 Nr. 10 besteht bei einer entsprechenden Anrechnung nicht (*Boemke/Lembke*, § 10 Rn. 60).

44 Eine Anpassung der Entgeltstrukturen kann der Entleiher in den Fällen von Abs. 1 S. 5 nur über eine entsprechende Änderungsvereinbarung erreichen. Eine **Änderungskündigung** ist, soweit nicht infolge des Anspruchs die Existenz des Betriebs gefährdet ist, grundsätzlich **ausgeschlossen** (*LAG Düsseldorf* v. 22.2.2005, DB 2005, 1116; Ulber/*Ulber, J.*, AÜG, § 10 Rn. 71; KassHandb/*Düwell*, 4.5 Rn. 271).

4. Ansprüche gegen den Verleiher bei Unwirksamkeit des Leiharbeitsvertrags (Abs. 2)

45 Ist der AV nach § 9 Nr. 1 unwirksam, steht dem Leih-AN bei **Gutgläubigkeit** nach Abs. 2 ein **Anspruch** auf **Ersatz des Vertrauensschadens** gegen den Verleiher zu (ErfK/*Wank*, § 10 Rn. 24; *Schüren/Hamann/Schüren*, § 10 Rn. 203; Ulber/*Ulber, J.*, AÜG, § 10 Rn. 81; a. A. *Boemke/Lembke*, § 10 Rn. 89), der neben anderen, ggf. auch deliktischen Schadensersatzansprüchen besteht (Ulber/*Ulber, J.*, AÜG, § 10 Rn. 81; vgl. § 9 Rn. 27). Bei Vollzug des unwirksamen Leiharbeitsverhältnisses steht ihm daneben ein **Vergütungsanspruch** zu (vgl. § 9 Rn. 26).

46 Abs. 2 kommt grundsätzlich nur zur Anwendung, wenn der AV nach § 9 Nr. 1 wegen **fehlender Erlaubnis** (bzw. deren Wegfall) unwirksam ist. Unbeachtlich ist, ob neben § 9 Nr. 1 weitere Unwirksamkeitsgründe vorliegen (a. A. *Boemke/Lembke*, § 10 Rn. 88). Ist der AV jedoch allein aus sonstigen Gründen unwirksam, ist Abs. 2 keine Grundlage für einen entsprechenden Anspruch (*Thüsing/Mengel*, § 10 Rn. 53).

47 Nach **Abs. 2 S. 2** setzt der Anspruch voraus, dass der Leih-AN den **Grund der Unwirksamkeit** des Leiharbeitsvertrags, d. h. das Vorliegen einer ANÜ und das Fehlen der erforderlichen Erlaubnis, nicht kannte. Hierfür ist eine **positive Kenntnis** des Leih-AN erforderlich. Es reicht nicht aus, wenn der Leih-AN es versäumt, sich nach dem Bestehen der Erlaubnis zu erkundigen. Zweifel gehen zulasten des Verleihers (Ulber/*Ulber, J.*, AÜG, § 10 Rn. 84).

48 Der Verleiher haftet nach Abs. 2 S. 1 für **alle Schäden**, die dem

Leih-AN dadurch entstehen, dass das unwirksame Leiharbeitsverhältnis nicht vollzogen oder abgebrochen wurde (Schüren/*Schüren*, § 10 Rn. 185, 199; *Ulber*, § 10 Rn. 68). Der Anspruch ist nicht auf das negative Interesse begrenzt (Thüsing/*Mengel*, § 10 Rn. 55; *Ulber*, § 10 Rn. 73). Eine Minderung des Anspruchs wegen **Mitverschuldens** ist regelmäßig ausgeschlossen (*Boemke/Lembke*, § 10 Rn. 88; *Ulber*, § 10 Rn. 72).

Bezüglich der Tatsachen, die der Leih-AN zur Geltendmachung von **49** Ansprüchen aus Abs. 2 benötigt, steht ihm gegen den Verleiher ein **Auskunftsanspruch** zu (*BAG* v. 11.4.1984, BB 1984, 2268).

Zum **ersatzfähigen Schaden** gehören alle Vermögensnachteile, die **50** dem Leih-AN **auf Grund des Vertragabschlusses** entstanden sind (z.B. Bewerbungs- und Umzugskosten, Anschaffung eines Fahrzeugs u. Ä.; *Schüren/Hamann/Schüren*, § 10 Rn. 206; Ulber/*Ulber, J.*, AÜG, § 10 Rn. 86) oder die ihm infolge der gesetzlich angeordneten vorzeitigen **Beendigung des ArbV** entstehen (z.B. Fortfall des Entgeltanspruchs mindestens bis Ablauf der Kündigungsfrist; ErfK/*Wank*, § 10 AÜG Rn. 38). Hat der Leih-AN wegen des Leiharbeitsvertrags ein **bestehendes ArbV beendet**, hat der Verleiher ihn so zu stellen, wie er ohne Beendigung des ArbV stehen würde (Thüsing/*Mengel*, § 10 Rn. 55; Ulber/*Ulber, J.*, AÜG, § 10 Rn. 86).

Der Verleiher haftet dem Leih-AN auch, wenn der Entleiher seinen **51** Verpflichtungen aus dem fingierten ArbV nicht oder nicht vollständig nachkommt, oder eine Insolvenz des Entleihers vorliegt (Ulber/*Ulber, J.*, AÜG, § 10 Rn. 88: a.A. *Boemke/Lembke*, § 10 Rn. 97). Dasselbe gilt, wenn sich das Arbeitsentgelt des Leih-AN wegen einer beim Entleiher verkürzten Arbeitszeit vermindert (vgl. Rn. 32), oder er infolge der Unkenntnis des fingierten ArbV **Ansprüche gegen den Entleiher** nicht rechtzeitig geltend macht (Schüren/Hamann/*Schüren*, § 10 Rn. 186; Thüsing/*Mengel*, § 10 Rn. 56; Ulber/*Ulber, J.*, AÜG, § 10 Rn. 87). **Kosten der Rechtsverfolgung** von Ansprüchen gegen den Entleiher (einschließlich etwaiger Anwaltskosten) sind ihm vom Verleiher zu erstatten (Ulber/*Ulber, J.*, AÜG, § 10 Rn. 88; einschränkend Schüren/Hamann/*Schüren*, § 10 Rn. 192).

5. Gesamtschuldnerische Haftung (Abs. 3)

(Abs. 3 S. 1) Nach Abs. 3 S. 1 ist der Verleiher im Falle der Unwirk- **52** samkeit des Leiharbeitsvertrags nach § 9 Nr. 1 verpflichtet, **gegenüber Dritten bestehende Zahlungspflichten** (neben dem Entleiher als AG nach Abs. 1) zu erfüllen. Dies gilt auch bei einem illegalen **Verleih aus dem Ausland** (*Hess. FG* v. 13.2.2008 – 8 K 2258/01). Auf eine **Kenntnis** des Verleihers von der Unwirksamkeit kommt es nicht an (*LSG Mainz* v. 29.7.2009, DB 2009, 2443). Voraussetzung ist, dass der Verleiher dem Leih-AN den Lohn oder Teile des Lohns zahlt. Unbeachtlich ist hierbei, ob die Unwirksamkeit ausschließlich auf § 9 Nr. 1

§ 10 Rechtsfolgen bei Unwirksamkeit, Pflichten des Arbeitgebers

oder auf anderen Gründen beruht (Ulber/*Ulber, J.*, AÜG, § 10 Rn. 89). Soweit der Verleiher die Zahlungspflichten gegenüber Dritten schon auf Grund eines vollzogenen fehlerhaften Leiharbeitsverhältnisses erfüllt, bleibt für die Anwendung der Vorschrift kein Raum.

53 Die Leistungspflichten des Verleihers knüpfen nur daran an, ob er **in tatsächlicher Hinsicht** zumindest einen Teil des Arbeitsentgelts (z. B. Fahrtkosten) an den Leih-AN **zahlt**. Soweit der Entleiher oder ein sonstiger Dritter nur als Zahlstelle fungiert, sind die Leistungen dem Verleiher zuzurechnen (*Boemke/Lembke*, § 10 Rn. 102). Allein der Vollzug des ArbV reicht nicht aus (Thüsing/*Mengel*, § 10 Rn. 61; Ulber/*Ulber, J.*, AÜG, § 10 Rn. 91; a. A. Schüren/Hamann/*Schüren*, § 10 Rn. 225). Zahlt der Verleiher Teile des Arbeitsentgelts, muss er sich hinsichtlich der Höhe des Anspruchs des Dritten so behandeln lassen, als habe er seine Leistungspflichten hinsichtlich des Arbeitsentgelts vollständig erfüllt (Ulber/*Ulber, J.*, AÜG, § 10 Rn. 92).

54 Ansprüche Dritter i. S. v. Abs. 3 S. 1 bestehen u. a., wenn der AN Lohnansprüche an Dritte abgetreten oder verpfändet hat oder Entgeltansprüche des Leih-AN gepfändet wurden (Ulber/*Ulber, J.*, AÜG, § 10 Rn. 76a). Auch Ansprüche auf Zahlung des **Gesamtsozialversicherungsbeitrags**, Beiträge zur Unfallversicherung (§ 150 Abs. 3 SGB VII) oder die Abführung der **Lohnsteuer** oder von Sozialkassenbeiträgen an die ZVK des Baugewerbes (*BAG* v. 8.7.1998, NZA 1999, 493) unterliegen Abs. 3 S. 1. Die diesbezüglichen Verpflichtungen des Verleihers folgen jedoch z. T. schon aus den gesetzlichen Regeln von § 28e Abs. 2 S. 3 und 4 SGB IV bzw. § 42d Abs. 6 bis 8 EStG (vgl. Ulber/*Ulber, J.*, AÜG, Art. 3 AÜG Rn. 7ff.). Kommt der Verleiher diesen Zahlungspflichten nicht nach, macht er sich wegen vollendeten Beitragsbetrugs nach § 266a StGB strafbar (*BGH* v. 13.5.1987, EzAÜG § 10 Sozialrecht Nr. 3).

55 (Abs. 3 S. 2) S. 2 stellt klar, dass auch der **Entleiher** für Ansprüche Dritter gegen den Verleiher nach Abs. 3 S. 1 haftet. Die Haftung besteht neben seiner Pflicht zur Zahlung der entsprechenden Beiträge aus dem fingierten ArbV. **Verletzt** er seine **Abführungspflichten,** kann er sich auch dann nach § 266a Abs. 2 StGB strafbar machen, wenn er für die Zeit der tatsächlichen Beschäftigung im Entleiherbetrieb keinen Lohn zahlt (*BGH* v. 16.5.2000, NJW 00, 2993). Soweit der Verleiher gem. Abs. 3 S. 1 haftet, haftet der Entleiher nach S. 2 als **Gesamtschuldner**.

6. Gleichstellungsansprüche gegen den Verleiher (Abs. 4)

56 Abs. 4 regelt **zwingend** die **Ansprüche des Leih-AN** gegen den Verleiher, auf **Gewährung der wesentlichen Arbeitsbedingungen** i. S. v. § 9 Nr. 2 (*BAG* v. 13.3.2013 – 5 AZR 954/11, DB 2013, 1496). Die Vorschrift wurde auf Grund des 1. AÜG-ÄndG m. W. v. 30.4.2011 neu gefasst und ist **verfassungsgemäß** (*BAG*, a. a. O.). **S. 1**

regelt als Grundsatz den **Gleichbehandlungsanspruch** des Leih-AN. Dieselbe Rechtsfolge tritt nach **S. 4** ein, wenn eine **Vereinbarung** zu wesentlichen Arbeitsbedingungen nach § 9 Nr. 2 **unwirksam** ist. **S. 2** regelt hiervon abweichend die Ansprüche des Leih-AN bei Anwendung eines wirksamen **TV zur ANÜ**. Unterschreitet ein TV zur ANÜ das in einer RV nach § 3a festgesetzte **Mindeststundenentgelt**, gilt nach **S. 3** wiederum der Gleichbehandlungsgrundsatz.

Von der Norm werden alle Fälle **erlaubnispflichtiger ANÜ** (*Ulber*, **57** § 10 Rn. 81; *Kokemoor*, NZA 03, 243) und **illegaler ANÜ** (*Thüsing/ Mengel*, § 10 Rn. 65) erfasst. Ebenfalls anwendbar ist Abs. 4 auf **fehlerhafte ArbV** (*Schüren/Hamann/Schüren*, § 10 Rn. 152, 232; *Ulber/Ulber, J.*, AÜG, § 10 Rn. 96) und in den **Fällen von § 1 a**. Abs. 4 gilt **zwingend** i. S. v. Art. 9 Abs. 1 Rom-I-VO (*Bayreuther*, DB 2011, 706) und findet daher auch Anwendung wenn Leih-AN aus dem Ausland entsandt werden. Die Rechtsfolgen können weder in einem TV noch in einer BV oder arbeitsvertraglich abbedungen werden. Ein **Verzicht** auf Ansprüche aus Abs. 4 oder Abs. 5 ist unwirksam (*Ulber/Ulber, J.*, AÜG, § 10 Rn. 97; *Lembke*, BB 2010, 1537).

a. Ansprüche auf Gleichbehandlung (Abs. 4 S. 1)

Nach Abs. 4 S. 1 stehen dem Leih-AN für Zeiten der Überlassung an **58** einen Entleiher hinsichtlich der wesentlichen Arbeitsbedingungen grundsätzlich dieselben Ansprüche zu wie Stammarbeitnehmern des Entleihers (**Grundsatz der Gleichbehandlung**). Sie setzt voraus, dass die Absprache über wesentliche Arbeitsbedingungen i. S. v. § 9 Nr. 2 wirksam ist. Ist die **Vereinbarung nach § 9 Nr. 2 unwirksam**, richten sich die (gleichgerichteten) Ansprüche nach Abs. 4 S. 4. Ob der Verleiher **schuldhaft** gegen die Gleichbehandlungsgrundsätze verstößt, ist unbeachtlich (*Boemke/Lembke*, § 10 Rn. 107; *Thüsing/ Mengel*, § 10 Rn. 65, 68; *Ulber/Ulber, J.*, AÜG, § 10 Rn. 99).

Bei **Unwirksamkeit des Leiharbeitsvertrags** nach § 9 Nr. 1 sowie **59** in den **Fällen illegaler ANÜ** (insbesondere beim Scheinwerkvertrag) richten sich die (gleichgerichteten) Ansprüche nach Abs. 4 S. 1 und 4 (*Schüren/Hamann/Schüren*, § 10 Rn. 232). Hier besteht die Besonderheit, dass die Gleichbehandlungsansprüche nicht nach Abs. 4 S. 2 durch einen TV zur ANÜ verkürzt werden können.

(**Wesentliche Arbeitsbedingungen**) Abs. 4 ist nur anwendbar, so- **60** weit dem Leih-AN nach § 9 Nr. 2 **wesentliche Arbeitsbedingungen** (vgl. § 9 Rn. 41 ff.) zu gewähren sind. Die Vergütung in **verleihfreien Zeiten** richtet sich unter Berücksichtigung einer RV nach § 3a (Abs. 5) ausschließlich nach den arbeitsvertraglichen Vereinbarungen mit dem Verleiher. Für den Leih-AN ist Abs. 4 S. 1 **Anspruchsgrundlage** für die Gewährung aller wesentlichen Arbeitsbedingungen, die von § 9 Nr. 2 erfasst werden (vgl. § 9 Rn. 52; zum Auskunftsanspruch des Leih-AN vgl. § 13 Rn. 2). Dies gilt jedoch nur, solange

§ 10 Rechtsfolgen bei Unwirksamkeit, Pflichten des Arbeitgebers

die nach S. 1 bestehenden Mindestansprüche die nach dem AV zu gewährenden Arbeitsbedingungen überschreiten. Sind die **vertraglich vereinbarten Bedingungen günstiger**, gehen diese dem gesetzlichen Anspruch aus Abs. 4 S. 1 vor (Ulber/*Ulber, J.*, AÜG, § 10 Rn. 100). Abs. 4 enthält nur eine **Mindestentgeltgarantie** (*Lembke*, BB 03, 101), die der Höhe nach auf das Niveau begrenzt ist, das einem vergleichbaren AN des Entleihers (tätigkeitsbezogen) zu gewähren ist. Wurde **keine Vergütungsabrede** getroffen, kommt Abs. 4 S. 1 vollumfänglich zur Anwendung. Soweit der Verleiher nur **einzelne** wesentliche Arbeitsbedingungen i. S. v. § 9 Nr. 2 nicht gewährt, ist der Leistungsanspruch des Leih-AN i. d. R. auf diese Arbeitsbedingungen beschränkt (Thüsing/*Mengel*, § 10 Rn. 68; Ulber/*Ulber, J.*, AÜG, § 10 Rn. 99).

61 Die Rechtsfolgen von Abs. 4 werden auch ausgelöst, wenn der Leih-AN die **Geltung eines TV zur ANÜ ablehnt** (*ArbG Krefeld* v. 19. 4. 2011 – 4 Ca 3047/10; Ulber, *Ulber, J.*, AÜG, § 10 Rn. 143). Ist nur eine **einzelne wesentliche Arbeitsbedingung** in den vertraglichen Vereinbarungen nicht geregelt (zu Regelungslücken vgl. § 9 Rn. 85), findet Abs. 4 S. 1 Anwendung (Thüsing/*Mengel*, § 10 Rn. 67). Weist ein TV zur ANÜ, der auf das Leiharbeitsverhältnis Anwendung findet, **Regelungslücken** auf (vgl. hierzu Ulber/*Ulber, J.*, AÜG, § 9 Rn. 190 ff. u. § 10 Rn. 82), ist hinsichtlich der im TV nicht geregelten wesentlichen Arbeitsbedingungen ein inhaltlich auf diese Arbeitsbedingungen beschränkter Erfüllungsanspruch des Leih-AN gem. Abs. 4 S. 1 gegeben (*ArbG Potsdam* v. 28. 1. 2013 – 9 Ca 2215/12; Ulber/*Ulber, J.*, AÜG, § 10 Rn. 130; Wedde/*Mittag*, AÜG, § 9 Rn. 8).

62 Auf welcher **Rechtsgrundlage** die Arbeitsbedingungen beim Entleiher zu gewähren sind, ist unbeachtlich (*Boemke*, RIW 2009, 179; *Ulber, J.*, AuR 2010, 13). Abzustellen ist allein darauf, ob der Entleiher die Arbeitsbedingung einem vergleichbaren AN **tatsächlich gewährt** (*Hanau*, ZIP 2003, 1576). Ist es dem Verleiher aus tatsächlichen (z. B. Parkplatznutzung beim Entleiher) oder rechtlichen (z. B. Systeme der betrieblichen Altersversorgung) Gründen **nicht möglich**, Ansprüche des Leih-AN aus Abs. 4 S. 1 zu erfüllen, ist er verpflichtet, im ANÜ-Vertrag die **Übernahme der Erfüllung** durch den Entleiher zu vereinbaren (Ulber/*Ulber, J.*, AÜG, § 10 Rn. 113; S/M, § 10 Anm. 27). Andernfalls ist er dem Leih-AN nach § 282 BGB zum Schadensersatz verpflichtet (*Ulber*, § 10 Rn. 111, 116). Soweit eine Erfüllungsübernahme nicht möglich ist, hat der Verleiher als **Surrogat** eine vergleichbare und wertgleiche Leistung zu gewähren (Ulber/*Ulber, J.*, AÜG, § 10 Rn. 113; *Behrend*, NZA 02, 374; *Lembke*, BB 03, 101). Dies gilt insbesondere für Ansprüche, die auf Systemen der **betrieblichen Altersversorgung** beim Entleiher beruhen (*Schüren/Hamann/ Schüren*, § 9 Rn. 135; Ulber/*Ulber, J.*, AÜG, § 10 Rn. 116; *Weyand/ Düwell*, S. 78; *Lembke*, BB 03, 101; *Sansone*, 226).

Rechtsfolgen bei Unwirksamkeit, Pflichten des Arbeitgebers § 10

Sind die Voraussetzungen von Abs. 4 erfüllt, steht dem Leih-AN für den **Zeitraum des Verleihs** ein **Leistungsanspruch** auf Gewährung aller wesentlichen Arbeitsbedingungen des vergleichbaren AN zu. Bzgl. des Arbeitsentgeltes ist der Anspruch auf die **Differenzvergütung** zwischen arbeitsvertraglich geschuldeten und nach den Bedingungen beim Entleiher zu gewährendem Arbeitsentgelt gerichtet. Beim **Entgeltanspruch** sind sowohl Grundentgelte, als auch Zulagen, Zuschläge oder Zuschüsse (z.B. Fahrtkosten- oder Essensgeldzuschüsse) oder leistungs- bzw. ertragsorientierte Vergütungsbestandteile (*BAG* v. 23.3.2011, AP Nr. 23 zu § 10 AÜG) zu berücksichtigen (Ulber/*Ulber, J.*, AÜG, § 10 Rn. 113). Der AN hat im Streitfall auf Grund einer Tätigkeitsbeschreibung darzulegen, dass die Voraussetzungen einer **Eingruppierung** in eine bestimmte Vergütungsgruppe vorliegen (*BAG* v. 23.3.2011, AP Nr. 23 zu § 10 AÜG; *LAG Baden-Württemberg* v. 22.11.2012 – 11 Sa 84/12). **63**

Anspruchsgegner von Ansprüchen nach Abs. 4 ist grundsätzlich der Verleiher (Ulber/*Ulber, J.*, AÜG, § 10 Rn. 119). Etwas anderes gilt, soweit dem Leih-AN auf Grund von **TV** oder **BV im Entleiherbetrieb** (vgl. § 9 Rn. 78c) ein unmittelbarer Anspruch gegen den Entleiher zusteht (*Boemke/Lembke*, § 10 Rn. 110). Bei Ansprüchen des Leih-AN gegen den Entleiher aus § 13b, die gleichzeitig wesentliche Arbeitsbedingungen i.S.v. § 9 Nr. 2 sind, sind Entleiher und Verleiher Gesamtschuldner i.S.v. § 421 BGB (Ulber/*Ulber, J.* AÜG, § 10 Rn. 120). Bei sonstigen **Arbeitsentgeltansprüchen** (einschließlich Lohnnebenleistungen) ist der Verleiher Anspruchsgegner. Sind sonstige wesentliche Arbeitsbedingungen zu gewähren, kann es jedoch dem Verleiher im Einzelfall **subjektiv unmöglich** sein, die Ansprüche in Person zu erfüllen (vgl. Rn. 62). Der Gleichbehandlungsanspruch erlischt in diesem Fall, wenn der Verleiher dem Leih-AN zulässigerweise ein gleichwertiges Surrogat anbietet (*Behrend*, NZA 2002, 374). **64**

Kommt der Verleiher seinen Verpflichtungen aus § Abs. 1 S. 1 nach, **erlischt** nach § 362 BGB der Gleichstellungsanspruch und der Höhe nach auch damit verbundene arbeitsvertragliche Ansprüche. Vertragliche Ansprüche, die für den Leih-AN günstiger sind, bleiben hiervon unberührt. **65**

Verstößt der Verleiher gegen seine Verpflichtungen aus Abs. 4 S. 1 steht dem Leih-AN nach § 273 BGB ein **Leistungsverweigerungsrecht** zu (Ulber/*Ulber, J.*, AÜG, § 10 Rn. 140; *Grüneberg*, AiB 2012, 176). Dasselbe gilt, wenn der Entleiher im ANÜ-Vertrag übernommenen Leistungspflichten (s.o. Rn. 62) gegenüber dem Leih-AN nicht nachkommt. Verweigert der Verleiher dem Leih-AN während des Einsatzes bei einem Entleiher eine wesentliche Arbeitsbedingung, ist von einer nach § 9 Nr. 2 unwirksamen Abrede über die Nichtgewährung oder den Ausschluss dieser bestimmten Arbeitsbedingung auszugehen (Thüsing/*Mengel*, § 10 Rn. 68). **66**

§ 10 Rechtsfolgen bei Unwirksamkeit, Pflichten des Arbeitgebers

67 **Verstöße** gegen Abs. 4 S. 1 erfüllen wegen der Verletzung von Arbeitgeberpflichten (unabhängig von § 3 Abs. 1 Nr. 3) den Versagungstatbestand nach § 3 Abs. 1 Nr. 1 (*Boemke/Lembke*, § 10 Rn. 17, 115; ErfK/*Wank*, § 3 AÜG Rn. 19; Ulber/*Ulber, J.*, AÜG, § 10 Rn. 142). Sie verpflichten die Erlaubnisbehörde zum **Widerruf der Erlaubnis**.

b. Ansprüche auf Grund eines Tarifvertrags zur Arbeitnehmerüberlassung (Abs. 4 S. 2)

68 Vom Gleichbehandlungsanspruch kann durch einen **TV zur ANÜ** abgewichen werden. Abs. 4 S. 2 gibt dem Leih-AN ggf. einen **Anspruch auf Erfüllung** aller in diesem TV geregelten Arbeitsbedingungen. Gegenüber dem TV günstigere arbeitsvertragliche Absprachen oder BV, bleiben hiervon unberührt (*BAG* v. 20.11.1990, EzA § 77 BetrVG 1972 Nr. 38; *Preis*, NZA 2010, 361). Soweit auf das i.Ü. wirksame Leiharbeitsverhältnis ein **TV zur ANÜ** Anwendung findet, der die wesentlichen Arbeitsbedingungen i.S.v. § 9 Nr. 2 abschließend regelt, sind Gleichstellungsansprüche nach Abs. 4 S. 1 ausgeschlossen. Dies gilt jedoch nur, wenn der TV vollumfänglich für das ArbV gilt. Wird ein an sich wirksamer TV vom Verleiher **partiell verschlechtert** (z.B. durch Anrechnung von Plusstunden in verleihfreien Zeiten), kommt der Gleichstellungsgrundsatz zur Anwendung (*Schüren*, BB 2012, 1411).

69 Die Vorschrift setzt voraus, dass der **TV wirksam** ist. Diese Voraussetzung ist nur erfüllt, wenn der TV sowohl beim Abschluss, als auch während der Dauer des Leiharbeitsvertrags wirksam ist (*BAG* v. 13.3.2013 – 5 AZR 954/11, DB 2013, 1496). Soweit der TV unwirksam ist, richten sich die Ansprüche nach Abs. 4 S. 4. Dasselbe gilt, wenn bei mangelnder Tarifbindung die **Bezugnahmeklausel** unwirksam ist. Auch bei nicht ordnungsgemäßer Bezugnahme auf die **TV** zu **Branchenzuschlägen** gilt der Gleichbehandlungsgrundsatz (*Boemke/Lembke*, § 10 Rn. 105; Ulber/*Ulber, J.*, § 10 Rn. 137; *Neufeld*, BB 2012, Heft 18 S. I). Eine Abweichung vom Gleichbehandlungsgrundsatz ist z.B. in der M+E-Industrie nur zulässig, wenn auch der TV LeiZ eingehalten ist (Nr. 5.3 S. 2 TV LeiZ M+E). Wenn der TV wegen mangelnder Tariffähigkeit unwirksam ist, richten sich die Ansprüche nach Abs. 4 S. 4 (*Boemke/Lembke*, § 10 Rn. 105; Ulber/*Ulber, J.*, AÜG, § 10 Rn. 130).

70 Ansprüche gem. Abs. 4 S. 2 sind nur gegeben, »soweit« der TV zur ANÜ eine von den Gleichstellungsgrundsätzen abweichende Regelung enthält. Weist der TV **Regelungslücken** hinsichtlich der wesentlichen Arbeitsbedingungen auf, richten sich die Ansprüche nach Abs. 4 S. 1 (Ulber/*Ulber, J.*, AÜG, § 10 Rn. 130; *Ulber, J.*, NZA 2009, 232). Bedeutung hat dies insbesondere beim **Leistungslohn**, der in keinem der bekannten TV zur ANÜ geregelt ist, und bei Ansprüchen, die beim Entleiher in einer BV geregelt sind.

Rechtsfolgen bei Unwirksamkeit, Pflichten des Arbeitgebers § 10

Kommt der Verleiher seinen Verpflichtungen aus Abs. 4 S. 2, insbesondere seiner Pflicht zur Zahlung des Arbeitsentgelts, nicht nach, kann der Leih-AN regelmäßig die **Leistung verweigern** bis der Verleiher die Ansprüche erfüllt. Nach § 16 Abs. 1 Nr. 7a ist daneben der Tatbestand einer **Ordnungswidrigkeit** erfüllt. Die Verletzung der Arbeitgeberpflichten aus Abs. 4 S. 2 erfüllt daneben den **Versagungstatbestand** von § 3 Abs. 1 Nr. 1 (Ulber/*Ulber, J.*, AÜG, § 10 Rn. 142). Eine erteilte Erlaubnis ist danach bei Verstößen zu widerrufen. **71**

c. Verstöße des TV gegen Lohnuntergrenzen gem. § 3a (Abs. 4 S. 3)

Abs. 4 S. 3 regelt Entgeltansprüche des Leih-AN für den Fall, dass ein TV zur ANÜ (nicht jedoch andere Vereinbarungen) die in einer RV nach § 3a **festgesetzten Mindeststundenlohnsätze unterschreitet**. Die Vorschrift setzt voraus, dass der **TV i. Ü. wirksam** ist. Ist der TV oder eine **Bezugnahmeklausel** unwirksam, richten sich die Ansprüche nach Abs. 4 S. 4 (Ulber/*Ulber, J.*, AÜG, § 10 Rn. 131). **72**

Abs. 4 S. 3 beschränkt den Anspruch auf jede geleistete Arbeitsstunde und damit auf **Zeiten der Überlassung** (Ulber/*Ulber, J.*, AÜG, § 10 Rn. 132). Dies ergibt sich auch daraus, dass die Vergütung für verleihfreie Zeiten nicht vom Anwendungsbereich des § 9 Nr. 2 erfasst ist (vgl. § 9 Rn. 50). Verstöße gegen das **Mindeststundenentgelt in verleihfreien Zeiten** richten sich nach Abs. 5). **73**

Ein tarifvertraglicher Verstoß gegen Lohnuntergrenzen kann auch vorliegen, wenn das reine Tarifentgelt (ohne außer- oder überbetriebliche Zulagen) zwar der Höhe nach den Mindeststundenlohnsätzen entspricht, das geschuldete Entgelt aber nicht nur die reine Grundvergütung, sondern auch sonstige **vergütungspflichtige Bestandteile** enthält. Bei einem Vergleich des tariflichen Stundenlohns mit den Mindestentgeltsätzen sind daher zunächst die Vergütungsbestandteile abzuziehen, die mit dem tariflichen Stundenlohn abgegolten werden (Ulber/*Ulber, J.*, AÜG, § 10 Rn. 132). Enthält der Tariflohn z. B. eine pauschale Abgeltung von Mehrarbeit oder Mehrarbeitszuschlägen, ergibt sich das in einen Vergleich einzubeziehende tarifliche Stundenentgelt erst nach Abzug der mit abgegoltenen Mehrarbeit. **74**

Verstößt der TV zur ANÜ gegen die in einer RV nach § 3a festgesetzten Mindeststundenentgelte, steht dem Leih-AN **ausschließlich hinsichtlich des Arbeitsentgelts** ein Anspruch auf Gleichbehandlung zu. Unbeachtlich ist hierbei, ob der TV nur hinsichtlich des Entgelts in verleihfreien Zeiten, oder auch hinsichtlich des Entgelts für geleistete Arbeit gegen die RV verstößt. **75**

§ 10 Rechtsfolgen bei Unwirksamkeit, Pflichten des Arbeitgebers

d. Ansprüche bei Unwirksamkeit der Vereinbarung nach § 9 Nr. 2 (Abs. 4 S. 4)

76 Abs. 4 S. 4 regelt die **Ansprüche des Leih-AN bei Unwirksamkeit einer Vereinbarung** nach § 9 Nr. 2. Soweit die Voraussetzungen von Abs. 4 S. 1 bis 3 erfüllt sind, gehen diese Vorschriften S. 4 vor. Dies gilt insbesondere für Ansprüche gem. Abs. 4 S. 3. Die Vorschrift ist insoweit **Auffangnorm** für Fälle, die nicht von Abs. 4 S. 1 bis 3 erfasst werden. Nach Auffassung des BAG ist § 10 Abs. 4 kein Schutzgesetz i. S. v. § 823 Abs. 2 BGB (*BAG* v. 13.3.2013 – 5 AZR 954/11, DB 2013, 1496).

77 Bei Verstoß eines TV gegen eine RV nach § 3a ist Abs. 4 S. 3 **lex specialis**. I. Ü. werden jedoch **alle Fallgestaltungen des § 9 Nr. 2** vom Anwendungsbereich der Norm erfasst. Dies gilt auch beim Rückentleih und soweit eine **unwirksame Abrede zur Bezugnahme** auf einen TV getroffen wurde.

78 Ergänzend zu Abs. 4 S. 1 ist Abs. 4 S. 4 auch anwendbar, wenn der **AV insgesamt unwirksam** ist (vgl. Rn. 59). Das gleiche gilt in Fällen der **illegalen ANÜ**, insbesondere beim Scheinwerkvertrag.

79 Abs. 4 S. 4 setzt voraus, dass eine Vereinbarung zu wesentlichen Arbeitsbedingungen nach § 9 Nr. 2 unwirksam ist. Sie kommt aber auch zur Anwendung, wenn ein TV zur **ANÜ insgesamt unwirksam** ist (*Boemke/Lembke,* § 10 Rn. 105; Schüren/Hamann/*Schüren,* § 10 Rn. 240; Ulber/*Ulber, J.,* AÜG, § 10, Rn. 137; *Lembke,* BB 2010, 1535; vgl. Rn. 69), oder soweit nur einzelne Bestimmungen der Vereinbarung unwirksam sind. Auch **die Unwirksamkeit einzelner Abreden** oder eines Vergütungsbestandteils löst die Rechtsfolgen von Abs. 4 S. 4 aus (Thüsing/*Mengel,* § 10 Rn. 65; Ulber/*Ulber, J.,* AÜG, § 10 Rn. 138). In der M+E-Industrie sind Abweichungen vom Gleichbehandlungdgrundsatz nur zulässig, wenn auch der **TV LeiZ** eingehalten ist (Nr. 5.3 S. 2 TV LeiZ M+E). Bei Verstößen ist Abs. 4 S. 4 vollumfänglich anwendbar. Das Gleiche gilt, wenn Zuschläge, die der Verleiher nach einem TV zu **Branchenzuschlägen** zu zahlen hat, nicht gewährt werden.

80 Betrifft die Unwirksamkeit einer vertraglichen Regelung Arbeitsbedingungen, die nicht von § 9 Nr. 2 erfasst sind (vgl. § 9 Rn. 46), kommt Abs. 4 S. 4 nicht zur Anwendung. Sie gilt daher nicht für die **Vergütung in verleihfreien Zeiten** (zu Ausschlussfristen vgl. Rn. 84 ff.). Ist die Vereinbarung nach § 9 Nr. 2 **insgesamt unwirksam**, richten sich die Vergütungsansprüche des Leih-AN in verleihfreien Zeiten nach § 612 Abs. 2 BGB und § 11 Abs. 4 S. 2. Danach schuldet der Verleiher dem Leih-AN regelmäßig eine Vergütung, die auch im Falle einer Überlassung zu zahlen wäre (Ulber/*Ulber, J.,* AÜG, § 9 Rn. 43). Der AN hat aber mindestens Anspruch nach Abs. 5 auf das in einer RV nach § 3a festgesetzte Mindestentgelt.

81 **(Rechtsfolgen)** Sind die Voraussetzungen von Abs. 4 S. 4 erfüllt, hat der Verleiher dem Leih-AN **verschuldensunabhängig** alle wesentlichen Arbeitsbedingungen einschließlich des Arbeitsentgelts zu gewähren, die einem vergleichbaren AN des Entleihers gewährt werden müssten. Die Rechtsfolgen sind hier dieselben wie bei Ansprüchen nach Abs. 4 S. 1 (vgl. Rn. 60 ff.). Daneben führt der Anspruch auf Differenzzahlung auf Grund nichtiger TV (z. B. der CGZP) zu **Nachzahlungsansprüchen der Sozialversicherung** (*HessLSG* v. 23.4.2012 – L 1 KR 95/12 B ER, AuR 2012, 267; *LSG NRW* v. 13.5.2012 – L 164/12 B ER, AuR 2012, 271), für die auch der Entleiher nach § 28 e Abs. 2 S. 1 SGB IV haftet. Dies gilt unabhängig davon, ob der Leih-AN den Anspruch geltend macht oder Ausschlussfristen einer Geltendmachung entgegenstehen (*BSG* v. 30.8.1994, NZA 1995, 701).

e. Geltendmachung von Ansprüchen aus Abs. 4

Ansprüche des Leih-AN gem. Abs. 4 können nach § 2 Abs. 1 Nr. 3 ArbGG im Wege der **arbeitsgerichtlichen Klage** geltend gemacht werden. Darlegungs- und beweispflichtig für die Höhe des Anspruchs ist der Leih-AN. Für die **Schlüssigkeit** der Klage reicht es aus, wenn sich der Leih-AN auf die Auskünfte des Entleihers nach § 13 beruft (BAG v. 19.9.2007, AuR 2007, 361). Zur Ermittlung der Höhe des Anspruchs ist ein **Gesamtvergleich** der Entgelte im Überlassungszeitraum anzustellen (*BAG* v. 23.3.2011 – 5 AZR 7/10, BAGE 137, 249). Richtet sich der Anspruch nach einem TV hat der Entleiher auch Auskunft über die **tarifgerechte Eingruppierung** unter Einbeziehung der Qualifikation, Tätigkeit, Berufserfahrung und Beschäftigungsdauer zu geben (*BAG* v. 23.3.2011, AP Nr. 23 zu § 10 AÜG). Hierbei hat er die Mitbestimmungsrechte des BR nach § 99 BetrVG zu beachten (vgl. § 99 Rn. 226 ff.). Sind **Leistungszulagen** zu gewähren, hat der Entleiher zunächst eine **Leistungsbeurteilung** vorzunehmen, die nicht durch ein Zeugnis des AN ersetzt werden kann (*BAG* v. 23.3.2011, AP Nr. 23 zu § 10 AÜG).

82

(**Fälligkeit und Verjährung**) Ansprüche aus § 10 werden zu dem im AV festgelegten Zeitpunkt **fällig** (*BAG* v. 13.3.2013 – 5 AZR 954/11 und 424/12, DB 2013, 1496). Der vereinbarte Fälligkeitszeitpunkt gilt grundsätzlich auch, soweit gesetzliche Ansprüche nach Abs. 4 bestehen (*BAG* v. 13.3.2013 – 5 AZR 954/11).

83

Ansprüche gem. Abs. 4 unterliegen nach § 195 BGB der regelmäßigen **Verjährungsfrist von drei Jahren**. Die Laufzeit der Verjährungsfrist beginnt dabei in dem Zeitpunkt, in dem der Leih-AN Kenntnis vom rechtssicheren Bestehen des Anspruchs hat (*ArbG Frankfurt/Oder* v. 9.6.2011 – 3 Ca 422/11; Ulber/*Ulber, J.*, AÜG, § 10 Rn. 143). Ist ein TV zur ANÜ wegen **mangelnder Tariffähigkeit oder mangelnder Tarifzuständigkeit** unwirksam, beginnt die Verjährungsfrist erst mit der Rechtskraft einer Entscheidung im Statusverfahren nach § 97

§ 10 Rechtsfolgen bei Unwirksamkeit, Pflichten des Arbeitgebers

ArbGG zu laufen (*LAG Berlin-Brandenburg* v. 9.1.2012, AiB 2012, 134; Ulber/*Ulber, J.*, AÜG, § 10 Rn. 143; *Schüren*, AuR 2011, 142; a. A. *BAG* v. 13. 3. 2013 – 5 AZR 954/11; *LAG Sachsen* v. 23. 8. 2011 – 1 Sa 322/11, AuA 2012, 121). Die gegenteilige Auffassung (vgl. *BAG* v. 13. 3. 2013 – 5 AZR 954/11, DB 2013, 1496) vermag nicht zu überzeugen (*Schüren*, AuR 2011, 142). Sie steht nicht im Einklang mit dem Gebot effektiven Rechtsschutzes und dem Verhältnismäßigkeitsgrundsatz bei der Auslegung und Anwendung von Ausschlussfristen (*BVerfG* v. 1.12.2010, NZA 2011, 354).

84 (**Ausschlussfristen**) Die Geltendmachung von Ansprüchen aus Abs. 4 kann ausgeschlossen sein, soweit Ausschlussfristen nicht eingehalten sind. Auch bei ANÜ ist die Vereinbarung von Ausschlussfristen zulässig, soweit keine wesentlichen Arbeitsbedingungen i. S. v. § 9 Nr. 2 betroffen sind. Sind dagegen wesentliche Arbeitsbedingungen i. S. v. § 9 Nr. 2 betroffen, sind arbeitsvertraglich vereinbarte Ausschlussfristen nach hier vertretener Auffassung unwirksam (a. A. *BAG* v. 13. 3. 2013 – 5 AZR 954/11, DB 2013, 1496; vgl. § 9 Rn. 95).

85 Da Abs. 4 jeweils **unabdingbare gesetzliche Ansprüche** einräumt, sind beim Verleiher bzw. beim Entleiher geltende **Ausschlussfristen** grundsätzlich nicht anwendbar (Ulber/*Ulber, J.*, AÜG, § 10 Rn. 143; *Ulber, D.*, DB 2011, 1808). Das *BAG* hält demgegenüber auch bei den gesetzlichen Ansprüchen aus Abs. 4 die Geltung von Verfallfristen für zulässig (v. 23. 3. 2011, AP Nr. 23 zu § 10 AÜG m. abl. Anm. *Ulber, J.*; offengehalten in *BAG* v. 13.3.2013 – 5 AZR 954/11, DB 2013, 1496).

86 Soweit Ausschlussfristen zulässig sind, ist fraglich, ob ggf. die **beim Verleiher, oder die beim Entleiher geltenden Regelungen** zu beachten sind. Soweit Ansprüche nach Abs. 4 S. 2 bestehen, gelten ausschließlich beim Verleiher bestehende Regelungen. Dasselbe gilt in den Fällen von Abs. 5. Richten sich die Ansprüche dagegen nach den beim Entleiher geltenden Bestimmungen (Abs. 4 S. 1, 3 und 4) müssen auch die hiermit in Verbindung stehenden Ausschlussfristen zur Anwendung kommen (*LAG München* v. 12.11.2009, LAGE § 10 AÜG Nr. 5; Ulber/*Ulber, J.*, AÜG, § 10 Rn. 143; *Ulber, J.*, Anm. zu BAG v. 23. 3. 2011, AP Nr. 23 zu § 10 AÜG). Die gegenteilige Auffassung des BAG (v. 13. 3. 2013, a. a. O.) vermag nicht zu überzeugen (vgl. § 9 Rn. 46).

87 Soweit die beim **Entleiher** geltenden Ausschlussfristen zur Anwendung kommen, ist ein **Günstigkeitsvergleich** vorzunehmen (*Boemke*, RIW 2009, 177; *Brors*, NZA 2010, 1385; *Sansone*, 422; a. A. *BAG* v. 23. 3. 2011, AP Nr. 23 zu § 10 AÜG, m. abl. Anm. *Ulber, J.*)

88 Soweit in einem **TV zur ANÜ** Ausschlussfristen geregelt werden können (z. B. bei nicht wesentlichen Arbeitsbedingungen), können sie nur angewendet werden, wenn der TV wirksam ist und die **Gestaltungsgrenzen** bei Ausschlussklauseln eingehalten werden.

Rechtsfolgen bei Unwirksamkeit, Pflichten des Arbeitgebers § 10

Wegen der **rechtsvernichtenden Wirkung** von Ausschlussfristen (*BAG* v. 13.3.2013 – 5 AZR 954/11, DB 2013, 1496) unterliegen diese nicht der freien vertraglichen **Gestaltbarkeit**. Soweit eine einzelvertragliche Ausschlussfrist die Geltendmachung von Ansprüchen innerhalb einer Frist von **nicht weniger als drei Monaten** verlangt, ist die Ausschlussfrist grundsätzlich unbedenklich (*BAG* v. 28.9.2005, BAGE 116, 66). Eine Ausschlussfrist von zwei Monaten ist unwirksam (*ArbG Berlin* v. 25.4.2012 – 39 Ca 2418/12, AiB 2012, 543). Auch eine zweistufige Ausschlussfrist von jeweils einem Monat hält einer Inhaltskontrolle gem. § 307 BGB nicht stand (*LAG Hamm* v. 30.6.2011 – 8 Sa 387/11, AiB 2011, 691; *BAG* v. 28.9.2006 – 5 AZR 52/05, NZA 2006, 149). Bei Ansprüchen auf Gleichbehandlung besteht die Besonderheit, dass der Leih-AN zunächst vom Entleiher mitgeteilt bekommen muss, welche Arbeitsbedingungen im Zeitraum der Überlassung zur Anwendung kamen. Eine **Bezifferung** seiner Ansprüche innerhalb der Ausschlussfrist ist ihm daher erschwert. Von daher ist es ausreichend, wenn der Leih-AN seine Ansprüche innerhalb der ersten Stufe einer Ausschlussfrist lediglich **dem Grunde nach** geltend macht (*BAG* v. 13.3.2013 – 5 AZR 954/11, DB 2013, 1496).

89

Ist der **TV unwirksam**, erfasst die Unwirksamkeit grundsätzlich auch Ausschlussfristen. Dies gilt auch, soweit die Ausschlussfrist in einem TV zur ANÜ geregelt ist (*Schüren/Hamann/Schüren*, § 10 Rn. 254; Ulber/*Ulber, J.*, AÜG, § 9 Rn. 292) oder einzelvertraglich in Bezug genommen wird (*BAG* v. 13.3.2013 – 5 AZR 954/11, DB 2013, 1496; *LAG Berlin-Brandenburg* v. 13.6.2012 – 24 Sa 213/12; *LAG Hamm* v. 30.6.2011 – 8 Sa 387/11, AiB 2011, 691; a.A. *Löwisch*, SAE 2013, 11). Dasselbe gilt, wenn die Bezugnahmeklausel selbst unwirksam ist (vgl. § 9 Rn. 95).

90

(**Verwirkung**) Ansprüche aus Abs. 4 können im Einzelfall auch auf Grund unzulässiger Rechtsausübung verwirkt werden. Allein die Nichtgeltendmachung eines Anspruchs über einen längeren Zeitraum reicht hierfür jedoch nicht aus. Es müssen vielmehr besondere Umstände im Verhalten der Beteiligten hinzutreten, die es rechtfertigen, die späte Geltendmachung eines Rechts als mit Treu und Glauben unvereinbar und für den Verpflichteten als unzumutbar anzusehen (BAG v. 24.5.2006 – 7 AZR 365/05). Eine **Verwirkung** tritt nicht ein, wenn der Leih-AN die Anwendung eines TV zur ANÜ **ablehnt** und dennoch die Vergütung auf der Grundlage des TV annimmt und die Arbeitsleistung weiter erbringt (*ArbG Krefeld* v. 19.4.2001 – 4 Ca 3047/10).

91

7. Ansprüche auf Zahlung des Mindeststundenentgelts (Abs. 5)

Soweit eine RV nach § 3a erlassen wurde, hat der Verleiher dem Leih-AN mindestens das **in der RV festgesetzte Mindeststundenentgelt** zu zahlen. Die Vorschrift gilt **zwingend** i.S.v. Art. 9 Abs. 1

92

§ 11 Sonstige Vorschriften über das Leiharbeitsverhältnis

Rom-I-VO. **Zweck** der Vorschrift ist, die Einhaltung von Lohnuntergrenzen in der ANÜ sicherzustellen.

93 Nach § 2 Nr. 4 AEntG gilt Abs. 5 unabhängig davon, welchem Rechtsstatut das Leiharbeitsverhältnis unterliegt. Sie kommt daher auch zur Anwendung, soweit Leih-AN **aus dem Ausland** nach Deutschland überlassen werden (amtl. Begr. BT-Ds. 17/5238, S. 18; Ulber/*Ulber, J.*, AÜG, § 10 Rn. 146).

94 Abs. 5 gibt dem Leih-AN einen **einklagbaren Anspruch** gegen den Verleiher auf Zahlung des festgesetzten Mindestentgelts. Der Anspruch besteht dabei sowohl in Zeiten der Überlassung, als auch in **verleihfreien Zeiten**.

95 Der Anspruch aus Abs. 5 ist lediglich ein **Mindestanspruch**. Stehen dem Leih-AN nach den auf das ArbV anwendbaren Bestimmungen höhere Ansprüche zu, gehen diese Bestimmungen vor (Rn. 2). Dies gilt sowohl, soweit die Ansprüche tarif- oder arbeitsvertraglich geregelt sind, als auch in den Fällen, in denen dem Leih-AN auf Grund sonstiger gesetzlicher Bestimmungen ein höherer Anspruch zusteht (z.B. § 8 Abs. 3 AEntG). Hat der Leih-AN gegen den Verleiher einen Anspruch nach Abs. 4 S. 1, kommt der Mindestanspruch zur Anwendung, wenn das Arbeitsentgelt beim Entleiher die in der RV festgesetzten Vergütungssätze unterschreitet (Ulber/*Ulber, J.*, AÜG, § 10 Rn. 146).

96 Ob die Voraussetzungen von Abs. 5 erfüllt sind, ist im Einzelfall durch einen **Günstigkeitsvergleich** zu ermitteln (Ulber/*Ulber, J.*, AÜG, § 10 Rn. 144; vgl. Rn. 73). Unterschiedliche Vergütungssätze für Zeiten der Überlassung und verleihfreie Zeiten sind dabei getrennt zu prüfen. Ergibt der Vergleich, dass die vereinbarte (Stunden-) Vergütung geringer ist als die in der RV festgesetzten Mindeststundenentgelte, sind die Anspruchsvoraussetzungen von Abs. 5 erfüllt.

97 **(Rechtsfolgen bei Verstößen)** Verstöße gegen Abs. 5 ermächtigen die Erlaubnisbehörde nach § 3 Abs. 1 Nr. 1 zur Versagung der Erlaubnis. Daneben erfüllt der Verstoß nach § 16 Abs. 1 Nr. 7b die Voraussetzungen einer Ordnungswidrigkeit. Auch kann sich der Verleiher wegen Vorenthaltens und Veruntreuung von Arbeitsentgelt nach § 266a Abs. 1 StGB strafbar machen (*BGH* v. 12.9.2012, AuR 2013 m. Anm. *Buschmann*, 88; *LG Magdeburg* v. 29.6.2010, AuA 2010, 483).

§ 11 Sonstige Vorschriften über das Leiharbeitsverhältnis

(1) Der Nachweis der wesentlichen Vertragsbedingungen des Leiharbeitsverhältnisses richtet sich nach den Bestimmungen des Nachweisgesetzes. Zusätzlich zu den in § 2 Abs. 1 des Nachweisgesetzes genannten Angaben sind in die Niederschrift aufzunehmen:

1. Firma und Anschrift des Verleihers, die Erlaubnisbehörde sowie Ort und Datum der Erteilung der Erlaubnis nach § 1,

Sonstige Vorschriften über das Leiharbeitsverhältnis § 11

2. Art und Höhe der Leistungen für Zeiten, in denen der Leiharbeitnehmer nicht verliehen ist.

(2) Der Verleiher ist ferner verpflichtet, dem Leiharbeitnehmer bei Vertragsschluß ein Merkblatt der Erlaubnisbehörde über den wesentlichen Inhalt dieses Gesetzes auszuhändigen. Nichtdeutsche Leiharbeitnehmer erhalten das Merkblatt und den Nachweis nach Absatz 1 auf Verlangen in ihrer Muttersprache. Die Kosten des Merkblatts trägt der Verleiher.

(3) Der Verleiher hat den Leiharbeitnehmer unverzüglich über den Zeitpunkt des Wegfalls der Erlaubnis zu unterrichten. In den Fällen der Nichtverlängerung (§ 2 Abs. 4 Satz 3), der Rücknahme (§ 4) oder des Widerrufs (§ 5) hat er ihn ferner auf das voraussichtliche Ende der Abwicklung (§ 2 Abs. 4 Satz 4) und die gesetzliche Abwicklungsfrist (§ 2 Abs. 4 Satz 4 letzter Halbsatz) hinzuweisen.

(4) § 622 Abs. 5 Nr. 1 des Bürgerlichen Gesetzbuchs ist nicht auf Arbeitsverhältnisse zwischen Verleihern und Leiharbeitnehmern anzuwenden. Das Recht des Leiharbeitnehmers auf Vergütung bei Annahmeverzug des Verleihers (§ 615 Satz 1 des Bürgerlichen Gesetzbuchs) kann nicht durch Vertrag aufgehoben oder beschränkt werden; § 615 Satz 2 des Bürgerlichen Gesetzbuchs bleibt unberührt. Das Recht des Leiharbeitnehmers auf Vergütung kann durch Vereinbarung von Kurzarbeit für die Zeit aufgehoben werden, für die dem Leiharbeitnehmer Kurzarbeitergeld nach dem Dritten Buch Sozialgesetzbuch gezahlt wird; eine solche Vereinbarung kann das Recht des Leiharbeitnehmers auf Vergütung bis längstens zum 31. Dezember 2011 ausschließen.

(5) Der Leiharbeitnehmer ist nicht verpflichtet, bei einem Entleiher tätig zu sein, soweit dieser durch einen Arbeitskampf unmittelbar betroffen ist. In den Fällen eines Arbeitskampfs nach Satz 1 hat der Verleiher den Leiharbeitnehmer auf das Recht, die Arbeitsleistung zu verweigern, hinzuweisen.

(6) Die Tätigkeit des Leiharbeitnehmers bei dem Entleiher unterliegt den für den Betrieb des Entleihers geltenden öffentlich-rechtlichen Vorschriften des Arbeitsschutzrechts; die hieraus sich ergebenden Pflichten für den Arbeitgeber obliegen dem Entleiher unbeschadet der Pflichten des Verleihers. Insbesondere hat der Entleiher den Leiharbeitnehmer vor Beginn der Beschäftigung und bei Veränderungen in seinem Arbeitsbereich über Gefahren für Sicherheit und Gesundheit, denen er bei der Arbeit ausgesetzt sein kann, sowie über die Maßnahmen und Einrichtungen zur Abwendung dieser Gefahren zu unterrichten. Der Entleiher hat den Leiharbeitnehmer zusätzlich über die Notwendigkeit besonderer Qualifikationen oder beruflicher Fähigkeiten oder einer besonderen ärztlichen Überwachung sowie über erhöhte besondere Gefahren des Arbeitsplatzes zu unterrichten.

§ 11 Sonstige Vorschriften über das Leiharbeitsverhältnis

(7) Hat der Leiharbeitnehmer während der Dauer der Tätigkeit bei dem Entleiher eine Erfindung oder einen technischen Verbesserungsvorschlag gemacht, so gilt der Entleiher als Arbeitgeber im Sinne des Gesetzes über Arbeitnehmererfindungen.

Gliederung	Rn.
1. Einleitung	1– 3
2. Nachweis der wesentlichen Arbeitsbedingungen (Abs. 1)	4–37
a. Nachweispflichten des Verleihers	4– 9
b. Nachweis wesentlicher Vertragsbedingungen nach dem Nachweisgesetz (Abs. 1 Satz 1)	10–29
c. Besondere Nachweispflichten des Verleihers (Abs. 1 Satz 2)	30–33
d. Aushändigungs- und Aufbewahrungspflichten	34–37
3. Merkblatt der Erlaubnisbehörde (Abs. 2)	38–41
4. Unterrichtungspflichten bei Wegfall der Erlaubnis (Abs. 3)	42–46
5. Unabdingbarkeit der Vorschriften zum Betriebsrisiko (Abs. 4)	47–75
a. Kündigungsfristen bei Aushilfsarbeitsverhältnissen (Abs. 4 Satz 1)	49–50
b. Unabdingbarkeit des Beschäftigungsrisikos (Abs. 4 Satz 2)	51–75
6. Leistungsverweigerungsrechte in Arbeitskämpfen (Abs. 5)	76–80
7. Öffentlich-rechtlicher Arbeitsschutz (Abs. 6)	81–89
8. Arbeitnehmererfindungen (Abs. 7)	90–92

1. Einleitung

1 Soweit im AÜG keine besondere Regelung getroffen ist, unterliegt das Leiharbeitsverhältnis den allgemeinen arbeitsrechtlichen Bestimmungen. § 11 enthält in Ergänzung zu §§ 9 und 10 einen Teil arbeitsrechtlicher Sonderregelungen, die den Besonderheiten des Leiharbeitsverhältnisses Rechnung tragen sollen und **zwingend** gelten (§ 5 NachwG; Ulber/*Ulber, J., AÜG*, § 11 Rn. 5). Die Vorschrift ist ein **Schutzgesetz** i. S. v. § 823 Abs. 2 BGB (ErfK/*Preis*, NachwG, Einl. Rn. 14; a. A. *BAG* v. 17.2.2002, AP Nr. 6 zu § 2 NachwG) und findet grundsätzlich bei allen Formen der **ANÜ** Anwendung, einschließlich der ANÜ von **Mischunternehmen** und der ANÜ nach § 1a. Die Vorschriften zum Arbeitsschutz (Abs. 6) müssen aus Gründen des Gemeinschaftsrechts (vgl. Art. 1 Nr. 2 RL 91/383/EWG) auch bei **den privilegierten Formen der ANÜ** nach § 1 Abs. 3 eingehalten werden (Ulber/*Ulber, J.*, AÜG, § 11 Rn. 9).

2 In **Abs. 1** werden die nach dem NachwG bestehenden **Dokumentationspflichten** über die wesentlichen Arbeitsbedingungen erweitert. **Abs. 2** verpflichtet den Verleiher zur Übergabe eines **Merkblatts** der Erlaubnisbehörde. **Abs. 3** enthält **Unterrichtungspflichten** des Verleihers bei **Wegfall der Erlaubnis**. **Abs. 4** konkretisiert das besondere **Beschäftigungsrisiko** des Verleihers (vgl. Rn. 47 ff.) hinsichtlich der Kündigung von Aushilfsarbeitsverhältnissen und der **Vergütungspflichten in verleihfreien Zeiten**. Durch **Abs. 5** wird dem Leih-AN bei **Arbeitskämpfen** in Entleihbetrieben ein Leistungsverweigerungsrecht eingeräumt. In **Abs. 6** werden die Pflichten sowohl des

Verleihers als auch des Entleihers zur Einhaltung von Vorschriften des **Arbeitsschutzes** präzisiert. **Abs. 7** räumt dem Leih-AN bei **Erfindungen** und **Verbesserungsvorschlägen** einen Anspruch unmittelbar gegen den Entleiher ein.

Bei **Verstößen** gegen § 11 bleibt das Leiharbeitsverhältnis wirksam. **3** Die Nichteinhaltung der Nachweispflichten stellt jedoch einen Verstoß gegen zwingende arbeits- bzw. arbeitsschutzrechtliche Normen i. S. v. § 3 Abs. 1 Nr. 1 dar (*BSG* v. 8.4.2000, AiB 01, 495) und berechtigt die Erlaubnisbehörde i. d. R. zum **Widerruf der Erlaubnis** (*Boemke/Lembke*, § 11 Rn. 100; Ulber/*Ulber, J.*, AÜG, § 11 Rn. 5). Ein Verstoß des Verleihers gegen die in Abs. 1 und 2 enthaltenen Pflichten kann gem. § 16 Abs. 1 Nr. 8 mit einem **Bußgeld** bis zu 1 000 Euro geahndet werden.

2. Nachweis der wesentlichen Arbeitsbedingungen (Abs. 1)

a. Nachweispflichten des Verleihers

Nach Abs. 1 S. 1 muss der Verleiher wie jeder AG allen Nachweis- **4** pflichten des NachwG nachkommen. Abs. 1 S. 2 erweitert zum Zwecke der Rechtssicherheit und der Kontrollmöglichkeiten der Erlaubnisbehörde diese Pflichten um die Aufnahme von zusätzlichen Angaben in die Nachweisurkunde, die den Besonderheiten des Leiharbeitsverhältnisses Rechnung tragen sollen. Die in Abs. 1 und § 2 NachwG enthaltenen Pflichtangaben sind **Mindestangaben** und nicht erschöpfend (Schüren/Hamann/*Schüren*, § 11 Rn. 69; Thüsing/*Mengel*, § 11 Rn. 1; Ulber/*Ulber, J.*, AÜG, § 11 Rn. 12).

Nach Abs. 1 i. V. m. § 2 Abs. 1 S. 1 NachwG ist der Verleiher ver- **5** pflichtet, spätestens einen Monat nach Beginn des ArbV die wesentlichen Vertragsbedingungen in einer von ihm **unterzeichneten schriftlichen Urkunde** niederzulegen und diese Urkunde dem AN **auszuhändigen**. Dieselbe Pflicht trifft den Verleiher nach § 3 NachwG bei einer späteren **Änderung der Vertragsbedingungen** (vgl. Ulber/*Ulber, J.*, AÜG, § 11 Rn. 69). Die Pflicht zur Erstellung und Aushändigung einer besonderen Urkunde entfällt, wenn die in § 2 Abs. 1 bis 3 NachwG geforderten Angaben in einem von beiden Vertragsparteien eigenhändig unterzeichneten (§ 126 Abs. 2 BGB) **schriftlichen AV** vollständig enthalten sind (§ 2 Abs. 4 NachwG). Bei einem **Formulararbeitsvertrag** gehört hierzu auch die Aufnahme allgemeiner Geschäftsbedingungen (ErfK/*Wank*, § 11 AÜG Rn. 3; Ulber/*Ulber, J.*, AÜG, § 11 Rn. 15). Ggf. unterliegen die AGB der Inhaltskontrolle nach §§ 307 ff. (Schüren/Hamann/*Schüren*, Einl. Rn. 372).

(**§ 2 Abs. 3 NachwG**) Nach § 2 Abs. 3 NachwG kann (beschränkt auf **6** die dort genannten Mindestangaben) durch einen **Hinweis** auf bestehende **TV**, **Betriebs-** und sonstige normativ geltende **Kollektivver-**

§ 11 Sonstige Vorschriften über das Leiharbeitsverhältnis

einbarungen auf eine gesonderte Dokumentation von Vertragsbedingungen verzichtet werden. Beim Leiharbeitsvertrag kann insbesondere auf die TV zur ANÜ verwiesen werden. Der Verweis muss jedoch eindeutig und **zweifelsfrei** erkennen lassen, welcher TV Anwendung finden soll (*BAG* v. 13.3.2013 – 5 AZR 242/12; ErfK/*Preis*, § 2 NachwG Rn. 34). Die häufig verwandten Klauseln, wonach abgeschlossene TV zur ANÜ (vgl. § 9 Rn. 95 a) nur bei einer Wirksamkeit des TV gelten sollen und bei deren Unwirksamkeit ersatzweise ein anderer TV zur ANÜ Anwendung finden soll, erfüllen diese Voraussetzungen nicht (zur Unwirksamkeit einer entsprechenden Klausel vgl. *Brors*, BB 06, 101; vgl. § 3 Rn. 62). Dies gilt insbesondere bei Verwendung von Formulararbeitsverträgen oder **arbeitsvertraglicher Bezugnahme** auf TV zur ANÜ. Hier liegt bei mangelnder beiderseitiger Tarifbindung keine wirksame Vereinbarung über die Geltung des TV vor, es gelten dann die Gleichstellungsgrundsätze von § 9 Nr. 2 (*BAG* v. 13.3.2013 – 5 AZR 242/12).

7 Auch soweit nach § 9 Nr. 2 **beim Entleiher geltende TV und BV** Anwendung finden, kann der Verleiher nach § 2 Abs. 3 NachwG auf diese Kollektivregelungen verweisen. Er ist in diesem Fall jedoch vor jedem Einsatz verpflichtet, die Kollektivregelungen zu dokumentieren und dem Leih-AN mitzuteilen (*Boemke/Lembke*, § 11 Rn. 76; Schüren/Hamann/*Schüren*, § 11 Rn. 46; Ulber/*Ulber, J.*, AÜG, § 11 Rn. 35, 69 f.).

8 Die vom Verleiher erstellte Urkunde über die Arbeitsbedingungen entfaltet im Rahmen von § 416 ZPO **Beweiskraft** (*LAG Hamm* v. 27.2.1995, AuR 96, 119). Sie kann jedoch nur vom Leih-AN, nicht jedoch vom Verleiher, zu Beweiszwecken verwandt werden. Bestätigt der Leih-AN schriftlich die Kenntnisnahme des Nachweises, liegt hierin kein rechtsgeschäftliches Anerkenntnis von dessen Inhalten (*BAG* v. 24.2.2011 – 8 AZR 469/09). Behauptet der Verleiher, dass wesentliche Vertragsabsprachen in der Urkunde nicht, nicht vollständig oder unrichtig wiedergegeben sind, obliegt ihm die Beweislast (*LAG Niedersachsen* v. 21.2.2003, NZA-RR 03, 520; ErfK/*Preis*, NachwG, Einl. Rn. 19).

9 **Verstößt** der Verleiher gegen die schriftliche Nachweispflicht, bleibt die Wirksamkeit des AV hiervon unberührt. **Befristungsabsprachen** sind jedoch nur wirksam, wenn die Schriftform eingehalten ist (§ 14 Abs. 4 TzBfG).

b. Nachweis wesentlicher Vertragsbedingungen nach dem NachwG (Abs. 1 Satz 1)

10 Die Nachweispflichten hinsichtlich der **wesentlichen Vertragsbedingungen** sind in § 2 Abs. 1 S. 2 NachwG **nicht abschließend** geregelt (ErfK/*Preis*, § 2 NachwG Rn. 8; Ulber/*Ulber, J., AÜG*, § 11 Rn. 17). Über die gesetzlichen Mindestangaben hinaus muss der Ver-

Sonstige Vorschriften über das Leiharbeitsverhältnis § 11

leiher alle Vertragsbedingungen dokumentieren, die **für das Leiharbeitsverhältnis wesentlich** sind (ausf. Ulber/*Ulber, J.*, AÜG, § 11 Rn. 58) und dieses vom Normalarbeitsverhältnis unterscheiden (*Boemke/Lembke*, § 11 Rn. 44). Insbesondere im Hinblick auf die Gleichstellungspflichten nach § 9 Nr. 2 resultieren hieraus besondere Dokumentationspflichten (vgl. Rn. 20). Soweit wesentliche Vertragsbedingungen nach § 2 Abs. 1 S. 2 NachwG in die Urkunde aufzunehmen sind, sind die Nachweispflichten des Verleihers grundsätzlich dieselben wie bei Begründung eines Normalarbeitsverhältnisses. Insoweit kann auf die einschlägigen Kommentierungen (vgl. z. B. ErfK/ *Preis*, NachwG) verwiesen werden.

Wesentliche Nebenbestimmungen zum AV sind immer in die Nachweisurkunde aufzunehmen (*Boemke/Lembke*, § 11 Rn. 47). Dies betrifft insbesondere Abreden über **Vertragsstrafen** (ErfK/*Preis*, § 2 NachwG Rn. 8) oder vertraglich vereinbarte **Ausschlussfristen** (*BAG* v. 23. 3. 2011 – 5 AZR 7/10, AP Nr. 23 zu § 10 AÜG m. Anm. *Ulber*; *BAG* v. 23. 1. 2002, AP Nr. 5 zu § 2 NachwG). Vertragsstrafen unterliegen im Leiharbeitsverhältnis engen Grenzen (vgl. Ulber/*Ulber, J*, AÜG., § 11 Rn. 59 f.; Schüren/Hamann/*Schüren*, § 11 Rn. 71 f.).

11

Zu den wesentlichen Vertragsbedingungen zählt insbesondere die Vereinbarung der sog. **Leiharbeitnehmerklausel** nach § 613 S. 2 BGB (vgl. § 1 Rn. 54 ff.). Die besondere Absprache nach § 613 S. 2 BGB ist die unverzichtbare Voraussetzung für die Leistungspflicht des AN zur Leiharbeit. Von daher sind in die Urkunde sowohl die Begründung der Leistungspflicht als auch deren Inhalt und Umfang aufzunehmen (*S/M*, § 11 Anm. 9; Ulber/*Ulber, J.*, AÜG, § 11 Rn. 18). Die Klausel muss **eindeutig** erkennen lassen, ob der AN generell oder nur im Einzelfall zur ANÜ verpflichtet ist (vgl. § 1 Rn. 51 ff.), oder ob eine generelle Verpflichtung zur Leistung von LA vereinbart wird, oder ob ausschließlich Fälle privilegierter Formen der ANÜ (§ 1 Abs. 3) einbezogen sind. Bei **konzernbezogenen Formen der ANÜ** muss angegeben werden, ob der AN nur im Rahmen von § 1 Abs. 3 Nr. 2 überlassen werden darf oder ob auch eine ANÜ an Dritte Inhalt der Vertragsabsprache ist.

12

Bei Beschäftigung **ausländischer AN** aus Drittstaaten als Leih-AN sind die Einschränkungen von § 40 AufenthG und § 6 Abs. 1 Nr. 2 ArGV (vgl. Einl. Rn. 61, 63) zur Arbeitsberechtigung zu beachten. Das Vorliegen eines erforderlichen **Aufenthaltstitels** ist wesentliche Voraussetzung für den Bestand des AV. Der Besitz eines entsprechenden Titels muss vom Verleiher nicht nur vor Aufnahme der Beschäftigung **geprüft** werden, sondern muss in der Vertragsurkunde dokumentiert sein (Ulber/*Ulber, J.*, AÜG, § 11 Rn. 18).

13

Zu den wesentlichen Vertragsbedingungen des Leiharbeitsverhältnisses gehört auch, ob und wieweit sich die **wesentlichen Arbeitsbedingungen** des Leih-AN gem. § 9 Nr. 2 (vgl. § 9 Rn. 41 ff.) nach den

14

§ 11 Sonstige Vorschriften über das Leiharbeitsverhältnis

beim Entleiher geltenden Regelungen richten oder ob und ggf. in welchem Umfang die **Gleichstellungsansprüche** nach §§ 9 Nr. 2, 10 Abs. 4 durch einen **TV zur ANÜ** ausgeschlossen sind (Ulber/*Ulber, J.*, AÜG, § 11 Rn. 19). Auf **Regelungslücken** eines TV zur ANÜ (vgl. § 9 Rn. 68, 85) ist in der Urkunde besonders hinzuweisen. Über die Angaben zum Arbeitsentgelt nach § 2 Abs. 1 S. 2 Nr. 6 NachwG hinaus muss die Urkunde in verständlicher Form erkennen lassen, welche Arbeitsbedingungen von einem anwendbaren TV zur ANÜ nicht erfasst werden bzw. welche beim Entleiher bestehenden Regelungen zur Anwendung kommen. Ist dies bei Begründung des AV noch nicht möglich, trifft die Dokumentationspflicht den Verleiher vor jedem Einsatz (Schüren/Hamann/*Schüren*, § 11 Rn. 46; *Lembke*, BB 2003, 99; a. A. *BAG* v. 23.3.2011 – 5 AZR 7/10, AP Nr. 23 zu § 10 AÜG m. abl. Anm. *Ulber*; *LAG München* v. 12.11.2009, ArbR 2010, 99). **Ausschlussfristen** sind nachweispflichtig (*BAG* v. 23.3.2011 – 5 AZR 7/10, AP Nr. 23 zu § 10 AÜG m. Anm. *Ulber*).

15 Bestehen nach den Angaben in der Urkunde **Zweifel**, ob Gleichstellungsansprüche des Leih-AN durch einen TV zur ANÜ ausgeschlossen sind, gehen diese zulasten des Verleihers. Bei einem fehlenden Hinweis auf Regelungslücken eines TV, etwa beim **Leistungslohn** (vgl. § 10 Rn. 57), führt dies dazu, dass die gesetzlichen Gleichstellungsansprüche gem. §§ 9 Nr. 2, 10 Abs. 4 zur Anwendung kommen.

16 (**§ 2 Abs. 1 S. 2 Nr. 3 NachwG; Befristungen**) Nach § 2 Abs. 1 S. 2 Nr. 3 NachwG hat der AG bei **Befristung des Leiharbeitsverhältnisses** die vorhersehbare Dauer des ArbV anzugeben. Diese muss sich aus einem schriftlichen AV ergeben, andernfalls ist die Befristungsabsprache unwirksam (§ 14 Abs. 4 TzBfG). Wegen der eingeschränkten Zulässigkeit von Befristungen des Leiharbeitsvertrags (vgl. Rn. 58) ist über eine Zweckbefristung (zur Zulässigkeit vgl. *SächsLAG* v. 25.1.2008 – 3 Sa 458/07) hinaus auch bei einer sonstigen sachlich begründeten Befristung i. S. v. § 14 Abs. 1 TzBfG der **sachliche Grund** für die Befristung anzugeben (Ulber/*Ulber, J.*, AÜG, § 11 Rn. 25; str.; a. A. *Boemke/Lembke*, § 11 Rn. 52; Schüren/Hamann/*Schüren*, § 11 Rn. 35). Dies betrifft insbesondere Sachgründe nach § 14 Abs. 1 S. 2 Nr. 1 TzBfG, die sich ausschließlich auf die Verhältnisse im Verleihbetrieb beziehen müssen (vgl. § 1 Rn. 30ff.).

17 (**§ 2 Abs. 1 S. 2 Nr. 4 NachwG; Angaben zum Arbeitsort**) Mit der Zuweisung der Arbeitsplätze bei unterschiedlichen Entleihern ist regelmäßig ein Wechsel des Arbeitsortes verbunden. § 2 Abs. 1 S. 2 Nr. 4 NachwG verpflichtet den Verleiher, in der Urkunde den **Arbeitsort des Verleiherbetriebs** (d. h. den Sitz oder die Niederlassung des Verleihunternehmens/-betriebs; Thüsing/*Mengel*, § 11 Rn. 11) anzugeben und darüber hinaus Angaben zu machen, ob sich die Pflicht zur auswärtigen Arbeitsleistung auf diesen Arbeitsort (d. h. die Grenzen des Gemeindebezirks des Verleihbetriebs) beschränkt oder ob und ggf.

in welchem räumlichen Umfang das **Einsatzgebiet** des Leih-AN erweitert ist (ErfK/*Wank*, § 11 AÜG Rn. 4; Ulber/*Ulber, J.*, AÜG, § 11 Rn. 28). Enthält der Leiharbeitsvertrag keine ausdrücklichen Angaben zum Arbeitsort, gilt der Ort des Einstellungsbetriebs als vertraglich festgelegter Arbeitsort (*LAG Baden-Württemberg* v. 10.12.2010 – 18 Sa 33/10, ArbR 2011, 154). Die Vertragsbedingungen, die mit den auswärtigen Einsätzen verbunden sind (z.B. Fahrtkostenersatz, Wegezeitvergütungen, Übernachtungskosten), müssen Bestandteil der Urkunde sein (ErfK/*Wank*, § 11 AÜG Rn. 4; Ulber/*Ulber, J.*, AÜG, § 11 Rn. 29).

(§ 2 Abs. 1 S. 2 Nr. 5 NachwG; Beschreibung der Tätigkeit) § 2 Abs. 1 S. 2 Nr. 5 NachwG verpflichtet den Verleiher, die besonderen (insbesondere eingruppierungsrelevanten) Merkmale der Tätigkeit des Leih-AN und den Umfang der Verpflichtung zur Leiharbeit in der Urkunde zu beschreiben. Dies gilt insbesondere in **Mischunternehmen** und sonstigen Fällen, bei denen der AN seine Arbeit normalerweise in den Betriebsstätten des AG erbringt. Allgemeine Formulierungen zum Aufgabengebiet (z.B. Helfertätigkeiten, Vorarbeiter) oder die Angabe, dass der Leih-AN bei Bedarf auch andere zumutbare oder berufsfremde Tätigkeiten zu übernehmen hat, reichen wegen **Ungenauigkeit der Tätigkeitsangaben** nicht aus (*Boemke/Lembke*, § 11 Rn. 54; Schüren/Hamann/*Schüren*, § 11 Rn. 40; Ulber/*Ulber, J.*, AÜG, § 11 Rn. 31; *Preis*, NZA 97, 10). Die konkret geschuldete Tätigkeit muss immer so genau beschrieben werden, dass die für das Aufgabengebiet und die Eingruppierung maßgeblichen Tätigkeitsmerkmale eindeutig bestimmbar sind (*EuGH* v. 4.12.1997, NZA 1998, 137). Hierzu gehört insbesondere die Angabe der Lohnform. Soll der Leih-AN bei Entleihern auch im **Leistungslohn** eingesetzt werden können, muss sich dies eindeutig aus der Urkunde ergeben. **18**

(§ 2 Abs. 1 S. 2 Nr. 6 NachwG; Angaben zum Arbeitsentgelt) Gem. § 2 Abs. 1 S. 2 Nr. 6 NachwG ist der Verleiher verpflichtet, **Zusammensetzung und Höhe des Arbeitsentgelts** einschließlich seiner Bemessungsfaktoren und der Lohnnebenleistungen zu dokumentieren und die jeweilige **Fälligkeitszeitpunkte** von Entgeltansprüchen des Leih-AN anzugeben. **19**

Nach § 9 Nr. 2 richtet sich das Arbeitsentgelt grundsätzlich nach den jeweils **beim Entleiher geltenden Regelungen**. Bei Abschluss des AV lässt sich i.d.R. nicht genau bestimmen, welche Auswirkungen die unterschiedlichen Entleiherregelungen auf Zusammensetzung und Höhe des Arbeitsentgelts des Leih-AN haben. Den Verleiher trifft insoweit die Pflicht, vor jedem Einsatz eine getrennte Aufstellung der jeweils geltenden Arbeitsbedingungen zu erstellen (Schüren/Hamann/*Schüren*, § 11 Rn. 46; Thüsing/*Mengel*, § 11 Rn. 16; Ulber/*Ulber, J.*, AÜG, § 11 Rn. 35; einschränkend *Boemke/Lembke*, § 11 Rn. 88). Dies gilt auch bei **Regelungslücken** eines TV zur ANÜ (*Ulber*, § 11 Rn. 38). **20**

§ 11 Sonstige Vorschriften über das Leiharbeitsverhältnis

21 Kommt ein **TV zur ANÜ** zur Anwendung, muss sich aus der Urkunde trotz der Verweisungsmöglichkeiten nach § 2 Abs. 3 NachwG ergeben, nach welchen Kriterien sich das Arbeitsentgelt zusammensetzt (z. B. Grundvergütung, Zuschläge, übertarifliche Lohnbestandteile) und welche Höhe sich aus den anwendbaren Tarifbestimmungen ergibt (insbesondere Vergütungsgruppe). Dies betrifft auch alle **Lohnnebenleistung**en und **freiwillige Leistungen** mit Entgeltcharakter (*LAG Bremen* v. 23.10.1975, EzAÜG § 1 TVG Tarifverträge Nr. 3; *Boemke/Lembke,* § 11 Rn. 55; *Preis,* NZA 97, 15; Ulber/*Ulber, J.,* AÜG, § 11 Rn. 41; a. A. Schüren/Hamann/*Schüren,* § 11 Rn. 54). Beim **Leistungslohn** sind neben den Vergütungsregelungen alle Lohnbestandteile und Bemessungsfaktoren anzugeben, die nach § 87 Abs. 1 Nr. 10 und 11 BetrVG der Mitbestimmung des BR unterliegen (Ulber/*Ulber, J.,* AÜG, § 11 Rn. 39).

22 (§ 2 Abs. 1 S. 2 Nr. 7 NachwG; Arbeitzeit) Nach § 2 Abs. 1 S. 2 Nr. 7 NachwG ist der Verleiher verpflichtet, **Dauer und Lage der Arbeitszeit** in die Nachweisurkunde aufzunehmen. Durch die Vorschrift soll insbesondere verhindert werden, dass sich der Verleiher den besonderen Vergütungspflichten nach Abs. 4 S. 2 entzieht (Thüsing/ Mengel, § 11 Rn. 18; Ulber/*Ulber, J.,* AÜG, § 11 Rn. 43). Die Angaben zur Arbeitszeit umfassen sowohl die Dauer der regelmäßigen Arbeitszeit als auch die Verpflichtung zu Mehrarbeit oder Wochenend- und Feiertagsarbeit. Auch Reisezeiten (die beim Leiharbeitsverhältnis grundsätzlich vergütungspflichtige Arbeitszeit darstellen; vgl. § 1 Rn. 79), Pausen- und Ruhezeitenregelungen sowie Freistellungen von der Arbeit aus bestimmten Anlässen sind festzuhalten. Ist die Dauer der Arbeitszeit nicht im Nachweis enthalten, ist grundsätzlich von einem Vollzeitbeschäftigungsverhältnis auszugehen (*Reiserer,* NZA Beil. 2/2010, 39). Bei der Lage der Arbeitszeit sind sowohl die Wochentage anzugeben, an denen der Leih-AN zur Arbeitsleistung verpflichtet ist, als auch der Rahmen der täglichen Arbeitszeit (z. B. Wechselschicht, Nachtarbeit; Schüren/Hamann/*Schüren,* § 11 Rn. 51; Ulber/*Ulber, J.,* AÜG § 14 Rn. 46) einschließlich der Reisezeiten.

23 Formen **flexibler Arbeitszeit** sind ebenfalls in der Nachweisurkunde anzugeben (Schüren/Hamann/*Schüren,* § 11 Rn. 51.; a. A. *Boemke/ Lembke,* § 11 Rn. 58). Die engen Grenzen ihrer Zulässigkeit im Leiharbeitsverhältnis sind hierbei zu beachten (vgl. Rn. 64ff.). Eine **Arbeit auf Abruf** (Rn. 63), bei der die abrufbare Arbeit im Normalarbeitsverhältnis bis höchstens 25% der regelmäßigen wöchentlichen Arbeitszeit betragen darf (*BAG* v. 7.12.2005, BB 06, 829), oder flexible Arbeitszeitmodelle, bei denen über Vor- oder Nachleistungspflichten des Leih-AN die Vergütungspflichten des Verleihers nach Abs. 4 S. 2 umgangen werden, sind unzulässig (*BSG* v. 29.7.1992, NZA 93, 527; Ulber/*Ulber, J.,* AÜG, § 11 Rn. 47; *Schaub,* § 120 Rn. 47; a. A. Schüren/Hamann/*Schüren,* § 11 Rn. 51). Soll sich der Leih-AN in vergüteten verleihfreien Zeiten auf **Abruf** bereithalten, ist die entsprechende

Verpflichtung einschließlich ihrer Modalitäten insbesondere der Einhaltung der viertägigen Ankündigungsfrist nach § 12 Abs. 2 TzBfG (*Hunold*, NZA 2001, 344) in die Urkunde aufzunehmen.

Soll sich die **Lage der Arbeitszeit** entsprechend § 9 Nr. 2 nach den bei den Entleihern jeweils geltenden Regelungen richten, ist dies ebenfalls in der Urkunde festzuhalten. Ausgeschlossen ist eine entsprechende Regelung bei der Dauer der Arbeitszeit, die im Leiharbeitsvertrag verbindlich festgelegt sein muss (Ulber/*Ulber, J., AÜG*, § 11 Rn. 48). **24**

(§ 2 Abs. 1 S. 2 Nr. 9 NachwG; Kündigungsfristen) Die Angabe der im Leiharbeitsverhältnis geltenden Kündigungsfristen ist nach § 2 Abs. 1 S. 2 Nr. 9 NachwG notwendiger Bestandteil der Nachweisurkunde. Bei **Aushilfsarbeitsverhältnissen** ist Abs. 4 S. 1 zu beachten. Eine besondere Angabe in der Nachweisurkunde ist nach § 2 Abs. 3 S. 1 und 2 NachwG entbehrlich, wenn sich die Kündigungsfristen ausschließlich nach gesetzlichen oder tarifvertraglichen Bestimmungen richten. **25**

(§ 2 Abs. 1 S. 2 Nr. 10; Tarifverträge, Betriebs- und Dienstvereinbarungen) Nach § 2 Abs. 1 S. 2 Nr. 10 NachwG muss die Nachweisurkunde einen allgemeinen **Hinweis auf TV, Betriebs- und Dienstvereinbarungen** enthalten, die auf das Leiharbeitsverhältnis anzuwenden sind. Der Hinweis muss so gestaltet sein, dass der Leih-AN den Gehalt und die Bedeutung der geregelten Vertragsbedingungen verstehen kann (Ulber/*Ulber, J., AÜG*, § 11 Rn. 53). Die Kollektivvereinbarungen sind hierzu konkret zu benennen (*BAG* v. 13.3.2013 – 5 AZR 954/11) und es muss ein Hinweis enthalten sein, wie der AN **Einsicht** in die Regelungen nehmen kann (Thüsing/*Mengel*, § 11 Rn. 22; Ulber/*Ulber, J.*, AÜG, § 11 Rn. 53; zur eingeschränkten Zulässigkeit salvatorischer Klauseln vgl. Rn. 6 und § 9 Rn. 85). **26**

Bei **arbeitsvertraglicher Bezugnahme** auf einen TV zur ANÜ reicht ein allgemeiner Hinweis nicht aus (*Boemke/Lembke*, § 11 Rn. 61). Hier muss das gesamte Tarifwerk einbezogen sein und es muss eine Angabe in der Urkunde enthalten sein, ob im Rahmen einer statischen oder dynamischen Verweisung auf den TV Bezug genommen wird (ErfK/*Preis*, § 2 NachwG Rn. 23; Ulber/*Ulber, J.*, AÜG, § 11 Rn. 54). **27**

Finden auf das Leiharbeitsverhältnis gem. § 9 Nr. 2 die **beim Entleiher geltenden Kollektivvereinbarungen** Anwendung, treffen den Verleiher die Nachweispflichten bezüglich der anzuwendenden TV und BV **bei jedem Einsatz** erneut (vgl. Rn. 20). **28**

(§ 2 Abs. 3 NachwG; Auslandseinsätze) Bei **Entsendungen** des Leih-AN in das **Ausland**, die länger als einen Monat dauern, treffen den Verleiher nach § 2 Abs. 3 NachwG besondere Nachweis- und Aushändigungspflichten, die vor der Abreise des AN zu erfüllen sind. **29**

§ 11 Sonstige Vorschriften über das Leiharbeitsverhältnis

Im Nachweis ist neben der genauen **Dauer des Auslandseinsatzes** anzugeben, welche Bedingungen für die Rückkehr des Leih-AN (z. B. Umzugs- und Reisekosten; vgl. BT-Ds. 13/1753, S. 13) vereinbart sind. Auch ist die **Währung** zu bezeichnen, in der das nach § 2 Abs. 1 S. 2 Nr. 6 NachwG zu dokumentierende Arbeitsentgelt während des Auslandseinsatzes gezahlt wird. Wird dem Leih-AN ein **zusätzliches Arbeitsentgelt** oder damit verbundene Sachleistungen gezahlt, ist dies in der Nachweisurkunde nach § 2 Abs. 2 Nr. 3 festzuhalten.

c. Besondere Nachweispflichten des Verleihers (Abs. 1 Satz 2)

30 Nach Abs. 1 S. 2 hat der Verleiher über die Verpflichtungen nach dem NachwG hinaus **weiteren Nachweispflichten** Rechnung zu tragen. Die Vorschrift ist **zwingend** und kann nicht durch einen Verweis auf einen TV oder sonstige kollektivvertragliche Regelungen oder AGB ersetzt werden. Eine entsprechende Anwendung von § 2 Abs. 3 NachwG ist ausgeschlossen.

31 Nach Abs. 1 S. 2 Nr. 1 ist der Verleiher verpflichtet, Angaben über **Firma und Anschrift des Verleihers**, die **Erlaubnisbehörde** und zu Ort und Datum der erteilten **Erlaubnis** zu machen. Ist die **Erlaubnis befristet** erteilt, ist der Ablauf der Befristung in der Urkunde anzugeben (Ulber/*Ulber, J.*, AÜG, § 11 Rn. 73). Dasselbe gilt für Auflagen oder Bedingungen (vgl. § 2 Rn. 22), die im Zusammenhang mit der Erlaubnis stehen. **Zweck** der Vorschrift ist es, eine Identifizierbarkeit des Verleihers zu gewährleisten und dem Leih-AN zu ermöglichen, das Vorliegen einer gültigen Erlaubnis zu prüfen (*Boemke/Lembke*, § 11 Rn. 78; Ulber/*Ulber, J.*, AÜG, § 11 Rn. 73).

32 Nach Abs. 1 S. 2 Nr. 2 ist der Verleiher verpflichtet, Art und Höhe der **Leistungen in verleihfreien Zeiten** anzugeben. Die Vorschrift soll dem AN auch für Zeiten, in denen die Gleichstellungsgrundsätze von § 9 Nr. 2 nicht zur Anwendung kommen, Klarheit darüber verschaffen, wie hoch die nach Abs. 4 S. 2 gesetzlich zwingend vorgeschriebene Vergütung (*Boemke/Lembke*, § 11 Rn. 80) in verleihfreien Zeiten ist und welche zusätzlichen Leistungen der AG ggf. zu erbringen hat. Ein Verweis auf einen TV oder eine RV nach § 3a, in denen die Vergütung in verleihfreien Zeiten nicht abschließend geregelt ist, reicht hierbei nicht aus, da die Vergütung in verleihfreien Zeiten nicht zwingender Bestandteil eines TV zur ANÜ i. S. v. § 9 Nr. 2 ist (Ulber/*Ulber, J.*, AÜG, § 11 Rn. 74; a. A. Schüren/Hamann//*Schüren*, § 11 Rn. 63). Insbesondere ist in der Urkunde anzugeben, ob sich die Ansprüche nach dem Arbeitsentgelt richten, das der Leih-AN bei seinem vormaligen Einsatz beim Entleiher erzielt hat oder ob das für die regelmäßige Arbeitszeit des Leih-AN vereinbarte Arbeitsentgelt maßgeblich sein soll.

33 Im Rahmen der Vorschrift muss die **Leistung des Verleihers** in verleihfreien Zeiten benannt werden (zur Urlaubsvergütung vgl. *ArbG*

Potsdam v. 28.1.2013 – 9 Ca 2215/12). Dies ist nur der Fall, wenn die Leistung den Vergütungspflichten gem. Abs. 4 S. 2 entspricht, d. h. eine selbständige Leistung für die ausfallende Arbeitszeit darstellt. Keine Leistung des Verleihers stellt es insoweit dar, wenn der Leih-AN (z. B. im Rahmen flexibler Arbeitszeitsysteme) durch **Vor- oder Nacharbeiten** verleihfreie Zeiten ausgleicht, ohne die ausgefallene Arbeitszeit vom Verleiher **gesondert** vergütet zu bekommen. Die Verpflichtung zur Angabe der Leistungen des Verleihers im Rahmen von Abs. 1 S. 2 Nr. 2 kann nicht dadurch erfüllt werden, dass der Verleiher sich von gesetzlich begründeten Leistungspflichten aus Abs. 4 S. 2 befreit (Rn. 55 ff.).

d. Aushändigungs- und Aufbewahrungspflichten

Nach § 2 Abs. 1 S. 1 NachwG hat der Verleiher dem Leih-AN die **34** durch Originalunterschrift unterzeichnete Nachweisurkunde spätestens einen Monat nach dem vereinbarten Vertragsbeginn **auszuhändigen**. Art. 5 Abs. 1 Nachweis-RL verpflichtet den AG zum Nachweis jeder **Änderung von Arbeitsbedingungen** (*Ulber* in Anm. zu BAG v. 23.3.2011 – 5 AZR 7/10, AP Nr. 23 zu § 10 AÜG). Die entsprechenden Aushändigungs- und Aufbewahrungspflichten treffen den Verleiher nach § 3 NachwG. **Ausländischen AN** sind die Nachweise auf deren Verlangen in ihrer Muttersprache auszuhändigen (Abs. 2 S. 2).

Die Nachweisurkunde bzw. der AV sind dem Leih-AN **spätestens** **35** **einen Monat** nach dem vereinbarten Vertragsbeginn auszuhändigen. Hiervon unabhängig folgt aus vertraglicher Nebenpflicht, dass der Verleiher dem Leih-AN die Urkunde unverzüglich auszuhändigen hat, wenn alle wesentlichen Vertragsbedingungen geklärt sind (*B/W*, § 11 Rn. 13 b; Ulber/*Ulber, J.*, AÜG, § 11 Rn. 77). Bei **Auslandseinsätzen** hat der Verleiher die Nachweisurkunde nach § 2 Abs. 2 NachwG vor der Abreise auszuhändigen.

Die Nachweise sind zu den Geschäftsunterlagen zu nehmen und nach **36** § 7 Abs. 2 S. 4 mindestens **drei Jahre** lang **aufzubewahren**. Die **Aufbewahrungsfrist**, die u. a. der Erlaubnisbehörde die Einhaltung von Arbeitgeberpflichten des Verleihers ermöglichen soll, beginnt jeweils mit der Beendigung des Leiharbeitsverhältnisses zu laufen (Ulber/*Ulber*, AÜG, § 11 Rn. 76).

Verletzt der Verleiher die Dokumentations- oder Aushändigungs- **37** pflichten, berührt dies nicht die Wirksamkeit des Leiharbeitsvertrags (*BSG* v. 21.7.2009, NZA-RR 2010, 216). Dem Leih-AN steht ein **einklagbarer Leistungsanspruch** auf Ausstellung und Aushändigung einer Nachweisurkunde zu (*Boemke/Lembke*, § 11 Rn. 96), die den Inhalt der wesentlichen Vertragsbedingungen vollständig und richtig wiedergibt. Nach erfolgloser Aufforderung zur Aushändigung der Nachweisurkunde steht dem Leih-AN ein **Leistungsverweige-**

§ 11 Sonstige Vorschriften über das Leiharbeitsverhältnis

rungsrecht zu (Boemke/Lembke, § 11 Rn. 97; Preis, NZA 97, 12). Erleidet er infolge des Verstoßes gegen Nachweispflichten einen Schaden, ist der Verleiher zum **Schadensersatz** verpflichtet (BAG v. 17. 2. 2002, AP Nr. 6 zu § 2 NachwG; Ulber/Ulber, J., AÜG, § 11 Rn. 83; Schrader, NZA 03, 345).

3. Merkblatt der Erlaubnisbehörde (Abs. 2)

38 Um den Leih-AN über die Besonderheiten des Leiharbeitsvertrags aufzuklären, erstellt die Erlaubnisbehörde sog. **Merkblätter**, die den wesentlichen Inhalt des AÜG wiedergeben. Abs. 2 S. 1 verpflichtet den Verleiher, sich die Merkblätter zu beschaffen und dem AN **bei Vertragsschluss auszuhändigen**. Soweit **ausländische AN** als Leih-AN eingestellt werden, erhalten sie das Merkblatt in ihrer **Muttersprache**, soweit sie dies verlangen (Abs. 2 S. 2).

39 Die **Kosten des Merkblatts** (einschließlich etwaiger Übersetzungskosten bei Abfassung in Fremdsprachen) hat der Verleiher nach Abs. 2 S. 3 zu tragen (Ulber/Ulber, J., AÜG, § 11 Rn. 88).

40 Die **Inhalte des Merkblatts** werden nicht Inhalt des Leiharbeitsvertrags und entfalten keine rechtlich relevanten Bindungswirkungen (Ulber/Ulber, J., AÜG, § 11 Rn. 85).

41 Verstöße gegen die Pflicht zur Aushändigung des Merkblatts sind nach § 16 Abs. 1 Nr. 8 **bußgeldbewehrt** und können mit einer Geldbuße bis zu 1 000 Euro geahndet werden.

4. Unterrichtungspflichten bei Wegfall der Erlaubnis (Abs. 3)

42 Nach Abs. 3 S. 1 hat der Verleiher den Leih-AN über den **Zeitpunkt** des **Wegfalls der Erlaubnis** unverzüglich **schriftlich** zu unterrichten. Unbeachtlich ist hierbei, aus welchem Grund die Erlaubnis wegfällt. Beabsichtigt der Verleiher, keinen Verlängerungsantrag zu stellen, oder will er das Gewerbe aufgeben, hat er dies dem Leih-AN mitzuteilen, sobald ein entsprechender Beschluss gefasst ist oder der Verleiher Kenntnis vom Wegfall der Erlaubnis erlangt. Auch Mischunternehmen sind verpflichtet, bei Aufgabe des Überlassungsgewerbes unverzüglich den AN zu unterrichten.

43 Der **Zweck** der Norm liegt im präventiven Schutz des Leih-AN vor den Folgen illegaler Überlassung und soll es dem Leih-AN ermöglichen, Ansprüche gegen den Entleiher aus § 10 Abs. 1 zu prüfen und ggf. rechtzeitig geltend zu machen (BAG v. 27. 7. 1983, EzAÜG § 10 Fiktion Nr. 20; Ulber/Ulber, J., AÜG, § 11 Rn. 89).

44 Wird die Erlaubnis nach § 2 Abs. 4 S. 3 nicht verlängert oder nach § 4 zurückgenommen bzw. nach § 5 widerrufen, hat der Verleiher den Leih-AN auch auf das **Ende der Abwicklung** und die gesetzliche Abwicklungsfrist (§ 2 Abs. 4) **hinzuweisen** (Abs. 3 S. 2). Aus der Fürsorgepflicht des AG und den Unterrichtungsrechten aus §§ 81 f.

Sonstige Vorschriften über das Leiharbeitsverhältnis § 11

BetrVG besteht dabei ein darüber hinausgehender Anspruch des Leih-AN auf Unterrichtung über die Rechtsfolgen des Wegfalls der Erlaubnis sowie deren Auswirkungen auf das bestehende ArbV (Ulber/*Ulber, J., AÜG*, § 11 Rn. 92; a. A. *Boemke/Lembke*, § 11 Rn. 112; Thüsing/*Mengel*, § 11 Rn. 38).

Verstößt der Verleiher gegen die Unterrichtspflichten nach Abs. 3, ist er dem Leih-AN nach § 280 Abs. 1 BGB zum **Schadensersatz** verpflichtet (ErfK/*Wank*, § 11 AÜG Rn. 22; Ulber/*Ulber, J., AÜG*, § 11 Rn. 93). **45**

Ein beim Verleiher bestehender **BR** kann infolge der Betriebseinstellung bei Wegfall der Erlaubnis (§ 111 S. 3 Nr. 1 BetrVG) neben dem Interessenausgleichsverfahren die Aufstellung eines **Sozialplans** zum Ausgleich der hiermit verbundenen Nachteile verlangen (Ulber/*Ulber, J., AÜG*, § 11 Rn. 93). **46**

5. Unabdingbarkeit der Vorschriften zum Betriebsrisiko (Abs. 4)

Abs. 4 S. 1 enthält eine besondere Vorschrift zu den **Kündigungsfristen bei Aushilfsarbeitsverhältnissen**. Abs. 4 S. 2 regelt das besondere **Betriebs- und Beschäftigungsrisiko** des Verleihers. Die mit dem Gesetz v. 2.3.2009 (BGBl. I, S. 416) m. W. v. 1.2.2009 in S. 3 eingefügte Vorschrift zur **Sonderregelung von Kurzarbei**t ist m. W. v. 31.3.2012 wieder entfallen (Art. 2 des Gesetzes v. 24.10.2010, BGBl. I, S. 1417). Abs. 4 findet in allen Fällen erlaubnispflichtiger ANÜ sowie i. R. v. § 1a Anwendung. Enthält der AV in den Fällen von § 1 Abs. 3 eine dauerhafte Verpflichtung zur Leiharbeit, ist die Vorschrift entsprechend ihren Schutzzwecken ebenfalls anzuwenden (Ulber/*Ulber, J.*, AÜG, § 11 Rn. 94). **47**

Zweck der Vorschrift ist es, dass das vom Verleiher zu tragende Beschäftigungsrisiko nicht auf den Leih-AN abgewälzt wird (*BSG* v. 21.7.2009, NZA-RR 2010, 216; *Boemke/Lembke*, § 11 Rn. 113; Schüren/Hamann/*Schüren*, § 11 Rn. 94; Ulber/*Ulber, J.*, AÜG, § 11 Rn. 94; Thüsing/*Mengel*, § 11 Rn. 40). Die Vorschrift ist **unabdingbar** (BT-Ds. VI/2303, S. 14) und versagt dem Verleiher die Wahl alternativer vertraglicher Gestaltungsmöglichkeiten zur Verlagerung des Beschäftigungsrisikos. **48**

a. Kündigungsfristen bei Aushilfsarbeitsverhältnissen (Abs. 4 Satz 1)

Nach Abs. 4 S. 1 ist die Möglichkeit zur einzelvertraglichen Vereinbarung kürzerer gesetzlicher **Kündigungsfristen** bei **Aushilfsarbeitsverhältnissen** (§ 622 Abs. 5 S. 1 Nr. 1 BGB) ausgeschlossen. Dies gilt nicht, wenn das Aushilfsarbeitsverhältnis über eine Zeit von drei Monaten hinaus fortgesetzt wird. Bei anderen ArbV ist die Vereinbarung kürzerer Kündigungsfristen nach § 622 Abs. 5 S. 1 Nr. 2 möglich, wobei durch TV auch kürzere als die gesetzlichen Kündi- **49** gungsfristen von § 622 Abs. 1 bis 3 BGB vereinbart werden können (§ 622 Abs. 4 BGB; Ulber/*Ulber, J.*, AÜG, § 11 Rn. 99).

50 Ein **Aushilfsarbeitsverhältnis** liegt nur vor, wenn durch ein nicht auf Dauer angelegtes ArbV ein vorübergehender Arbeitskräftebedarf des Verleihers gedeckt werden soll, der nicht durch den normalen Betriebsablauf, sondern durch den Ausfall von Stammarbeitnehmern des Verleihers oder einen zeitlich begrenzten zusätzlichen Arbeitsanfall **im Verleihbetrieb** begründet ist (*BAG* v. 22.5.1996, NJW 87, 60; ErfK/*Müller-Glöge*, § 622 BGB Rn. 32). Da der zusätzliche Personalbedarf nicht in den Verhältnissen bei Entleihern seine Ursache haben darf (vgl. § 1 Rn. 31 ff.), sind die rechtlichen Möglichkeiten zur Begründung eines Leiharbeitsverhältnisses als Aushilfsarbeitsverhältnis sehr begrenzt. Insbesondere darf der Verleiher das Risiko mangelnder Beschäftigungsmöglichkeiten nicht dadurch auf den Leih-AN abwälzen, dass er ihn als Aushilfskraft einstellt und hierdurch die Kündigungsfristen verkürzt (*BSG* v. 21.7.2009, NZA-RR 2010, 216). In der Praxis ist die Bedeutung von Abs. 4 S. 1 hoch, da der überwiegende Teil der Leiharbeitsverhältnisse weniger als drei Monate andauert (vgl. Einl. Rn. 13).

b. Unabdingbarkeit des Beschäftigungsrisikos (Abs. 4 Satz 2)

51 Die Möglichkeiten einer dauerhaften und kontinuierlichen Beschäftigung des Leih-AN hängen von den wechselnden Personalbedarfsfällen in Entleiherbetrieben ab, auf die der Verleiher keinen unmittelbaren Einfluss hat. Das Interesse des Verleihers, die Arbeitskraft des Leih-AN im vertraglich vorgesehenen Umfang nutzen zu können, hängt bei ANÜ davon ab, ob er den Leih-AN im unmittelbaren Anschluss an die Beendigung einer Überlassung an einen Entleiher an einen anderen Entleiher verleihen kann. Um zu verhindern, dass der Verleiher die hiermit verbundenen Risiken auf den Leih-AN abwälzt, enthält Abs. 4 S. 2 die **zwingende Regelung**, dass der Verleiher uneingeschränkt das **Beschäftigungs- und Entgeltzahlungsrisiko** trägt, wenn er den Leih-AN vorübergehend nicht beschäftigen kann und sog. **verleihfreie Zeiten** entstehen (*BSG* v. 21.7.2009, NZA-RR 2010, 216).

52 Im Hinblick auf die **Gleichstellungsgrundsätze** kommt der Vorschrift eine besondere Bedeutung zu, da die Tragung des besonderen Beschäftigungsrisikos in verleihfreien Zeiten Voraussetzung dafür ist, dass von den Gleichstellungsgrundsätzen gem. § 9 Nr. 2 abgewichen werden kann (vgl. § 1 Rn. 130y). Das Arbeitsentgelt in verleihfreien Zeiten wird i.Ü. nicht von §§ 3 Abs. 1 Nr. 3, 9 Nr. 2 erfasst (§ 9 Rn. 32) und die Entgeltansprüche richten hier ausschließlich nach den einzelvertraglichen oder tariflichen Regelungen.

53 Gesetzestechnisch wird die Unabdingbarkeit der Regeln zum Beschäftigungsrisiko dadurch erreicht, dass über Abs. 4 S. 2 die Regelung zum **Annahmeverzug** gem. § 615 S. 1 BGB (die ansonsten vertraglich

Sonstige Vorschriften über das Leiharbeitsverhältnis § 11

abbedungen werden kann) im Leiharbeitsvertrag der privatautonomen Entscheidung entzogen wird (zu § 615 S. 3 BGB vgl. Ulber/*Ulber, J.*, AÜG, § 11 Rn. 100). Hat der Verleiher keine Möglichkeit, den Leih-AN in der vertraglich vereinbarten Arbeitszeit zu beschäftigen, gerät er (verschuldensunabhängig) immer in Annahmeverzug und muss dem Leih-AN den Lohn für die ausgefallene Arbeitszeit zahlen. Entgegenstehende Vereinbarungen sind nach § 134 BGB nichtig. Dies gilt für einzelvertragliche Vereinbarungen ebenso wie für **TV** und sonstige Kollektivregelungen.

Der Anspruch des Leih-AN auf Vergütung bei Annahmeverzug ist **54** nicht von einem ausdrücklichen **Angebot** des Leih-AN **zur Arbeitsleistung** abhängig (*SG Hamburg* v. 24.9.1992, EzAÜG § 3 Versagungsgründe Nr. 17; *ArbG Bremerhafen* v. 6.12.2007, AuR 2008, 277; Ulber/*Ulber, J.*, AÜG, § 11 Rn. 106; a.A. *Boemke/Lembke*, § 11 Rn. 123). Der Leih-AN ist aber verpflichtet, sich in den vergütungspflichtigen Zeiten zur Aufnahme der Arbeit **bereitzuhalten** und für den Verleiher erreichbar zu sein. Eine Verpflichtung, sich fortlaufend beim Verleiher nach Einsatzmöglichkeiten zu erkundigen oder sich mehrmals beim Verleiher zu melden, besteht nicht (*LAG Frankfurt/M.* v. 23.1.1987, BB 87, 1602; Ulber/*Ulber, J.*, AÜG, § 11 Rn. 107).

Auf der **Rechtsfolgenseite** stellt Abs. 4 S. 2 klar, dass der **Ver-** **55** **gütungsanspruch** des Leih-AN auch bei Annahmeverzug des Verleihers (insbesondere bei fehlenden Beschäftigungsmöglichkeiten) **unabdingbar besteht**. Dies bedeutet u.a., dass der Entgeltanspruch für die regelmäßige Arbeitszeit innerhalb des jeweils maßgeblichen Abrechnungszeitraums nach dem **Lohnausfallprinzip** immer (ohne Nachleistungspflicht) vollständig zu vergüten ist, ohne dass es darauf ankommt, ob der Leih-AN tatsächlich gearbeitet hat oder nicht. Nach dem Lohnausfallprinzip ist immer die Zeit (einschließlich etwaiger Zuschläge) zu vergüten, die der Leih-AN bei **tatsächlich** erbrachter Arbeit erhalten hätte (*ArbG Potsdam* v. 28.1.2013 – 9 Ca 2215/12; *ArbG Stuttgart* v. 20.6.2012 – 19 Ca 5334/12; Ulber/*Ulber, J.*, AÜG, § 11 Rn. 101).

Vereinbarungen, die die Vergütungspflichten des Verleihers in Zei- **56** ten mangelnder Aufträge entfallen lassen bzw. beschränken oder gegen eine in einer RV nach § 3a enthaltene **Lohnuntergrenze** verstoßen, sind nach § 134 BGB **unwirksam** (*LSG NRW* v. 30.8.2006 – L 12 AL 168/05; Schüren/Hamann/*Schüren*, § 11 Rn. 102; Ulber/*Ulber, J.*, AÜG, § 11 Rn. 100). Ein **Einverständnis** des Leih-AN ist rechtlich irrelevant (*BSG* v. 21.7.2009, NZA-RR 2010, 216). Die Rechtsfolge der Unwirksamkeit gilt unabhängig davon, ob die Vergütungspflichten bei Annahmeverzug durch Befristung, Aufhebungsvertrag, Kündigung mit anschließender Wiederbeschäftigung oder durch sonstige unbezahlte Zeiträume zum Ruhen gebracht werden (KassHandb/*Düwell*, 4.5 Rn. 375; *Ulber*, § 1 Rn. 64). **Unbezahlte Beschäftigungspausen**

§ 11 Sonstige Vorschriften über das Leiharbeitsverhältnis

sind nur aus Gründen, die in der Person des Leih-AN liegen, zulässig (vgl. *BSG* v. 29.7.1992, DB 93, 1478; *Ulber*, § 9 Rn. 325 a).

57 **(Kurzarbeit)** Der Ausschluss der Anwendbarkeit von § 615 S. 1 BGB im Leiharbeitsverhältnis hat zur Folge, dass für den Leih-AN **keine Kurzarbeit** vereinbart werden kann, bei der der Vergütungsanspruch des Leih-AN entfällt oder gemindert wird (*LSG NRW* v. 30.8.2008 – L 12 AL 168/05; Ulber/*Ulber, J.*, AÜG, § 11 Rn. 103; a.A. *Boemke/ Lembke*, § 11 Rn. 128). Von daher können auch die Voraussetzungen eines erheblichen Arbeitsausfalls mit Entgeltausfall i.S.v. § 95 Nr. 1 SGB III nicht erfüllt werden, so dass ein Anspruch auf **Kurzarbeitergeld** im Leiharbeitsverhältnis regelmäßig nicht besteht (*LSG NRW* v. 30.8.2006 – L 12 AL 168/05; *Ulber*, § 11 Rn. 102). Wird Kurzarbeit vom Verleiher angeordnet oder in einer BV beim Verleiher geregelt, sind die Vereinbarungen unwirksam, soweit hiermit ein Ausschluss oder eine Verkürzung des Entgeltanspruchs verbunden ist. Wird beim **Entleiher Kurzarbeit** durchgeführt, muss der Verleiher dem Leih-AN für die Ausfallzeiten bei einem anderen Entleiher eine Arbeit zuweisen. Ist dies nicht möglich, ist er dennoch aus Annahmeverzug zur Zahlung des Arbeitsentgelts verpflichtet.

57a **(Befristete Regelung zur Vereinbarung von Kurzarbeit)** Die im Zeitraum v. 1.2.2009 bis 31.3.2012 in S. 3 a.F. enthaltene Regelung, nach der die Vergütungspflichten des Verleihers in verleihfreien Zeiten abbedungen werden konnten, wenn der Leih-AN Kurzarbeitergeld nach dem SGB III erhielt, ist heute ohne Bedeutung. Insoweit wird auf die Kommentierung bei Ulber/*Ulber, J.*, AÜG, § 11 Rn. 120 ff. verwiesen.

58 **(Befristung des Leiharbeitsverhältnisses)** Der Verleiher kann das Betriebsrisiko nicht durch die Wahl funktionsgleicher rechtlicher Gestaltungsmöglichkeiten umgehen (Ulber/*Ulber, J.*, AÜG, § 9 Rn. 332 u. § 11 Rn. 110). Dies wirkt sich auch bei der Zulässigkeit von **Befristungen** des Leiharbeitsvertrags aus. Dient die Befristung dem Zweck, die in Abs. 4 S. 2 zwingend angeordnete Vergütungspflicht des Verleihers in Zeiten mangelnder Beschäftigungsmöglichkeiten zu umgehen, ist die Befristungsabrede wegen Verstoßes gegen ein gesetzliches Verbot nach § 134 BGB unwirksam (Ulber/*Ulber, J.*, AÜG, § 9 Rn. 332). Dies gilt unabhängig vom Synchronisationsverbot, nach dem der Bestand des Leiharbeitsverhältnisses ohnehin nicht von vorhandenen Einsatzmöglichkeiten bei Entleihern abhängig gemacht werden darf (vgl. § 1 Rn. 32). Bei Einstellung von Leih-AN sind **Aushilfsarbeitsverhältnisse** i.d.R. unzulässig (*S/M*, § 11 Anm. 22; Ulber/*Ulber, J.*, AÜG, § 11 Rn. 112). Dasselbe gilt bei Abschluss eines unbefristeten Leiharbeitsvertrags, wenn bei dessen Abschluss zur Umgehung des Beschäftigungsrisikos vereinbart oder beabsichtigt ist, das Leiharbeitsverhältnis nach Beendigung des Ersteinsatzes bei einem Entleiher zu kündigen, soweit der Verleiher dann keine anderen Beschäftigungsmöglichkeiten hat.

Sonstige Vorschriften über das Leiharbeitsverhältnis § 11

(**Betriebsbedingte Kündigung**) Die gesetzlich vorgeschriebene Risikozuweisung von Abs. 4 S. 2 hat zur Folge, dass der Verleiher eine **betriebsbedingte Kündigung** nicht auf das vorübergehende Fehlen von Beschäftigungsmöglichkeiten stützen kann (*BSG* v. 21.7.2009, NZA-RR 2010, 216; Thüsing/*Mengel*, § 11 Rn. 40; Ulber/*Ulber, J.*, AÜG, § 11 Rn. 110). Eine entsprechende Vereinbarung führt nach § 134 zu deren Unwirksamkeit. Dasselbe gilt für **Aufhebungsverträge** oder **Eigenkündigungen** des Leih-AN auf Veranlassung des AG und bei nachträglicher Umwandlung eines unbefristeten in ein befristetes Leiharbeitsverhältnis (*Ulber, J.*, a.a.O.).

59

Die sich aus Abs. 4 S. 2 ergebenden Einschränkungen bei betriebsbedingten Kündigungen des AG gelten nur, soweit der Verleiher den Leih-AN wegen fehlender Beschäftigungsmöglichkeiten **vorübergehend** nicht beschäftigen kann (*BSG* v. 21.7.2009, NZA-RR 2010, 216; Ulber/*Ulber*, § 11 Rn. 111). Solange ein Auftragsmangel nach normalem Geschäftsverlauf weniger als drei Monate beträgt, ist diese Voraussetzung regelmäßig erfüllt (*Boemke/Lembke*, § 11 Rn. 127; KassHandb/*Düwell*, 4.5 Rn. 377; Schüren/Hamann/*Schüren*, Einl. Rn. 279; Ulber/*Ulber, J.*, AÜG, § 11 Rn. 111). Eine betriebsbedingte Kündigung ist in diesem Zeitraum auf Grund des spezifischen Beschäftigungsrisikos des Verleihers ausgeschlossen. Besteht der Auftragsmangel länger als drei Monate ist der Verleiher **danach** (a. A. *Boemke/Lembke*, § 11 Rn. 127) grundsätzlich zum **Ausspruch der Kündigung** unter Einhaltung der Kündigungsfristen berechtigt. Er hat im Streitfall darzulegen und zu beweisen, dass ein **dauerhafter Auftragsrückgang** vorliegt, der gleichzeitig einen dauerhaften Wegfall des Beschäftigungsbedarfs begründet (*BSG* v. 21.7.2009, NZA-RR 2010, 216). Die Grundsätze der **Sozialauswahl** (§ 1 Abs. 2 und 3 KSchG) sind bei Kündigungen zu berücksichtigen. Auf Grund des Rechts des Verleihers, an Entleiher überlassene AN jederzeit auszutauschen, sind in die Sozialauswahl grundsätzlich alle beim Verleiher beschäftigten Leih-AN einzubeziehen.

60

(**Arbeit auf Abruf**) Vereinbarungen, nach denen der Verleiher zur Entgeltzahlung nur verpflichtet ist, wenn er den Leih-AN bei vorhandenen Überlassungsmöglichkeiten auf Abruf beschäftigt (Rn. 23; § 1 Rn. 98), sind unwirksam (KassHandb/*Düwell*, 4.5 Rn. 341; *Schaub*, § 120 Rn. III 3c; Ulber/*Ulber, J.*, AÜG, § 11 Rn. 112 und § 1 Rn. 62). Dasselbe gilt, wenn der Leih-AN zwar mit einer vertraglich garantierten Mindestarbeitszeit beschäftigt wird, ein darüber hinausgehender Vergütungsanspruch jedoch nur besteht, wenn der Leih-AN auf Abruf des Verleihers (zur Abgrenzung zur Mehrarbeit vgl. *BAG* v. 7.12.2005, BB 06, 829) arbeitet (*BSG* v. 16.12.1976, EzAÜG, § 1 Arbeitsvermittlung Nr. 4). Auch eine Vereinbarung, nach der sich der Leih-AN in verleihfreien Zeiten **zweimal täglich zu melden** hat, verstößt gegen Abs. 4 S. 2 und lässt den Vergütungsanspruch unberührt (*ArbG Frankfurt* v. 20.12.2005, EzAÜG § 11 Annahmeverzug Nr. 1).

61

§ 11 Sonstige Vorschriften über das Leiharbeitsverhältnis

62 (**Ruhendes Arbeitsverhältnis und unbezahlter Urlaub**) Da Abs. 4 S. 2 jede vertragliche Gestaltungsmöglichkeit verbietet, durch die die Vergütungspflichten des Verleihers bei mangelnden Beschäftigungsmöglichkeiten eingeschränkt werden, ist die Vereinbarung eines **ruhenden AV** für Leih-AN ausgeschlossen, wenn die befristete Suspendierung von den vertraglichen Hauptleistungspflichten nicht ausschließlich auf einem Wunsch des AN beruht. Aus demselben Grund ist auch die Vereinbarung **unbezahlten Urlaubs** oder **unbezahlter Beschäftigungspausen** ausgeschlossen, wenn nicht ausnahmsweise in der Person des Leih-AN liegende Gründe eine solche Vereinbarung sachlich rechtfertigen (*BSG* v. 29. 7. 1992, DB 93, 1478; Ulber/*Ulber, J.*, AÜG, § 9 Rn. 332, u. § 11 Rn. 112; a. A. *Boemke/Lembke*, § 11 Rn. 129). Ein **Betriebsurlaub** oder eine **Betriebsruhe** (vgl. § 7.2 MTV iGZ/DGB) steht nur dann mit Abs. 4 S. 2 im Einklang, wenn die gesamte Belegschaft des Betriebs einbezogen und die zeitliche Lage nicht von mangelnden Einsatzmöglichkeiten bei Entleihern abhängig ist. Soweit **Urlaubsansprüche** des Leih-AN bestehen, ist es dem Verleiher nur im Rahmen von § 7 BUrlG gestattet, über die zeitliche Lage zu disponieren. Er darf die Gewährung des Urlaubs jedoch nicht davon abhängig machen, dass zum Zeitpunkt des Urlaubs keine Beschäftigungsmöglichkeiten vorhanden sind. Stellt der Verleiher den Leih-AN vor die Wahl, ob verleihfreie Zeiten als bezahlter Erholungsurlaub oder als unbezahlter Urlaub gelten sollen, ist ein hiermit verbundener **Verzicht** auf die Vergütung bei Annahmeverzug unwirksam (*LAG Nürnberg* v. 30. 5. 2006, NZA-RR 06, 511).

63 (**Rufbereitschaft, Bereitschaftsdienst und Arbeitsbereitschaft**) Abs. 4 S. 2 kommt bei allen Arbeitszeitabsprachen zur Anwendung, die nicht ein **bestimmtes Arbeitszeitkontingent** festlegen (*AG Braunschweig* v. 24. 10. 1996, NZA 97, 127), sondern dem AN eine Verpflichtung auferlegen, auf einseitige Anordnung des Verleihers arbeiten zu müssen. **Rufbereitschaften**, die nicht wie geleistete Arbeit vergütet werden, sind daher im Leiharbeitsvertrag grundsätzlich unzulässig (Ulber/*Ulber, J.*, AÜG, § 11 Rn. 112). **Arbeitsbereitschaft und Bereitschaftsdienst** zählen immer zur Arbeitszeit und lösen beim Leiharbeitsverhältnis in vollem Umfang eine entsprechende Vergütungspflicht des Verleihers aus.

64 (**Flexible Arbeitszeit/Arbeitszeitkonten**) Die Vorschriften zum Betriebsrisiko können nicht dadurch umgangen werden, dass der Verleiher mit dem Leih-AN **flexible Arbeitszeiten** vereinbart und Zeiten ohne Beschäftigung oder fehlender Aufträge durch Anrechnung vorhandener Plusstunden oder Entstehen von Minusstunden **vor- oder nacharbeiten** lässt (*ArbG Düsseldorf* v. 29. 3. 2005 – 6 Ca 8642/04). Eine entsprechende Vereinbarung ist unwirksam. Wegen des zwingenden Charakters von Abs. 4 S. 2 gilt dies auch für entgegenstehende Regelungen in TV oder BV oder in einer RV nach § 3 a. I. d. R. sind in Vereinbarungen zur flexiblen Arbeitszeit **Ausgleichszeit-**

räume, die einen Monat übersteigen, unzulässig (vgl. *BSG* v. 29.7.1992, EzAÜG BeschFG Nr. 5; Zweifel bei *Boemke/Lembke*, § 11 Rn. 126). Dem Verleiher ist es durch Abs. 4 S. 2 untersagt, die Rechtsfolgen des Annahmeverzugs durch die einseitige **Anordnung von Freizeitausgleich** oder die Vereinbarung von Beschäftigungspausen zu vermeiden (Ulber/*Ulber, J.,* AÜG, § 11 Rn. 112).

Die Vereinbarung von **Gleitzeit** und sonstigen Formen flexibler Arbeitszeit unterliegt keinen Bedenken, wenn die Entstehung von Zeitguthaben und Zeitsalden **allein im Interesse des Leih-AN** liegt und von dessen autonomer Entscheidung abhängig ist (zur mangelnden Übertragbarkeit in spätere Ausgleichszeiträume bei fehlendem TV vgl. *LAG Baden-Württemberg* v. 29.4.2009 – 17 Sa 4/09). Sollen darüber hinaus auch **betriebliche Interessen** des Verleihers die Nutzung von flexiblen Formen der Arbeitszeit ermöglichen, ist dies nur zulässig, wenn hierdurch die aus Abs. 4 S. 2 folgenden Vergütungspflichten des Verleihers eingehalten werden. Soll z.B. durch eine Flexibilisierung der Arbeitszeit erreicht werden, dass der Leih-AN bei Ausfall anderer Leih-AN durch deren Vertretung in anderen Entleihbetrieben vorübergehend verlängert arbeiten muss, ergeben sich gegen die Zulässigkeit einer entsprechenden Absprache i.d.R. keine Bedenken.

65

Auch bei flexiblen, im Interesse des Verleihers liegenden Arbeitszeiten, die eine Verpflichtung des Leih-AN zu einer **vorübergehend verlängerten regelmäßigen Arbeitszeit** enthalten, ergeben sich keine Bedenken, wenn den Verleiher hierbei eine **uneingeschränkte Vergütungspflicht** bezüglich der arbeitsvertraglich geregelten Grundarbeitszeit trifft. Entsprechende Vereinbarungen (vgl. § 2 Abs. 2 MTV BAP/DGB) sind zulässig und führen zum Wegfall von Mehrarbeitszuschlägen. Hierbei kann auch vereinbart werden, dass geleistete Mehrarbeitsstunden durch **Freizeitausgleich** verrechnet werden können, wenn sichergestellt ist, dass die Verrechnung nicht in Zeiten erfolgt, für die der Verleiher uneingeschränkt das Beschäftigungsrisiko zu tragen hat. Ein Freizeitausgleich kann nicht während ohnehin einsatzfreier Zeiten angeboten werden (*Ulber, J.,* NZA 2009, 232). Bei vereinbarter **Teilzeitarbeit** liegt eine vorübergehende Verlängerung der Arbeitszeit nur vor, wenn die vereinbarte Arbeitszeit des Leih-AN im Einzelfall aus sachlichen Gründen vorübergehend und in vertretbarem Umfang verlängert wird. Es stellt einen **Missbrauch** dar, wenn bei der Festlegung der regelmäßigen Arbeitszeit bewusst eine zu niedrige Stundenzahl angesetzt wird (*LAG Baden-Württemberg* v. 6.3.2012 – 22 Sa 58/11). Eine entsprechende Vereinbarung ist nach Abs. 4 S. 2 unwirksam. Dies ist jedoch nicht der Fall, wenn der Leih-AN verpflichtet ist, bei einem Entleiher in Vollzeit oder mit einer regelmäßig verlängerten Arbeitszeit zu arbeiten, und hierdurch entstehende Überzeiten durch Freizeitausgleich zu einem späteren Zeitpunkt ausgeglichen werden.

66

Kann allein der Verleiher über die **Verwendung von Zeitguthaben**

67

§ 11 Sonstige Vorschriften über das Leiharbeitsverhältnis

oder -salden entscheiden, liegt regelmäßig ein Verstoß gegen Abs. 4 S. 2 vor, wenn hierdurch die Vergütungspflichten des Verleihers umgangen werden. Bei bestehenden **Zeitsalden** ist dies immer der Fall. Da der Vergütungsanspruch mit dem Ausfall der Arbeitszeit entstanden ist, kann er vom Verleiher nicht dadurch erfüllt werden, das er dem Leih-AN (durch Verrechnung von Stunden später zu leistender Arbeit) eine Leistungspflicht auferlegt, nach der der Leih-AN zu einem späteren Zeitpunkt Arbeitszeit ohne einen entsprechenden Vergütungsanspruch leistet. Vereinbarungen, die eine **Verrechnung** geleisteter Arbeitsstunden mit späteren verleihfreien Zeiten vorsehen (insbesondere **Arbeitszeitkonten**), sind nach Abs. 4 S. 2 unwirksam. Vom Verleiher im Rahmen der regelmäßigen Arbeitszeit **nicht abgeforderte Arbeitszeiten** müssen nach Abs. 4 S. 2 immer vergütet werden und können im Rahmen eines Arbeitszeitkontos nicht zu einem Arbeitsabzug oder -saldo führen (Schüren/Hamann/*Schüren*, Einl. Rn. 165; Ulber/*Ulber, J.*, AÜG, § 1 Rn. 84; *Düwell/Dahl*, DB 2009, 1070). Dies gilt insbesondere, wenn der Verleiher den Leih-AN nicht in vollem Umfang innerhalb der regelmäßigen Arbeitszeit oder eines vereinbarten Arbeitszeitkontingents beschäftigen kann (*Boemke/Lembke*, § 11 Rn. 126).

68 Bestehen **Zeitguthaben** und will der Verleiher die Guthaben später mit verleihfreien Arbeitszeiten verrechnen, ist dies unzulässig, da der Verleiher seine Vergütungspflicht in verleihfreien Zeiten nicht dadurch erfüllen kann, dass er dem Leih-AN einen diesem allein zustehenden (und bereits entstandenen) Anspruch auf Freizeitausgleich nimmt. Die Tragung des Vergütungsrisikos durch den Verleiher »bedeutet bezahlen und nicht Verrechnung mit angesparten Guthaben« (*Schüren*, BB 2012, 1411). Eine Erfüllung des Anspruchs des Leih-AN als Gläubiger dadurch, dass der Verleiher als Schuldner über diesen Anspruch ohne Gegenleistung verfügt, ist schon **mangels einer Leistung** des Schuldners i. S. v. § 362 BGB ausgeschlossen. Auch eine **Aufrechnung** von Ansprüchen durch den Verleiher setzt nach §§ 387 ff. BGB voraus, dass dem Verleiher ein Anspruch gegen den Leih-AN zusteht, mit dem er Ansprüche des AN verrechnen kann. Zeitguthaben sind jedoch ebenso Ansprüche des AN wie Vergütungsansprüche aus dem ArbV. Eine Saldierung dieser Ansprüche durch den Verleiher als Schuldner ist grundsätzlich ausgeschlossen und verstößt gegen Abs. 4 S. 2. Dem entgegenstehende Vereinbarungen sind unwirksam und lassen den Vergütungsanspruch des Leih-AN für die verleihfreie Zeit (einschließlich etwaiger Mehrarbeitszuschläge) unberührt).

69 Richtet sich die **Lage der Arbeitszeit** des Leih-AN nach den im Entleiherbetrieb geltenden Regelungen (vgl. § 4.1 MTV DGB/BAP), liegt kein Verstoß gegen Abs. 4 S. 2 vor, solange die tatsächlich geleistete Gesamtarbeitszeit während eines Einsatzes die vertraglich vereinbarte Arbeitszeit nicht unterschreitet. Ist eine wöchentliche Arbeitszeit

Sonstige Vorschriften über das Leiharbeitsverhältnis § 11

von 35 Stunden vereinbart, sind auch umfangreiche Zeitschwankungen beim Entleiher so lange unbeachtlich, wie die **durchschnittliche Arbeitszeit** während des Einsatzes beim Entleiher 35 Stunden wöchentlich erreicht. Unterschreitet die tatsächlich geleistete durchschnittliche Arbeitszeit die vertraglich vereinbarte Arbeitszeit, ist der Verleiher jedoch verpflichtet, das Arbeitsentgelt für die ausgefallene Arbeitszeit zu entrichten. Will er dies verhindern, muss er dem Leih-AN für ausgefallene Zeit eine andere Beschäftigungsmöglichkeit anbieten.

(Höhe des Vergütungsanspruchs) Bemessungsgrundlage für den 70 Vergütungsanspruch des Leih-AN in verleihfreien Zeiten ist nach dem **Lohnausfallprinzip** grundsätzlich das Arbeitsentgelt, das der Leih-AN in den Ausfallzeiten bei tatsächlich geleisteter Arbeit (einschließlich aller Zuschläge und Nebenleistungen) erzielt hätte (*BSG* v. 21.7.2009, NZA-RR 2010, 216; *Boemke/Lembke*, § 11 Rn. 119; Schüren/Hamann/*Schüren*, § 11 Rn. 105; Thüsing/*Mengel*, § 11 Rn. 43; Ulber/*Ulber, J.*, AÜG, § 11 Rn. 104). Abs. 4 S. 2 schließt insoweit sowohl für einzelvertragliche als auch für tarifliche Regelungen eine Verkürzung des Vergütungsanspruchs aus. Im Krankheitsfall gilt dies in verleihfreien Zeiten auch nach § 4 Abs. 1 EntgFG (*ArbG Stuttgart* v. 20.6.2012 – 19 Ca 5334/12). Eine unzulässige Verkürzung des Anspruch liegt auch vor, wenn die in einer RV nach § 3a festgelegte Stundenlohnuntergrenze unterschritten wird, oder wenn regelmäßig zu zahlende Zulagen, **Auslösungen** (*LAG Bremen* v. 23.10.1975, EzAÜG § 1 TVG Tarifverträge Nr. 3) oder **pauschale Überstundenzuschläge** (*LAG Düsseldorf* v. 16.1.2001, BB 01, 836) in verleihfreien Zeiten nicht gewährt werden. Die Vereinbarung der Vergütung in verleihfreien Zeiten muss immer eine der vertraglich geschuldeten Arbeit entsprechende **wertgleiche Regelung** enthalten. Soweit dies gewährleistet ist, unterliegt der Anspruch der privatautonomen Gestaltungsfreiheit. Die Zielsetzung des Gesetzgebers, dem Leih-AN über Regelungen zum Vergütungsanspruch in verleihfreien Zeiten ein **verstetigtes Arbeitsentgelt** zu garantieren (vgl. BT-Ds. 15/25, S. 38), ist hierbei zu berücksichtigen.

Es kann z.B. vereinbart werden, dass sich der **Anspruch der Höhe** 71 **nach** nach dem zuletzt erzielten Arbeitsentgelt bei einem Entleihereinsatz richtet. Ebenso zulässig sind Vereinbarungen, nach denen sich das Arbeitsentgelt nach dem in einem bestimmten Bezugszeitraum (z.B. letzten drei Monate) erzielten Arbeitsentgelt richtet. Wird keine besondere Vereinbarung getroffen, richtet sich der Vergütungsanspruch nach dem Entgelt, das einem vergleichbaren AN des Entleihers bei Annahmeverzug zu gewähren ist (ErfK/*Wank*, § 11 AÜG Rn. 24; Thüsing/*Mengel*, § 11 Rn. 43; Ulber/*Ulber, J.*, AÜG, § 11 Rn. 101).

Wird der Leih-AN **ausschließlich an einen Entleiher** verliehen, 72 richtet sich der Vergütungsanspruch entsprechend der Zielsetzung des Gesetzgebers, dem Leih-AN ein verstetigtes Arbeitsentgelt zu

§ 11 Sonstige Vorschriften über das Leiharbeitsverhältnis

garantieren, nach dem Arbeitsentgelt, das dem Leih-AN während des Einsatzes beim Entleiher gewährt wurde. Dasselbe gilt, wenn Ausfallstunden durch **Kurzarbeit beim Entleiher** entstehen.

73 Ein vergütungspflichtiger **Ausfall von Arbeitsstunden** liegt dabei immer vor, wenn der Verleiher den Leih-AN mit einer geringeren als der vertraglich vorgesehenen Dauer der Arbeitszeit beschäftigt. Dies gilt auch, soweit die bei Entleihern geleistete Arbeitszeit geringer ist, als die vertraglich vereinbarte regelmäßige Arbeitszeit des Leih-AN. Will der AG **vermeiden**, dass ausfallende Arbeitsstunden vergütet werden, muss er dem Leih-AN im Umfang der ausfallenden Arbeitsstunden eine **andere zumutbare Beschäftigung** bei einem anderen Entleiher anbieten.

74 Der Vergütungsanspruch bei fehlenden Beschäftigungsmöglichkeiten besteht, ohne dass der Leih-AN zur **Nachleistung** verpflichtet ist. Der gesetzlich zwingend angeordnete **Ausschluss der Nachleistungspflicht** kann durch den Verleiher nicht dadurch umgangen werden, dass er Ausfallzeiten i. R. v. Arbeitszeitkonten verrechnet und hierdurch der Vergütungspflicht für verleihfreie Zeiten entgeht (Rn. 67 f.).

75 Der Leih-AN muss sich nach § 615 S. 2 BGB, dessen Anwendbarkeit durch Abs. 4 S. 2 nicht ausgeschlossen wird, infolge der Nichtarbeit **ersparte Aufwendungen** anrechnen lassen (Ulber/*Ulber, J.*, AÜG, § 11 Rn. 114 ff.). Dasselbe gilt für **Arbeitsentgelt,** das bei anderweitiger Verwertung seiner Arbeitskraft in verleihfreien Zeiten erzielt wurde, oder bei böswilligem Unterlassen der Aufnahme einer zumutbaren Beschäftigung (Schüren/Hamann/*Schüren*, § 11 Rn. 107; Ulber/*Ulber, J.*, AÜG, § 11 Rn. 117).

6. Leistungsverweigerungsrechte in Arbeitskämpfen (Abs. 5)

76 Zum Schutz der Tarifautonomie in den unterschiedlichen Branchen der Entleiher (vgl. Ulber/*Ulber, J.*, AÜG, Einl. C Rn. 13 ff.) räumt Abs. **5 S. 1** dem Leih-AN das Recht ein, bei **Arbeitskämpfen in Entleihbetrieben** die **Leistung zu verweigern**. Die Vorschrift lässt die Zulässigkeit von ANÜ-Verträgen zur Durchführung von **Streikbrucharbeiten** unberührt (*ArbG München* v. 2.7.2001 – 6b BVGa 6/01 G). Dem Schutzzweck von Abs. 5 entspricht auch § 36 Abs. 3 SGB III, der eine **Arbeitsvermittlung** in Bereiche, die von einem Arbeitskampf unmittelbar betroffen sind, nur zulässt, wenn der AG und der AN dies verlangen. Wegen der gesetzlichen Gleichstellungsgrundsätze von § 9 Nr. 2 richtet sich der »Bereich« i. S. v. § 36 Abs. 3 SGB III grundsätzlich nach den Verhältnissen im Entleiherbetrieb. Den Arbeitsagenturen ist es infolge der **Neutralitätspflicht** untersagt, Verleihern AN zu vermitteln, die als Streikbrecher in Entleiherbetrieben eingesetzt werden sollen, die von einem Arbeitskampf unmittelbar betroffen sind (*LAG Baden-Württemberg* v. 31.7.2013 – 4 Sa 18/13). Ebenso ist die Verhängung einer Sperrzeit unzulässig, wenn der Leih-

AN während eines Arbeitskampfes im Entleiherbetrieb von seinem Leistungsverweigerungsrecht nach Abs. 5 Gebrauch macht.

Eine **unmittelbare Betroffenheit** der Entleihers vom Arbeitskampf **76a** liegt immer vor, wenn die Voraussetzungen von § 146 Abs. 3 S. 1 Nr. 1 und 2 SGB III erfüllt sind. Macht der Leih-AN von seinem Leistungsverweigerungsrecht Gebrauch, muss er dies dem Verleiher **mitteilen** und auf dessen Anordnung bei einem anderen Entleiher arbeiten, der seinerseits nicht von einem Arbeitskampf betroffen sein darf. Gegenüber dem Entleiher bleibt der Verleiher zur Stellung einer Ersatzkraft verpflichtet. Ist es dem Verleiher nicht möglich, den Leih-AN anderweitig einzusetzen, bleibt der **Vergütungsanspruch** des Leih-AN aus Annahmeverzug bestehen (*BAG* v. 1.7.1973, EzAÜG § 615 BGB Nr. 1; *LSG* NRW v. 30.8.2006, NZA 2007, 4; Thüsing/ *Mengel*, § 11 Rn. 50; Ulber/*Ulber, J.*, AÜG, § 11 Rn. 128).

Nach **Abs. 5 S. 2** ist der Verleiher verpflichtet, den Leih-AN **unauf- 77 gefordert** und unverzüglich auf das bestehende Leistungsverweigerungsrecht **hinzuweisen,** sobald der Entleihbetrieb von einem Arbeitskampf bedroht ist. Ist der Einsatz von Leih-AN in Betrieben, die von einem Arbeitskampf betroffen sind, in einem **TV zur ANÜ ausgeschlossen** (vgl. § 17.1 MTV BAP/DGB; PN 10 zum MTV iGZ/DGB), hat der Verleiher den Einsatz unverzüglich nach Bekanntwerden einer Arbeitskampfmaßnahme einzustellen. Der Hinweis auf das Leistungsverweigerungsrecht hat in sachlicher Form zu erfolgen. Eine Bewertung des Arbeitskampfes oder der Geltendmachung des Leistungsverweigerungsrechts ist dem Verleiher untersagt und führt ggf. zu einem Schadensersatzanspruch des Leih-AN wegen Verstoßes sowohl gegen Abs. 5 als auch gegen das Maßregelungsverbot von § 612a BGB (Thüsing/*Mengel*, § 11 Rn. 52). Daneben steht den vom Arbeitskampf betroffenen Tarifparteien ein **Unterlassungsanspruch** gegen den Verleiher zu. Auch ist die Erlaubnisbehörde berechtigt, die **Erlaubnis** wegen Verstoßes gegen Vorschriften des AÜG zu **widerrufen**.

Abs. 5 lässt das Recht des Leih-AN zur **eigenen Beteiligung an 78 Arbeitskämpfen** unberührt (LAG BW v. 31.7.2013 – 4 Sa 18/13). Bei Arbeitskämpfen, die im Zusammenhang mit TV von Verleihbetrieben geführt werden, steht ihm daher uneingeschränkt das **Recht zum Streik** zu, soweit i.Ü. die Voraussetzungen eines zulässigen Streiks erfüllt sind (*Boemke/Lembke*, § 11 Rn. 131; Thüsing/*Mengel*, § 11 Rn. 53; Ulber/*Ulber, J.*, AÜG, § 11 Rn. 129). Bei **Mischunternehmen** oder im **Konzern** (Ulber/*Ulber, J.*, AÜG, § 11 Rn. 129) muss dies auch gelten, wenn in einem nicht der ANÜ zuzuordnenden Betriebs- bzw. Konzernteil ein Arbeitskampf geführt wird, der durch die AN anderer Betriebs- bzw. Konzernteile unterstützt wird (zum Unterstützungsstreik *BAG* v. 19.6.2007 – 1 AZR 396/06). Unterliegt der Leih-AN qua **Tarifbindung** einem beim **Entleiher** umkämpften TV steht ihm ein Streikrecht zu (*Berg*, JahrbArbR 2009, 84f.).

§ 11 Sonstige Vorschriften über das Leiharbeitsverhältnis

79 Unterliegt der Leih-AN infolge der **Gleichstellungsgrundsätze** von § 9 Nr. 2 dem **TV eines Entleihers**, der von einem Arbeitskampf betroffen ist, steht ihm infolge der positiven Koalitionsfreiheit auch ohne eigene Tarifbindung das Recht zu, sich **aktiv** an Arbeitskämpfen im Entleiherbetrieb zu **beteiligen** und gegenüber dem Verleiher die Leistung zu verweigern (Ulber/*Ulber, J.*, AÜG, § 11 Rn. 129 f.; *Berg*, JahrbArbR 2009, 86 f.). Dies gilt auch bei Tarifauseinandersetzungen, die **Regelungslücken** eines TV zur ANÜ (z. B. beim Akkordlohn) betreffen und daher einen Anspruch des Leih-AN auf Gleichstellung auslösen (§ 10 Rn. 61).

80 Soweit dem Leih-AN bei Tarifkämpfen in Entleiherbetrieben ein Streikrecht zusteht, steht ihm ein **Wahlrecht** zu, ob er vom Leistungsverweigerungsrecht nach Abs. 5 oder vom Streikrecht Gebrauch macht (Ulber/*Ulber, J.*, AÜG, § 11 Rn. 114; Wedde/*Mittag*, AÜG,.§ 9 Rn. 4). Hierüber hat er den Verleiher bei Einstellung der Arbeitsleistung zu informieren. Macht er von seinem Streikrecht Gebrauch, entfällt der Vergütungsanspruch aus dem Leiharbeitsvertrag. Wird im späteren Abschluss des beim Entleiher umkämpften TV eine **Maßregelungsklausel** vereinbart, nach der Sanktionen wegen der Beteiligung am Arbeitskampf ausgeschlossen sind, gelten die tariflichen Bestimmungen auch für den Leih-AN.

7. Öffentlich-rechtlicher Arbeitsschutz (Abs. 6)

81 Abs. 6 stellt klar, dass der Entleiher beim Einsatz von Leih-AN neben dem Verleiher verpflichtet ist, die im Entleiherbetrieb geltenden öffentlich-rechtlichen Vorschriften des Arbeitsschutzrechts einzuhalten. Die Vorschrift findet aus gemeinschaftsrechtlichen Gründen (Art. 1 Nr. 2 RL 91/383/EWG) bei allen Formen der ANÜ Anwendung (Ulber/*Ulber, J.*, AÜG, § 11 Rn. 145). Aus der für Verleiher und Entleiher **eigenständig** bestehenden Pflicht zur Einhaltung des Arbeitsschutzes folgt u. a., dass die Einhaltung der Arbeitsschutzvorschriften wegen der unterschiedlichen Arbeitsbelastungen von Stamm- und Leih-AN jeweils selbständig geprüft werden muss. Hierzu müssen sie nach § 8 Abs. 1 ArbSchG zusammenarbeiten und die organisatorischen Voraussetzungen schaffen um dem Arbeitsschutz Rechnung tragen zu können. Die Erteilung einer Ausnahmegenehmigung zur **Sonn- und Feiertagsarbeit** nach § 13 Abs. 4 ArbZG für den Entleiher erfasst daher nur dann auch Leih-AN, wenn dies im Bewilligungsbescheid ausdrücklich erwähnt ist und die Aufsichtsbehörde die besonderen Schutzbedürfnisse des Leih-AN berücksichtigt hat (a. A. *LAG Düsseldorf* v. 5. 10. 2006 – 15 TaBV 60/06).

82 Zu den **öffentlich-rechtlichen Vorschriften des Arbeitsschutzrechts** zählen neben dem Arbeitsschutz im engeren Sinne (z. B. ArbSchG, ArbZG, MuSchG, SGB IX, ASiG, Unfallverhütungsvorschriften nach §§ 15 ff. SGB VII, Gefahrschutzverordnungen nach

Sonstige Vorschriften über das Leiharbeitsverhältnis § 11

§ 120s ff. GewO a. F. i. V. m. § 139b Abs. 4 GewO) gemeinschafts- und landesrechtliche Normen sowie Bestimmungen des BetrVG (*B/W*, § 3 Rn. 18 ff.; Ulber/*Ulber, J.*, AÜG, § 11 Rn. 144).

Abs. 6 S. 1 verpflichtet den **Entleiher** ergänzend zu § 8 Abs. 1 ArbSchG, gegenüber dem Leih-AN alle Pflichten einzuhalten, die im Rahmen des Arbeitsschutzes für den AG bestehen. Hierzu gehören zunächst alle öffentlich-rechtlichen Vorschriften, die auch für Stammarbeitnehmer des Entleihers zur Anwendung kommen. Ergeben sich darüber hinaus aus der Betriebszugehörigkeit des Leih-AN zum Verleiherbetrieb weitere Arbeitsschutzpflichten, hat der Entleiher auch deren Einhaltung zu gewährleisten (Ulber/*Ulber, J.*, AÜG, § 11 Rn. 146; a. A. *Boemke/Lembke*, § 11 Rn. 151). Dies gilt insbesondere für Vorschriften zur **Arbeitszeit**, die gem. § 2 Abs. 1 S. 2 ArbZG im Rahmen des Ausgleichszeitraums und der Höchstarbeitszeit nach § 3 S. 2 ArbZG auch einzuhalten sind, wenn der Leih-AN im Ausgleichszeitraum bei mehreren Entleihern eingesetzt ist. **83**

Bestehen beim Entleiher **BV** zum Arbeitsschutz (§§ 87 Abs. 1 Nr. 7, 88 Nr. 1 BetrVG) oder sonstige betriebliche Regelungen oder Anweisungen zum Arbeitsschutz, hat der Entleiher diese auch gegenüber dem Leih-AN einzuhalten. Eine Ungleichbehandlung mit dem Stammpersonal ist ihm auf Grund der **Gleichbehandlungspflichten** sowie § 75 Abs. 1 BetrVG untersagt (vgl. § 14 Rn. 190). Verstöße berechtigen den Leih-AN zur **Leistungsverweigerung**. **84**

Abs. 6 S. 2 und 3 konkretisiert die Arbeitsschutzpflichten des Entleihers und steht in engem Zusammenhang mit den Unterrichtungs- und Erörterungspflichten gem. § 81 BetrVG. Danach hat der Entleiher den Leih-AN **vor** Beginn der Beschäftigung und bei Veränderungen in seinem Arbeitsbereich auf der Grundlage einer **Gefährdungsbeurteilung** nach §§ 5 f. ArbSchG (*Pauli*, AiB 2008, 450) über **Gefahren für Sicherheit und Gesundheit** sowie über Maßnahmen und Einrichtungen zur Abwendung von Gefahren zu unterrichten und zu **unterweisen** (vgl. § 12 Abs. 1 und Abs. 2 S. 1 ArbSchG). Die Unterweisung muss **arbeitsplatzspezifisch** so erfolgen, dass der Leih-AN alle Gefahren erkennen kann und Verhaltensregeln erteilt bekommt, nach denen er sich sicherheitsgerecht verhalten kann (Schüren/Hamann/ *Schüren*, § 11 Rn. 139; Ulber*Ulber, J.*, AÜG, § 11 Rn. 148). **85**

Neben dem Gesundheitsschutz hat der Entleiher den Leih-AN gem. Abs. 6 S. 3 über die Notwendigkeit besonderer **Qualifikationen** oder beruflicher Fähigkeiten oder einer besonderen ärztlichen Überwachung sowie über besondere Gefahren des Arbeitsplatzes zu unterrichten. Ist eine bestimmte Qualifikation Voraussetzung für die Ausübung der Tätigkeit des AN oder setzt sie bestimmte ärztliche Untersuchungen voraus, hat der Entleiher das Recht und die Pflicht, die Vorlage entsprechender **Nachweise** vom Leih-AN zu verlangen. **86**

S. 1 Hs. 2 stellt ergänzend zu § 12 Abs. 2 S. 3 ArbSchG und § 618 **87**

§ 11 Sonstige Vorschriften über das Leiharbeitsverhältnis

BGB klar, dass auch der **Verleiher** beim Einsatz im Entleihbetrieb (zusätzlich zum Entleiher) verpflichtet ist, **in eigener Verantwortung** die dort geltenden Arbeitsschutznormen einzuhalten (Thüsing/*Mengel*, § 11 Rn. 54; Ulber/*Ulber, J.*, AÜG, § 11 Rn. 149). Eine Beauftragung des Entleihers mit der Aufgabenwahrnehmung nach § 13 Abs. 2 ArbSchG ist hierbei ausgeschlossen (Ulber/*Ulber, J.*, AÜG, § 11 Rn. 149). Zu den Schutzpflichten des Verleihers gehört, dass er im Entleihbetrieb in regelmäßigen Abständen die erforderlichen **Kontrollen** durchführt und im Rahmen eines Kontrollsystems sicherstellt, dass der Entleiher seinen Arbeitsschutzpflichten nachkommt (§ 12 Abs. 2 S. 2 und 3 ArbSchG; Boemke/Lembke, § 11 Rn. 157; Kass-Handb/*Düwell*, 4.5 Rn. 406; Ulber/*Ulber, J.*, AÜG, § 11 Rn. 149ff.).

88 Verstößt der Entleiher oder der Verleiher gegen die Arbeitsschutzpflichten, steht dem Leih-AN ein **Leistungsverweigerungsrecht** zu (*BAG* v. 8.7.1971, DB 71, 1822; Boemke/Lembke, § 11 Rn. 156, 161; Thüsing/*Mengel*, § 11 Rn. 55; Ulber/*Ulber, J.*, AÜG, § 11 Rn. 148). Daneben haften sie dem Leih-AN bei schuldhafter Verletzung gem. §§ 241 Abs. 2, 311 Abs. 3, 280 BGB auf **Schadensersatz** (Boemke/Lembke, § 11 Rn. 154; Ulber/*Ulber, J., AÜG*, § 11 Rn. 151). Der Entleiher hat hierbei für ein Verschulden seines Stammpersonals nach § 278 BGB einzustehen (a. A. Boemke/Lembke, § 11 Rn. 154). Bei arbeitsbedingten **Personenschäden** kommt sowohl dem Entleiher als auch dem Verleiher das Haftungsprivileg nach § 104 Abs. 1 SGB VII zugute (*BAG* v. 27.5.1983, EzAÜG § 611 BGB Haftung Nr. 7).

89 Verstöße des Verleihers gegen seine öffentlich-rechtlichen Arbeitsschutzpflichten sind gem. § 3 Abs. 1 Nr. 1 ein **Versagungsgrund** zur Erteilung der Erlaubnis. Eine bereits erteilte **Erlaubnis** ist nach § 5 Abs. 1 Nr. 3 zu **widerrufen**.

8. Arbeitnehmererfindungen (Abs. 7)

90 Macht der Leih-AN während seines Einsatzes beim Entleiher eine **Erfindung** oder einen **technischen Verbesserungsvorschlag** i. S. v. §§ 2ff. ArbNErfG gilt nach Abs. 7 der Entleiher als AG. Die Vorschrift gilt bei allen Formen der ANÜ (Ulber/*Ulber, J.*, AÜG, § 11 Rn. 153; Boemke/Lembke, § 11 Rn. 166) und findet auch auf freie Erfindungen i. S. v. § 4 Abs. 2 Nr. 2 ArbNErfG Anwendung (Boemke/Lembke, § 11 Rn. 171; Ulber/*Ulber, J.*, AÜG, § 11 Rn. 153; a. A. ErfK/*Wank*, § 11 AÜG Rn. 29). Zweck der Vorschrift ist eine interessengerechte Zuordnung der Verwertungsrechte durch den Entleiher als Berechtigter i. S. v. §§ 18f. ArbNErfG (Schüren/Hamann/*Schüren*, § 11 Rn. 146).

91 Voraussetzung für den Vergütungsanspruch nach § 20 Abs. 1 ArbNErfG ist, dass die Erfindung der Tätigkeit des Leih-AN im konkreten Entleihbetrieb zuzuordnen ist (Schüren/Hamann/*Schüren*, § 11 Rn. 131; Ulber/*Ulber, J.*, AÜG, § 11 Rn. 140).

92 Bestehen ergänzend zu § 20 Abs. 1 ArbNErfG **BV** zu Arbeitnehmererfindungen, sind deren Bestimmungen auch bei Erfindungen des Leih-AN anzuwenden (*Boemke/Lembke*, § 11 Rn. 171; *Ulber/Ulber, J.*, AÜG, § 11 Rn. 153). Dasselbe gilt für BV zum **betrieblichen Vorschlagswesen** nach § 87 Abs. 1 Nr. 12 (*ArbG Frankfurt/M* v. 10.12.1985, EzAÜG § 11 Inhalt Nr. 1).

§ 12 Rechtsbeziehungen zwischen Verleiher und Entleiher

(1) Der Vertrag zwischen dem Verleiher und dem Entleiher bedarf der Schriftform. In der Urkunde hat der Verleiher zu erklären, ob er die Erlaubnis nach § 1 besitzt. Der Entleiher hat in der Urkunde anzugeben, welche besonderen Merkmale die für den Leiharbeitnehmer vorgesehene Tätigkeit hat und welche berufliche Qualifikation dafür erforderlich ist sowie welche im Betrieb des Entleihers für einen vergleichbaren Arbeitnehmer des Entleihers wesentlichen Arbeitsbedingungen einschließlich des Arbeitsentgelts gelten; Letzteres gilt nicht, soweit die Voraussetzungen der in § 3 Abs. 1 Nr. 3 und § 9 Nr. 2 genannten Ausnahmen vorliegen.

(2) Der Verleiher hat den Entleiher unverzüglich über den Zeitpunkt des Wegfalls der Erlaubnis zu unterrichten. In den Fällen der Nichtverlängerung (§ 2 Abs. 4 Satz 3), der Rücknahme (§ 4) oder des Widerrufs (§ 5) hat er ihn ferner auf das voraussichtliche Ende der Abwicklung (§ 2 Abs. 4 Satz 4) und die gesetzliche Abwicklungsfrist (§ 2 Abs. 4 Satz 4 letzter Halbsatz) hinzuweisen.

(3) (weggefallen)

Gliederung	Rn.
1. Einleitung	1– 3
2. Voraussetzungen eines Arbeitnehmerüberlassungsvertrags	4–10
3. Schriftformerfordernis (Abs. 1 S. 1)	11–21
a. Reichweite des Schriftformerfordernisses	11–14
b. Rechtsfolgen von Verstößen	15–21
4. Leistungspflichten beim Arbeitnehmerüberlassungsvertrag	22–46
a. Leistungspflichten des Verleihers	26–39
b. Leistungspflichten des Entleihers	40–46
5. Leistungsbeziehungen zwischen Entleiher und Leiharbeitnehmer	47–52
6. Inhalt der Vertragsurkunde (Abs. 1 S. 2 und 3)	53–70
a. Verleihererklärung zur Erlaubnis (Abs. 1 S. 2)	54–58
b. Angaben zum Tätigkeits- und Qualifikationsprofil (Abs. 1 S. 3)	59–63
c. Angaben zu den wesentlichen Arbeitsbedingungen des Arbeitsplatzes	64–68
d. Befreiung von der Angabe wesentlicher Arbeitsbedingungen (Abs. 1 S. 3 Hs. 2)	69–70
7. Unterrichtungspflichten bei Wegfall der Erlaubnis (Abs. 2)	71–74

1. Einleitung

Die Leistungsbeziehungen zwischen Verleiher und Entleiher werden im **Arbeitnehmerüberlassungsvertrag** geregelt. Er stellt die Grund- **1**

§ 12 Rechtsbeziehungen zwischen Verleiher und Entleiher

lage für den Vergütungsanspruch des Verleihers und das Recht des Entleihers dar, die Arbeitskraft des Leih-AN zu nutzen und ihm gegenüber das Direktionsrecht auszuüben.

2 Welchen inhaltlichen Kriterien der ANÜ-Vertrag genügen muss, ist im Gesetz nicht besonders geregelt. Es handelt sich beim ANÜ-Vertrag um einen schuldrechtlichen **Dienstverschaffungsvertrag**, der unter Beachtung der Vorschriften des AÜG und des BGB der allgemeinen vertraglichen Gestaltungsfreiheit unterliegt. Bei der Ausgestaltung des Vertrags haben die Parteien sicherzustellen, dass der Verleiher seinen Pflichten gegenüber dem Leih-AN, sowie einem beim Verleiher bestehendem Betriebsrat vollumfänglich nachkommen kann (*BAG* v. 27.1.2004, NZA 2004, 556). Umgekehrt muss auch der Entleiher gewährleisten, dass er seine Verpflichtungen aus im Entleiherbetrieb geltenden Regelungen und hinsichtlich der Mitwirkungsrechte eines BR erfüllen kann. Bestehen z.B. TV, nach denen der Einsatz von Leih-AN an bestimmte Bedingungen geknüpft ist (vgl. z.B. § 4c TV-Leiz, der den Einsatz von der Einhaltung der mit der Tarifgemeinschaft des DGB abgeschlossenen TV sowie der Zahlung von Branchenzuschlägen abhängig macht), ist der Entleiher zur Einhaltung des TV verpflichtet. Verstöße berühren jedoch nicht die Wirksamkeit des ANÜ-Vertrags (zur Mitbestimmung des Betriebsrats vgl. § 14 Rn. 258a).

3 § 12 legt bestimmte **Mindestanforderungen** fest, denen der Vertrag entsprechen muss. Die vorgeschriebene **Schriftform** (Abs. 1 S. 1) erfüllt dabei eine **Beweissicherungsfunktion** für die Beteiligten und erleichtert die Überwachung der ANÜ durch die Erlaubnisbehörde. Die in Abs. 1 S. 2 und Abs. 2 geregelten **Mitteilungspflichten** zur Erlaubnis sollen den Entleiher davor schützen, dass wegen fehlender Erlaubnis ein fingiertes ArbV mit dem Leih-AN begründet wird (§ 10 Abs. 1). Die in Abs. 1 S. 3 geforderten **Mindestangaben zum Tätigkeitsprofil** sollen Streitigkeiten über den Umfang der Leistungspflichten des Verleihers vermeiden und legen für den Leih-AN den Rahmen fest, innerhalb dessen er beim Entleiher seine Arbeit erbringen muss. Die Angaben zu den wesentlichen Arbeitsbedingungen sollen sicherstellen, dass der Verleiher seinen Gleichstellungspflichten nach §§ 9 Nr. 2, 10 Abs. 4 nachkommen kann.

2. Voraussetzungen eines Arbeitnehmerüberlassungsvertrags

4 Ob ein ANÜ-Vertrag vorliegt, richtet sich nicht nach der Bezeichnung durch die Vertragsparteien, sondern nach dem tatsächlichen **Geschäftswillen** (*BAG* v. 26.7.1984, EzAÜG § 1 Gewerbsmäßige Arbeitnehmerüberlassung Nr. 18). Dieser muss darauf gerichtet sein, einen AN von seinem AG einem Dritten, dem Entleiher (vgl. § 1 Abs. 1 S. 1), zur Arbeitsleistung zu überlassen.

Ein **Überlassen zur Arbeitsleistung** liegt nur vor, wenn dem Dritten das **Weisungsrecht** des AG vertraglich **übertragen** wird und er den AN wie einen eigenen AN im Betrieb einsetzen kann (§ 1 Rn. 10). Liegt eine entsprechende vertragliche Absprache nicht vor, fehlt es an einer wesentlichen Voraussetzung für einen ANÜ-Vertrag. Der Dritte ist dann nicht berechtigt, dem Fremdbeschäftigten Weisungen zu erteilen. Dasselbe gilt, wenn das Weisungsrecht auch während des Einsatzes des AN im Fremdbetrieb beim entsendenden Betrieb verbleibt. Hier handelt es sich meist um einen Werk- oder Dienstvertrag (vgl. hierzu Einl. Rn. 39 ff.).

Liegt keine vertragliche Absprache zur Übertragung des Weisungsrechts auf den Verleiher vor, so handelt es sich dennoch um ANÜ, wenn der Dritte gegenüber dem AN während des Einsatzes in **tatsächlicher Hinsicht** das arbeitgeberische **Weisungsrecht ausübt**. Dies gilt auch, wenn die Ausübung des Weisungsrechts durch den Entleiher vertraglich ausgeschlossen ist. Bedeutung hat dies insbesondere beim sog. **Scheinwerkvertrag**, der vertraglich als Werkvertrag geschlossen wird, auf Grund der Ausübung des Weisungsrechts jedoch rechtlich als ANÜ zu behandeln ist (vgl. Einl. Rn. 44). **6**

Eine **Übertragung** des Weisungsrechts auf den Dritten setzt voraus, dass die Arbeitgeberstellung des Verleihers auch während der Zeit des Einsatzes des Leih-AN im Drittbetrieb erhalten bleibt. Hierzu gehört, dass der Verleiher alle typischen **Arbeitgeberpflichten** erfüllt (vgl. § 1 Rn. 25 ff., 66 ff.) und das Weisungsrecht des Verleihers über den Zeitraum der Überlassung hinaus bestehen bleibt. Stimmen Dauer der Überlassung und Dauer des Leiharbeitsverhältnisses überein (sog. **Synchronisation,** vgl. Einl. Rn. 13, 34 ff.), wird das Weisungsrecht des Verleihers nicht nur (zeitlich befristet) übertragen, sondern die Vertragsgestaltung ist von vornherein dadurch gekennzeichnet, dass ausschließlich der Entleiher die Arbeitspflichten des AN in Anspruch nehmen kann und das Weisungsrecht ausübt. Eine Übernahme des typischen **Arbeitgeber- oder Beschäftigungsrisikos** durch den Entleiher (vgl. § 1 Rn. 18) ist von vornherein ausgeschlossen. Es liegt dann **Arbeitsvermittlung** vor. **7**

Wegen des typischen Arbeitgeberrisikos des Verleihers (vgl. § 11 Rn. 51 ff.) muss die Dauer des Leiharbeitsverhältnisses grundsätzlich die Dauer des Einsatzes beim Entleiher übersteigen. Aus der Funktion der ANÜ als Instrument zur **vorübergehenden Personalbedarfsdeckung** folgt, dass der Einsatz des Leih-AN beim Entleiher grundsätzlich nur vorübergehend und **befristet** erfolgen darf (vgl. § 1 Rn. 130 f ff.) und der ANÜ-Vertrag einen Endzeitpunkt der Überlassung enthalten muss (Ulber/*Ulber, J.,* AÜG, § 12 Rn. 45). Soll der Einsatz des Leih-AN beim Entleiher jedoch dauerhaft erfolgen, liegt schon begrifflich keine ANÜ, sondern Arbeitsvermittlung vor (§ 1 Rn. 130w u 130x, Einl. Rn. 34). ANÜ-Verträge müssen daher immer einen **Endzeitpunkt** der Überlassung vorsehen oder im Rahmen **8**

§ 12 Rechtsbeziehungen zwischen Verleiher und Entleiher

einer Zweckbefristung die Beendigung des Vertrags erkennbar machen.

9 Soweit keine unzulässige Synchronisation vorliegt, ist allein die **Begrenzung** der Laufzeit eines ANÜ-Vertrags auf die **restliche Dauer eines Leiharbeitsverhältnisses** kein Umstand, der auf eine Arbeitsvermittlung hindeutet. Ist das Leiharbeitsverhältnis wirksam befristet oder gekündigt (§ 11 Rn. 58 f.) und fällt der Zeitpunkt der Beendigung des Leiharbeitsverhältnisses mit der Beendigung des ANÜ-Vertrages zusammen, ist der Vertrag i. d. R. wirksam.

10 Das dem Entleiher übertragene Weisungsrecht ist nur ein **partielles Weisungsrecht** (§ 1 Rn. 13, 50) und ist zeitlich auf die Dauer des ANÜ-Vertrags begrenzt. Dabei muss auch während der Überlassung das vorrangige Weisungsrecht des Verleihers (vgl. § 1 Rn. 59) bestehen bleiben. Schließt der ANÜ-Vertrag aus, dass der Verleiher seine Weisungsrechte oder Arbeitgeberpflichten weiter wahrnehmen kann (z. B. wenn die Urlaubsgewährung durch den Entleiher bestimmt werden soll), deutet dies i. d. R. darauf hin, dass der Entleiher in die volle Arbeitgeberstellung einrücken soll. Ggf. liegt dann Arbeitsvermittlung vor.

3. Schriftformerfordernis (Abs. 1 S. 1)

a. Reichweite des Schriftformerfordernisses

11 Nach Abs. 1 S. 1 bedarf der ANÜ-Vertrag der **Schriftform** (mit eigenhändiger Namensunterschrift) bzw. der **elektronischen Form** nach § 126a BGB. Schriftform bedeutet, dass beide Parteien auf **derselben Urkunde** unterzeichnen müssen, ein Austausch von Unterschriften per mail oder fax auf getrennten Urkunden führt zur Nichtigkeit des ANÜ-Vertrags nach §§ 125 Satz 1, 126 Abs. 2 S. 1 BGB (*Neufeld/Luickhardt*, AuA 2012, 72). Eine Überlassung von AN auf Grund eines **telefonischen Abrufs** verstößt auch dann gegen das Schriftformerfordernis, wenn die Geschäftsbeziehungen des Verleihers in einer Rahmenvereinbarung geregelt sind (Ulber/*Ulber, J.*, AÜG, § 12 Rn. 3, 6). Die Schriftform ist auch bei der anzeigepflichtigen Überlassung nach § 1a einzuhalten. Dies ergibt sich schon aus dem Wortlaut von Abs. 1 S. 2, nach dem der Verleiher zu erklären hat »ob« er eine gültige Erlaubnis besitzt oder nicht (Schüren/Hamann/*Brors*, § 12 Rn. 4; Ulber/*Ulber, J.*, AÜG, § 12 Rn. 3). Keine Anwendung findet § 12 dagegen auf die nach § 1 Abs. 3 privilegierten Formen der ANÜ (Ulber*Ulber, J.*, AÜG, § 12 Rn. 36).

12 Die Schriftform ist auch einzuhalten, wenn die Vertragsbedingungen während der Laufzeit geändert werden oder der Vertrag verlängert oder verkürzt werden soll (Schüren/Hamann/*Brors*, § 12 Rn. 8; Ulber/*Ulber, J.*, AÜG, § 12 Rn. 7).

13 Auch **Rahmen- oder Vorverträge** zur ANÜ, in denen die Parteien allgemeine Grundlagen ihrer Geschäftsbeziehungen regeln, sowie **all-**

gemeine Geschäftsbedingungen bedürfen zu ihrer Wirksamkeit der Schriftform (Schüren/Hamann/*Brors*, § 12 Rn. 5; Thüsing/*Thüsing*, § 12 Rn. 10; Ulber/*Ulber, J.*, AÜG, § 12 Rn. 5, 8). Sind Rahmenverträge wegen Nichteinhaltens der Schriftform nichtig, kann ein darauf beruhender ANÜ-Vertrag dennoch wirksam sein, wenn in dem Einzelvertrag alle Vertragsbedingungen in schriftlicher Form festgehalten sind.

Das Schriftformerfordernis bezieht sich auf alle Vertragsabsprachen einschließlich etwaiger **Nebenabreden**, die nach dem Willen der Vertragsparteien Vertragsinhalt werden sollen. Insbesondere **Vergütungsabsprachen** und sonstige **Hauptleistungspflichten** der Vertragsparteien (s. u. Rn. 22 ff.) sowie die **Laufzeit** des Vertrages müssen in der Vertragsurkunde dokumentiert werden. Die Angaben müssen so präzise sein, dass die Erlaubnisbehörde zur Prüfung in der Lage ist, ob ein ANÜ-Vertrag vorliegt, der den gesetzlichen Anforderungen Rechnung trägt. Die in Abs. 1 S. 2 geforderte Erklärung zur Erlaubnis und die in Abs. 1 S. 3 geforderten Angaben zum Tätigkeitsprofil und zu den materiellen Arbeitsbedingungen sind **Pflichtangaben**, die in der schriftlichen Urkunde enthalten sein müssen. **14**

b. Rechtsfolgen von Verstößen

Verstößt der ANÜ-Vertrag gegen das Schriftformerfordernis, ist er gem. § 125 S. 1 BGB **nichtig** (*BGH* v. 2.12.2004, BGHZ 161, 241 u. v. 17.2.2000, NJW 00, 1557). Dies gilt auch, soweit der Vertrag vollständig durchgeführt wurde (*OLG Köln*, v. 9.7.2002, AuA 02, 525). Unerheblich ist, ob sich der Formverstoß auf Haupt- oder Nebenpflichten bezieht oder lediglich die Erklärung des Verleihers über die Erlaubnis nicht schriftlich dokumentiert ist. Die Nichtigkeit erfasst gem. § 139 BGB grundsätzlich den gesamten Vertrag einschließlich etwaiger Nebenabreden (Schüren/Hamann/*Brors*, § 12 Rn. 5; Thüsing/*Thüsing*, § 12 Rn. 11; Ulber/*Ulber, J.*, AÜG, § 12 Rn. 3, 37). **15**

Die Nichtigkeitsfolge von § 125 S. 1 BGB tritt unabhängig davon ein, ob eine Vertragsbedingung in der Urkunde vollständig fehlt, den Absprachen widerspricht oder unvollständig ist. Erklärt z. B. der Verleiher wahrheitswidrig, dass auf das Leiharbeitsverhältnis ein **TV zur ANÜ** Anwendung findet oder keine tariflichen **Regelungslücken** (vgl. hierzu § 9 Rn. 85) vorliegen, und unterbleiben deswegen die vom Entleiher nach Abs. 1 S. 3 geforderten Angaben (*Ulber, J.*, AiB 2012, 7), ist der ANÜ-Vertrag insgesamt unwirksam. Lediglich in Ausnahmefällen kann es hier gegen Treu und Glauben (§ 242 BGB) verstoßen, wenn sich eine Partei auf den Formverstoß beruft (vgl. Ulber/*Ulber, J.*, AÜG, § 12 Rn. 39; einschr. Schüren/Hamann/*Brors*, § 12 Rn. 12). **16**

Ist der Arbeitnehmerüberlassungsvertrag wegen Formmangels nichtig, bleibt die **Wirksamkeit des Leiharbeitsvertrages** hiervon unbe- **17**

§ 12 Rechtsbeziehungen zwischen Verleiher und Entleiher

rührt. Lediglich in den Fällen, in denen der ANÜ-Vertrag wegen **fehlender Erlaubnis** nach § 9 Nr. 1 unwirksam ist, ist gleichzeitig auch der Leiharbeitsvertrag unwirksam.

18 Ein ANÜ-Vertrag, der wegen Verstoßes gegen das Schriftformerfordernis nichtig ist, begründet keine vertraglichen **Leistungspflichten** zwischen Verleiher und Entleiher (Schüren/Hamann/*Brors*, § 12 Rn. 15; Ulber/*Ulber, J.*, AÜG, § 12 Rn. 40). Sozialversicherungsrechtliche Leistungspflichten des Entleihers (vgl. § 28e Abs. 2 S. 1 SGB IV), die an die tatsächliche Arbeitsleistung beim Entleiher anknüpfen, bleiben hiervon unberührt (vgl. Ulber/*Ulber, J.*, AÜG, § 12 Rn. 44).

19 Wurden trotz Nichtigkeit des Vertrages Leistungen zwischen Verleiher und Entleiher ausgetauscht, richtet sich die **Rückabwicklung** des Vertrages nach bereicherungsrechtlichen Grundsätzen (*BGH* v. 17.2.2000, NJW 00, 1557). Mangels vergleichbarer Schutzbedürftigkeit von AN einerseits und Ver- bzw. Entleiher andererseits, scheidet eine Anwendung der Grundsätze des faktischen ArbV aus (*Ulber*, § 12 Rn. 41; a.A. *OLG Hamburg* v. 13.1.1993, EzAÜG § 12 Nr. 1). Ob dem Entleiher nach §§ 812ff. BGB ein Anspruch auf **Rückerstattung einer gezahlten Überlassungsvergütung** zusteht, hängt nach § 817 S. 2 BGB davon ab, ob er die Nichtigkeitsgründe kannte oder zumindest kennen musste (vgl. § 9 Rn. 12f.).

20 Der **Umfang der Bereicherung** des Entleihers bestimmt sich nach dem Umfang der genutzten Arbeitsleistung des Leih-AN durch den Entleiher und ist mit einer gezahlten Überlassungsvergütung zu saldieren. In Fällen, in denen die Nichtigkeit des ANÜ-Vertrags allein auf dem Verstoß gegen das Schriftformerfordernis und nicht auf dem Fehlen einer Erlaubnis beruht, wird teilweise angenommen, dass der Entleiher um den **Verkehrswert** der ANÜ (einschließlich eines Verleihergewinns) bereichert ist (*BGH* v. 17.2.2000, NJW 00, 1557; Thüsing/*Thüsing*, § 12 Rn. 15f.). Die dem zugrunde liegende unterschiedliche Behandlung von ANÜ-Verträgen, die nach § 125 BGB nichtig sind, und solchen, die nach § 139 BGB unwirksam sind (so *BGH* v. 17.2.2000, a.a.O.), ist nicht gerechtfertigt. Vielmehr ist der Entleiher (unter Ausschluss eines Unternehmergewinns) nur um die **Arbeitskosten** bereichert, die er durch die vom Verleiher übernommene Zahlung des Arbeitsentgelts erspart hat (Ulber/*Ulber, J.*, AÜG, § 12 Rn. 42).

21 Beruht der Verstoß gegen das Schriftformerfordernis nicht auf einem Verhalten des Entleihers (z.B. wegen unrichtiger Angaben nach Abs. 1 S. 3), bestehen insbesondere im Wiederholungsfall berechtigte Zweifel an der Zuverlässigkeit des Verleihers (§ 3 Abs. 1 Nr. 1). Der Verleiher muss dann nach § 5 Abs. 1 Nr. 3 mit dem **Widerruf der Erlaubnis** rechnen.

4. Leistungspflichten beim Arbeitnehmerüberlassungsvertrag

Im ANÜ-Vertrag wird der Umfang der wechselseitigen Rechte und Pflichten von Verleiher und Entleiher festgelegt. Daneben bestimmt der Vertrag darüber, welche Leistungspflichten den Leih-AN bei der Ausübung seiner Tätigkeit im Entleiherbetrieb treffen. 22

Bei der ANÜ soll durch die Überlassung der vorübergehende Bedarf an AN beim Entleiher gedeckt werden, wobei dem Verleiher hierfür ein Vergütungsanspruch zukommt. Der Anspruch des Entleihers, einen geeigneten AN unter Übertragung des Weisungsrechts zur **Arbeitsleistung** zur Verfügung gestellt zu bekommen und die Höhe der hierfür zu zahlenden Vergütung sind wesentliche Merkmale des ANÜ-Vertrags und grenzen ihn von anderen Vertragstypen ab (vgl. Einl. Rn. 39). 23

Durch den ANÜ-Vertrag werden **primäre Leistungspflichten** nur zwischen Verleiher und Entleiher begründet. Ein eigenständiges Recht des Entleihers, die Arbeitsleistung unmittelbar vom Leih-AN zu verlangen, ist hiermit nicht verbunden (*Ulber*, § 1 Rn. 18f.). Die gegenteilige Auffassung, die den Leiharbeitsvertrag als echten Vertrag zugunsten Dritter qualifiziert (Schüren/*Schüren*, Einl. Rn. 312ff.; ErfK/*Wank*, Einl. AÜG Rn. 33), wird weder dem Interesse des Verleihers gerecht, den überlassenen AN jederzeit durch einen anderen AN zu ersetzen (Rn. 36), noch steht sie im Einklang mit § 328 BGB, der voraussetzt, dass die Person des Dritten vertraglich identifizierbar »bezeichnet« sein muss (Ulber/*Ulber, J.*, AÜG, § 1 Rn. 20). 24

Die Leistungspflichten von Verleiher und Entleiher **enden** mit Ablauf der Laufzeit des Vertrags oder durch **Aufhebungsvertrag**. Eine **ordentliche Kündigung** des i.d.R. befristet abzuschließenden Vertrags (Rn. 8) ist nur möglich, wenn im Vertrag eine entsprechende Kündigungsmöglichkeit vorgesehen ist. I.Ü. ist jedoch eine Kündigung nur bei unbefristet abgeschlossenen Rahmenverträgen möglich. Bei erheblichen Pflichtverletzungen kommt auch die **außerordentliche Kündigung** des Vertrags in Betracht (Schüren/Hamann/*Schüren*, Einl. Rn. 336; Ulber/*Ulber, J.*, AÜG, § 12 Rn. 47). 25

a. Leistungspflichten des Verleihers

Hauptpflicht des Verleihers ist es, dem Entleiher für die im ANÜ-Vertrag festgelegte Tätigkeit und Dauer einen leistungsfähigen und -bereiten sowie geeigneten AN zur Verfügung zu stellen. Rechtlich handelt es sich um eine Gattungsschuld (§ 243 BGB), bei der dem Verleiher das Alleinentscheidungsrecht zusteht, die Person des Leih-AN **auszuwählen**. Seine **Haftung** ist insoweit auf ein **Verschulden bei der Auswahl** beschränkt (*BGH* v. 13.5.1975, AP Nr. 1 zu § 12 AÜG). In engen Grenzen kann auch vereinbart werden, dass die Überlassung eines bestimmten AN geschuldet ist (z.B. bei der Konzernleihe). Hierbei müssen jedoch die Grenzziehungen zwischen 26

§ 12 Rechtsbeziehungen zwischen Verleiher und Entleiher

ANÜ und Arbeitsvermittlung eingehalten sein (vgl. Einl. Rn. 34). Auch darf der Entleiher gem. § 6 Abs. 2 S. 2 AGG keine Vorgaben machen, die gegen die **Benachteiligungsverbote des AGG** verstoßen.

27 Infolge der Verpflichtung, dem Entleiher den Leih-AN entsprechend den vertraglichen Absprachen zur Verfügung zu stellen, trägt der Verleiher das **Beschaffungsrisiko** (Ulber/*Ulber, J.*, AÜG, § 12 Rn. 19). Hat der Verleiher keinen Leih-AN beschäftigt, der dem Entleiher für die vertraglich festgelegten Zwecke überlassen werden kann, muss er bis zum vorgesehenen Zeitpunkt des Beginns der Überlassung sicherstellen, dass er einen entsprechenden AN beschäftigt und überlassen kann. Ist ihm dies nicht möglich, haftet er dem Entleiher für einen hierdurch entstandenen Schaden verschuldensunabhängig nach § 326 Abs. 2 i. V. m. § 276 Abs. 1 BGB (ErfK/Wank, Einl. AÜG Rn. 15; Ulber/*Ulber, J.*, AÜG, § 12 Rn. 19).

28 Das Beschaffungsrisiko und die Verpflichtung des Verleihers, einen Leih-AN zur Verfügung zu stellen, bestehen während der gesamten Laufzeit des ANÜ-Vertrags. Endet das ArbV des Leih-AN während der Laufzeit oder fällt der AN wegen Krankheit, Urlaubs oder wegen Nichtantritts zur Arbeit aus, hat der Verleiher dem Entleiher **ersatzweise** unverzüglich einen anderen geeigneten AN zur Verfügung zu stellen (Ulber/*Ulber, J.*, AÜG, § 12 Rn. 23), soweit nicht ein bestimmter AN überlassen werden sollte (*AG Solingen* v. 8.8.2000, NZA-RR 00, 579; Thüsing/*Thüsing*, § 12 Rn. 26). Zu diesem Zweck ist der Verleiher verpflichtet, eine ausreichende **Personalreserve** vorzuhalten.

29 Der Verleiher muss dem Entleiher einen **geeigneten Leih-AN** zur Verfügung stellen (*BGH* v. 13.5.1975, AP Nr. 1 zu § 12 AÜG; Ulber*Ulber, J.*, AÜG, § 12 Rn. 22). Welcher AN geeignet ist, richtet sich nach den Vertragsabsprachen und der beim Entleiher vorgesehenen Tätigkeit. Insbesondere hat der Leih-AN den in der Vertragsurkunde nach Abs. 1 S. 3 festgehaltenen besonderen Merkmalen der vorgesehenen Tätigkeit und dem beruflichen Anforderungsprofil Rechnung zu tragen.

30 Besondere **persönliche Merkmale** des AN können dessen Geeignetheit ausschließen. Dies gilt jedoch nur, soweit nicht gegen die **Benachteiligungsverbote des AGG** verstoßen wird. **Vorstrafen** können je nach Tätigkeit und Vertrauensstellung beim Entleiher ebenso ein Entsenderecht des Verleihers ausschließen (vgl. *BGH* v. 13.5.1975, VersR 75, 804) wie **Beschäftigungsverbote** auf Grund des MuSchG, des JArbSchG oder des SGB IX. Soweit der Leih-AN z. B. Nacht- oder Sonn- und Feiertagsarbeit leisten soll, ist der Verleiher gehindert, eine Frau, die auf Grund des Verbots von § 9 MuSchG zu diesen Zeiten nicht arbeiten darf, zu überlassen. Bei Beschäftigung von **ausländischen AN** aus Drittstaaten sowie den EU-Beitrittsstaaten Rumänien, Bulgarien und Kroatien ist daneben zu beachten, dass diese grundsätzlich keine Arbeitsberechtigung besitzen, um als Leih-AN tätig zu werden (vgl. Einl. Rn. 88 ff.).

Die **Qualifikation** des Leih-AN muss den vertraglich geforderten Anforderungen entsprechen. Der Leih-AN erfüllt die Voraussetzungen, wenn er die Fähigkeiten besitzt und die Abschlüsse vorweisen kann, die eine Ausübung des Berufs normalerweise erfordern. **Betriebsspezifischen Kenntnissen**, die mit den Arbeiten beim Entleiher verbunden sind, braucht der Leih-AN grundsätzlich nicht zu entsprechen. 31

Der Verleiher darf dem Entleiher nur solche AN überlassen, die auf Grund ihres **AV**, eines anzuwendenden **TV** bzw. im Einklang mit bestehenden Verleiher-**BV verpflichtet** sind, die im ANÜ-Vertrag beschriebene Tätigkeit beim Entleiher auszuüben. Ist der AN nur zur **Teilzeit** verpflichtet, darf er den Leih-AN nicht für einen Vollzeitarbeitsplatz verleihen. Auch kann sich der Verleiher bei der Geltendmachung eines Anspruchs auf Verringerung der Arbeitszeit nach § 8 Abs. 1 TzBfG nicht darauf berufen, dass er ANÜ-Verträge auf Wunsch des Entleihers nur mit einer höheren individuellen Arbeitszeit abschließt (*BAG* v. 13.11.2012 – 9 AZR 259/11). Dasselbe gilt, wenn beim Verleiher bestehende betriebliche oder tarifliche Regelungen (z. B. zum Einsatzgebiet) einer Beschäftigung entgegenstehen. 32

Auch Vorschriften des **Arbeitsschutzes** hat der Verleiher als AG beim Einsatz des Leih-AN zu beachten (§ 11 Abs. 6). Ist der Leih-AN z. B. bei zwei Entleihern gleichzeitig tätig oder sind die Höchstgrenzen der Arbeitszeit (§ 3 ArbZG) durch die Beschäftigung beim vorherigen Entleiher bereits erreicht, erfüllt der Verleiher die Verpflichtung aus dem ANÜ-Vertrag nur, wenn die zulässige Restarbeitszeit (vgl. § 2 Abs. 1 S. 1 Hs. 2 ArbZG) ausreicht, um die geschuldete Tätigkeit von ihrem zeitlichen Umfang her zu erbringen. 33

Steht dem Leih-AN (z. B. wegen ausgebliebener Zahlung des Arbeitsentgelts) ein **Leistungsverweigerungsrecht** zu und macht der AN von diesem Recht Gebrauch, ist der Verleiher gehindert, diesen AN zu überlassen. Er muss dem Entleiher dann einen anderen geeigneten AN zur Verfügung stellen. Stellt er den AN trotz dessen Ausübung des Leistungsverweigerungsrechts dem Entleiher dennoch (rein formal) zur Verfügung, kommt er in Verzug und ist nach §§ 280 Abs. 1 und 3, 283 BGB verpflichtet, Schadensersatz zu leisten. Entsprechendes gilt, wenn der AN während des Einsatzes beim Entleiher von einem Leistungsverweigerungsrecht Gebrauch macht, das auf Verstößen gegen dessen Pflichten beruht (vgl. Rn. 46). 34

Wird der vom Verleiher ausgewählte Leih-AN den vertraglich festgelegten Anforderungen nicht gerecht, hat er dem Entleiher einen Leih-AN zur Verfügung zu stellen, der **durchschnittliche** (Normal-) **Arbeitsleistungen** erbringt. Der AN muss Anforderungen mittlerer Art und Güte entsprechen (§ 243 BGB; *Dahl/Färber*, DB 2009, 1650). 35

§ 12 Rechtsbeziehungen zwischen Verleiher und Entleiher

36 Bei Geeignetheit des Leih-AN ist der Entleiher verpflichtet, die angebotene Arbeitsleistung anzunehmen. Dem Entleiher steht ohne besondere Absprache kein Recht zu, auf die **Auswahl des Leih-AN** Einfluss zu nehmen. Das Recht zur Auswahl steht ausschließlich dem Verleiher zu und umfasst i. d. R. auch eine Abberufungs- und **Ersetzungsbefugnis** (*Boemke/Lembke*, § 12 Rn. 32). Der Verleiher kann einen bereits überlassenen AN unter Einhaltung einer angemessenen Ankündigungsfrist (vgl. Ulber/*Ulber, J.*, AÜG, § 12 Rn. 23) auch während der Laufzeit des Vertrages bei einem anderen Entleiher einsetzen, wenn er gleichzeitig eine geeignete Ersatzkraft zur Verfügung stellt.

37 Entspricht die Auswahl durch den Verleiher nicht (während der gesamten Vertragslaufzeit; Thüsing/*Thüsing*, § 12 Rn. 25) den vertraglichen Kriterien eines geeigneten AN, ist der Entleiher berechtigt, den AN **zurückzuweisen**. Der Verleiher muss ihm dann einen anderen geeigneten AN zur Verfügung stellen. Kommt er dieser Verpflichtung nicht nach, stehen dem Entleiher alle Rechte nach §§ 280 ff. BGB zu (Thüsing/*Thüsing*, § 12 Rn. 25; Ulber/*Ulber, J.*, AÜG, § 12 Rn. 24).

38 Trägt der Verleiher seinen Verpflichtungen zur Auswahl und vertragsgemäßen Überlassung eines geeigneten AN Rechnung, hat er seine Hauptleistungspflichten gegenüber dem Entleiher erfüllt. Er haftet dann dem Entleiher weder für eine **Schlechtleistung** noch für ein sonstiges **Fehlverhalten des Leih-AN** im Entleiherbetrieb (Thüsing/*Thüsing*, § 12 Rn. 25). Der Leih-AN ist **Erfüllungsgehilfe** des Entleihers i. S. v. § 278 BGB (*BAG* v. 27. 5. 1983, EzAÜG § 611 BGB Haftung Nr. 7) und gleichzeitig dessen **Verrichtungsgehilfe** nach § 831 BGB (*BAG* v. 27. 5. 1983, a. a. O.; str.), soweit eine deliktische Haftung in Frage steht.

39 Trägt der Verleiher seinen Sorgfaltspflichten bei der Auswahl eines geeigneten AN nicht im gebotenen Umfang Rechnung, ist er dem Entleiher aus dem Gesichtspunkt des **Auswahlverschuldens** nach § 241 Abs. 2 i. V. m. § 280 BGB zum Ersatz eines hieraus resultierenden Schadens verpflichtet (*BGH* v. 13. 5. 1975, AP Nr. 1 zu § 12 AÜG; Schüren/Hamann/*Schüren*, Einl. Rn. 338; Ulber/*Ulber, J.*, AÜG, § 12 Rn. 24).

b. Leistungspflichten des Entleihers

40 Die Hauptleistungspflicht des Entleihers besteht darin, dem Verleiher die vereinbarte **Vergütung** zu zahlen und die **angebotene Arbeitsleistung** des AN **anzunehmen**. Ist keine konkrete Vergütung vereinbart, richtet sich die Höhe der Vergütung ggf. nach einer Rahmenvereinbarung (Thüsing/*Thüsing*, § 12 Rn. 35; Ulber/*Ulber, J.*, AÜG, § 12 Rn. 26). Ein Rückgriff entsprechend § 612 Abs. 2 BGB (Schüren/Hamann/*Schüren*, Einl. Rn. 427) ist im Regelfall ausgeschlossen, da die Vergütungsabsprache nach Abs. 1 S. 1 regelmäßig der Schriftform bedarf (Rn. 8).

Die Vergütungspflicht des Entleihers besteht unabhängig davon, ob er die angebotene Arbeit des überlassenen Leih-AN im vertraglich vereinbarten Umfang tatsächlich in Anspruch nimmt (Ulber/*Ulber, J.*, AÜG, § 12 Rn. 29). Entscheidend ist nur, ob der Verleiher vertragsgemäß einen **geeigneten AN** zur Verfügung stellt. Erfüllt der Leih-AN nicht die vertraglich vorausgesetzten Merkmale, steht dem Entleiher ein **Leistungsverweigerungsrecht** zu, wenn er den AN aus diesem Grunde zurückweist. **41**

Soweit keine andere Absprache getroffen wurde, wird die Vergütung gem. § 614 BGB mit dem Ende der Überlassung bzw. mit Ablauf eines vereinbarten Abrechnungszeitraums (§ 614 S. 2 BGB) **fällig**. Der Verleiher ist regelmäßig **vorleistungspflichtig** (Schüren/Hamann/*Schüren*, Einl. Rn. 354; Thüsing/*Thüsing*, § 12 Rn. 35; Ulber/*Ulber, J.*, AÜG, § 12 Rn. 27). Nur in den Fällen, in denen der Entleiher eine fällige Vergütung nicht bezahlt, ist der Verleiher berechtigt, den Leih-AN anderweitig zu beschäftigen. **42**

Zu den Hauptleistungspflichten des Entleihers zählt auch die Verpflichtung, den überlassenen Leih-AN **in tatsächlicher Hinsicht zu beschäftigen** (Thüsing/*Thüsing*, § 12 Rn. 36; Ulber/*Ulber, J.*, AÜG, § 12 Rn. 29; a. A. Schüren/Hamann/*Schüren*, Einl. Rn. 443, der lediglich eine Obliegenheit annimmt). In tatsächlicher Hinsicht kann der allgemeine Beschäftigungsanspruch des AN beim Leiharbeitsverhältnis nur durch den Entleiher erfüllt werden (*Boemke*, BB 06, 1002). **43**

Auf Grund der tatsächlichen Beschäftigung des Leih-AN im Entleihbetrieb ist der Entleiher verpflichtet, ein **Zeugnis** bzw. ein **Zwischenzeugnis** zu erteilen. Der Anspruch steht grundsätzlich nur dem Verleiher zu (Ulber/*Ulber, J.*, AÜG, § 12 Rn. 30). Daneben ist er verpflichtet, **Auskunft** über die wesentlichen Arbeitsbedingungen i. S. v. § 9 Nr. 2 zu geben und dem Verleiher Leistungsmängel oder bedeutsame Pflichtverletzungen mitzuteilen. **44**

Aus der Stellung des Entleihers als faktischer AG ergeben sich eine Reihe von **Nebenpflichten**. Er hat die normalen **Fürsorgepflichten** eines AG und die Grundsätze des § 75 BetrVG auch gegenüber dem Leih-AN einzuhalten. Beim **Arbeits- und Gesundheitsschutz** hat er die Arbeitsschutznormen nicht nur gegenüber dem Leih-AN (§ 11 Abs. 6), sondern auch gegenüber dem Verleiher einzuhalten (ErfK/*Wank*, Einl. AÜG Rn. 21; Ulber/*Ulber, J.*, AÜG, § 12 Rn. 31). Dabei ist er verpflichtet, mit dem Verleiher zusammenzuarbeiten und Maßnahmen der Gefahrenverhütung mit ihm abzustimmen (§ 8 Abs. 1 S. 1 ArbSchG). **45**

Bei der **Ausübung des Direktionsrechts** muss der Entleiher die Grenzen einhalten, die ihm auf Grund des ANÜ-Vertrages gesteckt **46** sind. Ist der AN z. B. nur für Hilfstätigkeiten überlassen, darf er den AN nicht mit qualifizierten Facharbeitertätigkeiten betrauen. Der Leih-AN ist in diesem Fall unter Fortbestehen des Vergütungsanspruchs des Verleihers zur Leistungsverweigerung berechtigt. Daneben muss der Entleiher vom Direktionsrecht derart Gebrauch machen, dass der Verleiher **Gleichstellungsansprüche** des Leih-AN aus § 9 Nr. 2 erfüllen kann. Stehen dem Leih-AN danach z.b. im Überlassungszeitraum bezahlte Erholzeiten oder Freischichten zu, müssen sie dem Leih-AN im Zeitraum der Überlassung gewährt werden.

5. Leistungsbeziehungen zwischen Entleiher und Leiharbeitnehmer

47 Da durch den ANÜ-Vertrag vertragliche Beziehungen nur zwischen Verleiher und Entleiher begründet werden, hat der Entleiher **gegenüber dem Leih-AN** grundsätzlich keine vertraglichen Pflichten zu erfüllen. Er ist jedoch verpflichtet **unmittelbare Ansprüchen des Leih-AN** gegen den Entleiher (§§ 13 ff.) zu erfüllen. Auch ist er verpflichtet den Leih-AN so zu beschäftigen, dass dessen Ansprüche gegen den Verleiher, insbesondere Gleichstellungsansprüche nach § 10 Abs. 4, nicht gefährdet werden. Schuldner des Anspruchs auf Zahlung des Arbeitsentgeltes ist ausschließlich der Verleiher. Dies gilt auch, soweit der Entleiher als Dritter nach § 267 Abs. 1 BGB dem Leih-AN das Arbeitsentgelt zahlt (Ulber/*Ulber, J.*, AÜG, § 12 Rn. 28).

48 Unmittelbare Ansprüche des Leih-AN gegenüber dem Entleiher können ausnahmsweise bestehen, wenn Gesetze (vgl. §§ 13 ff.), TV oder sonstige Kollektivvereinbarungen derartige Ansprüche vorsehen oder der Leih-AN mit dem Entleiher selbständige vertragliche Absprachen trifft.

49 **Tarifvertragliche Ansprüche** des Leih-AN gegen den Entleiher können auf Grund eines TV zugunsten Dritter oder eines TV bestehen, dem sowohl der Leih-AN als auch der Entleiher qua Tarifbindung unterliegen. Derartige TV sind über § 1 Abs. 3 Nr. 1 hinaus durchaus üblich (z.B. im bundesweiten TV zur ANÜ in der M+E-Industrie; vgl. *Ulber*, § 9 Rn. 153i). Auch die Möglichkeiten eines **dreiseitigen Zusatztarifvertrags** nach § 7 ETV BAP/DGB sind in diesem Zusammenhang zu nennen. Allein ein TV, an den neben Verleiher und Entleiher auch der Leih-AN gebunden sind, räumt dem AN jedoch noch nicht das Recht ein, Ansprüche auch unmittelbar gegenüber dem Entleiher geltend zu machen. Auf Grund der alleinigen Vertragsbeziehung zum Verleiher ist der Leih-AN nur dann berechtigt, Ansprüche unmittelbar gegen den Entleiher geltend zu machen, wenn der TV dies ausdrücklich vorsieht (z.B. bei einem TV zugunsten des Leih-AN als Drittem). Dies gilt auch, soweit **Zusatztarifverträge zwischen Gewerkschaften und Entleihern** dem Leih-AN Ansprüche einräumen (z.B. § 3 TV LeiZ bzgl. der Übernahmeverpflichtung des Entleihers), die über die Ansprüche hinausgehen, die dem Leih-AN gegen den

Rechtsbeziehungen zwischen Verleiher und Entleiher § 12

Verleiher zustehen (z. B. der bei Airbus bestehende TV). Ggf. ist der Entleiher verpflichtet, nur mit solchen Verleihern ANÜ-Verträge abzuschließen, die dem Leih-AN die tariflich vorgesehenen Leistungen auch gewähren (vgl. § 4b TV LeiZ). Keine Ansprüche gegen den Entleiher stehen dem Leih-AN auf Grund der **TV zu Branchenzuschlägen** zu. Die Zuschläge sind Bestandteil des Arbeitsentgelts, so dass ausschließlich der Verleiher Schuldner des Zahlungsanspruchs ist.

Werden tarifliche Leistungen, die dem Leih-AN auf Grund von Regelungen im Entleihbetrieb zusätzlich zu gewähren sind, bei der **Überlassungsvergütung** berücksichtigt, ist der Verleiher gegenüber dem Entleiher verpflichtet, die Zusatzleistungen an den Leih-AN weiterzureichen. Andernfalls ist er rechtsgrundlos bereichert und dem Entleiher steht nach §§ 812ff. BGB ein Rückerstattungsanspruch zu. Ergibt die Auslegung des ANÜ-Vertrages, dass der Anspruch dem Leih-AN gegen den Verleiher zustehen soll, kann der Leih-AN die zusätzlichen Leistungen nach § 328 Abs. 1 BGB unmittelbar vom Verleiher fordern. Im Zweifel wird eine derartige Vereinbarung zumindest konkludent getroffen, wenn der Entleiher den Verleiher bei Abschluss des ANÜ-Vertrages auf die Zusatzregelung hingewiesen hat und die Zusatzleistungen bei der Vergütung berücksichtigt wurden. 50

Direkte Ansprüche des Leih-AN auf die Gewährung von **Zusatzleistungen** durch den Entleiher (z. B. in Form von zusätzlichen Zuschlägen bei Mehrarbeit) können dem Leih-AN nicht nur durch kollektive, sondern auch durch einzelvertragliche Absprachen eingeräumt werden, solange hierdurch die im ANÜ-Vertrag geregelten Leistungspflichten des Leih-AN nicht erweitert werden. Eine zwischen Leih-AN und Entleiher vereinbarte Mehrarbeit des Leih-AN, die die im ANÜ-Vertrag festgelegte Arbeitszeit überschreitet, ist regelmäßig ausgeschlossen, wenn hiermit keine Pflicht zur Vergütung der Arbeitszeit an den Verleiher verbunden ist. Entgegenstehende vertragliche Absprachen verstoßen gegen die vertraglichen Pflichten von Leih-AN und Entleiher gegenüber dem Verleiher (Ulber/*Ulber, J.*, AÜG, § 12 Rn. 33). 51

Wird zwischen Entleiher und Leih-AN ein **Zweitarbeitsverhältnis** begründet, ist der Entleiher Schuldner aller Ansprüche aus dem zugrunde liegenden Vertrag. Die Vereinbarung eines **Zweitarbeitsverhältnisses**, das während des laufenden Leiharbeitsverhältnisses zum Verleiher abgewickelt werden soll (vgl. § 9 Nr. 3), verstößt regelmäßig gegen Nebenpflichten, die gegenüber dem Verleiher bestehen. Allein dem Verleiher steht das Recht zu, die Arbeitskraft des Leih-AN über die im ANÜ-Vertrag festgelegten Arbeitszeiten hinaus zu nutzen (Ulber/*Ulber, J.*, AÜG, § 12 Rn. 34). Etwas anderes gilt nur, wenn zwischen Verleiher und Leih-AN ein Teilzeitarbeitsverhältnis vereinbart ist und der AN unter Beachtung seiner Arbeitspflichten gegenüber dem Verleiher und unter Berücksichtigung von dessen berechtigten Interessen ein weiteres ArbV eingehen kann (*Ulber, J.*, a. a. O.). 52

§ 12 Rechtsbeziehungen zwischen Verleiher und Entleiher

6. Inhalt der Vertragsurkunde (Abs. 1 S. 2 und 3)

53 Das Schriftformerfordernis nach Abs. 1 S. 1 bezieht sich auf das gesamte Rechtsgeschäft einschließlich der Nebenabreden und allgemeiner Geschäftsbedingungen. Abs. 1 S. 2 und 3 konkretisieren solche Angaben, die **Pflichtinhalte** der Vertragsurkunde betreffen.

a. Verleihererklärung zur Erlaubnis (Abs. 1 S. 2)

54 Nach Abs. 1 S. 2 hat der Verleiher **in** der Vertragsurkunde zu erklären, ob er die Erlaubnis zur ANÜ besitzt. Fehlt die Erklärung, ist der ANÜ-Vertrag nach § 125 S. 1 BGB nichtig (*LG Köln* v. 14.3.2008, EzAÜG § 9 Nr. 27). Eine entsprechende Erklärung in einem gesonderten Dokument führt zur Unwirksamkeit des Vertrags. Durch das Wort »ob« wird klargestellt, dass die Erklärung auch in Fällen der **ANÜ nach § 1a** abzugeben ist (Rn. 11). Ob der Verleiher im Besitz der Erlaubnis ist, richtet sich nach den Daten zu Beginn und Ende der Laufzeit des ANÜ-Vertrags. Es reicht nicht aus, dass sich der Verleiher bei Abschluss des Vertrags im Besitz der Erlaubnis befindet. Endet eine befristete Erlaubnis (vgl. § 2 Rn. 38 ff.) vor dem Endzeitpunkt des beabsichtigten ANÜ-Vertrags, ist dies bei der Laufzeit des ANÜ-Vertrags zu berücksichtigen und im Vertrag anzugeben.

55 Die Erklärung zur Erlaubnis ist so abzugeben, dass der Entleiher die vom Verleiher gemachten Angaben überprüfen kann. Die Erklärung muss daher sowohl die **Erlaubnisbehörde** als auch das **Datum** der erteilten Erlaubnis sowie deren Laufzeit bezeichnen. Der Entleiher ist verpflichtet, sich die Erlaubnisurkunde vorlegen zu lassen und deren zeitliche Geltung zu überprüfen (Ulber/*Ulber, J.*, AÜG, § 13 Rn. 4; *Becker*, BlStSozArbR, 1982, 81; vgl. Rn. 58).

56 Ist die Erlaubnis nur unter **Bedingungen** erteilt oder mit **Auflagen** verbunden (vgl. § 2 Abs. 2), hat der Verleiher dies ebenfalls in der Erklärung anzugeben. Entsprechend der Funktion der Urkunde, die Sicherheit im Rechtsverkehr zu gewährleisten, muss der Entleiher erkennen können, ob die konkret beabsichtigte ANÜ von der Erlaubnis gedeckt ist. Bestehen hieran Zweifel, muss er die Erlaubnisbehörde um Auskunft ersuchen.

57 Ist der Verleiher nicht im Besitz der Erlaubnis oder nicht in der Lage, die Erlaubnis vorzulegen bzw. die erforderlichen Auskünfte zur Erlaubnis zu erteilen, ist der Entleiher verpflichtet, den **Abschluss** des ANÜ-Vertrags zu **unterlassen**. Den Entleiher trifft eine eigene **Pflicht zur Überprüfung** vom Bestehen und vom Fortbestand der Erlaubnis, was entsprechende **Erkundungspflichten** des Entleihers einschließt (*OLG Hamm* v. 14.11.1980, AP Nr. 7 zu § 19 AFG). Verstößt er gegen diese Pflichten, handelt er zumindest fahrlässig und kann bei fehlender Erlaubnis wegen einer Ordnungswidrigkeit nach § 16 Abs. 1 Nr. 1a belangt werden.

Ein **BR im Entleihbetrieb** kann die Zustimmung zur Einstellung 58
eines Leih-AN nach § 99 Abs. 2 BetrVG wegen Gesetzesverstoßes
verweigern, wenn die Erlaubnis fehlt oder der Vertrag keine Angaben
zur Erlaubnis enthält. Dasselbe gilt, wenn der Entleiher gegen Erkundungspflichten
zum Bestehen oder zur Reichweite der Erlaubnis verstößt
(Rn. 57).

b. Angaben zum Tätigkeits- und Qualifikationsprofil (Abs. 1 S. 3)

Nach Abs. 1 S. 3 ist der Entleiher verpflichtet, Angaben zum Tätigkeits- 59
und Qualifikationsprofil des vorgesehenen Arbeitsplatzes sowie
den wesentlichen Arbeitsbedingungen eines vergleichbaren AN zu
machen. Der Verleiher hat einen **einklagbaren Auskunftsanspruch**
gegen Entleiher auf alle Angaben zum equal- pay (*ArbG Stuttgart* v.
9.3.2011 – 9 Ca 109/11; *LAG Düsseldorf* v. 21.6.2012 – 13 Sa
319/12). Der Verleiher kann sich gegenüber dem Leih-AN nicht auf
Nichtwissen berufen (*LAG Düsseldorf* v. 21.6.2012 – 13 Sa 319/12).
Soll der Leih-AN auf **mehreren Arbeitsplätzen** eingesetzt werden,
sind die Angaben für alle Arbeitsplätze getrennt zu machen. Enthält die
Vertragsurkunde zu bestimmten Arbeitsplätzen keine Angaben, darf
der Entleiher den Leih-AN nicht auf diesen Arbeitsplätzen einsetzen,
dem **BR** steht dann wegen Gesetzesverstoßes ein Recht zur Zustimmungsverweigerung
nach § 99 Abs. 2 Nr. 1 BetrVG zu.

Der Entleiher ist verpflichtet, die **besonderen Merkmale** der vor- 60
gesehenen **Tätigkeit** des Leih-AN in der Vertragsurkunde zu bezeichnen.
Eine schlagwortartige Beschreibung der Tätigkeitsmerkmale und
Aufgabengebiete reicht hierfür nicht aus (Thüsing/*Thüsing*, § 12
Rn. 19). Je spezifischer die Tätigkeit und je höher deren Anforderungsprofil
sind, umso detaillierter müssen die Merkmale der Tätigkeit
beschrieben werden. Neben einer möglichst präzisen Beschreibung der
Tätigkeit (Maschinenschlosser, Lagertätigkeiten, Telefondienste etc.)
müssen Angaben zur Arbeitszeit (z.B. Schicht-, Nacht-, Sonn- und
Feiertagsarbeit), zum Zeit- und Leistungslohn sowie zu besonderen
Erschwernissen, die mit der Tätigkeit verbunden sind (Lärm, Hitze,
Hebelasten etc.), gemacht werden. Auch sind unterschiedliche Arbeitsplätze
und Arbeitsorte anzugeben, wenn mit der Tätigkeit ein
Ortswechsel verbunden sein kann (z.B. bei Außenmontage).

Sind mit der Tätigkeit besondere körperliche oder gesundheitliche 61
Belastungen verbunden oder sind bei Ihrer Ausübung besondere
Vorschriften des Arbeitsschutzes zu beachten, muss der Entleiher dies
in der Urkunde angeben. Die Unterweisungspflichten des Entleihers
zum Anforderungsprofil des Arbeitsplatzes (§ 12 Abs. 2 S. 1 ArbSchG)
bestehen hiervon unabhängig.

Der Entleiher hat in der Urkunde auch zu erklären, welche **persön-** 62
liche (z.B. keine Vorstrafen; vgl. *BGH* v. 13.5.1975, AP Nr. 1 zu § 12

§ 12 Rechtsbeziehungen zwischen Verleiher und Entleiher

AÜG) und **fachliche Qualifikation** die vorgesehene Tätigkeit des Leih-AN erfordert. Die erforderlichen beruflichen Kenntnisse und Qualifikationsnachweise (z. B. Ausbildungsabschlüsse; nicht jedoch qualifizierte Zeugnisse von AG des Leih-AN) sind zu bezeichnen. Sind für die Ausübung der Tätigkeit besondere Kenntnisse erforderlich (z. B. Wirtschaftsenglisch, Materialkunde, Umgang mit gefährlichen Stoffen), sind die entsprechenden Qualifikationsvoraussetzungen genau zu beschreiben.

63 Fehlen in der Vertragsurkunde besondere Merkmale, werden sie nicht Bestandteil der Vertragspflichten des Verleihers. Dem Leih-AN steht ggf. ein **Leistungsverweigerungsrecht** zu. Will der Entleiher den Leih-AN zu Tätigkeiten einsetzen, die nicht zu den in der Vertragsurkunde bezeichneten Pflichten gehören, kann der **Entleiherbetriebsrat** die Zustimmung zur Einstellung des Leih-AN verweigern.

c. Angaben zu den wesentlichen Arbeitsbedingungen des Arbeitsplatzes

64 Der Entleiher hat in der Urkunde anzugeben, welche **wesentlichen Arbeitsbedingungen** einschließlich des Arbeitsentgeltes für einen vergleichbaren AN des Entleihers (arbeitsplatzbezogen; *Lembke*, NZA 2011, 324) gelten. Dem Verleiher steht ein entsprechender **Auskunftsanspruch** zu (BAG v. 23. 3. 2011, AP Nr. 23 zu § 10 AÜG m. Anm. *Ulber, J.*; ErfK/*Wank*, § 12 AÜG Rn. 1; zum Auskunftsanspruch des Leih-AN vgl. § 13). Dabei sind alle Angaben zu machen, die der Verleiher benötigt, damit er seine Gleichstellungspflichten aus §§ 9 Nr. 2, 10 Abs. 4 erfüllen kann (*Benkert*, BB 2004, 1000).

65 Welche wesentlichen Arbeitsbedingungen gelten (vgl. hierzu § 9 Rn. 41 ff.) und welches Arbeitsentgelt einem **vergleichbaren Stammarbeitnehmer** des Entleihers zusteht, richtet sich nach den Angaben, die der Entleiher im Vertrag zu den Tätigkeitsmerkmalen und zum Qualifikationsprofil gemacht hat (Rn. 59 ff.). Eingruppierung und **Arbeitsentgelt** (vgl. hierzu § 9 Rn. 48) bestimmen sich nach den Ansprüchen, die ein Stammarbeitnehmer bei einer Neueinstellung hätte. Dasselbe gilt für alle sonstigen Ansprüche mit geldwertem Charakter und anderen wesentlichen Arbeitsbedingungen wie Lage und Dauer der Arbeitszeit, Nutzung von Sozialeinrichtungen u. Ä. (vgl. § 9 Rn. 45). Sind wesentliche Arbeitsbedingungen in einer **BV** enthalten, ist dies ebenfalls in der Vertragsurkunde festzuhalten.

66 Die wesentlichen Arbeitsbedingungen sind vom Entleiher so **genau** zu beschreiben, dass der Verleiher seinen Gleichstellungspflichten gegenüber dem Leih-AN vollumfänglich nachkommen kann. Dem Verleiher steht gegen den Entleiher ein entsprechender **Auskunftsanspruch** zu (BAG v. 23. 3. 2011, AP Nr. 23 zu § 10 AÜG m. Anm. *Ulber, J.*;

ArbG Stuttgart v. 9.3.2011 – 9 Ca 109/11; LAG Düsseldorf v. 21.6.2012 – 13 Sa 319/12; *Niebeling/Gründel*, BB 2009, 2366). Er kann sich nicht auf Nichtwissen berufen (*LAG Düsseldorf* v. 21.6.2012 – 13 Sa 319/12). Auch benötigt der Verleiher die Angaben, um die Arbeitskosten des Leih-AN bei der Preiskalkulation berücksichtigen zu können. Finden auf das ArbV eines vergleichbaren AN des Entleihers **TV** oder **BV** Anwendung, können diese im ANÜ-Vertrag in Bezug genommen und in Kopie als Anlage beigefügt werden (Thüsing/*Thüsing*, § 12 Rn. 21). Dem Verleiher steht ggf. ein Anspruch gegen den Entleiher zu, die **Bruttolohnkosten** eines vergleichbaren AN (einschließlich aller Lohnnebenkosten wie betrieblicher Altersversorgung u. Ä.) zu benennen.

Sind die wesentlichen Arbeitsbedingungen in der Vertragsurkunde **67** **unvollständig** oder **falsch** angegeben, fehlt ein den Formerfordernissen des Abs. 1 entsprechender schriftlich dokumentierter Vertragsinhalt. Der ANÜ-Vertrag ist dann nichtig (§ 125 BGB), wobei sich der Entleiher bei Unkenntnis des Verleihers jedoch nicht auf die Nichtigkeit berufen kann (§ 242 BGB; *OLG Köln* v. 9.7.2002, AuA 2002, 525). Daneben ist der Entleiher dem Verleiher bei Verletzung der Auskunftspflicht nach §§ 280 Abs. 1, 241 Abs. 2 BGB zum Schadensersatz verpflichtet (Thüsing/*Mengel*, § 9 Rn. 50; Ulber/*Ulber, J.*, AÜG, § 12 Rn. 10).

Ändern sich (z. B. wegen einer Tariferhöhung oder Einführung von **68** Sozialleistungssystemen) während des Einsatzes des Leih-AN wesentliche Arbeitsbedingungen, ist der Entleiher verpflichtet, dies unverzüglich dem Verleiher in Schriftform mitzuteilen.

d. Befreiung von der Angabe wesentlicher Arbeitsbedingungen (Abs. 1 S. 3 Hs. 2)

Der Entleiher ist von der Angabe der wesentlichen Arbeitsbedingun- **69** gen eines vergleichbaren AN befreit, soweit auf das Leiharbeitsverhältnis ein **TV zur ANÜ** Anwendung findet (vgl. § 9 Rn. 64 ff.). Diese Voraussetzung ist nicht erfüllt, wenn Gleichbehandlungsansprüche auf Grund eines **Rückentleihs** i. S. v. § 3 Abs. 1 Nr. 3 S. 4 fortbestehen (Ulber/*Ulber, J.*, AÜG, § 12 Rn. 10). Bei Kenntnis der Person des zu überlassenden Leih-AN ist der Entleiher verpflichtet, den Verleiher über **Vorbeschäftigungszeiten** zu unterrichten. Soweit dem Leih-AN nach anderen Rechtsnormen hinsichtlich der Mindestarbeitsbedingungen Ansprüche zustehen (z. B. Ansprüche nach § 8 Abs. 3 AEntG), sind diese nicht von der Dokumentationspflicht ausgenommen (Ulber/*Ulber, J.*, AÜG, § 12 Rn. 9).

Die Ausnahme gilt nur, wenn der auf das Leiharbeitsverhältnis anzu- **70** wendende TV zur ANÜ **wirksam** ist und eine **konkrete, vollständige und abschließende Regelung** zu den beim Entleiher gewährten wesentlichen Arbeitsbedingungen enthält. Für den **Leistungslohn** enthalten die bestehenden TV zur ANÜ z. B. keine Regelung, so dass das Arbeitsentgelt im Leistungslohn nach S. 3 zu dokumentieren und dem Leih-AN auch zu gewähren ist (vgl. § 10 Rn. 57). Da sich die Gleichstellungsgrundsätze des § 9 Nr. 2 auf **alle** beim Entleiher zu gewährenden materiellen Arbeitsbedingungen erstrecken, werden nur die wesentlichen Arbeitsbedingungen von der Dokumentationspflicht nach S. 3 Hs. 1 befreit, die auch im TV zur ANÜ geregelt sind. Bestehen im anzuwendenden TV zur ANÜ im Vergleich zu den beim Entleiher anwendbaren TV **Regelungslücken**, sind die ungeregelten Arbeitsbedingungen nicht von der Angabepflicht befreit (Ulber/*Ulber, J.*, AÜG, § 12 Rn. 12; einschränkend: Schüren/Hamann/*Brors*, § 12 Rn. 23). Dies gilt auch für Arbeitsbedingungen, die in **BV** beim Entleiher geregelt sind (z. B. betriebliche Altersversorgung, Werkseinkauf, Aktienoptionen) und beim Verleiher keine tarifliche Grundlage haben. Allein eine **Regelung in einer BV** beim Verleiher reicht nicht aus, um die Dokumentationspflichten nach Abs. 1 S. 3 entfallen zu lassen.

7. Unterrichtungspflichten bei Wegfall der Erlaubnis (Abs. 2)

71 Nach Abs. 2 hat der Verleiher den Entleiher unverzüglich über den Zeitpunkt des Wegfalls der Erlaubnis zu unterrichten. Die **Unterrichtungspflicht** besteht unabhängig vom Anlass des Wegfalls. Endet eine nach § 2 Abs. 4 befristete Erlaubnis, ist dies ebenso dem Entleiher mitzuteilen wie die Nichtbeantragung einer Verlängerung oder der Wegfall der Erlaubnis aus den in Abs. 2 S. 2 genannten Gründen. Da Erklärungen des Verleihers nach Abs. 1 S. 2 der Schriftform bedürfen, müssen auch die Unterrichtung und die ggf. nach Abs. 2 erforderlichen Hinweise **schriftlich** erfolgen (Schüren/*Brors*, § 12 Rn. 6, 27; Ulber/*Ulber, J.*, AÜG, § 12 Rn. 55; a. A. *Boemke/Lembke*, § 12 Rn. 52).

72 Der Verleiher hat den Entleiher **unverzüglich** (§ 121 Abs. 1 BGB), d. h. unmittelbar nachdem ihm die Gründe eines drohenden Wegfalls der Erlaubnis bekannt sind, zu unterrichten. Der Entleiher muss sich so zeitig wie möglich auf die Beendigung des ANÜ-Vertrags nach § 9 Nr. 1 einstellen können (vgl. § 9 Rn. 10), um die notwendigen Maßnahmen zur Vermeidung eines **fingierten ArbV** mit dem Leih-AN (§§ 9 Nr. 1, 10 Abs. 1) zu ergreifen.

73 Die Unterrichtungspflichten nach Abs. 2 S. 1 werden in den Fällen von Abs. 2 S. 2 um **Hinweispflichten** des Verleihers erweitert, wenn durch einen Verwaltungsakt der Erlaubnisbehörde die Erlaubnis wegfällt und hierdurch die Frist zur Abwicklung laufender Verträge (§ 2 Abs. 4 S. 4) beginnt. Wurde die **Erlaubnis nicht verlängert** (§ 2 Abs. 4 S. 3), **zurückgenommen** (§ 4) oder **widerrufen** (§ 5), muss der Verleiher den Entleiher über das Datum des belastenden Verwaltungsaktes unterrichten und mit dem Hinweis verbinden, dass der laufende Vertrag ohne Ergänzungen oder Änderungen abgewickelt werden muss. Hierbei har er den Entleiher auf das Ende der (höchstens zwölfmonatigen) **Abwicklungsfrist** nach § 2 Abs. 4 S. 4 hinzuweisen.

Abs. 2 ist ein **Schutzgesetz** i. S. d. § 823 Abs. 2 BGB. Verletzt der Verleiher schuldhaft Unterrichtungs- oder Hinweispflichten nach Abs. 2 ist er dem Entleiher zum **Schadensersatz** verpflichtet. Die Ersatzpflicht folgt auch aus §§ 280 Abs. 1, 241 Abs. 2 BGB (Schüren/Hamann/*Brors*, § 12 Rn. 29; Thüsing/*Thüsing*, § 12 Rn. 44; Ulber/*Ulber, J.*, AÜG, § 12 Rn. 51). **74**

§ 13 Auskunftsanspruch des Leiharbeitnehmers

Der Leiharbeitnehmer kann im Falle der Überlassung von seinem Entleiher Auskunft über die im Betrieb des Entleihers für einen vergleichbaren Arbeitnehmer des Entleihers geltenden wesentlichen Arbeitsbedingungen einschließlich des Arbeitsentgelts verlangen; dies gilt nicht, soweit die Voraussetzungen der in § 3 Abs. 1 Nr. 3 und § 9 Nr. 2 genannten Ausnahme vorliegen.

Gliederung	Rn.
1. Zweck des Gesetzes	1
2. Anspruchsvoraussetzungen	2– 3
3. Ausschlusstatbestände (Hs. 2)	4– 6
4. Inhalt des Auskunftsanspruchs	7– 9
5. Rechtsfolgen von Verstößen	10–11

1. Zweck des Gesetzes

Um Ansprüche gegen den Verleiher aus §§ 9 Nr. 2, 10 Abs. 4 zu prüfen und ggf. geltend zu machen, benötigt der Leih-AN die notwendigen Informationen über die wesentlichen Arbeitsbedingungen des vergleichbaren AN. § 13 gibt dem Leih-AN darauf bezogen einen **einklagbaren Auskunftsanspruch gegen den Entleiher**. § 13 ist ein **Schutzgesetz** i. S. v. § 823 Abs. 2 BGB (*Boemkel/Lembke*, § 13. Rn. 15) und gilt **zwingend**. **Zweck** der Norm ist, dem Leih-AN einen Vergleich von tatsächlich gewährten und geschuldeten Arbeitsbedingungen zu ermöglichen (*BAG* v. 19. 9. 2007, AuR 07, 361; Schüren/Hamann/*Brors*, § 13 Rn. 1; *Ulber*, AuR 03, 7). Unabhängig hiervon steht dem Leih-AN auch gegen den **Verleiher** ein entsprechender Auskunftsanspruch bezüglich der Arbeitsbedingungen und der Zusammensetzung des Arbeitsentgelts zu (*BAG* v. 21. 11. 2000, EzA § 242 BGB Auskunftspflicht Nr. 6; Schüren/Hamann/*Brors*, § 13 Rn. 2; Ulber/*Ulber, J.*, AÜG, § 13 Rn. 3; a. A. *BAG* v. 23. 3. 2011 – 5 AZR 7/10, AP Nr. 23 zu § 10 AÜG m. abl. Anm. *Ulber, J.*). Auch ist der Entleiher auf Grund der Betriebszugehörigkeit des Leih-AN allgemein verpflichtet, den Leih-AN über die beim Einsatz geltenden Arbeitsbedingungen zu unterrichten (vgl. §§ 81 ff. BetrVG, § 12 Abs. 2 ArbSchG). Beim **fingierten ArbV** besteht Anspruch nach § 13 analog (*LAG Berlin-Brandenburg* v. 9. 1. 2013 – 15 Sa 1635/12). **1**

§ 13 Auskunftsanspruch des Leiharbeitnehmers

2. Anspruchsvoraussetzungen

2 § 13 ist für ein Auskunftsverlangen des Leih-AN nur Anspruchsgrundlage, soweit der Entleiher Auskunft über die **wesentlichen Arbeitsbedingungen eines vergleichbaren AN** erteilen soll. Ob wesentliche Arbeitsbedingungen betroffen sind, bestimmt sich nach § 9 Nr. 2. Auf die Erläuterungen zu § 9 Nr. 2 kann insoweit verwiesen werden (§ 9 Rn. 41 ff.).

3 Die Pflicht des Entleihers zur Auskunftserteilung besteht nur, wenn der Leih-AN die Auskunft ausdrücklich **verlangt**. Der Anspruch besteht sowohl während des Einsatzes beim Entleiher als auch nach Beendigung des Einsatzes. **Ändern** sich wesentliche Arbeitsbedingungen während des Einsatzes, kann der Leih-AN eine neue Auskunft verlangen. Eine bestimmte **Form** ist hierbei nicht vorgeschrieben.

3. Ausschlusstatbestände (Hs. 2)

4 Nach § 13 Hs. 2 ist der Auskunftsanspruch ausgeschlossen, soweit die **Gleichstellungsgrundsätze** von § 3 Abs. 1 Nr. 3 und § 9 Nr. 2 im Leiharbeitsverhältnis **keine Anwendung** finden (vgl. hierzu § 9 Rn. 46). Soweit eine TV zur **ANÜ unwirksam** ist oder beim **Rückentleih** (vgl. § 9 Rn. 96 a ff.) steht dem Leih-AN immer der Auskunftsanspruch gem. Hs. 1 zu. Dies gilt auch, wenn Zweifel an der Wirksamkeit des TV bestehen.

5 Findet ein wirksamer **TV zur ANÜ** qua Tarifbindung Anwendung oder ist die Anwendung eines entsprechenden TV arbeitsvertraglich vereinbart, ist der Auskunftsanspruch ausgeschlossen, »**soweit**« der TV zu den wesentlichen Arbeitsbedingungen abweichende Regelungen enthält. Sind in einem TV zur ANÜ nur **einzelne Arbeitsbedingungen**, die wesentlich i. S. v. § 9 Nr. 2 sind, nicht geregelt, beschränkt sich der Auskunftsanspruch auf diese Arbeitsbedingungen (*Boemke/Lembke*, § 13 Rn. 12; Ulber/*Ulber, J.*, AÜG, § 13 Rn. 14). Die TV zur ANÜ weisen darauf bezogen **Regelungslücken** (vor allem hinsichtlich des Leistungslohns und einer Vielzahl betrieblich geregelter Arbeitsbedingungen) auf, die nicht im Wege der Auslegung geschlossen werden können (vgl. hierzu *BAG* v. 8. 11. 2006 – 4 AZR 558/05, NZA-RR 2007, 205). Hier besteht der Auskunftsanspruch für alle wesentlichen Arbeitsbedingungen, die nicht im TV zur ANÜ geregelt sind. (Ulber/*Ulber, J.*, AÜG, § 13 Rn. 14). Bestehen **Zweifel an der Wirksamkeit** des TV (wie bei den früher von der CGZP abgeschlossenen TV; vgl. § 9 Rn. 71), ist der Entleiher zur Auskunft verpflichtet (SchürenHamann/*Brors*, § 13 Rn. 5; *Ulber*, § 13 Rn. 8; *Schüren*, RdA 2009, 58).

6 Soweit wesentliche Arbeitsbedingungen in einem TV zur ANÜ geregelt sind, der auf das Leiharbeitsverhältnis Anwendung findet, ist der Entleiher berechtigt, die Auskunft zu **verweigern**. Allein der Hinweis, dass ein TV zur ANÜ Anwendung findet, reicht für eine Auskunftsverweigerung nicht aus. Der Entleiher kann die Auskunft nicht mit der Begründung verweigern, dass dem Leih-AN kein auf § 10 Abs. 4 beruhender Anspruch gegen den Verleiher zustehe. Nach dem **Zweck der Norm** besteht der Anspruch immer, wenn der Leih-AN Informationen benötigt, um das Bestehen eines entsprechenden Anspruchs autonom **prüfen** zu können. Dies betrifft insbesondere **Regelungslücken** eines TV zur ANÜ. Auch muss der Entleiher einem Auskunftsverlangen i. d. R. nachkommen, wenn der Leih-AN vorträgt, dass der TV zur ANÜ unwirksam ist und daher der Ausschlusstatbestand von Hs. 2 nicht vorliegt. Dabei kann er nicht einwenden, dass die Auskunft über die Arbeitsbedingungen keine wesentliche Arbeitsbedingung i. S. v. § 9 Nr. 2 betreffe oder nach seiner Auffassung sonstige Voraussetzungen zum Bestehen oder zur Geltendmachung von Ansprüchen nach § 10 Abs. 4 nicht gegeben seien.

4. Inhalt des Auskunftsanspruchs

Der Entleiher ist verpflichtet, Auskünfte zu allen wesentlichen Arbeitsbedingungen zu erteilen, die der Leih-AN zur Prüfung und Geltendmachung möglicher Gleichstellungsansprüche aus § 10 Abs. 4 benötigt (vgl. hierzu auch § 12 Rn. 59 ff.). Hierzu gehört u. a., dass er dem Leih-AN die Kriterien mitteilt, die für die **Bestimmung der vergleichbaren AN** i. S. v. § 9 Nr. 2 maßgeblich sind, und Auskunft über die wesentlichen Arbeitsbedingungen dieser AN erteilt. Sind diese in einer Betriebsvereinbarung geregelt, hat der Entleiher die Arbeitsbedingungen auf Verlangen zu **erläutern** und dem Leih-AN die Einsichtnahme in die BV zu ermöglichen (§ 77 Abs. 2 S. 3 BetrVG). 7

Betrifft der Auskunftsanspruch das **Arbeitsentgelt**, richten sich die Auskunftspflichten des Entleihers nach § 108 Abs. 1 S. 2 GewO (Ulber/*Ulber, J.* AÜG, § 13 Rn. 10). Die Auskunft hat dabei auf der Grundlage einer korrekten **Eingruppierung** in den beim Entleiher geltenden TV zu erfolgen (*BAG* v. 23.3.2011, AP Nr. 23 zu § 10 AÜG m. Anm. *Ulber*). Bei Leistungszulagen hat der Entleiher eine **Leistungsbeurteilung** vorzunehmen (*BAG* v. 23.3.2011 – 5 AZR 7/10- AP Nr. 23 zu § 10 AÜG m. Anm. *Ulber, J.*). Ist bei der Bestimmung der Höhe des Arbeitsentgelts ein **Günstigkeits- oder Sachgruppenvergleich** vorzunehmen (vgl. § 9 Rn. 33), muss der Entleiher die Regelungen nicht nur nach Grund und Höhe angeben, sondern auch die Kriterien ihrer Zusammenfassung **erläutern** (zur Mitbestimmung des BR vgl. § 14 Rn. 225). 8

Wird der Auskunftsanspruch auf **Regelungslücken eines TV zur ANÜ** gestützt, beschränkt sich der Anspruch auf die wesentlichen Arbeitsbedingungen, die beim Entleiher gelten und im TV zur ANÜ nicht geregelt sind (Ulber/*Ulber, J.*, AÜG, § 13 Rn. 14). 9

§ 13 a Informationspflicht des Entleihers über freie Arbeitsplätze

5. Rechtsfolgen von Verstößen

10 Verlangt der Leih-AN eine Auskunft, hat der Entleiher die Auskunft ab dem Beginn der tatsächlichen Arbeitsaufnahme **unverzüglich, vollständig und richtig** zu erteilen. Verstößt er gegen diese Pflicht, steht dem Leih-AN gegenüber dem Entleiher ein **Leistungsverweigerungsrecht** (*Boemke/Lembke*, § 13 Rn. 16; Ulber/*Ulber, J.*, AÜG, § 13 Rn. 15) sowie ein **selbständig einklagbarer Auskunftsanspruch** zu, der vor den Arbeitsgerichten geltend zu machen ist (Ulber/*Ulber, J.*, AÜG, § 13 Rn. 12; a. A. Thüsing/*Pelzner*, § 13 Rn. 11: ordentliche Gerichtsbarkeit nach § 13 GVG). Daneben ist der Entleiher dem Leih-AN gem. § 280 Abs. 1 BGB zum **Schadensersatz** verpflichtet, soweit diesem auf Grund einer nicht oder nicht vollständig oder nicht richtig erteilten Auskunft ein Schaden erwächst (Ulber/*Ulber, J.*, AÜG, § 13 Rn. 15; *Freckmann/Gallini*, BB 2013, 309; *Bauer/Krets*, NJW 2003, 537).

11 Macht der AN auf der Grundlage der erteilten Auskunft Ansprüche gegen den Verleiher klageweise geltend, ist es Sache des Verleihers, die Richtigkeit der Auskunft substantiiert zu **bestreiten** (*BAG* v. 19.9.2007 – 4 AZR 656/06, AuR 07, 361). Bestreitet der Verleiher in erheblicher Art und im Einzelnen die Richtigkeit, bleibt der Leih-AN beweispflichtig (*BAG* v. 23.3.2011 – 5 AZR 7/10, AP Nr. 23 zu § 10 AÜG m. Anm. *Ulber, J.*).

§ 13 a Informationspflicht des Entleihers über freie Arbeitsplätze

Der Entleiher hat den Leiharbeitnehmer über Arbeitsplätze des Entleihers, die besetzt werden sollen, zu informieren. Die Information kann durch allgemeine Bekanntgabe an geeigneter, dem Leiharbeitnehmer zugänglicher Stelle im Betrieb und Unternehmen des Entleihers erfolgen.

Gliederung	Rn.
1. Zu besetzende Arbeitsplätze des Entleihers (Satz 1)	2–4
2. Unterrichtungspflichten des Entleihers	5
3. Form der Unterrichtung (Satz 2)	6
4. Bewerbung und Bewerberauswahl	7–9
5. Rechtsfolgen	10–11

1 Nach § 13a hat der Entleiher den Leih-AN über **freie Arbeitsplätze**, die besetzt werden sollen, zu **informieren**. Die Vorschrift gilt **zwingend** (*Lembke*, NZA 2011, 321). **Zweck** der Norm ist, die Chancen des Leih-AN auf **Übernahme in ein ArbV zum Entleiher** dadurch zu verbessern, dass sich der Leih-AN bewerben kann (*Gussen*, NZA 2011, 830). Die Norm wurde durch das 1. AÜG-ÄnG m. W. v. 1.12.2011 in das AÜG eingefügt und dient der Umsetzung der Verpflichtungen aus Art. 6 Abs. 1 LA-RL. Sie lässt Unterrichtungspflichten nach anderen gesetzlichen Bestimmungen (§§ 81, 82 Abs. 1

Informationspflicht des Entleihers über freie Arbeitsplätze § 13 a

BetrVG i. V. m. § 14 Abs. 2) unberührt (Ulber/*Ulber, J.*, AÜG, § 13 a, Rn. 9).

1. Zu besetzende Arbeitsplätze des Entleihers (Satz 1)

Die Informationspflicht des Entleihers wird ausgelöst, wenn Arbeitsplätze **besetzt werden sollen**. Eine Besetzung von Arbeitsplätzen ist nicht nur bei **Neueinstellung** eines AN beabsichtigt, sondern auch wenn ein bestehender Arbeitsplatz durch **Versetzung** anderer AN besetzt werden soll (Ulber/*Ulber, J.*, AÜG, § 13 a Rn. 3). Die Unterrichtungspflicht betrifft alle Arbeitsplätze, für die eine Besetzung vorgesehen ist (*Boemke*, RIW 2009, 177; *Hamann*, EuZA 2009, 287). Unerheblich ist hierbei, ob der Arbeitsplatz nur **befristet** oder im Rahmen einer Teilzeitbeschäftigung besetzt werden soll (Ulber/*Ulber, J.*, AÜG, § 13 a Rn. 5; *Lembke*, DB 2011, 414). Auch ob der Arbeitsplatz mit einem Leih-AN besetzt werden soll, ist unerheblich. 2

Ein Arbeitsplatz **soll** besetzt werden, sobald das Erfordernis einer Stellenbesetzung entsteht oder nach den Planungen des Entleihers die **Absicht** besteht, einen Arbeitsplatz mit einem anderen AN zu besetzen. 3

Die Unterrichtungspflicht bezieht sich nicht nur auf freie Arbeitsplätze des Betriebs, in dem der Leih-AN eingesetzt ist, sondern erstreckt sich auf alle zu besetzenden Arbeitsplätze im **Unternehmen** (Ulber/*Ulber, J.*, AÜG, § 13 a Rn. 7; *Lembke*, DB 2011, 414). Beim **Gemeinschaftsbetrieb** sind alle Inhaber Entleiher i. S. v. § 13 a (*Forst*, AuR 2012, 97). Ob der Leih-AN zum beabsichtigten Zeitpunkt der Besetzung noch im Betrieb eingesetzt ist, schränkt die Unterrichtungspflichten nicht ein. Ob der Leih-AN für die Besetzung der Stelle **geeignet** ist oder etwaige Bewerberkriterien erfüllt, ist im Rahmen der Informationspflicht irrelevant (Ulber/*Ulber, J.*, AÜG, § 13 a Rn. 4; *Forst*, AuR 2012, 97; *Kock*, BB 2012, 323; *Lembke*, DB 2011, 418; zur Bewerberauswahl vgl. Rn. 7). Auch kommt es nicht darauf an, ob der freie Arbeitsplatz dem Tätigkeitsprofil des vom Leih-AN besetzten Arbeitsplatzes entspricht (*Boemke*, RIW 2009, 185). 4

2. Unterrichtungspflichten des Entleihers

Liegen die Voraussetzungen von S. 1 vor, besteht ein **Anspruch** des Leih-AN **gegen den Entleiher** (nicht jedoch gegen den Verleiher) auf Unterrichtung. Die Unterrichtungspflicht setzt dabei kein Verlangen des Leih-AN voraus. Der Anspruch besteht unabhängig davon, ob der BR eine Stellenausschreibung nach § 93 BetrVG verlangt (Ulber/*Ulber, J.*, AÜG, § 13 a Rn. 8; vgl. § 14 Rn. 194). Der Entleiher hat den Leih-AN u. a. über den Beginn (und bei Befristung das Ende) der Tätigkeit, die **Aufgabenbeschreibung, Tätigkeits- und Qualifikationsanforderungen** und ggf. erforderliche Berufsabschlüsse sowie Form und Frist einer Bewerbung zu unterrichten. Bei Verstößen des 5

§ 13a Informationspflicht des Entleihers über freie Arbeitsplätze

Entleihers gegen seine Unterrichtungspflicht trifft den Verleiher eine **Einwirkungspflicht** (Ulber/*Ulber, J.*, AÜG, § 13a Rn. 8).

3. Form der Unterrichtung (Satz 2)

6 Die Unterrichtung durch den Entleiher kann sowohl in **mündlicher** als auch in **schriftlicher Form** erfolgen. Eine bestimmte Mindestdauer der **Bewerbungsfrist** ist nicht vorgeschrieben (*BAG* v. 6.10.2010, NZA 2011, 360). Die für die Ausschreibung nach § 2 Abs. 1 Nr. 1–10 NachwG, § 93 BetrVG maßgeblichen Mindestanforderungen und -fristen (vgl. hierzu *BAG* v. 6.10.2010, NZA 2011, 360) von i. d. R. nicht weniger als 2 Wochen sind zu beachten (*Lembke*, NZA 2011, 320). Die Information muss jedoch so rechtzeitig erfolgen, dass der Leih-AN eine Bewerbung so abgeben kann, dass sie im Stellenbesetzungsverfahren berücksichtigt werden kann (*Forst*, AuR 2012, 97). S. 2 ermöglicht es dem Verleiher daneben seinen Pflichten auch durch **allgemeine Bekanntgabe** nachzukommen, die ihrerseits den Anforderungen der Unterrichtungspflichten nach S. 1 Rechnung tragen muss. Die Bekanntgabe kann z. B. durch Aushang am **Schwarzen Brett** (*Hamann*, EuZA 2009, 316), durch schriftliche **Mitarbeiterinformation** oder auch auf elektronischem Wege erfolgen. Voraussetzung ist hier aber, dass der Leih-AN ausdrücklich darauf hingewiesen wurde, dass und in welcher Form der Entleiher seinen Informationspflichten i. R. v. S. 2 nachkommen will (Ulber/*Ulber, J.*, AÜG, § 13a Rn. 12). Es muss damit zu rechnen sein, dass der Leih-AN die Aushangstelle auch tatsächlich aufsucht (*Forst*, AuR 2012, 97).

4. Bewerbung und Bewerberauswahl

7 Nach dem Wort von § 13a beschränken sich die Pflichten des Entleihers auf die Information über freie Arbeitsplätze. In richtlinienkonformer Auslegung soll dem Leih-AN aber nach Art. 6 Abs. 1 LA-RL darüber hinaus unter Berücksichtigung des Grundsatzes der Gleichbehandlung auch ein Zugang zu freien Stellen ermöglicht werden (*Hamann*, EuZA 2009, 315; *Ulber*, AuR 2010, 14). Der Leih-AN soll im **Stellenbesetzungsverfahren** die gleichen Chancen haben wie Stammbeschäftigte (Ulber/*Ulber, J.*, AÜG, § 13a Rn. 1; *Hamann*, RdA 2011, 334). Er ist daher auch bei der **Bewerberauswahl** zu berücksichtigen (*Ulber, J.*, AiB 2012, 7). Von daher hat der Entleiher den Leih-AN sowohl bei Stellenausschreibungen, als auch bei der Entscheidung über die Bewerberauswahl mit Stammarbeitnehmern **gleich zu behandeln** (Ulber/*Ulber, J.*, AÜG, § 13a Rn. 14; *Ulber, J. zu Dohna-Jaeger*, AiB 2010, 7; *Ulber, J.*, AiB 2012, 7). Auch mittelbare Diskriminierungen sind dabei ausgeschlossen (vgl. hierzu Ulber/*Ulber, J.*, AÜG, § 13a Rn. 16). Die Bestimmungen des AGG (§§ 11 a. F.) können nach § 6 Abs. 2 S. 2 AGG unmittelbar herangezogen werden.

Informationspflicht des Entleihers über freie Arbeitsplätze § 13a

Durch die Gleichbehandlungspflichten bei der Bewerberauswahl können nen Probleme auftreten, wenn der Entleiher **Ansprüchen von Stammbeschäftigten** auf Besetzung des Arbeitsplatzes ausgesetzt ist. Dies gilt z. B. bei ruhenden ArbV und in den Fällen der Übernahme von Jugend- und Auszubildendenvertretern (§ 78 a) sowie bei geltend gemachten Ansprüchen auf Verlängerung der Arbeitszeit (§ 9 TzBfG). **Ansprüche nach § 9 TzBfG** gehen einem Einstellungsverlangen eines Leih-AN immer vor, und zwar auch dann, wenn nur eine vorübergehende Aufstockungsmöglichkeit besteht (*Hamann*, NZA 2010, 1211). Dasselbe gilt soweit nach § 78a Abs. 2 BetrVG das **ArbV eines Jugend- und Auszubildendenvertreters** begründet wird (*Hamann*, a. a. O.). In den übrigen Fällen kann der Entleiher den Leih-AN bei der Bewerberauswahl nur unberücksichtigt lassen, wenn die Beschäftigung des Leih-AN auf Grund des ANÜ-Vertrags befristet zu dem Zweck erfolgt, Ansprüche von Stammarbeitnehmern auf eine spätere Besetzung des Arbeitsplatzes zu sichern (zur Zulässigkeit vgl. § 1 Rn. 130n). **8**

Da sich der Anspruch unmittelbar gegen den Entleiher richtet, ist das Erfüllungsverhältnis i. R. v. § 13a als **ArbV** zu qualifizieren (*Lembke*, NZA 2011, 319). Ist die Bewerbung eines Leih-AN erfolgreich, kommt ein **Normalarbeitsverhältnis** zum Entleiher zustande. Der Leih-AN muss aber vorher das mit dem Verleiher bestehende **Leiharbeitsverhältnis kündigen**. Da nach den Gesetzeszwecken von §§ 9 Nr. 3 bis 5, 13a der Begründung eines ArbV mit einem Entleiher gegenüber dem bestehenden ArbV mit dem Verleiher der Vorrang eingeräumt wird, ist der AN berechtigt, das Leiharbeitsverhältnis **außerordentlich zu kündigen** (Ulber/*Ulber, J.*, AÜG, § 13a, Rn. 25). Er ist ggf. aber verpflichtet den Verleiher unverzüglich über das Zustandekommen des ArbV mit dem Entleiher zu unterrichten. Verletzt er diese Pflicht, ist er dem Verleiher zum Schadensersatz verpflichtet. **9**

5. Rechtsfolgen

§ 13a gilt **zwingend** (*Kock*, BB 2012, 323; *Hayen*, AiB 2012, 170; *Lembke*, NZA 2011, 322; *Hamann*, RdA 2011, 336) und ist ein **Schutzgesetz** i. S. v. § 823 Abs. 2 BGB (*Forst*, AuR 2012, 97, *Lembke*, NZA 2011, 319). § 13a begründet ein **Schuldverhältnis** zum Entleiher. Bei Verstößen ist daher ein **Schadensersatzanspruch** nach §§ 280 und 823 Abs. 2 BGB gegeben (Ulber/*Ulber, J.*, AÜG, § 13a Rn. 20; *Lembke*, NZA 2011, 320; *Hamann*, RdA 2011, 335). Dasselbe gilt, wenn der Entleiher gegen einen TV oder eine BV verstößt, die dem Leih-AN einen verbindlichen Übernahmeanspruch einräumen (zum TV LeiZ vgl. *Schumann*, AiB 2012, 423). Verstöße gegen § 13a sind nach § 16 Abs. 1 Nr. 9 bußgeldbewehrt und berechtigen den BR zur Zustimmungsverweigerung (Ulber/*Ulber, J.*, AÜG, § 13a Rn. 22; vgl. § 14 Rn. 273). **10**

§ 13b Zugang zu Gemeinschaftseinrichtungen/-diensten

11 Vereinbarungen, die gegen § 13a verstoßen, sind nach § 134 BGB **unwirksam**. Dies gilt auch für **BV** oder **Auswahlrichtlinien**, die gegen Ansprüche des Leih-AN bei der Bewerbung oder der Bewerberauswahl verstoßen (Ulber/*Ulber, J.*, AÜG, § 13a Rn. 17; *Huke/Neufeld/Luickhardt*, BB 2012, 961). Verstößt der Entleiher gegen seine Pflichten aus § 13a steht dem Leih-AN nach §§ 280 und 823 Abs. 2 BGB ein Schadensersatzanspruch zu (*Lembke*, NZA 2011, 319). Auch bei **Falschangaben** des Entleihers besteht ein Schadensersatzanspruch nach §§ 280 Abs. 1, 241 Abs. 2 BGB (*Freckmann/Gallini*, BB 2013, 309; *Bauer/Krets*, NJW 2003, 537). Dasselbe gilt, wenn der Entleiher gegen seine Gleichbehandlungspflichten bei der Bewerberauswahl verstoßen hat (Ulber/*Ulber, J.*, AÜG, § 13a Rn. 22). Eine Benachteiligung liegt schon bei der Versagung einer Chance vor, z. B. wenn ein AN nicht in die Auswahl einbezogen wird (*BAG* v. 13.10.2011 – 8 AZR 608/10).

§ 13b Zugang des Leiharbeitnehmers zu Gemeinschaftseinrichtungen oder -diensten

Der Entleiher hat dem Leiharbeitnehmer Zugang zu den Gemeinschaftseinrichtungen oder -diensten im Unternehmen unter den gleichen Bedingungen zu gewähren wie vergleichbaren Arbeitnehmern in dem Betrieb, in dem der Leiharbeitnehmer seine Arbeitsleistung erbringt, es sei denn, eine unterschiedliche Behandlung ist aus sachlichen Gründen gerechtfertigt. Gemeinschaftseinrichtungen oder -dienste im Sinne des Satzes 1 sind insbesondere Kinderbetreuungseinrichtungen, Gemeinschaftsverpflegung und Beförderungsmittel.

Gliederung Rn.
1. Gemeinschaftseinrichtungen oder -dienste (Satz 2) 3–4
2. Anspruch auf Gleichbehandlung (Satz 1) 5–6
3. Rechtsfolgen 7–9

1 Die **Nutzung von Gemeinschaftseinrichtungen** gehört zu den wesentlichen Arbeitsbedingungen i. S. v. § 9 Nr. 2 die der Verleiher gem. § 10 Abs. 4 zu gewähren hat (vgl. § 9 Rn. 45). Davon unabhängig steht dem Leih-AN nach § 13b unter denselben Voraussetzungen wie bei Stammarbeitnehmern ein einklagbarer Anspruch **gegen den Entleiher** auf Zugang zu Gemeinschaftseinrichtungen oder -diensten im Entleiherbetrieb zu. Soweit die Nutzung von Gemeinschaftseinrichtungen in einer **BV** nach § 87 Abs. 1 Nr. 8 BetrVG geregelt ist, hat der Leih-AN auch aus dieser BV einen unmittelbaren Anspruch auf Zugang und Nutzung (Ulber/*Ulber, J.*, AÜG, § 13b Rn. 2; *Boemke*, RIW 2008, 186).

2 Die Vorschrift ist **zwingend, nicht tarifdispositiv** (*Hamann*, EuZA 2009, 319; *Hayen*, AiB 2012, 170; *Kock*, BB 2012, 323; *Krannich/*

Zugang zu Gemeinschaftseinrichtungen/-diensten § 13b

Grieser, AuA 2012, 81; *Lembke*, NZA 2011, 319) und ein **Schutzgesetz** i. S. v. § 823 Abs. 2 BGB (*Forst*, AuR 2012, 97). Abweichungen sind weder durch BV noch durch TV zulässig. Vereinbarungen, die gegen § 13b verstoßen, sind nach § 9 Nr. 2a unwirksam.

1. Gemeinschaftseinrichtungen oder -dienste (Satz 2)

Zu den **Gemeinschaftseinrichtungen** zählen grundsätzlich alle sozialen Einrichtungen, die auch von § 87 Abs. 1 Nr. 8 und 9 BetrVG erfasst werden (Ulber/*Ulber, J.*, AÜG, § 13b Rn. 5; *Boemke*, RIW 2009, 186; *Sansone*, 218; *Ulber, J.*, AiB 2012, 7). Unerheblich ist, ob der Entleiher die Gemeinschaftseinrichtung selbst betreibt (*LAG Hamburg* v. 7. 6. 2012 – 2 TaBV 4/12, AiB 2013, 137; *Krannich/Grieser*, AuA 2012, 81; *Vielmeier*, NZA 2012, 535).

3

S. 2 erwähnt nur **beispielhaft**, dass insbesondere Kinderbetreuungseinrichtungen, Gemeinschaftsverpflegung und Beförderungsmittel vom Begriff erfasst werden. Daneben zählen auch **Sozialräume, Parkplätze, Werkmietwohnungen** (*Forst*, AuR 2012, 97), **Sportanlagen, Bibliotheken** (*Raab*, ZfA 2003, 423) oder **Erholungsheime** zu den Gemeinschaftseinrichtungen (*Hamann*, EuZA 2009, 318). Gleiches gilt für den Werkverkauf, Pensions- oder Unterstützungskassen sowie Systeme der betrieblichen Altersversorgung (Ulber/*Ulber, J.*, AÜG, § 13b Rn. 5; Schüren/Hamann/*Schüren*, § 9 Rn. 135; a. A. *Rieble/Klebeck*, NZA 2003, 23). Auch der Betriebsausflug und Betriebsfeiern fallen in den Anwendungsbereich von § 13b (*Vielmeier*, NZA 2012, 535; a. A. *Zimmermann*, ArbRAktuell, 2011, 264).

Unter den Begriff der **Gemeinschaftsdienste** fallen alle Dienst- und Serviceleistungen, die der Entleiher Stammbeschäftigten zur Verfügung stellt. Schuldner- oder Sozialberatungsleistungen gehören hierzu ebenso wie ein Rückentraining oder sonstige freiwillige Leistungen der medizinischen Vorsorge.

4

2. Anspruch auf Gleichbehandlung (Satz 1)

Der Zugang ist dem Leih-AN unter den gleichen **Voraussetzungen und Bedingungen** zu gewähren wie Stammarbeitnehmern. BV im Entleiherbetrieb haben dem Rechnung zu tragen. S. 1 gestattet nur im Ausnahmefall **Abweichungen**, wenn hierfür ein auf objektiven Kriterien beruhender sachlicher Grund vorliegt. Unterschiedliche **Kantinenpreise** sind regelmäßig nicht gesetzeskonform (*LAG Hamburg* v. 7. 6. 2012 – 2 TaBV 4/12, AiB 2013, 137). Ein **sachlicher Grund** ist gegeben, soweit auch ein vergleichbarer befristet beschäftigter Stammbeschäftigter keinen oder nur einen eingeschränkten Zugang hat (Schüren/Hamann/*Riederer von Paar*, Einl. 619; Ulber/*Ulber, J.*, AÜG, § 13b Rn. 10f.; *Hayen*, AiB 2012, 172; *Ulber*, AiB 2011, 356; *Hamann*, RdA 2011, 338; *Kock*, BB 2012, 325; *Vielmeier*, NZA 2012, 535). Hängen Ansprüche von der Dauer der **Betriebszugehörigkeit** ab,

5

§ 14 Mitwirkungs- und Mitbestimmungsrechte

können auch Leih-AN auf Grund ihres nur vorübergehenden Einsatzes von Leistungen ausgeschlossen sein.

6 Der Anspruch aus § 13b darf auch nicht dadurch beeinträchtigt werden, dass der Leih-AN mittelbar ungleich behandelt wird. Eine gegen § 13b verstoßende mittelbare Diskriminierung liegt vor, wenn Regelungen beim Entleiher den Leih-AN zwar formal nicht am Zugang hindern, die hierbei geltenden Voraussetzungen den Leih-AN faktisch aber vom Zugang ausschließen (*BAG* v. 27.1.2011 – 6 AZR 526/09; *Hamann*, EuZA 2009, 319; *Sansone*, 500).

3. Rechtsfolgen

7 Sind die Voraussetzungen von § 13b erfüllt, hat der Leih-AN einen **unmittelbaren und einklagbaren Anspruch** gegen den Entleiher auf Zugang (*Ulber*, AuR 2010, 12). Für den Anspruch ist gem. § 2 Abs. 1 Nr. 3 Buchst. a und d ArbGG der **Rechtsweg** zu den Gerichten für Arbeitssachen eröffnet (*BAG* v. 15.3.2011, DB 2011, 1116). Uneingeschränkt besteht der Anspruch bei bereits vorhandenen Gemeinschaftseinrichtungen. Reichen die vorhandenen **Kapazitäten** nicht aus, um Ansprüche aus § 13b zu erfüllen, hat der Entleiher die Kapazitäten grundsätzlich auszubauen (Ulber/*Ulber, J.*, AÜG, § 13b Rn. 7; *Forst*, AuR 2012, 97; a.A. *Vielmeier*, NZA 2012, 535; *Hamann*, EuZA 2009, 319).

8 Verstößt der Entleiher gegen seine Pflichten aus § 13b ist er dem Leih-AN zum Schadensersatz nach § 280 und § 823 Abs. 2 BGB verpflichtet (*Lembke*, NZA 2011, 319). Daneben kann gegen ihn nach § 16 Nr. 10 ein Bußgeld verhängt werden. Der Verleiher ist verpflichtet den Entleiher bei Verstößen auf die Einhaltung seiner Pflichten anzuhalten.

9 Soweit der Entleiher Ansprüche aus § 13b erfüllt, erlöschen gem. § 422 Abs. 1 S. 1 BGB auch gleichgerichtete Ansprüche des Leih-AN **gegen den Verleiher** aus § 10 Abs. 4. Erfüllt der Entleiher die Ansprüche nicht, kann der Leih-AN die Ansprüche nach § 10 Abs. 4 auch gegen den Verleiher geltend machen (Ulber/*Ulber, J.*, AÜG, § 13b Rn. 16ff.). Die Nutzung von Sozialeinrichtungen ist gleichzeitig wesentliche Arbeitsbedingung i.S.v. § 9 Nr. 2 (*Lembke*, NZA 2011, 323) und kann nach § 9 Nr. 2a nicht abbedungen werden.

§ 14 Mitwirkungs- und Mitbestimmungsrechte

(1) Leiharbeitnehmer bleiben auch während der Zeit ihrer Arbeitsleistung bei einem Entleiher Angehörige des entsendenden Betriebs des Verleihers.

(2) Leiharbeitnehmer sind bei der Wahl der Arbeitnehmervertreter in den Aufsichtsrat im Entleiherunternehmen und bei der Wahl der betriebsverfassungsrechtlichen Arbeitnehmervertretungen im Ent-

leiherbetrieb nicht wählbar. Sie sind berechtigt, die Sprechstunden dieser Arbeitnehmervertretungen aufzusuchen und an den Betriebs- und Jugendversammlungen im Entleiherbetrieb teilzunehmen. Die §§ 81, 82 Abs. 1 und die §§ 84 bis 86 des Betriebsverfassungsgesetzes gelten im Entleiherbetrieb auch in Bezug auf die dort tätigen Leiharbeitnehmer.

(3) Vor der Übernahme eines Leiharbeitnehmers zur Arbeitsleistung ist der Betriebsrat des Entleiherbetriebs nach § 99 des Betriebsverfassungsgesetzes zu beteiligen. Dabei hat der Entleiher dem Betriebsrat auch die schriftliche Erklärung des Verleihers nach § 12 Abs. 1 Satz 2 vorzulegen. Er ist ferner verpflichtet, Mitteilungen des Verleihers nach § 12 Abs. 2 unverzüglich dem Betriebsrat bekanntzugeben.

(4) Die Absätze 1 und 2 Satz 1 und 2 sowie Absatz 3 gelten für die Anwendung des Bundespersonalvertretungsgesetzes sinngemäß.

Gliederung	Rn.
1. Anwendungsbereich der Norm	1– 5
2. Betriebsverfassung im Verleihbetrieb	6– 92
a. Betriebsverfassungsrechtliche Stellung des Leiharbeitnehmers im Verleihbetrieb (Abs. 1)	6– 24
b. Beteiligungsrechte des Verleiherbetriebsrats	25– 38
c. Mitbestimmung in allgemeinen personellen Angelegenheiten (§§ 92 ff. BetrVG)	39– 45
d. Mitbestimmungsrechte des Verleiherbetriebsrats bei personellen Einzelmaßnahmen (§§ 99 ff. BetrVG)	46– 65
e. Mitbestimmung in wirtschaftlichen Angelegenheiten des Verleihers (§§ 106 ff. BetrVG)	66– 67
f. Mitbestimmung in sozialen Angelegenheiten (§ 87 BetrVG)	68– 90
g. Verstöße des Verleihers gegen die Betriebsverfassung	91– 92
3. Betriebsverfassungsrechtliche Stellung des Leiharbeitnehmers im Entleiherbetrieb (Abs. 2)	93–119
a. Wahlrechte im Entleiherbetrieb (Abs. 2 S. 1)	100–105a
b. Betriebsverfassungsrechtliche Individualrechte des Leiharbeitnehmers (Abs. 2 S. 2 und 3)	106–109
c. Unterrichtungs- und Erörterungspflichten des Entleihers (Abs. 2 S. 3 i. V. m. § 81 BetrVG)	110–119
4. Beteiligungsrechte des Entleiherbetriebsrats (Abs. 3)	120–216
a. Anwendungsbereich der Norm	120–122
b. Allgemeine Aufgaben des Entleiherbetriebsrats	123–139
c. Geltungsbereich von Betriebsvereinbarungen	140–148
d. Beteiligungsrechte in sozialen Angelegenheiten (§ 87 BetrVG)	149–180
e. Durchsetzung der Mitbestimmung und Rechtsfolgen von Verstößen	181–185
f. Freiwillige Betriebsvereinbarungen und Arbeitsschutz (§§ 98 ff. BetrVG)	186–190
g. Mitwirkungsrechte in allgemeinen personellen Angelegenheiten (§§ 92 ff. BetrVG)	191–204

§ 14 Mitwirkungs- und Mitbestimmungsrechte

    h. Beteiligungsrechte in wirtschaftlichen Angelegenheiten
       (§§ 106 ff. BetrVG) 205–216
5. Mitwirkungsrechte bei Einstellung von Leiharbeitnehmern
   (Abs. 3 i. V. m. § 99 BetrVG) 217–279
    a. Anwendungsbereich 217–220
    b. Beteiligungspflichtige Tatbestände (Abs. 3 S. 1) 221–230
    c. Unterrichtungspflichten des Entleihers (Abs. 3 S. 2) ... 231–240
    d. Zustimmungsverweigerungsrechte nach § 99 Abs. 2
       BetrVG 241–274
    e. Durchsetzung des Mitbestimmungsrechts und Folgen
       von Verstößen 275–279
6. Werk-/Dienstvertrag und Betriebsverfassung 280–294
    a. Betriebsverfassung im entsendenden Unternehmen ... 280–281
    b. Anwendungsbereich des Betriebsverfassungsgesetzes im
       Einsatzbetrieb 282–283
    c. Mitwirkungsrechte des Betriebsrats bei werkvertraglichem
       Einsatz......................... 284–294
7. Mitwirkungsrechte der Personalvertretung (Abs. 4) 295–307

1. Anwendungsbereich der Norm

1 § 14 gilt unmittelbar für **alle Formen der ANÜ** einschließlich ihrer **illegalen Formen** (*BAG* v. 31.1.1989, AP Nr. 33 zu § 90 BetrVG 1972; *LAG Hessen* v. 27.11.2003, NZA-RR 04, 343) bei denen der Verleiher eine wirtschaftliche Tätigkeit i. S. v. § 1 Abs. 1 S. 1 ausübt. Die Norm kommt auch zur Anwendung, wenn gegen das Verbot der ANÜ im Baugewerbe nach § 1 b verstoßen wird (a. A. Schüren/Hamann/*Hamann*, § 14 Rn. 14). Der Gegenmeinung kann nicht gefolgt werden, da die Betriebsverfassung grundsätzlich an die Eingliederung bzw. die tatsächliche Ausübung des Direktionsrechts anknüpft (*Becker*, AuR 82, 371) und die MBR nicht davon abhängen, ob die Maßnahme des AG individualrechtlich wirksam ist oder nicht. Wird infolge einer illegalen ANÜ, insbesondere bei Vorliegen eines Schweinwerkvertrags, ein **ArbV fingiert** (Einl. Rn. 46), gelten die Bestimmungen des BetrVG im Entleiherbetrieb unmittelbar (*BAG* v. 31.1.1989, DB 89, 982). Eines Rückgriffs auf § 14 bedarf es hier nicht. Nimmt der Verleiher trotz des fingierten ArbV mit dem Entleiher weiterhin die Arbeitgeberfunktionen wahr, bleibt daneben auch die **Betriebszugehörigkeit** des Leih-AN zum Verleihbetrieb erhalten (*LAG Hessen* v. 27.11.2003, EzAÜG § 14 Betriebsverfassung Nr. 58; Schüren/Hamann, § 14 Rn. 477; Ulber/*zu Dohna-Jaeger*, AÜG, § 14 Rn. 6).

2 Wegen der Vergleichbarkeit der Interessenlage war die Vorschrift auch vor dem 1.12.2011 auf alle Formen der **nichtgewerbsmäßigen ANÜ** entsprechend anzuwenden (h. M., vgl. *BAG* v. 20.4.2005, DB 2005, 1855; *LAG München* v. 5.12.2000, AiB 02, 432; i. E. so auch Schüren/Hamann/*Hamann*, § 14 Rn. 447; Thüsing/*Thüsing* § 14 Rn. 7).

3 § 14 ist im Verleihbetrieb auch anwendbar, wenn der Leih-AN von einem inländischen Verleiher in das **Ausland** verliehen wird (*BAG* v. 22.3.2000, DB 00, 2330 u. v. 10.3.2004, BB 2004, 2753; *S/M*, § 14 Anm. 2; Ulber/*zu Dohna-Jaeger*, AÜG, § 14 Rn. 5). Dasselbe gilt im Entleihbetrieb, wenn Leih-AN ausländischer Verleiher einem inländischen Entleiher überlassen werden.

Keine unmittelbare Anwendung findet § 14 auf **privilegierte For-** **4** **men der ANÜ** nach § 1 Abs. 3. Die Beteiligungsrechte des BR ergeben sich hier aus einer unmittelbaren Anwendung von § 99 BetrVG. Bei der **konzerninternen ANÜ** nach § 1 Abs. 3 Nr. 2 hat der BR des entsendenden Betriebs aus dem Gesichtspunkt der Versetzung (*BAG* v. 18.2.1986, AP Nr. 33 zu § 99 BetrVG 1972) und der Entleiherbetriebsrat aus dem Gesichtspunkt der Einstellung (*BAG* v. 20.9.1990, NZA 91, 195; Schüren/Hamann/*Hamann*, § 14 Rn. 487; Ulber/*zu Dohna-Jaeger, AÜG*, § 1 Rn. 187) mitzubestimmen. Auf legale Formen des **werk- oder dienstvertraglichen Einsatzes** von Fremdfirmenbeschäftigten (ErfK/*Wank*, § 14 AÜG Rn. 17; Ulber/*zu Dohna-Jaeger*, AÜG, § 14 Rn. 187) ist § 14 nicht unmittelbar anzuwenden. Dies schließt jedoch nicht aus, dass die Bestimmungen des BetrVG im Einsatzbetrieb unmittelbar auch auf Fremdfirmenbeschäftigte, die nicht als Leih-AN eingesetzt werden, anzuwenden sind (vgl. § 75 BetrVG und Rn. 284 ff.).

Keine Anwendung findet § 14 in Fällen, in denen mehrere Unterneh- **5** men die Voraussetzungen eines **gemeinsamen Betriebs** erfüllen (vgl. hierzu ausführlich Ulber/*zu Dohna-Jaeger, AÜG*, § 14 Rn. 7).

2. Betriebsverfassung im Verleihbetrieb

a. Betriebsverfassungsrechtliche Stellung des Leiharbeitnehmers im Verleihbetrieb (Abs. 1)

Die betriebsverfassungsrechtliche Zuordnung von Leih-AN ist in § 14 **6** nicht **abschließend** geregelt (*BAG* AP Nr. 1 zu § 87 BetrVG 1972 Leiharbeitnehmer). Soweit die Auffassung vertreten wird, dass allein die tatsächliche Eingliederung in den Betrieb die **Betriebszugehörigkeit** auslöst (DKKW/*Trümner*, § 5 Rn. 83 ff.), ist die Vorschrift konstitutiv, da andernfalls keine Betriebszugehörigkeit des Leih-AN zum Verleiherbetrieb vorläge. Da der Leih-AN typischerweise nicht nur dem Weisungsrecht seines Vertragsarbeitgebers unterliegt, sondern die Arbeitsleistung regelmäßig innerhalb der Betriebsorganisation des Entleihers und unter dessen Direktionsrecht erbringt, sind die **Arbeitgeberbefugnisse** bei der ANÜ **aufgespalten**. Es besteht daher auch eine Betriebszugehörigkeit zum Entleihbetrieb, so dass von einer partiellen bzw. **doppelten Betriebszugehörigkeit** des Leih-AN gesprochen werden kann (*LAG Hessen* v. 27.11.2003, NZA-RR 04, 343; Ulber/*zu Dohna-Jaeger, AÜG*, § 1 Rn. 10. u. § 14 Rn. 74; weitergehend Schüren/Hamann/*Hamann*, § 14 Rn. 28, 31 und *Boemke/ Lembke*, § 14 Rn. 58, die bei ANÜ immer eine volle Betriebszuge-

§ 14 Mitwirkungs- und Mitbestimmungsrechte

hörigkeit sowohl zum Verleih- als auch zum Entleihbetrieb annehmen; a. A. *BAG* v. 22. 3. 2000, EzA § 14 AÜG Nr. 4; ErfK/*Wank*, AÜG, § 14 Rn. 5).

7 Nach h. M. ist Voraussetzung für die **Betriebszugehörigkeit** eines AN, dass er in einem ArbV zum Betriebsinhaber steht (1. Komponente) und von ihm innerhalb der betrieblichen Organisation zur Erfüllung des Betriebszwecks eingesetzt wird (2. Komponente; *BAG* v. 5. 12. 2012, EzA § 5 BetrVG 2001 Nr. 10 u. v. 29. 1. 1992, AP Nr. 1 zu § 7 BetrVG 1972; differenzierend *Fitting*, § 7 Rn. 17; a. A. DKKW/ *Homburg*, § 7 Rn. 7, der allein auf die Eingliederung abstellt). Bei der ANÜ liegt auf Grund des Leiharbeitsvertrages ein ArbV zum Verleiher vor. Die Eingliederung ergibt sich aus der vom Verleiher gesteuerten Überlassung des Leih-AN an unterschiedliche Entleiher entsprechend dem typischen Betriebszweck der ANÜ.

8 Abs. 1 stellt klar, dass die Betriebszugehörigkeit des Leih-AN zum Verleiherbetrieb auch **während der Zeit der Überlassung** an einen Entleiher bestehen bleibt.

9 Unproblematisch ist dies, soweit der Leih-AN i. S. v. § 1 Abs. 1 S. 1 **vorübergehend** überlassen wird (vgl. § 1 Rn. 130 ff.). Problematisch ist die Eingliederung in den Verleihbetrieb dagegen, wenn Leih-AN **dauerhaft** oder auch **ausschließlich** bei einem Entleiher eingesetzt werden, ohne dass noch eine faktische Eingliederung in den Verleihbetrieb oder eine auf die Eingliederung bezogene Entscheidung des Verleihers erfolgt. Schon aus dem Wortlaut von Abs. 1 (»während der Zeit der Überlassung«) ergibt sich, dass der Gesetzgeber erkennbar davon ausgeht, dass der Leih-AN nach dem Einsatz beim Entleiher entsprechend dem Betriebszweck und der Funktion der ANÜ als Instrument der vorübergehenden Personalbedarfsdeckung einem anderen Entleiher überlassen wird. Nach hier vertretener Ansicht handelt es sich bei dauerhafter Überlassung um **Arbeitsvermittlung**, mit der Folge, dass ein AV zum Entleiher zustande kommt (vgl. Einl. Rn. 35 und § 1 Rn. 128 ff., 130t). Für die Betriebszugehörigkeit folgt hieraus, dass der Leih-AN infolge der Arbeitsvermittlung betriebsverfassungsrechtlich in erster Linie dem Entleiherbetrieb zuzuordnen ist. (i. E. so auch Schüren/Hamann/*Hamann*, § 14 Rn. 503 ff).

10 Wird in Fällen **illegaler ANÜ** ein ArbV zum Entleiher fingiert (§ 10 Abs. 1), bleibt die Betriebszugehörigkeit zum Verleiherbetrieb erhalten, solange der Verleiher Arbeitgeberfunktionen faktisch ausübt bzw. das fehlerhafte ArbV faktisch vollzogen wird (str., wie hier Schüren/ Hamann/*Hamann*, § 14 Rn. 504; Ulber/*zu Dohna-Jaeger, AÜG*, § 14 Rn. 6; a. A. DKKW/*Trümner*, § 5 Rn. 93).

11 nicht belegt

12 (**Konzernleihe**) Soweit ein konzernangehöriges Unternehmen als **Personalführungsgesellschaft (**vgl. *BAG* v. 9. 2. 2011, NZA 11, 791) bei ihm eingestellte AN ausschließlich an konzernangehörige

Unternehmen verleiht, kommt Abs. 1 S. 1 unmittelbar zur Anwendung (*BAG* v. 20. 4. 2005, BB 06, 383).

Verleiht ein **konzernangehöriges Verleihunternehmen** Leih-AN an andere Konzernunternehmen, bleibt die Betriebszugehörigkeit zum verleihenden Unternehmen bestehen (*BAG* v. 20. 4. 2005, BB 06, 383). **13**

Die Betriebszugehörigkeit des Leih-AN zum verleihenden Betrieb bleibt auch bei der vorübergehenden **Konzernleihe** nach § 1 Abs. 3 Nr. 2 bestehen (vgl. *BAG* v. 20. 4. 2005, DB 05, 1855). **14**

Da das BetrVG nach dem Territorialitätsprinzip an den im Inland gelegenen Betrieb anknüpft, bleibt bei (nicht auf Dauer angelegten) **Auslandseinsätzen** die Betriebszugehörigkeit des Leih-AN zum Inlandsbetrieb erhalten (*BAG* v. 22. 3. 2000, DB 2000, 2330; *Fitting*, § 1 Rn. 14). **15**

Kommt ein **fingiertes ArbV** nach § 10 Abs. 1 S. 1 zustande, erlischt grundsätzlich die Betriebszugehörigkeit zum Verleiher mit der Folge, dass dem Leih-AN nur im Entleiherbetrieb das aktive und passive Wahlrecht zukommt (*BAG* v. 20. 4. 2005, BB 06, 383; DKKW/ *Trümner*, § 5 Rn. 93). Für die Zeit, in der das nach § 9 Nr. 1 unwirksame Leiharbeitsverhältnis **faktisch** durchgeführt wird, bleibt die Betriebszugehörigkeit des Leih-AN jedoch auch im Verleiherbetrieb erhalten (Ulber/*zu Dohna-Jaeger, AÜG*, § 14 Rn. 6; a. A. *BAG*, a. a. O. wegen fehlender Eingliederung). **16**

Durch **Abs. 1** wird klargestellt, dass Leih-AN auch während des Einsatzes bei einem Entleiher Angehörige des Verleiherbetriebs bleiben. Aus der **Betriebszugehörigkeit** des Leih-AN zum Verleiherbetrieb folgt, dass dem Leih-AN grundsätzlich dieselbe betriebsverfassungsrechtliche Stellung zukommt wie einem Normalbeschäftigten, der ständig seine Arbeitsleistung in der Betriebsstätte des Vertragsarbeitgebers erbringt Solange der Leih-AN vom Verleiher tatsächlich beschäftigt wird und dieser Arbeitgeberfunktionen ausübt, ist es unerheblich, ob der Leiharbeitsvertrag wirksam ist (Ulber/*Ulber, J.*, AÜG, § 14 Rn. 6). **17**

(**Sprechstunden des BR**) Der Leih-AN ist (unter Fortzahlung der Vergütung und Erstattung der notwendigen Auslagen; Schüren/Hamann/*Hamann*, § 14 Rn. 119; Ulber/*zu Dohna-Jaeger, AÜG*, § 14 Rn. 19) nach § 39 BetrVG berechtigt, die **Sprechstunden des Verleiherbetriebsrats** während der Arbeitszeit aufzusuchen (Thüsing/ *Thüsing*, § 14 Rn. 19; Ulber/*zu Dohna-Jaeger, AÜG*, § 14 Rn. 19). Bei berechtigten Gründen kann der Leih-AN den BR auch außerhalb der Sprechstunden aufsuchen (*BAG* v. 23. 6. 1983, AP Nr. 45 zu § 37 BetrVG 1972; Ulber/*zu Dohna-Jaeger, AÜG*, § 14 Rn. 19). Der Anspruch besteht unabhängig davon, ob der Anlass des Besuchs in den Verhältnissen beim Verleiher oder beim Entleiher seine Ursache findet (Schüren/Hamann/*Hamann*, § 14 Rn. 120; a. A. *Boemke/Lembke*, § 14 **18**

§ 14 Mitwirkungs- und Mitbestimmungsrechte

Rn. 16; Thüsing/*Thüsing*, § 14 Rn. 19). Auch braucht der Leih-AN weder dem Verleiher noch dem Entleiher den Grund anzugeben, warum er die Sprechstunden des Verleiherbetriebsrats aufsucht (*Fitting*, § 39 Rn. 26; Ulber/*zu Dohna-Jaeger, AÜG*, § 14 Rn. 19). Er hat dem Verleiher jedoch i. d. R. den Besuch so rechtzeitig **anzukündigen**, dass dieser für die Zeit des Ausfalls eine Ersatzkraft stellen kann. Für Zeiten, die infolge des Aufsuchens von Sprechstunden oder Betriebsversammlungen beim Verleiher entstehen, entfällt die im ANÜ-Vertrag vereinbarte Vergütungspflicht des Entleihers (*Ulber/zu Dohna-Jaeger, AÜG*, § 14 Rn. 17; Schüren/Hamann/*Hamann*, § 14 Rn. 122).

19 (**Betriebsversammlung**) Nach § 42 BetrVG hat der Leih-AN das Recht, an den **Betriebsversammlungen** beim Verleiher und beim Entleiher (Rn. 108) während seiner Arbeitszeit teilzunehmen. Hierbei sind die ausfallende Arbeitszeit und die **Wegezeiten** nach § 44 Abs. 1 S. 1 und 2 BetrVG auch dann wie Arbeitszeit zu **vergüten** (*BAG* v. 15. 2. 1989, AP Nr. 70 zu § 37 BetrVG 1972; *Ulber/zu Dohna-Jaeger, AÜG*, § 14 Rn. 17; Wedde/*Mittag*, AÜG, § 14 Rn. 4), wenn die Betriebsversammlung außerhalb der Arbeitszeit des Leih-AN stattfindet (*Boemke/Lembke*, § 14 Rn. 69). Daneben hat der Leih-AN einen Anspruch auf **Aufwendungsersatz** (§ 670 BGB), der bei weit entfernten Betriebsstätten von Verleiher und Entleiher neben den Fahrtkosten (*LAG Hamm* v. 30. 6. 2011, AiB 2011, 691) ggf. auch notwendige Kosten einer Übernachtung umfasst. Bei Teilnahme an Betriebsversammlungen im Entleihbetrieb hat im Innenverhältnis zwischen Verleiher und Entleiher ausschließlich der Entleiher die mit der Teilnahme des Leih-AN verbundenen Kosten der Betriebsversammlungen (einschließlich der Vergütungsansprüche des Leih-AN) zu tragen. Der Vergütungsanspruch des Leih-AN richtet sich demgegenüber ausschließlich gegen den Verleiher (*Ulber/zu Dohna-Jaeger, AÜG*, § 14 Rn. 83.; a. A. *Boemke/Lembke*, § 14 Rn. 69).

20 (**Unterrichtungs-, Erörterungs- und Beschwerderechte**) Dem Leih-AN stehen alle **betriebsverfassungsrechtlichen Individualansprüche** nach §§ 81 ff. BetrVG zu, wobei sich das **Beschwerderecht** nach § 84 BetrVG auch auf Sachverhalte bezieht, die im Einsatz des Leih-AN bei einem Entleiher ihre Ursache haben (Schüren/Hamann/*Hamann*, § 14 Rn. 136; a. A. Thüsing/*Thüsing*, § 14 Rn. 18). Die **Unterrichtungs- und Erörterungspflichten** des Verleihers nach § 81 BetrVG bestehen neben den diesbezüglichen Pflichten des Entleihers (vgl. Abs. 2 S. 3 und Rn. 113). Das **Anhörungs- und Erörterungsrecht** des Leih-AN nach § 82 Abs. 1 BetrVG besteht auch bezüglich solcher Umstände, die im Betrieb des Entleihers ihre Ursache haben (Ulber/*Ulber, J.*, AÜG, § 14 Rn. 20). Der Leih-AN kann nach § 82 Abs. 2 BetrVG (ggf. unabhängig vom Anspruch gegen den Entleiher nach § 13; *Ulber/zu Dohna-Jaeger, AÜG*, § 14 Rn. 23) verlangen, dass ihm die **Berechnung** und die **Zusammensetzung** seines **Arbeitsentgelts** und seiner beruflichen Entwicklungsmöglichkeiten erläutert werden und der Verleiher über die Beurteilung der Leistungen des Leih-AN (die nach jeder Überlassung an einen Entleiher zu erfolgen hat; Ulber/*zu Dohna-Jaeger*, AÜG, § 14 Rn. 23) Auskunft erteilt. Dabei ist er auch über Leistungsbeurteilungen des Entleihers zu informieren (Ulber/*zu Dohna-Jaeger*, AÜG, § 14 Rn. 23).

(**Wahlrechte**) Aus der Betriebszugehörigkeit des Leih-AN zum Verleihbetrieb folgt, dass ihm nach §§ 7 ff. BetrVG sowohl das **aktive** wie das **passive Wahlrecht** (vgl. hierzu *LAG Schleswig-Holstein* v. 24.5.2007 – 1 TaBV 64/06) zum **BR** und. zu einem ggf. gebildeten **Aufsichtsrat** zusteht (h.M. *Boemke/Lembke*, § 14 Rn. 15; Thüsing/*Thüsing*, § 14 Rn. 17; Ulber/*zu Dohna-Jaeger*, AÜG, § 14 Rn. 16). 21

(**Schwellenwerte**) Soweit die Geltung betriebsverfassungsrechtlicher Normen vom Erreichen bestimmter **Schwellenwerte** abhängig ist (z.B. §§ 1, 9, 38, 99, 111 BetrVG), zählen Leih-AN (als aktiv und passiv wahlberechtigte AN) vollumfänglich mit (differenzierend nach dem jeweiligen Normzweck: *BAG* v. 18.10.2011, DB 2012, 408; Rn. 97). Auf Grund der äußerst eingeschränkten Möglichkeiten, das Leiharbeitsverhältnis zu befristen (vgl. § 1 Rn. 33 ff.), sind dabei Leih-AN als ständig und damit **in der Regel Beschäftigte** (z.B. i.S.v. § 1 Abs. 1 S. 1 BetrVG) zu behandeln (*LAG Köln* v. 20.11.1998, AiB 99, 641 m. Anm. *Roos*; Schüren/Hamann/*Hamann*, § 14 Rn. 114; Ulber/*zu Dohna-Jaeger*, AÜG, § 14 Rn. 15). Dies gilt auch, soweit es i.R.v. **§ 1 Abs. 1 Nr. 2 MitbestG** auf die Zahl der i.d.R. beschäftigten AN ankommt. 22

Nimmt der Leih-AN **Funktionen der Betriebsverfassung**, insbesondere solche eines BR, wahr, ist er von der Arbeit auch während des Einsatzes bei einem Entleiher unter Fortzahlung des Arbeitsentgelts einschließlich der aufgewandten Reisezeiten zu befreien (*BAG* v. 15.2.1989, AP Nr. 70 zu § 37 BetrVG 1972; Schüren/Hamann/*Hamann*, § 14 Rn. 138; Wedde/*Mittag*, AÜG, § 14 Rn. 4). 23

Verstöße des Verleihers gegen seine betriebsverfassungsrechtlichen Pflichten stellen einen Verstoß gegen die arbeitsrechtlichen Pflichten des Verleihers i.S.v. § 3 Abs. 1 Nr. 1 dar und berechtigen die Erlaubnisbehörde zur Versagung bzw. zum Widerruf der Erlaubnis (Ulber/*zu Dohna-Jaeger*, AÜG, § 14 Rn. 26). 24

b. Beteiligungsrechte des Verleiherbetriebsrats

Aus der **Betriebszugehörigkeit** des Leih-AN zum Verleiherbetrieb folgt die **grundsätzliche Zuständigkeit des Verleiherbetriebsrats** für Leih-AN (Schüren/Hamann*Hamann*, § 14 Rn. 355; Ulber/*zu Dohna-Jaeger*, AÜG, § 14 Rn. 27). Besonderheiten ergeben sich jedoch daraus, dass der Leih-AN unter dem Weisungsrecht und eingegliedert in die Betriebsorganisation des Entleihers seine Arbeit leistet. Das Direktionsrecht des Entleihers und die zur Begrenzung des Direktionsrechts bestehenden Mitwirkungsrechte des Entleiherbetriebsrats lassen 25

§ 14 Mitwirkungs- und Mitbestimmungsrechte

sich nicht über die Mitwirkungsrechte des Verleiherbetriebsrats beeinflussen. Von daher ergeben sich bei der ANÜ aus der **doppelten Betriebszugehörigkeit** des Leih-AN Probleme bei der Zuweisung von Zuständigkeiten und Kompetenzen der betrieblichen Interessenvertretung.

26 Bei der Verteilung der betriebsverfassungsrechtlichen Kompetenzen von Verleiher- und Entleiherbetriebsrat sind in erster Linie die **Schutzzwecke** ausschlaggebend, die das jeweils in Frage stehende Beteiligungsrecht verfolgt. Soll das Beteiligungsrecht das Weisungsrecht des AG begrenzen (z. B. § 87 Abs. 1 Nr. 2 BetrVG bezüglich der Arbeitszeit), richtet sich die **Zuständigkeit** des BR in beteiligungspflichtigen Angelegenheiten danach, ob der Verleiher oder der Entleiher die **mitbestimmungspflichtige Entscheidung** trifft (*BAG* v. 19. 6. 2001 – 1 ABR 43/00; *ArbG Braunschweig* v. 15. 8. 2005, AE 06, 286). Knüpfen die Beteiligungsrechte an die tatsächlich ausgeübte Tätigkeit oder die Eingliederung in den Betrieb an, ist jeweils darauf abzustellen, welchem Zweck das Beteiligungsrecht in seinem kollektiven Bezug zum Betrieb und zur jeweiligen Belegschaft dient. Bei der **Arbeitszeit** hat danach z. B. der Entleiherbetriebsrat nach § 87 Abs. 1 Nr. 2 BetrVG darüber mitzubestimmen, in welchem **Schichtplan** oder in welcher Schicht der Leih-AN eingesetzt wird (vgl. Rn. 183, 260); dennoch ist hier auch eine Zuständigkeit des Verleiherbetriebsrats gegeben, z. B. im Hinblick auf die Einhaltung der Höchstgrenzen der Arbeitszeit nach § 2 Abs. 1 S. 1 Hs. 2 ArbZG, wenn der Leih-AN innerhalb der Ausgleichszeiträume bei mehreren Verleihern eingesetzt wird oder wenn nach einer beim Verleiher bestehenden BV Schichtarbeit nicht zulässig ist.

27 Für den öffentlich-rechtlichen **Arbeitsschutz** ergibt sich eine Zuständigkeit sowohl des Verleiher- als auch des Entleiherbetriebsrats bereits aus § 11 Abs. 6. I. Ü. ist jedoch umstritten, wie sich die Zuständigkeiten abgrenzen lassen, wenn **Kompetenzüberschneidungen** vorliegen oder sich Beteiligungs- und Kontrollrechte des Verleiherbetriebsrats wegen der tatsächlich ausgeübten Tätigkeit im Entleiherbetrieb nicht wahrnehmen lassen. Besonders strittig ist dies im Hinblick auf die Einhaltung der Arbeitsverträge von Leih-AN und die beim Verleiher geltenden BV und TV, insbesondere aber auf die Einhaltung der **Gleichbehandlungsgrundsätze** von § 9 Nr. 2 und bei **Eingruppierungen** (vgl. Rn. 34, 73, 128 ff.). Ob die nach § 9 Nr. 2 zu gewährenden wesentlichen Arbeitsbedingungen eingehalten werden, lässt sich (z. B. bei der Arbeitszeit oder wenn beim Entleiher geltende betriebliche oder tarifliche Regelungen zur Anwendung kommen) überwiegend nur vom Entleiherbetriebsrat kontrollieren.

28 Ob dem Leih-AN das **Arbeitsentgelt** tatsächlich gewährt wird, kann nur der Verleiherbetriebsrat (z. B. durch Einsichtnahme in die **Bruttolohnlisten** nach § 80 Abs. 2 S. 2 Hs. 2 BetrVG (vgl. *BAG* v. 10. 10. 2006 – 1 ABR 68/05) kontrollieren. Probleme bestehen, wenn dem Leih-AN Rechte zustehen, für die zwar eine gesetzliche Zuständigkeit des Verleiherbetriebsrats gegeben ist, diesem eine dem Normzweck entsprechende Ausübung von MBR jedoch unmöglich ist. Dies gilt insbesondere für das **MBR bei der Eingruppierung** nach § 99 BetrVG (Rn. 60 ff. und 225 ff.). Soweit der AN in einen beim Verleiher geltenden TV eingruppiert ist, steht ausschließlich dem Verleiherbetriebsrat das MBR zu.

Richtet sich die Eingruppierung dagegen gem § 9 Nr. 2 nach dem Vergütungssystem des Entleihers, steht dem Verleiher und einem Verleiherbetriebsrat kein Mitbeurteilungsrecht bei der Frage zu, wie der AN einzugruppieren ist und welche materiellen Arbeitsbedingungen dem nach § 9 Nr. 2 maßgeblichen vergleichbaren AN zu gewähren sind. Die materiellen Arbeitsbedingungen des vergleichbaren (Stamm-)AN richten sich nach dem Regel-Ausnahmeprinzip von §§ 9 Nr. 2, 10 Abs. 5 ausschließlich nach den Vereinbarungen im Entleiherbetrieb unter Wahrung der hiermit im Zusammenhang stehenden Beteiligungsrechte des BR bei der Eingruppierung. **Zweck der Eingruppierung** ist in diesem Rahmen die Einhaltung des Gleichbehandlungsgrundsatzes in § 9 Nr. 2 nicht jedoch die Einhaltung der im Verleiherbetrieb geltenden Vergütungsordnung und der innerbetrieblichen Lohngerechtigkeit beim Verleiher zu gewährleisten. Nur der Entleiherbetriebsrat hat einen **Unterlassungsanspruch**, wenn die Eingruppierung gegen ein mitbestimmungspflichtiges Vergütungssystem nach § 87 Abs. 1 Nr. 10 BetrVG verstößt (*LAG Schleswig-Holstein* v. 17.1.2007 – 6 TaBV 18/05).

Soweit ein TV zur ANÜ i. S. v. § 9 Nr. 2 Anwendung findet, richtet sich die Eingruppierung nach der **beim Entleiher tatsächlich ausgeübten Tätigkeit** (vgl. § 2 ERTV BAP/DGB). Im Unterschied zu einem BR, der die von einem AN tatsächlich ausgeübte Tätigkeit kennt und daher entsprechend dem Gesetzeszweck von § 99 BetrVG auch Zustimmungsverweigerungsgründe prüfen kann, ist es dem Verleiherbetriebsrat (selbst wenn der ANÜ-Vertrag Angaben zur Tätigkeit des Leih-AN enthält; vgl. § 12 Abs. 1 S. 3) überhaupt nicht möglich, eine korrekte Eingruppierung zu beurteilen oder zu kontrollieren. Insofern kann er nicht einmal seine Überwachungsfunktion bei der Einhaltung von BV oder TV (§ 90 Abs. 1 Nr. 1 BetrVG) wahrnehmen.

Der **Zuständigkeitsbereich** des Verleiherbetriebsrats beschränkt sich auch bei der ANÜ in beteiligungspflichtigen Angelegenheiten auf die Betriebsgrenze und die Arbeitsorganisation des Verleihers als AG (*BAG* v. 19.6.2001, AP Nr. 1 zu § 87 BetrVG 1972 Leiharbeitnehmer). Die Schutzfunktionen der kollektiven Interessenvertretung gebieten es, in den Fällen, in denen es dem BR **aus Rechtsgründen** oder **in tatsächlicher Hinsicht** verwehrt ist, Beteiligungsrechte entsprechend dem jeweiligen Gesetzeszweck auszuüben, ergänzend oder alternativ dem Entleiherbetriebsrat ein Beteiligungsrecht zuzusprechen. Anknüpfungspunkt ist hierbei die Betriebszugehörigkeit des

§ 14 Mitwirkungs- und Mitbestimmungsrechte

Leih-AN auch zum Entleiherbetrieb und die tatsächliche Erbringung der Arbeitsleistung innerhalb der Betriebsorganisation und unter dem Weisungsrecht des Entleihers.

30 Aus der Betriebszugehörigkeit des Leih-AN zum Verleihbetrieb (Abs. 1) folgt, dass einem beim Verleiher bestehenden BR bezüglich der Leih-AN **grundsätzlich alle Beteiligungsrechte** nach dem BetrVG zustehen (Thüsing/*Thüsing*, § 14 Rn. 24). Besonderheiten ergeben sich aus dem Umstand, dass der Leih-AN seine Arbeit in tatsächlicher Hinsicht nicht im Betrieb des Verleihers, sondern in dem des Entleihers erbringt.

31 Der **Zweck der Mitbestimmung**, das Direktionsrecht des AG zu begrenzen, kann naturgemäß nur in dem Betrieb erreicht werden, in dem beteiligungspflichtige Entscheidungen getroffen werden, die die Arbeitsbedingungen oder die Rechtsstellung des AN festlegen oder verändern. Dies gilt insbesondere im Bereich der sozialen Angelegenheiten nach § 87 BetrVG (Rn. 69 ff.). Es gilt aber auch in anderen Bereichen der Mitwirkungsrechte, z. B. wenn der Leih-AN innerhalb des Entleiherbetriebs versetzt werden soll (Rn. 228). Die **doppelte Betriebszugehörigkeit** des Leih-AN (vgl. Rn. 25) und die Verzahnung der Arbeitsbedingungen des Leih-AN durch Regelungen im Entleiher- und Verleiherbetrieb zu den vom **Gleichstellungsgrundsatz** erfassten Arbeitsbedingungen (§ 9 Nr. 2) können dazu führen, dass Mitwirkungsrechte zum gleichen Regelungsgegenstand sowohl im Verleih- als auch im Entleihbetrieb gegeben sind (z. B. bei der Arbeitszeit; vgl. Rn. 78 ff., 164 ff.; ErfK/*Wank*, § 14 AÜG Rn. 2 a).

§ 6 a SGB II eröffnete bundesweit höchstens 69 kommunalen Trägern – den sog. Optionskommunen – die Möglichkeit, auf Antrag anstelle der Bundesagentur für Arbeit als Träger der Leistungen im Rahmen der Grundsicherung für Arbeitsuchende zugelassen zu werden. Das Optionsmodell war zunächst auf die Zeit vom 1. Januar 2005 bis 31. Dezember 2010 begrenzt. Im August 2010 wurden die Zulassungen unter bestimmten Voraussetzungen über den 31. Dezember 2010 hinaus unbefristet verlängert. Streitig war, ob wegen des nur befristeten Optionsmodells der Abschluss befristeter Arbeitsverträge nach § 14 Abs. 1 Satz 2 Nr. 1 wirksam ist. Nach Auffassung der Berufungsgerichte kann die Beschäftigung der Arbeitnehmer nach § 14 Abs. 1 Satz 2 Nr. 1 in diesen Fällen befristet werden.[1] Mehrere Landesarbeitsgerichte haben entschieden, dass eine Befristung des Arbeitsverhältnisses wegen der Experimentierklausel nach § 6 a SGB II wirksam ist.[2] Demgegenüber hat das BAG klargestellt, dass die Kommunen die Befristung

---

1 Thüringer LAG v. 10.1.2012 – 1 Sa 274/11.
2 LAG Niedersachsen v. 6.12.2011 – 11 Sa 797/11; LAG Niedersachsen v. 15.12.2011 – 4 Sa 524/11; LAG Niedersachsen v. 19.1.2012 – 7 Sa 680/11; LAG Berlin-Brandenburg v. 20.9.2011 – 19 Sa 989/11; LAG Berlin-Brandenburg v. 25.8.2011 – 14 Sa 977/11; LAG Sachsen-Anhalt v. 9.7.2012 – 2 Sa 325/11.

ihrer Arbeitnehmer nicht allein mit der Experimentierklausel des § 6a SGB II rechtfertigen können.[3] Nach Auffassung der BAG-Richter reicht es nicht aus, dass eine Aufgabe beim Arbeitgeber möglicherweise entfällt. Die zunächst bestehende Ungewissheit über die Fortführung des Optionsmodells rechtfertigt daher keine Befristung eines Arbeitsvertrages.

(**Betriebsvereinbarungen beim Verleiher**) Im Verleihbetrieb abgeschlossene **BV** gelten gem. § 77 Abs. 4 BetrVG auch gegenüber Leih-AN grundsätzlich **normativ** und **zwingend** (Ulber/*zu Dohna-Jaeger*, AÜG, § 14 Rn. 50). Der Verleiherbetriebsrat kann vom Verleiher deren Einhaltung und **Durchführung** und bei Verstößen deren **Unterlassung** verlangen (§ 77 Abs. 1 BetrVG). Den Verleiher trifft die Pflicht, bei Abschluss des **ANÜ-Vertrags** die Einhaltung der BV sicherzustellen (*BAG* v. 27.1.2004, AuR 04, 106). Bei Verstößen steht dem Leih-AN ein Leistungsverweigerungsrecht zu. Um Konflikte mit entgegenstehenden Regelungen im Entleiherbetrieb zu vermeiden, die für den Leih-AN während dessen Einsatz zur Anwendung kommen, ist es zulässig, für Leih-AN unter Beachtung von § 77 Abs. 3 BetrVG und der Gleichbehandlungsgrundsätze von § 9 Nr. 2 sowie § 75 BetrVG (Rn. 33) und des AGG für die internen und externen Mitarbeiter des Verleihers sachlich begründete **unterschiedliche Regelungen** zu treffen (vgl. *BAG* v. 19.6.2001, DB 01, 2301; *Boemke/Lembke*, § 14 Rn. 26; Thüsing/*Thüsing*. § 14 Rn. 23;). Ein Verzicht auf MBR darf hiermit jedoch nicht verbunden sein (*BAG*, a.a.O.; Ulber/*Ulber, J.,* AÜG, § 1 Rn. 151). Auch sind Vereinbarungen unzulässig, nach denen die MBR des Verleiherbetriebsrats auf mitbestimmungspflichtige Tatbestände im Entleiherbetrieb erstreckt werden (Schüren/Hamann/ *Hamann*, § 14 Rn. 357). **32**

(**§ 75 BetrVG**) Verleiher und BR haben die **allgemeinen Gleichbehandlungspflichten** des AGG und von § 75 BetrVG, die grundsätzlich unternehmensbezogen gelten (*LAG Baden-Württemberg* v. 2.11.2005, AuR 06, 214), auch gegenüber Leih-AN zu beachten und die freie Entfaltung der Persönlichkeit des Leih-AN zu schützen (Thüsing/*Thüsing*, § 14 Rn. 22; Ulber/*zu Dohna-Jaeger*, AÜG, § 14 Rn. 27). Nur soweit aus sachlich gerechtfertigten Gründen (z.B. wegen der Eingliederung von Leih-AN in den Entleiherbetrieb), eine unterschiedliche Behandlung erforderlich ist, können für Leih-AN und sonstige AN unterschiedliche Regelungen getroffen werden. Dabei sind die Bestimmungen des AGG einzuhalten. **33**

(**§ 80 BetrVG; allgemeine Aufgaben**) Der Verleiherbetriebsrat hat auch bezüglich der beschäftigten Leih-AN die **allgemeinen Aufgaben** nach § 80 BetrVG vollumfänglich wahrzunehmen (Schüren/ Hamann/*Hamann*, § 14 Rn. 363; Ulber/*zu Dohna-Jaeger*, AÜG, § 14 **34**

---

3 BAG v. 11.9.2013 – 7 AZR 107/12.

Rn. 28). Das Überwachungsrecht umfasst dabei die Prüfung von **Formulararbeitsverträgen** auf deren Vereinbarkeit mit dem NachwG und dem Recht der Allgemeinen Geschäftsbedingungen (*BAG* v. 16.11.2005 – 7 ABR 12/05). Die Einhaltung der auf das Leiharbeitsverhältnis zur Anwendung kommenden Bestimmungen, insbesondere die Einhaltung der **Gleichstellungsgrundsätze** des § 9 Nr. 2 und der Vorschriften eines **TV zur ANÜ**, hat der BR sowohl im Verleih- als auch im Entleihbetrieb zu überwachen (*BAG* v. 19.6.2001, BB 01, 2582; *Ulber*, § 14 Rn. 24a). Die Überwachung der **TV zu Branchenzuschlägen** (vgl. § 9 Rn. 78) liegt ausschließlich im Zuständigkeitsbereich des Verleiher-BR. Der BR hat hier insbesondere darauf zu achten, dass dem Leih-AN die mit zunehmender Einsatzdauer ansteigenden Zuschläge auch tatsächlich gewährt werden. Daneben muss der BR auch darauf achten, dass keine Ungleichbehandlung der Leih-AN dadurch erfolgt, dass einem Teil der Leih-AN Entleiher zugewiesen werden, bei denen die Zuschläge anfallen und einem anderen Teil nicht.

34a Zur Wahrnehmung seiner Aufgaben steht dem Betriebsrat ein **Zugangsrecht** zum Entleiherbetrieb zu, um den Leih-AN an dessen Arbeitsplatz bei einem Entleiher **aufzusuchen** (*BAG* v. 13.6.1989, AP Nr. 36 zu § 90 BetrVG; Thüsing/*Thüsing*, § 14 Rn. 25; Ulber/*zu Dohna-Jaeger*, AÜG, § 14 Rn. 31; *Thannheiser*, AiB 2012, 179). Auch ist der Verleiherbetriebsrat (bereits im Vorfeld einer geplanten ANÜ) berechtigt, Kontakt mit einem Entleiherbetriebsrat aufzunehmen (*ArbG München* v. 29.6.1991, BB 91, 2375, Ulber/*zu Dohna-Jaeger*, AÜG, § 14 Rn. 31).

35 Aus der Verpflichtung des Verleihers, auch während des Einsatzes beim Entleiher die Einhaltung der öffentlich-rechtlichen Vorschriften des **Arbeitsschutzes** einzuhalten (§ 11 Abs. 6), folgt korrespondierend mit § 8 ArbSchG die Pflicht des Verleiherbetriebsrats, mit einem beim Entleiher bestehenden BR zusammenzuarbeiten (Ulber/*zu Dohna-Jaeger*, AÜG, § 14 Rn. 31; a.A. Thüsing/*Thüsing*, § 14 Rn. 25).

36 Ergibt sich aus der **Natur des Leiharbeitsverhältnisses** ein besonderer Regelungsbedarf, ist der Verleiherbetriebsrat nach § 80 Abs. 1 Nr. 2 BetrVG verpflichtet, zum Schutz der Leih-AN gegenüber dem AG initiativ zu werden. Betroffen sind hier insbesondere Arbeitsbedingungen, die wegen der Arbeitsleistung bei Entleihern Besonderheiten aufweisen (z.B. Reisezeiten).

37 (**§ 80 Abs. 2 BetrVG**) Die **Unterrichtungspflichten** des Verleihers erstrecken sich beim Leiharbeitsverhältnis auf alle Sachverhalte, die mit dem Einsatz des Leih-AN im Entleiherbetrieb im Zusammenhang stehen (z.B. Entsendeentscheidung, Entleiherbetrieb, Art der Tätigkeit, Einsatzdauer). Dies betrifft insbesondere Maßnahmen des Entleihers, die Auswirkungen auf die Arbeitsbedingungen oder Ansprüche des Leih-AN haben (z. B. Austausch des Leih-AN, Versetzungen im Entleiherbetrieb u. Ä.).

Zur Prüfung, ob die Bestimmungen des AÜG (insbesondere von § 9 Nr. 2) eingehalten sind, hat der Verleiherbetriebsrat einen Anspruch auf **Vorlage der Arbeitsverträge** (*BAG* v. 19. 10. 1999, DB 00, 1031; Ulber/*zu Dohna-Jaeger,* AÜG, § 14 Rn. 30). Um prüfen zu können, ob die Arbeitsbedingungen im Entleiherbetrieb mit den arbeitsvertraglichen und kollektiven Regelungen übereinstimmen, die auf das ArbV Anwendung finden, oder mitbestimmungspflichtige Tatbestände von einer Entsendeentscheidung des Verleihers betroffen sind (vgl. *BAG* v. 19. 6. 2001, BB 01, 2582), ist der Verleiher darüber hinaus gem. § 80 Abs. 2 S. 2 BetrVG verpflichtet, rechtzeitig vor jeder Überlassung die **ANÜ-Verträge vorzulegen** (*Boemke/Lembke,* § 14 Rn. 27; Schüren/Hamann/*Hamann,* § 14 Rn. 363; Thüsing/*Thüsing,* § 14 Rn. 25; Ulber/*zu Dohna-Jaeger,* AÜG, § 14 Rn. 30). Auch hat der Verleiher auf Verlangen des BR die jeweils gültige **Erlaubnis zur ANÜ** vorzulegen (*ArbG Kaiserslautern* v. 25. 10. 2005, AuR 06, 334; Ulber/*zu Dohna-Jaeger,* AÜG, § 14 Rn. 30). **38**

c. Mitbestimmung in allgemeinen personellen Angelegenheiten (§§ 92 ff. BetrVG)

Die Mitwirkungsrechte des BR in personellen Angelegenheiten nach §§ 92 ff. BetrVG erstrecken sich sowohl auf Stamm- als auch auf Leih-AN des Verleihers. Dem Verleiher-BR stehen danach insbesondere die Beteiligungsrechte bei der **Personalplanung** (§ 92 BetrVG) und bei **Personalfragebögen** bzw. Beurteilungsgrundsätzen (§ 94 BetrVG) zu. Im Rahmen der betrieblichen Personalplanung sind auch die Möglichkeiten von **Berufsbildungsmaßnahmen** beim Verleiher zu erörtern (§ 96 Abs. 1 S. 1 BetrVG; Schüren/Hamann/*Hamann,* § 14 Rn. 411). Den Mitwirkungsrechten des BR bei der Berufsbildung (§§ 96 ff. BetrVG) kommt keine praktische Bedeutung zu, da sich die Verleiher der Verantwortung zur Durchführung von Berufsbildungsmaßnahmen für die Arbeitsplätze von Leih-AN regelmäßig entziehen. Das MBR bei **Beurteilungsgrundsätzen** (§ 94 Abs. 2 BetrVG) erstreckt sich bei Leih-AN auch auf die Frage, wie Beurteilungen von Entleihern (vgl. 12 Rn. 44; § 1 Rn. 117 f.), die anderen Maßstäben unterliegen, an die spezifischen Bedingungen der ANÜ angepasst und ggf. nur in geänderter Form in die Personalakte bzw. Zeugnisse aufgenommen werden dürfen. Das Vorschlagsrecht zur **Beschäftigungssicherung** (§ 92 a BetrVG) hat vor allem in Mischbetrieben sowie bei Formen der ANÜ zur Vermeidung von Kurzarbeit und Entlassungen Bedeutung. **39**

Der Verleiherbetriebsrat kann nach § 93 BetrVG eine **innerbetriebliche Stellenausschreibung** verlangen, wenn AN beim Verleiher eingestellt werden sollen (*ArbG Detmold* v. 12. 9. 2007 – 1 BV 43/07). **40**

§ 14 Mitwirkungs- und Mitbestimmungsrechte

Insbesondere bei Stellenausschreibungen mit höherwertigen Tätigkeiten kann so einem Leih-AN (die trotz höherer Qualifikation meist nur für Hilfstätigkeiten eingestellt wurden) die Chance zu einem beruflichen Aufstieg eröffnet werden. Dies kann auch über **Auswahlrichtlinien** nach § 95 BetrVG erreicht werden, in denen eine vorrangige Berücksichtigung bereits beschäftigter Leih-AN vor externen Bewerbern vereinbart werden kann. Auch kann in Auswahlrichtlinien geregelt werden, nach welchen **Grundsätzen** der Verleiher den Leih-AN die **Arbeitsplätze bei Entleihern zuweisen** und wie den hierbei zu beachtenden Gleichbehandlungspflichten Rechnung getragen werden kann (§ 1 Rn. 62). Obwohl die Zuweisung der verschiedenen Einsatzorte bei der ANÜ i. d. R. keine Versetzung darstellt (*Dörner*, FS Wissmann, 290), ist hier das MBR des Verleiherbetriebsrats bei Auswahlrichtlinien entsprechend dem Zweck der Norm gegeben (einschränkend Schüren/Hamann/*Hamann*, § 14 Rn. 410).

41 **(Kündigung von Leih-AN; §§ 102 ff. BetrVG)** Die Beteiligungsrechte des BR bei **Kündigung von Leih-AN** nach §§ 102 ff. BetrVG stehen wegen der nur zum Verleiher bestehenden vertraglichen Bindung des Leih-AN (vgl. § 1 Rn. 12 ff.) ausschließlich dem Verleiherbetriebsrat zu (Schüren/Hamann/*Hamann*, § 14 Rn. 427). Eine ohne Anhörung des BR ausgesprochene Kündigung ist unwirksam (§ 102 Abs. 1 S. 3 BetrVG). Die Beteiligungsrechte kommen zur Anwendung, wenn der Verleiher das **ArbV** mit dem Leih-AN **beenden** oder im Rahmen einer **Änderungskündigung** auf eine neue vertragliche Grundlage stellen will. Der **Austausch** des Leih-AN oder eine vom Verleiher angeordnete vorzeitige **Beendigung des Einsatzes** bei einem Entleiher stellt keine mitbestimmungspflichtige Kündigung i. S. v. § 102 BetrVG dar (Thüsing/*Thüsing*, § 14 Rn. 44). Bei Kündigungen durch den Verleiher sind insbesondere die sich aus § 11 Abs. 4 S. 2 ergebenden Beschränkungen zu beachten (vgl. § 11 Rn. 59 ff.).

42 Auch bei einer vom Verleiher beabsichtigten **Änderungskündigung** ist der Verleiherbetriebsrat nach § 102 BetrVG zu beteiligen (zur Betriebsänderung vgl. Rn. 66 f.). Dies gilt insbesondere, wenn der AG über die Änderungskündigung erreichen will, dass ein AN zukünftig auch zur Leistung von Leiharbeit verpflichtet ist. Unwirksam ist die Änderungskündigung i. d. R., wenn die angebotene Vertragsänderung auf eine **Absenkung der Entgeltbedingungen** abzielt (*BAG* v. 21. 9. 2006, BB 07, 891).

43 In den Fällen, in denen wegen **illegaler ANÜ** das ArbV zum Verleiher kraft Gesetzes endet und ein **fingiertes ArbV** zum Entleiher zustande kommt, besteht grundsätzlich kein Beteiligungsrecht des Verleiherbetriebsrats (*BAG* v. 10. 2. 1977, AP Nr. 9 zu § 103 BetrVG 1972; Thüsing/*Thüsing*, § 14 Rn. 44; Ulber/*zu Dohna-Jaeger*, AÜG, § 14 Rn. 45). Das Mitwirkungsrecht des Verleiherbetriebsrats nach § 102 BetrVG ist jedoch gegeben, wenn dem Leih-AN ein Wahlrecht zwischen einem fingierten ArbV zum Entleiher und der Fortsetzung des

ArbV mit dem Verleiher (vgl. § 9 Rn. 23) zusteht und der Leih-AN noch keinen Gebrauch von seinem Wahlrecht gemacht hat (Ulber/*zu Dohna-Jaeger*, AÜG, § 14 Rn. 45). Dasselbe gilt, solange das ArbV zum Verleiher faktisch vollzogen wird.

44 Im Anhörungsverfahren (§ 102 Abs. 2 S. 1 BetrVG) kann der Verleiherbetriebsrat insbesondere Einwände geltend machen, die sich aus der **eingeschränkten Zulässigkeit von Kündigungen** des Leiharbeitsvertrags (§ 11 Abs. 4 S. 2) ergeben (Ulber/*zu Dohna-Jaeger*, AÜG, § 14 Rn. 44). Das Widerspruchsrecht nach § 102 Abs. 3 Nr. 3 BetrVG ist sowohl bei bestehenden **Weiterbeschäftigungsmöglichkeiten** beim Verleiher als auch solchen bei anderen Entleihern gegeben (Schüren/Hamann/*Hamann*, § 14 Rn. 431; Ulber/*zu Dohna-Jaeger*, AÜG, § 14 Rn. 44; a.A. Thüsing/*Thüsing*, § 14 Rn. 45).

45 Will der Verleiher den Leih-AN wegen **fehlender Weiterbeschäftigungsmöglichkeiten kündigen**, kann der BR der Kündigung nach § 102 Abs. 3 Nr. 3 BetrVG widersprechen, wenn der Leih-AN auf einem Stammarbeitsplatz des Verleihers weiterbeschäftigt werden kann. Dasselbe gilt, wenn der Leih-AN nach zumutbaren Umschulungs- und Fortbildungsmaßnahmen weiterbeschäftigt werden kann. Kann der Leih-AN nur auf potenziell vorhandenen Beschäftigungsmöglichkeiten bei Entleihern weiterbeschäftigt werden, kann der BR ebenfalls der Kündigung widersprechen (Ulber/*zu Dohna-Jaeger*, AÜG, § 14 Rn. 44; Thüsing/*Thüsing*, § 14 Rn. 45). Eine anderweitige Beschäftigungsmöglichkeit ist immer vorhanden, wenn irgendein Arbeitsplatz vom AN ohne Änderung des AV besetzt werden kann (*Wlotzke/Preis*, BetrVG, § 102 Rn. 96).

d. Mitbestimmungsrechte des Verleiherbetriebsrats bei personellen Einzelmaßnahmen (§§ 99 ff. BetrVG)

46 Die MBR des BR bei personellen Einzelmaßnahmen nach §§ 99 ff. BetrVG, die Leih-AN betreffen, stehen grundsätzlich dem Verleiherbetriebsrat zu. Aus der arbeitsvertraglichen Bindung des Leih-AN zum Verleiher folgt, dass der Verleiherbetriebsrat bei **Einstellung, Versetzung sowie Ein- und Umgruppierung** von Leih-AN mitzubestimmen hat (Ulber/*zu Dohna-Jaeger*, AÜG, § 14 Rn. 32).

47 Hinsichtlich des **Mitbestimmungsverfahrens** und der Unterrichtungspflichten des AG sowie der Voraussetzungen eines Zustimmungsverweigerungsrechts nach § 99 Abs. 2 BetrVG ergeben sich grundsätzlich keine Besonderheiten. Allerdings kann die Reichweite der MBR des Verleiherbetriebsrats dadurch beeinflusst sein, dass zu bestimmten Regelungsgegenständen auch ein Beteiligungsrecht des Entleiherbetriebsrats gegeben ist (vgl. Rn. 225 ff.).

48 (Einstellung) **Bei der Einstellung eines Leih-AN wird das MBR in dem Zeitpunkt ausgelöst, in dem der Verleiher den Leiharbeits-**

§ 14 Mitwirkungs- und Mitbestimmungsrechte

vertrag abschließt oder den AN in tatsächlicher Hinsicht einem Dritten überlässt.

49 Der **Katalog der Zustimmungsverweigerungsgründe** nach § 99 Abs. 2 BetrVG ist bei Einstellung von Leih-AN durch den Verleiher vollumfänglich anwendbar.

50 (**Verstoß gegen ein Gesetz**) Ein **Zustimmungsverweigerungsrecht** des BR nach § 99 Abs. 2 Nr. 1 BetrVG ist u. a. gegeben, wenn der Verleiher gegen Bestimmungen des AÜG verstößt. Die Reichweite der Zustimmungsverweigerungsgründe wird hierdurch gegenüber dem Normalarbeitsverhältnis erweitert. Verstöße gegen die **Befristungsbestimmungen** des TzBfG, die nach der Rechtsprechung des *BAG* normalerweise kein Zustimmungsverweigerungsrecht begründen (v. 18. 7. 1985, AP Nr. 21 zu § 99 BetrVG 1972), sind nach § 1 Abs. 2 i. V. m. § 3 Abs. 1 Nr. 1 gleichzeitig Verstöße gegen die Bestimmungen des AÜG und berechtigen den BR daher zur Zustimmungsverweigerung. Dasselbe gilt, wenn die Voraussetzungen einer **vorübergehenden Überlassung** i. S. v. § 1 Abs. 1 S. 2 (vgl. § 1 Rn. 130 ff.) nicht erfüllt sind.

51 Ein Zustimmungsverweigerungsrecht ist immer gegeben, wenn der Verleiher einen AN **ohne** die nach § 1 Abs. 1 S. 1 erforderliche **Erlaubnis** (bei Mischunternehmen im Rahmen einer Versetzung) oder unter **Verstoß gegen § 1b** überlassen will (*Schüren/Hamann/Hamann*, § 14 Rn. 417). Verstößt der Leiharbeitsvertrag gegen die **Gleichstellungsgrundsätze** von § 9 Nr. 2 oder einen **TV zur ANÜ** bzw. gegen eine BV, kann der BR die Zustimmung zur Einstellung verweigern (*Schüren/Hamann/Hamann*, § 14 Rn. 415; *Ulber/ zu Dohna-Jaeger*, AÜG, § 14 Rn. 32).

52 Ein Verstoß gegen Bestimmungen des AÜG liegt auch vor, wenn der Verleiher seine **Arbeitgeberpflichten** nicht erfüllt oder das **Arbeitgeberrisiko** nicht trägt (§§ 1 Abs. 2, 3 Abs. 1; vgl. § 3 Rn. 29 ff.). Liegt statt einer behaupteten ANÜ tatsächlich **Arbeitsvermittlung** vor (zur Abgrenzung vgl. Einl. Rn. 34 ff. und § 1 Rn. 128 ff.) oder wird nach § 1 Abs. 2 Arbeitsvermittlung vermutet, ist der BR zur Zustimmungsverweigerung berechtigt (zu Verstößen bei der Eingruppierung vgl. Rn. 61).

53 Nach § 81 Abs. 1 S. 1 SGB IX ist der AG vor der Besetzung eines freien Arbeitsplatzes zu der Prüfung verpflichtet, ob der Arbeitsplatz u. U. mit einem **Schwerbehinderten** besetzt werden kann. Dies gilt auch, wenn ein Leih-AN im Betrieb beschäftigt werden soll (*BAG* v. 23. 6. 2010, DB 2010, 2511). Verstößt der Verleiher bei der Einstellung von Leih-AN gegen diese Pflicht, ist der BR zur Zustimmungsverweigerung berechtigt (*BAG* v. 14. 11. 1989, DB 90, 936).

54 Bei Beschäftigung **ausländischer Leih-AN** aus Nicht EU-Staaten muss der BR die Zustimmung verweigern, wenn der erforderliche

Aufenthaltstitel nach § 4 Abs. 3 AufenthG, § 284 SGB III nicht vorliegt (vgl. hierzu Einl. Rn. 60, 64).

Ist im Verleiherbetrieb ein Leih-AN **befristet beschäftigt**, kann der BR bei **unbefristeter Neueinstellung** eines Leih-AN die Zustimmung nach § 99 Abs. 2 Nr. 3 Hs. 2 BetrVG verweigern, wenn der befristet beschäftigte Leih-AN bei gleicher Eignung keine Berücksichtigung findet (Ulber/*zu Dohna-Jaeger*, AÜG, § 14 Rn. 32). **55**

Der BR kann die Zustimmung zur Einstellung auch verweigern, wenn die Beschäftigung des Leih-AN gegen einen beim Verleiher geltenden **TV** oder eine dort geltende **BV verstößt**. Ein Verstoß kann insbesondere in den Fällen vorliegen, in denen die Zulässigkeitsvoraussetzungen einer ANÜ vom Bestehen eines TV abhängig sind (z. B. § 1 Abs. 1 S. 2, 3 und Abs. 3 Nr. 1). **55a**

(Versetzung) Das MBR nach § 99 BetrVG steht dem Verleiherbetriebsrat auch bei **Versetzung** eines Leih-AN zu. Nach § 95 Abs. 3 BetrVG liegt eine Versetzung vor, wenn dem AN ein grundlegend anderer Tätigkeitsbereich zugewiesen wird. Soll ein bereits beschäftigter Stammarbeitnehmer auf Grund einer **Änderung des AV** zukünftig auch als Leih-AN eingesetzt werden können, liegt eine mitbestimmungspflichtige Versetzung auch dann vor, wenn der Stammarbeitnehmer der Änderung freiwillig zustimmt (*Boemke/Lembke*, § 14 Rn. 51; *Schüren/Hamann/Hamann*, § 14 Rn. 421; Ulber/*zu Dohna-Jaeger*, AÜG, § 14 Rn. 41). **56**

Da ein Leih-AN bei der ANÜ ebenso wie ein Montagearbeiter oder ein Bauarbeitnehmer bei Abordnung zu einer Arge (vgl. § 1 Rn. 137 ff.) **ständig** an wechselnden Arbeitsplätzen unterschiedlicher Entleiher arbeitet, erfüllt die Zuweisung der unterschiedlichen **Einsatzorte** i. d. R. nicht die Begriffsmerkmale einer Versetzung (§ 95 Abs. 3 S. 2 BetrVG; *BAG* v. 19. 6. 2001, BB 01, 2582; DKKW/*Bachner*, § 99 Rn. 112; Ulber/*zu Dohna-Jaeger*, AÜG, § 14 Rn. 41). Dessen ungeachtet besteht jedoch das MBR nach § 87 Abs. 1 Nr. 1 BetrVG (Rn. 77). Eine Versetzung kann jedoch bei **Mischbetrieben** vorliegen, wenn der AN seine Arbeit normalerweise in der Betriebsstätte des AG leistet (Ulber/*zu Dohna-Jaeger*, AÜG, § 14 Rn. 41; a. A. *Schüren/Hamann/Hamann*, § 14 Rn. 419). Bei einem dauerhaften Einsatz des Leih-AN bei einem Entleiher liegt demgegenüber eine Versetzung vor, wenn der Leih-AN einen Arbeitsplatz bei einem anderen Entleiher zugewiesen bekommt (vgl. *BAG* v. 2. 11. 1993, AP Nr. 32 zu § 95 BetrVG 1972 Gesamthafenarbeitnehmer; DKKW//*Bachner*, § 99 Rn. 126; Ulber/*zu Dohna-Jaeger*, AÜG, § 14 Rn. 41; *Hamann*, NZA 2003, 526). **57**

Ist der AN nur auf Grund einer **Absprache im Einzelfall** verpflichtet, bei einem Entleiher zu arbeiten, insbesondere in den Fällen von ANÜ zur Vermeidung von Kurzarbeit und Entlassungen (§§ 1 Abs. 3 Nr. 1, 1 a), erfüllt die Zuweisung des Arbeitsplatzes bei einem Entleiher **58**

§ 14 Mitwirkungs- und Mitbestimmungsrechte

wegen der Aufgabenänderung und der wesentlich veränderten Umstände der Arbeit auch dann die Begriffsmerkmale einer Versetzung, wenn die Überlassungsdauer weniger als einen Monat beträgt (§ 95 Abs. 3 S. 1 BetrVG; Ulber/*zu Dohna-Jaeger,* AÜG, § 14 Rn. 28). Dasselbe gilt, wenn AN in einem **Mischunternehmen** ständig arbeiten und nur in Einzelfällen einem Dritten überlassen werden (Ulber/*zu Dohna-Jaeger,* AÜG, § 14 Rn. 42; a. A. Schüren/Hamann/*Hamann,* § 14 Rn. 419).

59 Eine zustimmungspflichtige Versetzung liegt auch vor, wenn dem Leih-AN innerhalb des Stammbetriebs ein anderer Arbeitsplatz zugewiesen wird (z. B. in der Verwaltung), der mit einer erheblichen **Aufgabenänderung** verbunden ist (Schüren/Hamann/*Hamann,* § 14 Rn. 420). Dasselbe gilt, wenn sich das arbeitsvertraglich festgelegte Aufgabenprofil wesentlich ändert (z. B. wenn ein als Helfer eingestellter AN als Facharbeiter eingesetzt wird) oder die von einem Entleiher zugewiesene Arbeit sich nicht mehr in der **Schwankungsbreite** der vom Leih-AN **üblicherweise ausgeübten Tätigkeiten** bewegt (*Boemke/Lembke,* § 14 Rn. 51; a. A. Thüsing/*Thüsing,* § 14 Rn. 43) bzw. anders geartete Regelungen beim Entleiher nicht mit den Leistungspflichten des Leih-AN korrespondieren (*LAG Berlin* v. 26. 9. 1996, DB 97, 936; Ulber/*zu Dohna-Jaeger,* AÜG, § 14 Rn. 40). Ob dem Verleiher- oder dem Entleiherbetriebsrat das MBR nach § 99 BetrVG zusteht, hängt hier davon ab, ob der andere Tätigkeitsbereich bereits bei der Überlassung des AN feststeht (dann mitbestimmungspflichtige Entscheidung des Verleihers) oder die Versetzung auf einer Entscheidung des Entleihers beruht (dann Zuständigkeit des Entleiherbetriebsrats; vgl. Rn. 228).

60 (**Eingruppierung**) Das MBR nach § 99 BetrVG bei der Eingruppierung von Leih-AN steht grundsätzlich dem Verleiherbetriebsrat zu (Ulber/*zu Dohna-Jaeger,* AÜG, § 14 Rn. 33). Verstöße berechtigen den Verleiherbetriebsrat zur Zustimmungsverweigerung. Die **Eingruppierung** besteht in der **rechtlichen Beurteilung** des Verleihers, dass der Leih-AN auf Grund seiner tatsächlich auszuübenden Tätigkeiten beim Entleiher einer bestimmten Vergütungsgruppe eines TV zur ANÜ zuzuordnen ist. Die Beurteilung ist sowohl bei der **Einstellung** des Leih-AN als auch bei jeder **Versetzung** des Leih-AN vorzunehmen (*BAG* v. 12. 12. 2006, AiB 07, 321 m. Anm. *Rudolph*). Bei der Einstellung und bei der Versetzung des Leih-AN auf Grund einer Entscheidung des Verleihers steht das MBR ausschließlich dem Verleiherbetriebsrats zu (Ulber/*zu Dohna-Jaeger,* AÜG, § 14 Rn. 33). Beruht demgegenüber die Zuweisung der tatsächlich ausgeübten Tätigkeiten oder eine Versetzung auf einer Entscheidung des Entleihers, ist der Entleiherbetriebsrat nach § 99 BetrVG zu beteiligen (Rn. 129, 225 ff.), soweit dem Leih-AN Gleichstellungsansprüche nach § 10 Abs. 4 zustehen. Dem Verleiherbetriebsrat ist es verwehrt, auf das

Entgelt- bzw. Eingruppierungssystem des Entleihers Einfluss zu nehmen.

Kommt ein **TV zur ANÜ** zur Anwendung (BV sind nach § 9 Nr. 2 grundsätzlich unwirksam; vgl. § 9 Rn. 66), sind die darin geregelten Eingruppierungsgrundsätze zu beachten. Dies gilt auch, soweit **Zuschläge** auf Grund eines **Branchentarifvertrags** zur ANÜ gewährt werden müssen (vgl. § 9 Rn. 78 ff., 86 a). **60a**

Ist der **TV zur ANÜ unwirksam,** oder ist der Verleiher aus sonstigen Gründen nach § 10 Abs. 4 zur Gleichbehandlung verpflichtet, ist der Leih-AN in die jeweils bei Entleihern für einen vergleichbaren AN geltende Vergütungsordnung einzugruppieren (*BAG* v. 23.3.2011, AP Nr. 23 zu § 10 AÜG m. Anm. *Ulber, J.*; Ulber/*zu Dohna-Jaeger,* AÜG, § 14 Rn. 36; i. E. ebenso: Schüren/Hamann/*Hamann,* § 14 Rn. 423, der aber ein Mitbestimmungsrecht des Entleiher-BR ablehnt). Nach hier vertretener Auffassung (vgl. Rn. 28) steht in diesem Fall das Mitbestimmungsrecht dem BR beim Entleiher zu. Folgt man dem nicht, steht dem BR des Verleihers das Mitbestimmungsrecht zu. Hierbei steht den Betriebsparteien auf Verleiherseite nur ein eingegrenzter Beurteilungsspielraum zu. Das MBR des Verleiherbetriebsrats bei Eingruppierungen dient hier vorrangig dem Zweck, für Lohngerechtigkeit und Transparenz bei der Vergütung zu sorgen. Der Verleiher ist verpflichtet, dem BR alle zur Eingruppierung erforderlichen **Unterlagen**, insbesondere die bei Entleihern geltenden TV und BV, vorzulegen und zu erläutern (*Fitting,* § 99 Rn. 84; Schüren/Hamann/*Hamann,* § 14 Rn. 423; Ulber/*zu Dohna-Jaeger,* AÜG, § 14 Rn. 38). **60b**

Eine **fehlerhafte Eingruppierung** berechtigt den BR nur zur Zustimmungsverweigerung gegen die Eingruppierung, nicht jedoch gegen die Einstellung (*BAG* v. 20.12.1988, AP Nr. 62 zu § 99 BetrVG 1972; Ulber/*zu Dohna-Jaeger, AÜG,* § 14 Rn. 34). Im Rahmen der ANÜ ist jedoch zu berücksichtigen, dass eine fehlerhafte Eingruppierung gleichzeitig einen Verstoß gegen die gesetzlichen Arbeitgeberpflichten des Verleihers darstellt (§ 3 Abs. 1 Nr. 1) und den BR daher wegen eines Verstoßes gegen Bestimmungen des AÜG (vgl. Rn. 50 f.) zur Verweigerung der Zustimmung auch zur Einstellung berechtigt. **61**

Um die Richtigkeit der Eingruppierung überprüfen zu können, kann der BR die **Vorlage des ANÜ-Vertrags** verlangen (*BAG* v. 6.6.1978, AP Nr. 6 zu § 99 BetrVG 1972), der die nach § 12 notwendigen Angaben zur Eingruppierung enthalten muss (*Fitting,* § 99 Rn. 84). Auch muss der Verleiher dem BR alle Angaben machen, um die richtige Einstufung der Tätigkeit in die für einen vergleichbaren AN geltende Vergütungsordnung des Entleihers (§ 9 Nr. 2) überprüfen zu können (*Fitting,* § 99 Rn. 84). Kommen TV oder BV des Entleihers zur Anwendung, hat der Verleiher diese vorzulegen. **62**

§ 14 Mitwirkungs- und Mitbestimmungsrechte

63 **Verändern sich** die **Tätigkeitsmerkmale**, ist eine neue Eingruppierung vorzunehmen. Nach § 2. 3 ERTV BAP/DGB muss eine **neue Eingruppierung** (zur Umgruppierung vgl. Rn. 64) ab der 6. Woche erfolgen, wenn dem Leih-AN eine höherwertige Tätigkeit zugewiesen wird.

64 **(Umgruppierung)** Der BR ist bei jeder Umgruppierung des Leih-AN nach § 99 BetrVG zu beteiligen. Eine **Umgruppierung** liegt vor, wenn der Leih-AN auf Grund einer Änderung seiner Tätigkeiten einer anderen Vergütungsgruppe zuzuordnen ist. Jeder Wechsel des Entleihers oder die Zuweisung einer anderen Tätigkeit beim Entleiher löst daher das MBR des BR bei der Umgruppierung aus (*Boemke/Lembke*, § 10 Rn. 16; *Schüren/Hamann/Hamann*, § 14 Rn. 425; *Ulber/zu Dohna-Jaeger*, AÜG, § 14 Rn. 37). Ob der beim Verleiher oder beim Entleiher bestehende BR zu beteiligen ist, hängt wie bei der Versetzung davon ab, ob die Zuweisung der veränderten Tätigkeiten auf einer Entscheidung des Verleihers oder des Entleihers beruht (vgl. Rn. 60 a).

65 **(§ 100 BetrVG)** Der Verleiher kann das MBR nach § 99 BetrVG nicht unter Berufung auf § 100 BetrVG umgehen, indem er eine **vorläufige** personelle Einzelmaßnahme trifft (*ArbG München* v. 3. 5. 2001 – 6 b BVGaa 3/01 G; a. A. *Schüren/Hamann/Hamann*, § 14 Rn. 426). Die Möglichkeit des Verleihers, vorläufige Einstellungsmaßnahmen zu treffen, ist sowohl durch seine Verpflichtung zur Vorhaltung einer ausreichenden Personalreserve (§ 1 Rn. 114) als auch durch das besondere Beschäftigungsrisiko in verleihfreien Zeiten (§ 11 Rn. 51 ff.) eingeschränkt. Mit dem Zweck der Ausnahmevorschrift ist es nicht vereinbar, wenn der Verleiher jeweils kurzfristig neue ANÜ-Verträge abschließt und die hierfür erforderlichen Einstellungen unter Umgehung des Mitbestimmungsverfahrens nach § 99 BetrVG einseitig oder entgegen einer Zustimmungsverweigerung des BR vorläufig durchführt.

e. Mitbestimmung in wirtschaftlichen Angelegenheiten des Verleihers (§§ 106 ff. BetrVG)

66 Die Mitwirkungsrechte nach §§ 106 ff. BetrVG in wirtschaftlichen Angelegenheiten stehen dem Verleiherbetriebsrat uneingeschränkt zu. Sowohl die Bildung und die Unterrichtungsrechte eines **Wirtschaftsausschusses** als auch die Beteiligungsrechte bei **Betriebsänderungen** (§§ 111 ff. BetrVG) unterliegen bei der Beschäftigung von Leih-AN keinen Besonderheiten. Keine Betriebsänderung sondern ein **Betriebsübergang** nach § 613a BGB liegt vor, wenn der Verleiher den Betrieb auf einen Dritten überträgt. Bei den **Schwellenwerten** sind Leih-AN als i. d. R. bzw. ständig Beschäftigte mitzuzählen (Rn. 96 f.; *BAG* v. 18. 10. 2011 – 1 AZR 335/10, DB 2012, 408; *Schüren/Hamann/Hamann*, § 14 Rn. 435; *Thüsing/Thüsing*, § 14 Rn. 46). Will der Verleiher oder ein Mischunternehmen das Gewerbe der ANÜ einstellen (z. B. bei Wegfall der Erlaubnis; vgl. *Ulber,* § 1 Rn. 89) oder will der Verleiher Personal abbauen, sind die Beteiligungsrechte bei Betriebsänderungen (§ 111 S. 3 Nr. 1 BetrVG) zu beachten. Bei reinem **Personalabbau** sind zur Erfüllung des Mindestumfangs des Personalabbaus (§ 112a BetrVG) sowohl zur Entlassung vorgesehene Stamm- als auch Leih-AN zu berücksichtigen.

Beabsichtigt der AG, **zukünftig** neben den bisherigen Betriebszwecken **auch ANÜ** zu betreiben, oder will ein bisheriges Mischunternehmen zukünftig ausschließlich ANÜ betreiben, stellt dies eine grundlegende Änderung des Betriebszwecks i. S. v. § 111 S. 3 Nr. 4 BetrVG dar (Ulber*Ulber, J.,* AÜG, § 1 Rn. 126a; zur Änderungskündigung vgl. Rn. 42 und § 1 Rn. 210). Bevor der AG personelle Maßnahmen ergreift, hat er das Interessenausgleichsverfahren durchzuführen. Daneben ist ggf. ein Sozialplan zu vereinbaren. Solange das Interessenausgleichsverfahren nicht abgeschlossen ist, steht dem BR ein Anspruch auf **Unterlassung** von Maßnahmen des AG zu, der ggf. im Wege der einstweiligen Verfügung durchgesetzt werden kann (*LAG Berlin* v. 7. 9. 1995, AuR 96, 159; Ulber/*Ulber, J.,* AÜG, § 1 Rn. 174). **67**

f. Mitbestimmung in sozialen Angelegenheiten (§ 87 BetrVG)

Aus der Betriebszugehörigkeit des Leih-AN zum Verleiherbetrieb folgt, dass der Verleiherbetriebsrat bei Maßnahmen des Verleihers im Rahmen der **sozialen Angelegenheiten** gem. § 87 BetrVG mitzubestimmen hat. Im Verleihbetrieb erstrecken sich die MBR nach § 87 BetrVG sowohl auf Stammarbeitnehmer als auch auf Leih-AN. Die MBR für Leih-AN bleiben dabei auch während des Einsatzes bei einem Entleiher (*BAG* v. 27. 1. 2004, DB 04, 1733; Ulber/*zu Dohna-Jaeger,* AÜG, § 14 Rn. 47) und in Eilfällen (*BAG* v. 19. 6. 2001, AP Nr. 1 zu § 87 BetrVG 1972 Leiharbeitnehmer) bestehen. Dies gilt auch, soweit eine parallele Zuständigkeit des Entleiherbetriebsrats gegeben ist. **68**

Die MBR gem. § 87 BetrVG stehen dem Verleiherbetriebsrat **uneingeschränkt** zu, soweit eine Maßnahme erfolgt, die auf dem Entscheidungsrecht des Verleihers beruht (*BAG* v. 19. 6. 2001, BB 2001, 2582). Soweit dem Entleiher im ANÜ-Vertrag **Weisungsrechte** im Bereich der sozialen Angelegenheiten von § 87 BetrVG **übertragen** werden, werden auch für die Übertragungsentscheidung die MBR des Verleiherbetriebsrats ausgelöst (Ulber/*zu Dohna-Jaeger,* AÜG, § 14 Rn. 48; *Ankersen,* BB 01, 2582). **69**

Eine **ausschließliche Zuständigkeit** des Verleiherbetriebsrats besteht in den Bereichen, in denen dem Entleiher keine Entscheidungskompetenz zusteht (z. B. Auszahlung des Arbeitsentgelts; § 87 Abs. 1 Nr. 4 BetrVG). Soweit der **Entleiher** im Zeitraum der Überlassung des Leih-AN von seinem **Direktionsrecht** im Bereich der sozialen An- **70**

§ 14 Mitwirkungs- und Mitbestimmungsrechte

gelegenheiten Gebrauch macht, stehen daneben auch dem Entleiherbetriebsrat die MBR nach § 87 BetrVG zu (vgl. Rn. 149 ff.). Für die **Abgrenzung der Zuständigkeiten** des Verleiher- und Entleiherbetriebsrats kommt es entscheidend darauf an, ob der Verleiher oder der Entleiher die Entscheidung in der beteiligungspflichtigen Angelegenheit trifft (Rn. 26).

71 Die Zuständigkeit sowohl des Verleiher- als auch des Entleiherbetriebsrats im Bereich der sozialen Angelegenheiten kann zu **Überschneidungen** bei der Geltendmachung von MBR und darauf beruhenden BV führen. In diesem Fall ist die Zuständigkeit eindeutig zu klären, wobei kein mitbestimmungsfreier Raum entstehen darf (*LAG München* v. 5. 12. 2000, AiB 02, 432). Eine beim Verleiher bestehende BV über das Verhalten des AN im Betrieb (§ 87 Abs. 1 Nr. 1 BetrVG) oder eine BV über Ausgleichszeiträume bei flexiblen Arbeitszeiten (§ 87 Abs. 1 Nr. 2 BetrVG) gilt auch in Zeiten, in denen der Leih-AN in den Entleiherbetrieb eingegliedert ist und Entleiherbetriebsvereinbarungen zu denselben Regelungsgegenständen bestehen (a. A. zu § 87 Abs. 1 Nr. 1 BetrVG: Schüren/Hamann/*Hamann*, § 14 Rn. 372; Thüsing/*Thüsing*, § 14 Rn. 26). **Widersprechen** sich Regelungen im Entleiher- und Verleiherbetrieb oder machen die beteiligten BR von ihrem MBR derart Gebrauch, dass die Leistungspflichten des AN unterschiedlich sind, gehen für den Leih-AN die **Regelungen beim Verleiher** (bzw. die Ausübung des MBR durch den Verleiherbetriebsrat) **vor** (Schüren/Hamann/*Hamann*, § 14 Rn. 377; zum vorrangigen Weisungsrecht des Verleihers vgl. § 1 Rn. 59).

72 Die MBR und Zuständigkeiten der beteiligten BR können im ANÜ-Vertrag weder beschränkt noch modifiziert werden (*LAG München* v. 5. 12. 2000, AiB 02, 432). Bei Abschluss des **ANÜ-Vertrags** besteht für die Vertragsparteien eine **Gestaltungspflicht**, die Leistungspflichten so zu regeln, dass bestehenden BV und den gesetzlichen MBR der BR sowohl im Verleih- als auch im Entleihbetrieb Rechnung getragen wird (*BAG* v. 19. 6. 2001, BB 01, 2582). Ist dies nicht möglich, muss der Abschluss des ANÜ-Vertrags unterbleiben. Der Verleiher ist verpflichtet, dem Leih-AN einen anderen Entleiher zuzuweisen. Verstößt er hiergegen und überlässt er den Leih-AN dennoch, steht dem Leih-AN ein **Leistungsverweigerungsrecht** beim Entleiher zu (Ulber/*zu Dohna-Jaeger*, AÜG, § 14 Rn. 49). Daneben steht dem Verleiherbetriebsrat gegen den Verleiher ein **Unterlassungsanspruch** zu, wenn der Einsatz des Leih-AN beim Entleiher gegen bestehende BV oder gegen dessen MBR verstößt (*ArbG Kaiserslautern* v. 25. 10. 2005, AuR 06, 334; Hamann/Schüren/*Hamann*, § 14 Rn. 377; Ulber/*zu Dohna-Jaeger*, AÜG, § 14 Rn. 50).

73 (**§ 87 Abs. 1 Einl.-S. BetrVG**) Die MBR kommen nur zur Anwendung, wenn die beteiligungspflichtige Angelegenheit nicht in einem Gesetz oder einem TV abschließend geregelt ist (§ 87 Einl.-S. BetrVG). Im Hinblick auf die **gesetzlichen Gleichstellungsgrund-**

sätze von § 9 Nr. 2 sind MBR des Verleiherbetriebsrats grundsätzlich nur bei solchen Regelungsgegenständen gegeben, für die nicht nach § 9 Nr. 2 beim Entleiher geltende günstigere Regelungen zur Anwendung kommen. Im Verleihbetrieb steht den Betriebsparteien auf der Grundlage von § 87 BetrVG keine Kompetenz zu, über BV zuungunsten des Leih-AN Abweichungen von Gleichstellungsansprüchen nach § 9 Nr. 2 zu vereinbaren oder Arbeitsbedingungen des Leih-AN zu regeln, für die nach § 9 Nr. 2 die beim Entleiher geltenden günstigeren Regelungen zur Anwendung kommen. Verbessernde oder zusätzliche Leistungen können jedoch in einer BV geregelt werden. Auch können **Rahmenbetriebsvereinbarungen** abgeschlossen werden, die unter Beachtung von § 9 Nr. 2 Regelungen enthalten, die sich auf den Wechsel der Einsatzorte oder auf Sachverhalte beziehen, bei denen dem Verleiher ein Entscheidungsspielraum verbleibt.

Kommt ein **TV zur ANÜ** zur Anwendung, hat der Verleiherbetriebsrat im Anwendungsbereich von § 87 BetrVG mitzubestimmen, soweit der TV von den Gleichstellungsgrundsätzen gem. § 9 Nr. 2 abweichende Regelungen enthält. Bei **Regelungslücken des TV**, die zur Anwendung der beim Entleiher geltenden Regelungen führen (vgl. § 9 Rn. 68, 85), steht das MBR demgegenüber i.d.R. dem Entleiherbetriebsrat zu. **74**

Soweit ein TV zur ANÜ Angelegenheiten des § 87 BetrVG regelt, können MBR des BR **ausgeschlossen oder eingeschränkt** sein, soweit der TV (wie z.B. § 4.1 MTV BAP/DGB bezüglich Lage und Verteilung der Arbeitszeit) eine abschließende, zwingende und ausreichende materielle Regelung für die Zeit des konkreten Einsatzes enthält (*BAG* v. 21.9.1993, AP Nr. 62 zu § 87 BetrVG Arbeitszeit). Uneingeschränkt gilt dies jedoch nur, soweit der TV zur ANÜ qua **Tarifbindung** des Verleihers gilt (*Fitting*, § 87 Rn. 42). Kommt der TV zur ANÜ nur qua **einzelvertraglicher Bezugnahme** zur Anwendung, hat der BR grundsätzlich uneingeschränkt mitzubestimmen. **75**

(§ 87 Abs. 1 Nr. 1 BetrVG; Ordnung des Betriebs) Die MBR bei Fragen der **Ordnung des Betriebs** und des **Verhaltens des AN im Betrieb** gelten auch für Leih-AN (ErfK/*Wank*, § 14 AÜG Rn. 4; Ulber/*zu Dohna-Jaeger*, AÜG, § 14 Rn. 51). Uneingeschränkt gilt dies in **verleihfreien Zeiten** (Schüren/Hamann/*Hamann*, § 14 Rn. 357; Thüsing/*Thüsing*, § 14 Rn. 26). Aber auch in Zeiten, in denen der Leih-AN bei einem Entleiher eingesetzt ist, können auf der Grundlage von § 87 Abs. 1 Nr. 1 BetrVG geschlossene BV für den Leih-AN zur Anwendung kommen (a.A. *Boemke/Lembke*, § 14 Rn. 30; Schüren/Hamann/*Hamann*, § 14 Rn. 368f.). Dies gilt insbesondere für Regelungen zu Betriebsbußen (Ulber/*zu Dohna-Jaeger*, AÜG, § 14 Rn. 51) und disziplinarischen Maßnahmen, die anstelle von andernfalls erfolgenden Abmahnungen ergriffen werden. **76**

Soweit der Leih-AN im Entleiherbetrieb die dort geltende Betriebs- **77**

§ 14 Mitwirkungs- und Mitbestimmungsrechte

ordnung einzuhalten hat, unterliegt die **Entsendeentscheidung** des Verleihers, mit der der Leih-AN einer fremden Betriebsordnung unterworfen wird, der Mitbestimmung des Verleiherbetriebsrats nach § 87 Abs. 1 Nr. 1 BetrVG (Schüren/Hamann/*Hamann*, § 14 Rn. 370).

78 (**§ 87 Abs. 1 Nr. 2 BetrVG; Lage und Verteilung der Arbeitszeit**) Der Verleiherbetriebsrat hat nach § 87 Abs. 1 Nr. 2 BetrVG bei **Beginn und Ende der täglichen Arbeitszeit** einschließlich der **Pausen** sowie bei der **Verteilung der Arbeitszeit auf** die einzelnen Wochentage mitzubestimmen. Auch wenn sich der Leih-AN in verleihfreien Zeiten **auf Abruf** bereithalten soll, ist das MBR des Verleiherbetriebsrats gegeben. Die Betriebsparteien können insoweit Regelungen zur Verteilung der Arbeitszeit auf fünf Werktage, zur Schicht- und Wochenendarbeit und zu flexiblen Arbeitszeitsystemen vereinbaren (*Boemke/Lembke*, § 14 Rn. 31; Schüren/Hamann/*Hamann*, § 14 Rn. 376; Ulber/*zu Dohna-Jaeger, AÜG*, § 14 Rn. 52 ff.). Auch kann in einer BV geregelt werden, dass **Reisezeiten** von Leih-AN als vergütungspflichtige Arbeitszeit gelten. Eine derartige BV unterliegt nicht der Regelungssperre von § 77 Abs. 3 BetrVG (*BAG* v. 10.10.2006 – 1 ABR 59/05).

79 Die **TV zur ANÜ** (bzw. deren arbeitsvertragliche Inbezugnahme) enthalten regelmäßig die Klausel, dass sich Lage und Verteilung der Arbeitszeit nach den im Entleiherbetrieb geltenden Bestimmungen richten (vgl. § 4.1 MTV BAP/DGB; § 3.1.3 MTV iGZ/DGB). Soweit bei einer Überlassung der Entleiher über **Lage und Verteilung der Arbeitszeit** des Leih-AN entscheidet, weil sich dessen Arbeitszeit nach den Bestimmungen des Entleiherbetriebs richtet, steht nicht dem Verleiher-, sondern nur dem Entleiherbetriebsrat das MBR zu (*ArbG Braunschweig* v. 15.8.2005, AE 06, 286; Ulber/*zu Dohna-Jaeger*, AÜG, § 14 Rn. 53). Ist die Lage der Arbeitszeit des Leih-AN dagegen im ANÜ-Vertrag fixiert, steht das MBR dem Verleiherbetriebsrat zu (Schüren/Hamann/*Hamann*, § 14 Rn. 375).

80 Das MBR des Verleiherbetriebsrats ist infolge des Tarifvorbehalts nur ausgeschlossen, soweit Lage und Verteilung der Arbeitszeit des Leih-AN abschließend geregelt sind. Bezüglich Beginn und Ende der täglichen Arbeitszeit sowie der Pausen ist dies im Rahmen der **TV zur ANÜ** regelmäßig der Fall. Bei der täglichen, wöchentlichen oder monatlichen (vgl. § 3.1 MTV iGZ/DGB) regelmäßigen Arbeitszeit oder bei Schichtarbeit liegt eine abschließende Regelung jedoch nur vor, wenn die Arbeitszeit des Leih-AN beim Entleiher der **arbeitsvertraglich** geschuldeten Arbeitszeit des Leih-AN vollständig entspricht. Ist der Leih-AN infolge der arbeitsvertraglichen Absprachen zu einer geringeren Höchstarbeitszeit verpflichtet, steht ihm bezüglich einer Überzeit entweder ein Leistungsverweigerungsrecht zu oder es liegt mitbestimmungspflichtige Mehrarbeit vor. Entstehen durch die Überzeit Zeitguthaben oder -salden, die nicht während des Einsatzes beim Entleiher ausgeglichen werden können, hat der Verleiherbetriebsrat bei der Verteilung mitzubestimmen (Ulber/*zu Dohna-Jaeger,* AÜG, § 14 Rn. 52). Den hiermit verbundenen Problemen können die Betriebsparteien durch Sonderregelungen unter Beachtung der Gleichbehandlungsgrundsätze Rechnung tragen (*BAG* v. 19.6.2001, BB 01, 2582; Ulber/*zu Dohna-Jaeger,* AÜG, § 14 Rn. 52). Solange sich kollektive Regelungen zur Arbeitszeit von Entleiher- und Verleiherbetrieb widersprechen, steht dem Leih-AN ein **Leistungsverweigerungsrecht** zu (*Boemke/Lemke,* § 14 Rn. 33).

(**§ 87 Abs. 1 Nr. 3; vorübergehende Änderungen der Arbeitszeit**) Nach § 87 Abs. 1 Nr. 3 unterliegt die **vorübergehende Verkürzung oder Verlängerung der betriebsüblichen Arbeitszeit** der Mitbestimmung des BR. Ob der Verleiher- oder Entleiherbetriebsrat zuständig ist, beurteilt sich danach, welcher AG die Entscheidung über die Veränderung der Arbeitszeit trifft (*BAG* v. 17.6.2008 – 1 ABR 39/07). Die beim Verleiher geltende **betriebsübliche Arbeitszeit** entspricht für Leih-AN grundsätzlich der in den TV zur ANÜ oder ansonsten kollektiv (z. B. einheitlich in Formulararbeitsverträgen) geregelten regelmäßigen Arbeitszeit. Unschädlich ist hierbei, wenn die individuellen Arbeitszeiten der AN voneinander abweichen (*BAG* v. 16.7.1991, DB 91, 2492). 81

Soll die Arbeitszeit von Leih-AN infolge **mangelnder Überlassungsmöglichkeiten** des Verleihers verkürzt werden, erstreckt sich das MBR des Verleiherbetriebsrats insbesondere auf die Frage, welche AN zu welchen Zeiten und in welchem Umfang **verkürzt arbeiten** sollen (Schüren/Hamann/*Hamann,* § 14 Rn. 383). Hierbei haben die Betriebsparteien entsprechend dem **Gleichbehandlungsgebot** auf eine möglichst gleichmäßige Verteilung der Arbeitszeitverkürzung zu achten. Auch dürfen sie gem. § 11 Abs. 4 S. 2 keine Regelungen treffen, die mit **Vergütungseinbußen** verbunden sind oder den AN zur Nachleistung von ausgefallener Arbeit verpflichten (vgl. § 11 Rn. 57, 72). Der Verleiherbetriebsrat ist berechtigt, von seinem **Initiativrecht** Gebrauch zu machen und die Modalitäten einer vorübergehenden Arbeitszeitverkürzung bei Nichteinigung mit dem Verleiher durch Spruch einer Einigungsstelle zu regeln. 82

Beruht die Verkürzung der Arbeitszeit des Leih-AN auf den **Verhältnissen im Entleiherbetrieb**, kann der Verleiher dem Leih-AN eine Tätigkeit bei einem anderen Entleiher zuweisen, ohne dass hierdurch ein MBR des BR ausgelöst wird. Ist ihm dies nicht möglich, ist er nach § 11 Abs. 4 S. 2 (ohne Nachleistungspflicht des Leih-AN) zur Fortzahlung der Vergütung verpflichtet. 83

Wird die Arbeitszeit des Leih-AN infolge einer Anordnung des Verleihers **vorübergehend verlängert**, hat der Verleiherbetriebsrat nach § 87 Abs. 1 Nr. 3 BetrVG mitzubestimmen. **Übersteigt** nach dem **ANÜ-Vertrag** die **regelmäßige Arbeitszeit** des Leih-AN beim Entleiher die vertraglich vereinbarte Arbeitszeit, liegt eine Entschei- 84 dung des Verleihers über eine Anordnung von Mehrarbeit vor, die dem MBR des Verleiherbetriebsrats unterliegt (*BAG* v. 19. 6. 2001, AP Nr. 1 zu § 87 BetrVG 1972 Leiharbeitnehmer; *Fitting*, § 87 Rn. 137). Verlängert sich die regelmäßige Arbeitszeit des Leih-AN demgegenüber auf Grund einer beim Entleiher geltenden längeren Arbeitszeit oder einer im ANÜ-Vertrag vereinbarten Anordnungsbefugnis des Entleihers, steht dem Entleiherbetriebsrat das MBR zu (*Fitting*, § 87 Rn. 137; *Schaub*, § 120 Rn. 96). Die **Übertragung der Anordnungsbefugnis** auf den Entleiher bedarf der Zustimmung des Verleiherbetriebsrats (*Boemke/Lembke*, § 14 Rn. 35; *Ulber/zu Dohna-Jaeger, AÜG*, § 14 Rn. 56).

85 (**§ 87 Abs. 1 Nr. 4, 5, 9 und 13 BetrVG**) Regelungen zur **Auszahlung des Arbeitsentgelts** sowie zur **Urlaubsplanung** und -gewährung berühren ausschließlich die arbeitsvertragliche Grundbeziehung zwischen Verleiher und Leih-AN. Sie unterliegen daher der ausschließlichen Zuständigkeit des Verleiherbetriebsrats (*Ulber/zu Dohna-Jaeger, AÜG*, § 14 Rn. 57). Dasselbe gilt für **Werkmietwohnungen**, die der Verleiher zuweist. Bei **Gruppenarbeit** hat der Verleiherbetriebsrat nach § 87 Abs. 1 Nr. 13 BetrVG nur mitzubestimmen, soweit Stammarbeitnehmer im Verleihbetrieb **Gruppenarbeit** leisten (*Ulber/zu Dohna-Jaeger, AÜG*, § 14 Rn. 65). Für Gruppenarbeit von Leih-AN bei Entleihern steht dem Entleiherbetriebsrat das MBR zu (vgl. Rn. 180).

86 (**§ 87 Abs. 1 Nr. 6 BetrVG**) Soweit das Verhalten oder die Leistung des Leih-AN über **technische Einrichtungen** des Verleihers **überwacht** wird (insbesondere bei Einsatz von Personalinformationssystemen), steht dem Verleiherbetriebsrat das MBR nach § 87 Abs. 1 Nr. 6 BetrVG zu (*Ulber/zu Dohna-Jaeger, AÜG*, § 14 Rn. 58). Werden demgegenüber Kontrollsysteme beim Entleiher eingesetzt, denen der Leih-AN unterliegt, ist eine Zuständigkeit des Entleiherbetriebsrats gegeben (a. A. *BAG* v. 27. 1. 2004, NZA 04, 556 bei werkvertraglichem Einsatz). Der Verleiherbetriebsrat hat hier bei der Entsendeentscheidung des Verleihers mitzubestimmen (*Schüren/Hamann/Hamann*, § 14 Rn. 386).

87 (**§ 87 Abs. 1 Nr. 7 BetrVG**) Regelungen zur **Unfallverhütung** und zum **Gesundheitsschutz** unterliegen dem MBR des Verleiherbetriebsrats nach § 87 Abs. 1 Nr. 6 BetrVG. Daneben besteht eine Zuständigkeit des Entleiherbetriebsrats für Regelungen im Entleiherbetrieb (§ 11 Abs. 6; *Ulber/zu Dohna-Jaeger, AÜG*, § 14 Rn. 59; Rn. 174).

88 (**§ 87 Abs. 1 Nr. 8 BetrVG**) Das MBR bei **Sozialeinrichtungen** gem. § 87 Abs. 1 Nr. 8 BetrVG steht für Sozialeinrichtungen des Verleihers dem Verleiher- und für solche des Entleihers (vgl. hierzu Rn. 175) dem Entleiherbetriebsrat zu (*Ulber/zu Dohna-Jaeger, AÜG*, § 14 Rn. 60). Führt der Verleiher eine Sozialeinrichtung ein, muss dem Leih-AN entsprechend dem Gleichbehandlungsgebot eine (meist finanzielle) **Entschädigung** gezahlt werden, wenn ihm auf Grund seiner auswärtigen Arbeitsleistung keine Teilhabe gewährt werden kann (Ulber/*zu Dohna-Jaeger*, AÜG, § 14 Rn. 60). Ansprüche des Leih-AN auf Teilhabe an Sozialeinrichtungen des Entleihers nach § 13b können nicht auf Grund einer BV im Verleihbetrieb ersetzt, verkürzt oder ausgeschlossen werden.

(§ 87 Abs. 1 Nr. 10 BetrVG) Das MBR des BR zur **betrieblichen Lohngestaltung** dient der innerbetrieblichen Lohngerechtigkeit und erstreckt sich daher sowohl auf Stamm- als auch auf Leih-AN des Verleihers (Schüren/Hamann/*Hamann*, § 14 Rn. 390; Ulber/*zu Dohna-Jaeger*, AÜG, § 14 Rn. 62). Hiervon erfasst werden insbesondere verleihfreie Zeiten und außer-/übertarifliche Leistungen des Verleihers. Findet ein **TV über Branchenzuschläge** Anwendung, ist nach dem Zweck des Mitbestimmungsrechts auch eine Gleichbehandlung der Leih-AN bei der Zuweisung von Branchen mit und ohne Branchenzuschlag zu gewährleisten. In einer BV sollten hier objektive Kriterien festgelegt werden, nach denen eine gleichberechtigte Teilhabe der Leih-AN an den im TV (für alle Leih-AN) vorgesehen Leistungen ermöglicht wird. Eine gezielte Diskriminierung von Leih-AN muss dabei ausgeschlossen werden. I.Ü. ist das MBR jedoch ausgeschlossen, soweit sich die Lohngestaltung gem. § 9 Nr. 2 nach den Entlohnungsgrundsätzen des Entleiherbetriebs richtet (Ulber/*zu Dohna-Jaeger*, AÜG, § 14 Rn. 62) und keine günstigeren Regelungen für den Leih-AN vereinbart werden. **89**

(§ 87 Abs. 1 Nr. 11 BetrVG) Bei der Festsetzung **leistungsbezogener Entgelte** hat der Verleiherbetriebsrat mitzubestimmen, wenn es sich um Leistungen handelt, die im Zusammenhang mit Leistungen des Verleihers stehen (z.B. Zusatzleistungen bei verlängerten Anfahrtswegen zum Entleiher). I.Ü. ist jedoch eine Zuständigkeit des Entleiherbetriebsrats gegeben, wenn der Leih-AN bei Entleihern im **Leistungslohn** eingesetzt wird (vgl. Rn. 178). Die **TV zur ANÜ** enthalten generell keine Regelungen zum Leistungslohn, so dass sich der Vergütungsanspruch des Leih-AN hier ausschließlich nach §§ 9 Nr. 2, 10 Abs. 4 S. 1 richtet. Im Verleihbetrieb kann eine hiervon abweichende Regelung nicht über eine BV nach § 87 Abs. 1 Nr. 11 BetrVG getroffen werden (Schüren/*Hamann*, § 14 Rn. 392; Ulber/*zu Dohna-Jaeger*, AÜG, § 14 Rn. 63). **90**

g. Verstöße des Verleihers gegen die Betriebsverfassung

Die Zustimmung des Verleiherbetriebsrats ist im Bereich der sozialen Angelegenheiten nach § 87 BetrVG **Wirksamkeitsvoraussetzung** für Maßnahmen des Verleihers (DKKW/*Klebe*, § 87 Rn. 5). Dem Leih-AN steht ein **Leistungsverweigerungsrecht** zu, wenn der BR die Zustimmung verweigert oder der Verleiher das Mitbestim- **91** mungsverfahren nicht einhält (Ulber/*zu Dohna-Jaeger*, AÜG, § 14 Rn. 66). Der Verleiherbetriebsrat hat bei Verstößen des Verleihers einen Anspruch auf **Unterlassung** mitbestimmungswidriger Maßnahmen, der auch im Wege der einstweiligen Verfügung verfolgt werden kann (Ulber/*zu Dohna-Jaeger*, AÜG, § 14 Rn. 67). Dies gilt auch, soweit in mitbestimmungspflichtige Angelegenheiten, die sowohl dem MBR des Verleiher- als auch des Entleiherbetriebsrats unterliegen, unterschiedliche Regelungen bestehen (*Boemke/Lembke*, § 14 Rn. 33).

92 Verstöße des Verleihers gegen Normen des BetrVG sind **Verstöße gegen die Arbeitgeberpflichten** des Verleihers i. S. v. §§ 1 Abs. 2, 3 Abs. 1 Nr. 1 und berechtigen die Erlaubnisbehörde zur Versagung bzw. zum Widerruf der Erlaubnis (Ulber/*zu Dohna-Jaeger*, AÜG, § 14 Rn. 68).

3. Betriebsverfassungsrechtliche Stellung des Leiharbeitnehmers im Entleiherbetrieb (Abs. 2)

93 Abs. 2 enthält Regelungen zur betriebsverfassungsrechtlichen Stellung des Leih-AN im Entleiherbetrieb. Die Vorschrift findet in allen Fällen einer ANÜ Anwendung. Nach h. M. (vgl. *BAG* v. 10. 3. 2004, NZA 04, 1340; zustimmend *Dörner*, FS Wissmann, 299) findet Abs. 2 bei der **Konzernleihe** nach § 1 Abs. 3 Nr. 2 und sonstigen Formen privilegierter ANÜ entsprechende Anwendung (*BAG* v. 18. 1. 1989, DB 89, 1419; a. A. *Boemke/Lembke*, § 14 Rn. 65; DKKW/*Trumner*, § 5 Rn. 99).

94 Die in Abs. 2 enthaltene Aufzählung betriebsverfassungsrechtlicher Rechte des Leih-AN ist **nicht abschließend** (Thüsing/*Thüsing*, § 14 Rn. 72; Ulber/*zu Dohna-Jaeger*, AÜG, § 14 Rn. 76).

95 Soweit Vorschriften des BetrVG die **Betriebszugehörigkeit** des AN voraussetzen, ist deren Geltung u. a. davon abhängig, ob sowohl ein AV als auch eine tatsächliche Eingliederung vorliegt (vgl. *BAG* v. 5. 12. 2012 – 7 ABR 48/11, EzA § 5 BetrVG 2001 Nr. 10 u. v. 7. 5. 2008, NZA 2008, 1142 u. v. 16. 4. 2003 u. v. 17. 2. 2010, AP Nr. 7 zu § 9 BetrVG 1972; *LAG Thüringen* v. 29. 3. 2007 – 8 TaBV 12/06). Nach a. A. reicht die tatsächliche Arbeitserbringung im Rahmen einer **Eingliederung** des AN in die Arbeitsorganisation des Einsatzbetriebs (so DKKW/*Homburg*, § 7 Rn. 5 ff.; *Boemke/Lembke*, § 14 Rn. 58; Schüren/Hamann/*Hamann*, § 14 Rn. 22 ff., 28; *Brors*, NZA 02, 123) oder eine arbeits**recht**liche Beziehung (*Kreutz*, SAE 04, 168) aus. Das *BAG* (v. 10. 3. 2004, NZA 2004, 1340 u. v. 22. 3. 2000, AP Nr. 8 zu § 14 AÜG, v. 16. 4. 2003, AP Nr. 7 zu § 9 BetrVG 1972) lehnte früher eine Betriebszugehörigkeit von Leih-AN zum Entleiherbetrieb wegen der fehlenden arbeitsvertraglichen Bindung ab. Diese Auffassung bedurfte schon angesichts der im Jahre 2001 erfolgten Einfügung von § 7 S. 2 in das BetrVG sowie der Aufhebung der früheren Höchsteinsatzgrenzen für Leih-AN (§ 3 Abs. 1 Nr. 6 a. F.) der Korrektur (vgl. hierzu DKKW/*Trümner*, § 5 Rn. 91 ff.; *Reichold*, NZA 2001, 857). Soweit Leih-AN nicht nur zur Bewältigung eines vorübergehenden Personalbedarfs eingesetzt wurden (vgl. hierzu *BAG* v. 10.3.2004, EzA § 9 BetrVG 2001 Nr. 2), unterschieden sie sich angesichts der veränderten rechtlichen Rahmenbedingungen durch die Hartz-Reformen sowie der rechtstatsächlichen Entwicklungen (vgl. hierzu *Dörner*, FS Wissmann, 295 ff.) in ihrer betriebsverfassungsrechtlichen Stellung im Betrieb durch nichts von Stammarbeitnehmern des Entleihers und durften nicht willkürlich von einer Gleichbehandlung ausgeschlossen werden. In jüngster Zeit gibt das BAG seine frühere Position zur Zwei-Komponenten-Lehre zunehmend auf (vgl. BAG v. 13.3.2013 – 7 ABR 69/11) und differenziert beim sog. »drittbezogenen Personaleinsatz« u. a. danach, welche **Funktion dem Arbeitnehmerbegriff** im jeweiligen **betriebsverfassungsrechtlichen Kontext** und dem **Normzweck** zukommt (*BAG* v. 5.12.2012 – 7 ABR 48/11, EzA § 5 BetrVG 2001 Nr. 10).

Grundsätzlich ist der Auffassung zu folgen, nach der eine in die **95a** **Betriebsorganisation** des Entleihers **eingebundene Ausübung weisungsgebundener Tätigkeiten** ausreicht, um die Betriebszugehörigkeit des Leih-AN zum Entleiherbetrieb zu begründen (DKKW/ *Trümner*, § 5 Rn. 94; *Hamann*, NZA 2003, 526; *Ratayczak*, AiB 04, 212). Dennoch dürfte der Meinungsstreit seit Inkrafttreten des 1. AÜG-ÄndG an Bedeutung verloren haben. Mit dem Verbot der dauerhaften ANÜ (vgl. § 1 Rn. 130a f.) dürfen Leih-AN nach § 1 Abs. 1 S. 2 seit dem 1.12.2011 zwar nur noch vorübergehend eingesetzt werden; §§ 13a, 13b räumen dem Leih-AN (neben der rechtlichen Beziehung von Leih-AN und Entleiher »mit arbeitsrechtlichem Charakter«; vgl. *BAG* v. 15.3.2011 – 10 AZB 49/10, DB 2011, 1116) nunmehr aber **unmittelbare Leistungsansprüche gegen Entleiher** ein. Das Erfüllungsverhältnis i. R. v. §§ 13 a f. ist dabei als **ArbV** zu qualifizieren (*Lembke*, NZA 2011, 320). Dies gebietet auch eine richtlinienkonforme Interpretation, nach der der Leih-AN in einem **doppelten ArbV** sowohl zum Entleiher als auch zum Verleiher steht (EuGH v. 11.4.2013 – Rs C-290/12). Dies reicht entsprechend den Besonderheiten der ANÜ aus, um nunmehr auch die vom *BAG* im Grundsatz verlangte Komponente eines ArbV zum Einsatzbetrieb zu erfüllen. Würde man bei Ansprüchen aus § 13b eine Betriebszugehörigkeit zum Entleiherbetrieb verneinen, würde dies den Ausschluss von Leih-AN aus dem Schutz der Betriebsverfassung bedeuten.

Soweit Leih-AN **nicht nur vorübergehend** i. S. v § 1 Abs. 1 S. 2 **95b** überlassen werden, sind sie infolge des zustande gekommenen ArbV zum Entleiher (vgl. § 1 Rn. 130t ff.) betriebsverfassungsrechtlich **als Stammarbeitnehmer zu behandeln** (vgl. § 10 Rn. 11). Dies gilt unabhängig davon, ob sie in tatsächlicher Hinsicht beim Entleiher ihre Arbeit verrichten. Solange das fingierte ArbV nicht durch Kündigung

§ 14 Mitwirkungs- und Mitbestimmungsrechte

oder Aufhebungsvertrag beendet wurde, bleibt der Leih-AN insoweit AN des Entleihers (vgl. § 10 Rn. 24).

96 Die unterschiedlichen Auffassungen zu den Voraussetzungen der Betriebszugehörigkeit (Rn. 95, 7) wirken sich insbesondere aus, wenn die Geltung betriebsverfassungsrechtlicher Vorschriften vom Erreichen bestimmter **Schwellenwerte** abhängig ist. **Gestellte AN des öffentlichen Dienstes** gelten nach § 5 Abs. 1 S. 3 als AN (vgl. z. B. § 24 Abs. 3 S. 1 PostPersRG) und zählen bei den Schwellenwerten von §§ 9, 38 Abs. 1 BetrVG mit (*BAG* v. 15. 12. 2011 – 7 ABR 65/10, NZA 2012, 519). Sie sind **wahlberechtigt** und auch **wählbar** (*BAG* 15. 8. 2012 – 7 ABR 34/11 u. v. 5. 12. 2012 – 7 ABR 48/11, EzA § 5 BetrVG 2001 Nr. 10; *LAG Schleswig-Holstein* v. 5. 4. 2011 – 2 TaBV 3/10), wobei die Dauer der Überlassung unbeachtlich ist (*BAG* v. 5. 12. 2012, EzA § 5 BetrVG 2011 Nr. 9). Dasselbe gilt, soweit nach § 10 Abs. 1 ein **fingiertes ArbV** begründet wurde. Beschäftigungszeiten als Leih-AN sind auf die sechsmonatige Dauer der Betriebszugehörigkeit anzurechnen, wenn der Leih-AN im Anschluss an die Überlassung vom Entleiher übernommen wird (*BAG* v. 10. 10. 2012 – 7 ABR 53/11).

I. Ü. gelangte jedoch insbesondere das *BAG* (v. 16. 4. 2003, AP Nr. 1 zu § 9 BetrVG 2002; *LAG Thüringen* v. 29. 3. 2007 – 8 TaBV 12/06; *Brose*, NZA 05, 797; *ErfK/Wank*, § 14 AÜG Rn. 6a; a. A. *LAG Düsseldorf* v. 31. 10. 2002, DB 03, 292; *ArbG Frankfurt* v. 22. 5. 2002, AiB 03, 526) in der Vergangenheit auf Grundlage der Zwei-Komponenten-Lehre (Rn. 95) zu dem Ergebnis, dass Leih-AN weder bei der **Größe des BR** (§ 9 BetrVG) noch bei der **Freistellung** von BR-Mitgliedern (§ 38 BetrVG) mitzuzählen sind (vorsichtige Kritik an der Kumulationstheorie bei *Dörner*, FS Wissmann, 296). Diese Auffassung ist zu Recht auf breite Kritik gestoßen und ist abzulehnen (vgl. auch BT-Ds. 17/6342, S. 54). Soweit Normen des BetrVG (z. B. §§ 1, 9) auf **wahlberechtigte AN** abstellen, ist die Berücksichtigung von Leih-AN schon nach § 7 S. 2 BetrVG geboten (*Ulber*, § 14 Rn. 49a).

Das BAG lässt in neueren Entscheidungen (u. a. v. 17. 2. 2010 – 7 ABR 51/08, BAGE 133, 202, v. 18. 10. 2011 – 1 AZR 335/10, DB 2012, 408, v. 10. 10. 2012 – 7 ABR 53/11, u. v. 13. 3. 2013 – 7 ABR 69/11) eine Aufweichung seiner Position erkennen, indem es Leih-AN u. a. bei der Zahl der BR-Mitglieder, bei den Schwellenwerten von § 23 Abs. 1 S. 2 KSchG und im Rahmen von § 111 BetrVG als **i. d. R. Beschäftigte** mitzählen will (vgl. *BAG* v. 13. 3. 2013 – 7 ABR 69/11 u. v. 18. 10. 2011 – 1 AZR 335/10 u. v. 24. 1. 2013 – 2 AZR 140/12).

97 Stellen betriebsverfassungsrechtliche Normen auf die Zahl der **in der Regel beschäftigten AN** ab (§§ 1, 38, 106, 111 BetrVG) sind Leih-AN mitzuzählen, soweit sie unter Verstoß gegen § 1 Abs. 1 S. 2 **nicht nur vorübergehend** beschäftigt werden (Rn. 95b) oder auf **Dauer-**

arbeitsplätzen des Entleiherbetriebs eingesetzt werden (*ArbG Aachen* v. 17.5.2002, EzAÜG § 14 Betriebsverfassung Nr. 47; *Richardi/Thüsing*, § 9 Rn. 7; Ulber/*zu Dohna-Jaeger, AÜG*, § 14 Rn. 74; *Reichold*, NZA 01. 857). Entscheidend ist dabei, wie viele **Arbeitsplätze** im Betrieb regelmäßig vorhanden sind (*Boemke/Lembke*, § 14 Rn. 63), und nicht, ob und von wem sie besetzt werden (*LAG Hamm* v. 3.4.1997, DB 97, 881; Ulber/*zu Dohna-Jaeger, AÜG*, § 14 Rn. 74). Da Leih-AN nach § 1 Abs. 1 nur **vorübergehend**, d.h. befristet, eingesetzt werden dürfen (vgl. § 1 Rn. 130f.ff.), sind sie bei den Schwellenwerten jeweils **wie befristet beschäftigte AN** zu berücksichtigen.

Aus der doppelten Betriebszugehörigkeit des Leih-AN (Rn. 25) sowohl zum Verleiher- als auch zum Entleiherbetrieb folgt, dass dem Leih-AN die **betriebsverfassungsrechtlichen Individualrechte** auch im Entleiherbetrieb zustehen. Abs. 2 hat insoweit eher eine klarstellende Funktion und enthält **keine abschließende Aufzählung** der Rechte (*BAG* v. 15.12.1992, AP Nr. 7 zu § 14 AÜG). Wird ein **ArbV** zum Entleiher **fingiert** (§§ 1 Abs. 2 und 10 Abs. 1), richtet sich die Rechtsstellung des überlassenen AN unmittelbar nach den Bestimmungen des BetrVG (DKKW/*Trümner*, § 5 Rn. 93; GK-*Kreutz*, § 7 Rn. 42, 46; Ulber/*zu Dohna-Jaeger, AÜG*, § 14 Rn. 73). **98**

nicht belegt **99**

a. Wahlrechte im Entleiherbetrieb (Abs. 2 S. 1)

Nach Abs. 2 S. 1 sind Leih-AN bei BR- und Aufsichtsratswahlen vom **passiven Wahlrecht** ausgeschlossen. Insbesondere bei Leih-AN, die im Entleiherbetrieb sechs Monate bzw. ein Jahr eingesetzt sind und die sonstigen Wählbarkeitsvoraussetzungen erfüllen (§ 7 Abs. 3 MitbestG), unterliegt die Vorschrift wegen der **Diskriminierung** gegenüber (insbesondere befristet beschäftigten) Stammarbeitnehmern des Entleihers (DKKW/*Trümner*, § 5 Rn. 91; *Däubler*, AuR 04, 82; *Hamann*, NZA 03, 526; *Ratayczak*, AiB 97, 600) erheblichen verfassungsrechtlichen Bedenken (Schüren/Hamann/*Hamann*, § 14 Rn. 63; Ulber/*zu Dohna-Jaeger, AÜG* § 14 Rn. 71; a.A. *Fitting*, § 9 Rn. 29). Dies gilt auch hinsichtlich des Wertungswiderspruchs zu § 5 Abs. 1 S. 3 BetrVG hinsichtlich der Überlassung von Beamten, Soldaten und AN des öffentlichen Dienstes (*Hayen*, AiB 2012, 170; *Thüsing*, BB 2009, 2037). **100**

Nach der amtlichen Begründung des BetrVG-Reformgesetzes (v. 23.7.2001, BGBl. I S. 1852; vgl. BT-Ds. 14/5741, S. 36) sollte durch die Novellierung des BetrVG die gesamte Randbelegschaft, die im Einsatzbetrieb auf der Grundlage eines AV zu einem Dritten ihre Arbeitsleistung erbringt, in den Schutz der betrieblichen Mitbestimmung einbezogen werden. Danach sind auch an eine **ARGE** abgeordnete AN (vgl. § 1 Rn. 153f.; DKKW/*Homburg*, § 9 Rn. 10ff.; *Fitting*, § 9 Rn. 25) oder AN, die auf **werk- oder dienstvertraglicher** **101**

§ 14 Mitwirkungs- und Mitbestimmungsrechte

Basis eingesetzt werden, wahlberechtigt, wenn der Einsatzbetrieb zumindest einen Teil der Arbeitgeberbefugnisse wahrnimmt (*Fitting*, § 9 Rn. 36; Ulber/*zu Dohna-Jaeger*, AÜG, § 14 Rn. 70; *Däubler*, AiB 01, 686).

102 nicht belegt

103 Nach § 7 S. 2 BetrVG steht Fremdfirmenbeschäftigten, die das 18. Lebensjahr vollendet haben, unter bestimmten Voraussetzungen das **aktive Wahlrecht** zu. Dasselbe gilt nach §§ 10 Abs. 2 S. 2, 18 S. 2 MitbestG 1976 bzw. § 5 Abs. 2 DrittelbetG bei **Aufsichtsratswahlen** in einem mitbestimmten Unternehmen. Das Wahlrecht umfasst die Berufung in den **Wahlvorstand** beim Entleiher (GK-*Kreutz*, § 7 Rn. 75 f.; a. A. *Böhm*, DB 06, 104). § 7 S. 2 BetrVG gilt für alle Fälle der Überlassung von AN, unabhängig davon, ob sie den Bestimmungen des AÜG unterliegen oder nicht (z. B. nach § 1 Abs. 3 privilegierte Formen; DKKW/*Homburg*, § 7 Rn. 8; *Fitting*, § 7 Rn. 41).

104 Nach § 7 S. 2 BetrVG sind Fremdfirmenbeschäftigte im Einsatzbetrieb wahlberechtigt, wenn sie zur Arbeitsleistung überlassen werden und länger als drei Monate eingesetzt werden sollen. Ein **Überlassen zur Arbeitsleistung** liegt vor, wenn der AN in tatsächlicher Hinsicht und in die Betriebsabläufe des Einsatzbetriebs eingegliedert Arbeitsleistungen erbringt, bei denen der Einsatzbetrieb zumindest teilweise Arbeitgeberbefugnisse wahrnimmt (Ulber/*zu Dohna-Jaeger*, AÜG, § 14 Rn. 70).

105 Das aktive Wahlrecht steht Fremdfirmenbeschäftigten (personengebunden) ab dem ersten Arbeitstag im Einsatzbetrieb zu, wenn sie am Wahltag **länger als drei Monate** im Betrieb eingesetzt werden sollen (*BAG* v. 13. 3. 2013 – 7 ABR 69/11; zu verfassungsrechtlichen Bedenken gegen die Frist vgl. *Brors*, NZA 02, 123; krit. auch Schüren/Hamann/*Hamann*, § 14 Rn. 53). Ob diese Voraussetzung erfüllt ist, hängt davon ab, ob nach den Vertragsabsprachen bei Beginn der Beschäftigung (oder durch eine danach vereinbarte Verlängerung) beabsichtigt ist, denselben AN länger als drei Monate zu überlassen (*Boemke/Lembke*, § 14 Rn. 67; Ulber/*zu Dohna-Jaeger*, AÜG, § 14 Rn. 70; Schüren/Hamann/*Hamann*, § 14 Rn. 563). Bei geplanter zeitlich unbefristeter Überlassung oder bei fehlenden Angaben zur Überlassungsdauer im ANÜ-Vertrag ist danach ein Wahlrecht des Leih-AN regelmäßig gegeben. **Unterbrechungen des Einsatzes** sind unschädlich, soweit sie kurzzeitig sind (a. A. Schüren/Hamann/*Hamann*, § 14 Rn. 57) bzw. mehrere Überlassungen in einem unmittelbaren zeitlichen Zusammenhang stehen oder das Ende der Überlassung nach den vertraglichen Vereinbarungen nicht in den Dreimonatszeitraum fällt. Dasselbe gilt, wenn ein Leih-AN in einen anderen Betrieb desselben Entleihunternehmens versetzt wird.

105a Nicht gefolgt werden kann der Auffassung *Hamanns* (in Schüren/Hamann/*Hamann*, § 14 Rn. 59), wonach dem Entleiher eine Beeinflussung der BR-Wahl durch die gezielte Bestimmung von Anfang bzw. Ende der Laufzeit von ANÜ-Verträgen möglich sein soll. Insofern liegt ein Verstoß gegen das Verbot der Behinderung der BR-Wahl (§ 20 Abs. 1 BetrVG) vor. Auch kommt eine Strafbarkeit nach § 119 Abs. 1 Nr. 1 BetrVG in Betracht.

b. Betriebsverfassungsrechtliche Individualrechte des Leiharbeitnehmers (Abs. 2 S. 2 und 3)

Aus der Betriebszugehörigkeit des Leih-AN zum Entleiherbetrieb folgt, dass dem Leih-AN im Entleiherbetrieb grundsätzlich alle Rechte des BetrVG zustehen. Die in Abs. 2 S. 2 und 3 getroffene Regelung hat insofern eher **klarstellende Funktion** und enthält nur **beispielhaft** eine Reihe betriebsverfassungsrechtlicher Ansprüche (*BAG* v. 15.12.1992, AP Nr. 7 zu § 14 AÜG; *Boemke/Lembke*, § 14 Rn. 70; Ulber/*zu Dohna-Jaeger*, AÜG, § 14 Rn. 76).

106

(Abs. 2 S. 2) Nach Abs. 2 S. 2 ist der Leih-AN zum Besuch der **Sprechstunden** von BR sowie Jugend- und Auszubildendenvertretungen (§ 39 Abs. 1 und 2 BetrVG) berechtigt. Eine gegenständliche Beschränkung des Rechts auf Angelegenheiten, die für den Leih-AN im Entleiherbetrieb zu regeln sind (so: *Boemke/Lembke*, § 14 Rn. 71), ist mit dem Gesetz nicht vereinbar (wie hier: Schüren/Hamann/*Hamann*, § 14 Rn. 73). Auch außerhalb der Sprechstunden (z.B. bei Gesprächen am Rande von Betriebsversammlungen oder am Arbeitsplatz) kann der Leih-AN Kontakt zum Entleiherbetriebsrat aufnehmen. Für die Zeit des Arbeitsausfalls besteht der **Vergütungsanspruch** des Leih-AN gegen den Verleiher fort (Ulber/*zu Dohna-Jaeger*, AÜG, § 14 Rn. 80). Soweit im ANÜ-Vertrag keine andere Regelung getroffen wurde, hat der Entleiher dem Verleiher die ausgefallenen Zeiten wie vom Leih-AN geleistete Arbeit zu vergüten (*Boemke/Lembke*, § 14 Rn. 72; Schüren/Hamann/*Hamann*, § 14 Rn. 79; Ulber/*zu Dohna-Jaeger*, AÜG, a.a.O.).

107

Der Leih-AN ist berechtigt an **Betriebsversammlungen** im Entleihbetrieb, einschließlich Teil- und Abteilungsversammlungen (§ 42 BetrVG), sowie **Jugend- und Auszubildendenversammlungen** (§ 71 BetrVG) teilzunehmen. Bei den **Schwellenwerten** nach § 71 Abs. 1 BetrVG sind **schwerbehinderte** Leih-AN und sonstige Fremdfirmenbeschäftigte mitzuzählen (§ 73 Abs. 1 SGB IX). Entsprechendes gilt für **Mitarbeiterversammlungen**, die auf Initiative des Entleihers einberufen werden (Ulber/*zu Dohna-Jaeger*, AÜG, § 14 Rn. 82). Ausfallzeiten, die durch die Teilnahme entstehen, sind dem Leih-AN vom Verleiher auch dann wie Arbeitszeit zu **vergüten**, wenn sie außerhalb der Arbeitszeit (zu der die Teilnahme an Betriebsversammlungen nicht zählt; *BAG* v. 14.11.2006, NZA 07, 458) stattfinden (§ 44 Abs. 1 S. 2 und 3 BetrVG). Dasselbe gilt für **Wegezeiten**, die dem Leih-AN durch den Besuch von Betriebsversammlungen

108

entstehen (hinsichtlich des Schuldners a. A. *Boemke/Lembke*, § 14 Rn. 73). Hinsichtlich der Vergütungspflicht des Entleihers gelten die Ausführungen zu Sprechstunden (Rn. 107) entsprechend.

109 (**Mitwirkungs- und Beschwerderechte; Abs. 2 S. 3 i. V. m. §§ 81 ff. BetrVG**) Nach Abs. 2 S. 3 stehen dem Leih-AN die in §§ 81 ff. BetrVG geregelten Mitwirkungs- und Beschwerderechte auch im Entleiherbetrieb zu (*Fitting*, § 81 Rn. 2). Die Vorschriften gelten auch in betriebsratslosen Betrieben (DKKW/*Buschmann*, § 81 Rn. 4; Ulber/*zu Dohna-Jaeger*, AÜG, § 14 Rn. 84). Von einer Geltung im Entleiherbetrieb ausgenommen sind gem. Abs. 2 S. 3 § 82 Abs. 2 und § 83 BetrVG. Auf Grund des nicht abschließenden Charakters von Abs. 2 S. 3 bedeutet dies jedoch nicht, dass entsprechende Ansprüche ausgeschlossen sind. Anstelle des **Auskunftsanspruchs** bezüglich des **Arbeitsentgelts** (§ 82 Abs. 2 BetrVG) steht dem Leih-AN gegen den Entleiher der entsprechende Anspruch aus § 13 zu. Daneben sind die **Entwicklungsmöglichkeiten** des Leih-AN im Entleiherbetrieb auch außerhalb des Informationsanspruch nach § 13a zu erörtern (Ulber/*zu Dohna-Jaeger*, AÜG, § 14 Rn. 85). Der von Abs. 2 S. 3 ausgenommene Anspruch auf **Einsicht in die Personalakten** gem. § 83 BetrVG (zum Begriff vgl. *BAG* v. 16. 10. 2007 – 9 AZR 110/07; *Fitting*, § 83 Rn. 5) hat nur Bedeutung, soweit die Personalakte ausschließlich beim Verleiher geführt wird (*Boemke/Lembke*, § 14 Rn. 80; Ulber/*zu Dohna-Jaeger*, AÜG, § 14 Rn. 87). Werden demgegenüber vom Entleiher schriftliche Aufzeichnungen über die Person, das Verhalten oder die Leistungen des Leih-AN erstellt, oder werden Mitarbeitergespräche nach §§ 81, 82 Abs. 2 BetrVG dokumentiert oder EDV-mäßig gespeichert, steht dem Leih-AN auch gegen den Entleiher ein Anspruch auf Einsicht in die Personalakte zu (Ulber/*zu Dohna-Jaeger*, AÜG, § 14 Rn. 87).

c. Unterrichtungs- und Erörterungspflichten des Entleihers (Abs. 2 S. 3 i. V. m. § 81 BetrVG)

110 Nach § 81 Abs. 1 S. 1 BetrVG hat der Entleiher den Leih-AN **vor Aufnahme** der Tätigkeit und bei späteren Änderungen seines Arbeitsbereichs (§ 81 Abs. 2 BetrVG) oder seines **Tätigkeitsfeldes** (§ 81 Abs. 4 S. 2 BetrVG) über seinen **Aufgabenbereich**, die **Art seiner Tätigkeit** und deren **Einordnung in die Betriebsabläufe** sowie dessen **Verantwortung** rechtzeitig zu unterrichten. Die **Unterrichtungspflichten** erstrecken sich u. a. auf den Arbeitsplatz, die Arbeitsgeräte, Bedienungshinweise und die Beschaffenheit der Arbeitsstoffe (*Fitting*, § 81 Rn. 4).

111 Der Entleiher ist nach § 12 Abs. 2 ArbSchG verpflichtet, den Leih-AN über die **Arbeitssicherheit** und den **Gesundheitsschutz** im Betrieb vor Aufnahme der Tätigkeit und bei späteren Veränderungen zu unterweisen. Nach § 12 Abs. 2 ArbSchG hat die Unterweisung den unterschiedlichen subjektiven Voraussetzungen (z. B. mangelndes Erfahrungswissen) und Qualifikationen des Leih-AN Rechnung zu tragen. Durch § 81 Abs. 1 S. 2 BetrVG werden die Unterrichtungspflichten des Entleihers bezüglich des Arbeits- und Gesundheitsschutzes ergänzt. Der Entleiher ist danach verpflichtet, den Leih-AN auch über Unfall- und Gesundheitsgefahren sowie Maßnahmen der Gefahrenabwehr zu unterrichten (Ulber/*zu Dohna-Jaeger*, AÜG, § 14 Rn. 88). Vor jedem Einsatz von Leih-AN ist daneben eine Gefährdungsbeurteilung nach §§ 4 ff. ArbSchG vorzunehmen.

Soweit gesetzliche Vorschriften dem AG einen **Gestaltungsspielraum** bei der Unterrichtung belassen, hat der Entleiherbetriebsrat (insbesondere im Hinblick auf § 12 Abs. 2 ArbSchG) nach § 87 Abs. 1 Nr. 7 BetrVG über die Konkretisierung der Belehrungsgrundsätze, die Unterweisungsgrundsätze (*BAG* v. 8.11.2011 – 1 ABR 42/10) und Methoden **mitzubestimmen** (*Fitting*, § 81 Rn. 16). **112**

(Anhörungsrechte nach § 82 Abs. 1 BetrVG) Dem Leih-AN steht gegen den Entleiher nach § 82 Abs. 1 BetrVG in allen betrieblichen Angelegenheiten, die seine Person betreffen, ein Anhörungs- und Erörterungsrecht zu (Rn. 109). Er ist berechtigt, Vorschläge zur Gestaltung des Arbeitsplatzes und der Arbeitsabläufe zu unterbreiten (vgl. auch § 17 Abs. 2 ArbSchG). Das Erörterungsrecht umfasst auch die beruflichen Entwicklungsmöglichkeiten des Leih-AN beim Entleiher und darauf bezogene Vorschläge für eine **Übernahme** in ein ArbV (Ulber/*zu Dohna-Jaeger*, AÜG, § 14 Rn. 59). **113**

(Beschwerde- und Vorschlagsrechte nach §§ 84 ff. BetrVG) Nach Abs. 2 S. 3 stehen dem Leih-AN die in §§ 84 bis 86 a BetrVG erwähnten Beschwerde- und Vorschlagsrechte auch im Entleiherbetrieb zu. § 86 a BetrVG ist zwar in Abs. 2 S. 3 nicht ausdrücklich erwähnt; der Geltungsbereich von § 86 a BetrVG erstreckt sich jedoch auch auf Leih-AN und sonstige betriebliche Fremdfirmenbeschäftigte (*Fitting*, § 86 a Rn. 4; Ulber/*zu Dohna-Jaeger*, AÜG, § 14 Rn. 93). **114**

Nach §§ 84 f. BetrVG steht es dem Leih-AN frei, ob er sich (ggf. unter Hinzuziehung eines Mitglieds des Entleiherbetriebsrats; § 84 Abs. 1 S. 2 BetrVG) unmittelbar beim Entleiher oder beim Entleiherbetriebsrat (§ 85 BetrVG) über eine individuelle **Benachteiligung** (§ 2 AGG), ungerechte Behandlung (z. B. wegen Verstoßes gegen den Gleichbehandlungsgrundsatz) oder sonstige Beeinträchtigungen **beschwert**. Einzelheiten des **Beschwerdeverfahrens** können in einem TV oder in einer BV geregelt werden (§ 86 S. 1 BetrVG). **115**

In Ergänzung zum **Benachteiligungsverbot** gem. § 612 a BGB, § 2 AGG dürfen dem Leih-AN aus der Erhebung der Beschwerde keine Nachteile erwachsen (§ 84 Abs. 3 BetrVG). Liegt die Ursache der Beschwerde nach dem Vortrag des Leih-AN in den Verhältnissen im Entleiherbetrieb oder betrifft sie den allgemeinen Persönlichkeitsschutz des Leih-AN, liegt eine Benachteiligung auch vor, wenn der **116**

Entleiher dem Verleiher die Erhebung der Beschwerde oder deren Inhalt mitteilt (Ulber/*zu Dohna-Jaeger*, AÜG, § 14 Rn. 94). Dies gilt grundsätzlich auch, wenn sich die Beschwerde als unbegründet erweist (*LAG Köln* v. 20. 1. 1999, LAGE § 626 BGB Nr. 128).

117 **Verstößt** der Entleiher gegen das Benachteiligungsverbot nach § 84 Abs. 3 BetrVG, ist er dem Leih-AN wegen Verstoßes gegen ein Schutzgesetz i. S. v. § 823 Abs. 2 BGB und gem. §§ 280, 241 S. 2, 311 Abs. 3 BGB zum **Schadensersatz** verpflichtet (*Fitting*, § 84 Rn. 20; Ulber/*zu Dohna-Jaeger*, AÜG, § 14 Rn. 94).

118 Der Entleiher hat den Leih-AN über die Beschwerde zu **bescheiden** (§ 84 Abs. 2 BetrVG) und im Falle ihrer Berechtigung ihr **abzuhelfen**. Geht der Entleiher der Beschwerde nicht nach oder hilft er der Beschwerde nicht ab, kann sich der Leih-AN je nach Art des Verstoßes an die zuständige Aufsichtsbehörde (vgl. § 17 Abs. 2 ArbSchG) wenden oder bei Vorliegen einer Straftat Anzeige erstatten (vgl. hierzu *BAG* v. 7. 12. 2006, NZA 07, 502 und v. 3. 7. 2003, NZA 04, 427; *Fitting*, § 84 Rn. 21).

119 Bestehen zwischen Entleiher und Entleiherbetriebsrat **Meinungsverschiedenheiten** über die Berechtigung der Beschwerde, kann der BR nach § 85 Abs. 2 BetrVG die **Einigungsstelle** bzw. die betriebliche Beschwerdestelle (vgl. § 86 S. 2 BetrVG) anrufen. Die Einigungsstelle kann die Beschwerde durch Spruch verbindlich entscheiden.

4. Beteiligungsrechte des Entleiherbetriebsrats (Abs. 3)

a. Anwendungsbereich der Norm

120 Die Beteiligungsrechte des Entleiherbetriebsrats bei der Beschäftigung von Leih-AN sind in Abs. 3 **nicht abschließend** geregelt (*BAG* v. 5. 12. 1992, AP Nr. 7 zu § 14 AÜG; Schüren/Hamann/*Hamann*, § 14 Rn. 72; Ulber/*zu Dohna-Jaeger*, AÜG, § 14 Rn. 95). Vielmehr bestimmt sich die Zuständigkeit von Verleiher- und/oder Entleiherbetriebsrat für Leih-AN in beteiligungspflichtigen Angelegenheiten nach dem konkret zu regelnden Gegenstand und der darauf bezogenen Entscheidungsmacht des AG (*LAG Hamm* v. 26. 8. 2005 – 13 TaBV 147/04; *Dörner*, FS Wissman, 291; vgl. Rn. 25 ff. und 69 ff.). Kann der Entleiher auf Grund des ihm zustehenden Direktionsrechts Maßnahmen anordnen, ist auch eine Zuständigkeit des Entleiherbetriebsrats gegeben.

121 Von Abs. 3 werden alle Fälle erlaubnispflichtiger **ANÜ** sowie der ANÜ von Kleinunternehmen nach § 1 a und der ANÜ im Baugewerbe nach § 1 b S. 2 und 3 erfasst. Auch bei illegalen Schweinwerkverträgen und sonstigen Fällen **illegaler ANÜ** kommt die Vorschrift unmittelbar zur Anwendung (*BAG* v. 31. 1. 1989, AP Nr. 33 zu § 80 BetrVG 1972 und v. 22. 3. 2000, NZA 00, 1119; *HessLAG* v. 27. 11. 2003, NZA-RR 04, 343; Ulber/*zu Dohna-Jaeger*, AÜG, § 14 Rn. 187; a. A. Schüren/*Hamann*, § 14 Rn. 142). Keine unmittelbare Anwendung findet die Vorschrift dagegen bei legalen **werk- und dienstvertraglichen Einsatzformen** (vgl. hierzu 284 ff.).

Bei Formen **privilegierter ANÜ** nach § 1 Abs. 3 (zur Konzernleihe vgl. *HessLAG* v. 27.11.2003, NZA-RR 04, 343) sowie der Abordnung zu einer **Arge** nach § 1 Abs. 2 (a. A. Schüren/Hamann/*Hamann*, § 14 Rn. 142) besteht im Ergebnis weitgehend Einigkeit, dass die in Abs. 3 enthaltenen Beteiligungsrechte dem BR des Einsatzbetriebs zustehen. Auf Grund der unterschiedlichen Auffassungen zur Betriebszugehörigkeit des Leih-AN (Rn. 95 f.) ist lediglich strittig, ob in diesen Fällen Abs. 3 entsprechend anzuwenden ist (so *BAG* v. 25.1.05, DB 05, 1693) oder ob sich die Beteiligungsrechte unmittelbar aus dem BetrVG herleiten lassen (so Schüren/Hamann/*Hamann*, § 14 Rn. 142; vgl. Ulber/*zu Dohna-Jaeger*, AÜG, § 14 Rn. 186 ff.). **122**

b. Allgemeine Aufgaben des Entleiherbetriebsrats

Kann der Entleiher auf Grund des **Direktionsrechts** Maßnahmen für Leih-AN anordnen, werden die Beteiligungsrechte des Entleiherbetriebsrats ausgelöst (*Fitting*, § 5 Rn. 2678; Schüren/Hamann/*Hamann*, § 14 Rn. 118, 240). Eine Zuständigkeit des Entleiherbetriebsrats ist insbesondere gegeben, wenn der Entleiher eine **mitbestimmungspflichtige Maßnahme** trifft, von der auch Leih-AN erfasst werden (*BAG* v. 19.6.2001, NZA 01, 1263). **123**

Ist es dem Entleiher verwehrt, von seinem Direktionsrecht Gebrauch zu machen (z.B. bei der Auszahlung des Arbeitsentgelts; § 87 Abs. 1 Nr. 4 BetrVG), oder ist allein der **Verleiher** befugt, **Entscheidungen** zu treffen, die den Bestand oder den Inhalt der gegenseitigen Leistungspflichten aus dem ArbV betreffen (z.B. Kündigung, Vereinbarung von Elternzeit, Änderungen bei der Dauer der vertraglichen Arbeitszeit), kommt dem Entleiher keine Entscheidungsmacht zu, die durch Beteiligungsrechte des Entleiherbetriebsrats begrenzt werden könnte. Hier besteht eine ausschließliche Zuständigkeit des Verleiherbetriebsrats. **124**

(**§ 75 BetrVG; Gleichbehandlungspflichten**) Nach § 75 Abs. 1 BetrVG werden die Betriebsparteien gemeinsam verpflichtet, die Einhaltung der Grundsätze von Recht und Billigkeit im Betrieb zu gewährleisten und diskriminierende Behandlungen zu unterbinden. Eine **Ungleichbehandlung** ist auch betriebsverfassungsrechtlich unzulässig (*Boemke/Lembke*, § 14 Rn. 84). Die Pflicht zur Gleichbehandlung erstreckt sich auf alle **im Betrieb tätigen Personen** und schließt die Verpflichtungen nach dem **AGG** ein (*Oberwetter*, BB 07, 1109). Leih-AN sind insofern ebenso wie **sonstige Fremdfirmenbeschäftigte** (unabhängig vom Bestehen eines ArbV zum Entleiherbetrieb) in den Schutz der Betriebsverfassung eingebunden (DKKW/*Berg*, § 75 **125**

§ 14 Mitwirkungs- und Mitbestimmungsrechte

Rn. 10; *Fitting*, § 75 Rn. 12.; Ulber/*zu Dohna-Jaeger*, AÜG, § 14 Rn. 95).

126 Soweit Maßnahmen im Entleiherbetrieb die Rechtsstellung des Leih-AN berühren (z. B. bei der Lage der Arbeitszeit), haben BR und Entleiher die Gleichbehandlungspflichten einschließlich der Pflichten nach dem AGG zu beachten (§ 6 Abs. 2 S. 2 AGG). Hiergegen **verstoßende BV** sind unzulässig (*Boemke/Lembke*, § 14 Rn. 84).

127 Auch die Pflicht, die **freie Persönlichkeit** des AN zu **schützen** und zu fördern (§ 75 Abs. 2 BetrVG), erstreckt sich im Entleiherbetrieb auf Leih-AN (*Boemke/Lembke*, § 14 Rn. 85; Schüren/Hamann/*Hamann*, § 14 Rn. 219 f.). Dies folgt bereits aus den allgemeinen Fürsorgepflichten des Entleihers gegenüber Leih-AN (§ 1 Rn. 69). Nach § 6 Abs. 2 S. 2 AGG gilt der Entleiher als AG des Leih-AN und hat die **Benachteiligungsverbote** auch gegenüber Leih-AN zu beachten.

128 § 75 BetrVG dient dem Zweck, sowohl den allgemeinen arbeitsrechtlichen Gleichbehandlungsgrundsatz und die Einhaltung des AGG zu verwirklichen (SchürenHamann/*Hamann*, § 14 Rn. 220; Ulber/*zu Dohna-Jaeger*, AÜG, § 14 Rn. 95; *Oberwetter*, BB 07, 1109) als auch die Einhaltung der **Gleichstellungsgrundsätze nach §§ 3 Abs. 1 Nr. 3, 9 Nr. 2 sicherzustellen**. Ungeachtet der betriebsverfassungsrechtlichen Auswirkungen des Gleichstellungsgebot nach § 9 Nr. 2 auf die Beteiligungsrechte des Entleiherbetriebsrats (Rn. 149 ff.) sind Bezugspunkt des Gleichstellungsgebots immer die im Entleiherbetrieb geltenden Regelungen und die Arbeitsbedingungen eines vergleichbaren Stammarbeitnehmers. Darauf bezogene Entscheidungen können ausschließlich im Entleiherbetrieb getroffen werden und entziehen sich einer Regelungskompetenz des Verleihers.

129 Soweit die Auffassung vertreten wird, dass der Entleiher-BR nicht befugt ist, die **Rechtsfolgen** von Verstößen gegen die vom Verleiher zu gewährenden Arbeitsbedingungen (z. B. bei der Eingruppierung) im Rahmen einer Zustimmungsverweigerung bei der Einstellung geltend zu machen (so *BAG* v. 17. 6. 2008, DB 2008, 2658 u. v. 25. 1. 2005, NZA 05, 1199; Schüren/Hamann/*Hamann*, § 14 Rn. 220; a. A. Ulber/*zu Dohna-Jaeger*, AÜG, § 14 Rn. 199; *Grimm/Brock*, DB 03, 1113; vgl. Rn. 225 ff.), hat dies keine Auswirkungen darauf, dass die **anspruchsbegründenden Voraussetzungen** des Gleichstellungsanspruchs durch Entscheidungen im Entleiherbetrieb unter Beachtung der Mitwirkungsrechte des Entleiher-BR geschaffen werden. Bei den gesetzlichen Gleichstellungsansprüchen gilt dies uneingeschränkt. Aber auch soweit ein TV zur ANÜ Anwendung kommt, ergeben sich sowohl hinsichtlich der **Festlegung des vergleichbaren AN** als auch bezüglich derjenigen Arbeitsbedingungen, für die eine tarifliche **Regelungslücke** besteht (vgl. § 10 Rn. 61), Beteiligungsrechte des Entleiher-BR.

130 **(§ 80 BetrVG; allgemeine Aufgaben)** Die allgemeinen Aufgaben des BR nach § 80 BetrVG erstrecken sich grundsätzlich auch auf

Mitwirkungs- und Mitbestimmungsrechte § 14

Leih-AN (*BAG* v. 31.1.1989, DB 89, 982; Ulber/*zu Dohna-Jaeger,* AÜG, § 14 Rn. 97). Die Überwachungs- und Unterrichtungsrechte nach § 80 Abs. 1 und 2 BetrVG bestehen auch während eines **Arbeitskampfes** (*BAG* v. 10.12.2002, AP Nr. 59 zu § 80 BetrVG 1972).

(§ 80 Abs. 1 Nr. 1) Der Entleiher-BR hat darüber zu wachen, dass zugunsten des Leih-AN alle im Betrieb geltenden Vorschriften eingehalten werden. Er hat insbesondere die Einhaltung der Vorschriften des **AÜG** und des **Arbeitsschutzes** zu überwachen. Hierbei hat er u.a. darauf zu achten, dass die nach § 2 Abs. 1 S. 1 Hs. 2 ArbZG geltenden Höchstgrenzen der Arbeitszeit unter Berücksichtigung von Arbeitszeiten des Leih-AN in anderen Betrieben nicht überschritten werden. Bei Beschäftigung **ausländischer Leih-AN** hat er einen Anspruch auf **Vorlage** der entsprechenden Aufenthalts- bzw. Arbeitsberechtigung (Einl. Rn. 64). **131**

Der Entleiher-BR hat darüber zu wachen, dass die Beschäftigung des Leih-AN nicht gegen im Entleiherbetrieb geltende **TV oder BV** verstößt. Dies gilt insbesondere, wenn die Gleichstellungsgrundsätze von §§ 3 Abs. 1 Nr. 3, 9 Nr. 2 zur Anwendung kommen (Thüsing/*Thüsing*, § 14 Rn. 104; Ulber/*zu Dohna-Jaeger,* AÜG, § 14 Rn. 95). Sehen TV (z.B. dem TV in der Stahlindustrie vgl. Ulber/*Ulber, J.*, AÜG, § 9 Rn. 130) oder BV vor, dass eine Beschäftigung im Entleiherbetrieb nur zu bestimmten Bedingungen erfolgen darf (z.B. Mindestdauer der Arbeitszeit von Teilzeitbeschäftigten), oder enthalten BV Kriterien, unter denen die Beschäftigung von Leih-AN zulässig oder ausgeschlossen ist (vgl. z.B, § 4c TV LeiZ), ist der BR verpflichtet, deren Einhaltung zu überwachen. **132**

(§ 80 Abs. 1 Nr. 2 BetrVG) Nach § 80 Abs. 1 Nr. 2 ist der Entleiher-BR befugt, auch für Leih-AN **fördernde Maßnahmen** im Betrieb zu beantragen (Thüsing/*Thüsing*, § 14 Rn. 105). In diesem Rahmen kann er insbesondere Vorschläge für eine verbesserte Eingliederung und eine Übernahme des Leih-AN in ein ArbV unterbreiten. **133**

(§ 80 Abs. 1 Nr. 2a und 2b BetrVG) Nach § 80 Abs. 1 Nr. 2a und 2b BetrVG hat der BR auch bei der Beschäftigung von Leih-AN die **Gleichstellung** von Männern und Frauen und die Vereinbarkeit von Beruf und Familie zu fördern (*Boemke/Lembke*, § 14 Rn. 89). Soweit **Frauenförderpläne** im Betrieb bestehen, sind diese auch bei der Einstellung und Beschäftigung von Leih-AN zu beachten. **134**

(§ 80 Abs. 1 Nr. 4 und 6 BetrVG) Die Verpflichtung des BR, die Eingliederung **Schwerbehinderter** und sonstiger **schutzbedürftiger** oder **älterer Personen** zu fördern, gilt auch bei der Beschäftigung von Leih-AN (Thüsing/*Thüsing*, § 14 Rn. 108f.; Ulber/*zu Dohna-Jaeger,* AÜG, § 14 Rn. 101; a.A. Schüren/Hamann/*Hamann*, § 14 Rn. 229; *Boemke/Lembke*, § 14 Rn. 91; vgl. Rn. 53 und 252). Ihr kommt im Zusammenhang mit der Beschäftigung von Leih-AN eine besondere Bedeutung zu. Der Aufbau sog. »olympiareifer Stammbelegschaften« **135**

sowie das mangelnde gesellschaftliche Verantwortungsbewusstsein der Verleiher grenzen die Möglichkeiten zur beruflichen Integration dieses Personenkreises immer weiter ein. Der BR ist u. a. berechtigt, Maßnahmen zu beantragen, die die Einhaltung der **Beschäftigtenquote** in Bezug auf Schwerbehinderte (§§ 71 ff. SGB IX) bei der **Stammbelegschaft** sicherstellen. Daneben hat er auch darauf zu achten, dass im Betrieb für die Stammbelegschaft geltende Quoten zur Beschäftigung älterer, schwerbehinderter oder leistungsgeminderter AN auch bei Einsatz von Leih-AN eingehalten werden. Der Entleiher kann sich seiner Pflicht zur Beschäftigung schwerbehinderter Menschen nicht dadurch entziehen, dass er Fremdfirmenarbeitnehmer im Betrieb einsetzt (*HessLAG* v. 24. 4. 2007 – 4 TaBV 24/07).

136 (**§ 80 Abs. 1 Nr. 7 und 8 BetrVG**) Die Förderung der **Integration ausländischer AN** fällt auch bei Einsatz von Leih-AN in den Aufgabenbereich des Entleiherbetriebsrats (Schüren/Hamann/*Hamann*, § 14 Rn. 224). Im Rahmen von Nr. 8 hat er darauf zu achten, dass durch den Einsatz von Leih-AN keine Gefahren hinsichtlich der **Sicherung und Förderung der Beschäftigung** im Betrieb erwachsen. Hier liegt es im Interesse des Entleiherbetriebsrats, den Einsatz von Leih-AN zur Sicherung der bestehenden ArbV möglichst zu verhindern (Schüren/Hamann/*Hamann*, § 14 Rn. 232).

137 (**§ 80 Abs. 1 Nr. 9**) Ergänzend zu §§ 80 Abs. 1 Nr. 1, 89 BetrVG hat der BR nach § 80 Abs. 1 Nr. 9 BetrVG die Aufgabe, **Maßnahmen** des **Arbeitsschutzes** für Leih-AN zu fördern. Er kann insbesondere Vorschläge unterbreiten, wie Unfall- und Gesundheitsgefahren, die durch die mangelnde Kenntnis der Betriebsabläufe bei Leih-AN erhöht sind, durch präventive Maßnahmen und besondere Unterrichtungspflichten bei der Unterweisung nach § 12 Abs. 2 ArbSchG begegnet werden kann.

138 (**§ 80 Abs. 2 BetrVG**) Nach § 80 Abs. 2 S. 1 BetrVG erstrecken sich die **Unterrichtungspflichten** des Entleihers auf alle **im Betrieb beschäftigten Personen** und damit auch auf Leih-AN und sonstige Fremdfirmenbeschäftigte. Der Entleiher ist verpflichtet, dem Entleiher-BR auf dessen Verlangen alle im Zusammenhang mit der ANÜ und dem Einsatz von Fremdfirmenbeschäftigten abgeschlossenen **Vereinbarungen** einschließlich etwaiger Vertragsentwürfe, Ergänzungen und Nebenbestimmungen (z. B. allgemeine Geschäftsbedingungen) **vorzulegen** (§ 80 Abs. 2 S. 2 BetrVG). Der TV LeiZ (vgl. § 9 Rn. 78 a ff.) sieht vor, dass der BR Einsicht in die Verträge nehmen kann, um die Einhaltung von Besservereinbarungen des Entleihbetriebs für Leih-AN durch entsprechende Absprachen im ANÜ-Vertrag zu überprüfen (*Schumann*, AiB 2012, 423). Auch Werk- und Dienstverträge einschließlich der Kontrolllisten sowie die Verträge mit freien Mitarbeitern werden von der Vorlagepflicht erfasst (*BAG* v. 31. 1. 1989, AP Nr. 33 zu § 80 BetrVG 1972). Die Vorlage hat so

rechtzeitig zu erfolgen, dass der BR noch Einfluss auf die Vertragsgestaltung nehmen kann (*LAG Köln* v. 9.8.1989, AiB 90, 76).

Die Unterrichtungspflichten des Entleihers sind **umfassend** (*Boemke/Lembke*, § 14 Rn. 95). Sie beschränken sich nicht auf Auskünfte, die der Entleiher nach § 99 Abs. 1 BetrVG bei der Einstellung von Leih-AN erteilen muss. Vielmehr muss der Entleiher im Rahmen von § 80 BetrVG alle Angaben machen, die zur Prüfung der Wirksamkeit der Verträge und zur Prüfung etwaiger Beteiligungsrechte des Entleiherbetriebsrats erforderlich sind oder die den Stellenwert der Beschäftigung von Leih-AN im Rahmen der mittel- und langfristigen Personalbedarfsdeckung betreffen (*Ulber/zu Dohna-Jaeger*, AiB 07, 705). Dies betrifft insbesondere alle Daten, die der Betriebsrat benötigt, um die Einhaltung der Grenzen einer **vorübergehenden ANÜ** zu prüfen. Auch ist der Entleiher verpflichtet, Auskünfte zu allen arbeitnehmerbezogenen Daten (z. B. Umfang der arbeitsvertraglichen Pflichten des Leih-AN) zu machen, die für die Wahrnehmung von Beteiligungsrechten von Bedeutung sind. Der Entleiher hat dem BR Einsicht in die Listen über die Einsatztage und Einsatzzeiten von Fremdfirmenbeschäftigten zu geben (*LAG Baden-Württemberg* v. 14.7.2006 – 5 TaBV 6/05). **139**

c. Geltungsbereich von Betriebsvereinbarungen

Aus den **Gleichstellungsgrundsätzen** gem. §§ 3 Abs. 1 Nr. 3, 9 Nr. 2 folgt, dass grundsätzlich alle **BV**, die im Entleiherbetrieb zu den materiellen Arbeitsbedingungen abgeschlossen werden, auch für Leih-AN während ihres Einsatzes Anwendung finden (*Boemke/Lembke*, § 14 Rn. 129; *Ulber/zu Dohna-Jaeger*, AÜG § 14 Rn. 184). Dem Entleiherbetriebsrat steht ein **Durchführungsanspruch** und bei Verstößen ein Unterlassungsanspruch zu (*Schüren/Hamann/Hamann*, § 14 Rn. 296; *Ulber/zu Dohna-Jaeger*, AÜG, § 14 Rn. 180). **140**

Soweit Beteiligungsrechte des Entleiherbetriebsrats (zumindest auch) für Leih-AN bestehen, gelten darauf beruhende **BV** nach § 77 Abs. 4 BetrVG auch für Leih-AN **unmittelbar** und **zwingend** (*LAG Berlin-Brandenburg* v. 9.8.2012 – 5 TaBV 770/12; *Ulber/zu Dohna-Jaeger*, AÜG, § 14 Rn. 180). Dies gilt insbesondere im Bereich der Mitbestimmung in sozialen Angelegenheiten nach § 87 BetrVG (Rn. 149 ff.). Einer ausdrücklichen Einbeziehung in den Geltungsbereich der BV bedarf es nicht (*LAG Berlin-Brandenburg*, a. a. O.). Auch eine vertragliche Übernahme durch die Parteien des Leiharbeitsvertrags ist nicht erforderlich. Ausgeschlossen ist die Geltung von BV für Leih-AN nur, wenn dies aus sachlichen Gründen (z. B. nach § 13 b S. 1 Hs. 2) unter Beachtung des Gleichbehandlungsgebots gerechtfertigt und ausdrücklich festgelegt ist. Gleiches gilt, wenn die Auslegung der BV einen wirksamen Ausschluss von Leih-AN aus dem Anwendungsbereich ergibt (*LAG Frankfurt* a. M. v. 17.3.1992 – 5 TaBV 147/91). **141**

§ 14 Mitwirkungs- und Mitbestimmungsrechte

142 In **zeitlicher** Hinsicht ist die Geltung von Entleiherbetriebsvereinbarungen für Leih-AN durch die Dauer deren Einsatzes beim Entleiher begrenzt.

143 Werden durch die Entleiher-BV Leistungspflichten des AG begründet, hat der Leih-AN grundsätzlich **gegen den Entleiher** einen Anspruch auf Einhaltung der BV. Der Anspruch des Leih-AN gegen den Verleiher auf Erfüllung von Ansprüchen aus der BV nach §§ 10 Abs. 4, 9 Nr. 2 bleibt hiervon unberührt. Soweit wegen der ausschließlich zum Verleiher bestehenden vertraglichen Bindung des Leih-AN nur der **Verleiher Schuldner** von Ansprüchen des Leih-AN ist (z.B. bei vereinbarten Mehrarbeitszuschlägen oder Entgeltansprüchen auf Basis von BV nach dem TV LeiZ; vgl. § 9 Rn. 78 a ff.), wird jedoch aus Entleiher-BV nur der Verleiher zur Erfüllung verpflichtet. Etwas anderes gilt nur, wenn dem Leih-AN in der Entleiher-BV unter Beachtung von § 77 Abs. 3 BetrVG ein unmittelbarer Anspruch gegen den Entleiher eingeräumt wird.

144 BV im Entleiherbetrieb müssen den tarif- und **arbeitsvertraglichen Leistungspflichten** des Leih-AN Rechnung tragen. Günstigere Absprachen im Verleiherbetrieb (z.B. im Verleiherbetrieb geltende Leistungsprämien oder verkürzte Arbeitszeiten) gehen entgegenstehenden Absprachen im Entleiherbetrieb hinsichtlich der Leistungspflichten des Leih-AN vor. Dasselbe gilt für **verschlechternde Entleiher-BV** (vgl. *BAG* v. 12.2.2000 – 1 AZR 183/00; Ulber/*zu Dohna-Jaeger,* AÜG, § 14 Rn. 100).

145 Findet ein **TV zur ANÜ** Anwendung, schließt dieser Regelungen für Leih-AN im Entleiherbetrieb nur aus, soweit auch in der regelungsbedürftigen Angelegenheit eine ausschließliche Entscheidungskompetenz des Verleihers gegeben ist (z.B. bei Auszahlung des Arbeitsentgelts, § 87 Abs. 1 Nr. 4 BetrVG). Kommen im Entleiherbetrieb **TV** zu betrieblichen oder betriebverfassungsrechtlichen Fragen zur Anwendung (§ 3 Abs. 2 TVG), gelten deren Bestimmungen auch für Leih-AN.

146 BV im Entleiherbetrieb können für Leih-AN nur gelten, wenn der Leih-AN auf Grund seiner **arbeitsvertraglichen Vereinbarungen** die in der BV geregelten Leistungspflichten zu erfüllen hat. Sie dürfen nicht zulasten des Leih-AN zusätzliche Leistungspflichten begründen oder Ansprüche des Leih-AN verkürzen (Ulber/*zu Dohna-Jaeger,* AÜG, § 14 Rn. 100). Bei BV, die für den Leih-AN günstigere Regelungen enthalten, gilt demgegenüber das Günstigkeitsprinzip (DKKW/*Berg,* § 77 Rn. 33; Ulber/*zu Dohna-Jaeger,* AÜG, § 14 Rn. 100).

147 Ist es auf Grund der vertraglichen Leistungspflichten des AN nicht möglich, beim Entleiher bestehende kollektive Regelungen einzuhalten, muss der Verleiher den Leih-AN einem anderen Entleiher überlassen. Der Entleiher ist bei Abschluss des ANÜ-Vertrags verpflichtet, den Verleiher auf Leistungsansprüche des Leih-AN oder Grenzen hinsichtlich der Nutzung der Arbeitskraft hinzuweisen, die sich aus bestehenden BV oder MBR des BR ergeben können (*BAG* v. 18.4.2000, NZA 00, 1167).

Bei Maßnahmen des Entleihers, die gegen BV verstoßen, steht dem BR ein **Unterlassungsanspruch** zu, der auch im Wege der einstweiligen Verfügung durchgesetzt werden kann (*BAG* v. 29.4.2004, NZA 04, 670; Schüren/*Hamann*, § 14 Rn. 296; Ulber/*zu Dohna-Jaeger*, AÜG, § 14 Rn. 179). Ist ein vertragsgemäßer Einsatz des Leih-AN wegen entgegenstehender Entleiher-BV nicht möglich, ist der Entleiherbetriebsrat berechtigt, seine **Zustimmung** bei der Einstellung zu **verweigern** (Rn. 259) und die Unterlassung des Einsatzes zu verlangen.

148

d. Beteiligungsrechte in sozialen Angelegenheiten (§ 87 BetrVG)

Durch die MBR des BR nach § 87 BetrVG soll das **Weisungsrecht** des AG zum Schutz der AN **begrenzt** werden. Da der Leih-AN wie Stammbeschäftigte des Entleihers dessen Weisungsrecht unterliegen, folgt sowohl aus dem **Zweck** des MBR als auch der Betriebszugehörigkeit des Leih-AN, dass der Entleiherbetriebsrat die MBR nach § 87 BetrVG auch für Leih-AN wahrnehmen kann (h.M. vgl. *BAG* v. 19.6.2001, BB 01, 2582; *Ulber/zu Dohna-Jaeger*, AiB 07, 705). Dies gilt für alle Formen der **ANÜ**. Der **Abschluss des Mitbestimmungsverfahrens** nach § 87 BetrVG ist Voraussetzung dafür, dass der Entleiher den Leih-AN in den Regelungsgegenständen von § 87 BetrVG entsprechend seinen Vorstellungen einsetzen kann. Selbst wenn der BR der Einstellung des Leih-AN zugestimmt hat, ergreift die Zustimmungsfiktion von § 99 Abs. 3 S. 2 BetrVG nicht die erforderliche Zustimmung des BR zu beteiligungspflichtigen Angelegenheiten i.S.v. § 87 BetrVG (*LAG Baden-Württemberg* v. 5.8.2005, AiB 06, 381).

149

Ein **kollektiver Bezug** ist im Rahmen von § 87 BetrVG bei Einsatz von Leih-AN i.d.R. immer vorhanden. Er ergibt sich insbesondere daraus, dass der Entleiher eine Maßnahme statt gegenüber Leih-AN auch gegenüber Stammarbeitnehmern anordnen könnte (DKKW/*Klebe*, § 87 Rn. 22 ff.; Ulber/*zu Dohna-Jaeger*, AÜG, § 14 Rn. 146).

150

Da das Weisungsrecht des Verleihers neben dem Weisungsrecht des Entleihers besteht, hängt die Zuständigkeit des BR in sozialen Angelegenheiten davon ab, welcher AG die **beteiligungspflichtige Entscheidung** trifft (Rn. 123 f.). Soweit der Entleiher in tatsächlicher Hinsicht Direktionsrechte gegenüber Leih-AN ausübt oder wahrnehmen will, ist auch das MBR des Entleiherbetriebsrats nach § 87 BetrVG gegeben (Thüsing/*Thüsing*, § 14 Rn. 118; Ulber/*zu Dohna-Jaeger*, AÜG, § 14 Rn. 137). Hierbei kommt es nicht darauf an, ob der Entleiher in zulässiger Weise vom übertragenen Direktionsrecht Gebrauch macht oder sich bei dessen Ausübung im Rahmen der Verein-

151

§ 14 Mitwirkungs- und Mitbestimmungsrechte

barungen des ANÜ-Vertrags bewegt. Auf eine **entgegenstehende Vereinbarung im ANÜ-Vertrag** kann sich der Entleiher nicht berufen (*HessLAG* 1.9.2011 – 5 TaBV 44/11, AiB 2012, 540).

152 Besteht im Entleiherbetrieb **kein BR**, ist strittig, ob in diesem Fall der Verleiherbetriebsrat befugt ist, die MBR ersatzweise wahrzunehmen (so DKKW/*Klebe*, § 87 Rn. 126). Wegen der andernfalls entstehenden Schutzlücke und aus dem Umstand, dass auch bei Einsatz im Entleiherbetrieb das **vorrangige** Direktionsrecht des Verleihers (vgl. § 1 Rn. 59) bestehen bleibt, stehen bei fehlendem Entleiherbetriebsrat dem Verleiherbetriebsrat die MBR aus § 87 BetrVG zu. Einschränkungen ergeben sich hierbei jedoch aus § 9 Nr. 2, der Abweichungen vom Gleichstellungsgrundsatz durch BV des Verleihers ausschließt (§ 9 Rn. 66), wenn kein TV zur ANÜ Anwendung findet.

153 Das MBR besteht auch in **Eilfällen**. Dem steht nicht entgegen, dass sich die Notwendigkeit des Einsatzes von Leih-AN meist erst kurzfristig ergibt (*LAG Baden-Württemberg* v. 5.8.2005, AiB 06, 381).

154 Bei der **Ausübung des MBR** sind sowohl die Interessen der Stammbelegschaft als auch die Interessen der Leih-AN gleichwertig zu berücksichtigen (BT-Ds. 9/947, S. 8f.; DKKW/*Klebe*, § 87 Rn. 12). Eine diskriminierende **Ungleichbehandlung** verstößt gegen die Gleichbehandlungsgrundsätze und führt zur Unwirksamkeit der BV. Unterliegt der Leih-AN nach seinem **AV** (z.B. bei der Dauer der Arbeitszeit) anderen als den beim Entleiher geltenden Regelungen, müssen hieraus folgende Einschränkungen der Leistungspflichten bei der Ausübung des MBR beachtet werden. Im Grundsatz gilt dies auch, wenn ein **TV zur ANÜ** zur Anwendung kommt (Ulber/*zu Dohna-Jaeger*, AÜG, § 14 Rn. 145).

155 Tariflich **unterschiedlich geregelte Arbeitsbedingungen** von AN eines Betriebs entbinden den AG nicht von der Pflicht, alle AN im Rahmen seines Direktionsrechts gleich zu behandeln (DKKW Ulber/*zu Dohna-Jaeger*, AÜG, § 14 Rn. 142). Jede unterschiedliche Behandlung bedarf eines sachlichen Grundes (*BAG* v. 17.10.1995 – 3 AZR 882/94).

156 Im Unterschied zu den Mitwirkungsrechten bei der Einstellung gem. § 99 BetrVG kann der BR im Rahmen des § 87 BetrVG seine Zustimmung davon abhängig machen, dass der Entleiher **Gegenforderungen** des BR erfüllt, die im Zusammenhang mit dem Regelungsgegenstand in sozialen Angelegenheiten stehen und ansonsten der erzwingbaren Mitbestimmung entzogen sind (*HessLAG* v. 13.10.2005 – 5/9 TaBV 51/05; *LAG Nürnberg* v. 6.11.1990, AiB 91, 120; DKKW/*Klebe*, § 87 Rn. 16). Die MBR gem. § 87 BetrVG können insoweit auch dazu genutzt werden, Forderungen des BR nach einer Begrenzung des Einsatzes von Leih-AN, einer Gleichstellung hinsichtlich der Arbeitsbedingungen (*LAG Frankfurt* v. 17.3.1992 – 5 TaBV 147/91; Schüren/Hamann/*Hamann*, § 14 Rn. 245) oder nach einem

Abschluss von Rahmenvereinbarungen (vgl. Rn. 197 ff.) durchzusetzen.

(**§ 87 Abs. 1 Einl.-S. BetrVG**) Nach § 87 Abs. 1 Einl.-S. BetrVG ist **157** das MBR nicht gegeben, wenn die Angelegenheit gesetzlich oder tariflich abschließend geregelt ist. Soweit die **gesetzlichen Regelungen** zum **Gleichstellungsanspruch** des Leih-AN gem. § 9 Nr. 2 zur Anwendung kommen, können in einer Entleiher-BV daher im Vergleich zu Stammarbeitnehmern weder verschlechternde noch verbessernde Regelungen für Leih-AN vereinbart werden.

Bei der Frage, ob die **Regelungssperre** greift, sind ausschließlich die **158** im **Entleiherbetrieb** zur Anwendung kommenden Gesetze und TV maßgeblich. Die einseitige Tarifbindung des Entleihers reicht hierbei aus (*Fitting*, § 87 Rn. 42). Soweit TV zur ANÜ auf das Leiharbeitsverhältnis Anwendung finden, können diese die Regelungssperre im Entleiherbetrieb nicht auslösen und lassen die Regelungskompetenzen der Betriebsparteien unberührt. Die tariflichen Regelungen für Leih-AN sind jedoch zu beachten, soweit es den Umfang der Leistungspflichten des Leih-AN anbelangt (Rn. 154).

Soweit der Abschluss von **BV** im Entleiherbetrieb infolge der Regelungssperre von § 87 Einl.-Satz BetrVG **nicht zulässig** ist, gelten die **159** im Entleiherbetrieb zur Anwendung kommenden gesetzlichen und tariflichen Bestimmungen in den Regelungsbereichen des § 87 BetrVG wegen des Gleichstellungsgrundsatzes von § 9 Nr. 2 grundsätzlich auch für Leih-AN. Unterliegt das Leiharbeitsverhältnis demgegenüber einem **TV zur ANÜ**, bestehen die MBR des Entleiher-BR auch in den Fällen, in denen beim Entleiher geltende Tarifregelungen die Ausübung des MBR für die Stammbelegschaft ausschließen (vgl. Ulber/*zu Dohna-Jaeger,* AÜG, § 14 Rn. 141; ebenso Schüren/Hamann/*Hamann*, § 14 Rn. 244).

Sind in einem **TV zur ANÜ** Regelungen zu den Arbeitsbedingungen **160** von Leih-AN enthalten, werden hierdurch weder die MBR des Entleiherbetriebsrats noch die Gestaltungsmöglichkeiten der Betriebsparteien im Rahmen von § 87 BetrVG begrenzt. Verleiher und Entleiher müssen insoweit schon bei Abschluss des ANÜ-Vertrags sicherstellen, dass der Entleiherbetriebsrat das MBR uneingeschränkt ausüben kann (*BAG* v. 27.1.2004, NZA 04, 558; *HessLAG* 1.9.2011 – 5 TaBV 44/11, AiB 2012, 540).

(**§ 87 Abs. 1 Nr. 1 BetrVG; Ordnung des Betriebs**) Das MBR des **161** Entleiherbetriebsrats in Fragen der **Ordnung des Betriebs** und des **Verhaltens der AN** im Betrieb besteht auch für Leih-AN (h. M.). Das MBR nach § 87 Abs. 1 Nr. 1 BetrVG erstreckt sich auf alle beteiligungspflichtigen Sachverhalte. Einschränkungen ergeben sich in den Bereichen, für die dem Entleiher kein Direktionsrecht zusteht (z. B. Führung formalisierter **Krankengespräche**; Ulber/*zu Dohna-Jaeger,* AÜG, § 14 Rn. 104).

§ 14 Mitwirkungs- und Mitbestimmungsrechte

162 Sind in einer **BV beim Verleiher** Verhaltenspflichten geregelt, die auch bei Einsatz im Entleiherbetrieb gelten, wird hierdurch die Regelungskompetenz der Entleiherbetriebsparteien nicht eingeschränkt. Der Verleiher ist verpflichtet, den Entleiher bei Abschluss des ANÜ-Vertrags auf Grenzen hinzuweisen, die sich aus BV ergeben (*BAG v. 18.4.2000, NZA 2000, 1167*). Ist der Leih-AN auf Grund einer entsprechenden beim Verleiher geltenden Betriebsordnung nicht verpflichtet, Regelungen in einer Betriebsordnung des Entleihers einzuhalten, steht ihm ein **Leistungsverweigerungsrecht** zu.

163 Sind in einer BV Sanktionsnormen (z.B. **Betriebsbußen**) bei Fehlverhalten des AN enthalten, gelten sie grundsätzlich auch für Leih-AN (*Ulber/zu Dohna-Jaeger*, AÜG, § 14 Rn. 149). Dies gilt jedoch nicht, wenn die Sanktion der Vermeidung von personellen Einzelmaßnahmen dient (z.B. Abmahnung, Kündigung), für die der Entleiher keine Entscheidungskompetenz besitzt (*Ulber/zu Dohna-Jaeger*, AÜG, § 14 Rn. 149).

164 (**§ 87 Abs. 1 Nr. 2; Arbeitszeit**) Entscheidet der Entleiher über die Arbeitszeit von Leih-AN, steht ausschließlich dem BR des Einsatzbetriebes das Mitbestimmungs- und Initiativrecht bei der **Lage** und **Verteilung** der **Arbeitszeit** zu (*BAG v. 15.12.1992, NZA 93, 272; LAG Baden-Württemberg v. 5.8.2005, AiB 06, 381; ArbG Braunschweig v. 15.8.2005, AE 06, 286*). Das MBR umfasst sowohl Beginn und Ende der täglichen Arbeitszeit als auch deren Verteilung auf die einzelnen Wochentage. Der Einsatz von Leih-AN im Rahmen flexibler Arbeitszeitsysteme wie Gleitzeit oder Arbeitszeitkonten wird ebenfalls vom MBR des Entleiher-BR erfasst. Auch bei **Schichtarbeit, Sonn- und Feiertagsarbeit** oder bei **Rufbereitschaft** und **Bereitschaftsdiensten** von Leih-AN steht dem Entleiherbetriebsrat das MBR zu (*Ulber/zu Dohna-Jaeger*, AÜG, § 14 Rn. 152).

165 Die **TV zur ANÜ** sehen häufig vor, dass sich Lage und Dauer der Arbeitszeit von Leih-AN nach den beim Entleiher geltenden Regelungen richten (vgl. z.B. § 4.1 MTV BAP/DGB). Finden derartige tarifliche Regelungen auf das Leiharbeitsverhältnis Anwendung, erstrecken sich Regelungen beim Entleiher zu Lage und Verteilung der Arbeitszeit uneingeschränkt auf Leih-AN. Ausnahmen können jedoch bei der Verteilung der Arbeitszeit (z.B. im Rahmen von Arbeitszeitkonten) gelten, wenn die **Dauer** der regelmäßigen Arbeitszeit des Leih-AN von der regelmäßigen Arbeitszeit im Entleiherbetrieb **abweicht**. Hinsichtlich der **Dauer** der täglichen und wöchentlichen Arbeitszeit sind die Begrenzungen aus den arbeitsvertraglichen Absprachen des Leih-AN mit dem Verleiher zu beachten (*Boemke/Lembke*, § 14 Rn. 119; *Ulber/zu Dohna-Jaeger*, AÜG, § 14 Rn. 153). Ist der Leih-AN (z.B. wegen vereinbarter Teilzeitarbeit) zur Leistung einer geringeren als der beim Entleiher geltenden betriebsüblichen Arbeitszeit verpflichtet, kann er nur im Rahmen der Höchstgrenzen der vertraglich geschuldeten Arbeitszeit im Entleiherbetrieb eingesetzt werden (Schüren/Hamann/*Hamann*, § 14 Rn. 256; Ulber/*zu Dohna-Jaeger,* AÜG, § 14 Rn. 155). In diesem Fall sind für den Leih-AN Sonderregelungen vorzusehen.

Etwaige **Gleitzeitguthaben** sind während des Einsatzes beim Entleiher auszugleichen (Schüren/Hamann/*Hamann*, § 14 Rn. 256). Ist dies nicht möglich, darf der Leih-AN (auch ohne Geltendmachung des bestehenden Leistungsverweigerungsrechts) nicht im bestehenden Arbeitszeitsystem eingesetzt werden. Der BR muss dann unter Wahrnehmung seiner Schutzfunktion die Zustimmung zum Einsatz des Leih-AN im bestehenden Arbeitszeitsystem verweigern (vgl. *BAG* v. 28.1.1992, AP Nr. 95 zu § 99 BetrVG). Entstehen für den Leih-AN durch die beim Entleiher geltende Arbeitszeitregelung **Gleitzeitsalden**, bleibt der Verleiher für die Ausfallzeiten zur Zahlung des Arbeitsentgeltes verpflichtet (Ulber/*zu Dohna-Jaeger,* AÜG, § 14 Rn. 154f.; *Hamann*, AuR 02, 322). Dies gilt insbesondere, wenn mangelnde Beschäftigungsmöglichkeiten im Entleiherbetrieb (insbesondere Kurzarbeit) zu Minusstunden führen. Will der Verleiher hier seine Vergütungspflichten aus Annahmeverzug nach § 11 Abs. 4 S. 2 (vgl. § 11 Rn. 55ff.) vermeiden, muss er dem Leih-AN eine Tätigkeit bei einem anderen Entleiher zuweisen. Der Entleiher ist ggf. aus Annahmeverzug zur Zahlung der Überlassungsvergütung verpflichtet, soweit im ANÜ-Vertrag keine andere Regelung getroffen wurde. **166**

Das MBR nach § 87 Abs. 1 Nr. 2 BetrVG besteht auch, soweit der Leih-AN (im Einschichtsystem) in einen bestehenden **Dienstplan eingeordnet** werden soll (*LAG Hamm* v. 26.8.2005, EzAÜG § 14 Betriebsverfassung Nr. 63). Im **Mehrschichtbetrieb** hat der BR darüber hinaus auch bei der Einordnung von Leih-AN in das Schichtsystem und der **namentlichen Zuordnung** mitzubestimmen (*LAG Baden-Württemberg* v. 5.8.2005, AiB 06, 381). **167**

(§ 87 Abs. 1 Nr. 3; vorübergehende Änderung der Arbeitszeit) Wird vom Entleiher **Mehrarbeit** für Leih-AN angeordnet oder geduldet, steht dem BR des Entleiherbetriebs das MBR nach § 87 Abs. 1 Nr. 3 BetrVG zu (*BAG* v. 19.6.2001, BB 01, 2582; *LAG Baden-Württemberg* v. 5.8.2005, AiB 06, 381; *Boemke/Lembke,* § 14 Rn. 120; Schüren/*Hamann*, § 14 Rn. 249; Ulber/*zu Dohna-Jaeger,* AÜG, § 14 Rn. 112; *Dörner,* FS Wissmann, 291; *Fitting,* § 87 Rn. 137). Mehrarbeit liegt dabei auch vor, wenn die regelmäßige Arbeitszeit beim Entleiher die vertraglich geschuldete Arbeitszeit des Leih-AN überschreitet (*Schaub*, § 120 Rn. 96). Demgegenüber steht das MBR dem Verleiherbetriebsrat zu, wenn bereits auf Grund der Regelungen des ANÜ-Vertrags eine vorübergehende Verlängerung der Arbeitszeit des Leih-AN erforderlich ist (*BAG* a.a.O.; vgl. Rn. 84). Das bei Mehrarbeit bestehende **Initiativrecht** kann der Entleiherbetriebsrat nutzen, um anstelle des Einsatzes von Leih-AN Mehrarbeit für die Stammbelegschaft zu erreichen. Dem Entleiher ist es verwehrt, das MBR dadurch zu umgehen, dass er anstelle von beantragter bzw. vom BR **168**

§ 14 Mitwirkungs- und Mitbestimmungsrechte

abgelehnter Mehrarbeit (insbesondere zusätzlicher Wochenendschichten) Leih-AN oder sonstige Fremdfirmenbeschäftigte im Betrieb einsetzt (BAG v. 22.10.1991, NZA 92, 376; Ulber/*zu Dohna-Jaeger*, AÜG, § 14 Rn. 160;. Schüren/Hamann/*Hamann*, § 14 Rn. 265; Rn. 189).

169 Ob nach § 87 Abs. 1 Nr. 3 mitbestimmungspflichtige Mehrarbeit vorliegt, bestimmt sich nach den **beim Entleiher** geltenden Regelungen. Gilt für den Leih-AN nach seinem AV eine geringere als die beim Entleiher geltende betriebsübliche regelmäßige Arbeitszeit, liegt hinsichtlich der Verlängerung der vertraglichen Arbeitszeit des Leih-AN Mehrarbeit vor, die dem MBR des Entleiherbetriebsrats unterliegt (*BAG* v. 19.6.2001, BB 01, 2582; *Ulber/zu Dohna-Jaeger, AÜG*, § 14 Rn. 160).

170 Will der Entleiher **Kurzarbeit** einführen, ist der BR im Rahmen von § 87 Abs. 1 Nr. 3 bei gleichzeitiger Beschäftigung von Leih-AN i.d.R. zur Verweigerung der Zustimmung berechtigt (*Hamann*, AuR 02, 322; Ulber/*zu Dohna-Jaeger, AÜG*, § 14 Rn. 157). Bei Beschäftigungsmangel kann der BR von seinem **Initiativrecht** Gebrauch machen und hierbei die Verkürzung der Arbeitszeit von Leih-AN auf 0 Arbeitsstunden verlangen. Soweit Kurzarbeit trotz der Beschäftigung von Leih-AN vereinbart wird und Leih-AN von der Vereinbarung erfasst werden, bleibt der Verleiher nach § 11 Abs. 4 S. 2 (ohne Nachleistungspflicht des Leih-AN) zur Vergütung der ausfallenden Arbeitszeit verpflichtet (Schüren/Hamann/*Hamann*, § 14 Rn. 268; *Hamann*, AuR 02, 330). Im Innenverhältnis bleibt der Entleiher aus Annahmeverzug zur Zahlung der Überlassungsvergütung verpflichtet.

171 (**§ 87 Abs. 1 Nr. 4; Auszahlung des Arbeitsentgelts**) Da nur der Verleiher Schuldner des Entgeltanspruchs des Leih-AN ist (§ 1 Rn. 100 ff.), kommt ein MBR des Entleiherbetriebsrats nach § 87 Abs. 1 Nr. 4 BetrVG bei der **Auszahlung des Arbeitsentgelts** von Leih-AN i.d.R. nicht in Betracht. Ausnahmen gelten, wenn den Entleiher im Einzelfall eine Verpflichtung trifft, dem Leih-AN das Arbeitsentgelt oder Teile davon unmittelbar auszuzahlen (vgl. § 13b Rn. 1; Ulber/*zu Dohna-Jaeger*, AÜG, § 14 Rn. 161).

172 (**§ 87 Abs. 1 Nr. 5; Urlaub**) Dem Entleiher steht grundsätzlich kein Recht zu, über Urlaubsansprüche des Leih-AN zu verfügen oder deren zeitliche Lage festzulegen. Vom MBR des Entleiherbetriebsrats bei Regelungen zum **Betriebsurlaub** nach § 87 Abs. 1 Nr. 5 werden daher Leih-AN nicht erfasst (*Boemke/Lembke*, § 14 Rn. 122). Der Entleiher-BR kann unter Geltendmachung seines Initiativrechts jedoch im Rahmen der Urlaubsplanung verlangen, dass Leih-AN in Urlaubszeiten eingesetzt werden, um entstehende Personallücken zu schließen (Schüren/Hamann/*Hamann*, § 14 Rn. 271). Geht der Entleiher auf entsprechende Vorschläge nicht ein, kann im Streitfall eine Einigungsstelle durch Spruch entscheiden (Ulber/*zu Dohna-Jaeger*,

AÜG, § 14 Rn. 118). Nicht gefolgt werden kann der Auffassung *Hamanns*, wonach der Verleiher berechtigt sein soll, die Befugnis zur Festlegung der zeitlichen Lage auf den **Entleiher zu übertragen** wodurch das MBR des Entleiherbetriebsrats ausgelöst würde (Schüren/Hamann/*Hamann*, § 14 Rn. 270). Bei der Frage, ob dringende betriebliche Belange oder Urlaubswünsche anderer AN einem Wunsch des Leih-AN auf Urlaub entgegenstehen (§ 7 Abs. 1 S. 1 BUrlG), ist ausschließlich auf die Verhältnisse im Verleihbetrieb abzustellen. Der Verleiher kann diese Grenzen nicht dadurch erweitern, dass er zusätzlich die Belange des Entleihbetriebs und der dort beschäftigten AN zur Bedingung einer Urlaubsgewährung macht.

(§ 87 Abs. 1 Nr. 6) Das MBR des Entleiherbetriebsrats nach § 87 Abs. 1 Nr. 6 bei **Einführung und Anwendung von technischen Einrichtungen** konkretisiert den allgemeinen Persönlichkeitsschutz und erstreckt sich auch auf Leih-AN, soweit deren Leistung oder Verhalten überwacht wird (*BAG* v. 13.3.2013 – 7 ABR 69/11; *Boemke/Lembke*, § 14 Rn. 123; Ulber/*zu Dohna-Jaeger,* AÜG, § 14 Rn. 163). **173**

(§ 87 Abs. 1 Nr. 7 BetrVG) Der Entleiher ist verpflichtet, den Arbeitsschutz auch gegenüber Leih-AN zu gewährleisten und von seinem Weisungsrecht gegenüber Leih-AN entsprechend Gebrauch zu machen (vgl. § 11 Rn. 83). Vom MBR des Entleiherbetriebsrats bei Regelungen zur **Arbeitssicherheit** und zum **Gesundheitsschutz** werden daher auch Leih-AN erfasst (*BAG* v. 13.3.2013 – 7 ABR 69/11; DKKW/*Klebe*, § 87 Rn. 9; Ulber/*zu Dohna-Jaeger,* AÜG, § 14 Rn. 164). Dies gilt unabhängig davon, ob es sich um öffentlich-rechtliche Vorschriften des Arbeitsschutzes i.S.v. § 11 Abs. 6 oder um betriebliche Regelungen handelt (Schüren/Hamann/*Hamann*, § 14 Rn. 273; Ulber/*zu Dohna-Jaeger,* AÜG, § 14 Rn. 164). **174**

(§ 87 Abs. 1 Nr. 8; Sozialeinrichtungen) Bei der **Nutzung von Sozialeinrichtungen** (z.B. Werkskantine, Parkplätze; vgl. DKKW/*Klebe*, § 87 Rn. 281) erstreckt sich das MBR auf Leih-AN (DKKW/*Klebe*, § 87 Rn. 9; Fitting, § 5 Rn. 260; *Boemke/Lembke*, § 14 Rn. 125; Ulber/*zu Dohna-Jaeger,* AÜG, § 14 Rn. 165). Dies ergibt sich sowohl aus § 13b, als auch aus den Gleichstellungsgrundsätzen von §§ 9 Nr. 2, 10 Abs. 4, die die Nutzung von Sozialeinrichtungen einschließen (§ 9 Rn. 41; Thüsing/*Thüsing,* § 14 Rn. 129f.). Durch einen **TV zur ANÜ** ist es nicht möglich, Regelungen zu treffen, die Leih-AN von der Nutzung ausschließen (*LAG Hamburg* v. 7.6.2012, AiB 2013, 137; vgl. § 13b Rn. 2). Bei Regelungen im Rahmen von § 87 Abs. 1 Nr. 8 BetrVG sind Leih-AN **gleich zu behandeln** (vgl. § 13b Rn. 5f.; Ulber/*zu Dohna-Jaeger,* AÜG, § 14 Rn. 166). Ausnahmen hiervon kommen in Betracht, wenn Nutzungsansprüche von der Dauer der Betriebszugehörigkeit abhängen (z.B. Mitarbeiterbeteiligungen, Unterstützungs- und Pensionskassen). **175**

§ 14 Mitwirkungs- und Mitbestimmungsrechte

176 (**§ 87 Abs. 1 Nr. 9 BetrVG; Werkmietwohnungen**) Die Beteiligungsrechte des BR gem. § 87 Abs. 1 Nr. 9 BetrVG bei **Werkmietwohnungen** setzen nach dem Wortlaut der Norm voraus, dass die Vermietung mit Rücksicht auf das **Bestehen eines ArbV** erfolgt. Wegen der fehlenden vertraglichen Beziehung des Leih-AN zum Entleiher könnte daher das MBR des Entleiherbetriebsrats für Leih-AN ausgeschlossen sein. Auch das MBR gem. § 87 Abs. 1 Nr. 9 BetrVG knüpft jedoch an die tatsächliche **Eingliederung** an (*BAG* v. 28. 7. 1992, NZA 93, 272), wobei die Voraussetzung eines bestehenden ArbV lediglich der Abgrenzung von beim Entleiher beschäftigten und fremden Personen dient (so Thüsing/*Thüsing*, § 14 Rn. 132). Da § 87 Abs. 1 Nr. 9 BetrVG lediglich einen Sonderfall von Nr. 8 darstellt und daneben § 13b und der Gleichstellungsanspruch des Leih-AN nach §§ 9 Nr. 2, 10 Abs. 4 auch Ansprüche auf die Nutzung von Werkmietwohnungen erfasst (vgl. § 13b Rn. 3), ist ein MBR auf Grund der Eingliederung des Leih-AN auch für die Zuweisung und Nutzung von Werkmietwohnungen durch Leih-AN zu bejahen (Ulber/*zu Dohna-Jaeger*, AÜG, § 14 Rn. 167).

177 Entsendet der Entleiher den Leih-AN auf Grund einer eigenen Entscheidung zu einer **auswärtigen Arbeitsstelle** und stellt ihm zum Zwecke der Unterbringung einen Wohnraum zur Verfügung, besteht das MBR nach § 87 Abs. 1 Nr. 9 BetrVG uneingeschränkt (Schüren/Hamann/*Hamann*, § 14 Rn. 280; Ulber/*zu Dohna-Jaeger*, AÜG, § 14 Rn. 168).

178 (**§ 87 Abs. 1 Nr. 10 und 11 BetrVG; Lohngestaltung**) Soweit Fragen der **betrieblichen Lohngestaltung** oder der Festsetzung **leistungsbezogener Entgelte** im Entleiherbetrieb geregelt werden, gelten diese Regelungen nach § 9 Nr. 2 grundsätzlich auch für Leih-AN. Dem Entleiherbetriebsrat steht das MBR auch für Leih-AN zu (*LAG München* v. 5. 12. 2000, AiB 02, 432; Ulber/*zu Dohna-Jaeger*, AÜG, § 14 Rn. 169 f.; Wedde/*Mittag*, AÜG, § 14 Rn. 22; a. A. Schüren/Hamann/*Hamann*, § 14 Rn. 282; einschr. Thüsing/*Thüsing*, § 14 Rn. 134 f. und Boemke/*Lembke*, § 14 Rn. 126). Bei Verstößen kann der BR die Zustimmung zur Einstellung verweigern (Rn. 254). Einschränkungen des MBR ergeben sich, wenn ein **TV zur ANÜ** eine abschließende Regelung enthält. Für den **Leistungslohn** fehlen in allen bekannten TV zur ANÜ entsprechende Regelungen, so dass das MBR des Entleiherbetriebsrats (wegen tariflicher Regelungslücken) hier uneingeschränkt auch für Leih-AN besteht (Ulber/*zu Dohna-Jaeger*, AÜG, § 14 Rn. 172; Wedde/*Mittag*, AÜG, § 14 Rn. 22). Der Entleiher kann das MBR nicht dadurch umgehen, dass er im Leistungslohnsystem bestehende Arbeitsplätze bei Einsatz von Leih-AN in Arbeitsplätze mit Zeitlohn umdefiniert (Ulber/*zu Dohna-Jaeger*, AÜG, § 14 Rn. 172).

179 (**§ 87 Abs. 1 Nr. 12; betriebliches Vorschlagswesen**) Werden im Entleiherbetrieb Grundsätze zum **betrieblichen Vorschlagswesen**

vereinbart, erstreckt sich das MBR des Entleiherbetriebsrats nach § 87 Abs. 1 Nr. 12 BetrVG auch auf Leih-AN (DKKW/*Klebe*, § 87 Rn. 9). Verbesserungsvorschläge des Leih-AN im Entleihbetrieb werden daher unter Beachtung des Gleichbehandlungsgrundsatzes von entsprechenden BV erfasst (*Boemke/Lembke*, § 14 Rn. 127; *Ulber/zu Dohna-Jaeger, AÜG*, § 14 Rn. 173). Dasselbe gilt für BV zu **Erfindungen** oder **technischen Verbesserungsvorschlägen** (§ 11 Abs. 7). Ggf. hat der Leih-AN einen unmittelbaren Anspruch gegen den Entleiher auf Zahlung einer **Anerkennungsprämie** (*Ulber/zu Dohna-Jaeger, AÜG*, § 14 Rn. 174).

(§ 87 Abs. 1 Nr. 13 BetrVG) Soweit Leih-AN in **Gruppenarbeitssystemen** eingesetzt werden, erstreckt sich das MBR des Entleiherbetriebsrats auch auf sie (BAG v. 13.3.2013 – 7 ABR 69/11; DKKW/ *Klebe*, § 87 Rn. 9; SchürenHamann/*Hamann*, § 14 Rn. 291; Thüsing/*Thüsing*, § 14 Rn. 139; *Ulber/zu Dohna-Jaeger, AÜG*, § 14 Rn. 175). Im Rahmen seines MBR kann der BR insbesondere fordern, dass Leih-AN in Gruppenarbeitssystemen nur eingesetzt werden dürfen, wenn sich der Entgeltanspruch des Leih-AN nach denselben Entlohnungsgrundsätzen richtet wie bei der Stammbelegschaft vgl. Rn. 156; (a. A. SchürenHamann/*Hamann*, § 14 Rn. 292).

180

e. Durchsetzung der Mitbestimmung und Rechtsfolgen von Verstößen

Will der AG im Zusammenhang mit der Beschäftigung von Leih-AN eine gem. § 87 BetrVG beteiligungspflichtige Maßnahme umsetzen, muss er zunächst das **Mitbestimmungsverfahren** durchführen. Soweit eine Zuständigkeit des Entleiherbetriebsrats nach § 87 BetrVG auch für Leih-AN gegeben ist, muss der Entleiher die beabsichtigte Maßnahme vorher **unterlassen**, bis eine Zustimmung des BR oder ein die Zustimmung ersetzender Spruch der Einigungsstelle (§ 87 Abs. 2 BetrVG) vorliegt (*BAG* v. 22.10.1991, AP Nr. 7 zu § 14 AÜG; *LAG Baden-Württemberg* v. 5.8.2005, AiB 06, 381; *Ulber/zu Dohna-Jaeger*, AiB 07, 705). Dem BR steht ein **Unterlassungsanspruch** zu, wenn der Entleiher gegen die MBR nach § 87 BetrVG verstößt oder entsprechende Verstöße zu **erwarten** sind. Der Unterlassungsanspruch kann ggf. auch im Wege der **einstweiligen Verfügung** verfolgt werden (*HessLAG* 1.9.2011 – 5 TaBV 44/11, AiB 2012, 54; *LAG Baden-Württemberg* a.a.O.).

181

Macht der BR von seinem **Initiativrecht** gem. § 87 Abs. 1 Nr. 3 BetrVG Gebrauch und beantragt **Mehrarbeit für die Stammbelegschaft**, kann der Entleiher das geltend gemachte MBR nicht dadurch umgehen, dass er Leih-AN oder Fremdfirmenbeschäftigte auf werkvertraglicher Basis im Betrieb einsetzt (*BAG* v. 22.10.1991, NZA 92, 376). Auch hier ist zunächst das Mitbestimmungsverfahren durchzuführen, bevor Fremdfirmenbeschäftigte im Betrieb eingesetzt wer-

182

§ 14 Mitwirkungs- und Mitbestimmungsrechte

den können (*Ulber/zu Dohna-Jaeger*, AiB 07, 705). Über das MBR nach § 87 BetrVG kann der BR daher mittelbar Einfluss auf alle Formen der Fremdfirmenarbeit nehmen (*Ulber, J.*, AiB 2013, 285).

183 Der **Unterlassungsanspruch** steht dem BR auch zu, wenn der Entleiher im Betrieb einen Leih-AN einsetzt, ohne vorher die Zustimmung des BR zur Einordnung in den **Schichtplan** erhalten oder deren Ersetzung durch Spruch einer Einigungsstelle erzielt zu haben (*BAG* v. 29. 9. 2004 – 5 AZR 559/03; *HessLAG* 1. 9. 2011 – 5 TaBV 44/11, AiB 2012, 540; *LAG Baden*-Württemberg v. 5. 8. 2005, AiB 06, 381 m. Anm. *Klar*; *LAG Hamm* v. 26. 8. 2005, EzAÜG § 14 Betriebsverfassung Nr. 63). Ist der Leih-AN infolge seiner **vertraglichen Absprachen** mit dem Verleiher nicht verpflichtet, im Rahmen der vom AG gewünschten Arbeitszeitgestaltung zu arbeiten (s. o. Rn. 154), muss der BR oder auch die Einigungsstelle die Zustimmung verweigern. Wird die Zustimmung dennoch durch Spruch der Einigungsstelle ersetzt, überschreitet dies die Grenzen des Ermessens (§ 76 Abs. 5 BetrVG).

184 Die Zustimmung zur Einstellung des Leih-AN hat keine Auswirkungen auf das hiervon **unabhängige** Zustimmungserfordernis in sozialen Angelegenheiten (*LAG Baden-Württemberg* v. 5. 8. 2005, AiB 06, 381).

185 Setzt der Entleiher den Leih-AN unter Verstoß gegen das MBR des BR nach § 87 BetrVG oder darauf beruhender BV ein, hat der Leih-AN ein **Leistungsverweigerungsrecht** (*Boemke/Lembke*, § 14 Rn. 119).

f. Freiwillige Betriebsvereinbarungen und Arbeitsschutz (§§ 98 ff. BetrVG)

186 Über § 87 BetrVG hinaus eröffnet § 88 BetrVG die Möglichkeit, in allen sozialen Angelegenheiten **freiwillige BV** abzuschließen (*BAG* v. 19. 5. 1978, AP Nr. 1 zu § 98 BetrVG 1971), deren Geltungsbereich sich auch auf Leih-AN erstreckt (*BAG* v. 15. 12. 1992, AP Nr. 7 zu § 14 AÜG). Soweit Leih-AN in den Geltungsbereich freiwilliger BV einbezogen sind, erstreckt sich die normative **Wirkung** auch auf Leih-AN (Schüren/Hamann/*Hamann*, § 14 Rn. 299; Ulber/*zu Dohna-Jaeger*, AÜG, § 14 Rn. 184). Soweit eine **Einbeziehung von Leih-AN** im Hinblick auf § 75 BetrVG nicht geboten ist (*Boemke/Lembke*, § 14 Rn. 129; Ulber/*zu Dohna-Jaeger*, AÜG, § 14 Rn. 184), ist jeweils durch Auslegung zu ermitteln, ob auch Leih-AN vom Geltungsbereich erfasst werden.

187 Uneingeschränkt zulässig sind freiwillige BV zu Maßnahmen i. S. v. § 88 Nr. 1 bis 4 BetrVG auch für Leih-AN.

188 Freiwillige BV sind auch zulässig, soweit sie sich auf die **Einsatzbedingungen von Leih-AN** im Entleiherbetrieb erstrecken (Schüren/Hamann/*Hamann*, § 14 Rn. 299; Ulber/*zu Dohna-Jaeger*, AÜG,

§ 14 Rn. 184). Insbesondere können **Rahmenregelungen** zu den Einsatzbereichen, zu Höchstüberlassungszeiträumen, zur Übernahmeverpflichtung und zu Mindestarbeitsbedingungen von Leih-AN (z. B. Einhaltung des Gleichstellungsgebots bei Abschluss von ANÜ-Verträgen) getroffen werden. Der Entleiher ist dann verpflichtet, die BV durchzuführen und ihre Einhaltung bei Abschluss des ANÜ-Vertrags sicherzustellen.

Soweit nicht die Regelungssperre von § 77 Abs. 3 BetrVG (z. B. Dauer der vertraglichen Arbeitszeit) greift, gelten freiwillige BV auch für Leih-AN unmittelbar und zwingend. **Arbeitsentgeltansprüche** des Leih-AN können grundsätzlich weder gegenüber dem Entleiher noch gegenüber dem Verleiher in einer BV begründet werden (zur Öffnungsklausel im TV LeiZ vgl. § 2a. TV LeiZ). **189**

(§ 89 BetrVG) Die Beteiligungsrechte des BR beim **Arbeits- und betrieblichen Umweltschutz** erfassen auch den Einsatz von Leih-AN im Betrieb (*Boemke/Lembke*, § 14 Rn. 130; Ulber/*zu Dohna-Jaeger*, AÜG, § 14 Rn. 185). **190**

g. Mitwirkungsrechte in allgemeinen personellen Angelegenheiten (§§ 92 ff. BetrVG)

(§ 92 BetrVG) Der AG ist nach § 92 BetrVG verpflichtet, die **Personalplanung** und darauf beruhende personelle Maßnahmen darzulegen und mit dem BR zu **beraten**. Bei einem dauerhaften Einsatz von Fremdfirmenbeschäftigten liegt immer eine Personalplanung i. S. v. § 92 BetrVG vor (*BAG* v. 9. 7. 1991, AP Nr. 94 zu § 99 BetrVG 1971). **191**

Im Rahmen der Beratung muss der Entleiher unter Vorlage von Unterlagen über einen geplanten Einsatz von Leih-AN, den Umfang der Fremdfirmenbeschäftigung und den Stellenwert sowie die Funktion der Fremdfirmenarbeit rechtzeitig (d. h. in einem Zeitpunkt, in dem der BR die Planungen noch beeinflussen kann) und umfassend informieren (SchürenHamann/*Hamann*, § 14 Rn. 308). Hierbei hat er auch darzulegen, welche **Auswirkungen** der Einsatz von Leih-AN auf den Bestand der **Stammarbeitsplätze** hat und ob Möglichkeiten zur **Übernahme von Leih-AN** bestehen. Im Rahmen der Beratungen kann der Entleiherbetriebsrat hierzu eigene Vorschläge unterbreiten (Ulber/*zu Dohna-Jaeger*, AÜG, § 14 Rn. 113). Plant der AG betriebliche Funktionen zukünftig von Fremdfirmen durchführen zu lassen, kann hierin ein **Betriebsübergang** liegen, wenn der Kern des für die Wertschöpfung maßgeblichen Funktionszusammenhangs durch die Fremdfirma aufgrund Rechtsgeschäfts weitergeführt wird (*BAG* v. 6. 4. 2006, NZA 06, 723; *ArbG Lüneburg* v. 25. 1. 2007 – 4 Ca 463/06). Das Rechtsgeschäft kann dabei auch im Abschluss eines ANÜ-Vertrags liegen, durch den der Verleiher zur Gestellung von Personal zur Erfüllung betrieblicher Teilfunktionen (z. B. Besetzung von Mon- **192**

§ 14 Mitwirkungs- und Mitbestimmungsrechte

tagelinien) verpflichtet wird, hierbei müssen jedoch die Grenzen einer vorüberhehenden ANÜ nach § 1 Abs. 1 S. 2 eingehalten werden.

193 **(§ 92a BetrVG)** Die Beratungsrechte des BR bei der Personalplanung werden gem. § 92a BetrVG verstärkt, indem dem BR ein Initiativrecht für **Vorschläge zur Sicherung und Förderung der Beschäftigung** eingeräumt wird. Die Norm kommt auch bei Einsatz von Leih-AN zur Anwendung (*Stück*, AuA 2012, 78). Das Vorschlags- und Beratungsrecht (§ 92a Abs. 2 S. 1 BetrVG) besteht insbesondere für beschäftigungs- und arbeitszeitpolitische Gestaltungsalternativen zum Einsatz von Leih-AN und sonstigen Fremdfirmenbeschäftigten und für die Übernahme von Leih-AN in ein Stammarbeitsverhältnis (*Boemke/Lembke*, § 14 Rn. 134; *Ulber*, § 14 Rn. 117). Der AG muss die Vorschläge des BR prüfen und nach den Grundsätzen vertrauensvoller Zusammenarbeit mit dem BR beraten. Hält er die Vorschläge für ungeeignet, muss er dies begründen (§ 92a Abs. 2 S. 2 BetrVG). In Betrieben mit mehr als 100 Beschäftigten hat die Begründung schriftlich zu erfolgen.

194 **(§ 93 BetrVG; Ausschreibung von Arbeitsplätzen)** Nach § 93 BetrVG kann der BR verlangen, dass eine geplante **Besetzung von Arbeitsplätzen** im Betrieb vorher innerbetrieblich **ausgeschrieben** wird. Die Vorschrift gilt auch, soweit Arbeitsplätze mit Fremdfirmenbeschäftigten besetzt werden sollen (*BAG* v. 1.2.2011, NZA 2011,703 bei dauerhafter Besetzung; *BAG* v. 27.7.1993, AP Nr. 3 zu § 93 BetrVG 1971; *Boemke/Lembke*, § 14 Rn. 135; *Schüren/Hamann/Hamann*, § 14 Rn. 310; *Ulber/zu Dohna-Jaeger*, AÜG, § 14 Rn. 118). Auch wenn der BR keine Ausschreibung verlangt, bleibt der Entleiher verpflichtet, im Betrieb **eingesetzte Leih-AN** gem. § 13a über alle freien Stellen im Betrieb zu informieren (§ 13a Rn. 2). Im anschließenden Bewerbungsverfahren sind Leih-AN mit Stammarbeitnehmern gleich zu behandeln (Ulber/*Ulber, J.*, AÜG, § 13a Rn. 15ff.).

195 **(§ 94 BetrVG; Personalfragebögen und Beurteilungsgrundsätze)** Nach § 94 Abs. 1 S. 1 BetrVG unterliegen **Personalfragebögen** der Mitbestimmung des BR. Bei Einstellung von Leih-AN kommt die Vorschrift grundsätzlich nur zur Anwendung, wenn der Leih-AN entsprechende Fragebögen ausfüllen muss oder der Entleiher dem Verleiher bei der **Auswahl von Leih-AN** entsprechend den Regelungsgehalten von Personalfragebögen Vorgaben macht, die persönliche Angaben i.S.v. § 94 Abs. 2 BetrVG enthalten (*Boemke/Lembke*, § 14 Rn. 136; *Schüren/Hamann/Hamann*, § 14 Rn. 314; Ulber/*zu Dohna-Jaeger*, AÜG, § 14 Rn. 120). Steht bei Übernahme als Leih-AN fest, dass der Leih-AN unmittelbar nach Ablauf des Überlassungszeitraums in ein ArbV zum Entleiher **übernommen** wird, werden Leih-AN vollumfänglich von Personalfragebögen erfasst (Ulber/*zu Dohna-Jaeger*, AÜG, § 14 Rn. 121).

196 Gelten **allgemeine Beurteilungsgrundsätze** im Betrieb, hat der

Entleiherbetriebsrat nach § 94 Abs. 2 mitzubestimmen, soweit der Entleiher die Arbeit des Leih-AN beurteilt. Dies ist z.b. bei der Erteilung von **Zeugnissen** über die Arbeitsleistung des Leih-AN sowie bei **Leistungsbeurteilungen**, die dem Verleiher mitgeteilt werden, der Fall (Thüsing/*Thüsing*, § 14 Rn. 151; Ulber/*zu Dohna-Jaeger*, AÜG, § 14 Rn. 122).

(§ 95 Abs. 1 und 2 BetrVG; Auswahlrichtlinien) Richtlinien über die Auswahl bei personellen Einzelmaßnahmen bedürfen nach § 95 Abs. 1 S. 1 BetrVG der Zustimmung des BR. Durch TV können sowohl die Beteiligungsrechte des BR als auch die Kriterien von Auswahlrichtlinien festgelegt und ggf. auch erweitert werden (DKKW/*Bachner*, § 99 Rn. 31). Tarifvertragliche Bestimmungen zu Auswahlrichtlinien (z.B. **Übernahmeansprüche des Leih-AN** nach § 3 TV LeiZ) gehen dabei vor. **197**

In **Auswahlrichtlinien** werden Grundsätze und Kriterien festgelegt, die der AG bei der Durchführung personeller Einzelmaßnahmen zu beachten hat. Soweit der Entleiher berechtigt ist, personelle Einzelmaßnahmen im Zusammenhang mit dem Einsatz von Leih-AN zu treffen (insbesondere Einstellungen und Versetzungen), werden Leih-AN vom **Geltungsbereich** der Richtlinien erfasst. Dies gilt insbesondere, wenn sich ein Leih-AN bei Besetzung einer freien Stelle im Betrieb bewirbt oder vom Entleiher in ein ArbV übernommen werden soll (SchürenHamann/*Hamann*, § 13 Rn. 318; Ulber/*zu Dohna-Jaeger*, AÜG, § 14 Rn. 124; vgl. § 13a Rn. 7; *Scheriau*, AiB 2012, 159). Auswahlrichtlinien müssen das AGG und § 13a beachten (*Gussen*, NZA 2011, 832). **197a**

In Auswahlrichtlinien können Regelungen aufgenommen werden, die sich auf die Voraussetzungen eines **Einsatzes von Fremdfirmenbeschäftigten** im Entleiherbetrieb beziehen (*LAG Niedersachsen* v. 16.11.2011 – 17 TaBV 99/11; *Boemke/Lembke*, § 14 Rn. 137; Schüren/Hamann/*Hamann*, § 14 Rn. 319; Ulber/*zu Dohna-Jaeger*, AÜG, § 14 Rn. 125; *Ulber/zu Dohna-Jaeger*, AiB 07, 705; zu Eckpunkten einer entspr. Regelung vgl. *Ulber, J.*, AiB 2012, 7). Derartige Regelungen müssen **Diskriminierungen ausschließen** (*Fitting*, § 99 Rn. 250) und dürfen den Anspruch von im Betrieb **eingesetzten Leih-AN** auf gleichberechtigte Teilhabe am Bewerbungsverfahren (vgl. § 13a Rn. 7) nicht beeinträchtigen. Zulässig ist es dabei auch, den Katalog der Zustimmungsverweigerungsgründe nach § 99 Abs. 2 BetrVG zu erweitern (DKKW/*Bachner*, § 99 Rn. 32; a.A. *Reuter*, ZfA 06, 463). Angesichts der wachsenden Bedeutung der Beschäftigung von Leih-AN ist heute eine Vielzahl betrieblicher Vereinbarungen anzutreffen, die auf Bedingungen und Grenzen des Einsatzes von Leih-AN (einschließlich eines generellen Ausschlusses der Beschäftigung) Einfluss haben. Im Rahmen von Auswahlrichtlinien können z.B im zulässigen Rahmen (vgl. *Bartl/Romanowski*, NZA 2012, 845; *Ulber, J.*, AiB 2011, 351; *ders.* AiB 2012, 7; *Kuster*, AiB 2012, 614). **Höchst- 198**

§ 14 Mitwirkungs- und Mitbestimmungsrechte

quoten der Beschäftigung von Leih-AN (DKKW/*Klebe*, § 95 Rn. 32) und Bedingungen ihres Einsatzes (z. B. **Einhaltung des Gleichstellungsgebots** durch den Verleiher, Einhaltung im Entleiherbetrieb geltenden TV und BV als Voraussetzung für ANÜ-Verträge) festgelegt werden, oder der Einsatz von Leih-AN kann auf bestimmte Aufgaben- und Arbeitsbereiche bzw. Höchsteinsatzzeiten beschränkt werden (z. B. Vertretungsfälle, Verpackung, keine Daueraufgaben; vgl. *Ulber, J./zu Dohna-Jaeger*, AiB 07, 705). Auch kann vorgesehen werden, dass betriebsbedingte **Kündigungen** gegenüber der Stammbelegschaft nur ausgesprochen werden dürfen, wenn vorher der Einsatz von Leih-AN und sonstigen Fremdfirmenbeschäftigten beendet wurde (vgl. *LAG Hamm* v. 22. 8. 2007 – 11 Sa 1338/06).

199 In Auswahlrichtlinien kann auch festgelegt werden, dass dem Leih-AN unter bestimmten Voraussetzungen (z. B. einer sechsmonatigen Beschäftigung oder bei dauerhaft anfallender Mehrarbeit im Betrieb) ein **Anspruch auf Übernahme** in ein ArbV zum Entleiher zusteht. Ebenso kann vorgesehen werden, dass dem Leih-AN bei Besetzung freier Arbeitsplätze im Betrieb gegenüber sonstigen **externen** Bewerbern ein Anspruch auf **vorrangige** Berücksichtigung bei der Bewerberauswahl zusteht.

200 In **Betrieben mit mehr als 500 AN** kann der BR im Rahmen von § 95 Abs. 2 BetrVG die Aufstellung von Auswahlrichtlinien verlangen. Kommt eine Einigung nicht zustande, entscheidet eine **Einigungsstelle** (notfalls auch durch Spruch) verbindlich. Dies gilt auch, soweit nach Abs. 1 keine Einigung erzielt werden kann (§ 95 Abs. 1 S. 2 und 3 BetrVG).

201 Der Entleiher ist verpflichtet, die Bestimmungen einer Auswahlrichtlinie einzuhalten und **durchzuführen**. Verstößt der Entleiher durch den Einsatz von Leih-AN gegen Auswahlrichtlinien, steht dem BR hinsichtlich der Beschäftigung ein **Unterlassungsanspruch** zu, der auch im Wege der einstweiligen Verfügung durchgesetzt werden kann (*BAG* v. 26. 7. 2005, AiB 2006, 710 u. v. 10. 11. 1987, AP Nr. 24 zu § 77 BetrVG 1972).

202 (§§ 102 f. BetrVG; Mitwirkungsrechte bei Kündigung) Die **Beendigung des Einsatzes des Leih-AN** hat grundsätzlich keine Auswirkungen auf den Bestand des Leiharbeitsverhältnisses zum Verleiher und erfüllt nicht die Begriffsmerkmale einer Kündigung. Sie unterliegt daher nicht der Mitbestimmung des Entleiherbetriebsrats nach § 102 BetrVG (h. M.; vgl. Ulber/*zu Dohna-Jaeger*, AÜG, § 14 Rn. 240). Etwas anderes gilt nur in den Fällen, in denen ein **fingiertes ArbV** zum Entleiher zustande gekommen ist und der Entleiher den Einsatz des Leih-AN im Entleiherbetrieb beenden oder den Leih-AN nicht weiterbeschäftigen will (DKKW/*Bachner*, § 102 Rn. 7; Ulber/*zu Dohna-Jaeger*, AÜG, § 14 Rn. 242). Auch die **vorzeitige Beendigung** des Einsatzes von Leih-AN im Entleiherbetrieb oder der **Austausch** durch andere Leih-AN hat keine Auswirkungen auf den Bestand des Leiharbeitsverhältnisses und löst keine Beteiligungsrechte nach §§ 102 f. BetrVG aus. Bei Austausch von Leih-AN ist der Entleiher-BR jedoch unter dem Gesichtspunkt der Einstellung des ersatzweise überlassenen Leih-AN nach § 99 BetrVG zu beteiligen (*HessLAG* v. 16. 1. 2007 – 4 TaBV 203/06; vgl. Rn. 222).

Kündigt der Entleiher einem **Stammarbeitnehmer**, muss er zu- 203
nächst den Einsatz von Leih-AN beenden, bevor er eine betriebsbedingte Kündigung ausspricht (*LAG Berlin-Brandenburg* v. 3. 3. 2009, AuA 2010, 619; *LAG Köln* v. 27. 6. 2011 – 2 Sa 1369/10; *Scheriau*, AiB 2012, 154). Trägt er dem nicht Rechnung ist der BR berechtigt der Kündigung nach § 102 Abs. 3 Nr. 1 BetrVG zu widersprechen. Bei § 23 Abs. 1 S. 3 KSchG zählen Leih-AN zu den mehr als zehn i. d. R. Beschäftigten, wenn sie auf Grund eines regelmäßig anfallenden Geschäftsanfalls beschäftigt werden (*BAG* v. 24. 1. 2013 – 2 AZR 140/12).

(**§ 104 BetrVG; Entfernung betriebsstörender Arbeitnehmer**) 204
Wird durch ein gesetzwidriges Verhalten des Leih-AN oder durch dessen grobe Verletzung der in § 75 BetrVG enthaltenen Grundsätze der **Betriebsfrieden** wiederholt ernstlich **gestört**, kann der Entleiherbetriebsrat vom Entleiher nach § 104 BetrVG unter denselben Voraussetzungen, die für Stammarbeitnehmer gelten, die Beendigung des Einsatzes des Leih-AN verlangen (Schüren/Hamann/*Hamann*, § 14 Rn. 338; Ulber/*zu Dohna-Jaeger*, AÜG, § 14 Rn. 245).

h. Beteiligungsrechte in wirtschaftlichen Angelegenheiten (§§ 106 ff. BetrVG)

(**§§ 106 ff. BetrVG; Wirtschaftsausschuss**) Besteht beim Entleiher 205
ein Wirtschaftsausschuss, erstrecken sich die **Unterrichtungs- und Beratungsrechte** nach § 106 BetrVG auch auf Leih-AN und sonstige Fremdfirmenbeschäftigte (ErfK/*Wank*, § 14 AÜG Rn. 30; Ulber/*zu Dohna-Jaeger*, AÜG, § 14 Rn. 127; a. A. *Boemke/Lembke*, § 14 Rn. 145; einschr. Schüren/Hamann/*Hamann*, § 14 Rn. 343). Bei dem gem. § 106 Abs. 1 S. 1 BetrVG maßgeblichen **Schwellenwert** von i. d. R. mehr als 100 Beschäftigten zählen Leih-AN mit, soweit sie i. d. R. im Entleiherbetrieb eingesetzt werden (Schüren/Hamann/*Hamann*, § 14 Rn. 342; Ulber/*zu Dohna-Jaeger*, AÜG, § 14 Rn. 127; a. A. *Boemke/Lembke*, § 14 Rn. 144; vgl. Rn. 97).

Wirtschaftliche Angelegenheiten i. S. v. § 106 Abs. 3 BetrVG sind **ins-** 206
besondere betroffen, wenn das Unternehmen plant, bislang in Eigenfertigung erledigte Arbeiten nach außen zu **verlagern** oder von **Fremdfirmenbeschäftigten** erledigen zu lassen (Ulber/*zu Dohna-Jaeger*, AÜG, § 14 Rn. 128; *Walle*, NZA 99, 520). Von daher gehört der Einsatz von Leih-AN zu den in § 106 Abs. 3 BetrVG nur beispielhaft aufgeführten wirtschaftlichen Angelegenheiten (Ulber/*zu*

§ 14 Mitwirkungs- und Mitbestimmungsrechte

Dohna-Jaeger, AÜG, § 14 Rn. 128; a. A. Schüren/Hamann/*Hamann,* § 14 Rn. 343). Baut das Unternehmen eine bestehende Personalreserve ab oder beabsichtigt es, **Personallücken** zukünftig durch Leih-AN zu schließen, ist der Wirtschaftsausschuss zu beteiligen (Ulber/*zu Dohna-Jaeger,* AÜG, § 14 Rn. 128; Schüren/Hamann/*Hamann,* § 14 Rn. 344).

207 Über Planungen zum Einsatz von Fremdfirmenbeschäftigten hat der Entleiher nach § 106 Abs. 2 BetrVG **rechtzeitig** und umfassend unter Vorlage von Unterlagen zu informieren. Die Pflicht zur **Vorlage von Unterlagen** umfasst die Vorlage von **ANÜ- und Werkverträgen** (Ulber/*zu Dohna-Jaeger,* AÜG, § 14 Rn. 129). Diese Verträge gehören nicht zu den geheimhaltungsbedürftigen Unterlagen i. S. v. § 106 Abs. 2 BetrVG (*BAG* v. 31. 1. 1989, AP Nr. 33 zu § 90 BetrVG 1972).

208 (**§§ 111 ff. BetrVG; Betriebsänderungen**) Bei geplanten **Betriebsänderungen** in Unternehmen mit i. d. R. mehr als 20 wahlberechtigten Beschäftigten ist der BR nach §§ 111 ff. BetrVG zu beteiligen. I. d. R. beschäftigte Leih-AN sind bei dem **Schwellenwert** von 20 AN zu berücksichtigen (*BAG* v. 18. 10. 2011 – 1 AZR 335/10, DB 2012, 408; DKKW/*Däubler,* § 111 Rn. 36; *Fitting,* § 111 Rn. 25; Ulber/*zu Dohna-Jaeger,* AÜG, § 14 Rn. 130; Schüren/Hamann/*Hamann,* § 14 Rn. 345; vgl. Rn. 97). Uneingeschränkt gilt dies, soweit Leih-AN **nicht nur vorübergehend** i. S. v. § 1 Abs. 1 S. 2 beschäftigt werden und ein ArbV zum Entleiher besteht (vgl. § 1 Rn. 130x). I. Ü. sind Leih-AN immer zu berücksichtigen, wenn sie im Betrieb **länger als drei Monate** eingesetzt werden sollen und damit nach § 7 S. 2 wahlberechtigt sind (*BAG* v. 18. 10. 2011 – 1 AZR 335/10, DB 2012, 408; *Fitting,* § 111 Rn. 25).

209 Im Zusammenhang mit dem Einsatz von Leih-AN haben vor allem die Tatbestände des Personalabbaus (§ 111 S. 3 Nr. 1 BetrVG), der grundlegenden Änderung der Betriebsorganisation oder des Betriebszwecks (§ 111 S. 3 Nr. 4 BetrVG) und die Einführung grundlegend neuer Arbeitsmethoden oder Fertigungsverfahren (§ 111 S. 1 Nr. 5 BetrVG) Bedeutung. Auch die **Fremdvergabe** von Arbeiten und Leistungen, die bislang von eigenem Personal erbracht wurden, stellt eine beteiligungspflichtige Betriebsänderung i. S. v. § 111 BetrVG dar (*LAG Hannover* v. 4. 5. 2007 – 17 TaBVGa 57/07). Die Beteiligungsrechte bei Betriebsänderungen sind auch über den **nicht abschließenden Katalog** von § 111 S. 3 BetrVG hinaus gegeben, wenn mit dem geplanten Einsatz von Leih-AN wesentliche Nachteile für die Belegschaft oder Teile hiervon verbunden sein können.

210 Soweit bei einem Personalabbau ein Erreichen der Schwellenwerte von § 17 Abs. 1 KSchG bzw. § 112a Abs. 1 BetrVG vorausgesetzt wird (*BAG* v. 10. 12. 1996, AP Nr. 32 zu § 113 BetrVG 1972), sind Arbeitsplätze, die von Leih-AN besetzt werden oder zukünftig entfallen sollen, **mitzuzählen** (*BAG* v. 18. 10. 2011 – 1 AZR 335/10, DB

2012, 408; Ulber/*zu Dohna-Jaeger, AÜG*, § 14 Rn. 133; a. A. *B/W*, § 14 Rn. 121).

Ein interessenausgleichspflichtiger **Personalabbau** liegt insbesondere 211 vor, wenn eine innerbetriebliche Personalreserve abgebaut und durch den Aufbau einer aus Leih-AN bestehenden Personalreserve ersetzt werden soll (Ulber/*zu Dohna-Jaeger*, AÜG, § 14 Rn. 133; a. A. Thüsing/*Thüsing*, § 14 Rn. 183). Dasselbe gilt, wenn der Entleiher (insbesondere zum Zwecke der **Umgehung einer Sozialplanpflicht**) Leih-AN einsetzt, um nach Ablauf der Überlassungszeiträume die Arbeitsplätze entfallen zu lassen (Schüren/Hamann/*Hamann*, § 14 Rn. 352; Ulber/*zu Dohna-Jaeger*, AÜG, § 14 Rn. 133).

Plant der Entleiher, einen Personalabbau über **betriebsbedingte** 212 **Kündigungen** zu realisieren, sind die durch den Kündigungsschutz gezogenen Grenzen zu beachten. Bei gleichzeitigem Einsatz von Leih-AN kann ein **Personalabbau** nur dann über betriebsbedingte Kündigungen von Stammarbeitnehmern wirksam realisiert werden, wenn eine **betriebliche Funktion** als solche entfällt und auch bei **Beendigung der Beschäftigung von Leih-AN** (ggf. auch nach Durchführung von Qualifizierungsmaßnahmen) keine Weiterbeschäftigungsmöglichkeit für die zur Kündigung vorgesehenen AN besteht (*LAG Hamm* v. 22. 8. 2007 – 11 Sa 1338/06). Solange Arbeitsplätze beim Entleiher mit Leih-AN besetzt sind, sind zur Weiterbeschäftigung von Stammarbeitnehmern auch andere Beschäftigungsmöglichkeiten i. S. v. § 1 Abs. 2 S. 2 Buchst. b KSchG vorhanden (*LAG Hamm* v. 24. 7. 2007 – 12 SA 320/07; ErfK/*Ascheid*, § 1 KSchG Rn. 419). Dies gilt auch, soweit der Entleiher die Kündigung auf ein unternehmerisches Konzept stützen will. Die unternehmerische Entscheidungsfreiheit findet ihre Grenze im Kündigungsschutz und erstreckt sich bei Nutzung von ANÜ nur darauf, sich im Falle eines Rückgangs des Arbeitsvolumens von Leih-AN relativ rasch ohne Einhaltung des Kündigungsschutzes trennen zu können (*Düwell/Dahl*, DB 07, 1699). Die Grundsätze zur grundsätzlichen **Unzulässigkeit von Austauschkündigungen** (*BAG* v. 26. 9. 1996, NJW 97, 885 u. v. 18. 5. 2006, AuA 06, 682 u. v. 18. 9. 2008, AP Nr. 89 zu § 1 KSchG 1969 Betriebsbedingte Kündigung; *LAG Hamm* v. 5. 3. 2007, DB 07, 1701; Ulber/*zu Dohna-Jaeger*, AÜG, § 14 Rn. 131; *Düwell/Dahl*, DB 07, 1699; krit. *Simon*, BB 07, 2454) kommen auch zur Anwendung, wenn eine betriebsbedingte Kündigung über die Beendigung der Beschäftigung von Leih-AN vermieden werden kann. Sie sind im Interessenausgleichsverfahren als unzulässige Maßnahme des Entleihers zu berücksichtigen (Schüren/Hamann/*Hamann*, § 14 Rn. 348; Ulber/*zu Dohna-Jaeger*, AÜG, § 14 Rn. 132; *Grimm/Brock*, S. 178).

Im Rahmen des Interessenausgleichsverfahrens kann der BR auch den 213 Vorschlag unterbreiten, Kündigungen über den eigenen (ggf. zukünftigen) Verleih von AN abzuwenden und den betroffenen AN **Änderungsverträge** mit der zusätzlichen Verpflichtung zur Leistung von

§ 14 Mitwirkungs- und Mitbestimmungsrechte

Leiharbeit anzubieten bzw. entsprechende **Änderungskündigungen** auszusprechen. Daneben kann er von seinem Initiativrecht zur Einführung von **Kurzarbeit** (§ 87 Abs. 1 Nr. 3 BetrVG) Gebrauch machen und statt der Entlassungen die Einführung von Kurzarbeit verlangen (*Fitting*, § 112 Rn. 8). Macht der BR von seinem **Initiativrecht** Gebrauch (vgl. Rn. 170), steht ihm ein Anspruch auf **Unterlassung** der geplanten personellen Maßnahmen zu, bis das Mitbestimmungsverfahren bei Einführung von Kurzarbeit (notfalls durch Spruch der Einigungsstelle) beendet ist (*Ulber, J.*, AiB 2009, 139).

214 Die Beteiligungsrechte des BR bzw. die Pflichten des AG zur **rechtzeitigen** und **umfassenden Unterrichtung** werden bereits im **Planungsstadium** einer Betriebsänderung ausgelöst. Von daher sind die Beteiligungsrechte des BR bereits einzuhalten, wenn der Entleiher plant, zukünftig bestimmte Funktionen, Personalbedarfsfälle (z.B. Vertretungsfälle) oder **frei werdende Arbeitsplätze** nur noch **mit Leih-AN zu besetzen** (*Hamann*, WiB 96, 369). Der systematische Einsatz von Leih-AN ist hier sowohl hinsichtlich der Beschäftigungs- und Aufstiegschancen als auch hinsichtlich der Arbeitsbelastungen mit erheblichen Nachteilen für die Stammbelegschaft verbunden.

215 Sind die Voraussetzungen einer Betriebsänderung erfüllt, hat der AG zunächst das Interessenausgleichsverfahren durchzuführen, bevor er die geplanten Maßnahmen umsetzt. Bei Verstößen steht dem BR ein **Unterlassungsanspruch** zu, der auch im Wege der **einstweiligen Verfügung** durchgesetzt werden kann (*LAG Frankfurt* v 27.6.2007, AuR 2008, 267 u. v. 3.8.1984, DB 85, 178; *LAG Berlin* v. 7.9.1995, AuR 96, 159; DKKW/*Däubler*, §§ 112, 112a Rn. 52ff.; Ulber/*zu Dohna-Jaeger*, AÜG, § 14 Rn. 134).

216 Die Verpflichtung zur Aufstellung eines Sozialplans (§ 112 Abs. 1 S. 2 BetrVG) besteht neben der Durchführung des Interessenausgleichsverfahrens. Im **Sozialplan** sind die Nachteile, die den **Stammarbeitnehmern** infolge der Betriebsänderung erwachsen, auszugleichen. Leih-AN sind vom persönlichen Geltungsbereich eines Entleiher-Sozialplans grundsätzlich ausgenommen und können auch dann nicht Anspruchsberechtigte eines Sozialplans sein, wenn der Verleiher ihnen infolge einer Maßnahme des Entleihers kündigt (*Boemke/Lembke*, § 14 Rn. 146; Ulber/*zu Dohna-Jaeger*, AÜG, § 14 Rn. 136; Schüren/Hamann/*Hamann*, § 14 Rn. 353). Ausnahmen kommen in Betracht, wenn einem Leih-AN die **Übernahme** nach Beendigung des ANÜ-Vertrags in Aussicht gestellt wurde oder infolge der Betriebsänderung Übernahmeansprüche von Leih-AN (z.B. nach § 3 TV LeiZ) entfallen (Ulber/*zu Dohna-Jaeger*, AÜG, § 14 Rn. 136). Kommt eine Einigung zwischen Entleiher und BR nicht zustande, entscheidet eine Einigungsstelle verbindlich (112 Abs. 4 BetrVG).

Mitwirkungs- und Mitbestimmungsrechte § 14

5. Mitwirkungsrechte bei Einstellung von Leiharbeitnehmern (Abs. 3 i. V. m. § 99 BetrVG)

a. Anwendungsbereich

Abs. 3 enthält Regelungen zur Beteiligung des Entleiher-BR bei Einstellung von Leih-AN. Abs. 3 S. 1 kommt vor allem eine klarstellende Funktion zu, da sich das MBR des Entleiherbetriebsrats nach § 99 BetrVG schon aus der **Eingliederung** des Leih-AN in den Entleiherbetrieb ergibt. Als **Rechtsfolgenverweisungsnorm** (ErfK/*Wank*, § 14 AÜG Rn. 15; *S/M*, § 14 Anm. 16; Ulber/*zu Dohna-Jaeger,* AÜG, § 14 Rn. 186; a. A. *LAG NS* v. 26. 11. 2007 – 6 TaBV 33/07; *Boemke/Lembke,* § 14 Rn. 98) erweitert Abs. 3 die MBR nach § 99 BetrVG auf Betriebe mit weniger als 21 AN. Abs. 3 S. 2 und 3 erweitert die Unterrichtungspflichten des Entleihers bei der Beschäftigung von Leih-AN. In der Fällen **privilegierter ANÜ** nach § 1 Abs. 3 ergeben sich die MBR bei Einstellung von Leih-AN unmittelbar aus § 99 BetrVG (Ulber/*zu Dohna-Jaeger,* AÜG, § 14 Rn. 187). **217**

Die in Abs. 3 S. 1 geregelten Beteiligungsrechte kommen i. E. bei allen **Formen der ANÜ** einschließlich der Abordnung nach § 1 Abs. 1 S. 3 zur Anwendung (s. o. Rn. 137; ErfK/*Wank,* § 14 AÜG Rn. 15; Ulber/*zu Dohna-Jaeger,* AÜG, § 14 Rn. 187). Gleiches gilt bei der Abordnung von **Beamten** (BAG v. 23. 6. 2009 – 1 ABR 30/08) oder DRK-Schwestern, wenn auf Grundlage des **Gestellungsvertrags** das Weisungsrecht übertragen wird (BAG v. 22. 4. 1997, NZA 97, 1297; *Wulff/Büchele,* AiB 2012, 159). Auch soweit nach § 1 Abs. 2 Arbeitsvermittlung vermutet wird, besteht das MBR des Entleiher-BR nach § 99 BetrVG. Bei Einsatz von AN im Rahmen illegaler Formen der ANÜ, insbesondere beim **Scheinwerkvertrag**, hat der BR unmittelbar nach § 99 BetrVG mitzubestimmen (*BAG* v. 31. 1. 1989, AP Nr. 33 zu § 90 BetrVG 1972; Ulber/*zu Dohna-Jaeger,* AÜG» § 14 Rn. 186). **218**

Der Verweis in Abs. 3 S. 1 bezieht sich nicht nur auf das eigentliche Mitwirkungsrecht nach § 99 Abs. 1 und 2 BetrVG, sondern umfasst auch die **Vorschriften des Mitbestimmungsverfahrens** einschließlich §§ 100 f. BetrVG (Schüren/Hamann/*Hamann,* § 14 Rn. 157). **219**

Da es sich bei Abs. 3 um eine **Rechtsfolgenverweisung** handelt (AR-Handb./*Bachner,* § 111 Rn. 167; *Schaub,* § 120 Rn. 94; Ulber/*zu Dohna-Jaeger,* AÜG, § 14 Rn. 186; a. A. Thüsing/*Thüsing,* § 14 Rn. 147), besteht das MBR auch in Betrieben mit weniger als 21 Beschäftigten. I. Ü. sind Leih-AN, die nach § 7 S. 2 BetrVG wahlberechtigt sind oder auf Stammarbeitsplätzen beim Entleiher eingesetzt werden, beim **Schwellenwert** von mehr als 20 Beschäftigten zu berücksichtigen (s. Rn. 97 ff.; *BAG* v. 18. 10. 2011 – 1 AZR 335/10, DB 2012, 408; Schüren/Hamann/*Hamann,* § 14 Rn. 148). **220**

§ 14 Mitwirkungs- und Mitbestimmungsrechte

b. Beteiligungspflichtige Tatbestände (Abs. 3 S. 1)

221 Nach Abs. 3 S. 1 ist der Entleiherbetriebsrat vor der **Übernahme von Leih-AN zur Arbeitsleistung** nach § 99 BetrVG zu beteiligen. Das MBR nach § 99 BetrVG beruht insoweit nicht auf der Begründung eines ArbV, sondern auf der tatsächlichen Arbeitsaufnahme und Beschäftigung bzw. Eingliederung des Leih-AN in den Entleiherbetrieb. Soweit Personen auf **mitgliedschaftlicher Basis** überlassen werden, sind auf Grund der Eingliederung beim Entleiher die Voraussetzungen von § 99 BetrVG ebenfalls erfüllt (*BAG* v. 23. 6. 2010 – 7 ABR 1/09). **Rahmenverträge** zur ANÜ oder die Aufnahme von Leih-AN in **Stellenpools** (wohl aber ein darauf beruhender Einsatz von Leih-AN) unterliegen nicht der Mitbestimmung nach § 99 BetrVG (*BAG* v. 23. 1. 2008 – 1 ABR 74/06).

221 a Das Mitbestimmungsrecht des Entleiherbetriebsrats, kommt nach Abs. 3 S. 1 sowohl bei **Einstellungen**, als auch bei **Eingruppierung**, **Umgruppierung** und **Versetzungen** zum Tragen. Während das Mitbestimmungsrecht des Entleiher-BR bei Einstellungen und Versetzungen relativ unstrittig ist, bestehen erhebliche Meinungsunterschiede, ob auch bei **Ein- und Umgruppierungern** ein Mitbestimmungsrecht besteht (vgl. Rn. 225).

222 **(Einstellung)** Das MBR wird nicht nur bei der **Einstellung** des Leih-AN bzw. der **Arbeitsaufnahme** im Entleihbetrieb ausgelöst, sondern kommt wegen des personalen Bezugs des MBR auch bei der **Auswahl** des Leih-AN, einer **Verlängerung** der Einsatzdauer (*BAG* v. 23. 1. 2008 – 1 ABR 74/06; *LAG Frankfurt* v. 9. 2. 1988, EzAÜG § 14 Betriebsverfassung Nr. 16) und beim **Austausch** eines Leih-AN durch einen anderen Leih-AN zur Anwendung (*LAG Frankfurt* v. 16. 1. 2007 – 4 TaBV 203/06; *Boemke/Lembke*, § 14 Rn. 100; Ulber/*zu Dohna-Jaeger*, AÜG, § 14 Rn. 195; DKKW/*Bachner*, § 99 Rn. 59). Dies gilt auch, wenn der Entleiher nach dem ANÜ-Vertrag nur die Überlassung von einer bestimmten Zahl von Leih-AN mit einer bestimmten Qualifikation verlangen kann und der Verleiher jederzeit zum Austausch des Leih-AN berechtigt ist (*HessLAG* v. 16. 1. 2007 – 4 TaBV 203/06, AiB 08, 172 m. Anm. *Trittin/Fütterer*). **Jeder** einzelne Einsatz von Leih-AN – sei er noch so kurz – ist mitbestimmungspflichtig (*BAG* v. 23. 1. 2011 – 1 ABR 137/09).

223 Wird der Leih-AN in ein ArbV beim Entleiher **übernommen**, ist der Entleiherbetriebsrat aus dem Gesichtspunkt der Einstellung erneut nach § 99 BetrVG zu beteiligen (*BAG* v. 16. 6. 1998, EzAÜG § 14 Betriebsverfassung Nr. 41; Schüren/Hamann/*Hamann*, § 14 Rn. 156; Ulber/*zu Dohna-Jaeger*, AÜG, § 14 Rn. 190). Hier kommt das MBR nach § 99 BetrVG unmittelbar zur Anwendung. Steht im Rahmen einer vermittlungsorientierten ANÜ schon bei der Übernahme als Leih-AN fest, dass der Leih-AN zu einem späteren Zeitpunkt als Stammarbeitnehmer eingestellt wird, sind die Übernahme als Leih-AN

Mitwirkungs- und Mitbestimmungsrechte § 14

und die spätere Einstellung als AN mitbestimmungsrechtlich als einheitlicher Vorgang zu behandeln. Der BR muss daher schon beim Einsatz als Leih-AN alle Zustimmungsverweigerungsgründe prüfen und geltend machen, die bei der Übernahme als Stammarbeitnehmer Bedeutung haben. Wird der Leih-AN in ein ArbV zum Entleiher **übernommen**, sind **Beschäftigungszeiten** als Leih-AN und Stammarbeitnehmer bei den Wartefristen beim passiven Wahlrecht (§ 9 Abs. 1 S. 2 BetrVG) zu berücksichtigen (*Boemke/Lembke*, § 14 Rn. 69; *Fitting*, § 9 Rn. 37; Schüren/Hamann/*Hamann*, § 14 Rn. 156).

Wird bei einer illegalen ANÜ gesetzlich ein **ArbV** zum Entleiher **224** **fingiert**, ist der BR nicht erneut wegen einer **Einstellung** nach § 99 BetrVG zu beteiligen (Ulber/*zu Dohna-Jaeger*, AÜG, § 14 Rn. 191 f.; a. A. Thüsing/*Thüsing*, § 14 Rn. 158). Die gesetzlich zwingend angeordneten Rechtsfolgen von § 10 Abs. 1 kann der BR nicht durch Geltendmachung von Zustimmungsverweigerungsgründen vereiteln. Das ggf. bestehende MBR bei Ein- oder Umgruppierungen bleibt hiervon unberührt.

(Eingruppierung) Für die **Ersteingruppierung** eines Leih-AN **225** beim Verleiher steht das MBR bei Eingruppierungen ausschließlich dem Verleiherbetriebsrat zu (Rn. 60 ff.). Dies schließt jedoch nicht aus, dass bei den anschließenden Einsätzen des Leih-AN bei den verschiedenen Entleihern auch ein MBR des Entleiherbetriebsrats bei Eingruppierungen ausgelöst wird.

In den Fällen, in denen ein **TV zur ANÜ** Anwendung findet, ist das **226** MBR bei Eingruppierungen in modifizierter Form gegeben. Die **Zuordnung des vergleichbaren AN** richtet sich nach den Verhältnisses beim Entleiher und muss vorher beim Entleiher unter Beachtung des MBR des Entleiherbetriebsrats nach § 99 BetrVG vorgenommen werden (a. A. *BAG* v. 17. 6. 2008, DB 2008, 2658). Sie ist für den Verleiher grundsätzlich verbindlich. Selbst wenn man annimmt, dass der Tatbestand einer Eingruppierung auf Grund der fehlenden vertraglichen Bindung zum Entleiher nicht erfüllt ist (*Fitting*, § 99 Rn. 73), ist das MBR wegen der **Zuordnung des vergleichbaren AN** i. S. v. § 9 Nr. 2 zur Tätigkeit des Leih-AN gegeben. Schon aus tatsächlichen Gründen kann diese Zuordnung nicht vom Verleiherbetriebsrat beurteilt werden (vgl. Rn. 60 f.; Ulber/*zu Dohna-Jaeger*, AiB 07, 705; a. A. DKKW/*Kittner/Bachner*, § 99 Rn. 66 a). Soweit durch die unterschiedlichen Arbeitsbedingungen von Leih- und Stammarbeitnehmern **Unruhe in der Beleschaft** entstehen kann, hat auch das BAG ein MBR des Entleiherbetriebsrats bei Eingruppieren bejaht (BAG v. 09. 03. 1976 – 1 ABR 53/74).

Das MBR bei der Eingruppierung ist kein Gestaltungs-, sondern ein **226 a** **Mitbeurteilungsrecht** (*Fitting*, § 99 Rn. 81), das an die tatsächlichen Voraussetzungen der Eingruppierungsnorm anknüpft. Bei der Beschäf-

§ 14 Mitwirkungs- und Mitbestimmungsrechte

tigung von Leih-AN sind die Tätigkeitsmerkmale des **vergleichbaren AN** i. S. v. § 9 Nr. 2 Tatbestandsmerkmal der Eingruppierung. Sowohl diese Tätigkeitsmerkmale, insbesondere aber die **Festlegung,** welcher AN hinsichtlich der vom Leih-AN auszuübenden Tätigkeit vergleichbar ist, entzieht sich den Beurteilungsmöglichkeiten und Regelungskompetenzen des Verleiherbetriebs (*Ulber/zu Dohna-Jaeger, AÜG,* § 14 Rn. 199; vgl. Rn. 60 a). Ob z. B. die konkret vom Leih-AN ausgeübte Tätigkeit bei einem vergleichbaren AN ein Hochschulstudium erfordert (und damit in Entgeltgruppe 9 des ERTV BAP/DGB einzugruppieren ist), richtet sich ausschließlich nach den Regelungen im Entleiherbetrieb, die unter Mitwirkung des dort bestehenden BR getroffen werden. Von daher besteht das MBR des Entleiherbetriebsrats bei Eingruppierungen bei Beschäftigung von Leih-AN immer hinsichtlich der Festlegung des vergleichbaren AN und den hierbei maßgeblichen Tätigkeits- und Eingruppierungsmerkmalen (*Ulber/zu Dohna-Jaeger,* AiB 07, 705). Unbeachtlich ist hierbei, ob beim Entleiher eine kollektive Vergütungsordnung besteht, die bei Stammarbeitnehmern Voraussetzung für das Bestehen des MBR ist (*Fitting,* § 99 Rn. 73).

226 b Uneingeschränkt muss das MBR des Entleiherbetriebsrats bei Eingruppierung (auch als Annexkompetenz) bestehen, soweit sich die Eingruppierung auf der Grundlage von § 9 Nr. 2 ausschließlich nach den Merkmalen der beim Entleiher geltenden Vergütungsordnung richtet und dem Leih-AN Gleichstellungsansprüche nach § 10 Abs. 4 eingeräumt sind (*Ulber/zu Dohna-Jaeger,* AÜG, § 14 Rn. 199; a. A.: *BAG* v. 17. 6. 2008, DB 2008, 2658; *LAG Düsseldorf* v. 26. 1. 2007 – 17 TaBV 109/06; *Schüren/Hamann/Hamann,* § 14 Rn. 169; für die gewerbsmäßige ANÜ offengelassen in *BAG* v. 25. 1. 2005, BB 05, 2189). Dies ergibt sich schon daraus, dass die vom Entleiher vorgenommene Eingruppierung und die hierauf beruhende Auskunft nach § 13 Grundlage für die Geltendmachung der Gleichstellungsansprüche aus §§ 9 Nr. 2, 10 Abs. 4 ist (*BAG* v. 19. 9. 2007 – 4 AZR 656/06). Die Eingruppierung des Leih-AN in die Vergütungsordnung beim Entleiher ist daneben Voraussetzung dafür, dass der Leih-AN seine Ansprüche gerichtlich verfolgen kann (*BAG* v. 23. 11. 2011, AP Nr. 23 zu § 10 AÜG m. Anm. *Ulber, J.*). Eine Kompetenz der Betriebsparteien auf Verleiherseite, Eingruppierungen in Vergütungsordnungen vorzunehmen, die bei ihnen keine Anwendung finden, kann nicht anerkannt werden. Es unterliegt auch **verfassungsrechtlichen Bedenken** im Hinblick auf Art. 9 Abs. 3 GG, wenn den TV-Parteien der Entleihernbranchen die Möglichkeit genommen wird, die richtige Anwendung der abgeschlossenen TV auch durchzusetzen (vgl. hierzu *BAG* v. 20. 4. 1999, AuR 1999, 408 m Anm. *Kocher*). Die Tarifvertragsparteien hätten hierzu jedoch bei Anwendung von TV verbandsgebundener Entleiher, deren tariflichen Eingruppierungsregeln für Leih-AN Anwendung finden, keine Möglichkeit.

Mitwirkungs- und Mitbestimmungsrechte § 14

Bei der Eingruppierung ist auch der **Zweck der MBR** zu berücksichtigen, eine Beteiligung des BR immer dann zu gewährleisten, wenn der Leih-AN andernfalls ohne kollektiven Schutz durch eine betriebliche Interessenvertretung bleibt (*BAG* v. 15.12.1992, AP Nr. 7 zu § 14; DKKW/*Klebe*, § 87 Rn. 6; *Fitting*, § 87 Rn. 12). Durch die **Aufspaltung von Arbeitgeberbefugnissen** darf grundsätzlich kein **mitbestimmungsfreier Raum** entstehen (*LAG München* v. 5.12.2000, AiB 02, 432). Besteht – wie in den überwiegenden Fällen – beim Verleiher kein BR würde der Verleiher jedoch mitbestimmungsfrei über Eingruppierungen entscheiden können, die sich nach Bestimmungen richten die beim Entleiher mitbestimmungspflichtig sind. Die MBR des Entleiherbetriebsrats verfolgen jedoch auch den Zweck, den **Arbeitnehmerschutz** für Leih-AN nicht leer laufen zu lassen (Schüren/Hamann/*Hamann*, § 14 Rn. 365).

227

Weder der Verleiher noch ein Verleiherbetriebsrat können die im Entleiherbetrieb tatsächlich ausgeübten Tätigkeiten des Leih-AN derart beurteilen, dass die für eine Eingruppierung maßgeblichen Tätigkeitsmerkmale vollständig berücksichtigt werden können. Ein Schutz des AN gegen eine fehlerhafte Eingruppierung und gegen ein Ungleichbehandlung mit vergleichbaren AN des Entleihers ist insofern über eine (alleinige) Beteiligung des Verleiher-BR nicht zu gewährleisten. Dies wird besonders deutlich, wenn der Entleiher den Leih-AN während seines Einsatzes innerhalb des Betriebs versetzt. Jede **Versetzung** oder Zuweisung eines anderen Tätigkeitsbereichs löst hier erneut das MBR des BR bei Eingruppierungen aus (*BAG* v. 12.12.2006, AiB 07, 431). Auch bei der mitbestimmungspflichtigen Versetzung von Leih-AN (Rn. 228) hat der Entleiherbetriebsrat zu prüfen, ob dem Leih-AN Nachteile infolge der hiermit verbundenen Um- oder Eingruppierung entstehen, die ihn zur Zustimmungsverweigerung nach § 99 Abs. 2 Nr. 4 BetrVG berechtigen (Rn. 270 ff.). Ob dies der Fall ist, richtet sich auch im Entleiherbetrieb ausschließlich danach, welche Folgen die Versetzung bei dem vergleichbaren AN des Entleihers hätte. Die dafür erforderlichen Kriterien entziehen sich von vornherein der Kenntnis und den Beurteilungsmöglichkeiten des Verleihers bzw. eines dort bestehenden BR. Auch der Schutzzweck des Mitbestimmungsrechts bei der Eingruppierung erfordert insofern eine Beteiligung des Entleiherbetriebsrats.

(**Versetzung**) Wird der Leih-AN auf Grund einer Entscheidung des Entleihers im Entleiherbetrieb versetzt, ist der Entleiher-BR nach § 99 BetrVG zu beteiligen (DKKW/*Bachner*, § 99 Rn. 126; Ulber/*zu Dohna-Jaeger*, AÜG, § 14 Rn. 199; *Stück*, AuA 2012, 78). Dabei kommt es nicht darauf an, ob die Versetzung nach dem ANÜ-Vertrag **zulässig** oder im ANÜ-Vertrag eine konkrete Aufgabenbeschreibung des Leih-AN enthalten ist (a. A. Schüren/Hamann/*Hamann*, § 14 Rn. 329). Ist die Versetzung nach dem ANÜ-Vertrag nicht gestattet oder ist der Leih-AN auf Grund seines AV nicht verpflichtet, auf dem anderen

228

Arbeitsplatz zu arbeiten, muss der Entleiher-BR dies im Rahmen der Zustimmungsverweigerung geltend machen. Für die Frage des Mitbestimmungsrechts ist allein entscheidend, ob die Zuweisung der anderen Tätigkeit nach den Verhältnissen im Entleiherbetrieb die Begriffsmerkmale einer Versetzung i. S. v. § 95 Abs. 3 BetrVG erfüllt.

229 Eine **Zustimmung** des Leih-AN zur Versetzung schließt das MBR nicht aus, kann jedoch zu einer Beschränkung der Zustimmungsverweigerungsgründe nach § 99 Abs. 2 Nr. 4 BetrVG führen (*BAG* v. 2. 4. 1996, AP Nr. 9 zu § 99 BetrVG 1972 Versetzung).

230 Bei Prüfung der Zustimmungsverweigerungsgründe hat der BR darauf zu achten, dass dem Leih-AN infolge der Versetzung keine Nachteile entstehen (Rn. 270). Dies ist z. B. der Fall, wenn mit der Versetzung die **Umgruppierung** (vgl. Rn. 227) in eine Entgeltgruppe mit geringerer Vergütung verbunden ist.

c. Unterrichtungspflichten des Entleihers (Abs. 3 S. 2)

231 Nach § 99 Abs. 1 S. 1 BetrVG hat der Entleiher den BR **vor** der Übernahme von Leih-AN **rechtzeitig** und **umfassend** zu **unterrichten** (DKKW/*Bachner*, § 99 Rn. 130). Bei nicht rechtzeitiger Unterrichtung beginnt die **Wartefrist** nach § 99 Abs. 3 S. 2 BetrVG nicht zu laufen. Dies gilt insbesondere, wenn der Entleiher gegen die Pflicht zur Vorlage des ANÜ-Vertrags verstößt (*ArbG Mainz* v. 11. 1. 2007 – 7 BV 17/06).

232 Die **Informationsansprüche** des BR sind schon nach dem Wortlaut von Abs. 3 nicht eingeschränkt. Sie umfassen nach Abs. 3 S. 2 die **Vorlage** der Erklärung des Verleihers zur Erlaubnis (§ 12 Abs. 1 S. 2) und des **ANÜ-Vertrags** (*BAG* v. 31. 1. 1989, AP Nr. 34 zu § 99 BetrVG 1972; *LAG Niedersachsen* v. 9. 8. 2006 – 15 TaBV 53/05; *HessLAG* v. 16. 1. 2007 – 4 TaBV 203/06; *ArbG Mainz* v. 11. 1. 2007 – 7 BV 17/06; *Boemke/Lembke*, § 14 Rn. 103; Ulber/*zu Dohna-Jaeger*, AÜG, § 14 Rn. 202; a. A. *LAG Niedersachsen* v. 28. 2. 2006, jurisPR-ArbR 48/06 Anm. 3 m. abl. Anm. *Boemke*) und die Mitteilung der **Überlassungsvergütung** (a. A. Schüren/Hamann/*Hamann*, § 14 Rn. 167). Bestehen mehrere Angebote von Verleihern, hat der Entleiher dem BR alle Angebote vorzulegen (BAG v. 6. 4. 1973, DB 1973, 778; Ulber/zu Dohna-Jaeger, AÜG, § 14 Rn. 202). Der ANÜ-Vertrag ist in Schriftform vorzulegen. Ist die **Schriftform** nicht gewahrt, ist der Vertrag unwirksam (vgl. § 12 Rn. 11 ff.). Der **telefonische Abruf** von Leih-AN ist immer unzulässig und berechtigt den BR wegen Verstoßes gegen § 12 Abs. 1 S. 1 zur Zustimmungsverweigerung (vgl. § 12 Rn. 11).

233 Da der ANÜ-Vertrag alle **wesentlichen Bedingungen der ANÜ** enthalten muss, enthält er wichtige Informationen über Dauer und Art des Einsatzes, den zu besetzenden Arbeitsplatz und die Arbeitsbedingungen, unter denen der Leih-AN seine Arbeit im Betrieb des Entleihers erbringen muss. Auch unabhängig hiervon hat der Entleiher den BR aber über diese Angaben zu informieren.

Die **Unterrichtungspflichten** des Entleihers nach § 99 Abs. 1 S. 1 **234** und 2 BetrVG beziehen sich auf alle Angaben, die der BR zur Beurteilung eines zulässigen Einsatzes des Leih-AN und zur Prüfung von Zustimmungsverweigerungsrechten benötigt (*BAG* v. 14.3.1989, NZA 89, 639). Den Entleiher trifft die Pflicht, die Daten beim Verleiher so zu erfragen, dass er seinen Unterrichtungspflichten rechtzeitig nachkommen kann (*BAG* v. 9.3.2011 – 7 ABR 137/09, AiB 2012, 59; *Stück*, AuA 2012, 78). Hierzu gehören zunächst Informationen zu **Anzahl, Name** (*BAG* v. 9.3.2011, NZA 11, 871; *Düwell*, NZA-RR 11, 1) und **Person der Leih-AN** und **Sozialdaten** (Alter, Geschlecht, Qualifikation, Schwerbehinderteneigenschaft; *ArbG Verden* v. 1.8.1989, AiB 89, 318; *ArbG Kaiserslautern* v. 25.10.2005, AuR 06, 334; *Boemke/Lembke*, § 14 Rn. 102; DKKW//*Bachner*, § 99 Rn. 147; *Ulber/zu Dohna-Jaeger*, AÜG, § 14 Rn. 204; *Stück*, AuA 2012, 78) einschließlich der Angaben, die zur **Prüfung eines legalen Einsatzes** notwendig sind (z.B. Arbeitsberechtigung von Ausländern aus Nicht-EWR-Staaten; vgl. Einl. Rn. 61ff., Schwerbehinderteneigenschaft, Nachweise über notwendige Qualifikationsvoraussetzungen etc.; Thüsing/*Thüsing*, § 14 Rn. 185; *Ulber*, § 14 Rn. 150; *Ulber/zu Dohna-Jaeger*, AiB 07, 705; a.A. Schüren/Hamann/*Hamann*, § 14 Rn. 163; *Boemke/Lembke*, § 14 Rn. 102, die eine zweistufige Unterrichtung fordern). Ist der Entleiher zur Auskunft nicht in der Lage, hat er die entsprechenden Informationen beim Verleiher einzuholen (*Ulber/zu Dohna-Jaeger*, AÜG, § 14 Rn. 205). Auch hat der Entleiher Auskunft über alle Tatsachen zu geben, die zu einer Versagung der Erlaubnis oder zu einem fingierten ArbV führen können (Thüsing/*Thüsing*, § 14 Rn. 185; *Ulber/zu Dohna-Jaeger*, AÜG, § 14 Rn. 206). Bestehende **Zweifel** hat der Entleiher so rechtzeitig auszuräumen (*Boemke/Lembke*, § 14 Rn. 102), dass er seinen Unterrichtungspflichten nachkommen kann (*BAG* v. 9.3.2011, NZA 2011, 871). Andernfalls ist der BR zur Zustimmungsverweigerung berechtigt (*BAG* v. 28.9.1988, AP Nr. 66 zu § 99 BetrVG 1972).

Beginn und **Dauer des Einsatzes** sowie der für den Leih-AN vor- **235** gesehene Arbeitsplatz einschließlich des Dienstplans und der Arbeitszeit sind dem BR mitzuteilen (*Oelkers*, NJW-Spezial 07, 450). Macht der AG keine Angaben zur geplanten Dauer (insbesondere zum Tatbestandsmerkmal »vorübergehend« i.S.v. § 1 Abs. 1 S. 2), liegt eine mangelhafte Unterrichtung vor (Ulber/*zu Dohna-Jaeger*, AÜG, § 14 Rn. 206; *Ulbrich/Schubert*, AiB 2013, 124; a.A. *LAG Düsseldorf* v. 2.10.2012 – 17 TaBV 38/12, AiB 2013, 203). Reichen die im ANÜ-Vertrag nach § 12 Abs. 1 S. 3 enthaltenen Angaben zum Tätigkeitsprofil, zu den besonderen Merkmale der Tätigkeit oder zur Qualifikation nicht aus, um beurteilen zu können, ob ein Zustimmungs-

§ 14 Mitwirkungs- und Mitbestimmungsrechte

verweigerungsgrund vorliegt, muss der Entleiher die hierzu erforderlichen Informationen nachreichen.

236 Da der Leih-AN wegen der mangelnden Kenntnis der Betriebsabläufe regelmäßig eingearbeitet und mit den Arbeitsbedingungen und den Sicherheitsanforderungen vertraut gemacht werden muss, hat der Entleiher auch darzulegen, in welcher Form die hiermit verbundenen **zusätzlichen Belastungen** der Stammbelegschaft kompensiert werden sollen. Beim **Leistungslohn** betrifft dies auch die finanzielle Kompensation der Zusatzbelastungen und deren Auswirkungen (z. B. bei den Vorgabezeiten) im Rahmen bestehender BV nach § 87 Abs. 1 Nr. 10 und 11 BetrVG. Der BR muss prüfen können. ob eine BV, die die Beschäftigung von Leih-AN an bestimmte Voraussetzungen knüpft, eingehalten wird (*BAG* v. 16. 6. 1998 – 1 ABR 61/97).

237 Die Unterrichtungspflichten des Entleihers beziehen sich auf alle Ansprüche, die dem Leih-AN auf Grund der **Gleichstellungsgrundsätze** des § 9 Nr. 2 erwachsen, insbesondere auf die anspruchsbegründenden Voraussetzungen (vergleichbarer AN etc.; *Grimm/Brock*, DB 03, 1115; Ulber/*zu Dohna-Jaeger,* AÜG, § 14 Rn. 207) und die **Eingruppierung** (*BAG* v. 23. 3. 2011, AP Nr. 23 zu § 10 AÜG m. Anm. *Ulber, J.; Hayen,* AiB 03, 527; *Grimm/Brock*, DB 03, 1113; Ulber/*zu Dohna-Jaeger,* AÜG, § 14 Rn. 207; s. a. *BAG* v. 9. 3. 1976, AuR 76, 152). Bei Anwendung eines **TV zur ANÜ** hat der Entleiher die anzuwendenden TV vorzulegen und zu erläutern (*Oelkers*, NJW-Spezial 07, 450). Hierbei hat er darzulegen, welche Ansprüche nach §§ 9 Nr. 2, 10 Abs. 4 durch den TV im Einzelnen ausgeschlossen sind und welche Ansprüche (z. B. auf Grund von **Regelungslücken** des TV; vgl. § 10 Rn. 70) dem Leih-AN auf Grund der beim Entleiher geltenden Arbeitsbedingungen zu gewähren sind. Entsprechendes gilt, wenn das Leiharbeitsverhältnis einem unwirksamen TV zur ANÜ (z. B. einem von der CGZP abgeschlossenen TV; vgl. § 9 Rn. 70 ff.) unterliegt.

238 Der Entleiher ist auch verpflichtet, die **Auswirkungen** des Einsatzes des Leih-AN auf die Stammbelegschaft zu erläutern (Schüren/Hamann/*Hamann*, § 14 Rn. 166; Ulber/*zu Dohna-Jaeger,* AÜG, § 14 Rn. 209). Dabei hat er zur Unterbindung von Dauereinsätzen (vgl. *BAG* v. 28. 1. 1992, AP Nr. 95 zu § 99 BetrVG 1972) insbesondere darzulegen, welche beschäftigungspolitischen Überlegungen dem Einsatz zugrunde liegen (DKKW/*Bachner*, § 99 Rn. 147) und ob es sich um einen Ausnahmefall im Rahmen eines vorübergehenden Personalbedarfs handelt oder ob langfristig die Besetzung von Arbeitsplätzen mit Leih-AN geplant ist. Auch hat der Entleiher darzulegen, warum Alternativen zum Einsatz des Leih-AN, insbesondere Neueinstellungen, nicht in Betracht kommen (Ulber/*zu Dohna-Jaeger,* AÜG, § 14 Rn. 209; *Oelkers*, NJW-Spezial 07, 450). Die Auswirkungen des Einsatzes auf die Stammarbeitnehmer (§ 99 Abs. 2 Nr. 3 BetrVG) sind sowohl hinsichtlich der Sicherheit der Arbeitsplätze (z. B. Personalabbau) als auch der Aufstiegschancen der Festbeschäftigten und der Einstellungsmöglichkeiten Schwerbehinderter (Rn. 252) darzulegen (*ArbG Frankfurt* v. 1.3.2006 – 22 BV 856/05).

Die Unterrichtung erfolgt nur dann **rechtzeitig**, wenn der BR eine Woche vor der Arbeitsaufnahme durch den Leih-AN über die Einstellungsmaßnahme im erforderlichen Umfang unterrichtet wird (*Fitting*, § 99 Rn. 177). Bei **unvollständiger** Unterrichtung wird die Wochenfrist nicht in Gang gesetzt (*BAG* v. 26.8.2009 – 5 AZR 969/08, NZA 2010, 175; *Wulff/Büchele*, AiB 2012, 159). **239**

Unterlässt der AG die Unterrichtung über die geplante Einstellung oder erfolgt die Unterrichtung nicht rechtzeitig oder unvollständig, wird die Einwochenfrist zur Zustimmungsverweigerung (§ 99 Abs. 3 S. 2 BetrVG) nicht in Gang gesetzt. Dies gilt auch, wenn die Unterrichtung nach Abs. 3 S. 2 unterblieben ist (*Boemke/Lembke*, § 14 Rn. 105; *Schüren/Hamann/Hamann*, § 14 Rn. 174) oder der Entleiher noch keine erschöpfende Auskunft erteilt hat, ob er die Prüfung zur Einstellung eines schwerbehinderten AN nach § 81 Abs. 1 S. 1 SGB IX vorgenommen hat (*BAG* v. 14.11.1989, DB 90, 936; *ArbG Frankfurt* v. 1.3.2006 – 22 BV 856/05; vgl. Rn. 252). **240**

d. Zustimmungsverweigerungsrechte nach § 99 Abs. 2 BetrVG

Abs. 3 S. 1 nimmt uneingeschränkt Bezug auf § 99 BetrVG. Der Entleiherbetriebsrat kann daher bei der Beschäftigung von Leih-AN **alle Zustimmungsverweigerungsgründe** nach § 99 Abs. 2 BetrVG geltend machen, die auch bei Festeinstellung von AN zur Zustimmungsverweigerung berechtigen (*BAG* v. 28.9.1988, AP Nr. 60 zu § 99 BetrVG; *LAG Hessen* v. 16.1.2007 – 4 TaBV 203/06; *Ulber/zu Dohna-Jaeger*, AÜG, § 14 Rn. 212). Eine Differenzierung der Zustimmungsverweigerungsgründe danach, ob es sich um Formen erlaubnispflichtiger oder **nicht erlaubnispflichtiger ANÜ** handelt (*BAG* v. 25.1.2005, DB 05, 1693) ist wegen der identischen Folgen für die kollektiven Interessen der Stammbelegschaft nicht gerechtfertigt. **241**

Bei der Geltendmachung von Zustimmungsverweigerungsgründen hat der BR sowohl die **Interessen der Stammbelegschaft** (*BAG* v. 28.9.1988, AP Nr. 60 zu § 99 BetrVG) als auch die Interessen des Leih-AN zu wahren (*Ulber/zu Dohna-Jaeger*, AÜG, § 14 Rn. 213). Hierbei hat er dem **Gleichbehandlungsgebot** und den **Gleichstellungsgrundsätzen** von § 9 Nr. 2 Rechnung zu tragen (Rn. 253). **242**

(Verstöße gegen ein Gesetz; § 99 Abs. 2 Nr. 1) Ein **Gesetzesverstoß** i.S.v. § 99 Abs. 2 Nr. 1 BetrVG liegt immer vor, wenn der Einsatz des Leih-AN gegen **Bestimmungen des AÜG** verstößt (*BAG* v. 16.6.1998, EzAÜG § 14 Betriebsverfassung Nr. 41; *Boemke/Lembke*, § 14 Rn. 107; *ErfK/Wank*, § 14 AÜG Rn. 27; *Ulber/zu Dohna-Jaeger*, AÜG, § 14 Rn. 215). Ein drohender Verstoß braucht dabei nicht schon bei der Übernahme des Leih-AN vorzuliegen. Der **243**

§ 14 Mitwirkungs- und Mitbestimmungsrechte

BR ist vielmehr auch dann zur Zustimmungsverweigerung berechtigt, wenn die Illegalität der Überlassung erst im Verlauf des Einsatzes eintritt (z. b. bei Wegfall der Erlaubnis) und hiermit das Zustandekommen eines fingierten ArbV verbunden sein kann (*BAG* v. 28.6.1994, AP Nr. 4 zu § 99 BetrVG 1972 Einstellung; *Ulber/zu Dohna-Jaeger*, AÜG, § 14 Rn. 215).

244 Ein Verstoß gegen das AÜG liegt auch vor, wenn Leih-AN in Betrieben des **Baugewerbes** entgegen § 1b als Leih-AN beschäftigt werden sollen (*Boemke/Lembke*, § 14 Rn. 107; *Wensing/Freise*, BB 2004, 2238; vgl. Rn. 1). Erfüllt der Vertrag die Merkmale eines **Scheinwerkvertrags** (vgl. Einl. Rn. 46), steht dem BR (wie in allen Fällen illegaler ANÜ) ein Recht zur Zustimmungsverweigerung zu. Dasselbe gilt, wenn der ANÜ-Vertrag keine Angaben darüber enthält, ob der Verleiher die Erlaubnis besitzt oder die Anzeige nach § 1a erstattet wurde.

245 Verstößt der **Entleiher** gegen seine **Pflichten aus § 13a** ist der BR wegen Gesetzesverstoßes berechtigt die Zustimmung zu einer Einstellung zu verweigern (*Ulber/Ulber, J.*, AÜG, § 13a Rn. 2, 22; *Forst*, AuR 2012, 97; *Hayen*, AiB 2012, 174; *Ulber, J.*, AiB 2012, 7; *Ulber/zu Dohna-Jaeger*, AÜG, § 14 Rn. 232: *Hamann*, RdA 2011, 336; *Lembke*, NZA 2011, 319).

246 Liegt ein Fall erlaubnispflichtiger ANÜ vor und besitzt der Verleiher keine gültige **Erlaubnis zur ANÜ**, ist der BR zur Zustimmungsverweigerung berechtigt (*Boemke/Lembke*, § 14 Rn. 107; *Ulber/zu Dohna-Jaeger*, AÜG, § 14 Rn. 215). Dasselbe gilt, wenn der Zeitraum der Überlassung den zeitlich befristeten Geltungsbereich einer Erlaubnis (vgl. § 2 Rn. 27) bzw. die Nachwirkungsfrist von § 2 Abs. 4 S. 4 übersteigt oder der Einsatz gegen **Auflagen** oder Nebenbestimmungen einer Erlaubnis (vgl. § 2 Rn. 21 ff.) verstößt.

247 Um einen Verstoß gegen Bestimmungen des AÜG handelt es sich ferner, wenn der Verleiher seine **Arbeitgeberpflichten** nicht erfüllt oder das **Arbeitgeberrisiko** (§§ 1 Abs. 2, 3 Abs. 1; vgl. § 3 Rn. 42 ff.) nicht trägt (*Ulber/zu Dohna-Jaeger*, AÜG, § 14 Rn. 216; a.A. *Boemke/Lembke*, § 14 Rn. 107; *Schüren/Hamann/Hamann*, § 14 Rn. 181, 191). Dasselbe gilt, wenn der Leih-AN entgegen § 9 Nr. 2 falsch eingruppiert wird (*Ulber, J./zu Dohna-Jaeger*, AiB 07, 705).

248 Ein Verstoß gegen Bestimmungen des AÜG liegt grundsätzlich auch vor, wenn der Verleiher gegen die **Gleichstellungsgrundsätze** von § 9 Nr. 2 (und damit gegen gesetzliche Vorschriften) verstößt (*ArbG Düsseldorf* v. 11.8.2004, EzAÜG § 14 Betriebsverfassung Nr. 59; *Ulber/zu Dohna-Jaeger*, AÜG, § 14 Rn. 215; *Grimm/Brock*, DB 03, 1116; *Furier/Kaus*, AiB 2004, 360; *Hamann*, NZA 03, 533; *Hayen*, AiB 03, 533; *Reim*, AiB 2003, 74; a.A. *BAG* v. 21.7.2009, NZA 2009, 1156 u. v. 1.6.2011, NZA 2011, 1435; *Boemke/Lembke*, § 14 Rn. 107; ErfK/*Wank*, AÜG, § 14 Rn. 23; *Fitting*, § 99 Rn. 163b; *Richardi/Thüsing*,

§ 99 Rn. 187). Dies gilt unabhängig davon, ob man dem BR bei einer Festeinstellung kein Zustimmungsverweigerungsrecht bei tarifwidriger Vergütung zubilligt (so: *BAG* v. 9.7.1996, AP Nr. 9 zu § 99 BetrVG 1972 Einstellung). Die Einhaltung der Bestimmungen zum Diskriminierungsverbot ist **Rechtmäßigkeitsvoraussetzung** einer ANÜ (*Hayen*, AiB 03, 533). Widersprechen die vom Entleiher erteilten Auskünfte den für den Leih-AN maßgeblichen Bestimmungen zur Entlohnung oder zu den sonstigen materiellen Arbeitsbedingungen, ist der BR zur Zustimmungsverweigerung berechtigt (Ulber/*zu Dohna-Jaeger*, AÜG, § 14 Rn. 215; *Däubler*, KJ 03, 17; *Grimm/Brock*, S. 171; *Furier/Kaus*, AiB 04, 360; a.A. *Hamann*, NZA 03, 533). Dasselbe gilt, wenn der Leih-AN unter Verstoß gegen die Gleichstellungsgrundsätze von § 9 Nr. 2 beschäftigt werden soll und ihm infolgedessen ein **Leistungsverweigerungsrecht** zusteht (Ulber/*zu Dohna-Jaeger*, AÜG, § 14 Rn. 215; *Däubler*, KJ 03, 17; *Grimm/Brock*, DB 03, 1116; *Hayen*, AiB 03, 533; *Reim*, AiB 03, 74; a.A. DKKW/*Bachner*, § 99 Rn. 197 und für die nichtgewerbsmäßige ANÜ *BAG* v. 25.1.2005, DB 05, 1693). Findet ein **unwirksamer TV zur ANÜ** (z.B. ein von der CGZP abgeschlossener TV; vgl. § 9 Rn. 75ff.) Anwendung, ist der BR zur Zustimmungsverweigerung berechtigt, wenn der Verleiher dem Leih-AN nicht mindestens die von § 9 Nr. 2 erfassten Arbeitsbedingungen gewährt (vgl. § 10 Rn. 56ff.). Gleichzeitig berechtigt die **rechtswidrige Ungleichbehandlung** von Stamm- und Leih-AN den BR auch, die Zustimmung nach § 99 Abs. 2 Nr. 4 zu verweigern.

249 Ist der **ANÜ-Vertrag** wegen Verstoßes gegen die **Schriftform** nach § 12 (vgl. § 12 Rn. 11 ff.) unwirksam, steht dem BR das Zustimmungsverweigerungsrecht wegen Gesetzesverstoßes zu. Die Unwirksamkeit kann dabei auch darauf beruhen, dass der ANÜ-Vertrag zwar schriftlich abgefasst ist, aber **wesentliche Geschäftsinhalte** nicht enthält (*Hayen*, AiB 03, 533). Wesentlich sind hierbei insbesondere die Angaben über die **wesentlichen Arbeitsbedingungen**, die für den Leih-AN während des Einsatzes beim Entleiher zur Anwendung kommen (vgl. § 12 Rn. 64 ff.).

249a Liegt statt einer behaupteten ANÜ tatsächlich **Arbeitsvermittlung** vor (zur Abgrenzung vgl. Einl. 34ff. und § 1 Rn. 128ff.), ist der BR zur Zustimmungsverweigerung verpflichtet (*Ulber, J./zu Dohna-Jaeger*, AiB 07, 705). Ein Fall illegaler Arbeitsvermittlung kommt insbesondere in Betracht, wenn der Leih-AN unter Verstoß gegen das **Verbot nicht nur vorübergehender ANÜ** nach § 1 Abs. 1 S. 2 zeitlich unbefristet oder langfristig auf **Dauerarbeitsplätzen** im Entleiherbetrieb eingesetzt werden soll (*BAG* v. 10.7.2013 – 7 ABR 91/11; Ulber/*zu Dohna-Jaeger*, AÜG, § 14 Rn. 216). § 1 Abs. 1 S. 2 ist ein **Verbotsgesetz** i.S.v. § 134 BGB und § 99 BetrVG (*LAG Niedersachsen* v. 19.9.2012 – 17 TaBV 124/11, DB 2012, 2468; *LAG Berlin-Brandenburg* v. 19.12.1012 – 4 TaBV 1163/12; *Ulber, J.*, AiB 2012, 7) und stellt i.d.R. Arbeitsvermittlung dar (§ 1 Rn. 130ff.). Das Zustim-

§ 14 Mitwirkungs- und Mitbestimmungsrechte

mungsverweigerungsrecht besteht auch wegen **Rechtsmissbrauch**s (§ 242 BGB i. V. m. § 1 Abs. 1 S. 2), wenn der Entleiher grundsätzlich nur noch Leih-AN beschäftigen will (*LAG NS* v. 19. 9. 2012 – 17 TaBV 124/11, DB 2012, 2468; *ArbG Offenbach* v. 1. 8. 2012 – 10 BV 1/12). Das Zustimmungsverweigerungsrecht ist dabei ein angemessenes Sanktionsmittel i. S. v. Art. 10 LA-RL (*LAG NS* v. 19. 9. 2012 – 17 TaBV 124/11, AuR 2012, 455). Der BR ist verpflichtet, die ZU zu verweigern (*Ulber, J.*, AiB 2011, 351; *ders.*, AiB 2012, 405).

249 b Wird nach § 1 Abs. 2 **Arbeitsvermittlung vermutet**, ist der BR berechtigt, die Zustimmung zur Einstellung zu verweigern (*Boemke/Lembke*, § 14 Rn. 107; *Schüren/Hamann/Hamann*, § 14 Rn. 191; Ulber/*zu Dohna-Jaeger*, AÜG, § 14 Rn. 216). Dies gilt auch, soweit die Auffassung vertreten wird, dass die vermutete Arbeitsvermittlung nach § 1 Abs. 2 kein fingiertes ArbV zur Folge hat (*Boemke/Lembke*, § 1 Rn. 155; vgl. § 1 Rn. 155 ff.). Eine Berufung auf das Vorliegen einer vermuteten Arbeitsvermittlung setzt dabei voraus, dass die den Vermutungstatbestand auslösenden Tatsachen dargelegt werden (zum Gegenbeweis vgl. § 1 Rn. 159).

249 c Liegt Arbeitsvermittlung vor und erteilt der BR seine Zustimmung zur Einstellung, ist sein MBR nach § 99 BetrVG hinsichtlich der Eingliederung des AN verbraucht. Macht der BR nicht **vor Aufnahme der tatsächlichen Beschäftigung** des Leih-AN von seinem Zustimmungsverweigerungsrecht Gebrauch, kann er zu einem späteren Zeitpunkt, zu dem der Entleiher das Bestehen eines fingierten ArbV anerkennt, nicht erneut ein MBR nach § 99 BetrVG reklamieren (*Ulber*, AuR 82, 63; a. A. *Thüsing/Thüsing*, § 14 Rn. 158; vgl. Rn. 224).

250 **Verstöße gegen das Ausländerrecht** sind ein Gesetzesverstoß i. S. v. § 99 BetrVG und berechtigen den BR zur Zustimmungsverweigerung (*Boemke/Lembke*, § 14 Rn. 108; Ulber/*zu Dohna-Jaeger*, AÜG, § 14 Rn. 217). Zu beachten ist hier, dass ausländische AN aus Staaten, die nicht dem EWR angehören, nach § 40 Abs. 1 Nr. 2 AufenthG regelmäßig keine Genehmigung zur Aufnahme einer Beschäftigung als Leih-AN erhalten. Dasselbe gilt für AN aus Bulgarien und Rumänien nach § 284 SGB III bzw. § 6 Abs. 1 Nr. 2 ArGV (vgl. Einl. Rn. 61, 63). Der Entleiher ist verpflichtet, sich die **Arbeitsberechtigung** vor Aufnahme der Beschäftigung des ausländischen AN vorlegen zu lassen und muss dem BR auf Verlangen **Einsicht** gewähren (Einl. Rn. 64). Verstößt er hiergegen, ist der BR zur Zustimmungsverweigerung berechtigt.

251 Verstößt der Einsatz gegen Bestimmungen zum **Arbeitsschutz**, insbesondere gegen das ArbZG oder gegen Beschäftigungsverbote nach dem MuSchG oder dem JArbSchG, ist der Entleiherbetriebsrat berechtigt, die Zustimmung zu verweigern (*Boemke/Lembke*, § 14 Rn. 108; Ulber/*zu Dohna-Jaeger*, AÜG, § 14 Rn. 217). Dies gilt auch, wenn die **Zusammenarbeits-** und **Unterrichtungspflichten** gem. § 8 Abs. 1 und 2 ArbSchG nicht eingehalten werden (DKKW/*Kittner/ Bachner*, § 99 Rn. 197).

Nach § 81 Abs. 1 S. 1 SGB IX ist der AG bei Besetzung eines freien **252** Arbeitsplatzes unabhängig davon, ob die Pflichtquote nach § 71 SGB IX bereits erfüllt ist zu der Prüfung verpflichtet, ob der freie Arbeitsplatz mit einem **Schwerbehinderten** besetzt werden kann. Dies gilt auch, soweit Leih-AN im Betrieb beschäftigt werden sollen (*BAG* v. 23.6.2010 – 7 ABR 3/09, NZA 2010, 1361 u. v. 14.11.1989, DB 90, 936; *ArbG Frankfurt* v. 1.3.2006 – 22 BV 856/05; GK-SGB IX/*Großmann*, § 91 Rn. 62; *Stück*, AuA 2012, 78; a. A. Schüren/Hamann/*Hamann*,§ 14 Rn. 196 f.). Den Betriebs- oder Personalräten kommt dabei die Aufgabe zu, die Einhaltung der Verpflichtungen des AG zu überwachen (§ 93 SGB IX; zu § 80 Abs. 1 Nr. 4 BetrVG vgl. Rn. 135). Sie sind daher neben der Schwerbehindertenvertretung (vgl. § 95 Abs. 2 SGB IX) an der Prüfung zu beteiligen. Unterlässt der AG die Prüfung, liegt ein Gesetzesverstoß i. S. v. § 99 Abs. 2 Nr. 1 BetrVG vor, und der BR ist zur **Zustimmungsverweigerung** berechtigt (*BAG* v. 23.6.2010, DB 2010, 2511; *HessLAG* v. 24.4.07 – 4 TaBV 24/07; DKKW/*Bachner*, § 99 Rn. 197; Ulber/*zu Dohna-Jaeger*, AÜG, § 14 Rn. 215; a. A. *Edenfeld*, NZA 06, 126). Uneingeschränkt gilt dies, wenn die Beschäftigungsdauer mindestens 8 Wochen betragen soll (§ 73 Abs. 3 SGB IX).

nicht besetzt **253**

Verstößt der Einsatz gegen Bestimmungen des **BetrVG**, insbesondere **254** gegen den Gleichbehandlungsgrundsatz nach § 75 Abs. 1 BetrVG (*BAG* v. 1.2.1989, AP Nr. 63 zu § 99 BetrVG 1972) oder gegen Mitbestimmungsrechte des BR, kann der BR ebenfalls die Zustimmung zur Einstellung von Leih-AN verweigern (*BAG* v. 22.10.1991, AP Nr. 7 zu § 14 AÜG; Ulber/*zu Dohna-Jaeger*, AÜG, § 14 Rn. 218). Dies gilt insbesondere, wenn der Leih-AN außerhalb der vereinbarten betriebsüblichen Arbeitszeit eingesetzt werden soll (*LAG Baden-Württemberg* v. 20.5.2000, AiB 00, 36) oder der Entleiher durch den Einsatz von Leih-AN MBR des BR **umgehen** will (vgl. § 87 Rn. 168). Soll der Leih-AN im **Leistungslohn** arbeiten und hat der Entleiher nicht das gem. § 87 Abs. 1 Nr. 10 BetrVG erforderliche Mitbestimmungsverfahren eingehalten (vgl. Rn. 181), ist der BR ebenfalls zur Zustimmungsverweigerung berechtigt (*LAG Schleswig-Holstein* v. 17.1.2007 – 6 TaBV 18/05). Ein Verstoß gegen MBR liegt z.B. vor, wenn der Einsatz des Leih-AN MBR nach § 87 Abs. 1 Nr. 2 BetrVG auslöst, z.B. wenn der Leih-AN in einem **Schichtsystem** eingesetzt werden soll, und das Mitbestimmungsverfahren nicht vor der Arbeitsaufnahme durchlaufen wurde (Rn. 167). Dasselbe gilt im Hinblick auf § 87 Abs. 1 Nr. 3 BetrVG, wenn für den Leih-AN eine längere Arbeitszeit vorgesehen ist als die betriebsübliche Arbeitszeit im Entleiherbetrieb.

§ 14 Mitwirkungs- und Mitbestimmungsrechte

255 Werden durch den Einsatz des Leih-AN MBR des Entleiherbetriebsrats in **sozialen Angelegenheiten** (§ 87 BetrVG) ausgelöst, muss der Entleiher vor der tatsächlichen Beschäftigung des Leih-AN zunächst die Zustimmung des BR einholen und bei nicht erteilter Zustimmung den Spruch einer Einigungsstelle abwarten (vgl. Rn. 167). Solange in sozialen Angelegenheiten keine Zustimmung des BR oder kein Spruch der Einigungsstelle vorliegt, ist der Entleiherbetriebsrat berechtigt, die Zustimmung zur Übernahme des Leih-AN zu verweigern.

256 (**Verstöße gegen Tarifverträge; § 99 Abs. 2 Nr. 1 BetrVG**) Verstöße gegen einen TV liegen u. a. vor, wenn der Einsatz des Leih-AN gegen tarifvertragliche Bestimmungen verstößt, die im **Entleiherbetrieb** gelten. Soll der Leih-AN z. B. außerhalb der im Entleiherbetrieb geltenden tariflichen Bestimmungen zur Arbeitszeit eingesetzt werden, ist der BR zur Zustimmungsverweigerung berechtigt (*BAG* v. 28.1.1992, AP Nr. 95 zu § 99 BetrVG 1972; Ulber/*zu Dohna-Jaeger,* AÜG, § 14 Rn. 219).

257 Ein Verstoß gegen TV kommt insbesondere in Betracht, wenn der beim Entleiher zur Anwendung kommende TV Regelungen im Zusammenhang mit dem **Einsatz von Leih-AN** enthält (z. B. TV nach § 1 Abs. 3 Nr. 1; zum TV LeiZ vgl. § 9 Rn. 78 a ff.). Ein Verstoß liegt u. a. vor, wenn tariflich geregelte Höchstquoten für den Einsatz von Leih-AN überschritten werden oder die Grenzen tariflicher Regelungen zur Arbeitszeit nicht eingehalten werden (*BAG* v. 28.1.1992, NZA 92, 606; Ulber/*zu Dohna-Jaeger,* AÜG, § 14 Rn. 219). Hier ist uneingeschränkt ein Zustimmungsverweigerungsrecht gegeben (Schüren/Hamann/*Hamann,* § 14 Rn. 199).

258 Wendet der Verleiher einen **nichtigen TV** zur ANÜ an, soll dem Entleiherbetriebsrat nach h. M. kein Zustimmungsverweigerungsrecht zustehen (*Boemke/Lembke,* § 14 Rn. 107). Dasselbe soll gelten, wenn der Verleiher gegen sonstige Bestimmungen eines TV zur ANÜ verstößt (Schüren/Hamann/*Hamann,* § 14 Rn. 192). Dies vermag nicht zu überzeugen, da bei Beschäftigung von Leih-AN nach § 9 Nr. 2 grundsätzlich die Arbeitsbedingungen des Entleihers maßgeblich sind und von diesem Grundsatz nur abgewichen werden darf, soweit ein wirksamer TV zur ANÜ Abweichungen gestattet. Zweck des Zustimmungsverweigerungsrechts nach § 99 Abs. 2 Nr. 1 BetrVG ist u. a. auch, Formen illegaler Beschäftigung im Betrieb zu unterbinden und einer Diskriminierung des AN infolge seiner tatsächlich ausgeübten Tätigkeit vorzubeugen. Diese Aufgabe kann nur vom BR des Entleihers, nicht jedoch von einem (in den wenigsten Fällen überhaupt bestehenden) Verleiherbetriebsrat wahrgenommen werden. Die MBR des Entleiherbetriebsrats verfolgen auch den Zweck, den **Arbeitnehmerschutz** für Leih-AN nicht leer laufen zu lassen (Schüren/Hamann/*Hamann,* § 14 Rn. 365). Dies gilt auch, soweit es um die Sicherung der Gleichbehandlungsansprüche des Leih-AN gem. § 10 Abs. 4 S. 1 geht.

Enthält ein beim Entleiher geltender TV **Zulässigkeitskriterien** zum Einsatz von Leih-AN (vgl. § 9 Rn. 78 a ff.), denen im ANÜ-Vertrag nicht Rechnung getragen wird, ist der BR zur Zustimmungsverweigerung berechtigt (*Schumann*, AiB 2012, 423). Auch unabhängig vom Zustimmungsverweigerungsrecht wegen Gesetzesverstoßes ist der BR im Bereich der TV LeiZ in der Metall- und Elekroindustrie daher berechtigt, bei **nicht vorübergehender Überlassung** i. S. v. § 1 Abs. 1 S. 2 die Zustimmung zu verweigern. Dasselbe gilt, wenn gegen § 4 c TV LeiZ verstoßen wird, indem der ANÜ-Vertrag mit einem Verleiher abgeschlossen wird, der nicht neben den von der DGB-Tarifgemeinschaft abgeschlossenen TV zur ANÜ auch den **TV zu Branchenzuschlägen** einhält. **258 a**

(Verstöße gegen Betriebsvereinbarungen; § 99 Abs. 2 Nr. 1) Verstößt der Einsatz von Leih-AN gegen BV im Entleiherbetrieb, ist der BR zur Zustimmungsverweigerung berechtigt (Schüren/Hamann/*Hamann*, § 14 Rn. 200; Ulber/*zu Dohna-Jaeger,* AÜG, § 14 Rn. 220). Dies gilt in allen Fällen, in denen der Einsatz von Leih-AN unter Verstoß gegen bestehende **Rahmenvereinbarungen** oder Regelungen in einem **Interessenausgleich** erfolgt (*ArbG Heilbronn* v. 2. 4. 2003 – 7 BV 19/02; Schüren/Schüren/*Hamann*, § 14 Rn. 196; Ulber/*zu Dohna-Jaeger*, AÜG, § 14 Rn. 167). Als Rahmenregelungen kommen insbesondere BV in Betracht, in denen die Zulässigkeit des Einsatzes von Leih-AN von bestimmten Bedingungen abhängt (zum TV LeiZ vgl. § 9 Rn. 78 a ff.). Ist z. B. eine Höchsteinsatzdauer für Leih-AN vereinbart, kann der BR die Zustimmung verweigern, wenn der vorgesehene Einsatz die zeitlichen Grenzen überschreitet oder unbefristet ist. **259**

Verstößt der Einsatz gegen **BV zur Arbeitszeit,** kann der BR die Zustimmung verweigern (*BAG* v. 28. 1. 1992, AP Nr. 95 zu § 99 BetrVG 1972; *LAG Baden-Württemberg* v. 20. 5. 1999, AiB 1999, 36; Ulber/*zu Dohna-Jaeger*, AÜG, § 14 Rn. 220; a. A. Schüren/Hamann/*Hamann*, § 14 Rn. 201). Dies gilt unabhängig davon, ob Leih-AN vom Geltungsbereich der BV erfasst werden oder nicht. Will der Entleiher z. B. die Zahl oder die Zusammensetzung einer Schicht verändern, muss zunächst die BV zur **Schichtplangestaltung** verändert werden und das Mitbestimmungsverfahren zur namentlichen Zuordnung des Leih-AN abgeschlossen sein (*LAG* Baden-Württemberg v. 5. 8. 2005, AiB 06, 381; vgl. Rn. 183). **260**

Ein Verstoß gegen eine BV liegt auch vor, wenn der Entleiher durch den Einsatz von Leih-AN das MBR oder BV zu **betrieblichen Gratifikations- oder Entlohnungssystemen** (§ 87 Abs. 1 Nr. 8 bis 11 BetrVG) umgehen will, z. B. indem Leih-AN, die im Zeitlohn arbeiten, in **Leistungslohnsystemen** eingesetzt werden (Ulber/*zu Dohna-Jaeger*, AÜG, § 14 Rn. 220). **261**

(Auswahlrichtlinien; § 99 Abs. 2 Nr. 2 BetrVG) Soweit Leih-AN **262**

nicht ausdrücklich vom **Geltungsbereich** von Auswahlrichtlinien ausgenommen sind, kommen Auswahlrichtlinien auch beim Einsatz von Leih-AN zur Anwendung (Ulber/*zu Dohna-Jaeger*, AÜG, § 14 Rn. 221; Schüren/Hamann/*Hamann*, § 14 Rn. 202; vgl. auch *LAG Berlin-Brandenburg* v. 9.8.2012, AuA 2013, 306). Auswahlrichtlinien können besondere Regelungen zum Einsatz von Fremdfirmenarbeitnehmern vorsehen (Schüren/Hamann/*Hamann*, § 14 Rn. 202). Sie können den Einsatz von Leih-AN von bestimmten Voraussetzungen abhängig machen oder deren Einsatz ganz **ausschließen**. Verstößt die geplante Beschäftigung von Leih-AN hiergegen, ist der BR nach § 99 Abs. 2 Nr. 2 BetrVG berechtigt, die Zustimmung zu verweigern (*BAG* v. 25.4.1974, AP Nr. 2 zu § 99 BetrVG; *Boemke/Lembke*, § 14 Rn. 109; Ulber/*zu Dohna-Jaeger*, AÜG, § 14 Rn. 221).

263 **(Benachteiligung von Stammarbeitnehmern; § 99 Abs. 2 Nr. 3 BetrVG)** Ist mit der Einstellung von Leih-AN eine Benachteiligung von Stammarbeitnehmern verbunden, ist der Entleiherbetriebsrat nach § 99 Abs. 2 Nr. 3 BetrVG zur Zustimmungsverweigerung berechtigt (*BAG* v. 14.5.1974, AP Nr. 2 zu § 99 BetrVG 1972; Thüsing/*Thüsing*, § 14 Rn. 17; Ulber/*zu Dohna-Jaeger*, AÜG, § 14 Rn. 223).

264 Nachteile für die Stammbelegschaft sind insbesondere zu befürchten, wenn während des Einsatzes von Leih-AN **Kündigungen** (insbesondere Austauschkündigungen) von beim Entleiher beschäftigten AN drohen. Der AG kann sich nicht auf seine unternehmerische Entscheidungsfreiheit berufen, um Stammarbeitsplätze durch Einsatz von Leih-AN zu ersetzen. Der Kündigungsschutz begrenzt die Organisationsfreiheit des Unternehmens dahin, dass der Bestandsschutz Vorrang genießt (*Düwell/Dahl*, DB 07, 1701; a. A. *LAG Niedersachsen* v. 9.8.2006 – 15 TaBV 53/05; ErfK/*Ascheid*, § 1 KSchG Rn. 419). Erfolgt die Überlassung nicht nur vorübergehend, ist gleichzeitig ein Austausch von Stammarbeitnehmern durch Leih-AN zu befürchten, was als Nachteil i. S. v. Nr. 3 ausreicht (*Fitting*, § 99 Rn. 220 a; *Ulber, J.*, AiB 2011, 351).

265 Werden bei Einsatz von Leih-AN Stammarbeitnehmer des Betriebs betriebsbedingt gekündigt oder kann eine **Kündigung** (auch in Form einer **Änderungskündigung**; Ulber/*zu Dohna-Jaeger*, AÜG, § 14 Rn. 224) Folge einer Beschäftigung von Leih-AN sein, ist der Entleiherbetriebsrat zur Zustimmungsverweigerung berechtigt (*LAG Düsseldorf* v. 10.2.2004 – 6 Sa 1723/03; *Boemke/Lembke*, § 14 Rn. 110; Schüren/*Hamann*, § 14 Rn. 201 f.; Ulber/*zu Dohna-Jaeger*, AÜG, § 14 Rn. 223; *Düwell/Dahl*, DB 07, 1699). Eine sozial nicht gerechtfertigte sog. **Austauschkündigung** (vgl. *BAG* v 18.0.2008, AP Nr. 89 zu § 1 KSchG 1969 u. v. 16.12.2004, NZA 05, 761 und v. 17.1.2007 – 7 AZR 20/06; *LAG Hamm* v. 5.3.2007, DB 07, 1701; Ulber/*zu Dohna-Jaeger*, AÜG, § 14 Rn. 223; *Düwell/Dahl*, DB 07, 1699) ist grundsätzlich unwirksam und berechtigt den BR bei Einstellung von Leih-AN zur Zustimmungsverweigerung. Daneben ist er berechtigt, der beabsichtigten (Austausch-)Kündigung des Stammarbeitnehmers gem. § 102 Abs. 3 BetrVG zu widersprechen.

Sonstige Nachteile i. S. v. § 99 Abs. 2 Nr. 3 können mit dem Einsatz **266** von Leih-AN verbunden sein, wenn durch den Einsatz die Sicherung bestehender sozialer Besitzstände der Stammbelegschaft gefährdet ist oder deren **Entwicklungschancen beeinträchtigt** werden (*Boemke/ Lembke*, § 14 Rn. 110; Ulber/*zu Dohna-Jaeger*, AÜG, § 14 Rn. 225). Die Schutzpflichten der Betriebsparteien für ältere oder leistungsgeminderte AN (§§ 75, 80 Abs. 1 Nr. 4 und 6 BetrVG) sind hierbei zu berücksichtigen. Ein sonstiger Nachteil liegt auch vor, wenn die Einstellung von Leih-AN mit einer **Versetzung** von Stammarbeitnehmern auf Arbeitsplätze mit schlechteren Arbeitsbedingungen (*Boemke/Lembke*, § 14 Rn. 110; *Schüren/Hamann*, § 14 Rn. 202; Ulber/*zu Dohna-Jaeger*, AÜG, § 14 Rn. 225) oder Leistungsverdichtungen oder mit **erhöhten Arbeitsbelastungen** für die Stammbelegschaft verbunden sind (DKKW/*Bachner*, § 99 Rn. 212). Zusätzliche Aufgaben wie Einweisung, **Einarbeitung** oder Kontrollaufgaben können hier im Einzelfall einen Nachteil begründen (*Boemke/Lembke*, § 14 Rn. 110; Schüren/Hamann/*Hamann*, § 14 Rn. 208; Ulber/*zu Dohna-Jaeger*, AÜG, § 14 Rn. 226). Daneben liegt ein Nachteil immer vor, wenn sich der Einsatz negativ auf das **Entgelt** der Stammbelegschaft auswirkt (DKKW/*Bachner*, § 99 Rn. 212; Ulber/*zu Dohna-Jaeger*, *AÜG*, § 14 Rn. 226). Im **Leistungslohn** (insbesondere im Gruppenakkord) ist dies der Fall, wenn sich die naturgemäß verringerte Leistungsfähigkeit des Leih-AN negativ auf die Bestimmungsgrößen des Leistungsentgelts auswirkt.

Eine Benachteiligung der Stammbelegschaft kann auch darin liegen, dass **267** die betriebliche **Belegschaft gespalten** (vgl. *BAG* v. 10.7.2013 – 7 ABR 91/11; *LAG Baden-Württemberg* v. 31.7.2013- 4 Sa 18/13) und durch die Beschäftigung von Leih-AN **unterschiedliche**, sachlich nicht gerechtfertigte **Arbeitsbedingungen** geschaffen werden, die sich ungünstig auf die Stammbelegschaft auswirken (*ArbG Wiesbaden* v. 23.7.1997, NZA 98, 165; Ulber/*zu Dohna-Jaeger*, AÜG, § 14 Rn. 223).

(§ 99 Abs. 2 Nr. 3 Hs. 2 BetrVG) Nach § 99 Abs. 2 Nr. 3 Hs. 2 **268** BetrVG liegt eine Benachteiligung vor, wenn durch eine unbefristete Einstellung ein gleich geeigneter **befristet beschäftigter Stammarbeitnehmer** nicht berücksichtigt wird. Vor der Einfügung von § 1 Abs. 1 S. 2 sollte nach Auffassung des BAG selbst dann keine Benachteiligung i. S. v. § 99 Abs. 2 Nr. 3 Hs. 2 BetrVG vorliegen, wenn im Betrieb befristet Beschäftigte nach Ablauf der Befristung entlassen werden und ihr Arbeitsplatz anschließend dauerhaft mit Leih-AN besetzt werden sollte (*BAG* v. 25.1.2005, DB 05, 1693; vgl. auch BAG v. 1.6.2011 – 7 ABR 117/09, DB 2012, 124). Diese Rechtsprechung ist angesichts des Verbots der Besetzung von Dauerarbeitsplätzen mit Leih-AN überholt (vgl. § 1 Rn. 130 f.). Unter Berück-

§ 14 Mitwirkungs- und Mitbestimmungsrechte

sichtigung des Schutzwecks von Abs. 2 Nr. 3 Hs. 2 ist die Vorschrift bei Einstellung von Leih-AN mit § 7 TzBfG vergleichbar und daher auch bei Einstellung von Leih-AN anwendbar (vgl. Ulber/*Ulber, J.*, AÜG, § 13a Rn. 22; *Hayen*, AiB 2012, 174; einschr. *Lembke*, NZA 2011, 322; *Hamann*, RdA 2011, 336; *Dörner*, FS Wißmann, 301).

269 Auch ein nur befristet beschäftigter **Leih-AN** kann nach § 13a an einem **Bewerbungsverfahren gleichberechtigt** mit Stammarbeitnehmern teilnehmen (§ 13a Rn. 7). Zumindest potentiell gefährdet damit die Einstellung von Leih-AN die Chancen befristet Beschäftigter auf Übernahme in ein unbefristetes ArbV. Dies gilt jedoch nicht in den Fällen von § 9 TzBfG. Hier ist nach dem Gesetz der befristet beschäftigte Stammarbeitnehmer bevorzugt zu berücksichtigen. Der BR ist daher zur Zustimmungsverweigerung berechtigt, soweit die Beschäftigung des Leih-AN Ansprüche aus § 9 TzBfG beeinträchtigt. Dies gilt jedoch nicht, wenn Laufzeit und Zweck des ANÜ-Vertrags dazu dienen, die Realisierung des Übernahmeanspruchs nach § 9 TzBfG zu sichern (vgl. § 1 Rn. 130n).

270 **(§ 99 Abs. 2 Nr. 4 BetrVG; Benachteiligung des Leiharbeitnehmers)** Wird der Leih-AN durch die Einstellung oder eine andere personelle Einzelmaßnahme des Entleihers benachteiligt, ist der Entleiherbetriebsrat nach § 99 Abs. 2 Nr. 4 BetrVG zur Zustimmungsverweigerung berechtigt (*Boemke/Lembke*, § 14 Rn. 111; Ulber/*zu Dohna-Jaeger*, AÜG, § 14 Rn. 227). Eine Benachteiligung liegt u. a. vor, wenn die Einstellung gegen die **Gleichbehandlungspflichten** nach § 75 BetrVG verstößt (*BAG* v. 1.2.1989, AP Nr. 63 zu § 99 BetrVG 1972; Schüren/Hamann/*Hamann*, § 14 Rn. 209; Ulber/*zu Dohna-Jaeger*, AÜG, § 14 Rn. 227). Dies ist z.B. der Fall, wenn dem Leih-AN Arbeiten zugewiesen werden, die wegen ihrer Gefährlichkeit oder wegen ihrer besonderen Belastungen nicht von der Stammbelegschaft erledigt werden (*B/W*, § 14 Rn. 102; Ulber/*zu Dohna-Jaeger*, AÜG, § 14 Rn. 228). Unterbleibt die **Unterrichtung nach § 13a** liegt in der vergebenen bzw. reduzierten Chance am Auswahlverfahren teilzunehmen ebenfalls eine Benachteiligung des Leih-AN (*Grüneberg*, AiB 2012, 176).

271 Soll der Leih-AN mit Tätigkeiten betraut werden, die den Absprachen des **ANÜ-Vertrags** widersprechen, kann der BR die Zustimmung verweigern (Schüren/Hamann/*Hamann*, § 14 Rn. 209; Ulber/*zu Dohna-Jaeger*, AÜG, § 14 Rn. 229). Dasselbe gilt, wenn der Leih-AN auf Grund seines AV nicht verpflichtet ist, die vorgesehene Arbeit zu verrichten (*Boemke/Lembke*, § 14 Rn. 111; Ulber/*zu Dohna-Jaeger*, AÜG, § 14 Rn. 229). Dies gilt unabhängig von einem etwaigen Einverständnis des Leih-AN oder einer den arbeitsvertraglichen Pflichten widersprechenden Absprache im ANÜ-Vertrag.

272 Ein Nachteil liegt für den Leih-AN auch vor, wenn mit einer **Versetzung** die Umgruppierung in eine niedrigere Vergütungsgruppe verbunden ist. Den Betriebsparteien ist es auf Grund der **Gleichbehandlungspflichten** verwehrt, bei einer erforderlichen Versetzungsentscheidung, die mit Einkommenseinbußen verbunden ist, generell oder ohne sachlich gerechtfertigte Gründe Leih-AN zu versetzen.

(§ 99 Abs. 2 Nr. 5 BetrVG; fehlende innerbetriebliche Ausschreibung) Hat der BR nach § 93 BetrVG eine innerbetriebliche Ausschreibung verlangt, ist er bei Unterbleiben der Ausschreibung nach § 99 Abs. 2 Nr. 5 BetrVG zur Zustimmungsverweigerung berechtigt. Auch eine unzureichende Ausschreibung berechtigt zur ZU-Verweigerung nach Nr. 5 (*BAG* v. 6.10.2010 – 7 ABR 18/9, NZA 2011, 360). Die Vorschrift ist auch anwendbar, soweit ein Arbeitsplatz mit einem Leih-AN (ggf. auch nur vorübergehend) besetzt werden soll (*BAG* v. 1.2.2011 – 1 ABR 79/09 u. v. 14.5.1974, AP Nr. 2 zu § 99 BetrVG 1972; *ArbG Detmold* v. 12.9.2007 – 1 BV 43/07; *Boemke/Lembke*, § 14 Rn. 112; Schüren//Hamann*Hamann*, § 14 Rn. 210; Ulber/*zu Dohna-Jaeger*, AÜG, § 14 Rn. 232). Verstößt der Entleiher gegen seine Unterrichtungspflichten nach § 13a, liegt hierin zwar kein Verstoß gegen Nr. 5 (*Fitting*, § 99 Rn. 247a; a.A. *Forst*, AuR 2012, 97; *Lembke*, NZA 2011, 322; *Hamann*, RdA 2011, 334); der BR ist hier jedoch berechtigt, die Zustimmung zur Einstellung eines anderen Bewerbers i.R.v. Abs. 2 Nr. 1 wegen Gesetzesverstoßes zu verweigern (Ulber/*zu Dohna- Jaeger*, AÜG, § 14 Rn. 232). 273

(§ 99 Abs. 2 Nr. 6 BetrVG; Störung des Betriebsfriedens) Das Zustimmungsverweigerungsrecht bei drohender Störung des Betriebsfriedens ist bei Einsatz von Leih-AN aus denselben Gründen gegeben wie bei einer Festanstellung von Stammarbeitnehmern (*Boemke/Lembke*, § 14 Rn. 113; Thüsing/*Thüsing*, § 14 Rn. 174; Ulber/*zu Dohna-Jaeger*, AÜG, § 14 Rn. 233). Zur Prüfung des Zustimmungsverweigerungsgrunds hat der Entleiher dem BR vor Aufnahme der Beschäftigung die Namen der Leih-AN mitzuteilen (vgl. *HessLAG* v. 16.1.2007 – 4 TaBV 203/06). 274

e. Durchsetzung des Mitbestimmungsrechts und Folgen von Verstößen

Unterlässt der Entleiher das Mitbestimmungsverfahren oder verweigert der BR die Zustimmung, darf der Entleiher den Leih-AN nicht beschäftigen, bevor eine **Zustimmung** nach § 99 Abs. 4 BetrVG **gerichtlich ersetzt** wurde (Schüren/Hamann/*Hamann*, § 14 Rn. 213; Ulber/*zu Dohna-Jaeger*, AÜG, § 14 Rn. 235; zu den prozessualen Möglichkeiten des BR vgl. *Fütterer*, AuR 2013, 119). 275

Ist zwischen den Betriebsparteien strittig, ob durch den Einsatz von Fremdfirmenbeschäftigten die Mitwirkungsrechte nach § 99 BetrVG ausgelöst werden, kann die Frage im arbeitsgerichtlichen **Beschlussverfahren** geklärt werden (*BAG* v. 5.10.2000 – 1 ABR 52/99). 276

Verstößt der Entleiher gegen das MBR oder das einzuhaltende Ver- 277

§ 14 Mitwirkungs- und Mitbestimmungsrechte

fahren, kann der BR nach § 101 BetrVG die Aufhebung der Beschäftigung des Leih-AN verlangen (*BAG* v. 1.8.1989, AP Nr. 68 zu § 99 BetrVG 1972). Dem Leih-AN steht bei Verstößen ein **Leistungsverweigerungsrecht** zu (*BAG* v. 5.4.2001 – 2 AZR 580/99; Ulber/ *zu Dohna-Jaeger,* AÜG, § 14 Rn. 235).

278 Beschäftigt der Entleiher den Leih-AN nach **§ 100 BetrVG** im Rahmen einer **vorläufigen Maßnahme,** hat er bei verweigerter Zustimmung des BR nach § 100 Abs. 2 BetrVG binnen drei Tagen ein Beschlussverfahren zur Ersetzung der Zustimmung einzuleiten. Regelungen in einem **TV oder einer BV**, wonach die Durchführung einer vorläufigen Maßnahme bei Einsatz von Leih-AN untersagt bzw. eingeschränkt werden (z. B. § 1.3 S. 2 TV LeiZ in der M+E-Industrie), müssen beachtet werden. I. Ü. ist die vorläufige Maßnahme nur zulässig, wenn der AG dem BR nach § 101 Abs. 2 BetrVG die Dringlichkeit der Maßnahme begründet und darlegt, warum der Personalbedarf nicht durch andere Stammarbeitnehmer vorübergehend überbrückt werden kann (*ArbG Detmold* v. 12.9.2007 – 1 BV 43/07). Der AG darf sich nicht in Zugzwang setzen, indem er hinsichtlich der Besetzung des Arbeitsplatzes vorher untätig bleibt oder eine Festanstellung durch unzulässige ANÜ vermeiden will (*ArbG Cottbus* v. 26.9.2012 – 2 BV 36/12). Bei Verstoß gegen § 1 Abs. 1 S. 2 ist keine dringende Erforderlichkeit gegeben, da der AG die Beschäftigten auch als eigene Mitarbeiter einstellen könnte (*LAG Berlin-Brandenburg* v. 19.12.2012 – 4 TaBV 1163/12).

In begründeten Einzelfällen (insbesondere wenn der Entleiher beharrlich Leih-AN unter Berufung auf § 100 vorläufig beschäftigt) kommt der *Erlass einer einstweiligen Verfügung* auf Untersagung der einstweiligen Maßnahme in Betracht (DKKW/*Bachner,* § 101 Rn. 20); *Fitting,* § 99 Rn. 298; Ulber/*zu Dohna-Jaeger,* AÜG, § 14 Rn. 239; Schüren/Hamann/*Hamann,* § 14 Rn. 215; *Koll,* AiB 2013, 169; a. A. *BAG* v. 23.6.2009, NZA 2009, 1430). Ohne die Möglichkeit einer einstweiligen Verfügung ergeben sich beim Einsatz von Leih-AN **verfassungsrechtliche Bedenken** im Hinblick auf Art. 19 Abs. 4 GG. Da der Einsatz von Leih-AN nur kurzzeitig möglich ist, andererseits aber das Zustimmungsersetzungsverfahren nur möglich ist, solange der Leih-AN im Betrieb beschäftigt ist (*BAG* v. 8.12.2010 – 7 ABR 99/09), stünde dem BR kein Mittel zur Verfügung um seine Rechte gerichtlich klären zu lassen.

279 Die Verletzung der Beteiligungsrechte nach § 99 BetrVG kann einen groben Verstoß gegen die betriebsverfassungsrechtlichen Pflichten des AG i. S. v. **§ 23 Abs. 3 BetrVG** darstellen (*ArbG Kaiserslautern* v. 25.10.2005, AuR 06, 334). Ggf. kann der BR (insbesondere im Wiederholungsfall) im Wege des Beschlussverfahrens die **Unterlassung** der Einstellung ohne ordnungsgemäße Durchführung des Mitbestimmungsverfahrens verlangen (*BAG* v. 9.3.2011 – 7 ABR 137/09, NZA 2011, 871; *LAG Frankfurt* v. 9.2.1988, EzAÜG § 14

Betriebsverfassung Nr. 16; *LAG Berlin-Brandenburg* v. 19.12.2012 – 4 TaBV 1163/12; *ArbG Mainz* v. 25.10.2005, AuR 06, 334; Schüren/Hamann/*Hamann*, § 14 Rn. 215; Ulber/*zu Dohna-Jaeger*, AÜG, § 14 Rn. 239). Dies gilt insbesondere, wenn der geplante Einsatz gegen Auswahlrichtlinien verstößt (vgl. Rn. 197).

6. Werk-/Dienstvertrag und Betriebsverfassung

a. Betriebsverfassung im entsendenden Unternehmen

Werden AN auf Grund eines **wirksamen Dienst- oder Werkvertrags** im Unternehmen eingesetzt, bleiben sie auch in der Zeit der Entsendung AN des entsendenden Betriebs. Ihre **Betriebszugehörigkeit** bleibt während der gesamten Dauer des Fremdfirmeneinsatzes bestehen. Auch stehen den AN im Entsendebetrieb alle betriebsverfassungsrechtlichen Rechte zu. **280**

Die Rechte eines beim **Entsendebetrieb** bestehenden **BR** werden durch den Einsatz der AN in Drittbetrieben nicht eingeschränkt (*zu Dohna-Jaeger*, AuR 2013, 238). Dies gilt insbesondere für den Bereich der personellen und sozialen Angelegenheiten nach §§ 99, 87 BetrVG (zum MBR bei **Zugangskontrollsystemen** im Einsatzbetrieb vgl. *BAG* v. 27.1.2004, DB 04, 1733; Ulber/*Ulber, J.*, AÜG, Einl. C Rn. 146). Das MBR bei Versetzungen (§ 99 BetrVG) kann dadurch eingeschränkt sein, dass der AN (z.B. als Montagearbeiter) üblicherweise nicht ständig an einem bestimmten Arbeitsplatz beschäftigt ist (§ 95 Abs. 3 S. 2 BetrVG). **281**

b. Anwendungsbereich des Betriebsverfassungsgesetzes im Einsatzbetrieb

Die Betriebszugehörigkeit zum entsendenden Betrieb bedeutet nicht, dass Fremdfirmenbeschäftigte der Betriebsverfassung im Einsatzbetrieb vollständig entzogen sind. Dies ergibt sich schon aus den allgemeinen Pflichten der Betriebsparteien gem. § 75 Abs. 1 S. 1 BetrVG. Danach sind AG und BR verpflichtet, die **Persönlichkeitsrechte aller im Betrieb tätigen Personen** zu schützen. Von dieser Pflicht werden nicht nur Leih-AN, sondern auch AN erfasst, die auf werk- oder dienstvertraglicher Basis im Fremdbetrieb arbeiten (Rn. 175). Daneben haben sowohl das entsendende Unternehmen als auch der Einsatzbetrieb dafür Sorge zu tragen, dass die Bestimmungen des **Arbeitsschutzes** auch während des Fremdfirmeneinsatzes eingehalten werden (vgl. § 9 Abs. 1 S. 2 ArbSchG; Ulber/*Ulber, J.*, AÜG, Einl. C Rn. 152; *Bauschke*, NZA 00, 1201; *Wiese*, NZA 03, 1113). **282**

Entgegen den werkvertraglichen Pflichten (vgl. Einl. Rn. 44, 51) übt der Einsatzbetrieb im Zusammenhang mit der Durchführung von Werk- und Dienstverträgen häufig zumindest **partiell** das arbeitgeberische **Weisungsrecht** aus. Ungeachtet der Frage, welche Auswirkun- **283** gen dies auf die Zulässigkeit eines Werkvertrags hat (zur Abgrenzung vgl. Einl. Rn. 38 ff.), ist in diesen Fällen ein Schutz des AN über die Wahrnehmung von Beteilungsrechten durch den BR des entsendenden Betriebs nicht möglich. Nach den Zwecken der Betriebsverfassung fällt in diesen Fällen dem BR des Einsatzbetriebs die Aufgabe zu, den betriebsverfassungsrechtlichen Schutz von Fremdfirmenbeschäftigten zu gewährleisten (DKKW/*Klebe*, § 87 Rn. 11 f.; *Bauschke*, NZA 00, 1201). Die Werkvertragsparteien sind dabei verpflichtet, die MBR des BR durch eine entsprechende Vertragsgestaltung sicherzustellen (*BAG* v. 18. 4. 2000, NZA 00, 1176).

c. Mitwirkungsrechte des Betriebsrats bei werkvertraglichem Einsatz

284 Die betriebsverfassungsrechtlichen Fragen im Zusammenhang mit der Beschäftigung von AN auf werkvertraglicher Basis sind gesetzlich nur unzureichend geregelt (vgl. Einl. Rn. 38 ff.). Dies gilt auch soweit ein Unternehmen Leistungen bisher mit eigenen AN erbracht hat, und zukünftig auf werkvertraglicher Basis erledigen will (zur mitbestimmungspflichtigen Betriebsänderung vgl. *Ulber, J.*, gute Arbeit 6/2012). Sind die Voraussetzungen eines legalen Werkvertrags erfüllt (vgl. Einl. Rn. 38 ff.) und werden die zur Herbeiführung des werkvertraglichen Erfolgs notwendigen Arbeiten vollständig außerhalb der Arbeits- und Betriebsorganisation des Einsatzbetriebs durchgeführt, scheidet ein MBR des BR nach § 99 BetrVG im Einsatzbetrieb i. d. R. aus (h. M.; vgl. Rn. 286). Voraussetzung ist hierbei, dass kein **Koordinierungsbedarf** der beteiligten Unternehmen hinsichtlich des Einsatzes der AN besteht (DKKW/*Klebe*, § 87 Rn. 12) und keine **betriebsnotwendigen Arbeitsplätze** besetzt werden (*ArbG Mainz* v. 7. 11. 2003, NZA-RR 04, 201). Andernfalls ist grundsätzlich zu vermuten, dass die **Arbeitsleistung** der entsandten AN im Vordergrund der Vertragszwecke steht und damit ANÜ vorliegt.

285 Der AG ist gem. § 80 Abs. 2 BetrVG verpflichtet, den BR über den Einsatz von AN auf werkvertraglicher Basis zu **informieren** und ihm vor deren Einsatz alle **vertraglichen Unterlagen vorzulegen** (*Ulber, J.*, AiB 2013, 285). Erfolgt der werkvertragliche Einsatz nur zum Zwecke der **Umgehung von MBR** des BR des Einsatzbetriebs nach §§ 87, 99 BetrVG, ist das MBR gegeben (*BAG* v. 22. 10. 1991, NZA 92, 376; DKKW/*Klebe*, § 87 Rn. 6 a; Ulber/*Ulber, J.*, AÜG, Einl. C Rn. 164; *Ulber, J.*, AiB 2013, 285). Dasselbe gilt, wenn der BR des Einsatzbetriebs im Rahmen seiner MBR gem. § 87 BetrVG eine Maßnahme des AG abgelehnt hat und der AG die Maßnahme über den Einsatz von Fremdfirmenbeschäftigten durchsetzen will (Schüren/Hamann/*Hamann*, § 14 Rn. 561; Ulber/*Ulber, J.*, AÜG, Einl. C Rn. 164; *Wiese*, NZA 03, 1113; bezogen auf § 87 Abs. 1 Nr. 2 und 3 BetrVG vgl. *BAG* v. 22. 10. 91, DB 92, 686; *LAG Köln* v. 30. 3. 2011, AiB 2012, 472). Auch soweit der BR von seinem **Initiativrecht** bei der Einführung von **Mehrarbeit** Gebrauch macht, ist der AG gehindert, das MBR durch Einsatz von Fremdfirmenarbeitnehmern zu umgehen (Ulber/*Ulber, J.,* AÜG, Einl. Rn. 164; *Ulber, J.,* AiB 2013, 285). Hier steht dem BR ein Anspruch auf Unterlassung zu, der auch im Wege der einstweiligen Verfügung geltend gemacht werden kann (Rn. 168 f.).

Eine **Einstellung** i. S. v. § 99 Abs. 1 S. 1 BetrVG liegt vor, wenn **286** Personen in den Betrieb eingegliedert werden, um zusammen mit den dort beschäftigten AN dessen arbeitstechnischen Zweck durch **weisungsgebundene Tätigkeit** zu verwirklichen (*BAG* v. 30. 8. 1994, AP Nr. 6 zu § 99 BetrVG 1972; *LAG Sachsen-Anhalt* v. 2. 8. 2005 – 8 TaBV 33/04, SAE 06, 285). Auf das zugrunde liegende **Rechtsverhältnis** kommt es dabei nicht an (*BAG* v. 19. 6. 2001, BB 02, 47). Auch der Einsatz von Selbständigen oder von AN auf werkvertraglicher Grundlage unterliegt daher dem MBR, wenn eine Eingliederung gegeben ist. § 14 Abs. 3 steht einer Anwendung von § 99 BetrVG auf andere Formen der Fremdfirmenarbeit nicht entgegen (*BAG* v. 11. 9. 2001, SAE 02, 202; Ulber/*Ulber, J.,* AÜG, Einl. C Rn. 166; *Karthaus/Klebe,* NZA 2012, 417; *zu Dohna-Jaeger,* AuR 2013, 238; a. A. Thüsing/*Thüsing,* § 14 Rn. 10).

Das MBR gem. § 99 BetrVG wird nach allgemeiner Auffassung durch **287** die **Eingliederung** der Personen in den Betrieb ausgelöst (kritisch zur uneinheitlichen Rechtsprechung Schüren/Hamann/*Hamann,* § 14 Rn. 551 und Ulber/*Ulber, J.,* AÜG, Einl. C Rn. 167 f.). Dabei müssen die Personen derart in die Arbeitsorganisation des Betriebs eingegliedert sein, dass der Betriebsinhaber auch die für eine weisungsabhängige Tätigkeit typischen Entscheidungen über Zeit und Ort der Tätigkeit zu treffen hat.

Bei werk- oder dienstvertraglichem Einsatz kann das MBR nach § 99 **288** BetrVG gegeben sein, wenn der Einsatz der Fremdfirmenbeschäftigten Bestandteil der **Personaleinsatzsteuerung** und der **Arbeitsorganisation** des Einsatzbetriebs ist (*BAG* v. 13. 12. 2005, AuA 06, 560; *ArbG Kaiserslautern* v. 25. 10. 2005, AuR 06, 334; DKKW/*Klebe,* § 87 Rn. 12; *Ulber, J.,* AiB 2013, 285; ausf. hierzu Ulber/*Ulber, J.,* AÜG, Einl. C Rn. 171 ff.). Erforderlich für die **Eingliederung** ist nur, dass die Fremdfirmenbeschäftigten gemeinsam mit den im Betrieb beschäftigten AN eine Tätigkeit verrichten, die ihrer Art nach weisungsgebunden ist, der Verwirklichung des arbeitstechnischen Zwecks des Betriebs dient und daher vom AG (d. h. dem Einsatzbetrieb) organisiert werden muss (*LAG Sachen-Anhalt* v. 2. 8. 2005, SAE 06, 285).

Die Eingliederung setzt voraus, dass der Betriebsinhaber die für eine **289** weisungsgebundene Tätigkeit typischen Entscheidungen trifft. Eine der Art nach **weisungsgebundene Tätigkeit** (vgl. *BAG* v. 1. 8. 1989, AP Nr. 68 zu § 99 BetrVG 1972) liegt immer vor, wenn das Fremdunternehmen weisungsgebundene AN zur Durchführung der Arbeiten

§ 14 Mitwirkungs- und Mitbestimmungsrechte

im Einsatzbetrieb einsetzt (*LAG Sachsen-Anhalt* v. 2.8.2005, SAE 06, 285).

290 Der Einsatzbetrieb muss wenigstens einen **Teil der Arbeitgeberstellung** gegenüber den eingesetzten Fremdfirmenbeschäftigten wahrnehmen (*BAG* v. 11.9.2001, EZA § 99 BetrVG 1972 Einstellung Nr. 10). Dies ist der Fall, wenn er die für eine weisungsgebundene Tätigkeit typischen Entscheidungen über **Art, Zeit und Ort der Tätigkeit** trifft (*BAG* v. 13.12.2005 – 1 ABR 51/04; *Wulff/Büchele*, AiB 2012, 159).

291 Erteilt der Einsatzbetrieb einem Fremdfirmenbeschäftigten **Weisungen**, die sich auf die **Art und Weise** der durchzuführenden Arbeiten beziehen, oder organisiert er die Arbeitsabläufe oder lässt Fremdfirmenbeschäftigte **vermischt** mit der Stammbelegschaft arbeiten, liegt eine das MBR des Einsatzbetriebsrats auslösende Eingliederung immer vor (*HessLAG* v. 2.3.2004 – 4 TaBV 139/03; Ulber/*Ulber, J.* AÜG, Einl. C Rn. 172).

292 Entgegen der restriktiven Rechtsprechung des BAG (vgl. DKKW/ *Bachner*, § 99 Rn. 61) ist unter Beachtung der **Schutzzwecke** des MBR nach § 99 BetrVG (vgl. *BAG* v. 12.11.2002, NZA 04, 1289) eine mitbestimmungspflichtige Einstellung bei Beschäftigung betriebsfremder AN nur zu verneinen, wenn es sich um einmalige, nicht auf Dauer angelegte Aufträge für ein abgrenzbares Werk handelt (z.B. einmalige Reparatur einer Maschine; *Hamacher*, BB 97, 1686; *Ulber*, AuR 82, 54) oder es sich um Tätigkeiten handelt, die für die Erreichung der Betriebszwecke im Rahmen eines ordnungsgemäßen Betriebsablaufs nicht unverzichtbar sind.

293 Beim illegalen **Scheinwerkvertrag** und in sonstigen Fällen, in denen ein ArbV zum Einsatzbetrieb **fingiert** wird, liegt immer eine Eingliederung vor. Der BR ist in diesen Fällen berechtigt, die Zustimmung zur Einstellung zu verweigern (*BAG* v. 31.1.1989, AP Nr. 33 zu § 90 BetrVG 1972; vgl. Einl. Rn. 50). Treten die Rechtsfolgen von § 10 Abs. 1 erst **nach Aufnahme der Tätigkeit** ein, wird hierdurch kein neues MBR nach § 99 BetrVG ausgelöst (Ulber/*zu Dohna-Jaeger*, AÜG, § 14 Rn. 192 *Ulber, J.*, AiB 2013, 285;). Es würde dem Schutzzweck von § 10 Abs. 1 widersprechen, über die Geltendmachung von Zustimmungsverweigerungsrechten des BR die gesetzlich zwingend angeordneten Rechtsfolgen von § 10 Abs. 1 auszuhebeln.

294 Werden dem AN im Rahmen **gemeinschaftlicher Projekte** mehrerer Unternehmen Weisungen durch ein Unternehmen erteilt, das nicht der vertragliche AG ist, liegt eine Eingliederung vor, so dass dem Einsatzbetriebsrat das MBR bei Einstellungen nach § 99 BetrVG zusteht. Die **Umstellung von Eigenbeschäftigung auf Fremdvergabe** ist mit einer Änderung der Betriebsorganisation i.S.v. § 111 Nr. 4 BetrVG verbunden (*BAG* v. 6.12.1988, AP Nr. 26 zu § 111

7. Mitwirkungsrechte der Personalvertretung (Abs. 4)

Nach Abs. 4 gelten im Bereich des **Bundespersonalvertretungsgesetzes** § 14 Abs. 1 und 2 Sätze 1 und 2 sowie Abs. 3 für AN, die nicht verbeamtet sind, entsprechend. Der Geltungsbereich von Nr. 4 ist auf die Eigenschaft von Dienststellen **als Entleiher** beschränkt. Soweit es sich um **öffentliche Unternehmen** handelt, die eine **wirtschaftliche Tätigkeit** ausüben (vgl. § 1 Rn. 119b) müssen nach Art. 1 Abs. 2 LA-RL (unabhängig davon, ob sie erwerbswirtschaftliche Zwecke verfolgen) die Bestimmungen der RL bei Überlassung von AN eingehalten werden. Außerhalb des Geltungsbereichs des BPersVG gelten ausschließlich die landesrechtlichen Bestimmungen zur Personalvertretung (*BVerwG* v. 20. 5. 1992, AP Nr. 2 zu § 90 LPVG Rheinland-Pfalz; *LAG München* v. 5. 12. 2000, AiB 02, 432; Ulber/*zu Dohna-Jaeger,* AÜG, § 14 Rn. 247; vgl. z. B. § 115 PersVG Niedersachsen).

295

Unter **Übernahme** ist die Eingliederung eines Leih-AN zur Arbeitsleistung in die Dienststelle zu verstehen, die durch Arbeitsaufnahme nach Weisung des Dienststellenleiters geschieht (*BVerwG* v. 7. 4. 2010, NZA-RR 2010, 389). Auch nach den LPersVG ist die Übernahme von Leih-AN als Einstellung zu werten (*BVerwG* v. 20. 5. 1992, AP Nr. 2 zu § 90 LPVG Rheinland-Pfalz; *Ulber* § 14 Rn. 191). Nach § 72 Abs. 4 Nr. 19 LPVG NRW unterliegt der **Abschluss des ANÜ-Vertrags** der Mitbestimmung des PersR. I. Ü. erfüllt die Übernahme eines Leih-AN zur Arbeitsleistung in einer Dienststelle den Tatbestand einer Einstellung i. S. d. PersVG der Länder (BVerwG v. 20. 5. 1992, DVBl. 93, 402).

295a

Der Personalrat der abordnenden Dienststelle bleibt für das Grundverhältnis (Höhergruppierung, Kündigung, personelle Angelegenheiten, §§ 75 Abs. 1, 79 Abs. 1 BPersVG) zuständig. Entscheidend für die Mitbestimmung ist, wer die Entscheidung in mitbestimmungspflichtigen Angelegenheiten trifft (*BAG* v. 19. 6. 2001 – 1 ABR 43/00, NZA 2001, 1263) und das Weisungsrecht ausübt (*OVG NRW* v. 23. 3. 2010, PersV 2010, 389; *Kröll,* AiB 2012, 193, 194).

295b

Abs. 4 regelt die Beteiligungsrechte der Personalvertretung **nicht abschließend** (Thüsing/*Thüsing,* § 14 Rn. 206). Die Vorschrift kommt zur Anwendung, wenn der **Entleiher** AG des **öffentlichen Dienstes** ist. Ist das Entleihunternehmen ein Unternehmen **privater Rechtsform**, gelten die Abs. 1 bis 3 unmittelbar. Eine **auf Dauer angelegte Personalgestellung** von AN ist auch im öffentlichen Dienst unzulässig (*LAG Baden-Württemberg* v. 17. 4. 2013 – öAT 2013, 146 m. Anm. *Schäfer;* vgl. Art. 1 Abs. 2 LA-RL; Gerdom, öAT 2011, 150). Verstöße

296

§ 14 Mitwirkungs- und Mitbestimmungsrechte

führen zur Unwirksamkeit des Gestellungsvertrags (*LAG Baden-Württemberg*, a.a.O.).

Von Abs. 4 wird sowohl die gewerbsmäßige wie die **nichtgewerbsmäßige** ANÜ, einschließlich aller illegalen Formen, erfasst (*BVerwG*, a.a.O., Schüren/*Hamann*, § 14 Rn. 555; *LAG München* v. 5.12.2000, AiB 02, 432; *ArbG Marburg* v. 22.12.2006, DB 07, 295; Ulber/*zu Dohna-Jaeger*, AÜG, § 14 Rn. 248).

297 Eine **Überlassung** von AN durch Dienststellen der öffentlichen Verwaltung **als Verleiher** ist (mit Ausnahme von § 75 Abs. 1 Nr. 4 BPersVG) grundsätzlich nur bei erlaubnisfreien Formen der ANÜ (*Kokemoor*, NZA 00, 1077) oder bei Beteiligung der öffentlichen Hand an juristischen Personen des Privatrechts denkbar (Schüren/Hamann/*Hamann*, § 14 Rn. 559). Bei erlaubnispflichtiger ANÜ derartiger Verleihbetriebe gelten die Bestimmungen von Abs. 1 bis 3 unmittelbar. Werden AN durch Dienststellen im Rahmen der Personalgestellung einem Betrieb überlassen, hat der Personalrat gem. § 75 Abs. 1 Nr. 4 BPersVG mitzubestimmen, wenn die Überlassung länger als drei Monate dauern soll (KassHB/*Düwell*, 4.5 Rn. 513). Unterliegt der Einsatzbetrieb dem BetrVG, ist ein Beteiligungsrecht des Personalrats der entsendenden Dienststelle bei der **Arbeitszeiterfassung** des AN im Einsatzbetrieb nicht gegeben (*VG Frankfurt* v. 19.6.2006 – 23 L 850/06).

298 Durch den Verweis auf Abs. 1 wird klargestellt, dass die **Betriebszugehörigkeit** des Leih-AN zum Verleihbetrieb und das aktive sowie passive Wahlrecht auch während ihres Einsatzes im Entleiherdienststelle bestehen bleibt. Für die Zeit der Überlassung besteht daneben auch eine Betriebszugehörigkeit zum Entleihbetrieb (Schüren/Hamann/*Hamann*, § 14 Rn. 563; Thüsing/*Thüsing*, § 14 Rn. 195; Ulber/*zu Dohna- Jaeger*, AÜG, § 14 Rn. 197). Gestellte bleiben nach § 4 Abs. 1, 3 BPersVG Beschäftigte der abordnenden Dienststelle, sind dort aber nach § 13 Abs. 2 BPersVG regelmäßig nicht mehr wahlberechtigt (*BVerwG* v. 15.11.2006 – 6 P 1.06, PersR 2011, 396).

299 Durch den Verweis auf Abs. 2 wird klargestellt, dass dem Leih-AN im Entleiherbetrieb grundsätzlich das **aktive**, nicht jedoch das passive **Wahlrecht** zusteht (*ArbG Marburg* v. 22.12.2006, DB 07, 295; Ulber/*zu Dohna-Jaeger*, AÜG, § 14 Rn. 251). Die LPersVG können hiervon jedoch abweichen. Nach dem HPVG steht in einer Dienststelle eingesetzten Leih-AN nach einer Beschäftigungsdauer von drei bzw. sechs Monaten ein aktives und **passives Wahlrecht** für den Personalrat der entleihenden Dienststelle zu (*HessVerwGH* v. 18.11.2010 – 22 A 959/10.PV). Bei **Abordnungen** gilt § 13 Abs. 2 BPersVG, der ein Wahlrecht erst nach 3 Monaten einräumt, als lex specialis (Ulber/*zu Dohna-Jaeger*, AÜG, § 14 Rn. 251; Thüsing/*Thüsing*, § 14 Rn. 198). Bis zum Entstehen des Wahlrechts ist der Leih-AN zur Wahl der

Vertretung der nicht ständig Beschäftigten nach § 65 BPersVG berechtigt (Ulber/*zu Dohna-Jaeger*, AÜG, § 14 Rn. 251).

Die Weisungsgebundenheit des Leih-AN in der Entleiherdienststelle **300** löst die **personalvertretungsrechtlichen Schutzrechte** für Leih-AN aus (*BVerwG* v. 20.5.1992, AP Nr. 2 zu § 90 LPVG Rheinland-Pfalz; Ulber/*zu Dohna-Jaeger*, AÜG, § 14 Rn. 196). Hieraus folgt u. a., dass die **Beteiligungsrechte nach § 75 Abs. 1 und 3 BPersVG** auch bei Einsatz von Leih-AN zur Anwendung kommen (Ulber/zu Dohna-Jaeger, AÜG, § 14 Rn. 198).

Die **Wahrnehmung der Beteiligungsrechte** durch die Interessen- **301** vertretung von entsendendem und aufnehmenden Betrieb richtet sich grundsätzlich danach, welcher der beteiligten AG die beteiligungspflichtige Entscheidung tatsächlich trifft oder treffen will (*Beppler*, NZA Beilage 1 zu Heft 10/2006, 54). Darauf, ob die beabsichtigte Maßnahme dem Leih-AN gegenüber individualrechtlich wirksam ist, kommt es nicht an (*VG Frankfurt* v. 19.6.2006 – 23 L 850/06).

Abs. 4 stellt durch den Verweis auf Abs. 3 klar, dass der Personalrat vor **302** der **Einstellung** von Leih-AN nach 75 Abs. 1 Nr. 1 BPersVG **mitzubestimmen** hat (*BVerwG* v. 7.4.2010, NZA-RR 2010, 389; *LAG Düsseldorf* v. 30.11.2000 – 11 TaBV 73/00).

Der Tatbestand der **Einstellung** betriebsfremder AN i. S. d. Personal- **303** vertretungsrechts ist erfüllt, wenn der AN dergestalt in den Betrieb des AG eingegliedert wird, dass der AG die für ein ArbV typischen Weisungen über den Arbeitsplatz zu treffen hat (*OVG Hamburg* v. 25.2.2002 – 8 Bf 260/01.PVL). Der **Eingliederungsbegriff** nach den Personalvertretungsgesetzen ist dabei grundsätzlich identisch mit dem Eingliederungsbegriff in der Betriebsverfassung (*BVerwG* v. 6.9.1995, EzAÜG § 14 Personalvertretung Nr. 7; Ulber/*zu Dohna-Jaeger*, AÜG, § 14 Rn. 255). Insbesondere bei der dauerhaften Verlagerung von Aufgaben auf Dritte nach § 4 Abs. 3 TVöD ist der **BR des aufnehmenden Betriebs** zu beteiligen (*OVG NW* v. 23.3.2010 – 16 A 2423/08.PVL, PersR 2010, 358). § 4 Abs. 3 TVöD ist wegen Verstoßes gegen § 1 Abs. 1 S. 2 unwirksam (*LAG Baden-Württemberg* v. 17.4.2013 – 4 TaBV 7/12).

Für die **Zustimmungsverweigerungsgründe** gilt der abschließende **304** Katalog von § 77 Abs. 2 BPersVG. Entsprechend dem Zweck des MBR hat der Personalrat insbesondere die Interessen der bereits beschäftigten AN zu schützen (*HessVGH* v. 22.6.2006, AuR 07, 240). Die Zustimmung kann vom Personalrat u. a. verweigert werden, wenn durch den Einsatz von Leih-AN die Schaffung neuer Arbeitsplätze verhindert oder die Besetzung vorhandener Planstellen umgangen werden soll (*LAG Düsseldorf*, a. a. O.; Ulber/*zu Dohna-Jaeger*, AÜG § 14 Rn. 255). Auch die Schaffung sachlich nicht gerechtfertigter Arbeitsbedingungen rechtfertigt eine Zustimmungsverweigerung des PR (*BVerwG* v. 20.5.1992, BVerwGE 90, 194).

§ 15 Ausländische Leiharbeitnehmer ohne Genehmigung

305 In den Dienststellen der evangelischen Kirchen steht der **Mitarbeitervertretung** nach § 42 Buchst. a MVG. BEK ein **Zustimmungsverweigerungsrecht** bei Einstellung von Leih-AN zu, wenn der Leih-AN auf einem Dauerarbeitsplatz eingesetzt werden soll und der Einsatz nicht der Überbrückung von Vertretungsfällen oder der Abdeckung kurzfristiger Spitzenbedarfs dient (*KGH. EKD* v. 9.10.2006 – II-0124/M35–06 – AuR 07, 361; *Andelewski/Stützle*, NZA 07, 723).

306 Bei **dienst- oder werkvertraglichen Einsatzformen** in Dienststellen unterscheiden sich die MBR der Personalvertretung grundsätzlich nicht von denen, die bei Betrieben gelten, die dem BetrVG unterliegen. Die betriebsfremden AN sind hier jedoch auf Grund eines **erweiterten Einstellungsbegriffs** im Personalvertretungsrecht (vgl. *BVerwG* v. 6.9.1995, EzAÜG § 14 Personalvertretung Nr. 7; *BVerfG* v. 15.3.1994, PersR 94, 288; *Faber* in Lorenzen u.a., BPersVG, § 4 Rn. 19ff.; Thüsing/*Thüsing*, § 14 Rn. 203) unter erleichterten Voraussetzungen in die Betriebsorganisation des Einsatzbetriebs eingegliedert (*Welkoborski*, LPVG NRW, § 72 Rn. 5). Unterliegen sie zumindest teilweise dem **Weisungsrecht** des Einsatzbetriebs (*BVerwG* v. 8.1.2003, PersR 04, 148), ist eine Eingliederung gegeben.

307 Verweigert der PR die Zustimmung zur Einstellung unter Berufung auf § 77 Abs. 2 BPersVG darf der Leih-AN in der Dienststelle nicht beschäftigt werden. Will die Dienststelle den Leih-AN dennoch beschäftigen, liegt das Letztentscheidungsrecht bei der Einigungsstelle.

§ 15 Ausländische Leiharbeitnehmer ohne Genehmigung

(1) Wer als Verleiher einen Ausländer, der einen erforderlichen Aufenthaltstitel nach § 4 Abs. 3 des Aufenthaltsgesetzes, eine Aufenthaltsgestattung oder eine Duldung, die zur Ausübung der Beschäftigung berechtigen, oder eine Genehmigung nach § 284 Abs. 1 des Dritten Buches Sozialgesetzbuch nicht besitzt, entgegen § 1 einem Dritten ohne Erlaubnis überläßt, wird mit Freiheitsstrafe bis zu drei Jahren oder mit Geldstrafe bestraft.

(2) In besonders schweren Fällen ist die Strafe Freiheitsstrafe von sechs Monaten bis zu fünf Jahren. Ein besonders schwerer Fall liegt in der Regel vor, wenn der Täter gewerbsmäßig oder aus grobem Eigennutz handelt.

Gliederung	Rn.
1. Zweck der Vorschrift	1
2. Tatbestandsvoraussetzungen (Abs. 1)	2–23
a. Anwendungsbereich und Täterkreis	2–8
b. Erlaubniserfordernis	9–15
c. Überlassen von Ausländern ohne Arbeitsgenehmigung oder Aufenthaltstitel	16–23
3. Subjektiver Tatbestand	24–28
4. Strafrahmen und Konkurrenzen	29–33

Ausländische Leiharbeitnehmer ohne Genehmigung § 15

5. Besonders schwere Fälle (Abs. 2) 34–39
6. Rechtsfolgen von Verstößen 40–43

1. Zweck der Vorschrift

Nach § 15 macht sich der **Verleiher** unter bestimmten Voraussetzungen strafbar, wenn er **Ausländer ohne die erforderliche Arbeitserlaubnis** einem Dritten überlässt und die erforderliche Erlaubnis zur ANÜ nach § 1 Abs. 1 S. 1 nicht besitzt. Die Vorschrift steht im Zusammenhang mit den Bußgeld- bzw. Strafvorschriften in § 404 Abs. 2 Nr. 3 SGB III und §§ 10 f. SchwarzArbG, nach denen ein AG bei illegaler Ausländerbeschäftigung ordnungswidrig handelt bzw. sich strafbar macht. **Zweck** des § 15 ist es, die Einhaltung der Vorschriften zum Aufenthalts- und Arbeitsgenehmigungsrecht (vgl. Einl. 60 ff.) zu sichern und den deutschen Arbeitsmarkt vor illegaler Ausländerbeschäftigung zu schützen. Abs. 2 soll daneben dem erhöhten Schutzbedürfnis ausländischer AN vor einer Ausbeutung durch illegal tätige Verleiher Rechnung tragen (Ulber/*Ulber, D.*, § 15 Rn. 1). **1**

2. Tatbestandsvoraussetzungen (Abs. 1)

a. Anwendungsbereich und Täterkreis

Täter ist der Verleiher, der ohne Erlaubnis nach § 1 Abs. 1 AÜG erlaubnispflichtige ANÜ betreibt und ausländische AN, die – soweit erforderlich – eine Arbeitserlaubnis nicht besitzen, überlässt. Ist eine Erlaubnis nicht erforderlich (vgl. § 1 Abs. 3), scheidet eine Strafbarkeit aus (vgl. zum Erlaubniserfordernis unten Rn. 9 ff.). **2**

Kleinunternehmen, die auf der Grundlage von § 1a ausländische AN überlassen, können sich wegen des Bestimmtheits- und Analogieverbots gem. Art. 103 Abs. 2 GG auch bei **unterlassener Anzeige** nicht als Täter nach § 15 strafbar machen (Ulber/*Ulber, D.*, § 15 Rn. 5; Thüsing/*Kudlich*, § 15 Rn. 10). Demgegenüber ist die **ANÜ in Betriebe des Baugewerbes** nach § 1b bei Fehlen einer Erlaubnis nicht nur in den Fällen von § 1b S. 2 und 3 strafbar, sondern auch dann, wenn der Verleiher durch den Verleih gegen § 1b S. 1 verstößt. Der Tatbestand von Abs. 1 setzt allein voraus, dass in tatsächlicher Hinsicht ein illegal beschäftigter ausländischer AN überlassen wird (Rn. 22, 34) und eine Erlaubnis nach § 1 Abs. 1 S. 1 nicht vorliegt. Sind diese Voraussetzungen erfüllt, kann der Verleiher einer Strafbarkeit nicht dadurch entgehen, dass er (zusätzlich) gegen das gesetzliche Verbot nach § 1b S. 1 verstößt. Umgekehrt ist jedoch eine Strafbarkeit nach § 15 auch bei Verstößen gegen § 1b ausgeschlossen, wenn der Verleiher sich im Besitz einer wirksamen Erlaubnis befindet. **3**

Der **Entleiher** und der überlassene AN können nicht Täter einer Straftat nach § 15 sein. Als **notwendige Beteiligte** können sich der Entleiher und der Leih-AN auch nicht als Teilnehmer strafbar machen **4**

Daniel Ulber

§ 15 Ausländische Leiharbeitnehmer ohne Genehmigung

(*Boemke/Lembke*, § 15 Rn. 6). Sie können jedoch wegen einer Ordnungswidrigkeit nach § 16 Abs. 1 Nr. 2 bzw. § 404 Abs. 2 Nr. 3 SGB III belangt werden. Die Strafbarkeit des Entleihers richtet sich nach § 15a.

5 Ist der Verleiher eine **juristische Person** oder eine **Personenhandelsgesellschaft**, können sich die vertretungsberechtigten Organmitglieder bzw. die vertretungsberechtigten Gesellschafter strafbar machen (§ 14 Abs. 1 Nr. 1 und 2 StGB; Schüren/Hamann/*Stracke*, § 15 Rn. 14; Ulber/*Ulber, D.*, § 15 Rn. 6).

6 Der **Strohmann** (§ 1 Rn. 129f.), der nicht AG des überlassenen AN ist, kann nicht Täter einer Straftat nach § 15 sein. Hier kommt jedoch eine Strafbarkeit wegen unerlaubter Arbeitsvermittlung nach § 10 SchwarzArbG und als **Anstifter** (§ 26 StGB) oder wegen **Beihilfe** (§ 27 StGB) an der Tat des Verleihers in Betracht (Ulber/*Ulber, D.*, § 15 Rn. 8).

7 Nimmt der **Strohmann** gegenüber den Ausländern selbst die Arbeitgeberstellung des Verleihers ein, erfüllt er das persönliche Merkmal der **Verleihereigenschaft** und kann sich als Täter oder Mittäter einer Tat nach § 15 strafbar machen (*Boemke/Lembke*, § 15 Rn. 5; Ulber/*Ulber, D.*, § 15 Rn. 8). Daneben kann eine Strafbarkeit nach § 129 StGB wegen Bildung einer kriminellen Vereinigung gegeben sein, soweit die Zielsetzung der Vereinigung sich nicht darauf beschränkt, illegale ANÜ oder Arbeitsvermittlung mit Ausländern ohne Aufenthaltstitel zu betreiben (BGH v. 13.1.1983, AP Nr. 6 zu § 1 AÜG; Ulber/*Ulber, D.*, § 15 Rn. 8).

8 Andere Personen als der Verleiher können sich wegen **Anstiftung** (§ 26 StGB) und **Beihilfe** (§ 27 StGB) strafbar machen. Insbesondere Dolmetscher und Personen, die den Lohn zahlen oder die AN vermitteln, können als Teilnehmer in Frage kommen (zum überlassenen Leih-AN und dem Entleiher vgl. Rn. 4).

b. Erlaubniserfordernis

9 Die gewerbsmäßige ANÜ des Ausländers muss ohne die **Erlaubnis nach § 1 Abs. 1 S. 1** erfolgen. Ist der Verleiher im Besitz einer wirksamen Erlaubnis, ist eine Strafbarkeit nach § 15 ausgeschlossen. Liegt eine **wirksame Erlaubnis** vor, die nicht durch Widerruf, Rücknahme oder Zeitablauf erloschen ist, sind die Tatbestandsvoraussetzungen von Abs. 1 nicht erfüllt. Im Rahmen von Abs. 1 kommt es nur darauf an, ob die Erlaubnis in **formeller Hinsicht** durch die Erlaubnisbehörde erteilt wurde bzw. durch Wegfall erloschen ist. Ob die materiellen Voraussetzungen bei ihrer Erteilung oder Verlängerung erfüllt oder zum Zeitpunkt der Überlassung entfallen waren, ist unerheblich. Auch bei vorhandener Erlaubnis kann die illegale Ausländerbeschäftigung aber den Tatbestand einer Ordnungswidrigkeit nach § 404 Abs. 2 Nr. 3 SGB III bzw. einer Straftat nach §§ 10f. SchwarzArbG erfüllen.

Ausländische Leiharbeitnehmer ohne Genehmigung § 15

Abs. 1 setzt voraus, dass die **Überlassung** im Rahmen der wirtschaftlichen Tätigkeit ohne Erlaubnis nach § 1 Abs. 1 S. 1 vorliegt. Der Begriff der wirtschaftlichen Tätigkeit ist dabei im Rahmen von Abs. 1 ausschließlich gewerberechtlich zu bestimmen (Ulber/*Ulber, D.*, § 15 Rn. 7). Auf die Erläuterungen zu § 1 Rn. 119 ff. wird insoweit verwiesen. **10**

Erfolgt die ANÜ nicht **im Rahmen der wirtschaftlichen Tätigkeit** oder ist eine Erlaubnis nicht erforderlich (vgl. § 1 Abs. 3), scheidet eine Strafbarkeit nach § 15 aus. **11**

Auch **Kleinunternehmen**, die auf der Grundlage von § 1a ausländische AN überlassen, können sich nicht als Täter nach § 15 strafbar machen (Ulber/*Ulber, D.*, § 15 Rn. 5). Dasselbe gilt, wenn die Überlassung der AN im Nachwirkungszeitraum des § 2 Abs. 4 S. 4 erfolgt, wenn ArbV und Überlassungsvertrag vor dem Wegfall der Erlaubnis geschlossen wurden (vgl. § 2 Rn. 29 ff., 34 ff.; Ulber/*Ulber, D.*, § 15 Rn. 15) und die Überlassung bei Fristablauf beendet war. In diesen Fällen bleibt es bei der Ordnungswidrigkeit nach § 404 Abs. 2 Nr. 3 SGB III und u. U. einer Strafbarkeit nach § 10 ff. SchwarzArbG. **12**

Auch der illegale Ausländerverleih von **Mischunternehmen** oder Fälle illegaler ANÜ im Rahmen von **Scheinwerkverträgen** fallen unter den Anwendungsbereich der Norm (Ulber/*Ulber, D.*, § 15 Rn. 6). Dies gilt auch, wenn zulässige Werkvertragsleistungen vermischt mit **werkvertragsfremden Leistungen** des ausländischen AN (z.B. Hilfstätigkeiten für den Entleiher) erbracht werden (*LG Oldenburg*, v. 8.7.2004, wistra 05, 117; Schüren/Hamann/*Stracke*, § 16 Rn. 26). Entscheidend ist allein, ob die Überlassung des illegal beschäftigten Ausländers einer Erlaubnis nach § 1 Abs. 1 bedarf. **13**

nicht belegt **14–15**

c. Überlassen von Ausländern ohne Arbeitsgenehmigung oder Aufenthaltstitel

(**Aufenthaltstitel**) Die Strafbarkeit nach Abs. 1 setzt voraus, dass der ausländische AN zum Zeitpunkt der Überlassung den erforderlichen **Aufenthaltstitel** oder die nach § 284 Abs. 1 SGB III erforderliche Arbeitsgenehmigung nicht besitzt (ausf. Ulber/*Ulber, D.*, § 15 Rn. 10 ff. und Einl. G; s. a. Einl. Rn. 60 ff.). Ausländische AN aus Staaten, die nicht dem EWR zuzuordnen sind, bedürfen zur Aufnahme einer Beschäftigung im Inland grundsätzlich einer **formellen Arbeitsgenehmigung**. Bei Beschäftigung als Leih-AN liegt die erforderliche Genehmigung i. d. R. nicht vor, da deren Erteilung nach § 40 Abs. 1 AufenthG und § 6 Abs. 1 Nr. 2 ArGV grundsätzlich ausgeschlossen ist. Hinsichtlich der Einzelheiten kann auch auf die Erläuterungen in der Einleitung (Rn. 62 f.) verwiesen werden. **16**

Besonderheiten gelten bei Staatsangehörigen aus den **EU-Beitritts-** **17**

§ 15 Ausländische Leiharbeitnehmer ohne Genehmigung

staaten und der Entsendung im Rahmen von **Werkvertragsabkommen**. Insoweit wird auf die Erläuterungen in der Einleitung (Einl. Rn. 62) verwiesen.

18 Ob der Ausländer den erforderlichen (zum Zeitpunkt der Tat nicht abgelaufenen) Aufenthaltstitel besitzt, richtet sich allein nach den **tatsächlichen Verhältnissen** (*Boemke/Lembke*, § 15 Rn. 12; kritisch hierzu *Thüsing/Kudlich*, § 15 Rn. 30 f.). Ist der entsprechende Titel erteilt worden, scheidet eine Strafbarkeit unabhängig davon aus, ob die materiellen Voraussetzungen zur Erteilung vorgelegen haben. Eine Strafbarkeit nach § 15 ist dagegen gegeben, wenn zwar die materiellen Voraussetzungen zur Erteilung eines entsprechenden Titels vorliegen, dem Ausländer die Berechtigung zur Aufnahme einer Beschäftigung jedoch zum Zeitpunkt der Überlassung noch nicht durch die Verwaltungsbehörde erteilt wurde (*Ulber/Ulber, D.*, § 15 Rn. 11).

19 (**Überlassen**) Eine Strafbarkeit des Verleihers nach § 15 setzt voraus, dass er den Ausländer **überlassen** hat. Ob der AN einem Dritten überlassen wird, richtet sich nach den allgemeinen Vorschriften des AÜG (vgl. § 1 Rn. 10 ff.).

20 Ob eine Überlassung vorliegt, richtet sich ausschließlich nach den **tatsächlichen Verhältnissen** (*Thüsing/Kudlich*, § 15 Rn. 18; *Ulber/Ulber, D.*, § 15 Rn. 14). Unerheblich ist, ob der Überlassungsvertrag oder der AV wirksam sind oder infolge der Unwirksamkeit des Leiharbeitsvertrags nach § 10 Abs. 1 ein ArbV zum Entleiher besteht. Der früheste Zeitpunkt der Strafbarkeit ist die Erteilung der Weisung des Verleihers an den ausländischen AN bei einem Entleiher tätig zu werden (*Ulber/Ulber, D.* § 15 Rn. 14).

21 Für eine Strafbarkeit nach § 15 reicht es aus, wenn der Verleiher nur **einen AN** ohne die erforderliche Genehmigung überlässt (*BGH* v. 14. 4. 1981, NJW 82, 394 und v. 4. 4. 1989, DB 89, 154; *Thüsing/Kudlich*, § 15 Rn. 6; *Ulber*, § 15 Rn. 3 a f.). Ob der Entleiher seinen Sitz in Deutschland oder im **Ausland** hat bzw. die Überlassung in das Ausland erfolgt, ist unbeachtlich (*Boemke/Lembke*, § 15 Rn. 11; *Ulber/Ulber, D.*, § 15 Rn. 14; a. A. *S/M* § 15 Anm. 11 und *Schüren/Hamann/Stracke*, § 15 Rn. 12; differenzierend *Thüsing/Kudlich*, § 15 Rn. 16 f.).

22 Erfüllt die Entsendung zum Einsatzbetrieb (objektiv) den Tatbestand einer **Arbeitsvermittlung**, sind die Voraussetzungen des Abs. 1 nicht erfüllt. Es kommt dann eine Strafbarkeit nach § 10 SchwarzArbG in Betracht. In den Fällen **vermuteter** Arbeitsvermittlung (§ 1 Abs. 2) richtet sich die Strafbarkeit nach Abs. 1. Lässt sich nicht eindeutig klären, ob ANÜ oder Arbeitsvermittlung vorliegt, ist in Bezug auf § 15 AÜG und § 10 SchwarzArbG eine **Wahlfeststellung** zulässig (*Schüren/Hamann/Stracke*, § 15 Rn. 55).

23 nicht belegt

3. Subjektiver Tatbestand

Da Abs. 1 nur ein Vergehen darstellt, setzt eine Strafbarkeit des Verleihers ein **vorsätzliches Handeln** voraus (§ 15 StGB), wobei bedingter Vorsatz ausreicht (Ulber/*Ulber, D.*, § 15 Rn. 16). Bei **fahrlässigem Handeln** begeht der Verleiher eine Ordnungswidrigkeit nach § 16 Abs. 1 Nr. 1 bzw. § 404 Abs. 2 Nr. 3 SGB III. **24**

Eine Strafbarkeit wegen **Versuchs** scheidet aus (§§ 23 Abs. 1, 12 Abs. 2 StGB). **25**

Der Vorsatz muss sich auf **alle Tatbestandsmerkmale** des Abs. 1 erstrecken. Danach muss der Verleiher wissen oder zumindest billigend in Kauf nehmen, dass er einen ausländischen AN ohne die erforderliche Genehmigung einem Dritten zur Arbeitsleistung überlässt. Bei erkennbaren Anhaltspunkten, dass der AN Ausländer sein könnte, hat er sich nach dessen Staatsangehörigkeit zu **erkundigen** (*OLG Düsseldorf* v. 4.9.1979, EzAÜG § 1 Gewerbsmäßige ANÜ Nr. 10) und die Berechtigung zur Beschäftigung **nachweisen** zu lassen (vgl. § 5 FreizügG; *Boemke/Lembke*, § 16 Rn. 21; Ulber/*Ulber, D.*, § 15 Rn. 16). **26**

Beruht die Überlassung auf einem **Scheinwerkvertrag**, kann ein **Tatbestandsirrtum** (§ 16 Abs. 1 StGB) vorliegen, wenn der Verleiher nicht zumindest billigend in Kauf nimmt, dass der Dritte Weisungsrechte gegenüber dem Leih-AN ausübt. Dies kann insbesondere der Fall sein, wenn der Dritte entgegen den vertraglichen Absprachen mit dem entsendenden Unternehmen oder auf Grund von selbständigen Absprachen mit dem Leih-AN Weisungen erteilt. Der Werkunternehmer muss zumindest die für die ANÜ typische Wahrnehmung von Arbeitgeberbefugnissen durch den Entleiher kennen bzw. billigend in Kauf nehmen (*BayObLG* v. 25.1.1991, BB 91, 1718; Thüsing/*Kudlich*, § 15 Rn. 15; *Ulber*, § 15 Rn. 10). Werden diesbezügliche **Kontrollpflichten** des Werkunternehmers verletzt (vgl. Einl. 43), ist i.d.R. von bedingtem Vorsatz auszugehen. **27**

Der Verleiher kann sich wegen der besonderen **Erkundungs- und Vorlagepflichten** bei der Beschäftigung von Ausländern (vgl. Einl. Rn. 64), die die Erkundigung über die Rechtsvorschriften zur Ausländerbeschäftigung umfassen (vgl. *OLG Hamm* v. 14.11.1980, AP Nr. 7 zu § 19 AFG) i.d.R. nicht darauf berufen, dass ihm das Fehlen des Aufenthaltstitels oder der Arbeitsgenehmigung nicht bekannt war (Schüren/Hamann/*Stracke*, § 15 Rn. 44f.; Ulber/*Ulber, D.*, § 15 Rn. 17). Ein **Verbotsirrtum** ist insoweit i.d.R. vermeidbar (§ 17 S. 2 StGB). Dasselbe gilt hinsichtlich der Erlaubnispflichtigkeit der Überlassung bzw. des Vorliegens eines Scheinwerkvertrags (Schüren/Hamann/*Stracke*, § 15 Rn. 41; Ulber/*Ulber, D.*, § 15 Rn. 16). **28**

§ 15 Ausländische Leiharbeitnehmer ohne Genehmigung

4. Strafrahmen und Konkurrenzen

29 Das **Höchstmaß** der **Freiheitsstrafe** nach Abs. 1 beträgt drei Jahre, das **Mindestmaß** einen Monat (§ 38 Abs. 2 StGB). Bei Verhängung einer Geldstrafe sind mindestens fünf und höchstens 360 Tagessätze zu verhängen (§ 40 Abs. 1 StGB).

30 Nach § 41 StGB kann **neben** einer Freiheitsstrafe auch eine Geldstrafe verhängt werden, wenn dies unter Berücksichtigung der persönlichen und wirtschaftlichen Verhältnisse des Verleihers angebracht erscheint und der Verleiher sich durch die Tat **bereichert** hat oder dies versucht hat. In Fällen von §§ 15 f. ist diese Voraussetzung grundsätzlich erfüllt (*Boemke/Lembke*, § 15 Rn. 23; Ulber/*Ulber, D.*, § 15 Rn. 18).

31 Bei **mehrfacher Überlassung** (und fehlendem Fortsetzungszusammenhang) von Ausländern liegt **Tatmehrheit** (§ 53 Abs. 1 StGB) vor, soweit nicht die Voraussetzungen eines besonders schweren Falls nach Abs. 2 erfüllt sind (*Ulber*, § 15 Rn. 19).

32 Ist der Verleiher im Besitz einer Erlaubnis, kann er sich bei einer **Mehrfachüberlassung** nach §§ 10, 11 Abs. 1 Nr. 1 a SchwarzArbG strafbar machen.

33 Führt der Verleiher beim illegalen Ausländerverleih die Lohnsteuer oder Sozialversicherungsbeiträge nicht ab, kann er sich (in Tatmehrheit; vgl. Ulber/*Ulber, D.*, § 15 Rn. 23) der **Lohnsteuerhinterziehung** nach § 370 Abs. 1 i. V. m. §§ 38 Abs. 3, 41 a EStG, des **Beitragsbetrugs** gem. § 263 StGB (*BGH* v. 25. 1. 1984, EzAÜG Sozialversicherungsrecht Nr. 17), des **Vorenthaltens von Sozialversicherungsbeiträgen** (vgl. *BGH* v. 24. 10. 2006, AuA 07, 504) oder des **Veruntreuens von Arbeitsentgelt** nach § 266a Abs. 1 StGB strafbar machen (*LG Oldenburg* v. 8. 7. 2004, wistra 05, 117). Aus gemeinschaftsrechtlichen Gründen scheidet eine Strafbarkeit wegen Betrugs oder Vorenthaltens von Sozialversicherungsbeiträgen aus, wenn dem ausländischen AN von der Behörde eines EU-Mitgliedstaates die **E-101-Bescheinigung** (vgl. Einl. Rn. 59) zu Unrecht (und selbst durch Täuschung) erteilt wurde (*BGH* v. 24. 10. 2006, AuA 07, 504).

5. Besonders schwere Fälle (Abs. 2)

34 In besonders schweren Fällen beträgt das **Strafmaß** nach Abs. 2 S. 1 von sechs Monaten bis zu fünf Jahren. Die **Strafverschärfung** gegenüber Abs. 1 lässt die Qualifizierung der Tat als **Vergehen** unberührt, weshalb der **Versuch** auch in den Fällen des Abs. 2 straflos ist.

35 Abs. 2 S. 2 enthält **keine abschließende Aufzählung** besonders schwerer Fälle (*BGH* v. 24. 6. 1987, EzAÜG § 15 Nr. 1). Von einem besonders schweren Fall ist immer auszugehen, wenn sich die Tat nach Abs. 1 durch ein spezifisches Verhalten des Verleihers oder besondere Umstände auszeichnet, deren Unrechtsgehalt durch den Strafrahmen von Abs. 1 nicht ausreichend erfasst bzw. geahndet werden kann (*BGH*, a. a. O.).

Nach Abs. 2 S. 2 liegt ein **besonders schwerer Fall** vor, wenn der Verleiher den illegalen Verleih von Ausländern ohne Arbeitsgenehmigung oder Aufenthaltstitel **gewerbsmäßig** betreibt (Schüren/Hamann/*Stracke*, § 15 Rn. 33). Ggf. ist nicht erforderlich, dass das Verhalten des Verleihers daneben auch besonders strafwürdig ist (Thüsing/*Kudlich*, § 15 Rn. 30; Ulber/*Ulber, D.*, § 15 Rn. 24; a. A. *BGH* v. 14. 4. 1981, NJW 82, 394). Der Verleiher handelt gewerbsmäßig, wenn er sich durch eine **wiederholte Tatbegehung** aus der illegalen Ausländerbeschäftigung eine nicht nur vorübergehende Einnahmequelle verschaffen will (Ulber/*Ulber, D.*, § 15 Rn. 24). Sind diese Voraussetzungen erfüllt, liegt bei **mehreren Verstößen** des Verleihers gegen Abs. 1 und/oder 2 Tateinheit vor. 36

Nach dem zweiten Regelbeispiel von Abs. 2 S. 2 liegt ein schwerer Fall vor, soweit der Verleiher aus **grobem Eigennutz** handelt. Ein grober Eigennutz ist zu bejahen, wenn der Verleiher in besonders anstößigem Maße nach wirtschaftlichen Vorteilen strebt (vgl. BT-Ds. 7/3100, S. 6), indem er eine deutlich höhere Gewinnspanne als üblich in die Überlassungsvergütung einkalkuliert (Schüren/Hamann/*Stracke*, § 15 Rn. 36). Das Tatbestandsmerkmal ist insbesondere erfüllt, wenn der Verleiher in **besonders anstößigem Maß** ausländische AN zu **Arbeitsbedingungen** beschäftigt oder bei Entleihern tätig werden lässt, die in einem **auffälligen Missverhältnis** zu den Arbeitsbedingungen vergleichbarer deutscher AN stehen (vgl. hierzu § 15 a Rn. 11). 37

Nutzt der Verleiher die **Notlage** von Ausländern aus, die sich illegal in Deutschland aufhalten, indem er mit Hinweis auf die drohende Ausweisung menschenunwürdige Arbeits- oder Aufenthaltsbedingungen gewährt (z. B. Wohnen in Containern) bzw. den AN zu Dumpinglöhnen beschäftigt, die keine menschenwürdige Existenz gewährleisten können, handelt er in grobem Eigennutz (Ulber/*Ulber, D.*, § 15 Rn. 26). 38

Bei Beschäftigung von Ausländern zu menschenunwürdigen Arbeitsbedingungen kann sich der Verleiher tateinheitlich wegen **Lohnwuchers** nach § 291 StGB strafbar machen (*BGH* v. 22. 4. 1997, AuR 97, 453). 39

6. Rechtsfolgen von Verstößen

Ist der Verleiher nach Abs. 1 oder 2 rechtskräftig verurteilt, ist die **Erlaubnis** nach § 3 Abs. 1 wegen mangelnder Zuverlässigkeit zwingend zu **versagen**; eine nach Tatbegehung erteilte Erlaubnis ist unverzüglich nach § 5 Abs. 1 Nr. 3 zu **widerrufen** (Thüsing/*Kudlich*, § 15 Rn. 38; Ulber/*Ulber, D.*, § 15 Rn. 29). Im Gewerbezentralregister wird nach § 149 Abs. 2 GewO eine negative Eintragung vorgenommen. 40

§ 15a Entleih von Ausländern ohne Genehmigung

41 Wird der Verleiher zu einer Freiheitsstrafe von mehr als drei Monaten oder zu einer Geldstrafe von mehr als neunzig Tagessätzen verurteilt oder wird wegen Verstoßes gegen § 16 Abs. 1 Nr. 1, 1b oder 2 gegen ihn eine Geldbuße von mindestens 2500 Euro verhängt, soll der Bewerber nach § 21 SchwarzArbG beim **Wettbewerb** um einen Bauauftrag (§ 98 Nr. 1 bis 3 und 5 GWB) bis zu drei Jahren **ausgeschlossen** werden. Weitere Sanktionen können u. U. aufgrund landesrechtlicher Tariftreuegesetze drohen.

42 Sowohl der Verleiher als auch der Entleiher (vgl. Ulber/*Ulber, J.*, Art. 5 AÜG Rn. 3f.) haften nach § 66 Abs. 4 AufenthG für etwaige **Abschiebekosten** bezüglich des illegal beschäftigten Ausländers.

43 Ggf. hat der Verleiher dem ausländischen Leih-AN das nach § 9 Nr. 2 maßgebliche Arbeitsentgelt zu zahlen (Ulber/*Ulber, D.*, § 15 Rn. 29; *Spindler*, AuR 99, 298). Aufgrund der Überlassung ohne die erforderliche Erlaubnis treten die Rechtsfolgen des § 10 Abs. 1 ein und es wird ein ArbV zum Entleiher fingiert. Dieser darf den ausländischen Leih-AN jedoch so lange es an einer Arbeitsgenehmigung oder einem Aufenthaltstitel fehlt nicht beschäftigen (§ 284 SGB III) und ist daher berechtigt das ArbV ordentlich zu kündigen.

§ 15a Entleih von Ausländern ohne Genehmigung

(1) **Wer als Entleiher einen ihm überlassenen Ausländer, der einen erforderlichen Aufenthaltstitel nach § 4 Abs. 3 des Aufenthaltsgesetzes, eine Aufenthaltsgestattung oder eine Duldung, die zur Ausübung der Beschäftigung berechtigen, oder eine Genehmigung nach § 284 Abs. 1 des Dritten Buches Sozialgesetzbuch nicht besitzt, zu Arbeitsbedingungen des Leiharbeitsverhältnisses tätig werden läßt, die in einem auffälligen Mißverhältnis zu den Arbeitsbedingungen deutscher Leiharbeitnehmer stehen, die die gleiche oder eine vergleichbare Tätigkeit ausüben, wird mit Freiheitsstrafe bis zu drei Jahren oder mit Geldstrafe bestraft. In besonders schweren Fällen ist die Strafe Freiheitsstrafe von sechs Monaten bis zu fünf Jahren; ein besonders schwerer Fall liegt in der Regel vor, wenn der Täter gewerbsmäßig oder aus grobem Eigennutz handelt.**

(2) **Wer als Entleiher**

1. **gleichzeitig mehr als fünf Ausländer, die einen erforderlichen Aufenthaltstitel nach § 4 Abs. 3 des Aufenthaltsgesetzes, eine Aufenthaltsgestattung oder eine Duldung, die zur Ausübung der Beschäftigung berechtigen, oder eine Genehmigung nach § 284 Abs. 1 des Dritten Buches Sozialgesetzbuch nicht besitzen, tätig werden läßt oder**

2. **eine in § 16 Abs. 1 Nr. 2 bezeichnete vorsätzliche Zuwiderhandlung beharrlich wiederholt,**

wird mit Freiheitsstrafe bis zu einem Jahr oder mit Geldstrafe

Entleih von Ausländern ohne Genehmigung § 15a

bestraft. Handelt der Täter aus grobem Eigennutz, ist die Strafe Freiheitsstrafe bis zu drei Jahren oder Geldstrafe.

Gliederung	Rn.
1. Gesetzeszweck und Anwendungsbereich	1–3
2. Grundtatbestand des § 15a (Abs. 1)	4–8
3. Tätigwerdenlassen zu ausbeuterischen Arbeitsbedingungen (Abs. 1)	9–11
4. Umfangreicher Entleih (Abs. 2 S. 1 Nr. 1)	12–13
5. Beharrlich wiederholter Entleih (Abs. 2 S. 1 Nr. 2)	14–16
6. Besonders schwere Fälle (Abs. 1 S. 2, Abs. 2 S. 2)	17–19
7. Subjektiver Tatbestand	20–22
8. Strafrahmen	23
9. Ausschluss bei der Vergabe öffentlicher Aufträge	24

1. Gesetzeszweck und Anwendungsbereich

Nach § 15a macht sich ein **Entleiher** unter bestimmten Voraussetzungen strafbar, wenn er ausländische Leih-AN beschäftigt, die nicht im Besitz der erforderlichen Arbeitsberechtigung sind. Die Vorschrift ergänzt § 16 Abs. 1 Nr. 2 und qualifiziert das Handeln des Entleihers unter den Voraussetzungen der Abs. 1 und 2 als **Straftat**. **Abs. 1** erfasst dabei Verstöße, die im Zusammenhang mit der Gewährung **diskriminierender Arbeitsbedingungen** stehen. **Abs. 2** enthält ergänzend zwei selbständige Straftatbestände und stellt den **umfangreichen Entleih** illegal beschäftigter ausländischer Leih-AN sowie den beharrlich **fortgesetzten Entleih** illegal beschäftigter Ausländer unter Strafe. 1

Der **Zweck** der Norm besteht zum einen darin, den deutschen Arbeitsmarkt zu ordnen und die Beschäftigungschancen deutscher AN durch die Bekämpfung illegaler Ausländerbeschäftigung zu verbessern und Störungen durch ein zusätzliches Angebot an ausländischen Arbeitskräften zu verhindern. Zum anderen soll der illegal beschäftigte Ausländer vor Diskriminierungen, Gesundheitsgefährdungen und einer Ausbeutung bei der Arbeit geschützt werden. Insofern stellt § 15a auch ein **Schutzgesetz** i. S. v. § 823 Abs. 2 BGB dar. 2

Von § 15a wird die ANÜ unterschiedslos erfasst, unabhängig davon, ob sie im Rahmen einer wirtschaftlichen Tätigkeit erfolgt oder nicht (Thüsing/Kudlich § 15a Rn. 11). Auch kommt es (im Unterschied zu § 15, der nach seinem Wortlaut auf die Erlaubnis abstellt) nicht darauf an, ob der Verleiher die erforderliche **Erlaubnis zur ANÜ** besitzt (*Ulber/Ulber, D.*, § 15a Rn. 4; *Boemke/Lembke*, § 15a Rn. 4; a.A. *Schüren/Hamann/Stracke*, § 15 Rn. 12; zum fingierten ArbV vgl. Rn. 5), oder die Erlaubnis nach § 1b S. 1 nicht erteilt bekommen darf. Vielmehr werden vom Anwendungsbereich der Norm alle Fälle (einschließlich der ANÜ von Kleinunternehmen nach § 1a) erfasst, in denen ein AN zur **Arbeitsleistung in den Betrieb eines Dritten** überlassen wird, der nicht AG des überlassenen AN ist. Ausgeschlossen ist eine Strafbarkeit des Entleihers nur in den Fällen von § 1 Abs. 3, insbesondere bei der Konzernleihe. 3

Daniel Ulber

§ 15a Entleih von Ausländern ohne Genehmigung

2. Grundtatbestand des § 15a (Abs. 1)

4 Eine Strafbarkeit setzt in allen Fällen von § 15a voraus, dass ein **Entleiher** einen ihm überlassenen ausländischen AN, der keine Arbeitsberechtigung besitzt, tätig werden lässt. § 15a knüpft insoweit an den Bußgeldtatbestand von § 16 Abs. 1 Nr. 2 an.

5 (Entleihereigenschaft) Täter kann nur ein **Entleiher** sein, der die Begriffsmerkmale der Entleihereigenschaft i. S. v. § 1 Abs. 1 S. 1 erfüllt (vgl. § 1 Rn. 9 ff.). Dies setzt u. a. voraus, dass ein **Dritter AG** des ausländischen AN ist. Ist der Entleiher auf Grund der Unwirksamkeit des Leiharbeitsvertrags **fiktiver AG** des AN nach § 10 Abs. 1 oder § 1 Abs. 2, scheidet eine Strafbarkeit nach § 15a aus (Schüren/Hamann/Stracke, § 15a Rn. 13; Ulber/*Ulber, D.*, § 15a Rn. 5). Die Fiktionswirkungen von § 10 Abs. 1 erstrecken sich vollumfänglich auf das Straf- und Ordnungswidrigkeitenrecht (*BGH* v. 24.6.1987 – 3 StR 200/87; Ulber/*Ulber, D.*, § 15a Rn. 5). Soweit der Entleiher auf Grund des fingierten ArbV AG ist, kann er sich wegen Fehlens eines strafbarkeitsbegründenden persönlichen Merkmals i. S. v. § 28 Abs. 1 StGB auch beim Scheinwerkvertrag oder bei Unkenntnis des fingierten ArbV nicht nach § 15 strafbar machen. Die Strafbarkeit des Entleihers richtet sich hier nach §§ 406 f. SGB III, §§ 10 f. SchwarzArbG und § 302a StGB. Für die Strafbarkeit von Personen, die nicht selbst Entleiher sind, gelten die in § 15 Rn. 2 ff. dargestellten Grundsätze entsprechend.

6 (Tätigwerdenlassen eines überlassenen Leih-AN) Ein Tätigwerdenlassen des ausländischen AN liegt vor, wenn der Entleiher den AN **in tatsächlicher Hinsicht** im Rahmen seiner Betriebs- und Arbeitsorganisation arbeiten lässt. Frühester Zeitpunkt ist hierbei der Zeitpunkt, in dem der Entleiher von seinen Weisungsrechten aus dem ANÜ-Vertrag Gebrauch macht (Thüsing/*Kudlich*, § 15a Rn. 13) oder der Leih-AN in tatsächlicher Hinsicht in den Entleiherbetrieb eingegliedert Arbeiten verrichtet (*Boemke/Lembke*, § 15a Rn. 5; Schüren/Hamann/*Stracke*, § 15a Rn. 15; Ulber/*Ulber, D.*, § 15 Rn. 6). Der **Abschluss eines ANÜ-Vertrags** reicht hierfür allein nicht aus. Solange der Verleiher noch keine Auswahlentscheidung hinsichtlich des konkret zu überlassenden AN getroffen hat, kommt eine Strafbarkeit nach § 15a nicht in Betracht (Ulber/*Ulber, D.*, § 15a Rn. 6).

7 (Fehlende Arbeitsberechtigung) Ebenso wie bei § 15 setzt eine Strafbarkeit auch bei § 15a voraus, dass der ausländische AN ohne die erforderliche Aufenthalts- bzw. **Arbeitsberechtigung** beschäftigt wird. Insoweit kann auf die Erläuterungen zu § 15 (Rn. 16 ff.) verwiesen werden. Ist eine Arbeitserlaubnis vorhanden oder nicht erforderlich, kann der Entleiher sich nicht nach § 15a strafbar machen. In den Fällen von Abs. 1 ist jedoch häufig eine Strafbarkeit wegen Lohnwuchers nach § 291 StGB gegeben (BGH v. 22.4.1997, AuR 97, 453).

8 nicht belegt

3. Tätigwerdenlassen zu ausbeuterischen Arbeitsbedingungen (Abs. 1)

Sind die Voraussetzungen des Grundtatbestands erfüllt, muss für eine Strafbarkeit nach Abs. 1 hinzukommen, dass der Entleiher den Leih-AN zu (tatsächlich gewährten) **Arbeitsbedingungen** tätig werden lässt, die in einem auffälligen Missverhältnis zu den Arbeitsbedingungen deutscher Leih-AN stehen, die eine gleiche oder eine vergleichbare Tätigkeit ausüben. Zu den Arbeitsbedingungen zählen alle formellen und materiellen Arbeitsbedingungen, die einem deutschen Leih-AN zu gewähren sind (*Boemke/Lembke*, § 15a Rn. 8; *Ulber/Ulber, D.*, § 15a Rn. 8), insbesondere die von § 9 Nr. 2 erfassten Mindestarbeitsbedingen.

Maßgeblicher **Bezugspunkt** der Arbeitsbedingungen sind die Arbeitsbedingungen eines **deutschen Leih-AN** (einschließlich eines nach den Grundsätzen der Inländergleichbehandlung gleichzustellenden EU-Ausländers; vgl. Einl. Rn. 60; a. A. Thüsing/Kudlich § 15a Rn. 17), der die gleiche oder vergleichbare Tätigkeit des Leih-AN verrichtet. Die **Vergleichbarkeit** richtet sich dabei nach den Tätigkeitskriterien, die auch im Rahmen des § 9 Nr. 2 zur Anwendung kommen (vgl. § 9 Rn. 35 ff.). Auch die dem Leih-AN zu gewährenden **Arbeitsbedingungen** richten sich nach § 9 Nr. 2, wobei auch nicht wesentliche Arbeitsbedingungen in die Vergleichsbetrachtung einzubeziehen sind. Ist aufgrund des Missverhältnisses zwischen den Arbeitsbedingungen der Leiharbeitsvertrag nichtig (§ 138 BGB oder § 134 BGB i. V. m. § 15a Abs. 1 S. 1) und der Verleiher nach § 612 BGB zur Zahlung der üblichen Vergütung verpflichtet, ändert dies an der Strafbarkeit nach § 15a nichts. (*Thüsing/Kudlich*, § 15a Rn. 22; *Ulber/Ulber, D.*, § 15a Rn. 8). Im Ergebnis müssen dem ausländischen AN damit dieselben Arbeitsbedingungen gewährt werden, die der Entleiher einem bei ihm unmittelbar beschäftigten Stammarbeitnehmer zu gewähren hat.

Ob ein **auffälliges Missverhältnis** vorliegt, beurteilt sich (unter Einbeziehung aller Arbeitsbedingungen im Rahmen einer **Gesamtbetrachtung**) nach den Umständen des Einzelfalls. Würde ein deutscher AN zu den Arbeitsbedingungen nicht arbeiten oder könnte er wegen der Unzumutbarkeit der Arbeitsbedingungen ein Leistungsverweigerungsrecht geltend machen, ist regelmäßig von einem auffälligen Missverhältnis auszugehen (*Thüsing/Kudlich*, § 15a Rn. 25; *Ulber/Ulber, D.*, § 15a Rn. 11). Auch bei **Sittenwidrigkeit** der Lohnabsprache oder sonstiger Arbeitsbedingungen (vgl. § 1 Rn. 101, 104 f.), wie z. B. bei Ausschluss des Kündigungsrechts oder von Urlaubsansprüchen (*Schüren/Hamann/Stracke*, § 15a Rn. 24), ist ein derartiges Missverhältnis regelmäßig gegeben. Beim **Arbeitsentgelt** wird von einem Missverhältnis überwiegend ausgegangen, wenn der nominale Lohnabstand zum Tariflohn 20 % beträgt (*Boemke/Lembke*, § 15a Rn. 9; *S/M* § 15a Anm. 4; Schüren/Hamann/*Stracke*, § 15a Rn. 23; Ulber/

§ 15a Entleih von Ausländern ohne Genehmigung

Ulber, D., § 15a Rn. 11). Eine erhöhte Kaufkraft im Heimatstaat des Ausländers darf dabei nicht berücksichtigt werden (*BGH* v. 22. 4. 1997, AuR 97, 453).

4. Umfangreicher Entleih (Abs. 2 S. 1 Nr. 1)

12 Erfüllt der Entleiher den Grundtatbestand und lässt er **gleichzeitig mehr als fünf Ausländer** tätig werden, macht er sich nach Abs. 2 S. 1 Nr. 1 strafbar. Ob der Schwellenwert erreicht wird, hängt ausschließlich von der Zahl der gleichzeitig beschäftigten Ausländer nicht vom Umfang der Tätigkeit ab, so dass **Teilzeitkräfte** oder geringfügig beschäftigte Ausländer in vollem Umfang mitzuzählen sind.

13 Der Entleiher muss **mindestens sechs** illegal beschäftigte Leih-AN **gleichzeitig** beschäftigen, wobei es nicht darauf ankommt, ob die AN von demselben oder verschiedenen Verleihern überlassen wurden (*Schüren/Hamann/Stracke*, § 15a Rn. 26; Ulber/*Ulber, D.*, § 15a Rn. 12). Rollierende Verfahren oder Auswechslungen der Ausländer lassen die Gleichzeitigkeit so lange nicht entfallen, wie der Entleiher auch nur eine juristische Sekunde mindestens sechs Ausländer tätig werden lässt (*Boemke/Lembke*, § 15a Rn. 15; Ulber/*Ulber, D.*, § 15a Rn. 12). Entfällt eine Strafbarkeit nach Abs. 2 S. 1 Nr. 1 wegen eines Unterschreitens des Schwellenwerts von sechs Ausländern, ist regelmäßig zu prüfen, ob sich der Entleiher nach Abs. 2 S. 1 Nr. 2 strafbar gemacht hat.

5. Beharrlich wiederholter Entleih (Abs. 2 S. 1 Nr. 2)

14 Nach Abs. 2 S. 1 Nr. 2 macht sich der Entleiher strafbar, wenn er eine vorsätzlich begangene Ordnungswidrigkeit nach § 16 Abs. 1 Nr. 2 **beharrlich wiederholt**.

15 Voraussetzung für eine Strafbarkeit ist zunächst, dass der Entleiher den Tatbestand von § 16 Abs. 1 Nr. 2 mehrmals **vorsätzlich** erfüllt, wobei der Vorsatz insoweit zum Tatbestand gehört (Ulber/*Ulber, D.*, § 15a Rn. 14).

16 Eine **Wiederholung** der vorsätzlichen Tat setzt eine mindestens zweimalige vorsätzliche Tathandlung voraus (*Boemke/Lembke*, § 15a Rn. 16; Thüsing/*Kudlich*, § 15a Rn. 28; Ulber/*Ulber, D.*, § 15a Rn. 14). Plant der Entleiher systematisch oder auf Dauer angelegt den Einsatz illegal beschäftigter ausländischer Leih-AN, ist der Entleih immer **beharrlich wiederholt**. Dasselbe gilt, wenn der Entleiher mehrere ausländische Leih-AN kontinuierlich tätig werden lässt und sich durch eine Unterbrechung der Einsätze einer Strafbarkeit nach Abs. 2 S. 1 Nr. 1 entziehen will (Ulber/*Ulber, D.*, § 15a Rn. 14). I. Ü. ist die Wiederholung **beharrlich**, wenn der Entleiher trotz Hinweisen, Abmahnung, Ahndung oder sonst hemmender Erfahrungen oder Erkenntnisse an der illegalen Ausländerbeschäftigung festhält (vgl. BT-Ds. 10/2102, 32).

6. Besonders schwere Fälle (Abs. 1 S. 2, Abs. 2 S. 2)

Abs. 1 S. 2 ordnet für besonders schwere Fälle einer Straftat nach Abs. 1 unter Gesamtwürdigung aller Umstände eine **Strafverschärfung** an (Ulber/*Ulber, D.*, § 15a Rn. 15). Dasselbe gilt nach Abs. 2 S. 2 bei Straftaten nach Abs. 2, wenn der Entleiher aus grobem Eigennutz handelt. **17**

Ob ein **besonders schwerer Fall** nach Abs. 1 S. 2 (einschließlich der Regelbeispiele von Hs. 2) vorliegt, richtet sich grundsätzlich nach den gleichen Kriterien, die bei § 15 Abs. 2 zur Anwendung kommen (vgl. § 15 Rn. 35ff.). Ein **gewerbsmäßiges Handeln** liegt vor, wenn der Entleiher sich gerade durch den wiederholten Entleih illegal beschäftigter Leih-AN mit ausbeuterischen Arbeitsbedingen nach Abs. 1 eine nicht nur vorübergehende, ins Gewicht fallende Einnahmequelle verschaffen will (Ulber/*Ulber, D.*, § 15a Rn. 15). **18**

Aus grobem Eigennutz i. S. v. Abs. 1 S. 2 Hs. 2 und Abs. 2 S. 2 handelt der Entleiher, wenn er bei Straftaten nach Abs. 2 in besonders anstößigem Maß wirtschaftliche Vorteile erstrebt (vgl. § 15 Rn. 37). Dies ist insbesondere der Fall, wenn er aus den ausbeuterischen Arbeitsbedingungen nach Abs. 1 oder dem umfangreichen oder wiederholten Entleih nach Abs. 2 einen **besonders hohen Gewinn**, der über dem durchschnittlichen Maß liegt, erstrebt (Schüren/Hamann/*Stracke*, § 15a Rn. 31; Ulber/*Ulber, D.*, § 15a Rn. 16). **19**

7. Subjektiver Tatbestand

Da alle Tatbestände von § 15a nur ein **Vergehen** darstellen (§ 12 StGB), setzt eine Strafbarkeit des Entleihers voraus, dass er die Straftaten nach Abs. 1 und 2 **vorsätzlich** begeht (§ 15 StGB). Der **Versuch** ist nach § 23 Abs. 1 StGB nicht strafbar. Bei allen Tatbeständen muss sich der Vorsatz darauf erstrecken, dass der Entleiher ausländische AN ohne den erforderlichen Titel zur Arbeitsberechtigung im Betrieb im Rahmen einer ANÜ tätig werden lässt. Ein **Irrtum** über die Notwendigkeit der Arbeitserlaubnis ist wie bei § 15 (vgl. § 15 Rn. 27) regelmäßig als **vermeidbarer Verbotsirrtum** zu behandeln, der bei der Strafhöhe zu berücksichtigen ist (§§ 17 Abs. 2, 49 Abs. 1 StGB) und zu einer Verneinung der Beharrlichkeit i. S. v. Abs. 1 Nr. 2 führen kann (Schüren/Hamann/*Stracke*, § 15a Rn. 39; Thüsing/*Kudlich*, § 15a Rn. 35). Den Entleiher treffen bei Beschäftigung ausländischer Leih-AN (auch wegen des Beschäftigungsverbots von § 4 Abs. 3 AufenthG) dieselben **Erkundungspflichten** wie den Verleiher (*OLG Hamm* v. 14.11.1980, AP Nr. 7 zu § 19 AFG). Trägt er diesen Pflichten nicht in ausreichendem Maß Rechnung, ist zumindest bedingter Vorsatz zu bejahen (vgl. *HessVGH* v. 21.9.1994, DB 95, 1770; Ulber/*Ulber, D.*, § 15a Rn. 17). **20**

In Fällen des Abs. 1 S. 1 muss sich der **Vorsatz** des Entleihers auch darauf erstrecken, dass der ausländische Leih-AN **ausbeuterischen** **21**

§ 15a Entleih von Ausländern ohne Genehmigung

Arbeitsbedingungen ausgesetzt ist (Ulber/*Ulber, D.*, § 15a Rn. 18). Im Zusammenhang mit der textlichen Fassung des ANÜ-Vertrags (§ 12 Abs. 1 S. 2) treffen den Entleiher entsprechende **Erkundungspflichten**, wenn Anhaltspunkte für eine diskriminierende Beschäftigung von Ausländern aus Nicht-EU-Staaten bestehen (Ulber/*Ulber, D.*, § 15a Rn. 6, 18; a.A. Schüren/Hamann/*Stracke*, § 15a Rn. 35; Thüsing/*Kudlich*, § 15a Rn. 34, der aber bei Anhaltspunkten aus dem Überlassungsvertrag bedingten Vorsatz für möglich hält). Verstößt der Entleiher gegen die Erkundungspflichten, handelt er i.d.R. mit bedingtem Vorsatz und kann nach Abs. 1 S. 1 strafrechtlich belangt werden (Ulber/*Ulber, D.*, § 15a Rn. 18). Dasselbe gilt, wenn die Überlassungsvergütung von der üblicherweise zu zahlenden Vergütung derart abweicht, dass der Schluss auf eine entsprechend niedrigere Vergütung des ausländischen Leih-AN naheliegt (*Boemke/Lembke*, § 15a Rn. 10; Ulber/*Ulber, D.*, § 15a Rn. 19).

22 Die ausländischen Leih-AN und der Verleiher können als notwendige Teilnehmer einer Tat nach § 15a nicht als Gehilfen (§ 27 StGB) bestraft werden. I.Ü. unterliegen **Anstifter** oder **Gehilfen** nur dann der Strafschärfung nach Abs. 1 S. 2 und Abs. 2 S. 2, wenn sie die persönlichen Merkmale in eigener Person erfüllen, indem sie selbst aus persönlichem Eigennutz handeln (§ 28 Abs. 2).

8. Strafrahmen

23 In den Fällen einer Straftat nach Abs. 1 S. 1 und in den besonders schweren Fällen von Abs. 2 S. 2 ist die Tat mit Freiheitsstrafe bis zu drei Jahren oder mit Geldstrafe bedroht. Die besonders schweren Fällen gem. Abs. 1 S. 2 werden mit Freiheitsstrafe von sechs Monaten bis zu fünf Jahren bestraft. Für Straftaten nach Abs. 2 S. 1 steht ein Rahmen für die Verhängung einer Freiheitsstrafe bis zu einem Jahr oder die Verhängung einer Geldstrafe zur Verfügung.

9. Ausschluss bei der Vergabe öffentlicher Aufträge

24 Wird der Entleiher wegen ein Straftat nach § 15a zu einer Freiheitsstrafe von mehr als drei Monaten oder zu einer Geldstrafe von mehr als 90 Tagessätzen verurteilt oder wird er mit einer Geldbuße von mindestens 2500 € belegt, soll er nach § 21 Abs. 1 S. 1 Nr. 3 SchwarzArbG für bis zu 3 Jahre von der Teilnahme am **Wettbewerb um einen Bauauftrag** (§ 98 Nr. 1 bis 3 und 5 GWB) ausgeschlossen werden. Daneben begründet eine hiermit verbundene Eintragung in das Gewerbezentralregister i.d.R. die **Unzuverlässigkeit** i.S.v. § 8 Nr. 5 VOB/A, was zur Nichtberücksichtigung bei der Auftragsvergabe nach § 25 Nr. 2 VOB führen kann (Schüren/Hamann/*Stracke*, § 15a Rn. 53). Landesrechtliche Tariftreueregelungen können weitergehende Konsequenzen vorsehen.

§ 16 Ordnungswidrigkeiten

(1) Ordnungswidrig handelt, wer vorsätzlich oder fahrlässig

1. entgegen § 1 einen Leiharbeitnehmer einem Dritten ohne Erlaubnis überläßt,

1a. einen ihm von einem Verleiher ohne Erlaubnis überlassenen Leiharbeitnehmer tätig werden läßt,

1b. entgegen § 1b Satz 1 Arbeitnehmer überläßt oder tätig werden läßt,

2. einen ihm überlassenen ausländischen Leiharbeitnehmer, der einen erforderlichen Aufenthaltstitel nach § 4 Abs. 3 des Aufenthaltsgesetzes, eine Aufenthaltsgestattung oder eine Duldung, die zur Ausübung der Beschäftigung berechtigen, oder eine Genehmigung nach § 284 Abs. 1 des Dritten Buches Sozialgesetzbuch nicht besitzt, tätig werden läßt,

2a. eine Anzeige nach § 1a nicht richtig, nicht vollständig oder nicht rechtzeitig erstattet,

3. einer Auflage nach § 2 Abs. 2 nicht, nicht vollständig oder nicht rechtzeitig nachkommt,

4. eine Anzeige nach § 7 Abs. 1 nicht, nicht richtig, nicht vollständig oder nicht rechtzeitig erstattet,

5. eine Auskunft nach § 7 Abs. 2 Satz 1 nicht, nicht richtig, nicht vollständig oder nicht rechtzeitig erteilt,

6. seiner Aufbewahrungspflicht nach § 7 Abs. 2 Satz 4 nicht nachkommt,

6a. entgegen § 7 Abs. 3 Satz 2 eine dort genannte Maßnahme nicht duldet,

7. eine statistische Meldung nach § 8 Abs. 1 nicht, nicht richtig, nicht vollständig oder nicht rechtzeitig erteilt,

7a. entgegen § 10 Absatz 4 eine Arbeitsbedingung nicht gewährt,

7b. entgegen § 10 Absatz 5 in Verbindung mit einer Rechtsverordnung nach § 3a Absatz 2 Satz 1 das dort genannte Mindeststundenentgelt nicht zahlt,

8. einer Pflicht nach § 11 Abs. 1 oder Abs. 2 nicht nachkommt,

9. entgegen § 13a Satz 1 den Leiharbeitnehmer nicht, nicht richtig oder nicht vollständig informiert,

10. entgegen § 13b Satz 1 Zugang nicht gewährt,

11. entgegen § 17a in Verbindung mit § 5 Absatz 1 Satz 1 des Schwarzarbeitsbekämpfungsgesetzes eine Prüfung nicht duldet oder bei dieser Prüfung nicht mitwirkt,

§ 16 Ordnungswidrigkeiten

12. entgegen § 17a in Verbindung mit § 5 Absatz 1 Satz 2 des Schwarzarbeitsbekämpfungsgesetzes das Betreten eines Grundstücks oder Geschäftsraums nicht duldet,

13. entgegen § 17a in Verbindung mit § 5 Absatz 3 Satz 1 des Schwarzarbeitsbekämpfungsgesetzes Daten nicht, nicht richtig, nicht vollständig, nicht in der vorgeschriebenen Weise oder nicht rechtzeitig übermittelt,

14. entgegen § 17b Absatz 1 Satz 1 eine Anmeldung nicht, nicht richtig, nicht vollständig, nicht in der vorgeschriebenen Weise oder nicht rechtzeitig zuleitet,

15. entgegen § 17b Absatz 1 Satz 2 eine Änderungsmeldung nicht, nicht richtig, nicht vollständig, nicht in der vorgeschriebenen Weise oder nicht rechtzeitig macht,

16. entgegen § 17b Absatz 2 eine Versicherung nicht beifügt,

17. entgegen § 17c Absatz 1 eine Aufzeichnung nicht, nicht richtig oder nicht vollständig erstellt oder nicht mindestens zwei Jahre aufbewahrt oder

18. entgegen § 17c Absatz 2 eine Unterlage nicht, nicht richtig, nicht vollständig oder nicht in der vorgeschriebenen Weise bereithält.

(2) Die Ordnungswidrigkeit nach Absatz 1 Nummer 1 bis 1b, 6 und 11 bis 18 kann mit einer Geldbuße bis zu dreißigtausend Euro, die Ordnungswidrigkeit nach Absatz 1 Nummer 2, 7a und 7b mit einer Geldbuße bis zu fünfhunderttausend Euro, die Ordnungswidrigkeit nach Absatz 1 Nummer 2a, 3, 9 und 10 mit einer Geldbuße bis zu zweitausendfünfhundert Euro, die Ordnungswidrigkeit nach Absatz 1 Nummer 4, 5, 6a, 7 und 8 mit einer Geldbuße bis zu tausend Euro geahndet werden.

(3) Verwaltungsbehörden im Sinne des § 36 Abs. 1 Nr. 1 des Gesetzes über Ordnungswidrigkeiten sind für die Ordnungswidrigkeiten nach Absatz 1 Nummer 1 bis 2a, 7b sowie 11 bis 18 die Behörden der Zollverwaltung, für die Ordnungswidrigkeiten nach Absatz 1 Nummer 3 bis 7a sowie 8 bis 10 die Bundesagentur für Arbeit.

(4) §§ 66 des Zehnten Buches Sozialgesetzbuch gilt entsprechend.

(5) Die Geldbußen fließen in die Kasse der zuständigen Verwaltungsbehörde. Sie trägt abweichend von § 105 Abs. 2 des Gesetzes über Ordnungswidrigkeiten die notwendigen Auslagen und ist auch ersatzpflichtig im Sinne des § 110 Abs. 4 des Gesetzes über Ordnungswidrigkeiten.

Gliederung	Rn.
1. Einleitung	1 – 3
2. Bußgeldtatbestände von Abs. 1	4 –25j

Ordnungswidrigkeiten § 16

a. Arbeitnehmerüberlassung ohne Erlaubnis (Abs. 1 Nr. 1) . . . 4 – 7
b. Entleih von Verleihern ohne Erlaubnis (Abs. 1 Nr. 1 a) . . . 8 –10
c. Arbeitnehmerüberlassung in Betriebe des Baugewerbes (Abs. 1 Nr. 1 b) . . . . 11 –13
d. Beschäftigung ausländischer Arbeitnehmer ohne Aufenthaltstitel (Abs. 1 Nr. 2) . . . . 14 –17
e. Verletzung von Anzeigepflichten nach § 1 a (Abs. 1 Nr. 2 a) . 18 –19
f. Nichterfüllung von Auflagen (Abs. 1 Nr. 3) 20
g. Verstöße gegen Anzeige- und Auskunftspflichten nach § 7 Abs. 1 und Abs. 2 S. 1 (Abs. 1 Nr. 4 und 5) 21
h. Verletzung von Aufbewahrungspflichten (Abs. 1 Nr. 6) . . . 22
i. Verstöße gegen Duldungspflichten bei Prüfungsmaßnahmen nach § 7 Abs. 3 (Abs. 1 Nr. 6 a) 23
j. Verstöße gegen statistische Meldepflichten (Abs. 1 Nr. 7) . . 24
k. Verstöße gegen Pflichten zur Gewährung einer vorgeschriebenen Arbeitsbedingung (Abs. 1 Nr. 7 a) 24a
l. Verstöße gegen Pflichten zur Gewährung des Mindeststundenentgelts (Abs. 1 Nr. 7 b) 24b
m. Verstöße gegen die Nachweispflichten nach § 11 Abs. 1 und die Nichtaushändigung des Merkblatts nach § 11 Abs. 2 (Abs. 1 Nr. 8) 25
n. Verstöße gegen Informationspflichten nach § 13 a Satz 1 (Abs. 1 Nr. 9) 25a
o. Verstöße gegen die Pflicht zur Gewährung des Zugangs zu Gemeinschaftseinrichtungen nach § 13 b Satz 1 (Abs. 1 Nr. 10) 25b
p. Verstöße gegen Duldungs- und Mitwirkungspflichten nach § 17 a i. V. m. § 5 Abs. 1 Satz 1 Schwarzarbeitsbekämpfungsgesetz (Nr. 11) 25 c–25d
q. Verstöße gegen die Pflicht zur Duldung des Zutritts zu Grundstücken und Geschäftsräumen § 17 a i. V. m. § 5 Abs. 1 Satz 2 Schwarzarbeitsbekämpfungsgesetz (Abs. 1 Nr. 12) 25e
r. Verstöße gegen Datenübermittlungspflichten § 17 a i. V. m. § 5 Abs. 3 Satz 1 Schwarzarbeitsbekämpfungsgesetz (Abs. 1 Nr. 13) 25f
s. Verstöße gegen Anmeldepflichten § 17 b Abs. 1 Satz 1 und 2 und Abs. 2 (Abs. 1 Nr. 14, 15 und 16) 25 g–25h
t. Verstöße gegen Aufzeichnungs-, Aufbewahrungs- und Bereithaltungspflichten § 17 c Abs. 1 und 2 (Abs. 1 Nr. 17 und 18) 25 i –25j
3. Täterschaft und Teilnahme . . . . 26 –29
4. Vorsatz, Fahrlässigkeit 30
5. Höhe der Geldbuße (Abs. 2) . . . . 31 –32
6. Verfolgung von Ordnungswidrigkeiten nach Abs. 1 (Abs. 3) . . . 33 –36
7. Beitreibung der Geldbuße (Abs. 4) . . . . 37 –38
8. Verbleib der Geldbuße und Kostentragungspflicht (Abs. 5) . . . 39

1. Einleitung

Nach § 16 sind bestimmte Verstöße gegen Vorschriften des AÜG als Ordnungswidrigkeiten mit einer Geldbuße belegt. Die Vorschrift ergänzt die Straftatbestände von §§ 15, 15 a bei illegaler Ausländerbeschäftigung. Abs. 1 Nr. 1b kommt infolge der Verweisung in § 1 Abs. 3 auch in den Fällen privilegierter ANÜ nach § 1 Abs. 3 zur Anwendung.

Daniel Ulber

§ 16 Ordnungswidrigkeiten

2 Ergänzend zu § 16 sind Verstöße im Zusammenhang mit der ANÜ auch in anderen Gesetzen mit Strafe oder Bußgeld bedroht. Bei **illegaler Ausländerbeschäftigung** (vgl. Einl. Rn. 61, 63) kann auch der Leih-AN Täter einer Ordnungswidrigkeit nach § 404 Abs. 2 Nr. 3 SGB III sein und sich nach § 95 Abs. 1 Nr. 2 AufenthG strafbar machen (Ulber/*Ulber, D.*, § 16 Rn. 34). Daneben erfüllt der Verleiher als AG des illegal beschäftigten Ausländers den Tatbestand einer Ordnungswidrigkeit nach § 404 Abs. 2 Nr. 3 SGB III. Rückt der Entleiher auf Grund eines fingierten ArbV in die Arbeitgeberstellung ein, ist auch er tauglicher Täter i. S. v. § 404 Abs. 2 Nr. 3 SGB III bzw. §§ 10 f. SchwArbG (*OLG Hamm* v. 14.11.1980, AP Nr. 7 zu § 19 AFG).

3 Die Ordnungswidrigkeiten nach Abs. 1 können sowohl **vorsätzlich** als auch **fahrlässig** begangen werden (§ 10 OWiG). Der **Versuch** einer Ordnungswidrigkeit nach Abs. 1 kann nicht durch die Verhängung eines Bußgeldes geahndet werden (§ 13 Abs. 2 OWiG). Ein **Verbotsirrtum**, der auf die Unkenntnis von Verpflichtungen aus dem AÜG gestützt wird, ist i. d. R vermeidbar i. S. v. § 11 Abs. 2 OWiG (*Boemke/Lembke*, § 16 Rn. 10; *S/M*, § 16 Anm. 6; Ulber/*Ulber, D.*, § 16 Rn. 37). Daneben begründet die Unkenntnis Zweifel an der Zuverlässigkeit des Verleihers i. S. v. § 3 Abs. 1 Nr. 1.

2. Bußgeldtatbestände von Abs. 1

a. Arbeitnehmerüberlassung ohne Erlaubnis (Abs. 1 Nr. 1)

4 Nach Abs. 1 Nr. 1 handelt ein Verleiher ordnungswidrig, wenn er einen AN **ohne die nach § 1 erforderliche Erlaubnis** überlässt (Ulber/*Ulber, D.*, § 16 Rn. 3). Auch die Überlassung auf der Grundlage von **Scheinwerkverträgen** fällt unter den Anwendungsbereich der Norm. Nimmt ein **Strohmann** gegenüber dem Leih-AN die Arbeitgeberstellung ein, kann auch er Täter sein (*OLG Düsseldorf* v. 18.8.1978, EzAÜG § 1 AÜG Gewerbsmäßige Arbeitnehmerüberlassung Nr. 5), ansonsten kommt lediglich eine Beteiligung nach § 14 OWiG in Betracht (Schüren/Hamann/*Stracke*, § 16 Rn. 24; Ulber/*Ulber, D.*, § 16 Rn. 4). Auch **Mischunternehmen** oder **ausländische Verleiher** unterliegen dem Anwendungsbereich der Norm. Bei Verleih aus dem Ausland handelt der ausländische AG auch dann ordnungswidrig, wenn er nach ausländischem Recht eine Erlaubnis besitzt (*BayObLG* v. 26.2.1999, EzAÜG, § 16 Nr. 10).

5 Täter kann jeder Verleiher sein, der im Rahmen einer wirtschaftlichen Tätigkeit ANÜ ohne Erlaubnis betreibt (zur Rechtslage vor dem 1.12.2011, vgl. Ulber/*Ulber, D.*, § 16 Rn. 3). Gleichgestellt sind AG, die erlaubnispflichtige ANÜ unter Verstoß gegen die gesetzlichen Grenzen privilegierter Formen der ANÜ (§ 1 Abs. 3 Nr. 1–3 AÜG) betreiben. Bei Verstößen gegen § 1 b ist Abs. 1 Nr. 1 b und bei Verstößen gegen § 1 a ist Abs. 1 Nr. 2 a lex specialis und schließt eine Ordnungswidrigkeit nach Abs. 1 Nr. 1 aus.

Um den Tatbestand von Abs. 1 Nr. 1 zu erfüllen, muss der Verleiher (neben der fehlenden Erlaubnis) einen AN **in tatsächlicher Hinsicht überlassen** haben. Der Abschluss des Arbeits- oder ANÜ-Vertrages reicht nicht aus. Erforderlich ist, dass der Verleiher die Auswahlentscheidung bezüglich des konkret zu überlassenden AN getroffen und dem Leih-AN die Anweisung erteilt hat, beim Entleiher tätig zu werden. Ein Tätigwerden i. S. einer Aufnahme der Tätigkeit beim Entleiher ist im Unterschied zu Abs. 1 Nr. 1a nicht erforderlich. **6**

Die Überlassung eines AN reicht für die Tatbestandsverwirklichung aus. Werden **mehrere AN** an denselben Entleiher gleichzeitig überlassen, liegt **Tateinheit** nach § 19 OWiG vor (*BayObLG* v. 29.6.1999, EzAÜG § 16 Nr. 12; Ulber/*Ulber, D.*, § 16 Rn. 5). **Tatmehrheit** nach § 20 OWiG liegt bei einem Verleih an mehrere Entleiher oder bei einem zeitlich unterbrochenen Mehrfachverleih desselben Leih-AN an denselben Entleiher vor (*Boemke/Lembke*, § 16 Rn. 13), wenn den illegalen Überlassungen kein einheitlicher Tatentschluss zugrunde liegt (*BayObLG*, a. a. O.). Zur Strafbarkeit bei Überlassung von ausländischen Leih-AN ohne Arbeitserlaubnis durch, vgl. § 15. **7**

b. Entleih von Verleihern ohne Erlaubnis (Abs. 1 Nr. 1a)

Nach Abs. 1 Nr. 1a handelt ein **Entleiher** ordnungswidrig, wenn er Leih-AN im Betrieb tätig werden lässt, die ihm von einem Verleiher überlassen werden, der die erforderliche Erlaubnis nicht besitzt. Eine Anwendbarkeit der Vorschrift ist in den Fällen privilegierter ANÜ nach § 1 Abs. 3 ebenso ausgeschlossen wie in Fällen von § 1a, in denen der Verleiher die erforderliche Anzeige nicht erstattet hat und deshalb einer Erlaubnis zur ANÜ bedarf (Ulber/*Ulber, D.*, § 16 Rn. 6). Beim Entleih von Verleihern mit Sitz im Ausland gelten zudem Meldepflichten nach dem AEntG, vgl. §§ 18 Abs. 3, 4 und 23 Abs. 1 Nr. 5 AEntG). **8**

Der AN muss von einem **Verleiher** überlassen worden sein, der die erforderliche Erlaubnis **nicht** besitzt. Ist diese Voraussetzung erfüllt, kann sich der Entleiher grundsätzlich nicht darauf berufen, dass ihm das Fehlen einer wirksamen Erlaubnis nicht bekannt gewesen sei. Den Entleiher trifft die Pflicht, alle Anstrengungen zu unternehmen, um sich vom Bestehen einer wirksamen Erlaubnis zu vergewissern (*OLG Hamm* v. 14.11.1980, AP Nr. 7 zu § 19 AFG; Ulber/*Ulber, D.*, § 16 Rn. 6; a. A. Schüren/Hamann/*Stracke*, § 16 Rn. 30; diff. Thüsing/ Kudlich § 16 Rn. 15). **9**

Nach Abs. 1 Nr. 1a setzt die Erfüllung des Tatbestandes voraus, dass der Entleiher den Leih-AN im Entleiherbetrieb in tatsächlicher Hinsicht **tätig werden lässt** (vgl. hierzu § 15a Rn. 6). Der Abschluss des ANÜ-Vertrags reicht hierfür nicht aus. Abs. 1 Nr. 1a ist kein Dauerdelikt, so dass der Tatbestand auch bei Bestehen eines **Rahmenver-** **10**

§ 16 Ordnungswidrigkeiten

trags zur ANÜ grundsätzlich bei jeder Neubeschäftigung eines Leih-AN erneut erfüllt wird (§ 20 OWiG). Es liegt dann Tatmehrheit vor, soweit der Entleih der verschiedenen Leih-AN nicht auf einem einheitlichen Entschluss des Entleihers beruht (*OLG Düsseldorf* v. 7.4.2006, NJW 06, 2647).

c. Arbeitnehmerüberlassung in Betriebe des Baugewerbes (Abs. 1 Nr. 1 b)

11 Nach Abs. 1 Nr. 1 b handelt ein **Verleiher** ordnungswidrig, wenn er entgegen § 1 b S. 1 AN an Baubetriebe überlässt. Die Vorschrift gilt nach § 1 Abs. 3 auch bei **konzerninterner Überlassung** in Betriebe des Baugewerbes. Auch ein **Entleiher** erfüllt den Tatbestand, wenn er einen gesetzwidrig überlassenen AN im Baubetrieb tätig werden lässt. Die Vorschrift ist lex specialis zu Abs. 1 Nr. 1 a (a. A. *Boemke/Lembke*, § 16 Rn. 20: Tateinheit).

12 Von Abs. 1 Nr. 1 b werden alle Fälle der **ANÜ** in **Baubetriebe** erfasst, die dem Verbot von § 1 b S. 1 unterliegen (*Boemke/Lembke*, § 16 Rn. 23; Ulber/*Ulber, D.*, § 16 Rn. 8). Ob sich der Verleiher im Besitz einer allgemeinen Erlaubnis zur ANÜ nach § 1 befindet, ist unbeachtlich (Schüren/Hamann/*Stracke*, § 16 Rn. 33; Ulber/*Ulber, D.*, § 16 Rn. 8).

13 Ein **Überlassen** von AN durch den Verleiher liegt unter denselben Voraussetzungen vor wie bei einer Ordnungswidrigkeit nach Abs. 1 Nr. 1 (vgl. Rn. 6). Der Entleiher erfüllt das Tatbestandsmerkmal des **Tätigwerdenlassens** unter denselben Voraussetzungen wie ein Entleiher im Rahmen von Abs. 1 Nr. 1 a (vgl. Rn. 10).

d. Beschäftigung ausländischer Arbeitnehmer ohne Aufenthaltstitel (Abs. 1 Nr. 2)

14 Nach Abs. 1 Nr. 2 handelt ein **Entleiher** ordnungswidrig, wenn er einen ihm überlassenen AN, der den erforderlichen **Titel zur Arbeitsberechtigung** (vgl. hierzu Einl. Rn. 60 ff.) nicht besitzt, tätig werden lässt. Die Tatbestandsvoraussetzungen der Vorschrift sind auch in § 15 a enthalten, so dass auf die entsprechenden Erläuterungen (vgl. § 15 a Rn. 4 ff.) verwiesen werden kann. Soweit eine Strafbarkeit wegen § 15 a gegeben ist, scheidet die zusätzliche Verhängung eines Bußgeldes nach Abs. 1 Nr. 2 aus (§ 21 OWiG).

15 Täter einer Ordnungswidrigkeit nach Abs. 1 Nr. 2 ist jeder, der den **illegal überlassenen Ausländer** in faktischer Hinsicht tätig werden lässt. Dem Täter ist es hierbei grundsätzlich verwehrt, sich darauf zu berufen, dass ihm das Fehlen des Titels zur Arbeitsberechtigung nicht bekannt war. Der aufnehmende Betrieb ist insoweit verpflichtet, sich vor Aufnahme der Beschäftigung des Ausländers vom Bestehen einer Arbeitsberechtigung zu überzeugen (*BayObLG* v. 27.2.1998, NZA-

RR 98, 423; Schüren/Hamann/*Stracke*, § 16 Rn. 35; Ulber/*Ulber, D.*, § 16 Rn. 11).

Tauglicher Täter nach Abs. 1 Nr. 2 kann nur sein, wer einen **bei einem anderen AG beschäftigten AN** in seinem Betrieb tätig werden lässt (*BayObLG* v. 22.2.1995, BB 95, 1358). Ein **Verleiher** kann als AG des Leih-AN daher nur Täter einer Ordnungswidrigkeit nach § 404 Abs. 2 Nr. 3 SGB III sein. Dasselbe gilt für einen Entleiher, der infolge eines fingierten ArbV AG des AN ist (Ulber/*Ulber, D.*, § 16 Rn. 12). **16**

Ein **Tätigwerdenlassen** des überlassenen AN i. S. v. Abs. 1 Nr. 2 setzt nur voraus, dass ein Dritter den AN überlassen hat und der AN in tatsächlicher Hinsicht innerhalb der Betriebsorganisation des Täters mit dessen Wissen arbeitet. Entsprechend dem Zweck der Vorschrift, die (tatsächliche) illegale Beschäftigung ausländischer AN zu sanktionieren, die nicht in einem ArbV zum Beschäftigungsbetrieb stehen (*BayObLG* v. 22.2.1995, BB 95, 1358), ist daher auch die Person **tauglicher Täter**, die im Rahmen von Werk- oder Dienstverträgen oder bei **ANÜ** ohne die erforderliche Erlaubnis nach § 1 Abs. 1 S. 1 AÜG (vgl. Ulber/*Ulber, D.*, § 16 Rn. 13) illegal beschäftigte AN im Betrieb tätig werden lässt (Ulber/*Ulber, D.*, § 16 Rn. 3; a. A. *S/M*, § 16 Anm. 29). **17**

e. Verletzung von Anzeigepflichten nach § 1a (Abs. 1 Nr. 2a)

Der Kleinunternehmer handelt nach Abs. 1 Nr. 2a ordnungswidrig, wenn er seinen **Anzeigepflichten** nach § 1a **nicht nachkommt**. Die Vorschrift ist lex specialis zu Abs. 1 Nr. 1, setzt aber voraus, dass das Kleinunternehmen die Voraussetzungen des § 1a (insbesondere weniger als 50 Beschäftigte) erfüllt (Ulber/*Ulber, D.*, § 16 Rn. 14). **18**

Der Tatbestand ist **jeweils** erfüllt, wenn der Unternehmer die Anzeige nicht, nicht richtig, nicht vollständig oder nicht rechtzeitig erstattet hat. **19**

f. Nichterfüllung von Auflagen (Abs. 1 Nr. 3)

Nach Abs. 1 Nr. 3 handelt ein Verleiher ordnungswidrig, wenn er einer **Auflage der Erlaubnisbehörde** nach § 2 Abs. 2 nicht, nicht vollständig oder nicht rechtzeitig nachkommt. Da der Anfechtung einer Auflage keine aufschiebende Wirkung (§ 86 Abs. 2 SGG) zukommt, kann ein Bußgeld auch verhängt werden, wenn die Auflage noch keine Bestandskraft erlangt hat (Ulber/*Ulber, D.*, § 16 Rn. 15). Die Verwaltungsbehörde ist jedoch auf Grund des Opportunitätsgrundsatzes (§ 47 Abs. 1 OWiG) befugt, das Bußgeldverfahren auszusetzen, bis über die Wirksamkeit der Auflage entschieden ist (Ulber/*Ulber, D.*, § 16 Rn. 16). **20**

§ 16 Ordnungswidrigkeiten

g. Verstöße gegen Anzeige- und Auskunftspflichten nach § 7 Abs. 1 und Abs. 2 S. 1 (Abs. 1 Nr. 4 und 5)

21 Kommt der Verleiher den **Anzeigepflichten** nach § 7 Abs. 1 oder den **Auskunftspflichten** nach § 7 Abs. 2 S. 1 nicht, nicht richtig, nicht vollständig oder nicht rechtzeitig nach, handelt er nach Abs. 1 Nr. 4 bzw. 5 ordnungswidrig. Steht dem Verleiher nach § 7 Abs. 5 ein Aussageverweigerungsrecht zu, kann im Umfang des Aussageverweigerungsrechts kein Bußgeld nach Abs. 1 Nr. 5 verhängt werden (Ulber/*Ulber, D.*, § 16 Rn. 16).

h. Verletzung von Aufbewahrungspflichten (Abs. 1 Nr. 6)

22 Kommt der Verleiher seiner Pflicht, die **Geschäftsunterlagen** mindestens drei Jahre **aufzubewahren** (§ 7 Abs. 2 S. 4), nicht nach (vgl. § 7 Rn. 16), handelt er nach Abs. 1 Nr. 6 ordnungswidrig. Verstöße gegen die Aufbewahrungspflichten des NachwG hinsichtlich der Urkunden nach § 11 Abs. 1 (vgl. § 11 Rn. 37) werden von Abs. 1 Nr. 8 als lex specialis erfasst und führen i. d. R. wegen Tatmehrheit (§ 19 OWiG) zur Verhängung eines erhöhten Bußgeldes.

i. Verstöße gegen Duldungspflichten bei Prüfungsmaßnahmen nach § 7 Abs. 3 (Abs. 1 Nr. 6a)

23 Nach § 7 Abs. 3 S. 1 ist die Erlaubnisbehörde in begründeten Einzelfällen berechtigt, in den Betriebsstätten des Verleihers **Prüfungen** vorzunehmen. Hierzu erforderliche Maßnahmen hat der Verleiher nach § 7 Abs. 3 S. 2 zu dulden. Verstößt der Verleiher gegen die Duldungspflicht, handelt er nach Abs. 1 Nr. 6a ordnungswidrig. Da die Prüfung vor Ort mit einem Eingriff in die Unverletzlichkeit der Wohnung (Art. 13 GG) verbunden ist, unterliegt die Verhängung eines Bußgeldes in den Fällen des § 7 Abs. 3 einem **strengen Prüfungsmaßstab**. Insbesondere muss es sich um einen Einzelfall handeln und die Erlaubnisbehörde muss die Grenzen eines rechtmäßigen Handelns, insbesondere den Verhältnismäßigkeitsgrundsatz eingehalten haben.

j. Verstöße gegen statistische Meldepflichten (Abs. 1 Nr. 7)

24 Kommt der Verleiher seinen **statistischen Meldepflichten** gem. § 8 Abs. 1 nicht, nicht richtig, nicht vollständig oder nicht rechtzeitig nach, handelt er nach Abs. 1 Nr. 7 ordnungswidrig. Durch das Tatbestandsmerkmal **nicht rechtzeitig** ist klargestellt, dass auch Verstöße gegen § 8 Abs. 2 bußgeldbewehrt sind (Ulber/*Ulber, D.*, § 16 Rn. 20).

k. Verstöße gegen Pflichten zur Gewährung einer vorgeschriebenen Arbeitsbedingung (Abs. 1 Nr. 7a)

24a Nach Abs. 1 Nr. 7a handelt der Verleiher ordnungswidrig, wenn er dem Leih-AN eine Arbeitsbedingung entgegen § 10 Abs. 4 nicht gewährt. Damit werden zum einen Verstöße gegen die Pflicht des Verleihers zur Gewährung der gleichen wesentlichen Arbeitsbedingungen nach §§ 10 Abs. 4, 9 Nr. 2 an Leih-AN, zum anderen gegen die Pflicht zur Vergütung entsprechend einem TV zur ANÜ nach §§ 10 Abs. 4 S. 2, § 9 Nr. 2 geahndet.

l. Verstöße gegen Pflichten zur Gewährung des Mindeststundenentgelts (Abs. 1 Nr. 7 b)

Der Verleiher handelt ordnungswidrig, wenn er seinen Leih-AN nicht entsprechend seiner Verpflichtung aus § 10 Abs. 5 (vgl. dazu § 10 Rn. 92 ff.) mindestens das in einer RV nach § 3 a festgelegte Mindeststundenentgelt zahlt. Sofern die Vergütung eines vergleichbaren Stammarbeitnehmers beim Entleiher unterhalb dieser Mindeststundenentgelte liegt, handelt der Verleiher ordnungswidrig, wenn er nicht gleichwohl das höhere Mindeststundenentgelt zahlt. Der Verleiher macht sich nach § 266 a Abs. 1 StGB strafbar, wenn er den nach § 10 Abs. 5 geschuldeten Mindeststundenlohn nicht zahlt (LG Magdeburg v. 29.6.2010 – 21 Ns 17/09, AuA 2010, 483).

24 b

m. Verstöße gegen die Nachweispflichten nach § 11 Abs. 1 und die Nichtaushändigung des Merkblatts nach § 11 Abs. 2 (Abs. 1 Nr. 8)

Kommt der Verleiher seinen **Nachweispflichten** gem. § 11 Abs. 1 (vgl. § 11 Rn. 4 ff.) nicht nach oder verletzt er seine Pflichten zur **Aushändigung des Merkblatts** nach § 11 Abs. 2, handelt er gem. Abs. 1 Nr. 8 ordnungswidrig. Durch den Verweis auf § 11 Abs. 1 S. 1 werden alle **Verstöße** gegen Verpflichtungen aus dem **NachwG** als Ordnungswidrigkeit erfasst. Ein Verstoß gegen die Pflicht zur Aushändigung des Merkblatts nach § 11 Abs. 2 liegt auch vor, wenn der Verleiher entgegen dem Verlangen eines ausländischen AN das Merkblatt nicht in dessen Muttersprache aushändigt (§ 11 Abs. 2 S. 2). Obwohl Abs. 1 Nr. 8 nach seinem Wortlaut auch Verstöße gegen die Pflicht zur Tragung der **Kosten des Merkblatts** (§ 11 Abs. 2 S. 3) erfasst, ist die Verhängung eines Bußgeldes bei Nichtzahlung ausgeschlossen (Ulber/*Ulber, D.*, § 16 Rn. 22). Nach dem Zweck der Norm sollen zum Schutz des Leih-AN ausschließlich Verstöße gegen die Aushändigungspflichten hinsichtlich des Merkblatts als Verwaltungsunrecht geahndet werden.

25

n. Verstöße gegen Informationspflichten nach § 13 a Satz 1 (Abs. 1 Nr. 9)

Nach § 16 Abs. 1 Nr. 9 handelt der Entleiher ordnungswidrig, der den Leih-AN entgegen seiner Pflichten aus § 13 a S. 1 nicht, nicht richtig

25 a

§ 16 Ordnungswidrigkeiten

oder nicht vollständig informiert (vgl. § 13a Rn. 2 ff.). Der Verleiher kann nicht Täter sein.

o. Verstöße gegen die Pflicht zur Gewährung des Zugangs zu Gemeinschaftseinrichtungen nach § 13 b Satz 1 (Abs. 1 Nr. 10)

25 b Verstößt der Entleiher gegen seine Pflicht, dem Leih-AN in tatsächlicher Hinsicht Zugang zu bestehenden Gemeinschaftseinrichtungen und Diensten zu gewähren, handelt er nach Nr. 10 ordnungswidrig. Die Vorschrift ist bereits dann verletzt, wenn der Entleiher seiner Verpflichtung nicht nachkommt zu prüfen, ob der Zugang zu den Gemeinschaftseinrichtungen so umgestaltet werden kann, dass diesem der Zugang möglich ist (zurückhaltend Thüsing/*Kudlich*, § 16 Rn. 45 d). Täter einer Ordnungswidrigkeit nach Nr. 10 kann nur der Entleiher sein. Soweit der Verleiher aus einem gleichermaßen bestehenden Gleichbehandlungsanspruch verpflichtet ist (vgl. § 9 Rn. 28 ff.), kann er jedoch Täter einer Ordnungswidrigkeit nach Nr. 3a sein (Ulber/*Ulber, D.*, § 16 Rn. 27).

p. Verstöße gegen Duldungs- und Mitwirkungspflichten nach § 17a i. V. m. § 5 Abs. 1 Satz 1 Schwarzarbeitsbekämpfungsgesetz (Nr. 11)

25 c § 16 Abs. 1 Nr. 11–18 sind durch das Gesetz zur Änderung des Arbeitnehmerüberlassungsgesetzes und des Schwarzarbeitsbekämpfungsgesetzes v. 20.7.2011 eingefügt worden (BGBl. I, S. 1506). Die Vorschriften belegen Verstöße gegen Vorschriften, die den Behörden die Kontrolle der Einhaltung der Lohnuntergrenze (vgl. §§ 17a-17c) ermöglichen sollen, mit einem Bußgeld. Die Vorschriften sind mit den aus dem AEntG bekannten Tatbeständen identisch und mussten in das AÜG eingefügt werden, weil sich der Gesetzgeber entschlossen hat, die Lohnuntergrenze nicht im AEntG sondern im AÜG zu verorten. Durch die §§ 17a bis 17c werden die Zuständigkeiten und Kompetenzen der Finanzkontrolle Schwarzarbeit ausgeweitet und es ergibt sich die Notwendigkeit ihre Tätigkeit durch Ordnungswidrigkeitentatbestände zu flankieren. Für die Ahndung von Verstößen gegen Nr. 11–18 sind daher ausschließlich die Behörden der Zollverwaltung zuständig. An der parallelen Prüfungskompetenz der BA für Verstöße gegen die Verpflichtungen aus der Lohnuntergrenze nach § 10 Abs. 5 AÜG ändern die Vorschriften nichts (BT-Drs. 17/5761, S. 8).

25 d § 16 Abs. 1 Nr. 11 entspricht § 23 Abs. 1 Nr. 2 AEntG. Geahndet werden Verstöße gegen die Duldungs- und Mitwirkungspflichten bei einer Prüfung der Kontrollbehörden, die darauf abzielt die Einhaltung der Lohnuntergrenze zu überprüfen. Die Vorschrift erfasst aufgrund der Verweisung auf § 17a und § 5 Abs. 1 S. 1 SchwarzArbG nur Verstöße im Zusammenhang mit Kontrollen der nach dem SchwarzArbG zuständigen Behörden. Diese verhängen auch die Bußgelder.

Tauglicher Täter sind Verleiher und Entleiher (§ 5 Abs. 1 Schwarz-ArbG, BT-Drs. 17/5761, S. 9), AN und Leih-AN, und Dritte (Angehörige, Lieferanten, Besucher), soweit sie bei einer Prüfung angetroffen werden. Ausgenommen sind lediglich Personen, denen ein Aussageverweigerungsrecht nach § 5 Abs. 1 S. 3 SchwarzArbG, § 383 Abs. 1 Nr. 1–3 ZPO zusteht. Sie können die Mitwirkung verweigern, so weit ihr Aussageverweigerungsrecht reicht. Da es um die Absicherung der Kontrolltätigkeit als solcher geht, kann gegen jeden den im Rahmen der Prüfung zumindest Duldungspflichten treffen (vgl. § 17a Rn. 7), unabhängig von seiner rechtlichen Beziehung zum konkreten ANÜ-Vorgang, ein Bußgeld verhängt werden, Die Vorschrift ist insbesondere dann anwendbar, wenn Geschäftsunterlagen nicht vorgelegt werden, aus denen sich zumindest mittelbar die Einhaltung der nach § 10 Abs. 5 zu gewährenden Arbeitsbedingungen ergeben kann. Ob ein Verstoß gegen § 10 Abs. 5 tatsächlich vorliegt, ist für das Vorliegen des Ordnungswidrigkeitentatbestandes nicht relevant.

q. Verstöße gegen die Pflicht zur Duldung des Zutritts zu Grundstücken und Geschäftsräumen § 17a i. V. m. § 5 Abs. 1 Satz 2 Schwarzarbeitsbekämpfungsgesetz (Abs. 1 Nr. 12)

§ 16 Abs. 1 Nr. 12 entspricht § 23 Abs. 1 Nr. 3 AEntG. Zur Zuständigkeit vgl. Rn. 25c. Nach § 16 Abs. 1 Nr. 12 handelt ordnungswidrig, wer den Kontrollbehörden entgegen § 17a i. V. m. § 5 Abs. 1 S. 2 SchwarzArbG keinen Zutritt zu Grundstücken oder Geschäftsräumen gewährt. Zum Täterkreis vgl. Rn. 25d, mit der Maßgabe, dass ein Zeugnisverweigerungsrecht nicht dazu berechtigt, den Zutritt zu verhindern. Zur Zuständigkeit vgl. Rn. 25c. Die Berechtigung zum Zutritt besteht sowohl beim Verleiher als auch beim Entleiher (vgl. Erbs/Kohlhaas/*Ambs*, § 5 SchwarzArbG Rn. 4).   **25e**

r. Verstöße gegen Datenübermittlungspflichten § 17a i. V. m. § 5 Abs. 3 Satz 1 Schwarzarbeitsbekämpfungsgesetz (Abs. 1 Nr. 13)

§ 16 Abs. 1 Nr. 13 entspricht § 23 Abs. 1 Nr. 4 AEntG. Zur Zuständigkeit vgl. Rn. 25c. Nach § 16 Abs. 1 Nr. 13 handelt ordnungswidrig, wer den Kontrollbehörden entgegen § 17a i. V. m. § 5 Abs. 1 S. 3 SchwarzArbG Daten nicht, nicht richtig, nicht vollständig, nicht in der vorgeschriebenen Weise oder nicht rechtzeitig übermittelt. Täter können Entleiher und Verleiher sein. Zu den weiteren Einzelheiten vgl. § 17a Rn. 6.   **25f**

s. Verstöße gegen Anmeldepflichten § 17b Abs. 1 Satz 1 und 2 und Abs. 2 (Abs. 1 Nr. 14, 15 und 16)

§ 16 Abs. 1 Nr. 14 entspricht im Wesentlichen § 23 Abs. 1 Nr. 5 2. Alt. AEntG. Zur Zuständigkeit vgl. Rn. 25c. Nach § 16 Abs. 1 Nr. 14   **25g**

§ 16 Ordnungswidrigkeiten

handelt ein Entleiher ordnungswidrig, der seiner Meldepflicht nach § 17b Abs. 1 S. 1 nicht nachkommt. Werden Leih-AN von einem Verleiher mit Sitz im Ausland überlassen und findet auf deren ArbV eine RV nach § 3a Anwendung, so sind die in § 17 Abs. 1 Nr. 1 bis 7 geregelten Angaben der zuständigen Behörde der Zollverwaltung zu melden. Eine Ordnungswidrigkeit liegt bereits dann vor, wenn diese nicht in deutscher Sprache, also nicht in der vorgeschriebenen Weise, gemacht werden. Eine Ordnungswidrigkeit liegt nicht erst dann vor, wenn eine Meldung unterbleibt. Ausreichend sind unrichtige oder unvollständige Angaben. Die Meldung muss rechtzeitig erfolgen.

Nach § 16 Abs. 1 Nr. 15 handelt der Entleiher ordnungswidrig, der seiner Pflicht nach § 17b Abs. 1 S. 2 der zuständigen Behörde der Zollverwaltung Änderungen der nach § 17b Abs. 1 S. 2 gemeldeten Daten mitzuteilen, nicht unverzüglich nachkommt. Unverzüglich ist die Meldung nur dann, wenn sie sofort nach Kenntnis der Änderungen erfolgt (»ohne schuldhaftes Zögern«). Zur Unverzüglichkeit vgl. § 17b Rn. 9.

25h Nach § 16 Abs. 1 Nr. 16 handelt der Entleiher ordnungswidrig, der entgegen § 17b Abs. 2 der Anmeldung von Leih-AN nach § 17b Abs. 1 S. 1 keine Versicherung des Verleihers beifügt, dass dieser seiner Verpflichtung zur Zahlung der Mindeststundenentgelte (§ 10 Abs. 5 AÜG) entsprechend einer RV nach § 3a nachkommt. Der Entleiher handelt auch dann ordnungswidrig, wenn die Erklärung unvollständig ist oder die Versicherung der Einhaltung der Pflichten aus § 10 Abs. 5 AÜG nicht enthält. Die Versicherung muss beigefügt werden, also gleichzeitig mit der Meldung nach § 17b Abs. 1 erfolgen.

t. Verstöße gegen Aufzeichnungs-, Aufbewahrungs- und Bereithaltungspflichten § 17c Abs. 1 und 2 (Abs. 1 Nr. 17 und 18)

25i Nach § 16 Nr. 17 handelt der Entleiher ordnungswidrig, der gegen seine Pflicht aus § 17c Abs. 1 verstößt, sofern eine RV nach § 3a auf ein ArbV eines Leih-AN Anwendung findet, den Beginn, das Ende und die Dauer der täglichen Arbeitszeit aufzuzeichnen und aufzubewahren. Wegen der Manipulationsanfälligkeit der Dokumentation, insbesondere im Bereich der Mindeststundenentgelte, ist die Vorschrift streng zu handhaben. Die Erstellung und Führung falscher Stundenaufzeichnungen ist der häufigste Verstoß gegen die Mindestentgeltpflichten im Bereich des AEntG. Wegen der Schäden nicht nur für den Leih-AN, sondern auch für die Allgemeinheit und seriös arbeitende Konkurrenten sind Verstöße gegen die Vorschrift bereits bei kleinsten Ungenauigkeiten mit Bußgeldern in empfindlicher Höhe zu versehen.

25j Nach § 16 Nr. 18 handelt ein Verleiher ordnungswidrig, der gegen seine Pflicht aus § 17c Abs. 2 verstößt, sämtliche Unterlagen, die für die Kontrolle der Einhaltung einer RV nach § 3a erforderlich sind, bereitzuhalten. Diese sind im Inland, in deutscher Sprache und während der gesamten Dauer der Überlassung bereit zu halten. »Bereit halten« liegt bereits dann nicht vor, wenn die Unterlagen erst herbei geschafft werden müssen oder so aufbewahrt sind, dass die Kontrolle nur mit zeitlichen Verzögerungen erfolgen kann. Dies ergibt sich aus der sprachlichen Abstufung zwischen »aufbewahren« und »bereithalten«.

3. Täterschaft und Teilnahme

Täter von Ordnungswidrigkeiten nach Abs. 1 Nr. 1, 2a bis 8, 11–13 und 18 ist der Verleiher. Der Entleiher kann in den Fällen von Abs. 1 Nr. 1a, 1b, 2 und 9–17 Täter sein. Nimmt ein **Strohmann** die Arbeitgeberstellung von Entleiher oder Verleiher ein, ist er Täter bei Verstößen i. S. v. Abs. 1 (Ulber/*Ulber, D.*, § 16 Rn. 4), ansonsten kommt nur eine Beteiligung nach § 14 OWiG in Betracht. Bei einigen Tatbeständen, die Verstöße im Zusammenhang mit der Kontrolle der Einhaltung der Lohnuntergrenze nach § 3a betreffen, können auch der Leih-AN oder Dritte Täter sein (z. B. Abs. 1 Nr. 11, vgl. Rn 25 d). Der Versuch der Tatbestände des § 16 kann nicht als Ordnungswidrigkeit geahndet werden. Dazu fehlt es an der nach § 13 Abs. 2 OWiG erforderlichen gesetzlichen Anordnung. **26**

Bei **juristischen Personen** sind die Mitglieder des vertretungsberechtigten Organs, bei **Personenhandelsgesellschaften** die vertretungsberechtigten Gesellschafter, taugliche Täter (§ 9 Abs. 1 Nr. 1 und 2 OWiG), auch wenn sie die persönlichen Merkmale eines Verleihers oder Entleihers nicht erfüllen. Dasselbe gilt für Personen, die qua Beauftragung den Betrieb leiten oder in eigener Verantwortung Aufgaben im Rahmen des AÜG wahrnehmen (§ 9 Abs. 2 S. 1 Nr. 1 und 2 OWiG). **27**

Unter den Voraussetzungen des § 30 OWiG kann auch gegen die juristische Person oder die Personenvereinigung eine Geldbuße festgesetzt werden, wenn das **Unternehmen** durch den Verstoß **bereichert** werden sollte. Daneben kann der Inhaber des Betriebs oder Unternehmens nach § 130 Abs. 1 OWiG als Täter einer Ordnungswidrigkeit zur Verantwortung gezogen werden, wenn er **Aufsichtsmaßnahmen** unterlässt, um Zuwiderhandlungen gegen Pflichten aus dem AÜG, die mit Strafe oder Bußgeld bedroht sind, zu verhindern (vgl. Ulber/*Ulber, D.*, § 16 Rn. 31). **28**

Gegen **Beteiligte**, die nicht Täter, aber notwendige Teilnehmer einer Ordnungswidrigkeit sind (z. B. der Leih-AN bei Abs. 1 Nr. 1, 1a), kann keine Geldbuße wegen Beteiligung (vgl. § 14 OWiG) festgesetzt werden (*B/W*, § 16 Rn. 19; Ulber/*Ulber, D.*, § 16 Rn. 28). **29**

4. Vorsatz, Fahrlässigkeit

Die Ordnungswidrigkeiten nach Abs. 1 können vom Täter sowohl vorsätzlich als auch fahrlässig begangen werden (§ 10 OWiG). Wegen **30**

§ 16 Ordnungswidrigkeiten

der umfassenden Erkundigungspflichten sind Verbotsirrtümer im Rahmen der Bußgeldtatbestände meistens vermeidbar (§ 11 Abs. 2 OWiG). Vgl. i. Ü. Ulber/*Ulber, D.*, § 16 Rn. 37.

5. Höhe der Geldbuße (Abs. 2)

31 Für Ordnungswidrigkeiten nach Abs. 1 sieht Abs. 2 für die unterschiedlichen Tatbestände unterschiedliche **Höchstsätze des Bußgeldes** vor (zur Höhe vgl. Ulber/*Ulber, D.*, § 16 Rn. 43). Die Höchstsätze bewegen sich zwischen 1000 und 500 000 Euro. Bei **fahrlässigem Handeln** ist das Höchstmaß der Geldbuße auf die Hälfte der Beträge begrenzt (§ 17 Abs. 2 OWiG). Das **Mindestmaß** der Geldbuße beträgt nach § 17 Abs. 1 OWiG 5 Euro.

32 Beträgt die Geldbuße in den Fällen von Abs. 1 Nr. 1 und 2 mindestens 2500 Euro, ist das Unternehmen nach § 21 Abs. 1 S. 1 Nr. 3 SchwarzArbG von der **Vergabe öffentlicher Aufträge ausgeschlossen** (vgl. § 15 Rn. 16).

6. Verfolgung von Ordnungswidrigkeiten nach Abs. 1 (Abs. 3)

33 Nach Abs. 3 sind für die Verfolgung von Ordnungswidrigkeiten nach Abs. **1 Nr. 1 bis 2 a, 7 b sowie 11 bis 18 die Behörden der Zollverwaltung** und für Ordnungswidrigkeiten nach Abs. 1 **Nr. 3 bis 7 a sowie 8 bis 10** die BA zuständig. Innerhalb der BA sind die **Regionaldirektionen**, die für die Erlaubniserteilung zuständig sind, mit der Verfolgung beauftragt. Bei Gefahr im Verzug kann jede sachlich zuständige Behörde ungeachtet der örtlichen Zuständigkeit tätig werden (§ 46 OWiG).

34 Ob die Verfolgungsbehörden ein Bußgeldverfahren einleiten, liegt in deren **pflichtgemäßen Ermessen** (§ 47 Abs. 1 S. 1 OWiG). Die Behörde ist **verpflichtet** (*Boemke/Lembke*, § 16 Rn. 10), jedem **Anfangsverdacht** nachzugehen und den Sachverhalt ausreichend zu ermitteln (vgl. hierzu Ulber/*Ulber, D.*, § 16 Rn. 50). Dies gilt unabhängig davon, ob der Verdacht auf eigenen Erkenntnissen der Behörde oder auf Grund von **Anzeigen** oder Schilderungen Dritter (zum Anzeigerecht des BR vgl. *Ulber/zu Dohna-Jaeger*, AiB 07, 705) beruht.

35 Ergeben die Ermittlungen, dass sich der Anfangsverdacht nicht bestätigt, ist das Bußgeldverfahren **einzustellen** (vgl. § 47 Abs. 1 S. 2 OWiG). Ansonsten ist ein **Bußgeldbescheid** zu erlassen (§ 65 OWiG) oder bei geringfügigem Verstoß im Ausnahmefall eine Verwarnung auszusprechen bzw. ein Verwarnungsgeld zu verhängen (§§ 56 ff. OWiG; vgl. hierzu Ulber/*Ulber, D.*, § 16 Rn. 55). Der Bußgeldbescheid muss nach § 66 Abs. 1 Nr. 3 OWiG u. a. die Tat, die dem Betroffenen zur Last gelegt wird, und Zeit und Ort ihrer Begehung enthalten (vgl. *OLG Düsseldorf* v. 7. 4. 2006, NJW 06, 202).

36 Der Bußgeldbescheid ist dem Betroffenen nach § 50 Abs. 1 S. 2 OWiG durch **Zustellung** bekannt zu machen. Gegen den Bußgeldbescheid kann der Betroffene innerhalb einer Frist von zwei Wochen nach Zustellung **Einspruch** bei der zuständigen Verfolgungsbehörde einlegen (§ 67 OWiG). Wird dem Einspruch nach Prüfung nicht stattgegeben, entscheidet nach Vorlage durch die Staatsanwaltschaft das Amtsgericht (vgl. § 68 ff. OWiG; zum Verfahren vgl. *Ulber*, § 10 Rn. 52 ff.)

7. Beitreibung der Geldbuße (Abs. 4)

Die Beitreibung von Geldbußen richtet sich nach §§ 89 ff. OWiG. **37** Durch Abs. 4 wird klargestellt, dass für die **Vollstreckung** der Geldbuße nach § 66 Abs. 1 S. 1 SGB X, abweichend von § 92 OWiG, das VwVG Anwendung findet. Gem. § 4 Buchst. b VwVG sind danach die **Hauptzollämter** für die Beitreibung der Geldbuße zuständig. Daneben steht den Behörden der BA die Möglichkeit zur Verfügung, nach §§ 704 ff. ZPO zu vollstrecken (Ulber/*Ulber, D.*, § 16 Rn. 60).

Bei Nichtzahlung der Geldbuße kann neben der zwangsweisen Beitreibung der Geldbuße gem. § 96 OWiG auch **Erzwingungshaft** angeordnet werden. **38**

8. Verbleib der Geldbuße und Kostentragungspflicht (Abs. 5)

Nach Abs. 5 S. 1 fließen die Bußgelder in die Kassen der nach Abs. 3 **39** zuständigen Verwaltungsbehörde (Rn. 32). Abs. 5 S. 2 bestimmt darüber hinaus, dass die Verwaltungsbehörden (und nicht die ansonsten zuständigen Bundes- und Landeskassen) **ersatzpflichtige Auslagen** des Betroffenen zu erstatten und Vermögensschäden infolge rechtswidriger Maßnahmen der Verwaltungsbehörde auszugleichen haben.

§ 17 Durchführung

(1) Die Bundesagentur für Arbeit führt dieses Gesetz nach fachlichen Weisungen des Bundesministeriums für Arbeit und Soziales durch. Verwaltungskosten werden nicht erstattet.

(2) Die Prüfung der Arbeitsbedingungen nach § 10 Absatz 5 obliegt zudem den Behörden der Zollverwaltung nach Maßgabe der §§ 17a bis 18a.

(Abs. 1 Satz 1) Nach § 17 Abs. 1 S. 1 führt die BA **das AÜG** als **1 Auftragsangelegenheit** (unabhängig von der Selbstverwaltung) nach den fachlichen Weisungen des Bundesministeriums für Arbeit und Soziales (BMAS) durch. Dem BMAS steht daher neben der **Rechtsaufsicht** nach § 393 Abs. 1 SGB III auch die **Fachaufsicht** über die BA zu.

Die **Organisation** der Aufgabenwahrnehmung liegt in der Zuständig- **2** keit der BA. Der Vorstand der BA hat den Regionaldirektionen, und in

§ 17a Befugnisse der Behörden der Zollverwaltung

beschränktem Umfang den Agenturen für Arbeit, die Durchführung des AÜG übertragen.

3 Das BMAS ist befugt, für die Durchführung des AÜG sowohl **allgemeine Weisungen,** als auch **Weisungen im Einzelfall** zu erteilen (Ulber/*Ulber, D.*, § 17 Rn. 3). Bei **Ermessensentscheidungen** kann das BMAS jedoch nur Ermessensrichtlinien erlassen, die Raum für die Ausübung des Ermessens bei Einzelfallentscheidungen geben (BSG v. 12.12.1990, EzAÜG § 3 Versagungsgründe Nr. 14).

4 In der Praxis besitzen die **Durchführungsanweisungen** zum AÜG (DA-AÜG; abgedruckt bei *Ulber,* Anhang 5) eine große Bedeutung. Die Durchführungsanweisungen enthalten Ausführungen sowohl zur Anwendung der Gesetzesnormen, als auch zum Verfahren bei der zweckmäßigen Durchführung des AÜG.

5 Die Durchführungsanweisungen haben **verwaltungsinternen** Charakter und binden die Behörden der BA. Eine rechtliche Verbindlichkeit gegenüber Dritten, insbesondere für Verleiher, Entleiher oder Leih-AN sowie für andere Behörden oder Gerichte, kommt ihnen nicht zu. Durch die Weisungen darf nicht zum Nachteil der Betroffenen von den gesetzlichen Bestimmungen abgewichen werden (*Boemke/Lembke,* § 17 Rn. 17). **Rechtswidrige Bestimmungen** der DA-AÜG (vgl. hierzu Ulber/*Ulber, D.*, § 17 Rn. 4) dürfen von den Behörden der BA anderen Verwaltungsbehörden und den Gerichten nicht angewandt werden (vgl. *BAG* v. 28.9.1988, AiB 89, 222 m. Anm. *Ulber*; Schüren/*Stracke,* § 17 Rn. 6; *Ulber,* § 17 Rn. 4).

6 **(Abs. 1 Satz 2)** Nach S. 2 hat die BA die mit der Durchführung des AÜG verbundenen **Kosten** aus Mitteln der Beitragszahler aufzubringen. Gegen die systemwidrige Regelung (Ulber/*Ulber, D.*, § 17 Rn. 8; vgl. § 363 Abs. 3 SGB III) werden verfassungsrechtliche Bedenken mit Blick auf Art. 104a ff. GG erhoben (Thüsing/*Thüsing,* § 17 Rn. 4).

7 **(Abs. 2)** Die Vorschrift dient der Kompetenzabgrenzung zwischen BA und Zollverwaltung. Letztere erhält die Kompetenz für die Prüfung der Einhaltung der Lohnuntergrenze nach § 10 Abs. 5. Die Überwachung der Einhaltung des Gleichbehandlungsgrundsatzes, also die Einhaltung der Arbeitgeberpflichten nach § 10 Abs. 4 AÜG, obliegt hingegen weiter der BA. Diese kann im Rahmen ihrer Prüfungskompetenz aber auch Verstöße gegen § 10 Abs. 5 prüfen. Insoweit besteht eine Parallelität der Prüfungskompetenzen. Die Kompetenz zur Verfolgung von Verstößen richtet sich nach § 16 Abs. 3.

§ 17a Befugnisse der Behörden der Zollverwaltung

Die §§ 2, 3 bis 6 und 14 bis 20, 22, 23 des Schwarzarbeitsbekämpfungsgesetzes sind entsprechend anzuwenden mit der Maßgabe, dass die dort genannten Behörden auch Einsicht in Arbeitsverträge, Niederschriften nach § 2 des Nachweisgesetzes und andere Ge-

Befugnisse der Behörden der Zollverwaltung § 17a

schäftsunterlagen nehmen können, die mittelbar oder unmittelbar Auskunft über die Einhaltung der Arbeitsbedingungen nach § 10 Absatz 5 geben.

Die Vorschrift ist durch das Gesetz zur Änderung des Arbeitnehmerüberlassungsgesetzes und des Schwarzarbeitsbekämpfungsgesetzes neu in das AÜG eingefügt worden. Die Vorschrift dient der Durchsetzung der Lohnuntergrenze in § 3a AÜG und übernimmt § 17 Abs. 1 S. 1 Nr. 1 AEntG in das AÜG. 1

Die Vorschrift dient nicht nur der Kontrolle der Einhaltung der Arbeitsbedingungen nach § 10 Abs. 5 AÜG gegenüber dem Leih-AN, sondern auch dem Schutz des fairen Wettbewerbs zwischen den Unternehmen. Sie soll seriös wirtschaftende AG vor Konkurrenten schützen, die sich durch die Nichteinhaltung der Lohnuntergrenze Wettbewerbsvorteile verschaffen (Koberski/Asshoff/Eustrup/Winkler, § 17 AEntG Rn. 2). Dazu wird auf die Prüfinstrumente des SchwarzArbG zurückgegriffen. 2

§ 17a ermächtigt die Kontrollbehörden die Befugnisse nach dem SchwarzArbG (Text im Anhang) auch zur Kontrolle der Einhaltung der Arbeitgeberpflichten aus § 10 Abs. 5 (Vgl. dazu § 10 Rn. 92ff.) zu nutzen und dabei auch **Einsicht in AV, Niederschriften nach § 2 des Nachweisgesetzes und andere Geschäftsunterlagen** zu nehmen. Diese Befugnis ist allerdings insoweit beschränkt, als diese Unterlagen mittelbar oder unmittelbar Auskunft über die Einhaltung der Arbeitsbedingungen nach § 10 Abs. 5 geben können. Die Vorschrift verlangt nicht, dass die Unterlagen in die Einsicht genommen wird, typischerweise Auskunft geben, sondern nur, dass dies potentiell möglich ist. Dies ergibt sich daraus, dass auch Unterlagen eingesehen werden dürfen, die lediglich mittelbar Auskunft über die Einhaltung der Arbeitsbedingungen geben können. Insofern ist ein Einsichtsrecht nur dann zu verneinen, wenn von vornherein objektiv ausgeschlossen ist, dass Unterlagen unter keinem Umstand zumindest mittelbar verwertbare Auskünfte beinhalten können. Es besteht eine Duldungs- und Mitwirkungspflicht bei der Kontrolle, deren Verletzung als Ordnungswidrigkeit mit einem Bußgeld belegt werden kann (§ 16 Abs. 1 Nr. 11–13, vgl. dazu § 16 Rn. 25c–25f). Zur Zusammenarbeit mit anderen Behörden vgl. § 18. 3

Die Kontrollbehörden sind zum **Betreten von Geschäftsräumen zur Kontrolle von Personen und der Prüfung von Geschäftsunterlagen** berechtigt (§ 17a i.V.m. § 3 und 4 SchwarzArbG). Es dürfen sowohl die Räumlichkeiten des Verleihers, als auch des Entleihers betreten werden. Der Zutritt ist ohne zeitliche Verzögerung und vollständig zu gewähren. Dies ist durch das Gesetz zur Änderung des Arbeitnehmerüberlassungsgesetzes und des Schwarzarbeitsbekämpfungsgesetzes ausdrücklich klargestellt worden (vgl. §§ 3 Abs. 1 S. 1, 4 Abs. 1 SchwarzArbG). Da nach § 17c Abs. 2 jeder – auch ein aus- 4

Daniel Ulber

§ 17a Befugnisse der Behörden der Zollverwaltung

ländischer – Verleiher verpflichtet ist, die für die Kontrolle der Einhaltung einer RV nach § 3a erforderlichen Unterlagen im Inland bereit zu halten, bezieht sich die Befugnis auch auf das Betreten des Aufbewahrungsortes.

5 Von den angetroffenen Personen (vgl. dazu Rn. 6) dürfen Auskünfte hinsichtlich ihrer Beschäftigungsverhältnisse oder ihrer Tätigkeiten eingeholt werden und Einsicht in von ihnen mitgeführte Unterlagen genommen werden, von denen anzunehmen ist, dass aus ihnen Umfang, Art oder Dauer ihrer Beschäftigungsverhältnisse oder Tätigkeiten hervorgehen oder abgeleitet werden können (§ 3 Abs. 1 Nr. 1 und 2 SchwarzArbG). Auch die Personalien dürfen festgestellt werden (§ 3 Abs. 3 SchwarzArbG). Vor Ort sind die Behörden auch befugt Zeugen zu vernehmen (Schwab, NZA-RR 2004, 5).

6 Insbesondere sind der Kontrollbehörde die für die Prüfung erheblichen Auskünfte zu erteilen und **die Geschäftsunterlagen vorzulegen** (§ 5 Abs. 1). Das bedeutet nicht, dass lediglich der Zugang zum Aufbewahrungsort zu eröffnen ist. Vielmehr besteht die Pflicht die Unterlagen vorzulegen. In Datenverarbeitungsanlagen gespeicherte Daten sind auszusondern und den Kontrollbehörden auf deren Verlangen auf automatisiert verarbeitbaren Datenträgern oder in Listen zu übermitteln (§ 5 Abs. 3 S. 1 SchwarzArbG). Die Daten müssen vollständig sein und ohne zeitliche Verzögerung zugeleitet werden. Bei digitalen Daten dürfte diese Pflicht in aller Regel bereits dann verletzt sein, wenn die Daten nicht bereits während der Kontrolle zur Verfügung gestellt werden. Werden die Pflichten zur Übermittlung der Daten verletzt, kann ein Bußgeld nach § 16 Abs. 1 Nr. 13 verhängt werden. Die Aussonderung der Daten darf überwacht werden, um der Vernichtung von Daten vorzubeugen. Ansonsten würde der Schutzzweck der Vorschrift verfehlt. Zur Pflicht die Unterlagen bereit zu halten vgl. § 17c und den Ordnungswidrigkeitentatbestand nach § 16 Abs. 1 Nr. 17 und 18. Sobald die übermittelten Unterlagen und Daten nicht mehr benötigt werden, sind diese zurückzugeben oder zu löschen (§ 5 Abs. 3 S. 4 SchwarzArbG).

7 Die in § 5 Abs. 1 SchwarzArbG bezeichneten Personen (Verleiher und Entleiher, AN und Leih-AN, und Dritte, wie etwa Angehörige, Lieferanten, Besucher) sind, soweit sie bei einer Prüfung angetroffen werden, verpflichtet die Kontrolle nicht nur zu dulden, sondern bei der Prüfung mitzuwirken (§ 17a i.V.m.§ 5 Abs. 1). Sofern die Mitwirkungspflichten bei der Prüfung verletzt werden kann, ein Bußgeld nach § 16 Abs. 1 Nr. 11 verhängt werden, ebenso im Falle der fehlenden Duldung oder Mitwirkung (Öffnen von Türen und Ähnliches), bei fehlender Mitwirkung beim vollständigen Betreten des Grundstücks oder von Geschäftsräumen (§ 16 Abs. 1. Nr. 12). Dies gilt bereits dann, wenn die Prüfung auch nur marginal verzögert wird und nicht erst dann, wenn einzelne Pflichten gar nicht erfüllt werden. Dies ergibt sich aus der erheblichen Gefahr, insbesondere wenn Daten digital gespeichert sind, dass es zur kurzfristigen Beseitigung von Unterlagen oder Daten kommt (zur Pflicht zum Erstellen und Bereithalten von Dokumenten vgl. § 17 c).

Die Ausübung der Kontrollbefugnisse steht im pflichtgemäßen Ermessen der Behörden. Die Kontrollen müssen nicht angekündigt werden. Sie setzen weder einen Anfangsverdacht noch sonstige Anhaltspunkte voraus. Die Kontrollen müssen verhältnismäßig sein. Insbesondere sind die Prüfbefugnisse vorrangig gegenüber Entleiher und Verleiher, sodann gegenüber ihren Repräsentanten und erst dann gegenüber AN und Leih-AN auszuüben, weil letzteren bei einer Kooperation unter Umständen eine Maßregelung droht. Deswegen ist diese Abstufung sowohl effektiver, als auch weniger belastend. Die Kontrollbehörden haben bei der Verfolgung von Straftaten oder Ordnungswidrigkeiten im Zusammenhang mit ihrer Kontrolle die gleichen Befugnisse, wie die Polizeivollzugsbehörden nach der StPO und dem OWiG (§ 17 a i. V. m. § 14 SchwarzArbG). 8

Die Behörden haben bei der Ausübung ihrer Kontrollbefugnisse die Vorschriften über den Datenschutz nach §§ 15–19 SchwarzArbG zu beachten. Sollten die nach § 17 a i. V. m. § 5 Abs. 1, 3 SchwarzArbG zur Verfügung zu stellenden Unterlagen und Daten mit anderen Daten vermischt worden sein, steht dies der Pflicht diese zur Verfügung zu stellen nicht entgegen. Entweder sind die Daten auszusondern oder ungesondert zur Verfügung zu stellen. In der fehlenden Aussonderung kann eine Ordnungswidrigkeit nach § 16 Abs. 1 Nr. 13 und Nr. 17 und 18 liegen, soweit die Prüfung verzögert wird auch nach § 16 Abs. 1 Nr. 11. 9

§ 17 b Meldepflicht

(1) Überlässt ein Verleiher mit Sitz im Ausland einen Leiharbeitnehmer zur Arbeitsleistung einem Entleiher, hat der Entleiher, sofern eine Rechtsverordnung nach § 3a auf das Arbeitsverhältnis Anwendung findet, vor Beginn jeder Überlassung der zuständigen Behörde der Zollverwaltung eine schriftliche Anmeldung in deutscher Sprache mit folgenden Angaben zuzuleiten:

1. **Familienname, Vornamen und Geburtsdatum des überlassenen Leiharbeitnehmers,**
2. **Beginn und Dauer der Überlassung,**
3. **Ort der Beschäftigung,**
4. **Ort im Inland, an dem die nach § 17 c erforderlichen Unterlagen bereitgehalten werden,**
5. **Familienname, Vornamen und Anschrift in Deutschland eines oder einer Zustellungsbevollmächtigten des Verleihers,**

Daniel Ulber

§ 17b Meldepflicht

6. Branche, in die die Leiharbeitnehmer überlassen werden sollen, und

7. Familienname, Vornamen oder Firma sowie Anschrift des Verleihers.

Änderungen bezüglich dieser Angaben hat der Entleiher unverzüglich zu melden.

(2) Der Entleiher hat der Anmeldung eine Versicherung des Verleihers beizufügen, dass dieser seine Verpflichtungen nach § 10 Absatz 5 einhält.

(3) Das Bundesministerium der Finanzen kann durch Rechtsverordnung im Einvernehmen mit dem Bundesministerium für Arbeit und Soziales ohne Zustimmung des Bundesrates bestimmen,

1. dass, auf welche Weise und unter welchen technischen und organisatorischen Voraussetzungen eine Anmeldung, Änderungsmeldung und Versicherung abweichend von den Absätzen 1 und 2 elektronisch übermittelt werden kann,

2. unter welchen Voraussetzungen eine Änderungsmeldung ausnahmsweise entfallen kann und

3. wie das Meldeverfahren vereinfacht oder abgewandelt werden kann.

(4) Das Bundesministerium der Finanzen kann durch Rechtsverordnung ohne Zustimmung des Bundesrates die zuständige Behörde nach Absatz 1 Satz 1 bestimmen.

1 Die Vorschrift ist durch das Gesetz zur Änderung des Arbeitnehmerüberlassungsgesetzes und des Schwarzarbeitsbekämpfungsgesetzes neu in das AÜG eingefügt worden. Die Vorschrift dient der Durchsetzung der Lohnuntergrenze in § 3a AÜG und übernimmt in großen Teilen die Regelungen des § 18 Abs. 3 bis 6 AEntG in das AÜG.

2 Die Vorschrift dient der **effektiven Durchsetzung der Lohnuntergrenze nach § 3a AÜG**. Da die Verleiher mit Sitz im Ausland den deutschen gewerberechtlichen Meldepflichten grundsätzlich nicht unterliegen, ist eine wirksame Kontrolle der Einhaltung der Lohnuntergrenze faktisch erschwert. Dieses Defizit soll § 17b AÜG begrenzen, indem er den Entleiher verpflichtet, den Kontrollbehörden ein solches Maß an Informationen zur Verfügung zu stellen, dass diese eine Kontrolle überhaupt durchführen können.

3 Vor dem Hintergrund des Gesetzeszwecks unterliegt die Vorschrift keinen ernstzunehmenden europarechtlichen oder verfassungsrechtlichen Bedenken (vgl. zu § 18 AEntG Ulber, AEntG, § 18 Rn. 4). Der Gesetzgeber war vielmehr aufgrund der Leiharbeitsrichtlinie verpflichtet Maßnahmen zu ergreifen, um die Einhaltung der zu ihrer Umsetzung erlassenen Vorschriften sicher zu stellen.

4 Adressat der Anmeldepflicht ist der Entleiher. Die Meldepflicht trifft

Meldepflicht § 17b

auch Entleiher mit Sitz im Ausland. Erforderlich ist aber, dass der Leih-AN seine Tätigkeit im Inland ausübt.

Die Vorschrift setzt voraus, dass eine **RV nach § 3a** auf das ArbV Anwendung findet. **5**

Der Entleiher ist zur Erfüllung seiner Meldeverpflichtung auf Angaben des Verleihers angewiesen. Solange dieser diese nicht vollständig zur Verfügung gestellt hat muss der **Einsatz des Leih-AN unterbleiben** (Ulber, AEntG § 18 Rn. 37). Ein gleichwohl durchgeführter Einsatz unter Verletzung der Meldepflicht ist unzulässig und kann als Ordnungswidrigkeit nach § 16 Abs. 1 Nr. 14 geahndet werden. Sofern der Verleiher seine Mitwirkungspflicht verletzt, kann der Entleiher Schadenersatz wegen einer Nebenpflichtverletzung verlangen. In aller Regel wird es ihm unzumutbar sein weiter am Vertrag festzuhalten, so dass er darüber hinaus auch vom ANÜ-Vertrag ohne Fristsetzung zurücktreten kann. **6**

Die Meldung hat **schriftlich und in deutscher Sprache zu erfolgen** (Abs. 1 S. 1). Damit wird verhindert, dass aufgrund der Verwendung ausländischer Sprachen die Kontrolle erschwert wird. Die Zollverwaltung hat Vordrucke für die Meldung nach Abs. 1 S. 1 entwickelt, ebenso für die Versicherung nach Abs. 2. Die Verwendung der Formulare ist nicht verpflichtend. **7**

Die Meldung muss **vor Beginn jeder Überlassung** erfolgen. Dies erfordert nach der Rspr. des OLG Hamm, dass die Meldung am Tag vor der Überlassung erfolgen muss (zu § 18 AEntG OLG Hamm v. 8.10.1999 – 2 Ss Owi 892/99, NStZ-RR 2000, 55). Die Meldung hat aufgrund § 1 der nach § 17b Abs. 4 erlassenen AÜGMeldstellV gegenüber der Bundesfinanzdirektion West, Wörthstraße 1–3, 50668 Köln zu erfolgen. **8**

Alle späteren Änderungen sind unverzüglich zu melden (Abs. 1 S. 2). Unverzüglich bedeutet ohne schuldhaftes Zögern. Die Verletzung der Pflicht Änderungen zu melden, kann als Ordnungswidrigkeit nach § 16 Abs. 1 Nr. 15 geahndet werden. **9**

In inhaltlicher Hinsicht muss die Meldung **Name, Vorname und Geburtsdatum des Leih-AN** enthalten (Abs. 1 S. 1 Nr. 1). Diese Angaben sind richtig, wenn sie mit den Ausweisdokumenten des Leih-AN übereinstimmen. Jede Unvollständigkeit insbesondere hinsichtlich des Geburtsdatums ist schädlich, weil in einigen Mitgliedstaaten bestimmte Namen einen solchen Verbreitungsgrad besitzen, dass eine Identifizierung von Personen nicht zweifelsfrei möglich ist (Koberski/Asshoff/Eustrup/Winkler, § 18 AEntG Rn. 12). **10**

Des Weiteren müssen **Beginn und Dauer der Überlassung** (Abs. 1 S. 1 Nr. 2) angegeben werden. Im Gegensatz zu § 18 Abs. 3 AEntG wird nicht an die voraussichtliche Dauer angeknüpft, so dass im Zeitpunkt der Meldung die Dauer der Überlassung feststehen und ein **11**

§ 17b Meldepflicht

konkretes Datum angegeben werden muss. Dieses ist nur dann richtig, wenn es mit den Vereinbarungen im ANÜ-Vertrag vereinbar ist. Spätere Änderungen sind möglich, müssen aber nach Abs. 1. S. 2 unverzüglich gemeldet werden.

12 Nach Abs. 1 S. 1 Nr. 3 ist der **Ort der Beschäftigung** anzugeben. Dies ist der Ort der tatsächlichen Beschäftigung. Bei wechselnden Beschäftigungsorten sind alle Orte anzugeben, ebenso wie die Tages und ggf. stundengenaue Angabe, an welchem dieser Orte der Leih-AN an welchem Tag anzutreffen ist. Spätere Änderungen sind möglich, müssen aber nach Abs. 1. S. 2 unverzüglich gemeldet werden. Die Vorschrift stellt sicher, dass jederzeit eine Ersatzzustellung nach § 18a erfolgen kann.

13 In der Meldung ist der Ort anzugeben, an dem der Entleiher die für die Kontrolle der Einhaltung der Verpflichtungen aus einer RV nach § 3a AÜG erforderlichen Unterlagen (vgl. § 17c) bereit hält (Abs. 1 S. 1 Nr. 4).

14 Des Weiteren ist in der Meldung Familienname, Vornamen und Anschrift in Deutschland des Zustellungsbevollmächtigten des Verleihers anzugeben (Abs. 1 S. 1 Nr. 5).

15 Schließlich ist die Branche, in die die Leih-AN überlassen werden sollen anzugeben (Abs. 1 S. 1 Nr. 6).

16 Dass der Verleiher verpflichtet ist, seinen Familiennamen, Vornamen oder Firma sowie seine Anschrift anzugeben (Abs. 1 S. 1 Nr. 7), ist eigentlich selbstverständlich, soll es aber ermöglichen bei unvollständigen Angaben, die eine Kontrolle erschweren, ein Bußgeld nach § 16 Abs. 1 Nr. 14 zu ermöglichen.

17 Nach **Abs. 2** ist der Entleiher verpflichtet der Meldung eine Versicherung des Verleihers beizufügen, dass dieser seine Verpflichtungen nach § 10 Abs. 5 einhält. Eine Formvorschrift fehlt. Da die Meldung nach Abs. 1 allerdings schriftlich zu erfolgen hat, muss auch die Versicherung schriftlich erfolgen (vgl. auch den Wortlaut von Abs. 2 »beizufügen«, Koberski/Asshoff/Eustrup/Winkler, § 18 AEntG Rn. 27). Der Verleiher muss diese Erklärung selbst abgeben und kann sich bei ihr nicht durch den Entleiher vertreten lassen (Ulber, AEntG, § 18 Rn. 43). Ohne die Erklärung ist die Anmeldung unvollständig und der Leih-AN darf nicht eingesetzt werden. Gibt der Verleiher die Erklärung nicht ab, so kann der Entleiher u. U. Schadensersatz verlangen und vom Vertrag zurücktreten (vgl. Rn. 6).

18 Das BMBF ist befugt auf Grundlage von Abs. 3 das Meldeverfahren durch RV zu regeln. Diese kann im Einvernehmen mit dem Bundesministerium für Arbeit und Soziales ohne Zustimmung des BR erlassen werden.

19 Abs. 4 befugt das BMBF durch RV ohne Zustimmung des BR die zuständige Behörde nach Abs. 1 S. 1 zu bestimmen. Von dieser Befugnis hat das BMBF durch die »Verordnung zur Bestimmung der zuständigen Behörde nach § 17b Absatz 4 des Arbeitnehmerüberlassungsgesetzes« (AÜGMeldstellV) v. 26.09.2011 Gebrauch gemacht.

Verordnung zur Bestimmung der zuständigen Behörde nach § 17b Absatz 4 des Arbeitnehmerüberlassungsgesetzes (AÜG-MeldstellV) v. 26.9.2011

Eingangsformel

Auf Grund des § 17b Absatz 4 des Arbeitnehmerüberlassungsgesetzes, der durch Artikel 1 Nummer 3 des Gesetzes vom 20. Juli 2011 (BGBl. I S. 1506) eingefügt worden ist, verordnet das Bundesministerium der Finanzen:

§ 1 Meldestelle

Die Bundesfinanzdirektion West ist zuständige Behörde der Zollverwaltung im Sinne von § 17b Absatz 1 Satz 1 des Arbeitnehmerüberlassungsgesetzes.

§ 2 Inkrafttreten

Diese Verordnung tritt am Tag nach der Verkündung in Kraft.

§ 17c Erstellen und Bereithalten von Dokumenten

(1) Sofern eine Rechtsverordnung nach § 3a auf ein Arbeitsverhältnis Anwendung findet, ist der Entleiher verpflichtet, Beginn, Ende und Dauer der täglichen Arbeitszeit des Leiharbeitnehmers aufzuzeichnen und diese Aufzeichnungen mindestens zwei Jahre aufzubewahren.

(2) Jeder Verleiher ist verpflichtet, die für die Kontrolle der Einhaltung einer Rechtsverordnung nach § 3a erforderlichen Unterlagen im Inland für die gesamte Dauer der tatsächlichen Beschäftigung des Leiharbeitnehmers im Geltungsbereich dieses Gesetzes, insgesamt jedoch nicht länger als zwei Jahre, in deutscher Sprache bereitzuhalten. Auf Verlangen der Prüfbehörde sind die Unterlagen auch am Ort der Beschäftigung bereitzuhalten.

Die Vorschrift ist durch das Gesetz zur Änderung des Arbeitnehmerüberlassungsgesetzes und des Schwarzarbeitsbekämpfungsgesetzes neu in das AÜG eingefügt worden. Die Vorschrift dient der Durchsetzung der Lohnuntergrenze in § 3a AÜG und übernimmt mit einigen Anpassungen § 19 AEntG in das AÜG. **1**

Die Vorschrift dient der effektiven Durchsetzung der Lohnuntergrenze nach § 3a AÜG. Sie soll die Kontrolle der Einhaltung der nach § 3a erlassenen RV absichern, indem sie den Entleiher und Verleiher zur Dokumentation, Verwahrung und dem Bereithalten der hierzu erforderlichen Unterlagen anhält. **2**

§ 17c Erstellen und Bereithalten von Dokumenten

3 Die Norm setzt voraus, dass eine RV nach § 3a auf zumindest ein ArbV Anwendung findet.

4 (Abs. 1) Nach Abs. 1 ist der Entleiher verpflichtet, **Beginn, Ende und Dauer der täglichen Arbeitszeit des Leih-AN aufzuzeichnen und diese Aufzeichnungen mindestens 2 Jahre aufzubewahren**. Adressat der Verpflichtung ist nach dem klaren Wortlaut der Norm der Entleiher und nicht der Leih-AN oder Dritte. Dies wird teilweise großzügiger gesehen und zugelassen, dass ein Dritter die Aufzeichnungen vornimmt, wenn er vom AG vertraglich verpflichtet wird die Aufzeichnungen zeitnah, inhaltlich vollständig und wahrheitsgemäß vorzunehmen und jederzeit weiterzugeben und der AG diesen Dritten sorgfältig ausgewählt und überwacht hat (OLG Jena, NStZ-RR 2005, 278). Diese Sichtweise ist nur dann mit den Schutzzwecken des Gesetzes zu vereinbaren, wenn man zwar die Beauftragung des Dritten als solche nicht als Verstoß gegen das Gesetz wertet, dem AG aber ohne jede Ausnahme die Verletzung der Aufzeichnungspflichten durch den Dritten zurechnet.

5 Die Norm verpflichtet den Entleiher, Beginn, Ende und Dauer der jeweiligen Arbeitszeit aufzuzeichnen. Auch **ausgefallene Arbeitszeit** ist aufzuzeichnen, wenn der Verleiher diese zu vergüten hat. Ohne die Angaben sind die Kontrollbehörden nicht in der Lage, die tatsächlich gezahlten Stundenentgelte zu ermitteln und die Einhaltung der RV nach § 3a zu überwachen. Die Verletzung der Verpflichtungen des Entleihers nach § 17c Abs. 1 kann als Ordnungswidrigkeit nach § 16 Abs. 1 Nr. 17 geahndet werden.

6 Der **Beginn der Arbeitszeit** ist der Zeitpunkt, ab dem eine Vergütungspflicht ausgelöst wird. Da sich die Kontrollbefugnisse, die § 17c sichert, alleine auf die Einhaltung der RV nach § 3a beziehen, ist auch alleine dieser Zeitpunkt maßgeblich. Dies ändert nichts an der Verpflichtung des Entleihers auf die Einhaltung der arbeitsschutzrechtlichen Vorschriften zur Arbeitszeit zu achten. Die Dauer der Arbeitszeit ist separat aufzuzeichnen. Etwaige Unterbrechungen der – vergütungspflichtigen – Arbeitszeit sind zu dokumentieren.

7 Die Aufzeichnungen haben **schriftlich** zu erfolgen. Sie müssen in einer Art und Weise erfolgen, die eine Prüfung ohne Erschwernisse ermöglicht. Wird diese Pflicht verletzt, liegt eine Ordnungswidrigkeit nach § 16 Abs. 1 Nr. 17 vor.

8 Der Entleiher ist für 2 Jahre zur Aufbewahrung der täglichen Aufzeichnungen verpflichtet. Zu verwahren sind die **Originalbelege**, keine Listen (*Ulber*, AEntG § 19 Rn. 13).

9 (Abs. 2) Nach Abs. 2 ist der Verleiher verpflichtet, die für die Kontrolle der Einhaltung einer RV nach § 3a erforderlichen Unterlagen bereitzuhalten und damit notwendigerweise auch diese aufzubewahren. Diese sind an einem Ort im Inland in deutscher Sprache bereitzuhalten. Der Entleiher ist im Rahmen seiner Meldung nach § 17b Abs. 1 Nr. 4 verpflichtet diesen Ort bei seiner Meldung anzugeben.

Bereitzuhalten sind **alle Unterlagen** aus denen sich – ggf. auch **mittelbar** – die Einhaltung der RV nach § 3a ergeben kann. Neben den Vertragsunterlagen sind dies alle Unterlagen, die sich auf die Erfüllung der Verpflichtungen aus der RV beziehen, wie Abrechnungsunterlagen, Unterlagen zum Zahlungsverkehr mit Leih-AN und Verleiher (zur Kontrolle, ob Anhaltspunkte für unterschlagene Arbeitszeit der Leih-AN bestehen, wenn die (stundenweise) Überlassungsvergütung und Vergütungshöhe der Leih-AN nicht in einem plausiblen Verhältnis stehen, vgl. *Ulber*, AEntG § 19 Rn. 17). Ebenso **alle Arbeitszeitnachweise**, die dem Verleiher vorliegen. Die **Entgeltabrechnungen** ebenso, wobei diese die Zeiten für die die Arbeit entsprechend einer RV nach § 3a vergütet wurde, separat ausweisen müssen. Auch die Zusammensetzung des Entgelts ist auszuweisen.

Die Unterlagen sind nur dann ordnungsgemäß bereit gehalten, wenn eine **Einsichtnahme ohne zeitliche Verzögerungen möglich** ist. Die Unterlagen sind also nicht nur physisch bereit zu halten, sondern so aufzubereiten und zu organisieren, dass die Prüfung der Unterlagen ohne jede Verzögerung erfolgen kann. Verstöße können nach § 16 Abs. 1 Nr. 18 als Ordnungswidrigkeit geahndet werden.

Die Unterlagen sind für die **gesamte Dauer der tatsächlichen Beschäftigung** des Leih-AN bereitzuhalten. Die Höchstfrist beträgt 2 Jahre ab Beginn der Aufzeichnungen.

Nach Abs. 2 S. 2 kann die Prüfbehörde verlangen, dass die **Unterlagen auch am Ort der Beschäftigung bereitzuhalten** sind. Dies erleichtert die Kontrolle. Ohne ausdrückliches Verlangen der Prüfbehörde ist der Verleiher nicht verpflichtet dafür zu sorgen, dass die Unterlagen auch am Ort der Beschäftigung bereitgehalten werden. Das Verlangen der Behörde lässt die Pflicht nach Abs. 2 S. 1 nicht entfallen. Es kommt dann zu einer Mehrfachverpflichtung die Unterlagen bereit zu halten (»auch«).

§ 18 Zusammenarbeit mit anderen Behörden

(1) Zur Verfolgung und Ahndung der Ordnungswidrigkeiten nach § 16 arbeiten die Bundesagentur für Arbeit und die Behörden der Zollverwaltung insbesondere mit folgenden Behörden zusammen:

1. den Trägern der Krankenversicherung als Einzugsstellen für die Sozialversicherungsbeiträge,

2. den in § 71 des Aufenthaltsgesetzes genannten Behörden,

3. den Finanzbehörden,

4. den nach Landesrecht für die Verfolgung und Ahndung von

§ 18 Zusammenarbeit mit anderen Behörden

Ordnungswidrigkeiten nach dem Schwarzarbeitsbekämpfungsgesetz zuständigen Behörden,

5. den Trägern der Unfallversicherung,
6. den für den Arbeitsschutz zuständigen Landesbehörden,
7. den Rentenversicherungsträgern,
8. den Trägern der Sozialhilfe.

(2) Ergeben sich für die Bundesagentur für Arbeit oder die Behörden der Zollverwaltung bei der Durchführung dieses Gesetzes im Einzelfall konkrete Anhaltspunkte für

1. Verstöße gegen das Schwarzarbeitsbekämpfungsgesetz,
2. eine Beschäftigung oder Tätigkeit von Ausländern ohne erforderlichen Aufenthaltstitel nach § 4 Abs. 3 des Aufenthaltsgesetzes, eine Aufenthaltsgestattung oder eine Duldung, die zur Ausübung der Beschäftigung berechtigen, oder eine Genehmigung nach § 284 Abs. 1 des Dritten Buches Sozialgesetzbuch,
3. Verstöße gegen die Mitwirkungspflicht nach § 60 Abs. 1 Satz 1 Nr. 2 des Ersten Buches Sozialgesetzbuch gegenüber einer Dienststelle der Bundesagentur für Arbeit, einem Träger der gesetzlichen Kranken-, Pflege-, Unfall- oder Rentenversicherung oder einem Träger der Sozialhilfe oder gegen die Meldepflicht nach § 8a des Asylbewerberleistungsgesetzes,
4. Verstöße gegen die Vorschriften des Vierten und Siebten Buches Sozialgesetzbuch über die Verpflichtung zur Zahlung von Sozialversicherungsbeiträgen, soweit sie im Zusammenhang mit den in den Nummern 1 bis 3 genannten Verstößen sowie mit Arbeitnehmerüberlassung entgegen § 1 stehen,
5. Verstöße gegen die Steuergesetze,
6. Verstöße gegen das Aufenthaltsgesetz,

unterrichten sie die für die Verfolgung und Ahndung zuständigen Behörden, die Träger der Sozialhilfe sowie die Behörden nach § 71 des Aufenthaltsgesetzes.

(3) In Strafsachen, die Straftaten nach den §§ 15 und 15a zum Gegenstand haben, sind der Bundesagentur für Arbeit und den Behörden der Zollverwaltung zur Verfolgung von Ordnungswidrigkeiten

1. bei Einleitung des Strafverfahrens die Personendaten des Beschuldigten, der Straftatbestand, die Tatzeit und der Tatort,

Zusammenarbeit mit anderen Behörden § 18

2. im Falle der Erhebung der öffentlichen Klage die das Verfahren abschließende Entscheidung mit Begründung

zu übermitteln. Ist mit der in Nummer 2 genannten Entscheidung ein Rechtsmittel verworfen worden oder wird darin auf die angefochtene Entscheidung Bezug genommen, so ist auch die angefochtene Entscheidung zu übermitteln. Die Übermittlung veranlaßt die Strafvollstreckungs- oder die Strafverfolgungsbehörde. Eine Verwendung

1. der Daten der Arbeitnehmer für Maßnahmen zu ihren Gunsten,
2. der Daten des Arbeitgebers zur Besetzung seiner offenen Arbeitsplätze, die im Zusammenhang mit dem Strafverfahren bekanntgeworden sind,
3. der in den Nummern 1 und 2 genannten Daten für Entscheidungen über die Einstellung oder Rückforderung von Leistungen der Bundesagentur für Arbeit

ist zulässig.

(4) Gerichte, Strafverfolgungs- oder Strafvollstreckungsbehörden sollen den Behörden der Zollverwaltung Erkenntnisse aus sonstigen Verfahren, die aus ihrer Sicht zur Verfolgung von Ordnungswidrigkeiten nach § 16 Abs. 1 Nr. 1 bis 2 erforderlich sind, übermitteln, soweit nicht für die übermittelnde Stelle erkennbar ist, daß schutzwürdige Interessen des Betroffenen oder anderer Verfahrensbeteiligter an dem Ausschluß der Übermittlung überwiegen. Dabei ist zu berücksichtigen, wie gesichert die zu übermittelnden Erkenntnisse sind.

(5) Die Behörden der Zollverwaltung unterrichten die zuständigen Finanzämter über den Inhalt von Meldungen nach § 17b.

(6) Die Behörden der Zollverwaltung und die übrigen in § 2 des Schwarzarbeitsbekämpfungsgesetzes genannten Behörden dürfen nach Maßgabe der jeweils einschlägigen datenschutzrechtlichen Bestimmungen auch mit Behörden anderer Vertragsstaaten des Abkommens über den Europäischen Wirtschaftsraum zusammenarbeiten, die dem § 17 Absatz 2 entsprechende Aufgaben durchführen oder für die Bekämpfung illegaler Beschäftigung zuständig sind oder Auskünfte geben können, ob ein Arbeitgeber seine Verpflichtungen nach § 10 Absatz 5 erfüllt. Die Regelungen über die internationale Rechtshilfe in Strafsachen bleiben hiervon unberührt.

Gliederung Rn.
1. Zweck der Vorschrift 1– 2
2. Zusammenarbeit bei Ordnungswidrigkeiten nach § 16 . . . . . .   3– 7
3. Unterrichtungspflichten gegenüber anderen Behörden (Abs. 2) .   8–11

Daniel Ulber

§ 18 Zusammenarbeit mit anderen Behörden

4. Datenübermittlung an BA und Zollverwaltung bei Straftaten nach §§ 15 f. (Abs. 3) 12–15
5. Übermittlung von Daten durch Gerichte und Staatsanwaltschaften (Abs. 4) 16–17
6. Zusammenarbeit von Zollverwaltung und Finanzämtern (Abs. 5) 18
7. Zusammenarbeit mit ausländischen Behörden (Abs. 6) 19

1. Zweck der Vorschrift

1 Zur besseren Verfolgung von Verstößen im Zusammenhang mit der ANÜ und illegalen Beschäftigungsformen ordnet § 18 die **Zusammenarbeit** der Behörden der BA und der Zollverwaltung mit anderen Behörden und Institutionen an, die mit der Durchführung des AÜG befasst sind.

2 In **Abs. 1** sind (nicht abschließend) die wichtigsten Behörden erwähnt, mit denen die BA und die Zollverwaltung **zusammenarbeiten** sollen. **Abs. 2** verpflichtet die BA und die Zollverwaltung, bei Vorliegen von Anhaltspunkten für bestimmte Verstöße, die zur Verfolgung und Ahndung zuständigen Behörden zu **unterrichten**. Nach **Abs. 3 S. 1** ist die Strafvollstreckungs- bzw. Strafverfolgungsbehörde bei **Straftaten** nach § 15 oder § 15a verpflichtet, die BA und die Behörden der Zollverwaltung über Einleitung und Gang des Verfahrens zu unterrichten. **Abs. 3 S. 4** regelt, zu welchem Zweck im Rahmen von Abs. 3 S. 1 übermittelte Daten verwandt werden dürfen. Ergeben sich für die Gerichte, die Strafverfolgungs- oder Strafvollstreckungsbehörden außerhalb von Strafsachen nach Abs. 3 S. 1 Anhaltspunkte für den Verdacht einer **Ordnungswidrigkeit nach § 16 Abs. 1 Nr. 1 bis 2**, sollen sie gem. **Abs. 4** unter Berücksichtigung des Verhältnismäßigkeitsgrundsatzes die zuständigen Behörden der Zollverwaltung informieren. Abs. 5 regelt die Unterrichtung der zuständigen Finanzämter durch die Behörden der Zollverwaltung über den Inhalt von Meldungen nach § 17b. Abs. 6 regelt die Zusammenarbeit der Behörden der Zollverwaltung sowie der übrigen in § 2 SchwarArbG genannten Behörden mit ausländischen Behörden, um die grenzüberschreitende Zusammenarbeit bei der Kontrolle insbesondere ausländischer Verleiher zu gewährleisten.

2. Zusammenarbeit bei Ordnungswidrigkeiten nach § 16

3 Gem. Abs. 1 arbeiten die Behörden der BA und der Zollverwaltung bei der Verfolgung und Ahndung von Ordnungswidrigkeiten nach § 16 **insbesondere** mit den in **Nr. 1 bis 8 genannten Behörden** zusammen. Die Aufzählung ist nicht abschließend. Insbesondere eine Zusammenarbeit mit den Strafverfolgungsbehörden ist auch ohne deren Erwähnung in Abs. 1 zulässig und geboten. Ergänzende Bestimmungen zur Zusammenarbeit finden sich in einer Reihe spezialgesetzlicher Regelungen (§§ 304, 308, 405 SGB III; § 211 SGB VII; § 6 SchwarzArbG; § 90 AufenthG; § 139b Abs. 7 und 8 GewO; § 31 AO).

Zusammenarbeit mit anderen Behörden § 18

Abs. 1 ordnet eine **wechselseitige Pflicht zur Zusammenarbeit** an **4** und geht über die allgemeine Pflicht zur Amtshilfe nach Art. 35 Abs. 1 GG hinaus. Die Pflicht zur Zusammenarbeit beinhaltet die Pflicht der jeweiligen Behörde, Erkenntnisse die im Zusammenhang mit der Verfolgung von Ordnungswidrigkeiten nach § 16 von Bedeutung sind, oder im Rahmen der Ermittlungen gewonnene Erkenntnisse, die für eine Wahrnehmung von Aufgaben durch die in Nr. 1 bis 8 genannten Behörden von Bedeutung sind, an die jeweils zuständige Behörde weiterzuleiten.

Die Verpflichtung zur Kooperation umfasst das Recht der beteiligten **5** Behörden, im **Zusammenwirken** Maßnahmen zu ergreifen oder umzusetzen, die im Rahmen der Ahndung und Verfolgung von Ordnungswidrigkeiten nach § 16 erforderlich sind (z.B. gemeinsame Überprüfung der Betriebsstätten). Die Maßnahmen müssen zulässig sein, was nur in Betracht kommt, wenn zumindest für eine der beteiligten Behörde eine Ermächtigungsgrundlage besteht, auf deren Grundlage die hiernach zuständige Behörde die Maßnahme koordiniert und verantwortlich leitet (*Boemke/Lembke*, § 18 Rn. 16; Ulber/ *Ulber, D.*, § 18 Rn. 18).

Durch Abs. 1 wird klargestellt, dass die Behörden der BA und der **6** Zollverwaltung auch **untereinander** zusammenarbeiten müssen, wenn Tatbestände von § 16 Abs. 1 betroffen sind. Dies gilt insbesondere hinsichtlich der unterschiedlichen, sich ergänzenden Zuständigkeiten bei der Verfolgung der Ordnungswidrigkeiten (vgl. § 16 Rn. 32ff.), daneben aber auch bei deren Ahndung in Form der Vollstreckung (vgl. hierzu § 16 Abs. 4; § 16 Rn. 36f.). **Anzeigen** oder sonstige Informationen, die einer der beiden Behörden zugehen und einen Anfangsverdacht begründen, sind der nach § 16 Abs. 3 für die Verfolgung zuständigen Behörde weiterzuleiten. Dasselbe gilt für die in Abs. 1 Nr. 1 bis 8 genannten Behörden.

Die Pflicht zur Zusammenarbeit **beschränkt** sich nach dem Wortlaut **7** von Abs. 1 auf die **Verfolgung und Ahndung von Ordnungswidrigkeiten nach § 16** des Gesetzes. Die Pflicht erstreckt sich jedoch auf alle Verstöße, bei denen der Grundtatbestand des § 16 im Zusammenhang mit anderen Gesetzen Rechtsfolgen auslöst. Insbesondere sind die Behörden verpflichtet, die Staatsanwaltschaft zu unterrichten, wenn Verstöße die **Straftatbestände** von §§ 15f. erfüllen oder die illegale Ausländerbeschäftigung nach anderen Gesetzen eine Zusammenarbeit erfordert (vgl. § 2 Abs. 2 Nr. 8 SchwarzArbG; § 90 Abs. 2 AufenthG).

3. Unterrichtungspflichten gegenüber anderen Behörden (Abs. 2)

Nach Abs. 2 sind BA und Zollverwaltung verpflichtet, die jeweils **8** zuständigen Behörden zu unterrichten, wenn sich **bei der Durchführung des AÜG** konkrete Anhaltspunkte für Verstöße gegen die in Nr. 1 bis 6 aufgeführten Gesetze ergeben. Die einseitige Unterrich-

§ 18   Zusammenarbeit mit anderen Behörden

tungspflicht von BA und Zollverwaltung korrespondiert meist mit entsprechenden Unterrichtungspflichten der anderen Behörden nach anderen gesetzlichen Bestimmungen (Ulber/*Ulber, D.*, § 18 Rn. 19).

9 Anders als Abs. 1 setzt die Unterrichtungspflicht nicht voraus, dass die Informationen im Zusammenhang mit Verstößen gegen § 16 stehen. Voraussetzung ist lediglich, dass die Anhaltspunkte auf Informationen basieren, die im Zusammenhang mit **der Durchführung des Gesetzes** stehen. Unbeachtlich ist hierbei, aus welcher Quelle die Informationen stammen.

10 Die Unterrichtungspflichten nach Abs. 2 bestehen nur bei Verstößen gegen die in Nr. **1 bis 6 abschließend aufgeführten Gesetze.** Verstöße gegen das SchwarzArbG (Nr. 1), gegen die Steuergesetze (Nr. 5) und das AufenthG (Nr. 6) unterliegen dabei generell der Unterrichtungspflicht. Bei Verstößen gegen die Vorschriften zur Ausländerbeschäftigung (Nr. 2), die Mitwirkungs- und Meldepflichten bei Bezug von Sozialleistungen (Nr. 3) und die Verpflichtung zur Zahlung von Sozialversicherungsbeiträgen (Nr. 4) besteht die Unterrichtungspflicht dagegen nur in den in Nr. 2 bis 5 genannten Fällen (vgl. hierzu im Einzelnen Ulber/*Ulber, D.*, § 18 Rn. 19 ff.).

11 Die Pflicht zur Unterrichtung beschränkt sich auf die zur Verfolgung und Ahndung **zuständigen Behörden**, die Träger der Sozialhilfe sowie die Behörden nach § 71 AufenthG. Nur soweit eine Zuständigkeit dieser Behörden bei der Verfolgung von Verstößen i. S. v. Nr. 1 bis 6 gegeben ist, besteht auch eine Unterrichtungspflicht. Verstöße gegen die Steuergesetze nach Nr. 5 sind z. B. nicht den Behörden mitzuteilen, die für die Verfolgung von Verstößen gegen Meldepflichten nach Nr. 3 zuständig sind.

4. Datenübermittlung an BA und Zollverwaltung bei Straftaten nach §§ 15 f. (Abs. 3)

12 Soweit die BA oder die Behörden der Zollverwaltung für die Verfolgung von Ordnungswidrigkeiten zuständig sind (vgl. § 16 Rn. 32 ff.), sind ihnen nach Abs. 3 S. 1 bei Einleitung von Strafverfahren nach §§ 15 f. bestimmte **Daten und Informationen zu übermitteln**. Die Übermittlungspflicht besteht nicht nur bei Ordnungswidrigkeiten nach § 16, sondern umfasst alle Ordnungswidrigkeiten, für die eine Zuständigkeit der BA oder der Zollverwaltung besteht (Thüsing/*Kudlich*, § 18 Rn. 15; Ulber/*Ulber, D.*, § 18 Rn. 46). Adressat der Verpflichtung ist nach Abs. 3 S. 3 die **Staatsanwaltschaft** als Strafverfolgungs- und Strafvollstreckungsbehörde (§§ 152, 451 Abs. 1 StPO).

13 Bei **Einleitung des Strafverfahrens** hat die StA lediglich die Personaldaten des Beschuldigten, den Straftatbestand, die Tatzeit und den Tatort mitzuteilen (Abs. 3 S. 1 Nr. 1). Wird **Anklage erhoben,** ist darüber hinaus auch die das Verfahren abschließende Entscheidung (Einstellungsbeschluss, Urteil u. Ä.) einschließlich ihrer Begründung zu übermitteln (Abs. 3 S. 1 Nr. 2). Bei Verwerfung eines Rechtsmittels ist der abschließenden Entscheidung auch die angefochtene Entscheidung beizufügen (Abs. 3 S. 2).

Die **Verwendung** der nach Abs. 3 S. 1 und 2 übermittelten Daten ist grundsätzlich (zu Ausnahmen vgl. Abs. 3 S. 4; Rn. 15) nur für die **Verfolgung von Ordnungswidrigkeiten** zulässig, für die eine Zuständigkeit von BA oder Zollverwaltung besteht (*Boemke/Lembke*, § 18 Rn. 40; Ulber/*Ulber, D.*, § 18 Rn. 46 f.). Ein Widerruf der Erlaubnis wegen mangelnder Zuverlässigkeit des Verleihers (§ 3 Abs. 1 Nr. 1) kann danach nicht auf Erkenntnisse gestützt werden, die auf der Unterrichtung nach S. 1 und 2 beruht. Bei strafrechtlichen Verurteilungen, die auf Grund mündlicher Verhandlung ergehen, oder bei das Strafverfahren betreffenden Entscheidungen, die auf Grund **allgemein zugänglicher Informationsquellen** bekannt sind, ist die Erlaubnisbehörde jedoch nicht gehindert, Aufgaben wahrzunehmen, die nicht im Zusammenhang mit der Durchführung von Bußgeldverfahren stehen. Sie kann daher insbesondere prüfen, ob die Erlaubnis wegen mangelnder Zuverlässigkeit zu widerrufen ist. **14**

Nach **Abs. 3 S. 4** dürfen die übermittelten Daten in den in Nr. 1 bis 3 abschließend geregelten Fällen auch zu **Zwecken** verwendet werden, die **nicht im Zusammenhang mit der Verfolgung von Ordnungswidrigkeiten** stehen. Nach S. **4 Nr. 1** dürfen die Daten sowohl bei der Verfolgung von Ordnungswidrigkeiten als auch bei anderen Maßnahmen oder Entscheidungen **zugunsten** des AN verwandt werden. Nach **Abs. 3 S. 4 Nr. 2** können Daten über **offene Arbeitsplätze** des AG, die im Zusammenhang mit dem Strafverfahren bekannt geworden sind, (insbesondere zum Zwecke der Arbeitsvermittlung) verwandt werden. **15**

5. Übermittlung von Daten durch Gerichte und Staatsanwaltschaften (Abs. 4)

Abs. 4 ermächtigt Gerichte und Staatsanwaltschaften zur Übermittlung von **Erkenntnissen aus sonstigen** (nicht §§ 15 f. betreffenden) **Verfahren**, die für die Zollverwaltung zur Verfolgung von Ordnungswidrigkeiten nach § 16 Abs. 1 Nr. 1 bis 2 erforderlich sind. Die Voraussetzungen der Soll-Vorschrift sind immer erfüllt, wenn auf Grund gesicherter Erkenntnisse (Abs. 4 S. 2) ein begründeter **Anfangsverdacht** besteht, dass ein Tatbestand von § 16 Abs. 1 Nr. 1 bis 2 erfüllt wurde (Schüren/*Hamann*, § 18 Rn. 87: Thüsing/*Kudlich*, § 18 Rn. 22; Ulber/*Ulber, D.*, § 18 Rn. 54). **16**

Bei der Datenübermittlung ist nach dem Verhältnismäßigkeitsgrundsatz zu prüfen, ob überwiegende **schützwürdige Belange** des Betroffenen oder anderer Verfahrensbeteiligter einer Übermittlung entgegenstehen. Bei der Abwägung ist das öffentliche Interesse an der Verfolgung unter Berücksichtigung von Umfang und Schwere der Tat **17**

§ 18a Ersatzzustellung an den Verleiher

mit den sozialen Folgen einer Datenübermittlung für den Betroffenen sowie der Sicherheit der übermittelten Erkenntnisse abzuwägen. Das Interesse des Betroffenen an einem Unterbleiben des Ordnungswidrigkeitsverfahrens muss dabei grundsätzlich unberücksichtigt bleiben (Ulber/*Ulber, D.*, § 18 Rn. 55).

6. Zusammenarbeit von Zollverwaltung und Finanzämtern (Abs. 5)

18 Die Behörden der Zollverwaltung sind verpflichtet den zuständigen Finanzämtern den Inhalt der Meldungen nach § 17b mitzuteilen. Die Mitteilung ist zwingend. Die Vorschrift entspricht im Wesentlichen § 20 Abs. 1 AEntG. Die Vorschrift soll gewährleisten, dass die Finanzämter prüfen können, ob der Verleiher seinen steuerrechtlichen Pflichten nachkommt.

7. Zusammenarbeit mit ausländischen Behörden (Abs. 6)

19 Abs. 6 regelt den Datenaustausch mit ausländischen Behörden anderer EWR-Vertragsstaaten. Die Vorschrift entspricht im Wesentlichen § 20 Abs. 2 AEntG. Aufgrund Abs. 6 können die Behörden der Zollverwaltung und die übrigen in § 2 des SchwarzArbG genannten Behörden mit ausländischen Behörden Daten austauschen. Voraussetzung ist, dass die ausländischen Behörden (§ 17 Abs. 2) vergleichbare Aufgaben durchführen, für die Bekämpfung illegaler Beschäftigung zuständig sind oder sonst über Informationen verfügen, aus denen sich ergibt, ob der Verleiher seine Pflichten nach § 10 Abs. 5 AÜG erfüllt. Beim Datenaustausch sind die jeweils geltenden datenschutzrechtlichen Vorschriften einzuhalten. Durch Abs. 6 S. 2 wird sichergestellt, dass Regelungen über die internationale Rechtshilfe in Strafsachen unberührt bleiben.

§ 18a Ersatzzustellung an den Verleiher

Für die Ersatzzustellung an den Verleiher auf Grund von Maßnahmen nach diesem Gesetz gilt der im Inland gelegene Ort der konkreten Beschäftigung des Leiharbeitnehmers sowie das vom Verleiher eingesetzte Fahrzeug als Geschäftsraum im Sinne des § 5 Absatz 2 Satz 2 Nummer 1 des Verwaltungszustellungsgesetzes in Verbindung mit § 178 Absatz 1 Nummer 2 der Zivilprozessordnung.

1 Die Vorschrift ist durch das Gesetz zur Änderung des Arbeitnehmerüberlassungsgesetzes und des Schwarzarbeitsbekämpfungsgesetzes neu in das AÜG eingefügt worden. Die Vorschrift übernimmt § 22 AEntG in das AÜG. Sie stellt sicher, dass in Fällen des Einsatzes von Leih-AN durch einen Verleiher mit Sitz im Ausland, der innerhalb des Geltungsbereiches des AÜG über keinen Geschäftsraum verfügt, eine Zustellung erfolgen kann.

2 Die Vorschrift verhindert, dass die Zustellung wegen des Aufenthaltes und des Sitzes des Verleihers im Ausland weder persönlich erfolgen kann (§ 5 Abs. 1 VwZG), noch nach § 5 Abs. 2 S. 2 Nr. 1 VwZG vorgenommen werden kann, weil der Verleiher über keine Geschäftsräume im Inland verfügt. In Ermangelung dieser Möglichkeiten kann die Zustellung auch am Beschäftigungsort der Leih-AN und in einem vom Verleiher eingesetzten Fahrzeug erfolgen. Die Behörden sind befugt das Fahrzeug zum Zwecke der Zustellung anzuhalten (*Ulber*, AEntG, § 22 Rn. 4).

Zustellungsempfänger kann jede im Geschäftsraum des Empfängers beschäftigte Person, also insbesondere die Leih-AN des Verleihers, sein (Koberski/Asshoff/Eustrup/Winkler, § 22 AEntG Rn. 11). **3**

Der Anwendungsbereich der Vorschrift ist auf Zustellungen aufgrund von Maßnahmen nach dem AÜG beschränkt. Für sonstige privatrechtliche Ansprüche ist die Vorschrift nicht anwendbar. **4**

Die Vorschrift korrespondiert mit der Meldeverpflichtung des Entleihers nach § 17b Abs. 1 S. 1 Nr. 3 (vgl. dazu § 17b Rn. 12). Dieser hat in der Meldung den Ort der konkreten Beschäftigung des Leih-AN anzugeben. **5**

§ 19 Übergangsvorschrift

§ 3 Absatz 1 Nummer 3 Satz 4 und § 9 Nummer 2 letzter Halbsatz finden keine Anwendung auf Leiharbeitsverhältnisse, die vor dem 15. Dezember 2010 begründet worden sind.

1. Inkrafttreten der Neuregelungen durch das 1. AÜG-Änderungsgesetz und das Gesetz zur Änderung des Arbeitnehmerüberlassungsgesetzes und des Schwarzarbeitsbekämpfungsgesetzes

Nach Art. 2 S. 2 des 1. AÜG-Änderungsgesetzes traten die Neuregelungen des Gesetzes grundsätzlich am 1.12.2011 in Kraft. Die Vorschrift korrespondiert mit Art. 11 LA-RL, wonach die Umsetzung der Vorschriften der RL spätestens am 5.12.2011 erfolgt sein muss. Abweichend von S. 1 traten nach Art. 2 S. 2 des 1. AÜG-Änderungsgesetzes die Art. 1 Nr. 5 bis 8 und 13 bereits am Tag nach der Verkündung m. W. v. 30.4.2011 in Kraft. Dies betrifft insbesondere die in § Abs. 1 Nr. 3, § 9 Nr. 2 und § 10 Abs. 4 getroffenen Neuregelungen zum Gleichbehandlungsgebot. Daneben sind die zur Lohnuntergrenze in § 3a und § 10 Abs. 5 eingefügten Vorschriften am 29.4.2011 in Kraft getreten. **1**

2. Einschränkung der Drehtürklausel

§ 19 beschränkt die Anwendung der Drehtürklausel (vgl. § 3 Abs. 1 Nr. 3 S. 4 und § 9 Nr. 2 letzter Hs.) auf ArbV, die am 15. Dezember 2010 oder danach begründet wurden. Alle anderen Änderungen des AÜG finden auch auf Altverträge Anwendung (Thüsing/*Thüsing* § 19 Rn. 3). **2**

Anhang

Erste Verordnung über eine Lohnuntergrenze in der Arbeitnehmerüberlassung (LohnUGAÜV 1)

vom 21.12.2011 (BAnz. 2011 Nr. 195 S. 4608)

Eingangsformel

Auf Grund des § 3a Absatz 2 in Verbindung mit Absatz 1, 3 und 5 des Arbeitnehmerüberlassungsgesetzes, der durch Artikel 1 Nummer 6 des Gesetzes vom 28. April 2011 (BGBl. I S. 642) eingefügt worden ist, verordnet das Bundesministerium für Arbeit und Soziales, nachdem es Verleihern und Leiharbeitnehmerinnen und Leiharbeitnehmern sowie den Gewerkschaften und Vereinigungen von Arbeitgebern, die im Geltungsbereich der Verordnung zumindest teilweise tarifzuständig sind, Gelegenheit zur schriftlichen Stellungnahme gegeben hat und der in § 5 Absatz 1 Satz 1 des Tarifvertragsgesetzes genannte Ausschuss befasst wurde:

§ 1 Geltungsbereich

Diese Verordnung findet Anwendung auf alle Arbeitgeber, die als Verleiher Dritten (Entleiher) Arbeitnehmerinnen und Arbeitnehmer (Leiharbeitnehmerinnen und Leiharbeitnehmer) im Rahmen ihrer wirtschaftlichen Tätigkeit überlassen. Diese Verordnung findet auch auf Arbeitsverhältnisse zwischen einem im Ausland ansässigen Verleiher und seinen im Inland beschäftigten Arbeitnehmerinnen und Arbeitnehmern Anwendung.

§ 2 Lohnuntergrenze

(1) Verleiher sind verpflichtet, ihren Leiharbeitnehmerinnen und Leiharbeitnehmern mindestens das in Absatz 2 genannte Bruttoentgelt pro Arbeitsstunde zu zahlen (Mindeststundenentgelt).

Anhang

(2) Das Mindeststundenentgelt beträgt:
1. vom 1. Januar 2012 bis zum 31. Oktober 2012
   a) in den Bundesländern Berlin, Brandenburg, Mecklenburg-Vorpommern, Sachsen, Sachsen-Anhalt und Thüringen   7,01 Euro,
   b) in den übrigen Bundesländern   7,89 Euro;
2. vom 1. November 2012 bis zum 31. Oktober 2013
   a) in den Bundesländern Berlin, Brandenburg, Mecklenburg-Vorpommern, Sachsen, Sachsen-Anhalt und Thüringen   7,50 Euro,
   b) in den übrigen Bundesländern   8,19 Euro.

(3) Es gilt das Mindeststundenentgelt des Arbeitsortes. Auswärtig beschäftigte Leiharbeitnehmerinnen und Leiharbeitnehmer behalten den Anspruch auf das Entgelt ihres Einstellungsortes, soweit dieses höher ist.

(4) Der Anspruch auf das Mindeststundenentgelt wird spätestens am 15. Bankarbeitstag (Referenzort ist Frankfurt am Main) des Monats fällig, der auf den Monat folgt, für den das Mindestentgelt zu zahlen ist. Satz 1 gilt nicht für die über die regelmäßige monatliche Arbeitszeit hinaus entstandenen Arbeitsstunden, wenn eine tarifvertragliche Regelung zur Arbeitszeitflexibilisierung mit einem Arbeitszeitkonto besteht. Das Arbeitszeitkonto darf höchstens 200 Plusstunden umfassen. Zur Beschäftigungssicherung kann das Arbeitszeitkonto bei saisonalen Schwankungen im Einzelfall bis zu 230 Plusstunden umfassen. Beträgt das Arbeitszeitguthaben mehr als 150 Plusstunden, ist der Verleiher verpflichtet, die über 150 Stunden hinausgehenden Plusstunden einschließlich der darauf entfallenden Sozialversicherungsabgaben gegen Insolvenz zu sichern und die Insolvenzsicherung der Leiharbeitnehmerin bzw. dem Leiharbeitnehmer nachzuweisen. Ohne diesen Nachweis darf das Arbeitszeitguthaben höchstens 150 Plusstunden umfassen.

§ 3 Inkrafttreten, Außerkrafttreten

Diese Verordnung tritt am 1. Januar 2012 in Kraft und am 31. Oktober 2013 außer Kraft.

Anhang

Richtlinie 2008/104/EG des Europäischen Parlaments und des Rates vom 19.11.2008 über Leiharbeit

DAS EUROPÄISCHE PARLAMENT UND DER RAT DER EUROPÄISCHEN UNION –

gestützt auf den Vertrag zur Gründung der Europäischen Gemeinschaft, insbesondere auf Artikel 137 Absatz 2,

auf Vorschlag der Kommission,

nach Stellungnahme des Europäischen Wirtschafts- und Sozialausschusses,

nach Anhörung des Ausschusses der Regionen,

gemäß dem Verfahren des Artikels 251 des Vertrags,

in Erwägung nachstehender Gründe:

(1) Diese Richtlinie steht im Einklang mit den Grundrechten und befolgt die in der Charta der Grundrechte der Europäischen Union anerkannten Prinzipien. Sie soll insbesondere die uneingeschränkte Einhaltung von Artikel 31 der Charta gewährleisten, wonach jede Arbeitnehmerin und jeder Arbeitnehmer das Recht auf gesunde, sichere und würdige Arbeitsbedingungen sowie auf eine Begrenzung der Höchstarbeitszeit, auf tägliche und wöchentliche Ruhezeiten sowie auf bezahlten Jahresurlaub hat.

(2) Nummer 7 der Gemeinschaftscharta der sozialen Grundrechte der Arbeitnehmer sieht unter anderem vor, dass die Verwirklichung des Binnenmarktes zu einer Verbesserung der Lebens- und Arbeitsbedingungen der Arbeitnehmer in der Europäischen Gemeinschaft führen muss; dieser Prozess erfolgt durch eine Angleichung dieser Bedingungen auf dem Wege des Fortschritts und betrifft namentlich Arbeitsformen wie das befristete Arbeitsverhältnis, Teilzeitarbeit, Leiharbeit und Saisonarbeit.

(3) Die Kommission hat die Sozialpartner auf Gemeinschaftsebene am 27. September 1995 gemäß Artikel 138 Absatz 2 des Vertrags zu einem Tätigwerden auf Gemeinschaftsebene hinsichtlich der Flexibilität der Arbeitszeit und der Arbeitsplatzsicherheit gehört.

(4) Da die Kommission nach dieser Anhörung eine Gemeinschaftsaktion für zweckmäßig hielt, hat sie die Sozialpartner am 9. April 1996 erneut gemäß Artikel 138 Absatz 3 des Vertrags zum Inhalt des in Aussicht genommenen Vorschlags gehört.

(5) In der Präambel zu der am 18. März 1999 geschlossenen Rahmen-

Anhang

vereinbarung über befristete Arbeitsverträge bekundeten die Unterzeichneten ihre Absicht, die Notwendigkeit einer ähnlichen Vereinbarung zum Thema Leiharbeit zu prüfen und entschieden, Leiharbeitnehmer nicht in der Richtlinie über befristete Arbeitsverträge zu behandeln.

(6) Die allgemeinen branchenübergreifenden Wirtschaftsverbände, nämlich die Union der Industrie- und Arbeitgeberverbände Europas (UNICE), der Europäische Zentralverband der öffentlichen Wirtschaft (CEEP) und der Europäische Gewerkschaftsbund (EGB), haben der Kommission in einem gemeinsamen Schreiben vom 29. Mai 2000 mitgeteilt, dass sie den Prozess nach Artikel 139 des Vertrags in Gang setzen wollen. Sie haben die Kommission in einem weiteren gemeinsamen Schreiben vom 28. Februar 2001 um eine Verlängerung der in Artikel 138 Absatz 4 genannten Frist um einen Monat ersucht. Die Kommission hat dieser Bitte entsprochen und die Verhandlungsfrist bis zum 15. März 2001 verlängert.

(7) Am 21. Mai 2001 erkannten die Sozialpartner an, dass ihre Verhandlungen über Leiharbeit zu keinem Ergebnis geführt hatten.

(8) Der Europäische Rat hat es im März 2005 für unabdingbar gehalten, der Lissabon-Strategie neue Impulse zu geben und ihre Prioritäten erneut auf Wachstum und Beschäftigung auszurichten. Der Rat hat die Integrierten Leitlinien für Wachstum und Beschäftigung (2005–2008) angenommen, die unter gebührender Berücksichtigung der Rolle der Sozialpartner unter anderem der Förderung von Flexibilität in Verbindung mit Beschäftigungssicherheit und der Verringerung der Segmentierung des Arbeitsmarktes dienen sollen.

(9) Im Einklang mit der Mitteilung der Kommission zur sozialpolitischen Agenda für den Zeitraum bis 2010, die vom Europäischen Rat im März 2005 als Beitrag zur Verwirklichung der Ziele der Lissabon-Strategie durch Stärkung des europäischen Sozialmodells begrüßt wurde, hat der Europäische Rat die Ansicht vertreten, dass auf Seiten der Arbeitnehmer und der Unternehmen neue Formen der Arbeitsorganisation und eine größere Vielfalt der Arbeitsverträge mit besserer Kombination von Flexibilität und Sicherheit zur Anpassungsfähigkeit beitragen würden. Im Dezember 2007 hat der Europäische Rat darüber hinaus die vereinbarten gemeinsamen Flexicurity-Grundsätze gebilligt, die auf ein ausgewogenes Verhältnis zwischen Flexibilität und Sicherheit auf dem Arbeitsmarkt abstellen und sowohl Arbeitnehmern als auch Arbeitgebern helfen sollen, die durch die Globalisierung gebotenen Chancen zu nutzen.

(10) In Bezug auf die Inanspruchnahme der Leiharbeit sowie die rechtliche Stellung, den Status und die Arbeitsbedingungen der Leiharbeitnehmer lassen sich innerhalb der Union große Unterschiede feststellen.

(11) Die Leiharbeit entspricht nicht nur dem Flexibilitätsbedarf der

Unternehmen, sondern auch dem Bedürfnis der Arbeitnehmer, Beruf und Privatleben zu vereinbaren. Sie trägt somit zur Schaffung von Arbeitsplätzen und zur Teilnahme am und zur Eingliederung in den Arbeitsmarkt bei.

(12) Die vorliegende Richtlinie legt einen diskriminierungsfreien, transparenten und verhältnismäßigen Rahmen zum Schutz der Leiharbeitnehmer fest und wahrt gleichzeitig die Vielfalt der Arbeitsmärkte und der Arbeitsbeziehungen.

(13) Die Richtlinie 91/383/EWG des Rates vom 25. Juni 1991 zur Ergänzung der Maßnahmen zur Verbesserung der Sicherheit und des Gesundheitsschutzes von Arbeitnehmern mit befristetem Arbeitsverhältnis oder Leiharbeitsverhältnis enthält die für Leiharbeitnehmer geltenden Bestimmungen im Bereich von Sicherheit und Gesundheitsschutz am Arbeitsplatz.

(14) Die wesentlichen Arbeits- und Beschäftigungsbedingungen für Leiharbeitnehmer sollten mindestens denjenigen entsprechen, die für diese Arbeitnehmer gelten würden, wenn sie von dem entleihenden Unternehmen für den gleichen Arbeitsplatz eingestellt würden.

(15) Unbefristete Arbeitsverträge sind die übliche Form des Beschäftigungsverhältnisses. Im Falle von Arbeitnehmern, die einen unbefristeten Vertrag mit dem Leiharbeitsunternehmen geschlossen haben, sollte angesichts des hierdurch gegebenen besonderen Schutzes die Möglichkeit vorgesehen werden, von den im entleihenden Unternehmen geltenden Regeln abzuweichen.

(16) Um der Vielfalt der Arbeitsmärkte und der Arbeitsbeziehungen auf flexible Weise gerecht zu werden, können die Mitgliedstaaten den Sozialpartnern gestatten, Arbeits- und Beschäftigungsbedingungen festzulegen, sofern das Gesamtschutzniveau für Leiharbeitnehmer gewahrt bleibt.

(17) Außerdem sollten die Mitgliedstaaten unter bestimmten, genau festgelegten Umständen auf der Grundlage einer zwischen den Sozialpartnern auf nationaler Ebene geschlossenen Vereinbarung vom Grundsatz der Gleichbehandlung in beschränktem Maße abweichen dürfen, sofern ein angemessenes Schutzniveau gewährleistet ist.

(18) Die Verbesserung des Mindestschutzes der Leiharbeitnehmer sollte mit einer Überprüfung der Einschränkungen oder Verbote einhergehen, die möglicherweise in Bezug auf Leiharbeit gelten. Diese können nur aus Gründen des Allgemeininteresses, vor allem des Arbeitnehmerschutzes, der Erfordernisse von Gesundheitsschutz und Sicherheit am Arbeitsplatz und der Notwendigkeit, das reibungslose Funktionieren des Arbeitsmarktes zu gewährleisten und eventuellen Missbrauch zu verhüten, gerechtfertigt sein.

(19) Die vorliegende Richtlinie beeinträchtigt weder die Autonomie der Sozialpartner, noch sollte sie die Beziehungen zwischen den Sozial-

Anhang

partnern beeinträchtigen, einschließlich des Rechts, Tarifverträge gemäß nationalem Recht und nationalen Gepflogenheiten bei gleichzeitiger Einhaltung des geltenden Gemeinschaftsrechts auszuhandeln und zu schließen.

(20) Die in dieser Richtlinie enthaltenen Bestimmungen über Einschränkungen oder Verbote der Beschäftigung von Leiharbeitnehmern lassen die nationalen Rechtsvorschriften und Gepflogenheiten unberührt, die es verbieten, streikende Arbeitnehmer durch Leiharbeitnehmer zu ersetzen.

(21) Die Mitgliedstaaten sollten für Verstöße gegen die Verpflichtungen aus dieser Richtlinie Verwaltungs- oder Gerichtsverfahren zur Wahrung der Rechte der Leiharbeitnehmer sowie wirksame, abschreckende und verhältnismäßige Sanktionen vorsehen.

(22) Die vorliegende Richtlinie sollte im Einklang mit den Vorschriften des Vertrags über die Dienstleistungs- und Niederlassungsfreiheit, und unbeschadet der Richtlinie 96/71/EG des Europäischen Parlaments und des Rates vom 16. Dezember 1996 über die Entsendung von Arbeitnehmern im Rahmen der Erbringung von Dienstleistungen umgesetzt werden.

(23) Da das Ziel dieser Richtlinie, nämlich die Schaffung eines auf Gemeinschaftsebene harmonisierten Rahmens zum Schutz der Leiharbeitnehmer, auf Ebene der Mitgliedstaaten nicht ausreichend verwirklicht werden kann und daher wegen des Umfangs und der Wirkungen der Maßnahme besser auf Gemeinschaftsebene zu verwirklichen ist, und zwar durch Einführung von Mindestvorschriften, die in der gesamten Europäischen Gemeinschaft Geltung besitzen, kann die Gemeinschaft im Einklang mit dem in Artikel 5 des Vertrags niedergelegten Subsidiaritätsprinzip tätig werden. Entsprechend dem in demselben Artikel genannten Grundsatz der Verhältnismäßigkeit geht diese Richtlinie nicht über das zur Erreichung dieses Ziels erforderliche Maß hinaus –

HABEN FOLGENDE RICHTLINIE ERLASSEN:

KAPITEL I
ALLGEMEINE BESTIMMUNGEN
Artikel 1 Anwendungsbereich

(1) Diese Richtlinie gilt für Arbeitnehmer, die mit einem Leiharbeitsunternehmen einen Arbeitsvertrag geschlossen haben oder ein Beschäftigungsverhältnis eingegangen sind und die entleihenden Unternehmen zur Verfügung gestellt werden, um vorübergehend unter deren Aufsicht und Leitung zu arbeiten.

(2) Diese Richtlinie gilt für öffentliche und private Unternehmen, bei denen es sich um Leiharbeitsunternehmen oder entleihende Unter-

nehmen handelt, die eine wirtschaftliche Tätigkeit ausüben, unabhängig davon, ob sie Erwerbszwecke verfolgen oder nicht.

(3) Die Mitgliedstaaten können nach Anhörung der Sozialpartner vorsehen, dass diese Richtlinie nicht für Arbeitsverträge oder Beschäftigungsverhältnisse gilt, die im Rahmen eines spezifischen öffentlichen oder von öffentlichen Stellen geförderten beruflichen Ausbildungs-, Eingliederungs- und Umschulungsprogramms geschlossen wurden.

Artikel 2 Ziel

Ziel dieser Richtlinie ist es, für den Schutz der Leiharbeitnehmer zu sorgen und die Qualität der Leiharbeit zu verbessern, indem die Einhaltung des Grundsatzes der Gleichbehandlung von Leiharbeitnehmern gemäß Artikel 5 gesichert wird und die Leiharbeitsunternehmen als Arbeitgeber anerkannt werden, wobei zu berücksichtigen ist, dass ein angemessener Rahmen für den Einsatz von Leiharbeit festgelegt werden muss, um wirksam zur Schaffung von Arbeitsplätzen und zur Entwicklung flexibler Arbeitsformen beizutragen.

Artikel 3 Begriffsbestimmungen

(1) Im Sinne dieser Richtlinie bezeichnet der Ausdruck

a) »Arbeitnehmer« eine Person, die in dem betreffenden Mitgliedstaat nach dem nationalen Arbeitsrecht als Arbeitnehmer geschützt ist;

b) »Leiharbeitsunternehmen« eine natürliche oder juristische Person, die nach einzelstaatlichem Recht mit Leiharbeitnehmern Arbeitsverträge schließt oder Beschäftigungsverhältnisse eingeht, um sie entleihenden Unternehmen zu überlassen, damit sie dort unter deren Aufsicht und Leitung vorübergehend arbeiten;

c) »Leiharbeitnehmer« einen Arbeitnehmer, der mit einem Leiharbeitsunternehmen einen Arbeitsvertrag geschlossen hat oder ein Beschäftigungsverhältnis eingegangen ist, um einem entleihenden Unternehmen überlassen zu werden und dort unter dessen Aufsicht und Leitung vorübergehend zu arbeiten;

d) »entleihendes Unternehmen« eine natürliche oder juristische Person, in deren Auftrag und unter deren Aufsicht und Leitung ein Leiharbeitnehmer vorübergehend arbeitet;

e) »Überlassung« den Zeitraum, während dessen der Leiharbeitnehmer dem entleihenden Unternehmen zur Verfügung gestellt wird, um dort unter dessen Aufsicht und Leitung vorübergehend zu arbeiten;

f) »wesentliche Arbeits- und Beschäftigungsbedingungen« die Arbeits- und Beschäftigungsbedingungen, die durch Gesetz, Verordnung, Verwaltungsvorschrift, Tarifvertrag und/oder sonstige verbindliche Bestimmungen allgemeiner Art, die im entleihenden Unternehmen gelten, festgelegt sind und sich auf folgende Punkte beziehen:

Anhang

i) Dauer der Arbeitszeit, Überstunden, Pausen, Ruhezeiten, Nachtarbeit, Urlaub, arbeitsfreie Tage,

ii) Arbeitsentgelt.

(2) Diese Richtlinie lässt das nationale Recht in Bezug auf die Begriffsbestimmungen von »Arbeitsentgelt«, »Arbeitsvertrag«, »Beschäftigungsverhältnis« oder »Arbeitnehmer« unberührt.

Die Mitgliedstaaten dürfen Arbeitnehmer, Arbeitsverträge oder Beschäftigungsverhältnisse nicht lediglich deshalb aus dem Anwendungsbereich dieser Richtlinie ausschließen, weil sie Teilzeitbeschäftigte, befristet beschäftigte Arbeitnehmer oder Personen sind bzw. betreffen, die mit einem Leiharbeitsunternehmen einen Arbeitsvertrag geschlossen haben oder ein Beschäftigungsverhältnis eingegangen sind.

Artikel 4 Überprüfung der Einschränkungen und Verbote

(1) Verbote oder Einschränkungen des Einsatzes von Leiharbeit sind nur aus Gründen des Allgemeininteresses gerechtfertigt; hierzu zählen vor allem der Schutz der Leiharbeitnehmer, die Erfordernisse von Gesundheitsschutz und Sicherheit am Arbeitsplatz oder die Notwendigkeit, das reibungslose Funktionieren des Arbeitsmarktes zu gewährleisten und eventuellen Missbrauch zu verhüten.

(2) Nach Anhörung der Sozialpartner gemäß den nationalen Rechtsvorschriften, Tarifverträgen und Gepflogenheiten überprüfen die Mitgliedstaaten bis zum 5. Dezember 2011 die Einschränkungen oder Verbote des Einsatzes von Leiharbeit, um festzustellen, ob sie aus den in Absatz 1 genannten Gründen gerechtfertigt sind.

(3) Sind solche Einschränkungen oder Verbote durch Tarifverträge festgelegt, so kann die Überprüfung gemäß Absatz 2 von denjenigen Sozialpartnern durchgeführt werden, die die einschlägige Vereinbarung ausgehandelt haben.

(4) Die Absätze 1, 2 und 3 gelten unbeschadet der nationalen Anforderungen hinsichtlich der Eintragung, Zulassung, Zertifizierung, finanziellen Garantie und Überwachung der Leiharbeitsunternehmen.

(5) Die Mitgliedstaaten informieren die Kommission über die Ergebnisse der Überprüfung gemäß den Absätzen 2 und 3 bis zum 5. Dezember 2011.

KAPITEL II
ARBEITS- UND BESCHÄFTIGUNGSBEDINGUNGEN
Artikel 5 Grundsatz der Gleichbehandlung

(1) Die wesentlichen Arbeits- und Beschäftigungsbedingungen der Leiharbeitnehmer entsprechen während der Dauer ihrer Überlassung an ein entleihendes Unternehmen mindestens denjenigen, die für sie

Anhang

gelten würden, wenn sie von jenem genannten Unternehmen unmittelbar für den gleichen Arbeitsplatz eingestellt worden wären.

Bei der Anwendung von Unterabsatz 1 müssen die im entleihenden Unternehmen geltenden Regeln in Bezug auf

a) den Schutz schwangerer und stillender Frauen und den Kinder- und Jugendschutz sowie

b) die Gleichbehandlung von Männern und Frauen und sämtliche Maßnahmen zur Bekämpfung von Diskriminierungen aufgrund des Geschlechts, der Rasse oder der ethnischen Herkunft, der Religion oder Weltanschauung, einer Behinderung, des Alters oder der sexuellen Orientierung

so eingehalten werden, wie sie durch Gesetze, Verordnungen, Verwaltungsvorschriften, Tarifverträge und/oder sonstige Bestimmungen allgemeiner Art festgelegt sind.

(2) In Bezug auf das Arbeitsentgelt können die Mitgliedstaaten nach Anhörung der Sozialpartner die Möglichkeit vorsehen, dass vom Grundsatz des Absatzes 1 abgewichen wird, wenn Leiharbeitnehmer, die einen unbefristeten Vertrag mit dem Leiharbeitsunternehmen abgeschlossen haben, auch in der Zeit zwischen den Überlassungen bezahlt werden.

(3) Die Mitgliedstaaten können nach Anhörung der Sozialpartner diesen die Möglichkeit einräumen, auf der geeigneten Ebene und nach Maßgabe der von den Mitgliedstaaten festgelegten Bedingungen Tarifverträge aufrechtzuerhalten oder zu schließen, die unter Achtung des Gesamtschutzes von Leiharbeitnehmern Regelungen in Bezug auf die Arbeits- und Beschäftigungsbedingungen von Leiharbeitnehmern, welche von den in Absatz 1 aufgeführten Regelungen abweichen können, enthalten können.

(4) Sofern Leiharbeitnehmern ein angemessenes Schutzniveau gewährt wird, können Mitgliedstaaten, in denen es entweder kein gesetzliches System, durch das Tarifverträge allgemeine Gültigkeit erlangen, oder kein gesetzliches System bzw. keine Gepflogenheiten zur Ausweitung von deren Bestimmungen auf alle vergleichbaren Unternehmen in einem bestimmten Sektor oder bestimmten geografischen Gebiet gibt, – nach Anhörung der Sozialpartner auf nationaler Ebene und auf der Grundlage einer von ihnen geschlossenen Vereinbarung – Regelungen in Bezug auf die wesentlichen Arbeits- und Beschäftigungsbedingungen von Leiharbeitnehmern festlegen, die vom Grundsatz des Absatzes 1 abweichen. Zu diesen Regelungen kann auch eine Wartezeit für Gleichbehandlung zählen.

Die in diesem Absatz genannten Regelungen müssen mit den gemeinschaftlichen Bestimmungen in Einklang stehen und hinreichend präzise und leicht zugänglich sein, damit die betreffenden Sektoren und Firmen ihre Verpflichtungen bestimmen und einhalten können. Insbesondere müssen die Mitgliedstaaten in Anwendung des Artikels 3 Absatz 2 angeben, ob betriebliche Systeme der sozialen Sicherheit, einschließlich Rentensysteme, Systeme zur Lohnfortzahlung im Krankheitsfall oder Systeme der finanziellen Beteiligung, zu den in Absatz 1 genannten wesentlichen Arbeits- und Beschäftigungsbedingungen zählen. Solche Vereinbarungen lassen Vereinbarungen auf nationaler, regionaler, lokaler oder sektoraler Ebene, die für Arbeitnehmer nicht weniger günstig sind, unberührt.

(5) Die Mitgliedstaaten ergreifen die erforderlichen Maßnahmen gemäß ihren nationalen Rechtsvorschriften und/oder Gepflogenheiten, um eine missbräuchliche Anwendung dieses Artikels zu verhindern und um insbesondere aufeinander folgende Überlassungen, mit denen die Bestimmungen der Richtlinie umgangen werden sollen, zu verhindern. Sie unterrichten die Kommission über solche Maßnahmen.

Artikel 6 Zugang zu Beschäftigung, Gemeinschaftseinrichtungen und beruflicher Bildung

(1) Die Leiharbeitnehmer werden über die im entleihenden Unternehmen offenen Stellen unterrichtet, damit sie die gleichen Chancen auf einen unbefristeten Arbeitsplatz haben wie die übrigen Arbeitnehmer dieses Unternehmens. Diese Unterrichtung kann durch allgemeine Bekanntmachung an einer geeigneten Stelle in dem Unternehmen erfolgen, in dessen Auftrag und unter dessen Aufsicht die Leiharbeitnehmer arbeiten.

(2) Die Mitgliedstaaten ergreifen die erforderlichen Maßnahmen, damit Klauseln, die den Abschluss eines Arbeitsvertrags oder die Begründung eines Beschäftigungsverhältnisses zwischen dem entleihenden Unternehmen und dem Leiharbeitnehmer nach Beendigung seines Einsatzes verbieten oder darauf hinauslaufen, diese zu verhindern, nichtig sind oder für nichtig erklärt werden können.

Dieser Absatz lässt die Bestimmungen unberührt, aufgrund deren Leiharbeitsunternehmen für die dem entleihenden Unternehmen erbrachten Dienstleistungen in Bezug auf Überlassung, Einstellung und Ausbildung von Leiharbeitnehmern einen Ausgleich in angemessener Höhe erhalten.

(3) Leiharbeitsunternehmen dürfen im Gegenzug zur Überlassung an ein entleihendes Unternehmen oder in dem Fall, dass Arbeitnehmer nach beendigter Überlassung mit dem betreffenden entleihenden Unternehmen einen Arbeitsvertrag abschließen oder ein Beschäftigungsverhältnis eingehen, kein Entgelt von den Arbeitnehmern verlangen.

(4) Unbeschadet des Artikels 5 Absatz 1 haben Leiharbeitnehmer in dem entleihenden Unternehmen zu den gleichen Bedingungen wie die unmittelbar von dem Unternehmen beschäftigten Arbeitnehmer Zugang zu den Gemeinschaftseinrichtungen oder -diensten, insbesondere

zur Gemeinschaftsverpflegung, zu Kinderbetreuungseinrichtungen und zu Beförderungsmitteln, es sei denn, eine unterschiedliche Behandlung ist aus objektiven Gründen gerechtfertigt.

(5) Die Mitgliedstaaten treffen die geeigneten Maßnahmen oder fördern den Dialog zwischen den Sozialpartnern nach ihren nationalen Traditionen und Gepflogenheiten mit dem Ziel,

a) den Zugang der Leiharbeitnehmer zu Fort- und Weiterbildungsangeboten und Kinderbetreuungseinrichtungen in den Leiharbeitsunternehmen – auch in der Zeit zwischen den Überlassungen – zu verbessern, um deren berufliche Entwicklung und Beschäftigungsfähigkeit zu fördern;

b) den Zugang der Leiharbeitnehmer zu den Fort- und Weiterbildungsangeboten für die Arbeitnehmer der entleihenden Unternehmen zu verbessern.

Artikel 7 Vertretung der Leiharbeitnehmer

(1) Leiharbeitnehmer werden unter Bedingungen, die die Mitgliedstaaten festlegen, im Leiharbeitsunternehmen bei der Berechnung des Schwellenwertes für die Einrichtung der Arbeitnehmervertretungen berücksichtigt, die nach Gemeinschaftsrecht und nationalem Recht oder in den Tarifverträgen vorgesehen sind.

(2) Die Mitgliedstaaten können unter den von ihnen festgelegten Bedingungen vorsehen, dass Leiharbeitnehmer im entleihenden Unternehmen bei der Berechnung des Schwellenwertes für die Einrichtung der nach Gemeinschaftsrecht und nationalem Recht oder in den Tarifverträgen vorgesehenen Arbeitnehmervertretungen im gleichen Maße berücksichtigt werden wie Arbeitnehmer, die das entleihende Unternehmen für die gleiche Dauer unmittelbar beschäftigen würde.

(3) Die Mitgliedstaaten, die die Option nach Absatz 2 in Anspruch nehmen, sind nicht verpflichtet, Absatz 1 umzusetzen.

Artikel 8 Unterrichtung der Arbeitnehmervertreter

Unbeschadet strengerer und/oder spezifischerer einzelstaatlicher oder gemeinschaftlicher Vorschriften über Unterrichtung und Anhörung und insbesondere der Richtlinie 2002/14/EG des Europäischen Parlaments und des Rates vom 11. März 2002 zur Festlegung eines allgemeinen Rahmens für die Unterrichtung und Anhörung der Arbeitnehmer in der Europäischen Gemeinschaft hat das entleihende Unternehmen den gemäß einzelstaatlichem und gemeinschaftlichem Recht eingesetzten Arbeitnehmervertretungen im Zuge der Unterrichtung über die Beschäftigungslage in dem Unternehmen angemessene Informationen über den Einsatz von Leiharbeitnehmern in dem Unternehmen vorzulegen.

Anhang

KAPITEL III
SCHLUSSBESTIMMUNGEN

Artikel 9 Mindestvorschriften

(1) Diese Richtlinie lässt das Recht der Mitgliedstaaten unberührt, für Arbeitnehmer günstigere Rechts- und Verwaltungsvorschriften anzuwenden oder zu erlassen oder den Abschluss von Tarifverträgen oder Vereinbarungen zwischen den Sozialpartnern zu fördern oder zuzulassen, die für die Arbeitnehmer günstiger sind.

(2) Die Durchführung dieser Richtlinie ist unter keinen Umständen ein hinreichender Grund zur Rechtfertigung einer Senkung des allgemeinen Schutzniveaus für Arbeitnehmer in den von dieser Richtlinie abgedeckten Bereichen. Dies gilt unbeschadet der Rechte der Mitgliedstaaten und/oder der Sozialpartner, angesichts sich wandelnder Bedingungen andere Rechts- und Verwaltungsvorschriften oder vertragliche Regelungen festzulegen als diejenigen, die zum Zeitpunkt des Erlasses dieser Richtlinie gelten, sofern die Mindestvorschriften dieser Richtlinie eingehalten werden.

Artikel 10 Sanktionen

(1) Für den Fall der Nichteinhaltung dieser Richtlinie durch Leiharbeitsunternehmen oder durch entleihende Unternehmen sehen die Mitgliedstaaten geeignete Maßnahmen vor. Sie sorgen insbesondere dafür, dass es geeignete Verwaltungs- oder Gerichtsverfahren gibt, um die Erfüllung der sich aus der Richtlinie ergebenden Verpflichtungen durchsetzen zu können.

(2) Die Mitgliedstaaten legen die Sanktionen fest, die im Falle eines Verstoßes gegen die einzelstaatlichen Vorschriften zur Umsetzung dieser Richtlinie Anwendung finden, und treffen alle erforderlichen Maßnahmen, um deren Durchführung zu gewährleisten. Die Sanktionen müssen wirksam, angemessen und abschreckend sein. Die Mitgliedstaaten teilen der Kommission diese Bestimmungen bis zum 5. Dezember 2011 mit. Die Mitgliedstaaten melden der Kommission rechtzeitig alle nachfolgenden Änderungen dieser Bestimmungen. Sie stellen insbesondere sicher, dass die Arbeitnehmer und/oder ihre Vertreter über angemessene Mittel zur Erfüllung der in dieser Richtlinie vorgesehenen Verpflichtungen verfügen.

Artikel 11 Umsetzung

(1) Die Mitgliedstaaten setzen die erforderlichen Rechts- und Verwaltungsvorschriften in Kraft und veröffentlichen sie, um dieser Richtlinie bis spätestens zum 5. Dezember 2011 nachzukommen, oder sie vergewissern sich, dass die Sozialpartner die erforderlichen Vorschriften im Wege von Vereinbarungen festlegen; dabei sind die Mitgliedstaaten gehalten, die erforderlichen Vorkehrungen zu treffen, damit sie

jederzeit gewährleisten können, dass die Ziele dieser Richtlinie erreicht werden. Sie setzen die Kommission unverzüglich davon in Kenntnis.

(2) Wenn die Mitgliedstaaten diese Maßnahmen erlassen, nehmen sie in den Vorschriften selbst oder durch einen Hinweis bei deren amtlicher Veröffentlichung auf diese Richtlinie Bezug. Die Mitgliedstaaten regeln die Einzelheiten der Bezugnahme.

Artikel 12 Überprüfung durch die Kommission

Die Kommission überprüft im Benehmen mit den Mitgliedstaaten und den Sozialpartnern auf Gemeinschaftsebene die Anwendung dieser Richtlinie bis zum 5. Dezember 2013, um erforderlichenfalls die notwendigen Änderungen vorzuschlagen.

Artikel 13 Inkrafttreten

Diese Richtlinie tritt am Tag ihrer Veröffentlichung im Amtsblatt der Europäischen Union in Kraft.

Artikel 14 Adressaten

Diese Richtlinie ist an die Mitgliedstaaten gerichtet.

Geschehen zu Straßburg am 19. November 2008.

Stichwortverzeichnis

Die **halbfett** gedruckten Zahlen verweisen auf die jeweiligen Paragrafen des AÜG, die mager gedruckten Zahlen auf die jeweiligen Randnummern.

A1-Bescheinigung Einl. 59
AGG 12, 26, 30; **14**, 127
Abschlussverbot 9,108 ff.
Abwerbeverbot 9, 97 ff.
Abwicklungsfrist 2, 29 ff, 34 ff.; **4**, 9 f., 13; **6**, 3; **5**, 11; **9**, 9 f., 18; **10**, 15; 11, 44; **12**, 73; **15**, 14
Änderungskündigung
– Absenkung Arbeitsentgelt **1**, 14, 93; **14**, 42; **19**, 3
– fingiertes Arbeitsverhältnis **10**, 32, 44
– Konzern **1**, 211 f.
– Stammarbeitnehmer **14**, 265
– Verpflichtung zur Leiharbeit **1**, 54, 210; **14**, 213
Ankündigungsfrist 1, 80
Annahmeverzug 11, 53 ff.
Antragsverfahren 2
Anwerbung 3, 37
Anzeige
– Anzeigeberechtigung **3**, 12; **14**, 118
– Anzeigepflicht **1a**
– Betriebsänderung **7**, 7 f.
– Einschreiten der BA **3**, 12; **7**, 18; **16**, 33; **18**, 2, 7
– Konzernleihe **1**, 169
– Ordnungswidrigkeit **16**, 18 f., 33
Anzeigepflicht 7
– Betriebsänderungen **7**, 5 f.
– illegale ANÜ **7**, 4
– Vertretungsbefugnis **7**, 7
Anzeigepflichtige Arbeitnehmerüberlassung 1a
– Anzeige **1a**, 16 ff.
– Arbeitsvertrag **9**, 21
– Erlaubnis **9**, 5, 16
– Gleichstellungsanspruch **1a**, 19
– Höchstüberlassungsdauer **1a**, 11 ff.
– Kleinunternehmer **1a**, 5 ff.
– Mitbestimmung **1a**, 23 ff.

– Vermeidung von Kurzarbeit und Entlassungen **1a**, 8 ff.
– Verstoß **16** 18 f.
Arbeit auf Abruf 1, 98; **11**, 23, 61; **14**, 78
Arbeitgeberpflichten Entleiher
– Arbeitgeberstellung **1**, 9
– Arbeitsschutz **12**, 45; **14**, 111 f.
– Beschäftigungspflicht **12**, 43
– Betriebsvereinbarung **14**, 143
– Fürsorgepflichten **1**, 69; **14**, 127; **12**, 45
– Gleichbehandlungspflichten **1**, 69; **12**, 46; **14**, 125 ff.
– Unterkunft **14**, 177
– Unterrichtungspflichten **14**, 20, 110 ff.
– Zeugnis **12**, 44
Arbeitgeberpflichten Verleiher 1, 108 ff.
– Arbeitgeberstellung **Einl.** 35; **1**, 15 ff., 20 f.
– Arbeitsschutz **12**, 45
– Beschäftigungspflicht **1**, 109, **12**, 43; **3**, 54
– Betriebsverfassung **14**, 92
– Einstellung **14**, 52
– Einwirkungspflicht **1**, 110
– Erlaubnis **3**, 42 ff., 54
– Fürsorgepflichten **1**, 63; **3**, 47
– Gleichbehandlungspflichten **1**, 62; **14**, 33
– Kontrollpflichten **1**, 65; **3**, 24, 27, 56
– Persönlichkeitsschutz **1**, 64
– Urlaubsgewährung **1**, 115 f.
– Vergütungspflicht **1**, 108
– Verstöße **3**, 42 ff.
– Zeugnis **12**, 44; **14**, 39
Arbeitnehmerentsendegesetz Einl. 59; **1**, 4, 154; **1b** 17, 29 **3**, 42, 50

Stichwortverzeichnis

Arbeitnehmerüberlassung
- Abgrenzung Arbeitsvermittlung **Einl.** 34; **1**, 128 ff.; **12**, 23
- Abordnung 1, 143, 147, 153 f.; **14**, 299
- Anzeigepflichtige **1 a**, 3 ff.; **9**, 5
- Auslandsbezug **Einl.** 53 ff.; **3**, 67 ff.; **17 b** 2 ff.
- Arge **1**, 148 f.
- Austausch des Arbeitnehmers **12**, 28, 34, 36 f.; **14**, 203, 222
- Auswahlverschulden **12**, 26, 29 ff., 36 ff.
- Baubetriebe **1 a**, 3 ff.
- Beschaffungsrisiko **12**, 17
- Funktion **Einl.** 1; **12**, 8; **14**, 8
- gelegentliche **1**, 218 a ff.
- Gewerbsmäßigkeit **1**, 119 ff., 132, 155, 194; **1 b**, 1; **2**, 56
- Hilfsfunktionen **Einl.** 36; **1**, 13, 130
- Kettenverleih **1**, 17
- Konzern **1**, 189 ff.
- Kleinunternehmen **1 a**;
- Nichtgewerbsmäßige **1**, 119 ff.
- Nicht- EU- Staaten **3**, 67 ff.
- Neuregelung **19** 1 f.
- Öffentlicher Dienst **14**, 296 f.
- Rahmenregelung **14**, 198 ff., 259
- Schlechtleistung **12**, 38, 41
- Schwerpunkt des Arbeitsverhältnisses **Einl.** 13, 35 f.
- Strafbarkeit bei illegalem Ver-/Entleih von ausl. Leih-AN **15**; **15 a**
- Strohmann **1**, 129 f.
- Überlassen **1**, 10 ff.
- Unbefristete **Einl.** 35; **1**, 128, 131; **14**, 8
- Untersagungsverfügung **6**, 5 ff.
- Verbot **1**, 1
- Vermeidung von Entlassungen **1**, 177 ff.; **14**, 213
- Vermeidung von Kurzarbeit **1**, 172 ff.; **1 a**, 8 ff.; **14**, 213
- Vertragsbeziehungen **1**, 6
- vorübergehende **1**, 130 ff.
- Weisungsgebundene Tätigkeit **1**, 14; **1 a**, 8 ff.; **14**, 286, 289
- Zurechenbarkeit **1**, 12
- Zwischenstaatliche Vereinbarung **1**, 219 ff.

Arbeitnehmerüberlassungsvertrag
- Abwerbeverbot **9**, 97 ff.
- Arbeitgeberpflichten **12**, 7
- Auflage **9**, 9; **12**, 56
- aufschiebende Bedingung **2**, 4; **6**, 5
- Auskunftsanspruch **12**, 44; **14**, 138 f.
- Auslandsbezug **Einl.** 53; **17 b**, 2 ff.
- Bau **1 b**, 9: **9**, 8
- Beendigung **12**, 25
- Betrieb **1**, 8
- Betriebsübergang **14**, 192
- Betriebsvereinbarung **14**, 32, 72, 147, 159, 188
- Einstellung **14**, 271
- Einstellungsverbot **9**, 97 ff.
- Erlaubnis **9**, 5 ff.; **12**, 54 ff.
- Falschangaben **12**, 67
- Geschäftswille **1**, 12; **9**, 6
- Gestaltungspflichten **14**, 72, 147
- Laufzeit **12**, 8, 25
- Leistungspflichten **12**, 22 ff.
- Mindestinhalt **12**, 53 ff.
- Mitbestimmung **14**, 160, 232
- Rahmenvertrag **12**, 11, 13; **16**, 10
- Rückabwicklung **9**, 11 ff.; **12**, 19 ff.
- Schadensersatz **9**, 15
- Schriftform **12**, 3, 11 ff.
- Tarifvertrag **12**, 16, 66, 69 ff.
- Tätigkeitsprofil **12**, 3, 59 ff.
- Übertragung Weisungsrecht **12**, 5 ff.
- Unwirksamkeit **9**, 5 ff.; **12**, 15, 67
- Vergütungspflicht **12**, 40 f., 50; **14**, 166
- Vermittlungsprovision **9**, 103 ff.
- Vorlagepflicht **14**, 38, 62, 138 f., 207, 232

Arbeitsbedingungen
- Änderungskündigung **1**, 93; **19**, 3
- Arbeitsvertrag **1**, 95; **9**, 53
- Betriebsübergang **14**, 192
- Betriebsvereinbarung **14**, 32
- Diskriminierende **15 a**, 9 ff., 21
- Erkundungspflichten **15 a**, 20 f.
- Fingiertes Arbeitsverhältnis **10**, 34 ff.
- Gleichstellungspflichten **1**, 99; **9**, 41 ff.
- Mindestarbeitsbedingungen **1**, 92; **15 a**, 11
- Missverhältnis **15 a**, 11
- Strafbarkeit **15**, 37
- Tarifvertrag zur ANÜ **1**, 94; **12**, 49 ff.
- Unterrichtungspflichten **14**, 20
- Wesentliche **9**, 41 ff., **12**, 64 ff.

Arbeitsentgelt 9, 48 ff.

Stichwortverzeichnis

- Arbeitnehmerüberlassungsvertrag **12**, 50, 65
- Arbeitsvertragliche Absprache **9**, 53; **10**, 57
- Auskunftsanspruch **13**; **14**, 109
- Auszahlung **14**, 85, 171
- Betriebsvereinbarung **9**, 54; **14**, 189
- Betriebsversammlung **14**, 19
- Eingruppierung **14**, 225
- Erlaubnis **3**, 44
- Gleichbehandlung **9**, 48 ff.
- Kurzarbeit **14**, 170
- Leistungslohn **12**, 70
- Lohnwucher **15 a**, 7
- Mindestentgelt **1**, 104; **9**, 33
- Mischbetrieb **1**, 102
- Nachweisurkunde **11**, 19 ff.
- Nichtzahlung **1**, 107
- Regelungslücken des TV **1**, 103; **10**, 61
- Reisezeiten, **1**, 79; **14**, 19
- Sittenwidrigkeit **1**, 101, 104 f.; **9**, 87; **15 a**, 11
- Sprechstunden des Betriebsrats **14**, 18
- Tarifvertrag zur ANÜ **1**, 103 ff.; **10**, 57; **12**, 49 ff.
- Umgruppierung **14**, 227, 230
- Vergütungspflichten **1**, 100 ff.; **9**, 48 ff.
- Verleihfreie Zeiten **1**, 106; **9**, 90 b; **10**, 59
- Veruntreuung **15**, 33

Arbeitserlaubnis (s. Aufenthaltstitel)
Arbeitsgemeinschaft 1, 137 ff.
Arbeitskampf Einl. 27, 31; **11**, 76; **14**, 130
Arbeitsort 1, 78 f.; **11**, 17
Arbeitspflichten 1, 76 ff.
- Arbeitnehmerüberlassungsvertrag **1**, 83; **12**, 47
- Anreise zum Entleiher **1**, 76
- Einsatzgebiet **1**, 78; **11**, 17
- Leistungsverweigerungsrecht **1**, 84
- Nachweisurkunde **11**, 18
- Nebentätigkeit **1**, 88
- Normalleistung **1**, 80
- Umfang **1**, 81

Arbeitsschutz 3, 39 ff.; **11**, 81 ff.
- ausländischer Verleiher **Einl.** 59
- Betriebsvereinbarung **11**, 84; **14**, 190
- Entleiher **11**, 83; **12**, 45 **14**, 111 f., 131, 137
- Erlaubnis **3**, 39 ff.
- Gewährleistung **11**, 81 ff.; **12**, 33
- Mitbestimmung **14**, 87, 112
- Unterweisungspflichten **11**, 85; **14**, 111
- Verleiher **11**, 87 ff.
- Verstöße **11**, 88 f.
- Werkvertrag **14**, 282

Arbeitsvermittlung
- Abgrenzung zur ANÜ **Einl.** 5, 34 ff.; **1**, 128 ff.
- Arbeitskampf **11**, 76
- Arbeitsverhältnis **Einl.** 37; **1**129 f., 158, 162, 200
- Beschäftigungsrisiko **1**, 19
- Betriebsrat **4**, 52
- Betriebszugehörigkeit **14**, 8 f.
- Dauerhafte Überlassung **14**, 8 f.
- Definition **Einl.** 34
- Erlaubnis **3**, 35 ff.
- Nichtgewerbsmäßige ANÜ **3**, 6
- Provision **9**, 103
- Schwerpunkttheorie **Einl.** 36; **1**, 128
- Strafbarkeit **15**, 22
- Vermutete **1**, 155 ff.

Arbeitsverhältnis mit Entleiher
- vermutete Arbeitsvermittlung **1**, 161 ff.
- vertragliche Begründung **1**, 87

Arbeitsvertragliche Bezugnahme 9, 91 ff.
- Ablehnung **10**, 61
- Baubetrieb **1 b**, 20, 28
- Betriebsvereinbarung **14**, 75
- Gemeinschaftsrecht **9**, 91 a
- Mischbetrieb **1**, 102
- Nachweispflichten **11**, 27
- Tarifvertrag zur Arbeitnehmerüberlassung **9**, 91 ff.
- Unwirksamkeit **9**, 20, 26, 92 ff.

Arbeitszeit
- Arbeit auf Abruf **11**, 23; **14**, 23, 63
- Arbeitnehmerüberlassungsvertrag **12**, 33
- Arbeitsbereitschaft **11**, 63
- arbeitsvertragliche Absprache **1**, 97; **9**, 45; **14**, 80, 164
- Arbeitszeitkonten **3**, 45, 66; **11**, 64 ff.; **14**, 166
- Aufzeichnung **16**, 25 i f.; **17 c**, 4 ff.
- Bereitschaftsdienst **11**, 63; **14**, 164
- Betriebsversammlung **14**, 108

Stichwortverzeichnis

- flexible Arbeitszeit **11**, 23, 64 ff.; **14**, 164, 166
- Kurzarbeit **14**, 170
- Mehrarbeit **14**, 168 f.
- Mitbestimmung **14**, 78 ff., 131, 164
- Nachweisurkunde **11**, 22
- Rufbereitschaft **11**, 63
- Wegezeiten **1**, 62

Arge 1, 137 ff.
- Abordnung **1**, 143, 147, 153 f.
- Ausländisches Unternehmen **1**, 153 f.
- Freistellung **1**, 146
- Tarifbindung **1**, 144
- Werkvertrag **1**, 139

Aufenthaltstitel
- Auskunftsanspruch **Einl.** 64
- Erforderlichkeit **Einl.** 60 ff.
- Erlaubnis **3**, 38, 72
- EU- Beitrittstaaten **Einl.** 61, 63
- Fehlerhaftes Arbeitsverhältnis **Einl.** 63; **15**, 20
- Leiharbeitnehmer **Einl.** 62 f.
- Nachweis **11**, 13
- Ordnungswidrigkeit **16**, 14 ff.
- Prüfungspflicht **Einl.** 64; **3**, 38; **33**, 13 **15** 26 ff.; **15 a**, 20 f.; **16**, 15;
- Strafbarkeit **15**, 16 ff.; **15 a**, 20 f.
- Vorlage **14**, 54, 131, 250

Aufhebungsvertrag 1, 41 f.
Auflage 2, 22 f.; **3**, 16; **4**, 5 f.; **12**, 56

Aufwendungsersatz
- Betriebsversammlung **14**, 19, 108
- Erlaubnis **3**, 38, 44
- Reisekosten **1**, 89: **10**, 62
- Übernachtungskosten **1**, 89

AÜG
- Entstehungsgeschichte **Einl.** 2 ff.
- Schutzzweck **Einl.** 4

Aushilfsarbeitsverhältnis 11, 49 f., 58

Auskunftspflicht
- Arbeitsentgelt **10**, 82; **13**; **14**, 20
- Betriebsrat **7**, 8
- Einstellung **14**, 231 ff.
- Entleiher **12**, 59, 66; **13**
- Erlaubnisbehörde **2**, 1
- fingiertes Arbeitsverhältnis **10**, 12, 49
- Leistungsbeurteilung **10**, 82
- Verleiher **7**, 8; **10**, 49
- Verstöße **7**, 10; **16**, 21
- Wesentliche Arbeitsbedingungen **10**, 82

Ausländische Arbeitnehmer
- Abschiebekosten **15**, 42
- Arbeitsbedingungen **15**, 37 **15 a**, 21
- Aufenthaltstitel **Einl.**
- Beschäftigungsverbot als Leiharbeitnehmer **Einl.** 61, 63; **11**, 13; **12**, 30
- Betriebsrat **14**, 54
- E- 101-Bescheinigung **Einl.** 59; **15**, 33
- Einsatz als Leiharbeitnehmer **Einl.** 61
- Erlaubnis zur ANÜ **3**, 38; **15**, 9 ff.
- Illegale Beschäftigung **15**, 2 ff.; **16**, 2
- Inländergleichbehandlung **Einl.** 60
- Nachweispflichten **11**, 13, 34 f.
- Ordnungswidrigkeit **16**, 2, 14 ff.
- Prüfung des Aufenthaltstitels **Einl.** 64; **14**, 250
- Strafbarkeit **16**, 2

Auslandsbezug von ANÜ Einl. 53 ff.; **3**, 67 ff.
- Arbeitsschutz **Einl.** 59; **3**, 39, 42
- Arbeitsvertrag **Einl.** 56; **1**, 78
- Ausländische Verleiher **Einl.** 57 f.; **1**, 219; **1 b**, 26 ff.; **3**, 39, 42, 67 ff.; **3 a**, 2; **17 a**, 2 ff.
- Bau **1 b**, 6, 26 ff.
- Erlaubnis **Einl.** 54; **3**, 67 ff.
- EU- Beitrittstaaten **Einl.** 58; **3**, 71
- Mindestlohn **Einl.** 55, 59; **3 a**
- Ordnungswidrigkeiten **16**, 4
- Nachweispflichten **11**, 29
- Sozialabgaben **Einl.** 59
- Strafbarkeit **15**, 19; **15 a**, 4 ff.

Aussageverweigerungsrecht 7, 34 ff.; **16**, 21

Ausschlussfristen 10, 84 ff.
- AGB-Kontrolle **9**, 95
- Bezugnahme **9**, 95
- TV zur ANÜ **9**, 46

Austauschkündigung Einl. 24; **14**, 212, 265

Auswahlrichtlinie 14, 197 ff.
Auszubildende 1, 25

Baubetrieb 1 b, 7 f.
Baugewerbe
- Ausländischer Verleiher **1 b**, 22, 26 ff.
- Ausschluss vom Wettbewerb **15**, 41; **15 a**, 24
- Baubetrieb **1 b**, 7 f.
- Bauleistungen **1**, 4

Stichwortverzeichnis

- deutsch-ausländisches Gemeinschaftsunternehmen **1**, 220
- Erlaubnis **9**, 8,17
- Fingiertes Arbeitsverhältnis **1b**, 12; **9**, 8; **10**, 6
- gewerbsmäßige ANÜ **1b**, 2
- illegale Ausländerbeschäftigung **15**
- Konzernleihe **1**, 191
- Leiharbeitsvertrag **9**, 17
- Ordnungswidrigkeit **16**, 11 ff., 31
- sektorales Verbot der ANÜ **Einl.** 6; **1b**, 1
- Untersagungsverfügung **6**, 2
- Zustimmungsverweigerung **14, 1**, 254

Bedingung 2, 21 ff.

Befristung 1, 30 ff.
- Beschäftigungsrisiko **11**, 58
- Erlaubnis **3**, 46
- Nachweis **11**, 9, 16
- sachgrundlose **1**, 33
- sachlicher Grund **1**, 31 ff.; **14**, 268, 269
- Zustimmungsverweigerung **14**, 50

Benachteiligungsverbot 14, 116 ff.

Beschäftigungsrisiko Einl. 3, 21 ff.; **1**, 17 ff., 32; **11**, 47 ff.
- Abgrenzung zur Arbeitsvermittlung **Einl.** 35; **12**, 7
- Arbeitnehmerüberlassungsvertrag **12**, 7
- Arbeitszeitkonto **11** 64 ff.
- Befristung **1**, 31 ff.; **11**, 58
- Einstellung **14**, 52
- Entleiher **12**, 7
- Erlaubnis **3**, 45
- Flexible Arbeitszeit **11**, 64 ff.; **14**, 166
- Kündigung **11**, 59
- Kündigungsfristen **11**, 49
- Kurzarbeit **11**, 57; **14**, 82, 170
- Nichtgewerbsmäßige ANÜ **11**, 47
- Ruhendes Arbeitsverhältnis **11**, 62
- Unabdingbarkeit **1**, 18; **11**, 48, 51 ff.
- Urlaub **1**, 115 f.
- Vergütungspflicht **1**, 109
- Verleihfreie Zeiten **11**, 51 ff.

Betriebliche Beschäftigungspolitik Einl. 21 ff.; **14**, 39 f.

Betriebliche Altersversorgung
- Arbeitsschutz **3**, 40
- Gleichbehandlung **9**, 49

Betriebsänderung 1, 135; **2**, 7: **11**, 46; **14**, 66 f., 208 ff.

Betriebsrat
- Beschwerde **14**, 115, 119
- Einstellung **14**, 217 ff., 231 ff.
- Sprechstunden **14**, 18
- Unterrichtung **14**, 231 ff.
- Wirtschaftsausschuss **14**, 205 ff.
- Zuständigkeitsverteilung **14**, 25 ff., 29
- Werkvertrag **14**, 281 ff.

Betriebsrat Entleiher
- Eingruppierung **10**, 39; **14**, 28
- Freistellung **14**, 96
- Größe **14**, 96
- Sprechstunde **14**, 107

Betriebsrat Verleiher
- allgemeine Aufgaben **14**, 34
- Arbeitsschutz **14**, 35
- Eingruppierung **14**, 28
- Gleichbehandlungspflichten **14**, 33 f.
- grundsätzliche Zuständigkeit **14**, 30
- Mitbestimmung in personellen Angelegenheiten **14**, 39 ff.
- personelle Einzelmaßnahmen **14**, 44 ff.
- Reisezeiten **14**, 36
- Sprechstunde **14**, 18
- Tarifvertrag zur ANÜ **14**, 34
- Unterrichtungspflicht **14**, 37
- Vorlage von Verträgen **14**, 38
- vorrangige Zuständigkeit **14**, 71
- Zugangsrecht **14**, 35
- Zuständigkeit **14**, 69

Betriebsrisiko Einl. 21; **11**, 47 ff.

Betriebsübergang Einl. 23, 47; **2**, 16; **14**, 192

Betriebsvereinbarung
- Arbeitnehmerüberlassungsvertrag **12**, 32, 66, 70
- Arbeitsentgelt **9**, 79; **10**, 63; **14**, 189
- arbeitsvertragliche Pflichten **14**, 145 f., 154
- Auswahlrichtlinien **14**, 40
- betriebliches Vorschlagswesen **11** 92
- Durchführung **9**, 79; **14**, 140, 143, 188
- Erlaubnis zur ANÜ **3**
- freiwillige **14**, 186 ff.
- Geltung **14**, 32, 140, 145
- Gleichbehandlung **9**, 66; **14**, 33 f., 154

491

Stichwortverzeichnis

- Gleichstellungsanspruch **14**, 27 f., 31, 73
- Leistungspflichten **14**, 145 f.
- Rahmenregelung **14**, 188, 198 ff.
- Überwachung **14**, 132
- Unterlassungsanspruch **14**, 32, 140 f., 145
- Verstoß **14**, 148, 259
- Vorrang Tarifvertrag **14**, 73 ff.

Betriebsverfassung
- ANÜ-Vertrag **12**, 2
- Auslandsbezug **14**, 3
- Baugewerbe **14**, 1
- Betriebsversammlung **14**, 108
- fingiertes Arbeitsverhältnis **14**, 1
- gemeinsamer Betrieb **14**, 5
- Individualrechte **14**, 98, 108 ff.
- innerbetriebliche Stellenausschreibung **14**, 40
- gewerbsmäßige ANÜ **14**, 1
- nichtgewerbsmäßige ANÜ **14**, 2, 149
- Schwellenwerte **14**, 22, 66, 96, 205, 208, 210, 220
- Tarifvertrag **9**, 90
- Verleihbetrieb **14**, 6 ff.
- Verstöße **14**, 24, 91 f.
- Werkvertrag **Einl.** 48 ff. **14**, 4, 280 ff.

Betriebsversammlung 14, 19, 108
Betriebszugehörigkeit
- Aktives Wahlrecht **14**, 21
- Arge **1**, 146 f., 151
- Beschäftigungszeiten **14**, 102
- Beschwerderecht **14**, 20
- Dauerhafte Überlassung **14**, 8 f.
- Doppelte **14**, 25, 31
- Entleiher **14**, 6, 93 ff.
- Faktisches Arbeitsverhältnis **14**, 16
- Fingiertes Arbeitsverhältnis **10**, 11, 38; **14**, 1, 10, 16, 95 b, 98
- Gestellte AN **14**, 96
- Gleichbehandlung **9**, 52 a
- Konzern **1**, 214; **14**, 11 ff.
- Kumulationstheorie **14**, 95 f.
- Nichtgewerbsmäßige ANÜ **14**, 11
- Öffentlicher Dienst **14**, 298
- Passives Wahlrecht **14**, 21
- Regelmäßig Beschäftigte **14**, 22, 97
- Verleiher **14**, 6 ff.
- Wahlrecht **14**, 100 ff.
- Werkvertrag **14**, 280

Branchentarifvertrag 9, 78 ff., 86 a f.
- Anspruch **12**, 49

- Bezugnahme **9**, 96
- Betriebsrat **10**, 69; **14**, 34
- Tarifvertrag **9**, 83 a, 86 a f.
- Tarifzuständigkeit **9**, 74
- Verstoß **10**, 79
- Zustimmungsverweigerung **14**, 258 a

CGZP 9, 74
- Aufhebung TV **9**, 74 a
- Aussetzung des Verfahrens **1**, 94
- Bezugnahme **9**, 95
- Tariffähigkeit **9**, 74 a

Datenübermittlung 14, 34; **18**, 12 ff.
Dauerarbeitsplätze
- Abbau **Einl.** 27
- Abgrenzung zur Arbeitsvermittlung **1**, 131
- Beschäftigungssicherung **14**, 193 ff.
- Schutz **3**, 5; **14**, 136

Deregulierung Einl. 7 ff.
Dienstleistungsfreiheit Einl. 53
Dienstvertrag (s. Werkvertrag)
Differenzvergütung 10, 63
Direktionsrecht (s. Weisungsrecht)
Diskriminierungsverbot Einl. 12; **9**, 52 a
Durchführungsanweisungen 17, 4 f.
Durchsuchung 7, 26 ff.
- Betriebsstätte **17 a**, 4; **18**, 5
- Beschwerde **7**, 29
- Gefahr im Verzug **7**, 30 ff.
- Niederschrift **7**, 33
- Wohnräume **7**, 19, 28

Eingliederung 1, 14; **14**, 8 ff., 217
Eingruppierung
- Anspruch auf **1**, 83
- Auskunft **10**, 82; **13**, 7
- fingiertes Arbeitsverhältnis **10**, 39
- Gleichbehandlung **10**, 63
- Mitbestimmung **14**, 28, 60 ff., 225 ff.

Einstellungsverbot 9, 97 ff.; **14**, 243
Entgeltanspruch
- faktisches Arbeitsverhältnis **9**, 26

Entleiher
- Arbeitgeberstellung **1**, 9
- Gleichbehandlung **9**, 48 ff.
- Leistungsverweigerungsrecht **12**, 41
- Öffentlicher Dienst **14**, 296 f.
- Strafbarkeit **15**, 4; **15 a**, 4 ff.
- Weisungsrecht **1**, 66 ff.

Stichwortverzeichnis

Entleiherbetrieb
- Begriff **1**, 8; **10**, 63

Entleiherbetriebsrat
- Beteiligungsrechte **14**, 120 ff.
- Eingruppierung **14**, 28; 225 ff.
- Schwellenwerte **Einl.** 33;

Erfüllungsübernahme 10, 62

Erlaubnisbehörde
- Anfangsverdacht **16**, 34
- Ermessen **2**, 14; **3**, 9, 11 19
- Merkblatt **11**, 38 ff.
- Zusammenarbeit **18**, 3 ff.

Erlaubnis zur ANÜ
- anzeigepflichtige ANÜ **1a**, 3
- Antrag auf Erteilung **2**, 5, 28; **3**, 11
- Arbeitsvermittlung **3**, 14, 34
- Arbeitsvertrag **9**, 16 ff.
- Auflage **2**, 22 f.; **3**, 9, 16, 61, 70; **4**, 5 f.; **5**, 4; **12**, 56
- Ausländische Verleiher **2**, 3; **3**, 67, 71 ff.
- Auslandsbezug **Einl.** 54
- Baubetriebe **1b**, 9, 12 f., 24, 29: **9**, 8
- Bedingung **2**, 21 ff.; **3**, 9, 70; **12**, 56
- Befristung **2**, 27
- Betriebsorganisation **3**, 53 ff.; **7**, 19
- Betriebsrat **2**, 7; **14**, 38, 51
- Betriebsverfassung **3**, 43; **14**, 24, 93
- Geltungsbereich **1**, 130x, 132; **1b**, 9; **5**, 6; **6**, 3; **9**, 8, 17; **10**, 2a
- Einstellungsverbot **3**, 40; **9**, 101
- Erkundungspflicht **12**, 56
- Erlöschen **2**, 38 ff.; **4**, 8; **5**, 10; **9**, 9 f.
- Ermessensrichtlinie **17**, 3
- Ermessensspielraum **2**, 20; **3**, 9; **4**, 5
- Falschangaben **4**, 5, 12
- Gebrauchmachen **2**, 40
- Geschäftsunterlagen **7**, 16
- gewerbsmäßige ANÜ **1**,
- Gleichbehandlungspflichten **2**, 8, 12; **3**, 58 ff., 65; **10**, 66
- Illegale Beschäftigung **15**, 9 ff.
- Inländergleichbehandlung **Einl.** 57; **3**, 71, 73
- Konzernleihe **1**, 192 ff.
- Kosten **2a**, 5
- Liquidität **2**, 11, 21; **3**, 49, 57; **4**, 2
- Lohnsteuer **3**, **4**, 2
- Mischbetrieb **2**, 7; **3**, 53
- Nachträgliche **1**, 2; **9**, 9 f.
- Mitwirkungspflichten **2**, 10 ff.; **7**, 7, 10

- Nachweispflichten **11**, 3, 30
- Niederlassung **2**, 2, 6
- Ordnungswidrigkeit **16**, 4 ff.
- Prüfungspflicht **2**, 1; **9**, 15; **12**, 56; **14**, 38; **16**, 9
- Rechtsanspruch **3**, 4, 8; **1**, 4
- Rechtskenntnisse **3**, 54
- Rechtsträgerbezogenheit **2**, 16; **3**, 21; **7**, 7
- Rechtswidrigkeit **4**, 2 ff.
- Rücknahme **1**, 1 ff.; **4**, 1 ff.
- Rückwirkung **2**, 4; **9**, 9 f., 18
- Sozialversicherung **3**, 29 ff.
- Straftat **3**, 26; **4**, 4
- Strohmann **2**, 6; **3**, 23
- Tarifvertrag **3**, 61
- Übertragung **2**, 16
- Unbefristete **2**, 36 f., 40 f.
- Verlängerung **2**, 28
- Vermeidung von Kurzarbeit **1**, 166
- Vermutete Arbeitsvermittlung **3**, 35
- Versagungstatbestände **3**, 13 ff.
- Verwaltungsakt **2**, 14 ff.
- Vorbehalt des Widerrufs **2**, 24 ff., 39; **5**, 3, 10
- Vorlage **12**, 55; **16**, 9
- Vorsorgliche **2**, 15
- Widerruf **5**
- Zuverlässigkeit **3**, 18 ff.

Erlaubnisinhaber 2, 6
- Rechtsträgerbezogenheit **2**, 16; **3**, 21 ff.

Erlaubnisurkunde 2
- Inhalt **2**, 17

Fälligkeit 10, 83 ff.

Faktisches Arbeitsverhältnis
- Gesamtsozialversicherungsbeitrag **10**, 54
- Vergütungsanspruch **9**, 26; **10**, 56

Fingiertes Arbeitsverhältnis
- Abwicklungsfrist **2**, 35
- Arbeitsbedingungen **10**, 34 ff.
- Arbeitsentgelt **9** 15; **10**, 39 ff.
- Arbeitsvermittlung **Einl.** 37; **1**, 129 f.
- Änderungskündigung **10**, 32, 35, 44
- Arbeitszeit **10**, 30 ff.
- Außerordentliche Kündigung **9**, 7a; **10**, 7, 26
- Baubetrieb **1b**, 10 ff.; **10**, 6
- Beendigung **10**, 16 ff., 20 ff.
- Befristetes **10**, 17 ff.

493

Stichwortverzeichnis

- Beginn **10**, 13
- Beschäftigungsanspruch **10**, 27
- Betriebszugehörigkeit **10**, 11
- Erlöschen der Erlaubnis **2**, 41 f.
- Fehlende Erlaubnis **10**, 6
- Geltendmachung **10**, 9, 12, 24
- Gesamtschuldnerische Haftung **10**, 52 ff.
- Inhalt **10**, 27 ff.
- Kündigung **10**, 23, 37
- Mischarbeitsverhältnis **1 b**, 11; **9**, 23 f.; **10**, 4
- Mitbestimmung **10**, 10, 33, 43; **14**, 42
- Rückentleih **9**, 96 a
- Rücknahme der Erlaubnis **4**, 9
- Scheinwerkvertrag **Einl.** 46
- Statusverfahren **10**, 7
- Tarifvertrag **10**, 29, 36
- Vermutete Arbeitsvermittlung **1**, 161 ff.
- Verwirkung **10**, 24
- Wahlrecht **1**, 149; **9**, 20, 23; **10**, 11

Feststellungsklage 10
Flexible Arbeitszeit
- Nachweisurkunde **11**, 23

Freie Mitarbeiter 1, 23

Gelegentliche ANÜ 1, 218 a ff.
- Arbeitsvertrag **1**, 56

Geschäftsunterlagen 7, 12
- Aufbewahrungsfrist **7**, 15; **16**, 22
- Einsichtnahme und Prüfung, **17 a**, 3 ff.
- Inhalt **7**, 12
- Mischunternehmen **7**, 12
- Vorlagepflicht, **17 a**, 6
- Verstoß **16**, 22

Gestellungsvertrag 1, 23, 128 b
- Arbeitnehmer **14**, 96
- Mitbestimmung **14**, 296
- Unwirksamkeit **14**, 296
- Wirtschaftliche Tätigkeit **1**, 23, 128 b

Gewerbsmäßigkeit 1, 119 ff.
- Dauerhafte Tätigkeit **1**, 121
- Gemeinnützige Unternehmen **1**, 127
- Gewinnerzielungsabsicht **1**, 122
- Konzern **1**, 125 f.
- Mischbetrieb **1**, 120
- Mittelbarer wirtschaftlicher Vorteil **1**, 123 f.
- Strafbarkeit **15**, 10, 36; **15 a**, 18

Gleichbehandlungspflichten
Einl. 10, 12; **3**, 58 ff.; **1**, 89; **9**, 28 ff.; **10**, 56 ff.; **14**, 125 ff., 155, 242
- ANÜ Baugewerbe **1 b**, 17
- Arbeitsbedingungen **9**, 41 ff.
- Arbeitsentgelt **9**, 48 ff.
- Auswahl des LAN **1**, 62
- Befristeter Arbeitsvertrag **9**, 83 b
- Betriebsrat **9**, 55; **14**, 51
- Einstellung Arbeitsloser **9**, 58 ff.
- Entleiher **1**, 70, 99
- Entleiherbetriebsrat **14**, 128 f.
- Erlaubnis **1**, 109; **2**, 8; **3**, 47, 58 ff.
- Fingiertes Arbeitsverhältnis **10**, 34
- Freiwillige Leistungen **1**, 111
- Gemeinschaftsrecht **9**, 32 ff., 83 b ff.
- Gesamtschutz **9**, 32 c ff., 86 c
- Lohnuntergrenze **§ 3 a**, 2
- Nichtgewerbsmäßige ANÜ **9**, 32; **10**, 58
- Sozialeinrichtung **9**, 49; **14**, 88
- Surrogat **10**, 64
- Unterrichtung **14**, 237
- Vergleichsprüfung **3**, 64
- Verleihfreie Zeiten **1**, 106
- Verleiher **1**, 73, 99
- Wegezeiten **1**, 63

Gleichstellungsanspruch 9, 28 ff., 52; **10**, 56 ff.
- anzeigepflichtige ANÜ **1 a**, 19
- betriebliche Altersversorgung **10**, 64
- Betriebsvereinbarung **9**, 66, 80; **14**, 27, 152
- Fälligkeit **10**, 83
- faktisches Arbeitsverhältnis **9**, 26
- Geltendmachung **10**, 82 ff.
- Nachweisurkunde **11**, 14 f.
- Nichtvorübergehende ANÜ **1**, 130y; **9**, 32 a
- Unwirksamer TV **10**, 76 ff.
- Verjährung **10**, 83
- Verstoß **9**, 51 ff.; **14**, 253

(s. a. wesentliche Arbeitsbedingungen)

Hartz- Gesetzgebung Einl. 11
Höchstüberlassungsdauer Einl. 5, 9 ff., 13; **1**, 130 b, 130 q ff.
- anzeigepflichtige ANÜ **1 a**, 11

Kettenüberlassung 1, 130 s
Kettenverleih 1, 17, 21, 192; **1 a**, 13 f.

Stichwortverzeichnis

Kontrollpflichten
- Erfüllungsgehilfen **3**, 52
- Erlaubnis **3**, 38 ff., 47, 56; **12**, 56

Konzern
- arbeitnehmerloser **Einl.** 20, 22
- Begriff **1**, 196 f.
- Konzernarbeitsverhältnis **1**, 205
- Mitbestimmung **14**, 11 ff.

Konzernleihe Einl. 20; **1**, 189 ff.
- Arbeitsvertrag **1**, 48, 209 ff.
- Bau **1 b**, 24
- Gewerbsmäßige ANÜ **Einl.** 20; **1**, 192 ff.
- Marktteilnahme **1**, 202
- Missbrauchsformen **1**, 198 ff.
- Mitbestimmung **1**, 48, 216 ff.; **14**, 4, 11
- Personalführungsgesellschaft **1**, 199
- Vorübergehende ANÜ **1**, 204 ff.

Kosten der Erlaubnis 2 a

Kündigung 1, 35 ff.
- Abmahnung **1**, 39
- Absenkung des Entgelts **14**, 42
- Änderungskündigung **1**, 39; **14**, 41 f.; **19**, 3
- Anhörung des Betriebsrats **14**, 41 ff., 202 f.
- Aushilfsarbeitsverhältnis **1**, 43; **11**, 49 f.
- – außerordentliche **1**, 39; **10**, 7, 26
- Austauschkündigung **Einl.** 24; **14**, 212, 265
- Auswahlrichtlinie **14**, 198
- Betriebsbedingte **1**, 38
- Betriebsänderung **14**, 210 ff.
- Betriebsrisiko **11**, 59 ff.
- Faktisches Arbeitsverhältnis **9**, 27
- Fingiertes Arbeitsverhältnis **10**, 23
- Konzern **1**, 211 ff.
- Mitbestimmung **1**, 49; **14**, 41, 202
- Stammarbeitnehmer **14**, 203
- Verhaltensbedingte **1**, 39
- Wartefrist **1**, 38
- Absenkung des Entgelts **14**, 42
- Arbeitnehmerüberlassungsvertrag **12**, 25
- Beendigung des Einsatzes **14**, 41
- Beschäftigungsrisiko **11**, 59 f.
- Anhörung des Betriebsrats **14**, 41 ff.
- Fingiertes Arbeitsverhältnis **10**, 37; **14**, 43
- Konzernleihe **1**, 211 f.

- Sozialauswahl **11**, 60
- Weiterbeschäftigung **14**, 43, 44 f.

Kündigungsfristen 1, 38, 42 ff.
- Betriebszugehörigkeit **1**, 45 f.
- Konzern **1**, 48
- Nachweisurkunde **11**, 25
- Wartezeit **1**, 38, 44 ff.

Kurzarbeit
- Initiativrecht **14**, 82, 170
- Mitbestimmung **1**, 175; **14**, 82 f.
- Vergütungsanspruch **11**, 57, 72
- Vermeidbarkeit **1**, 174; **1 a**, 10
- Vermeidung **1**, 172 ff.

Leiharbeitnehmer
- Anhörungsrecht **14**, 113
- Arbeitnehmereigenschaft **1**, 22 ff.
- Austausch **12**, 24, 36
- Beschwerderecht **14**, 109, 114 ff.
- Eingliederung **1**, 23
- Erfüllungsgehilfe **12**, 38
- Geeignetheit **12**, 29 ff.
- Haftung **1**, 91
- Leitender Angestellter **1**, 26
- Personalakte **14**, 109
- Qualifikation **12**, 31
- Übernahme **14**, 113, 133, 192, 195, 197 ff., 223
- Verrichtungsgehilfe **12**, 38
- Vorstrafen **12**, 30

Leiharbeitnehmerklausel 1, 51 ff.
- Anzeigepflichtige ANÜ **1 a**, 22
- Arge **1**, 150
- Einsatzgebiet **1**, 78; **11**, 17
- Formulararbeitsvertrag **1**, 52
- Gelegentliche ANÜ **1**, 56
- Gewerbsmäßige Arbeitnehmerüberlassung **1**, 55
- Konzernleihe **1**, 57, 209
- Mischbetriebe **1**, 52, 58; **9**, 23
- Montagebetrieb **1**, 58
- Nachweis **11**, 12
- Nichtgewerbsmäßige Arbeitnehmerüberlassung, **1**, 56
- Tarifvertrag **1**, 52
- Vermeidung von Kurzarbeit und Entlassungen **1**, 185, 187
- Werkvertrag **14**, 294

Leiharbeitsverhältnis
- Abschlussverbot **9**, 108 ff.
- Arbeitsbedingungen **1**, 74, 92 ff.
- Befristung **1**, 31 ff.; **14**, 269

Stichwortverzeichnis

- Betriebsvereinbarung **14**, 149
- Einsatzgebiet **11**, 17
- Fehlerhaftes **9**, 25 ff.
- Hauptleistungspflichten **1**, 72, 76 ff.
- Kündigung **9**, 27; **14**, 202
- Laufzeit **Einl.** 13
- Mindestarbeitsbedingungen **1**, 92: **9**, 26
- Nebenpflichten **1**, 87 ff.
- Schadensersatz **9**, 27; **10**, 45 ff.
- Schwerpunkt des Arbeitsverhältnisses **Einl.** 3
- Unbefristetes Arbeitsverhältnis **1**, 30
- Unwirksamkeit **9**, 16 ff., 34; **10**, 6 ff., 45
- Wegfall Erlaubnis **9**, 18

Leistungslohn
- Arbeitsentgelt **10**, 57; **11**, 15; **12**, 70
- Arbeitspflicht **1**, 83
- Einstellung **14**, 236, 254, 266
- Mitbestimmung **14**, 90, 178, 236, 254
- Nachweisurkunde **11**, 15, 18, 20

Leistungsverweigerungsrecht
- Arbeitnehmerüberlassungsvertrag **12**, 34
- Arbeitskampf **Einl.** 27; **11**, 76 ff.
- Arbeitsschutz **11**, 84, 88
- Arbeitszeit **14**, 80
- Einsatzgebiet **1**, 78
- Einstellung **14**, 253
- Erlaubnis **3**, 48
- Ersatz bei Geltendmachung **12**, 34
- Fehlende Leiharbeitnehmerklausel **1**, 58
- Grenzen des Weisungsrechts **12**, 46
- Nichtzahlung Arbeitsentgelt **1**, 107; **10**, 71
- Pflicht zur Geltendmachung **9**, 17
- Überschreitung der Arbeitspflichten **12**, 63
- Verstoß gegen Betriebsvereinbarungen **14**, 32
- Verstoß gegen Gleichstellungspflichten **10**, 65
- Verstoß gegen Mitbestimmung **14**, 72, 91, 185, 277

Leitende Angestellte 1, 26

Lohnuntergrenze 3 a
- Anspruch des LAN **1**, 100; **10**, 72 ff., 92 ff.
- Bezugnahmeklausel **3 a**, 23
- Auswahlentscheidung bei mehreren Vorschlägen **3 a**, 19 ff.
- Ermessenausübung bei Erlaß **3 a**, 11 ff.
- Kontrolle **16**, 25 c ff.; **17 a**. 1 ff.
- Mindeststundenentgelt **3 a**, 6; **10**, 72 ff., 92 ff.
- Rechtsfolgen **3 a**, 2
- Repräsentativität **3 a**, 17, 19 ff.
- Tarifvertrag **9**, 90 a ff.
- Überwachung **3 a**, 25, 17
- Verfahren **3 a**, 4 ff.
- Verstoß **10**, 72 ff.; **16**, 24 b
- Vorschlag **3 a**, 4 ff.

Lohnwucher 9, 87; **15**, 39; **15 a**, 7, 9 ff.

Maßregelungsverbot 3, 48; **7**, 8; **11**, 78

Mehrarbeit
- arbeitsvertragliche Absprache **1**, 98
- Mitbestimmung **14**, 84, 168 f.
- Werkvertrag **Einl.** 52; **14**, 168

Meldepflichten
- Erlaubnis **3**, 31
- Entleih von Verleiher mit Sitz im Ausland, **17 b**, 2 ff.
- Verstoß **16**, 24, 25 g f.

Merkblatt 11, 38 ff.; **16**, 25

Mindestarbeitsbedingungen
- ausländischer Verleiher **3**, 42, 50
- fingiertes Arbeitsverhältnis **10**, 41 ff.

Mindestentgelt
- Berechnungsgrundlagen **10**, 73 f.
- Garantie **10**, 60
- Rechtsverordnung **3 a**; **10**, 72 ff.
- Tarifvertrag zur Arbeitnehmerüberlassung **9**, 33
- Umfang **10**, 62

(*s. a. Lohnuntergrenze*)

Mischbetrieb
- Arbeitsvermittlung **3**, 35
- Arbeitsvertragliche Bezugnahme auf TV **1**, 102; **9**, 9 b
- Baugewerbe **1 b**, 8, 19, 22
- Betriebsorganisatorische Trennung **3**, 53
- Definition **Einl.** 17
- Erlaubnis zur ANÜ **1**, 133; **2**, 7; **3**, 53
- Gleichbehandlung **1**, 102
- Konzernleihe **1**, 192
- Nachweisurkunde **11**, 18
- Tarifvertrag **1**, 101 f.; **9**, 68

Stichwortverzeichnis

- Vergütung **1**, 102; **10**, 6
Mitbestimmung
- Anzeigepflichtige ANÜ **1a**, 23 ff.
- Arbeitnehmerüberlassungsvertrag **14**, 72, 160, 232, 249
- Arbeitsschutz **14**, 27, 87, 112, 174
- Arbeitsvermittlung **14**, 52
- Arbeitszeit **14**, 26, 78 ff., 164 ff., 254 f., 260
- Arge **1**, 151 f.
- Ausschreibung **14**, 194
- Austausch von LAN **14**, 41, 203
- Auswahlrichtlinie **14**, 197 ff., 262
- Berufsbildung **14**, 39
- Betriebsänderung **1**, 135; **14**, 66 f., 208 ff
- Betriebsübergang **14**, 192
- Eilfälle **14**, 153
- Eingruppierung **10**, 39; **14**, 28, 46, 52, 60 ff., 225 ff.
- Einstellung **14**, 46, 48 ff., 221 ff., 284, 286 ff., 303
- Fingiertes Arbeitsverhältnis **10**, 10, 33; **14**, 42, 224, 248
- Flexible Arbeitszeit **14**, 164 ff.
- Gemeinschaftsprojekt **14**, 294
- Gleichbehandlung **14**, 157
- Gruppenarbeit **14**, 85, 180
- Initiativrecht **14**, 182
- Kontrollsysteme **14**, 86
- Konzernleihe **1**, 216 ff.; **14**, 4, 11 ff.
- Koppelungsgeschäft **14**, 156
- Kündigung **14**, 41 ff., 202 f.
- Kurzarbeit **1**, 175, 187 f.; **1a**, 23; **14**, 82 ff., 170
- Leistungslohn **14**, 90
- Lohngestaltung **14**, 89 f., 178 ff., 254, 261,
- Mehrarbeit **14**, 84, 168 f., 182
- Mitbestimmungspflichtige Entscheidung **14**, 26
- Ordnung des Betriebs **14**, 76 f, 161 ff.
- Personalfragebögen **14**, 39, 195
- Personalplanung **14**, 39, 191
- Personalvertretung **14**, 295 ff.
- Personelle Angelegenheiten **14**, 46 ff.
- Regelungskompetenz **14**, 145, 151
- Regelungssperre **14**, 158 ff.
- Scheinwerkvertrag **14**, 218, 245, 293
- Schichtarbeit **14**, 164, 167, 183, 254, 260
- Soziale Angelegenheiten **14**, 68 ff., 149 ff.
- Sozialeinrichtung **14**, 88, 175
- Tarifvorrang **14**, 74 f.
- Übernahme LAN **14**, 223
- Überwachung **14**, 173
- Umgehung **14**, 168, 182, 254, 285
- Umgruppierung **14**, 46, 64, 227, 230
- Unterlassungsanspruch **14**, 67, 72, 91
- Unterrichtung **14** 231 ff.
- Vermeidung von Entlassungen **1**, 186 ff.
- Vermeidung von Kurzarbeit **1**, 175, 186 ff.; **1a**, 23
- Versetzung **1a**, 24; **14**, 46, 56 ff., 227 ff.
- Vorschlagswesen **14**, 179
- Werkmietwohnung **14**, 176
- Werkvertrag **14**, 284 ff.
- Wirtschaftliche Angelegenheiten **14**, 66 ff.
- Verfahren **14**, 181 ff., 219, 275 ff.
- Vorläufige Maßnahme **14**, 65
- Zuständigkeit **14**, 25 ff.; 69 ff., 123 f., 145
Mitgliedschaftliches Verhältnis
- Arbeitnehmereigenschaft **1**, 23
- Abgrenzung AVM **1**, 128 b

Nachweispflichten 11, 4 ff.
- Änderungen des Arbeitsvertrags **11**, 5, 34
- Aushändigung **11**, 34
- Leiharbeitnehmerklausel **11**, 12
- Ordnungswidrigkeit **16**, 25
- Tarifverträge **11**, 26
- verleihfreie Zeiten **11**, 32 f.
- wesentliche Vertragsbedingungen **11**, 10 ff.
Nachweisurkunde
- Arbeitszeit **11**, 22 f.
- Aufbewahrungsfrist **11**, 37; **16**, 22
- Aushändigungspflichten **11**, 3, 34 f.
- Befristetes Arbeitsverhältnis **11**, 16
- Beweiskraft **11**, 8
- Einsatzgebiet **11**, 17
- Erlaubnis **3**, 59
- Formulararbeitsvertrag **11**, 5
- Leistungsanspruch **11**, 36
- Mindestangaben **11**, 4
- Regelungslücken des Tarifvertrags **11**, 14

Stichwortverzeichnis

- Schriftform **11**, 5
- Tätigkeit **11**, 18
- Tarifvertrag **11**, 6 f., 14 f., 21
Normalleistung 12, 35

Ordnungswidrigkeiten 14
- Anzeigepflichten **16**, 18 f., 21
- Aufbewahrungspflichten **16**, 22
- Auflagen **16**, 20
- Ausländerbeschäftigung **16**, 14 ff.
- Entleih ohne Erlaubnis **16**, 8 ff.
- Duldungs- und Mitwirkungspflichten, **16**, 25 c
- Geldbuße **16**, 31 ff.
- Juristische Person **16**, 27
- Meldepflichten **16**, 24
- Prüfungsduldung **16**, 23
- Überlassung Bau **16**, 11 ff.
- Verfolgung **16**, 33 ff.; **18**, 3 ff., 7
- Verleih ohne Erlaubnis **16**, 4 ff.
- Zusammenarbeit **18**, 3 ff.

Personalführungsgesellschaft
- Arbeitgeberpflichten **1**, 192
- Konzern **1**, 201 f.
- Privatisierung **Einl.** 47
- Wirtschaftliche Tätigkeit **1**, 119 a, 126
Personalgestellung 1, 23, 128 b, 130 j
Personalplanung 14, 39, 191 f., 214
Personalpolitik Einl. Rn. 21 ff.
- Einstellung **14**, 238
- Personalreserve **Einl.** 23; **1**, 114; **14**, 211
- untere Linie **Einl.** 22
- Wirtschaftsausschuss **14**, 205 ff.
Personalvertretung 14, 295 ff.
PSA Einl., 11

Quoten 1, 130 p; **9**, 79; **14**, 198, 257

Regelungslücken 9, 34, 85
- Arbeitsentgelt **10**, 61 f., 70
- Auskunftsanspruch **12**, 70; **13**, 5 f., 9; **14**, 237
- Erlaubnis **3**, 64
- fehlende Regelung **9**, 34, 68, 85; **10**, 61
- Gleichbehandlung **9**, 85; **10**, 70
- Leistungsansprüche **10**, 61, 70
- Leistungslohn **10**, 70; **12**, 70; **14**, 178
- Mitbestimmung **14**, 74, 178, 237

- Nachweisurkunde **11**, 14
Reisekosten 1, 89 f.
- Anrechnung auf Arbeitsentgelt **1**, 105
- Erlaubnis **3**, 44
- Gleichbehandlung **1**, 89; **9**, 46
Reisezeiten
- Betriebsvereinbarung **14**, 78
- Betriebsversammlung **14**, 108
- Hauptleistungspflicht **1**, 76
- Nachweisurkunde **11**, 22
- Vergütung **1**, 79
- Zumutbarkeit **1**, 79
Richtlinie LA Einl. 14 a
Rollierende ANÜ 1, 130 s, 130 v; **1 a**, 14
Rückentleih 9, 96 a ff.
Rücknahme 4, 1 ff.
- Abwicklungsfrist **4**, 10
- Erlöschen der Erlaubnis **4**, 8
- Frist **4**, 6 f.
- Nachteilsausgleich **4**, 11

Sachgruppenvergleich 9, 33, 84; **13**, 8
Salvatorische Klausel 3, 62; **11**, 6, 26
Scheinselbständige 1, 24
Scheinwerkvertrag Einl. 46
- fingiertes Arbeitsverhältnis **Einl.** 46
- Mitbestimmung **Einl.** 50; **14**, 121, 218, 293
- Strafbarkeit **15**, 13, 27 f.
- Untersagungsverfügung **6**, 2
- Vergütung **10**, 4
- Unwirksamkeit **Einl.** 46; **9**, 6
- Weisungsrecht **12**, 6
Schichtarbeit
- Arbeitspflicht **1**, 83
- Mitbestimmung **14**, 26
Schwellenwerte 14, 96, 208
Schwerbehinderte 14, 53, 135, 240, 252
Schwerbehindertenvertretung 14, 252
Schwersterngestellung 1 23, 128 b
Sozialplan 14, 216
Soziale Sicherung
- Einkommen **29** ff.;
Sozialversicherung
- ausländischer Verleiher **Einl.** 59
- Bürgenhaftung Entleiher **1**, 9; **10**, 81
- Erlaubnis **3**, 29 ff.
- Haftung **10**, 54; **12**, 18

Stichwortverzeichnis

- Nachzahlungsanspruch **10**, 81
- Strafbarkeit **10**, 55; **15**, 33
- **Sprechstunden 14**, 18, 107
- **Subunternehmen**
- Arge **1**, 152
- **Surrogat 10**, 64
- **Straftat**
- Anzeige **14**, 118; **18**, 7
- Beharrlich wiederholter Entleih **15a**, 14 ff.
- Beitragsbetrug **10**, 54 f.
- Datenübermittlung **8**, 9
- Erlaubnis **3**, 23, 25 f., 34
- Illegale Ausländerbeschäftigung **15**; **15a**
- Mehrfachverleih **15**, 31 f.
- Rücknahme der Erlaubnis **4**, 4
- Steuerhinterziehung **15**, 33
- Unterrichtungspflicht **18**, 8 ff.
- Beitragshinterziehung **10**, 55; **15**, 33
- Untersagungsverfügung **6**, 8
- **Strohmann Einl.** 36; **1**, 129 f., 192, 200, 202; **6**, 8; **15**, 6
- **Synchronisationsverbot Einl.** 3 f., 18; **1**, 32
- Arbeitsvermittlung **Einl.** 35; **12**, 7 f.
- Befristung **1**, 32; **9**, 83 b; **11**, 58
- Dauer des ANÜ- Vertrags **12**, 7 f.
- Erlaubnis **3**, 46

Tarifdispositivität 9, 30 ff.
Tariffähigkeit 3a, 5; **9**, 70 ff.
Tarifzuständigkeit 9, 74 ff.
Tarifvertrag
- allgemeinverbindlich erklärter **3**, 50
- Annahmeverzug **11**, 53
- Ansprüche gegen Entleiher **12**, 49
- Arbeitnehmerüberlassungsvertrag **12**, 32
- Betriebsverfassung **14**, 99
- Erlaubnis **3**, 50
- Fingiertes Arbeitsverhältnis **10**, 29
- Geltungsbereich **9**, 76
- Konkurrenzen **9**, 76a
- Lohnuntergrenze **3a**, 23
- Nachweispflichten **11**, 6 f.
- Öffnungsklausel **9**, 67
Tarifvertrag zur Arbeitnehmerüberlassung 9, 64 ff.; **10**, 68 ff.
- Änderungskündigung **19**, 3
- Arbeitsentgelt **9**, 48
- Arbeitszeit **14**, 79 f.
- Ausländischer Verleiher **1**, 153; **9**, 82
- Außenseiter **9**, 42
- Baubetriebe **1b**, 15 ff., 20 ff.
- Betriebsvereinbarung **14**, 73 ff., 154
- Bezugnahme **9**, 91 ff.; **10**, 69
- Branchenzuschlag **9**, 86a; **10**, 69
- CGZP **Einl.** 12; **1**, 94, **9**, 30, 71
- Entleiher **9**, 78 ff.; 83 a
- Gleichbehandlung **3**, 47, 63; **10**, 68 ff.
- Günstigkeitsvergleich **9**, 33
- Laufzeit **9**, 81; **9**, 68, 76a f., 93
- Leistungslohn **14**, 178
- Lohndumping **Einl.** 12; **9**, 86 ff.
- Lohnuntergrenze **3a**, 23
- Mischbetrieb **1**, 101 f.; **9**, 68
- Mehrgliedriger **9**, 74 a f., 95
- Nachweis **11**, 21
- Nachwirkung **9**, 81
- Normsetzungsbefugnis **9**, 83 ff., 87
- Prüfungspflicht **3**, 62
- Regelungslücken **3**, 64; **9**, 34, 68, 85; **10**, 70; **12**, 16, 70; **14**, 178, 237
- Richtigkeitsgewähr **1**, 104
- Sozialeinrichtung **9**, 45; **14**, 88, 175
- Strafbarkeit **15a**, 10
- Typen **12**, 49
- Unterrichtung **14**, 237
- Unwirksamkeit **9**, 32 d, 86
- Vergleichbarer Arbeitnehmer **9**, 35 ff.
- Vermeidung von Kurzarbeit und Entlassungen **1**, 182 ff.
- Fehlende Tariffähigkeit
- Wirksamkeit **9**, 68 f., 86
- Zugunsten Dritter **9**, 78
- Zustimmungsverweigerung **14**, 259
Tarifvertragssystem
- Fehlende Tariffähigkeit **9**, 75 f.
- Tarifeinheit **Einl.** 25
- Tarifdispositivität **Einl.** 25; **9**, 30
- Tarifgemeinschaft **9**, 73
Tarifwechsel 9, 95 a; **11**, 6
Teilzeitarbeit 11, 66
TV LeiZ 9, 78 a ff.
- Verstoß **10**, 69, 79
- Zustimmungsverweigerung **14**, 258 a f.

Überlassen zur Arbeitsleistung 1, 10 ff.
- Vertragsabsprache **1**, 12
Übernachtungskosten 1, 79, 89 f.
Übernahme Leih-AN 13a, 9

499

Stichwortverzeichnis

Überwachungspflichten
- Betriebsvereinbarungen **14**, 135
- Entleiher- BR **14**, 131
- Tarifvertrag **3**, 61; **14**, 135

Unterlassungsanspruch des Betriebsrats
- Auswahlrichtlinie **14, 201**
- Einstellung **14**, 279
- Interessenausgleich **14**, 215
- Kurzarbeit **1a**, 23
- Mehrarbeit **Einl.** 52
- Werkvertrag **Einl.** 52

Unterrichtungspflichten
- Arbeitsbedingungen **1**, 85
- Eingruppierung **14**, 237
- Einstellung **14**, 231 ff.
- Gleichstellungspflichten **14**, 237
- Tarifvertrag zur ANÜ **14**, 237
- Verstoß **14**, 240
- Wegfall Erlaubnis **11**, 42 ff.; **12**, 71 ff.

Untersagungsverfügung 6, 6 ff.
- Anfechtung **6**, 7
- Durchsetzung **6**, 9 ff.
- Erlass **6**, 6 ff.
- Strohmann **6**, 8
- Vollstreckung **6**, 10 ff.

Urlaub
- Entgelt **1**, 116; **9**, 45
- Lage **1**, 115
- Mitbestimmung **14**, 85, 172
- Unbezahlter **1**, 106, 116; **11**, 62
- verleihfreie Zeiten **1**, 115; **11**, 62

Verbesserungsvorschläge 11, 90 ff.

Vergleichbarer Arbeitnehmer
- Arbeitnehmerüberlassungsvertrag **12**, 65
- Auskunftsanspruch **13**, 7
- Festlegung **14**, 128 f., 226 f.
- Gleichbehandlung **9**, 35 ff.; **10**, 3
- Mitbestimmung **14**, 225

Verjährung 10, 83

Verleiher
- Arbeitgeberstellung **1**, 15 ff.
- Arbeitgeberrisiko **1**, 17 ff.
- Begriff **1**, 7
- Betriebsorganisation **3**, 53 ff.
- Erfüllungsgehilfe **3**, 52
- Hauptverwaltung **3**, 75
- Juristische Person **3**, 22, 74
- Liquidität **3**, 49, 57
- Personengesellschaft **3**, 22, 74
- Rechtskenntnisse **3**, 51
- Strafbarkeit **15**, 2 ff.
- Strohmann **3**, 23

Verleihfreie Zeiten
- Annahmeverzug **11**, 53 ff.
- Arbeitsentgelt **1**, 106
- Arbeitszeitkonto **1**, 106
- Erlaubnis **3**, 45, 66
- Lohnausfallprinzip **11**, 55, 70
- Lohnuntergrenze **3a**, 2, 23
- Mindestentgelt **9**, 90 b
- Mitbestimmung **14**, 76, 78
- Nachleistungspflicht **11**, 74
- Nachweispflichten **11**, 32
- Nichtvorübergehende ANÜ **1**, 130y; **11**, 52
- Teilzeitarbeit **11**, 66
- Urlaub **1**, 106, 115; **11**, 62
- Vergütungsanspruch **1**, 106; **9**, 32, 46, 50; **10**, 80; **11**, 33, 55 ff.

Vermeidung von Kurzarbeit und Entlassungen 1, 169 ff.
- vorübergehender Beschäftigungsmangel **1**, 170, 173
- Entlassungen **1**, 178 f.
- Leiharbeitnehmerklausel **1**, 56, 174, 185, 187
- Mitbestimmung **1**, 175
- Tarifvertrag **1**, 182 ff.
- Transferkurzarbeit **1**, 172
- Wirtschaftszweig **1**, 181

Vermittlungsgutschein 3, 36

Vermittlungsprovision Einl. 14; **9**, 103 ff., 108 ff.
- Arbeitsvertrag **9**, 108
- Erlaubnis **3**, 36

Vermutete Arbeitsvermittlung 1, 155 ff.
- Arbeitsverhältnis **1**, 158, 161 ff.
- Erlaubnis **3**, 35
- Strafbarkeit **15**, 22
- Untersagungsverfügung **6**, 4
- Versagung der Erlaubnis **3**, 14
- Wahlrecht **1**, 163

Versagung der Erlaubnis
- Abschlussverbot **9**, 108, 111
- Arbeitsvermittlung **3**, 14
- Arbeitsschutz **11**, 89
- Betriebsverfassung **14**, 24
- Durchführungsanweisungen **17**, 4 f.
- Einstellungsverbot **9**, 101
- Kostentragung **2a**, 5

Stichwortverzeichnis

- Straftat **15**, 40
- Versagungsgründe **3**, 13 ff., 56 ff., 77
- **Versetzung 1**, 136; **14**, 56 ff., 227 ff., 266, 272
- **Vertrag zugunsten Dritter 9**, 78; **12**, 24
- **Vertragsstrafe 9**, 108 f.; **11**, 11
- **Verlängerung der Erlaubnis**
- Antrag **2**, 28
- Verfahren **2**, 27 ff.
- **Verwirkung 10**, 91
- **Vorübergehende ANÜ 1**, 130 ff.
- ANÜ-Vertrag **12**, 8
- Arbeitnehmerbezug **1**, 130 c ff.
- Arbeitsplatzbezug **1**, 130 f ff.
- Befristung **1**, 130 l ff.
- Betriebszugehörigkeit **14**, 8
- Dauerarbeitsplatz **1**, 130 a f., 130 v
- Erlaubnis ANÜ **1**, 130 x, 131; **3**, 47
- Fingiertes Arbeitsverhältnis **1**, 130 x; **9**, 20, 23
- Gemeinschaftsrecht **1**, 130 a ff., 130 g, 130 w
- Höchstzeitraum **1**, 130 b, 130 q ff.
- Kettenüberlassung **1**, 130 s
- Konzern **1**, 204 ff.
- Missbrauch **1**, 130 j, 130 u ff.
- Rückkehroption **1**, 130 e, 130 w
- Stammarbeitsplatz **1**, 130 b
- Tatbestandsmerkmal **1**, 130 w
- Umgehung TV **1**, 130 v
- Verbotsnorm **1**, 130 z
- Vertretung **1**, 130 p
- Verstoß **1**, 130 t ff.; **9**, 17
- Zustimmungsverweigerung **14**, 247 a f.
- **Vorsorgeerlaubnis Einl.** 17; **2**, 15

- **Wahlrecht**
- Entleiherbetriebsrat **14**, 100 ff., 299
- Öffentlicher Dienst **14**, 299
- **Weisungsgebundenheit**
- Doppelte **1**, 50
- **Wegfall der Erlaubnis**
- Unterrichtungspflichten **11**, 42; **12**, 71 ff.
- **Weisungsrecht**
- Arbeitnehmerüberlassung **1**, 14
- Aufspaltung **1**, 50
- Billiges Ermessen **1**, 62
- Entleiher **1**, 66; **12**, 5, 10, 46
- Erlaubnis **3**, 47

- Hilfsfunktionen **1**, 13
- Mitbestimmung **14**, 69, 84, 126 f., 149, 151
- Reichweite **1**, 66
- Übertragung **1**, 13, 51 ff.; **12**, 4 ff.; **14**, 69
- Verleihervorrang **1**, 59; **14**, 71, 172
- Werkvertrag **Einl.** 44; **14**, 283
- Zurechenbarkeit **1**, 12
- Zuweisung Entleiher **1**, 77, 80; **14**, 77
- **Werkvertrag**
- Abgrenzung zur ANÜ **Einl.** 38 ff.
- Anweisungsrecht **Einl.** 44
- Betriebsübergang **Einl.** 47
- Betriebsverfassung **Einl.** 48 ff.; **14**, 102
- Bezeichnung **Einl.** 40
- Eingliederung **14**, 287 f.
- Einstellung **14**, 284 ff.
- Erfolgsbezogenheit **Einl.** 39
- Geschäftsinhalt **Einl.** 39
- Kontrolllisten **14**, 139
- Kontrollpflichten **Einl.** 43; **3**, 27
- Mehrarbeit **Einl.** 52
- Mitbestimmung **Einl.** 51 ff.; **14**, 4, 121, 284 ff.
- Öffentlicher Dienst **14**, 306
- Vermischtes Arbeiten **Einl.** 44
- Vorlage **Einl.** 49; **14**, 138 f., 207
- Wahlrecht **14**, 101 ff.
- Weisungsrecht **Einl.** 44, 51; **14**, 283
- **Werkvertragsabkommen Einl.** 58
- **Wesentliche Arbeitsbedingungen 9** 41 ff.; **10**, 60 ff.
- Arbeitnehmerüberlassungsvertrag **12**, 64 ff.
- Auskunft **9**, 47; **13**, 2
- Ausschlussfrist **9**, 46
- betriebliche Altersversorgung **10**, 64
- Erfüllungsübernahme **10**, 64
- Nachweis **11**, 14
- **Widerruf der Erlaubnis**
- Änderung der Rechtslage **4**, 3; **5**, 5 f.
- Auflage **2**, 39; **5**, 4
- Auskunftsanspruch **13**, 7 ff.
- Betriebsverfassung **14**, 92
- Datenübermittlung **18**, 14
- Mängel des ANÜ- Vertrags **12**, 21
- Straftat **15**, 40; **18**, 14
- Verstoß gegen Betriebsverfassung **14**, 24

501

Stichwortverzeichnis

- Verstoß gegen Gleichstellungspflichten **10**, 66
- Vorbehalt **2**, 24 ff.; **5**, 3

Wirtschaftliche Tätigkeit 1, 119 ff.
- Öffentlicher Dienst **1**, 119 b

Wirtschaftsausschuss 14, 205 ff.

Zeugnis 1, 117 f.; **12**, 44; **14**, 20, 39, 196

Zeitkonten
- verleihfreie Zeiten **1**, 106

Zugang zu Gemeinschaftseinrichtung 13 b
- ANÜ-Vertrag **9**, 96 f.
- Verzicht **9**, 96 g

Zustimmungsverweigerung 14, 241 ff.
- Abschlussverbot **9**, 112
- Arbeitsvermittlung **14**, 249 b ff.
- Arbeitsschutz **14**, 251
- Ausländische Arbeitnehmer **14**, 250
- Auswahlrichtlinie **14**, 198, 262
- Arbeitszeit **14**, 260
- Benachteiligung **14**, 263 ff., 268 ff.
- Befristung **14**, 50, 55
- Branchenzuschlag **14**, 258 a
- Eingruppierung **14**, 60
- Einstellung **14**, 48 ff.
- Einstellungsverbot **9**, 102
- Gesetzesverstoß **14**, 243 ff.
- Gleichbehandlung **9**, 55; **14**, 242, 270
- Gleichstellungsgrundsätze **14**, 51, 237, 242, 253, 270
- Innerbetriebliche Ausschreibung **14**, 273
- Nichtgewerbsmäßige ANÜ **14**, 241
- Leistungslohn **14**, 261, 266
- Leistungsverweigerungsrecht **14**, 253
- Personalvertretung **14**, 304 f.
- Prüfung Erlaubnis **12**, 58; **14**, 246
- Scheinwerkvertrag **14**, 293
- Schwerbehinderte **14**, 252
- Tarifvertrag **14**, 51, 253
- TV LeiZ **14**, 258 a f.
- Überschreitung der Arbeitspflichten **12**, 59 ff.
- Umgruppierung **14**, 64, 230
- Vermutete Arbeitsvermittlung **1**, 164
- Versetzung **14**, 228 ff.
- Verstoß AÜG **14**, 243 ff.
- Verstoß gegen Betriebsvereinbarung **14**, 259 ff.
- Verstoß gegen Mitbestimmung **14**, 254
- Verstoß gegen Tarifvertrag **14**, 256 ff.
- Vorübergehend **14**, 258 a
- Werkvertrag **14**, 284 ff.
- Zusätzliche Belastungen **14**, 236, 238, 266

Zuverlässigkeit 3, 18 ff.
- Anzeigepflichten **7**, 5
- Auflagenverstoß **5**, 8
- Auskunftspflichten **7**, 10
- Begriff **3**, 19 f.
- Kostentragung **2 a**, 5
- Ordnungswidrigkeit **16**, 3
- Rechtskenntnisse **3**, 51
- Zukunftsprognose **3**, 25 ff.

Zweitarbeitsverhältnis 9, 100, 109; **12**, 52

Zweckbefristung 1, 130 n; **13 a**, 8; **14**, 269

Kompetenz verbindet

Jürgen Ulber

AÜG – Arbeitnehmerüberlassungsgesetz

Kommentar für die Praxis
4., überarbeitete Auflage
2011. 1.149 Seiten, gebunden
€ 98,–
ISBN 978-3-7663-3997-3

Der Kommentar bietet eine fundierte Darstellung aller neuen Regelungen vor dem Hintergrund der europäischen Rahmenbedingungen. Die höchstrichterliche Rechtsprechung und die aktuelle, zur Leiharbeit veröffentlichte Literatur sind berücksichtigt. Im Anhang finden sich die wichtigsten Durchführungsanweisungen der Bundesagentur für Arbeit (BA).

Die Kernthemen:
- Rechtliche Grenzen vorübergehender Arbeitnehmerüberlassungen
- Gleichstellung von gewerbsmäßiger und nichtgewerbsmäßiger Arbeitnehmerüberlassung
- Einschränkung der Möglichkeiten zur Abweichung vom Gleichbehandlungsgrundsatz
- Lohnuntergrenzen zur Leiharbeit
- Neuregelungen der Drehtürklausel
- Neuerungen zu konzerninterner Arbeitnehmerüberlassung

Bund-Verlag

Kompetenz verbindet

Rudolf Buschmann / Jürgen Ulber

Arbeitszeitgesetz

Basiskommentar mit Nebengesetzen und Ladenschluss
7., überarbeitete und aktualisierte Auflage
2011. 459 Seiten, kartoniert
€ 34,90
ISBN 978-3-7663-6078-6

Der Basiskommentar erläutert zuverlässig das Arbeitszeitgesetz und die zentralen Normen des Ladenschlussgesetzes. Wichtige Nebengesetze (Arbeitsschutzgesetz, Betriebsverfassungsgesetz, Bundesurlaubsgesetz, Bundesberggesetz, Seemannsgesetz, Teilzeit- und Befristungsgesetz) sind berücksichtigt.

Einen Schwerpunkt der Darstellung bilden europarechtliche Bezüge. Die Autoren gehen dabei ausführlich auf die Globalisierung des Arbeitszeitrechts und auf das Recht der Europäischen Union ein. Ergänzt wird der Basiskommentar von einer Sammlung von Grundsatzentscheidungen zum Arbeitszeitrecht.

Zu beziehen über den gut sortierten Fachbuchhandel oder direkt
beim Verlag unter E-Mail: kontakt@bund-verlag.de

Bund-Verlag

Kompetenz verbindet

Wolfgang Däubler

Arbeitsrecht

Ratgeber für Beruf, Praxis und Studium
10., überarbeitete Auflage
2014. 600 Seiten, kartoniert
€ 19,90
ISBN 978-3-7663-6268-1

Arbeitsrecht geht (fast) jeden an. Und dennoch ist es für Viele ein Buch mit sieben Siegeln. Der bewährte Ratgeber von Wolfgang Däubler bietet hier Abhilfe. Juristische Vorkenntnisse sind nicht erforderlich.

Das Buch ist übersichtlich gegliedert und stellt – ergänzt durch zahlreiche Beispiele – die wichtigsten Inhalte des Arbeitsrechts dar. Es gibt zuverlässig Antwort auf Fragen wie:
- Wo finde ich die »einschlägigen« Gesetze?
- Was muss ich bei einer Bewerbung beachten?
- Wie kann ich mich gegen eine Kündigung wehren?

Wegen der klaren, verständlichen Sprache ist der Ratgeber im Beruf, für die Arbeit als Betriebs- oder Personalrat und für das Studium gleichermaßen eine optimale Hilfe. Die zehnte Auflage verarbeitet Gesetzgebung und Rechtsprechung auf aktuellem Stand.

Zu beziehen über den gut sortierten Fachbuchhandel oder direkt beim Verlag unter E-Mail: kontakt@bund-verlag.de

Bund-Verlag

Kompetenz verbindet

Michael Kittner

Arbeits- und Sozialordnung 2014

Gesetze/Verordnungen • Einleitungen
• Checklisten/Übersichten • Rechtsprechung
39., aktualisierte Auflage
2014. Ca. 1.750 Seiten, kartoniert
ca. € 26,90
ISBN 978-3-7663-6321-3
Erscheint Februar 2014

Gesetze plus Erläuterungen – das ist die Erfolgsformel der jährlich neu aufgelegten »Arbeits- und Sozialordnung«. Die solide Grundlage bilden über 100 für die Praxis relevante Gesetzestexte im Wortlaut oder in wichtigen Teilen – natürlich auf dem neuesten Stand. Die Ausgabe 2014 ist weiter optimiert durch eine allgemeine Einführung in die Arbeits- und Sozialordnung sowie 80 Checklisten und Übersichten zur praxisgerechten Anwendung und raschen Orientierung über komplexe Gesetzesinhalte. Bei wichtigen Gesetzen erklären Übersichten die seit der Vorauflage publizierte höchstrichterliche Rechtsprechung – mit Verweis auf eine Fundstelle.

Fazit: Der »Kittner« ist unerlässlich für alle, die über das Arbeits- und Sozialrecht auf aktuellem Stand informiert sein wollen.

Zu beziehen über den gut sortierten Fachbuchhandel oder direkt beim Verlag unter E-Mail: kontakt@bund-verlag.de

Bund-Verlag

Im Lesesaal vom 9. JAN. 2013
bis